# 新编剑桥
# 世界近代史

大不列颠和俄国的崛起
1688—1725年

THE NEW CAMBRIDGE
MODERN HISTORY

[英]J.S.布朗伯利编
中国社会科学院世界历史研究所组译

6

中国社会科学出版社

图字:01-1999-1503号

**图书在版编目(CIP)数据**

新编剑桥世界近代史 第6卷,大不列颠和俄国的崛起:1688~1725年/(英)J.S.布朗伯利(Bromley,J.S.)编;中国社会科学院世界历史研究所组译．—北京:中国社会科学出版社,2008.8(2011.4重印)

书名原文:The New Cambridge Modern History. Ⅵ, The Rise of Great Britain and Russia:1688~1725

ISBN 978-7-5004-6617-8

Ⅰ.新… Ⅱ.①布…②中… Ⅲ.①世界史:近代史②英国—近代史—1688~1725③俄罗斯—近代史—1688~1725 Ⅳ.K14

中国版本图书馆CIP数据核字(2007)第200106号

| | |
|---|---|
| 策划编辑 | 郭沂纹 |
| 责任编辑 | 易小放 |
| 责任校对 | 李 莉 |
| 封面设计 | 毛国宣 |
| 技术编辑 | 张汉林 |

| | | | |
|---|---|---|---|
| 出版发行 | 中国社会科学出版社 | | |
| 社 址 | 北京鼓楼西大街甲158号 | 邮 编 | 100720 |
| 电 话 | 010—84029450(邮购) | | |
| 网 址 | http://www.csspw.cn | | |
| 经 销 | 新华书店 | | |
| 印 刷 | 北京新魏印刷厂 | 装 订 | 华宝装订厂 |
| 版 次 | 2008年8月第1版 | 印 次 | 2011年4月第2次印刷 |
| 开 本 | 850×1168 1/32 | | |
| 印 张 | 44 | 插 页 | 2 |
| 字 数 | 1138千字 | | |
| 定 价 | 72.00元 | | |

凡购买中国社会科学出版社图书,如有质量问题请与本社发行部联系调换
版权所有 侵权必究

THE NEW
CAMBRIDGE MODERN
HISTORY
VOLUME VI
THE RISE OF GREAT BRITAIN
AND RUSSIA
1688—1715/25
DEITED BY
J. S. BROMLEY

Published by the Syndics of the Cambridge University Press
Bentley House, 200 Euston Road, London NWI 2DB
American Branch: 32 East 57th Street, New York, N. Y. 10022

© Cambridge University Press 1970

Library of Congress Catalogue Card Number: 57 - 14935

ISBN: 0521075246

First published 1970
Reprinted 1971

Printed in Great Britain
at the University Printing House, Cambridge
(Brooke Crutchley, University Printer)

---

英国剑桥大学出版社授权中国社会科学出版社独家出版,侵权必究

### 新编剑桥世界近代史

顾问委员会

G. N. 克拉克　　J. R. M. 巴特勒
J. P. T. 伯里　　E. A. 佩尼恩斯

**本卷译者（按姓氏笔画顺序）**

| 王风林 | 王丽芝 | 王恩光 | 申　立 |
| 许明龙 | 任家桢 | 刘帼贞 | 刘淑敏 |
| 张　扬 | 杨丽华 | 沈苏儒 | 李松林 |
| 陈养正 | 张晓华 | 李培基 | 宋蜀碧 |
| 崔思淦 | 程西筠 | 蒋宗勋 | 谢琬若 |
| 谭之清 | 黎国彬 |

**本卷校者**

李殿昌　周叶谦

# 出版前言

英国剑桥大学出版社出版的世界通史分为古代史、中世纪史、近代史三部。近代史由阿克顿勋爵主编，共14卷，本世纪初出版。经过几十年后，到50年代，剑桥大学出版社又出版了由克拉克爵士主编的《新编剑桥世界近代史》。新编本仍为14卷，共约800万字，论述自文艺复兴到第二次世界大战结束，即自1493至1945年间共四百多年的世界历史。国别史、地区史、专题史交错论述，由英语国家著名学者分别执笔。新编本反映了他们最新的研究成果，有许多新的材料，内容也更为充实，代表了西方的较高学术水平，有较大的影响。

为了供我国世界史研究工作者和广大读者参考，我们将这部书分卷陆续翻译、出版。需要指出的是，书中有些观点是我们所不能同意的，希望读者阅读时注意鉴别。

# 目　录

## 第 一 章

## 导　言

南安普敦大学近代史教授 J.S. 布朗利著

| | |
|---|---|
| 时代的划分和政治地理的变化 | 1 |
| 波罗的海地区和黎凡特 | 2 |
| 俄国与欧洲 | 4 |
| 北方诸王国和西方各国 | 4 |
| 东西方之间的哈布斯堡王朝 | 5 |
| 奥斯曼帝国的衰落 | 8 |
| 匈牙利和哈布斯堡的领地 | 9 |
| 在西班牙的竞争；波旁王朝的统治 | 11 |
| 在意大利的竞争 | 12 |
| 地中海地区 | 14 |
| 在美洲的竞争 | 15 |
| 北美洲的战争与和平 | 16 |
| 贸易的平衡；商人和政府 | 19 |
| 世界贸易；南洋和广州 | 21 |
| 英国和《乌得勒支和约》 | 22 |
| 威廉三世在欧洲的目标 | 24 |

| | |
|---|---|
| 在西欧的战略 | 25 |
| 私掠巡航战 | 26 |
| 人力紧张 | 28 |
| 雇佣兵和征召兵 | 28 |
| 兵士的待遇 | 29 |
| 海军的维修费 | 29 |
| 财政拮据的压力 | 30 |
| 投机商和投机公司发起人 | 32 |
| 教会和国家内部的紧张关系 | 33 |
| 1688年英国革命的意义 | 35 |
| 路易十四:"衰落"问题 | 36 |
| 路易十四:从欧洲观点看他给国内留下的遗产 | 39 |
| 经济困境;气候和农业收成 | 41 |
| 社会困境;人口的流动 | 42 |
| 城镇和乡村 | 43 |
| 贵族和中间阶级的爱好 | 43 |
| 科学运动 | 46 |
| 欧洲和海外世界 | 49 |

# 第 二 章
## 科学运动与科学思想的传播,1688—1751年

牛津大学历史学高级讲师 A. C. 克龙比
剑桥大学历史学讲师 迈克尔·霍斯金 著

| | |
|---|---|
| 科学运动的变化 | 52 |
| 英国的皇家学会和法国的科学院 | 53 |
| 皇家学会在国内和国外 | 53 |

| 法国科学院与国家 | 55 |
| --- | --- |
| 其他国家的各种学会 | 59 |
| 教学和研究工作 | 59 |
| 各大学里的科学 | 60 |
| 德意志的新大学 | 61 |
| 科学知识的传播:期刊和其他出版物 | 62 |
| 对计量的重视;政治算术 | 65 |
| 独立行动的总合 | 67 |
| 力学和与此有关的数学学科的发展 | 68 |
| 牛顿学说和笛卡儿学说的辩论 | 68 |
| 牛顿物理学说受到莱布尼兹和贝克莱的攻击 | 69 |
| 牛顿学说的传播 | 71 |
| 天文学;光学;声学 | 73 |
| 化学:"燃素" | 74 |
| 器械和设备的改善 | 75 |
| 微积分:牛顿和莱布尼兹 | 77 |
| 生物学科寻找理论原理 | 77 |
| 植物学和动物学中的收集和分类 | 78 |
| 雷和图尔纳福尔 | 81 |
| 林奈的"最高次序" | 81 |
| 地质学:化石与诺亚时代的大洪水 | 83 |
| 进化思想;莫佩尔蒂,布丰和显微镜 | 86 |
| 关于生殖和遗传的对立的理论 | 89 |
| 生理学实验及其相互竞争的模式:列奥米尔、黑尔斯、博尔哈夫和冯·哈勒 | 91 |
| 工艺学 | 93 |
| 海上的经度问题 | 93 |
| "新农业" | 95 |
| 人力的组织 | 96 |

各种发明 ………………………………………………………… 96
科学与社会:"科学革命" ………………………………………… 97

# 第 三 章
## 西欧文化的变迁

### 1. 思想与文学的发展趋势

**伦敦大学法国文学教授 W. H. 巴伯著**

英法共同占有统治地位 ………………………………………… 100
西班牙和意大利 ………………………………………………… 100
德意志 …………………………………………………………… 101
尼德兰 …………………………………………………………… 103
俄国 ……………………………………………………………… 104
广大读者 ………………………………………………………… 104
学会和刊物 ……………………………………………………… 105
沙龙和咖啡馆 …………………………………………………… 105
国际交往 ………………………………………………………… 107
书籍的出版和发行 ……………………………………………… 108
正统的文学准则 ………………………………………………… 108
英国的古典标准 ………………………………………………… 109
法国文学:古代作家和近代作家 ……………………………… 109
"理性" …………………………………………………………… 111
贵族式的概念 …………………………………………………… 112
理性主义态度的影响 …………………………………………… 113
科学思想的影响 ………………………………………………… 115
科学的威信日益增长 …………………………………………… 117

普及科学的宗教动机 ································· 118
科学和形而上学 ····································· 118
历史学 ············································· 119
怀疑主义 ··········································· 122
圣经的批判 ········································· 122
王政复辟时期的风俗喜剧 ····························· 123
人物描写散文 ······································· 124
向小说发展 ········································· 126
哲学态度 ··········································· 127
费奈隆 ············································· 128
期刊文章 ··········································· 128
法国戏剧 ··········································· 129
接触到更广阔的世界 ································· 131
游记 ··············································· 131
对东方的研究 ······································· 132
虚构的游记 ········································· 134
与非基督教宗教的接触 ······························· 135
高尚的野蛮人 ······································· 136
对政治思想的影响 ··································· 138

## 2. 音乐, 1661—1752 年

**牛津大学埃克塞特学院院士、音乐学讲师**
**弗雷德里克·斯顿菲尔德著**

音乐的早期历史 ····································· 139
以后的历史 ········································· 140
无标题音乐和标题音乐 ······························· 141
公开演奏会 ········································· 143

音乐作品的印刷和出版 …………………………………… 144
法国宫廷的歌剧;吕利的悲歌剧 ………………………… 144
汉德尔在伦敦;清唱剧 …………………………………… 147
吕利的影响 ………………………………………………… 148
威尼斯和那不勒斯的歌剧 ………………………………… 150
管弦乐队 …………………………………………………… 151
歌剧脚本:泽诺和梅泰斯泰西奥 ………………………… 151
亚历山德罗·斯卡拉蒂 …………………………………… 154
珀塞尔 ……………………………………………………… 155
英国对歌剧的态度 ………………………………………… 157
纯器乐作品:前奏曲和协奏曲 …………………………… 158
约翰·瑟巴斯钦·巴赫 …………………………………… 160

# 第 四 章
## 宗教和教会与国家的关系

**莱斯特大学历史学教授 J. 麦克曼纳斯教士著**

天主教占统治地位的威胁 ………………………………… 164
信仰自由精神的增长 ……………………………………… 165
日内瓦的孤立 ……………………………………………… 167
荷兰的宗教自由 …………………………………………… 168
英国信仰自由的限度 ……………………………………… 169
"有理性的"宗教 …………………………………………… 171
反抗暴政的权利 …………………………………………… 171
英国的主教 ………………………………………………… 174
英国的教会和国家 ………………………………………… 174
传教活动:新教、东正教、天主教 ……………………… 177

|  |  |
|---|---|
| 在新大陆的耶稣会士、圣方济会的托钵僧和修道士 | 177 |
| 远东;在北京的耶稣会士和罗马的布教总会 | 178 |
| 罗马教廷和各国统治者之间的关系;教皇的选举 | 179 |
| 在西班牙和西属西印度群岛的王权至上主义 | 181 |
| 法国天主教的特权 | 181 |
| 在罗亚尔港的扬森主义 | 182 |
| 《克雷芒通谕》 | 182 |
| 政治上的扬森主义 | 184 |
| 在法国之外的"扬森主义者";乌得勒支的教会 | 185 |
| 思想上的紧张状况 | 188 |
| 基督教内部的危机 | 190 |
| 理性和启示:怀疑主义和信仰主义 | 191 |
| "自然的"道德 | 192 |
| 对圣经的批判 | 194 |
| 全基督教的学识 | 194 |
| 波舒哀 | 195 |
| 宗教与科学:创世 | 195 |
| 宿命论 | 196 |
| 罪恶问题 | 198 |
| 宗教与艺术 | 199 |
| 道德上的陈规;英国的"基督教英雄" | 201 |
| 法国的"正直的人" | 202 |
| 居荣夫人和伊西会议:关于寂静教派的争论 | 204 |
| 波舒哀和费奈隆 | 204 |
| 寂静派教义和教友派教义 | 207 |
| 信仰和善行:德国的虔信派 | 208 |
| 虔信派和教育 | 210 |
| 英国的国家和道德标准 | 210 |
| 在经济领域里的基督教原则:巴克斯特和斯蒂尔 | 211 |

妥协 ………………………………………………………………… 212

# 第 五 章
## 欧洲的国际关系

加利福尼亚大学洛杉矶分校历史学教授**安德鲁·洛斯基**著

| | |
|---|---|
| 欧洲分为三个部分 ………………………………………………… | 215 |
| 欧洲的英国 ………………………………………………………… | 216 |
| "均势"原则及其根源 …………………………………………… | 216 |
| 这一原则的应用;北欧的均势 ………………………………… | 218 |
| 东南欧 ……………………………………………………………… | 220 |
| 在意大利的均势;1713年萨伏依的地位 ……………………… | 221 |
| 西班牙君主制的问题 ……………………………………………… | 221 |
| 法国与西班牙 ……………………………………………………… | 221 |
| 法国与意大利各国 ………………………………………………… | 222 |
| 法国与尼德兰 ……………………………………………………… | 222 |
| 路易十四与罗马教廷 ……………………………………………… | 224 |
| 威廉三世与地中海地区 …………………………………………… | 225 |
| 奥地利哈布斯堡王朝在意大利 …………………………………… | 225 |
| 在都灵和里斯本的外交竞争 ……………………………………… | 226 |
| 罗马教廷受到的耻辱 ……………………………………………… | 227 |
| 意大利失去均势的后果 …………………………………………… | 229 |
| 西方各国与德意志诸侯 …………………………………………… | 229 |
| 皇帝的影响 ………………………………………………………… | 230 |
| 巴伐利亚和科隆:维特尔斯巴赫王朝 …………………………… | 232 |
| 对帝国的结构的影响 ……………………………………………… | 232 |
| "欧洲"和"基督教世界" ……………………………………… | 232 |

王朝之间的关系的影响 …………………………………………… 233
正统主义感情和对叛乱者的帮助 ……………………………… 234
国家的等级;外交礼节 …………………………………………… 234
谈判的方法 ………………………………………………………… 235
联合和调停的困难 ………………………………………………… 237
外交艺术 …………………………………………………………… 238
国际法和外交程序 ………………………………………………… 239
禁运和中立的权利 ………………………………………………… 240
交战国之间的协定 ………………………………………………… 242
威廉三世对外交政策的控制;海因修斯和马尔巴勒 ………… 243
维也纳的拖延 ……………………………………………………… 244
路易十四的方式和外交部的发展 ……………………………… 244
通讯;密码和暗号 ………………………………………………… 245
大使、公使和常驻代表 …………………………………………… 246
出任大使的费用 …………………………………………………… 248
收集情报:间谍 ……………………………………………………… 250
"报酬"和津贴 ……………………………………………………… 251
过于夸张赠品和津贴的效用 …………………………………… 252
保护本国侨民:领事 ……………………………………………… 254
在外交中商业的重要性日益增加 ……………………………… 255
经济动机不具有决定作用 ……………………………………… 256
威廉三世和商业利益 ……………………………………………… 256
国际事务中的宗教动机 …………………………………………… 257
路易十四作为天主教信仰的维护者 …………………………… 259
路易十四和威廉三世之比较:对于世界的基本设想和看法 … 260
威廉和"全欧洲的自由" …………………………………………… 262

# 第 六 章
## 英国革命

不列颠学术院院士、文学博士 E. S. 德比尔著

| | |
|---|---|
| 英国宪法上的争执在欧洲政治中的意义 | 264 |
| 查理二世和下议院；城市自治特许状 | 264 |
| 詹姆士二世的性格 | 265 |
| 大臣的更迭 | 266 |
| 詹姆士二世和路易十四 | 266 |
| 1685年的议会；英国天主教徒的状况 | 267 |
| 天主教徒得以任军官职务 | 267 |
| 扩充常备军 | 269 |
| 詹姆士二世和英国国教 | 269 |
| 詹姆士二世和奥伦治的威廉 | 270 |
| 1687年迪克维尔特出任驻英大使 | 270 |
| 1687年4月的《免罪宣言》 | 272 |
| 为新议会进行准备 | 272 |
| 威廉的困难处境和发动入侵的决定 | 273 |
| 七主教被宣布无罪 | 274 |
| 1688年7月向威廉发出的敦请 | 274 |
| 王位继承人的诞生 | 274 |
| 威廉完善了他的入侵计划；德意志诸侯，荷兰的各省 | 276 |
| 路易十四和科隆的选举 | 276 |
| 威廉在10月10日的宣言 | 277 |
| 詹姆士二世完全改变政策的尝试 | 279 |
| 11月15日在托尔贝登陆 | 279 |

| | |
|---|---|
| 詹姆士离开英国 | 280 |
| 自由议会 | 281 |
| 宪法问题 | 281 |
| 威廉和玛丽共同成为君主 | 283 |
| 《权利宣言》:威廉三世和英国的制度 | 284 |
| 威廉三世的性格 | 284 |
| 拒绝宣誓者 | 285 |
| 信仰自由法 | 287 |
| 由于不实行限制而得到新闻自由 | 287 |
| 苏格兰的情况:威廉和玛丽被接受 | 288 |
| 苏格兰的教会和国家:苏格兰分离主义的增长 | 289 |
| 爱尔兰的情况 | 291 |
| 爱尔兰的战役;《利默里克条约》(1691年10月) | 291 |
| 威廉三世和英国的各政党 | 292 |
| 在英格兰的不满情绪:辉格党掌权 | 293 |
| 政治思想的革命;关于王权的理论 | 295 |
| 对法国专制主义的攻击和辩护:朱里厄 | 298 |
| 洛克的《关于政府的两篇论文》 | 299 |
| 一次保守的革命 | 300 |
| 英国思想的影响日益增长 | 300 |

# 第 七 章

## 九年战争,1688—1697年

不列颠学术院院士、牛津大学万灵学院院士**乔治·克拉克爵士**著

| | |
|---|---|
| 名称的问题 | 304 |
| 《尼梅根条约》后法国的战略推进和军事力量的增长 | 304 |

科隆和列日的重要性：有争议的选举 ············································ 305
法国入侵莱茵兰 ············································································ 306
法国的外交打算：贝尔格莱德的陷落；詹姆士二世 ······················ 306
奥伦治的威廉在英国 ···································································· 308
向联合省宣战：帝国各军事力量的组成 ········································ 308
土耳其战争与西方的关系 ···························································· 309
奥地利的军队 ··············································································· 310
荷兰和英国的武装部队 ································································ 310
战斗的特征和战争的目的 ···························································· 311
作战的限制；战争伤亡 ································································ 313
各交战国在军纪、训练和装备方面的差别 ··································· 314
1688年秋季在莱茵兰的作战 ························································ 315
西属尼德兰的重要性；1689年4月对西班牙宣战 ························· 315
对巴拉丁的破坏 ··········································································· 316
皇帝、土耳其人和1689年的海洋强国 ········································· 316
英国和荷兰的合作：海军协定 ····················································· 318
交战国在海上权利的扩大 ···························································· 318
英国和荷兰对于在美洲的征服地的态度 ······································ 319
1689年5月法国在加泰罗尼亚 ······················································ 319
1689年3月詹姆士国王在爱尔兰 ·················································· 319
法国海军的主动行动；威廉三世和海上力量 ······························· 320
爱尔兰战役的开始；伦敦德里包围战 ·········································· 320
法国在莱茵兰的挫败 ···································································· 321
威廉三世在海牙召开"代表大会"；哈布斯堡王朝在德意志的影响 ··· 321
萨伏依：在法国和同盟国之间的维克多·阿马戴乌斯二世 ············ 323
1690年的前景；威廉三世于6月赴爱尔兰 ··································· 323
法国在7月于弗勒鲁赢得胜利 ······················································ 324
图尔维未能充分利用7月10日在比奇岬附近获得的胜利 ············· 324
7月11日在博依恩河；詹姆士国王回到法国 ································ 325

萨伏依参加同盟国:8月18日的斯塔法达战役 ……………… 325
土耳其人收复贝尔格莱德:对德意志战争的影响 …………… 327
瑞典和丹麦维护海上的中立权 ………………………………… 327
1691年:爱尔兰战役的结束 …………………………………… 327
威廉三世在西属尼德兰;蒙斯于4月陷落 …………………… 328
其他地方的作战;卡蒂纳占领尼斯 …………………………… 328
对法国资源的压力;洛沃瓦去世 ……………………………… 329
法国入侵英国的计划:从拉乌盖到巴尔弗洛,5月29日到6月3日 … 329
法国的私掠船 …………………………………………………… 331
卢森堡于6月占领那慕尔;8月3日的斯蒂扣克战役 ………… 331
1692年:法国在莱茵河的优势;从萨伏依入侵法国未能实现 … 332
大同盟的松懈;瑞典提出愿进行调停 ………………………… 332
1693年:开往士麦拿的护航船队;威廉于7月29日在兰
  登—内尔温登战败 …………………………………………… 334
法国在加泰罗尼亚和皮埃蒙特获得成功 ……………………… 335
1694年:除加泰罗尼亚之外,法国在所有战场上都处于守势 … 335
同盟国于6月在布列斯特附近的登陆遭到失败 ……………… 336
在地中海的海战:威廉命令拉塞尔在那里过冬 ……………… 336
1695年:在尼德兰的战役;威廉于9月重新占领那慕尔 …… 337
和平的试探者:卡利埃尔在马斯特里赫特 …………………… 337
1696年:未实现的入侵英国计划 ……………………………… 338
《都灵条约》(8月29日)和意大利于10月中立化;在巴尔干和
  在西班牙的影响 ……………………………………………… 338
双方的财政枯竭 ………………………………………………… 340
在北美洲和加勒比海地区的战争(1689—1697年) ………… 340
1697年:法国在尼德兰的进展和8月10日占领巴塞罗那 …… 341
《里斯威克和约》9月20日至10月30日 ……………………… 341
路易十四承认威廉三世 ………………………………………… 343

# 第 八 章
## 大不列颠作为世界强国出现

牛津新学院院士**戴维·奥格**(已故)著

| | |
|---|---|
| 英国1660年至1714年间的变迁 | 344 |
| 英国和法国的战争能力的对比 | 344 |
| 詹姆士二世党人的威胁 | 345 |
| 爱尔兰和苏格兰 | 345 |
| 法国对爱尔兰和苏格兰的利用 | 347 |
| 英格兰有利的自然条件 | 348 |
| 人的因素:农村的社会变化 | 349 |
| 多种多样的手工艺技巧;"贫困阶层" | 350 |
| 财政因素和经济政策 | 352 |
| 贸易的平衡和特许公司 | 353 |
| 伦敦 | 355 |
| "新富裕阶层"和新的奢侈品 | 355 |
| 妇女的地位 | 356 |
| 南英格兰的支配地位 | 356 |
| 革命得以幸存 | 356 |
| 信仰自由的政治制度:宗教、叛国罪和亵渎罪 | 357 |
| 法官:约翰·霍尔特爵士 | 359 |
| 对君权的限制 | 359 |
| 对外政策的控制 | 360 |
| 王位继承法的重要性 | 361 |
| 走向内阁制政府;小集团 | 361 |
| 安妮女王的大臣们:戈多尔芬和马尔巴勒家族的人 | 363 |

安妮女王转向托利党:萨谢弗雷尔博士 …………………… 364
哈利和博林布鲁克,他们的性格和政治观点 …………… 366
安妮女王逝世和乔治一世继位;1715年叛乱 …………… 367
下议院的组成 ………………………………………… 368
辉格党和托利党 ……………………………………… 369
托利党反对全面的敌对行动 ………………………… 371
与苏格兰合并:苏格兰的政党 ………………………… 372
苏格兰的三级会议提出挑战 ………………………… 374
为了合并进行谈判;1706年的条约,1707年批准 …… 375
合并的后果;高地人和低地人 ………………………… 376
英国的奥古斯都时代;新的新闻业 …………………… 378
对马尔巴勒的攻击 …………………………………… 379
作为小册子作家的斯威夫特:《盟国的行为》 ………… 379
笛福的自由主义 ……………………………………… 380
艾迪生的颂文:扩大和统一的英国 …………………… 382

# 第 九 章
## 战时财政,1689—1714年

圣·凯瑟琳学院院士、牛津大学近代史讲师 P.G.M. 迪克森
加利福尼亚圣·荷塞州立学院人文学副教授 约翰·斯珀林 著

对战争的财政方面的忽略 …………………………… 385
1688年之前和之后的英国财政制度 ………………… 386
战争费用日益增大 …………………………………… 386
税收的局限性 ………………………………………… 387
长期借款;1693年的汤梯联合养老保险制 ………… 387
过分依赖短期借款;到1697年信用降低 …………… 388

抽奖贷款和长期年金；贷款人 ····················································· 388
伦敦老城的技术发展：保险市场 ················································ 390
英格兰银行和财政部：借贷符木 ················································ 391
1696年公共信贷减少 ······························································ 392
银行挽救了这一局势 ································································ 392
英国国库债券的起源和发展 ······················································ 394
海军部和食品供给部发行证券过多：南洋计划 ······························ 395
给"海外部队"汇款的问题：开始的几次错误 ································ 395
英格兰银行在安特卫普的办事处；相互竞争的辛迪加 ···················· 396
戈多尔芬的交换制度在西班牙王位继承战争结束后仍沿用下来 ······ 396
联合省的政府财政的缺点 ························································· 397
中央政府的财政机构；联邦的岁收 ············································· 397
陆军预算和海军军费 ······························································· 399
主要以增加各省的特别税来支付两次战争的费用 ························· 399
荷兰省的直接税和间接税 ························································· 399
荷兰省公债的增加；阿姆斯特丹的贷款设施 ································ 401
法国：财政监督长官；科尔贝尔模式的长处和短处 ······················· 402
战争费用的规模；直接税和间接税 ············································· 403
长期贷款和出卖官职 ······························································· 404
短期债券的种类；1704年以后发行过量 ····································· 405
硬币的缺乏 ············································································ 406
向外国的汇款：于盖坦的经验 ··················································· 408
塞缪尔·贝尔纳的方法：新教银行家和在里昂的支持 ···················· 409
1709年的危机：德马雷和勒让德尔金库 ···································· 410
哈布斯堡王朝财政组织的缺陷 ·················································· 410
对岁入和岁出的估计 ······························································· 411
不履行义务的限度；转移军事义务 ············································· 412
在荷兰市场借贷和从英国借款 ·················································· 412
国内的借款：大贵族和犹太财政家；塞缪尔·奥本海默 ················· 413

1703年的财政危机；建立国家银行的建议 …………………… 416
帝国德希罗银行未发挥作用（1703） …………………………… 417
维也纳市银行的成功（1706）；将短期借款转为长期借款 …… 417
1689—1714年间空前的政府支出规模：财政状况的比较 …… 420
国家借款的费用和效力：各国之间的比较 …………………… 420
国际因素 …………………………………………………………… 421
战时财政的社会和经济后果 …………………………………… 421

# 第 十 章
## 1688—1715年的法国形势

**巴黎高等实验学院研究部主任琼·穆弗里特著**

1691年以后路易十四成为他自己的首席大臣 ………………… 424
到1688年，对政府更加顺从 …………………………………… 424
科尔贝尔对短期需要的关切；滥课赋税 ……………………… 425
1661—1688年在其他行政机构进行的改组 ………………… 426
两个权力工具：地方行政长官和军队 ………………………… 427
王权的限度；其机会主义性质 ………………………………… 427
停滞的经济；谷物的价格 ……………………………………… 428
战争的需要打乱了经济；货币的流通 ………………………… 428
1693—1694年的危机 ………………………………………… 430
1694年以后谷物价格的变动和1709年的饥荒 ……………… 431
食物短缺的反响 ………………………………………………… 432
国王的财政权宜措施 …………………………………………… 432
暴动；食盐走私助长暴力行为 ………………………………… 433
1702—1704年在朗格多克的卡米扎尔派的叛乱 …………… 435
军队成为混乱的一个因素；征兵的特征 ……………………… 435

对国王政策的批评;博维里埃、谢弗勒兹和梅因特侬夫人的影响 ……… 436

费奈隆的改革主张:"致路易十四的信"(1693—1694年)和

《忒勒马科斯历险记》(1699) ……………………………………… 437

其他批评者:布瓦吉尔贝的经济分析;伏邦的财政建议 ………… 440

1689—1715年的财政监督长官 ………………………………… 442

人口税和什一税;部分失败的原因 ……………………………… 444

社会力量:教士和权力日益增大的主教 ………………………… 445

法国天主教自主运动和新扬森主义 ……………………………… 445

最高法院 …………………………………………………………… 446

省三级会议 ………………………………………………………… 447

财政家:勒让德尔、贝尔纳,巴黎家族 ……………………………… 449

"新改宗者"的国际联系:国王和胡格诺派教徒 ………………… 450

增加出卖的官职 …………………………………………………… 452

行政贵族;社会地位的差距的概况 ……………………………… 452

社会进步的前景 …………………………………………………… 453

大城镇的重要性;巴黎的上流社会 ……………………………… 454

思想态度的改变 …………………………………………………… 455

日益增长的世界主义和文化优越感 ……………………………… 457

# 第十一章

## 外国压力下的西班牙帝国,1688—1715年

加利福尼亚大学洛杉矶分校历史学教授

**罗兰·丹尼斯·赫西(已故),J.S.布朗利著**

衰落的问题 ………………………………………………………… 459

走向恢复;人口中的外国成分 …………………………………… 461

政府财政;教会 …………………………………………………… 463

| | |
|---|---|
| 封建领主制和大公 | 464 |
| 卡洛斯二世宫廷中的不断变换的阴谋小集团；他的性格 | 466 |
| 海外领地：菲律宾群岛、加那利群岛、西印度群岛 | 467 |
| 外国的渗透：走私、海盗、贩卖黑奴特许证 | 467 |
| 在北美、中美和南美的领地受到威胁 | 468 |
| 卡洛斯二世的第二次婚姻(1689年)：法尔茨—纽贝格的玛丽亚·安娜 | 468 |
| 新王后不断增大的影响：废黜奥雷佩沙 | 470 |
| 亲奥派和亲法派：总秘书处的重要性 | 470 |
| 政府的经济措施和其他改革 | 471 |
| 巴伐利亚的马克斯·艾曼努埃尔和西属尼德兰的世袭政府 | 471 |
| 行政改组：行政委员会(1693年) | 472 |
| 1696年限制宗教法庭的建议 | 472 |
| 在海外的九年战争：舰队、双排桨大帆船、海盗 | 473 |
| 在伊斯帕尼奥拉的战斗；1695年英国和西班牙对圣多明各的进攻 | 473 |
| 1697年卡塔赫那被波伊蒂和迪卡瑟占领 | 475 |
| 在西印度群岛的防御及措施和传教活动的扩张：加利福尼亚、阿马索尼亚、菲律宾 | 476 |
| 九年战争中的加泰罗尼亚 | 478 |
| 在马德里的法—奥竞争：红衣主教波托卡雷罗和王后 | 478 |
| 第一次分割条约；在马德里的反哈布斯堡王朝的表现 | 479 |
| 在北非的敌对行动；法国在南洋和路易斯安那 | 480 |
| 1695年的"达里埃公司"；1698—1700年苏格兰人在达里埃 | 482 |
| 第二次分割条约；卡洛斯在遗嘱中将王国传给昂儒的菲利普 | 482 |
| 卡洛斯二世去世(1700年11月1日)：路易十四接受了他的遗嘱 | 483 |
| 菲利普五世在马德里：大公们和阿拉贡各领地的态度 | 483 |
| 在加泰罗尼亚和巴伦西亚的反应 | 485 |
| 菲利普的性格 | 485 |
| 他不得不面对的难题；立法的多样性 | 486 |

路易十四最初对西班牙使用圆滑手段 …………………………… 486
法国在西印度群岛贸易的增长:贩卖黑奴特许证 ……………… 487
法国的影响日益增大:1701年派让·奥里赴西班牙 …………… 489
奥里建议采用法国式行政体制:他的财政改革 ………………… 489
西班牙军队的革新 …………………………………………………… 490
菲利普与萨伏依的玛丽亚·路易莎结婚(1701年);德·于尔森
　公主的影响 ……………………………………………………… 492
菲利普在萨拉戈萨、巴塞罗那和那不勒斯,1701—1703年 …… 493
玛丽亚·路易莎成为王国执政;她在马德里受到爱戴 ………… 493
法国在马德里的争端:1704年路易十四召回奥里和德·于尔森夫人 … 494
1705年重新派遣德·于尔森夫人和奥里 ………………………… 494
波托卡雷罗退隐;任命阿梅洛和格里马尔多 …………………… 496
1705年8月22日查理大公到达后加泰罗尼亚和巴伦西亚发生叛乱 … 496
对"查理三世"的批评 ……………………………………………… 497
1706年:菲利普暂时撤离马德里;第二次召回奥里 …………… 497
对海外的战争;法国的护航船队;坎佩切、加那利群岛、
　佛罗里达、萨克拉门托殖民地 ………………………………… 499
马尼拉大帆船:当皮埃尔和伍兹·罗杰斯 ……………………… 499
阿尔曼萨战役之后(1707年):对阿拉贡特权的破坏 ………… 500
西班牙和法国之间的不和:1709年的和谈 ……………………… 501
对法国经济压力的反抗 …………………………………………… 503
与罗马的不和,1709年 …………………………………………… 504
菲利普与和平谈判;奥里于1713年返回 ………………………… 504
西班牙旧政府制度的结束 ………………………………………… 506
1714年2月玛丽亚·路易莎王后去世 …………………………… 506
教会与国家:梅尔肖·德马卡纳兹和宗教法庭 ………………… 507
1714年9月巴塞罗那陷落:贝威克在加泰罗尼亚的统治 …… 507
关于加泰罗尼亚政府的解决办法,1715—1717年 ……………… 508
菲利普和伊丽莎白·法内塞的结婚开辟了一个新时代 ……… 509

## 第十二章
## 从九年战争到西班牙王位继承战争

乔治·克拉克爵士著

《里斯威克和约》实际上是停战协定 ⋯⋯⋯⋯⋯⋯⋯⋯⋯ 511
马克斯·伊曼纽尔在西属尼德兰;荷兰的驻军 ⋯⋯⋯⋯ 511
西班牙军队的弱点 ⋯⋯⋯⋯⋯⋯⋯⋯⋯⋯⋯⋯⋯⋯⋯⋯ 512
荷兰和英国的军队被裁减 ⋯⋯⋯⋯⋯⋯⋯⋯⋯⋯⋯⋯⋯ 512
奥地利和法国军队没有受到很大影响 ⋯⋯⋯⋯⋯⋯⋯⋯ 513
1698年和1688年的不同 ⋯⋯⋯⋯⋯⋯⋯⋯⋯⋯⋯⋯⋯⋯ 513
许多事取决于卡洛斯二世的逝世;西班牙的态度 ⋯⋯⋯ 515
海洋强国和哈布斯堡王室的态度 ⋯⋯⋯⋯⋯⋯⋯⋯⋯⋯ 515
法国在西班牙的利益及其领地 ⋯⋯⋯⋯⋯⋯⋯⋯⋯⋯⋯ 517
西班牙王位继承问题:法律问题和要求继位的人 ⋯⋯⋯ 517
哈布斯堡王朝的利益;1668年的秘密分割方案 ⋯⋯⋯⋯ 518
巴伐利亚的要求 ⋯⋯⋯⋯⋯⋯⋯⋯⋯⋯⋯⋯⋯⋯⋯⋯⋯ 521
支持分割的荷兰人 ⋯⋯⋯⋯⋯⋯⋯⋯⋯⋯⋯⋯⋯⋯⋯⋯ 521
为了修改分割方案而采取的初步行动;1698年塔拉尔在伦敦 ⋯ 521
路易十四的政策:在法国南部的军事部署 ⋯⋯⋯⋯⋯⋯ 522
马克斯·伊曼纽尔的地位和伯杰克为奥斯坦德作出的计划 ⋯ 524
威廉三世建议;对他的动机的毁谤 ⋯⋯⋯⋯⋯⋯⋯⋯⋯ 525
第一次分割条约,1698年10月11日:它的优点 ⋯⋯⋯ 528
巴伐利亚的约瑟夫·费迪南去世(1699年2月) ⋯⋯⋯ 530
新形势 ⋯⋯⋯⋯⋯⋯⋯⋯⋯⋯⋯⋯⋯⋯⋯⋯⋯⋯⋯⋯⋯ 530
法国和奥地利之间的均势 ⋯⋯⋯⋯⋯⋯⋯⋯⋯⋯⋯⋯⋯ 531
第二次分割条约,1700年3月25日;利奥波德一世准备战争 ⋯ 531

昂儒的菲利普成为卡洛斯二世的继承人;波托克雷罗与教皇 …………… 532
路易十四于1700年11月10日承认遗嘱 ……………………………… 534
菲利普五世得到米兰和布鲁塞尔的承认 ………………………………… 534
1701年:法国的军事措施 ………………………………………………… 534
西属尼德兰接纳了法国军队:荷兰和马克斯·伊曼纽尔的撤出 ……… 535
科隆的约瑟夫·克莱门特大主教和他的教士会 ………………………… 537
菲利普五世得到联合省和英国的承认,1701年2—4月 ……………… 538
威廉三世说服英国议会;皇帝的地位 …………………………………… 539
利奥波德一世和路易十四之间在德意志争取盟友的竞争 ……………… 539
北方大战的爆发:1700年8月18日的《特拉凡德尔条约》 …………… 541
皇帝决心抵制法国的要求 ………………………………………………… 542
1701年:在意大利北部的法国军队(1月);意大利各国的态度 ……… 542
西方的陆军和海军军事准备;德意志各国的态度 ……………………… 544
在意大利的奥地利人:尤金战败卡蒂纳和维勒鲁瓦 …………………… 545
马尔巴勒和《大同盟条约》(9月7日) …………………………………… 546
法国—波兰谈判中断 ……………………………………………………… 546
德意志参加大同盟 ………………………………………………………… 546
葡萄牙与法国和西班牙的条约(6月) …………………………………… 548
路易十四承认老觊觎王位者(9月)并建议割让西属尼德兰(10月30日) … 549
1702年:皇帝举棋不定的战略:宁愿选择地中海战争 ………………… 549
3月19日威廉三世去世;宣战,4月8日—5月15日 …………………… 551

# 第十三章
## 欧洲的西班牙王位继承战争

海牙荷兰历史国家委员会前秘书 A.J. 费恩达尔著

大同盟的目的 ……………………………………………………………… 553

德意志各邦与大同盟 ………………………………………… 553
1702 年时同盟军的实力 ………………………………………… 554
法国的有利之处 ………………………………………… 555
西属尼德兰形势:伯杰克伯爵的改革 ………………………………………… 555
帝国内部对路易十四的支持:巴伐利亚和科隆 ………………………………………… 557
安妮女王继续奉行威廉三世的大陆政策 ………………………………………… 558
威廉的去世对联合省的影响;荷兰的战争目的 ………………………………………… 559
最高指挥官的问题:马尔巴勒 ………………………………………… 559
同盟军在莱茵河和默兹取得的初步成功,1702—1703 年 ………………………………………… 561
马尔巴勒选择的运动战战略被荷兰人挫败 ………………………………………… 561
1703 年:维拉尔攻入巴伐利亚;蒂罗尔两面受敌 ………………………………………… 562
意大利北部的战争;萨伏依参加同盟军 ………………………………………… 562
加的斯和比戈,1702 年;葡萄牙参加同盟:《梅休因条约》
　(1703 年 5—12 月) ………………………………………… 563
英荷禁止对西班牙和法国进行贸易(1703—1704 年) ………………………………………… 565
1704 年:对维也纳的威胁;马尔巴勒向多瑙河进军:
　布莱海姆(8 月 13 日) ………………………………………… 566
在尼德兰和意大利北部的相持 ………………………………………… 569
同盟军开始西班牙战役(3 月);8 月 3 日攻占直布罗陀 ………………………………………… 569
8 月 24 日的马拉加之战 ………………………………………… 570
1705 年:约瑟夫一世皇帝,巴伐利亚和特兰西瓦尼亚 ………………………………………… 570
马尔巴勒未能实现的摩泽尔进军;马尔巴勒和荷兰人的
　分歧 ………………………………………… 571
萨伏依的困境;巴塞罗那于 10 月 14 日向同盟军投降 ………………………………………… 572
路易十四的第一次秘密和平建议被拒绝 ………………………………………… 572
1706 年:拉米伊(5 月 23 日)和比利时的革命 ………………………………………… 574
荷兰屏障;马尔巴勒和南尼德兰政府 ………………………………………… 575
在南尼德兰的英荷共管;上莱茵 ………………………………………… 576
对都灵的解救(9 月 7 日)和法国越过阿尔卑斯山脉撤退 ………………………………………… 576

马德里撤离之后同盟军在西班牙获得成功 ································· 577
同盟军的有利地位:"不要没有西班牙的和平" ······················ 579
荷兰屏障外交的失败 ······························································· 580
1707年:查理十二世在萨克森;马尔巴勒于4月前往
  阿尔特兰施泰特 ······························································· 580
在尼德兰的无结果的战役;维拉尔突破斯多尔赫芬的防线 ······· 581
奥地利人进入那不勒斯 ··························································· 581
同盟军在土伦城外受挫(8月22日)和在阿尔曼萨战败(4月25日) ··· 582
1708年:英国的成功——撒丁和米诺卡 ································· 582
奥地利增援加泰罗尼亚 ··························································· 584
尼德兰成为主战场:奥德纳德(7月11日) ······························· 585
对里尔的残酷的包围战:这个要塞于12月9日陷落 ················ 585
1709年:和平谈判的失败 ······················································· 587
路易十四向民众发出呼吁;马尔普莱奎战役(9月11日)
  是一场代价极大的胜利 ···················································· 588
同盟军在西班牙处于守势 ······················································· 589
10月29日的英荷王位继承和屏障条约:这一条约引起的憎恨 ··· 589
1710年:进一步的和平谈判的失败(3—7月) ······················· 590
"不可逾越的防线";同盟军在西班牙的溃退 ·························· 592
英国的托利党政府:新外交政策 ············································· 592
1711年:入侵法国再次受挫 ··················································· 593
圣约翰和托西之间的谈判 ······················································· 593
对屏障条约的不承认 ······························································ 594
斯威夫特的《同盟国的行径》;英国和荷兰互相指责 ················ 594
1712年:1月29日在乌得勒支举行代表大会;英国于5月21日
  发出的"限制令" ······························································· 595
荷兰于7月24日在德南被维拉尔击败 ····································· 595
1713年:新屏障和《乌得勒支和约》(3—4月) ······················· 597
1714年:《拉施塔特条约》和《巴登条约》······························· 597

加泰罗尼亚的命运 597
1715年:第三次屏障条约(11月15日) 598

# 第十四章
# 乌得勒支和约

牛津大学近代史讲师、伍斯特学院院士 H. G. 皮特著

谋求和平的早期活动,1706—1708年 599
关于西班牙的不同主张:法国态度的改变 600
辉格党的态度:英国和奥地利反对分割 602
以给予屏障为交换对荷兰施加的压力 602
各国互相矛盾的目的:1709年的开端 602
维也纳缺乏一贯的政策:符拉蒂斯芬的意大利政策 603
1709年3月至5月的谈判:荷兰的要求逐步增加 604
法国的让步:对菲利普五世给予补偿的问题 606
法国拒绝第四和第三十七款;误解的原因 609
维也纳不让步 610
第一次屏障条约的意义:英国人的外交胜利 611
在马杜克和格特洛伊顿堡的进一步谈判(1710年) 613
戈多尔芬内阁的解体成为转折点 613
对战争的厌倦给圣约翰的政策带来支持;英国的报刊 614
英法秘密谈判于1710年8月开始;1711年4月的建议 615
1711年10月8日的梅斯纳热协定 617
荷兰勉强接受以此协定作为基础 618
议会批准这一协定 618
乌得勒支代表大会:英法之间的协定成为决定因素 620
同盟国的"特别要求":英国的和荷兰的 621

皇帝拒绝考虑对西班牙继承领地的分割 ………………………… 621
菲利普五世继承法国王位的可能性:菲利普的态度 ………… 622
英荷关系恶化;通商权利和屏障条约 …………………………… 624
普鲁士的要求:上盖尔德兰和内沙特尔 ………………………… 625
葡萄牙的收获和失望 ……………………………………………… 627
与萨伏依的安排:西西里和阿尔卑斯屏障 ……………………… 627
哈布斯堡王朝的孤立:皇帝商讨西班牙问题 …………………… 628
法国对奥地利的要求:意大利的小诸侯国 ……………………… 629
路易十四于1713年2月将王位觊觎者移至洛林 ……………… 631
议会拒绝博林布鲁克同法国签订的通商条约 ………………… 631
英国和法国解决美洲问题 ………………………………………… 632
1713年4月11日同法国签订和约 ……………………………… 632
英国达到主要战争目的 …………………………………………… 632
荷兰被迫同意 ……………………………………………………… 633
皇帝和德意志诸侯们的分歧 ……………………………………… 633
维拉尔和尤金之间进行的谈判(1713年11月—1714年1月) … 634
《拉施塔特条约》,1714年3月6日 ……………………………… 636
德意志的解决方案;帝国内部的宗教分裂 ……………………… 636
巴登条约,1714年9月7日 ……………………………………… 637
德意志解决方案比较不稳定 ……………………………………… 637
英国和西班牙之间的政治和商业谈判:贩卖黑奴特许证 …… 638
1713年7月13日签订英—西和约 ……………………………… 640
1713年6月26日联合省和西班牙签订条约 …………………… 640
1715年2月的西葡条约:萨克拉门托殖民地 …………………… 640
第二个英荷《屏障条约》,1713年1月30日 …………………… 640
奥荷《屏障条约》,1715年11月15日 …………………………… 642
关于荷兰屏障的后来的历史 ……………………………………… 642
《乌得勒支和约》的价值 …………………………………………… 642

## 第十五章
## 英法在北美,1689—1713年

**南安普敦大学美国史讲师菲利普·S. 哈芬登著**

| | |
|---|---|
| 光荣革命在北美洲的反响 | 645 |
| 革命动乱的背景;波士顿的作用 | 645 |
| 马萨诸塞:对独立的妥协 | 646 |
| 纽约:雅各布·莱斯勒 | 646 |
| 马里兰:对领主政府的不满 | 647 |
| 弗吉尼亚和东泽西 | 647 |
| 1691年的马萨诸塞特许状 | 649 |
| 新英格兰外部的变化 | 649 |
| 法属加拿大:国家与教会 | 650 |
| 凡尔赛的遥控 | 651 |
| 法裔加拿大人的性格 | 651 |
| 法国人和美洲印第安人;弗隆特纳克 | 652 |
| 菲普斯远征魁北克的失败(1690年) | 654 |
| 弗隆特纳克借鉴印第安人的作战方法 | 654 |
| 法国在纽芬兰和赫德森湾的成功 | 655 |
| 法国惩罚易洛魁人并使他们保持中立(1701年) | 656 |
| 1696年的航海条例和商务部 | 658 |
| 国王和殖民地特许证 | 659 |
| 清教徒的神权政治陷入绝境:塞勒姆审判;教友派和英国圣公会 | 660 |
| 其他殖民地的宗教;法国和德意志的教派 | 662 |
| 战争对道德行为的影响 | 663 |
| 教育:哈佛大学、耶鲁大学、威廉—玛丽学院 | 663 |

| | |
|---|---|
| 印刷厂和图书馆 | 664 |
| 社会结构和城市意识 | 664 |
| 新法兰西：社会服务、教育和文化 | 665 |
| 传教活动的边界 | 667 |
| 上密西西比和路易斯安那：耶稣会会士和神学院学生 | 668 |
| 路易斯安那的起源（1684—1698年） | 669 |
| 它早期的变迁：勒·穆瓦纳兄弟和克罗扎 | 671 |
| 在新英格兰的西班牙王位继承战争 | 672 |
| 沃德勒伊和达德利考虑地区性中立 | 673 |
| 马萨诸塞未能夺占罗耶尔港、阿卡迪亚 | 673 |
| 纽芬兰的战局变化迅速 | 674 |
| 卡罗来纳进攻佛罗里达的传教地区 | 674 |
| 对印第安人的政策和保卫路易斯安那 | 676 |
| 占领罗耶尔港（1710年10月）和"光荣的事业" | 677 |
| 1711年远征魁北克的惨败 | 677 |
| 帝国瓦解的种子；一代人的消逝 | 678 |
| 美洲对和约的态度 | 679 |
| 新法兰西保持活力 | 681 |
| 战争对人口的影响；英国的优势增强 | 681 |

# 第十六章
## 葡萄牙及其帝国，1680—1720年

索帮大学文学教授 V. 马加良斯·戈迪尼奥著

| | |
|---|---|
| 葡萄牙大西洋经济的萧条和繁荣；1668—1728年的物价变化过程 | 683 |
| 巴西的生产危机：糖、烈性酒和烟草 | 684 |
| 受到限制的货币供应 | 686 |

| | |
|---|---|
| 反重商主义情绪:宗教法庭 | 686 |
| 再出口贸易的下降 | 687 |
| 工业投资项目和新工厂(1670—1692年) | 687 |
| 为了减少进口的节约法令 | 689 |
| 货币政策:1688年的重新估价法令的成功 | 689 |
| 奴隶贸易:卡切奥公司和1696年的贩卖黑奴特许证 | 690 |
| 莫桑比克:开辟殖民地的新努力 | 693 |
| 果阿和澳门:东印度几家新的公司于1700年合并 | 693 |
| 东方贸易的复兴;利润和货物 | 694 |
| 阿曼人占领蒙巴萨(1698);赞比西三角洲 | 694 |
| 印度的葡萄牙城市的衰败;印度葡萄牙人的移居 | 696 |
| 九年战争期间和战后贸易的繁荣 | 697 |
| 橄榄林和葡萄园的扩大 | 698 |
| 工业化政策的破产 | 700 |
| 贵族对增加酒类出口的兴趣 | 701 |
| 经济政策上的分水岭:红葡萄酒、马德拉白葡萄酒和黄金的循环 | 703 |
| 1688年之后同英国的贸易扩大;1703年12月27日的《梅休因条约》的意义 | 703 |
| 针对法国而实行严格防御性的外交政策 | 704 |
| 伊比利亚半岛和南美洲的边界问题 | 705 |
| 同西班牙和法国的条约(1701年6月18日) | 705 |
| 英荷海上力量和1703年5月16日的《梅休因条约》 | 705 |
| 人口增长缓慢对军队的影响 | 707 |
| 战争的破坏(1704—1712年):食物供应 | 708 |
| 白银的供应减少;王位继承战争的互相矛盾的结果 | 709 |
| 巴西:1670年之前和之后的布宜诺斯艾利斯贸易;去里斯本的护航船队 | 709 |
| 在巴西的扩张:萨克拉门托殖民地,1680—1715年 | 711 |
| 亚马孙河流域的发展:马拉尼翁和大帕拉 | 712 |

在上亚马孙河的耶稣会;卡宴的法国人 ················································· 714
养牛业和对内地的深入 ···························································· 714
大养牛区:皮革贸易的发展 ························································ 715
圣保罗的远征:寻找黄金的武装探矿者 ············································· 715
从1674年开始对内地进行系统的探察;1700年之后的黄金走势 ····················· 716
巴西黄金的出口(1699—1755年) ················································· 718
巴西黄金的欧洲目的地 ···························································· 719
葡萄牙物价水平再次下降(1712—1730年);扶植工业的新尝试 ····················· 719
1716年之前和之后的王室岁收;重商主义的王朝 ···································· 720
地产和各宗教教派 ································································ 720
贵族的财富 ······································································ 722
所有权形式和对土地及其产品的占有形式 ··········································· 723
葡萄牙的国家和社会 ······························································ 725

# 第十七章
## 地中海

琼·马蒂厄著

一致性和多样性;东部和西部地中海 ················································ 727
沿海的交通和无数的港口;航海的危险 ············································· 727
城市的人口 ······································································ 728
加的斯、里窝那、热那亚、马赛 ····················································· 729
瘟疫:严厉的检疫制度 ···························································· 730
穆斯林和基督教徒海盗 ···························································· 730
阿尔及尔的力量:俘获物和俘房;赎回奴隶 ·········································· 732
法国和北非伊斯兰教各国;基督教徒海盗;马耳他 ··································· 733
私掠船和商船;中立国旗 ·························································· 734

| | |
|---|---|
| 海军力量只起有限的威慑作用 | 735 |
| 地中海地区的经济;谷物贸易;进出口 | 736 |
| 穆斯林的陆上贸易通道 | 736 |
| 地中海东部的贸易;治外法权条款和领事机构 | 738 |
| 在地中海东部各国的英国人、荷兰人和法国人;法国在北非伊斯兰各国的公司 | 739 |
| 东西方贸易的平衡;地中海东部各国的工业 | 740 |
| 支付手段;硬币贸易;布匹的出口 | 740 |
| 到1715—1720年,法国占领先地位 | 741 |
| 西班牙帝国和土耳其帝国:统治方法的对比 | 742 |
| 在穆雷·伊斯美尔苏丹统治下的摩洛哥 | 743 |
| 过去的地中海强国的衰落:威尼斯 | 743 |
| 威尼斯经济的性质发生变化;大陆部分 | 746 |
| 西班牙在意大利的领地:那不勒斯和西西里,米兰人 | 746 |
| 那不勒斯的文化;音乐和艺术 | 749 |
| 萨伏依的维克多·阿马戴乌斯二世的成就 | 750 |
| 皮埃蒙特—萨伏依的有限的资源 | 751 |
| 行政、财政和司法改革;王室的最高权力 | 751 |
| 皮埃蒙特—萨伏依的改革的消极方面 | 752 |
| 地中海地区的造船业;奥斯曼帝国和威尼斯 | 753 |
| 海军的人力和划船奴隶;法国的双排桨大帆船军团 | 753 |
| 双排桨大帆船的用途;它的消失 | 756 |
| 西班牙海上力量的瓦解 | 757 |
| 奥斯曼海上力量的复兴:梅祖莫托 | 757 |
| 英国海上力量的侵入:直布罗陀 | 758 |
| 九年战争中的法国海军:土伦和布雷斯特 | 760 |
| 英荷舰队在地中海(1694—1696年):较量的结果 | 761 |
| 地中海地区和分割条约 | 762 |
| 在地中海地区的西班牙王位继承战争 | 762 |

西班牙的损失主要归咎于陆地上的挫败 ································ 763
同盟军未能充分利用海军优势;卡米萨德派 ······················· 763
海上战争附属于陆上战争;法国的商业优势 ······················· 764
从地中海的势力竞争到大西洋的势力竞争 ························· 764

# 第十八章
## 奥地利的哈布斯堡家族

牛津大学近代史讲师、摩德琳学院院士 J.W. 斯托伊著

在霍夫堡的宫廷和政府 ································································ 766
维也纳:自治市市民和贵族 ························································ 766
专制制度的发展;中央国库和宫廷办公厅 ·································· 767
对专制制度的反抗:地方议会和官吏 ·········································· 767
中央政府的缺陷:互相重叠的委员会 ·········································· 768
哈布斯堡家庭对天主教会和"我们的王室"的忠诚 ···················· 770
四处分散的世袭权力之间争夺优先权的斗争 ····························· 771
再次征服匈牙利(1685—1688年) ············································· 771
到1689年时哈布斯堡王朝在巴尔干的地位所拥有的力量 ········· 772
来自西欧的压力 ········································································· 774
两条战线之间的矛盾;和土耳其人的和谈破裂 ·························· 775
哈布斯堡王朝的势力进入马其顿和罗马尼亚 ····························· 775
1690年土耳其的力量恢复;1691年之后的军事僵持 ················· 777
曾塔战役(1697年9月11日)和《卡尔洛维茨和约》(1699年) ···· 777
新征服领地上的哈布斯堡王室政府;人口的移动 ······················ 778
特兰西瓦尼亚:米夏尔·阿佩费放弃他的称号(1697年) ·········· 779
匈牙利:红衣主教科洛尼希的政策 ············································· 779
税赋引起农民的骚乱 ································································· 781

| | |
|---|---|
| 1703年的匈牙利暴乱:拉科西和伯采伊 | 781 |
| 拉科西的军事成就,他得到特兰西瓦尼亚人的承认 | 782 |
| 对暴乱的镇压:日博战役(1705年11月)和特伦钦战役(1708年8月) | 784 |
| 在索特马尔签订的和平解决方案和1712—1715年的议会 | 784 |
| 皇帝和德意志诸侯之间的关系 | 785 |
| 哈布斯堡王朝在德意志西部和中部任意封官所造成的影响 | 787 |
| 帝国的权力本身性质模糊不清 | 788 |
| 布莱海姆战役之前和之后的巴伐利亚 | 788 |
| 哈布斯堡王朝和维特尔斯巴赫家族 | 789 |
| 与勃兰登堡—普鲁士的摩擦和同汉诺威的友谊 | 791 |
| 在意大利的积极政策:西班牙王位继承问题 | 791 |
| 哈布斯堡王朝在对西班牙敌对行动上犹豫不决 | 792 |
| 在家庭内部关于分割西班牙的协议(1703年) | 794 |
| 同萨伏依的维克多·阿马戴乌斯的协议(1703年11月) | 794 |
| 夹在海洋强国和维也纳之间的查理大公;忠于他的西班牙称号 | 795 |
| 奥地利在意大利进行的战争(1701—1707年);要求各诸侯领地作出的捐献 | 795 |
| 哈布斯堡王室和罗马教廷的争执 | 797 |
| 克雷芒十一世在科马基奥战争中战败(1708—1709年) | 798 |
| 维克多·阿马戴乌斯在伦巴第的要求:哈布斯堡王室的不信任 | 798 |
| 查理六世皇帝对维克多·阿马戴乌斯二世和菲利普五世的态度 | 799 |
| 奥地利在意大利的统治与西班牙的统治相比较 | 801 |
| 意大利文化在维也纳的影响 | 801 |
| 奥属尼德兰:旧特权得到承认 | 802 |
| 重新抱有对巴尔干的野心(1716—1718年) | 802 |
| 旧有领地里的经济和社会状况;在波希米亚、摩拉维亚和西里西亚的地主和农民 | 802 |
| 战时赋税对农民阶级的影响 | 805 |

辉煌的建筑表现出贵族的富有 ………………………………… 805
在哈布斯堡王朝的疆土上贵族成为一种统一的力量 ………… 806
教会的巩固地位及其影响 ………………………………………… 806
停滞的内陆经济；在城镇和大领地里的生产 …………………… 808
严密的行会组织；宫廷承办商和特许制造商 …………………… 809
政府和矿业资源：联合采矿总公司 ……………………………… 809
同东南欧贸易的发展：查理六世的政策 ………………………… 811
西里西亚的重要性；奥地利各领地贸易通道的变化 …………… 812
1714年前经济改革计划遭到失败 ………………………………… 813
1720年之后查理六世对改革失去兴趣 …………………………… 815

# 第十九章

## 土耳其人的退却，1683—1730年

安卡拉大学历史学教授 A. N. **库拉特**，J. S. **布朗利**著

奥斯曼帝国的版图及其行政区划 ………………………………… 816
在亚洲的疆土缩小；美索不达米亚、叙利亚和黎巴嫩 ………… 816
埃及的重要性：政治宗派和军事暴动 …………………………… 817
红海和黑海；鞑靼人和哥萨克人 ………………………………… 819
边防和要塞体系 …………………………………………………… 819
交通：国内外的商业 ……………………………………………… 819
手工业：行会和近卫步兵 ………………………………………… 822
城市和农村；包税制的发展 ……………………………………… 822
停滞的农业和农民的移居 ………………………………………… 823
军队的人力，地方军队和职业军队；近卫步兵和其他军团 …… 823
海军：双排桨大帆船和其他帆船 ………………………………… 826
苏丹和宰相；书记官的重要性 …………………………………… 826

| | |
|---|---|
| 穆斯林神学家的影响；塞拉留的阴谋 | 828 |
| 自我批评和对西方影响的不信任 | 829 |
| 君士坦丁堡大教长 | 829 |
| 宗教、种族和贫困 | 831 |
| 1683年：从维也纳的撤退；1684年的神圣同盟 | 831 |
| 争夺匈牙利的斗争；攻陷新扎姆基（1685年）和布达（1686年） | 832 |
| 土耳其人被逐出摩里亚（1685—1687年）；在瑞杰哈萨尼的失败（1687年8月12日） | 834 |
| 1687年11月8日的军队叛变和废黜穆罕默德四世 | 834 |
| 1688年：奥地利人攻占彼得华亭和贝尔格莱德；和平谈判的失败 | 836 |
| 1689年的危机和费齐尔·穆斯塔法帕夏：潮流的改变 | 836 |
| 扎莱凯曼大屠杀（1691年8月19日）和调解的尝试 | 837 |
| 威尼斯人在希俄斯岛（1694—1695） | 839 |
| 奥斯曼帝国战争努力的恢复；财政混乱和社会弊害 | 839 |
| 俄国对亚速的进攻（1695—1969年）；其影响 | 842 |
| 曾塔战役（1697年）和卡尔洛维茨协议（1699年1月26日） | 844 |
| 这一和约的多方面的意义 | 844 |
| 威尼斯和俄国对达达尼尔海峡和黑海的威胁 | 845 |
| 胡赛因帕夏的改革；武装部队 | 847 |
| 宰相和君士坦丁堡的穆夫提之间的斗争 | 848 |
| 1703年8月的"亚德里亚堡事件"：苏丹穆斯塔法二世退位 | 848 |
| 苏丹艾哈迈德三世的性格；乔尔吕吕·阿里帕夏成为宰相 | 850 |
| 波尔塔瓦（1709）：查理十二世在土耳其 | 850 |
| 反俄情绪的增长：德夫列特—格雷·汗和本德集团 | 851 |
| 巴尔塔吉·穆罕默德帕夏：1710年11月20日土耳其和俄国开战 | 853 |
| 沙皇彼得向巴尔干的基督教徒发出呼吁；他们和莫斯科的关系 | 853 |
| 东正教和天主教的对立；摩尔达维亚和瓦拉几亚 | 854 |
| 俄国向摩尔达维亚进军 | 854 |
| 1711年7月21日俄国在普鲁特河畔投降；对巴尔塔吉·穆罕默德 | |

| | |
|---|---|
| 的批评 | 856 |
| 彼得放弃亚速和塔甘罗格 | 857 |
| 一个希腊—土耳其政权:法那人的影响日益增长 | 857 |
| 俄国和波兰:土耳其政府再次宣战 | 859 |
| 1713年6月5日的亚德里亚堡和约;1714年9月查理十二世离开土耳其 | 859 |
| 从威尼斯手中收复摩里亚的计划:希拉达尔·阿里帕夏 | 860 |
| 1715年在摩里亚的战役;1716年科孚受到威胁 | 862 |
| 维也纳决定进行干预:土耳其国务会议中的混乱 | 862 |
| 1716年8月5日尤金在彼得华亭击溃赛拉赫达尔·阿里帕夏,并于10月12日占领泰梅什堡 | 863 |
| 1717年8月16日贝尔格莱德陷落;威尼斯在海上战败 | 865 |
| 1718年7月21日的《帕萨洛维茨和约》 | 865 |
| 奥斯曼帝国军事劣势的原因 | 868 |
| 奥斯曼帝国希望和平:伊卜拉辛帕夏和"郁金香时代" | 868 |
| 文化的发展 | 869 |
| 传染病、昂贵的食品和失业 | 871 |
| 阿富汗人入侵波斯:沙皇彼得向里海进展(1723年) | 871 |
| 土耳其和俄国肢解波斯(1724—1730年) | 872 |
| 在君士坦丁堡的近卫步兵起义(1730年9月—11月) | 872 |
| 苏丹穆罕默德一世谋杀佩特罗纳·哈利尔及其同党 | 875 |

# 第二十章(上)
## 查理十二世及北方战争

伦敦大学国际关系史教授**朗希尔德·哈顿**著

| | |
|---|---|
| 1700—1721年的战争被视为历史性竞争的顶点 | 878 |

瑞典关于帝国的理论 …………………………………… 878
波罗的海地区力量均势的变化 ………………………… 879
查理十一世统治时期的重新评价和改革 ……………… 879
九年战争中瑞典的中立:繁荣的间歇期………………… 880
1697年:查理十二世即位:预兆和危险 ………………… 882
荷尔施泰因—哥托普和利沃尼亚:丹麦、萨克森和俄国的联合 …… 883
萨克森—波兰的奥古斯都于1700年2月进攻利沃尼亚 …………… 884
瑞典人进攻丹麦:《特拉凡德尔和约》(1700年8月) …… 886
1700年11月30日瑞典在纳尔瓦战胜俄国人 ………… 887
进攻奥古斯都的决定;1701年7月19日越过德维纳河 …… 888
波兰和立陶宛的局势 …………………………………… 888
查理十二世的波兰政策和对这一政策的批评者 …………… 891
斯坦尼斯拉斯·莱茨津斯基即位为波兰国王;《华沙条约》(1705年) … 891
波兰作为对俄国作战的基地或者作为缓冲国 …………… 892
瑞典在克里斯祖(1702年)和弗劳斯塔特(1706年)的胜利 ……… 893
查理十二世的性格 ……………………………………… 895
查理进入萨克森(1706年);1707年9月24日的
  《阿尔特兰施泰特条约》……………………………… 896
马尔巴勒访问阿尔特兰施泰特 ………………………… 897
1708年:为入侵俄国进行准备 ………………………… 899
俄国人被赶出波兰 ……………………………………… 899
向莫斯科进军 …………………………………………… 900
俄国的防御计划:瑞典付出很大代价在霍洛维茨取得的胜利
  (1708年7月14日) …………………………………… 900
莱文哈普特未能与瑞典军主力会合:10月9日的莱斯纳贾战役 …… 901
冬季营房和焦土战术 …………………………………… 903
1709年:瑞典为了寻求军事上的成功而进行的外交 …… 903
在波尔塔瓦和佩列沃洛钦纳的失败(7月8—10日) …… 904
查理在土耳其度过四年;在本德谋划结盟计划 ………… 905

从丹麦和挪威入侵瑞典:海洋强国的态度(1710) ········· 907
查理十二世在本德:他改革瑞典的计划 ················· 908
斯坦博克在加德布施的胜利(1712年12月)和在顿宁的投降
　(1713年1月) ··········································· 908
瑞典外交的失败 ··········································· 908
本德的"争吵"(1713年2月);查理于1714年11月21日
　到达斯特拉尔松德 ····································· 909
外交形势;普鲁士和汉诺威参加与瑞典为敌的一方(1715年) ····· 911
斯特拉尔松德(1715年12月23日)和维斯马(1716年4月19日)
　的陷落 ················································· 912
瑞典的行政改革;戈尔兹和詹姆士二世党人 ············· 912
同彼得大帝和英王乔治一世的谈判 ······················ 913
王位继承问题;荷尔施泰因派和黑森派的斗争 ·········· 916
1718年:对挪威的入侵和查理十二世于12月11日去世 ··· 916
他心中打算过的事 ········································ 916
《斯德哥尔摩条约》和《弗雷德里克斯堡条约》(1719—1720年) ··· 917
《尼斯塔特和约》(1721年9月) ························· 919
瑞典不再是一个强大国家;查理十二世的责任问题 ····· 919

# 第二十章(下)
## 波兰的黑暗

亚盖隆大学近代波兰史教授**约瑟夫·克拉科夫**,
亚盖隆大学近代欧洲史讲师**安杰伊·卡明斯基**著

"波兰的黑暗时期" ········································· 922
瘫痪的原因;主要的疾患;悲观的一代人 ··············· 922
扬·索比斯基和萨克森的奥古斯都 ······················ 923

波兰参加神圣同盟战争;微小的成果 ………………………… 925
索比斯基对王位继承的战略和王室中的纷争 …………………… 926
立陶宛对索比斯基的世袭君主制的反对扩展到波兰 …………… 927
1696—1697年的空位期:1697年6月27日在沃拉举行的
 有争议的选举 ……………………………………………… 929
萨克森的腓特烈·奥古斯都一世即位为波兰国王,称
 奥古斯都二世(9月15日) ………………………………… 930
波兰—萨克森联盟的前途和弱点 ………………………………… 930
孔蒂公爵未能赶走奥古斯都 ……………………………………… 931
1698年再次同奥斯曼帝国开战:奥古斯都遭到挫败 …………… 931
由于埃尔布隆格问题同普鲁士发生争执(1698—1700年) …… 933
立陶宛的内战:萨皮埃哈家族的投降(1698年12月) ………… 934
1699年的波兰国民议会和萨克森军队从波兰的撤退 …………… 935
反瑞典的联合和入侵立沃尼亚(1700年) ……………………… 937
奥古斯都试图限制同瑞典的冲突(1700—1701年) …………… 937
查理十二世在波兰培植一个亲瑞典集团 ………………………… 938
在立陶宛重新开始内战(1700年)和请求俄国援助 …………… 938
波兰内部的反对派;雅库布·索比斯基 ………………………… 939
1701年波兰的国民议会和瑞典对立陶宛的入侵 ………………… 939
查理十二世号召推翻奥古斯都二世并占领华沙(1702年) …… 940
在波兰对奥古斯都有条件的支持 ………………………………… 940
在第聂伯乌克兰的哥萨克暴动(1702—1704年) ……………… 942
瑞典在1703年取得的成就;波兰国民议会在卢布林召开 …… 942
华沙的反萨克森联盟(1704年) ………………………………… 943
1704年7月12日查理十二世使斯坦尼斯拉斯·莱茨津斯基在
 华沙即王位 ………………………………………………… 943
对奥古斯都的支持:桑多米埃什总同盟(1704年) …………… 943
俄波联盟:《纳尔瓦条约》(1704年8月30日) ……………… 944
查理十二世也将《华沙条约》强加于波兰(1705年11月28日) … 946

1706年查理十二世处于困难的地位:瑞典人蹂躏波兰 ………… 946
瑞典人入侵萨克森而俄国人进入波兰 ……………………… 947
《阿尔特兰施泰特条约》:奥古斯都被剥夺波兰王位 ……… 948
沙皇彼得和桑多米埃什同盟各位参加者:波兰王位的
　可供选择的候选人 …………………………………………… 948
查理十二世返回波兰(1707年)并开进乌克兰(1708年) … 950
奥古斯都要求返回波兰:莱茨津斯基退到维斯杜拉河彼岸 … 950
波尔塔瓦战役;1709年奥古斯都终于决定复位 …………… 951
俄国在波兰的影响增长 …………………………………………… 952
波兰的荒芜和人口减少 …………………………………………… 952
城镇的衰败和贵族的没落 ………………………………………… 954
波兰逐渐走向瓦解;省议会的独立性日益增长 ……………… 955
改革的共和制倾向:萨佑卡和卡尔威斯基的主张 …………… 955
华沙议会(1710)和1712年的国民议会 ……………………… 956
彼得大帝获得支配地位,莱茨津斯基一派的复兴 …………… 958
奥古斯都致力于保证他的儿子继位:专制主义的图谋 …… 959
外国对这些计划的态度:1714年8月同法国签订条约 …… 960
查理十二世的过激政策对奥古斯都和对波兰是致命的 …… 960
彼得大帝利用波兰的不满 ………………………………………… 961
在立陶宛和波兰发生反对萨克森的激烈骚动:塔尔诺格
　勒总同盟(1715) …………………………………………………… 961
1716年11月奥古斯都向联盟各方让步 ……………………… 963
俄国外交不知所措;1717年沉默的国民议会 ……………… 963
向1718年的国民议会提出的军事、经济和宗教改革 …… 964
俄国和普鲁士支持的司令官们进行了成功的反抗 ………… 965
波兰成为北方大战的第二个主要受害者 ……………………… 965

# 第二十一章
## 彼得大帝统治下的俄国与已经起了变化的东西方关系

**伦敦大学国际关系史讲师 M.S. 安德森著**

| | |
|---|---|
| 17世纪的俄国 | 968 |
| 彼得大帝所受的教育；他的性格和兴趣 | 968 |
| 与索菲娅公主，V.V.戈里钦亲王和"特种常备军"的冲突(1689年) | 969 |
| 占领亚速(1696年)：彼得的黑海政策 | 970 |
| 彼得派往西欧的"大使节团"(1697年) | 972 |
| 镇压"射击军"的叛乱(1698年) | 972 |
| 一系列重大的革新(1699—1724年) | 973 |
| 重新组织军队；对军官的训练 | 973 |
| 建设舰队 | 974 |
| 发展经济生活：彼得的"重商主义" | 976 |
| 工业和产业工人：成功与失败 | 977 |
| 商业政策的失败：商船队和商业条约 | 978 |
| 尽管有某些革新，农业抵制实行变革 | 980 |
| 行政变革：市政厅(1699—1701年)，参政院(1711年)，自1718年的各行政部门 | 980 |
| 各省的官僚化：加强中央集权统治 | 981 |
| 文化生活和教育 | 981 |
| 书籍、戏剧、科学和艺术 | 982 |
| 东正教会的保守主义；它的自主权的结束 | 983 |
| 社会结构：地主和农民；"官职等级表" | 985 |
| 强制的发展 | 986 |
| 加在农民身上的难忍的肉体和经济负担 | 987 |

顿河哥萨克的叛乱(1706—1708年)和对扎波罗热的破坏 …………… 989
宗教界的反对和皇太子阿列克塞的悲剧 ……………………………… 989
波尔塔瓦战役成为俄国和欧洲的关系的转折点 ………………………… 990
争取俄国的支持;北方大战和西班牙王位继承问题 …………………… 992
1713年之后的西方国家和北方 …………………………………… 993
彼得和巴尔干:1711年的俄土战争 ……………………………… 994
对俄国称霸波罗的海和北德意志的恐惧(1716—1722年) …………… 994
俄国在政治上属于欧洲的一部分:彼得第二次赴西方游历(1717年) … 996
同欧洲国家建立外交上和朝廷间的关系 ………………………… 996
所计划的婚姻联盟 …………………………………………… 997
在亚洲的扩张:中国和西伯利亚;波斯和里海 ………………… 997
西方对俄国的兴趣增长 ………………………………………… 998
彼得作为君主在当时的声望 …………………………………… 1000

# 第二十二章
## 陆军和海军

### 1. 陆战艺术

桑赫斯特王家军事学院军事史高级讲师戴维·钱德勒著

有限的和全面的战争 …………………………………………… 1002
陆军的规模增大 ………………………………………………… 1002
国际成分:雇佣兵和冒险家 …………………………………… 1003
各国陆军的相似之处:法国和瑞典的影响 …………………… 1003
奥斯曼陆军比较落后 ………………………………………… 1004
瑞典的"军事革命" …………………………………………… 1004
法国的军政:勒泰利埃和洛沃瓦 ……………………………… 1006

军衔表(1675年)和其他指挥结构 …………………………………… 1007
步兵武器的发展;燧发枪和刺刀 ……………………………………… 1008
步兵的重要性增大 ……………………………………………………… 1011
对战术和战术编队的影响 ……………………………………………… 1011
伤亡率的增加 …………………………………………………………… 1012
筑城术和包围战;沃邦和克霍尔恩 …………………………………… 1013
采用永久性防线:斯托尔霍芬,布拉邦特和"不可逾越的防线" …… 1015
将军们和各国政府采取谨慎的防御 …………………………………… 1015
例外:查理十二世、马尔巴勒、尤金和维拉尔 ………………………… 1016
对作战的限制因素:地形和气候 ……………………………………… 1017
西欧的四个主要战场 …………………………………………………… 1017
波罗的海地区和巴尔干 ………………………………………………… 1018
野战的总的特征:集中营地 …………………………………………… 1018
行军队形和战地管理工作;马尔巴勒的夜行军 ……………………… 1021
战斗队形;火力控制 …………………………………………………… 1023
骑兵的种类和他们的用途 ……………………………………………… 1025
炮兵;种类和用途;攻城训练 ………………………………………… 1026
军械机构的进展极小;军械管理官和工程师的地位 ………………… 1026
尚不完备的参谋体制:作战中的司令官 ……………………………… 1027
当时的文献记载和评论 ………………………………………………… 1028

## 2. 军人与平民

### J.W. 斯托伊著

战争和政治的季节性节奏;冬季营房 ………………………………… 1029
征兵和重征入伍;贫穷是供应兵源的重大因素 ……………………… 1029
外国的派遣部队:瑞士各州的情况 …………………………………… 1032
由政府征兵的理论 ……………………………………………………… 1033

征兵和服民兵役:以皮埃蒙特为例 ………………………………… 1033
1688 年的法国自卫队:替代和免除兵役 ………………………… 1034
德意志的征兵制 …………………………………………………… 1036
德意志的士兵交易 ………………………………………………… 1037
英国的军队:雇佣兵、志愿兵和征召兵 …………………………… 1037
征召骑兵和龙骑兵比征召步兵容易 ……………………………… 1038
斯堪的纳维亚的制度;波罗的海各国的不满 …………………… 1040
波尔塔瓦战役之前和之后查理十二世的要求 …………………… 1044
丹麦的民兵:1701 年 2 月 24 日的命令和它在社会上引起的反应 … 1044
俄国对人力的动员;旧哥萨克组织的破坏 ……………………… 1045
波兰的军事弱点 …………………………………………………… 1046
军官:彼得的军队和俄国地主之间的纽带 ……………………… 1047
勃兰登堡—普鲁士:军官训练团和争取容克的工作 …………… 1047
德意志家庭对投身军界的态度;普鲁士的平民和贵族 ………… 1049
英国和其他国家的王室禁卫军 …………………………………… 1051
路易十四的政策:王室的压力和社会习惯 ……………………… 1051
意大利和西班牙的贵族对从军的态度 …………………………… 1054
英格兰的军队和民兵;苏格兰人的拥入;购买军官职位 ……… 1055
"领半薪"的军官;老兵 …………………………………………… 1056
其他方面的军民关系 ……………………………………………… 1056
法国边界各省地方长官不同的职能:佛兰德、阿图瓦、阿尔萨斯 … 1058
在南尼德兰和西德意志存在对军队的供应问题 ………………… 1059
宿营和营房 ………………………………………………………… 1060
市政寡头集团和军事承包商 ……………………………………… 1060
战争带来的利益:成功与失败 …………………………………… 1061
作为反映社会结构的武装部队 …………………………………… 1062
西方军事组织和民间社会之间的差别日益扩大;俄国和普鲁士的
　社会变革 ………………………………………………………… 1062

## 3. 海军

**J. S. 布朗利**,利物浦大学海军史高级讲师 **A. N. 瑞安**著

各国海军力量对比的变化;英国升至主导地位 ………………………… 1063
战斗舰:主力舰和其他舰只 ……………………………………………… 1064
造舰计划:1688年之前和之后的英国、法国和荷兰的计划 ………… 1066
军舰的设计;法国的造船科学 …………………………………………… 1067
纵阵起到拉平力量的影响;数量优势的重要性 ………………………… 1068
决定海军规模和结构的因素;用途上互相冲突的要求 ………………… 1068
重商主义意见的压力;英国和荷兰的设想 ……………………………… 1071
美洲对欧洲的战略;海军从属于陆军 …………………………………… 1071
荷兰共和国海上和陆上的要求之间的矛盾;它的海军的衰落 ………… 1073
荷兰的海军机构;海军学院 ……………………………………………… 1074
泽兰的私掠船;私掠船战争 ……………………………………………… 1076
沃邦和伏击战 ……………………………………………………………… 1078
经济战;中立国的权利 …………………………………………………… 1081
瑞典和丹麦的海军 ………………………………………………………… 1082
波罗的海上的海战的性质;沙皇彼得的战船 …………………………… 1083
俄国的海上力量迅速兴起 ………………………………………………… 1085
军舰的耐用程度有限;波罗的海上的海军基地 ………………………… 1085
地中海上的基地;加的斯和里斯本 ……………………………………… 1085
海外的基地;西印度群岛 ………………………………………………… 1087
加勒比海上的防御问题和海军的困难 …………………………………… 1087
英国的造船厂;布列斯特提出的问题 …………………………………… 1090
法国的兵工厂:敦刻尔克、罗什福尔、布列斯特和土伦;它们的供应 …… 1090
法国和英国的森林政策;从波罗的海地区、德意志和北美洲进口木材 … 1092
造船厂和承包商:造船和海军军需品 …………………………………… 1094

| 法国和英国的政府和承包商 | 1095 |
| 装贮食物问题:英国和法国的对比 | 1098 |
| 造船厂的劳力:在英国的扩大 | 1100 |
| 造船厂的劳动纪律;不正规的就业和工资 | 1100 |
| 人员配备问题:海员注册法 | 1102 |
| 法国和英国的海军陆战队 | 1104 |
| 法国的强迫服役和等级制度 | 1104 |
| 英国的抓丁队和1696—1710年的志愿登记 | 1106 |
| 丹麦和瑞典的人员配备方法 | 1107 |
| 疾病;病院船和海军医院 | 1108 |
| 军官的组成 | 1110 |
| 正规海军军官的出现:级别和职务,海军将官 | 1111 |
| 海军的道德规范 | 1112 |
| "绅士"和"水手";海军二级准尉 | 1113 |
| 海军行政官员和文职行政官员 | 1113 |
| 英国和法国的开支和借贷 | 1116 |
| 联合省和斯堪的纳维亚的海军财政 | 1117 |
| 行政官员和政治家 | 1117 |
| 政治上的优先选择:英国海军的独特情况 | 1119 |

# 第二十三章
# 经济活动

## 1. 1683—1721年的商业地图

密歇根(密执安)大学历史学教授雅各布·普赖斯著

| 这一短时期的生产和交换的国际面貌 | 1120 |

战争和经济;新旧重商主义 ………………………………… 1120
国际财政的发展;投机性的创造时代 …………………… 1121
货物和商品的地区间交换 …………………………………… 1123
波罗的海地区的谷物出口;阿姆斯特丹市场 ……………… 1123
其他的谷物出口地区;英国的变化 ………………………… 1126
法国的谷物生产和市场情况 ………………………………… 1126
木材贸易;桅杆 ……………………………………………… 1127
沥青和焦油:俄国和北美洲打破瑞典的焦油垄断 ………… 1130
松油和松香:法国的朗德 …………………………………… 1131
亚麻和大麻:里加和阿尔汉格尔 …………………………… 1132
供应肥皂制造商的纯碱和钾碱;牛脂和蜡 ………………… 1134
欧洲的盐类生产:在波罗的海地区的进口中荷兰占支配地位 … 1134
欧洲的葡萄园:法国、西班牙和葡萄牙的葡萄酒 ………… 1137
奥波尔托葡萄酒在英国的胜利;荷兰转口贸易的扩大有利于
　波尔多 …………………………………………………… 1137
烈性酒:法国的白兰地酒和英国的杜松子酒酿制的增长 … 1138
欧洲的渔业:荷兰的捕鲱鱼船队的衰落;苏格兰人 ……… 1138
捕鲸业:荷兰在格陵兰和戴维斯海峡的优先地位 ………… 1139
冰岛和纽芬兰的捕鳕业;新英格兰的渔业 ………………… 1139
法国的渔业;班克斯的重要性;战后的恢复 ……………… 1141
其他的海外商品:北美洲的毛皮贸易及其欧洲市场 ……… 1142
烟草资源;在阿姆斯特丹的掺和加工;欧洲的竞争 ……… 1144
俄国法国的吸烟者增加;法国的烟草包税造成购买英国烟草 … 1145
食糖作为帝国建造者 ………………………………………… 1146
大米;染料 …………………………………………………… 1148
非洲奴隶贸易:英国人大大超越他们的竞争者 …………… 1149
东印度贸易:它的特征 ……………………………………… 1151
荷兰的优越地位下降;法国在东方的失望 ………………… 1151
食糖、胡椒和香料;荷兰的出售政策 ……………………… 1152

咖啡和茶叶:到穆哈和广州的新贸易 ……………………………… 1154
生丝:波斯和孟加拉之间的竞争 ………………………………… 1155
来自印度的丝制品和棉制品同欧洲的纺织品竞争;欧洲的
　布匹印花业 ………………………………………………………… 1157
外运的货物:装运硬币;荷兰在日本购买黄金和黄铜交易的
　衰落 ………………………………………………………………… 1158
东部地中海贸易中的硬币:西班牙的白银和巴西的黄金 ……… 1159
法国的毛织工业:进口西班牙羊毛;生产中心和生产的品种 … 1161
荷兰的毛织工业萧条;西里西亚和德意志工厂的发展 ………… 1162
英国大规模的毛织和毛线工业:生产中心和出口市场 ………… 1163
亚麻布贸易:在西欧和东欧的工厂 ……………………………… 1165
欧洲的丝绸生产:在法国的扩大;在英国是一个新工业 ……… 1166
采煤业:英国的领先地位上升 …………………………………… 1168
在列日、英国和瑞典的炼铁工业:瑞典的优越地位 …………… 1169
英国和法国对外贸易的比较:它们的主要方向 ………………… 1170
"商业地图":波罗的海—伊比利亚半岛这条干线占优势;
　松得海峡的统计 ………………………………………………… 1172
荷兰的对外贸易和航运:它在1740年和1670年的方式 ……… 1172
荷兰和英国航运活动的对比;战后法国吨位的增长 …………… 1173
战争对国际商业循环的影响 ……………………………………… 1175
在总的商业地图上最引人注目的变化 …………………………… 1177

## 2. 1688—1715年:欧洲物价、人口和经济活动记录

### 琼·穆弗里特著

价格作为经济活动的指标:1690—1714年的概貌 …………… 1178
谷类:在阿姆斯特丹、里昂和卡彭特拉的黑麦价格的变化 …… 1178
橄榄油、葡萄酒、胡椒 …………………………………………… 1181

| 纺织品价格固定的例子 | 1183 |
| 建筑业:砖和工资 | 1184 |
| 货币价值的变更 | 1184 |
| 与飞涨的食品价格相比,非食品货物的价格相对稳定 | 1186 |
| 食物危机的严重性的变化:法国和北欧 | 1187 |
| 卡斯特尔脑丹莱的生羊毛价格和谷物价格的对比 | 1187 |
| 锡镴制品价值下跌的意义 | 1187 |
| 工资的"固定" | 1189 |
| 人口变化的趋势;人口统计资料的来源和它们的局限性 | 1189 |
| 18世纪的英国人口 | 1191 |
| 威尼斯、西西里、慕尼黑、奥格斯堡、苏黎世、加泰罗尼亚和瑞典中部的证据 | 1192 |
| 比较静止的状态:英国和法国的例子 | 1193 |
| 决定人口的因素:家庭的限制、战争、疾病 | 1193 |
| 疾病和食物短缺 | 1196 |
| 出生率和死亡率的危机;法国的人口统计地理学 | 1198 |
| 其他地方的生存和死亡率:皮埃蒙特、伦敦、芬兰 | 1199 |
| 农业利润:巴黎地区的一个例子 | 1201 |
| 低价格对生产者的影响 | 1202 |
| 与农业相关联的工业 | 1203 |
| 城市手工业活动:产量和产品质量的变化 | 1203 |
| 丹麦的松得海峡通行税和阿姆斯特丹的港口费相比较;东印度公司的销售额 | 1205 |
| 英国对外贸易的变化 | 1206 |
| 法国对外贸易潜在的上升趋势 | 1206 |
| 内陆贸易中心的萧条:日内瓦的繁荣和萧条 | 1208 |
| 法国的银根紧缩和利息率;法定利息率 | 1208 |
| 稳固的阿姆斯特丹兑换银行 | 1209 |
| 英国的国债 | 1209 |

战争是1690—1714年间物价水平上升的主要原因 …………… 1211
表23–5至表23–14 ……………………………………………… 1211

**索引** ……………………………………………………………… 1218

# 第 一 章

# 导 言

　　本卷（在一定程度上还有上一卷①）所研究的欧洲历史的这一阶段，在年限上很有伸缩性，而且缺乏那种可据以称为改革时代或革命时代——虽然它含有两者的一些特点——的可辨认的本性。也没有一个人物经历整个阶段。传统的描述集中于法国的衰落，这最多只能说具有部分的真实性，而且只是就西方而言。"老的"《剑桥世界近代史》的编者即使把1661年以后标志为"路易十四时代"，他们也知道"漫长而又看来遥远的奥斯曼帝国在欧洲的历史"是这一时期的一个主要的决定性因素（这一时期缺少"为本书拿破仑卷所有的那种有机的整体性"）；这个"生死攸关的问题"一旦于1699年在卡尔洛维茨解决，"画面的一大部分就为大规模的瑞典或'北方'战争②所填充"，这次战争于1721年在尼斯塔特正式结束，也就是在"太阳之王"\* 走进坟墓6年之后、伟大的沙皇彼得逝世3年多之前。

---

　　① 见《新编剑桥世界近代史》第5卷，"序言"，第Ⅴ页。因认为有用，下面把对科学、音乐和奥斯曼事务的探讨延伸到18世纪。
　　② 《新编剑桥世界近代史》第5卷（1908年），A. W. 沃德、G. W. 普罗思罗等编，"序言"，第Ⅴ—Ⅶ页。
　　\* 指路易十四，因为他用太阳做王徽。——译者如果我们思考这些年份里的政治地理（第5章），首先引起我们注意的是不断变化的东欧地图。到1716年，瑞典已被剥夺掉它在波罗的海对岸的省份，这些省份是它获得强国地位的基础［第20章（1）］，这一地区的贸易和税收长期以来一直是它用以对付丹麦对桑德海峡的控制以及荷兰主宰通过这一海峡的贸易的手段。① 瑞典的损失主要使俄国得利，它向黑海和里海方向也扩充了地盘，有一段时间派兵驻扎在丹麦和波兰，还派出商队去北京并在巴尔干煽起反伊斯兰的情绪。在巴尔干，1718年的《帕萨洛维茨和约》使哈布斯堡家族在卡尔洛维茨得到了饱受战争蹂躏的匈牙利之后，又新添了特兰西瓦尼亚和小瓦拉几亚以及塞尔维亚和波斯尼亚的大部。这些发展中，有一些确实只是昙花一现。土耳其人收复了贝尔格莱德（这是他们保持在欧洲的地位的关键），而俄国人占领克里米亚则还在半个多世纪之后。沙皇彼得1711年在普鲁斯河向土耳其军队的不光彩投降，其轰动的程度不亚于1709年他在波尔塔瓦和佩列沃洛钦那歼灭查理十二世的精锐的远征军。但是，"土耳其的威胁"已成为过去的事情，"东方问题"被吵吵嚷嚷地提出来了。不管怎样，它在这一时期中的某些特点是同未来没有什么关联的。卡尔洛维茨结束了上一次战争，那次战争至少在开始的时候是因1684年的"神圣联盟"而作为一次圣战的。实际上，它也标志着波兰染指罗马尼亚封地摩尔达维亚和瓦拉几亚的一贯企图终止了，尽管波兰现已恢复了对相邻的波多里亚的掌握。《帕萨洛维茨和约》同样也限制了威尼斯在爱琴海的野心：在这个共和国占有摩里亚半岛达一代人时间的情况下，他们曾经看来要威胁君士坦丁堡本身了。在这些历史性解决的间歇期间，

---

① 如需了解更多有关情况，可参阅福克·林德伯格著《波罗的海与斯堪的纳维亚的历史修纂》，载《年鉴》（经济、社会、文化）第16年度（1961年），第425—440页。

# 第一章 导 言

斯堪的纳维亚的查理十二世——他梦想把奥斯曼和波斯的贸易吸引到瑞典控制的波罗的海来，并曾把他自己任命的人放在波兰王位上达5年之久——谋划实行瑞典人和土耳其人、波兰人和哥萨克人的大联合，以反对波尔塔瓦的胜利者，但他一无所成。

查理的丰富想象（特别是当他流亡在土耳其国土上的时候）把波罗的海和黎凡特*事务的许多线索扯在一起了，但他不是唯一能够设想一个同本时期内所形成的东欧完全不同的东欧的统治者。萨克森的腓特烈·奥古斯都在1697年被选上波兰王位（对此事颇有争论）之后不久，就产生了这样的设想，即：建立一个从里加到里海的商业强国，并在奥得河中游使波兰和萨克森的领土连接起来——这样的连接勃兰登堡看来是愿意支持的，条件是在维斯杜拉河三角洲地区给它补偿。萨克森的突入瑞典所属的利沃尼亚，加上同样重要的、丹麦对石勒苏益格—荷尔施泰因的要求，开始了在北方的20年战争，并把瑞典人卷进了无休止的波兰政治旋涡之中［第20章（2）］。波兰—萨克森同盟对加强华沙的中央政府后来起了灾难性的作用，因为它导致了外国干涉，有的是由怀有二心的贵族因担心丧失因袭的特权而引进来的，有的是由奥古斯都二世自己引进来的，他的最好意愿被怀疑为专制主义，他的萨克森军队的作风也使其受到损害。但是，查理十二世决心不惜一切代价破坏这个同盟——因此而使波兰—立陶宛联邦卷入，造成自己的毁灭[①]——应该提醒我们，不要回过

---

\* 历史上指地中海东岸各国。——译者

① 但说来也奇怪，查理为了保持联邦的独立，在考虑由哪一个波兰人来填补王位空缺的问题时，倒是想从J.J.卢梭推荐的主要人选中挑选一个。卢梭的《关于波兰政府机构的几点设想》虽作于1772年并持谦虚态度，仍然是对这个独特民族的优点和弱点的卓越分析（他承认这个民族的精神活力和独创性）。由于许多历史学家都强调这个民族热衷于派别纷争的一面，卢梭则把导致自愿联合的立宪办法看做是"政治上的杰作"，这一点是有趣的。

头去看这个同盟的历史。正如瑞典自己要求保持对波罗的海东部的控制（实际还要扩展到北冰洋），波兰—萨克森同盟的潜在含义是"大北方战争"的一个主要因素（只有从当时的这些打算才能了解这种含义），而不是简单地看做莫斯科扩张的一个阶段。尽管彼得大帝到最后享受了俄国所熟悉的作为"第三方"的特权——至少是作为波兰和立陶宛两方冲突的仲裁者——他统治的最初20年应该被看做是一场为生存而进行的斗争（第21章）。第聂伯河边疆本身刚在1686年定下来，即使这一"永久的和约"（它包含一项条款，在波兰有一个信奉东正教的沙皇保护国）在莫斯科也不能被认为是永远防止波兰要求收回在乌克兰的领土的保证。

1689年莫斯科在西方眼里的卑微价值，在瑞典的年轻战士——国王手上屡次得到证实，直到波尔塔瓦之役戏剧性地复活了曾在1698—1699年存在过的反瑞典同盟，并使奥古斯都二世在波兰复辟。但沙皇彼得其后还要在普鲁斯河受辱之后力求自存，而他的最剧烈的行政改革（在波尔塔瓦战役之前一直因与瑞典的冲突而退居次要地位）则是他一生中最后10年的事情。但是，在查理二世1715年重返瑞典的时候，"海上列强"英国和荷兰（西方的势力均衡刚刚达成）不安地意识到，它们需要遏制"某种北方土耳其人"（原文第735页*），这种人威胁着要把波罗的海变成一个俄罗斯湖，就像土耳其人把黑海当做他们的领海一样。当彼得1697年首次访问西方时，他是来获取西方技术的；1717年他重返时则是作为一个征服者和改革者、当代最伟大的统治者。在俄国庆祝《尼斯塔特和约》时，他因使他新创建的帝国参与政治国家间相互尊重的礼仪，而受到祝贺。东方和西方确实还是互相很不了解：彼得尽管有他的现实主义，他还

---

\* 以下括号中的第××页均指原文页码。——译者

是保留着他的东正教教士（他们对西方化政策的厌恶可以同他们的土耳其同行"乌勒玛"*相媲美）的某些骄傲，而且很可能曾经想使"神圣的俄罗斯"在向西方学习数十年之后就背弃它。但当他于1725年去世时，西方许多国家都在他的美丽的新都圣彼得堡设立了大使馆，在新都还有德意志的建筑师和荷兰的印刷机（第21章）。

不论怎样，西方列强在它们的旷日持久的1688—1697年和1701—1714年战争中所争逐的，不是俄国的友谊而是瑞典和丹麦的友谊——或者至少是使用它们的军队（第7、13章）。对英国人和荷兰人来说，北方各王室之间老是互不信任是一件使人厌烦的不相干的事情。斯德哥尔摩对于丹麦收复斯堪尼亚的意图感到心神不安，而哥本哈根也害怕瑞典通过荷尔施泰因—哥托普公国对它施加压力，这个公国在领土和设防权等方面同丹麦在石勒苏益格—荷尔施泰因的领土和设防权混杂不清。这个争端只是由于1689年的《阿尔托纳条约》暂时平息了一下，后来又成为丹麦参加北方战争的一个主要原因；只是另外两个新国王即奥古斯都二世和彼得大帝的配合攻击才使查理十二世大吃一惊。西方列强曾经试图解决荷尔施泰因问题，现在也想制止更大规模的斗争（如果它们能这样做的话），特别是因为西班牙国王卡洛斯二世①1700年去世，没有子嗣，从而在西方内部又可能引起另一场兵连祸结的战争。后来，西班牙王位继承战争始终没有同北方战争合流，尽管奥古斯都二世曾不止一次地在西方交战国之中寻找盟友，而海上列强联军总司令马尔巴勒因为担心瑞典分兵西向而在1707年到查理十二世在阿尔特兰施泰特的营地进行会谈。早在

---

\* Ulema，意为有智慧和学问的人。——译者

① 同本书一般做法相反，他和路易十四的名字都没有英语化拼写，因为我们最熟悉的是他们自己称呼的名字。

九年战争期间，西方各国在斯德哥尔摩的外交活动要活跃得多，双方在瑞典的权贵中都找到了自己的支持者并当他们之间的战事自1693年后进入胶着状态时，都很重视查理十一世的调停，但当时由海上列强雇用的丹麦部队比瑞典人所做过的任何事情都要起更直接的作用。这些年的史实显示，法国的传统的"东方屏障"在瑞典像在波兰一样被突破了。同时，不论是瑞典还是丹麦——法国的影响在丹麦日趋显著，其增长程度同它在斯德哥尔摩的消失程度几乎一致——都不喜欢英国和荷兰控制海洋，这些北方王室为了保卫自己作为中立商人的权利、反对海上列强企图对自己发号施令，是能够把彼此之间的分歧搁置起来的。不论所有西方列强如何竭力为本国攫取政治利益并不让对手均沾，它们在波罗的海经常存在的利益是商业，特别是它们的海上供应以及波兰和德意志北部平原生产的谷物和木材［第23章（1）］。斯德哥尔摩朝廷在"酬金"上比其他绝大多数朝廷索价要高[①]，但查理十二世拒绝以放弃行动自由为代价去换取外国津贴，没有什么能比这件事情更真实地在这位国王令人迷惑不解的沉默中暴露出他的本性。任何一个君主处在连续不断的极端困难境地中能在这样长的时间里保持真诚的独立吗？当他在1700年越过松德海峡把丹麦打出反瑞联盟时（这个联盟企图利用他的年轻取利），他是由一支英国舰队保护的；但是这并没有阻止他在英国命运的严峻时刻使英国得不到必需的芬兰焦油，也没有阻止他后来把手下的武装民船派出去对付那些同俄占瑞典港口进行贸易的船只，使他极为需要的英国的友谊蒙受被破坏的危险。

北欧的事件发展进程就这样冲击着西方。除了出钱雇用的部队以外，勃兰登堡——普鲁士是被卷入西方冲突的唯一的波罗的海

---

[①] 见R.哈顿及J.S.布朗利编《威廉三世和路易十四：1680—1720年马克·汤姆森所写和为他写的论文》（利物浦和多伦多，1968年）一书中R.哈顿的文章。

# 第一章 导言

国家。在多瑙河中游和莱茵河上游之间可以看到有一种更加直接的和连续的相互关联。在土耳其人1683年进攻维也纳失败之后，哈布斯堡军队戏剧性地突入匈牙利并深入巴尔干。但到1692年，这一行动实际上停止了，因为利奥波德一世皇帝越来越需要把他的力量用来保卫西部德意志，在那里，继1688年巴拉丁领地被摧毁之后，法国人又采取了类似的（也许不是那么系统的）残酷行动。帝国的防卫组织（至少在它的西部防卫圈里）自1681年以后曾缓慢地有所改善，德意志军队在这整个时期内西方所有主要战场上都起着一种值得注目的（尽管是次要的）作用。此外，在巴尔干战斗（自查理五世的时代以来帝国王公们最伟大的共同事业）的严酷锻炼中，许多军官和他们的最优秀领导人——洛林的查理、黑森—达姆施塔特的乔治、巴登的刘易斯、萨伏依的尤金——成长起来了。① 但是，正像法国政策主持人看得清清楚楚的那样，这场圣战不可避免地削弱了帝国对反法联盟的贡献。即使如此，奥地利的哈布斯堡王朝在1673年仍成为反法联盟的一个主要成员。但维也纳的被围再次引起了在奥地利王室和哈布斯堡作为皇帝之间的先后顺序的争执（第18章）。因此，"向东方挺进"的势头没有为一系列危机所阻止——特别是这一时期内许多王位继承争执中最早的那次，即科隆—列日和不列颠群岛的继承争执——这些危机触发了九年战争；也没有为法国初期的胜利所阻止。（第7章）皇帝的盟国明知他随时可能抛弃它们，却还是要把斗争继续下去。相反，终止巴尔干敌对行动以帮助盟国的每一次尝试都失败了，直到1697年土耳其军队在森塔被击溃——这次战役同波尔塔瓦之役一样具有决定性，但只是在哈布斯堡于上一年撤出意大利后才可能取得这一胜利。

---

① 本卷所述时期内帝国的内部事务在第5卷第18章和第23章中叙述，但可参阅本卷第5章和第18章。

在西班牙王位继承战争中，这位皇帝再度被指责在盟国需要支援时，按兵不动。这一次是为了不惜代价地企图把他的条件强加在弗朗西斯·拉科齐和匈牙利叛乱分子身上（直到1712年）。皇帝的背信弃义像哈布斯堡的欠债一样，在伦敦和海牙成为笑柄。从英国和荷兰的立场上看，最自私的行动是，由于尤金王子在1706年对都灵的援救，轮到法国人从阿尔卑斯山另侧撤回了，皇帝约瑟夫一世（1705—1711年）就决定去蹂躏意大利。一个奥属米兰和一个奥属那不勒斯可以被说成是在马尔巴勒的大战场上尤金赴援的代价。但是，1707年向那不勒斯的进军完全破坏了对土伦的围攻，这次围攻的成功本来是会结束西方的战争的。又过了若干年，英国人才以一种带有诗意的正义行动，让皇帝查理六世和尤金同路易十四和维拉尔元帅在拉施塔特商定他们自己的解决办法。在这次商谈以及1714年在巴登举行的接续谈判中（巴登谈判解决了帝国王公们对法国的要求），首先考虑的是哈布斯堡家族的利益，而不是在莱茵河设立"屏障"以防止法国再度入侵的主张——这种屏障就像1713年和1715年在另外两个易遭法国入侵的地区即萨伏依和尼德兰所曾筹划过的一样。（第14章）查理六世因未获得西班牙王位及其海外属地（他强烈地认为这些地方同古老的西班牙哈布斯堡家族在尼德兰和意大利的领地那样，都是他的合法的家庭继承财产的一部分）深感失望，被劝说在1716年转而恢复在多瑙河上的作战。尤金此刻既无其他负担又有在西方作战的丰富经验，对贝尔格莱德发动了猛攻，迫使苏丹在两年之内媾和。

这一事件对奥斯曼帝国的影响是多方面的、深远的。土耳其人敏锐地意识到来自莫斯科的新的危险，在1699—1700年已经接受了大片领土的丧失，包括布达和阿扎克（亚速）这样一些神圣的地方。尽管他们具有不断进行战争努力的非凡能力，在卡尔洛维茨他们第一次正式承认失败，第二年同彼得签约，又答应接受俄国使节。后来，在1711年和1714年，他们又先后挑起了同沙皇和威尼斯的新的较量，并都取得胜利；但他们没有对奥地利寻求报复。现在，在1718年，由于贝尔格莱德和泰梅什堡（蒂米什瓦拉）的丧失，土耳其欧洲部分的整个前途趋于暗淡，而奥地利王室则显然担起了解放巴尔干基督教徒的使命，而不再是仅仅作为基督教的一个防御哨所了。土耳其社会的各个阶层都感到穆斯林的骄傲所受到的打击。它加强了古兰经宣教者和首都骚乱人民的仇外心理。同时，它又引导那些有知识的人去重新考虑伊斯兰同基督教世界的关系，重新考虑他们必须纡尊降贵去向异教徒的技术（最明显的是在外交和军队的现代化方面）学习什么东西。《卡尔洛维茨条约》是土耳其政府同一个欧洲联盟签订的第一个条约，它显示出希腊和犹太社团中那些了解西方的人士的影响正在增长，正如奥斯曼海军在1700年前后进行的大规模改革在很大程度上要归功于曾在北非伊斯兰国家（埃及除外）的海盗船上工作过的叛变的欧洲船长们。在这个"郁金香时代"（郁金香只是1718年后有钱人沉湎于穷奢极侈的享乐主义这一反动潮流的象征），甚至于法国一种华丽建筑式样的流风似乎也传到了金角海口。这一切在1730年君士坦丁堡的可怕骚乱中都结束了。这些骚乱比这个拥挤不堪的城市（当时，它是欧洲最大的城市）过去发生的骚乱更加惊人地暴露出奥斯曼国家内部的不安全。正如在前半世纪里许多苏丹被推翻、绝大多数总理大臣任期短暂所证明的，暴力在土耳其政治中从来不是隐藏在深处的东西。土耳其近卫士兵对民主的敏感性以及他们的深入平民生活就已足够产生经常性的动荡不安了，长期战争中的一系列可耻挫败和巨大的社会代价（反映在十室九空、物价飞涨上）更加剧了这种形势。一个善于观察的旅行者在1701年就已能够预言，在这个巨大的帝国里会发生某种奇特的革命。到下一代人的时候，关于这个帝国衰亡的看法在西方已成为毫无疑义的了（第

19章）。

如果说俄国已经返回欧洲，那么同样确定的是，哈布斯堡家族（第18章）现在已不可逆转地（虽然是不那么突然地）置身于东方。在意大利，除了伦巴第，他们所获得的利益都证明是短暂的；在不受喜爱的南部尼德兰，他们不得不忍受荷兰驻军的入侵。但是，不论意大利或南部尼德兰所出现的问题都不能同贫困的、经常是荒芜的多瑙河下游地区的问题相比拟。这里迫切要求创立行政和防卫体系，推广真正的信仰并活跃新的经济生活。查理六世为发展同巴尔干人的贸易而制定的雄心勃勃的计划损害了威尼斯而一时又没有促进里雅斯特的发展。贝尔格莱德在1739年又再度陷落。但向匈牙利平原、特兰西瓦尼亚和泰梅什堡（蒂米什瓦拉）的巴纳特的移民——大多是来自斯洛伐克、克罗地亚、塞尔维亚和德意志的有组织移民——有力地进行着，特别是边境地区的军事殖民地化，同彼得在顿河草原上维持驻军和边境民兵所用的办法十分相似［第22章（2）］。当哈布斯堡家族在1687年于布达接受"圣司蒂芬王权"\*时，他们的国策开始经受严峻的考验。以后对匈牙利新教和匈牙利自由权利（像加泰罗尼亚和苏格兰的自由权利一样被不屈不挠地维护着）的镇压，成了这一时期内最猛烈的一次叛乱的背景，尽管需要补充说明一点，即拉科齐和其他叛乱领袖本身也都是大地主，他们要保护巨额财产，反对设在维也纳哈布斯堡府第内的中央集权的国库和兵站总部。

在这一时期，试图把盘踞在"宫城"中的庞杂不堪的部、院、委员会整顿归并的尝试从未完全成功，部分原因是法国式的有效率的行政被认为不如扩展领土和取得对抗新教的天主教改革运动的团结那样重要。但是有两种趋向是应该指出的：奥地利公

---

\* 指匈牙利的王权。——译者

共财政中的技术进步（原文第305—313页）和哈布斯堡皇族大理院对帝国高级法院的职能的侵犯（第18章）。在波希米亚以外，内廷总理府正在成为哈布斯堡政府中最有权力的工具。这意味着所有重大决定都由统治者根据家族法律作出，即使实际上哈布斯堡官员们（同豪门贵族共同）掌握着诸侯国的行政控制，这些诸侯国由地主们（他们在波希米亚和摩拉维亚常兼皇家官职）居于主宰地位。1720—1722年同君主国所属各领地就"国本诏书"所进行的谈判作为变松散的"王室权力"为"强权国家"的一步，具有深刻的意义。但这种转变只是以统治者个人权威为基础，而不是粉碎旧有的显赫的机构。在加强罗马教之后，由同一维也纳文化培养出来的各领地贵族之间的社会同情，使得在全欧洲单一君主统治下最复杂的各族居民之间有了最大的凝聚力。即使同俄罗斯和大不列颠的兴起相比，这些居民的增加（和混杂）也应该被看做是这一时代的最重大发展。伴随而来的是对神圣罗马帝国的事务的兴趣有一定程度的减弱。这终于打开了1756年同法国和解的道路——这一外交上的革命是路易十四在生前就已提议的。但是，哈布斯堡聚敛的胃口是永不餍足的，所以他们不大会把失去的东西永远一笔勾销。即使当西里西亚被一个在那些年代里无足轻重的普鲁士窃夺而去[1]、创痛犹新的时候，阿尔萨斯也不该被忘却。总的来说，当人们考察在利奥波德一世及其儿辈的时代中维也纳的行止时会注意到某种犹豫不决的情况，同推动瑞典和俄罗斯的勇猛精神恰成对照。

如果查理六世实现了哈布斯堡全部继承卡洛斯二世的要求，这位最具雄才大略的德意志皇帝对于蒙羞受辱的西班牙君主国的多方面的问题，看来也不会提出比成功的波旁王朝指定继承人菲利普五世更好的解决办法。他作为西班牙的查理三世，将会同样

---

[1] 参阅《新编剑桥世界近代史》第5卷第23章。

地依靠外国商人来维持这个国家的殖民地贸易。他对于行之已久的方式和地方性的特点,一定会显示出更多温情。撇开1711年以后要从维也纳进行遥控的种种后果不说(约瑟夫一世之死会迫使他抛弃忠诚的加泰罗尼亚人),就从查理后来统治米兰和那不勒斯的情况来看,他也缺乏改革原有政府机构的坚强意志。与此相对照,菲利普五世把法国的办法逐步引入西班牙(虽然常有争论和受挫),确实为摆脱大公们的政治统治指出一条路子。对这人数少而富有的特权集团,哈布斯堡的等级思想比菲利普最亲近的顾问(他们不全是法国人)所采取的对行政惯例的激进改革更适合他们的口味,这是历史事件所显示的(第11章)。确实,尽管最初采取了一些有利于法国的措施,菲利普并没有如人们所预期的那样,听命于凡尔赛宫(他在任何情况下对西班牙事务总有不同的意见)。[①] 而当1709年欧洲可以以他的逊位为代价而取得和平时(第14章),他对西班牙的忠心证明强于他的法国出身。尽管如此,到1714年,当所有同继承问题有关的列强实际上都已承认他的时候,菲利普是一个在宪法上比几个王国更为单一的西班牙的国王;这几个王国保留了古老的自由权利,在1701年就已经接受了他。阿拉贡的"管辖权"和加泰罗尼亚的"代表权"都消失了,这些法权都在1716年整个地被中央集权化的卡斯蒂利亚所吸收了,只有纳瓦拉和巴斯克各州还保留了一定程度的自治权。阿拉贡、加泰罗尼亚和巴伦西亚——对新政权最不同情的几个王国——的城乡地方政权曾是大公们统治的基础之一。在中央,这一统治的根基是那些旧的参事会,它们

---

[①] 即使对细心的观察家来说,这也不是很明显的。为了了解当时的外交,指出这一点是重要的。请参阅 Trivié 侯爵1711年从巴塞罗那致都灵的在另一方面颇有见解的报告,载 C. Morandi 编 *Relazioni di ambasciatori sabaudi, genovesi e veneti, 1693—1713*,第1卷(博洛尼亚,1935年),第41页。

正让位于按照法国模式设置的国务秘书。此外，菲利普的顾问们的法国的限制教皇权力的理论同西班牙生活中教士们的寄生主义是敌对的。在卡洛斯二世在位期间，罗马教廷的影响有很大的增长，一个突出的例子是他在位的最后几年里红衣主教波尔托卡里洛的作用，他在波旁王朝的继承问题上发挥了决定性的影响。当哈布斯堡在意大利施加的压力迫使教皇克雷芒十一世站在反对菲利普的一边时，一个重新调整教会同国家关系的时机到来了。菲利普在1709年同罗马决裂，并开始了"君主教权主义"的尝试，在1753年订立的君主与教会的契约以及后来驱逐耶稣会会士是这些尝试的高潮。但是，梅尔肖·德·马卡纳兹——1713年起草君主教权主义方案的皇家律师——的受辱，显示出新的君主在面对像宗教裁判所这样一种传统势力时的局限性，特别是在国王同伊丽莎白·法尼丝结婚后意大利的影响重新进入宫廷的情况下（第11章）。

在新的一个世纪开始的时候，一位密切关注维也纳的观察家这样写道，维也纳"把西班牙王国看成是一具毫不值得占据的尸骸，除非加上它在意大利的领地，这些领地被认为是它的血肉"[①]。米兰公国虽然发生了像西班牙一样的工业衰退，但它终究要比西班牙富庶，交通也更便利。还有，哈布斯堡家族一旦在伦巴第平原上立足，他们就能指望左右威尼斯和皮埃蒙特—萨伏依的政策，前者是反对土耳其人的同盟国，后者是对付法国人所不可缺少而又捉摸不定的阿尔卑斯山口守卫者。占有那不勒斯和西西里（两地有人口众多且处于战略地位的港口）之后，皇帝的影响将扩及全意大利，特别是罗马；那不勒斯以其灿烂文化与托斯卡纳大公国及热那亚共和国有密切关系。由于意大利对路易

---

[①] 斯特普尼致弗农，1702年4月26日，转引自A. D. 弗朗西斯著《葡萄牙和大同盟》，载《历史研究所公报》第38卷（1965年），第76页。

十四也有极大的利害关系（即使只是作为一批储备国家可用以交换洛林或萨伏依①），波旁—哈布斯堡的敌对行动在意大利北部，也在莱茵兰发生就并不奇怪；萨伏依公爵维克多·阿马戴乌斯第二发现自己处于有力的讨价还价地位（旨在支持他的选择自由的国内政要有他们自己的利益）也并不奇怪了。（原文第560—562页）在其他意大利国家中，真正有分量的只有教皇的统治，尽管它的影响受到意大利境外不止一个罗马天主教统治者的挑战（第4章）。1688年，由于路易十四奉行不妥协的"教皇权力限制主义"，同教廷的关系破裂，但自1693年后恢复了正常。实际上，两者的关系进展到了互助的地步，1713年反对詹森主义的克雷芒通谕（Unigenitus）*的颁布，使法国国王处于不可思议的"拥护教皇权力主义"的地位。上述圣谕的颁布为路易的继承人孕育了麻烦（第10章）。教皇统治是值得支持的，因为它对其他意大利国家的影响是有分量的，而且在解决西班牙继承问题中也是可以发挥很大作用的。有理由相信，到1685年，法国外交的主要努力已由北部欧洲移向南部欧洲（作为一个整体）（第5章）。

在1698—1700年的瓜分外交以及继法国国王接受卡洛斯二世的遗嘱（这破坏了瓜分外交）而来的谈判的紧张阶段（第12章）中，西班牙在意大利属地的分配成了主要的障碍。英国有一部分社会势力自然更加关心在西班牙属西印度群岛的贸易机会，特别是关于供应非洲奴隶的官方合同所提供的机会；这种合同贩奴（Asiento）现已成为国际竞争的重要目标，法国1701年

---

① J.默夫勒特：《路易十四与意大利》，《17世纪研究学会公报》第46—47号（1960年），第98—102页。

\* 詹森（Cornelis Jansen, 1585—1639年）为荷兰神学家。1713年教皇克雷芒十一世发布圣谕，驳斥著名詹森教派神甫奎斯耐有关新约全书的论著；圣谕的第一个拉丁字是Unigenitus，以后以此名之。——译者

的合同是波旁继承西班牙王位的第一批果实之一，而英国人则在10年之后才为此进行谈判。但在1700年，政治家和许多商人的目光却都专注在地中海的前途上（第17章）。这是不是使人惊奇？除了波旁和哈布斯堡两个家族之间的嫉妒外，多少应该承认意大利对北方人想象所产生的诱惑力。统治集团的文化仍然很深地浸润着罗马古风和意大利艺术家的风采。这些艺术家不论优劣从17世纪80年代以后越来越向阿尔卑斯山之外去寻求大宗交易："高贵"的整个概念（在那个时期无论何处这都是强大的动力）要求奢华的锦上添花的方案，而这些方案只有罗马和博洛尼亚、那不勒斯和威尼斯的意大利人才能最好地使之实现。还有，从意大利和黎凡特运来许多丝绸、酒、果子和尊贵生活方式所必需的其他物品。尽管地中海沿岸像波罗的海一样是贵金属的输入者，但它的市场对布匹制造商、捕鳕的渔民和粮食贩子都是重要的。南部欧洲整个说来仍旧比大西洋彼岸的世界吸收更大量的英国和法国的出口货，而对荷兰人来说，南部欧洲（包括法国西部）是他们在波罗的海的基本贸易的必要补充。1680—1720年的欧洲贸易地图［第23章（1）］显示出古老的北—南轴心（从里加和但泽到里窝那和士麦那）始终处于优先地位。同时，在威廉三世的外交中，经济上的考虑总是退居政治和战略论据之后。当海上列强的主要舰队1694年被派往地中海并奉命以加的斯为基地过冬时，包围法国本土的宏大战略制定出来了。这个战略没有取得多少成就，即使在支持长期受苦的加泰罗尼亚人和皮埃蒙特人方面也是如此。但这一先例对下一次战争的海上作战历史起了主导作用，造成在美洲海上作战的失利；后来，它又造成了直布罗陀和梅诺卡的归属英国国王，而且要为哈布斯堡在西班牙和意大利的事业提供不可或缺的保护（第13章），又使英国人对地中海政治的干涉得到更大的效果。

人们都能看到，像哈布斯堡在巴尔干的存在和沙皇在波罗的海的存在一样,英国在南部欧洲的永久性存在是当时最惊人的新事物之一。这三者之中只要少了任何一个,18世纪的外交和战事就会沿着另外一种进程发展。尽管在任何一种进程中英国都并不注定会经常从它作为一个地中海强国的新的地位中获益——一部分原因无疑是,仅仅作为一个海上强国并不能带来大陆上的优势(第5章)。可以这样论定:到1715年,法国已再度成为在地中海最强大的政治势力,而在这遍布古城和有离心倾向的省份的地区(这里的居民力求按相沿成习的方式谋生,各国海军的冲突并不像当地时常有的干旱、疾病、贫困和多少得到官方特许的海盗行为等灾害使他们感到不安),法国的商业激情无可争辩地是最强有力的(第17章)。法国人有一个由领事官员和有经验的普罗旺斯州的商人组成的联络网,在马耳他和阿尔及尔、在塞维利亚和开罗都有很高的地位,所以他们的处境很适于作为伊斯兰同西方的最有效和最恰当的联系纽带。令人惊奇的只是路易十四对摩洛哥所显示的淡漠,摩洛哥的卓越的统治者穆雷·伊斯美尔使人觉得可与彼得大帝相比(原文第554页)。

另一方面,到1715年可以说地中海作为经济筹划的中心已让位于大西洋了。确实,美洲领土已成为强国争夺的目标,这种争夺在美洲比在任何其他大地区都更加明显地同商业有关。这些大地区甚至包括东方海域,这里当时受欧洲战争的影响要比受莫卧儿帝国的崩溃、阿曼尼阿拉伯人向蒙巴萨的进军、同广州和穆哈的对任何人开放的贸易以及在马达加斯加和红海之间海盗盛行的影响小得多。[①] 这最后一项有美洲和本地的双重因素,引起英国和法国政府的关注。这种关注不亚于对西印度的海盗(从巴

---

① 这一时期远东的发展已在《新编剑桥世界近代史》第5卷第17章中概述;参见本卷第16、23章(1)。

拿马地峡延展到南海)的关注。对这整个情况需要作新的研讨,但它同下面这些事情显然是有联系的:过去对西班牙人长期进行的私掠,葡萄牙衰落所造成的在印度洋的权力真空,奴隶贸易以及在热带地区建立欧洲殖民地的惨烈情况,还有在美洲各地的统治不善。(第11、15、16章)轰动一时的基德船长\*案件把海盗出没的马拉巴和马达加斯加海岸同纽约和波士顿的高贵阶层联系起来。

一旦殖民国家彼此正式开战,许多无法无天的力量就被用于经过官方批准的私掠活动。这样,在1689—1697年间,圣多明格岛的海盗们能够继续行动,劫掠往来于西班牙所属西印度各殖民地之间的船舶,并且因为知道他们是在为国王效力而心安理得——国王事实上确曾利用他们去进攻卡塔赫纳。在下一次战争中,当他们不得不离开英国人和荷兰人生活时,他们把基地移到马提尼克岛,也不改名换姓,并且常常跑到阿凯迪亚的罗亚尔港——同波士顿和纽芬兰联系的最佳北方基地——有时还横渡到西非,两次迫使英国在冈比亚的贸易要塞缴纳赎金。与此相反,牙买加的私掠船在1702—1713年除了法国人之外还把西班牙人作为掳掠对象,这同英国对西属克里奥尔进行走私的巨大利益是相违背的(为此走私目的,牙买加的优越地理位置仅次于荷属库拉索群岛)。此外,在两次战争中,英国小型的海军分遣队出动攻击法属产糖的岛屿和捕鳕的渔村,但都不过造成一些破坏,而且法国人常常无须海军支援就能加倍报复,特别是在纽芬兰海上。在那里,还有在赫德森湾和纽约及马萨诸塞北面边界,到处发生无数次小规模的激烈战斗。总的来说,法国人占上风,他们的海盗和"森林狙击手"所表现出来的作为游击战士的勇敢和灵巧,常常优于北美海滨的农民和商人。在17世纪90年代的丛

---

\* 基德船长原为苏格兰海员,后成为著名的美洲海盗。——译者

莽战争中，弗隆特纳克伯爵使用了加拿大印第安人。这事在新英格兰人心上留下了印记，使他们在未来的岁月里更加深了对罗马天主教教义的神经质的惧怕。但卡罗来纳人在下一轮北美的战斗中，毫不犹豫地同印第安人谈判结盟，以清除在佛罗里达北部的西班牙士兵和传教士。

对北美的更大范围的战略问题，最了解、当然也是最有紧迫感的，是美洲人（第15章）。弗隆特纳克可以肯定地算作其中之一，还有建立路易斯安那的勒莫安兄弟。他们认为，把英国人分别从纽约和卡罗来纳赶走，是法国在这片大陆上生存下去的唯一保证。在查尔斯顿的头脑清楚的人（他们同印第安人进行贸易全靠操纵阿巴拉契亚山脉西南各部落之间的关系）也不欢迎在密西西比河下游有一个竞争对手。"征服"加拿大曾经早就提出来过，但在1666年打消了这个想法，因为这看来要经历一次途程艰难的陆上行军；但九年战争一起，新英格兰人就自己来进行这一神圣的事业，溯圣劳伦斯河而上；在失败之后还对伦敦保持压力，要求认真对待这一事业。在这一"光荣业绩"中，从欧洲来的援助迟迟不至，加上1711年的不幸结局种下了对英国的诚意的不信任，这种不信任感染了加拿大法国人对他们自己的遥远的母国的不信任。实际情况是，不论是英国政府还是法国政府，只要在尼德兰、莱茵兰、意大利或西班牙寻求一项军事解决，就无余力在美洲进行大规模的作战。它们的海军在人力、财力、物资和基地等条件所许可的限度内已充分动用起来，支持在欧洲的作战。这些作战活动不是由于执行侵略计划就是由于害怕被侵略；还有一个原因，就是对海上贸易通路经常存在的压力。同样确实的是，两国政府都不认为殖民地上发生的摩擦在各国彼此的争端中占有重要位置。1686年，英国和法国政府试图使在欧洲的任何冲突不扩散到北美洲，尽管法国在赫德森湾的侵略以及弗隆特纳克的返回魁北克使这场冲突肯定要扩散到那里。但路易十四完全不同意弗隆特纳克的雄心勃勃的想法,1696年下令放弃新法兰西的西部哨所,从而回复到科尔贝尔的主张,即把殖民地的很少人力集中在圣劳伦斯河谷。这个政策因1699年在密西西比河口附近建立第一个居留地而被否定——这一居留地的建立是在拉萨尔和弗隆特纳克死后取得的胜利,其动机是怕英国人抢先占领。但不能说路易是很轻易地被劝说同意接受在美洲内地这一新增负担的(这也使西班牙人吃惊),也不能说路易斯安那在经过早期的幻想破灭之后还能存在下去,如果不是它引起了他的海军和殖民地大臣、年轻的德·蓬夏特兰的兴趣和后来引起了杰出的实业家(法国维持它的战争经济越来越多地依靠这些实业家)安托万·克罗扎的兴趣的话。威廉三世(荷兰联合省最高行政长官——国王)指导海上列强在1689—1697年的战争努力,但在缔结《里斯威克和约》时并不强调殖民地的问题;在为避免西班牙王位继承问题上发生战争的努力中也没有把殖民地问题放在重要的位置上,尽管在西班牙银元几乎成为世界通货的时代,秘鲁和墨西哥的白银作为对重商主义政治家的诱惑来说,要优于加勒比的糖和加拿大的海狸皮。

博林布鲁克子爵圣约翰负责英国在1711年占领魁北克的谋划。在1711—1713年的媾和中,他把殖民地权益放在他日程表的重要位置上。这多少表现了他的首创性。那次媾和的结果是英国取得阿凯迪亚和圣克里斯托弗岛全部,且不提经过反复较量把法国捕鳕渔民从他们在纽芬兰的习用基地赶走,又把"森林狙击手"从赫德森湾沿岸赶走(第14章)。里斯威克与乌得勒支这两个和约之间的明显差异一部分是承认了英国殖民者自己完成了的业绩,一部分是以高度睿智(浸注着前斯图亚特王朝的统治思想)利用了较强的讨价还价地位。1688年詹姆士二世的逃亡已使新英格兰领地的计划受挫,詹姆士本来想用它来使他所有的纽约和两个泽西地区同它们的桀骜不驯的清教徒邻居合并,以便更好地防卫和执行航海法。一位新教的荷兰人在詹姆士的位置上出现（波士顿为此举行了发狂的庆祝）促使回复到地方自立主义以及在某些海岸殖民地内尖锐的派别斗争（第15章）。一旦对加拿大的征服改善了博林布鲁克同强硬的美洲议会以及有势力的财主们（他们顶住了那些要废除他们的特许状的建议）的关系中的地位，他显然就在设想"把整个北美帝国置于一个统一的治理计划之下"[1]。还有一点，从《里斯威克和约》到《乌得勒支和约》，正如这样一个敏锐的政客所完全懂得的那样，商业界有组织的力量在政治舞台上已起着更大的作用。

在这些年份里，有明显的迹象说明，人们对传统的重商主义的局限性已变得不耐烦了。英国和法国政府，甚至西班牙和奥地利政府，都显示出改善经济管制技术、使经济因素在政策制定中占更大分量的意向。国会在1696年新创立的贸易及种植园事务局主要是靠它所推动的许多新的调研来证明它存在的价值；而路易十四对于1700年为安抚法国主要港口商界的不安而设立的商务署（有这些港口商界的代表参加）的主要希望只是要它提供可靠的情报——这些都是事实。尽管如此，这些机构的活动，像领事馆的增设一样（第5章），反映了官方对于保持有利的"贸易平衡"这个老问题越来越关心。历次战争对国民经济带来了几乎难以承受的压力，而同时又有新的商业机会在召唤。在贸易平衡方面——英国人自1696年后开始更科学地来进行计算——殖民地产品（主要为糖、烟草及皮革）[第23章（1）]的再出口占很大比重。因此，战时在航运及付款方面的不正常状态，或者市场饱和及价格低落，为之发愁的不只是海外种植园主和商人。但这些人的能量不限于对殖民地总督和督察们施加影响。无论他

---

[1] 圣·约翰致总督亨特书，2月6日 O. S. 1711，见 G. S. 格雷厄姆编《1711年向魁北克的步行远征》（1953年），第278页。

们彼此的利益是否一致，他们同国内有势力的阶层保持着家庭和业务上的联系，而这些阶层同大臣们及国会多数派的头头们的利害相关不亚于同政府借款部门的关系。施加有组织的政治压力的最好例子是17世纪90年代英法两国都发生的反对海外贸易垄断的运动。"自由贸易"的要求在方向上或在强烈程度上可能都不是什么新鲜事，但这些要求现在通过小册子和请愿书、备忘录和辩论，在更大规模上更加充分地表达出来。商人的观点以及商人本身现在更有分量了。商人的业务不但在国会下院，也在凡尔赛宫内更经常地谈到；在凡尔赛宫，更经常地征求商人的意见，也更经常地授予他们荣誉。法国没有笛福\*，但它有不止一个乔赛亚·蔡尔德\*\*。法国的许多商会在"取予"之间完成了一种很必要的作用（这种"取予"关系存在于这个专制国家的外表之下）。自从科尔贝尔1683年去世之后，"科尔贝尔主义"当然在许多论点上受到了攻击。但是，对他的继承人来说，出口的增长和硬币的供应同样重要——只是更不可捉摸。确实，伦敦的商业区没有对威廉三世的外交政策发挥它的全部影响。威廉三世有一个王子的好恶，在同平和的阿姆斯特丹长期争吵中学会了不信任商界人士的政治见解。即使如此，他晚年的外交显示出他更清楚地理解，取得英国国会下院的合作同取得荷兰各省的合作一样，要靠对商业利益采取温和的态度。

世界贸易扩展的潜力［第23章（1）］，从对太平洋两岸不断高涨的期望中最戏剧性地显示出来。南海的狂热——战后英国一个如此使人震惊的特点——是经过长期准备的。英国的

---

\* 笛福［Daniel De Foe (Defoe), 1661（？）—1731年］，英国作家，《鲁滨孙飘流记》作者。——译者

\*\* 乔赛亚·蔡尔德［Josiah Child (1630—1699年)］，英国商人，经济学家，曾任东印度公司总督。——译者

威廉·丹皮尔和法国的 J.B. 德·热纳是把 17 世纪 80 年代的海盗（他们带回来西班牙属西印度群岛沿太平洋海岸的宝贵海图）和 1695 年由爱丁堡的威廉·佩特森、1698 年由巴黎的让·儒尔丹及圣马洛的诺埃尔·达尼康所创办的公司之间联系起来的早期链环。佩特森的公司产生在达连地峡一块短命的苏格兰殖民地上；而儒尔丹和达尼康的船长们则表明了在西班牙美洲护航船队的行动越来越不规则的时候，把合宜的货物直接送往智利和秘鲁将会获得多么惊人的利润（第 11 章）。这些法国船舶中，有一些续航到广州，在战争之后，这个地方吸引了欧洲人的广泛兴趣。这一南海贸易对于法国在加勒比海的很不成功的贩奴贸易来说，是件难堪的事；但到 1712 年，当法国政策要求把两者都禁止的时候，损失的重大说明做得太过火了。与此同时，英国大臣哈利（博林布鲁克的同事和对手）看不到西属美洲市场的没有弹性的消费，但却从贩奴贸易中预期出现美妙的前景，使英国的海上债务转变为分享西班牙的殖民地贸易（比迄今为止通过已有的暗中渠道更能捞到油水）。他在 1711 年设立了南海公司。

同博林布鲁克所勾画出来的新殖民政策一样——为英国取得合同期限达到 30 年的空前长度的奴隶专卖权的也是博林布鲁克——哈利的计划属于对英国利益的这样一种观念，它同 1710 年托利党在大选中获胜以前决定英国战略和外交的轮廓的观念，是有分歧的。托利党的胜利使英国对欧洲的态度翻然大变，就同它在翻腾的国内政治航程中一样（第 8 章）。1710 年，新的托利党内阁寻求使英国解脱出来的办法。为此目的，部长们必须打破 1709 年和谈中所出现的僵局。当时，前任部长们坚持不仅西班牙王位应由哈布斯堡家族成员继承，路易十四自己还必须把他的孙子从西班牙赶走。英国新的决策者同意保持西班牙波旁王朝的必要性，从而回复到战争前英国—荷兰事实上所采取的正式立场，并且承认了早就应该承认的同盟国武装力量在严酷的西班牙战场上（那里的绝大多数居民反对盟军）是无能为力的。但是，自1701年大同盟成立以来（同盟并未保证西班牙由哈布斯堡家族成员统治），英国就已对里斯本和巴塞罗那以及对维也纳和海牙作出了保证，而这些保证是不符合成为《乌得勒支和约》主要基础的英国—法国双边协议的（第14章）。

这一和约是一种英国现实主义的成果（在那么遥远的时代，这种现实主义也许是可赞佩的），但由此而生的恶感对于造成"背信弃义的英国"\*的形象起了很大作用。良心不安的英国人可能会指出皇帝在意大利的自私行径，甚至指出荷兰人在南部尼德兰的自私行径——在英国人看来，荷兰人的哨卡是同商业利益联系在一起的。但是，作为对1709年协定\*\*（在1713—1715年逐步减少）的报答，英国又坚持要分享这些商业利益，尽管它已从哈布斯堡家族的西班牙王位候补人那里秘密地勒索到了单方面的好处，还有博林布鲁克用外交手段要从菲利普五世那里得到的在西印度群岛的好处。1703年，约翰·梅休因同葡萄牙议订条约，只是为了购买里斯本的一个海军基地，就使同盟国不顾维也纳和海牙的较好判断而承担了在西班牙作战的义务。正是在这一条约签订之后，又签订了一个商务条约，促使葡萄牙在未来的年代里成为英国的经济附庸；在地中海还进行了海军活动，这些活动并未使荷兰人得到任何实在的收获。此外，在多次战争中，荷兰因在陆上全面奋战使其公共财政不堪负担（原文第294—298页）而肯定地损害了它的海上威望。必须从上述背景来思考荷兰联合省所蒙受的屈辱。同他们17世纪的强大地位和多佛海

---

\* 原文为 *Perfide Albion*，Albion 是英格兰的古名。——译者
\*\* 指英国和荷兰之间关于在南部尼德兰戍守哨卡的协定。——译者

峡对岸那个世仇的新力量联系起来看,荷兰人在这些战争中的损失比法国本身还大,特别是他们未能显示出战败国的经济复苏能力。战争同时在北方和西方发生,尤其使他们感到困难,虽然在某些传统的贸易项目上,他们始终是紧抓不放的[第23章(1)]。对葡萄牙国王来说,这一和约也是一次失望,尽管他的军队一点也没有尽力去帮助实现哈布斯堡家族在西班牙的胜利——这是它加入"大同盟"反对老盟友路易十四的代价。在经济上,英国作为海上强国的霸主地位(它迫使里斯本在1703年改变外交政策的倾向)现在由这样的事态发展来证实,即:葡萄牙的酒类出口集团以牺牲一项旨在反对进口英国布匹的早期工业政策为代价而获得胜利(第16章)。如果博林布鲁克同法国订立的商务条约草案为国会批准,那就轮到葡萄牙地主们有理由去重新考虑他们对伦敦的敬重了。正如在伊比利亚半岛上出现的情况所显示的,西班牙加泰罗尼亚人的苦难命运(第11章)是对英国托利党人媾和的一个更不愉快的纪念品。但是,说到底,对当时的人来说,他们感到和约的双边根子比英国同波旁家族初步协议的内容(这是各国在乌得勒支所不得不接受的)更加卑劣。在九年战争中,反法联盟中的许多成员(包括皇帝本人)都试图同路易十四单独议和,有的真是这样做了;但是,直到1711—1712年,1701年缔结的"大同盟"还是团结一致以反对路易十四企图瓦解它的一贯努力。

在安妮女王末年,英国外交政策有民族主义的趋势。这是早就预料到的,因为对威廉三世和他的政治继承人英国财政大臣戈多尔芬、荷兰议会议长海因修斯和马尔巴勒公爵的整个欧洲战略一直有人批评。在开始时,"奥兰治的威廉"于1688年冒险侵入英格兰并不是为了从他的信奉罗马天主教的岳父统治下拯救英国人的自由或者英国国教的唯我独尊地位,而是为了终止詹姆士二世在奥兰治同波旁的神经战中保持中立(这一神经战是继

"归属"及所谓"雷根斯堡停战"① 之后发生的)。威廉具有的对整个欧洲形势的看法只能同路易十四的看法相比拟。路易十四得益于他那一套模范的外交体系,但他鄙视人的本性,又取得了多次侵略的胜利,从而自己有一些制定政策的指导思想,他就为这些指导思想所束缚而不能自拔。(第5章)威廉和他周围小圈子里的近臣逐渐形成一种对于欧洲共同福祉的意识,比起路易关于法国有传播文明的使命的观念来,如果说在某些方面更为老式的话,那么总的说来是更为宽仁的。路易的上述观念在这位"伟大国王"之前就有了,而且在他身后还遗留下来。但可以理解,这一观念对路易来说是很难同他个人的荣誉分开的。正是在这一方面,甚至于比他绝不承认失败的坚决性和作为君主的真诚还要突出(第8章),威廉可以称得上是伟大的。带头实行"瓜分外交"以探索不使用武力解决西班牙王位继承问题的途径的是威廉。在认识到路易缺乏诚意之后,又是威廉采取了必要步骤,缔结1701年的"大同盟"并使英、荷两国的思想转而支持这一同盟(第12章)。

在1688年,特别是英国海军,明显地表现为在对法国的公开冲突中的一个主要因素,法国的战线是只能由海上强国协同作战才可打破的。为了巩固威廉在英格兰特别是爱尔兰土地上的控制,大规模的海上作战确实已证明是不可避免的了(第7章);而威廉的海军将领们在1692年巴夫勒尔溃败之后对布列斯特和土伦的分遣舰队是不能掉以轻心的(如不这样认为,那就错了)。另一方面,英国人要路易十四接受1688年的革命(第6章)(路易把它看做既是他战略上的挫折,又是一件大逆不道的事情),只有投入他们的全部力量,再加上同大陆上小国的松散联盟——这种联盟是他们的新王毕生不懈地缔结起来以反对

---

① 《新编剑桥世界近代史》第5卷,原文第219—220页。

"太阳之王"难以预料的侵略的。由于这些侵略行动都有组织良好、规模空前的陆军支援——在最大限度动员时不下50万人——英国必须在国内和海外征兵，才能以百年战争后从未有过的规模介入大陆战争。如果英国认识到这一点，这不过是在另一首这样的史诗中的第一回合。当时，在哈利这样的人看来，这样做无谓地偏离了这个国家成为海上帝国的真正才能。代替海上称雄的是英国人发现他们自己主要承担了一项陆军任务，这一任务集中在尼德兰——在威廉的思想中，只有在尼德兰才能决定性地摧毁法国的力量，但在那个地方一套布局巧妙的堡垒体系使行动受到阻碍。沃邦——从他激烈批评"旧政府"的考验中也显示出他是一位伟大的法国人——的军事工程使这一段最易受攻击的法国边界设置了防御工事，最后阻挡住（虽然很险）甚至是马尔巴勒和尤金的进攻，这两位统帅同查理十二世比威廉国王或其他荷兰将军更喜欢采用运动战。法国就这样为那种强国哨卡所拯救，而设置这样的哨卡本来是荷兰联合省自己想要实现的压倒一切的目标。在1712—1714年媾和中，其他政府都对哨卡设置如此重视，这确实是很说明问题的。之所以出现这种情况是有原因的，防御技术超过了进攻技术，这是事实；还有在某些地理条件下（如皮埃蒙特的阿尔卑斯山地）防御重于进攻。但这种依赖哨卡的心理从长远来看是自欺欺人的，正如1940年的马其诺防线一样，而在短期内它也毒害了战略想象力［第22章（1）］。

九年战争在六个战场上激烈而无结果地进行。它本来应该在1693—1694年结束的，当时法国经历了这段时期中两次最严重的歉收中的第一次，加重了战士们的经济困难。这次战争延续到1697年完全是由于法国不愿承认国王威廉，正如下一次战争在1709—1710年（第二次发生粮食和信贷严重危机的年份）以后还延长下去，要归因于在国王菲利普五世的问题上盟国的顽固态度。这两次战争有某些相似之处，即除了爱尔兰和西班牙之外，作战的广大区域在很大程度上是相同的。但在1702年，法国人由必须保卫西班牙属尼德兰而不是试图征服它开始。在每一情况下，早期的胜利都未能产生战略上的决定性结果，尽管法国在1690—1693年由卡蒂纳和卢森堡（"tapissien de . otre－'圣母院壁毯'Dame"）所取得的辉煌战绩，只有在下一斗争的后期与维拉尔在德南所取得的战绩相比。在这斗争中，起初占上风的是盟国，至少在1704—1706年当马尔巴勒和尤金的闪电式进军挽救了维也纳和都灵时是如此。在西班牙王位继承战争中，军队的运动性较大（虽然不如北方战争），军事活动停止的间歇期也较长。正如以布莱海姆和都灵战役为高峰的战局发展所显示，法国人想避免把主要战场局限在尼德兰；这种情况在九年战争中曾使得他们多次把部队从莱茵兰抽走，因而在那里只好使用恫吓、威胁的战术来维持。但是他们的将军们却因受到凡尔赛的遥控而束缚了手脚，正如尤金因为要对奥地利军事参议会负责而受到束缚、马尔巴勒因为他的荷兰同僚只专务防御而受到束缚一样。但是，马尔巴勒最深刻的失望来自尤金进攻土伦的失败，这次进攻本来是可以为1707年向巴黎的进军打开通道的。他使国王威廉具有陆海军协同作战的见地并且在肖维尔身上看到一位积极的、期望成功的海军上将的罕有表现。

直到英国航运的"流产"导致1708年以后在本国海域内重新部署海军力量之前，地中海的作战比上一次战争更为经常地吸住了英国海军力量。在上一次战争中，尽管在巴夫勒尔之后在法国宫廷中有反对海国主义分子的影响，而法国帆船巡洋舰则越来越集中破坏敌人兴旺的但易受攻击的海上贸易，英国本岛的防卫仍然是它经常优先考虑的事情。除了1708年的"敦刻尔克警报"之外，法国在西班牙王位继承战争中唯一的海上主动行动是企图收复直布罗陀，以及随之而来的1704年在马拉加口外的不分胜负的战斗。另一方面，法国海盗们所以能造成损失、使自已发横财，是由于他们从王家海军工厂得到了比过去更多的合作。这些工厂帮助装备那些游动的分遣队（它们能够破坏荷兰人在斯匹茨卑尔根群岛的捕鲸作业或阻止运兵去里斯本），从而给予为数众多的较小的私掠船以背后的支援［第22章（3）］。巴尔和福尔班的敦刻尔克是进行这一事务的主要地方，因此在英国的议和条款中，拆毁那里的堡垒及海港工事成了主要的一条。到1706年时，著名的Malouin Course已经衰落，尽管它的赞助者继续支援迪盖—特鲁安从布雷斯特出发远征，而正是在这时，马赛的资本和土伦的闲着的海上人才的结合体才开始壮大起来。伊贝尔维尔和卡萨尔在1706年和1712年也是从本国港口出发，去进行对安的列斯群岛的掠夺。在同盟国方面，可以同这些多种多样的、冒风险事业相比拟的，只有可怕的米德尔堡和弗洛辛的Commissievaart——即使"海峡群岛的岛民"像瘟疫一样侵害布列塔尼人的沿海航运，而牙买加的私掠船也不时出来骚扰。1708年，英国私掠船所得到的法律上的支持主要相当于用法定的巡航舰和护航船队保护英国本国海上门户不发生惊慌的措施。"航道战争"艺术所要求的是速度和残暴，而不是火力和勇气，这种战争艺术是非常自然地在狭窄海面上形成的。在地中海，一些海上小国老是在同伊斯兰作战，那里就盛行这种战术（第17章）。

多次战争的猛烈程度和旷日持久，对人力和公共财政都产生了严重影响。如果说，在彼得的俄国，战争所引起的社会骚动是一种例外的情况，那么这只是事情的一个方面。在另一方面，瑞典（在1709年以前）却有办法以战养战。因疾病和逃亡，也因敌方行动而造成的人员的损耗，作为一个起限制作用的因素，最终不如国家负债那么重要，但每个冬天补充兵员的问题却使征兵官员伤透脑筋。这是为什么当时的人哀叹马尔普莱奎特的重大杀伤（1709年）和斯蒂扣克的3000死者（1692年）的一个理由。而促使指挥官和政府避免全力对阵，也不只是因为野炮的笨重和构筑工事的费事,而是因为广泛使用燧发步枪和装在步枪上的刺刀之后,以及由此而产生的战术上的变化[第22章(1)],使得战斗的伤亡更大。

贫穷可以成为兵员的巨大来源[第22章(2)],但即使在西方,也不排除用半胁迫的手段或以雇佣兵来补充国家军队的必要性——这些雇佣兵是从德意志各诸侯或瑞士地方官那里雇来的。在1702年相当庞大的荷兰陆军中,大部分成员是领取津贴的士兵,此外还有独立的普鲁士步兵和丹麦骑兵,这两支部队是由海上列强供给的,赢得了马尔巴勒和尤金的赞誉;帝国军队本身在1702年由参政院扩大到12万人(这个数字是从未有过的),但实际上这比莱茵的军队要少得多。路易十四的大军是由说各种语言的人组成的(它常获内线作战之利),在意大利和西班牙还用来自法国各教区的民兵来填补防线上的空隙。民兵在表面上是由当地地主统率的地方保安部队,它的发展是这一时期在法国及其他地方的一个特点。这件事情的重要性在于征兵的原则由此产生。最广泛实施这一原则的是沙皇彼得,他还强征民夫,手段之狠远远超过——举例说——法国边境"财政区"的总管。除了这一发展之外(在俄罗斯和勃兰登堡—普鲁士这两个极端的例子中,这一发展意味着社会同战争的需要越来越多地联结起来),这一时期看到了斯堪的纳维亚体制的成熟,这种体制就是从指定担负此项任务的农村及产业中募集士兵和军官以及给养。在另一方面,波兰人则继续过分地依赖一种封建的征发制度。因而在所有为宪法和财政改革而作的努力中,建立一支更大的王家军队总是成为一个焦点[第20章(2)]。

在易北河以外及多瑙河下游地方,所有的军队多少都靠就地筹饷维持。相反,在西方,发展的趋势是免除军队逐日依靠平民供养:宿营还是要那些无权无势的人负担(作为一条促使人民服从政府的法令,这有它的用处),但私下的掠夺和粗暴的征发减少了。这要归功于西方军队的更为先进的后勤系统——如果不说是由于较好的纪律的话。确实，当交战双方在装备和战术上不相上下的时候，后勤上的微弱优势有时能够决定胜负。马尔巴勒和查理十二世的胜利，像他们激发出部下的忠诚一样，是由于他们亲自关怀饲料和靴履的结果。尤金对十分庞大的奥斯曼野战军的胜利，固然在很大程度上要归功于他自己的天才，同时也是对更有效率的参谋部的奖赏——虽然在那个时代参谋部的组织还是很不完备的［第22章（1）及（2）］。

从被动员的人数看，造船厂和战舰的费用甚至大于堡垒和攻城炮队，并且还需要更加复杂多样的技巧和材料，其中一部分要从波罗的海地区才能大量获得。奥斯曼海军特别幸运，能够依靠本国生产的物资，而荷兰和英国的海军在这方面的处境却极为不利。建造船舶并使它们适于航海，这需要长期的经验、热心的管理人员、优秀的工匠和可靠的承包商。尽管存在许多弊病，所有的海上强国除了西班牙和俄罗斯之外都在相当大的规模上具备了上述这些条件。彼得在1697—1698年对赞丹和德特福的访问，除了取得直接经验外，就是为了延揽造船技工，以建设一支新的海军；这是同他个人关系最为密切的一项成就——也是最漠视俄国人民才能的一项成就。另一方面，法国尽管有罗什福尔的贝贡这样优秀的海军监督、土伦的布莱斯这样好的造船师、图尔维尔这样伟大的海军统帅，但却缺乏一个对海军力量的信念从不动摇的统治者；荷兰共和国则依靠五所海军学院的勉强合作。而在威廉死后，绝大部分负担落在阿姆斯特丹学院的肩上，结果是荷兰的海军像法国海军一样逐渐缩小。二者的主要原因都在于财政。在西方列强中，只有英国证明是能够把同时在陆地和海上进行战争的巨大负担维持到底的。它能这样做是由于国会愿意使国债增加到吓人的程度，也由于使各债权人静候还钱。在这些人中，最受苦的是海员。薪饷拖欠或打折扣；后来又实行一种备受批评的新办法,即把海员从一艘船调到另一艘船,以节约人力和减少逃亡,但由此造成了账目的混乱,并使海员们过分长时间地处于疾病的威胁之下和被剥夺的状态,他们的处境更加恶化。待遇恶劣和征召困难形成了恶性循环。正是在九年战争期间,英国那些专写小册子的人开始攻击当时在空前规模上进行的强制征召的罪恶和缺乏实效。他们赞赏科尔贝尔的"海员登记"的十分平易和具有人道精神,虽然它在布雷斯特、罗什福尔和土伦的分遣队最为发展的年份里,几乎不能满足这些分遣队的兵员需要。国会半信半疑地想仿效这个办法,实行全国总登记,但结果失败了,在很大程度上是由于这个办法所涉及的全部行政问题被误解或拒绝了。因此,英国虽然有一支大加扩充的海军,但要派遣船舰迅速出海时总是遇到困难。但在这一成长时期(包括在牙买加和梅诺卡,还有普利茅斯和加的斯——后者是临时性的——建立新的基地),英国的海军将军们和海军部,总的来说是足以应付因对法国作战而产生的新问题的。除了人力以外,主要的弱点是海上食品的质量和费用,这些食品的质量低劣危及海员的健康。与此同时,海军军粮官为了抵偿购备这些食品的不敷之款,不得不挪用本来决定作海军其他用途的经费[第22章(3)]。

随着战事的延续,为了满足已比1688年前增大若干倍的国家支出的需要,西方各国被迫更多地也更巧妙地举债(第9章)。值得注意的是,海上列强的预算增长比例大于法国。在开始时法国的经常性税收为英国的5倍,尽管法国的国库远不如英国那样集中统一。英国在1688—1697年期间,税收增加一倍;在1702—1714年期间又增加近一倍。税收增加主要是使乡间财主们受到损失,他们中不少人最后被迫抛弃了早已大部抵押出去的财产,并且很自然地倾向于认为他们正在养肥那些发战争财的人(第8章)。还有,英国的进口税总水平提高了4倍,这可以说是建立了一种工业保护制度,尽管这不是增税的原来目的。①硬性措施对荷兰人来讲更为重要,他们至今在很大程度上依靠阿姆斯特丹的借贷市场,这一市场虽然无人匹敌,但终究不是取之不尽的。维也纳也靠荷兰金融家的大量贷款,发展了自己的银行机构,这在奥地利历史上标志着一个新时代的开始。法国的税收,主要是包税,最后猛烈下降了。1695年和1710年实施的人头税和所得税确立了国王有权向他的全体臣民课税(至少在原则上如此)的主张(第10章);但在法国,正如在哈布斯堡领地一样(这些地方以使人倾家荡产的高利率借贷度日),负荷税收重担的主要是农民。路易十四的"专制主义"居然能靠"现挣现吃"生存那么长时间,这是了不起的。这种情况在西班牙王位继承战争期间特别突出,那时卖官鬻爵发展到这样的地步,要不是这样的事太令人厌恶,听来真可发笑;造币厂印制的钞票和连续发出的短期"信用券"在流通中都要打越来越大的折扣,因此国家要靠像勒让德尔和贝尔纳这样一些私人金融家的信贷——国家还要靠他们经理海外汇款业务,所以依赖更深。但是,在这件复杂事务中,对胡格诺新教徒的驱逐证明是一个重大的有利条件——这听来近乎奇谈——因为这样一来,扩展了在法国人控制下的国际银行网。法国胡格诺新教徒海外移民的第二代仍然具有很深的法国人的情感,在九年战争中,英国财政部就是在同他们打交道中吃了苦头的一个单位,当时汇往欧洲大陆的大量汇款,正如按所需要的规模操纵公共信贷一样,对它是一个新的技术问题(第9章)。

在这两方面,战争造成了英国的一个财政奇迹。在1688年,詹姆士二世没有一个长期借贷的机构;到1714年,即使是寡妇和乡村牧师也会熟点互助储金、年金、国库券和英格兰银行的钞

---

① R. 戴维斯:《英国保护贸易的兴起,1689—1786年》,载《经济史评论》第2集第19卷(1966年),第306—317页。

票。在西班牙王位继承战争中,英国财政总的来说安排得较好,这主要是由于戈多尔芬(当时最能干的政治家之一)的努力,尽管重大的发明是在前一个更为危险的时期。1702—1713年每年平均支出比九年战争期间又高出一半,而且英国此时供给同盟国津贴的三分之二,但利率降低了。从1689—1715年,英国只改铸过一次货币,而法国的硬通货则变值40次,因为储备日益减少而政府又想避免破产。还有,法国的总督察处丝毫没有对陆海军费进行细心的监察,而白厅的财政部却在一定程度上做到了这一点(第9章)。

办理军事贷款及和约——光是经手大笔付款和津贴——需要许多企业家的专门知识、关系和资金。这些企业家中有人从办理这些事务中发了大财,其中包括像马尔巴勒和尤金这样的军阀,但也有一位法国多菲内的旅店主巴黎的梅西,一位荷兰书商J. H. 于盖坦。我们看到,Court Jew 在德国、"金融资本家"在伦敦以及在鲁昂和阿姆斯特丹及里昂和日内瓦经营的"新教徒银行"都肯定无疑地出现了。哈布斯堡和波旁家族对这些金融家也不得不纡尊降贵,甚至于封他们为贵族,不管剧作家或写小册子的人怎么说。贵族和长官们是从来不轻视做交易的,现在,大地主和城里贵人们纵有维持门面的各种办法,也越来越经常地同商人和银行家(虽然很少同工厂主)合伙和通婚。但还有许多小一些的投机商,是他们给笛福——没有人比他更富有创造性——称之为"计谋的时代"的这一时期定下了调子。正是他们,在仓库和咖啡馆里,开展了不断扩大的同中国和非洲奴隶海岸的贸易、海上和人寿保险的新市场以及投资和兑换的更先进办法。他们是在18世纪初被理想化为人类之友的一些实干家;即使是他们的利己主义,同贵族们在决斗中和赌台上讲究的传统荣誉相对比,也是对社会有用的。他们也参与了以瓷茶壶和胡桃木椅子为象征的生活方式中的讲求文雅之风;而且,无疑地,他们同科学家在一起，对社会上思想情操的微妙改变作了很多的贡献——这种改变就是在仍然成为这一代人主要精神寄托的宗教中，寻求更多的理性和容忍，也许还要寻求更多的善心。

"理性的时代"不是吹吹打打来到的；如果把本卷所研究的这一历史时期从任何简单的意义上称之为"理性的时代"的前奏，那将是十分严重的错误。即使对受教育的人来说，古老的基督教的宇宙只是经历了修正和更新，而不是向一小批怀疑派投降，这些人否认基督神圣，或（更常见地）否认圣慈的恩典。很明显，这些异端邪说并不新鲜，尽管由于在科学家和史学家（他们自己常常是虔诚的信徒）手上，基督教的信仰被除去了许多迷信的装饰，从而使阿里乌和贝拉基教士们\*的观点得到了加强。但是，对许多信徒来说，17世纪也一直是一个精神上越来越动荡的世纪，因为正是伽利略，他摧毁了天体的音乐；是笛卡儿，他造出了一个完全是机械性能的宇宙。在1680—1715年间（有一本杰出的著作①称此为欧洲人思想危机的年代），西蒙（一位被排斥的奥拉托利派教徒）和培尔（一位被流放的胡格诺教徒）的批判性著作削弱了对神的启示和理性这两个方面的信念，而牛顿和洛克的严正推理要求理智本身的更加严格的证明。最主要的是，关于空间和时间的新观念被交给了这样一代人，他们早已十分苦恼地知道了人性的腐败；精神上的悲观主义刻印在布瓦洛以及加尔文教派和詹森教派——的古典主义上。"合理的宗教"或"自然的道德"（不论其原来意图如何有建设性）在一个对人类所作恶行如此敏感的世界里能够完全不受放荡主义的沾染

---

\* 阿里乌和贝拉基分别是4世纪和5世纪出现的基督教异端传教士，前者否认基督的神性，后者强调人性本善，反对关于原罪的教义。——译者

① P.哈泽德：《欧洲人的思想危机，1680—1715年》（1935年）。

吗？神已经从世界上撤走了吗？资本家有繁荣的责任、奴仆有重生的希望吗？隐遁主义者的自暴自弃是对斯多葛学派的自我克制的回答、虔敬主义教会和慈善学校是对伊壁鸠鲁派（享乐派）的放任的回答、耶稣会号召顺从教皇和国王是对忠实的皮朗主义者（怀疑主义者）的回答吗？这些是当时进行辩论的一部分令人不愉快的问题，参与辩论的有各种脾气和不同信仰的人，他们思想的深刻、论证的微妙直到今天仍可感到。对于像波舒哀这样一个坚强的传统保守者来说，在罗马天主教组织内部，同外部的各种"花样"的新教教会一样，充满了敌人；而"新英格兰教派"的博学的卫士们则拼命地努力保持他们的圣约神学院不受天主教、英国国教和教友会的影响，又不受那些愿意把"半信半疑"的成员吸收进"圣餐"的教士们的更为隐蔽的污染。在这一水平上，马勒伯朗士和斯宾塞、培尔和莱布尼兹的时代是一个修正教条的时代，在上帝正义论（Theodicy，一个新词）*方面是大胆的而在论辩术方面是多样的。但是，世俗主义、放任主义和自然神学的混合力量在慢慢地形成"非神秘的基督教义"的宗教气质——在那些能够受得了的各界人士之中——虽然在新科学中有玄秘的成分而且幻术还继续迷惑着甚至一些地位很高的人。① 因此，科学家的乐观主义终究散布到神学家和道学家中间，生活走出了一些古老的争论旋涡，如"命运"、"绝对服从帝王的神授权力"、"Cujus regioejus religio"（"各地都有自己的宗教信仰"）——这些争论在许多国家在17世纪80年代达到了剧烈的、危险性的高潮（第4章）。

---

\* 莱布尼兹所创，意在辨明上帝允许人世间存在自然及道德的罪恶即所以显示伟大的善良。——译者

① 参见 J. 厄拉尔德著《18世纪上半期法国关于自然的概念》（两卷本）第1卷第1章（1963年）。

如果要了解英国1688年革命（第6章）的爆炸性影响，必须把所有上述发展记在心里。它的内在逻辑只是在以后的30年中才逐渐清楚，这30年中国家进行了自我调整以适应在欧洲的新的地位和国内的新的权力结构。1688—1689年内事件的迅速演变确实不止是詹姆士二世所执行的（或者归在他名下）宗教政策的失败，因为它也扭转了在他登位以前就存在的专制主义倾向。在神授王权和契约王权之间的争论到底在1680—1683年间先后出版的菲尔默和洛克的著作中产生了根本性的文件。但是，1689年的律令性合同——政客们在这里达成了最大限度的协议，并为一个新的国王所接受，政客们需要这个国王比国王需要他们更迫切——仍然保留了某些剩余的最高权力，成为以后引起很多愤懑的根子，不论这些权力是由一个使用非传统方法的"战士—国王"来行使，还是由一个虔诚的女王交付给国会中联盟的领袖们（他们在开始被称为"内阁"的一个机关里定期会晤）。过了好几十年之后，经历了多次摩擦，在这受限制的君权和国会下院之间才订出一套和谐的工作关系。国会下院在这些年里，甚至在执行外交政策中也感到了它自己的力量。结果是，用内战以外的办法来解决政党纷争的这种结构的本身，就像含有内在敏感性的战争和宗教问题一样，使人们自然趋向于对各自所属党派的效忠（第8章）。这种情况扩展到国会同宗教会议、上院同下院、选民同当选人、政府同报界之间的关系。由此产生了植基于地产、公民自由和政治同意的一种古典的"混合的"宪法。它被长时间地赞誉为同"力量均衡"——当时成为国际政治家修养的首要信条——相对应的国内政治的最好信条（第5章）。但是，"最近这次快乐的革命"不会像它所做的那样把魔法施之于辉格党的神话学（在大西洋的两岸）或法国的"英国热"，如果它看来没有像麦考莱所感觉到的那样，[①] 解释了为什么英国的"繁荣和军事荣誉同时增

---

① 《詹姆士二世即位后的英格兰历史》第1卷（1848年），第1页。

长"：这一"秩序和自由的吉祥结合"被认为最后可用以说明为什么英格兰银行和英国工业取得首要地位，为什么能有对不信奉英国国教的人们的宽容和新闻自由，为什么会有1707年同苏格兰的联合，为什么有对北美洲和亚洲一个帝国的征服。这一革命的从事者喜欢把它看做是重申某些古老的合法自由，但它也释放出经济能量，这些经济能量曾经受到以前的政权的议事会的管理和垄断的束缚。还有，这一革命由于在进行和巩固过程中的国际因素，刺激了对政治信息和评论的需要——反映在有活力、爱争议的报业的发展，这一报业的本身在不小的程度上助长了臭名昭著的英国"派性热"——从而开创了这一民族最长久的特性之一。[1] 与此俱来的是一种自以为在各民族中居于最前列的意识，这种意识在范布勒为马尔巴勒在伍德斯托克建筑的宫殿中得到了强烈的表现。

英国的中立一直是路易十四在欧洲大陆上居于"优势"的一项条件，因此英国王位在1689年的继承立即被认为是他的一大失败。在同样程度上，他在里斯威克承认威廉三世为"上帝恩宠的"国王，使他在国内大失面子。但是，由于坚持不屈，路易后来在西班牙王位继承斗争中为他的孙子（如果不说是为他自己）在主要问题上赢得了胜利。两次和约中的任何一次都没有使他作出重要的领土让步，尽管在《乌得勒支和约》中关于纽芬兰和赫德森湾的规定是可观的经济牺牲。最主要的是，他保留了阿尔萨斯和斯特拉斯堡——通向他的王国的战略要地，而法国同神圣罗马帝国的关系习惯地总是处于他一切筹划的中心。这些年内，法国的"衰落"最基本地表现在失去军事和外交方面上升的势头。但是，即使在17世纪80年代法国地位如日中天

---

[1] G. C. 吉布斯在《斯坦厄普和沃波尔时期的报纸、议会和外交政策》一文中很好地论述了"欧洲事件相互关联的感觉"并不限于英国人。该文载 *Méanges offerts à G. Jacguemyns*（布鲁塞尔，1968年），第293—315页。

的时候，路易也从来没有认识到这一点：在法国边境上十分有限的疆土扩展却换来了全欧洲的永久警觉，而法国边境的安全仍被认为有赖于占领边境外的一些桥头堡，一个特拉巴赫或一个卡塞莱。这样的哨所构成在1688年公开冲突爆发前的神经战中采取侵略性（即使是作为预防措施）军事行动的一个危险的刺激因素。（第7章）这种行动自由为1713—1714年的欧洲势力均衡（划定防御线及发表放弃权利的声明）所取代。但法国很快就成为旨在维持这一势力均衡而建立的英法同盟和四国同盟的不可缺少的成员；到了1735年，红衣主教弗勒里就已恢复了法国在欧洲外交中的领导地位。

到了这时，路易十五的臣民们也以尊敬的心情回顾在1715年结束（当时无人伤悼）的这一伟大时代。因此，我们究竟应该如何去解释那些"日落"（路易十四自称"太阳之王"——译者）的年份？真正的军事挫折和财政崩溃只是最后10年的特征，当时国王的家庭中的丧亡同人民的痛苦相互回响。这个政权居然能够度过这些可怕的年月，显示出它自"投石党运动"以来已经走了多远。即使在1710年，尽管他不得不容忍财务上所有敲诈勒索行为（但为此金融家们成了替罪羊），路易还是能够激发他的臣民们为反对屈辱的和约条款而作出最大努力。相比起来，詹姆士二世的罪孽实在是微不足道的，却只能保住王位不到4年时间（在他登基时，这个王位看来达到了不可动摇的主要支配地位），而路易的最大胆的批评者在他统治的危急时刻却这样写道："国王的事情已经无可抗拒地成为我们自己的事情……民族必须自救。"[1] 尽管有希望幻灭的情况，"太阳之王"已经如此成功地代表了法兰西民族，它不可能使关于对抗的利益或身份的

---

[1] 费奈隆致谢弗勒兹书，1710年8月4日。G.G.范·德森：《西哀士》（纽约，1932年）一书第149页引用。

差异的任何意识转化成为革命。在法国，煽动性暴乱发生得够多的，特别是在歉收之后，但只有 Protestant Cévennois 的起义在平定时有些困难。殷实的城里人虽然也有许多抱怨，但他们害怕他们自己的贫困的邻居要比害怕王室的政策及其执行者更厉害些。① 如果说，在1713年对国王的顺从要比1688年逊色，那是由于国王抛弃了高卢主义（Gallicanism，1682年法国掀起的主张限制教皇权力、要求各国天主教自主的运动——译者）（第4章），而不是由于他的制造战争，在行政官吏和教士们——他们比起那些只图权力和享乐的宫廷大臣来，是更加敏感的民意指示器——中间造成了惊慌。即使如此，在路易自己眼里，一次长期的战争标志着外交的失败，而且战争本身对他身边的道德家来说已经成为一种邪恶。尽管路易对1693年的饥馑已不如在此之前的经济停滞那样要负直接的责任，费奈隆已被驱使去狠狠地抨击国王在欧洲的全部行动和在国内的挥霍；路易的人数很少的内阁成员之一博维利埃谴责他撕毁"分割条约"，言而无信。这样的批评在以后的年月里更为直率。但是，值得注意的是，取消"内阁专制"和奢侈品工业、恢复各省等级会议出自以回复封建秩序为首要要求的贵族（第10章）。政治自由被等同于高级阶层及历史性省区的特权，而挽救经济则被等同于科尔贝尔主义的终结。② 路易十四的专制主义在充满这些紧张关系的漫长历史中，只不过是一支插曲。他的专制主义在内心里是机会主义的，正面解决这些紧张关系从来不包括在它的行动计划之内。一位德·圣皮埃尔院长（他的早熟的现代性质使我们想起笛福）的

---

① 请比较 J. 加勒特和 G. 莱马尔尚德在《现代和当代历史评论》第9卷（1967年）第193—216、244—265页所载的文章。
② 参阅 L. 罗斯克鲁格著的有趣论文《路易十四的反对派》（普林斯顿，1965年）。

方案，对于负担很重的国王和大臣们（他们一般说来是过一天算一天地活着）来说，似乎是空想的。他们的行动手段虽然按照同时代的多数标准来看是完备的，比起新的普鲁士王室已能得到的那些手段来，还是不如的。[①] 但是，他们的训政工作——它一步步地消除了各种离心力量的抵抗，这些离心力量集中在花样多得使人吃惊的传统机构之中——本来是可能扩展的，只是由于战争而未实现。在这样的情况下，等级会议和国会、教会和都市的早期活力又恢复到了足够阻挠18世纪有志改革的君主的程度。

从欧洲其他地区的倾向来看，也可以避免对路易十四的国内遗产作出轻易的责难。虽然官僚体制在增长，政府同社会并不是在所有问题上都是对立的，而18世纪是欧洲贵族的极盛时期（贵族的定义仍然难下）。即使是瑞典和俄罗斯的军事贵族也同大地主合流，如同在法国的法袍和佩剑一样。在南部欧洲，这些大地主常常又是城市里的显贵或者同这些显贵沆瀣一气，尽管在热那亚地产与银行业可能相敌对，而在受西班牙影响的地区——在这里早就取消了一个军事阶级，但新的封号极多——谱系间的竞争则十分尖锐。确实，在"世代簪缨"的贵族同新封的贵族之间所产生的社会裂痕（从圣西蒙的回忆录中我们很熟悉），从地中海到波罗的海都能发现，程度最轻的是在哈布斯堡统治下的地区，而最厉害的则是在普鲁士和瑞典，还有其他一些地方，那里王朝的治理比维也纳更多地依靠不计地产和门第的委任和晋升官吏。在腓特烈一世的普鲁士，事实上，政府部长常比法国更加突如其来地被封为贵族，法国的"行政贵族"（圣西蒙所说的"可恶的布尔乔亚"）是逐步地从高级官员和"国家法院"中出

---

[①] 见《新编剑桥世界近代史》第5卷，第23章。

现的。① 但是，在长期战争的压力下，王室必然要征召为数更多的文武官员，而迹象显示，那些世家高门越来越热衷于做官，以至于后来几乎为它们所包办。把为国服役作为贵族的最新基本条件的观点，即使在俄国也没有永久性地得到贯彻，尽管彼得力求使之成为唯一的基本条件（第 21 章），同以出身或财富为基本条件泾渭分明。世袭地产这一传统地位仍然还要持续一个很长时期，在有些国家由此而被赋予国家政治权力。在英国和瑞典，同在匈牙利和波兰一样，较小的贵族或乡绅们常在大地主领导下分享这种权力，尽管在朝廷和乡里之间的某种对立长期在英国和匈牙利延续下来（在匈牙利，这种对立因豪门大族的德意志化而加剧）。几乎在各国都有一大批"外省"贵族，他们对国家政治既没有手段也没有修养去参与。他们的境况已不再能同他们因祖先而产生的骄傲心理相称，因此他们坚持要尽可能地利用他们的地位和特权。

除了在英国和荷兰共和国（即使是这两个国家的当权派和政客们也越来越倾向于南方高门大族中典型的奢侈生活方式），18 世纪贵族们的欢乐或仅仅是他们的尊贵，都是靠特权来支持的，这些特权给农民群众带来困苦——不论是沃邦所说的"乡村小民"、沙夫茨伯里所说的"可怜的农村牲畜"，还是匈牙利人所说的"悲惨的纳税平民"（misera plebs contribuens）。从巴尔干到丹麦，在本卷所论述的这一时期内，上述各地农民都经历了衰败，只有一些当地"土豪"和一些山地社区（在萨伏依和瑞士境外）是例外。不管我们怎样来区别"地产保有农"和雇农的差异或西部打短工的农民和东部农奴的差异，如果说欧洲大陆上总人口的十分之九在 1715 年的境况要比 1690 年差，那是不

---

① H. 罗森堡在《官僚政治、贵族政治和专制政治：普鲁士的经验，1660—1815 年》（剑桥，马萨诸塞，1958 年）一书中作了社会学的分析。

过分的。在看到显然是因多次战争而出现的入息更多的物价水平时［第23章（2）］，我们必须同时看到许多困苦的境况，这些困苦不是因战争而来的，但却因战争而加剧了。路易十四在位的后期，在很大程度上是一个天时不正的时期。[①] 在欧洲，没有一种经济，更不要说法国的经济，是能够抵挡得住像欧洲在1708—1709年冬季及其后所遭遇的那种大难的，那是为人所知的最严重的灾难之一；即使在英国，虽然在威廉和安妮统治下相对较为健全，死亡和骚乱也有增无已。17世纪90年代的夏季寒冷多雨，从苏格兰到芬兰的春播作物和南方的葡萄园都受到损害。地中海国家从1699—1723年受到频繁的干旱和牲畜病害的打击；1713—1720年，牛瘟从俄国传到尼德兰。家畜或粮食的损失使农村居民受到灾荒的威胁，这些居民的日常食物本来就不过是勉强糊口。老人和幼童特别容易得病——像1693—1694年席卷法国、1696—1699年席卷整个北方的匮乏常常伴随着（如果不是预兆着）疾病。还有，食品价格的突然上涨很快就在工业需求、信贷、就业和工资等方面引起反响，而这些方面同生活费用的变化是直接关联的。

当然，在这个看来在人口统计数上相对稳定的时期，死亡率同物价一样，在各地是有差别的［第23章（2）］；更不必说，战事的发生也是如此。在许多地方，徭役、供应军队食宿和征兵，为数都增加了；在易北河彼岸，农奴制加强了；还有，税收增加，伴之以货币供应不稳定和农村债台高筑。除了上述这些情况外，我们还必须加上在西班牙和巴尔干、在波罗的海东岸和南部尼德兰各国军队来往的直接影响，法国人在巴拉丁领地及俄国人在乌克兰所采取的"焦土"战术，布莱海姆战役后对巴伐利

---

[①] E.勒·鲁瓦·拉迪里埃：《历史与气候》，载《年鉴》（经济、社会、文化）第14年度（1959年），第21页。

亚、1704年后对葡萄牙边境地区、1706—1707年对萨克森以及在整个北方战争期间对波兰的掠夺——且不说对西印度和爱琴海各岛、新英格兰的移民家宅和佛罗里达传教机构的袭击了。在未来的半个世纪之内，波兰那些人口稀少的城镇和荒无人烟的村庄将成为瑞典、俄国和萨克森士兵行动的见证。为了满足这些士兵的需求，不管资产阶级还是贵族均难幸免［第20章（2）］。尽管在西方，军事行政已越来越能够限制敌对行动对平民的影响，但如果以为任何交战国会实行克制（除非这样做对它的目的有利），那是错误的。不论怎么样，仅仅由于敌对行动的事实而使和平时期的贸易格局打乱——虽然各国政府力图使二者互相适应，给敌国商人发放特许证或对中立国家供应商加以鼓励（第5章）——就能影响到千千万万个生产者，特别是当北方大战和西班牙王位继承战争同时发生的时候。当里加和里斯本这类重要港口易主或改变同盟关系的时候，当航运被阻滞或打乱的时候，反响所及，远离公海——在日内瓦这样的大陆市场上，在纺毛线、织亚麻布的灯光昏暗的农舍里，在简朴的葡萄园和烟草种植园里，都能感到。从这一观点来看，有明显的证据证明（第23章），18世纪的最初10年比17世纪的最后10年处于更加分崩离析的状态。

　　这些复杂的压力，以及为了实现宗教信仰和政治效忠上更加严格的一致而采取的其他压力，导致了大量的逃亡农民、战俘、逃兵、欠债人和闹独立的教派分子加入到占总人口很大一部分、习惯性地不断迁徙的人群的行列，这些人有游牧人、羊倌、占地者、小贩、流动各地的泥瓦匠和木匠、车夫、船夫、走江湖的卖艺人、职业冒险家、走私者和匪徒。南部塞尔维亚人向匈牙利出走，大批旧礼仪派教徒逃出沙皇彼得的法网，爱尔兰的詹姆士党人、巴拉丁领地的德意志人以及西班牙加泰罗尼亚人的半自愿的流亡——这些只不过是尚待研究的范围广泛的大迁移的几个重大的例子。它们所显示的迹象表明，移动人数最多的是在俄国和奥斯曼帝国，黑海草原是为数较多的地区，鞑靼人和哥萨克骑手在这里争夺一块引起摩擦的地带（许多这样的地带为"政治上"的国家的化外之地），就如在东方的河上和商队小道上所特有的匪帮活动一样。正是为反对沙皇和土耳其苏丹，发生了当时最为惨烈的起义——哥萨克和土耳其近卫军的起义。但在欧洲其他部分所发生的袭击和骚乱事件，也是同那些完全抛弃了西方文化的人所干的海盗行径相当。

除了在被围困或占领、发生地震或鼠疫——它在1706—1714年间在中部和北部欧洲的广泛流行，使人难忘——的情况下，城镇为保护自身是组织得最好的，甚至在困难时期也能做成有利的买卖。在那种时期，农村贫民往往到城镇门口来希望得到点救济，但经常是落空的。有些城市，如米兰和伯尔尼，经常剥削依赖它们的农村。在发战争横财的人中间，有一些是市政的大亨。法国的社区只从轻认缴国家税收；匈牙利、比利时，甚至一些德意志城市都加强了它们的公民权；在英国，许多市政厅在那些年份里建设起来。巴黎和君士坦丁堡的粮食供应是政治家的一大心事，而伦敦的煤价则能惊动国会。工业长期向城镇以外扩展（在城镇里几乎到处都有限制性的行会组织），的确为成千上万个农民家庭提供了不可缺少的现钱收入。但是实业家的利润大部分还是在城镇里花费掉的，就如农村公社借债所付的利息，以及成为封建主和教会收益极大部分的、以地租及各种捐税杂费合成的传统收入，也都花费在城镇里一样。除了俄国（它在彼得去世时只有约300个城镇，平均每个城镇居民数不超过1000人）以及易北河以外的一般地区，资产阶级在继续扩展它对农村的控制。对商业及行政中心附近的农庄、葡萄园和园林地尤其如此，不论是伦敦或维也纳，是威尼斯的 terraferma 或是勃艮第科多尔省。只要战事在继续，没有什么王公有力量同他们的富有臣民的建筑热作竞争,虽然都灵和杜塞尔多夫、柏林和德累斯顿的扩展和美化是由它们的君主主持的,而彼得则是在付出生命和金钱的巨额代价之后才从涅瓦河的沼泽地上变出圣彼得堡来的。

当然,同增加城乡社会差距的贫富悬殊相平行的,还有在世俗居民中文化水平的差异,在文化水平方面还出现一种世界性城市文化的迹象。确实,音乐的培育主要还是要靠宫廷和教会,但公共音乐会正在伦敦、巴黎和汉堡兴起。伦敦人正从汉德尔那里获得对于圣乐这种新的音乐形式(作为歌剧的严肃的代用品)的持久兴味。歌剧继续主宰着音乐的发展[第3章(2)],威尼斯和那不勒斯仍然是它的主要城市。德意志亲王们和英国贵族们也还是到贫困不堪的意大利去寻找艺术家,为他们制作那种满是女神和战士的巴罗克艺术装饰\*,以最大地满足一种充满活力的妄自尊大心理。[1]他们不像法国贵族,这些法国贵族正在小心谨慎地试探着向洛可可式\*\*艺术狂想发展,并且在华托(那一时期在阿尔卑斯山北方出生的一位伟大的画家)笔下的许多宁静的幽会场景中,找到了从路易十四后期的严肃作风中解脱出来的某些暗示。与此同时,巴黎的市政官们正在请拉吉利埃用他那挥洒自如的画笔为他们画像;英国新闻记者和海军将领则请才气横溢的内勒作画。尽管格林威治的桑希尔画厅(1708年开始制作)还是大量运用17世纪意大利各学派的寓言材料,就如韦里奥在汉普顿宫廷为威廉三世所做的那样,艺术的潮流正在确定地向着已故荷兰大师们那种更为亲切的、有情节的想象力发展。

在那些更加容易接触到的文艺流派中(这些流派带有反映资产阶级利益的强烈标记),一种有时显得平凡的具体描写手法

---

\* 巴罗克为欧洲17世纪一种过分雕琢、奇特的艺术风格。——译者
[1] 见F. 哈斯克尔著《保护者与画家》,第7章(1963年)。
\*\* 洛可可(Rococo)为欧洲18世纪一种纤巧浮华的艺术风格。——译者

十分突出［第3章（1）］。笛福和勒萨日的传奇历险小说用了日常生活中的材料，使小说具有历史回忆录那种逼真的感觉，并且宣扬了聪慧的努力的价值。艾迪生和斯蒂尔赋予他们笔下的精明商人以道义上的尊严，这种尊严是值得欧洲人效法的。即使法国的商人还在追求贵族化，但是在"哲学家"①的影响下，"高贵生活"的方式也在变化——喜欢寻欢作乐、思想自由，但见多识广并且基本上是谦卑的，这是仿效快活长寿的丰特奈尔所设下的模式，他是法国文化从笛卡儿向伏尔泰过渡时期的中心人物。法国戏院里老一套的插科打诨可能仍然以暴发户为取笑对象，但是当古在1700年以同情的心理来塑造资产阶级典型，而英国的社会生活喜剧则嘲笑官宦的恶行和愚蠢。在这两个国家里，在戏剧中赋予教育性的寓意和感伤性的结尾的做法取得了进展。费奈隆的《泰勒马克》*（1699年的最畅销书）只不过是一大批反对骄奢放纵的文学作品中最出名的一部著作。法国的歌曲和"传单"则表现出公众对现实生活的不满，他们在艰苦境况的压力下正在回到对农村与世隔绝生活的梦想中去，常常带着曼侬·莱斯戈特色的眼泪，并且也可能是受了许多从英文翻译过来的作品的影响。②英国和法国的风尚同样地都正在从古典主义的大而无当的普遍性概括，转向对时事（包括政治新闻和通俗科学）的更热切的吸收。

当现实世界这样恢复了为正统古典主义所轻视的声誉的时候，在马比荣和赫恩、赖默和穆拉托里等人在世时的历史研究中，继续记述一些具体的现象，常常是为了支持当时进行着的论

---

① 根据1694年法国科学院所下的定义，哲学家是"这样的一个人，他致力于研究科学，并寻求从原因及规律方面去了解各种效果"。

\* Télémaque 即 Telemachus，希腊神话人物。——译者

② 见G.阿特金森著《对自然的情感和向简朴生活的回归，1690—1740年》，（1960年）。

争并运用了新的更为精细的技巧。孤独地在那不勒斯刻苦钻研的维科，是一位特殊的哲学天才，他在这一时期不合于世，到下一时期又复如此（虽然方式不同）。古典学者重视典型的和重复出现的事物——这一点在孟德斯鸠和伏尔泰的编史工作中是如此明显——而早在1703年一位伦敦医生的著作中已见端倪，他对政府作历史性的解剖从而阐释文化的差异，但当时注意到他的人很少，洛克是其中之一。[①] 法国古典主义的哲理精神总是同大多数人的文化相对抗的，它只是在拉辛（卒于1699年）之后才达到完全的成熟。关于法国风尚的后来的历史显示，它不是轻易地能从"伟大世纪"的贵族准则中解放出来的，也不因古典主义者的胜利而有所改变，这些胜利本身使"现代人"可以在同"古代人"的对照中衡量它的要求［第3章（1）］。在路易十四晚年，有一段相对来说精力不足的情况但为时甚短，这同沿袭下来的日落图像有很大关系。但是，法文以及用它来再好不过地加以表达的"礼仪"正在征服欧洲的统治者。似乎有点奇怪的是，法国新教徒（胡格诺）与国外的聚居点对这一结果作出了及时的贡献，特别是通过它们的牧师们在荷兰创办的、用以散播知识的国际报纸。尤其是培尔的 *Republique des Lettres* 成了荷兰首长——国王的欧洲联邦的文化上的对手［第3章（1）］。如果说英国文学兴盛时期的作家们表现出在英国人中间有了一种新的自我信任，那么他们的受惠于法国文化自德赖登以后就显而易见了。"观察家先生"确实是主张简朴生活的，但是他以机智使道德生气勃勃并使学习成为文雅之事，从而请他的读者去仿效法国沙龙的礼仪。随后，艾迪生在欧洲大陆上也拥有广泛的读者。

  法国和英国文艺的交流和相互促进，达到了"共同主宰"

---

[①] 见 J. A. W. 冈恩著《彼得·帕克斯顿的公民政体，过去和现在》，第40号（1968年），第42—57页。

欧洲的地步（原文第72页），并对更为广泛的科学运动产生影响（第2章）。英法两国所建立的全国性科学院虽各有不同，但都成为其他国家仿效的榜样——那些年代里，科学院被认为是装备一个现代国家所不可或缺的。在荷兰和意大利，重要的工作仍在进行，而德意志人、瑞士人和斯堪的纳维亚人对自然也都作出了重大发现，这种对自然的了解即使在那时也已被认为是一次知识革命。因为参与的研究者的人数和项目很多，把这些重大发现说成单一的运动可能有点困难，但下列事实使它们具有这样的运动的某些性质：一是组织得越来越好的渠道，用以传递（确实还使之通俗化）新知识，即使在战时也仍进行；二是对系统研究的成果抱有共同的信心。在这方面的成就是如此之多，使人几乎要把这一时期认为是倾向于经验主义的。事实上，在科学思想中也充满着各种教条（有的还不是很古老的），使许多探索的方向错误，或使接受新的真理迟缓。这种教条主义的突出例子是笛卡儿的宇宙观仍然享有威望。笛卡儿的宇宙观是如此引人入胜的完备，以至于对牛顿的更为朴实的、对物质运动规律的数理说明，设置了一道由偏见构成的障碍，在法国尤其如此。牛顿的"吸引"原理比起笛卡儿的完完全全的宿命论体系（或由莱布尼兹修正了的体系）来，留有多得多的余地供自然世界中的万能之神作直接的干预。牛顿的原理初看似乎是向亚里士多德思想的倒退，因为它模糊了自然和超自然秩序之间的界限。正是这种为神学家所立即指斥的对"自然"的精神化，成为启蒙时代的特征。但是，在英国和荷兰之外，牛顿的学说在约1740年之前并没有取得胜利。10年之后，狄德罗的《百科全书》站在实证主义方面反对根据猜测而作的总体阐释，附带地为科学提供了那个明晰的信念，使我们有理由称之为一个"运动"或者甚至称之为一次"革命"。

牛顿的理论物理学自此以后没有受到挑战，几乎直到本世纪

（20世纪）。还应提到的是，他所采取的工作程序是以度量衡准确性的新标准为基础的，以从未有过的严肃性区别理论和假设，尽管他所用的方法，同他所回答的问题一样，大部分是从他的《基本原理》出版前半世纪内实验主义积习中继承下来的，特别是来自数学的戏剧性进展。1687年，科学舞台上起主导作用的是数学和机械学的紧密结合，还有微粒物理学中粗陋的原子学说。在生理学研究中，机械模式长期盛行，把医生放到次要地位；博尔哈夫曾为莱顿医学院赢得声誉，后转而研究化学。这门科学最后通过"燃素"这一想象丰富的错误，开始发现它本身的理论，但在这一时期，它在很大程度上仍只是制皂工人和其他工匠的领域。在这方面，玻意耳的经历是特别有启发的。他的文化涉猎之广以及他的乐于同能工巧匠交往，可能是无人匹敌的；但就由于他要统一"新哲学"的愿望，使他加强了化学对物理学的屈从。在另一方面，植物学家和动物学家，还有地质学家，则在奋力从事于标本的分类工作，这些标本来自远近各处，越来越多，堆满了他们的陈列室。先是在搜集和分类中的繁复要求就足以解释，为什么生物科学在建立一种独立的理论结构方面很迟缓。从雷氏到林奈，植物分类学发展得比动物学快（后者的材料不如前者那么易于控制），尽管显微镜学家在研究生理功能和最微小的生物方面取得了重大的进展。还有，地质学和古生物学的轰动一时的新发现也没有很快地打破物种不可改变的固定性这一"先验的"观念，这一观念因《圣经》上的创世纪以及林奈在1735年提出的"最高自然秩序"而得到了加强。但是，不到10年之后，在莫佩尔蒂和布丰的论文中可以找到查理·达尔文的见解，他们关于遗传的设想也使古老的关于繁殖的理论不再能够复活；整个关于"胎中预存说"的争论显示出新哲学中自吹自擂的经验主义的真正局限性。这样，伟大的《百科全书》不止在一个方面反映了科学史中的一个时代。在之前的半个世纪的记录中,最引人注目的不是发现的现代性而是它的冲击力。但这既是一种文化观点的成因,又是这种文化观点的后果,而这种文化观点将要改变世界。

当科学正在揭开一个新的宇宙并探索生命起源的时候,有思想的欧洲人也在心里捉摸着——比过去任何时候都更为有意识地和更加勇敢地——由传教士和其他到过亚洲宫廷和美洲森林的旅行者所描述的有关奇特的国体和信仰的某些事实。在此之前,已经积累了大量记述旅行的著作,但现在阅读这类著作的公众肯定要比过去扩大,《联系》、《航程》及地图集的出版商很快就认识到了这一点。这些出版物在思想上造成的冲击,比来自广州和穆哈的货品〔第23章(1)〕对社交礼仪的影响或巴西发现金矿对货币市场的影响要更为深远,即使这些年真正开拓性的探险——"开拓者"* 从圣保罗向巴西内地的激动人心的进程(第16章)以及顽强的耶稣会士沿亚马孙河而下和前往加利福尼亚的旅程——当时给人们造成的印象,还不如教士们在北京的功业(第4章)以及外国海船船长们在西班牙属西印度群岛一些秘密地点的航行(尽管丹皮尔的成就要更大一些)。从根本上说,我们所面临的是当代对收集好奇的知识(从萨克森古物到印度尼西亚草药)的热情的另一种表现,以及——同样重要的——对外国的和原始的事物的一种从爱好出发的追求。这对于一个"世纪末"的时代来说是相合的,在这时代里这么多为人所熟悉的、设在世间的通向上帝天国的路牌都已被废弃了。然而,尽管来自海外的新闻中有许多内容是为了实用的目的(不论是达里埃湾的地形或印度皇帝奥朗则布战事的细节),其他还有许多内容是关于各个部族、各种文明的面目、食物、经济、政府、宗教和两性生活的客观叙述。这些对欧洲访客的观念是一种挑战,并

---

\* bandeirantes 葡语中此词专指巴西腹地的开拓者。——译者

使坦率的读者去重新考虑他的道德和政治规范。[第3章（1）]他感到不安，也可能感到大吃一惊。在这一时期中，某些基督教派的教理已失去了它们的特性，对痛苦和罪恶现象的一些外来的解释，产生了一种新的尊敬态度——尽管已经放弃了把它们吸收进欧洲的史学和宇宙学结构中去的努力。后来，哲学家和重农学家整理了这些材料（特别是来自中国的）并从中得出了教益。但当时工具雏形的人类学使得斯宾诺莎和西蒙、培尔和洛克所提出的关于教会和《圣经》的权威、君权的理论基础、知识本身的性质等方面的问题，增加了分量。

塔希提岛和尼罗河源头都还是未来的事；即使对欧洲少数高级人士来说，他们所知道的世界——当时是处于这样一个文化阶段，任何一个上等人的书房里都不能没有一个地球仪——仍然充满了各种秘密，虽然光的速度在很早以前已能确定下来了。在"鹅妈妈"*《鲁滨孙飘流记》所培养出来的几代人看来，世界上还有极为广远的前景，什么事情都可能发生。在他们对想象中的航程的爱好、在《格利佛游记》的讽刺以及在孟德斯鸠的波斯旅客到巴黎所感到的惊讶中，欧洲人正在这样来表现他们的文明：嘲笑它，并创造更好的文明。

（沈苏儒　译）

---

\* "鹅妈妈"（mother Goose）是查理·佩罗（Charles Perrault）所写的童话集中讲故事的人，该书最早出版于1697年。——译者

# 第 二 章

# 科学运动与科学思想的传播，1688—1751年

在《数学原理》一书于1687年出版后的若干年内，欧洲科学运动的性质和精神发生了徐缓渐进但却肯定无疑的变化。牛顿的这一杰作确实表明，这一"新的自然科学"能够解决影响最为深远的问题。这时已经不同于培根、伽利略和笛卡儿所处的那种豪勇壮烈的时代，不再需要用实验和数理科学的力量作为论据来说服当时的人。科学的事业本身已经可以为自己发言了。同时，《数学原理》还结束了哥白尼所引起的关于宇宙学说的那场大辩论，把力学树为一切科学的楷模。[①] 由于这种种发展，思想和组织方面冒险犯难的时代，于是让位于系统分类、收集事实和传播科学思想的时代。在一段时间内，科学显然变得较少原始独创精神。1689年，戈特弗里德·威廉·莱布尼兹（1646—1716年）和年事已高的约翰·沃利斯（1616—1703年）在皇家学会《自然科学学报》上讨论自然科学当前死气沉沉的原因时，感到当代比较年轻的人中间，"如今勤奋

---

① 参阅《新编剑桥世界近代史》第5卷，原文第52—58、63—65页。

观察大自然的人并不太多"①。两年之后，皇家学会理事会在会议记录上表示遗憾，说他们的计划遭到忽视和反对，以致一系列有用的发明创造未能实现。然而，就在这时，科学影响的扩大仍然是前所未有的。一种新的行业已经成长起来。具有高超技术水平的科学协会不久就迅速增加，各国政府都向科学投资，期望得到有利的回报。科学报刊日益增加，它们在众多的门外汉中间传播一种新自然科学。受过教育的欧洲人的文化教养在起变化。科学和科学方法开始取代传统的形而上学，成为标准的智力规范。与此同时，具有智力影响的地理中心也有转移。英国的思想空前地渗透到欧洲其他地区，而这首先是英国的着重经验的观点取得胜利。

把科学组成一个行业，这个使命已经落在17世纪各种科学协会的肩上。一般说来，大学本身在科学教育和研究方面并未做多少准备工作；而各种科学协会，正如在此以前成立的各种文学协会一样，主要由大学人士建立起来，作为位于保守的大学制度之外的新学问之家。最早的一批协会建于意大利，但是在1700年之前，这些协会就不再存在了。然而，在另外的地方却出现了两个主要的全国性机构，成为有组织的科学研究的中心，它们是英国皇家学会和法国皇家科学院。② 这反映出当时欧洲智力活动的领导，要由英国和法国平分秋色。在德国也有两个较小的科学协会，但是尚未成立全国性的科学院。正是英国皇家学会和法国皇家科学院，成为欧洲和美洲以后建立的许许多多科学院的典范。但是，它们都是两个截然不同的典范。英国皇家学会是一个私人团体，完全由自己管理，选举自

---

① 《自然科学学报》第255期，第281、273页。
② 这两个机构的缘起，请参阅《新编剑桥世界近代史》第5卷，原文第50—51页。

己的会员,既吸收专业工作者,也吸收业余爱好者;它不接受公家的财政支持和物质供应,不承担为英王政府工作的义务。而法国皇家科学院从成立之日起就是一个国家机构。会员全部是专业科学家,由国家任命,薪俸优厚,物质条件优渥,备有充足的研究经费;作为报偿,国家则期望他们执行政府要求他们执行的任何计划,计划通常都要有某些技术上的实用价值。这两个机构的确都遵循弗兰西斯·培根坚持的意见:科学应当起文明教化的作用,同时也要有实际裨益,两者也都强调科学研究的实验性质。但是,英王政府很快就懂得,让皇家学会不受干扰地自由从事自己的调研,以便改善人类的处境;而法国科学家则以现实精神确定,人类的利益从国内开始,而其筹措经费的唯一办法就是激起他们国君的兴趣。就发表的作品而论,很不容易确定,哪一种政策在18世纪上半期收效最大,因为还必须把会员个人能力这一无法估量的因素加进来平衡考虑。但是,肯定无疑的是,其他多数国家都追随法国这种建立全国性科学院的范例:由公家支持,不过并不一定由政府控制;法国皇家科学院由于具有专业性质和拥有适当的赠款,因而导致的直接后果是,它在18世纪的后半期完全超过了英国皇家学会。

1688年,英国皇家学会正处在它早期历史中最困难的时期。1686—1695年期间,会员平均人数降到115人,只比1666—1675年期间会员平均人数的一半略多,而财政则更是窘迫非常。但是,它的命运由于1690年罗伯特·索思韦尔爵士(负责爱尔兰事务的国务大臣和业余化学家)当选为主席和1694年汉斯·斯隆博士当选为联合秘书而开始好转。牛顿本人在1703年当选为主席。在他长期任职期间(直到1727年他逝世为止)和他的继任人汉斯·斯隆爵士任职期间,学会的会员人数和专业性质两者都在稳健增长。斯隆是当时首要的博物学家和内科医生之一,他在1687—1689年任牙买加总督的医生时开始收集的动植物标本（同他收藏的手稿一起），日后成为不列颠博物馆的核心部分。他 1741 年拒绝蝉联主席，当时他已毫不间断地为学会服务了 47 年之久。在他整个这段任职期间，学会取得的进展，许多都应归功于他。①

首先使学会博得声誉的是牛顿和其他一些数学物理学家的种种发现，在将近 1700 年的时候，他们的观点在学会占有统治地位。然而，学会讨论或发表的作品，却相当充分地反映了那个时代各种各样完全不同的科学活动。胡克继续提出关于力学、磁学和光学实验的情况，以及利用竖立在格雷欣学院方形场地上的巨大望远镜所观测到的资料。1703 年，牛顿在胡克逝世之后向学会提出了他的《光学》一文。他那位博学多能的朋友哈雷，早已把他的兴趣扩展到人口统计学和阿拉伯文，却还继续在天文学的许多部门作出卓越的贡献。他那部《彗星天文学概要》在 1705 年发行传播。科林·麦克劳林是一位出类拔萃的青年数学家，他在牛顿的具有创造精神的事业奄奄一息、难以为继的时候，团结在他的周围，发展了他的数学方面的工作。麦克劳林的论文《流数论》在哈雷去世的那一年（1742 年）发表。这篇论文"大概是根据牛顿的定律以最具逻辑性的完美而谨严的方式

---

① 亨利·莱昂斯爵士所著《英国皇家学会（1660—1940）》（1944 年版）附录二中载有下列统计数字，从中可以了解学会组织史的一些情况：

| 项目<br>年份 | 会员总数（人） | 科学专业与非专业会员之比 | 代表不同学科的科学专业会员百分比 ||| 外籍会员人数（人） |
|---|---|---|---|---|---|---|
| | | | 医学内科与外科 | 数学与天文学 | 实验与观测科学（化学、植物学、动物学、地质学、光学等） | |
| 1663 | 137 | 1：2.1 | 55.1 | 34.9 | 10.0 | 0 |
| 1698 | 119 | 1：2.3 | 54.3 | 20.0 | 25.7 | 28 |
| 1704 | 301 | 1：2.04 | 63.0 | 19.0 | 18.0 | 146 |

论述微积分"① 的文章。18世纪20年代，亚伯拉罕·棣美弗发展了概率的理论。詹姆斯·布雷德利继哈雷担任皇家天文官，他1728年在皇家学会的《学报》上第一次宣布光行差这一重大的发现。斯蒂芬·黑尔斯研究血压和植物树液上升的工作，也同样真正反映了新物理学的影响。学会会员在电的种种早期发现上也有巨大的贡献。1731年公布的一项实验第一次表明：电可以通过导体传到很远的地方；在后来一次实验中，电流在威斯敏斯特桥传过了泰晤士河。斯隆、雷、伍德沃德和其他一些博物学家，使学会继续关心植物学、动物学和地质学。列文虎克把他用显微镜进行工作的许多成果送交《学报》发表，并且还把他的一个陈列柜的仪器交给学会，学会还从世界各地得到了一些标本，特别是在印度公司（学会在公司有股份）的赠品，还有来自北美洲的赠品。北美洲五大湖区最早的一批地图，1688年在学会展出。1725年，学会把一批气压表和湿度表送给海外的通讯员，以促进气象学发展。早在1714年，学会就讨论过土耳其以接种牛痘预防天花的办法，而沃特利·蒙塔古夫人则在1718年才创立她那种通用的范例，大大降低天花病的死亡率。然而，学会会员完成这各不相同的研究，他们的成就大多是个人取得的。正如伏尔泰说过的：牛顿是学会的光荣，但是牛顿并不是学会培养出来的。学会仅仅聘用学会的实验馆长、随后又加上学会秘书作

---

① 引自C. D. 布罗德著《艾萨克·克顿爵士》（英国科学院，1927年）。1712年，英国皇家学会任命一个委员会，就牛顿与莱布尼兹谁首先发明微积分的争论提出报告。牛顿并不是委员会成员，但委员会支持他是不足为奇的。委员会成员发现，他们在1710年被任命为格林威治天文台视察员时，自己也卷入了与皇家天文官约翰·弗拉姆斯蒂德的纠纷。直到1720年哈雷接替脾气不好的弗拉姆斯蒂德后，天文台和视察员之间才建立起良好关系。随后的发展，请参阅A. 阿米塔奇著《埃德蒙·哈雷》（1966年）和E. G. R. 泰勒著《汉诺威统治英格兰时期的数学工作者，1714—1840年》（1966年）。

为自己的职员，付以薪金。它的房屋设备一直很简陋。① 学会偶尔对科学考察予以协助，但是从未出钱组织过自己的考察。事实上，学会从未进行过任何大规模的研究计划，甚至它自己的出版物，它也一再放弃不管。《学报》最先是由学会第一任秘书亨利·奥尔登伯格作为私人事业创办的，直到1753年才由学会接办。

与此相反，法国皇家科学院的官方性质，由于它仰赖负责部长的关心而显得突出。从1683年起，卢瓦负责科学院，他不像科尔贝尔那样关心纯科学，决心要使院士负责解决公共事务中的实际问题：拉伊尔和皮卡德解决凡尔赛的测量问题；泰夫诺解决排水管道问题；马里奥特和索弗尔解决尚蒂伊的水力学问题；佩罗、罗默、马里奥特和布隆代尔解决弹道学的问题。在这种制度管理下，科学院衰落凋零。但是到1692年，科学院的事务由一位新的部长路易·菲利波·德·蓬夏特兰负责，他改组了科学院，任命他的外甥阿贝·比尼翁主持。1699年，科学院制定了新章程，会员人数增加，科学院从皇家图书馆旧址迁往卢浮宫内宽敞的新址，并且增设了图书馆、物理和化学实验设备以及生物学标本。科学院在卢浮宫与其他四个学会为邻，成为领导法国科学工作的主要机构，一直到1793年遭到取缔。新的章程明确规定了科学院的成员和功能。科学院院士们共70人：10名荣誉院士，20名领薪院士，20名联系院士（其中包括外籍8人）和20名实习院士。20名领薪院士包括几何学家、天文学家、力学家、解剖学家、化学家和植物学家各3人，加上常任秘书和司库。他们出版了出类拔萃的作品才能当选。开始时每名领薪院士带一名实习院士，但是后来废除了这种等级差别。薪金和其他经费直接从金库支付，金额增加视所出成果而定；领薪成员必须居住在巴

---

① 学会设在格雷欣学院，直到1710年才迁到弗利特街（人们误译为舰队街——译者）白鹤大院的一幢房屋内。

黎，对他们的休假也有明文规定。国王任命比尼翁为院长，丰特奈尔（1657—1757年）为终身秘书。院士们共同进行的调查研究宣告失败，因而他们又回头各自进行个人的研究。但是他们必须就他们的计划和成果提出年度报告；在每周举行两次的会议上讲解他们的发现；就他们的研究范围提交出版的各种书籍；就一切新的发明和机器提出报告；同外国学者通信，并且要发表专题报告；每年举行两次公开会议，向公众介绍他们的调研情况。由于出现了新的科学院，科学已经作为现代国家机构的一个部门得到了承认。

于是在法国，科学史实际上就立即成了科学院史。它的领薪院士包括许多学术领域中欧洲的首要人士：几何学家加卢瓦和瓦里尼翁，天文学家拉伊尔和G.D.卡西尼，解剖学家迪弗内和梅里，化学家莱默里和艾蒂安·若弗鲁瓦，植物学家图尔纳福尔。还有其他一些人，随后也加入了他们的行列：物理学家兼博物学家列奥米尔，植物学家德·朱西厄兄弟，解剖学家兼地质学家多邦东，数学家兼遗传学家莫佩尔蒂，数理物理学家克莱劳。不同学科的专家领受全薪，配有适当设备，汇集一堂，这种工作条件是其他任何地方所未有的。生理学得以紧靠化学和物理学而发展。科学院也可以派出一些重要的国外考察团——1672年派往卡宴（赤道附近）*，1736—1737年派往拉普兰**，1735—1744年派往秘鲁。[①]在这种专业性质和严格执行的制度下，观察和实验技术的结果和成绩大有改进。为科学仪器制定了新的精密度标准。G.D.卡西尼（1625—1712年）领导的巴黎天文台成了欧洲

---

\* 卡宴在法属圭亚那。——译者
\*\* 拉普兰在瑞典。——译者
① 莫佩尔蒂被派往拉普兰，戈丁、布给、拉孔达明和约瑟夫·德·朱西厄被派往秘鲁，主要是考察牛顿关于地球形状的理论，提供更准确的地图，他们后来带回了大量宝贵资料和标本。

设备最好的天文台。在贝尔纳德·德·朱西厄（1699—1777年）领导下，药用植物园这座植物园是路易十三创建的皇家花园教授植物学，同时也教授解剖学和外科学，在生物科学的发展上开始起极其重要的作用。根据路易十四的命令，从1673年起在那里讲授哈维的血液循环说。

其他国家如何追随英国或法国的榜样，这取决于两个主要因素所起的作用：创建的科学组织的实际科学活动情况，以及统治者对于增加这种机构来装备一个现代国家所怀有的关切。1700年柏林首先仿效，它根据的是莱布尼兹拟订的计划，规定了纯科学研究和当前应用两方面的理想。然而，普鲁士科学院在开始的那些年头是很艰难的：它缺乏适当的资金，而同莱布尼兹的争吵（这并没给它的那些同事增添光彩）又使它失去了原计划的推动人；一直到1745年它才真正活跃起来，莫佩尔蒂终于在这一年迁居柏林，执行腓特烈二世的计划，这个计划是以牛顿的科学原理为基础，建立一个可以与法国皇家科学院媲美的机构。莱布尼兹本来希望在整个欧洲都建起这种研究机构，但是却只在普鲁士和俄国实现了。他在1711年会见彼得大帝，同他讨论建立一个帝国科学院的计划。这个计划1725年终于在圣彼得堡开始实现，而当时这两个人却都已去世。帝国科学院在历届沙皇的西方化政策中起了重要作用。科学院15名领薪院士督察教育、书籍业和工业中的主要技术活动。它的主要贡献之一是考察俄国的自然资源；因为这批院士在俄国的边界之内进行了广泛的长途旅行。然而，俄国并没有自己先进的科学传统，所以早期的院士大都是外国人，其中包括这样一些首要科学家，如达尼埃尔·贝尔诺利（1700—1782年）和莱昂哈德·欧拉（1707—1783年），两人都来自巴塞尔。但是，到了1741年，伟大的化学家米哈伊尔·罗蒙诺索夫（1711—1765年）当选为院士，俄国人就有了一个具有同等地位的代表了。俄国人忌妒外国院士，再加上经费不足，因此有一段时间情况很困难。但是从1728年起在科学院的《评论》上发表的作品，已可位于那个时期最令人感兴趣的作品之列了。其他一些国家和城市继续成立自己的科学协会。例如，早在1697年在塞维利亚，1705年在爱丁堡，1710年在乌普萨拉，1741年在斯德哥尔摩，1743年在哥本哈根，1751年在格丁根先后成立科学协会。美国科学学会由本杰明·富兰克林推动而于1743年在费城成立。在一些外地城市成立的科学协会，数目也迅速增加：首先是1712年在波尔多成立，到1760年，仅在法国就至少有37个协会。那些较大的协会从事重大的研究，并且出版自己的刊物。还出现了一些为某些特定的科学而设的协会。科学运动广泛传播，这就是最好的证明。

科学院的主要任务在于进行研究和交流情况，科学教育工作则留给大学去承担。直到19世纪，它们才成为同时担任教学和研究工作的正规机构。在17世纪和18世纪，这两种功能之间甚至还发生过某些对抗。教学倾向于保持传统，而研究，顾名思义，则总是有所创新。在1700年的时候，大学教育的基础仍然是传统的人文课程，使学生在神学、法律和医学方面获得较高的修养。无论是课程或是教授方法——采用讲课和辩论的方式——都难以适应日益发展的实验科学与数理科学的内容和目的，因为这些科学的着重点不仅在于获得知识，而且要使知识向前发展。达朗伯和狄德罗用大体相同的词汇一再重复培根提出的批评：大学在教学中既没有考虑到科学知识的进展，也没有考虑到技术、工程和医学中各种新专业的实际需要；它们也没有鼓励研究工作。

但是，各个大学的情况当然也并不是完全一样。18世纪初叶，有些大学发生了一些变化，缓和了这种批评。在数学、天文学、物理学、化学、解剖学、植物学、地质学和其他专门的科学中逐渐设立新的教授职称，这多少也许起了些作用。然而意义更为重大的则是在大学成立天文台、解剖室、植物园，甚至成立物理和化学实验室。担任教席的卓越科学家，通常总是由于他们的科学发现，并不是由于他们的学生数目而博得更高的声望，但是他们带进大学的研究工作，最后终于对大学的课程起了影响，最为有利的形势就是大学与科学院建立了密切的联系。英国的大学通过一些教授同皇家学会保持了强有力的联系，著名的例子有：剑桥大学的牛顿和罗杰·科茨，或者牛津大学的沃利斯、哈雷和布雷德利，苏格兰也是如此。牛津大学和剑桥大学在17世纪接受了笛卡儿的哲学，可是两校到18世纪初叶才讲授牛顿体系；在剑桥实行数学荣誉学位考试是一项重要的措施，虽然这并未鼓励实验科学。① 形成鲜明对比的是，法国出现了教学与研究脱节最突出的实例。法国各大学未能与法国皇家科学院开展紧密联系；当时法国皇家科学院正取得欧洲的领导地位，而那些大学却尽可能不承认科学运动。巴黎大学处于教会的严格控制之下，同发展变化中的公众舆论不通音讯，它开始接受笛卡儿的物理学的时候，大致也就是法国科学界承认牛顿已经证明它错误的时候；自然科学也列入其内的人文科学，仍然停留在初级状态，而且陈旧过时。尽管在蒙彼利埃讲授某些现代自然科学，然而法国科学事业的繁荣发展几乎完全是在大学校门之外出现的。但是，教授新学科的最先进的尝试，事实上既未发生在英国也未发生在法国，而是发生在莱顿、爱丁堡、格拉斯哥、格丁根和乌普萨拉。

其中值得特别提出的是莱顿在医学教育方面的影响，以及格丁根在人文学科发展学术研究思想方面的影响，因为在医学和人文学科方面，科学一直占有传统的地位。自13世纪以来，只有在医学方面才有有系统的而且具有先进科学基础的教育；的确，

---

① 请参阅 W. W. R. B 著《数学荣誉学位考试的起源与历史》（剑桥，1880年）。

多数科学家在19世纪以前都受过医学训练。在把新科学用于医学方面，莱顿一直是开路先锋，在1709年任命赫尔曼·博尔哈夫（1668—1738年）为教授以后，莱顿医学院就在欧洲处于领先地位了。学校的教学计划是两方面的：首先在解剖学、当代机械与化学生理学、化学、物理学各有关分支和植物学方面，彻底打好基础；然后讲授临床医学（医院因此专门保留了若干病床），包括诊断学与治疗学、病理解剖学、外科学以及产科、儿科和其他学科中的特殊训练。在所有这些讲授中，哈维在实验中的发现和西德纳姆的临床诊断方法都用作范例。在荷兰以外，爱丁堡、维也纳和格丁根受到莱顿的最直接的影响。这四所大学大约在1750年在医学教育中取得了压倒的优势。它们教学效果好，全都是由于同样的一些特点：让教学开始与研究建立联系，主要是应用现代专业化的原则；设立专业化的教席，在植物园、化学实验室和医院中提供工作便利；提高考试标准。格丁根在人文学科方面的种种规定，为数学、物理和社会科学在大学中的地位掀起了类似的改革。人文学科的新风格，如看问题以经验为基础，强调教学也同样强调研究，根据自身的权利提供先进的工作，而不是仅仅作为取得传统上更高权力的晋身之阶，这从根本上来说是德国的首创。1694年首先由勃兰登堡选帝侯在哈雷建立新大学开创先例，随后影响扩大，汉诺威选帝侯在1734年建立格丁根大学。这两所大学，特别是格丁根大学，把教育是国家的大事这一条原则发挥得淋漓尽致。德国新成立的各大学不再由自己进行管理。与中世纪认为大学是人文学科大师们联合而成的一个独立团体的概念相反，当时的大学没有当选担任职务和掌管自己收入这种种自古以来的特权。政府任命教授同任命其他公务员一样，要求他们必须宣誓忠于君主，教学要受到监督，关于讲课和出席情况要向政府提交报告。教授都编入各教授团，他们只有两种密切联系的义务：教课和研究。在大庭广众之下讲课和个人进行研究、展开讨论的制度，就这样成长起来。格丁根大学付给教授优厚的薪金和养老金，付给学生奖学金，此外还提供良好的工作条件。教授可以自由讲课，包括整个自然科学、经济学和其他社会科学，以及农业这种技术性的课题，化学中的一些分支和冶金学，还有各种专门的医学科学。大学的图书馆为欧洲之冠。还有各种物理和化学实验室，一个天文台，一所植物园，一个解剖室，一座大学附属医院。格丁根的皇家科学学会由教授组成，也成为坚持研究方针的机构，并且通过自己的刊物产生了广泛的影响。格丁根大学由于拥有生理学家兼植物学家阿尔布雷希特·冯·哈勒（1708—1777年）这样一些人士，因而在文化知识方面达到最高水平，成为新型大学的典范。

除各个科学院和某些大学外，还有另一种机构同它们密切联系，把科学界团结在一起。这就是科学出版界。对科学家本身来说，日益精密的分工使他们必须有正常定期的情况交流。而当时连一般结论的交流也并不充分。观察测量的标准日趋精密，这就要求详细报道所用的方法和结果。因此，出版科学论文成了科学院甚至大学的大家公认的任务。但是，出版个人调查研究结果，最迅速、最定期的手段则是期刊，而其中《自然科学学报》堪称典范。从1665年起，具有创见的调研成果也在一家与各科学学会有密切关系的独立企业性刊物 Journal des Sçavaus 上找到了发表的园地；这家期刊在1702年由比尼翁交给一个委员会经管，但它从未忽视范围更广泛的公众。在这家起了榜样作用的专业刊物之后，第一批继起者就是医学刊物。它们从1670年起在德国、丹麦、荷兰和其他一些地方兴起，刊登与医学有关的一般科学范围的问题，再一次使人们想到医学界在有组织的科学研究中所占有的特权地位。然而，影响更大的则是《知识杂志》，从1682年起，它定期以拉丁文在莱比锡出版。它除宣告新书出版外，刊登全欧洲首要学者撰写的关于科学和数学一切分支（也有关于法律和神学）的论文；莱布尼兹就是在这家杂志上发表了他关于微积分的论文。其他专业性刊物还有纽伦堡求知科学院在1670年创办的《求知杂俎》或《杂志》，以及莱布尼兹1710年首创于柏林的那所处于风雨飘摇之中的科学院所办的《杂俎》。而意义远为重要的则是经过改组的法国科学院作出决定，仿照英国皇家学会，定期出版会议与活动记录。在此以前，法国科学院仅仅偶尔出版《研究报告》以及一本由科学院秘书J. B. 杜·阿梅尔用拉丁文写出的《历史》（1697年出版）。丰特奈尔（1699—1741年任法国科学院秘书）首先在1720年，后来又从1732年开始，出版了一系列《历史与备忘录》，记载了法国科学院建立以来的历年情况以及当前的工作状况；除此以外，他在各国大科学家逝世时还为他们撰写了一系列颂词，并且还补写了晚近的其他一些科学家，这些都成为科学专业获得当代感的宝贵源泉。协会和法国科学院所确定的专业标准，成了其他主要科学院出版会议与活动记录的榜样。与此同时，各种期刊相互转载科学消息，相互翻译论文和评述，以及出版科学书籍的外文版，这种种做法使国际联系得以保持。科学期刊取得的成就，反映了这个时期一般期刊的风尚以及科学本身的风尚。甚至《豪侠信使》也刊登科学消息和见解，而其他许多新办的期刊则竞相仿效 *Journal des Sçavans*，同样为专业人士和一般读者提供消息和情况。意大利从1688年起出版各种《学坛杂志》。在荷兰，皮埃尔·培尔1684年创办《学界新闻》，它在连续几个主编主持下以不同的名称一直出版到1718年，并为一些后起的刊物所仿效。荷兰出版界还为阅读法文的人出版专门刊物，登载英国和德国著作的译文，其中有《英国书讯》（1717—1728年）、《不列颠书讯》（1733—1747年）和《欧洲学者》（从1718年起出版，刊名屡有改变）。《特雷武杂志》是为答复培尔并且作为避开 *Journal des Sçvans* 官方特权的一种手段而由耶稣会主编在法国境内一个小公园出版的,它由1701年出版到1762年(中间有所间断)。这家在科学、神学和政治方面采取保守立场的杂志,成为一个主要的媒介,使那些从不阅读专业期刊的广大公众了解科学方面的情况:从笛卡儿派和牛顿派理论上的大论战到弹道学、电学和磁学方面的实验。

其他许多传播科学知识的机构在这些年代也有发展。丰特奈尔学识渊博而且才思敏捷,这位堪称楷模的哲学家,是众所公认的大师,他讲解论述符合时宜,实施执行又光彩夺目。类型相同而方式迥异的其他著名作品包括:玛丽亚、西比拉、梅里安关于昆虫学的那些引人入胜的著作,[①] 穆瓦特雷·德莱蒙的《关于空气和水的实验》(1719年),阿贝·N. A. 普卢契的《大自然奇观》(1732年),阿贝·J. A. 诺莱、威廉·雅各布·格拉夫桑特和彼得·冯·穆申布鲁克关于物理学的著作,以及伏尔泰在《哲学书简》(1734年)中关于英国科学的论述。伏尔泰在奉献他那本《阿尔忌》(1736年)的时候说:梅里安、列奥米尔、莫佩尔蒂等人不仅致力于发展科学,而且"由于使科学成为令人感到惬意的,所以使得科学成为国家所必需的。我敢说,我们生活在这样一个时代,一个诗人必须也是一个哲学家,而且一个女人可能也敢于公开宣告自己是一个哲学家"。新的百科全书也是为大致相同的公众服务的。这在英国最初主要是技术方面的,最著名的是约翰·哈里斯的《技术词典》(1704年)和伊弗雷姆·钱伯斯的《百科全书》(1728年);与此相反,法国的百科全书则追随培尔的《字典》(1697年),把情况介绍同理论与社

---

[①] 她的 *Metamorphosis insectorum Surinamensium* 被称为"所有印行的书籍中最好的书籍之一",她在苏里南进行的工作,可以在独创性方面同乔治·隆菲乌斯的工作媲美。隆菲乌斯的 *Amboinse Rarifeifen kamer* 也在1705年出版。见 C. R. 博克赛著《荷兰海上帝国》(1965年),第181—183页。

会批判融合在一起。进一步满足公众求知欲的方式就是向群众讲课和示范。早在18世纪,像牛津的约翰·基尔和J. T. 德萨居里埃以及剑桥的罗杰·科茨和威廉·惠斯顿等杰出科学家,就曾利用实验讲授物理学,德萨居里埃和惠斯顿后来又到伦敦讲学。从1719年开始,曼彻斯特和外地其他中心城市也追随他们的榜样。在荷兰,穆申布鲁克和格拉夫桑特向公众作公开讲演和示范。在巴黎,J. G. 迪弗内(1648—1730年)据说竟使解剖学风行一时,一位小姐居然在自己的闺房中摆上了蜡制的模特儿和尸体,另一位小姐则在马车上带上一具尸体进行解剖分析,就像一个人在念书一样。所有这类讲课者中最著名的当推诺莱,1734年,他在法国皇家科学院主持下开设自由听讲的课程,随后在巴黎大学获得教席。他向公众重复物理学最新实验特别成功,以富兰克林在静电方面的种种新发现为基础进行了叹为观止的表演。为了作这种示范表演,他把大量各式各样的仪器收罗在一起成立了物理实验室。其他方面的科学爱好则激起一种风气,成立了自然科学史陈列室。另一种独具特色的机构——科学博物馆的发展,则用以满足一般人和专业人士的兴趣。

科学运动具有大体一致的见解,在最广泛的意义上这就是说:大家一致认为一切问题,无论是否与自然哲学有关,都应该仅由观察和推理来决定。因此,洛克根据西德纳姆·玻意耳和牛顿清晰明确的榜样,对认识论、心理学、伦理学、社会和政治学说,提出一种新的从经验引导出来的见解,把它们当做人类"自然发展史"中的一些问题来处理。① 伏尔泰把他说成是灵魂的解剖学家,并且以他为榜样成为社会的解剖学家。说得更具体一点,科学越来越看重数量和大小,而不是只给人留下一种模糊观念的推理讨论。各种新的问题进入了数量测量的领域。例如,

---

① 参阅《新编剑桥世界近代史》第5卷,原文第91—94页。

格雷戈里·金在《自然与政治观察》（1696年）中对英国1688年的人口作出了估计，而沃邦在法国从1686年起就一直进行这种创新的工作。① 欧洲第一次官方的人口普查是1703年在冰岛进行的。哈利发展了约翰·格朗特1662年创始的人口统计学和德威特1671年提出的年金计算法，在1693年根据资料为布雷斯劳*制出了一幅预期寿命表。以这些创始为发端，再加上数学概率的发展，现代保险业的计算基础就在18世纪制定出来。人口统计比雄心勃勃的"政治算术"发展得较为健全，这与威廉·佩蒂爵士（1623—1687年）的名字是不可分开的。英国从1696年起设立专管商业统计的检察长，10年以后，在威廉·弗利特伍德的 Chronicon Preciosum 提出了第一部严肃认真的物价史。约翰·阿巴思诺特的《数学知识有用论》（1701年），表达了当时对定量社会科学所怀有的巨大希望，这篇论文甚至把统计学与"真正的政治知识"等量齐观。②

然而，我们所说的科学运动尽管在探讨方法和哲学观点方面具有真正广泛的一致，实际上却是由许多互不相同的活动组成的，它们之间绝不是全都有逻辑的或因果的联系。的确，它们全都是由于那种使许多个人和机构保持密切交往的社会结构而聚集在一起的；但是在这种社会结构之中，每一个单独领域的种种问题，主要由于它们本身具有的内部逻辑而引起许多进一步的问题。相互关联的各种科学——例如力学和天文学、化学和生理学——当然相互接触；但是其他一些则并不接触，而且它们的方法也保持互不相同。因此数学并未应用于自然科学史或地质学。

---

① 关于马歇尔·沃邦，请参阅本书原文第329—331、750页。
　* 布雷斯劳在波兰境内。——译者
② 见 G. N. 克拉克（爵士）著《牛顿时代的科学与社会福利》第5章（牛津，1937年），其中也论及政治算术以前非科学的事例。

有控制的实验未能用于天文学，就是用来对人进行研究也有困难。技术仅仅在某些具体的点上同科学有所接触，最普通的就是仪器设计。诸如早期的蒸汽机和新的作物轮种制，或者牲畜饲养等方面的发展，同热学、植物与动物营养或者遗传学等科学知识毫无关系。事实上，这种知识当时几乎并不存在。哲学在认识论、心理学和政治学中同样是在追寻它自己的一些问题，把科学仅仅当做一种一般的鼓舞，从它导引出披上新装的老问题。所有这些活动，如神学和政治见解、工商业和社会团体中当今发生的各种变化，全都具有科学精神的深刻标记；但是它们全都各自有其互不相属的历史，以及它们自己的联系。科学运动自身不是一个集团，而是一个由许多独立自主的运动组成的联合，它是由在智力上具有广泛一致的人士通过有组织的接触而团结实现的，并不是由于他们单独进行的各种活动之间具有任何逻辑或技术上的密切联系。

在这个时期，科学最引人注目的总的特点是力学和数学的各有关分支取得了巨大进展，而成为鲜明对照的则是在其他多数领域缺乏强有力的理论和计算技术；在这些领域里，收集各种事实并把它们分门别类，比起试图用当时存在的那些不够充分的理论来对这种事实加以解释，通常证明总是具有更加直接的效益。然而这种不足却对观测考察的显著增长起了鼓舞推动的作用。因此，科学不仅在实践上，而且在它对理论的态度上，都是越来越以经验为根据。当时有人想利用力学的观念——特别是牛顿引力——作为生物学与化学以及物理学的理论；但是，正是从日益成长的经验论中，即使像达朗伯这样一位数学家和理论家也看出了牛顿精神的真正体现。

1687年以后绵延半个世纪悬而未决的问题，就是牛顿派和笛卡儿派就物理学和宇宙学展开的大辩论。这些问题最终归结为理论和方法论的问题，但却在科学的每一个层次都引起了争论。

牛顿和他那些拥护者为了压倒人们广泛承认的笛卡儿体系,不得不用令人信服的办法去证明:他们的力学对已知的事实作了高明得多的说明;而且还要证明:牛顿用于科学解释的方法和概念,总的来说比他们对手的那些方法和概念更加适合。在这些最终的、基本的问题上,争论最为激烈。因此在 Journal des Sçvans 中一位未署名的评论家根据笛卡儿派的观点把科学看做一种演绎运算,他承认牛顿的结论来自他的假定,但却宣称:牛顿的这些假定是未经证明的——也就是说,不是从必要的前提推演出来的,因此它们像一道数学运算一样,"只能用做一篇关于纯力学论文的基础"①,克里斯蒂安·惠更斯(1629—1695年)则是一位更加卓越的批评家。他认为,牛顿关于太阳系各天体之间各种引力的假设,由于随之而来的种种正确结论而完全证明有理;他还认为,牛顿粉碎了笛卡儿对行星和彗星运行所作的解释,认为运行是巨大的物质旋涡,是以太阳为中心环流运转的。但是,惠更斯却不能更进一步承认引力是相互作用的,不仅成对的行星和星体,而且实际上每一对粒子,不论多么微小,莫不如此,"因为我认为,我可以清清楚楚地看到:这种引力的原因是力学或运动法则的任何原理所绝对无法解释清楚的"②。自然科学家所引以自豪的是,他们已经永远打消了亚里士多德物理学——仅有那些解释不了任何事情的空名——的"神秘特性",并且代之以力学的种种解释,在原则上正如钟表匠对斯特拉斯堡那座大钟如何运行所作的解释一样清楚明白。在惠更斯看来,牛顿已经讲清了太阳系运行的数学模式,但是现在还必须找到起作用的力

---

① 见该刊1688年8月2日;转引自R.杜加著《17世纪的力学》,纳沙泰尔,1954年,第455页。关于牛顿的科学原理和影响,请参阅A.柯瑞著《牛顿研究》(1965年)。

② 《光学论》,莱顿,1690年,第159页。关于惠更斯,见第5卷第3章。

学上的种种原因。惠更斯认为，这些原因不能与粒子的相互引力联系在一起：牛顿自己的著作已经令人不能相信沿着这种途径而作出的任何解释。无论如何，自从笛卡儿那个时代以来，已经对一度神秘莫测的地球引力作出了种种力学的解释，牛顿肯定不会对这种情况不予理睬而再次把地球引力作为"具体物质的一种固有的特性"。在这个特定的问题上，惠更斯对牛顿的解说是正确的：

> 有人认为，地球引力对物质来说是与生俱来、本身固有和不可或缺的，因此一个物体可以通过真空对相隔一段距离的另一物体起作用，而不必经过其他任何东西的媒介，它们的作用和力量可以不利用也不通过任何东而从一个物体传送到另一个物体。在我看来，这种观点真是荒谬无比，所以我认为，任何人只要对自然科学事物具有足够的思考能力，就绝不会陷入这种观点。[1]

换句话说，对地球引力，一定存在一种解释，它"一定是由某种永远遵照某些法则起作用的因素所引起的，但是这种因素究竟是物质的或非物质的，我则留给我的读者去考虑"[2]。地球引力可能是因为"由灵敏度互异的许多部分"组成的某种"以太"发生作用而引起[3]；也可能是由于"上帝赋予一切物质的某种原始的普遍的法则"。我们不应当问物体第一次如何开始移动，同

---

[1] 牛顿致本特利信（1693年2月25日），载F.卡约里编《讲坛》，伯克利，1934年，第634页。
[2] 同上。
[3] 牛顿致玻意耳信（1679年2月28日），载F.卡约里编《讲坛》，伯克利，1934年，第633页。

样不应当问物体如何受重力的作用。① 不管有什么原因,人们称为地球引力的力量是在发生作用。但是这种力量不应按亚里士多德的想法,简单地解释为物质所"不可缺少"的。虽然牛顿的立场很容易引起误解,需要一开始就加以明确细心的表达,但是《讲坛》第 1 版在这个问题上却讲得不够清楚。牛顿针对人们提出的批评,比如说著作"放弃了力学上的原因,建筑在种种奇迹上,并且重新回到神秘特性上去",在第 2 版中作了一些修改。② 然而,欧洲大陆上许多自然科学家仍然继续认为,牛顿的引力说是复归亚里士多德的物理学。

牛顿在其他方面也受到莱布尼兹和贝克莱的攻击。③ 他们都认为,牛顿学说的某些科学理论特点——就是他的时空观点——是和自然宗教对立的。莱布尼兹在同克拉克通信时,特别指责牛顿把上帝说成是一个拙劣的钟表匠,要上帝干预世事,"甚至要他加以修补,就像钟表匠修补自己的产品一样"④。事实上,牛顿与他同时代的多数科学家一样,尽管对基督的神性有所怀疑,但对宗教仍然是非常虔诚的。他认为,他的著作为上帝的天意提供了新的证明,他在《讲坛》第 3 卷的"概论"中重申:"太

---

① 塞缪尔·克拉克博士将雅克·罗奥的《物理学》译为英文时,在译文(伦敦第 2 版,1702 年)第 82 页所写的注释中提出了这一说法。

② 科茨致牛顿信(1713 年 3 月 18 日)告以莱布尼兹的批评,见 I. B. 科恩著《富兰克林与牛顿》(费城,1956 年)。牛顿所作的修改包括:给第 3 卷增加"概论",其中有那著名的段落,明确指出他不愿被迫进行臆测:"迄今我还未能从种种现象中发现那些重力特性的原因,我也决不杜撰任何假说。"(见 F. 卡约里编《讲坛》第 547 页。)

③ 关于莱布尼兹的科学理论,请参阅《新编剑桥世界近代史》第 5 卷第 4 卷;关于乔治·贝克莱(1685—1735 年),请参阅《新编剑桥世界近代史》第 7 卷第 110 页。

④ 致克拉克的第一封信(1715 年 11 月),载 H. G. 亚历山大编《莱布尼兹—克拉克通信集》,曼彻斯特,1956 年,第 11—12 页。

阳、行星和彗星这种最美好的体系，仅仅是由于一个聪颖而有力的上帝的忠告和统治才得以继续运行。"[①]

自然科学家即使接受牛顿那套科学解释的方法与概念，仍然还未能信服：牛顿用力学对事实所作的说明优于笛卡儿派的说明。让他们信服这一点，花了几十年的时间。虽然《讲坛》第1版只发行了几百部，第2版却过了四分之一世纪才出现；而且即使那些得到了第1版的人，面前摆着的也是极其复杂的一篇严格的数学论文。非数学家如果觉得，用反平方定律取代笛卡儿那个带动行星围绕太阳旋转的旋涡说并不高明，那是可以谅解的，因此毫不奇怪，惠斯顿1693年到牛顿执教多年的剑桥去，是要学习"特别是数学和笛卡儿的自然科学：只有这才是我们当时的时代潮流"[②]。在若干年内，牛顿的学说只有寥寥无几的数学家孤立地在英格兰和苏格兰的一些大学中讲授。牛顿物理学在这些大学的进一步传播是以一种不同寻常的方式进行的。笛卡儿派物理学的杰出教科书是罗奥尔特的《物理学论》（1671年）。克拉克认为，只要讲授牛顿学说由于缺乏适当的教科书而受到阻碍，那么继续使用《物理学论》就是有道理的，于是在1697年出版了一个新的译本。为了使《物理学论》符合最新的发展，他加了许多注解——主要是与后来的笛卡儿派佩罗的著作有关，但是还论及玻意耳、胡克、牛顿和皇家学会的其他会员。对牛顿的光谱学著作和彗星学说（笛卡儿体系中最薄弱的方面之一）终于作了详细论述；但是克拉克有些犹豫，未敢脱离原来文本过远。在第2版（1702年；阿姆斯特丹，1708年）中，注解增加到原书的五分之一。克拉克还特意说明：这些注解取自牛顿的科学理

---

[①] 卡约里编：《讲坛》，第544页。关于这些争论的全面深刻的分析，请参阅艾瑞德著《18世纪前半叶法国对大自然的看法》第1卷，特别是其中的第3章。

[②] 《回忆录》（1749年），第35—36页。

论，注解还对笛卡儿物理学经常展开毫不掩饰的攻击；注解这时成了一本拥护牛顿的著作，而第3版则更是如此（1710年）。这本杰出的笛卡儿学派教科书就这样成了传播介绍牛顿思想的媒介。① 在欧洲大陆上，人们长期不接受牛顿的著作，经过这几十年也得到大家较多的了解。在法国第一次挺身捍卫牛顿，说他有权使用因某种缘由尚未判明的原理的，当归于摩鲁·德·莫佩尔蒂（1698—1759年）。1732年，他对笛卡儿的概念进行逻辑分析，同对牛顿引力的攻击一样抱有敌意，但却微妙得多。莫佩尔蒂的一位影响深远的学生是伏尔泰，他在他的《哲学书简》中捍卫牛顿，并在1736年发表《牛顿自然科学的要素》。自此以后，牛顿学说迅速得势，取得引人注目的成功，例如在处理月球运行的复杂分析方面和预言地球的形状和哈雷彗星的复现方面。法国皇家科学院对笛卡儿派著作授以殊荣，最后一次是在1740年。在18世纪其余年代，英国并未出现继续牛顿事业的杰出人士，而在欧洲大陆则出现了一系列继续这一事业的第一流的数学家：克莱劳、欧拉、达朗伯、拉格朗日和拉普拉斯。

  天文学除了是当时最先进的理论科学外，还争取在更多更好的观测活动中带头前进。望远镜和测微计加入了现有仪器的行列；望远镜增加得很长，有时竟长达100英尺。准确计时变得越来越重要。为了追求准确计时而开展的新活动，激起了重要的资料汇集工作。如弗拉姆斯蒂德的《英国天体史》（1712年），该书的1725年版本列举的星体将近3000颗，带来改善航海之类的实际好处。它还引起许多影响深远的理论上的发现：具体有哈雷发现的某些"恒"星的自行运动和月球的长期加速度，布雷德利发现的光行差和地球轴的章动。

---

① 这本书不断再版，直到1735年。此时介绍牛顿学说的普及性著作如H.彭伯顿的《艾萨克·牛顿自然科学概览》业已出现。

数学对于物理学的其他领域，显然实用性较少。对种种实验的解释，都由"微粒"学说所独霸。这种学说力图用微粒运动来解释一切现象，几乎不大用质量关系来讨论。发展最大的理论都与光学有关，早在牛顿初期用三棱镜进行光谱实验以前很久，光学就是一个争论不休的题目。他的《光学论》（1704年）具有巨大的影响，部分原因是由于着重用实验来证明，而这是能打动非数学家的；但是更为重要的则是：牛顿在《讲坛》中"似乎已经穷尽了他的论点，给他的后继者没有留下多少事情可做"[1]，然而在《光学论》中他写道："把我所尝试过的告诉大家，并且把余下的留给其他人去作进一步的探寻，这就是我发表这些论文的全部意图。"他甚至还附加了1份"疑问"表，这份表后来随新版本陆续出现而不断扩大，并向后起的研究者指明他曾经有过何种思路。牛顿谈到光的性质时是很谨慎的，虽然他好像赞成与惠更斯的波动说截然相反的微粒说："光线难道不是从发光体射出的非常微小的物体吗？因为这种物体可以以直线通过均匀的介质，而不弯向影子之内，这就是光线的性质。（疑问29）"另一方面，某些现象如"牛顿环"之类，似乎从性质上说是带有周期的；于是牛顿提出了介质以太，光在以太中传播，而以太本身振动，因而发生周期性。

声学研究虽然在理论上不那么先进，却提供了广泛的范围来做简单的实验——比如泛音、声音在空气中的速度和大气条件的效应。老弗朗西斯·霍克斯比（1713年去世？）用空气唧筒扩充早期的实验，证明声音在大于大气压力的空气中响度较大；他还研究过声音在水中传播的情况。与此相反，电则神秘莫测而且难以控制。18世纪后半叶以前，并没有产生真正的电学。在此期间，各种发现常常是用电学器具偶然实验的结果。最早的实验结

---

[1] 哈雷：《自然科学学报》第186期（1687年），第291页。

果很快被遗忘了,但是在1700年后不久,霍克斯比对"气压计光"——摇动气压计中的水银而产生的神秘亮光——作了系统的研究。① 20年之后由于斯蒂芬·格雷(1736年去世)和查理·迪费(1698—1739年)的工作,发现的速度加快了。他们两人合作,做了许多多少有些漫无目的的实验,找出了几种重要的现象:导电、感生电荷、导体与非导体和两种相对的电(正负静电),迪费称之为"玻璃电"与"树脂电"。18世纪中期,电力机器有了重大改进。大约在1745年,由于进行两项实验,从后世称为莱顿瓶的器皿中发生强力冲击,取得了偶然而惊人的发现。从此以后,电学开始形成。

17世纪后半叶,玻意耳(1691年去世)采用微粒运动说解释化学实验②,有助于使化学成为自然科学中可观的一部分。但是,尽管有些人似乎认为,化学反应可以像牛顿在他的《光学论》最后一个"疑问"中所提出的那样,用粒子之间的引力来解释。事实上第一个统一的学说却来自德国。它虽然同玻意耳的工作并非全无关联,但确实是从一个远为古老的传统导引得来,这就是帕拉切尔苏斯的硫黄—水银—盐学说。"硫黄"就是"燃烧之物",因此燃烧就是一个分解的过程,这一学说,加上某些修改,是1669年由约阿希姆·贝歇尔提出的;17世纪末到18世纪初,他的学生G. E. 施塔尔(1660—1734年)利用他称为"燃素"说的可燃性原理,解释范围广泛的各种化学现象:因此燃烧和煅烧两者都包括燃素的损失。矿灰是失去了燃素的金属,但是金属常常可以把矿灰和炭放在一起加热而还原,因为炭是具有高度可燃性的,因而含有很大比例的燃素,其中有些可能与矿灰结合。根据目前

---

① 《物理—力学实验》第1节(1709年)。霍克斯比也描述了用他自己的机器做摩擦生电的实验,但是大约30年之久,人们一般都并未过问这种机器的可能效果。

② 参阅《新编剑桥世界近代史》第5卷,原文第58—60页。

理解，燃素说得到成功，一部分是由于人们假定取得的燃素，常常是与损失的氧相符的。这种学说以种种不同的方式经历了空气和各种气体的研究而未衰。首先是斯蒂芬·黑尔斯发明了他在《植物静力学》（1727年）中所描述的空气槽，甚至在拉瓦锡*1794年被处死之后，这种学说还得到一些名流的支持。然而，这种学说也起了良好的作用，在整个18世纪前半叶鼓励和指导进行了特别是化学研究，在这个时期，情况极其混乱，某些最有价值的贡献主要也不过是些实验性质的东西，有如若弗鲁瓦等人的亲和力表（标明一对对可以相互反应的物质），等等。

我们早已注意到一些实例，说明科学进展如何与仪器设备的发展相互关联。在许多情况下——望远镜、显微镜、气压计、温度计、湿度计、空气唧筒，甚至电力机器——最初的发明创造早出现数十年，而把它们投入使用则由于种种不同的原因而推迟。例如，最早的温度计对空气压力的变化反应敏感；即使A. del Cimento对此作出改进，但是仍然等到普鲁士人G. D. 华伦海特（1686—1736年）和法国人列奥米尔进行工作[①]，才发展了为充分使用温度计所必不可少的"绝对"标度法。伽利略所使用的望远镜和显微镜，即使在有了优质玻璃所制成的形状合宜的透镜之后，也依然牵涉到机械设计这些重大问题。在1670年以前，这种仪器一直未能大量制造，原因在于直到那时还有待于克服一些严重的困难，如色差引起的困难，牛顿因此开始设计反射望远

---

\* 拉瓦锡（1743—1794年），法国化学家，被称为现代化学之父。他于1788年证明空气是气体（氧和氮）混合物，从而推翻了燃素说。法国大革命中因被控有反革命活动而于1794年被送上断头台。——译者

① 华伦海特标度法以冰开始融化为32°，以沸水开始沸腾为212°；列奥米尔则把它们分别定为0°和80°。自1665年以后，曾经提出以其他各种现象作"定点"。关于佛罗伦萨的 A. Cauenlo（1657—1667年），请参见本书原文第5卷第49页；关于列奥米尔，参见本书原文第65页。

## 第二章 科学运动与科学思想的传播,1688—1751 年

镜。1729 年,切斯特·穆尔·霍耳发明了一种消色差透镜,但是直到下一世纪,这种透镜才在望远镜和显微镜上得到有效利用。18 世纪初叶,由于人类掌握的机械技术,如两位霍克斯比的技术,空气唧筒和电力机器都有发展,幸运的是,由于业余爱好者对科学的兴趣迅速增加,以及各项改进的情况迅速传播,推动了各种仪器设备所依赖的必要实用技艺的发展。为了满足需求,仪器制造商的人数增加了,他们还缩小了产品的范围;生产中技艺要求水平降低了,而最重要的机械水平则提高了。

这些发展固然都有重要意义,但是它们的重要性能否与大约同一时期所应用的数学工具相提并论,则是值得怀疑的,这些工具中最重要的就是牛顿在 1665—1666 年和莱布尼兹在 1673—1676 年各自独立发明的微积分。牛顿对于公布自己的发明创造一向不大注意,这就引起了一场严重的争论:他和莱布尼兹究竟是谁先发明微积分?争论造成了不幸的后果,使牛顿那种略逊一筹的定位法变成了国家威望问题,对英国随后的数学产生了极其严重的影响。关于微积分的第二场论争是由贝克莱对这一方法的逻辑基础展开批评而引起的,批评涉及"the ghosts of departed guantities"[①]。这次论争取得了比较愉快的结果。微积分早已成为数学方法的重要部分,从哲学角度展开的攻击已经无法予以动摇了,可是贝克莱的质疑引起答问,这反而使这种方法更加发展。

生物学与当时的物理学相反,在 1700 年的时候大体上仍然处于以经验为准的探索阶段。[②] 生物种类繁多,而且生物的生理过程即使就当时的发现来说业已显示出极为复杂,这就阻碍了所

---

[①] 参见《分析家》(1734 年),载 A. A. 鲁斯和 T. E. 杰索勒编《作品集》第 4 卷,1951 年,第 89 页。

[②] 参阅《新编剑桥世界近代史》第 5 卷,原文第 66—71 页。

取得的精确程度与物理学约略相当的各种理论的形成。然而如果缺少某些理论思想的指导，就不可能进行有效的实验，而当时实际上已经出现了两种这样的思想，为生物学奠定了主要的纲领：一种是要找出某种"自然的"分类法，以便把所有不同的生物类型之间的关系确定和显示出来；另一种是认为可以找到和讲清各种生物错综复杂的生理学性质，办法是把它们分解为物理学和化学已经弄清的比较简单的过程。第一种想法要寻求一种秩序原则，它可以建立某些确定的品种之间的关系，在任何时间都可以调整为一种丝毫不变的和谐状态。第二种想法实际上是早从笛卡儿开始的，它要寻求一种内在的机制，使每一种有机体都可以在自身的环境中发挥作用；这种想法引起了某些最无用的猜想，同样也引出了某种绝妙的实验生理学。这两种想法都属于牛顿式的标准想法：宇宙是本质上丝毫不变的类似钟表机构那样准确的构造，但是这两种思想又都结合到一种以第三种理论思想为基础的新模式中去了。笛卡儿和牛顿不同，他既关心宇宙的现状，也关心它的起源。这种思想大致是从牛顿在世时开始，后来发展到认为：要解释生物目前的状况，包括生物各种不同品种之间的关系，就必须寻求它们递嬗的遗传关系。因此在18世纪前半叶可以见到第一批关于有机体进化的论文，其中包括地质变化和一整套机械性地解释遗传和生存情况的大概轮廓，作为代替生物学臆想的指导原则。

分类问题由于16世纪以来日益增加的资料积累而严重起来。到了1700年，博物学家都进到旧世界和新世界的许多不同地区，并且获得许多不同的有机体类型。西欧主要部分从西西里到拉普兰的植物群都有说明，还附有精美的图片。主要的博物学家如约翰·雷（1627—1705年）和皮顿·德·图尔纳福尔（1656—1708年）都曾广泛旅行，收集标本。上述这两位博物学家为欧洲植物地理制定了大纲；图尔纳福尔从1683年起担任皇家花园的教授，他把著名的植物标本室的初步设施并入植物园，植物标本室后来发展为自然历史博物馆。博物学家在海外的旅行，常常是追随本国进行贸易和殖民的路线，有时也带有实际目的，要去发现具有医疗效用的新植物。与此同时，一些新的植物移植到植物园和大型的私人花园，特别是在英国和荷兰，这时植物学起了深远的影响。无论他们眼前的目标是什么，后果却是：到了18世纪20年代，博物学家——医药界人士、神甫、专业科学家、海员和丹皮尔这样的探险家——就从美洲、东印度群岛和澳大利亚，从波斯直到暹罗的南亚一带、中国和日本带回了搜集的大批植物和出版说明，这成了18世纪后半叶大规模考察旅行的前奏。①

至于收藏动物标本，由于许多动物标本很快腐烂，无法像植物那样经过简单压制制成标本带回国内，这就使动物学遇到更多困难。然而，博物学家还是把一些经过填充的标本、骨骼和动物躯体的坚硬部分带回国内，提供了有关全球动物的相当广泛的概念；植物园中增加了动物展览室；有系统的解剖成了标准的做法。这由马尔皮基、斯瓦姆默丹和克劳德·佩罗创先，随后大家都效行，于是收集材料对脊椎动物和无脊椎动物如软体动物和节肢动物进行比较解剖和生理学研究，取得了显著进展。法国科学院的一些解剖学家采用比较法，特别是迪弗内解剖了一系列脊椎动物，其中包括一头象、一只豹、一条蝰蛇、一只鸵鸟和一只刺猬，这种方法受到特别注意。在英国，马丁·利斯特（1638—1712年）、内赫缪·格鲁（1641—1712年），尤其是爱德华·泰森（1708年逝世），突出地使用了比较法；泰森在他那些关于解剖海豚和猩猩（实际是一只黑猩猩）的专题论文中，开创了对

---

① 关于荷属东印度公司和公司职员的贡献，请阅读《新编剑桥世界近代史》第5卷，原文第411页。

人和类人猿的比较研究。① 动物学的调查研究还涉及动物界的其他种类。即令一台简单的显微镜掌握在一双技艺谙熟的手里,也可以从一滴水中,或者从一片生物组织中取得丰硕的成果,足可同伽利略及其后继者用望远镜环绕天空扫视时所得到的成果相比拟;而新的复合显微镜开辟的种种可能性,还不过是探测的开始。使用显微镜的专家中最伟大的当推安东尼·凡·列文虎克(1632—1723年)②,他比胡克和其他先驱活得更久,一直坚持到底,发表了一系列关于重要发现的辉煌论著,其中包括红血球、肌肉纤维的横纹、毛细血管的血液循环、人和其他哺乳动物的精子以及鱼、蜗牛和牡蛎的精子,还有轮虫、纤毛虫和它们颤动的纤毛及细菌。不管是否有显微镜,对于某些特定生物的组织、生物学和生活习惯的研究不断增加。特别有趣的是以下几项研究:马赛的一位医生 J. A. 皮松纳在1725年发现珊瑚不是植物而是动物,不觉大吃一惊;列奥米尔对昆虫的组织和生物学研究;皮埃尔·利奥内研究蛾的幼虫并出版了专著,这是一部解剖精细、图片精美的杰作。这些著作以及其他许多关于各种单独有机体的研究著作——由于印刷的精密程度的提高,插图都很精美——开始十分准确地展现出脊椎动物各式各样不同的种属。

从这时开始直到瑞典伟大博物学家卡尔·林奈(1707—1778年)发表《自然体系》(1735年)为止,人们整理这些日益丰富的资料,主要努力集中于设计实际易行的分类体系,想使每一种类型都可以得到恰当的安排和命名,而且凭直觉就可以表现出业已掌握的各种不同类型之间的"自然"关系。大量收藏"自然界的奇珍异品",如果不加以有系统的命名和索引,在科学上

---

① 《猩猩,或类人猿:或解剖黑猩猩》(1699年);见 M. F. 阿什利·蒙塔古著《爱德华·泰森》(美国费城协会;《回忆录》第20卷,费城,1943年)。

② 见《新编剑桥世界近代史》第5卷,原文第68—70页。

就无法有效利用,因为只有这种体系才能使各种标本在各自特定的框格中找到。林奈的第一个伟大功绩就在于他提出了这样一个体系。在这一个实际问题解决以前,就难以调查研究比较解剖(许多生物学家越来越多地注意到这种比较解剖)所引起的更为深刻的理论问题,说明"自然"或"实际"关系或亲近关系的意义。然而,在任何分类体系提出之后,这个问题就出现了,它绝不仅是人为的权宜之计。事实上,关于自然秩序组成的理论思想,贯穿在所有的主要体系之中,除去林奈公开宣称的那种人为的植物"性系统"之外,首先就贯穿在他的主要体系之中。

分类学的种种问题,首先在植物学中看得一清二楚,雷和图尔纳福尔曾经试图在植物学中进行重要的改革。雷一方面保持某些旧的常规做法,如区分木本和草本,另一方面又在他那部里程碑式的著作《植物史》(1686—1704年)中,设法根据花与果的构造和区别制定出1.8万多种植物的合理的分类法。这就使他弄清了单子叶植物和双子叶植物①之间的基本区别,并使他能举出理由来从直观上区分植物中业已辨认清楚的各自然科属,如伞形花科、粗叶科(即紫草科),等等。他还第一次把古老的逻辑学词汇"种"用于特定的现代生物学的意义上,并且设法使它具有原始物种中种类别的概念而成为一个精确的词汇。图尔纳福尔大体上也是根据花的各部分情况来进行分类,他作了更为精确的——但很难说是更为成功的——尝试,想使他自己的体系客观上看来"自然",并且采用了把"属"作为有相互关系的各种"种"所构成的一个确定的类别组。他在他那部《植物学基础》(1694年)和更加著名的《植物体系》(1700年)中对植物分类做得井然有序,达到前所未见的程度,而现代分类学中仍然沿用

---

① 单子叶植物为有花植物中种子只有一个叶片的植物;双子叶植物为有花植物中种子具有两个叶片的植物。

他所采用的许多"属"和其他"自然"类别。然而在探求自然分类法的过程中,蒙彼利埃植物园主任皮埃尔·马格努尔另外又走出了重要的一步,他在1689年采用"科"作为植物的一个重要类别。

林奈的《自然体系》给人的直接印象是从建立一种自然分类法的目标倒退了。他采纳了一种一般的分类法,立足于显然是武断选择的花的特征——雄蕊的数目和排列情况以及雌蕊的数目。这种以"性系统"为准的极端人为的性质,引起了许多争论,但是林奈以灵巧的方法使用这种体系,并且以极其吸引人的方式用"植物的爱情"这种比喻来加以推广,所以很快它就压倒一切竞争者而确立了自己的地位。他的胜利首先是由于他自己眼界开阔;他动手提供各种方式来辨认在任何地方发现的一切有机体。这一成就又导致大家接受他的第二种也是最具持久影响的创新:对物种坚持实行双名命名制,即每一物种用两个名字命名,如卡罗来纳·蔷薇,第二个是与其他同"属"物种的属名,第一个是这一物种专有的种加词。林奈的体系和方法奠定了解释生物学和其他分类科学分类整理的主要方针,正如牛顿的概念对力学和光学的作用同样。林奈试图建立一种自然体系,但是为实用起见,他却不得不采用人为的体系。他的后继者,特别是A.L.德·朱西厄和米歇尔·亚当森,否定了性系统,同样也想再次使分类成为明确的自然分类,他们立足于在广泛的范围中确定特征,然而依然是在大体上属于林奈的框架中进行工作。

动物学与植物学不同,在1800年以前尚未制定出任何分类法可以处理动物学中更加难以协调一致的资料。主要问题在于探求既能统一又有区别的特征,使之能适用于非常广泛的品种,这一探索工作由于当时对于构成动物界的基本不同的品种范围理解有限而事倍功半。这些困难加在一起力量之大,可以从脊椎动物分类学取得的相对进展同无脊椎动物分类学的毫无进展这两者的对比中明显看出。脊椎动物解剖的合理化，由于有可能以人体作为比较和命名的标准而得到很大的帮助。结果，雷和威洛比就能够不仅根据观察外部特征如毛发、羽毛或鳞片，胎生或卵生等现行办法，而且还根据呼吸系统、心脏和其他器官的内部解剖的办法，制定出脊椎动物的分类法。林奈采纳了这种优良的办法，根据主要自然秩序确定多种脊椎动物。但是这些动物学家想把动物界其余的动物纳入某种合理秩序的时候，由于人体不宜当做标准，只能作某些一般的模糊对比，而且由于又缺乏其他标准，所以感到一筹莫展。他们当时尚未到达这样一种地步：掌握包括当时业已知道的一切品种的比较动物学。林奈所能够做到的不过是提供一种粗糙落后的划分法，把无脊椎动物分为昆虫和蠕虫，就像一个把其他一切部类都收罗在内的破布口袋；在拉马克以前，这方面几乎没有任何改进。

在《自然体系》问世之前，分类学的进展是以物种保持不变这一假定为基础而取得的。这种假定具有很大的力量，可以在当时生物知识混乱的情况下维持一种正式的结构，这种结构还可以容纳新的知识。而且这种假定还是奠基——明确说来是由雷和林奈奠基的——在所有有机体都来自相同物种的卵或种子这样一个合理的原则之上的。虽然林奈在设计一种实际可行的分类系统过程中，曾经使用某些人为的生硬标准，但是他还是与几乎所有的同代人一样，完全赞成这种观点：最终目标必须是建成一种"自然"体系，它能真正表现出各种现有生物品种之间的真实关系，构成"至高无上的自然秩序"[①]。它有三个突出的特点，全都来自对有机世界所持有的一种非进化的观点。第一，林奈本人受到亚里士多德和16世纪博物学家安德列·切撒皮诺的影响，认为各种事物既定的秩序之所以得以保持，是由于亲本的"特

---

① 林奈：《自然体系》第13版第1卷，维也纳，1767年，第13页。

质"代代相传而传留给后代。他选用花的性器官作为植物分类的基础，正是因为这种亲密直接的联系。他的第一种意见认为：从创世之日起，这些同样的物种就存在，亲本同后代之间的任何差别、偶尔产生的变异，纯然是偶然和短暂的。他追随雷的看法，把这种现象归因于"自然"的畸变，而不是由于创建永恒物种的"神意"。1742年，林奈考察了柳穿鱼属植物柳穿鱼（Liuavia Vul-garis）的变种，他把它称为 Peloria（变异），认为是一种"突变"（Mutata），是由异花花粉受精而产生，他在此后就开始承认有可能由于突然的变异或杂交而改变物种，因而有可能产生永久性的新的物种。但是这也难以影响他那种体系极其稳定的秩序所展现出来的主要图景。"至高无上秩序"的第二特点也是来源于亚里士多德，并且还受到莱布尼兹延续理论[①]的影响，这一特点是：人们设想各种有机物组成大自然的等级，从人直到和无生命物质几乎无法分辨的低等植物。在林奈那个时代，这一系列等级基本上是直线式的；后来则设想为像一棵树一样具有分支。这种体系提供了要由各种进化理论加以解释的资料。正如泰森在科学方法应用之前在讨论他提出的由一种形态转到另一种形态的"阶段"设想时所说的："对这一动物与一只猴子、一只类人猿和一个人进行对比研究……我们可以更好地从动物身体的结构和从一种向另一种转变的情况，看出大自然的'阶段'。"[②] 第三，大自然的秩序存在于一种神定的和谐一致的状态之中。每一种有机体的种种器官——例如一只苍蝇的眼睛结构，牛顿曾对之称赞不已——与它们的功能完全适应，每一个地区的

---

[①] "大自然没有任何跳跃飞腾，这是我最大的准则之一，也是得到最完全证实的准则；这个准则我称之为延续法则。"见 C. G. 格哈特编辑的《G. W. 莱布尼兹的哲学著作》（7卷集）第5卷，柏林，1875—1890年，第49页。

[②] 《猩猩》序言第7页。

## 第二章　科学运动与科学思想的传播，1688—1751年

种种有机物与它们的环境完全适应。因而（借用林奈所举的例子）植物以土壤为生，昆虫以植物为生，鸟类以昆虫为生，大鸟以小鸟为生，如此等等；万物共生，完满和谐，从而保持生态的良好平衡。用雷的著作扉页题词的话就是：整个大自然生动地证明了"由造物杰作所表现的上帝的神智"。

这种关于大自然的秩序万古不变的想法，一直继续到19世纪。但是情况已经开始积累起来，对各种观念的重新思考已经开始出现，受到几种不同层次的评论。笛卡儿早就传播过这样一种观念：地球有自己的历史；它目前的状态是很长一系列地质变化的产物。地球原是一颗星球，像太阳一样，它的这些变化是在它从最初状态冷却时发生的。这种主张由于推测和观测两者而得以进一步发展。在推测的发展中，莱布尼兹的推测特别令人注意。莱布尼兹承担写作汉诺威王室与不伦瑞克公国历史的任务，前往意大利搜集文件资料，在意大利会见了丹麦博物学家、现代地层学奠基人尼尔·斯坦森（斯蒂诺，1686年去世）。斯坦森最伟大的贡献之一是承认由海洋沉积而形成的地层构造，在不同地层中保有不同的化石。莱布尼兹迷恋这些想法，于是决定在他那部历史著作开头就把汉诺威和不伦瑞克作为地球史的一部分来阐述；结果他写成了《单子论》（1693年写出概要，1749年全书告成），他在这部著作中设想出一系列地质变化，这些变化是由于地球冷却以及由于火、风和水（其中之一是《圣经》所载的洪水）的作用而产生的（当时博物学家已经分辨出火成岩和水成岩）。莱布尼兹在他1765年出版，但在1703年写出的《新论文》中提出了生物种类的性质和变化的一些想法，在随后的一些讨论中一直贯串着他的这些想法。"我们根据年代来给物种确定定义，以使来自或可能来自同一来源或同一种子的类似生物具有相同的种属"，但是"我们经常无法对物种确定界限"：因为"物种全都团聚在一起，仅仅具有不易觉察程度的区别"；"任何

物种的性质都是程度不同地逐渐发生变化,没有任何物种是飞跃变化的"[①]。他最后说:也许物种一直是在逐渐变化,而且还在这样变化。

与此同时,许多国家的观测者也在给地球的实际历史提供更多的细节。在英国,爱德华·荷特1699年出版了一本值得注意的书,对1600种动物和植物的化石加以描述。他和约翰·伍德沃德指出,由于海洋沉积而造成的在不同地层中存在不同化石的情况。安东尼奥·瓦利斯内里(1730年去世)对整个意大利作了全面研究而得出结论说:意大利有很大一部分曾经一度为海水所覆盖。在法国,列奥米尔对内陆存在海洋贝壳的现象作出了卓越的解释,他认为这是以前洋流沉积的结果,这种解释使丰特奈尔提出了绘制地质图的想法[②]。在瑞士,也许是当时最伟大的地质学家J. J. 朔奇泽(1672—1733年)用了将近50年的时间,编纂了一系列专题论文,对大量的动物和植物的化石作了描述,数量之多,前所未有。与这些在野外勘查的地质学家同时代的人,有些比较善于推理,他们从这些地质学家的工作中抽引出理论上的含义,却往往使这些地质学家无法与他们并驾齐驱。当时已经开始把这些看法,如化石是洪水受难者的骨骸或者是大自然的"狩猎",看做是不合时宜了;但是设法利用自己的观察来追寻《圣经》所载灾难过程的,朔奇泽并非绝无仅有。本来从根本上说是合乎道理的地质分析,却用于虔敬神明,也许正是由于这种虔诚使得伏尔泰陷入了完全否定地质学家这种说法的荒谬境地。无论如何,正是在1710年把朔奇泽的作品提交科学院的时候,丰特奈尔发出了这样一段经典之论:"这里是新品种的奖章,它们出现的时代无与伦比,比起所有希腊和罗马的那些时代

---

[①] 《新论文》第3卷,第6页;《哲学著作》第5卷,第285—288页。
[②] 堪称地质图的第一张地图是J. E. 盖塔1746年绘制的法国地质图。

来都更加重要,更加肯定。"① 使丰特奈尔获得深刻印象的是那些地质和遗传学的证据,它们表明:生物品种在地球演变的过程中发生变化,化石都是历史性的文件。显然,到 1710 年时很多博物学家大概不会认为胡克在 1687 年的一封信中提出的假说过于荒谬了。那时他说:"在以往的时代,曾经有许多其他生物品种是我们目前根本找不到的;……现在也可能有好多种新的品种是在开头时所没有的。"② 这些意见除了地质学以外还在第二种主要的领域得到支持;这种支持是由于观察到下述情况而得到的:黑人中的白化病(泰森也举过这一种情况)、多指症和人类其他的畸变,狗和鸽子的珍奇品种,以及园艺家很感兴趣的观赏和有用植物如郁金香和草莓的变种。③

在 1750 年以前,这种探讨的方法引起人们对众所公认的林奈关于自然秩序的整个概念进行重新估价,并且使与之对立的一种解释得到发展。其中最为激进的是莫佩尔蒂和伟大的博物学家布丰(1707—1788 年)所提出的解释。莫佩尔蒂在 1741—1751 年期间撰写了一系列论文,第一次提出了完全属于进化观点的解释,说明种种现存有机体的整个范围,把它们与共同的亲本分开来。而且他还不顾林奈和莱布尼兹的说法,所谓神意在开天辟地的时候创建了一种可以自我调节的和谐秩序,他提出一种彻底属于机械论的解释,假定偶然的变异产生了秩序,而这种变异又是由于那些能较好适应环境的个体经过自动选择而得以生存下来。

---

① 《皇家科学院史》,1710 年,第 22 页。
② 《论地震》,见 R. 沃勒编选《遗著》(1705 年)第 291 页。
③ 法国植物学家让·马尔尚在自己的花园里发现了山靛的两个未为人知的品种,这个例子由于丰特奈尔的引用而变得非常著名;马尔尚在 1719 年写道:他认为他见到了新品种的诞生,他提出一种在生物"属"的范围内发生部分进化的假设。参见《皇家科学院记录》,1719 年,第 59—66 页;并见丰特奈尔《皇家科学院史》,1719 年,第 57—58 页。

这种意见与众所公认的关于"大自然至高无上的秩序"的观念相决裂,决裂的程度可以说是无比深刻的。莫佩尔蒂用遗传来考虑整个问题,表明他具有远见卓识,能够深入观察进化论所需的形态上的特点,而直到很久以后进化论才发展起来。他所采纳的遗传假说是这样的:生物繁殖的途径是由每一个父本的"生殖分子"所提供的,这些分子结合起来就产生后代。他说:

> 难道我们不能用这种方式来解释为什么从两个个体就可以产生出众多千变万化的品种吗?它们首次出现仅仅是偶然产生的,因为基本的粒子没有保持动物上一代身体内所保持的秩序:每一种失误就可以产生一个新的品种,从这种不断重复的偏差的力量就可以出现我们今天见到的数目无穷互不相同的动物,而且随着时间的推移,也许还会继续增加,不过每一个世纪也不过增加一个难以觉察的数量。①

他评论到这样一种说法:在大自然的这些偶然产物中,只有那些具有某种适应特点的产物才能生存下来,而且事实上在所有那些生存下来的产物中都找得到了这种特点,他以下述这种新的方式把它归之于神意秩序:

> 我们可以说,偶然性产生出不计其数的个体;只有很少一部分的结构是刚好可以使动物的各种器官能满足它的需要;而另外那些,数量大得不可胜数,既不能适应,又无秩序,所有那些都灭亡了:没有嘴的动物活不下来,没有生殖器官的动物无法繁殖后代。唯一能保存下来的只是那些具有

---

① 《自然体系》(1751年),载《作品集》(4卷集)第2卷,里昂,1756年,第148页。

秩序和适应性的种类,而这些我们今天还能见到的品种,只是盲目的命运所生产出来的品种中极少的一部分。①

布丰对林奈生物学的批评集中在多少与此不同的一些问题上,从而导致颇为不同的结论。莫佩尔蒂并未对林奈的"属"和"种"提出疑问;他的目的仅在于给以不同的解释。布丰在他那部《地球史》(1749年)中虽然写出了第一篇概论,讨论在不同地层中发现的化石形态演替的情况,但他并不接受莫佩尔蒂提出的关于一般进化观点的假设。他那篇关于"驴"的著名论文,载于他的《大自然史》第4卷(1753年),文章的目的在于攻击林奈关于"科"的整个概念。他认为林奈的这个概念同他的那些命名法的原则,全都是完全没有道理和使人发生误解的。布丰讨论驴和马(或者人和类人猿)属于同一"科"的可能性,目的只是为了要把它连同共同血统的解释一道加以否定,以便使生物学回到它真正的方法上来。他认为这种方法就是以牛顿为榜样,用仔细观察的办法来探索因果规律。因此他的结论是:"科"仅仅在想象中存在,而在大自然中,只有属于各种物种的个体,而这些物种是根据遗传连续性而加以严格界定的。但是布丰讨论了自然的"科"是由遗传发生变异而产生的可能性。他的这种因果观点,使他对人为选择、四足动物的地理分布、变异的原因、物种的绝灭和杂种不能生育规律的例外情况等发生兴趣。因此他后来成为拉马克和圣—伊莱尔获取灵感的源泉;达尔文本人也承认布丰是先驱。

发展进化理论的一个重大困难,是缺乏生物繁殖和遗传基本事实的知识。然而,在对这些和其他一些基本生物学问题进行调

---

① 《宇宙论》(1741年以前写成,1750年出版),载《作品集》第1卷,第11—12页。

研的工作中，研究也取得了进展，办法不仅是通过巧夺天工的实验，而且也通过推想，推想常常远远越出已知的事实范围，然而有时却富有成果。显微镜再加上机械论的假设，提供了基本事实、概念和争论，这些在1700年之前在生殖问题上起了作用。到这个时期，所有动物都用卵进行自身繁殖这样一个概括的论断，就卵生类型如鸟类、两栖类、鱼类和昆虫来说，已经由雷迪、斯瓦姆默丹、马尔皮基、瓦利斯内里等阐述清楚，这种论断后来由于斯坦诺发现板鳃类鱼的卵巢和德·格拉夫发现哺乳动物的卵巢而推广到胎生动物。与此同时，哈索克和列文虎克发现了精子，虽然他们并不了解它们的功能；格鲁在开花植物中观察到花粉，并且提出花的各部分就是生殖器官。1691年，意大利一个耶稣会会士博南尼出版了附着于不同品种花柱上花粉的图片，但是植物的性功能的第一批实验证明却是德国植物学家R.J.卡梅拉里乌斯在1694年提供的。

这些重要的发现立即引起了许多争论，这成了一个很好的例证，说明在整个这段时期，生物学推想具有极端形式主义的特点。当时在三个学派之间展开了激烈的争论，以新的形式复活了由来已久的三种理论。一派是所谓"卵派"，声称产生后代的唯有卵而已；另一派是"微动物派"，声称唯有精虫产生后代；第三派（包括莫佩尔蒂和布丰）从遗传的事实出发，主张种子一定是来自父母双方。第二种争论则在"胚胎中预成说派"和"后成说派"之间激烈展开，前者认为每一个个体都是在它的父母双方的卵或精虫中预先形成的（因此一代又一代都是它们本身机械地延续展开的）；而后者则认为是以胚胎的形式实现真正的发展。这一争论达到的荒谬程度，在扯到侏儒的时候就更是登峰造极了。侏儒是一种小矮人，据说可以看出在精虫中就已完全形成，哈索克在一张著名的图画中（1694年）就曾加以描绘。在理论与观察的交流中，这些意见几乎从未提出要进行新的试验；而只不过是照例想方设法使之符合那些过去做过的试验。①主要是在用自然发生②来试验生命起源学说和用杂交来试验新品种起源学说时发生了一些例外。在各种不同的理论中，胚中预成说赞成物种固定不变的僵硬概念，反对自然发生论，后成说则赞成自然发生和进化的观点。

当时在解决问题的范围内能精确深入地掌握最富成果的生物学问题的，大概要以 R. A. 费肖·德·列奥米尔（1683—1757年）为最好的范例。无论从什么标准来看，他都是一个伟大的生物学家。列奥米尔最初学习的是法理学和数学，最早从事的工作是工程技术，1706 年进入科学院做机械徒工。但是不久他得到每年 1.2 万利弗尔＊薪金，于是定居在法堡·圣安托万，置有一座巨大的园圃、一个实验室，还有他的收藏品。他的卓越贡献在于他认识到，仅仅研究动物的结构和分类是不够的，生物学还必须结合动物同环境的关系来研究有关它们的生理学和行为。他在这方面的重大成就是那套《昆虫志》——6 卷巨著，1734—1742 年出版，正是在对具体生理过程进行调研时，实际与推想的交替进行产生了最持久的结果。自从哈维那个时代以来，实验生理学在范围和精密度方面不断稳步改善。种种新发现提供了许多特别富有成果的一系列典型——机械的、化学的，后来还有电学的——这些正是生理学为分析和解释生命过程所一直要求得到

---

① 查理·博内（1720—1793 年）的一再转变提供了一个很好的例证。这个卵派预成说的首要拥护者改变自己的学说，首先是要说明他自己在蚜虫的单性生殖方面的重要发现（1745 年），后来是要解决阿伯拉罕·特朗布雷（1700—1784 年）在 1740 年就水螅 Hydra 和 Plumatella 所作奇妙试验而产生的困难。特朗布雷表明，他切下这种动物身上的小片，每片都可重新长成一个完整的小水螅，并且用芽接的办法可以发生无性生殖。

② 1784 年，约翰·尼达姆将煮沸过的肉汤放在据认为是不透气的容器中，却在肉汤中发现了微生物。

＊ 利弗尔为法国古代记账货币，1 利弗尔相当于 1 斤银价。——译者

的典型；而新的仪器使得对生物学上一些新的常数有可能作出定量分析。并非从事医学的科学家，除了神经系统的研究以外，在实验研究方面更为活跃；医学教授主要是负责理论思想和体系方面的发展和评论。然而，那些伟大的医学生理学家——莱顿的博尔哈夫、哈雷的弗里德里希·霍夫曼（1660—1742年）、格丁根的冯·哈勒——目标全都在于坚定不移地根据实验进行解释，而后两位则把生理学作为身体功能的科学来看待，而不考虑它在医学方面的实用情况。

相互竞争的三大派为生理实验提供了理论基础和大量灵感。第一派是机械派，由笛卡儿和哈维而来，特点在于强调计量。因此有些调研者研究血液的数量、速度和压力如何计量的问题，以及心脏收缩所用的力量和所做的功如何计量的问题。黑尔斯在《植物静力学》中表明：树液并不是以人们广泛承认的同动物类似的那种方式循环。他对植物生理学所作的重大贡献就是测量树液从根部向上流动的压力和它每天的变化，根部吸收和树叶蒸发的水分的数量以及其他一些数量。他在《血液静力学》（1733年）中又把这种技术用于测量动物的血压，他把一匹马、一只狗、一只羊和一只雌兔的颈动脉或腿动脉或颈静脉的血液，导入一根长管进行不同的实验；他证明：不同的动物血压不同，同一动物时间不同血压也不同。几年以后，达尼埃尔·贝尔诺利运用流体动力分析法证明如何正确地测量心脏的工作。哈勒证明心脏的力量可以延伸到毛细血管。于是血液循环成了人们可以相当准确地定量测量其中生物学常数的第一个生理功能。在研究血液循环的动力学、空气进入肺内的奥妙（哈勒曾作过正确叙述）以及一般的运动和移动的奥妙方面，纯粹采用机械的办法来作生理功能的分析，显然是一种富有成果的指南。但是正如化学进展所表明的，仅仅用机械的办法来研究许多生理功能还是不够的，容易发生错误。黑尔斯自己在化学生理学方面有了重大的发现——

他设计了一套收集气体的装置，然后用测量的办法证明：把植物罩在水上，植物就把罩内空气的七分之一"固定起来"；但是他也许是对机械解释着了迷，这就常常使他无法理解他所发现的东西。博尔哈夫反对极端机械的观点，于是成了生理解释这第二个伟大泉源的首要拥护者。由于化学方法的启示而进行的实验，主要领域是研究消化。对消化过程提出了各种不同的机械和化学解释，而博尔哈夫断言胃液的酸度不是原因而是结果，这就提出了一个根本性的化学问题。列奥米尔巧妙地利用鹞鹛吃食反刍的习惯，把食物装在钻了小孔的管子内让它吞下，这样可以保护食物不受机械运动的影响，从而证明消化了的是肉食而不是谷物；他还让鹞鹛吞下小块海绵，然后从海绵中挤出一滴滴的液体，在这只鸟的体外做人工消化的试验，在这只鸟死了以后，他又用一只狗和几只鸭子继续试验。他未能确定胃液的作用，但是他创造了研究动物身上的自然消化和动物体外的人工消化的技术。

机械法和化学法这两种方法如果走到极端都会引出"机械论"的推想：生命现象归根到底全都可以归于物理学和化学。有机论或称"活力论"就是针对这种情况提出的，它对生物学家是一个挑战，也是一项请求，要他们制定出自己的解释原则。在18世纪初叶，活力论的主要倡导者是施塔尔和哈勒。施塔尔以他形而上学的信仰作为着重原则的活力论的基础，而哈勒则恰恰相反，使着重事实的活力论立足于观察得出的意见：有机物的作用与反作用是自成一体的，并不是从其他各种科学借用一些概念就可以立即解释清楚的。这一派在分析神经与肌肉系统时，采用的方法比源出笛卡儿的那些机械性的方案更加注重经验，更加适合，所以成效最大。这一派给生理学家提供了以观察为基础的明确具体的有机概念，如施塔尔关于肌肉的弹性和神经系统的协调作用的概念，又如哈勒关于肌肉具有"激动性"（收缩性）这种特性以及神经具有"敏感性"（传导性）这种特性的一些概念,从而区分"敏感"与感觉的范围。哈勒那些独创的实验特别分析了不随意运动中中枢神经和末梢神经系统各个不同部位之间的关系。有机派也引起人们对托马斯·威利斯关于反射作用的基本概念(1670年)和对脊髓作用的理解有了重新认识,这首先是蒙彼利埃的让·阿斯特律,然后是1751年爱丁堡的罗伯特·怀特有了新的理解。后来,这种对神经病控制水平的分析,由比较解剖学家加以利用,使大自然最后使进化的规模有了一个新的面貌。与此同时,纯理论的机械论在生理学的多数重要部门都让位于那些由化学、电学和热学这些新的实证科学所武装起来的学派。

对自然科学的新看法,对于那些从事这种科学的人来说,首先就是实验性的。正如培根所说过的,"大自然在受到艺术折磨的时候比自由自在的时候更易于揭示自己的秘密"[1]。在科学上,这种积极的态度比较说来(尽管当然并不是就全体来说)是新奇的。但是技术自中世纪以来由于这种看法,已经在不断地而且是在广泛的战线上稳步前进。"实验哲学"的降临表明,技术的精神已经扩大到纯科学,因此许多科学家对实际问题也很感兴趣,这是毫不足怪的。正如我们已经看到的,17世纪的两大科学协会决心研究实际问题。然而,像我们现在所见到的科学与技术紧密结合,却并不是顷刻之间实现的。

虽然科学家当时已经密切关注技术问题,但是他们的科学知识却常常无法应用。当然存在例外的情况。最重要的(哪怕只是部分的)例外也许是海上航行的问题。纬度的位置可以直接观察天上的极点来找到,却没有令人满意的方法来确定经度的位置。然而在能见度很差或者在长距离航行的时候,一点误差就可

---

[1] 《新工具论》第1卷,箴言第四十八。

能遭到灾难，所以从16世纪以来，一些航海国家的政府都悬重赏奖励实际解决这一问题的方法。主要的处理办法有三种。第一种办法是在航海图上画上很多道线，沿着这些线上的磁力变数都是常数：量得当地的磁力变数就可以知道船舶的位置是在哪一条既定的线上，知道纬度是多少，就可以（在理论上）从它和那条线的交点确知船舶的位置。1698年，哈雷奉命率领海军一艘尖尾船"情人号"，去"增加关于经度和罗盘变数的知识"。1701—1702年，他出版磁力倾角图表，对航海员有很大价值，但并未解决主要问题。第二种办法是看月球距离和月球运动的速度。1675年建立格林威治天文台，专门进行这种必要的观测。但是实际障碍和计算上的障碍很多，直到内维尔·马斯基林的《英国航海指南》(1763年) 的出版和从1767年开始的《航海天文年鉴》的出版这些障碍才得以解决。第三种办法是把经度的差别看做是当地的时差。问题是确定什么时间为标准时间，因为17世纪的钟表尽管由于改用新的钟摆（1660年左右）代替旧的平衡轮而使计时的效率大有改进，但是在海上经过一段时间就不准确了。伽利略曾经提出，海员观察木星的一个卫星的亏蚀情况就可以显示出图表上与标准时间的差异。但是还是无法克服实际的困难。这个问题最后也并不是通过任何理论上的发展得到解决的，而是由于约克郡一个木工的儿子约翰·哈里森（1693—1776年）制作的航海时计技术精湛才得以解决；这种时计中的第一个是在1736年进行试验的。它体现出两项独特的发明："网状"钟摆和"蚱蜢式"摆轮，这两项发明使得摩擦力减到最小限度，补偿了温度的变化，因而大大消除了较早的一些计时机械的种种缺点。[①]

---

[①] 见 R. T. 古尔德著《约翰·哈里森和他的时计》，载《航海镜》第21卷第115—139页。关于1700年的海上调查技术，请参阅 A. H. W. 罗宾森著《英国航海图》，莱斯特，1962年，第40—60页。

由于缺乏指导性理论，一些技术问题，正如科学中那些最原始领域的问题一样，不得不根据经验来解决。最好的例子是所谓新经营法，它在诺福克沙土地带实行的轮流种植苜蓿、小麦、萝卜和大麦的轮种制中又增种饲料作物。这样种植是因为人们注意到，在以前种过苜蓿的地里，小麦似乎长得最好，种过小麦的地里，萝卜长得最好，如此等等。为什么会是这样，在19世纪以前，谁也不能理解。但是对观察价值的绝妙说明是杰思罗·塔尔（1674—1741年）的发现，他观察到，粉碎土壤在某种程度上是代替施肥的令人满意的办法。塔尔的马拉犁和条播机是1669—1758年之间增加的少数几种主要农具。他研究过1700年以前在荷兰和其他一些地方实行的精耕细作经营法，大约就在那个时候人们才第一次提到布拉班马*拉犁，这是一种步犁，把模板和犁头结合为单独一块拱起的铁片，它能把犁沟中的土壤完全翻起来，而不需要多大的牵引力。[1]

我们虽然把工业革命算在18世纪末叶，但在这一时期的某些活动却为工业革命的技术、组织和经济的过程铺平了道路。商船和海军造船的规模日益扩大，虽然它在技术方面并未显示出显著的革新，但它仍然要求把错综复杂的技术组织得井井有条，在海军造船厂还要有大量的劳动力。在法国，17世纪巨大的建筑城堡和开凿运河的计划要求更大规模的人力物力，仅在1669年就有8000多人参加开凿朗格多克运河的工作，为此而必需的组织方法中含有后来修建公路和铁路以及兴办工业的种种经验教训。然而所有这些同建造圣彼得堡相比，却不过是小巫见大巫

---

\* 布拉班马为比利时出产的一种挽力特大、性情温和的马。——译者

[1] G. E. 富塞尔：《1500—1900年的农具》，1952年，第218—222页；B. H. 斯利彻·冯·巴思：《低地国家和农业》，载《第10届国际历史学会议文集》第4卷，佛罗伦萨，1955年，第189—191页。

而已。①

在所有技术问题中,某些最重要的问题则全都是寻求新能源和发动机,特别是在采矿方面。从 1561—1668 年,英国发出的发明专利证中有七分之一是与引水灌溉问题有关的,在 1660—1700 年期间,发明专利总数为 236 项,从田地或矿井中抽干积水的专利不下 30 项。把马力、风力或水力的旧办法用于很深的铜矿和煤矿,价钱太贵。利用蒸汽的可能性早在古代已经隐约显露出来,而在整个 17 世纪人们一直设法把活塞和汽缸结合起来,想使蒸汽动力能够用于清除矿井中的积水。托马斯·萨弗里发明的唧筒(1698 年)想把蒸汽和大气压力结合起来使用,这种办法费力而且危险。惠更斯提出把这个主意加以修改,其中涉及用火药爆炸。② 但是,把热能转变为机械能的第一台有效的机器直到 18 世纪第一个 10 年才发明出来:德文郡一个铁匠托马斯·纽科门(1663—1729 年)发明的救火机到 1720 年在英国已经普遍使用(用于矿井、运河船闸和水库),并且开始向国外出口。另一个重要的问题是在地面运输煤炭。早在 1600 年,英国有两个地方已经使用木轨,满载的煤车依靠自身的重量运下山坡,然后用马把空车拉回井口;18 世纪,在铁路上用马把煤车拉运到距离不远的地方,在英国已很普遍。同时,战争的需要促使把煤炭用于金属生产,最先是 17 世纪 90 年代在布里斯托尔开展用反射炉炼铜。亚伯拉罕·达比(1717 年去世)曾在布里斯托尔当过黄铜翻砂工,1709 年左右在科尔布鲁克代尔(在伍尔弗汉普顿附近)建立焦炭炼铁炉从事商业性生产。他的冶炼过程只能生产劣质生铁,但是他的儿子到 1750 年终于获得成功,精炼出铁

---

① 见本书原文第 731—732 页。
② 但尼斯·帕潘协助惠更斯工作时,曾在萨弗里想出提水机器之前,在 1687 年就想到这种办法,他在 1707 年应用这个办法用蹼轮推动一条小船。

棒；在制造需要比铸铁更不易碎的金属的高质量商品时，这种精炼的铁棒开始同木炭炼出的生铁竞争。

科学到18世纪已经达到观点和活动的一致，系统提出对大自然的期望和实际目标的一致，这就使科学在西方文明中置身于正在发生作用、生气勃勃的影响力量之列。对待大自然和对同它相互关联的社会的态度，是立足于前一世纪的具体成就之上的；但是把它讲得清清楚楚的却是作家，他们多数并非科学家，这些作家在组织消息传递和公开宣传方面工作杰出。值得注意的是，在法国启蒙运动中，原本属于科学的着重经验的方法和推理的思想，成了一切文明原则的标准，行动的基础。

在1700年以前，科学最新的成就在一场著名的文学辩论中是用来否定人们宣称的希腊和罗马在艺术与科学中的优越地位。① 威廉·沃顿和约翰·德莱顿认为，科学的大变革是西方在经历了中世纪几百年的野蛮之后复苏的最重要的部分。丰特奈尔对这一图像添加了更多的想法。他的《悼词》中反复出现的一个主题，就是他阅读笛卡儿而得到的理性的启示，尽管他对笛卡儿过分使用演绎推理法和相信理性肯定的可能性表示怀疑。作为补充的一个立题是丰特奈尔对准确观察和注重事实表示推崇。这方面的典范是《光学论》，牛顿的这部立足实验的巨著，早在《数学原理》出现之前就已驰名法国。丰特奈尔认为，科学态度的特点是以合理解释一切问题为目的，但承认实验的方法——虽然具有各种困难和不可确定性——才是发现真理的唯一方法，这种看法已经成为人所共知的道理了。他的这种看法还和比较一般的怀疑论结合在一起，这种怀疑论不是来自科学家，而是来自卢克莱修和蒙田。由此产生的一种对事物的看法，对宗教权威起了

---

① 见本书原文第79页和随后数页。

破坏作用,然而对存在的种种玄妙奥秘又加以尊崇。

丰特奈尔"科学变革"一般意义的解释,由伏尔泰转化为一种历史观。伏尔泰在他的著作《路易十四的时代》(1751年)和《风俗论》(1756年)中,开始为他在《哲学辞典》中撰述的历史提供了一个范例,这样一种历史分析,可以发现各种文明进步与衰落的原因,像自然科学一样得出种种原则,统观种种结果而得到教益。伏尔泰在这些著作中第一次写出了全面的比较文明史。他在其中还加上了一段简要的科学技术史来进行比较论述。他确定了对历史的态度和如何评价人类的活动,这就使牛顿比亚历山大、恺撒或克伦威尔伟大,因为牛顿是以自己的领悟力照亮了人们的心灵,而那些伟大的军人则是以暴力对人们施加奴役。伏尔泰认为,人类的心灵通过文艺复兴的怀疑哲学而摆脱了"迷信"之后,达到进步的高峰,是伽利略、笛卡儿、培根和牛顿发现了"真正的哲学"。18世纪其他作家——狄德罗、休谟、罗伯逊、吉本、孔多塞——的历史观都着重推崇科学运动。与此同时,各门具体的科学史陆续开始出现。丹尼尔·勒·克莱克所著的医学史早在1696年就已出版,在格丁根还教授这一门课。J. E. 蒙塔克拉发表伟大著作《数学史》(1758年)之后,其他著作相继出现。人们到这时候已经承认科学变革是世界历史中的伟大事件,科学史已经在现代历史编写工作发展过程中得到一席之地,而且科学思想的准则已经成为一般推理思维的准则了。

(张 扬 译)

# 第 三 章

## 西欧文化的变迁

### 1. 思想与文学的发展趋势

一个国家在艺术上的建树与其他方面的成就之间的关系所涉及的种种因素既复杂而且也不容易看得清楚。历史上有过文化不发达的强国，而文化发达的强国则不多见。但是，欧洲的几个主要国家，在其文化方面的影响能够和它们在17世纪的最后几十年以及18世纪的头20年的政治地位十分相称的这样的时期，在历史上是罕见的。路易十四时期法国的力量在1680年以后不久达到了顶峰。随着法国力量的增长，文化和思想领域也呈现出一派光辉灿烂的景象。而且，这种景象在法国政治上的支配地位衰落和这位"伟大的君主"去世以后很久，仍然照耀着欧洲的舞台。由于莫里哀、拉辛、拉芳丹、拉斐特夫人、拉罗什富科和波舒哀的相继出现，法国文学传统遂臻于完善。这个传统提供了符合贵族趣味的鉴赏标准。这些标准在大半个世纪里一直支配着欧洲上流社会文学。不管崇拜费奈隆和鄙视伏尔泰的两派观点之间看来有多么深的鸿沟，法国文学传统本身所包含的讲究理性、内容明晰和层次分明这些思想精髓，大都来源于启蒙运动。但是，在法国继续处于优势的同时，随着英国的财富和力量的稳步增长，又出现了英国这支新的思想和文学劲旅，其特点是强调对实际事物的观察，迎合中产阶级的趣味。实际上，欧洲思想和文学力量的模式已在这个时期确立，18世纪以后全部的发展情况都是从这种模式产生出来的。

法国文化称霸欧洲，这是主要现象。这一现象最后又发展成为英国、法国文化共同称雄的局面——这种局面本身就包含着具有丰富创造力的许多冲突；除此以外，其他国家的贡献是微不足道的。卡尔德隆1681年去世之后，即使在戏剧界，西班牙也没有出现能与之相提并论的继承人，由此可见西班牙文化的衰落。当西班牙文化终于开始复兴的时候，其方式不过是对新的法国和英国文化的反应而已。西班牙文学界出了个重要接班人费霍（1676—1764年），尽管他牢牢地植根于西班牙文学传统，但主要还是起了一个传播启蒙运动启示的传信人的作用。

意大利的学术领域依然是一派繁荣景象。卡西尼和马尔皮基的科学成就，法学家兼哲学家和社会学家维科具有重大影响的著作[①]，都说明伽利略和文艺复兴时代思想家们的思想传统尚未消失。外国思想界的发展情况也没有被忽视。1700—1709年间，马勒伯朗士的门徒米凯兰杰洛·法尔代拉·达·特拉帕尼在帕多瓦授课时，采用笛卡儿主义"新哲学"取代了传统的亚里士多德主义。1727年，佛罗伦萨大公出版社（根据梅迪契家族最后一个统治该地区的焦万·加斯东的指令）出版了加桑迪著作的精致的对开本，看来伊壁鸠鲁的学说在法国复活在这里也引起了重视。然而，文学创作与以往的伟大成就相比，仍然在很大程度上相形见绌；而且，由于17世纪风靡一时的巴罗克风格这时终于发展到了泛滥的程度，这或许对文学创作也有妨碍。1690年，

---

① 关于维科的情况，参见《新编剑桥世界近代史》第7卷，原文第94—95页。

罗马创立了一个名为"阿凯迪亚"的诗社,可以看到一点复兴的端倪。创立该诗社之目的是为了继续举行瑞典女王克里斯蒂娜1689年去世前在当地发起组织的一些文学集会。这个团体在其他许多城市吸收了一些成员,发展成为第一个真正的意大利的文学团体,其宗旨是纯洁文学鉴赏情趣,号召反对过去100年里那种过分的矫揉造作,回到文艺复兴时代文学大师们的比较严肃的风格以及古典文学的质朴风格。但实际上诗社培育的田园式质朴文风与它所反对的"粗犷俚俗"同样显得不自然和做作。然而,新古典主义的复活后来在意大戏剧创作的兴起中却硕果累累:希皮奥内·马费伊(1675—1755年;《梅罗普》,1713年)的悲剧,梅泰斯泰西奥的歌剧[①]和戈尔多尼(1707—1793年)的新喜剧。

德意志甚至连为人们所怀念的黄金时代也没有。自"三十年战争"以来,文化生活一直普遍贫乏,因此,文学创作的推动力势必来自国外。西里西亚派的诗歌(该派的影响左右一切达30年,直至其公认的领袖 C. 霍夫曼·冯·霍夫曼斯瓦尔道1679年去世为止)其形式主要模仿意大利诗人如马里诺(1569—1625年)那样的造作诗句,具有华而不实的色彩;同时也模仿上一代法国宫廷和沙龙诗人的华丽辞藻和隽永的语言。后来,布瓦洛倡导的比较朴素的古典规范在普鲁士的 F. R. 冯·坎尼茨(1654—1699年)的《讽喻诗》(就反映了布瓦洛的那些规范)和萨克森的 J. U. 冯·库宁(1688—1744年)一类的诗人作品中就引起了某种反应,反对刻意雕琢语言和意大利式的浮夸文风。同样,格里曼尔肖森的《西木卜里奇木斯奇

---

① 参见本书原文第111页。

遇记》（1668年），其所以具有经久不衰的生命力①，虽然是由于它描绘的"三十年战争"中德意志的情景跃然纸上，但其塑造的人物角色却是脱胎于早期西班牙和法国的描写下层生活的惊险小说。

在不伦瑞克—沃尔芬比特尔的安东·乌尔里希公爵（1633—1714年）的长篇说教的英雄故事小说中，在18世纪整个上半叶期间德意志家喻户晓的由H. A. 冯·齐格勒和克里普豪生（1663—1696年）合著的《亚洲的巴尼兹公主》（1689年）这部小说中，路易十三时期法国无连贯主题的散文体小说的影响都依稀可见。由于广泛地接受了法国的模式和规范，终于引起了J. C. 戈特尚特的批评（见《批判诗学试论》，1730年）。不过，对这种批评最终的反应还是健康的，这种反应使得18世纪下半叶产生了真正的德意志民族文学。关于这一点，在我们的这个时期里还只能看到一些苗头，比如反对盲目模仿法国文风的讽刺作品颇为盛行；一些极有才智的德意志作家使德意志在艺术和鉴赏力方面持有自己严肃和独立不羁的态度，而且使文化生活比较活跃起来。其中最有影响的是克里斯蒂安·托马西乌斯和莱布尼兹。克里斯蒂安·托马西乌斯是普芬道夫②的门徒，他公开声明反对一切偏见和迷信，他是第一个在莱比锡用德意志语教学的教授。而莱布尼兹不仅是当代德意志的而且也是当代欧洲的知识分子天才，人们认为只有牛顿才可与之媲美。莱布尼兹的经历在某些方面从个人来说并不是成功的，而且他的那些比较宏伟的计划，没有一项是完全实现了的。然而，他毕竟在18世纪上半叶对德意志的文化生活产生过深刻的影响，特别是通过他的哲学门徒

---

① 参见W·沃利奇的新译本《笨伯奇遇记》，1962年出版（伦敦，新英语图书馆）。

② 参见《新编剑桥世界近代史》第5卷，原文第110—114页。

克里斯蒂安·沃尔夫（1674—1754年）在大学里的系统讲学所产生的影响。不仅如此，由于他有力地干预了笛卡儿主义在法国引起的某些哲学上的论争，由于他在17世纪80年代和90年代中为促进基督教会重新联合的国际谈判中所起的作用，同时也因为他是一位拥有广泛声誉的法理学家和学者，他对欧洲生活产生的影响要比路德之后[①]的任何一个德意志人产生的影响更加深刻。

北尼德兰这一时期在文艺和思想领域中的重要作用在于：由于那里获得的信仰自由比较广泛，也由于印刷业高度发达，因而这个国家有点像是欧洲的情报交换站，是来自许多国家的政界和宗教界的流亡者之家，是国际文学和学术汇集和传播的中心。荷兰文学本身也没有摆脱这些外来的影响。1679年，冯德尔这位17世纪的杰出的诗人和戏剧家的去世，标志着荷兰文学和艺术上的成就从其顶峰开始下降。各富有阶级由于国家的繁荣得到了巩固，这时却往往追求贵族的鉴赏情趣。他们的眼界越过了本民族基本上属于中产阶级和人民大众的文学传统，而转向巴黎和凡尔赛的贵族艺术形式。在荷兰传播法国古典文学思想的一支重要力量是1669年在阿姆斯特丹成立的"有志者无难事"文学会。17世纪70年代，该会在推动翻译和模仿法国古典戏剧方面的影响特别大。这方面最有造诣的实践家是卢卡斯·罗根斯（1654—1710年）和西勃兰·菲塔马（1694—1710年）。同样，小说也受到像《星》（第一部完整的荷兰文译本1671年出版）和斯卡隆的《浪漫喜剧》（译本1678年出版）这些法国模式的巨大影响。而田园诗歌在稍后一点的时间里也复活了，主要反映在翻译过塔索的《亚明塔》（1715年）的J.B.韦勒肯（1658—1726年）的著作里。然而，仍有一些人依旧按照旧的民族传统

---

[①] 参见《新编剑桥世界近代史》第5卷，原文第82—85、114—117、145—146页。

进行创作。年青一代中有模仿莫里哀的,如彼得·兰根迪克(1683—1756年);托马斯·阿塞里奇(约1620—1701年)的喜剧仍旧成功地保持了早期比较质朴的本民族写作风格(如《简·克拉茨》,1682年)。但是,到了1700年,荷兰的文学创作如同其他的创作活动一样基本上陷于轻松自在的消极状态。这就是直到革命时代大动荡到来之前荷兰生活的特点。

最后提一下俄国。此时的俄国刚刚踏上欧洲文化界的地平线,年轻的彼得大帝首次去西欧旅行跨越了这条地平线,但他建立的联系大体仅仅是技术性和实用性的东西。[①] 后来,世俗教育在新贵族阶层得到了普及,才打通了接受西方国家文化影响,最后创立以西欧、特别是法国模式为基础的新上流社会文学的道路。

我们说1680—1720年间起主导作用的是久负盛名的法国文化和文学以及发展中的英国文化和文学,并不是说整个情况就这么简单。欧洲文化显然在其中许多新的方面主要表现为16世纪初见端倪,后被天主教国家的反宗教改革运动赶入地下(其他地区新教正统派国家的压制稍轻一些)的开拓性工作得到了恢复和继续。这一时期,依然存在着带有贵族和独裁味道的古典主义文化的威望,此外不仅孕育着以理性即所谓启蒙运动全面反对权威的种子,甚至还孕育着后来再次露头的浪漫主义情感和想象的种子。这些相互冲突的文化因素反映了那个时期潜在的种种紧张气氛,也同文化生活的组织工作的发展和文化生活范围普遍扩大有关。这里有必要叙述一下这两方面的情况,然后才能考察其表现形式。

尽管我们知道,用现代的标准来衡量,当时被认为是有阅读能力的人只占极小的比例,这是显然易见的,但要准确地弄清到底占多大比例肯定是不可能的。像英国或荷兰这样的国家,有阅

---

① 见本书原文第726页及以后各页。

读能力的人数可能多些。新教的传播必然会推动人们学习文化。对许多人来说,其作用恐怕已超出阅读《圣经》以及赞成《圣经》或持不同观点的作品。这些作品对于出版业来说至关重要,可以说是生计所系。然而,欧洲的一般情况似乎是有阅读能力的人正从社会的上层稳步地扩展到包括中产阶级的前所未有的数量。随着文化生活范围的扩大,其他几个方面也有了有助于加速其发展并使之更富有成果的进展。这个世纪早些时候,一些国家相继成立了国家文学院和科学院。实际上,法国皇家科学院(1635年成立)已很成熟,1694年,它出版了《科学院辞典》,完成了它的第一项宏伟工程;在这以前,法国皇家科学院及其先驱英国皇家学会早已有过一代人时间的影响。在法国,随着1712年,波尔多学术院的成立,这一态势也普及到了各个省份。1700年成立的柏林科学院,1714年成立的马德里皇家科学院以及其他地方的学术机构[1],至少可以证明各国政府是愿意扩大科学、学术和文学的效益的。另外还有一个最终可能具有更大影响的新情况,这就是学术与文学期刊的问世。《学者日报》和《哲学学报》于1665年率先与读者见面。从1668年开始,意大利出现了模仿《学者日报》的形形色色的文学期刊。1710年,具有更多的真正地方特色的《意大利文学期刊》开始在威尼斯出版,德意志第一种这类期刊是莱比锡的《学问家》,于1682年与读者见面。由于胡格诺派教徒的移居,荷兰也出现了类似的刊物,其中以皮埃尔·培尔的《文坛新闻》(1684—1687年)问世最早,名气也最大[2]。这些刊物用大半的篇幅刊载学术性著作的书

---

[1] 见本书原文第42页。

[2] 让·勒·克莱克的《万国图书馆纪事》(1686—1693年)知名度稍逊,该书首次将约翰·洛克的名字载入,为其他书所不及。参见 R.L. 科利为 J.S. 布朗利和 E.H. 霍斯曼合编的《英国与荷兰》(1960年)的有关部分。1687年以后,皮埃尔·培尔的书名屡次被他人盗用。参见本书原文第45—46页。

评（介绍其内容，不是评论），也刊载（有时详细刊载）刚刚出版和即将出版的由欧洲各主要出版中心的记者编写的新书目录，为认真的读者提供崭新的服务。多诺·德·维塞的《风流信使》（1672—1716年）以比较轻松的笔调评论作为宫廷和巴黎社会生活大事一部分的当代文学、戏剧和科学大事。除了上述刺激知识发展的新因素以外，有必要提及一直存在的作为文学活动中心的法国沙龙的活动和日益增加的知识性讨论，还有刚刚在法国和英国出现的一种新的活动场所——咖啡馆。咖啡馆是比较随便的、社会限制较少的交流思想的地方。

在每个国家，传播知识和观点的机会、作家和公众接触的机会因此大大地增加了。这一类国际交往也有了相应的增加，其影响最终可能更为深远。知识界由于使用拉丁文而保留了一些中世纪欧洲知识分子的统一，国际上知名学者之间互有通信往来自文艺复兴之后就是司空见惯的事，但此时相互的交往在数量和速度上都有明显的增长。培尔、莱布尼兹和惠更斯等人，以及像佛罗伦萨图书馆员安东尼奥·马格里亚比奇这样的二流人物的学术信件数量极大，而且遍及整个欧洲，有时（如莱布尼兹的信件）甚至超越欧洲的界限。看来，这种通信联系的需求的确是很可观的，至少足以使当时第戎的一个名叫阿贝·尼卡伊塞的相对不大有名的学者能自诩为学术函件的私人交换站，并成为欧洲小有名气的"文坛代理人"。培尔的刊物取名《文坛》，绝不是空洞之词。在17世纪稍后的年代，由于政治上采取了一些新办法，法国吸引了一批文人学者到那里去定居，使这个词又获得了新的含义。首先，为了替首都和宫廷争光，路易十四有意识地采取了种种有力地吸引外国学者到巴黎定居的措施。他的这一政策在科技界获得了巨大成功。克里斯蒂安·惠更斯和天文学家卡西尼被争取过来定居在巴黎；莱布尼兹本人在巴黎住了3年，只是因为宗教方面的顾虑才没有接受一个永久性的任职。路易的这种办法无疑使巴黎变成了一个举足轻重的欧洲智力中心。伦敦尚未达到这种程度，但皇家学会的声誉具有很大的吸引力，许多知名的外国来访者被吸收为它的会员。法国采取的第二个政策性行动以完全相反的方式推进了知识世界主义。废除南特敕令在欧洲新教国家各大城市造成一批又一批欧洲胡格诺派教徒流亡者（其中牧师占很大比例），他们当中有很多人被迫以教书和写作维持生计。不仅新教国家因此与法国语言文化发生了新的更直接的联系，在流亡者集中的地方，他们通过写作保留了自己的文化生活，特别是文化生活中的神学活力（如果不用更粗俗的词汇），同时又设法使有法语阅读能力的人了解他们在侨居国发现的最有意义的东西。这里仅举一例为证：洛克的《教育漫话》（1693年）和《人类理解力论》（1690年）以及牛顿的《光学》就是这样介绍给法语读者的。这几本书经皮埃尔·科斯特翻译分别于1695年、1700年和1720年出版。1717年出版的《英国图书馆》是首先专门向一个国家介绍另一个国家文化生活的刊物，是在英国流亡的一个名叫米歇尔·德·拉·罗奇的胡格诺派教徒主办的。这些人之中，虽然只有培尔一人在文化史上留下了永远不可磨灭的脚印，但也正是因为有与之一起过流亡生活、名声略逊于他的同伴们共同努力，才能给予18世纪后期那样声势浩大的知识世界主义运动有力的推动。

　　知识世界主义运动能否实际获得成功取决于有无足够的自由出版和广泛发行书籍的组织工作。这一时期的荷兰出版业大体上满足了这方面的需要。这个国家的出版业不仅可以在很大程度上享有免受官方审查的自由，由于它处在欧洲交通的中心位置，与北欧的接触比较容易；而且尽管法国政府极力反对，看来荷兰出版界一直同这个国家秘密地保持着非法翻印图书的贸易，甚至在发生战争的情况下，这种秘密贸易也没有完全绝迹。因此，1699年出现以下的情形似乎不足为怪：英国的出版业限于伦敦和牛津，法国限于巴黎和里昂，德意志限于莱比锡，而荷兰出版业十分发达的城市却至少有五个——阿姆斯特丹、鹿特丹、海牙、莱顿及乌得勒支，仅阿姆斯特丹[①]一地的印刷厂和书商就有400家之多。这样，那些力争更加广泛而自由地传播自己思想的新文化队伍就有了具备良好条件足以满足其需要的城市。

大约1650年以后在法国确立的文学规范至17世纪80年代已成了公认的正统规范。体现这些规范的最著名的代表作——布瓦洛的《诗的艺术》（1674年，W.索姆斯爵士的英译本1683年出版），虽说是一部为作者赢得"文坛立法人"称号的传奇文学（布瓦洛晚年曾鼓励写传奇文学），本质上也只是重新概括了那些早已为人们接受的观点，而不是一部新的宣言书。知识世界主义运动在英国的发展稍晚一些，但两国有着共同的起点——两者都尊重古典主义的成就，创作方法上都追求内容明晰、条理清楚——因此，英国很自然地会接受已在法国形成的基本态度，恭恭敬敬地学习诸如拉潘、布瓦洛以及布乌尔等人的作品。然而，重要的是，古典主义在两国确立的这个时期也正是文学伦理学家的全盛时代。

从最广泛的意义上来说，群众在某些方面品味古典主义全部价值的能力要差一些，人们常常不大愿意放弃旧习惯或把自己的乐趣仅仅局限于评论家赞成的东西。莫里哀本人曾同那些自诩为行家、希望观众按规范欣赏他的戏剧，甚至"按规范发笑"的人进行过激烈的较量，认为拉辛的悲剧的古朴文风受到了五光十色的机械布景和吕利[②]歌剧的抗衡。在英国，班扬的作品几乎不能算是文学，和纳撒尼尔·李的古典悲剧在同一时期问世；塞缪尔·巴特勒的荒诞离奇的《休迪布拉斯》于1678年成书，比德

---

[①] 参见H.J.雷森克著《三家最古老的荷兰期刊中的英国和英国文学》。
[②] 参见本书原文第106—110页。

莱顿的《押沙龙与阿奇托菲尔》的发表仅早三年。英国王政复辟以前，文学基本上是不注重规范的。正因为现存的文学传统有活力，接受古典规范受到的阻力要比法国大。在法国，《七星诗社》的诗在1680年以前鲜为人知，也未得到重视；在《熙德》(1637年) 之前，没有一个戏剧在舞台上立得住脚。而在英国，莎士比亚、斯宾塞和弥尔顿却一直是受重视的。尽管新古典主义理论家之中有托马斯·赖默等目光较为短浅的平庸之辈加以诋毁（托马斯·赖默认为《奥赛罗》根本称不上悲剧，"只不过是淡而无味的流血闹剧"[1]），古代作家的实践仍被看做古典主义正统的基础；前辈作家们虽不遵从规范，但其成就不容否定，实际上，这种成就似乎将成为衡量一批能与古代作家媲美的典范作家的标尺。因为上述情况，自然就会出现一种折中的观点。穆尔格拉夫的伯爵约翰·谢菲尔德规劝人们对莎士比亚和弗莱彻要"学其长，避其短"[2]，可能是一种天真幼稚的解决办法。其他人，首先是德莱顿，在他的《论戏剧诗》(1668年) 里则认为，英国传统文学只要能从法国古典主义作品中学到润色文字和协调布局的本事，同样不失为民族天才的独创形式。德莱顿认为乔叟的诗常常不符合韵律，但仍把他看做英国诗坛的荷马[3]。

如果法国文学界没有出现能"抗御这场大洪水，洪水也不得不与之就这样妥协的巨人"（德莱顿语），古典主义时期本身的成就也造成一个大体相同的难题。文学古典主义的基础也与文艺复兴的基础大体相仿，一直都是尊重昔日文化成就的。回顾起来，过去的文化成就好似远处的一座高峰，人类现在又在奋力地

---

[1] 参见J. E. 斯平加恩编《17世纪评论集》（牛津出版社，3卷本，1908—1909页）第2卷中"悲剧短评"一章，第255页。

[2] 参见斯平加恩编《诗评》，第2卷（1682年），第292页。

[3] 参见《古代和现代寓言》序（1700年）。

把它攀登。到了17世纪后期，法国有些人开始感到这个高度不但达到了，而且超过了。笛卡儿主义者已经在哲学上树立了榜样，要求进步的思想到处流传，不无皇家宣传机器支持的民族自信产生了一种观点，认为法国文化特别是法国风格和法国艺术比任何古典作品更雅更美。既然至少从理论上讲艺术创作仍是模仿典范作品进行构思，以当代更完美的艺术作品取代较为粗糙的古典作品看来就是顺理成章的了。正是这种思潮及其在传统思想较重的人中间引起的对立情绪构成了这一时期英法两国文学上最有名的"古今之争"。我们不可能在这里说及争论的详细情况，况且争论也没有得出最后结论。但争论涉及的问题是值得进一步分析的，因为这些问题比较清楚地说明了古典主义观点的根本特征，也揭示了古典主义内部的深刻矛盾。这些矛盾一旦被揭露，可能成为古典主义创作成就开始衰败的因素，这一点现在看来是很清楚的。

　　在某些方面，尊重古典文学在某些方面同学术界尊重哲学和神学中的权威是并行的一条原则，因此无疑会在人们头脑中产生一些力量。在理性主义时代，尊重古典主义文学本身被广泛地认为是符合理性的：因为从根本上讲，古典名著之所以有权威，其基础终归在于人们能从理性角度欣赏这些作品的精湛艺术。评论家的作用自然是从这些名著中去总结出普遍适用的、作家必须忠实地遵守的"规范"。因此，"理性"似乎是至高无上的，它促成了法国和英国文学作品清晰、协调、简朴的崭新风格。然而，理性在其他方面仍是个模糊的概念，常常无异于普通常识。在美学问题中，普通常识又不过是普通的偏见。这样，仅仅当代趣味就成为普遍通用的标准，由于趣味"符合理性"，它也就成了必须遵守的东西了。比如，对荷马和维吉尔的作品采取不作历史分析和不运用想象的态度，现代人就很容易认为他们的作品粗糙、没有计划，处处是荒诞不经的情节，特别是那些出现神灵干涉人事的地方。但这种态度在很大程度上正是产生于17世纪理性本身所具有的本质的东西，即喜好假设和抽象，热衷于所谓"人"、"理性"以及"高雅的情趣"，似乎这些东西成了放之四海而皆准、近似数学定义那样一成不变的概念。蒲柏在他的《批评论》（1711年）一文中痛惜地提到某些评论家的忘恩负义时这样写道：他们从古代作家那里获得教益，竟然

> 反过手来，攻击诗人，
> 真乃是为他们的宗师者尤为他们所恨。①

但蒲柏本人也是不要古典的，同一首诗前面有一段就表明了他采取这种态度的思想脉络。经常指导他的必然是一项普遍的原则，他说这是"自然法则"。布瓦洛在《诗的艺术》这首诗里也有类似的一段，他把这普遍的原则说成是"理性"：

> 首先遵循自然法则，然后形成自己的判断，
> 自然的合理标准至今保持不变，
> 无误的自然法则之光，仍然神圣灿烂，
> 明亮永恒的光芒普照，
> 定会给予万物以生命、力量和美好，
> 同时有了源泉和目标，
> 也有了对艺术的检验。②

归根结底，这些观点反映了宇宙间一切事物皆有合理布局这一根本的时代信念：异常或极端的（甚至人们不熟悉的）事物都是

---

① 参见《批评论》第2章第一部分，第106—107页。
② 同上书，第68—73页。

偏离正常轨道,因而是不自然、不合理的,应当避免或纠正。这可能是这一时期人们通常明显地偏爱喜剧、特别是讽刺喜剧的一个因素。古今之争产生的最不朽的作品是斯威夫特描写争论在英国引起反响的滑稽散文体英雄史诗《书的战争》(1704年)。它是一系列著名讽刺作品中的首篇,这批作品中以《格列佛游记》(1726年)成就最高。这个时期的最佳诗文,从德莱顿的《押沙龙与阿奇托菲尔》(1681年),到蒲柏的《夺发记》(1712—1714年),以及后来的《群愚史诗》(1728—1742年),写作动机都是讽刺性的。

因此,古典主义本身的一个矛盾是对古代文学的尊重和进步理性主义之间的对立。对古代文学的尊重部分原因是因为一直有这个传统,还有部分原因无疑(对许多人来说)是出于真心实意的同情和理解;进步理性主义则企图将自身的知识规范强加于艺术和思想。另外还有古代文学与现代评论家的口味格格不入的问题。无论后者怎样喜欢将当代人的趣味说成是"自然"和"理性",趣味这东西毕竟是历史和社会力量的产物。古典法国文学主要为贵族和城市上层即"宫廷和城市"① 服务,其规范和理论反映这个阶层的人所崇尚的规范和理论。因此,以亚里士多德和贺拉斯为代表的古代不同文学流派的特性被发展成为一种文学等级概念就不足为奇了:史诗和悲剧属于最高等级,喜剧次之,颂歌、挽歌和稍差一点的诗再次之,最后一等是不属于贵族文学的散文体小说和粗俗滑稽剧。人们不欢迎将不同的文学形式不适当地捏合在一起的作品:这个世纪早些时候繁荣一时的悲喜剧就没能保留下来。莫里哀执拗地醉心于写滑稽剧,纯粹派评论家为之痛惜。② 更重要的是,因为有了文学等级这个概念,产生

---

① 参见本书原文第341—342页。
② 包括其崇拜者布瓦洛(《诗的艺术》第2章赞美诗三,第393—400页)。

了认为贵族文学类型的作品描写的一切必须也都是高贵的事物的主张。平凡、琐碎、粗俗的东西应当摈弃,语言应适当优美些,格调必须高雅。结果,"贵族文风"也出来了,这些类型的古典作品都有"贵族文风"的特点,喜欢抽象和笼统的东西,有时过分明显地喜欢旁敲侧击,因而常常使现代读者恼火,认为纯粹是装腔作势。产生这种"贵族文风"的主要原因是有人想创造一种统一格调,确保各种流派保持适度的自身风格,使贵族文学保持优雅、别致,而这种温文尔雅只有在贵族阶层才能找到。低于贵族文学的流派可能觉得描写具体、平庸、粗俗的东西还是有用处的。《奥赛罗》里的手帕被赖默讥为荒唐可笑的东西,而在布瓦洛关于妇女的讽喻诗中倒被恰当地置于令人厌恶的地方:

等着吧,你俏丽的妇人,
秘密的情夫即将来临。
暮色中,你冠以华贵的圆帽,
在盥洗间把粉黛浓施;
手帕有四方,
却弄脏了那印着玫瑰和百合的一块;
便把它送去了洗衣房。[1]

这种对于某种贵族意识中高雅概念的强调,是有教养的社会阶层意识到自身是基本上仍处于粗俗状态[2]的社会中新近生长出来的社会上层的反映。古代文学过去总是受上流社会赞赏的,而现在几乎不符合其标准了。面临荷马式的粗犷俚俗的文风,质朴具体的用词,有人可能会认为法语里有"小牛"、"母牛"这些词汇

---

[1] 参见《讽喻诗》第二部分第 10 首,第 196—200 页。
[2] 参见本书原文第 94 页。

有伤大雅，而在希腊语里用这些词就无妨①，因为这些词汇在已经死亡了的语言里不为人们熟知，拉辛就是这样看待这个问题的。无疑，对古典作品缺乏拉辛那种鉴赏能力的人容易认为荷马没有受过正规教育。不少翻译工作者采取变通的办法，即用现代读者可以接受的语言对古代作品重新解释。但这样势必会引起专门欣赏古代作品的读者不快。本特利对蒲柏的译作《伊利亚特》作了合理的评价——"蒲柏先生，这是一首十分漂亮的诗，但你不能把它说成是荷马的作品。"②

由于全部古典文学概念充满了强烈的理性思想，文学特别是文风才有可能取得可观的成就。无论想象力不够丰富的理论家们犯了什么样的学究式错误，但理性思想至少为文学界的后起之秀牢固地树立了具有真正价值的典范，尽管这种价值有时并不能被理解。尤为重要的是，理性思想鼓励人们根据清晰、质朴、严肃以及和谐这些标准苦心揣摩创作技巧的各种细节，这就导致了英国和法国的创作风格的革命。理论家总以为成功的作品主要是遵循他们提倡的原则的结果。实际上，那个时代人们总是不大相信灵感，把想象看成欺骗③，把创作热情特别是它所表现出来的宗教激情和神秘主义视为不符合理性的。④布瓦洛在《诗歌艺术》的头20行里告诫有志气的诗人说没有灵感便不可能指望有所作为，而在这篇专题论文的其余部分中，他感到没有再提这个问题的必要。当然，古典主义最伟大的艺术成就，如同其他任何时期

---

① "正如我们的语言没有令人难听的感觉一样，'小牛'和'母牛'这样粗俗的词汇在当时的希腊一点也不感到刺耳。"麦斯纳德编，拉辛译：《译荷马的作品〈奥德赛〉》第6卷，第163页。

② S. 约翰逊著：《英国诗人生平》第3卷（G.B. 希尔编，1905年），第213页注解2。

③ 马勒伯朗士：《诗的研究》（1674年）。

④ 沙夫茨伯里：《关于热情的一封信》（1708年）。

的成就一样，本质上是独创，是个人天才的反映。但古典主义时代的理性不适当地鼓励了缺乏创作灵感的简单衍生之作，肯定也是实情。以往的作家虽遵守规范，但没有一个人能写出像拉辛的《菲德拉》那样的剧本和德莱顿的《押沙龙》那样的诗篇。但像艾迪生的悲剧《卡托》（1713年）这样的纯学术著作，当时也以其一丝不苟、审慎的严密和风格博得很多赞誉。后来，伏尔泰说《卡托》虽符合规范，但死板，缺乏"粗俗的"莎士比亚[①]作品中某些章节的感情力量，这番评论令人困惑不解。

至此，我们完全可以说古典主义知识结构在某些方面同全部艺术的感情基础是不相容的，或者至少具有埋没这些感情基础的趋势。由于这一时期重要作家们的创造热情，同时也因为人们普遍接受具有想象力的文学之根本作用是叫读者满意，打动读者的心这一观点，这个矛盾的潜在危害实际上有所减少。古典主义文学理论所以要有一套规范，原先当然也正是要向诗人提出这项任务，这即是说，文学作品有无吸引力，最终不取决于理论家，而取决于读者喜欢什么样的作品。正如拉辛本人所说："首要的标准是令读者满意并受到感染。"[②] 就读者自身而言，尽管其趣味这时已经受到古典主义潮流的深刻影响，他们对学究式的卖弄和学术争论已感到厌倦。实际上，读者既没有因此不读那些被自诩为行家的人们认为有缺陷的伟大作品，也没有不支持他们并不理解或者还没有引起注意的艺术形式——大场面剧、喜舞剧、滑稽剧及散文体小说。

这一时期，批判性的科学思想运动得到了迅猛发展。乍看起来，以明晰、和谐、晓畅为特征的古典主义为这一思想运动造成了良好的环境。实际上，两股势力在某些方面势必会携手并进。

---

① 《哲学通信》（1734年），第18封信。
② 《贝朗尼塞》序言（1671年）。

这里举一个最显而易见的例子，两者都强烈地意识到清楚准确地使用语言的价值。早在1664—1665年，英国皇家学会成立了一个专门委员会审查英语语言质量，并提出了一些改进的意见，以便使语言能更好地为学会的工作服务，其目的在于使讲话"严谨、明白、自然"。① 这个提法大概是为了强调科学的严肃性。但科学之严肃性所要求的这几个方面对拉罗什富科的散文亦并非全不适用，用于这一时期末孟德斯鸠的散文也恰如其分。但从根本上讲，新科学运动在很大程度上是与古典主义世界观背道而驰的。凡在古典主义还保留着一些对古老典籍传统尊重的地方，批判的探求精神则必须摈弃一切不能充分论证的事实，并要求立论要站得住脚。古典主义倾向于对笼统的人性及其经常表现出来的各个侧面进行分析，置具体的东西于不顾，认为具体细节即便写得最好的也是风马牛不相及，最坏的则有伤风化。新经验主义则是一见到孤立的、有时属于明显的偶然现象就认为一定可以开始总结概括。因此，新科学的作用归根结底是要把人们的思想重新引导到实在的具体的东西，准确地观察外部世界的各个侧面，对公认的信念和结论的事实基础用批判的眼光加以审查。

当然，新科学运动的基础是科学本身刚刚树立起来、日益增长的威信。在法国，笛卡儿主义中符合科学的方面在1670年以前就已引起社会的注意。罗奥的《物理学》1671年出版。作为一个作家和教师，他和其他笛卡儿主义者如杜阿梅尔和雷吉斯的活动在巴黎和各省都吸引了一大批追随者，煽起了风靡一时的狂热，为莫里哀的讽喻诗《女博士》（1672年）提供了素材。从培根时期开始，英国科学思想一直强调进行实验。尽管科学笛卡儿主义的信徒的作品是以他的推理思想为基础的，实际上也越来越倾向于强调进行实验。各科学院从成立之初就大有进行实验的

---

① T.斯普拉特：《皇家学会史》（1667年），第113页。

倾向。许多科学领域取得的革命性进展另有介绍（第2章）。当然，大部分的进展普通群众是无法知晓的，传到国外也很缓慢。那时的学术教材表明①，对当时许多法国人来说，托勒密和哥白尼两种理论体系的争论还未得出结论。笛卡儿主义的威望把对牛顿理论的一般认识一直推迟到18世纪30年代。但科学毕竟在很大程度上促进了人民大众的新觉醒，提倡普及科学知识的作品的出现就反映了这个情况。

有一种普及科学的方式是以宗教为主要动力的。当时，最有名望的人士当中有许多人认为，追求科学知识从根本上说是一种具有宗教意义的活动，是通过神的德行来了解神。这个世纪发现了支配自然现象，从理性角度可以理解的规律，这是十分重大的成就，上述认识从中吸取了新的力量。在前几个世纪，自然现象似乎被视为腐朽不堪、已经塌下来的天体现象，而天体仅仅是超自然的而且主要是邪恶的势力手中的玩物。在一般人没有预想到科学和宗教之间可能存在严重冲突的情况下，新知识自然会被用来给予宗教真理以宝贵的支持：《诗篇》的作者宣称的"天赞美神"的口号看来又有了新的、令人信服的意义。因此，博物学家约翰·雷在其《神智》（1691年）一书中不仅用哥白尼的天文秩序论，还用他自己研究揭示出来的动物界和植物界的秩序和目标证明神的存在。英国神学家兼科学家威廉·德勒姆出版了《物理神学论》（该书亦称做《从上帝创造世界诸事迹证明上帝的存在和属性，1713年》）和姊妹篇《天文神学论》（1715年）。这两本书曾多次重印。事实上，当时广为流传的文献——从阿贝·普卢契的《自然景象》到佩利的《物证论》，都说明上述观点在整个18世纪一直是受欢迎的。但在法国，最初普及科学的动

---

① 培尔1675—1693年在色当和鹿特丹的讲稿《哲学体系》不偏不倚地阐述了两种理论。

力与其说是源于对神学的热情,不如说来自对于科学风靡一时的兴趣。当然,这种情况在英国和其他国家也是存在的。① 丰特奈尔的《关于世界多重性的谈话》(1686年,英译版,1702年)描写了一位哲学家同一位侯爵一系列生动的对话。哲学家与侯爵进行对话,是发人深省的。该书中对其他星球上的生命有些有趣的假想,穿插着对当时已经发现的天文事实的清楚介绍(尽管有的细节并不准确②);该书运用当时流行的笛卡儿学说的核心理论对天体运动作了解释,通篇恰到好处地体现了传统的豪放风格,语言优雅通俗,符合一般追求时髦的读者的要求。

人民大众对科学家们正在揭示的有秩序的自然界现象愈来愈感兴趣。从长远的观点看,其影响比之我们已经触及的事实的影响可能更为深远。尽管当代神学家在新知识里找到了有价值的护教论资料,但新知识毕竟会带来哲学上棘手的问题,而且于宗教大为不利的情况很快就出现了。首先,人们对于自然宇宙的新理解使宗教丧失了很大一部分神秘性,甚至产生了一点对宗教的蔑视。人类似乎要从久远以来对自然力的莫名其妙的迷信恐怖中解放出来了。哈雷证实,古时候被人们视为末日来临恶兆的彗星,也像太阳与月亮一样,经常受运动法则的支配。笛卡儿主义哲学强调机械式因果关系,使整个宇宙看上去如同一台机器。虽然自然界奥秘很多,而且五光十色,丰特奈尔只把它比做一个歌剧场面,观众可曾知道,舞台上的一切都是用绳索和滑轮操纵的;③ 文雅一点说,自然界或者只是一只手表,人可以将整个宇宙握在手心。其次,从以上类比可以得出这样的结论:自人类降生以来,这个世界不仅不是腐朽不堪、杂乱无章(托马斯·伯内特

---

① 参见本书原文第46—47页。
② 参见 R. 沙克尔顿主编本的导言(牛津出版社1955年版)。
③ 丰特奈尔:《对话录》,第一夜对话。

的《地球神圣理论》还是这么认为的),而且被看做是作为最高理性的神亲手创造的一个完美物。因此,自然神论者要向完全不需要基督教式的赎罪的自然宗教靠近一步是极为容易的。但罪恶问题总是不可避免地以尖锐的形式表现出来。18世纪上半叶大量有关这个问题的文献证明了这一点。这批书当中,以莱布尼兹的《关于神政论的论文》(1710年)和另一本较通俗一点的书——蒲柏的《论人》(1733—1734年)影响最大。实际上,这种完全的推理、包罗万象的玄学和伦理体系在很大程度上也是代表了那个时期的哲学思想。17世纪从笛卡儿时期到莱布尼兹时期是系统玄学的黄金时代。但实际上有些人已经开始感到这种先验论思想是站不住脚的,因为它没有事实根据。当时,众所周知的"自然哲学"已开始分化成现代的"科学"与"形而上学"两类。牛顿论证地球引力法则时没有用哲学去解释其特征也就心安理得了;笛卡儿主义者的反对意见则认为引力是一种不可理解、看不见摸不着的力量,是一种带有中古味道的概念。对于这些反对的意见,牛顿仅以如下名言作了回答:"我没有假想。"① 洛克的《论人的理解能力》一书处处可以见到同样的不愿超越事实的思想和同样的对于纯假想的怀疑。洛克在书中坚持认为不存在"天生的"思想(笛卡儿主义者则认为有),人脑子里的任何想法是以意识感受为出发点的,感受以外的东西不可能真正为人所知。

对自然实在性的研究带来了知识大幅度扩展并开始产生深刻的思想影响。与此同时,史学领域也有类似的动向。文艺复兴时代的传统观念认为,编年学有两个作用:或者概略记述伟大人物活动中有启迪意义的逸事,目的主要在教育,风格浮华,其质量优劣主要以美学标准衡量;或者直截了当地为教派宗旨服务——

---

① 有关这个问题的争论,参见本书原文第49—50页。

以圣徒传记形式确定朝代,支持宗派观点,煽动宗教狂热。直到17世纪末,很多历史书还是按以上两种方法编写的,特别是一些教派史名著,如克拉伦登的《造反史》(1702—1704年)(一部对以往的失败进行核查的书,目的在于给未来的政府敲一敲警钟)和波舒哀的《新教教堂变迁史》(1668年)。历史研究中另一个更为典型的特征是从收集和核查遗留的实证资料中恢复历史之本来面目的兴趣与日俱增,而不是因袭传统做法,依赖过去历史学家的著作所提供的资料,至多不过有限地、不加批判地利用早期的编年史。这种兴趣有时是以树立个人和家族的权力与特权为出发点的,莱布尼兹受其雇主选帝侯之托,对汉诺威王室浩繁的历史资料进行了研究,就属于这种情况。但是,集体的努力首次为历史研究提供了大量系统的原始资料,历史研究必然会因此得到改造。在英国,卡姆登和其他伊丽莎白时期的古物收藏家已经进行过探索,继达格代尔的《英格兰寺院》(1655—1673年)[①]之后又出版了亨利·沃顿的编年史《神圣的英格兰》(1691—1695年),博德里安和哈里安收藏的中世纪原稿的重要编目工作是汉弗莱·沃利做的。托马斯·赖默的15卷本《历史传说》(1702—1713年)为研究英格兰外交关系打下了新基础——该书独具匠心的创作灵感在很大程度上明显地来源于莱布尼兹的同类作品《外交官守则》(1693年)。在法国,著名历史学家圣·莫尔的贝内迪克特教区僧侣让·马比荣(1632—1707年)所著《外交问题》于1681年为外交问题研究奠定了基础,伯纳德·蒙福孔1708年出版的《古希腊》写成于1708年。与《圣徒行传》的编撰者安特卫普的耶稣会博兰德派那批学者不同,圣日耳曼戴布莱的莫尔会修士在撰写教会史时不只是局限于

---

[①] 该书有相当一部分系罗杰·多兹沃思编。参见 D. 道格拉斯编《英国学者,1660—1730年》(1951年修订版),第33—41页。

借鉴宗教史的一部名著。① 在意大利，L. A. 穆拉托里（1672—1750年）的浩繁劳动直到1723年才开花结果。②

对范围越来越宽的史实的重视的初步结果是令人很不满意的。用批判的理性标准来衡量，事实不仅常常似乎要毁灭现有的历史信念，而且因为事实本身的相互矛盾使任何一种历史信念看上去都是危险的。怀疑论似乎成了研究过去的唯一正确的方法。培尔颇有影响的著作《历史与批判词典》（1697年，第2版，1702年）最典型地反映了这种态度。培尔的本意只是想在这本书里纠正早些时候莫雷利的一本历史词典中的错误，但他系统地披露了欺骗、轻信和谬误。过去，人们信以为真地把欺骗、轻信、谬误视为构成人类知识的要素。为了纠正莫雷利的错误，他运用了与之相对立的研究方法，又对历史事实进行了一番分析，这样便确立了评介这些史料的正确标准。然而，这样一来，他以为站得住脚，范围极小的历史事实反而得到了进一步的确认。③科学界和哲学界看来也不可避免地会出现牛顿或洛克那样严谨和谦逊的态度了。

对长期以来曾被认为是事实真相的东西进行审核，这一过程只要开了个头，势必会超出学者的专业兴趣。基督教本身是以史实为根据的。声名狼藉的斯宾诺莎在《神学和政治学论》中首开用批判的眼光对《圣经》加注的纪录，引起了普遍的恐慌。法国奥拉托利会神甫理查德·西蒙接着写下了《旧约圣经批判史》（1678年）。1689—1693年间，又有人对《新约圣经》作了类似的研究。耐人寻味的是：尽管这些动向

---

① 参见《皇家历史学会会报》中 M. D. 诺尔斯著《历史巨著》第一、二部分，第5套第8卷（1958年），第147—166页；第9卷（1959年），第169—187页。

② 参见本书原文第558—559页。

③ 参见 E. 拉布鲁斯著《皮埃尔·培尔之历史批判方法》［载《哲学国际评论》第11卷（1957年），第450—466页］及《培尔》一书（1965年）。

为18世纪向基督教事实基础发起正面攻击拉开了序幕,这一时期的社会和宗教环境尚不利于直接进行这样的理性挑战。[1]但有些可以被看做宗教外壳的流行观念面临有事实根据的批评是不堪一击的。这里可以举出两个值得注意的法国例子:顽固的迷信观念认为出现彗星是神灵预告人类即将面临灾难。培尔的《关于彗星的看法种种》(1683年)是对这一观念的质疑。他所以写这篇文章,表面上是因为1680年出现了一颗彗星。培尔毫不费力地证实,上述看法没有历史根据。但他陈述的道理还有更为广泛的含义。这里他不仅攻击了那种认为传统或"一致公认"的看法即为信念的站得住脚的根据的思想方法,同时也摧毁了所谓上帝直接干预人事、人为宇宙中心这一根深蒂固的宗教观念。丰特奈尔的《占卜史》(1687年)是根据一位荷兰学者[2]的一部稍大一点的著作改编成书的,描写的也是由来已久的基督教迷信,这种迷信认为,尽管古代异教神使凶暴无比,本来也不是神,实际上是超自然的物,他们在耶稣降生之后便销声匿迹了。同样,这里只要对事实批判地进行分析,就足以说明上述迷信是毫无根据的。丰特奈尔认为,所谓异教神使只是一些狡猾的僧侣为欺骗社会上容易轻信的人故意制造的骗局。很明显,他这样解释是为了提请读者得出基督教徒也上当受骗的结论。由于他揭露了轻信古典的愚昧态度,这位"现代派"著名领袖又一次打击了古典的威信。

正当许多人潜心搜集并批判地分析科学、思想和学术史料的

---

[1] 见本书第4章。
[2] A. 范·戴尔:《种族占卜》(1683年)。同期攻击迷信的还有另一位荷兰人巴尔塔扎尔·贝克的 De Betoverde Weerld (1691年),见本书原文第123页。

时候,梦幻文学也有了某些发展。这个世纪的最后几十年间,出现了对当时的世界及其外部形式的直观新认识的迹象。英国王政复辟时期,戏剧恢复了活力,新喜剧的风格获得了最成功、最有代表性的表现手段。新喜剧一方面在故事情节的处理上经常借鉴传统喜剧,特别是广泛借用法国戏剧的现成表现手法;另一方面注重表现当时伦敦的各个侧面,尽管有时带有很强的讽刺性,但基本上反映现实。新喜剧里的流氓、浪子、卖弄风情者、诡计多端的主妇、土里土气的乡绅,基本上是在对现实社会进行观察之后描绘出来的角色。他们不像莫里哀戏剧里的伟人,莫里哀是通过描写这些伟人以喜剧形式来表现一般人性的。早期提倡这种风格的作家的作品里,纯讽刺的成分表现最为强烈。威彻利的《乡下妻子》(1672年)不仅比后来大多数同类淫乱不堪的戏剧还要露骨,这部作品之所以会出现,似乎是因为对当时的虚伪深恶痛绝,《正直人》(1674年)也是如此。无疑,在主角即为剧本赞助人的戏剧里表现这种感情的力量是不恰当的。一般来说,从这个世纪来写出此类优秀喜剧的作家比较文雅的作品中,如康格里夫的《以爱还爱》(1695年)、范布勒的《被激怒的妻子》(1697年)以及法夸尔的《忠贞不渝的夫妻》(1699年)中是找不到的。在这些作品中,他们对社会上的愚蠢和装模作样行为的讽刺基本上比较温和;喜剧重讥诮,年格里夫的感人至深的模拟剧作尤为突出。他的《世道常情》(1700年)是这一风格的代表作并体现它的精髓。

法国喜剧与莫里哀的作品仍很相近,喜剧艺术的非现实主义传统还有一些影响,但也已经可以看到描写当代生活的类似倾向。社会风俗喜剧在莫里哀自己的作品里尽管只占次要地位,但肯定也是一个重要的部分。其他喜剧作家偶尔也写一点关于现实生活的评论。这个时期虽然还有反映现实生活琐事的时事喜剧,但出现了更为深刻的社会讽刺剧这一新剧种。上流社会愈来愈多的玩世不恭,富有者和寡廉鲜耻的暴发户日益向上流社会渗透,旧的社会障碍一碰到金钱的新威力便土崩瓦解,所有这些现象为戏剧创作提供了莫里哀不可能得到的喜剧素材来源。17 世纪 80 年代,上流社会的生活在米歇尔·巴隆(《富有者》,1686 年)和弗洛朗·当古(《风流骑士》,1687 年)的喜剧里已有反映,J. F. 勒勒尼亚尔以此作背景改写了用剧中角色命名的喜剧《赌徒》(1696 年)。尽管勒萨日的《杜卡雷》(1709 年)并不比其他被人遗忘的作品高明,但可能仍不失为最为人熟知的这种现实主义新风俗喜剧。该剧无情地揭露了一个富有、粗暴、凶残的金融家以及从仆人到男爵夫人一帮企图利用他的寄生虫。

这种观察当代社会外部的现实主义新本领不只局限于戏剧。法国出现的最有意义的文学表现形式之一也许是散文体人物描写的发展。17 世纪 50 年代和 60 年代,沙龙社团喜欢以简洁深刻的笔调刻画人物作为一种集体消遣的形式,在文学上产生了反响。当时还出版了人物描写专集;小说也日益注重对具体人物的分析,已成为固定的格式。然而,在古典风格中,对具体人的兴趣几乎毫无例外地集中在心理方面。外形的描写一般说来是肤浅的,在小说里,描写外形只是熟套手法,基本上与主人公个性无关。这种描写明显地被认为与主要写作意图无关。拉·布律耶尔的《品格论》(1688—1694 年)则大不一样。这部著作远不只是格言和人物描写的罗列堆砌。如同一位目光敏锐的道德家从特别有利的位置仔细观察到的一样,该书的副标题"本世纪习俗"正确而全面地反映了当时法国社会的全貌。这部著作所描写的男人和女人栩栩如生,其外形和举止都有助于我们理解人物的性格。我们首先能看到的是吉滕红润的面容、肥胖的体形,然后才看到他的狂妄、傲慢,瞧不起别人,但别人还得对他毕恭毕敬;到了最后一句描写拉·布律耶尔才肯定了我们的判断:吉滕有钱。① 拉·布律耶尔在描写奥努伏雷②时更为大胆,先从他的床写起。经过描写,这张床成了宗教虚伪的象征:床单是用粗灰哗叽布做的,显得朴素庄重,下面铺的全部是柔软的鸭毛和棉花。观察或想象到的实物能够用艺术手段再现出来,这至少可以说明有初步迹象表明对艺术和想象已经有了与古典用法完全不同的用法。

越来越注重写实是这一时期的一个新的创作方向,对以后小说创作的发展有重大意义。17世纪后期出版了大量回忆录和伪造回忆录,反映人们想真正看到一点过去的真实情况。事实上,像克拉伦登这样的历史事件亲身参加者撰写的严肃综合史,到真正的名人回忆录如拉罗什富科(1662年)回忆录、德·雷斯(1717年)撰写的有关弗隆德一家的回忆录,以及虚构但据说富于真实性事件的记载如天才的多产作家库蒂尔茨·德·桑德拉的《M.德·阿塔南回忆录》,因为培尔③认为是严肃的历史文献,也因为后来为大仲马的《三个火枪手》提供了素材而出名,直到公开承认是虚构的历史小说,一线贯穿,等级分得很细。这时的历史小说很受欢迎,很大程度上已经取代了拉·卡尔普雷内德和斯居代里式的传统长篇英雄小说。这类伪造的回忆录在英国似乎也挺受欢迎。1709年以后,为了不让读者上当受骗,《闲话报》感到很有必要使一切书商和翻译者铭记,法语的"回忆录"即是小说④,只有英国的丹尼尔·笛福才是写这种回忆录的最高明的代表作家。笛福从未承认写过小说。《鲁滨孙飘流记》(1719年)和《摩尔·弗兰德斯》(1722年)是真正的自传体作

---

① 《品格论》中"万贯家产"一章,第83页。
② 同上书,"风尚",第24页。
③ 《历史词典》,"路易十三"条,注解F,X,V,Z。
④ 第84期(1709年10月22日)。

品,其他如《一个骑士的回忆录》(1702年)有时也被评论家们严肃地认为是自传体作品。笛福的伟大艺术创造是给人以真实感的写作手法,他精心积累了十分详尽的材料,而且十分真实。读者相信,这些素材只可能来源于记忆,不可能出于杜撰。他的记者经历无疑也是起了很大作用的。他是这个时期唯一从事实报道转向纯小说创作的作家。这个转变以及社会上对回忆录和伪造传记的兴趣必将为散文体小说指明新方向。17世纪的所谓散文体史诗(即英雄小说)——有时也被看做是没有戏剧性的滑稽剧(即反映下层生活的喜剧),开始作为再现观察到的活生生现实的主要手段,包括过去或现在的、亲眼所见或有过栩栩如生记载的人类经历。勒萨日的《吉尔·布拉斯》(1715—1735年)尽管主要还是反映了西班牙流浪汉小说的传统,但在介绍历史人物和运用自传体创作形式方面已经开始沿这个方向前进。后来普雷沃、马里沃、斯摩莱特、菲尔丁和理查逊的作品继续沿这个方向发展,小说第一次开始形成现代小说的样子了。

尽管以新怀疑论经验主义和现实主义为一方与以正统和传统古典主义势力为另一方之间有着深刻的矛盾,但二者也有共同之处:其注意力和所采用的手法主要用来启发人的理性。大部分文学作品是为有文化的公众服务的,主要反映的是贵族的情趣和世界观。但这个时期在两个领域明显地开始出现反对上述事态的倾向,一是在哲学领域,另一个从本质上讲是道德和社会领域。

17世纪中期有代表性的哲学家,法国的笛卡儿、英国的霍布斯曾把物质世界看成纯机械、完全受自然力控制的被动的东西,这一观念摧毁了老一套思考方法的基础。中世纪的思考方法总喜欢赋予自然界精神意义,满足于处处看到符号和象征物。然而,这种观念亦产生了反作用。17世纪后半叶,一批企图调和新科学和基督教信仰的思想家,即所谓剑桥柏拉图主义者和自由神学家专门与霍布斯唯物主义唱对台戏,提倡一种新柏拉图宇宙观，即把物质世界看成是超自然现实的符号表现形式，恢复了物质世界的精神意义。这样一来，科学家们正在发现的自然界理性结构便成了神的头脑中的种种理性反映了，就可能用假设存在有机物的创造原则去解释那些用机械因果关系不能解释的现象。卡德沃思把有机物称做"可塑性生命"，归根结底，"可塑性生命"也是神物。即使当时的艺术家尚没有深刻的感受，这些观点仍产生了对艺术不利的影响。艺术家不仅给予符号无边的作用，恢复了艺术象征意义的活力，而且使把神看成乔装打扮的崇高诗人成为可能，通过其诗歌，造物主能把只有用符号才能表达的宇宙万物及自身的形态表现出来。同样，诗也成了真正的造物主，其作用主要不在于像艺术巧匠那样完美地从形式上模仿典型或自然，削足适履地用固定形式去处理材料，目的在于创造出类似自然美的象征意义的美。沙夫茨伯里的《个性论》（1711年）是发挥这类观念最有影响的著作。在他眼里，真正的诗人"事实上是第二上帝，是朱庇特手下的正义的普罗米修斯"[1]。人的最高作用是创造性地宣传道德的和形体的美，上帝仍是美的本源。[2] 美与善实际上是一个东西。受自然美的感染犹如受一件艺术作品的感染一样，即是领略到有序的和谐。艺术家的主观力量——神的主观力量——使无形的原始材料变成和谐有效的作品。因此，强调审美仍然是强调感情：尽管沙夫茨伯里不相信宗教存在的"热情"，但只要是来自对美的遐想，"热情"就是一种高尚的思想状况。因为从某种意义来讲，这种思想状况是受到神的鼓舞的结果（因此也绝不会与理性相悖）。沙夫茨伯里在《道德论者》一书中给至高无上的自然界诸物，甚至给最恐怖最不受管束的东

---

[1] 《个性论》第3卷，"对作者的忠告"部分，第1章第3节。
[2] 《个性论》第5卷，"道德论者"，第3章第2节。

西都起了名字，这可能是普遍崇尚原始和未开化物的第一步。崇尚原始和未开化物后来成为典型的 18 世纪情调，对奥西恩的诗的欣赏、对"哥特式"作品的崇拜以及从山景中寻找乐趣，都说明了这一点。狄德罗后来说过："想要又大又野又蛮的东西。"①

大部分这类思想后来才发生影响，特别是在法国，当时知道沙夫茨伯里的人似乎很少。费奈隆（1651—1715 年）的著作中有在艺术创作中更加放手运用灵感的类似主张并非不可理解，因为他是这一时期法国宗教界最敏感、最有威望的人物，曾经受到柏拉图主义的强烈熏陶。② 费奈隆与宗教界到处流行的神秘主义结下了不解之缘，这在他的启迪性神学小说《泰雷马克历险记》（1699 年）里也有类似的反映。该小说无疑是一部抒情诗，它描写了诸如卡利普索岛的山洞 La Bétique 人③田园牧歌式的淳朴的生活情景。

这一时期的英国，由于出现了一批趣味新鲜、世界观大不一样的读者，对上述思想的反映较为直接而且强烈。随着中产阶级的财富增加和社会地位提高，读者中自然会产生新的有影响的成分，为他们所喜闻乐见的东西在当时的文学中也有所反映。清教乃至整个宗教在这些读者中的影响比以往为文学欣赏定调子的宫廷读者中的影响大。因此，在他们当中出现一点反犬儒主义，比如反对王政复辟时期著名喜剧的犬儒主义倾向是预料之中的事。杰里米·科利尔的小册子《英国戏剧伤风败俗一瞥》（1698 年）在舆论界有些反响，至少对剧作家是颇有影响的。戏剧应有教育意义并能激发感情的主张在科利·西伯的作品中早有反

---

① 《诗剧》（1758 年）第 18 章。
② 参见 J. L. 戈雷著《费奈隆的历程》（1957 年）。
③ 同上书，第 1、7 卷。关于费奈隆对寂静教的兴趣，参见本书原文第 147—149 页。

映。他的《爱情的最后手段》(1696年)结尾处描写了一个浪子受到教育并改邪归正。法夸尔的一些剧作也是如此。道德喜剧和文明喜剧新流派主张有意识地提高格调,与王政复辟时期的文风决裂极有可能是斯蒂尔提出来的(《葬礼》1707年,《有良心的情人》1722年)。然而,宣传这些观点最有影响的媒介当推期刊论文。期刊论文是一种较新的宣传形式。由于斯蒂尔、艾迪生以及一些名望略低于他们的人共同主办了《闲话报》(1708—1711年)和《旁观者》(1711—1714年),这种形式受到了广泛的欢迎。这里寓教育于其中的企图是显而易见的。艾迪生在《旁观者》上发表的文章这样写道:"关于道德和人性的论述是我们可以用以提高思想获得自我真知的最佳手段,从而将我们的灵魂从自然地依附于它们的邪恶、无知和偏见中解放出来。我一直在这张报纸上声明我自己是这些宏伟目标的倡导者。"[1] 这些期刊对当代生活的评论比较自由,生动活泼,有批判性,格调诙谐温和,力图寓思想于讥诮,又能以思想使诙谐得到进一步的锤炼,[2] 因而吸引了广泛的男性和女性读者。这些期刊的作用不仅在社会上新的更广泛的阶层传播了温文尔雅的标准,使社会大众的品行文明化,而且也向文雅本身的概念注入了基督教道德。《旁观者》宣扬的罗杰·德·柯夫雷是一个理想、仁慈的乡绅,是改邪归正的典型,因为他在王政复辟时期是个青年浪子。[3]

英国的戏剧创作强调社会道德和细腻的情感,尽管很大程度上是受法国戏剧优雅风格的影响,而且后来到了18世纪它又反转来影响法国,但在此时的法国却没有真正与它类似的强调。戏剧甚至遭到一些法国人的反对,提出反对意见的最著名的作品是

---

[1] 《旁观者》第215期(1711年11月6日)。
[2] 《旁观者》第10期(1711年3月12日)。
[3] 《旁观者》第2期(1711年3月2日)。

波舒哀的《关于喜剧的格言和反省》(1694年)。这种攻击得到了为数不多的虔诚、严格的宗教界人士和贵族阶层的支持,但攻击的矛头并不指向舞台上道德观念薄弱或种种不得体的表现——因为半个世纪以来,这些东西在法国早已绝迹——而是指向戏剧本身,认为戏剧在本质上会对观众从感情上产生有害影响。然而,这里可能存在新感伤主义的初步迹象,新感伤主义后来无疑成了所谓"人是富有感情的"、乐于行善的这一法国信条的一部分。当时出现了一种新鉴赏趣味,喜欢肤浅的、情节剧式的耸人听闻(归根结底,这种耸人听闻也是一种感情的东西),而不喜欢真正的悲剧。老克雷比荣(1675—1762年)的悲剧虽恪守古典传统,似乎也在迎合这种趣味。他的《阿特柔斯与堤厄斯特斯》(1707年)最后一场戏写了堤厄斯特斯差点儿要喝一杯亲生儿子的血,而在《厄勒克特拉》(1708年)里又将这一古代传说加油添醋地加进厄勒克特拉和俄瑞斯忒斯的色情瓜葛以及后者是否真正就是俄瑞斯忒斯的谜。拉·莫特—乌达尔1723年创作的著名悲剧《卡斯特罗的伊娜》最清楚地表明了法国趣味的发展动向。该剧有一个审判场面,当主角唐·佩德罗被判刑的时候,法官们痛哭流涕,戏里对唐·佩德罗作了富有同情心的谴责,当主角的父王看到佩德罗的子女(佩德罗与伊娜秘密结婚后生的孩子)的悲切场面时深受感动,原谅了他的反叛行为。这些作品不仅期望获得尼韦尔·德·拉·肖塞、马里沃和卢梭著作中感伤主义的真谛,而且也期望具有阿贝·普雷沃笔下不幸的主人公动不动就发泄的粗暴感情。

至此,我们已经叙述了西欧文化的发展情况。之所以说它是西欧文化,是因为不管这些发展有什么样的差异,毕竟都属于发源于地中海地区的文化。这个时期还有一个重要特点,即人们普遍认识到欧洲人并非生活在地球上的唯一人种,世界更广大的地区可能还有很多不仅令人惊奇，而且令人感到是一种挑战的东西。航海业发达的欧洲与美洲之间日益密切的联系，加之在亚洲和非洲地区的贸易和传教活动的成倍增长，不仅增加了人民大众对不熟悉地区的好奇心，而且也越来越多地提供了满足这种好奇心的手段：本来就相当可观的游记文学又有了明显的增加，学术界对东方语言和文明史的研究也受到了刺激。

　　人们的注意力最主要地集中在研究东方穆斯林国家，其次是穆斯林以外的地区。伽桑狄哲学的传播者贝尼埃在莫卧儿帝国工作了一些年之后于1675年出版了透彻地介绍1660—1671年间的印度的书（该书1671年译成英语出版）。以后，塔韦尼埃和夏尔丹①的叙述更加注重介绍在土耳其、印度特别是在波斯的旅行、贸易和日常生活的详细情况。他们二人在这些地区居住了很久。到比印度更远地区旅行的人极少，但1686—1687年间法国出版了两本介绍暹罗的书。② 人们对耶稣会传教士在中国的活动褒贬不一，路易·勒孔泰的《中国现状新回忆录》（1696年）里所描绘的中国很多人都很熟悉，传教士撰写的有关中国的报道1702年开始定期出版。这些《有教益的新奇信件》处处称道中国道德和中国政府，并将成为一个哲学信条的主要来源，特别是在法国，孔子在此后的半个世纪中被看成是启蒙运动的圣哲。至1705年，莱布尼兹很希望能同中国进行知识交流，这种交流其实比研究欧洲古典更为有益。但杰梅利·卡雷里的《世界旅行

---

① J. B. 塔韦尼埃：《六次远航土耳其、波斯及印度》（1676年第1版；英译版，1678年）；J. 夏尔丹：《旅行日志，波斯和东印度》（1686年第1版；英译版，1686年）。有关1688年去世的弗朗索瓦·贝尼埃的情况，参见本书原文第99页。

② G. 塔爱尔德：《佩雷斯·热苏的暹罗之行》（1686年，英译版，1688年；荷兰文译版，1687年）；E. T. 德·舒瓦齐：《1685、1686年暹罗旅行日志》（1687年）。

记》（那不勒斯，1699—1700年）和彼得大帝派往中国的一个瑞典的新教工程师洛伦茨·兰格的《日记》（莱顿，1726年）中有资料说明后来的中国是一副暴政和背信弃义的形象。在广州做生意的商人对中国的印象与在北京的神甫报告的情况大相径庭。[①]

17世纪后期以前，广大群众心目中对美洲原始人类的印象早已形成。当时出版了新的旅行记文集：如坦克雷德·鲁宾逊爵士的《最近的几次远航和在南北美洲的新发现》（1694年）和奥恩沙姆兄弟以及约翰·丘吉尔主编的《航海和旅行文集》（1704年）。后来还陆续出版了一些游记作品，这些作品如果说有什么新颖之处，要么是因为持非正统的观点（如拉翁唐的带有强烈反宗教观点的《北美新航行》，1704年）[②]；要么是因为恢复了描写南海探险的魅力，像丹皮尔的《航海》（1687年等）、伍兹·罗杰斯的《1708—1711年的环球航行记述》（1712年）以及再早一点出版的更为著名的《美洲海盗》（1678年在阿姆斯特丹出版，1679年译成德文，1681年译成西班牙文，1684年译成英文，1686年译成法文），该书的作者是A. O. 埃克斯奎梅林。

旅行者从遥远地区可能获得的资料的价值受到了科学界的赞赏。1665年或1666年1月的《哲学学报》上刊载了一些"远航海员指南"，英国皇家学会为了自身的目的并充实其"哲学资料

---

① 路易·德米格尼：《中国与西方：18世纪的广州贸易，1719—1833年》（共4卷）第1卷，1964年，第22页以下各页；参见巴兹尔·盖伊著《伏尔泰前后法国人印象中的中国》，日内瓦，1963年；参见本书原文第130页及第5卷，第17章，第1节。

② 有关拉翁唐的生平，参见他的《北美新旅行》，R. G. 思韦茨主编（共2卷）第1卷，芝加哥，1905年，第51—93页。

库"①，提出搜集记录"有关的合适的"海外见闻。对近东地区语言和历史的研究也引起了重视。比如，欧洲各主要大学对阿拉伯地区人文主义传统的研究因为有新的切实的需要得到了加强。在法国，为培养秘书和翻译，科尔贝尔率先采取措施在年轻人当中建立教阿拉伯语、土耳其语和波斯语的常规制度，也反映了这种情况。这一时期对该地区的历史研究就地理范围而论比较有限。当时因为有了像保罗·里考特爵士②作品那样广为人知的著作，这个世纪末一般的读者对土耳其的历史可以说相对地比较熟悉了。但大部分远方国家的历史还不得不留待10年或20年以后的欧洲历史学家去研究。一些东方文学被译成欧洲文字也反映了这些需要。1650年已经有了用欧洲各主要文字出版的《古兰经》，而且经常再版，一些土耳其、波斯和阿拉伯编年史也被翻译过来。东方童话故事是具有更直接的吸引力的一种文学形式，它的出现在更多的读者中产生了东方文学热。1704年，法文版《天方夜谭》问世，不久英译本也应运而生，接踵而至的是大量的故事，其中有些真正是、有些被认为是从某一东方语言翻译过来的。东方故事的大量出现一直持续到18世纪后期，伏尔泰、狄德罗的著作里面都有，更不用说英法混血血统的优秀作家贝克福特的作品《瓦赛克》了。这些读物之所以有吸引力，其直接的原因自然在于它本身的奇异色彩（它所反映的苏丹和闺秀、大官和太监这个圈子里人们的稀奇古怪的行为），也在于它所反映的暴力以及它不受欧洲社会传统约束，还在于将魔毯和神怪与世事掺和在一起的幻想意境。这些特点正是正统和古典主义传统所不具备的。

---

① 《哲学学报》第1版，第8期，第141页。
② 《奥斯曼帝国的现状》（1668年第1版，后再版多次：法译版，1670年，德译版，1694年，波兰语译版，1678年）；《1623—1677年土耳其帝国史》（1680年）。

前几十年间以游记文学反映东方世界的形式是一种梦幻文学。它之所以吃香，也清楚地表明欧洲人对其他大陆日益有所认识，反映航海本身的梦幻文学并非没有受到注意。正如虚构的回忆录是由真正的回忆录发展而来一样，虚构的游记也是真实游记的自然发展。至于回忆录文学，其地位一直是个有争议的问题，1732年出版的勒萨日《德·博歇纳先生奇遇记》即是其中一例。这类体裁的欧洲代表作《鲁滨孙飘流记》，尽管一定程度上从游记文学和在航海中殉难的亚历山大·塞尔柯克（1711年与伍兹·罗杰斯船长①一同回国时，其探险经历在英国引起了很大注意）的实际经历中汲取了题材，但这部书本身无论如何是富于想象力的伟大创作。笛福在这部书里以其巨大的天才对现实作了细致的描写，塑造了一个孤立无援、与大自然展开搏斗、不向孤独妥协的人。其他写航海的小说就没有借鉴那么多的人生经历。以往的乌托邦文学总是要描写到达乌托邦的旅行，不管写得多么虚无缥缈。游记文学的增加自然会赋予作家以新的表现手法。通过详细地描写航行经过和所去国家的地理位置，他们假想出来的国家容易被人们相信是真正存在的。正如福格纳的《南大陆为人所知的部分》一样，曾经多次重印的丹尼斯·维拉斯的 History of the sevarites or Sevarambi（英文版，1675年；法文版，1677年）是以澳洲为背景撰写的。不管书中当地居民是怎样被臆造出来的，这部作品旨在验证澳洲即是塔斯曼已经确认的确存在的南部大陆。斯威夫特后来在1726年写《格列佛游记》，实际上运用的也是同一手法，不过用得比较马虎罢了。

从理性角度看，乌托邦文学的作用是鼓励批判地反映欧洲人的宗教、道德或政治情况，注重与写实游记对抗。旅行者关于差别甚大的各种社会的人的信仰和风俗习惯的反映增加了这个时期

---

① 参见本书原文第373页。

欧洲人批判地认识自身、合理地审视一切传统概念的总倾向。正如天文学对地球是宇宙间唯一存在的星球的认识提出质疑一样，旅行者看到的实际情况必然会破坏欧洲人自认为其宗教和文化具有无与伦比价值的信念。这个形势也为那些感到有必要采取某些手法对社会和道德进行讽刺的作家们提供了一种新的可能的机会。当时也有从其他地区来欧洲旅行的，经过实际观察，他们对欧洲的基本看法在欧洲人本身看来很古怪。通过叙述从遥远的地区来欧洲的外国人眼中的欧洲情况，使作家们有机会以批判的眼光看待欧洲。这方面的一部开创性作品是G.P.马拉纳的《伟大君主的间谍》（1684年），它曾多次重印并被译成多种文字。艾迪生在《旁观者》① 上曾发表过一篇短文简单介绍这一文体。孟德斯鸠的《波斯人信札》（1721年）取得了杰出的成就，它批判地介绍了法国的情况，杂以对波斯闺阁生活的描绘，而且从塔韦尼埃和夏尔丹的游记所记述的东方习俗和由伊斯法罕启程的旅途记录大量汲取了素材。

在宗教领域，因为有了同外界的新联系，因为有机会听到不信基督教的人谈论欧洲人自己的信仰，那种认为基督教显然优越于其他宗教的欧洲传统观点被浇了一瓢凉水。本来可以向耶稣会传教士学习的中国当局曾经宣称基督教义是"没有根据、有害、荒谬的"，基督教习俗违背了"全部自然法则，破坏了友谊"，基督教奇迹只不过是骗局。② 然而，还有比这些直接的批评更为重要的，旅行者常常出于基督教良知介绍其他宗教，却被认为有进行颠覆活动之嫌。传教权术的祸害、毛拉、婆罗门、和尚以及

---

① 《旁观者》第50期（1711年4月27日）。
② F. 帕洛著《布道关系纲要》（1668年）和A. 格雷斯隆著《中国历史》（1671年）中G. 阿特金森引用的部分"17世纪航海关系和观念的演变"（1924年），第151—152页。

巫医在容易上当的不信教的人身上施行的诡计是他们,特别是信仰新教的旅行者经常谈论的题目。看到这些做法恰恰使他们更加确信自己对天主教传教士的看法是正确的。为异教所承认的奇迹常常受到严格的审查,这种做法从基督教角度看普遍认为是不允许的。贝尼埃在介绍莫卧儿时代的印度时描述了托钵僧和瑜伽据说有超自然力量的技艺,但他非常慎重地坚持认为他自己未曾见过任何足以说明这些技艺不是骗术的东西。[①] 同样,正如发现纽约的红色印第安人神化和复活的传统,日本广泛流传着一个宗教教派的创始人是处女的产儿的信念,相信不只是天启教信徒才会永生的说法——所有这一切在虔诚的教徒看来可能是在不信教的人当中散布基督教真理中被弄得支离破碎的东西。但这一切对于那些勤于思考的人来说必然是对所谓基督教是无与伦比的说法的不那么有利的解释。

在教义的具体问题上也出现了麻烦。很多未开化的种族不以赤身裸体为羞耻,妇女生孩子也不疼。这能被解释成否认原始罪孽的普遍性吗?或者,这些人种就不是亚当的后代?古代东方人——中国人、印度人、迦勒底人保存下来了与《旧约圣经》相矛盾、与《旧约圣经》编年史差异很大的人类历史记录,这又是怎么回事?问题的确是严重的,连牛顿都十分重视。牛顿去世之后,他的《古代王国编年史修订本》于1728年出版。

游记文学提出的神学问题对于放宽宗教正统对人的束缚显然是起了作用的。这些问题指明了走向自然神论的道路。18世纪许多作家把自然神论看成是所有宗教的最高的共同因素——存在于毫无用处的教条的脆弱外壳里的真理核心。这些问题也说明有必要实行宗教上的宽容,这一点正是18世纪思想家特别重视的

---

① 《历史……大莫卧儿王朝的情况》第3卷,"M. 爱普兰通信集",第65—66页。

另一个问题。欧洲人关于欧洲以外存在着更为广阔的天地的这种新的认识,不仅在教义上造成了麻烦,道德方面的麻烦也很突出。游记文学描写的关于美洲印第安人残忍、霍屯督人野蛮的许多骇人听闻的传说,确实有力地证明认为欧洲基督教必定比异教优越的广泛看法,但早期的发现也常常说到在未开化人种中有许多美德。到了17世纪末,读者对这种议论都习以为常了。典型的野蛮人,特别是美洲印第安人的形象是这样的:如果说他们对敌对的外部部落充满仇恨,但对家里人和本部落的人则充满自发的仁慈和感情,他们性情温和、诚实,容易满足,没有欧洲人那样的妒忌、贪婪和野心勃勃①等不能自拔的恶习。上述观点似乎证实了培尔和沙夫茨伯里认为的道德并非与天启教不可分开、普天下人类都具有天然的"道德感"的看法。他们的这些观点对启蒙运动具有重大意义。关于原始人类具有天然的美德的描述还有更进一步的意义。不仅许多旅行者注意提醒人们这样的事实,即原始人类比所谓高贵的欧洲人更快活、更知足、更道德,人们还注意到同欧洲人接触往往使未开化人类退化。这样看来,存在于文明之中的恶和存在于简单生活之中的美之间的对比似乎很站得住脚。简单生活的美为人们所尊重,人们把它看成保留下来的相当于熟知的古罗马英雄和早期基督教圣哲的理想。至此,我们可以清楚地看到对"高尚的未开化人类"的崇拜会有所发展。

最后说说政治方面。对遥远地区国家的新的了解同样提出了欧洲人必须进行自我批评的重要理由。一方面,原始人因为明显地缺少政治制度,他们生活的地方似乎倒成了令人羡慕的自由、平等、博爱的榜样,那里不存在人与人之间的紧张关系,到处是为公的精神——孟德斯鸠在《波斯人信札》头几页关于类人猿

---

① 阿特金森从前书和 R. W. 弗朗茨的《英国旅行者与思想动向》(内布拉斯加大学研究出版社1934年版,第32—33卷)中引用过不少材料。

的著名描写把这个理想具体化了。这种情形实际上形成了拉翁唐《新航行》最后一节"与阿达里奥的对话"中主张以革命暴力向法国宗教、政治和社会传统发起攻击的基础。另一方面,东方社会(中国除外)在一般人眼里是最可恶的贪得无厌、极端暴政的典型的同义语,那里残忍的恶霸以令人恐怖的手段统治着实际处于奴隶地位的可怜巴巴的人们。18世纪的政治思想正是在这两种极端所限制的范围内(二者在游记文学中均有记述)前进的。正如狄德罗的《布甘维尔航行记补篇》中说到原始社会据说有性自由而具有吸引力一样,卢梭在《议论》中所描述的原始社会的政治自由同样也具有吸引力,但书中表现出来对专制主义的痛恨有将欧洲国家的君主同东方暴君相提并论的某种倾向。政治讽喻家喜欢广泛运用外国背景,因为他们需要为攻击找适当的掩护。这里早有《波斯人信札》的先例。孟德斯鸠以描写东方暴政为契机,向人们暗示他已感到他那个时代法国君主固有的独裁倾向对法国的危险。

前面我们已经说到到处都有新思想在跃动,新思想同比较传统的观念发生了许多矛盾。现在,对遥远地区国家的了解的增加又是一种新促进。这个时期实际上是欧洲人不仅走向新的、更广阔的天地,而且也获得了新的批判地看待自身的眼光、获得分析事实,比较并理解过去认为永恒、放之四海而皆准的东西实际只是暂时和局部现象的新的能力的时期。

## 2. 音乐,1661—1752年

18世纪末的一个主要特征是历史循环论的兴起,其成果之一是产生了第一批伟大的音乐史作品。在取得这些初步成果以后,再次出现相应广泛内容的作品则是比较晚些的事了。因此,直到距离现在较近的时期,人们才有可能正确地了解路易十四时期音乐的概况。在这种情况下，查尔斯·伯尼和约翰·霍金斯的内容异常广泛、具有敏锐洞察力的作品就显得更为出色了。特别是伯尼，他能完成自己规定的叙述从古希腊直至他所处的那个时代的整个历史的任务，令人叹为观止。然而，19世纪他那些优秀的接班人却不能与之同日而语：虽然 F. J. 费迪收藏的古代作品很全面，A. W. 安布罗斯亦有独到的见解，可惜这些从未被用以分析17世纪和18世纪的历史。像同辈浪漫主义艺术家一样，这些学者过分沉醉于研究较为久远的过去。另一方面，由于缺乏现代研究手段，伯尼的著作叙述18世纪过多，忽视了对以前各历史时期的介绍。人们不能完全责怪他热衷于研究汉德尔，因为缺乏有关早期作曲家吕利和斯卡拉蒂等人的资料就不可能对他们的成就作相应的考虑。直到20世纪初，亨利·哈多主编的《牛津音乐史》[①] 出版，才算有了一部内容广度可与伯尼著作相比的书。此时，撰写综合史的任务再也不是由个人单独完成，而是将历史不同时期各章节分给有关专家写。承担牛津大学一部多卷本历史书中有关17世纪的一卷撰写任务的是休伯特·帕里爵士。同伯尼一样，他既有求知欲望，又懂得大量资料中潜在的相对价值，真是难能可贵。然而，帕里没有比伯尼更多的有关路易十四、查理二世以及安妮女王时期宫廷音乐生活的现成资料。那时的音乐也不是他们的同代人欣赏范围内的东西。但他们两人通过坚忍不拔的努力都获得了巨大成功。他们的作品不仅被列入图书目录，而且成了人们讨论和评价的对象。书中的观点有些偏向也是自然的。路易十四宠爱的作曲家，那个"法国化了的托斯卡纳人"，在欧洲乐坛占据主导地位的吕利，以及查理二世时期法

---

[①] 伯尼：《音乐通史》（4卷，1776—1789年）；霍金斯：《科学通史与音乐实践》（4卷，1776年）；费迪：《音乐通史》（5卷，1869—1876年）；安布罗斯：《音乐史》（布雷斯劳，5卷，1862—1882年）；《牛津音乐史》（6卷，1901—1905年）。

国化了的英国文化，英国历史学家是不屑一顾的。然而，去掉偏向的成分，在伯尼和帕里的著作里都可以看到意大利重在声乐部分的歌剧同法国用乐队演奏的歌剧之间、帕莱斯特里纳的对位风格、吕利和斯卡拉蒂的数字低音同海登的旋律风格之间的名副其实的对比，因为这些作品都再次被命名为"经典"。这些对比揭示了一些时期音乐特有的基本特点，例如：吕利、柯雷里、珀塞尔的作品通篇是数字低音，胡戈·里曼的《音乐史手册》（1901—1913年）的有关卷的标题是"数字低音时代，1600—1700年"，在用这个标题时他是给了他们的作品应有的重视的。这个标题如果没有别的意思，也是好坏意思兼而有之。值得称道的是，他把明显属于音乐风格的部分单列叙述，不像帕里《17世纪的音乐》那种编年史式的标题。因此，为了强调一种表达方式的技术问题，"数字低音"这个提法尽管在史学的演变过程中尚处于试验阶段，但这无疑是个必要的阶段。

里曼和帕里去世之后的几十年间，历史学家越来越成功地力图打破音乐的纯技术范围，而把它作为一部分归入文化和文化史。20世纪中叶已有三部重要的音乐史书。第一部是1929年出版的罗伯特·哈斯的《巴罗克音乐》，这本书是恩斯特·比克主编的10卷本《音乐科学手册》（波茨坦，1928—1934年）中的一卷。如同全书各卷一样，这一卷的一个新颖之处是作者承认了专业音乐史学家，承认了欧洲人的思想是以迂回的方式在政治和文化史中表现出来的。这个总的认识来源于狄尔泰等人。他们深信不疑、颇为具体地用它来弄清了音乐史的来龙去脉。人们用"内容广泛"、"充实"、"富于戏剧特征"等字眼来形容17世纪的作品。有人曾试图估计这些特征能同样适用于文字和观赏艺术的程度。他们特别注重将这些特征应用于观赏艺术，17世纪有关歌剧和音乐会的描述就是证明。此外，通过编辑蒙特凡尔第和格律克的作品，哈斯发现歌剧在路易十四时期处于令人瞩目的中心地位。经过对这一时期的社会和艺术大事的一番调查，他决定借用"巴罗克"这个词来形容17世纪和18世纪头几十年音乐的特征。"巴罗克"这个词非常令人信服，后来德国、意大利、法国和美国的学者都沿用了这个词。"巴罗克"被19世纪著名文化史学家伯克哈特看成一个坏字眼的时代一去不复返了。再有，罗伯特·哈斯撰写的有关巴罗克的另外一章被收进了吉多·阿德勒编辑的修订本《音乐史手册》（柏林，1930年）。这部书篇幅不那么大，插图按文化史的一般概念安排。在这本书里，阿德勒比以往更突出音乐风格的演变。还有，美国诺顿出版社1940年组织编写了一套音乐史书，其中有曼弗雷德·布科夫策尔的《巴罗克时代的音乐》（1947年）。从总体看，这套书①标志着恢复了写文化史的主张，而进行技巧分析的篇幅不大。因此，布科夫策尔绝没有把论述范围局限于升降音的讨论。他认为，"自古以来，音乐并不比其他艺术落后，巴罗克音乐的主要倾向与巴罗克艺术和文学的主要倾向是一致的……"他没有忘记马萨林的意大利风格和科尔贝尔的保护主义不可避免地会成为法国歌剧的风格，甚至最终会决定它的命运。他不仅细致地探讨了音乐和观赏艺术②相似的创作程序，还探讨了贵族、牧师给予音乐和观赏艺术赞助所产生的影响。

19世纪的趣味和吕利、珀塞尔以及汉德尔时代的趣味的差别是纯音乐不断形成对标题音乐压倒优势的结果。纯音乐以发音手段而不以多余的音乐联想打动人。比如，同纯音乐美和感情享受相反，弗朗索瓦·库普兰（1668—1733年）及法国的羽管键

---

① 这套书也包括C. 帕里什和J. 奥尔合著的《1750年以前的音乐》（1952年），P. 兰的《西欧文化中的音乐》（1952年），O. 斯特伦克的《音乐史资料来源》（1942年）。

② 参见布科夫策尔著《巴罗克音乐中的比喻》一文，原载《沃伯格学院学报》第3卷（1939—1940年），第1—21页。

琴家们朴素的描谱似乎是对深厚、神圣的音乐表现力的随意玷污。音乐风格和音乐情趣似乎比文学和绘图趣味更易受社会风尚潮流的影响。再说，音乐这种节奏艺术有个缺陷，它的乐谱只有少数人看得懂，因此很大程度上靠现场演奏发挥。过去，这种演奏数量必定有限，而且通常费用高昂。卡瓦利、斯卡拉蒂、珀塞尔以及汉德尔创作的舞台音乐即是最明显的例子。只是有了录音设备以后，人们才有大量听音乐的机会，因此，音乐史学家的发现受到更广泛的注意。除了这些因素，要想真正了解1660年以后的一个世纪中作为欧洲文化主角的作曲家，就必须联系当时的背景，特别是在这种背景会受群众趣味、大众音乐会的问世以及出版中心的活动的影响的情况下尤其应该如此。

路易十四时期，艺术仍依赖于赞助，但这种制度亦有它的弊端。世俗贵族和高级僧侣分摊着义务，因此艺术趣味也受他们的控制。当时流行的是既可供观赏也有节奏感的歌咏和舞蹈。路易十四喜欢的芭蕾、舞蹈和豪华场面很快成了一股国际热潮。固然，奏鸣曲作为一种新的艺术形式也正在挤占一席之地，甚至在某些范围当中还相当时髦。但对一般的观众来说，奏鸣曲不过是令人乏味、用以代替独奏或合奏的乐器发出的"乱糟糟的声音"。丰特奈尔曾不耐烦地大声疾呼："奏鸣曲，你想从我这里得到什么？"这也表达了广大听众的态度。德国的交响乐到18世纪末才在巴黎和欧洲获得了成功。

交响乐的成功主要体现在大众音乐会上。事实上，从17世纪80年代到18世纪80年代之间，交响乐这个新的娱乐形式逐步兴盛起来，使音乐创作和欣赏的许多方面焕然一新。英国是第一个举办大众音乐会的国家。先前为国王演奏的小提琴手约翰·班尼斯特1672年在怀特弗里亚斯剧院发起举办了一系列的音乐会；煤炭商人汤姆斯·布里顿1678年在克拉肯韦尔也办了一连串的音乐会。人们常说，参加这些音乐会演奏的人来自中产阶级,而不是贵族:"由老班尼斯特发起的第一个音乐会显得很寒酸,他倒是个很好的提琴手和戏剧作曲家。他在一家酒馆开辟了一个很不起眼的房间,放上些桌椅……"① 尽管大部分的听众仍然是贵族,音乐会不只是被邀请的人能参加,所有购买门票的人都可参加,这样的音乐会是近代音乐会生活的先声。很多这样的音乐会是在大城市举办的,还有一些是在大学城举办的,如:牛津谢尔多尼安剧场音乐厅(1713年由佩普奇主办)、牛津霍利韦尔音乐厅(1748年威廉·海斯主办)②。无论在牛津还是在伦敦,汉德尔的作品总是占据突出地位。但一个著名作曲家的威信并不足以对英国音乐会产生像巴黎"圣乐会"那样深远的影响。"圣乐会"音乐季始于1725年,一直延续到1791年。举办音乐季的目的是为了缓和四旬斋节期间枯燥无味的气氛,因为斋旬期剧院是不能上演歌剧的。实际上,18世纪中叶的许多所谓音乐会如同汉德尔的清唱剧一样,大体就是歌剧的替身。因此,第一批大众音乐会③尽管尚未达到与贵族习惯和趣味决裂的程度(美国和法国革命才预示这种决裂)④,我们必须把它们看做已经具备了新听众和新节目的基础。

同样,这一时期传统音乐的印刷和出版情况与进步音乐的印刷和出版情况大体相当。这并不是因为已经不存在发行手抄本的方式,而是因为到了路易十四统治时期,如果要使音乐在国外发

---

① R. 诺斯:《音乐语法家》(H. 安德鲁斯编,1925年),第30页。

② J. H. 米:《欧洲早期的音乐厅》(1911年);M. 蒂尔茅斯:《伦敦早期的一些音乐会……1670—1720年》,选自《皇家音乐协会》第84卷(1957—1958年),第13—26页。

③ 伦敦、巴黎在举办音乐会方面起了主要作用,汉堡起了辅助作用,关于这方面的情况,参见 E. 普罗伊斯纳著《音乐文化史》(卡塞尔,第2版,1950年)。

④ 见 M. 布雷奈著《古代法兰西音乐会》(1900年);参见 R. 沙尔著《音乐的历史与现状》(F. 布鲁默编,卡塞尔,第14卷,1949—1968年)中"音乐会"一章,第7卷,第1587—1605页。

生显著影响,乐谱必须是印刷品才行。巴黎和伦敦成为18世纪乐谱出版中心是自然形成的。因为废除了南特敕令,阿姆斯特丹进一步成了有影响的音乐印刷品供应站。印刷业和出版商的积极性得以保持,不仅有利于出版柯雷里和维瓦尔迪的协奏曲和三重奏鸣曲,也有利于很久以后出版海登和莫扎特的作品。这里仅举出版协奏曲这一新品种为例就足以说明问题了:如果没有新的印刷术,没有荷兰出版的音乐,特别是埃斯廷·罗杰出版的版本,协奏曲这个新品种就不可能在18世纪早期闻名全欧洲。音乐发展的主要推动力还不在于技术。阿姆斯特丹这时已经是欧洲的文化中心之一,那里的人们表现出了高度的音乐鉴别力。另一方面,J. G. I. 布赖特科普夫1755年进行了乐谱制版的重大改革,促使莱比锡终于成了音乐出版业的国际首府。① 巴赫在1718—1721年期间的作品《勃兰登堡协奏曲》从反面证实了协奏曲对于传播音乐作品的重大意义。该协奏曲的第五乐章常常被称为是第一部现代钢琴协奏曲,而且被错误地誉为后来作曲家的楷模。但没有事实可以证明海登、莫扎特或贝多芬了解其中的任何一章,也没有事实可以证明这些乐章在德国以外的任何大城市演奏过,《勃兰登堡协奏曲》的印刷品直到1850年才出现。

17世纪后期,巴黎仍旧是音乐世界的王后。在法国宫廷演奏的壮观场面使欧洲人着了迷,这种情形在路易十四登基后一直延续了一个多世纪。路易十四的"太阳国王"这个称号实际上来源于1653年演奏的著名《夜舞曲》,这位君主和年轻的作曲家詹巴蒂斯塔·吕利都观看了这次演奏。吕利为丰富巴黎和凡尔赛的文艺生活所作的贡献在戏剧和音乐史上几乎是前无古人的。

---

① 英国约翰·沃尔什1730年将打印器用于雕版印刷,这种乐谱印制法现在还在使用。沃尔什是最早出版汉德尔英文乐谱的人,他还印制了当时最时兴的意大利音乐作品。

吕利1632年出生在佛罗伦萨，14岁到巴黎。1653—1657年间，他为邦塞拉德的几个芭蕾舞剧谱了曲，其中之一就是《夜间芭蕾》。更为重要的是他与莫里哀的合作，包括《巴尔赛宫即兴》（1663年）、《贵人迷》（1670年）和《埃斯卡巴格纳斯伯爵夫人》（1671年）。尽管吕利自1661年以来一直是国王的乐长，他取得最高的成就还是后来的事。1672年，他买得了皮埃尔·佩林1669年[①]从国王那里得到的皇家音乐学院"特权"。这个历经沧桑的音乐学院现在仍在巴黎，叫歌剧院。吕利的抒情悲剧，从1673年4月的《卡德摩斯与赫尔弥俄涅》，到他死后在1687年11月发表的《阿基里与波利希尼》将在这里产生。吕利风格经佩尔姆·汉弗莱（1647—1674年）传到英国，由格奥尔格·穆法特（1645—1704年）带到德国南部地区，约翰·S.库塞（1670—1727年）把它传到了德国北部。1693年，西班牙宫廷演出的第一个歌剧是他的《阿尔密达》。

无论取材于《圣经》还是古人的歌剧，吕利总是根据时代精神的要求进行一番重新加工。拉辛在确立这种时代精神倾向中的影响的重要作用几乎是怎么估计也不会过高的。歌词作者对他的作品总得加以仔细的研究。事实上，吕利的歌词作者基诺的主要功绩就在于把拉辛的悲剧改写成非常适合音乐创作的形式。戏剧作为公共娱乐形式具有很大的吸引力，就是因为戏剧的演出必定需要新乐曲的伴奏。吕利决定全力以赴每年创作供皇家音乐学院上演的抒情悲剧时摆脱了莫里哀的创作轨道而倒向了拉辛。从1673年开始直至1687年去世，他每年创作一部抒情悲剧。新的音乐和音乐风格很快便越过了英吉利海峡。1674年，查理二世在宫廷观看了歌剧《阿里阿尼》（或称《巴克斯的婚礼》）。该

---

[①] 参见普鲁尼雷斯著《音乐季刊》第11卷（1925年），第528—546页。他说得很清楚，是科尔贝尔鼓动吕利把皇家音乐学院抓到手。

剧由1666—1674年间任国王乐长的路易·格拉布作曲，皮埃尔·佩林填词。短命的伦敦"皇家音乐学院"演出的首场歌剧即是这个本子。伦敦皇家音乐学院是仿照巴黎皇家音乐学院建立起来的，地址在克里斯托弗·雷恩的特鲁里街大剧院内。《阿里阿尼》有个法文本子。十多年之后我们才听说有一个有连贯音乐的英文本子。德莱顿的《阿尔比恩和阿尔巴尼斯》由格拉布配乐，1685年在多尔塞特花园剧场上演，这是可称为名副其实的英国歌剧的第一次公演。关于法国戏剧对剧作家和歌剧作家的吸引力，德莱顿的戏剧前言说得再清楚不过了——比如，他有一段著名的论述，说拉辛将欧里庇得斯的希波里托斯从雅典送到巴黎，教他懂得性爱，将其改造成为……希波里特先生。① 为使希波里托斯法国化，就需要创造一个阿里希作为他寄托感情的对象——从歌剧角度看，这是神来之笔。拉莫的剧本作家佩利格林1733年将《费德尔》改编成歌剧并取名《希波里特与阿里希》时就充分运用了这个手法。这就是拉辛强加于希腊神话的格局。②

在英吉利海峡的对岸，汉德尔的清唱剧《以斯帖》（1732年）和《阿萨利》（1733年）同样取材于同一法国资料。汉德尔作为钱多斯公爵的教堂长老接替德国的佩普奇时，长老的地位更加高贵了。钱多斯圣歌是英语教区熟知的，但人们对汉德尔的假面剧《哈门与穆德赛》特别感兴趣。该剧1720年在公爵宫廷上演，是由亚历山大·蒲柏和约翰·阿巴斯诺特从拉辛的《以斯帖》改编过来的。追根溯源，这个音乐伴奏的大场面剧还是来源于斯图亚特时期的英国。尽管从现代欧洲意义来说《哈门》

---

① 《一切为了爱情》（1678年），序。
② 如果要详细比较《费德尔》和《希波里特与阿里希》，参见 C. M. 格德尔斯通著《拉莫》，伦敦，1957年。

当属歌剧之列,但当时称假面剧还是对的。他们宣叙调《耶和华加冕记》前奏曲(仿吕利风格)就是惊人之作,在犹太人合唱前,这部宣叙调又带有歌剧风格,在音乐史上占有真正的地位。该剧具有清唱剧特色,是为剧院而不是为教堂创作的。由于汉德尔天才的智慧和独具匠心的能力,该剧在英国取代了歌剧。汉德尔在伦敦创作的系列清唱剧由改编钱多斯假面剧入手。1732年在海马克特大剧院上演时有一个通知:"这是'以斯帖的故事',是一部英语清唱剧。该剧原系汉德尔先生所编,现在由他本人修改……"① 通知还说:"本剧无舞台表演,但剧场将为观众作适当的布置。"聪明的汉德尔懂得,大型音乐节目,即令不要相应的表演动作,也还是需要有布景的。伯尼也说过,伦敦主教反对在舞台上表演神化故事。汉德尔的清唱剧是四旬斋期的一种娱乐形式。但从布景和包括受过阉割的著名歌唱家塞尼辛努在内的清唱演员来看,第一次上演的《以斯帖》的歌剧特点是显而易见的。早在1711年,汉德尔在伦敦作为意大利歌剧的作曲家就享有盛名。1713年,他为安妮女王作了《生日颂歌》,并为庆祝《乌得勒支和约》作了《赞美诗》,从而一举成了英国作曲家,珀塞尔的接班人。这两部作品都是为英国歌剧配的乐谱,其风格庄重,不追求时髦,为后来的创作指明了道路。乌得勒支《赞美诗》在圣·保罗大教堂的演出使汉德尔风格事实上成为一种民族风格的开端。

  吕利的作品独具特色,曾一度使作为欧洲国家唯一楷模的意大利歌剧黯然失色,由于其风格流传甚广,引起了人们对它的特点的探讨。意大利人的作品人所共知的缺点是它几乎全部依赖独唱。马萨林把他本国人的作品介绍到巴黎时,人们可以随心所欲地批评这些缺点。从历史记载看,法国人、英国人和德国人更加

---

  ① 《每日议事录》,1732年4月19日。

注重戏剧的发展趋向。一般情况下，他们更喜欢唱段和宣叙部、乐队和合唱人数平衡的作品。这方面一个为人们所熟知的例子是珀塞尔在《犹多女王与伊涅亚斯》（1689年）中大量运用舞曲和合唱音乐，没有采用几乎全部运用唱段的手法。这既反映了巴黎的影响，也说明当地英国人喜爱合唱。法国风格之所以被吸收，除了应当考虑上述因素和法国宫廷的崇高的社会威望以外，还有其他原因。人们十分钦佩吕利节奏音乐的豪放。所有伦敦的作曲家都"不遗余力地模仿巴普蒂斯特（吕利）风格……但歌曲总的趋势是更加重视舞步，而不是注重是否悦耳：前奏曲部分随意变化的跳跃是没有人听得出的，接着必须是舞曲……"[①] 莫里哀认为："旋律即为简短的曲子，风格与其说像歌剧曲调，不如说更像圣诞颂歌和威尼斯叙事曲……越是缺乏艺术的音乐，越便于保留。"[②] 这里所说的圣诞颂歌与舞曲节奏是一致的。以上的一段精辟论断恰如其分地补充说明了当代许多人对法国音乐的评价。

吕利的组织能力同样令人折服。17世纪80年代他创作的抒情悲剧之所以有那么大魅力，是因为他将舞曲同戏剧结构糅合在一起。蒙特凡尔第的学生卡瓦利（1602—1676年）的开拓性歌剧在巴黎上演时，由于法国人热爱舞曲，场间休息时必须插入吕利的舞曲才能使他们感到满意。路易十四1660年结婚时演出卡瓦利的《赛尔斯》和1662年演出他的《恋人爱科尔》时都是这种情况。吕利是个天才，他利用好东西对人们的吸引力进一步对法国理性主义进行了锤炼。他本人和他的接班人科拉斯（他的秘书）、马兰·马雷、J. P. 拉莫的抒情悲剧大量运用了布景。1673年，莫里哀刚一去世，吕利就随剧团搬进皇宫，

---

① J. 威尔逊编：《罗杰·诺斯论音乐》，第350页。
② 伯尼，第3卷，第593页。

继承了贾科莫·托雷利为上演路易吉·罗西的《奥菲欧》(1647年)造价很高的著名舞台机械装置。《奥菲欧》是专为法国首都创作的第一部意大利歌剧。尽管法国歌剧观众极想摆脱意大利音乐,他们对意大利舞台技术还是很欣赏的。1637年启用的欧洲第一家歌剧院威尼斯的圣·卡西阿诺歌剧院已经使用了活动布景。几年之后,贾科莫·托雷利(1608—1678年)创造了用绞车移动布景的方法,在1639年启用的威尼斯圣·乔凡尼和保罗大剧院使用。移居或跟随事业心很强的作曲家来到巴黎的意大利舞台设计家们带来了神奇的招数,启发了所有欧洲艺术指导们的想象力。后来上演像韦伯的《自由射手》和威尔第的《阿依达》这样的作品时也应用了这个方法。这些革新和创造由托雷利介绍到巴黎后,经加斯帕雷·维加拉尼,最后由维加拉尼的儿子卡洛继续改进,使追求神奇风靡一时,这就触犯了一些法国人的美学观念,导致了禁止高价制作这样的布景。另一方面,拉布律耶尔则强烈地否认"机械装置是小孩子摆弄的玩意儿"。他批评精明的吕利向反意大利情绪让步,并批评为了省钱而减少这些舞台装置:

> 增加机械装置,丰富诗情画意,在观众中保持优美的遐想,这也是戏剧给人以享受的地方。机械装置还能给人神奇感。在演出《巴雷尼契》(科尔内耶和拉辛作)时无须楼梯、马车或换布景,但在演出歌剧时是必要的。①

歌剧基本上是意大利的艺术形式,尽管法国歌剧有很大影响,它不过是其中的一个插曲。自从佩里的《欧利第采》1600年在佛罗伦萨上演以后,意大利人从未长期丧失他们在

---

① R. 拉东安特编:《作品》(1925年)中"特征"部分,第81页。

提供这一新音乐形式的甘美流畅的样板作品中的领先地位。现在，除了作为歌剧范例的法国歌剧以外，又出现了一颗光彩夺目的意大利新星吸引着人们的注意力。1687年吕利去世时，亚历山德罗·斯卡拉蒂（1660—1725年）已活跃在那不勒斯地区大约三年：是他辅佐（如果不是超过的话）吕利教会了欧洲作曲家如何谱写歌剧。由于他超群的音乐才能，直至18世纪的后半叶那不勒斯歌剧一直是首屈一指的楷模。法国歌剧事实上也从未被完全搁置起来：汉德尔的清唱剧和格律克的歌剧雄辩地证明了抒情歌剧的长期影响。老斯卡拉蒂（请不要把他与1685年出生在那不勒斯、赫赫有名的儿子多梅尼科混同起来）的艺术也没有完全与吕利派音乐决裂。很明显，吕利派音乐的两个特点依然存在，即扩大乐队并运用拉辛派的戏剧处理方法。

法国音乐的威望无疑与路易十四时期的大乐队（或称二十四把提琴乐队）有些关系。吕利建立了自己的乐队，称小乐队，最后他也掌握了大乐队。再也没有人鼓励演奏者随意添枝加叶地发挥了。经过严格训练，吕利将意大利音乐家表现力极强的风格和法国音乐的活泼节奏融会贯通。他能很好地运用欧洲最优秀的弦乐，有时颇有见地地运用著名的巴黎双簧管（还有其他管乐器），创造了利用乐队富于表现力的手法。没有乐队的丰富表现力，他的舞曲、吟诵调及咏叹调便会大为逊色。自然，这种用民族传统加以改进的乐器的演奏技巧在意大利、德国和英国均有人模仿。在意大利，由于乐队作用增加了，咏叹调的伴奏方法也有了变化。仅仅用拨弦钢琴（低八度低音乐谱线的弦乐低音）为声乐伴奏的老办法越来越少。斯卡拉蒂作为歌剧作曲家在其成长过程中影响了也反映了音乐的发展新趋势（下面的表说明了用拨弦钢琴和乐队伴奏的咏叹调的变化情况）。

|  | 拨弦钢琴伴奏 | 乐队伴奏 |
| --- | --- | --- |
| 卡瓦利:《雅松》(1649 年) | 18 | 9 |
| 切斯蒂:《拉·多丽》(1611 年) | 27 | 7 |
| 斯卡拉蒂:《斯塔蒂拉》(1690 年) | 25 | 26 |
| 博诺奇尼:《卡米拉》(1696 年) | 24 | 25 |
| 汉德尔:《阿格丽平娜》(1709 年) | 9 | 31 |
| 斯卡拉蒂:《忒勒玛科》(1718 年) | 0 | 41 |

斯卡拉蒂很大一部分最佳作品主要是不用古钢琴的弦乐。尽管他的主要表现手法是弦乐,有时也能出色地运用法国号,如《忒勒玛科》就是这样处理的;有时为了赋予作品中迦太基人地方特色,他甚至"模仿野蛮民族在作品中加进风笛的鸣鸣噪音和吧嗒吧嗒的响板声音",《阿蒂里奥·雷格多》(1719 年)用的即是这个办法。在克雷莫纳的斯特拉迪瓦里,制作小提琴的技术取得了很大进展(约 1690 年),由于当时的发展,弦乐技巧受到进一步的重视。柯雷里确立了优秀表演和作曲的新标准。柯雷里自 1681 年在罗马开始举办弦乐音乐会,直到 1713 年才结束,历时 30 年之久。

如果说科尔内耶和拉辛派剧作家以及后来的基诺和吕利的成就没有影响斯卡拉蒂的剧作或整个 18 世纪意大利歌剧,那是不可思议的。把法国戏剧创作原则运用于歌剧创作,应当归功于威尼斯人阿波斯托洛·泽诺,是他为斯卡拉蒂提供了下面几个歌剧的脚本:《格林加尼·费里奇》(1699 年)、《奥多阿尔多》(1700 年)、《希皮奥内·内勒·斯帕格内》(1714 年)以及《格里塞尔达》(1721 年)。泽诺对塑造人物的手法以及音乐艺术创作要领的理解都十分精当。因此,他创作的故事情节不仅为 18 世纪作曲家(波尔波拉、卡尔达拉、汉德尔、哈塞、特拉埃塔、约梅利)甚至为下一个世纪作曲家

(津加雷利的《贝雷尼契》,罗马,1811年)所运用。但无论是那不勒斯总督还是罗马红衣主教给予音乐事业的赞助都不能与路易十四给予的赞助相比。1718—1729年,泽诺依附于哈布斯堡宫廷,是查理六世的史学家和诗人。他退休回故里威尼斯时,被允许选择了彼德罗·梅泰斯泰西奥(1698—1782年)接替自己的职务。梅泰斯泰西奥是泽诺的追随者之一,他继续扩大了泽诺的歌剧改革。梅泰斯泰西奥的剧本由格律克、莫扎特、罗西尼和梅耶比尔谱写成音乐,因此,泽诺的影响便远远超出了他所处的时代。作为一个历史学家和诗人,那个时代的理性主义以及他所熟悉的文学创作规范对他均有影响。但他所以要对戏剧创作进行改革,主要还是因为崇拜拉辛。歌剧应集中表现英雄情感,如果法国古典主义同一性得到遵守,英雄情感就可以更为有效地勾画出来。除最后一场习惯上有个欢乐的结尾外,作为大歌剧基调的悲剧被严格地保留下来,终场的欢乐结尾也只能自动让位于大权在握的宫廷——梅泰斯泰西奥有时甚至对上述传统不屑一顾,比如他的《迪多内》和《阿蒂利奥·雷戈洛》即是如此。喜剧成分被大刀阔斧地加以压缩:泽诺作品的喜剧成分一般在一幕戏的结尾处,梅泰斯泰西奥的作品中则全然没有喜剧成分。

泽诺削弱戏剧的喜剧成分看来是因为他与伏尔泰一样一贯持有一种偏见。偏见促使伏尔泰批评莎士比亚违背了古典主义同一性。然而,这位威尼斯人懂得音乐创作的需要。他确立了剧作家和作曲家的分工规则。他提出的这个折中办法支配了从斯卡拉蒂到莫扎特时期的歌剧音乐创作,剧情发展通过钢琴伴奏的快速吟诵调实现,用完全的咏叹调体现高潮和特别明显的情感(或反应)。戏剧的一个明显的要求是必须辅以大量必要的表演动作,因为宣叙调只有平平板板的和声。当作曲家突破他们的规则框框时,泽诺和梅泰斯泰西奥便小心翼翼地维护自己的权利:过多地使用伴奏与声音并重的器乐宣叙调(或 accompagnati)势必会过多地使用全谱,戏剧的情节价值会受到影响。然而,泽诺提倡的法国戏剧方向明显地表现为严格描绘人物并组织剧情，如果说作为其楷模的拉辛悲剧本身与18世纪的戏剧相比显得有些呆板，把话剧改编成歌剧必然会加大这种局限性。泽诺笔下的高贵的主角，他塑造的受尽苦难的女主角———一句话，他塑造的人物，是机智的批评家们明显的嘲讽对象；他们不只一次向那不勒斯的喜剧作家提供过素材。当泽诺背离意大利三幕歌剧的传统写法，像拉辛和基诺那样编五幕歌剧时，其古典主义倾向是毋庸置疑的（《梅里德》，维也纳，1722年；《詹奎尔》，维也纳，1724年）。

亚历山德罗·斯卡拉蒂写了100多部歌剧，大部分为那不勒斯所作。在那不勒斯王室服务，工作必须进行得很快，这就要求作曲敏捷流畅，以利一举成名。因为这些作品数量多，又受欢迎，这就产生了为18世纪歌剧树立一个样板的问题，因为斯卡拉蒂的主要表现手法是快板—慢板—快板反复三段体咏叹调。毫无疑问，只有中间部分不同，后一部分返回第一部分的 a—b—a 格式的三段音乐是最古老的音乐形式，但斯卡拉蒂将偶尔使用的形式改成了通常使用的典型形式。正是斯卡拉蒂的音乐形式——动人的旋律和明快的快—慢—快反复三段体和泽诺对各场结尾的文字处理（各场结尾时歌唱演员即离开舞台）相结合才取得了十分成功的舞台效果。事实上，这种音乐形式对18世纪的创作具有如此巨大的吸引力，以至于歌剧严重地削弱了话剧的声望。

17世纪90年代以前，斯卡拉蒂在那不勒斯引起的轰动国外已有所闻，其他国家的作曲家很快学会了模仿其动人心弦的旋律与和音。与那不勒斯宫廷对他的创作要求相反，斯卡拉蒂由威尼斯和罗马接受的任务给他提供了试验新技巧的机会[①]，他的《米

---

[①] 关于20世纪最后25年威尼斯观众的情况以及威尼斯作为一个大都市社会中心的作用，参见S.汤尼利·沃索恩著《威尼斯的歌剧》（牛津，1954年；1968年重印），第120页。

特里达特·欧帕特里》（威尼斯，1707年）受益于 G. 弗里吉梅利卡·罗贝蒂（1653—1732年）的一个剧本，而这个剧本又从泽诺的改革中得到了全部的好处：不用喜剧场面，甚至连爱情场面也没有，只在五幕剧中简单明白、按部就班地表现炽热的、感人至深的情感。斯卡拉蒂的最后几部作品是为在罗马演出而写的，包括《忒勒玛科》和《格里塞尔达》（1721年），后者是仿照泽诺的剧本写的。他的《格里塞尔达》把拉辛歌剧的优缺点都表现出来了。表现女主角长期含辛茹苦的忍耐和折磨她的恶棍的残忍的手法极端呆板，但正是这种对各种人物的理性处理，产生了女主角和恶棍之间强烈的对应音乐效果。① 他后来的作品越来越倾向于间或运用合奏使连贯的咏叹调有些变化。比如，《格里塞尔达》就采用了三重和四重奏，泽诺的原稿没有这些。但正歌剧没有像比较幽默的喜歌剧那样为合奏提供发挥余地。斯卡拉蒂创作的唯一喜歌剧《侬伦娜的胜利》（罗马，1718年）令莫扎特的《唐璜》情节黯然失色，在历史上占有重要地位，其"莫名其妙"的合奏成为后来作曲家模仿的典范。然而，喜歌剧的真正发展是在佩尔戈莱西的《管家女仆》（1733年）之后，因此也是18世纪后期的事了。②

亨利·珀塞尔出生于1659年，比斯卡拉蒂仅早一年，他只活到36岁，但深受法国、意大利音乐的影响，并将这些影响移植于本国传统音乐，即都铎时代的复调音乐和斯图亚特时期的假

---

① 参见 E. J. 登特著《A. 斯卡拉蒂》（1905年；修订本，1960年），第165页；A. 谢林著《音乐史例》（莱比锡，1931年），第374页。关于斯卡拉蒂对该歌剧中乐队独具匠心的处理，参见 A. T. 戴维森和 W. 阿佩尔合著的《历史选集》（1950年）重印前言，第155页。

② 关于作为佩尔戈莱西大歌剧《骄傲的囚犯》幕间插入戏的喜歌剧首演情况以及1752年在巴黎演出的巨大成功，参见《新编剑桥世界近代史》第8卷，第85页。

面剧。遗憾的是,英国音乐的荣誉与他本人一起被埋葬在威斯敏斯特教堂了。从某种欧洲意义来讲,他的祖国应该享有的地位直到埃尔加和沃恩·威廉斯成名之后才得到恢复。珀塞尔死前最后6年奋笔写下的歌剧《狄朵与埃涅阿斯》、小歌剧《迪奥克莱西恩》、《阿瑟王》、《仙后》和《暴风雨》在他活着的时候欧洲大陆尚不知晓。但究其天才,无论从戏剧还是从音乐角度看,这些作品堪与斯卡拉蒂的作品媲美;而从音乐角度看,这些作品令吕利的作品相形见绌。同一个世纪后的莫扎特一样,珀塞尔是历史的一位伟大学习者。当他潜心于创作1691年出版的《迪奥克莱西恩》乐谱时,他抱怨说,"音乐尚处于未成年的时期",他认为使之成熟起来的办法是向意大利音乐这个最好的老师学习;再学习一点法国气魄,使之有些生气和风度。这样的表达方式是德莱顿的,因为他代表珀塞尔给萨默塞特公爵写了效忠信,但感情是这位作曲家的感情。珀塞尔运用了最近的法国合奏乐和意大利咏叹调的长处。几年内,他似乎兼收并蓄了所有音乐流派几十年来的发展成果。在室内乐方面,他从古老的幻想曲着手,发展到现代三重奏鸣曲;在教会音乐方面,由完整的无伴奏[①]赞美歌发展到伴有独唱和管弦乐间奏[②]的新颖独唱赞美诗。查理二世决心让他的24把提琴的乐队学习小乐队的气魄,并把它们放在教堂里,国人听到这个消息大为震惊。然而,要看到珀塞尔和他代表的时代的最佳时期,还得回过头来看他在戏剧方面的成就。从为内厄姆·塔特的《狄朵与埃涅阿斯》设计布景(1680年),到为德莱顿的《阿瑟王》(1691年)和由沙德韦尔改写的《暴风雨》的场景设计(1695年),珀塞尔对戏剧的发展简直令人叹为观止。他为切尔西一所女子学校编写的《狄朵与埃涅阿斯》剧

---

[①] 即无伴奏合唱团。
[②] 间奏为纯乐器演奏部分,为声乐起头,在声乐部分和结尾处频繁出现。

本演出时间仅需一小时。在这短短的一小时内，有欢快的法国舞曲，狄朵临死前唱的一段有意大利式的升降半音①，还有反复低音独树一帜的英国式处理。大量运用快—慢—快三段体咏叹调的《暴风雨》是一种较新的意大利风格。② 珀塞尔借鉴吕利的第一部抒情悲剧《卡德摩斯与赫尔弥俄涅》（1686年在伦敦上演）的前奏曲，为《暴风雨》创作了一组舞曲。莎士比亚采用对白的半歌剧的《暴风雨》和《仙后》（由《仲夏夜之梦》改编而来）在戏剧和音乐之间找到了时代正在求索的折中解决办法。英国杰出的公断家德莱顿在《阿尔比恩与阿尔巴尼厄斯》序言里把咏叹调和吟诵调作了区别。咏叹调的作用"为的是悦耳，并不是为了理解"。吟诵调里是有对白的。但具有普通常识的盎格鲁撒克逊人从未真心接受过这种既有讲话又有声乐的混合物，即所谓吟诵调。

宫廷坚持采用意大利语歌剧决定了英国歌剧必然灭亡的命运。汉德尔被接回英国从事意大利歌剧创作。在《里纳尔多》（1711年）和《戴达米亚》（1741年）两剧上演之间的这段时间，汉德尔为伦敦创作了36部意大利歌剧。但他的风格让英国人感到太陌生了，纵然他有音乐天才，也不能使之兴旺起来。尽管吕利在法国是个外国人，他创作的悲剧是用法文写的。因为他在适应环境和组织能力方面表现出来的巨大天才使他从路易十四至路易十六时期一直肩负着创作法国民族歌剧的责任。然而，伦敦和维也纳却依赖于从意大利引进。这并不是说，从美学方面考虑用意大利语演唱意大利歌剧的主张可有可无；这个主张早在安

---

① 有关从珀塞尔到卡瓦利音乐作品的例子，参见 J. A. 威斯特鲁普著《珀塞尔》（修订本），1965年，第122页。

② 是否是珀塞尔的作品历来有争议，见《皇家音乐协会议事录》第90卷（1963—1964年），第43—57页。

妮女王时期就有能人提出来了，后来一直发展到成立格莱因德波恩公司，没有人把这个主张说得比伯尼博士更好了：

> 音乐是意大利的产品……进口它不比进口酒类、茶或遥远地区的任何其他产品不体面……意大利声乐只有用它自己的语言演唱听上去才完美……同样也有足够的理由希望意大利音乐用这种真正的意大利方式来演奏，正如爱画的人总喜欢看到拉斐尔的原作，而不喜欢复制品一样。①

但历史事实证明，追求完美、缺乏群众基础的鉴赏家不是一支强有力的文化队伍。伦敦上演的汉德尔歌剧的情节是众所周知的，即作曲家与歌星之间、骗人的经理和破产之间的矛盾冲突。总体来看，这些剧情说明英国人对意大利歌剧的态度，他们认为意大利歌剧是"一种外来的、不合理性的娱乐方式"②。汉德尔1720年创立的皇家音乐学院与其1674年的前身音乐学院一样，注定会发展到法国原型的成熟时期，又不得不在1728年关门歇业。同年上演的《乞丐的歌剧》（其民歌曲调由C. J. 佩普奇写，对白由约翰·盖伊创作）十分成功地模仿了严肃、重大的外国作品。汉德尔自己的歌剧还不及有关这些歌剧的议论为人们所熟知，议论之一是这些歌剧缺乏他的清唱剧里的那些出色的合唱。诚然，他的意大利风格的咏叹调里有一些优美段落，但正如著名的徐缓调（原在汉德尔唯一喜歌剧《泽克斯》里用过）一样，它是脱离戏剧内容的一种美。在汉德尔气质最好的时候，他一次又一次地鄙视咏叹调作曲，创作了音乐量较大的复杂戏剧：《奥

---

① E. J. 登特：《歌剧》（第二次修订本），企鹅出版社1949年版，第174页。

② 伯尼：《历史》第4卷，第221页。

兰多》（1733年）的疯狂场面即为一例；而《阿尔奇纳》（1735年）中则运用了大量法国舞曲，与合唱混在一起。1732年上演的《以斯帖》号称清唱剧，是有布景的，它标志着作曲家将近10年的彷徨和转变的开始。汉德尔两边讨好，在歌剧和清唱剧之间摇摆不定，直到1741年才不再如此，而为适应群众的要求潜心于清唱剧音乐创作。在以后的10年中，他写出了《弥赛亚》、《萨姆森》、《犹大·玛卡贝》和《叫夫他》等杰作，在这个世纪后来的时间里受到人们的崇敬。

18世纪30年代以前，三种纯器乐曲创作已在欧洲牢牢地扎下根来：吕利的法国前奏曲、斯卡拉蒂的意大利前奏曲和维瓦尔迪的协奏曲。这些器乐曲从歌剧衍生出来，又不受歌剧舞台的限制。吕利的前奏曲是一种混合物，它产生于多种原型，其中有些是法国原型，大量采用符点节奏；有些是意大利和法国混合型的，如他为弗雷斯科巴尔迪的《用法语演唱的歌》所写的那样的音乐杰作（1645年）即是一例；卡瓦利的威尼斯前奏曲则是纯意大利型的。吕利能把这些成分熔为一炉，显示了他的音乐才干；他幸运地得到了路易十四的支持，并且因为路易十四的威望，他成功地创立了延续一个多世纪的音乐形式。对法国浮华音乐风格的逐步改造，从吕利的舞曲《泽尔士》（1660年）的前奏曲到海登伦敦交响乐缓慢序曲，其间还产生了珀塞尔的《狄朵》前奏曲、汉德尔的《弥赛亚》的前奏曲和J. S. 巴赫的《仿法前奏曲》（1735年）。就技巧而论，前奏曲有其特殊之处，无论是应当十分注意慢速开始的符点节奏，还是慢速和快速部分的泛音的连接都有标记。作曲家熟悉这个格式，他们知道这是法国型的音乐。吕利去世10年以后，斯卡拉蒂创立了自己的前奏曲。虽然斯卡拉蒂的前奏曲从未完全取代老前奏曲，但这种意大利前奏曲最终更受欢迎。其主要特征是开始部分速度快，还有快—慢—快的三部形式。这些特征也反映在协奏曲里，大约在1710年，协奏曲发展成为一种中间部分慢的三部形式。协奏曲的前奏曲在庆祝歌剧诞生的时候就产生了，而协奏曲，至少在其后来的阶段产生于歌剧演员和乐队（或与合唱，这种情况较少）之间的冲突：因此有人把贝多芬的G大调钢琴协奏曲中运用独奏控制乐队与格卢克的《奥菲欧》①里控制复仇女神相比是颇有启发意义的。但是，莫扎特和贝多芬的钢琴协奏曲的基础则见之于更早的G.托雷利的《协奏曲》（作品六号，1698年；作品八号，1709年）和更具有决定作用的威尼斯人A.维瓦尔迪（1675—1741年）的《协奏曲》（作品三号，阿姆斯特丹，1712—1713年）。这后一部作品的副标题叫《莱斯特罗·阿尔莫尼克》，它使维瓦尔迪名扬欧洲并确立了一种音乐形式。维瓦尔迪是这种新音乐品种的多产作曲家。A.柯雷里（1653—1713年）的《大协奏曲》在时间和风格上都更早一些。尽管这些作品直到1714年才由A.罗杰在阿姆斯特丹出版，但我们有穆法特提供的可靠证据说明柯雷里早在1682年②就已在罗马排练过他的协奏曲。一般情况下，柯雷里用慢速起头，然后快慢调交替使用，这也是汉德尔喜欢的一种形式。但总的来说，欧洲作曲家更喜欢开始用快速调，以加强活泼和节奏感。柯雷里曾经教给他的崇拜者意大利新提琴技术和乐队新知识，但还是斯卡拉蒂和维瓦尔迪的正规形式为欧洲协奏曲以及后来的交响乐定了型。

一个时代最伟大的作曲家，古往今来最伟大的人物之一，竟然始终坚持独立于音乐的主流之外，唯一能解释这种现象的理由只能是他有意拒绝适应他那个时代的模式。如果约翰·瑟巴斯钦·巴赫（1685—1750年）愿意，他是可以写出一直是他的拿

---

① D.托维：《音乐分析随笔》第3卷，1936年，第81页。
② M.平凯莱：《柯雷里》，巴黎，1954年，第18、169页及以后各页。

手好戏的法国和英国组曲，并用管弦乐组曲和《兄弟分别随想曲》来迎合世人兴趣的。1717年，萨克森的选帝侯安排了一次法国高雅音乐和德国通奏低音音乐对抗赛，结果巴赫取得了胜利，真令人啼笑皆非。这就是他作为一个演奏家的才能。不消说，这次比赛的结果在18世纪上半叶并没有损害法国式音乐在欧洲的声望。他的忠实的学生在为他撰写那份著名讣告时，乘机提了一下上述事件，将巴赫的法国对手的实用和优雅的艺术与他的流芳百世的纯音乐作了比较：

> 巴赫始终乐于承认，马尔尚的演奏优美利落，是值得称道的。据说马尔尚在巴黎出名主要是因为创作演奏了《圣诞节前夜风笛音乐》，但在鉴赏家面前与巴赫的赋格曲相比能否站得住脚，可以由在他们的鼎盛时期听过他们演奏的人们来作结论。①

创作风琴曲②是巴赫的拿手好戏。但实际上他并不想写出很多这样的作品。他生前完全没有想做任何有损欧洲乐坛的事。他住在一个边远地区，从未写过歌剧。他的同胞们认为他的作品风格古老，篇幅过长。著名的48个前奏曲和赋格直到19世纪才出版。创作圣乐和高雅的赋格曲是需要忍受暂时默默无闻，以求流芳百世的精神的。

要理解巴赫当时的态度，必须考虑他自己挑选出版的作品。J. G. 瓦尔特（作曲家的一个亲戚）编撰的音乐词典介绍巴赫的作品时提到的仅仅是他出版过的作品，似乎强调的是印刷技术方

---

① A. 皮罗：《巴赫》（B. 恩格尔克译，第2版，1919年），第40页及以后各页。
② 风琴曲，一种风笛曲，通常模仿风笛的低音管音，略带舞曲特色。

面的问题①:"其优秀的克拉维埃作品中,安诺1726年创作的降B大调组曲已经刻成印刷铜版……"70年以后,J. N. 福克尔在1802年出版的作为复兴巴赫艺术主要推动力②的一本书中指出:"他的第一部作品问世时,他已经40多岁了。在这样成熟的年纪,他认为值得出版的作品当然自认为是不错的。"如果将《赋格曲艺术》算进去,巴赫在世时一共出版了8部作品。尽管《赋格曲艺术》在他去世以后才与读者见面,但作者本人曾指导了该书的印刷工作。耐人寻味的是,这些作品全是器乐曲。为什么巴赫没有决定出版宗教清唱剧和圣歌、《圣·马太受难曲》甚至《弥撒B小调》?部分原因可能是:他那个时候教会音乐绝少传到教会以外,作曲家任职的地方就在教会。既然巴赫同意出版一些风琴圣乐,也可能是因为这位固执的德国人预见到这一艺术未来会有发展,德国作曲家将在这方面独占鳌头。正如17世纪和18世纪歌剧鼎盛时期以前是弥撒和圣歌的光辉时代一样,海登的交响乐在巴黎和伦敦获得成功之后,音乐史就再也不是歌剧占突出地位的历史了。关于巴赫的宗教音乐创作,我们只需提一下他将当时的流行技巧如法国前奏曲和意大利从头重复的咏叹调移植到路德教圣餐音乐主体之上就够了。在其清唱剧和受难曲里,以上这些手法仍然只是辅助性的。但从广泛的意义来讲,他所采用的歌剧手法今天的人听起来可能比较模糊了。

巴赫作品一号的标题和内容都很时髦,1731年出版,书名为《钢琴曲集》(键盘乐练习曲),包括前奏曲、阿勒曼舞曲、库尔特舞曲、萨拉班德舞曲、吉格舞曲、小步舞曲以及其他组曲

---

① H. T. 大卫、A. 门德尔:《巴赫审稿人》(纽约,1945年,修订本,1966年),第46页。

② 乌贝·约翰:《瑟巴斯钦·巴赫:列本,孔斯特及孔斯特沃克》(1802年),英译本(1820年),译者可能是A. C. F. 考尔曼。

（即现在人们比较熟悉的组曲）。如果有人发现他的第二组曲以吕利风格的前奏曲起头并不奇怪。舞曲用法国名更说明是巴赫的作品。第二册的标题含义不言自明：《钢琴曲集第二部分，包括一部意大利风格的协奏曲和一部法国风格的前奏曲》。[①] 第三部分（1739年）总体上是圣乐，即管乐赞美诗前奏曲。很明显，无论在巴黎、罗马、维也纳还是在德累斯顿，即使存在新教会音乐，几乎也不可能很流行。第四部分1742年出版，包括《戈尔德贝格变奏曲》。这种变奏曲虽说是优秀音乐，但因为太长，现在就不流行了。1747年，巴赫出版了《风格各异的六部赞美诗风琴曲》。这一部分也收进了赞美诗前奏曲，类同第三部分。不同之处在于6首赞美诗主要包括的是适合风琴独奏的声乐。同年，《音乐教程》一书问世，我们有理由推断，巴赫在室内乐方面给后人留下了他自己成就的记录。

《赋格曲艺术》（1752年）一书中已经有了关于20世纪弦乐四重奏和其他合奏的乐队安排。我们猜想作曲家本人曾用风琴弹奏过赋格曲。但在1752—1756年间，这本书只售出了30册，足以说明18世纪人们的兴趣！为了弥补印刷费用，巴赫之子C.P.E.巴赫在1758年不得不将该书的印制铜版当普通金属拍卖。巴赫的代表作是一部伟大的作品，但在当时是禁书。这是他创作生涯结束时的作品，它既不是属于他所处的时代的作品，也不适合任何时期轻狂、性急或爱挑剔的人们的兴趣。这使我们想起歌德的《浮士德》第二部分，有些段落虽不如其他段落感人，但写得出色的段落只要人们一读起来连神也会受感动的。

（李松林　译）

---

[①]　《钢琴曲集》以外的标题均有翻译。钢琴曲是个统称，适合于任何一种键盘乐器，无论古拨弦钢琴、击弦古钢琴、管风琴或现代钢琴。

# 第 四 章

# 宗教和教会与国家的关系

1678年，罗马教皇并未使朝圣的教徒们诚惶诚恐，但8年之后，新教徒们都不寒而栗了。皇帝把匈牙利信奉加尔文派新教的贵族们交给天主教管辖，登上英国王位的是一名敢作敢为的罗马天主教徒，另一名天主教徒接任了巴拉丁选帝侯，路易十四已经撤销了"南特敕令"并说服萨伏依公爵再次进军沃杜瓦的山谷。有人害怕，分裂不和的新教各派的精神力量会经受不住这一考验。1686年，流放在荷兰的伯内特写道："如果上帝对宗教改革运动还有好感的话，他还会再次掀起这个运动，然而我认为，承认宗教改革的那些教派死气沉沉，使我感到希望渺茫。"[1] 这种悲观论调很快就令人惶惑不安，而伯内特则继续当一名英国圣公会主教，然而，在很长一段时间内他依然对教皇制度的业绩心存疑惧。

的确，从1688年到1715年，天主教在法国和波兰取得了不容异议的统治地位。路易十四稍经踌躇之后，于1715年3月的一项声明中重申了他的粗暴政策：剥夺新教徒的一切合法地位，

---

[1] T. E. S. 克拉克、H. C. 福克斯克罗夫特：《吉尔伯特·伯内特传》，剑桥，1907年，第214页。

新教徒继续居住在法国就被认为"证明他们已经信奉罗马天主教"[①]。5个月以后,路易十四病危,有9个人(实际上是加尔文派新教牧师团中所剩下的全部人员)在朗格多克的一个采石场聚会,举行了新教被取缔以来的第一次宗教会议,并发起了在"沙漠"上重建教会的艰苦的秘密活动。同法国的声明一样,1717年的波兰法令规定要拆毁新近建立的新教教堂,这不过是确认一个早已达到了目的的排斥异端的措施罢了,因为这时新教的路德派和唯一神教派已经衰落了。只有在立陶宛,加尔文派新教还保留有一支力量。事实证明,这种镇压新教徒(以及正教徒)少数派的做法,在政治上是灾难性的;已经有人提出替这些"不信奉国教者"进行外国干涉的设想。[②] 不过当时的俄国和普鲁士对于采取联合行动的建议暂时装聋作哑,因而天主教在波兰的统治地位没有受到干扰。但这些事态的发展并不普遍代表欧洲的情况。大多数天主教统治者认为,比较明智的办法是同他们的新教徒臣民们搞好关系,他们至少承认,改变信仰的宗教狂是不能输出的。1694年,萨伏依公爵同沃杜瓦和解。1705年,尽管英国支持巴拉丁移民,认为他们是受到大肆迫害的牺牲者,但巴拉丁选帝侯已经体会到容忍是明智的。路易十四本人也感到,侵略性的外交政策需要宗教上的温和与之相辅相成。在阿尔萨斯,天主教徒们在担任公职方面的职位已超过其份额,在传道方面也享有优越的条件,但允许路德派新教徒享受协议条款文字所保证的各项权利。奥格斯堡联盟组成之后,法国停止怂恿居住在阿讷西的"日内瓦主教"阴谋把加尔文城兼并到他的主教区之内;这样足以使日内瓦孤立和中立起来,防止它让伯尔尼军队进

---

① 参看本书原文第337—338页。
② L. R. 卢伊特:《彼得大帝与波兰的不信奉国教者》,《斯拉夫评论》第33卷(1951年),第75—101页。

驻或参加赫尔维希亚联邦。1715年5月,路易十四同天主教统治的各州区达成的一项未经批准的秘密协定表明,他本来是乐于在瑞士进行干涉的,但外交政策的约束性束缚了他的手脚,于是,在没有外国干涉的情况下,新教徒的各州区在1712年内战中取得了胜利。[1] 同他在凡尔赛的敌人一样,皇帝发现有必要装出温和的姿态。尽管维也纳尽力从德国南部移进天主教徒移民,但1648年以后,匈牙利并没有走波希米亚的道路。信奉加尔文派新教的贵族们表示,如果把他们逼得走投无路,那么他们宁愿选择土耳其人统治下的那种愤世嫉俗的半容忍地位,而不愿在哈布斯堡王朝统治下失去宗教和自由。他们这种不妥协精神终于赢得了对他们的宗教自由的勉强承认。

1685—1688年的特殊形势过去之后,新教徒们对于自己分出的派别又重新扬扬自得起来。尤其是德国的路德派,眼界狭小,满足于自我内省。大批由豪贵的地方行政官统管的国家教堂,"犹如一连串内陆的池塘,除个别饶有生气者外,都是死水一潭"[2]。由于要求教徒们绝对忠实于一个不符合历史事实的"拜占庭",路德把他的追随者从基督徒的行列中分裂了出来;在莱比锡的一座教堂中,一名英国游客声称他看到一张撒旦、罗耀拉和加尔文站在一起的画,被称为是"基督的三大敌人"[3]。但是心胸褊狭的路德派的坚硬外壳正在破裂。政治分裂对教士们所产生的影响,证明对大学是有利的,因为教师和学生们可以移

---

[1] 1656年,伯尔尼和苏黎世曾在"第一次维尔默尔根战争"中同天主教统治的各州区打过仗;"第二次维尔默尔根战争"开始于1712年,当时由于要从施维茨修建一条"天主教大道"直通奥地利边境以及圣加仑修道院院长的无理行为,激怒了伯尔尼和苏黎世。见E. 邦儒尔、H.S. 奥夫勒和G.R. 波特合著《瑞士简史》,牛津,1952年,第196—197页。

[2] A.L. 德拉蒙德:《路德以来的德国新教》,1951年,第177页。

[3] F.G. 詹姆斯:《北国主教:威廉·尼科尔森传》,耶鲁,1956年,第11页。

居到具有最广泛自由的各个（大学）中心去。虔信派教徒们坚决认为，毕生行善是各派基督教徒之间的一种团结力，这种团结力不是教义上的分歧所能瓦解的——维特·冯·塞根道尔夫在他所著《路德教派历史》（1692年）一书中表达了这一忍让的宗教思想，在这本著作中，甚至赞美了改革后的特尼特罗马教派。君主一旦摆脱了偏见，他对教会的控制权并不一定是一种灾难。力求通过替国家效劳的方法使信仰各异的臣民们团结在一起的两代霍亨索伦王朝就采取了一种宗教忍让政策；这一政策的正确性此时正在显示出来，吸引勤奋的胡格诺派教徒难民接受他们的管辖，并成功地获得了若干天主教徒人口占优势的新区域。1665年，正是在勃兰登堡，洛克第一次懂得了忍让的价值；为使路德派和加尔文派共同接受英文祈祷书的一个德文译本从而言归于好而进行那场漫长（而最后没有成功）的谈判，夸美纽斯的孙子、全世界基督教理想的倡导人 D. E. 杰布隆斯基到柏林避难并在那里建立了总部。"有治理，才有宗教"（cujus regio, ejus religio）这句被作为在政治领域内排斥异端的金科玉律般的古老谚语，它暗喻：一个统治者在他自己的领土上是至高无上的，无道德可言。霍亨索伦王朝的行为表明，推行专制制度的最佳良策莫过于不顾道德。1708年，安妮女王推敲过制定一项总协议的种种建议，这项总协议规定，一位君主改变宗教信仰时，必须不使其臣民们的"信仰或收益"受到损害。[1] 这种统治方法也许可以用来对付那些不负责任的、见解偏激的小诸侯（例如符腾堡的埃贝哈德·路德维希，他提出，如果教皇替他解除他那烦人的婚约，他就要把信奉路德派新教的臣民们赶回罗马），但是在德国的其他地方，安妮女王的这项原则都已得到默认。当萨克森的奥古斯

---

[1] W. A. 尼特尔：《18世纪早期的巴拉丁移民》，美国费城，1936年，第23页。

都为取得波兰王位于1697年改奉天主教时,谁也没有要他的臣民们改变宗教信仰;直至19世纪初,萨克森人数较少的天主教徒依然在国内处于无权地位。假如代价已够大的话,那么此刻就成了"有宗教,才有治理"的问题了。

17世纪70年代,一名同荷兰和日内瓦(加尔文教派的两个堡垒)有接触的观察家也许会猜想,改良教派注定要像路德教派那样变得墨守成规和囿于反省。在荷兰,法国的野蛮入侵犹如洪水席卷,激发了人们的感情,在这股痛苦的洪流之中,正统教士的不容忍看来颇盛,对他们来说,多特教区的宗教会议是宗教改革的顶点。1679年,日内瓦的牧师们出于无奈,决意遵从 Consensus Ecclesiarum Helveticarum 准则(瑞士各个经过宗教改革的州区已于4年前遵从这一准则),该准则公开赞扬深受宿命论和《圣经》所启示的各种极端的教义。继之而来的,则是1685—1689年间对各国新教的激烈威胁、大批难民造成的心理影响、英国起而成为欧洲抵御路易十四野心的屏障,以及与当时的知识时尚有接触的新一代神学家的出现。各种形势结合在一起,蕴藏着几股各不相容的力量。日内瓦牧师们在天主教势力的军事力量包围下,痛感自己的孤立;牛津大学出现了一些讽刺他们的诗文,消息传来,逼使他们为自己"非常高尚的情操"向主教派统治的政府提出委婉的抗议:"我们居住在你们中间,难道就必须在你们的教徒集会中出头露面吗?"① 胡格诺派难民(为了逃避法国的报复,许多难民已匆匆迁走)使他们良心上蒙受耻辱,是一场悲剧的见证人,这场悲剧使那些对于教义的精确含义的争论显得相形失色。这个骄傲的城邦处于新教精神生活的十字路口,它是外国学生和旅游者的胜地,是基督教印刷业的一

---

① E. 卡彭特:《新教主教亨利·康普顿,1632—1713年》,1956年,第346—349页。

个中心，在法国的新教的书籍市场垮台以后，这个印刷中心改出神学入门书籍，把市场转向信奉天主教的西班牙和意大利。自由思想找到了捷径，甚至进入了神学院的内部核心，像 J. A. 特里坦尼那样的教授们也受到影响。日内瓦废弃准则两年之后，即1708 年，特里坦尼同英国教会的另外两位外国成员会晤，为新教的重新联合起草一个计划，这种重新联合是以已经明显表现出来的和对虔诚的生活必不可少的那些基本信念作为基础的。像柏林的雅布隆斯基一样，这些宽宏大量的人们意识到，英国圣公会就是他们希望所在的拱顶石；像雅布隆斯基那样，而不像与他们一致的那些英国神学家们那样，他们对于政治形势的严酷现实是视而不见的。但是他们的努力取得了某些成果，因为，像圣餐杯一样古老的观念告诉人们，使人类得到拯救必不可少的基本真理是屈指可数的，这就意味着走向宗教统一，从而更肯定地走向宗教忍让。

在荷兰，宗教自由的思想已经经过了半个世纪的发展。在那里，难民们的影响不仅表现在理智方面，也表现在情感方面，自由的倾向就更为明显。异教教义、荷兰神学派和笛卡儿思想继续冲击着多尔德宗教会议。实际上，1694 年在荷兰各州通过一项决议，劝诫人们要"兄弟般地和睦相处"，并且敦促各大学的教学活动要同多尔德宗教会议的决议一致，而不要"遵循哲学的法则"，然而，其目的却是为了制服严格正统的富蒂乌斯派（此时，该派正在要求召开另一个全国性的宗教会议），这一次是为了摧毁《圣经》寓言解释的支持者们——科赫派。威廉三世本人是一位富蒂乌斯派，他坚持对峙的双方都采取温和的态度，弗兰纳克和莱顿两地的神学家们有见识地支持了他的政治态度。抱怀疑态度的教授们寻找身居高位的保护人。北荷兰宗教会议因巴尔塔扎尔·贝克在"De Betoverde Weereld"（1691 年）中攻击迷信而把他废黜以后，阿姆斯特丹的市政官员们继续让他终身领取规定给他的薪俸。已建立起来的加尔文派教会无法制伏虔诚派、在莱茵斯堡依然十分活跃的公圣堂派、通神学派和其他新分裂出来的教派；反对天主教的法律依然未执行。同国教有联系但仍处于半独立状态和能忍让的瓦隆教派，由于增添了法国难民和上层资产阶级家属的力量而得到了加强。随着欧洲广大读者对培尔、朱里厄、勒·克莱克、伯努瓦和巴斯内奇等人的名字日渐熟悉，情况日益明显：路易十四的迫害加强了荷兰加尔文派在"文化界"的领导地位。在各个分裂教派的喧闹声中，在印刷机的轧轧声中，商业繁荣了，这也许不仅仅是出于巧合。佩恩写道，荷兰的强大来自宽容："给王国带来和平的是各种利益的联合，而不是各种意见的联合。"①

在佩恩这样写的时候，就连意见分歧的英国新教各派也为了保护他们的利益而联合起来了。② 詹姆士二世一旦去世，国教与不信奉国教者之间的关系就会改变。在实际问题和政治问题上证明有理的迫害，在宗教问题上并不同样有理；合法权力可以支配无关紧要的事务以及各分裂教派点燃了内战的火焰之类的旧的论据现在看来已失去了说服力，因为人们滥用了合法权力，一场崇高的革命已经发生。现在必须履行主教们在拒绝宣读詹姆士二世的"赦免令"时提出的"给不信奉国教者以适当的仁慈"的承诺。有两条可走的道路：谅解和容忍。起初，似乎长老派教徒会重归国教，条件是：一方承认把建立一个全国性教会的理想只限于国教内部；而另一方则希望苏格兰、北爱尔兰和英格兰不信奉国教的各重要派别能恢复和好。但是这份谅解的方案并未被提交

---

① 原载《对不信奉国教各个教派采取温和态度的劝告》（1686年），由 W. C. 布雷思韦特在《贵格会教义的第二个时期》（1919年）一书中转引，见该书第128页。

② 参看本书第6章。

宗教会议的下院。有一个时期，拒绝效忠于威廉三世的英国国教牧师们"装出自己依然信奉古老的英国国教"①。身居高职的国教教士却不愿冒退让之险。于是，谅解的手段被放弃了，议会只批准了程度有限的容忍。这是一次现实的妥协，但却缺少宽容的气概和想象力。

就这样，主要是由于经济上的谨慎、政治上的需要以及人们对于教派之间的争论和宗教狂热感到厌烦，英国、荷兰和勃兰登堡都出现了容忍的局面；即使这样，各种对容忍有利的论据也同时在积累着。"明智的"宗教倾向于"无形教会"的观念，这种无形教会很容易蜕变成洛克所提倡的那种"由一群人根据他们各自对上帝的尊崇观念而联合在一起的自愿社会……"② 这是一个并不神秘的宗教俱乐部，它很难引起关于神明或人类的种种恐怖。新教徒们则在最低基本原则的基础上寻求联合，他们接受并在实际上尊重波舒哀关于"变化"的责备，使自己面对培尔所提出的这样一个问题：那么，为什么要禁止索齐尼的想法呢？如果洛克抵制各种固有思想（尽管他并不抵制"自然的反感"）这件事是正确的话，那么，人与人之间的区别主要在于教育的结果，这个结论，使强制成为一种符合逻辑的可能，而不是一种仇恨。不言而喻，在被放逐的胡格诺教派人士之间，对容忍问题争吵得最为激烈。皮埃尔·朱里厄为反对路易十四进行了耸人听闻的宣传，但却死抱住真正的宗教权力不放，借以压制错误的学说，可是后来发现，培尔和其他更有自由色彩的难民们却利用朱

---

① 伯内特转引自 N. 赛克斯著《从谢尔登到赛克》一书，剑桥，1959 年，第 88—89 页。英国允许外国新教徒参加宗教活动的做法后来成为"和解法令"的基础，见 N. 赛克斯《坎特伯雷大主教威廉·韦克，1657—1737 年》一书（两卷本），剑桥，1957 年，第 2 卷，第 20 页。又参看本书原文第 209—210、212 页。

② 《关于容忍的信件》（1689 年）。

里厄自己的论点来反对他本人。在一本著名的评论著作中[①]，培尔坚持认为，没有一项单独的声明能够在福音和自然礼仪面前站得住脚，从而用经文作证打乱了争论的程序。洛克把无神论者排斥在容忍的范围之外，佩恩则为宾夕法尼亚确立了一项道德法规（洛克把这项道德法规看做是残暴不仁的），而培尔却同时超过了他们两人（也超过了他的时代），他保卫一切道德异离者的权利（即使无神论者也必须这样做）。当朱里厄提出他认为积极的迫害派也应赞同他的论点时，这场争论就全面展开了。有趣的是，朱里厄在教会理论方面是最有气量的，而培尔恰恰在这一点上对他发动了攻击。大约到了1670年，教会学派已经采纳了这样的观点，即每个基督徒必须从各个已经声明属于真正的教派中间选定一个教派，然而，朱里厄却把教会看做一个整体，一个"联盟"，在这个联盟中，各个基督教派可以各自保留最低限度的教义上的同一性，成为一个有形的共同体，它的疆界可以延伸到把信教的父母们所生而未经洗礼的儿童们也包括进去，把一切接受基本真理的人也包括进去，甚至参加分裂教派的人也可包括进去。[②] 培尔则嘲笑这一观点，认为这是把宗教改革当做一场不必要的儿戏。他看到兼容是对容忍的一种潜在的危险，如果极少数教派被排除在外，那么这些教派就更容易受到迫害。

在另一场使逃亡的胡格诺教派发生分裂的大争论（关于反抗暴政的权利）中，培尔和温和派们依然是法兰西的爱国者，而朱里厄则热情支持英国革命，并希望通过法国的崩溃而使新教胜利。在詹姆士二世对普遍遵循的（虽不甚明确）管辖教民的

---

[①] 《关于基督言论的哲学注解》（阿姆斯特丹，1686—1688年）。
[②] 见 R. 弗尔茨尔著《17世纪法国新教神学家所认为的真假教会》（1956年），第25—26、32、73、78—79页；G. 蒂尔斯：《天主教辩护派关于改革后教会的注解》，根贝罗，1937年，第167—183页。关于朱里厄，参见本书原文第218页。

教义强迫进行修改之前,天主教徒和新教徒都遵循罗马《圣经·新约》"致罗马使徒书"中(Xiii I)那句名言:"权力由上帝赐予。"人们承认,一切形式的政府都可以是合法的,但其君主却要受上帝的裁判。不过,这些条件往往只是理论上的。波舒哀赞成这些意见,并且在实际上崇敬国王权力的"奇迹",在路德教派维特·冯·塞根道尔夫所著的《基督国家》(1685年)一书中如实地反映出了这种君权的保守主义,他认为,对于一个邪恶的统治者,基督教徒们唯一反对的武器就是祈祷。1683年统治牛津大学的是一条"明确无疑、绝对而又绝无例外的"顺从君主的教义,这条教义是英国牧师们在蒙默思被处决的前夕向他说的。其中有一人就是圣阿瑟夫的主教威廉·劳埃德,此人3年以后成为囚禁于伦敦塔中的7名主教之一。"这就是你们英国教会的忠诚吗?"詹姆士二世对马格达林学院的成员们所讲的这句著名的冲动之言实际上没有多少道理。"不反抗"并不排除"不合作";主教们说,他们要人们"服从,在不能服从的时候要忍受痛苦"。"不反抗"也许仅仅是一名基督教徒对待任何一个既定政府所担承的一种并非出于真心的义务罢了。舍洛克在接受威廉三世授予他圣保罗教长职权时就是用这种论点为自己辩解的,威廉三世的敌人尖刻地说他是"一位凭神意当上的国王,任意支配其主教和教长"[①]。神权君主制的各种古老准则不必抛弃,不必把这些准则施加在一位世袭的国王身上,反之,稍稍加以修改,即可适用于一位通过神权而选定的国王身上。不同集团的教士们,采用不同的准则各自进行自我辩护,萨谢弗雷尔和上层教士们喜欢用虚构的詹姆士二世退位的传说;斯蒂林菲里特认为违反公众利益的效忠誓言没有约束力;劳埃德则跟随霍布斯拒绝服从不再能保护他们的君主;伯内特与康普顿(他穿着浅黄

---

[①] 见 J. 亨特著《英国的宗教思想》(共3卷,1871年)第2卷,第65页。

色皮上衣和长筒靴,带着佩剑和手枪为新教的事业呼吁)站在英国法律的立场上,认为最高权力不属于国王个人而属于国王和议会,法律保证国民的宗教,把它视为国民财产的一部分。英国教士们不需要朱里厄论点的全部理论,即政府是由于人类的原罪而产生的,它必须建立在契约的基础上,而这种契约永远也不能把对宗教应尽的义务牺牲掉,而最高权力则属于全体人民。然而朱里厄的抽象概念和对神权理论的修改,这两者归根结底只不过是用复杂的方法去求助于简单的常识罢了。政治事件本身连同笛卡儿和洛克正在把人们推向一个"理性"的时代。一位副主教说,利用《圣经》来反对一个民族的自由权利是荒谬的。他说:"自然和理性的基本规律以及政府都是客观存在,我们的救世主来到世上是为了按这些规律行事而不是要破坏它们。"[①] 国王能废黜吗? 斯威夫特激动地申述他的意见说:"如果要废黜他,我会以为他谋杀了自己的母亲和妻子、搞了乱伦、强奸了有身份的妇女、搞垮了国会和焚烧了首府。"[②] 可悲的詹姆士! 选斯威夫特依然甘愿屈从于"立法机关"的罪恶。另一方面,像贝克莱那样,人们可以坚持对"最高国民权力""绝对无限制地不抵制",条件是在非常情况下,任何声称拥有这种最高国民权力的当局都应接受审查。[③] 不是《圣经》的词句而是理性成为基督教徒在政治中的行为准则。

假如有神批准的对君主权力的限制的话,这些限制可能会被特地用来保卫教会。但在欧洲的天主教地区,和基督教地区一样,教会与国家之间的联合总是偏向于世俗权力一边,这种权力

---

[①] 引自 K. G. 法伊林著《保守党党史,1640—1714 年》,牛津,1924 年,第 491—492 页。

[②] 《一位英国教士对宗教与政府的观点》(1708 年),见 H. 戴维斯编《散文集》第 2 卷,牛津,1940 年,第 22 页。

[③] 见 A. A. 卢斯著《乔治·贝克莱传》(1949 年),第 53 页。

在选任高级宗教官员时一般起着决定性的作用。英国的主教职位与法国不一样，它们主要成为留给贵族的肥缺，这可能是因为这种职位非常少的缘故。但是，在上议院中，26名高级教士在表决时是一股强大的力量，因而他们的任命是一件政治性很强的事。但是，不受君主对宗教的信仰所左右的官职恩赐权具有重要的影响；1707年，安妮女王不得不答应在委任主教时一定要与她的部长们进行磋商。尽管法国的高级教士有权参加五年一次的大会，会议（在王室的监督下）对给政府的捐款进行表决，而在英国，教会交出了它对各级教会征税的权力，因而王国政府中止了宗教会议的召开，这是英国王室在1689年宗教会议未能体现容忍后恢复的一项政策。

虽然这类减少控制的做法为大多数国家所采用，教士们有时仍感到不安。在瑞典，1719年君主专制制度崩溃，下级教士们在任命主教的问题上赢得了真正的发言权。1711年，费奈隆幻想法国天主教能交出其财产以重获自由。爱尔兰教会自傲地坚持认为它不是英国教会的附属品而是古凯尔特族教会的继承者，而且凯尔特族教会从未归顺亨利八世。甚至在彼得大帝坚决不允许再有主教的俄国，教廷的代表斯特凡·耶沃尔斯基抱怨说："基督没有把他的教会托付给皇帝提比略，而把它托付给圣徒保罗。"① 然而，在即将举行最重要的，有关"教会与国家的关系"讨论的英国，这个问题在1697年《给宗教会议领导人的一封信》的著名宣言中明确地提了出来，并激起了争议。宣言说："教会是为了超自然的目的建立的团体，因而它必须拥有相应的治理自己的权力以达到其目的。"拒绝效忠于英王的牧师们在主教们由于拒绝对威廉和玛丽宣誓而遭废黜时

---

① J.塞罗赫：《彼得一世时期斯特凡·耶沃尔斯基与理论冲突》，发表于《斯拉夫评论》1951年第30卷第57页。见本书原文第728—729页。

已经指出了这一点,并为此提出异议。他们说:假如政府可以把教会的领导人撤掉,那就可把教会作为与国家截然不同的团体完全推翻,并使教会在受迫害时根本不能继续存在下去。[①]虽然不效忠于威廉的牧师们有着广泛的影响,而且乔治·希克斯把争议延长到下一代人,但是在具体的辩论中只得到很少几个同情者。但当阿特伯里利用教会在精神上的独立性作为恢复宗教会议的论据时,他在下级教士中引起了反响,并博得了政界虚伪的赞扬。他试图说明,在国会召开会议时宗教会议也必须召开以处理各种事务,这种说法依靠的是错误地援引被韦克否定的先例。然而,阿特伯里的反驳是有力的,他说:"这些事例是令人悲痛的,但(赞美天主)那已是很久以前的事了,所以对我们关系不大。"[②] 从1701年起,争论转到了新的问题上,此时阿特伯里及其支持者们把问题集中在宗教会议下议院的权力上,即"下议院的大主教"问题上。阿特伯里过去的看法又一次被证明是荒谬的,这一次是由吉布森证明的,可是阿特伯里再次根据自然理性反对先例的压力,提出了他最有力的论据。吉布森说阿特伯里要求得到"教会议院的概念"中必然包含的权力,这种要求毫无道理,只不过是"从事物的本质中作了一些不能肯定的推断"[③]。在对他们那些使政府得到加强的教会法令的概念进行重新审查以后,在对君主的忠诚发生的转移进行讨论以后,在设法限制皇室在教会中至高无上的权力(这种权力在国家事务中已受到限制)以后,以及在给予下级教士相当于辉格党人和开明主教们那样的权益以后,情况说

---

① 亨利·多德韦尔引自 G. 埃夫里著《高教会党,1688—1718年》(1956年),第71、84页。
② 见 H. C. 比钦著《弗朗西斯·阿特伯里》(1909年),第58页。
③ 塞克斯:《埃德蒙·吉布森,伦敦主教 1669—1748年》,牛津,1926年,第37页。

明，教会人士强有力的论点所根据的并不是《圣经》或先例，而是自然的逻辑。人们正在进入一个理性的时代。

把基督教的伦敦的种种强烈争论转移到天主教的首府是件出其不意事，因为在欧洲的政治和知识界生活中，罗马已成为一个边缘城市。然而，从另一方面来说，罗马实际上是世界的中心。基督教强大传教活动的发展还处在开始阶段：1698年基督教知识促进学会成立，3年后福音传播会成立，虔信派教士从哈雷来到特兰克巴尔，以及一些教师在北美洲印第安人中的活动仅仅是为下一个世纪大规模传教运动初试锋芒而已。在俄国教会中，托博尔斯克的大主教费路休斯·莱茨津斯基几乎是唯一对在西伯利亚部落中传教感兴趣的人。在天主教以外，需要有一位莱布尼兹那样的天才使人们看到全世界有着同一种命运，这是罗马耶稣会总部和传道总会一贯的设想。就在詹森派、法国天主教派和寂静派进行激烈争论，几代教皇打发外交使节为帕尔马和皮亚琴察的封建宗主权进行奔波的同时，基督教却从中国到秘鲁正在向前推进它的疆界。

罗马传道总会看到，就防御新教而言，北方是唯一不可能再向前推进的边界。虽然圣公会和东方各教派之间日益发展的联系引起了人们的某些关切，但指望从牺牲东正教和其他较小的东方教派的利益而从中获得新的好处还是有道理的，特别是在1672年耶路撒冷宗教会议否定了加尔文派所供认的对原君士坦丁堡大主教西里尔·卢卡里的忠诚之后，更是如此。在波兰，东正教主教们正在转向希腊正教。当时正在进行磋商，以期最终说服安蒂奥克的一位最高主教来成立拜占庭希腊正教的梅尔卡特分支。耶稣会的传教士们正在争取景教徒作为迦勒底人与罗马交往。在中世纪时就已效忠于罗马的叙利亚马龙派此刻却成了罗马教廷特别担心的对象。

比这些在边界上与新教和正教的小冲突重要得多的是在美洲

和亚洲反对异教的斗争,首当其冲的是一些宗教团体,它们的地位一点也不重要,因为在欧洲,这些团体已成为玩弄世俗手腕和愚民政策的代名词。在新世界,传道总会理所当然地把西班牙帝国看做是扩张权力的中心。事实上,法国和葡萄牙的属地正在变得日益重要:魁北克主教区于1674年成立,巴西当时唯一的主教管区巴伊亚于两年之后便成了一个大主教管区。但是,法国和葡萄牙的宗教机构并未成为非常成功的传教基地。在新法兰西,英雄的耶稣会传教士在大湖地区以北、以西和以南进行工作,但游牧的印第安人之间的战争和酒类贸易对基督教徒的不断增多作了让步,而伊洛魁部落高度发展的异教信仰和英法两国对这些部落的争夺却继续限制着基督教向这些同盟村庄的渗透。巴西的教会处于不景气的状态:那里的宗教生活是由耶稣会开创的,此刻却受到一位时新的传教士安东尼奥·比埃拉神甫的影响。他是亚马孙河以北地区城镇的创建者,活到高龄,于1697年在巴西去世。在西班牙的各个领地中,同葡萄牙的领地一样,印第安人受到监护,因而在建立当地的教士队伍方面未曾作过不少尝试。然而,宗教团体继续在探索发展的途径。虽然方济各会托钵僧(他们的据点是委内瑞拉)于1689年从达里埃撤出,而且恰帕斯的已成为基督教徒的印第安人于1712—1713年反叛,但方济各会坚忍不拔的精神有时却在美洲中部的其他地区赢得了惊人的、哪怕是暂时的收获。与此同时,在得克萨斯和佛罗里达,他们在阿帕切人的支持下,传教工作正在向前推进。耶稣会也正在从墨西哥推向加利福尼亚,一路上把游牧的印第安人组织成农业村社。在巴拉那和巴拉圭两河之间,耶稣会使用神权的家长式统治的著名试验,成功地把约1.5万名瓜拉尼印第安人从他们自身的懒散和欧洲人的剥削中拯救了出来。与此相对比,在亚马孙河上游丛林中,由耶稣会和方济各会在那些不太温顺和使用多种语言的印第安人中建立起来的基督教居民区,却在18世纪初被异教或葡萄牙的攻击所摧毁了。①

在东方，欧洲诸国在东方尚未崩溃的古老文明之邦四周进行贸易，各国传教团体的问题也各不相同。② 传教士们跟不上军事胜利的形势，大批赢得信徒是不可能的，那里的本地人口众多，与美洲人的部落大不相同，对美洲人部落来说，基督教等于是文明的别名，易于接受。基督教在东方不易立足的通律，只有一个例外，即菲律宾当地的社会太原始，无力抵制西班牙教会，该教会在菲律宾犹如在美洲一样牢固地扎下了根。至于在亚洲的其他地方，基督教不得不在没有物质力量支持的情况下，在与当地已经确立的各种哲学和文化习俗的辩论中开辟自己的道路。罗马传道总会理解这一情况，所以1658年为远东地区派出了两位名誉主教，指示他们要遵守所在地的法律，并按照耶稣会教士亚历山大·德·罗得所倡议的政策建立一个名誉主教的网络，以组成一个当地的教士团体，使之能不依靠欧洲的庇护而独立行动。由于正规的教会团体对这一政策持敌对态度（也由于各教会团体之间的相互敌对），以及由于葡萄牙和西班牙对东方的天主教传教团体拥有监督权，遂使政策的贯彻产生了种种困难。尽管如此，法国天主教的势力进入暹罗、东京湾和交趾支那；并且建立了其他几个名誉主教教区，以便把中国各地区争夺过来，即接管葡萄牙人建立的有名无实的澳门、北京和南京等主教管辖区。传道总会的目标是把触角推向最远的边疆，就连西藏也要接过手来，理由是葡萄牙的帕德罗阿多传教士已经放弃西藏。这里所指的是，当年有两名方济各会托钵僧历尽艰辛于1708年前往拉萨，还有耶稣会教士德西迪里于1714年告别了斯利那加的皇宫、葡萄和鲜花，踏上通向西藏首府的"黑色山脉"和荒无人烟的道

---

① 见本书原文第356—357页。
② 参见《新编剑桥世界近代史》第5卷，原文第403—409页。

路，而拉萨正是他的同行格吕贝尔在半个世纪前从中国的长城到达过的地方。但最大的收获是取得了幅员辽阔的大清帝国。耶稣会的一个传教团体常驻北京达一个世纪左右。在1669—1722年康熙皇帝统治时期，这个传教团的影响上升到无与伦比的程度。它的成员成了科学家、艺术家、枪炮制造家、外交人员和行政官员。1688年，担任清朝政府钦天监的比利时神甫南怀仁\*出殡时，皇帝为他送葬所派的御林军竟然走在圣母怀抱耶稣的圣像之后。1692年，康熙颁发了一道诏书，允许百姓们到欧洲人的教堂里去做礼拜。此事表明，传教团的目标看来即将实现。然而，远在这位宽容的皇帝尚未驾崩之前，耶稣会的黄金时代就已告终了。中国的一贯国策是尊孔（正如在欧洲学院中尊敬西塞罗一样），士大夫阶级崇书尚礼以及平民百姓奠祭祖先的礼仪是天经地义的事。从17世纪中期以来，耶稣会的地位一直受到这类事务的挑战。1703年，罗马把马亚尔·德·图尔农作为大使级官员派往东印度群岛时，争论发展到了紧急的关头。德·图尔农是根据传道总会的一项秘密决定派去的，1707年，他从各个方面谴责了耶稣会——谴责中国的"礼"，谴责用相应的中国名词来称呼基督教的上帝。由于皇帝曾宣称过崇尚礼仪纯属中国内政，而如今那些连中国字都不识的外国人竟对此进行干预，皇帝因而勃然大怒，随即下令驱逐一切听命于罗马决定而未曾许诺终身留居中国（有一些是作了这种许诺的）的传教士。这类争议的细节是令人厌恶的，经常是一些琐事；然而终于作出了这样一项重大的决定。衡量这项决定在基督教与其他宗教的关系史中所产生的整个影响，目前可能还为时过早。

1682年，英诺森十一世表示愿替路易十四加冕为君士坦丁

---

\* 南怀仁（Ferdinand Verhres，1623—1688年），清朝在中国的天主教耶稣会传教士，比利时人，受清政府重用，取中文名"南怀仁"。——译者

堡的皇帝，用以换取针对土耳其人的干预，此时，埃特雷红衣主教曾说过"十字军时代已经结束了"。信奉天主教的君主们在推行各自的外交政策时并不听命于罗马，它们的大使在罗马的举止傲慢到在任何其他主要国家的首都令人难以置信的程度。例如，教廷对勃兰登堡选帝侯获得王位一事和对《乌得勒支和约》条款提出的抗议根本没人理会。皇帝有时把罗马当做是同他的敌人站在一边的一个意大利公国；教皇的使节于1705年被逐出维也纳，后来帝国的部队又侵入了教皇的领土。1709年克雷芒十一世改变立场后，就轮到菲利普五世被触怒了，菲利普五世便在他管辖的领地内提倡王权至上的学说。然而，天主教君主们依然期望罗马为他们做好事。梅迪契家族要求在家族内必须有一名红衣主教，即便是托斯卡纳的科西莫大公的兄弟弗朗切斯科·马里亚，一位骄奢淫逸和搞同性恋的家伙，也要当红衣主教；路易十四则非要德福宾·让桑升为红衣主教，他是一名因劝说土耳其人攻击皇帝而臭名昭著的高级教士。在一次教皇的选举中，君主们坚持他们拥有"排斥"权，据说这是在1691年红衣主教选举教皇的秘密会议上确立的一项具体权利。① 在1700年的第二次秘密会议上，法国的红衣主教们仅在得到了他们大使的授意之后才同意选举阿尔巴尼，此人是泽兰蒂党的一名候选人（该党主张纯粹按教会的意图办事）。由于得到了这种"排斥"权的支持，君主们把选择教皇一事完全看做是一种政治事务，就像选择一名波兰的国王一样，他们往往物色一名不能胜任这一高位但却愿顺从他们的候选人。七八十岁高龄的亚历山大八世（1689—1691年在位）就是如此。他匆忙地把自己的亲属迁出威尼斯，为的是在死神未召唤他之前为这批亲属安排职务。然而，他还不是典

---

① 见L. 冯·帕斯特著《教皇史》第32卷（E. 格拉夫译，1940年），第565页。

型。英诺森十二世(1691—1700年在位)虽年事已高,还是坚定而正直;英诺森十一世(1676—1689年在位)和克雷芒十一世(1700—1721年在位)也都是好人并具有伟人的品质。但是要统治一个腐败的意大利公国,蔑视那些利用宗教以达到个人目的的天主教君主们,领导一个教会的帝国,并在这一危急的时期在理智方面发挥领导作用,那就需要有希尔德布兰德那样的勇气和力量,这是他们所做不到的。

  天主教君主们甚至更坚决地禁止罗马干涉他们的内政。如果说1753年罗马教皇与西班牙君主就宗教事务达成的契约中只不过是对西班牙王权至上的学说作了完整而严格的书面解释的话,那么这种学说在西属各殖民地都已得到高度发展,那里的教会——被西班牙权贵们和西班牙征服者的后代之间的争夺所削弱并受到大庄园主势力的影响——不大愿意对殖民当局的命令表示不满。虽然传道总会声称当局对外国传教机构不予重视,但这些范围宽广和互相隔绝的教区的教务是归东印度群岛的政务会议所管辖的。[①] 在菲利普五世时期,西班牙采用模仿法国的办法来加强其自己的传统。法国的历史在用法律限制教会侵蚀政府势力范围方面为人们提供了种种范例,在这一点上法国胜过任何其他天主教国家。波舒哀的雄辩口才,多明我教派历史学家诺埃尔·亚历山大所进行的各项研究,以及1682年宣言第四条条款[②]的含义,都加强了把著名的法国天主教"自由"奉为神圣的法律文件。到1688年秋,事实上罗马与法国天主教各自的立场之间不可能再有进一步妥协的可能了。路易十四被秘密地开除出教,法

---

  ① E. 普雷克兰、E. 雅里:《17与18世纪的政治与教义斗争》(共两卷,1955—1956年出版)第1卷,第91—99页。关于西班牙的王权至上主义,见本书原文第363、376、378页。

  ② 见《新编剑桥世界近代史》第5卷,原文第135—139页。

国的教会遂处于分立的边缘。然而5年之后,长期的不和平息了。虽然未对双方的两大争论(即:法国有权获得主教空额收入的暂时权利和1682年条款)达成任何结论性的决议,但法国国王到卡诺萨去(更确切地说,派他的主教们去)采取了有政治目的的行动,即从法国外交政策的利益出发,使意大利保持中立。① 法国天主教条款虽未遭到否认,但却降低到了非官方文件的地位,教会与国家之间的争论便转到了一个新的方面,公开的紧张局面不得不转为隐蔽的方式,这一点在重新抬头的詹森派论战中再一次暴露了出来。

路易十四与罗马重新和好,希望教皇帮助他与詹森派和解。② 如能明确詹森派并未因公然反对国王获得主教空额收入权而得到教皇极权给予的报酬,路易十四就会感到满意,而且当时法国政府仍为神学阴谋集团的危险阴影所困扰。1704年,热尔曼·维亚尔(阿诺尔德、尼科尔、勒纳伊·德·蒂耶蒙等人作品的并无恶意的编辑)由于他与正在流放中的阿诺尔德的同伴帕斯奎·奎斯内尔在通信中用了几个幼稚的代码字,在巴士底狱中受到不下20次的审问。1705年,在路易的压力之下,克雷芒十一世颁布了 Vincam Domcni 法令,禁止人们接受宗教仪式时在思想上有所保留。罗亚尔港有几名修女只答应在不贬低克雷芒九世所颁布的《教会和约》的条件下接受上述法令。圣伯夫说③,22位自称为谦卑的年迈的女士竟然拒绝一项已被教士大会和神学院所接受的,在国会注过册,并由主教们公布的国王法令,那

---

① 见 J. 默尔弗里特著《1691—1693年法国天主教争端和解的政治方面》,载《法国教会史评论》第36卷(1947年),第257—270页。并参照本书原文第161—162页。

② 这一争端的早期历史见《新编剑桥世界近代史》第5卷,原文第132页;本书原文第133页注解②。

③ 见 M. 勒鲁瓦编《罗亚尔港》第3卷(1955年),第622页。

是荒谬的。他又说,人们也不得不承认这是引起我们同情和尊敬的一个事例。这些修女们反抗的结果是著名的1709年10月29日事件。那天,警官带着一帮弓箭手和十余辆马车来到罗亚尔港把她们带走了。随之而来的拆毁队和一批喝得醉醺醺的掘墓人,消灭了人们对詹森派最后的一点印象。

詹森派正在准备一出新戏,戏中会出现一位不同的戏剧性人物,并洋溢出不同的气氛。1713年9月24日,罗马的使者带着《克雷芒通谕》来到法国宫廷。该法令宣判,很久前帕斯奎·奎斯内尔在一本虔诚的手册中所写的101条提议是有罪的。这位被流放的老人和他那篇出过5版的论文为何成了论战的中心,原因不十分清楚。对此,最好的解释可能是,整个事情起源于要使诺阿耶红衣主教丧失名誉的一种策略。他是巴黎的大主教,与耶稣会有纠葛。这一策略失去了控制,以致使手段本身变成了目的。诺阿耶同他那位善于处世和玩世不恭的前任阿尔莱不同,他不是一名趋炎附势之徒,而是一位面对一场复杂得使他深为困惑的争论始终摇摆不定的老实人。1695年他担任夏隆主教时,公开同意了奎斯内尔最新版本的《道德的思考》;他以大主教的名义否定了詹森派阿贝·巴科教士(此人是圣西朗的侄子)的一部作品。一名狂妄的詹森派争论者[①]不明智地指出,巴科的神学学说与奎斯内尔没有什么两样,以此来指责诺阿耶自相矛盾。耶稣会就乘机发动攻击,他们表面上指责奎斯内尔,而把矛头间接地指向大主教,引起了长达15年的争论,这一争论在《克雷芒通谕》令中达到了顶点。在两年前发起这场责难的路易十四强迫巴黎议会、索邦和主教管区接受了这一法令。

---

① 圣范内斯贝尔迪克丁会的唐·莫尼埃写了臭名昭著的《基督教会的问题》一书,但又不对该书的出版负责任。见塔文诺著《洛林的詹森派》(1960年),第156—158页。

事实证明,《克雷芒通谕》令成了许多不满分子的众矢之的,它就像阿杜兰山洞,皇室的反对者和教廷的反对者们都可在那里会集。到此时为止,詹森派的非难一直集中在"事实"这个问题上,即:认为一部神学作品中包含着某些天主教的提议,就像在一大捆柴里藏着几根刺,人们费了很大工夫也未能把它们找出来,坚持这种看法是否有理呢?① 问题是一大堆确实由奎斯内尔提出的、用直率的法语写成的建议。建议中有一些是明显的公开接受官方审查的,但人们觉得其余的建议无一例外都是正统观念。关于所有人都必须研究《圣经》的声明能有什么差错呢?或者说,关于害怕被不公正地开除出教会绝不应阻挡我们去做应做的事情的声明又有什么差错呢?在这类事情上要为法令辩护,就必须把宣布建议有罪一事,同把信条强加于持相反意见的人一事区别开来,同时承认(假设奎斯内尔是怀着不可告人的目的提出建议的)这些建议一定在持续的仇恨中经受了非难。② 当然,詹森派不愿意以承认这样的可能性来说明该法令是合理的。这份被一代人所赞赏的甚至连耶稣会也使用过的、出于忠诚而写成的手册,竟然在没有作者到场为自己辩护的情况下,被只有一名成员能懂得文章所用文字的罗马红衣主教会议骂得一文不值。而宣布奎斯内尔建议的那份文件却充斥了对任何一条建议都毫不相关的控告。以上情况给了詹森派力量。他们要求,法令的内容

---

① 经亚历山大七世批准,由法国教士大会于 1657—1661 年强制执行的反詹森文件,使签署者们判决科尼利厄斯那本题为《奥古斯蒂纳斯》一书中的"五项建议"有罪,并否认这些建议是圣奥古斯丁的学说。詹森派随后宣称在《奥古斯蒂纳斯》中根本没有这五项建议——这就是著名的"事实问题"。

② 见 J. E. 托马斯著《关于〈克雷芒通谕〉令的争论》(1950年),第60—61页。托马斯认为,教会无权对作者的主观看法不审而判;另一方面见 J. 奥尔奇巴的文章《历史评论》第 208 卷(1952年),第 321 页。《新编剑桥世界近代史》第 7 卷,原文第 114—115 页。

必须讲清楚，这样好使准备接受它的人们明白他们接受的是什么。为了答复这一要求，苏瓦松的朗盖主教，一位最有能耐的正统论战家强调说，教皇就像牧羊人一样，他没有必要向他的羊群作解释，假如他发现在某块地里有毒草，他只需把毒草扔到别处去就行了。简言之，教廷的权力正处于危急的关头，这就要感谢路易十四和他王位的权力了。詹森派今后在法国的鼓动工作就全靠各议会主张限制教皇权力和各国天主教自主的运动了。他们乐于寻找一个机会，为国王本人和国王的利益去抵制教皇，为教士统治集团的下级组织去抵制贵族的主教团。教区神甫们已经对教会内的财富和荣誉分配不均和主教团的权力日增的情况感到憎恨。① 这种想法很快变成赞赏教区独立和宗教会议在处理主教区事务中应该发挥作用的看法。由于这类"里奇"式的思想在（二级）教士中的传播，再加上教区神甫与律师的联合，以及他们与詹森派共同反对主教团的专横，这些因素结合在一起，就形成了18世纪"政治上的詹森派"的主要历史。② 詹森派在神学上的经历此刻已成为一种"联想的神话"，在《克雷芒通谕》令公布以前，在某种程度上它是一种由它信奉者的敌人们捏造出来的"想象中的异端邪教"。后来，在某种程度上，它又成了一种想象中的正教，受到一些认为只有它才能把他们团结在一起的人所支持。这些人的主要观点是反对教会和政府的专断权。

任何关于詹森派的说明都无法符合它所涉及的各种因素的复杂性。按照1688年卡迪纳尔·阿吉雷的说法，当时有少数几个对五项建议的顽固支持者，还有数量更多，但态度不很明朗的潜在同情者的集团，包括对道德要求严格的人和耶稣会的反对者。这只是限于神学界的一种分析。在法国，凡是发生过神学问题的

---

① 见原文第333页。
② 见《新编剑桥世界近代史》第7卷，第6、10章。

地方，背后总是有着各种政治势力准备介入。而在其他地方，凡是有詹森派不幸意外事件发生的地方，也总是与那里具体的"詹森派教义"有牵连，至于可能出于种种动机说这些情况究竟是否当真存在，那就需要分别加以分析了。在罗马，有些红衣主教、奥古斯都派和托马斯派，他们对于把世界分割为"莫利纳派"①和"异教徒"深感遗憾，他们有时被人看做是隐蔽的詹森派。在英国占少数的天主教内，把詹森派的主张同否认教皇一贯正确的托马斯·怀特（他是霍布斯的朋友）的追随者们一样看待。17世纪90年代在列日，身为亲王的主教想把他神学院里的詹森派教师辞掉，改用耶稣会会士，引起了大批小册子的出版和长时期的争论。在这场争论中，主教受到费奈隆②在道义上的支持。但这场狂热的论战与教义的关系不大。詹森派的头面人物坎农·丹尼斯并不想与《克雷芒通谕》法令作难，他的过错是在法国与奥地利中更倾向于奥地利。至于除列日以外还占有4个主教教区的约瑟夫·克雷芒，只要说一说这些教区都是教皇所赐予他而没有受到教会各种组织的障碍就足以了解他的动机了。直到1707年，他在圣职方面加速了升迁，因为其时马尔巴勒的胜利已危及他的职位。他本身的地位和外交政策都迫使他披上正统的外衣。在尼德兰，甚至在《奥古斯蒂纳斯》发表以前就已存在"詹森派"争论的基础。因为，耶稣会的人要把天主教的活动置于罗马传道总会的管辖之下，而基层的教士们却希望保留在他们

---

① 指路易斯·德·莫利纳（1535—1600年）学说的追随者。莫利纳强调人类自由合作。耶稣会人曾广泛地采用莫利纳主义。这一名词后来被不很恰当地用做与詹森派相对立的神学名词。它在罗马的地位见E.阿波利著《詹森派与泽兰蒂之间：18世纪天主教的第三派》（1960年）第28页及以后各页。

② 见G.西姆农著《列日的詹森派》，载《列日教会评论》第15卷第2期（1924年），第87—99页。R.布雷加德：《费奈隆，约瑟夫·克雷芒·德·巴维埃与列日的詹森派教义》，载《教会史评论》第43卷（1948年），第473—494页。

自己的主教教区的管辖之下，这种意见得到热衷于使占少数的天主教徒不受罗马管辖的世俗当局的支持。乌得勒支的尼尔卡斯尔大主教（1686年去世）曾经是阿尔诺德的朋友，他是一位严格的神学家，是耶稣会的敌人。他的继任者彼得·柯德由于拒绝签署法令于1699年被召往罗马，并于1702年停职。副主教们和教区拒绝接受西奥多·德·科克出任名誉副主教，荷兰各州也禁止科克在他们的领土范围内履行公事。从此，乌得勒支的教会（依然是老的天主教会）独立于罗马而自行其是，爱尔兰和法国那些同情他们的主教为乌得勒支教会委派教士，直到1724年才有机会举行仪式任命一位新的大主教。乌得勒支教会虽然抵制《克雷芒通谕》法令，但在教会的立法问题上却自认为是与罗马决裂的。在乌得勒支，犹如在法国一样，关于詹森派的争论进而涉及教会最高权力的性质。学者们引用《圣经》和圣奥古斯丁的学说，说明基督教教义破坏了人类一切"理性"准则，这些学者发现他们肩负着进行"理性"斗争的使命，既要反对绝对服从教会，也要反对绝对服从政府。如是，虽然詹森派与启蒙派之间存在着根本性的对抗，但奇怪的是，詹森派对"欧洲的良心危机"却间接地作出了贡献。

保罗·哈泽德[①]的名言概括了17世纪过渡到18世纪期间理性方面的尖锐和紧张情况。科学的进步使整个世界出现了新面貌，但却没有给各种奇迹以显著的地位，因为，"事物总是按着自然的因果关系的轨道默默地前进的"[②]，一场伟大的历史学术运动已经开始；各种传说，包括关于圣人们的传说，已经被推

---

① 见《欧洲的良心危机，1680—1715年》（1935年）。
② T. 斯普拉特：《皇家学会史》，载 J.I. 科普和 H.W. 琼斯合编的《华盛顿大学研究》（1959年）第340页。

翻；连《圣经》本身都要受到考验。① 波舒哀与马勒伯朗士和阿尔诺德（他发现笛卡儿是基督教辩护派的同盟者）这两个人不同，他感到了危险。他在1687年写道："一场反对教会的大战已经在笛卡儿哲学的旗帜下展开。"② 荷兰是东欧反对三位一体教理的逃亡者的避难之地。从荷兰传来的索齐尼（反对三位一体论的哲学家——译注）所写的书，使人们对三位一体论和圣事的奇迹产生了怀疑。怀疑起初只是对《圣经》字句加以斟酌，但此刻由于提出了纯粹的理性问题而造成了困难的局面。在17世纪80年代，法国的"自由论"又被人们阅读起来，这一理论的某些根源，如伊壁鸠鲁哲学和卢克莱修的《物性论》，又重新引起了人们的兴趣。宗教辩护士们还担心出现新的危险，因为有两位非常独特的哲学家的著作还未被遗忘：一位是阴险而态度模棱两可的霍布斯，他对《圣经》所作的无懈可击的声明把最严重的灾难施加于人，使神学家们的道路变得暗淡无光；另外一位是斯宾诺莎，他的泛神论和宿命论，特别是他对《圣经》的态度产生了一种影响，这种影响被他的读者们不愿表示震惊和感激所掩盖。由于在洛克的哲学中并无固有的观点，其推论可能是出于这样一种根据，即：可以用人类最初产生信仰的那一段令人困惑的偶然的历史来解释一切宗教。虽然洛克本人证实基督教肯定是与这段历史同时产生的，因而是"合乎情理"的。然而，理性，或者说某些理性的观点却发展成为1696年约翰·托兰所著的《基督教并不神秘》一书。查尔斯·布朗特已系统地阐述了英国自然神论对启示的主要挑战。他说："对于我们来世的幸福

---

① 见本书原文第87—88页。
② 见米涅编《波舒哀全集》第11卷（1865年），Col. 974。关于怀疑笛卡儿主义导致唯物主义一事，见 A. 瓦塔尼安著《狄德罗与笛卡儿：对启蒙运动科学自然主义的研究》，普林斯顿出版社1953年版，第50—73、228页。

不可缺少的教规,应该让所有的人都了解。"① 与此同时,培尔正在编他的《辞典》,这使读者们想到,他们只有牺牲宗教信仰才能去满足理性。这一信仰即:摩尼的二元论对世界善与恶的解释胜于上帝创造世界一说,因为假如上帝预见到人类会犯原罪,他就不是好上帝;假如他未料到人类会犯原罪,上帝就不是无所不知。还有其他的作家,如著名的丰特奈尔,或当时不引人注意的约翰·特伦查德,他于1709年出版的《迷信的自然史》一书中论述了宗教的起源是出之于人类的恐惧感,这一论点则为德·霍尔巴赫所欢迎。当英国与法国的思想融合,理性论与怀疑论结成了暂时的联盟,同时与反教权主义相结合并用文学的才能装饰起来的时候,我们就进入了伏尔泰时代。

但是,伏尔泰仅在1711年8月才离开耶稣会教士办的学校。他的思想打上了耶稣会"宽容"的不可磨灭的烙印,但却接近于摒弃基督教的信仰。未来依然有许多可供选择的可能性。回顾起来,虽然我们可以看到这一代人积累了许多为后来的基督教敌手们使用的武器,但如果在事后把这些年总括视之为一场理智阴谋的序曲,那也是过分的。因为直到此时,还没有人认为19世纪宗教与科学是相对立的。绝大多数科学家都是信仰坚定的基督徒。假如牛顿不相信他的同事们是笃信上帝的话,他就会对自己的发现保密,牛顿在他的著作《自然哲学的数学原理》一书中特别注意考虑到那些对人们信仰上帝起作用的原理。② 那些著名的历史学者几乎没有一位不是教士,包括那些不效忠于英王的神甫、开明主教、耶稣会教士、通俗说教派和莫利斯派。马勒伯朗士和贝克莱也一样,而像洛克这样的凡俗的哲学家们,则想为得

---

① 见《至理名言》(1693年)一文。其摘要见J. M. 克里德与J. S. 博伊斯·史密斯合著《18世纪的宗教思想》,剑桥,1934年,第23页。

② 引自R.C. 杰布著《本特利》(1882年),第26页。

到宗教方面的赞同寻找合理的根据，而沙夫茨伯里则为了保住英国国教的正派和慈善，免受"可怕的宗教狂"①的影响，就去接受圣事的祝福。英国的索齐尼宣传者们希望能允许把他们留在英国国教内，甚至留在他们的职位上而不要去盘问他们。在统治着荷兰文坛的胡格诺教派中，如果说勒·克莱克的神学学说背离了正统的三位一体论，那么在其他方面却是正确的，而且与索齐尼派相距甚远。不顾后果地利用怀疑主义这一双刃剑的培尔，他自己也是一位虔诚的基督徒。②他带着加尔文派的观点来看待人性，对理性感到失望，悲观地认为人们只是利用论点来掩盖他们凭感情行事，而他内心却转向从宗教上寻找启示，这是他唯一可依靠的出路。这是一种微弱的思想苗头，但他的虔诚却使他比自己想象的更接近于自己所蔑视的寂静派。这样，从某种观点来说，"欧洲的良心危机"可以看做是伏尔泰时代的序幕，但如果我们能意识到实质上它是基督教内部的危机，那么我们就能更好地理解它的整个影响。这些思想很容易地被归纳到"理性"、"怀疑主义"和"科学"的名义之下，用来解释、捍卫和重新说明宗教。再者，面对到处出现的异端邪说和遍布在国外的各种为不可知论者和反对教权者所利用的论点，使这些工作获得成功的措施很容易被忽略掉。用战争这个名词来形容宗教信仰的紧张局面往往是不恰当的。从许多意义上来说，对基督教的辩护者和反对者都一样，这个时期标志着近代世界的开始。

在宗教信仰中，理性起什么作用？它的缺点是什么？洛克和蒂洛森的回答是，启示占有独立的地位，然而理性必须对正式称之为启示的事物进行判断，这正是胡克与圣公会神学家们和清教

---

① 见 R. L. 布雷特著《沙夫茨伯里的第三位伯爵》（1951 年），第 46—47 页。
② 见 A. 巴恩斯著《琼·勒·克莱克与文坛》（1938 年）第 237 页及以后各页；P. 迪邦编：《皮埃尔·培尔，鹿特丹的哲学》（1959 年），第 7—16 页。

派的传统学说。英国新教不愿对所谓"原罪无可挽回地玷污了人类的思想"这种观点让步,而与米尔顿和剑桥的柏拉图派一样认为人类的原始悲剧是由于自私自利的情感和欲望所致。因此,要在思想上求得启示,就要恢复业已堕落的人性,通过知识和忏悔,使它升华到一种内心的天堂,其幸福大大胜于单纯无知的伊甸园。圣公会与清教派都认为其有责任提出有关基督教的理性证据。辩护派那条更为曲折的道路和起源于怀疑论的论点基本上就留给了天主教辩护派,他们利用人们对人类理性的怀疑,使自己的读经师们回到信仰主义去。伯内特愤怒地写道:"教皇至上的信仰者们甚至把争论推向无神论,他们出版了许多书籍,声称除非承认罗马教廷一贯正确的权威就是基督教正确的证据,否则,基督教的正确性就不再存在什么证据。"[①] 但是理性与怀疑论差不多,也有它的危险。洛克说,对一种没有足够证据的主张给以赞扬,"是由于我们自己的倾向性所致,它是对热爱真理的背叛"。洛克已超越了界限[②],他想证明上帝存在的企图鼓励了那些只信仰确有实据的那种上帝的人们。正统教徒之间的争论在克拉克的《三位一体论的圣经学说》(1712年)一书中发展到了顶点,这种争论进一步帮了自然神论者的忙,他们把洛克书中最低限度的"理性"基督教扩大到最高限度。然而,英国的自然神论者,他们在法国有相当的影响,但在本国却从未获得很大的荣誉,因为在英国的理性时代,人们总是热衷于寻找理性的短处,而不是去神化理性。笛福于1703年写道:"哲学家的任务不是仔细观察自然,到达力量无穷的境地……哲学家到达的终点也

---

① 见《我所处时代的历史》(1839年),第129页。L. I. 布雷沃尔德:《约翰·德莱顿的中心思想》,安阿伯出版社1956年版,第73—91页。
② D. G. 詹姆斯:《理性的生命:霍布斯、洛克、博林布鲁克》(1949年),第101—103页。

即基督教的起点。"①

与"自然的"宗教一起的还有"自然的"道德论,它产生于"理性"基督教。在这之前,沙夫茨伯里就说过,美德应该成为它自身的报偿,卡德沃思驳斥笛卡儿派、加尔文派和霍布斯派,驳斥所有那些声称"善与恶是上帝专断选择的结果而非事物本性所固有"的人们。② 这种原始的一神论假设,得到了宗教辩护士们的普遍接受,成为使人们一致赞同的一条纽带,这就使自然道德论得到了加强;耶稣会的宣传也起了同样的作用。在主要的教义问题上,耶稣会的神学家们很可能同意阿尔诺德的看法,认为宿命论是"原先预料到的好事",就此而言,耶稣会与詹森派的争吵只不过是一种言词上的争执而已。但人们问道,未受洗礼的婴儿是否应判为有罪,或者问到热爱正义的教外人是否就热爱上帝时,阿尔诺德作了精确的回答,他说:"让人的理性去判断吧。"与此相比较,耶稣会赞扬他们熟知的"高尚的野蛮人"这一虚构作品在詹森派攻击他们的传教方法、攻击殖民地当局和出售白兰地酒的皮毛商人的残酷无情时保护了耶稣会。③ 总之,他们产生了对中国的幻想。中国是一个未受到基督教洗礼的国家,然而她信仰真正的上帝已达两千年之久,而且发展了一整套可供基督教吸收的礼教习俗和语汇。启示与自然宗教在这一点上互相冲突,对天主教来说是件不幸的事。索邦有个充斥着詹森派的委员会,对勒·孔泰神甫的《关于中国的新回忆录》进行谴责,这种谴责加上 1715 年罗马教廷的宪法,很可能挡开了对教义完整性的一次威胁。然而对启蒙运动来说,耶稣会对此拒

---

① 引自 B. 多布勒著《18 世纪初的英国文学》,牛津,1959 年,第 17 页。
② 见卡德沃思主要的道德论文《永远和不变的道德》,此手稿保存到 1713 年。见 J. A. 帕斯莫尔著《拉尔夫·卡德沃思》,剑桥,1951 年,第 40—41 页。
③ 参见 G. R. 希利《法国耶稣会教士与"高尚的野蛮人"概念》一文,载《威廉与玛丽季刊》第 3 辑第 15 卷(1958 年),第 143—166 页。

不承认一事却成了典型的不可容忍的愚蠢之举。与此同时，培尔对自然道德论和自然宗教论的讨论作出了合乎逻辑的结论，他认为，道德论不需要与宗教发生任何关系，不论是自然的还是启示的。斯宾诺莎的德行高尚与他的学说邪恶同样出名，他认为大多数人都是按照感情和欲望在生活，这样就使信仰宗教或不信宗教与道德无关。但在这个理性时代中，几乎没有人愿意接受培尔这种极端的结论。人们宁愿考虑自由思想者斯威夫特所作的比喻。斯威夫特听说关于三位一体论的某篇经文在一份古代的手稿中有异文后，"非常合乎逻辑地说，'啊！假如事情就如你所说的那样，我就可以放心地去信奉邪教，随心所欲而根本不去理会教区牧师'"①。

激怒了伯内特的天主教怀疑派，其主要的花招是想暗中破坏新教对《圣经》的依靠。按照斯宾诺莎所指的道路，第一个把批判用到旧约全书第五卷内容上的西蒙是一位天主教的辩士，而不是里南的先驱。耶稣会的作家们也使用了相似的手段来削弱新教对教士们②的呼吁。但还有其他对《圣经》中的弱点感兴趣的人，就如托兰，他把《新约》的原作者问题与《国王的形象》的原作者问题相提并论，还有如贵格会教徒，他们欢迎人们去发现那些会毁灭灵魂的错误内容，从而使人们免于受害。试图把人们从《圣经》推向罗马教廷传统的设想，很容易遭到失败，而对宗教狂热派、自然神论者和不信仰宗教的人有利。因此，波舒哀谴责西蒙的文章，法国神学家们赞扬圣公会教士们对耶稣会教士怀疑尼西亚长老们一事所作的回答，也就不足为奇了。

---

① 见《用以证明在英国废除基督教可能遇到某些不方便的论点……（1708）》，见戴维斯编《散文集》第2卷，第38页。

② H. 弗雷维尔：《从其信件看理查德·西蒙与新教》，载《现代史评论》1931年第6卷第30期；O. 查德威克：《从波舒哀到纽曼：关于发展教义的设想》，剑桥，1957年，第50—58页。

圣公会与法国天主教之间的这种友好关系是建立在比他们共同仇恨那种怀疑宗教教义的手法和共同仇恨耶稣会教士更为有力的关系之上的。天主教和新教的思想领袖们由于都尊重无私的学识正在互相靠拢,甚至在他们的争论中也在靠拢。杜姆·马比荣给修道院图书馆推荐了圣公会神学家们的著作;圣公会教士们用奥拉托利会会员让·莫兰的研究成果为该会的正确性辩护;勒·克拉克进入了阿弗朗什主教于埃的辩护人的行列,该主教在希伯来语研究的某一点上惹起了布瓦洛的仇恨;耶稣会博兰派教士丹尼尔·凡·帕本布洛克在对峙双方学者的喝彩声中否定了圣乔治的龙和雅典最高法院法官丹尼斯的头是可以取下来的。西皮翁·马费伊发现他在 1710 年写的《行为的科学》一书触犯了克雷芒十一世,但是他不退却:他说,教皇是宗教和道德的裁决人,"但就学识和语文学来说……教皇又一次与其他人一样,暴露出他是错误的"[①]。英国的历史学家和文物学家们(前者如希克斯和沃顿,后者如斯蒂林弗利特和科尔),与教皇至上派相反,热衷于证明英国国教是从撒克逊时代延续下来的,而且,不同于不信奉国教派,它一直受一位主教团任命的主教管辖;然而他们之所以热衷于对宗教的研究,是为了把他们的精神贯注于争论方面的利益,这些利益就成了他们醉心于学术的宗教上的借口。明知西蒙抱有阴谋的目的,但并没吓住新教徒们在《圣经》方面追随他的观点。勒·克拉克比西蒙更进一步大胆地对创世纪的原作者问题提出了假设。一位名叫坎佩奇乌斯·维特林加的正统荷兰加尔文派在某些技术方面做了完善工作,使阿斯特律克最后于 18 世纪中叶得以解开关于旧约全书第 5 卷的主要疑团;而托马斯·伯内特则由于机智地证明了"摩西的全部福音不过是假

---

① G. 莫金:《1657—1750 年意大利思想演变的研究》(1909 年),第 110—111 页。

设而已",从而博得了赞扬。波舒哀谴责西蒙,因为他清楚地看到西蒙的学说会给不信奉基督教的人提供可乘之机而感到遗憾。然而,从长远的观点看,"欧洲的良心危机"正在创造一个学术界,对于历史学家和神学家可以就取得思想一致的先决条件和标准进行辩论而言,此举尤为重要。联系到随后更长的一段时间来看,波舒哀的胜利是暂时的,而且是灾难性的。

波舒哀抛弃了西蒙的学说和怀疑论的辩护,以一种诚实、明确和暂时有效的方法,运用学识来反对新教派。他所著的《新教各教会的演变史》(1688年)是理性时代一部有永久价值的作品。这部作品是由把历史的嘲弄和复杂性置之度外的一个方法论者所创立的、一种高度符合逻辑的完整学说。其基本原则是,真正的教会的教义永不改变。这是与自然神论的原则具有同等水平的一种理性假设,认为必须同时使所有的人都明白获得幸福所不可缺少的东西。事实上,波舒哀和英国自然神论者,是在一个没有发展也不容许承认真理可能是在多方面的抽象世界里创造、演绎、推理。启示的推究和"新哲学"已使新教的辩护者倾向于进步和发展的论点,他们高兴看到观点的分歧,承认教义的演变性,坚持"上帝不能同时把一切恩惠施与人,……神的意志显得愈来愈伟大"。他们回避提到自己那种挑剔苛求的诽谤,以此来应付天主教和自然神论的对手。写出以上这些话的作者约翰·爱德华兹[1]是英国国教的一名加尔文派教士。认为发展是必然的那种观点,并非完全是启蒙运动否认原罪的结果。

启示与关于千福年的科学幻想之间的关系密切是这一时代的特征。宗教与"新哲学",虽然它们的方法不一样,但被看做是

---

[1] 《宗教……体制史大全》(1699年),见 R. S. 克兰著《圣公会辩护派与进展思想,1699—1745年》,《现代语言学》第31卷(1934年),第284页。E. L. 图夫森:《通向乌托邦的千福年》,伯克利—洛杉矶,1949年,第75页及以后各页。

探究整个宇宙的两个互为补充的方面。在受到冲突危险的领域内，教士们一般对情况了解得及时，并采取谨慎的态度，例如当培尔对于预言、贝克对于巫术、沙夫茨伯里对于伦敦的法国先知们加以讽刺的时候。人们有节制地使用着从圣迹中得出的证明。由于假定大自然的一般规律是造物主光荣的最好反映，遂使天意与物质的宇宙协调起来。费奈隆心目中的上帝指引着遨游在太空中的星辰，犹如牧羊人照管着他的羊群一样，而约翰·雷则在他文章的开头写道："主啊！你所创造的万物是如此之丰富多彩！"这些都是宗教辩护派和宗教与科学相协调的中心主题的典型说法。如果说有一些问题使宗教与科学协调发生麻烦的话，那一般都是一些老的而现在又被扩大了的问题。假如地球是偶然产生的，又该怎么办？卢克雷蒂乌斯根据地壳的不规则曾提出过这个问题。另一个老问题引起了新的注意，即除了我们这个世界之外，可能还有许多世界，那么，说基督教会是独一无二的，这又怎么解释呢？反对多世界论的争论可追溯到奥古斯丁和阿奎纳斯。他们认为，如果其他世界和我们这个世界是一样的，那么它们就是多余的，假如和我们这个世界不一样，那么它们就是不完整的。《圣经》并未提到过它们的存在；赎罪不能在别的世界重复出现。在神学家和教外思想家中，直到1700年，占统治地位的多世界论是建筑在"宇宙充满物质论"基础上的。此论认为上帝的创造活动必定会憎恶留下广大而无用的空缺，而愿意用品种无穷的物质去填满宇宙，到最后（如以弗所人所说），万物都到基督那里合成一个整体。①

---

① 见 G. 麦科里著《17世纪的多世界学说》，载《科学年报》第1卷（1936年），第385—427页；A. O. 洛夫乔伊著《存在的巨大链环》，哈佛，1936年，第99页；R. S. 韦斯特福尔著《17世纪英国的科学与宗教》，耶鲁，1958年，第82—86页。

重要的是，关于上帝创造活动的这一看法，恰恰就是在对宿命论的极端解释被人们抛弃的时候风行起来的。这种学说风行的时间事实上比唯名论哲学要长。唯名论哲学的结构严密，可以利用这一严密结构为上帝全能的必然结果进行辩护。荷兰的阿明尼乌派和剑桥的柏拉图派，旧英国与新英国的"封建"神学家们，米尔顿与冯德尔（甚至班扬——假如他的"朝圣者的天路历程"的第二部分能为我们作指导的话），巴克斯特和蒂洛森，都同意抛弃那种使神权的运用成为不能用普通理性的论理学来解释的教义。按卡德沃思的话来说，"它是一种正在全世界蔓延的盲目、无知和任性的行为"①。1693年，在关于托拜厄斯·克里斯普博士（1643年去世）的一部遗作的争论之后，英国长老派和独立派便分道扬镳了（独立派是一小部分人，他们是极端"反唯名论"长老派的最后追随者）。顽强捍卫加尔文派的钢铁般的传统的人们有两部极为著名的重要作品：《基督应受赞扬，克里斯普博士证明这是正确的》和《基督的光荣已经显露》。他们在捍卫对上帝的赞扬，捍卫上帝的光荣与最高权力。当时大多数人不是从上帝的任意意志与自然规律和人类理性互不相容的事例中去看待上帝的无上权力，而是从上帝所创造的宇宙的复杂性和规律性中去看待这种权力。从严格的逻辑观点看，这是两种对现实明显不同的看法，即神所安排的宿命论和一般事物互相交织，这两者并不是不可调和的。但表面上看来却不可调和，即使对法国詹森派那样有辨别能力的笛卡儿宿命论者也一样。他们特别反对马勒伯朗士认为上帝在创造世界的第七天就休息了，之后就以一般的旨意而不是通过具体干预来管理宇宙的学说。马勒伯朗士的理论有许多附带条件，他对宇宙的看法非常抽象，所有的概念都与上

---

① 引自 H. J. C. 格里尔森著《17世纪英国文学的逆流》（1929年），第230页；G. R. 克拉格著《从清教主义到理性时代》，剑桥，1950年，第3章。

帝以及那一帮天使分不开。尽管这样，阿尔诺德还是指责他，说他的争论已超越了"在崇拜中理性根本不能存在"这一点。

讲理性的人和赞成崇拜神的人同样都有一块不可回避的绊脚石。正如培尔所知，关于罪恶的问题否定了所有的理性主义神义论——到最后它就会否定启蒙运动的思想。在这一时期，有两种富于想象力的回答冲破了认为全能是上帝完美无瑕和天意不可缺少的品质的这一假设。勒·克拉克①和雷使用了卡德沃思"能更新换代的大自然"的设想，认为进行物质日常活动的过程对上帝说来是件苦差使。马勒伯朗士同样用牺牲权力的方法来证明善行的正确，强调基督的人性并不具有无穷的能力，因而，作为上帝与人之间的基督，他施与人的圣宠必定是局部的而且是任意的。然而，基督教哲学家们在关于罪恶的讨论中，主要倾向于用比较能被接受的方法把上帝与理性结合起来。在其他的论点中，马勒伯朗士认为罪恶来自上帝的安排，它受普遍法则的管辖；实际上它是对宇宙的高度淳朴所付出的补赎。德里主教威廉·金在他的《邪恶之源》（1702年发表）中强调：只要把创造物与上帝区别开来，同时又把各种创造物彼此区别开来，那么不可避免的"缺陷"就必定存在。他用宇宙充满物质论的原理说明上帝不得不创造一个充满物质的宇宙，而充满物质就不可避免地会发生利益冲突。与此相似，莱布尼兹在他的《神义论论文》（1710年发表）中驳斥了培尔，把罪的根源归到永恒的真理之中，使神学成为"合乎理性"的东西。这样，把整个宇宙（不单是人类的幸福）考虑在内，我们这个世界是"有可能存在的许多世界中最好的一个"。从这句话我们就可看到理性注定要离开基督教多远。这不是因为这些话说得过于乐观，而是因为它们会发展

---

① 指与培尔的一场争论。R.L.科里：《灵光与启示》；《关于剑桥柏拉图派和荷兰阿明尼乌派的研究》，剑桥，1957年，第117—129页。

到不可救药的彻底悲观主义。假如一切局部的罪恶普遍都是好的，那么，一切存在的东西都是正确的了。

在这一时期人们虽看到了各种向基督教提出挑战的思想，然而神学问题依然是辩论的中心，这也许是因为宗教本身正处于妥协和重新解释教义的境地的缘故。类似的情况也发生在宗教与艺术的关系方面。艺术以一种无与伦比的浮华和带着世俗色彩的方式被滥用于宗教，使艺术家们本能地意识到，在适合于教会的各种艺术风格与适合于宫廷和剧院的各种艺术风格之间是迥然不同的这种思想上的约束正在瓦解。一个例子是在凡尔赛的皇家教堂内，法国和意大利的音乐风格融为一体，让戏剧的世俗的激情渗入对宗教的虔诚；[①] 在建筑中也可见到类似的倾向。从罗马卡洛·丰塔纳教堂鲜明的巴罗克式古典风格发展到多瑙河畔重建的豪华的贝尔迪克丁修道院。迷人而新式的爱神雕塑，教皇陵墓上雕像的姿势，只用传统的标志来表明死亡的英国式坟墓，菲舍尔·范·埃尔拉赫教堂中闪闪发光的白色和金色涂层装饰的高大祭台，阿萨姆兄弟以惊人的创造力，用甚至对歌剧院来说也过分鲜艳的那种金色和猩红色，把德国教堂装饰得五彩缤纷；这些事例说明宗教艺术的"世俗化"，并且暗示在壮观的表面现象背后，不自觉的虔诚正在衰退。正如在本书其他部分中提到的（第3章第2节），从珀塞尔开始到 J.S. 巴赫的年代里，出现了一些有史以来最伟大的宗教音乐作品。雷恩以高度的严肃态度和带着新教徒对布道和对穷苦人能在教堂内有座位的关切，来设计伦敦的教堂；伟大的建筑家们和欧洲大陆的建筑装饰家们的杰作更是大大超过了"戏剧式"。在中世纪，神圣的象征是圣迹；而在17世纪，神圣的象征则是心醉神迷。贝尔尼尼于1680年去

---

[①] 见 N. 迪富克著《"法国岛的宗教声学"的研究》第288卷（1936年），第247—255页；W. 梅勒斯：《弗朗索瓦·库普兰与法国古典传统》，第323—324页。

世，但如他的"圣特里萨"那样的作品却从此成了艺术灵感的典范，它们用尽幻觉和浓淡的手法把观看者引入神秘的狂喜，引入意境的深渊。罗马的耶稣教堂、圣潘塔莱奥教堂和圣伊尼亚齐奥教堂的布满了天国之神的天花板，既是直观技术的杰作，同时还表示了对无限和对来自宽广无边的宇宙的那种曾经萦绕在帕斯卡尔脑海中的光明灿烂永生的向往。新的耶稣降生图和天使向圣母报喜图缺乏最适合于这类画面的自然和淳朴，不尊重学识和精确性，把马槽外的牛和驴也取消了。尽管如此，它们却生动地表现了神的突然来到人世，在一道道穿透人世黑暗的耀眼光辉中，使人隐约看到了天国。

当宗教信仰控制了艺术表达方式时，这就成了"基督教最后一个向最高峰发展的伟大时代"①。艺术家们不顾原先想实现"镂空花和起皱纹"的哥特式②这一共同目标的设想，而各自去表达人们对永恒的向往了。然而艺术对宗教的解释必定总是有选择的，并且总是不完全的。意大利的耶稣会教士（他们是光明无限的天国这一学说的创始人高利和波左的庇护人）主张用帷幕遮住骷髅后进行默祷。人们不禁会想到，基督教随后几代不同的艺术风格，来自用不同的方法表现神的超然存在，而它们的基本一致之处却在于他们都无法不注意我们人类本身条件的种种事实。

不言而喻，宗教的目的在于影响这种条件。任何一代人的道德准则总是要把社会环境和思想上预料到的情况考虑在内的，这一点即使不那么明显，但也是确实的。因而，每一代人都有着自

---

① 见萨谢弗雷尔·西特韦尔著《德国的巴罗克艺术》（1927年），第102页。参见《新编剑桥世界近代史》第5卷第7章；R. 威特科夫著《意大利的艺术和建筑，1600—1750年》（1958年），第292—294页。

② 约翰·伊夫林（1697年）引自 A. O. 洛夫乔伊著《思想史论文集》，巴尔的摩，1948年，第138页。

己的基督徒品行的体现者,诸如由传教士、诡辩家、虔奉宗教的传记作家和宗教宣传家所树立的那种绅士、买卖人、士兵和教士等理想中的人物。对我们这段时期基督徒生活的这类解释者来说,似乎上等人和学问高深的人面临着一种势不可挡的诱惑。由于文艺复兴而又流行起来的禁欲主义为人们提供了一种高尚而不充分的道德观,而让福音去管来世的事。基督教道德学家坚持认为,外教人的美德是建立在内心的自尊之上的;必不可少而又合乎自然的感情和欲望应该用意志来约束,而不是用理性去抑制。加图遭打后,他否认他的灵魂受到损害;基督受打后,他宽恕了打他的人。所以,马勒伯朗士总结了文艺复兴的新禁欲主义和基督教教义之间的悬殊差别。① 雅克·阿巴迪用这种差别生动地描述了欧洲大陆新教徒可尊敬的品行,而蒂莫西·诺斯、卡普顿·艾洛夫,特别是斯蒂尔,则为英国人进行了这种描述。在《基督徒英雄》(1710年)一书中,斯蒂尔特别提醒他的读者们说,他不是"夸夸其谈地讲禁欲主义的人";人们应该凭良心做好事,不为求名之心所动摇,除非"让你的光照亮他人"这一格言使你做的好事不得不公之于众。② 在英国,不久后为虔诚派的影响所控制;在德国,人们称之为清教主义的自传传统补充了基督教的伦理陈规,它对许多宗教行为与清教主义教派距离很远的人们有影响。出于对人们内心灵光的崇敬,贵格会出版了许多杂志(包括乔治·福克斯的杂志——1694年)和临终遗言集。班扬认为自己肯定会被上帝选中而充满了感激之情。巴克斯特出于对其妻子的爱而写了"应该用我在未成熟时期所犯过的错误和

---

① H. 古耶:《马勒伯朗士的哲学及其宗教经验》(1926年),第397页。马勒伯朗士(1638—1715年)见《新编剑桥世界近代史》第5卷,第78—79页。

② 见 R. 布兰查德编(牛津,1932年)。雅克·阿巴迪(1654—1727年),一名被流放的胡格诺派教徒,他是一位有巨大影响的基督教辩护人。他所著的《自知术》于1692年发表(E. T. 1694年)。

失败",用使他永远真诚地感到遗憾的偷吃禁果的"故事、寓言以及古老传说来提醒年轻的基督徒"①。对这些作品的作者来说,它们属于新教讲忏悔的一类作品;而对读者来说,它们是取代记载圣徒们生平的作品,但仍然保留了天主教式的虔诚。从这些出版物中所讲的关于遇到和克服的道德困境来看,它们是一种从技术上进行诡辩的取代作品。正如杰里米·泰勒所说,新教徒在这方面很贫乏,而且"在罗马的库房之外,不能充分地得到这种货色;因为虽然……可以看到许多极好的商品,我们却已经发现商人们是骗子"②。英国神学家们从未为"绅士们"出版过一本全面的诡辩术指南。人们想到,这类内容最终将会在艾迪生的作品中发现。

在法国,贵族阶层的基督教陈规比英国人的"基督教英雄"更为微妙。虽然在1685年,方济各会的埃利多尔神甫依然集中火力反对禁欲主义,但还存在着其他一些与基督教竞争的时髦倾向。人们正在给"享乐"重新下定义,并使之超俗,以伊壁鸠鲁取代塞内加。另外还存在着由于选择那种为天主教所保留但为新教所抛弃的完全放弃世俗的做法而引起的混乱。假如马勒伯朗士是正确的,所有基督徒的天职是静修,那么人待在世界上就需要有一种职业,而"世上正直可敬的人"却总是走在滑溜的路上。所以他们用祈祷的方法(在这方面巴克斯特认为罗马天主教徒要高明得多)和不断接受善于决疑的听忏悔的神甫的指导来修行。如果公正地对待费奈隆教育论文中所说的"美好、和善和崇高的宗教",公正地对待愤怒的詹森派称之为莫利诺的虔

---

① J. M. L. I. 托马斯编:《理查德·巴克斯特自传》,1931年,第5页;《玛格丽特……理查德·巴克斯特之妻生平简传》,1681年;参见 M. 博特拉尔《人人皆凤凰:17世纪自传研究》,1958年。

② 《达克托·杜比坦丁》(1660年)前言,F. R. 博尔顿引自《爱尔兰教会的卡罗琳传统》,1958年,第132页。

诚传统,那就必须记住,它是以严格的指导和赎罪的背景作为前提的。这种上流社会习惯性的虔诚的传统,来自圣弗朗索瓦·德·萨尔所写的"导言"(因为读者们做不到他在《论上帝的爱》中所说的)中为人们描绘的那个"正直可敬的人",此人坦率地接受世俗的荣誉,就像来自秘鲁的冒险家,船上装满了银子,但可以在他的货物上再加上珍奇的猴子和鹦鹉一样。① 然而,基督徒的这种温文有礼的概念,即使它是一种真正虔诚的开端,也不免失去宗教的价值。凡尔赛是个道德败坏的地方,当路易十四改邪归正,成为虔诚的教徒时更是如此。1688 年,拉·布律耶尔注意到一位典型的朝臣的变化时说:"他是信仰时髦的,他的一切行动都按时兴的去做。"但是除凡尔赛的道德下降外,在基督教的基本信仰和忏悔所要求的严厉性都值得怀疑时,"正直可敬的"基督徒的典型概念也就注定要破灭了。帕斯卡尔给了决疑派(不管好坏)一个致命的打击。他制造了一片笼罩不散的怀疑气氛,使罗马于 1679 年,法国教士大会于 1700 年宣布它是一种最不严肃的见解。在这段时间里,耶稣会会长蒂尔索·冈萨雷斯于 17 世纪 90 年代在他自己的会内进行了斗争并击败了"盖然论"②的支持者。究竟是基督教会从与世俗的妥协中得到了拯救呢,还是教会在新的社会条件面前失掉了提供道德指导的手段?或者说,这两种说法是否都正确,尚有待于争论;但

---

① J. A. 卡尔韦:《从弗朗索瓦·德·萨尔到费奈隆的宗教文学》,1956 年,第 14、50 页及以后各页。

② "盖然论"(Probabilism)指道德神学的一个规定,即可以按照已经坚定地形成的"可能正确的看法"行事,即使与此相反的看法"可能更正确"也无妨。为了反对这一在耶稣会教士中占有主要地位的学说,多明我会于 17 世纪提出了相反的观点,即另一种"盖然论"。冈萨雷斯 1694 年发表了他的"神学道德论基础"以表示对后一种更为笃信宗教的盖然论的支持。于 1665 年和 1679 年受到罗马谴责的"放纵主义"可被看做是前一种盖然论的曲解。见 F. L. 克罗斯编的《牛津基督教词典》,1957 年,第 791—792、1108—1109 页。

值得注意的是，正是在这种情况下，针对关于道德标准受到威胁的混乱背景，费奈隆与波舒哀在基督教信仰的性质问题的看法上发生了冲突。就在拉·布律耶尔对朝臣的信仰作了冷嘲热讽的描绘的那一年，费奈隆遇到了神秘的居荣夫人；1694年，当冈萨雷斯反对盖然论的书使他的耶稣会同人们激怒时，在伊西（巴黎附近）举行的神学家"大会"已经开始。会议试图为居荣夫人的寂静主义的支持者和反对者之间的和解找到可以协商的基本原则。

虽然在1695年3月费奈隆同意了伊西神学家们（波舒哀、夏龙的诺阿耶主教和圣絮尔皮斯修院的院长特隆松）起草的教规，但他们的协议一开始就是建立在模棱两可的看法的基础之上的。然而，假如以后不可避免地会发生某些分歧，那么随后的无情斗争，包括出版书籍、反击、1697年要求罗马给予裁决和导致公然谴责费奈隆在他《圣者格言》（1699年）中提出的见解等一连串阴谋诡计，就会要求对那些教规作出解释。当时有两种截然对抗的思想状况，一种是坚定不移的资产阶级式的，另一种是敏感的贵族式的；在年高而又迷信的国王心中，正在为夺取权力进行着潜在和隐蔽的斗争，其中把暴力与恐惧、希望，以及曼特农夫人①的不可信任等等交织在一起，还有像过早地出版《圣者格言》引起的误解使波舒哀产生疑心而感到恼火。然而对于这一切苦难，只有把一切危急问题归咎于争吵双方的高级教士，才能使人理解。从神学的角度来讲，他们争论的实质在于当某个人在一件出于纯粹的爱心而做的事情中把自己奉献给上帝时，是否能自觉地把自己的永生幸福置之度外。对波舒哀来说，寂静主义用委婉的神秘主义语

---

① 基本的权威是L. 科尼特，见《神秘主义的衰微：费奈隆与波舒哀之争》，图尔内，1958年。

言宣布了一种日常可用的宗教,这是一种显然为贵族小圈子制定的,灵性、冷漠、无情的宗教,它威胁着基督教的道德观。30年前,波舒哀以大胆痛斥宫廷的罪恶而开始了他的伟大事业,而如今,道德比任何时候的处境更为危险。在伊西"大会"开会期间,他正在严厉谴责戏剧艺术,并将把诗歌,甚至欢笑都从基督教徒的生活中排除出去的那种可怕的见解写进他个人的手稿中去。假如费奈隆本人的资格及其重新所作的解释被忽视的话,那么,单纯为爱上帝而行善,承认犯罪是羞辱的根源,以及自愿放弃可以得救的希望等教义,只不过是给使米哥埃尔·德·莫利诺斯成为意大利社会的风行一时的听忏悔的神甫的那种掺了香料的灵性的装饰品罢了。尽管没有站得住脚的证据,居荣夫人,这个使费奈隆受到鼓励的人物仍被指责为不道德。对一位习惯于管理和与有形的罪恶作斗争的高级教士来说,这位带着现实主义和幻觉,带着外表温顺的固执和貌似谦逊而自以为是的奇女子,是个表面虔诚实则使人讨厌的家伙,是一个给人以神秘的安慰来代替基督徒必守的明确教规的人。

然而,居荣夫人就像一位伟人的精神指导,给了费奈隆一种令人鼓舞的基本原则,使他所追求的一切目标具有连贯性,使他的工作达到新的深度并具有独创性。她一开始的影响恰好符合费奈隆被任命为勃艮第公爵的私人教师这一职务。[①] 处在凡尔赛的虚伪环境之中,如何去指导上层贵族的良知和塑造一位皇族学生的心灵呢?何况此时,"正直而可敬的人"的概念连同作为这一概念潜在前提的决疑法,其信誉是否正在下降呢?这个问题的回答可能并不复杂。居荣夫人告诫说,应该推翻"内心的状态"即自我的思想现状(这是禁欲主义一向侧

---

① 见本书原文第327页。

目而视的），走向奇妙的圣宠之路；这一告诫使费奈隆极为感动。通过自我抛弃，他那融入神性的泛神论式的渴望，就有可能升华成一种可与基督教神学和谐共存的形式。假如他可以对上帝允许人去犯罪受辱的不可思议的旨意表示崇拜，那也就不用害怕全能的上帝必须对罪恶负责了。同样，这些精神上枯竭的年代，也嘲弄了那种把证实内心的确信无疑也可看做是上帝所赐并予以接受的观点。首先，费奈隆为拉罗什富科的幽灵而感到心神不安，也为认识到自爱渗透到人的一切行为（甚至最高尚的行为）之中而心神不安。在这方面他与詹森派和加尔文派是一致的。他的自我抛弃学说与那两派的上帝选拔学说一样，满足了心理上的需要。凡尔赛的复杂性以及拯救灵魂本身的复杂性，都会在对上帝天真纯洁的爱之中消失。费奈隆用这种骗人的幼稚手法以及拐弯抹角和隐晦的论点来作辩解，而波舒哀担心的却是道德受到贬低，"欧洲的良心危机"中有关思想和伦理方面的内容遂成了人们注意的中心。虽然事实上罗马教廷在1699年3月对费奈隆的谴责极为轻微，波舒哀的胜利就像他的许多次胜利一样，对天主教来说犹如一次失败。据说，唯一获利的是通过审理这一事件扩大了权力的教皇和那些外教人。他们幸灾乐祸地看到这种纯爱德学说竟然为大量不宽厚的作为提供了机会。当然，费奈隆用狡猾的小聪明和间接的手法使自己站在正确的方面，并且高明地使用了"卖弄的谦卑"。更为恶劣的还在于波舒哀的做法，他含沙射影地、不可宽恕地使用机密文件（莫城之鹰）把流言飞语散布给他的侄子，此人是他在罗马的代理人，犹如一只食腐肉的乌鸦。[①] 就其理智上的影响而言，这一争论对于宗教是一场灾难，按照费

---

[①] 见罗纳德·诺克斯著名的比喻——《热情》，牛津大学出版社1950年版，第346页。

奈隆的观点，对生活带着"个人主义""感情"的态度可以纳入天主教的信仰及其行为的模式中去。假如不受到干扰，他很可能去做一名圣弗朗索瓦·德·萨尔做的事，把神秘主义的做法与一般人信教的各种行动联合起来；他还可能把"感觉"这一概念代替已不被重视的"忠诚老实"移植到基督教的道德陈规中去。波舒哀阻止了这种做法。"感觉"这一概念在18世纪又一度出现，为在坎布雷大主教看来应该革出教门的那些目的服务。大主教在卢梭之前半个世纪就以他自己的直觉发现了感觉的感情力量。

寂静主义不限于一种宗教团体或社会环境。与此不大相同，在费奈隆看来，寂静主义的这种思想态度，可以为一个充满世故和道德上进行妥协的世界提供一种补救办法，因为它与其他一些看法有着简单的近似之处，因而在社会的其他集团中赢得了地位。居荣夫人在她的晚年接待了来自苏格兰的朝圣者，他们抱着极大的热诚和甚至比她本人更偏执的激情到她那里来信仰寂静主义。在德国，费奈隆的学说比较顺利地受到了虔诚派人士的注意。但是在信奉新教的欧洲，唯一深受影响的、规模较大的宗教团体是公谊会，激励该会的力量来自公谊会本身。罗伯特·巴克利在他为"把蔑视世界的贵格派召来的人们"所写的"辩护"中，想用原罪的概念把福克斯的基本神学与正统观念结合起来，他声称人的堕落是由于本人没有能力用自己的意志激起上帝所赐予他的内心灵光所致；因而崇拜上帝实质上是被动地侍奉上帝。这种看法在一段时间里曾为公谊会的一些会议所接受，并在抑制他们那种异乎寻常的预言家式的热情方面发挥了一些作用。[①]

---

[①] A. 劳埃德：《贵格派的社会史，1669—1738年》（1950年），第123页及以后各页。见 G. D. 亨德森著《埃库斯的一次寂静主义运动》，载《比较文学评论》第27卷（1953年），第263—273页。

寂静主义在新教各界中的传播受到了另一种更能引起兴趣的学说的限制。在信仰与善行两者之间的没完没了的争论中，稳健派总是认为两者都不可缺少：争论的应该是把重点放在哪一方面。假如这样的话，寂静派是站在信仰这方面的，而在该世纪末，新教教会则决定恢复善行的重要性。如果说理智和正确的行为不是宗教的核心，也至少是宗教的支柱和最明显的证明。虔诚主义满足了这一需要，而且它拥有淳朴、个人主义和感情主义这样一些能给寂静主义增添魅力的特点。虽然这种思想的发展运动在荷兰和德国加尔文派中，以及在巴拉丁领地的让·德·拉巴迪的少数门徒中都有其先驱人物，然而它的主要根源却来自德国，那是出于对枯燥无味，但得到官方承认的路德派教义作出的一种反应，并且有相当一部分根源可追溯到路德本人的赞美诗学传统和像耶稣会教士弗里德里希·冯·斯皮那样的一些天主教神秘主义诗人。P. J. 斯彭纳（1635—1705年）所写的《纯洁的愿望》（1675年）成了寂静主义的基本文献，而普鲁士的哈雷大学则成了它的智能中心。斯彭纳用"纯真信仰的象征"的名义使"善行"免遭贬低；再加上祈祷，就成了我们内心"使灵魂得救的灵光"的标志。这种说法能为所有的基督徒（不管他们在教义上有何分歧）所分享。斯彭纳的门徒和哈雷大学的第一名希腊语教授 A. H. 弗兰克带头进行实际推断，他创办了"圣经学会"以鼓励各所学校和孤儿院，并推动外国传教团体都来参加。虔诚主义实质上是一种提倡提高个人精神和道德的学说，它没有直接介入当时的思想大辩论，但其本身的前提对"理性的"宗教就是一项重要贡献。斯彭纳是宽宏大量的。洗礼、信仰和善行把所有的基督徒团结到一个无形的组织之中，这就是唯一真正的教会。也就是说，人的权力，不管是教皇的权力还是路德的权力，假如不能证明它的命令是根据"上帝明确的旨意"而来的，那么它们就对谁也没有约束力。教义的本质总是一样的，然而不断地在新情况的压力之下发展着。宽容的人和宇宙神教的信徒们拒绝人的权力，而虔诚主义则包含了某些思想观念，它们以世俗的形式在启蒙运动中获胜。这些带有感情和个人主义色彩的思想还包含着后来反抗启蒙运动的力量。虔诚主义竭力强调个人转变的观点后来传给了韦斯利，其时在德国本国该运动就开始瓦解成个人小圈子的狭隘热情。这种复杂的意向是一种头脑清醒和有见识的手段，它使斯彭纳能同时满足他的宗教界同辈们许多迫切的要求。

虔诚派由衷地关心平民世界和普通百姓的生活。《再生者的历史》与《圣人传》这两本书是虔诚派道德教诲的标准来源，其中包含着农民和女仆们的思想经验。弗兰克坚持对儿童和穷苦人进行教育，并获得了一些成功。特别是在普鲁士，人们不得不承认腓特烈·威廉一世深知有文化的人在军事上的用途，犹如平民学校在宗教上有价值一样。基督教关心地把受教育的机会扩大到更多一部分人口中去这一做法在其他欧洲国家也是明显的。英国有它自己的慈善学校运动；在法国，J. B. 德·拉·萨尔（1719年去世）创办了"基督教学校兄弟会"，为贫苦和中下阶层家庭的子女教数学、航海学、测量学、簿记和手艺。如果说虔诚派重视教育，但在其他一些非常重大的问题上，它却很少有所作为，部分原因在于它没有这方面的组织机构和承担共同的责任，部分原因在于德国当时的生活环境没有遇到新的挑战。只是在政治动荡、社会与经济变化迅速的英国，宗教思想家才要设法解决那些"现代的"实质性问题。

在一个独具一格的基督教国家里，政府在保持道德水平中应起什么作用呢？顽固的科西莫三世统治下的托斯卡纳和"改革会议"仍在执行禁止奢侈浪费法律的日内瓦，都是不合时代的幸存者。从理论上，英国当时的法律能制裁亵渎神明、妓院、诅咒和主日不做礼拜，教会法庭于王政复辟时得以恢复，并拥有革出教门的权力，因而道德戒规在英国有强制的力量。但所有这些偶尔还使用的陈规似乎起不了多少作用，一星期7天内也就只有一天遵守罢了。1710年，有一位外国人在伦敦度过了一个阴郁的星期天之后说："我想，这也许是人们唯一可见到的英国人自称为基督徒的根据了。"① 英国人的共同意识表明了这一事实：正是在"光荣革命"时期，不道德的行为甚为猖獗，其时对圣人统治的反抗也得到了发展，罗马教廷的恐吓带着替天惩罪人的口吻；与此同时，戏剧界的放肆行为也引起了公众尖锐的非难。由于公谊会仍在婚姻、贸易、衣着和娱乐（甚至发展到在阿伯丁禁止高尔夫球）方面用会规控制人们行动的那种做法已经过时，因而不能不建议在道德问题方面更有效地利用国家的警察力量。由于受到皇室提倡的鼓励，成立了许多组织，其中有些是宣传思想道德教育的私人会议，如韦斯利派参加的牛津会议；其他的还有"礼貌改良学会"，它公开约束人们的行动，利用告密人使已经过时的法律机构发挥作用。像夏普大主教那样的高级教士不赞成使用告密人这种方法来代替真正的教会纪律，而萨谢弗雷尔博士的名望部分是由于他捍卫了饮酒的英国人的权利，反对（告密人）这些"讨厌的马蜂"。在这一场有远大前途的宗教合作和改良运动中，"礼貌改良学会"只是代表了不大吸引人的那一方面。除了艾迪生称之为"我们时代的光荣"② 的慈善学校运动之外，还有托马斯·布雷于1698年和1701年成立的"基督教知识促进会"及其派生的"福音传播会"。在僧侣统治的同时，新教教会开始建立各种从事教育、传教和宣传工作的强大宗教机构。这些机构起到了天主教宗教团体所起的某些作用。在人们带着惊人的迷恋状态阅

---

① 见 D.W.R. 巴尔曼著《1688年的道德革命》，耶鲁，1957年，第61页。
② 见 M.G. 琼斯著《慈善学校运动》，剑桥，1938年，第59页。

读贝尔纳·德·曼德维尔学说（该学说认为爱奢侈是一切进步之本）的时代，这些措施符合了新形势的需要。国家应该"针对罪恶而镇压罪恶"的那种观念正在消失。

英国宗教思想家面临的另一个重要问题是基督教的原则与正在发展中的经济世界之间的关系。他们和他们所有的同辈都同意社会必须是由僧侣统治这一设想。蒂洛森说，戴夫斯由于拒绝救济拉扎勒斯而受谴责，不是由于他的餐桌丰盛，衣着豪华，因为这种富有只要本身与他的财产和地位相称，而又不是没有节制的话，那是值得称赞的美德。[①] 人们也公认，世人在一个买卖的环境中活动，买卖本身就有它必须做的事情，在这种环境中要付利息的借贷是正当的做法，并且必须当心遭到竞争者的反对。理查·海恩斯因为"贪婪地"为一项发明取得了专利而被浸礼会开除出教是一件不合时代的事。一个人有责任使他从事工作的地方繁荣。按照一种流行的宗教手册所说，"买卖人关心的和应做的事情就是在神对他的感召中侍奉上帝，并做得愈多愈好"[②]。但是，基督教的作家们把一手给予世人的东西，又用另一只手把它都拿走了，因为他们认为必须选择最有助于拯救灵魂和公众利益的感召。在承认一个人的生活符合其地位和身份是无可非议的同时，他们又坚持认为这样的人充其量不过是其财富的管理员罢了。正如1691年巴克斯特谴责市侩们时所写的："他们对自己财产的无神论错误观点使他们变得冷酷无情。他们以为可以用他们的财富为所欲为。好像他们不知道除了上帝所做的事是恰当的以外，世上根本不存在绝

---

① 引自 R. B. 施拉特著《1660—1688年宗教领袖们的社会观念》，1940年，第121—122页。

② 理查德·斯蒂尔：《商人的感召》，1684年。

对恰当的事。"① 所以，财富带来义务，要赈济一切有困难的人，要亲自关心你所雇用的人们的生活，从特权与义务相平衡这一观念出发，像巴克斯特的《基督徒指南》和斯蒂尔的《商人的感召》这类书籍，为社会的一个阶层建立了一套详尽的决疑法，即商业决疑法，这是英国教士从未为总的基督徒生活建立过的。在供与求、"公道的价格"、买主的"幻想"、必须和"不熟练"方面，在橱窗布置和高利贷的限度方面，巴克斯特和斯蒂尔是聪明、现实和品格高尚的。可是他们走的道路很窄，它是一条布满与世俗妥协的泥坑的路，是一种把左右两方面的顾客都引来的宗教之路。当笛福大张旗鼓地宣扬家务和商业的决疑法时，他的做法比较粗糙，并且缺乏他在其他方面，例如在使清教徒的自传世俗化中所显示的才能。②

然而，我们不能认为对宗教与现实生活的关系引起的问题可以作出直截了当的答复，也不能拒绝同情像笛福和耶稣会的禁酒主义者那样做得太近乎极端的人。费奈隆在凡尔赛遭到了失败，而伦敦的商人也未必会紧跟巴克斯特。一般的基督徒口头上赞颂圣人而向僧侣统治集团稍下层的僧侣去寻求指导，因而产生了一系列的妥协办法，包括必须的和不合理的。这就是我们研究宗教史和教会与国家之间关系的内容。为艰辛困扰而不能自拔的斯威夫特以受虐狂者的嘲弄态度概括地观察了他当代的全部妥协办法。他说，他是在捍卫"名义上的"基督教，而不是在捍卫"真正的"基督教，这种宗教在远古时代（假如我们能相信那些时代的作者们的话）曾对人们的信仰和行动有某种影响，而如

---

① 见 F. J. 波威克编《一位穷苦农民的辩护者》，载《约翰·赖兰图书馆通报》第 10 卷，1926 年，第 194 页。

② 见《约翰·赖兰图书馆通报》第 10 卷，第 91 页。笛福把罪恶看做是不合理而不是不道德。见 R. G. 施塔姆著《丹尼尔·笛福：一位具有清教徒传统的艺术家》，载《哲学季刊》第 15 卷（1936 年），第 229—232 页。

今,一段时间以来,它已被"公认应该完全抛弃",因为它与我们目前的财富和权力结构完全不相协调。①

(王恩光　谢琬若　译)

---

① 《一个有待于证实的论点,基督教的废除……》,载戴维斯编《散文集》第2卷,第27—28页。

# 第五章

# 欧洲的国际关系

1688—1721年间欧洲政治结构上大多数变化都是由5次战争引起的，即九年战争、西班牙王位继承战争、1683—1699年与1714—1718年两次土耳其战争、大北方战争。这些战争一直未合并成一场欧洲冲突，表明欧洲是由三方面组成的：西欧、北欧、东南欧。当然，在这些地区之间没有严格的分隔。有些国家属于两个或更多地区，如汉诺威和勃兰登堡属于西欧和北欧，哈布斯堡君主国和威尼斯属于西欧和东南欧，俄国和波兰则属于北欧和东南欧。位于一个地区的一些国家卷入另一地区事务中的现象是常见的，几乎经常是为了调整地区内力量的平衡或防止认为是有害的改革，例如威廉三世在1689年阿尔托纳和解中的作用，1706—1707年查理十二世在帝国中的作用，哈布斯堡1716年在土耳其—威尼斯战争中的干预等。然而召集另一地区的兵力来积极推翻其他地区的现有制度或打开离本国很近的军事僵局都常常遭到失败。法国势力在瑞典和勃兰登堡、波兰和土耳其的衰退，结果导致17世纪80年代传统的"东部屏障"的崩溃，确实有助于加剧欧洲分为三个部分。在九年战争中，路易十四再也不能号召其北方盟国与之并肩作战，而威廉三世也不能从他们那里获得几支辅助部队。1700年，威廉在路易的勉强帮助下能在瑞典和丹麦之间达成维持现状的和解,但他们的共同努力在劝诱北方王国政府保证那年第二次西班牙分割条约时却无能为力。在王位继承战争中,法国人有意把北方战争尽量向西引入帝国;相反,他们的敌人却力求把战争分隔开来,从而强调了当时欧洲的划分。虽然提一下查理十二世在1706—1707[①]年的关键时刻对他们进行帮助是公道的,但在这方面,起码直到1710年他们是成功的。关于土耳其我们能查出同样的事态。同盟外交在使土耳其不干预王位继承战争上起了作用,当时路易应当在帮助拉科齐的追随者反对匈牙利皇帝上感到满足。无论1688—1714年间发生的事真实到什么程度,后来欧洲分裂成三部分也是难以置疑的。欧洲各国首都包括君士坦丁堡都逐渐成立了不可分割的单一政治结构。法国力量上的优势,中欧哈布斯堡君主国的巩固以及英国和俄国的出现都导致大陆上强弱力量的分布。原来只有一个力量上占优势的国家,现在则有5个一级强国:大不列颠、法国、西班牙、哈布斯堡君主国、俄国。萨伏依和普鲁士正在兴起。荷兰共和国衰落下去了,威尼斯衰落得更加明显,瑞典的颓势也很骤猛。

1700年左右,多数国家都建立了多少有点能力的中央政府,但在1714—1715年及其以后的几年里,许多国家也害了同样的病:在大不列颠、法国、西班牙、哈布斯堡国、俄国、瑞典、托斯卡纳和帕尔马,继承王位或者有争执或者不肯定,更不用说教皇和波兰的长期继承问题了。结果造成的各主要国家王朝的衰弱,使其中任何国家未能在政治上称霸。大不列颠确实在海上现居统治地位,而且在1688年与1713年间,大不列颠几乎自始至终参加了两次陆上大战,其规模之大是百年战争后所仅见。这对英国和大陆上的列强一样确实是个新体验,但是欧洲政治中这个

---

[①] 见本书原文第662—663页。

新因素的重要意义还未能为老年政治家们立刻懂得；路易十四花了大约20年时间才了解到这不过是过眼云烟而已。奥尔良摄政王和杜波依斯僧院长在这方面却是不抱任何幻想。在他们那个时候，很清楚英国要留在欧洲而不只是因为汉诺威人特别喜欢乔治一世的缘故。然而，要说《乌得勒支和约》招来了英国很长一段时间的力量优势，而且其优势与先前西班牙和法国的优势一样，那就是骗人的，因为西班牙和法国先前的优势主要是靠大陆上的军事力量优势来维持的。然而英国的卓越力量最终仍以海军为主，如果没有同盟国家，在大陆上施展其力量也不能得心应手。其最有效的外交武器是在远方任意采取行动，有了制海权才能做到这一点。这一情况无须有意识地谋划即可将全欧洲结成一个政治体系。

新体制建立在大国间力量平衡基础之上。这不是偶然的事情。《乌得勒支和约》公开宣称的目的是为了"通过正直的力量均衡来确立基督教世界的和平和安宁（这是彼此保持友谊和各方面持久协调一致的最优越最牢固的基础）"。① 和平文件在这个主题内容上变化多端。大国间的一种"平等"和"政治均衡"就是"公共安全的基础"②。几年之内，"欧洲平衡"已成为老生常谈的外交用语，用来解释并为许多不同的安排作辩护，如荷兰屏障的调整、哈布斯堡各地的国事诏书等。我们无须仔细检查其中声明诚意的真实性，但重要的是这种用语很快就获得咒语般的性质，用来召唤人们同意或至少削弱反对者的精神抵抗。之后还依次让"合法性"和"民族自决"具有同样的威信。这种做法

---

① Anglo-Spanish Treaty of 18 July 1713, in Dumont, *Corps universel du droit des gens*, vol. VIII, pt. i, p. 394. Cf. below, ch. XIV.

② See the Renunciations of Philip V. Orléans, and Berry in H. Vast, *Les Grands traités du règne de Louis XIV*, vol. III (1899), pp. 50—54, 68—150.

意味着凡关心政治的人都可接受这一原则。知识分子以牛顿力学的想象把它推进到什么程度就不是本章范围内的问题了,但是 18 世纪初期确实有完全按照数学方法计算力量的平衡。为此,"政治数学"这门新科学已提供了根据。

这个想法并非来自乌得勒支的奇妙主意。它已有很长的历史。但迄今,除了在相对较小的地区(例如意大利)外,尚未在其地方实行过。关于它的直接的先例以及提出考虑并接受它的方式方法,看来这个最近的版本并非源自凡尔赛。对于路易十四来说,国与国之间"力量均等"几乎好像与他们之间的荣誉均等一样荒谬。有时路易会容许某种共管。1698—1700 年,为了用西班牙分割条约维持和平,他谋求与威廉三世密切交往:如果威廉同意,他们能共同向世界其他地方发号施令。[①] 1715 年路易很明显又容纳了共管这个想法,这次是与皇帝共管来抵抗海上强国,这些海上强国正在侵犯"这个世界上真正的上帝们"[②]。他也真的了解,如果法国与西班牙两国君主联合(他大概从未认真考虑过这种联合)或者奥地利与西班牙两国君主联合,就会引起"妒忌"而导致战争。但是这一切不意味着接受力量均衡原则。对它的一些支持可在费奈隆的著作中找到,但直到路易死后为止,凡尔赛的宫廷对之并未真心接受。更使人惊奇的是在威廉三世致其政治密友——海因修斯、波特兰、瓦尔德克——的信件中找不到清楚说明此原则的详细内容。威廉主要从"欧洲自由"着想,路易十四傲慢的野心威胁了"欧洲自由",路易的胜利将导致"整个欧洲被奴役"。威廉首先尽力维护众多大小欧洲

---

① Portland to William, 26 March 1698, N. Japikse, *Correspondentie van Willem III en... Bentinck* (The Hague, 5 vols. 1927—1937), vol. I, pt. I, pp. 266—268. Cf. below. ch. XII。

② See the dispatch of Mandat qucted by E. Lainé, "Une Ten tative de Renversement des Alliances sour Louis XIV", *Revue des études historiques*, vol. CLXVII (1933), p. 183.

国家的独立并保护某些古老机构：只有在这样一个欧洲，新教才能确保安全无事。他像路易一样，在交换领土讨论各种"相等的"时常用"均衡"这个词。后来，均衡的总原则确实包括了"相等物"，但是这两种概念要加以区别。因此，分割条约虽然是根据"相等物"这个概念制定的，却未实行欧洲普遍均衡。像查尔斯·达维南特这样的条约支持者声称说，这些条约是违反该原则的最大罪行。由威廉授意制定的大同盟条约未提到"均衡"，但谈到这样一种危险：法国和西班牙冒充"全欧帝国"以便压制"欧洲自由"。同样，1702年荷兰在宣战中只提出对路易十四"世界君主政体"的恐惧[1]。威廉的英国臣民唱出了新调。1697年12月，下议院感谢他恢复了英国"在掌握欧洲均衡上的……荣誉"[2]。1702年5月4—15日，安妮女王在宣战中解释说，威廉订立大同盟"以便维护欧洲自由和均衡并制止法国的超级力量"[3]。英国一些政治作家，尤其是笛福和达维南特，已经常使用这一名词。1713年左右，安妮政府宣布其坚定奉行"这一原则……以维护欧洲均衡"[4]。在大陆上，几乎所有早期引用"欧洲均衡"的官方文件都相信安妮是"欧洲均衡"的赞助人。因此把18世纪初期传播这一概念看做是英国的胜利并将其与当时开始欢迎英国观点的风尚结合一起是合乎情理的，补充一句说，欧洲均衡从未包括海军力量均衡这一概念，这样说是公平合理的。

实际上，运用均衡原则上意味着法国和西班牙两个君主国要永远隔开。而且，奥地利王朝脱离西班牙后要满足于取得西班牙

---

[1] Dumont, vol. VIII, pt.1, pp. 90, 112.
[2] Cobbett, Parl. Hist. vol. v, col. 1667.
[3] Dumont, vol. VIII, pt.1, p. 115.
[4] G. de Lamberty, Memoires pour servir a l'histoire du XVIII siecle (The Hague, 14, vols. 1724—1734), vol. VIII, p. 29.

在意大利的大部分土地与南部荷兰；同时这些地区将组成一个全面屏障来抵御任何法国扩张主义的复兴；这些地区也保证哈布斯堡在西欧继续存在。荷兰从而也可在奥地利—荷兰一线自己的屏障后面固若金汤。

有一阵子，看来好像俄国势力在波罗的海扩张和德国可能要打乱北方的均衡，但在北方战争中彼得追求的目标是非常有限的：他要的是一段足以使其国家与西欧安全交往的波罗的海海岸。北部德国对他来说是军事行动舞台但绝非领土扩张。因此，如果在德国成立起各种联盟来阻止他的话，他完全可以限制他在那里的行动来支持勃兰登堡—普鲁士的腓特烈·威廉。俄国取代瑞典而当上了北方主要强国，但其优势并非绝对，甚至尚未赶上瑞典初期的优势。再者彼得自己相信西欧和北欧的力量均衡，这在后来海上强国与俄国之间取得谅解方面发挥了促进作用。北方战争尚在进行当中，他策划了俄国—瑞典联盟；他打算避免对瑞典打击过大，原因和他支持荷尔施泰因—哥托普家族一样，怕的是过分增强丹麦的力量。这样一来，俄国的出现复杂化了，但未破坏北方的均衡。在海上强国旨在维持北方均衡情况下，均衡相当巩固。[1]

在东南欧，继1683—1718年几次土耳其战争而来的动乱使均衡的作用显得微不足道。奥托曼最末一次向基督教徒发起的猛攻使俄国和波兰抛弃了旧怨而加入了1684年有皇帝和威尼斯参加的神圣联盟。然而，基督教联盟并未从1699年在卡尔洛维茨达成的胜利和平中存活下来。对土耳其来说，最危险的战败后果

---

[1] 见本书原文第675页。至于北方的列强，他们愿意看到西方国家之间在海军和商业力量上的均衡，以免过度依靠其中某一强国。瑞典和丹麦一致认为，如果英国与荷兰的军事力量联合起来而法国海军衰落下去，他们就会丧失很大程度的行动自由。近来彼得似也采取了这种态度。

是威尼斯人占领摩里亚、俄国接近黑海、在北方战争中俄国势力在波兰的扩展。但在1711—1713年,土耳其击退了俄国的威胁并于1715年收复了摩里亚。1718年在帕萨洛维茨被奥地利人打败以及哈布斯堡势力在波兰的扩展造成威胁后,俄国在法国帮助下暂时承受住了这些挫折。1739年,即使维也纳与圣彼得堡双方合作,土耳其人也能收回他们在帕萨洛维茨的损失。这些事态说明当地的猜忌在维持东南欧的均衡上起到了很大的作用。① 威尼斯、波兰(在较小程度上)、匈牙利和巴尔干斯拉夫族要为这一均衡结清旧账。1689—1699年和1718年海上列强在土耳其与哈布斯堡中间进行调解,1710—1713年他们在土耳其和俄国中间谋求和平,其主要目的是使哈布斯堡或俄国的兵力可到西方或北方。法国一贯支持土耳其和威尼斯:指引奥托曼力量反对哈布斯堡,支持威尼斯在意大利与他们抗衡。西方列强采取的这些干涉并未展现出有意专心于东南欧的均衡,然而其效果对它有利。

最需要支持的新体制在意大利。因为在那里,奥地利王朝于1707年以后在当地取得的优势危害了这个体制。恰如其分地说,萨伏依王朝的巨大收益经受了在波旁家族和哈布斯堡之间搞两面派手法的长期考验,并于1713年被指定为西班牙波旁家族的推定继承人,正式被承认为法国、西班牙、奥地利之间确保"平等"和"均衡"的枢纽。为了支持萨伏依的新任务,调解人把西西里(1720年与撒丁交换)交给了它并承认它的君主皇家称号。它还接收了蒙特菲雷特的大部分,而且法国在尼斯和萨伏依的征服地也归还了它,尽管它把巴塞罗尼特流域输给了法国。从此以后,它与法国长长的边界要从群山的主峰划起。这些领土的调整对萨伏依在意大利的前途有利,并使它对在法国南部创建一

---

① 见本书第19章;另见《新编剑桥世界近代史》第7卷,原文第407—408页。

个王国的雄心壮志丧失信心。

萨伏依的日趋重要表现为17世纪80年代出现的较大动向：波旁家族与奥地利王朝之间的主要战局已从北方移到南方，从德国移到意大利。一个解释是西班牙君主问题，这是路易十四1685年以后外交政策的主要考虑。过了几年以后，关于西班牙的问题，路易和皇帝都不再走一贯不让步的路线：有时每个人都牺牲了原则而迁就权宜之计。他们对于西班牙的所有土地也不是都有同样程度的兴趣。当我们考虑路易在17世纪90年代提出的各种分割方案时，这种情况变得明朗了：在王位继承战争中，当命运抛弃他的时候，他又重新求助于分割方案和意大利对维也纳宫廷的成见。

无论路易走的是什么路线，他都知道，如果法国和西班牙把分歧放在一边，法国皇太子和安茹公爵很有可能在西班牙得到承认。向西班牙求爱这件事既费时又艰巨，因为（像路易以前说过的那样）两个君主国的体制是这样的，他们之间相互敌视是自然的，对他们来说是"必不可少的"。然而路易逐渐认为，如果西班牙把荷兰让给法国来换取鲁西永，可以先达成长期和解然后再结为同盟："这样一种和解将是我的臣民们为我供奉的最隆重款待。"① 为了使方案更加动人，他准备放弃其老同盟者——葡萄牙——甚至资助西班牙向葡萄牙宣战。一位杰出的外交家费基埃，1685年到马德里为承认法国皇太子的声明准备条件；1688年他死后，由他更精明的儿子雷贝纳克接替。为了支持这一外交手段，大部分法国海军在1688年都在地中海——这是在英国和荷兰共和国发生一系列事件时的一桩重要大事。在九年战争中起来一致反对路易的列强中，路易最不愿意同西班牙作战。

---

① To Rébenac, 11 Jan, 1689, A. Legrelle, La Mission de M. de Rébenac à Madrid (1894), pp. 61—64; cf. ibid, pp. 51—52.

他曾尽力想和西班牙谈判达成一项中立条约，即使只限于其部分领土。只在这些花招都失败以后，维也纳人的势力在奥尔良的玛丽·路易丝王后死后才在马德里开始占优势，他才向西班牙宣战。战争即使爆发也未阻止他在意大利和西比利牛斯山脉寻求与西班牙达成局部停火。

即使只是由于地理和战略的缘故，意大利在任何哈布斯堡—波旁家族的争议中也一定是举足轻重的，但是直到九年战争时路易才制定一项全面一贯的意大利政策。1691年两名经验丰富的外交人士，阿斯费尔男爵和雷贝纳克，被分别派往德国和意大利进行经常奔走，阻止同盟国发展。在德国的使命收效不大，但在意大利，雷贝纳克的工作后来使路易能拆散反法联盟。除萨伏依外，几乎所有意大利各邦都有理由害怕半岛上发生战争可能危及他们的独立。那里的皇家部队的分遣队不足以与法国正面作战，但可以吓唬意大利人而有余。机智地利用他们的恐惧心，路易可以建立起一批善意的中立国，如果他自己断然放弃公开侵略意大利的话。1692年雷贝纳克与帕尔马、摩德纳、曼图亚和托斯卡纳议订条约；这些公爵领地同意允许法国军队自由通过；如果皇帝或其同盟者向他们进犯，法国答应给以援助。威尼斯和教皇由于哈布斯堡在意大利的势力增强一定要蒙受最大损失而同意旁观。为了取得全部利益，路易仍须争取萨伏依公爵。维克多·阿马戴乌斯在九年战争中正在谋求细致而有限的目标：收复被法国窜犯的土地，从卡萨莱把他们赶出去并占领比内罗洛——这是直指都灵的一条狭长地带。[1] 路易可以任意选择时间来满足他的夙愿，而且他在别的和平试探手段失败后，也是这样做的。1696年6月29日的都灵条约拆散了反法联盟。

---

[1] 关于法国与萨伏依的关系，见《新编剑桥世界近代史》第5卷，原文第471—473页。

路易正在注视着南方的时候，其北方目标逐渐变得灵活多了。1693年他准备让巴伐利亚的马克斯·伊曼纽尔升任为西属荷兰的君主，这样一种可能性的谣传曾惹得他在1685年威胁要进行战争。1693年后，虽然法国在东北取得了军事上的胜利，但路易却出人意料轻易放弃了他在17世纪80年代的许多征服地和重新归并之地；他同意让荷兰人拥有其屏障；他放弃了卢森堡并几乎也放弃了斯特拉斯堡。这一新安排为1697年的《里斯威克和约》奠定了基础。

1697年底，路易又恢复了他1685年的威胁，但这次是针对米兰，不是荷兰，因为有任命奥地利大公查尔斯为米兰人总督的谈判。几年来，路易相信皇帝想在意大利扩充他的领地。1698年3月，正当蓬波尼首先提出西班牙继承波特兰这一问题的时候，他注意到这么一种危险：如果皇帝掌握了西班牙，"他就一定自封为全意大利的主子并（使其权力）在帝国内独裁到这样一种程度以致我们都得惧怕他那过分的权力"①。在导致1698年和1700年分割条约的谈判中，对西班牙及其荷兰或殖民地的争论不多，几乎所有讨价还价都针对意大利内的西班牙领土。在那里，法国皇太子有其一份继承权；甚至用其某些部分与洛林或萨伏依与皮埃蒙特交换的方案也要求法国在意大利的坚强地位。1710年，当路易愿在任何条件下求和时，在整个西班牙君主体系中他只企图为菲利普五世保留西西里和撒丁；菲利普不听不是他的错误。也许政治上的考虑因感情因素而强化：起码有一次他说意大利是"地球上最美好的地方"②。他还有一个使人非信不

---

① Portland to William III, 15, March 1698, in Japikse, *Corres. pondentie*, vol. 1, pt. 1, pp. 259—260. on the diplomacy of the Spanish succession, cf. below, ch. XII.

② To Amelot, 4 May 1687, A. T. de Girardot, *Correspondance de Louis XIV avec le marquls d'Amelot...* 1685—1688 (Nantes, 1863), p. 352.

可的全神贯注在意大利的原因。由于法国教会意见分歧，再加上教皇拒绝把授职训令送给1682年以来任命的法国主教们，他领土内的内部统一将被破坏。首先，詹森主义运动（在他看来）给路易带来最棘手的问题，没有教皇的帮助，他自己解决是没有什么希望的。教皇的帮助对于在西班牙建立亲法党派也是合乎需要的。而且在九年战争初期，路易摆出一副天主教信仰的保护人的姿态"来反对为了消灭这种信仰而由新教王子们成立的联盟"①。在此情况下，他再与梵蒂冈争吵就不合算了。他威胁要用武力反对英诺森十一世这个正直的人却徒劳无功，而且在英诺森去世（1689年8月12日）后，他与教皇世系打交道时采取了较温和的方法。在1689年和1691年的秘密会议上，法国的红衣主教们协助亚历山大八世和英诺森十二世使之获选。这两位教皇愿意与路易达成协议；然而当时梵蒂冈在与法国宫廷谈判中抓住了所有王牌，而1693年达成的和解只不过是法国国王的毫不掩饰的投降。至少路易知道从他的屈服中如何捞取最多的好处。英诺森十二世成为意大利中立的最重要拥护者并支持了法国的和平建议；后来他把法国皇太子是他的合法继承人的意见告知卡洛斯二世。他不是詹森主义者的朋友，他的接班人克雷芒十一世大体上在王位继承战争中偏袒波旁家族，支持老觊觎王位者并且是詹森主义的死敌。

路易当然不是独自一个往南看的。早在1689年，威廉三世就说过要派一个海军中队前往地中海，主要是保护同盟国的贸易。随着九年战争的进展而且他对在荷兰作出有利的决定丧失信心，通过萨伏依进犯法国越来越使他蠢蠢欲动。这一行动在地中海需要一个联合舰队，也可提防西班牙不认真使劲，抵消法国在

---

① To Rébenac, 6 Dec. 1688, Legrelle, p. 54. On Louis XIV's breach with the papacy, see vol. V, pp. 135—139; for Spanish court politics, below, ch. XI.

意大利外交上的成功，克服萨伏依的摇摆不定并煽动维也纳更积极进行战争。威廉从总体上看战局并看出远在他个人控制范围之外的陆地和水域的重要意义。这样他就有充分条件进行分割条约的谈判，在谈判中他可以评价像直布罗陀这样的地方并为将来像葡萄牙联盟、加泰罗尼亚行动、夺取米诺卡岛等事业打下基础。威廉的政治追随者们如马尔巴勒和海因修斯，对地中海冒险行动提供最大支持上一向毫不犹豫。使海上强国在商谈大联合中处于优势的正是这个统观全局的远见而并非其经济力量。他们最重要的同盟者是皇帝。1689年与奥地利哈布斯堡签订条约时，威廉必须答应一战以便恢复关于威斯特伐利亚与比利牛斯山脉的和约，敦促选举约瑟夫大公为罗马王，支持奥地利对整个西班牙继承的要求。他毫无热情地同意了这些条件（但也没有讨价还价的余地），因为他需要皇帝在军事上和外交上的支持。经萨伏依进攻法国特别需要皇家部队，而且威廉指望利奥波德遏制梵蒂冈，如果教皇主张意大利中立或其他对法国有利的措施的话。因为海上列强已承认维也纳的要求，所以维也纳就派遣1.2万人到西部作战，然后迅速折回对付土耳其。《卡尔洛维茨和约》直到皇帝觉得谈判分割西班牙君主体制要危及他对西部的要求时才签订。然后他表示给卡洛斯二世以军事援助，助其保卫他在意大利的土地。1701年必须恢复大同盟时，利奥波德一心想得到西班牙在意大利的领地。经多次争吵，海上列强默认了他的要求，很明显是在马尔巴勒建议下默认的。虽然接连不断有危及哈布斯堡领土的心脏的现象来自各方，但利奥波德及其接班人约瑟夫一世（1705—1711年）却把力量集中于意大利战事，根本放弃了查理大公，并把他交给了海上列强。后来1703年列强把他安放在西班牙的王位上。

早在1700年，利奥波德调查了一下意大利国内过去的皇家领主权，约瑟夫一世对这些权力的兴趣比其父更为突出。这些举动得到了克雷芒十一世教廷的附和。克雷芒在其私生活中是虔诚的、稳重的，喜爱追求学问。作为一位公众人物，他首先是教皇领地一位能干的行政长官。他曾想把意大利国内罗马教皇的古老领主权恢复起来，这些权力在当时与神圣罗马皇帝的权力一样早已废弃不用。① 从封建历史中追寻帝国权利的举动不能不提醒意大利各邦（它们已被波旁霸权的前景吓坏了），它们的态度很能说明意大利战场上的政治不稳，而在解决西班牙王位继承问题上这是至关重要的。

接受卡洛斯二世遗嘱严重挫伤了法国的外交。1700年11月14日以前的外交手段是针对严格执行分割，大部法国使节都接受指示要尽量与其英国和荷兰的同事们在商谈中采取一致行动。从那天以后，这些关系很快松弛下来，而当时生效的大多数条约和各种完成阶段的条约都必须重新谈判。从那以后，法国外交受到路易十四的无限的成功前景的妨碍，后来又受到他显然即将发生的崩溃的妨碍。除口头上保证继续友好外，路易并未设法减轻他的意大利朋友和葡萄牙对波旁霸权的忧虑心情。1701年，恐惧使萨伏依和葡萄牙与法国结成联盟条约，但其对路易十四的价值则是可疑的，因为皇帝可以减轻压在萨伏依头上的恐惧心情而海上列强可使葡萄牙产生更大恐惧。不久路易对萨伏依施加的高压手段于1703年底把维克多·阿马戴乌斯推入对手的行列并威胁到在意大利北部的法军地位。葡萄牙出现了另一种问题：新近在巴西发现了金矿使它对大西洋上的同盟国的舰队支队比以往任何时候都更加敏感。而且，路易可能已认识到把葡萄牙在加利西亚或埃什特雷马杜拉的边境扩展（如他曾在1692年想要做的那样）而不招致西班牙反抗是不可能的。他无须拿着让葡萄牙中立的提议等到1703年4月，这种中立正是国王彼得二世早已要

---

① 见本书原文第595页。

过的。事情的发展是这样的：因为邮递混乱，路易的提议暴露了；提议错投到马德里，退回巴黎，然后送到里斯本，这正是第一次梅休因条约即将签订的时候。①

路易十四在葡萄牙和意大利方面的错误，使同盟国能在西班牙和意大利攻击波旁家族。要不是马尔巴勒在1706年5月于拉米伊的胜利和菲利普五世在1705—1706年于西班牙的败北，路易可能在意大利加快军事决定（他很明显是这样打算的）。1707年路易牺牲了意大利后即可帮助菲利普渡过难关，其余由菲利普的西班牙臣民来完成。从意大利排除法国的压力几乎瓦解了大同盟。荷兰和英国的贸易界要求集中进行伊比利亚战争，而维克多·阿马戴乌斯则被皇家部队占领米兰和蒙特菲雷特所激怒，这是路易十四的附庸曼图亚公爵的领地被萨伏依公爵据为己有造成的。维也纳正一心想很快征服那不勒斯，以后的战事就听之任之了。只在"卡洛斯三世"1711年成为查理六世皇帝时，哈布斯堡允许各州政治上独立的政策才有根本的改变。这一改变使同盟中其余各国不禁要问，他们是否在为恢复查理五世君主体制而战。

同时，教皇就剩下孤身一人抵挡哈布斯堡在意大利的胜利的进展。他甚至比他的前任对巩固其地位的每一步骤都更加敏感。克雷芒十一世自己的政策使其成立意大利联盟的企图失败了。1708年，当教义上的武器失败时，他打算武装反抗，但最后由于害怕德国兵（很多是新教徒）可能像1527年那样夺取罗马而退缩。1709年初期他被迫承认"卡洛斯三世"，几年后当调解者们处理了教皇在那不勒斯、西西里和撒丁岛的封地而未关照他的时候，他又蒙受了一次耻辱。随后，1714年土耳其与威尼斯二次开战提供了挽救他的政治领导的机会，但是西班牙王后伊丽莎白·法尼丝及其大臣艾尔维洛尼（来自帕尔马的一名教士）

--------

① 见本书原文第525—526页。

利用教皇的计划于1717—1718年掩护西班牙进攻撒丁和西西里。这个《第四次十字军东侵》的18世纪版本把教皇的雄心壮志损害到不可收拾的地步。意大利最古老的世俗国家威尼斯在无法阻挡哈布斯堡上和教皇一样。1716—1717年，只有尤金在巴尔干的胜利才使共和国逃脱土耳其的报复而只损失了摩里亚。从那以后，她就任凭哈布斯堡的摆布。在曼图亚和米兰，在北方，甚至在达尔马提亚等地哈布斯堡都与她对峙过。更糟的是查理开始发展的里雅斯特港。萨伏依虽然在乌得勒支受益匪浅，但尚不能与哈布斯堡在意大利的势力抗衡。①

《乌得勒支和约》以后，在意大利不能建立有效的均衡和查理六世决心维护其西班牙称号，都有深远的后果。第一，这些因素造成1715年路易十四达成波旁—哈布斯堡联盟计划的失败，大"外交革命"必须等到1756年。第二，虽然意大利各邦多数政治联合以削弱哈布斯堡收效不大，但是意大利却为伊丽莎白·法尼丝改朝换代打下了基础。直到腓特烈大帝在德国上台为止，伊丽莎白·法尼丝一直是欧洲均衡的搅乱者。

根据德国各邦所提供的军队或在阻遏哈布斯堡的军事力量中具有潜在妨害作用，列强对德国的组成部分都十分感兴趣。在这方面，路易十四与威廉三世对德国各王公和北方各君主都越来越失望，这些王公和君主在为捞取优惠条件而讨价还价时总是过分强调自己的功绩。1685年，年轻的托尔西在德国旅行时给他父亲写信说，在最后的考验中，所有德国列邦将不管愿意不愿意都会站在皇帝一边，这一预测在九年战争中基本证实。1700年7月8日，路易给塔拉尔写信说，不能武装各国王公，因为"他们极容易变心，他们建立起来的军队常常用来向资助他们建军的

---

① 关于威尼斯和萨伏依，见本书原文第555—556、559页。

人作战"。1700年的一份备忘录（可能是托尔西写的）降低了可能在德国成立联盟的重要性：

> 帝国的军队不能自己行动；在上次战争中，军队是由伦敦和阿姆斯特丹的银行调动的；对北方各君主来说也是如此。因此，正如人们只能从他们那里得到微弱的帮助，而且要用高价收买，所以人们用不着害怕他们反对我们。①

1697年路易拒绝了勃兰登堡选帝侯关于单独媾和的要求，诡称已忘记选帝侯曾以不是帝国王公的身份同他作过战。简而言之，路易正在违反黎塞留和马萨林的对德国的政策，在他前半部统治时期是曾遵循此政策办事的。

由于不同原因，威廉三世也依同一方向行动。1689年他不愿保证下撒克逊集团的现行制度是因为怕触犯皇帝；他也反对接纳小邦王公成为大同盟的正式成员，为的是不使将来的调停工作复杂化。1690年他告诉海因修斯说，如果给丹麦和萨伏依津贴，那么"所有德国各邦王公都要同样待遇；如果我们拒绝他们，他们就会转换阵营"。在下一次战争中我们能在马尔巴勒的抱怨中发现同样的怀疑态度：

> 你现在可从任何德国王公得到军队，但要付出昂贵代价……你看德国王公们在派出他们的分遣部队时有多么落后而且总是这样，他们自以为你应当帮助他们……我非常相信，如果你不能制止这种勒索，战争最后将非常费钱，结果

---

① Paris, Arch. du Min. des Affaires Etrangères, Corresp. Polit. k Anglcterre, t. CLXXXVI, fo. 192, and t. CLXXXIX, fo. 273. For the German background, see vol. v, chs. XVIII and XXIII.

你就还不起这笔费用了。①

然而西方主要列强的普遍失望并未使他们放弃在德国事务中起积极作用。路易继续追求两个目标：在皇帝及其主要同盟者之间建立战略屏障；给大同盟制造最大量的政治麻烦。为了达到第一个目标，他在九年战争中对科隆、明斯特、巴拉丁领地特别感兴趣并在其南方集团的继承人初期支持其中立。至于制造麻烦，在九年战争中因缺少德国的积极的军事同盟者而受到阻碍，只好满足于支持因某些缘故而不满意皇帝或其同盟者的中立的"第三方"。在威廉的帮助下，皇帝利用满足这些反对派的领袖对新称号和特权的要求，以化解他们的反对。法国人就要设法组织次要的人物。这些活动迫使法国的外交手段沿着王公阶梯下降，一级一级地下，一直降到巴登—杜拉希和勃兰登堡—库尔姆巴赫的总督级。第9选帝侯领地事件充分说明了这一过程。1688年汉诺威的埃内斯特·奥古斯塔斯公爵在法国势力中是最重要的一位君主。1692年利奥波德用选帝侯爵位笼络了他；作为回报，埃内斯特·奥古斯塔斯提供了4000兵力，在皇家选举中投票选举哈布斯堡候选人，并协助奥地利王室建立第10个选帝侯领地。路易进而煽动各君主抵制这种新事物。最大的反对来自圭尔夫家族长者一派，即不伦瑞克—沃尔芬比特尔的公爵们，但他们远不如少壮派（汉诺威）强大。丹麦的克里斯蒂安五世的反对与荷尔施泰因公爵一样更为重要，但是他也要为租借给同盟的军队收取租金，而威廉计划在1693年派一中队到波罗的海也可能对他

---

① Dijkvelt to Heinsius, 13 Sept. 1689, H. J. van dar Heim, *Het archief van... Heinsius*, vol. 1 (1867), pp. 166—167; William to Heinsius, 19/29 Sept. 1690, BritishMuseum, Add. MS. 34, 504, fos. 37—38; Marlborough to Heinsius, 21 April 1703, B. van't Hoff, *The Correspondence of... Marlborough and... Heinsius* (The Hague, 1951), pp. 61—62.

有缓和作用。持续大约10年的反对汉诺威选帝侯领地的斗争使新的选帝侯更加依附皇帝。皇帝后来大量采取同样的方法来承认霍亨索伦家族的皇家称号并支持萨克森对波兰王位的候选人资格。

在路易十四对德国的政策普遍令人难以满意的后果中出现了一个主要的例外：在西班牙王位继承战争前夕，法国人曾诱使巴伐利亚选帝侯马克斯·伊曼纽尔加入他们的阵营，与他一起加入的还有他的兄弟，科隆的约瑟夫·克雷芒。虽然17世纪80年代和17世纪90年代路易坚持哈布斯堡的事业，他却从未停止拉拢后者，相信维也纳和慕尼黑的利益是不相容的。确实，维特尔斯巴赫家族是奥地利王室的危险对手，几乎一个世纪以来他们渴望取代后者作为天主教德国的领袖和皇帝。而且他们的权力中心靠近哈布斯堡的主要土地；他们在蒂罗尔和巴拉丁两地有领土野心。皇帝不能满足马克斯·伊曼纽尔要戴皇冠的愿望或他的任何别的主要要求而不妨害自己的地位；1702年他们的谈判破裂了。马尔巴勒在布伦海姆的胜利对所有德国王公们来说都是一个实例教训，教导他们在与路易十四联合时能希望得到什么东西。当约瑟夫一世皇帝的喧闹引起许多王公骚动的时候，他们没有投靠路易而是投靠瑞典的查理十二世，把他作为可能的皇家高压手段的解救者。

各大强国的政策对皇家结构有明显影响。第一，这些政策有助于抬高皇帝在德国的威望：在里斯威克，他代表各邦的王公进行谈判，在1714年帝国的各成员国只在巴登签署同意皇帝在拉施塔特缔结的和平条约的条件。第二，因为把德国各主要王公放在有利的讨价还价的地位，这些政策易于在德国的较大与较小的强邦之间加宽鸿沟，从而为拿破仑"吞并"德国打下基础。德国各王公中有为数不少的人在帝国外登基也是在此时期。与此同时，哈布斯堡家族取得几顶意大利王冠。这一新情况使德国政治不能在 18 世纪前半期形成地区性的政治而是有助于把德国纳入欧洲系统。

早在此时期以前就出现了"欧洲"这个概念，与更早的中世纪"基督教联邦"这一概念并驾齐驱。到 1700 年，政治家和国际法专家们常常交替使用"基督教世界"和"欧洲"来表示拥有主权的基督教王国、封邑和共和国，这些国家遵循我们现在所说的"西方文化"。然而与这些概念相联系的还有其他一些考虑和区分。欧洲海外殖民地当然是"基督教世界"的一部分，有时却笼统地包括在"欧洲"以内；但从条约辞令上理解，"欧洲"已逐渐意味着一个地理区域。在奥托曼统治下的巴尔干的基督教徒们一般被排除在"欧洲"和"基督教世界"以外。相反，唯一信奉东正基督教的主权国家俄罗斯常被纳入"基督教世界"以内但常被排除在"欧洲"以外。只是罗曼诺夫家族开始在 18 世纪初期与德国高贵家族通婚后，俄国才正式进入欧洲社会：一个欧洲君主必须与其他欧洲君主们联姻已成定例。

统治王室间的亲属关系，在维持欧洲社会上变得越来越重要了，特别是在宗教上的联系开始削弱以后。只要略举几个例子就能说明问题。威廉三世不只是詹姆士二世的外甥和女婿，也是路易十四的嫡表兄（弟）的儿子和勃兰登堡—普鲁士的腓特烈一世的嫡表兄（弟），而腓特烈又是英国和汉诺威的乔治一世的姐（妹）夫。路易十四和利奥波德一世彼此是嫡表兄弟也是姐（妹）夫和内兄（弟），路易十四和卡洛斯二世也是这样的亲戚，卡洛斯二世的前妻（奥尔良的玛丽·路易丝）是路易的侄女也是威廉的嫡表姐（妹）。萨伏依的维克多·阿马戴乌斯二世是路易十四的嫡表兄（弟）的儿子，他娶了路易的侄女；这个侄女是威廉的嫡表姐（妹）；他也是卡洛斯二世的隔房表兄（弟）和姐（妹）夫、菲利普五世的岳父、路易十五的祖父和马克斯·伊曼纽尔的嫡表兄（弟）。马克斯·伊曼纽尔是利奥波德的远亲和女婿，路易十四嫡表兄（弟）的儿子，法国皇太子的姐（妹）夫，菲利普五世和奥尔良摄政王的伯（叔）父。诺伊堡的菲利普·威廉这位巴拉丁选帝侯的女婿中有利奥波德一世、卡洛斯二世和葡萄牙的彼得二世。一位当地选出的国王，如波兰的约翰·索比斯基，一心想钻进统治者的王室而为其子女策划适当的婚姻：索比斯基的儿子娶了菲利普·威廉选帝侯的一个女儿为妻。作为短暂君主的教皇，在这方面处于一种微妙地位：他可以用提升各王朝资历较低成员为红衣主教来改善处境，许多意大利王室的子孙都接受了红衣主教的头衔。像威尼斯和热那亚这样的共和国以及像汉堡这样的自由城市也因脱离与君主的亲戚关系而处于不利地位。在荷兰共和国，这一缺陷则为奥兰治—拿骚王室所抵消。当然，大多数反叛政府都在十分不利的条件下挣扎。

可以论证的是王朝之间的关系引起的要求只能以诉诸武力来解决。这种说法似乎有理，尤其是如果我们想一想西班牙的王位继承。只要领导者坚持其原则要求，此法是可行的，如路易和利奥波德经常做的那样。当王公之间的较量主要受国家原因的支配时，"王朝战争"的说法是令人误解的。王朝之间的联系确实没有防止战争，尽管这种联系对战争目标确实产生了某些影响。无论一位君主采取什么阴谋来伤害其亲戚，无论他在战争中多么不礼貌地将其亲戚从他的土地上赶走，他也从未想将其全面毁灭及破坏其国家。战争结束后，多半是肇事者本人或其合法继承人垂头丧气地仍须到场谋求和平。帝国对维特尔斯巴赫兄弟在布莱海姆战役以后发出的禁令无意延长王位继承战争。1708年哈布斯堡保留了曼图亚只是因为查理第四公爵（最后一位贡扎加公爵）死后无子女。即使在战争中，各统治家族仍彼此通知出生、婚嫁和死亡，而且在他们之间有祝贺和吊唁的信息往返。在王位继承战争中凡尔赛向一位奥地利女大公致哀一事无人觉得奇怪。这些礼貌表现并未减轻战争的严重性，但却有助于保持联系渠道的畅通并在战事停止后立即恢复正常关系。

这一心情因考虑正统性而更加强烈；因路易十四和利奥波德一世年事日高，这一情况在各自宫廷中更显得突出。即使威廉三世在心中是一个拥护正统王朝者（他是个加尔文派教徒），他会比大多数天主教君主更愿接受上帝更经常直接干预以改变人间事务的过程。安妮女王及其朋友们拥护正统王朝的思想感情也很强。这种思想感情对国际事务的精确影响是难以估计的。有些统治者为维克多·阿马戴乌斯或查理十二世所受影响比别人要少。它虽然阻止了国外的煽动反叛的活动，但权宜之计的诱惑对甚至最脆弱的拥护正统王朝的顾虑都证明是太强：出于必要，使得利奥波德皇帝在1689年承认威廉为大不列颠国王；路易十四在凡尔赛接见拉科齐。然而每个宫廷有权势的声音都宣称禁止帮助反叛者，例如，在安妮女王的大臣中，诺丁汉反对马尔巴勒帮助塞文山脉那里的卡米扎人的意图。也许起码部分由拥护正统王朝的思想感情引起一件政治步骤的最有兴趣的事例是路易十四在1701年9月承认老觊觎王位者为英格兰的詹姆士三世。路易解释说他无权拒绝詹姆士生下来就属于他的称号并引证了先例，但他继续宣称他决心履行《里斯威克和约》，称威廉三世为"英格兰国王"并放弃以"军队、金钱或船只"帮助詹姆士的任何打算。① 把这看成一派诡辩而不予理睬就是错误估计了路易坚持神权的原则。

大家一致认为欧洲各邦在地位上不完全平等，虽然从主权的观点看他们可能是平等的。共和国，除公爵们和其他地位低

————————
① To Chamilly,15 Sept. 1701；Arch. du Min. des Aff. Etr. , Corresp. Polit. Danemark, t. LXVI,fos. 393—394.

的王公外，愿意承认"头戴王冠的君主们"的优越地位，天主教君主们承认教皇有某些优势。除此以外，在地位先后次序上出现了许多争论，因为争执者们既无划分君主的共同依据，又对每个自报的功绩意见分歧。因此皇帝只能勉强地承认法国国王的"陛下"称号，而路易则企图千方百计证明他要求起码与神圣罗马皇帝相等是合理的：他的领土是个"帝国"，他的王冠在基督教世界里是传代最古的王冠，首先在其国土内他的权力是无限的。因此在起草《里斯威克和约》时，路易反对用同样的词句叙述他自己和威廉三世与各自的领土的关系。每个邦，甚至帝国的最低男爵领地，都为地位而争吵。英格兰也与西班牙、葡萄牙、丹麦和其他王国有同样的争执。荷兰共和国与威尼斯都声称其地位在对方之上，双方又与德国的选帝侯们发生冲突。从表面上看，各邦的等级已在他们的国外代表周围的礼仪上、在皇家称号上反映出来。实际上，每个邦都建立了自己接待外国使节的礼仪；作为外交礼仪指南而编写的巨著，加上档案中为此而交换的大捆的信件，说明这方面完全陷于无政府状态。

一般说来，礼仪在17世纪对有效外交所起的妨碍作用与20世纪的宣传几乎一样严重。两国可能同意彼此谈判的方式，但是召开一个有多国参加的和平会议本身就是一件可怕的事情。调解国的主要任务是建立一个通讯站，各方可通过通讯站彼此联系。[①]议程是如此的拖拉，以致大会只能在它对真正的谈判起到掩护作用或在别处达成的协议让双方到此登记后才能产生结果。因此，《里斯威克和约》的基础是在1694—1696年路易的使者卡利埃尔和第克维尔特及博雷尔之间秘密会谈后奠定的，这些人受到威廉

---

① 虽然英国大使们在卡尔洛维茨和帕萨洛维茨企图以压制双方降低其要求的办法来迅速达成和平，但调解人很少直接参加谈判实质问题。

三世和海因修斯的信任。后来我们在里斯威克各全权大臣中遇到卡利埃尔和第克维尔特。在那里,一旦出现困难,会议便记下时间,同时在西班牙属荷兰在波特兰与布菲勒之间的五次私下会议上消除了这些难题。

只要有可能,列强愿意通过得到信任的个人来处理重要事务而不需要中间人。路易与安妮之间的《乌得勒支和约》清楚地说明该条约是在无中间人的情况下达成的。俄国和瑞典之间的《尼斯塔特和平条约》就没有中间人参加。1696年都灵密约是法军下级司令官泰塞伯爵和假扮成萨伏依农民的格罗佩洛(维克多·阿马戴乌斯的财政部长)起草的。1709年路易要迅速结束战争时,法国外长托尔西本人前往海牙,装扮成一位私人绅士,与海因修斯、马尔巴勒和尤金协商。《拉施塔特条约》是在尤金和维拉尔之间通过直接谈判安排的,他们是两位总司令又是挚友。平等人物之间礼貌往来的规则,而不是礼仪,在这种谈判中风行一时。当代外交作家推荐使用二级谈判人员,他们不像大使那样受拘束,同时维持这种仪式很少使一位足智多谋的外交官不能处理重大事务。在这里我们应当注意路易十四的评论,没有人能怀疑他会忽略外交礼节这样的事。1710年他在意大利各邦之间为了促进团结而作的努力,由于威尼斯和托斯卡纳的不和而受到阻碍。威尼斯连续派往佛罗伦萨朝廷两位使节,他们正患有非常严重的痛风病,大公就允许他们在他面前坐下。在大公拒绝把这一特权扩大到他们的完全健康的继任者时,两邦断绝了关系。路易说:"一看便大吃一惊的是……原来在防止他们迫在眼前的毁灭上有共同利害关系的强国,很小一点礼仪上的异议就妨碍了他们的团结。"①

---

① To Gergy, 18 Sept. 1710, *Recueil des Instructions données...Florence* (1912), p. 89.

妨碍了联合的是不同的利益而不是外交礼仪。1689年8月,威廉三世为同盟国之间的不和而忧虑,他对上次的战争和宁姆根会议的记忆萦绕心头,提议在海牙召开一次会议。他现在不想让小邦的王公们在"四强"联盟中成为正式伙伴,但需要某种中央协调团体。大会终于在1690年3月16日召开,到1697年仍然存在。无人,甚至威廉也没有关于大会打算达到什么目标的清楚概念。开会前,威廉决定其主要任务是订出下次战役中同盟的战斗序列,而且会期要短。同时已说服皇帝要有个永久性的代表大会,但是他的代表贝尔卡伯爵对其上级的军事观点没有接到足够的指示而必须凡事都要请示维也纳。海牙代表大会在处理分配冬季营房之类的问题上比较有成绩,而且似乎已经有人在制定1691年的战役计划,但在1692年必须在科隆另开会议来安排保卫莱茵河的措施。某些政治问题,甚至将来和平的条件,也提出来在大会上讨论,但在这么大的集会上是难以解决的。总之,并非所有外交官都受到他们领导的信任。由于一个对立的团体在维也纳成长起来,代表大会进一步受到破坏,在维也纳有几个皇帝内阁成员开始与同盟国外交官们坐在一起讨论军事行动和和平计划。维也纳的会议组织得比较松散,比海牙的全体会议更适合搞联合。随着各交战国的利益向南移动,这些会议变得更加重要,更加频繁召开了。1695年底左右,海因修斯抱怨说,在海牙议定的和平措施,到维也纳后就变了。

维也纳与海牙之间的对立经瑞典调解后尖锐了。威廉原则上不反对它,但他认为经斯德哥尔摩传达消息太慢,而且不愿与瑞典使节利里埃鲁特办事,认为他偏向法国。此外,查理十一不愿看到英国—荷兰在海上称霸的前景,尽管他对路易十四也有敌意并准备为皇帝效劳。很明显威廉不完全理解瑞典人采取暧昧态度的原因;他过度认为是法国的黄金和亲法党派在斯德哥尔摩策划的缘故。一直到1696年秋天,同盟国才正式承认瑞典调解,即都灵和平以后。然而从 1693 年开始，法国的和平建议是法国驻斯德哥尔摩大使阿沃伯爵提出来的，并经瑞典外长奥克森谢尔纳伯爵转交给利奥波德的大臣，大臣把建议送到维也纳，从那里又转到海牙和马德里。这样一种安排把维也纳放在同盟国一边来控制谈判。威廉然后把希望寄托在第克维尔特—卡利埃尔会谈上，并建议同盟国同意海牙的和平条件。海牙代表大会无力完成这件大事。

在王位继承战争中，马尔巴勒、符拉蒂斯劳和尤金的频繁往来在维持主要同盟国之间的联合上作用很大。在北方战争中，彼得沙皇的出访在团结反瑞典联盟中起到了相同作用。至于反土耳其联盟，好像除例行外交往来外，并未设置协调同盟国行动的机构。

欧洲政治结构的变化对国际法、外交机构组织或谈判方式并未产生直接影响。外交惯例反映欧洲社会和个别国家的社会秩序；由于这不是社会大动乱时代，尚未感到急需对它彻底检查。在俄国那里确实发生了动乱，彼得把西方几国使用的形式综合起来，改革外交机构。然而，安托万·佩克奎特在 1720 年左右写的一篇论文中说①，外交现在包括的事务比过去多得多。1720年，荷兰和威尼斯共和国在考虑适合外交注意的贸易事务和公众意见时，不再是孤立的了。几乎所有国家都对它们发生了兴趣。为了强调外交官的任务的复杂性，当时的一些手册树立起一种"完美大使"的形象，其才能包括懂得拉丁语、法语、意大利语、西班牙语和德语；精读了古代和现代历史，尤其是自《威斯特伐利亚和约》以来的所有条约；懂得一点陆军、海军和贸易事务；旅行广泛；观察及理解力强；作风文雅；以及其他许多脑力和体质上的特点。不用说，这样的人物不多，虽然有些像托

---

① Discours sur t'art de négocler (first published in 1737 in Paris).

尔西这样的人已接近这一理想。

关于国际法和外交程序，亚伯拉罕·德·维克福特写的《大使及其任务》（1680年）是标准手册，这本书在18世纪中叶以前深受欢迎。这本散漫的作品包括几百年来外交实例的大量材料；如果它有任何统一主题的话，那就是保卫外交豁免权。弗朗索瓦·德·卡利埃尔的出色的文章《与统治者谈判的方式》（或译《外交实务》）（1716年）很快被译成英文、意大利文和德文；但是像他同代人莱布尼兹、卢梭·德·夏穆瓦、佩克奎特的文章一样，它只包括极少新的国际关系理论。塞缪尔·冯·普芬道夫的《自然和族类法》在1688—1717年间用拉丁文、英文、法文、德文出了17版，是自然法概念的历史里程碑，但在国际法上，普芬道夫主要根据格劳秀斯。然而我们应当注意他那明确的声明：只要条约不与其国家利益相冲突，该国君主必须接受条约的束缚，因为他与其臣民们的关系是所有约束中最高至上者。① 荷兰律师科内利乌斯·范·宾克肖克（1673—1743年）的早期著作《海权论》（1702年）预示了瓦特尔的领海理论：领海要扩展到从海岸发射武器炮弹所及之处。②

走私与海上中立权利问题和往常一样是很棘手的。在九年战争中，威廉三世想尽力减少中立国商业，这种商业有把北方各国卷入西方的公开的敌对行动的危险。在下次战争中，这些争执在1705年以后就不那么严重了，当时采取措施限制中立国与敌国通商这种思想的普遍幻灭是很明显的。海洋法与惯例各国都不一

---

① Book VIII, ch. IX, para. 5. For a bibliography of Pufendorf (1622—1694) see J. B. Scott's edn. of *De Jure naturae et gentium libri octo* (Oxford, 2 vols. 1934), vol. II, pp. 59a—62a. cf. vol. V, pp. 109—114.

② See J. B. Scott's edn., New York, 1923; Bynkershoek's masterpiece, *Quaestionum juris publici libri duo* (1737) was republished in facsinile at Oxford in 1930, with E. T. by T. Frank and Introduction by J. de Louter in vol. II.

样。一般说来，荷兰人的意见是战争应尽量少干涉商业；英国人倾向限制商业，敌国和中立国商业都限制；法国人原则上对敌国和中立国都很严格。但在实际上，政策上的考虑常常缓和了处理战利品军事法庭的严厉。荷兰人比英国人更害怕中立国商业的竞争，泽兰武装民船有时处理得很严厉；但威廉三世只要认为适合他的外交手段，就放宽他自己的措施，海因修斯也是这样做的。法国人非常需要荷兰人和爱尔兰人的贸易，所以他们便很大方地发给敌船特许航行证；捕获物处理会议和法国议会一样，在考虑法律以外的权力而采取行动时，也比英国高等海事法庭强硬些。这种事态产生了大量诉讼和外交信件。许多摩擦都来自大量双边商务条约中的前后矛盾和不切实际，自1648年以来这些条约已制定了关于船照的规章制度并规定了什么是战时走私。[①] 因为这些协定的条件不仅反映了各方的特殊经济情况而且也反映了力量，特别是海军力量，国际法的结果是矛盾的。

中立地位这个概念仍然有点模糊不清，主要因为时代的惯例已把战争与和平之间的分界线弄得模糊不清了。一个中立国可以避开直接敌对行动；但它可以把辅助军队派往交战国（根据以前订立的条约）而无损其中立地位并可允许交战国军队"无害通过"其领土去攻击敌国。然而，一般都希望它禁止在它的水域中交战。有时很难制止这种交战，结果丹麦人和葡萄牙人只好对交战国的战舰封闭其港口；托斯卡纳的大公有时常抱怨交战国船只们破坏里窝那的中立，虽然这并未使他避免人们责备他偏袒。人们越来越相信中立国应给予双方同样的对待。特殊"中

---

① See P. C. Jessup and F. Deák, *Neutrality: the Origins* (New York, 1935); J. S. Bromley, 'Les Corsaires zélandais et lanavigation scandinave pendant la Guerre de Succession d'Espagne', M. Mollat (ed.), Le . avire et e'Economie Maritime du Nord de e' Europe (1960), pp. 93—109.

立条约"试图对个别情况下的这种对待加以说明。例如,路易十四在1689年5月与瑞士各州订立了这样一项条约:他答应不派法国军队通过瑞士领土,而瑞士同意不让任何其他国家的军队假道瑞士。中立这个概念有时用于一个地理区域而非一个国家:各交战国都同意不在此地区内作战。这样,维克多·阿马戴乌斯于1696年10月7日与皇帝和西班牙缔结了《维杰瓦诺公约》,路易十四立即加入,在以后战争中为意大利中立作准备。1691—1693年间为波罗的海的中立,1697年为爱琴海的中立以及1710年为神圣罗马帝国在北方战争中的中立作打算。路易十四愿与西班牙达成地区性的中立和解,促成了1694年巴约纳—拉布德地区与吉普斯夸省之间的《商务与友好往来条约》。[①] 不仅地理区域,而且某些阶级的人,如渔民,也可受到正式保护。

交战国之间的协定是经常的,通常是处理一些技术上的问题,如邮政、商业交易、安全通行、交换战俘等。另一方面,大多数和平条约,甚至一些联盟条约,都展望将来在缔约国间可能发生战争时,指定6个月的时间或更长些,许可敌国人民在此时间内处理他们的事务。关于阿贝·戈尔蒂埃(法国大使塔拉尔的牧师)一案没有什么特殊的可谈,他在整个王位继承战争中住在伦敦,最后协助安排秘密会谈而结束了战争。战争状态常因发表声明而引起,在声明中君主陈述其拿起武器的原因,命令其所有的臣民攻击敌人,禁止与敌人的一切交往,违者处死。然而,就像当时的许多法令一样,这个法令不久即被废弃。路易十四在1689年写给西班牙属荷兰总督一封奇怪的信中说,他宣言中的话实际上不过是一纸空文:剥夺手无寸铁的人们的生活是不公道的,交战国的王公们一般不惩罚他们而是发给特许护照或根本不干涉他们的

---

① Dumont, vol. VII, pt. II, pp. 342—345.

事务。① 护照和区别对待缓和了战争的严峻性,增加了国库,扩大了政府控制人员和货物流动的方法,包括朋友、敌人和中立国的人员和货物。相反,当时的风俗习惯,因为未被指责具有民族主义情感,使战争过渡到和平相当容易并有助于维护欧洲体系。和平条约中的大赦条款照顾那些违反战时命令的人。

虽然实质上所有国家都多少模仿威尼斯的外交作风,但它们彼此相差很远,甚至朝代之间也有很大差异。官僚主义和选举罗马帝国皇帝的诸侯身份也未使他们变得冷酷。一个普通政客的癖性也可决定其国家的外交政策。因此关于外交机构很难作出全面叙述。

甚至在有长远复杂外交传统的荷兰共和国,威廉三世也能逐渐把外交政策抓在自己手中,主要是靠任命国会议员、国会的秘密事务委员会委员和外交官的职位。荷兰的国外代表应与他们所属的各邦通信——外交职位的分配主要由荷兰和泽兰各邦掌握——并通过国会的注册员与国会和秘密事务委员会通信。实际上他们也与荷兰省长、荷兰抚恤金大臣(真正的外交总长)、阿姆斯特丹城的头面人物通信。威廉若无与抚恤金大臣法奇尔和海因修斯的私人友谊,若无阿姆斯特丹的谅解,很难说他能控制荷兰的外交。威廉在英国时,海因修斯是其知心朋友,国王向他畅叙衷肠。在英国,威廉的两位国务秘书只管日常书信;英国与荷兰外交官写信需要威廉作决定的问题都要写给陆军大臣布拉斯威特;威廉旅行时他常陪伴。如果事关机密(这是经常发生的),就吩咐外交官们直接与海因修斯或威廉通信。第一次谈判分割条约时,只有威廉、海因修斯和波特兰在英国—荷兰一边知道什么

---

① C. G. Picavet, "Etat de paix et etat de guerre au temps de Louis XIV", *Rev. d' hist, dipl.* vol. XXXVIII (1924), pp. 436—437. 有时相互宣言要隔很长时间:路易十四在 1688 年 11 月 26 日向荷兰宣战,荷兰向他宣战是 1689 年 3 月 9 日。

正在进行。实际上,威廉就是他自己的外交大臣,常独自一人与外国大使谈判,他自己写比较重要的信而无须其内阁参与,有时由于过度紧急而不能将信件内容扼要记下来为他自己将来参考,这是他后悔地承认的。他主张把所有谈判无论其如何重要都集中到海牙或伦敦并不为奇。他的使节收集并传达情报而不进行谈判,只有极少例外。在威廉统治下的英国和荷兰的外交机构只有一个,统一他们的措施并分享他们的情报;有时他们各自的使节相互担任彼此的代表。虽然双方都有怨言,但双方结合工作起来效率日增,扩大了威廉的外交智谋。威廉去世后,双方机构分了家,尤其是在拉米伊战役使海上列强不能构成紧迫的危险以后。解散之所以是逐渐的(起码在早期阶段)而且不是严格的,主要是海因修斯和马尔巴勒的缘故,他们两人紧密工作在一起。然而,尽管海因修斯继续指导荷兰的外交政策,但他不能调动所有忠诚者归附奥兰治这个幻称;起初察觉不到,一些荷兰组织,尤其是在阿姆斯特丹,开始脱离抚恤金大臣。这就容易使他更加严厉而更加靠近马尔巴勒。马尔巴勒虽非国家大臣,但他所控制的英国外交政策使他能在1707年以自己的权力决定访问查理十二世。他的下台割断了英、荷外交机构的最后一环。

头脑冷静的利奥波德皇帝的办法是个鲜明的对照。有一次,当荷兰使节提出了和平方案后,金斯基伯爵回答说,这件事"太微妙,不能在四目之下提交皇帝"并建议召开一次会议。①由于相信委员会具有高度的智慧,利奥波德规定遵照其内阁多数的决定行事,即使他与他们不一致也要奉行多数的决定。有些大臣认为他呆,可是别的观察家们包括维拉尔在内认为他比他的顾

---

① Heemskerk to Heinsius, 2 Jan. 1696, G. von Antal and J. C. H. de Pater (eds.), Weensche Gezantsohapsberichten, vol. I (The Hague, 1929), p. 615. cf. below, p. 572 ff., for administrative organization at Vienna.

问们都有头脑。不足为奇的是当时的通讯抱怨维也纳的拖延。波兰—立陶宛联邦表现了另一种形式：两位首相和副首相处理日常外交信件，但波兰的大使们向国会负责，国会处理更重大事务。国王利用其"小型私人官邸"为其个人政策服务——常与其国家的政策不同。每个大官都推行他自己的外交政策，所以任何对波兰真感兴趣的国家，都应该布置两位大使和一些小代理人驻扎在那里，如果它能付得起这笔费用的话，路易十四就这样做过。

与已谈过的惯例相比，法国的做法是正规的典范。路易在最高国务会上自由讨论后亲自制定了他的外交政策。最高国务会的秘密，局外人是难以探知的。然后外交大臣与国王在每日商议中拟出细节，国王常改动其大臣的草稿。接见外国使节时外交大臣也在座；极少数几次路易单独接见大使引起许多意见。为了保密和最大限度地自由行动，路易不愿意让外国使节在他的宫廷露面除非为了粉饰的目的，而主张把重要谈判委托其驻在外国的代表进行。在其统治的后半期，他越来越依靠他们，根据他们所了解的他的观点来应付难以预料的情况。他很少让一位大使因诚实而犯错感觉尴尬不安。由始至终，他要求他的大使们给他写信时要十分坦率，派遣像阿沃或塔拉尔这样的人说明至少这些高级外交家听他的话。很清楚，路易的体制对有成就的谈判人员发奖，这个体制也给外交大臣增加了负担。到了1715年，外交大臣有一个由几位一等秘书组成的干练的班子，还有一些翻译和办事员——这些都是他个人的雇员。即使在1710年，在圣普雷斯特领导成立独立档案科之后的人数看来都不超过30人。甚至在王位继承战争之前，有几个宣传员都隶属此部，其部分工作是打击敌对刊物：就像在英国，人们越来越明白舆论是一种外交政策工具。有关贸易问题，外交大臣也可与其部外专家磋商，但他常与其他大臣发生冲突，尤其是与陆军大臣和海军大臣冲突。对外贸易属于后者范围，而1698年国王利用限制海军直接与驻西班牙、葡萄牙、君士坦丁堡、埃及以西北非伊斯兰教地区的海外外交家和领事们通信来设法给外交大臣更多专属特权控制法国在欧洲的代表。陆军大臣有他自己的通信情报网,也不能阻止他参与对外政策,因此要解决与他的争吵就困难得多。而且,战地陆军司令,如维拉尔,一般也被委以外交使命。

显然,外交需要快速安全的通联手段。大量外交信件用"普通"邮递传送,一般每星期1至2次往返于多数首都之间。只有对非常紧急或绝密的文件才会花钱用"特快"信使传送,信使的费用常需大使自己掏腰包。① 没有任何政治家比威廉三世更懂得邮政通信联系手段的好处:不能及时收到消息或与海因修斯的通信受到阻碍就会在谈判中抓不住机会。伦敦、海牙和巴黎之间平常是4天的旅程,但英国的交通要听从风的摆布,甚至特快也要一星期或更长时间才能到达海牙或巴黎。陆路上的信使也常因天气不好而受阻,有时因政治情况不稳,偶尔因真的或假的拦路强盗而受阻。最好的谨慎措施是把一封信的副本分别从不同途径发出。可能发生敌对行动的前景更使交通不定,但因欧洲已陷入战争状态,甚至敌对国家之间也能恢复正常通邮。1703年哈布斯堡和海上列强禁止与法国通邮和其他关系,但此举在荷兰人当中引起强烈抗议,结果一年后这项禁令就取消了。②

---

① 一封从巴黎邮寄马德里的普通信一般要10天或11天才能到达,寄往里斯本(经拉罗什尔)大约要5个星期,维也纳两个星期,威尼斯13天,罗马17天,柏林11天,斯德哥尔摩16—17天,华沙19天。特快8天可达马德里,威尼斯9—10天,罗马或华沙11天。海牙至维也纳的邮政距离为11—12天,至哥本哈根为7—9天,至斯德哥尔摩为13天,至莫斯科约为5个星期。从维也纳至马德里邮件一般要4—5个星期才到,4—6个星期到君士坦丁堡;信使可于18天内到达马德里,都灵5天或6天。

② 关于1703—1704年的禁令,见本书原文第303、420页。

在评价使用各种密码的效果时出现了各种不同意见。维克福特说,一向没有什么不能破译的密码,而卡利埃尔认为可以设计一种非经叛徒协助不能破译的密码。一些专家,如数学家约翰·沃利斯,曾被认为能揭开几乎所有密码;1691年在德国北方捕获的一名法国情报人员所携文件被立即送往伦敦请他审查。尤其是在战时,正规外交家和间谍常把情报放在信封里寄给真的或假的商人或银行家;收信人或邮政局长就把它送往适当地点。除为政府信件提供似乎合理掩护外,这一方法的优点是邮政局长们不愿损害商人和银行家的邮件:过多损害其邮件会使他们转投其他寄递渠道,使邮局遭受大量金钱损失。然而,防止拦截邮件或隐蔽任何重要谈判都是非常困难的。这样,《都灵秘密条约》(1696年6月)的大意,在达成前4天威尼斯就已经知道了,而威廉三世似乎对此事已早有所闻。

外交代表有许多不同的称号。它们可简化为主要的三级:大使、公使、驻外政治代表。只有完全主权国家才能由大使代表。即使如此,有些国家也不愿委任他们,或者是为了省钱,或者是为了避免排列座次时发生争吵。实际上,在大使与公使之间区别不大。虽然公使受到的礼仪较轻,薪金较低,但是原来是大使而现在降到公使并不丢脸。但是在数量越来越多的公使与越来越少的驻外政治代表之间的鸿沟却越来越宽,鸿沟的加宽是因为委任为驻外政治代表者多系比较无名家族的成员,有时(例如由德国的小邦王公派出的)是没有任何真正的任务。在法国外交机构中,从驻外政治代表跃升为公使级是非常困难的。英国与荷兰的惯例暂时还不那么严格。

虽然级别不同,各首都的外交家们开始自己形成一个独特的社会,习俗和特权相似者团结在一起,所以一个成员的权利受到侵犯,整个外交使团都感觉到了。经全体同意后,各国的法律使

180 驻外政治代表本人及其家属不受侵犯；但其解释因地而异，对"政府的公使"及其财产的合法管辖权问题困扰着当时一些最好的法律思想家。各国法律不允许大使煽动驻在国的阴谋小集团和叛乱，然而他却能贿赂当地大臣和职员获取情报。外国的外交官可以被驱逐出境，而1717年逮捕瑞典公使于伦鲍格（驻伦敦）和格尔茨（驻海牙）这样的事故并不罕见。受伤害一方常采取报复手段：例如，1703年路易十四一听到他的大使在萨伏依实际上被单独关闭，就对萨伏依驻巴黎大使作了同样的处置。

一个外交官通常与外交部长或特别专员口头或书面谈判。没有可靠的情报和关键人物的支持，他不能获得成功。无论他怎么想方设法——说恭维话、贿赂或直接劝说——若不与他们利益分摊并像他们的社会同侪一样与他们交谈，他就不能取得他们的信任。他是他君主的代表。因此必须在外国宫廷上显露头角。一个社会地位低下的人，无论其如何有才干，一定会处于严重不利地位。因此大多数外交官都出身军事贵族家庭；有些来自法定的贵族，少数是神职人员。甚至在荷兰机构里，许多大使和公使都是贵族，其余是从"摄政者"中招募来的——来自一些放弃直接经商而从事管理荷兰政务的家庭。威尼斯大使们也都出身贵族。任命一名代表时，无须取得外国宫廷的同意，但最好是考虑一下指望他过什么样的生活方式。例如，卡利埃尔认为到北方宫廷去的大使应能大量饮酒而不醉。身份最高并有大笔财产的贵族对罗马最合适。到德国小宫廷去的使节可能发现熟知错综复杂的法律是有用处的。费基埃的简朴严肃生活使他在西班牙受到赏识。在天主教宫廷中担负高度秘密的外交或情报使命以僧侣最有成效，尤其是西班牙僧侣，因为他们很容易渗透到任何家庭而不为人所注意。但是一位天主教职位高的人对穆斯林国家与对新教国家一样地不合适。

一位大使或公使要招募他的工作人员。特别重要的是寻找一两位得力的秘书,因为秘书要把文件抄写工整,接触密码,常被任用进行一些次要的外交使命,而且在大使缺席时处理日常往来公文。在英国、西班牙和瑞典的机构中,秘书似应由国王任命并付薪;在法国,大使自己挑选秘书,一般从其食客中挑选并掏自己的腰包付给薪金。此外,大使应有一位牧师、几名随员、厨师、男仆、跟班、侍童、车夫、马夫和其他佣人。宫廷生活比较简朴的地方,如荷兰,三十几人就够了;而罗马、法国和西班牙,大使的随从人员一般有100多名。大使还要为自己准备适当的官邸,起码两辆马车和马,还有讲究的餐具,丧事、庆典和宫廷的活动都需要额外的花费。自己的邮费一般要自付,有时为国王办点事他还要垫款。被召回或被赋予新的使命会令人厌烦的,因为这意味着他要与当地的债主结账并筹措额外的款项。荷兰驻维也纳公使接到命令前往君士坦丁堡时写道:"他们把我送上艰难、危险、花钱的路程,但是他们不告诉我到哪里去找钱。"[①]许多外交官们都会说这样的话。总的看来,路易十四的代表们比其他代表的收入要丰厚些。[②] 但是薪金或普通津贴永远不够支付甚至一般费用。更糟的是发薪很少按时,有长达四分之一的时间花在办理银行贷款和兑换货币上。有些外交官设法搞些外币兑换投机来补充他们的收入;如果其地位能提供方便的话再做点证券投机买卖;少数人甚至利用其海关豁免权进行秘密零售贸易。驻君士坦丁堡的西方大使馆的优越条件是他们有大量领事收费来补

---

① Heemskerk to Heinsius, 17 Sept. 1692, von Antal and de Pater, vol. I, p. 522.
② 驻罗马的法国大使一般每年收入7.2万法郎;驻英国4.8万法郎;驻海牙、马德里、斯德哥尔摩3.6万法郎;驻萨伏依3万法郎;驻葡萄牙和威尼斯2.4万法郎。公使可领1.2万—2.4万法郎,驻外政治代表领0.6万—1.2万法郎。驻巴黎、马德里、维也纳的英国大使每星期可领100英镑,驻其他首都每日10英镑;特命公使每日5英镑,驻外政治代表每日3英镑。

充他们的薪金，主要靠商人发给他们薪金。否则别无其他可行，只好欠债；许多家里的产业都丧失在外交事业上了。不多的就职津贴、第一次任命时（购置装备）花费的一笔巨款，"特殊情况"津贴可能缓和但并未消除负担。① 偶尔对所有机构发下一笔特殊补助，但外交人员却被告知最好在谈判关键时刻争取一份：这样，驻海牙的布里奥尔一听到卡洛斯二世已死立刻通知托尔西说他正处于危急困难之中。有些政府想不时以保留外交官的国内职位的薪金来减轻其困难：薪俸很高的神职人员是出国服务最优越的候补者。然而设想出色的外交成绩得不到奖励未免有点夸张。它经常带来某些荣誉标志、军级或文职的提升，圣职的升级等，虽然外交官们普遍深信国内的朋友们都得到了上选的职位。许多人都把外交工作看做是光荣但是毁灭性的流放，主张把它看做暂时职业而不是终身事业。这本身就足以挫败作家们对外交事业所作的努力，他们一致敦促成立正规使团，从幼小时开始训练人才。只有法国成立了一所"外交学院"来训练未来的外交官。1712年，托尔西委托圣普雷斯特教育12名年轻人：其门徒们帮助整理外交部的档案并整理出一些有意义的历史性备忘录；不然就成果不大，"学院"也于1720年寿终正寝。各地培养外交人员仍然大都是偶然的，是凭家族关系的。

　　国外的外交人员的主要工作是从一切可能的来源收集情报。与当地职位高的宗教界和外交界人士进行非正式的私人交往能提供最好的机会。大使应当好客；除其秘书外，厨师是他最有价值的助手。但是要逗引他的同伴们说话，他自己应先给他们透露一点新闻。从他政府来的邮件给他带来了"新闻信札"，其他公使

---

① 在英国，"特命使节"的正规级别已于1690年1月9—19日由咨询枢密院不经议会同意而颁布的敕令所制定，直至1789年才加修订。cf. D. B. Horn, *The British Diplomatic Service*, 1689—1789（Oxford, 1961）, chs. III—IV.

第五章 欧洲的国际关系

的电讯摘录、新法律和新条例全文、朋友来信等；他也直接与其他驻外国的外交官通信。众所周知的是荷兰代表从其政府那里收到很多情报；他们也与国外的商人们通信。法国人在托尔西的内阁以前在提供当时的情报上似乎很粗心大意；路易以前对来自其宫廷的新闻信札皱过眉头。大多数外交官也有秘密和半秘密的提供情报者。有些办事员和邮局职员为了补充他们微薄且不按时发给的薪金而出售他们经手的文件；各个使馆的秘书也逃脱不了这个诱惑。大概是通过这个渠道马尔巴勒得到了一份路易十四给德·里科斯的指示，德·里科斯1707年要到查理十二世那里有特殊使命去完成。有魄力的大使，如阿沃，从各阶级人群收集情报，直到船上的木工。一位外国外交人员被吸引到别人的秘密组织，其价值之大显然是不可估计的，尤其是在战时。在德国的小邦王公那里工作的人员是干这种勾当的最可疑的人。在九年战争中，芒斯特的主教在雷根斯堡的代理人把那里的行动全盘告诉了法国人。在以后的战争中，彼特金姆这个驻荷兰荷尔施泰因—哥托普的驻外政治代表是个法国间谍，专门提供来自葡萄牙的荷兰电讯和类似文件。此时法国明显雇用了许多丹麦人，并几乎说通了冯·斯托肯这个驻荷兰共和国和英国的丹麦公使参加他们的秘密组织；他们在说服瑞典驻维也纳政治代表斯蒂霍克参加上运气要好一些。威廉三世和海因修斯有一个相当不错的秘密情报网。[183]外交官通常是通过中间人物与秘密特务接触，一般由他的秘书出面，但有时亲自与他们会面，采取的是间谍活动方式，例如驻葡萄牙的阿梅洛偶尔策划一次与其最佳提供情报者在圣方济会托钵僧院"不期而遇"，供报人是韦尔热夫人，是伊莎贝拉公主的知心朋友。据悉小特务所得报酬极微。身负特别使命者如帕斯特曾被法国于1706年派往维也纳，愿收月薪40银币；间谍明星如彼特金姆可得年薪3000银镑，彼特金姆又因为同盟国服务，可从他们那里领取酬金来补充其年薪。韦尔热夫人不愿收钱，但在

1686年为其子在法国申请显赫的圣职；其女在葡萄牙喜爱阿梅洛的马车，这位大使在1688年离开里斯本前把马车送给了她。

　　发给外国政治家和廷臣的津贴和"奖金"照例不是为了获得情报而是为了建立一个党派和左右政策。这些费用甚至不是秘密的。一旦一个大邦王公签订了一项条约，都希望他给对方的大臣们一些贵重礼物。有时小邦王公们猜测其大臣们接受外国的津贴。只要接受津贴不损害大臣忠于其主，君主们也看不出其中有何害处；许多德国王公甚至还鼓励这一做法，因其有助于节约大臣们的薪金。因此许多王公自己也依靠外国的补助，多半是为了补助其军队。用之得当，这些办法帮助了汉诺威的一位埃内斯特·奥古斯塔斯在其邻国面前提高他的姿态及其与大国打交道的地位。在小邦王公当中，只有瑞典的查理十一世公开蔑视这一政治生活事实。对于其他大多数王公来说，问题不是接受不接受财政资助而是接受谁的援助——然而，这是一个通常要根据其政治意义来解决的问题。

　　17世纪80年代，路易十四是最慷慨的资助者；荷兰人因吝啬小气而出名并常常拖欠；查理二世和詹姆士二世只有接受资助的经验；西班牙和皇帝可能答应给他们资助但是给不了；俄国刚刚开始资助索比斯基与土耳其人作战——这一切在随后的10年里发生了根本变化。路易仍能发挥大量财政力量，如17世纪90年代在瑞典和丹麦以及后来在西班牙，但不能再向整个欧洲分派其财力。海上列强在威廉和海因修斯的压力下后来能在这一战场上超越了法国人。同时，彼得沙皇成为反瑞典联盟的军需官。路易、威廉、彼得、利奥波德及其多数大臣们都默认，除天意外，金钱是世界上最有力的因素，各方面都证明是这样。在1688年与1721年间要找一例补助或津贴决定一国外交政策的实例似乎都是困难的。补助常使一国君主能够推行他想要推行但缺乏自己的财力去推行的政策。丹麦国王如无资助能否维持其优秀的海军是令人怀疑的,尽管其王国的生存有赖于此;没有俄国的财政援助,波兰的奥古斯都二世在北方战争中很难长期存在。补助或许能推迟,但不能防止其改变有损赠款国的政策,它甚至能使政策改变对受惠国高度有利并使其十分感兴趣。1692 年,路易十四每月按时发给汉诺威的埃内斯特·奥古斯塔斯 10.9 万银镑——从当时阻止其加入同盟国来看,这份补助金使他自己成为如此大的麻烦,作为路易在帝国内的追随者,他设法向皇帝索取了选帝侯的高贵职位。

当时的人们大事夸张给外国政治家送礼和津贴的成效。这一传统哪儿也不如瑞典那样根深蒂固。从 1691 年起,路易十四就在那里尽力重建亲法党派以便在帝国内加入中立派的"第三党"①。1692 年,瑞典各大臣收到奖金 15 万银镑,1693 年又收到 4.3 万银镑;法朗科法尔斯议员比尔克是本特·奥克森谢尔纳伯爵的敌人,他也领年俸 2 万银镑——他两个儿子分了 2.4 万多银镑——而奥克赛斯蒂尔纳则因同意一项中立的正式条约而被许诺给予 5 万银镑。然而,瑞典并未参加"第三党"。虽然其援军 1692 年后不再与同盟国一起战斗,甚至这种不大的效果也可能被说成是查理十一世和乌克森谢纳惧怕英—荷的海上优势。同样,1694 年威廉三世给乌克森谢纳的女儿们的津贴对伯爵的中立政策和调解明显无很大作用。他和卡尔·派珀只能是为了他们信任的或其主子决定的措施才能接受礼物。不管怎样,查理十一世和查理十二世都是意志坚强的人,他们觉得自己不受大臣们的建议所约束。1707 年马尔巴勒劝使派珀接受 1500 英镑的津贴,而大臣赫门林和策德希尔姆每年每人只收 500 英镑;其目的是把

---

① See R. Hatton, "Gratifications and Foreign Policy: Anglo French Rivalry in Sweden during the Nine Years War", R. Hatton and J. S. Bromley (eds.), *William III and Louis XIV* (1968), pp. 68—94.

瑞典军队从帝国中调出去——这是查理已决定要做的事。同时派珀仍不受法国官员的影响：1707年路易愿意给他30万银镑以便在西方战争中瑞典成功地进行调解。

在外交手段中明显有效使用金钱的最好范例是彼得·托尔斯泰和沙菲洛夫，他们是1701—1714年驻君士坦丁堡的两名沙皇的公使。托尔斯泰不但像别人一样贿赂了土耳其宗教职位高的人，而且甚至设法把英国大使萨坦和荷兰驻外政治代表科利杰尔都纳入俄国的工资名单。[①] 毫无疑问，这就增强了1711—1712年俄国与土耳其之间能干的调解人的热心；但在那时，防止俄—土之间发生冲突对海上列强有利，因为查理十二世拒绝为神圣罗马帝国订立中立条约激怒了他们。很难估计在君士坦丁堡皇宫阴谋中俄国行贿的作用。1700—1709年极少数奥托曼政治家愿意卷入北方或西班牙王位继承战争中去：如果有一个战争党派，它就主要对威尼斯占领摩里亚不满。然而波尔塔瓦以后俄国势力在波兰的威胁比俄国行贿显得更加突出，土耳其人打起来了。彼得在普鲁斯河惨败后不久，1711年，无论他给土耳其首相的贿赂是多还是少，彼得接受了奥托曼的主要要求，虽然俄—土和平直到1713年以后才算可靠，那时看来好像彼得的意图是承认绝大部分条件。直到那时土耳其人才能转向攻击威尼斯人。

从这些令人失望的结果，人们不必推论补助和津贴是完全无用的。补助赠送人扩大了他的政治活动范围——如果受赠的政府已有意按照有利于他的轨道发展的话——同时赠送礼物和津贴可在政治家之间促进更友好的私人情绪，没有这些活动就很难推动即使是最简单的工作。

---

[①] 1714—1719年，土耳其拒绝俄国派驻其首都长期代表时，科利热为沙皇效劳。

当然，外交官的主要职责是在两个朝廷之间"保持联系"。还希望他保护其国民，尤其是商人。几乎所有荷兰的、大多数英国的、一些法国的外交官都认真照此指示办事，虽然路易十四的政府怀疑国外的法国商人是否诚实，所以要求在支持他们的交易时要特别小心。领事也保护并发展商人的利益，但其主要职责是审理他们自己的被保护人之间的诉讼；这反映了一种历久犹存的中世纪概念：人无论到任何地方都带着法律一起去。像路易十四这样的君主对于在其国内建立外国领事的计划总是斜眼相加；荷兰人也不急于接待他们；法—荷的《里斯威克商务条约》废除了驻法国的荷兰领事和驻荷兰的法国领事。一位领事常常是在驻在国定居的商人，有时甚至归化了该国，而他为之服务的无论是哪个祖国已不重要。有些在北方的法国领事都是胡格诺派教徒难民。领事并非"政府的公使"，而且不能要求外交豁免权。他们很少领取其政府薪金。然而，随着商务谈判的不断活跃，其地位也逐步提高，为了表示礼貌而开始给以一些外交特权。地中海的领事机构历史比别处长，所以他们早已成为外交代表，这主要是因为与土耳其政府谈判时商务总是主要课题，但也因为苏丹的大臣们，甚至一些省份的帕夏们，在外交关系上享有相当大的自由。某些在商业上重要的少数民族团体如希腊人、亚美尼亚人和犹太人，也影响土耳其政府的外交政策，结果与他们混在一起的领事不但提供了有价值的情报而且也不可避免地参加半官方谈判。

在外交手段中越来越突出商务问题这方面，威尼斯和荷兰已抢在英国和法国之前；随后跟上来的是斯堪的纳维亚各王国和勃兰登堡，以后是查理六世皇帝、彼得沙皇、西班牙和其他强国。在商务谈判中多数统治者和外交官们仍然发现自己是走在生疏的道路上。因此，在委派塔拉尔与威廉三世谈判分割条约时，他请求派一名商务专家作为他的大使馆随员。威廉自己在这种事务上感觉不安，因为他"不太了解"塔拉尔提出来的西班牙属西印度群岛问题，他只提了一下哈瓦那，然后就把商谈往后推迟。①从1696年起商会多少有系统地收集商业情报。有些英国外交官掌握了完整的贸易知识，就像约翰·鲁宾逊博士在斯德哥尔摩、但泽、汉堡所掌握的那样，后来在乌得勒支的经济谈判中就用上了；1711—1713年与法国人进行经济谈判有专长的诗人马修·普里奥是海关专员，曾在商会工作过。包括马尔巴勒在内的许多政治家们都在贸易商行有个人股本。在法国，商务理事会（1700年）里有海军部长、主计长和其他官员，还有法国大城市的代表们，其中有一名叫梅斯纳热的后来作为法国的全权代表与鲁宾逊和荷兰人在乌得勒支谈判。迪松·德·邦雷波的生涯也反映了这个新趋势，他是一位海军监督官，但在商务上很精通，后来成为能干的大使，九年战争中在哥本哈根任职，后来到海牙。一些多才多艺的人如阿沃和阿梅洛都在国内各方面供职，但大多数法国外交官都需要顾问。到处是越来越多的领事公函，但领事们却惯于给政府和大使们提供经济情报消息（偶尔提建议）。1662年，科尔伯特无法确认所有法国领事的名字。50年以后，这样一种困境在欧洲任何地方都是难以想象的。

　　国际经济活动和谈判的高涨并不表示由于经济动机而形成了主要的政治联合或者发生了战争。对一些决定战争与和平结局的或相互联盟的人来说，经济手段是政策的工具而不是它的目的。例如，1688年和1701年法国关税率的意图是在荷兰共和国引起政治纷争来威胁它。接近九年战争结束的时候，路易毫不犹豫地牺牲他认为是法国的商务利益来争取荷兰的政治合作。1701年春天，他在丹麦人面前炫耀订立商务条约的前景，这是丹麦人希望的，似乎对法国商业也有利，但是他公开承认的目的是劝诱他

---

① To Portland 12 May 1698, Japikse, vol. K, pt. I, p. 304.

们不要把军队派往可能是反法联盟那里去。等到他们一同意派援军支持海上列强时,这个提议就撤销了。

掌握海上列强的威廉三世在处理事务上有比路易还多的复杂问题。经验使他知道一个强大的商业团体在对立中能起多大妨害作用。他在荷兰共和国的领导地位主要靠他与阿姆斯特丹互相谅解;在英国他的支持多来自商业团体,这些团体的利益不一定与荷兰人的利益相一致;为了维持联盟继续有效,他特别需要钱,也无论其为英国钱还是荷兰钱。经验教训是他必须为商业利益提供保护。他愿意用海军分遣队保护贸易,支持荷兰在里斯威克的商业要求,坚持分割条约中保证英国和荷兰在地中海贸易的条款。但威廉还打算在物资缺乏上打击路易。1689年对法国发动的贸易战是打算挫伤法国,并非为了开展同盟国的贸易:对禁止与法国进行一切贸易的措施采取最强反抗的来自荷兰人,来自英国商人的反抗弱一些。为了加强这一措施但也为了减轻英国、荷兰对中立国竞争的恐惧心情,他也想禁止所有中立国与法国通商;当中立国强迫他从这个极端地位撤退时,他坚持压迫所有同盟国不要挂着他们的国旗与敌人交易。人们可能猜测他偏袒武装民船,但当他们不遵照其政策行事时,他就与他们激烈地争吵起来。有一次他企图撤回发给泽兰人的所有民船捕押外国船只特许证。① 这样,实际上,威廉对商业的态度与路易无大区别。其他大多数政治家们也和他们占优势的政治观点一致。

当经济问题日益侵入外交政策中时,宗教也占据了一个不太显眼的地位。在这两种现象之间看不出有明显的关系。宗教与国际政治之间越来越脱离是个怪事,因为在18世纪早期许多政治

---

① To Heinsiua, 16/26 Feb. 1694 (B. M. Add. MS. 34, 504, fos. 139—140). See G. N. Clark, *The Dutch Alliance and the War against French Trade* (Manchester, 1923), ch. v.

家的私生活中宗教思想要比30年前的他们或其前任浓厚得多。然而像威廉这样虔诚的人在17世纪80年代却反对把宗教思想注入外交政策，那时如果不加制止，对一个巨大的天主教阴谋的恐惧心情可能酿成宗教战争而使欧洲的政治结构受到破坏。1697年10月威廉写道："我总是害怕宗教战争，怕法国和皇帝达成秘密谅解。"① 他尽力在革命时期遏制英国的反天主教风气，同时想法说服皇帝不要与天主教战斗。虔诚的哈布斯堡需要新教联盟反对法国和土耳其：在哈布斯堡朝廷里，确实正在大声反对新教联盟，但喊声只在1707—1708年高涨，当时大同盟开始分裂。路易十四提出的九年战争是宗教冲突的说法在西班牙受到蔑视之大，超过任何其他地方。

如果宗教势力常受国家的控制，那么也能用它为政治目的服务。当西班牙政府在1689年建议调动萨伏依的沃杜瓦臣民反对法国的时候，它准备使用新教这个武器；威廉和维克多·阿马戴乌斯为沃杜瓦人辩护只是几个月以后的事，阿马戴乌斯同意恢复他们的特权。② 1711年与土耳其开战后，彼得沙皇向巴尔干的基督教徒们呼吁，而在别的时候彼得对他们的命运毫不关心。然而，彼得是个虔诚的宗教信仰者，对萨克森的奥古斯都就很难说是这样，他只是为了当波兰国王才信天主教的。但无论何时，只要国家利益许可，君主们就对他们的宗教倾向采取放任态度。例如，1692年皇帝能坚持汉诺威和策勒的天主教徒们的自由；1707年查理十二世支持西里西亚的马丁·路德信徒的事业并试图为法国的胡格诺派教徒说情。彼得在其统治末期支持波兰一立

---

① Archives... de la Maison d'orange -. assau, 3rd ser. (ed. F. J. L. Kramer, Leiden, 3 vols. 1907—1909), vol. II, p. 2.

② 后来同盟国成立新教志愿军，在意大利与西班牙的、皇家和萨伏依的军队并肩作战。对大多数志愿者和许多其他新教徒一样，这一战争当然是宗教性的。

陶宛联邦东正教信仰自由。然而这种举动常被一个国家在国内应当是十足的主人这一信念所抑制。因此路易十四一想到它可能引起为法国的胡格诺派教徒说情，就撤销了他对海外天主教徒的保护。

有时宗教信仰在路易的政策中能起明显作用。1688年，路易声称是天主教信仰的保护人，但未给其天主教对手以深刻印象，也许除了巴拉丁选帝侯约翰·威廉。威廉不同意皇帝对法宣战，因为它助长新教的势力。约翰·威廉建议在里斯威克提出规定在法国割让给帝国的土地上天主教会应处于支配地位。路易在利奥波德默许下强把这一规定加进条约。但是利奥波德与路易在这点上的一致并未有助于解决他们在西班牙王位继承问题上的争论。总的看来，在帝国内路易的天主教政策并未收效。在地中海，这一政策为他效了什么劳是比较难以确定的：如果他不决然采取天主教政策，也许他会失败得很惨。在这方面他的政治旨趣和宗教信仰并未冲突。当两者在别处冲突的时候，可以这样说，即使路易到了晚年也把宗教看做是次要的。这位天主教事业的拥护者向各新教王公们保证他不加害他们的信仰。里斯威克之后，他为巴拉丁的新教徒说情，1712年他尽力缓和瑞士州与州之间的宗教冲突。在王位继承战争中，他对勃艮第和博维利埃的公爵们常把道德和宗教问题拉进政治而表示不满。①

因为路易十四和威廉三世对18世纪初出现的欧洲安定的贡献比任何其他人都多，我们应当考虑他们某些基本信仰与政策的关系。路易的机会主义并未影响其坚定的外交政策原则和人类行为的信念。他的目的很简单：提高其国家及其家族的威望，从而使他自己作为一位出人头地的"基督教世界最伟大的国王"就不容争议了。这种出人头地要靠事物的自然秩序，如果他未

---

① Cf. below, pp. 326ff.

超越这个秩序的范围,其国家利益就与世界的利益一致起来。路易认为世界是个有秩序的地方,受上帝指导,但主要是通过中间人来执行。只在1710—1712年间的灾难中他才严肃地认为人类的事务中有神来参与。他认为每个国家都有其自己的"真正的国家准则",扎根于自然秩序,其最终创始人为上帝。优秀的政治家风度包括照这些准则办事。不知道自己和别人的真正的准则,就不可能有好的政策;偶尔成功也是短暂的。只有君主专制才有可能始终如一地照真正准则办事。凡是国王权力受限制的地方,那里的私人利益一定会掩盖真正的国家利益;唯一的例外是威尼斯——自然现象的奇观。在这种情况下,像威廉或海因修斯这样的个别的政治家可能上升到理解真正的准则,但是他的努力最终是注定了的。人们受恐惧和希望所驱使。然而威胁是个危险的武器,因为它可能产生与期望的正相反的结果:路易晚年给他的外交官们的指示中充满了不要采取威胁的告诫。希望是个比较灵活的工具,只要每个人的癖性有野心、贪婪或虚荣之分就能适应每一个人,虽然情况有许多不同——王公们和高级贵族为野心所支配;出身较低的大臣、商人和佣人为贪婪所支配;妇女为虚荣所支配;神职人员则身受三者的支配。要满足外国王公或政治家的野心并不总是能办到的,虚荣得逞的机会有限,但贪婪却能最大限度地加以利用,因此,金钱是路易外交手段的家务总管。

　　路易对世界的看法,有助于根据不偏不倚地分析每个国家的利益和可靠的情报而仔细制定计划,也使他的事业有某种稳定性。同时,他追求尽善尽美常造成优柔寡断,在其所有的盘算中,对意想不到的事没有留多少余地。他所犯的大部分错误不是由于不知情而是由于教条主义地理解大好的情报。直到1712年,他才能断言安妮女王必须进行"对其国土毫无用处的"长期战争,因为英国政策不受国家利益支配,而受私人利益支配。① 有些对标准的刺激不能作出适当反应的人，如威廉三世，阻碍了他。路易被这种怪现象所触怒，最后从内心里把威廉看成一个贪得无厌，确实可怕的野心家——因为他很能干，所以更危险。

威廉在许多方面比路易更复杂。他的目标，甚至他的许多信念，随时间的流逝而变化多端。在他一生的最后 15 年里，他似乎同时在几个层次上生活和思想。最高的一层是他的宗教世界，在那里上帝挑选的人们在指定路线上，听从他们的主的指挥行动。在这里威廉就是上帝选中的工具来控制路易十四的骄傲，而两个人在格斗中短兵相接也在这里。威廉在世时没有得到胜利的保证；但如果他坚持下去，他就能证明自己是上帝的好仆人。在地球上，这个神圣的戏剧性场面反映在意志坚强的政治王国里。在那里，按数学要求计算的权力是至高无上的。这里留有以国家为前提的政治联盟、压力集团的和解、灵活谈判的余地。虽然似乎很奇怪，但威廉对人类动机的看法与路易的相似。威廉在这个层次上操纵着政治家，同时既小心又大胆。每天的活动在更低一层。这里每天有奇迹，上帝安排每一战役的结果，每一外交活动的成功或失败，还有天气，威廉安全到达洛这个地方。活过了 1672 年和 1688 年，威廉完全有理由相信奇迹。但奇迹并非以一种完全是任意的方式发生，除非人们尽了最大努力并照顾每一细节，奇迹才会出现。因此最好是作好准备，其余交给上帝不可测知的智慧来处理。威廉表面冷静、严峻，内心却是一个热情的人，为忧虑和疑问所困扰：他像路易那样是个善于掩饰自己的能手。他一旦估计到即将到来的挫折后果时，如蒙斯的陷落，好像彻底崩溃已迫在眉睫，而且他常常处于绝望的边缘。最不利的情况常常发生，但末日没有降临，威廉坚持下去，信仰天道使他经

---

① C. G. Picavet, La Diplomatie fancaise au temps de Louis XIV (1930), p.156.

受住了考验。

1683—1684年，威廉在过早企图帮助西班牙使荷兰共和国濒临毁灭之后，在外交上得到了告诫。然而与路易不同，他有时准备冒很大风险。他早先在战场上的经验可能使他养成这个品质，但真正根源是他相信神助和奇迹。进入1698年分割条约需要很大勇气，因为可能给他带来国内和国外的灾难。威廉在这方面表现了一种信念，1698—1700年，他估计路易是一个经受了磨炼和合情合理的人，出现点摩擦也是两个强国之间的常情。换句话说，威廉的工作已经完成，以后需要的是加以巩固。在理解各国的利益时，威廉并未受任何"真正准则"的约束；在他的世界里有比路易更多的改革余地。然而，从永恒着眼来看他与路易的争夺的这种倾向早已削弱了他的洞察力。他和同时的许多人想把"一个具有统一宗教的统一君主政体"美梦推到路易身上。这个"太阳国王"的扭曲的形象很难消除，可能九年战争中谋求和平添加了困难，尽管威廉早在1692年就渴望和平。同时，从崇高的形而上学的层次看斗争，使他达到全面看战争的水平，后来全面看整个欧洲，并使他成为同盟国的自然领袖。他不再是某一个国家的领袖。为了英国人而牺牲荷兰人的利益，又为了荷兰人而牺牲英国人的利益；如有必要，他准备为同盟国的利益而牺牲英、荷的利益；到了最后，他宁愿全欧洲得到福利而不顾同盟国的顺利联合。

威廉与其少数几位朋友之间的书信常有这样的词句，如"欧洲的普遍利益"和"公众的好处"等这些并非简单的只言片语。写信的人知道"公众的好处"与国家利益之间有冲突，而他总是站在前者一边。如果路易知道除了存在于被误导者的空想之中以外，还存在于其他什么地方的话，他也许会用相反的方法解决这个冲突。但路易比威廉更维新些，威廉深受中古世纪理想的灌输，接受了加尔文派教徒的支持。威廉拥护的"欧洲自由"

并非卢梭或马志尼的自由,而是一套中古世纪的"自由",这种自由通过像荷兰共和国那样专制、与不合时宜的国家的试验保证了过去的一切依然继续存在。在威廉的头脑中有中古世纪贵族为保护其权利和特权而反对中央权势侵犯的思想残余。

在路易十四与威廉三世的交锋中,哪一方都未取得全面胜利。路易没有建成据他看来是合情合理的国家统治集团,威廉的关于公众好处的想法亦很快被人们遗忘。然而,他们两人各自的办法都有助于产生统一的欧洲秩序。虽然欧洲统一秩序维持许多国家独立,但它还是合理的、世界性的、文明的。

(王风林　蒋宗勋　译)

第 六 章

英 国 革 命[*]

路易十四在他同西班牙、联合省、皇帝[**]以及德意志诸侯的冲突中,还必须把英国也作为它们之中一个可能的因素来考虑。他同查理二世的关系从公开的敌视到歃血为盟,无所不包。一般说来,查理慷慨大度,坚守中立。但这只是国王的方针。随着国王统治岁月的延伸,英国公众舆论却愈来愈反对法国。这两种不同的态度是和国王与议会的关系联系在一起的,是宪法上的分歧,是一个经久不衰的老问题。詹姆士二世即位又给英国进一步提出了一个无法回避的论题,争论使双方在一个最重要的问题上意见相左,针尖对麦芒——即一个罗马天主教国王和一个新教国家之间水火不容的观点。宗教信徒们把宪法争论推进到只能靠武力或是靠卑躬屈膝方能解决问题的地步。争论的结果绝不仅仅对英国是决定性的。因此,解决这场争论,不仅为大陆各国政府所特别关注,而且他们不同程度地参与了其事。由此所得到的,比王位从一个王子传给另一个王子,比欧洲列强一次决定性的重新组合,比大不列颠作为世界政治中一个主要大国出现,或是比欧洲文化

---
[*] 作者在这里指的是我们通常说的"1688年政变"。——译者
[**] 指神圣罗马帝国皇帝,当时是利奥波德。——译者

一次新的两极分化,都要大得多。解决这场争论,是有效能的立宪政府和下述总原则的永远确立:政府是作为被统治者而存在的。

到1685年2月16日查理二世意外死亡时,王权在国家政权中已经取得了斯图亚特王朝以来从未有过的重要地位,个中原因一部分应归功于查理:他努力提供一个高效率的政府。为承担当时那样规模的政府管理工作,他搜罗了一批人才,还建设起一支常备军,足以在各种非常情况下捍卫政府的安全。这些进展是任何一个政府都期望的,而查理走得还要远。在他统治的大部分时间里,他和在他之前的父亲、祖父一样,同历届议会下院处于激烈的冲突之中。由于议会是经由正式法律程序产生的,他对之无可奈何。但如果他能控制选区,他就能使足够数量拥护他的人当选议员。在他统治的最后4年,他强迫许多选邑(因多数议员从这些选邑选出)退回特许状,另提出一批新选邑,国王直接操纵它们提名议员①,从而实现了他对选区的控制。与此同时,他击败了辉格党中他的主要对手,并严厉制裁不信奉国教的新教徒。

---

① 总数字从未确定过。当时下议院计有513名议员,英格兰40个郡各选议员2人,两所大学各选2人;英格兰204个议会选邑中,除5个选邑各选1人、伦敦市选4人外,其余各选2人;威尔士各郡共选12人,每郡1人,威尔士议会选邑共选12人,每选邑1人;英格兰的议会选邑中有约153个是根据特许状结成团体的,这些根据特许状结合起来的选邑管理团体,即令不能控制议会选举,通常也有很大权力。在1682年2月到1687年3月间,约116个议会选邑被授予新特许状,涉及约229名议员的选举(到1685年5月初,有197个议员名额的100个议会选邑新得到了特许状)。其中有5份,或许还要多些,可能是给这种选邑团体的第一批特许状。另一方面,像伦敦,或者还有别的地方,则没有得到新特许状,以取代被没收了的。其他被特许的议会选邑,有一些明显地处在王室的压力之下,或是受詹姆士的追随者操纵。没有结成团体的议会选邑分布在从威斯敏斯特和索思沃克到布兰巴和老萨鲁姆的范围内,其中绝大多数大概都很小。1688年詹姆士又将约35份特许状授给英格兰选邑,其中有些是恢复、有些是更换前6年的特许状。(就上述某些内容,我感谢索尼娅·M. F. 克内克特夫人。)

查理二世为达目的而采用的手段虽不能说完全不合法，也是够激烈的了，以致脱离了温和的舆论，司法官员的频繁更迭就是明显的反映。尽管查理有种种优势，他也不愿意召集议会。他道德沦落，假如议会不开会，他能从路易十四那里得到补助金。最主要的是他内心清楚，尽管未来的下议院可能忠实于他，但只要路易还在迫害他的新教臣民和夺取邻邦的领土，分歧就必然存在，最终将引起宪法争端。如果召开议会，必然会要求采取强硬措施，也许会迫使查理开战，接着便是查处他的失误和控制财政问题。所幸的是，路易对议会的畏惧也不亚于他，所以尽管路易很不信任查理，还是愿意大力支援他，使他能不仰仗议会的供给。查理高兴地推迟了那令人讨厌的（议会开会）日期，甚至为此不惜违反一项本不起作用的法令。

查理表现出委曲逢迎、反复无常、诡计多端和贪赃枉法，而詹姆士二世则显出刚愎、妄自尊大、专心致志和以自我为中心。他大约在35岁时改宗罗马天主教，此时他怀有人所共知的改宗者的全部热情，并受到王后摩德纳的玛丽的鼓励。他最关心两件大事：给英国天主教提供长久的安全保证和维护宪法中的王权。他可能从来没有把二者区别开来，或对他的目标稍加任何限制，看来他的确是把他认为是正确的东西同宗教和政治的现实混同了。而且，不管他是怎么说的，他表现出很不尊重别人的意见。他很愚蠢，同教皇英诺森十一世的关系很坏，虽然这可能部分地是因为詹姆士追随路易十四，但主要还是由于他派到教皇那里的大使的人选，以及他顽固坚持自己的要求。他不要求大臣们成为他的顾问，只要求是他的代理人；他对法官的要求就是服从。

对查理二世感到厌烦的公众舆论欢迎新国王。詹姆士利用这一点，刚一即位，就向枢密院宣布他将在教会内和国内维护现行宪法，并立即开始更换曾在他哥哥手下供职的大臣。思想开明、说话爽快的哈利法克斯侯爵乔治·萨维尔爵士（1633—1695年）在几个月以后被解聘。第一代罗彻斯特伯爵劳伦斯·海德（1641—1711年），詹姆士的表弟，显贵的克拉伦登伯爵的次子，虔诚的英国国教徒，一个阴谋家而非政治家，则晋升为财政大臣。第二代森德兰伯爵罗伯特·斯潘塞（1641—1702年），精通宫廷政治权术，但对公众舆论却颇为生疏，一个不择手段去追逐成功的赌徒，继续留任国务大臣，且其权力迅速扩大，1686年又升任枢密院长。这两个人很快就同新任大法官杰弗里斯（1648—1689年）勾结到一起了。杰弗里斯生性残暴，缺乏教育，但却是两个国王心甘情愿的奴仆，随时准备使法律服务于他们维护专制主义的权利。这三个人是国王意旨的执行者，国王的顾问则是王后和法国人爱德华·彼得。彼得是天主教耶稣会会士，缺乏经验，轻率浮躁，可能还野心勃勃。王后不喜欢他，天主教贵族不相信他，但是他和森德兰能通力合作。免遭迫害而感到满意的贵族们奏请詹姆士谨慎从事，而王后和彼得之流却一致催促他向前。

在为罗马天主教和专制主义尽力时，詹姆士指望能得到他的表弟路易十四的赞助和保护，以防范臣民的反对。法国当时在欧洲是无与伦比的强国，路易控制一切，他的两个敌手都无力伤害他。皇帝正忙于把土耳其入侵者赶出国土；荷兰省和泽兰省执政奥伦治亲王威廉三世也没有能力唤起联合省去应对他们的危险。但是辉煌的日子在逐渐流逝。路易忙于同教皇的一连串争吵，他对新教臣民的处置引起各地新教徒的恐惧，德意志各邦国国王开始联合起来防范他，勃兰登堡不再同他结盟，利奥波德反对土耳其人的斗争日益壮大，阿姆斯特丹市参议员们对威廉的怀疑逐渐消失。尽管到当时为止这些变化还没有造成多大后果，但是路易准备采纳詹姆士向他供奉的一切。他们双方从未建立过正式联盟。詹姆士虽然在登基时接受过路易的一笔资助，但他力避在财政上依赖他。他有时显示出一定的独立性,在北美双方有些局部性分歧。① 不过,总的说来,共同的利益把两个国王紧密联系起来了。

詹姆士定于5月29日召集议会。为了搞个试点,5月3日他先召集苏格兰议会。苏格兰议会是比英国议会更受王室控制的一个机构。这次议会的确是确认了所有保护新教信仰的现行法律,但同时它也批准给政府一大笔拨款,签署世袭继承原则,并颁布法令严厉惩处那些狂热的长老会派教徒。在英国,议会下院主要由不久前经过改革的选邑选举产生,王室的影响在各郡的选举中挥洒自如。结果,下议院513名议员中,詹姆士不同意的不超过40人。詹姆士认为,只要把话说得露骨些,他就能够得到他父亲和祖父曾要求得到的一切。下议院吞下了他那刺耳的言词,同意拨给他一笔可观的终身收入。议会还未来得及做更多的事,它的会议就被阿盖尔伯爵在苏格兰的叛乱和查理二世的长子蒙默思公爵在英国西部的叛乱所中断。两起叛乱的首领都向遭到查理二世镇压的受害者寻求支持,但都没有得到多少反应,暴乱被轻而易举地镇压了,詹姆士的权力则比以前更强大。

詹姆士又征集兵力以应付突然事变。英国的天主教徒人数很少,可能远不足人口的五十分之一。② 他们受到两类法令的束缚。第一类是较古老的刑法,颁布于从伊丽莎白统治起到清除天主教的各个时期,但复辟时期以后都暂停实施了。这一类法律只

---

① 参见《新编剑桥世界近代史》第5卷,原文第366—367页。
② 估计天主教徒最多时也只占10%或稍多一点(B.马吉:《英国不信奉国教的天主教徒》,1938年)。这个数字可能包括"秘密"天主教徒,这个词当时并没有什么意义。一般认为,1685年英国的人口超过500万。天主教徒在贵族中的比例相对大些,有些地区天主教徒很多。但是詹姆士在位的整个时期表明,请求委任圣职或是向国王提供人力的天主教徒不可能有50万人。

是在天主教阴谋*的危机时期部分地实施过。第二类是旨在保护人数占多数的新教徒，以反对天主教势力上升的两个宣誓法令。根据1673年第一个《宣誓法》，天主教徒不得在王国政府的行政和军事机构任职；1678年第二个法令禁止天主教徒在议会两院占有席位。詹姆士不大考虑去动那些刑法，因为以后不管哪个政府都未必会将之付诸实施；但他决意要废除两个《宣誓法》，因为它们限制了王权。当时正值扩充兵力，他无视第一个《宣誓法》，委任天主教徒以职务。

11月19日议会再次集会，是在路易十四正式废除《南特敕令》的一个月以后。议会已经准备批给詹姆士更多的补助金，并保证天主教军官的安全，因为他们的任职是违反《宣誓法》的。但是议会在詹姆士用常备军取代民军的计划上意见有分歧，对保留天主教军官的委任坚决反对。接下下议院的抗议之后，詹姆士立即宣布议会休会。1686年一桩共谋的诉讼案件——戈登告发黑尔斯**——使詹姆士废除两个《宣誓法》合法化了。从那时起，他就能够随心所欲地废除法律。

查理二世去世时，约有常备军9000人。到1685年，詹姆士把常备军扩大到2万人；到他统治末年，再扩大到约3.4万人。他认为这样能保卫他的安全，使他能把自己的意志强加给臣民。但他忽略了两个因素。他忘记了或者本来就不知道，从克伦威尔时代以来，英国人就害怕军人政府。在蒙默思失败后的3年中，为了给伦敦造成威胁，他在豪恩斯劳—希思建造起许多大营房，但是却激起了对建造营房的政府的仇恨。詹姆士也得不到愿意像

---

\* 1677年改宗天主教的泰特斯·奥茨为夺取权力而于1678年捏造的天主教徒反对英王查理二世的阴谋。——译者

\*\* 天主教徒黑尔斯的仆人戈登于1686年合谋控告黑尔斯违反《宣誓法》掌握军队指挥权。黑尔斯请求英国高等法院豁免了对他的判决。——译者

他要求的那样为他服务的军队。他的士兵几乎全是新教徒，他们仍旧忠于自己的信念，忠于他们由之而来的家乡。非法委任天主教徒职务更加剧了已存在的对抗。由于英国没有足够数量的天主教徒补充军队，詹姆士招募了一批爱尔兰新兵。到他统治末期，在军队里存在着对他的普遍不满。

詹姆士作为国王，还是英国国教会的最高统治者。作为教会的一个重要部分，国教会的利益往往就是王室的利益。从1681年以后教会这个部分一直居优势地位，但此刻它就要接受检验了。詹姆士相信国教会作出的驯顺服从的承诺，想随心所欲地加给它某些他认为适宜的任务。与此同时，詹姆士又受一些主教花言巧语的哄骗，认为国教有可能被他争取，赞同他的教义。为了争取支持，他继续迫害不信奉国教的新教徒，当然如果是更严厉的措施也许能给他带来更多收益。他任命两名惯于屈从逢迎的牧师去补两个已空缺的主教职位，而约克大主教的职位仍然空着。如果一切顺利，彼得可能受命担任此职。当伦敦的主教亨利·康普顿表示，如果对在传教中反对罗马天主教的牧师不给以公正的审理，他不会保持沉默时，詹姆士任命了一个牧师委员会，这个委员会是任命的一系列牧师委员会中的第一个。在杰弗里斯领导下，该委员会能够使国教会服从国王的意志。当坎特伯雷大主教威廉·桑克罗夫特拒绝参加委员会的活动后就更会如此了。委员会解除了康普顿的主教职务，但国教会仍然坚不动摇。当时它集中了许多牧师，他们能够捍卫它的阵地，使其免受各种攻击。而且，尽管报刊受到控制，牧师们相信他们还是能够发表言论的，因为发放出版许可证的人中有一个是坎特伯雷大主教的私人牧师。由于这个原因，报刊上登出了一部内容丰富、但引起争论的英国国教会的优秀文学作品。这一类作品很难说服持反对意见者；它们向信徒们指明争论点，使犹疑不决者坚定起来。教士们不能宣讲可能引起争论的论点，但在几乎所有涉及教义主题的讲道中都有可能涉及主要争论的问题。不管詹姆士施展多少引诱，改宗罗马天主教的寥寥无几。新教徒们越来越坚定自己的信仰。论战也许教育了英国国教徒和不信奉国教的新教徒去珍惜他们之间的共同点。路易十四对胡格诺教徒的迫害更鼓励他们去这样做，这一迫害由于1686年为救济避难者而进行的全国性募捐而广为人知。

奥伦治的威廉的处境此刻正在改善。大选帝侯腓特烈·威廉1685年和联合省建立了联盟，1686年8月他和奥伦治的威廉在克利夫会见。这一年，威廉的妻子玛丽曾经提醒他，如果她作为詹姆士的长女一朝继承了英国王位，威廉就不论在名义上和事实上都应当是国王。直到这时，他同詹姆士二世的关系一直是友好的，他曾劝告蒙默思参加皇帝的军队反对土耳其人，并试图阻止蒙默思的船只驶往英国。叛乱一爆发，他就把在荷兰军队中服役的6个英格兰和苏格兰军团派往英国。1685年8月，詹姆士延长了1667年以后英国同联合省之间的一切条约。

对英国国教会的攻击，尤其是对康普顿的处理使玛丽不安，康普顿曾是她的家庭教师。约到1686年末，威廉决定派迪克维尔特勋爵埃弗拉德·范·威德为特使去英国，他将在对内对外政策方面给詹姆士以劝诫；探询关于他本人同路易十四结盟的传说的实情；他还负有观察英国状况的使命，并向英国国教徒、不信奉国教的新教徒和天主教徒阐明亲王在宗教争论问题上的观点。但特使去得太晚了，已经不能对詹姆士起什么作用。1687年1月15日，也就是宣布迪克维尔特为特使的同一天，詹姆士免去了罗彻斯特财政大臣的职务，代之以五人委员会，其中有两名天主教徒。约与此同时，罗彻斯特的哥哥，第二代克拉伦登伯爵亨利的爱尔兰代理总督职务也被一名英格兰—爱尔兰天主教徒蒂康内尔伯爵（后为公爵）理查德·塔尔博特（1630—1691年）接替。3月份，克拉伦登当时的掌玺大臣一职也被另一个天主教徒取代。詹姆士的两个姻兄弟，也因为是太顽固的国教教徒而不能继续为他效劳。与此同时，詹姆士还亲自询问议员们对《宣誓法》的看法，如果反对他的意志，议员中有职务的官员就可能丢掉他们的官职。2月22日，詹姆士对苏格兰发布了一项《宽容宣言》。3月3日，迪克维尔特第一次觐见国王。詹姆士对他本人和路易结盟的传说感到可笑，他并不重视迪克维尔特的陈述，迪克维尔特于是去执行威廉别的命令去了。他风度翩翩，使人感到愉快，反对詹姆士的一些主要政治家们聚集在他的餐桌旁，在那里，他们找到了相互之间的共同点，并学会互相信任。没有阴谋，一个伟大的政治联盟正在形成。6月份迪克维尔特返回时，带来了各党派领导人给威廉的信件，他们都对亲王表示信任。

4月14日詹姆士发布《宽容宣言》，取消《宣誓法》，准予信仰完全自由。与此同时，他同意维护英国国教会，并声明从前修道院土地的持有者不受干扰。他相信议会会赞同他的观点。不信奉国教的新教徒长期受压，自然感谢这一解脱，他们中许多人发表言论，感激国王的宣言。但是不久，哈利法克斯在8月份公布的名为《致不信奉国教者的信》这份异乎寻常的小册子中警告他们，接受《宽容宣言》是愚蠢的。哈利法克斯力促实现所有新教徒的共同目标，而詹姆士却在展示他保护英国国教会的价值。[①] 牛津大学的主教是顺从的塞缪尔·帕克，天主教在这所大学也略有发展。3月份，马格达伦学院院长职位出缺，詹姆士决定为他的英国国教会弄到这个职位。他提出的第一个候选人按照学院的章程不够资格，而且就连詹姆士也认为他名声太坏。最后，一个新的教士委员会指定帕克为院长，并于11月26日开除了不服从的学院管理委员会成员。

春天时已经查明，现存的议会不会废弃《宣誓法》。7月12日，詹姆士解散了议会，并着手筹备一个能有利于推行他的计划

---

① 参见本书原文第125页。

的下议院。为了用辉格党和不信奉国教的新教徒取代托利党和英国国教徒,再次改动关于选邑的章程;为了控制住郡选议员的席位,经办人对各郡代理郡守和治安法官提出各种质询,答复普遍不能让人满意。预期中的候选人于是声明,他们的选票必须依议会的辩论而定。对他们答复带来的结果是,许多代理郡守和治安法官被天主教徒或詹姆士的宠信所取代。①

在其他方面也显示出他的教会的胜利。1687年1月,在白厅宫举行了一次豪华的礼拜仪式,他的臣民对此只能表示遗憾,却不能提出什么指责。公开接见罗马教皇的使节更是使人无法接受。其实,英诺森教皇授予他的代表以使节待遇也是很不情愿的。到那时,詹姆士已经公开让天主教贵族和其他顾问们(森德兰本人可能也已经改宗天主教,虽然直到1688年以前他未宣布)围着他转;后来,到11月,他任命彼得为枢密院顾问官,这一举动说明他完全无视法律,无视他臣民的感情,乃至他个人的利益。但那时他有了一个新的、完全的和永久胜利的希望,在11月份谣传他的王后有了身孕,到1688年1月怀孕的消息正式宣布了。

奥伦治的威廉和玛丽陷入窘境。迪克维尔特建立起来的威廉和国王的主要英国反对派之间的联系仍由其他代理人维系着,威廉从而了解到,英国的舆论已经何等接近崩溃的边缘。在一个问题上,他和玛丽宣布了自己的观点。他们不赞成迫害,问心无愧;他们主张废除刑律,但坚持保留《宣誓法》。他们能给予国王反对派的道义上的支持就是这些。不管怎样,他们是詹姆士的女婿和女儿,他们如领导一次反对他的起义,将遭人非议。同时,他们还受到亲情的束缚。然而,如果他们听任英国自行其

---

① J. P. 凯尼恩:《森德兰伯爵罗伯特·斯潘塞,1641—1702》,1958年,第171—174、187—190页。

是，就会爆发一场类似世纪中期使英国脱离欧洲事务达10年之久那样的一场内战。或者路易十四出面干涉，变詹姆士为他的附庸；或者詹姆士为转移臣民的注意力，甚至可能联合路易重复1672年对联合省的进攻。欧洲的形势进一步迫使威廉进行干涉。英国的舆论长期以来就表示出对路易的敌意。英国应倾其全力反对路易，维护和平也好，战争征服也罢，这是至关重要的。如果詹姆士改变他的整个方针，一切都会很好。不过，威廉计划在从迪克维尔特返回荷兰到1687年底之间某个时候进行干涉也是十分可能的。他和三四位朋友及同事看来已经筹划好，从陆上和海上各需要多少武装力量，怎样招募到这些部队，一个完整的计划已经制定出来了。但是没有留下书面的东西，没有书记员，绝对保密。法国驻联合省大使达沃克斯送给路易的一切预报都同以前的一样，而且都是立足于对威廉一般的不信任。1688年初，威廉开始积极筹备。被法国对联合省进口货物征收一种新税所激怒，同时又因詹姆士要求他们把在荷兰服役的英格兰和苏格兰军团送回英国而惊恐不安的荷兰议会，投票赞成加强防御力量，使之超过他们平素的夏季卫队。虽然这支力量基本上是为了保卫国家安全，但他们将来也可能用来远征英国。鉴于阿姆斯特丹的态度犹豫不定（由于法国的关税问题，它的态度也在变化），威廉尽可能使准备工作不引人注意，对达沃克斯也像对詹姆士一样保密。准备工作进展得如此之快，以至到4月底，当詹姆士的主要英国反对派的代理人爱德华·罗素（未来的海军将领）询问威廉，他能为他做些什么时，威廉回答说，假如英国能发来一个适当的邀请，他9月底就能够起航。①

---

① 吉·伯内特：《我同时代的历史》第3卷，1833年，第240—241、276—277页；1688年10月伯内特写的原稿载入 H. C. 福克斯克罗夫特编《伯内特写的历史补遗》，牛津，1902年，第288—290页。

## 第六章 英国革命

1688年5月7日，詹姆士重新颁布他的英国的《宽容宣言》，并于5月14日命令在全国所有大小教堂宣读。5月28日，大主教桑克罗夫特和其他6名主教签署的一份请愿书呈递给国王。他们说，这项宣言所依据的豁免权是非法的，因此请求詹姆士不要坚持让他们去宣读它。正如威廉所预见，情况发展到了极端。大多数牧师不宣读这份宣言，詹姆士决定采取行动。6月18日，这7位主教被带到詹姆士面前，被关进伦敦塔。两天以后，王后生下一个儿子。7月9—10日，这些主教们被审讯，英国高等法院对他们被控进行煽动性诽谤活动宣判无罪。欢呼这一判决的喝彩声从举行审判的威斯敏斯特大厅响遍伦敦和更远的地方。詹姆士正在豪恩斯劳视察兵营，他听到了军队士兵的欢呼声，从而更坚定了他反对英国国教的决心。

这天夜里，1689年托林顿伯爵阿瑟·赫伯特带着反对詹姆士二世的7个反对派首领署名的给威廉的一封信，乔装离开伦敦。这7名首领是有政治经验的、富有的、有威望和有影响的托利党人和辉格党人。他们以最坦率的方式告知威廉，"整个王国的人民"每20个人中有19个要求变革，他们列举了立即入侵的有利形势和拖延的危险等因素，并且保证，威廉登陆后，他们将同他合作。①

在邀请信中首领们提及陆、海军中的不满情绪。在随后几个月，他们的代理人将不满情绪煽动到如此程度，以至于詹姆士的军队到时候已作好反水的一切准备。这一使命由于詹姆士把爱尔兰天主教士兵插编入他的英国军团而变得更加容易完成了。威廉

---

① 邀请信正文是从J.达尔林普尔爵士处发现的，《大不列颠和爱尔兰回忆录》第2卷，1773年，第228—231页；信上签名的有德文希尔、丹比、施鲁斯伯里、拉姆利、康普顿主教、罗素和亨利·西德尼。

是如何为他的远征军筹措资金,至今尚不完全清楚。除议会批给他的军事拨款以外,英国的首领们可能还汇给他一大笔款项。他们还在别的方面帮助他。王后怀孕的事,从一开始就有争议。天主教徒们预言将生一个儿子,新教徒们则怀疑这是罗马天主教徒们的骗局。出于各种考虑,王后从来不让安妮公主诊察她。孩子意外地早产,王后的产程也很短。安妮是继奥伦治公主之后的又一个继承人,她当时在巴思,依据职权桑克罗夫特大主教是王位继承人诞生的主要见证人,而他当时却被囚禁在伦敦塔。王后生产时几乎所有在场的人都是从来不受公众信任的天主教徒,或是已失去公众信任的新教徒。威廉和玛丽已经承认这个孩子是真正的王室血统,但给他的邀请信中说,在英国普遍认为那孩子是个私生子,诞生时的情况同骗局也是一致的。现在看来,威廉和玛丽不相信詹姆士本人会同这类事有任何关系,不过威廉按照邀请信上所说的,中止了在玛丽的小教堂里为这个小王子做祈祷的活动。① 在英国,詹姆士失去公众尊重的原因与其说是他确实行为不端,不如说是大家相信他搞欺骗。

收到邀请信以后,威廉立即把入侵计划付诸实施。他派到维也纳去的私人代理人将使虔诚的和十分严谨的皇帝相信,他入侵的目的是为了保卫新教的安全,它不会引起反天主教的圣战。② 威廉招募了约7000水兵、5000步兵。威廉的挚友1689年波特兰第一代伯爵汉斯·威廉·本廷克到德意志宫廷去征集军队,这

---

① 为避免同詹姆士公开决裂,过一段时间后祈祷又恢复了。
② 利奥波德已经意识到承认威廉是国王的许多困难,见 O. 克洛普:《欺图亚特王朝的衰落》(14卷本,维也纳,1875—1888年)第4卷,第424—437页。据说英诺森十一世支持或在一定程度上了解这次远征,但是引用来证明这一论断的文件通常是伪制品。英诺森不管怎样也不至于同一个新教徒结盟去反对一个天主教王子。当然他对詹姆士将大难临头已不感到意外,但他对此深为悲痛。L. 冯·帕斯特:《天主教皇》第16卷第2节,弗赖堡因布赖斯高,1930年,第1032—1036页。

支军队在荷兰军队远征英国时负责保卫联合省。勃兰登堡、黑森和不伦瑞克家族的亲王们给他提供了1.3万人。只有汉诺威的埃内斯特·奥古斯塔斯除外，因为不久前他刚同路易十四签订了一项有约束性的条约。① 这年初，当荷兰省议会的议员们向威廉提醒蒙默思的命运时，威廉就已经向他们打过招呼。此刻，他必须说服联合省各方面的管理机构来支持他的远征。尽管威廉为战备忙得不可开交，但夏末这段时间他仍特别焦急不安。他已经经历过一连串的灾难，这次远征，如果开了航，也只有听凭天气和战争摆布。最使威廉担心的是欧洲大陆上事态的发展有可能妨碍他开航。

由于路易失算，威廉有了可乘之机。根据苏（Reunions，法国属地）《尼汪条约》②，路易从帝国手中夺得若干领土。他要求承认他对这些领土的绝对君主权，但是他从1684年《雷根斯堡和约》只得到20年的保证。另外，此刻他希望能提供给他一个通过科隆进入德意志的入口。③ 1687年后期，他曾试图安置一个他的拥护者W.E.冯·弗斯顿伯格红衣主教作为大主教候选人的副主教。1688年6月3日大主教去世时，继承他的有两个人：一个是巴伐利亚的约瑟夫·克雷芒，他的哥哥选帝侯马克西米连·伊曼纽尔当时是皇帝的宠信；另一个就是弗斯顿伯格。选举在7月19日举行，尽管要弄阴谋，收受贿赂，威胁恫吓，双方都未能取胜，问题交给英诺森十一世决定，他又把这件事委托给一个专门的主教会议。然而，英诺森已经表现出他对弗斯顿伯格的反感，他同路易十四已经有过几次争吵，他认为路易没有理由干涉帝国的事务。利奥波德因此更支

---

① G. 佩奇斯：《大选帝侯和路易十四》，1905年，第601页。
② 见《新编剑桥世界近代史》第5卷，原文第219—220页。
③ 参见本书原文第224—225页。

持英诺森决心要干的事业。即把土耳其人从基督教世界驱逐出去。他置路易的建议和威胁于不顾，于9月18日宣布约瑟夫·克雷芒当选。路易的方针则早在3个星期以前已经定了。他很不重视达沃克斯的告诫，而他驻英国的大使给他提供的关于英国舆论的情况又很少。威廉春天以前不大可能开航远征；詹姆士有足够的兵力进行防御，加之路易已经答应他，必要时在布列斯特有些船只可以动用。不管怎样，作为盟友，詹姆士是无法令人满意的。如果他被迫向路易求援，教训将是有益的。再者，在别的地方炫耀法国的武力将是值得的。此刻，詹姆士似乎不会马上遇到危险，而利奥波德又正把土耳其人赶回去。路易不是苏丹的盟友，但是必须鼓励土耳其人继续战斗，以便牵制利奥波德把全部兵力投入西方的冲突。[1] 路易在雷根斯堡和科隆已经遇到外交上的失败，勃兰登堡已经改变立场，如果他不打算同皇帝的全部兵力和德意志一些亲王作斗争，他必须立刻采取行动。9月9日，达沃克斯向议会宣布，法英结有联盟，路易有责任把反对詹姆士的最初示威看成是破坏和平的行为。詹姆士被这种恩赐的庇护所激怒，否认有任何同法国的联盟存在，这种断然拒绝承认更坚定了路易进攻利奥波德的决心。9月24日路易十四发布宣言，威胁着要求国务会议反对英诺森，并且证明他自己对利奥波德的行动是正确的。3天以后，他的军队围攻在施佩耶尔主教管区内的菲利普斯堡，它与荷兰最近的边界处直线距离约160英里。路易已经失去了一个争夺的目标，勃兰登堡和其他的德意志军队已经占领科隆。

达沃克斯的声明没有吓住荷兰人。由于入侵已没有什么危险，阿姆斯特丹的上院议员、荷兰政府和议会都宣誓支持威廉。

---

[1] 马雷查尔·德维勒斯：《回忆录》（德沃格编，6卷本，1884—1904年）第1卷，第99—102页。

10月10日，威廉发布一项声明，历数詹姆士的大臣们的不法行为，并解释玛丽和他关心的问题，他远征的目的在于提供一个自由和合法的议会，它将保卫新教，并合理解决宗教问题。远征军准备几天以后开航，只等适宜的风向。

刚刚审讯过主教，詹姆士就免除了两名曾为这些主教辩护过的法官的职务，并着手调查宣读他的《宽容宣言》的情况。他还宣布，12月7日将召集议会。直到10月的第一个星期，他才了解到威廉打算入侵英国。他立即撤回议会选举的命令，尽快准备他自身的安全保卫，并力图用取消他自己和前任统治者新颁布的某些不受欢迎的法令以谋求公众的支持；普遍恢复了以伦敦为首的老的选邑的特许状，取消了教会事务委员会，妓女也从良了——这还帮不了他。这些是威廉入侵的第一批成果。人们把希望寄托在威廉入侵上，而不寄托在国王身上，他们注意到，国王依旧把法国人彼得留在身边。在11月1日枢密院一次全体会议上，提供了证明王子诞生的证据。4天以后，森德兰被解职；与此同时，伦敦的暴民破坏了两座天主教小教堂。

威廉的远征由约50艘军舰、200艘运送9000步兵和4000骑兵的运输舰组成，在推迟两个星期于10月29日开航之后，又被风暴吹了回来，所幸没有遭受多大损失。11月11日再次开航，本来可能打算驶向约克郡，在那里，给威廉的邀请信的署名人之一丹比伯爵将动员郡的力量，但是风把远征军的船舰吹向南方，穿过了英吉利海峡。风和海浪使詹姆士的舰队无法离开停泊地，从而使威廉得以避免同当时已充分动员起来的英国舰队交战这一极大危险。按照路易十四许下的承诺，应当是停泊在布列斯特的法国舰只也未能离开地中海。11月15日远征军驶进托尔贝。第二天登陆后，军队开始向伦敦进军。最初几天，他们只受到乡村民众的欢迎，后来小乡绅开始加入进来，很快，

204

在威廉周围聚起了身份高贵的人。詹姆士担心11月27日会发生反天主教的骚乱,因为这一天是伊丽莎白女王即位的日子,是新教徒庆祝的盛大节日,在伦敦有很多事情要做,他就把军队开出去,本人也于11月29日到了索尔兹伯里,已经有些人开了小差。当时北方正在发动起来,而詹姆士被长期的鼻出血折腾得软弱无力,已不敢冒险去打仗,12月4日开始撤退。先一天晚上,詹姆士最能干的指挥官、他的亲信丘吉尔男爵约翰(1689年的马尔巴勒伯爵,1702年为公爵)背弃了他;4日晚上,安妮公主的丈夫、丹麦的乔治亲王步其后尘,5日晚上安妮本人、丘吉尔夫人萨拉也背弃詹姆士、丘吉尔离开白厅投奔丹比和北方暴乱者去了。① 詹姆士本来很重儿女情长,当他回到伦敦时,他已经颓丧潦倒了。

与此同时,威廉以日益扩大的兵力前进,行军途中只遇到一两次小规模的战斗。当詹姆士去索尔兹伯里时,他曾计划把朴次茅斯作为一个避难地,并把还是婴儿的王子送到那里。现在他决定出逃了。为赢得时间,他答应1月25日召集议会,并派出哈利法克斯、第二代诺丁汉公爵丹尼尔·芬奇和戈多尔芬男爵西德尼三人委员会去同威廉谈判。12月18日,他们在距伦敦约65英里处的利特尔科特同威廉会见,并于第二天商定条件,提出詹姆士必须辞退全部天主教文职和军职官员;伦敦塔和蒂尔伯里堡应交由伦敦市管理;议会开会时,詹姆士和威廉及他们的卫队都要在伦敦,或是双方离伦敦同等距离,双方军队都撤离到距伦敦40英里处。12月19—20日那天夜里,在谈判条件的报告送交给詹姆士之前,他已经把王后和儿子送到巴黎避难,并答应他本人

---

① A. 布朗宁描述了北方的起义,参见《丹比伯爵和利兹公爵托马斯·奥斯本》(3卷本,1944—1951年)第1卷,第386—418页;英国的抵抗可能是随12月25日卡莱尔要塞投降而停止的。

于24小时之内也赶来。① 詹姆士写了一封告别信,他的总司令费弗沙姆伯爵根据这封信遣散了此刻仍留在他身边的军队。12月21日一早,他烧掉为原答应召开的议会准备的有关文件之后,带着国玺离开了白厅。出于极愚蠢的逻辑推理,他把国玺扔进了泰晤士河。没有盖有国印的命令批准,议会就不能合法召集;而没有他詹姆士国王的批准,也不能刻制新的国印。此刻,没有他,他的敌手什么事都干不了。

就这样,国家没有政府了。詹姆士最亲近的天主教和新教的宠信们都逃走了。报刊舆论立即活跃起来。整个詹姆士二世统治时期,抨击性小册子一直是秘密出版的,现在,在12月21—25日之间就创办了4种报纸。有两天晚上出现了反对天主教徒的骚动。12月21日,留在伦敦的贵族们在市政厅开会,第二天又在白厅集会,选举哈利法克斯为他们的主席;再后一天,秩序完全恢复了。与此同时,詹姆士于12月21日在费弗沙姆附近的海面上被抓获,26日他返回伦敦②,受到平民大众的友好接待。经过这几天的焦急不安之后,解决问题的途径好像是打开了。

威廉没有料到詹姆士会出逃。在此事发生以前,他一直是把詹姆士当做国王和国家的主要统治者看待的。到詹姆士回到伦敦时,威廉的态度变了。詹姆士没有安排好部队士兵的生计就遣散了他们,可能是这种失职行为强烈地影响了他。以前推行的是错误的政策;当前詹姆士已经显示他没有能力进行统治。当詹姆士从前的指挥官把詹姆士的信带给威廉时,这名指挥官被捕了。威廉曾建议詹姆士留在罗彻斯特,但是信件送错了。12月27日,

---

① 1689年1月路易十四把他们安置在离凡尔赛几英里处的圣日耳曼皇家城堡里,玛丽在这里一直住到1718年她去世。

② 这里都是新历的日期。按新历计算,英国的圣诞节应是1月4日。

正向伦敦进军的威廉命令詹姆士迁到在泰晤士河上游、离伦敦约10英里的哈姆，而詹姆士宁愿回到罗彻斯特。12月28日，他离开伦敦，威廉则在同一天晚些时候到达伦敦。贵族们在继续开会。他们同威廉合作，同时也请求詹姆士能准许召集议会。但是1月2日一早詹姆士就从他的住处逃走了，此时正前往法国。没有他的同意，议会不可能合法召开，因此，贵族们建议威廉召集一次代表会议，在会议召开之前请他负责主持政府。1月6日，仍健在的查理二世时期议会下院的议员，会同伦敦市的一些代表也呈给他一封类似的信件。1月7日，威廉同意接着主持政府，直到2月1日代表会议召开。

急需达成和解。11月26日法国已经对联合省宣战；爱尔兰在蒂康内尔领导下维护自己的独立；虽然威廉也被邀请在代表会议召开之前对苏格兰实施统治，但詹姆士在那里仍有很多支持者。为了保住已赢得的成果，英国需要有一个稳定的政府，一个新教政府，一个能够抗击法国的政府。虽然人们关心的首先是政治、宗教和经济问题，而不是宪法问题，因为这个问题对他们来说太抽象了，但代表会议的首要任务却是解决詹姆士强加给国家的宪法问题。从理论上说，现存宪法能够提供一个需要的政府，但由此也带来了解决问题的极大保守性质。急迫的问题是要把执行权交给可信赖的人，并确信此公是可信赖的。政府面临着四种方案。第一，有条件地让詹姆士再回来。拥护这一方案的人不多，而且詹姆士本人的声明不久就表明这条路是走不通的。第二，詹姆士和他的直接继承人可以保留王位，但他们将被当做婴儿或疯子看待，执行权交给摄政者行使。这个方案对君主制作为一种制度损害最小，也省得再宣誓效忠了，詹姆士的许多臣民对他都已宣过誓。由此，这一方案对上院议员和牧师也有吸引力，上院议员中许多人过去曾同詹姆士配合默契。但是，不管詹姆士有多少谬误，他毕竟不是疯子。只要他还被认为是一个合法的国王，不管他有多少实权，他的多数臣民都不会去向一个摄政者效忠。特别是，如果他们这样做了，他们将不受法律保护，因为只有国王的拥护者才能被免除叛逆罪的惩罚。第三种方案就是把詹姆士出逃看成是国王逊位，在这种情况下，他的长女奥伦治公主将按顺序自动继承王位，新诞生的小王子的王位要求可以搁置在一边，理由则是充分得很。丹比支持这个方案，但是玛丽和威廉都不赞成。第四，由于詹姆士出逃，可以认为他已解散政府，这样，代表会议可以按照自己认为恰当的方式去行使执行权，并制定维护和行使这一权力的规则。这是代表会议的职责所在。这个方案尽管还比较粗略，未经过深思熟虑，但非常符合詹姆士所造成的形势。下议院绝大多数议员都支持这一方案。下议院决议：

> 鉴于国王詹姆士二世破坏国王和人民之间的原始契约，听从天主教耶稣会会士及其他坏人的误导，蓄意颠覆本王国宪法，已经触犯根本大法，且本人已离开本王国，所以他已经放弃统治，因而王位空缺。①

上院议员提出用"被抛弃"代替"放弃"一词，但关键问题是王位算不算空缺。上院议员主张勾销决议中最后一句话，下院议员则坚持保留。最后，威廉介入了。直到那时以前，他一直克制自己不对代表会议进行任何干预，不管是它的选举还是它的议程。直到代表会议召开时，他一直是赞成摄政的方案，但会议辩论说明，实际上这个方案是行不通的。因此，他通知哈利法克斯和其他几位贵族，如果他必须在英国行使权力，他就必须是国

---

① 《议会下院议事录》，1689年，西洋旧历1月28日。

王而且是终身国王；如果代表会议作出任何与此不同的处理，他将毫无怨言地返回他自己的国家。① 议会两院立即取得一致，王位当由威廉和玛丽共同继承；在他俩人都健在时，威廉一人行使权力；如他俩人有一人去世，王位归另一位健在者；他们死后，王位传给玛丽的子女，然后传给安妮及其子女，再后是传给威廉和威廉跟玛丽之外的妻子生的子女。由于天气不好，玛丽在荷兰耽误了时间，她于2月22日到达伦敦，第二天她和威廉接受了王位和随之而产生的《权利宣言》。②

在17世纪，宪法一般被看成是某种静态的东西，是同一个特定国家的风俗和习惯多少相联系的人工制品。假定说英国已经有了一部这样性质的宪法，那么就没有必要制定成文法；再者，时间也不允许；在对宪法的解释上意见也不会一致。今后，统治者应当同国民的看法一致，为保证实现这点，一部分要靠法律，一部分要靠暗含的意思，当然，更多的是靠信任。已经达成一致，不能让一个天主教王子统治新教的英国。《权利宣言》对最近争论的主要问题作了阐述，这个阐述就被认作是法律，或是法律的精髓。新的加冕誓言要求统治者特别要宣誓遵守议会通过的法律；今后议会每年召集一次，这主要靠卡住拨款来实现：除了战争需要钱外，在政府正常开支中也故意让威廉捉襟见肘，钱不

---

① 据N.加皮克斯估算，威廉确信在1月2日詹姆士二次出逃之后和1月9日同哈利法克斯一次交谈之前的期间，他必定会得到王位。参见《亲王威廉三世》，阿姆斯特丹，两卷本，1933年，第二卷，第271—273页。但威廉给沃尔德克的信中提出一个较晚的日期，在1月3日或4日，他曾担心代表会议将把王位强加给他；沃尔德克在给1月20日一封来信的复信中，希望代表会议指定他摄政；2月24日威廉写道，他已对事件作了通盘考虑，他不能回避王位。参见P.L.马勒著《奥伦治·威廉三世和乔治·弗里德里克·冯·沃尔德克》，海牙，两卷本，1873—1880年，第二卷，第126、130、137页。

② 后来被编入法规，一般叫做《权利法案》。

够花；议会并通过整肃军队的立法而获得进一步的控制权；议会通过了一系列《"哗变"法》，每个法令的执行时间都很短。

然而，很大一部分是靠统治者同人民之间普遍的契约观念，靠威廉同英国之间共同的利益和需要，靠对威廉人品的信赖。革命以前，威廉对英国政体的认识局限在斯图亚特王朝实践的基础之上，他把过多的权力交给枢密院，给议会的权力太少。他希望保持住像他前辈曾经握有的那样大的君权，并四次运用王室的否决权推翻议会的议案。然而下议院早期对他的粗暴态度改变了他的看法，而且对他来说，他同路易十四的矛盾比起君权来是如此的更为重要，致使他很快学会了去同议会搞好关系，以取得它的支持。为了就这些问题寻求答案，他非常感激哈利法克斯，后者在1688年出版的《一个骑墙派的性格》一书中就已经提出了英国舆论界大量中层人士渴望立宪。他们既非君主主义者，又非共和主义者，他们在危急时期或是日常的争论中，可以站在保王党人一边或议会党人一边，站在辉格党一边或托利党一边，但最终他们还是鲜明地维护他们的共同要求。只要革命形势允许，已经获得王权的威廉决心要当英国国王，而不是一党的首领。他本性温和，这一点足以同哈利法克斯相媲美，他对大臣的选择和对恶意报复的厌恶，使辉格党和托利党都同样地感到失望，也感到是有了保护。

他的责任感和可信赖性把他和他的新臣民联结起来了。起初双方都互不信任。厌恶王权转移是一种普遍的现象，人们厌恶这种转移，而这一次的厌恶竟落到了威廉头上。因为他最后得到了王位，所以他早先对王位不感兴趣的声明就容易被看成是虚伪的。这种观点影响了许多人。他们并非詹姆士的亲信，但同情他的不幸遭遇。查理二世平易近人，态度和善，威廉则态度冷淡，如果还说不上是难以相处的话。他感到难以加入到普通的交谈中去，他明显地更喜欢他的同胞们，而不是他的新臣属。威廉认为，他们中有些人追逐私利或背信弃义，罗彻斯特和克拉伦登是无赖，丹比参与了查理二世在法国的阴谋活动，丘吉尔为个人的目的利用安妮，威廉可能还鄙视他背弃了詹姆士二世，而他的一切都是詹姆士恩赐的。在同臣属的关系中，他得到玛丽的帮助，她冲淡了他的冷漠态度造成的影响。她熟悉英国人的性格，作为斯图亚特家族的成员之一，她赋予新制度以连续性的外观。经过一段时间，当威廉和他的臣属们相互熟悉了解之后，形势逐渐缓和下来。和议会有某些不同看法是难免的。议会每年召开一次，不管在哪一个丰收年景，议会集会的时间比革命前8年集会的总时间都多。由此，议会增强了力量，扩大了它的利益；尤其是，由于议员们能够不断听到新的信息，议会的力量就更大了。威廉对事务的处理（但不是他的政策），有时引起激烈的争论，他已经长期习惯于被人反对，并且懂得，在政治生活中，通过争辩达到信服比排斥更为有利。如果他不能自主行事，尽管他私下里语言强硬，他还是会服从的。虽然有时他受到指责，但他永远不会丧失议会的信任。他的品德在博得公众信任上起了很大作用，这种信任在国债和英格兰银行方面表现得越来越明显。

为使国家普遍安定，有两件急迫的任务。第一，王权转移后，有必要强制所有官员、包括教会显贵和有俸牧师进行一次新的效忠宣誓。5月份通过一项强制宣誓法，拒绝接受者将处以罚金。拒绝接受的人相对很少，其中有桑克罗夫特大主教，6个主教和约400名牧师。他们以"拒绝宣誓表忠心者"而闻名，他们声称自己是真正的英国国教徒。但是，除了被放逐的国王的拥护者詹姆士党人外，在世俗界他们的追随者很少。这些拒绝宣誓者在政治的和教会的争论中比在政治上具有更大的重要性。第二个任务是教会和国家的领导人多少都明确保证过的：法律上容忍不信奉国教的新教徒的信仰自由。那是一个没有信仰自由的时代，虽然詹姆士和路易的所作所为近期以来激起了人们对天主教的反感，但人们也不会忘记清教徒们以前曾使他们或他们的父辈们所遭受的真实的或被认为的屈辱。作为国教徒，他们必须维护英国国教的光辉外表及其在国家中的至上地位，同时还要保持它的精神的完美无缺。另一方面，迫害对坚定一个改宗者的信仰显然不起作用。有一种理由说迫害同新约全书的教义是不一致的，人们一般不赞成用这种办法反对自己的同胞，国教会一个重要分支宗教自由主义者的领导人反对这种办法；新国王也声明过，他将不参与迫害。新国王采取了两项有利于不信奉国教的新教徒的措施，其一，国教徒的圣餐仪式根据《理解法案》进行改革，使大多数不信奉国教的新教徒对改革后的仪式能真心诚意地接受。这项措施在下议院未获通过，部分原因是很少有国教徒赞成，部分原因是通过了另一项措施，即《容忍法》。这项法令对不信奉国教的新教徒免除了一切宗教异端分子应当受到的惩罚（根据《宣誓法》被取消资格者除外），给他们的牧师某些特权，允许他们做礼拜。他们中的多数愿意遵守《宣誓法》，在必要时接受国教的圣餐。他们可以按照自己的意愿去教育子女。威廉和宗教自由主义者占了上风，而他们也坚持了自己的立场。到安妮统治时期①把他们限制在极狭小的容许范围内的图谋夭折了。此后他们的困难与其说是在政治方面，不如说是在社会方面了。《容忍法》也为教友派信徒提供生计，但是天主教徒和一切不信奉三位一体的人被排除在它的恩惠之外。天主教徒仍然受到各种惩罚，并根据刑法和《宣誓法》被剥夺资格。从理论上讲，他们的处境比1685年以前还坏，因为他们几乎必然地是詹姆士党人，因此，他们不忠于威廉和玛丽。另一个法令把他们中间那些没有职业或不是伦敦的长期定居者驱逐出伦敦，并课以相当于通常税率双倍的土地税。但总的来说，他们比1685年以前享有更

---

① 见本书原文第264、273—274页。

多的安全保障和做礼拜的自由。在这个时期，他们把外国大使在伦敦的小教堂用来作为定期做礼拜的场所。他们的成功最后导致1700年一项极为苛刻的反对他们的法律的出台，但这项法律基本上未生效。最糟糕的是他们的处境今后也不会有大的改进。只要他们还是詹姆士党人，没有哪个政府会愿意去解脱他们。

新统治者比较自由的观点不仅表现在宗教事务上，而且还表现在对新闻报刊指导上的宽容态度。当时公认的原则是要控制新闻，而且几乎所有国家都是这样做的。联合省是最重要的例外。在那里，很久以来新闻都是自由的。在英国，新闻报刊一般要受到特许法令或其他手段的控制。仅在内战时期和复辟的前一年，在天主教阴谋危机期间和由于詹姆士出逃而造成的王位中断期间，控制曾一度中断。在其他时期，没有自由讨论，除非是由秘密小册子引起的——例如，哈利法克斯《致不信奉国教者的信》（1687年）就没有得到许可——或是在某些特定领域，比如在詹姆士时期的宗教论战。1685年的《特许法》到1689年仍然有效。由于在革命以后它已不适用，1693年作了补充修改。到1695年，当它不适用时，它已如此不受信任，以致不可能再更新修改它了。由于没有可供选用的合适办法，尽管普遍认为必须对新闻界进行监督，新闻还是变得自由了，不过要冒被控犯诽谤罪的风险。几家办得好的、已出版了很久时间的报纸马上就恢复出版了。与此同时，还有无数的小册子讨论公众感兴趣的各种问题。①

到1689年2月23日威廉和玛丽登上王位，英国革命只能从狭义上说是完成了。首先，路易十四并没有认识到詹姆士二世的灾难的严重性。当詹姆士的王后和儿子到达法国时，路易

---

① E. S. 德比尔：《从1695年到1702年的英国报纸》，载《威廉三世和路易十四》，第117—129页。

决定利用他们作为詹姆士今后检点行为的保证。詹姆士第二次出逃表明他失去了英国。威廉几乎不担心会发生内战，以至第二年初他就把参加远征的荷兰军队送回国了，荷兰舰队则早已回国。虽然直到5月17日以前，英国并没有向法国宣战，路易已经预计到英国会与他的敌人联起手来；不管怎样，苏格兰和爱尔兰有可能成功地抵制威廉，甚至帮助詹姆士重新夺回英国，这是可能的。

当时苏格兰约有100万居民，高地和岛屿约占国家的一大半。居民的分野鲜明。高地人可能占总人口的三分之一，操盖尔语；低地人操苏格兰英语。按当时英国标准，苏格兰人比英国人更贫穷。尽管政治经济制度落后，斯图亚特王朝统治失当，但是，低地区的文明仍全力地向前发展。高地人划分为若干克兰\*，每个克兰服从自己的首领，首领掌握所属成员的生杀大权。高地人靠自己的土地艰难度日，同时偷窃低地邻人的牲口以补不足。虽然大多数高地人名义上是苏格兰圣公会\*\*成员，天主教在几个地区仍很盛行，此外，可能还有很多原始迷信。多数低地人是长老会派教徒。斯图亚特几代国王曾试图把圣公会制强加给低地人，但未成功。在宗教感情最强烈的西南地区，镇压和迫害从复辟时期以来一直在进行，其间仅有几次被起义中断。过激分子，如野外集会者或卡梅隆派分子被詹姆士国王（在苏格兰是詹姆士七世）宣布不受《宽容法》保护。

1688年10月，詹姆士召集他在苏格兰的武装力量保卫英国。在他第一次出逃之前不久，爱丁堡的下层民众袭击了霍利鲁德的天主教小教堂。在西洋旧历圣诞日，西部的长老会派教徒开始驱逐圣公会的牧师。1月份，已在伦敦的30名苏格兰贵族和

---

\* 克兰（Clan），一种氏族或部族组织。——译者
\*\* 基督教安立甘宗在苏格兰的自立教会。——译者

80名绅士请求威廉统治他们的国家,并召集各等级的代表会议。会议于3月24日召开,詹姆士允许他的支持者出席,但从一开始他们就被否决了。最后,4月21日,代表会议提出一项《权利要求》,宣布由于詹姆士的罪行,他已经失去王位,会议提出把王位奉献给威廉和玛丽。5月21日,他们登上苏格兰王位。在这之前,詹姆士的支持者已经离开代表会议,他们中的邓迪子爵克拉弗豪斯的詹姆士·格雷厄姆正在发动高地人起义支持国王。8月6日,他在基利克兰基击败政府军,但本人也战死。没有他,高地人就干不成什么了,约3个星期以后,他们被邓克尔德的卡梅隆派的一个团击败。1690年反抗停止,在1691年期间,首领们被迫同意向威廉宣誓效忠。

迄今为止,从王室的利益出发,苏格兰的地方议会受一个常设委员会即苏格兰枢密院管理。1691年这种管理被废除,此后,议会可以立法。威廉主要是出于国教徒的感情,想保留圣公会,但苏格兰的主教们决不妥协,因此,1690年依法建立了长老会派政府。教会在议会里仍然隶属于国王,卡梅隆派不满,就退出了议会。尽管威廉为那些服从新政府时圣公会牧师尽了一切努力,圣公会派牧师们的遭遇仍很不顺利,他们中许多人继续拒绝向威廉宣誓效忠,特别是在阿伯丁郡和沿高地的边境一带。1695年创办了苏格兰银行,并试图建立对外贸易公司,这表明工商业开始发展。但是,只要英国保护它自己的工业、殖民地和海外贸易,像反对一切外国的竞争那样去反对苏格兰的竞争,后者的工商业就不会有很宽广的发展前途。这样一来,加上别的更普遍的原因,反对英国的民族感情高涨起来,这种感情又因格伦科大屠杀[1]和苏

---

[1] 格伦科的麦克唐纳要求绥靖高地,当时没有宣誓,国王签署一道附有条件的命令,消灭了他的克兰。这一点后来被用来报私仇,导致麦克唐纳家族38人被谋害。

## 第六章 英国革命

格兰冒险拓殖达里埃①的失败而加剧。到威廉统治结束之前，已经很清楚，两个王国或者完全分离，或者统一成为一个议会制联盟。

当苏格兰低地人迅速抛弃詹姆士二世并对他关闭国门时，爱尔兰则希望恢复他们失去的王国。它的人口可能约两倍于苏格兰，按民族、宗教和有争议的土地所有权划分成若干部分。土生的爱尔兰人和许多在帕莱的英国移民都是天主教徒。占人口绝大多数的爱尔兰人在香农河以西仍占有大片土地，在别的地方是被剥夺了土地的、贫穷不堪的劳动者。英爱天主教徒则比较富裕。英爱人的后裔和不久前来的英国移民及殖民者属于爱尔兰圣公会，它在教义、管理和礼拜方面和英国国教是一致的。其他的英国殖民者，如以前克伦威尔的士兵，是新教派的成员。在厄尔斯特这个詹姆士一世时期被英国占去的地方，有苏格兰长老会派教徒的聚居点。② 在纠正对土生爱尔兰人的不公正待遇方面，查理二世没有做什么事。但是，作为英国关税保护主义立法的一个不期而然的后果是，爱尔兰自力更生发展了毛纺工业，国家因此享受了20年的繁荣。这也是宗教自由的一个意外收获。

土生居民不以此为满足。蒂康内尔接替克拉伦敦时，他们的天刚破晓。蒂康内尔明确提出，应当把王权移交给新教徒，从而把爱尔兰从英国统治下解放出来，甚至可以以请法国保护为代价。与此同时，他把民事、军事大权从殖民者手中转移到土生白人手中。詹姆士倒台以后，蒂康内尔又同威廉周旋以拖延时间，同时邀请詹姆士到爱尔兰来。他统治爱尔兰整个国家，但厄尔斯特几个地方除外，在那里，殖民分子在伦敦德里和恩

---

① 见本书原文第360、392页。

② See J. C. Beckett, *Protestant Dissent in Ireland*, 1687—1780 (1948): the Independents (Congregationalists) were relatively unimportant (*Ibid.* p. 136).

尼斯基伦建立了反抗中心。1689年3月22日詹姆士到达，带来了路易提供给他的武器和金钱，同时还有法国军官和作为大使的达沃克斯陪同。① 他没有恢复多少活力和精神，他不喜欢爱尔兰，正如以前他把爱尔兰看成是提供天主教士兵的来源，这些士兵们应当服从他的英国臣僚一样，现在他把它看成是收复英国的一个工具。但他担心向爱尔兰让步会使他同英国的看法疏远。在这点上，他同他的两个主要顾问意见有分歧。其一是蒂康内尔，他希望爱尔兰挣脱英国的枷锁；另一个是达沃克斯，他对英国的看法和爱尔兰的苦难漠不关心。从5月17日到7月28日，詹姆士在都柏林召集议会，上议院的4名主教和几名世俗贵族组成了一个明显的新教少数派。在下议院，由于蒂康内尔操纵选举，新教徒极少。230名议员中的多数是英爱血统，只有约60人冠有爱尔兰姓。很少人有议会实践活动经验，多数议员关心的只是维护他们的权利，纠正对他们的不公正待遇，但不知道怎样达到目的。1662年的《处理法》废除了，土地回到了1641年以前的土地所有者或他们的代表的手中；同时通过一项范围广泛的《没收财产法》，宣布约2400人犯有严重的叛国罪。尽管这两项措施严重破坏了詹姆士重返英国的前景，他还是赞同了它们。

北方的反抗仍在继续。爱尔兰军队包围了伦敦德里，并利用断绝供应的办法几乎征服了它。威廉虽然宁愿在大陆上同路易的军队打仗，但是英国议会迫使他再次征服爱尔兰。威廉向爱尔兰派出了舰只和军队；1689年8月10日，解除了对伦敦德里的包围；到这年的晚些时候，收复了厄尔斯特大部分地区；1690年威廉进入爱尔兰。7月11日，他的军队同詹姆士的军队在博伊恩交战，并击败了后者。詹姆士几乎是第一个逃出战场，立即返

---

① On the Irish campaign, see below, pp. 235—7、240、241—2.

回法国。在这次战役中,威廉未能攻克利默里克,1691年10月13日,利默里克向一支英国军队投降。至此,对爱尔兰的征服完成了。

《利默里克条约》的条款等于是给爱尔兰的参战人员一个总赦免,等于是让爱尔兰恢复原状:回到查理二世统治时期的状况。谁如果愿意,可以离开爱尔兰到国外去生财致富。到12月份,约有1.2万个人这样做了。留在爱尔兰的新教徒们则要求安全、土地和复仇。条约关于土地的条款似乎是遵守了原状,① 但是英国议会的一项法令决定把天主教徒开除出爱尔兰议会。这样,1695年爱尔兰议会通过了一连串新的反对天主教徒的刑法中的第一个法令。虽然威廉反对这样做,他还是被迫批准了其中某些法令,他的后继者颁布的刑法还更严厉。与此同时,英国议会向复兴中的爱尔兰毛纺织业开刀了。尽管这些刑法从来没有全部付诸实施,但革命带来了爱尔兰历史上一个必然使英国人感到羞愧的时期。②

随着这次革命,国王同议会之间的宪法冲突在英国已不再是你死我活的了,前景未卜。威廉和哈利法克斯都希望他们已经熟知的那些党派能消失掉,但他们错了。很快党派之间将习惯地进行较量。它们接受议会中的国王统治,即接受有限的君主制。虽然这些党派组织松懈,纪律涣散,但很快它们就会使国王认识到他必须通过他们中间一个拥有下议院支持的党来进行统治——在党派基础上成立政府,并为稳定政府而运用这个时期盛行的各种恩赐官职和贿赂手段。1689年,威廉吸收各党派人士参加政府,但他此举受到限制,因为他不喜欢罗彻斯特及其高教会的追随

---

① J. G. 西姆士:《在爱尔兰的威廉式的没收,1690—1703》,1956年,第161页。
② 参见本书原文第255—256页。

者，辉格党又缺少合适人选。托利党人围绕宗教问题制造麻烦，辉格党人则因1681年以来所受到的不公正待遇而一味想报复，这也使他们与国王疏远了。因为他们行动激烈，威廉解散了代表会议，于1690年初召集新的议会。新议会撤了哈利法克斯的职，留下当时的卡马顿侯爵托利党人丹比（1631—1712年）担任政府的主要大臣，威廉和玛丽都不喜欢他。威廉还作了些进一步的调整，总的说是宁要托利党人也不要辉格党人。但是当1690年夏季他去爱尔兰时，他留下辅佐玛丽的枢密顾问官，则不是按党派任命的。

路易十四当时正和皇帝、巴伐利亚、勃兰登堡及其他德意志国家、西班牙和萨伏依打仗，同时也和联合省、英国以及苏格兰交战。他没有同盟，但由于有土耳其人参加作战，他攻克了菲利普斯堡。尽管敌人强大，他还是坚守住了阵地，开始时在海上也很顺利。[①] 但是路易和他的顾问们没有考虑如何利用他们在比奇角外的胜利。与此同时，玛丽以她的坚定性表明，新政府并不需要完全靠威廉来维持自己的持久性。在后来的年代里，每当威廉出国，玛丽仍然负责，直到1694年12月她去世。但詹姆士党人接连不断地试图散布不满，并争取那些自以为不受威廉重视的政治家们到詹姆士一边。詹姆士党人一次阴谋的败露，促使威廉于1691年强化了反对拒绝宣誓者的法律。

到1692年，英国对威廉政府的不满更加广泛，许多参加革命的人对革命的结果感到失望。无数的牧师和一些世俗人士拒绝对新政府效忠，或只是勉强应付一下。海军中也有一些不满，法国人在捕捉或击毁英国商船，战争赋税负担沉重，战事似乎又没完没了。言过其实的报告交给詹姆士，他就劝说路易，入侵英国的时机到了。法国和爱尔兰的军队在诺曼沿岸结集，詹姆士到那

---

[①] 关于在大陆和海上作战的过程，见本书第7章。

里同他们会合。但是受命为他们出航英国进行护航的图尔维尔舰队6月初在拉乌盖被击败。①虽然从这时起新政府已很巩固,能够抵御武装颠覆,但1693年路易仍袭击了准备开往士麦拿和勒旺的大型护航队,并一举成功,使伦敦蒙受了重大损失。②再者,1694年联盟军对布列斯特的攻击也带来了一次代价惨重的失败。在这些年代,很难物色到合适的人选充任政府大臣。直到1693年后期,威廉一直是在两党中分别任命职务;此后,根据已经从流放地回到故乡聊度残生的森德兰的建议,威廉决定主要指靠辉格党人。1689年以后,托利党人诺丁汉一直是国务大臣,其他的大臣职务则由一系列辉格党人担任。诺丁汉因同海军上将罗素意见分歧,11月份被解职,被辉格党人施鲁斯伯里伯爵查理·塔尔博特取代,他在1689—1690年担任过大臣职务。另一名辉格党人,1692年已被任命为财政委员会委员的1700年哈利法克斯伯爵(1700年册封)查理·蒙塔古,不久就以一个出色财政大臣的身份露面了。1693年,约翰·萨默斯(1697年册封为萨默斯男爵)被任命为掌玺大臣(1697年为大法官),他也是辉格党人。这3个人在政治生活中是真正的新手,记不得使人痛恨的1683年。他们动员国家的资源准备战争。1694年,即他们就任当年的几场战役,第一次以联盟军胜利而非路易取得胜利而告终。③

革命在政治思想方面提出一个重大问题。在法国和英国盛行的或受到官方鼓励的理论是君主专制主义和君权神授说。如果说威廉和玛丽篡夺詹姆士在英国和苏格兰的王位不只是一次成功的犯罪行为,而且还有更多内容的话,那就必须找出这种篡位行为

---

① 见本书原文第244页和注。
② 见本书原文第246页。
③ 关于威廉晚年的英国,见本书第8章。

的某些道德根据，并加以阐述。

　　绝对君主制和君权神授说各有自己独立的、但又互相有联系的理论，这些理论只是最近才臻于完善。在法国，鉴于早年的纷争和路易十四出色的专制政治，绝对专制主义得到广泛采纳。① 詹姆士一世把君权神授原则连同其不可侵犯性引进英国。它的主要鼓吹者多数人是牧师，但是一到革命前夕，罗伯特·菲尔默爵士就成了它的主要辩护人。在内战前不久，他撰写了自己的主要作品《父权制》。为了鼓励查理二世的支持者反对辉格党人，这部书于1680年首次出版。君权神授说到1683年发展到顶峰，当时牛津大学郑重其事地焚烧了一批宣传同君权神授说不一致或相抵触的原则的书籍。还是有很多反对这种理论的。它的一个主要的自然结论，即由一些牧师所谆谆教诲、为多数牧师所接受的消极顺从说（就是说，因拒绝服从同上帝的旨意相悖的国王的命令而痛苦地忍受惩罚），遭到绝大多数世俗人士的反对，对精力充沛和有事业心的人来说，不抵抗主义简直是荒谬的。他们是立宪主义者，甚至即令他们对君权神授说作某些让步，他们也坚持认为，国王是受国家法律约束的。在这点上，他们得到毋庸置疑的权威理查德·胡克的支持。特别是，他从人类自然的友好交往中发现了对国家来说是令人满意的原则，他不认为政府必须是君主制的。前不久，哈利法克斯在他的《一个骑墙派的性格》中已经告诫查理二世要戒除任何违反宪法的行为，雄辩地宣告他自己对宪法的高度崇敬。另一些作家更不欣赏君权神授说。霍布斯则使正反双方都不满意。《利维坦》（《极权主义国家》）对君主政治拥护者来说太世俗主义，虽然还不能说是太无神论；而对它的反对者来说又太独裁了。它是在牛津被烧掉的书之一。被烧的

---

① 波舒哀作了最详尽的说明，他的《根据经文论政治》，1677年开始写作，于他死后1709年出版；见《新编剑桥世界近代史》第5卷，原文第99—102页。

书里还有一些是不太出名的,《为反对暴政而呐喊》和乔治·布坎南的《论苏格兰人的王权》,两本书都已译成英文。①

关于君主立宪制的总概念在正统的政治年鉴中有一节表述得很清楚:国王就是要专制独裁,他可以随心所欲。如果他专横地霸占了某一个臣民的财产,他是不会归还的。但他受良心和加冕誓言的约束,受"天理、国法和基督教徒品德的规范"的限制,因而他强迫自己去尽保护人民的义务,去主持公道,维持秩序,并"使他们享受正当的权利和自由"。

> 特别是有两件事,英国国王通常不得到他臣民的同意是不会去做的,即制定新的法律和征集新的税收,因为这两件事都会触发一定程度的公愤,其一好像是要限制臣民的自由;另一件则像是要侵犯他们的财产。②

在英国,人们的思想是如此之开放,印出来的论著又如此之多,使有关这次革命的争论问题可以部分地靠再版读物,部分地靠朝生暮死的短命小册子得到诠释。只有一部主要作品是论证这次革命的,而且那部作品原是为别的目的撰写的,而不是仅为满足当前急需而写的。现实的需要是要表明,国民有权抵制国家最

---

① 《为反对暴政而呐喊》出版于 1680 年,布坎南的书出版于 1648 年,两书都于 1689 年重印。当时问世了斯宾诺莎的《神学政治论文》英译本和米尔顿的《论国王官吏的职权》的修改译本。关于契约理论的历史是 J. W. 高夫在《社会契约》(牛津,第 2 版,1957 年)中论述的。

② E. 张伯伦: Angliae Notitia, 我相信 1689 以前的一切版本, 这里引自 1679 年,第 1 卷,第 92—94 页。这一段在 1689 年以后有改动。亨利·卡尔的《英国的特权:或生而自由的臣民的继承权》(1680 年及以后)提出了由大宪章及后来的法令和由议会的"工作和权利"所确定的个人的权利。在查理二世统治时期的许多政治小册子中包含有立宪主义思想,尽管没有明确提出来;在议会辩论的发言中也是如此。

高权威,有权界定这种权利。小册子中最有名的一本是索尔兹伯里未来的主教吉尔伯特·伯内特写的《关于屈服于最高权威的限度的调查》。这份调查显然是由伯内特和玛丽公主之间的讨论引起的,它可能是在威廉开航的几个星期之前首先在尼德兰出版的。作为《英国国教会改革史》(1679—1681年)的作者和当代敏锐的观察家,伯内特对自己的题目了如指掌。他详尽地、无可争辩地阐明:市民社会以契约为基础,订约人为了管理社会而制定法律的权力和执行这些法律的权力;当执行权脱离立法机关单独行使时,它应当对立法机关负责;要明确有义务服从按此原则确立起来的政府,然后再明确政府权力的局限之处。伯内特接着说到英国。在英国,宪法限制了国王的权力,且很容易找到一条反抗的权利。

有些事对英国作者来说是很容易的,对法国人则是困难的。胡格诺教徒坚决主张绝对君主制。1685年,伊利·默莱特以坚定的口吻表述了他们的观点:国家起源于人的有罪的本性,为了管束这种本性,上帝创造了君主的权力,随着时间的推移,它成了绝对的和无限的了。君主不能左右人们的内心,但是有控制外在形式的权力。那些从内心里不能服从君主的人就必须默默受苦或是逃避。① 1688年以后,胡格诺教徒必须确立一种精神反抗权利,否则他们就得拒绝承认威廉的君主权力。在《为奴隶的法兰西的叹息》② 中,从实践角度对法国的绝对君主专制进行了抨击;1689年初皮埃尔·朱里厄又从理论上在他3期《田园信札》刊物上进行鞭挞。朱里厄1681年从色当逃跑,其时在鹿特丹任神学教授。他是一个狂热的卡尔文分子。1686—1689年间问世

---

① 《论绝对政权》,见G. H. 道奇著《流散的胡格诺教徒的政治理论》,纽约,1947年,第7—10页。

② 15份《备忘录》,阿姆斯特丹,1689—1690年。参见本书原文第317页。

的他的《田园信札》是为安慰仍留在法国的胡格诺教徒而写的。革命迫使他放弃和默莱特类似的观点,采取一种新的立场。政府都是建立在契约之上的,当它们建立起来后,它们就有权要求大家完全顺从。朱里厄主要关心的是绝对君主制,他现在还用旧的方法去区分绝对权力和无限权力,但订约人不会考虑后者,因为他们并不拥有这种无限权力。他们给他们的统治者以君权,只是为了保护他们的财产,他们的生命,他们的自由和他们的宗教。当君主行使不受限制的权力时,他的臣民在一定条件下就有权去抵制他。在实践中,路易十四已经废除了一项终身的、不能改变的敕令,因此他的臣民可以反对他。对朱里厄的观点,特别是关于反抗的权利,胡格诺教徒培尔和天主教徒波舒哀都同样地反对。这些观点没有得到充分发挥,从而上升为对政治哲学的贡献。这些观点曾出现在一份秘密刊物上,但很快就看不到了。几个月以后,出现了一份更加充实得多的关于个人权利的著作。

这就是约翰·洛克的著作,他的《政府论》第二篇论文。[①] 1681年或在此前后,在《父权制》一书中,洛克已着手批驳菲尔默的论点。但是,仅仅否定是不够的,于是他又提出第二篇论文来补充他的批驳。在这篇论文中,他设想出一个完满的政治制度。他的论文可能是在1683年他离开英国之前完成的。当6年以后他决定发表它时,一部分驳斥菲尔默的稿子遗失了,不过1689年的菲尔默尚微不足道。第二篇论文可能修改和补充过,但在概念和总的写法方面,它应和沙夫茨伯里以及1680—1681年的排斥危机归为一类,而不应归入革命或为1688年革命作准备一类。它为立宪君主制提出道义上的论据,反抗的权利是整个论据的一个组成部分,但不是主要部分。如果不认为朱里厄和洛克对

---

[①] 第一版注明的是1690年,但1689年11月已登出新书预告。最好的是彼得·拉斯勒特的版本,剑桥,1960年。

个人主义的看法是从一个共同思想基础上平行发展起来的话,那么很可能是朱里厄来源于洛克,而不是洛克来源于朱里尤。洛克相信国家依靠契约的世俗来源说,在这一点上他同霍布斯相同,但在其他一切方面他同霍布斯都不一致。他认为,处于自然状态的人有各种权利,但是没有享用这些权利的足够保证,因此,他们赞同联合起来"以互相保护他们的生命、特权和地产,我给这些一个总的名称:财产"[①]。为实现联合,每个人都甘愿放弃惩罚侵犯他们财产的人的权利,而保留他们没有明确表示放弃的一切权利,市民社会的存在就是为了维护这些权利:国家为个人而存在,而不是个人为国家存在。订约人任命一个立法机关。立法机关负责制定法律,并可以任命一个执行机关去实施法律,立法机关是受订约人委托的。个人必须服从这样建立起来的政府。但如果立法机关或执行机关失去人们的信任,那就得解散。

洛克过多地考虑用他那个时代的英国宪法来设计他的制度,因而他的制度就不具全球适用性。[②] 论文中诸如政府的契约起源说等章节经常遇到批评,论文中有多处含糊不清。比如,在"政府的立法机关部分由人民选出的代表组成"一句中,"人民"没有明确定义。洛克可能是指他那个时代已成惯例的议会选民,而不是任何类似成年男子普选权那样的东西。但如果他认为那样是可行的,他也许会赞成更广泛的解释。这本书有价值,是因为它为宪法新的解释找到道义的基础,为支持当时流行的特权和财产观念找到道义依据。它本质上是自由主义的,这到后一个时期可能更为重要。虽然洛克的《政府论》两篇论文在1694年和1698年两次再版,其他的论文在18世纪也有新版,但他并没有为战胜菲尔默而立即欢庆胜利。菲尔默的著作在1696年也重印

---

① 第二篇论文,第123节。
② 参见《新编剑桥世界近代史》第5卷,原文第119—121页。

过，但是对洛克的观点没有提出严厉的批评。到 1710 年萨谢弗雷尔接受审判时，*洛克的观点在英国已被普遍接受。1691 年法国同时出版了《政府论》的法文译本和对它的分析，但此书在法国的传播还要靠后，在 1724—1802 年间，法文译本共再版过 9 次。①

革命是由政治的和宗教的原因，只在很一般意义上可以说是由社会的和经济的原因引起的。它的目标基本上是保守的，是为维护新近被抨击的一种制度和实践，抨击的论点则是很成问题，或很不恰当。《权利宣言》号召改进，而不是改革。公认的陋习没有触动，同样也无意改组议会选区。虽然普遍扩大当时的选举权不是所要求的，也不可取，但现存的一些不正常现象该扫除了吧。《权利宣言》涉及范围很有限，很可能本来就缺乏诚心，此外主要还由于过分匆忙。由于发现了不足，又颁布了 1694 年的《三年法》和 1701 年的《嗣位法》作为补充。在这以后的一个多世纪，在宪法性的法律中仅有的大变动就是 1707 年的《合并法》和 1716 年的《七年法》，它们主要是巩固 1689 年的成果。这次革命对当时明显的问题解决得如此圆满，致使人们只是到后来才慢慢地觉察到，革命为新生活提供了条件，而新生活又提出了新的问题。

在革命成果中，必须正视英格兰在 18 世纪欧洲的思想和文化中所占的地位。在 17 世纪的最后 25 年，路易十四的宫廷文化从极盛走向衰落。在他晚年，法国人在其他方面的不满的刺激下觉醒了，他们自己也越来越意识到这种文化的缺陷。南特敕令的废

---

\* 1709 年，辉格党大臣戈多尔芬以煽动叛乱罪把萨谢弗雷尔交付审判，萨谢弗雷尔于 1710 年 3 月被判三年之内禁止讲道。但伦敦市民对同情被告。——译者

① 洛克还撰写过关于宗教信仰自由的著作《关于信仰自由的通信》，1689 年出版（英译本也是 1689 年出版的）。至于萨谢弗雷尔博士，见本书原文第 270 页。

除使许多胡格诺教流亡者和其他操法语的新教徒转向英国，视它为新教潜在的救世主。这些人传播英国思想是极为适宜的，他们中极少有创见性的思想家，却有多得数不清的翻译、摘录员、编辑、刊物评论员。他们的期刊——诸如 Nouvelles de la Republique des Lettres 以及通常由书评摘要编成的这一类刊物，取代了老的用拉丁语撰写学术著作的国际学术成就的位置，产生了一种新的国际学术成就。用一种鲜为人知的语言写成的著作就是通过这些刊物同欧洲读者见面。欧洲的新教徒寻求安全保障，而法国人约在路易十四去世时才开始寻求自由。英国在战争期间动员资源的能力大大优于法国，新政府的稳定和强大引起了越来越大的好奇心。约10年期间谁也没有进行什么调查；随着1725年贝蒂—路易·冯·贝孛引的《谈英、法人书简》和1734年伏尔泰《哲学通信》的发表，情况发生了变化。到世纪中叶，法国人也学习英语了。英国文学也吸引了注意，有许多译著，很容易被吸收，因为被选来翻译的作品的作者本身曾受到法国的强烈影响。这可能是由于查理二世的偏爱，也可能是由于同胡格诺教流亡者的接触，他们中许多人还被聘为家庭教师。通过胡格诺教徒，通过法国，有时还通过国外的访问者，英国的以及后来苏格兰的文化和思想传入了德意志和意大利，在18世纪下半叶的前25年成为欧洲文化中占优势地位的一支。

英国的政治思想对孟德斯鸠的《论法的精神》一书影响最大。1729—1731年，孟德斯鸠在英国，他宁愿同博林布鲁克和托利党人联系，而不同辉格党人联系。但是他到处都发现他设想中的自由所产生的效果和由一种独特的政治制度所带来的成果，尽管他也看到许多腐败现象。在著名的两章中，他描述和分析了宪法，他写这两章得到了洛克《政府论》第二篇论文的帮助。《论法的精神》1748年在日内瓦出版，在最初的18个月可能再版了22次。从"七年战争"时起，他失去了自己的领先地位。孟德斯鸠具有贵族风度，温文尔雅，过着隐居生活。他更多关心的是维护自由的手段，而不是自由本身，或者说不是市民的日常政治生活。在大不列颠，新时代意识到了孟德斯鸠所忽略了的问题。社会在数目、财富和复杂性方面已高速发展，而承袭的行政机构几乎原封未动地存在下来，它们就是在最好的状态下也已不适用，许多陈规陋习有待改革。早在1689年以前已引起注意的议会选区的不正常现象，由于在新工业区兴起了大城镇而尤其显得不公平。但是，尽管有种种缺陷，英国政府符合国民的需求，而孟德斯鸠对稍后的政治思想有强烈影响。在政府和人民激烈冲突的法国，孟德斯鸠的观点过分温和；而英国又有许多明显的弊病，不足以效法，卢梭对人权的热情重申正符合需要。此时这已不完全是新的话题，这一必将激发美国①和法国革命、促成19世纪自由主义宪法并抬高它们的地位的人权说早在洛克的著作中就已包含了。没有1688年革命，人权问题几乎不可能超越理论的范围。因此，尽管经常不断地提出新的申述，只偶尔参照老的成果——或参照这些老成果的阐发者洛克和孟德斯鸠——革命过去在持续地、现在仍在继续间接或直接地发挥其强大的、独特的影响。

222

（程西筠　译）

---

① 关于英国革命在美洲殖民地的直接反响，见本书原文第480页及其后；其经济后果在本书第8、9章和第23章（上）中还在讨论。

# 第 七 章

## 九年战争，1688—1697 年

从1688年11月到1697年10月，法国进行了一场战争，因此以"九年战争"称之，名实颇为相符，它比曾经使用过的其他称呼不易引起误解。法国著作家们最先使用的"奥格斯堡联盟战争"这个称呼，似有将责任归咎于1686年成立的奥格斯堡联盟之嫌。这个联盟的成立诚然是导致组织反法联盟的最初阶段之一，但严格地说，它因从未被签字国付诸实施而夭折了。第三个称呼——"威廉国王战争"则可能令人误以为威廉三世应对这场战争的爆发负主要责任。

1678—1679年《尼梅根条约》签订后的10年中，法国除了在1683—1684年间与西班牙进行了一场短暂的战争外，它在法律上与所有欧洲国家处于和平或休战状态。但是，路易十四在此期间攫取了本国疆界以外的许多城市和领土。他的手段多种多样，既利用了"收复"这种合法的借口，又以购买的方式从曼图阿公爵手中得到了卡萨莱；这样到手的贵族领地和收益似乎本应是零零碎碎的，然而其实并非如此。法国从媾和时它的军队所到之处继续向前推进，占领了三个重镇：斯特拉斯堡、卢森堡和卡萨莱。以克尔要塞为后援的斯特拉斯堡控制着莱茵河上通往多瑙河方向的渡口；卢森堡是西属尼德兰防线左翼的一个据点；波河沿岸的卡萨莱位于波河流入西属米兰公国处的上游。法军占领的其他地方也绝非无足轻重。由于拿下了列日主教区的迪南要塞,进击通往卢森堡西部的第二重镇那慕尔的道路已经扫清。法国在下列各地修筑了堡垒:顺莱茵河而下紧靠巴塞尔的休宁根、位于特里尔和科布伦茨之间靠近特拉巴赫要塞(莫塞尔河边)的蒙特鲁亚尔,以及一些友好的德意志诸侯领地上的其他地方。

这些战略推进是战争机器总体活动的一部分。遵照最有名的堡垒大师伏邦的命令,加强了佛兰德、阿尔萨斯和弗朗什孔德等地的堡垒,储备了弹药,做好了36个步兵营投入现役的准备工作,媾和后解甲归田的14万军队中的骨干已整装待发,因而这些部队可以迅速地满编组建起来。① 军队的编制有所变化。洛沃瓦组建了"预备军官连",训练贵族子弟充当军官。不过,有关方面宣布,对贵族后裔身份的证明不作严格审查。1688年建立了一种新的民团服役制,即地方民团,服役期为两年,由一些财政区中的教区的全体居民提供装备和薪饷。在从乡绅中遴选的领饷军官的带领下,每逢星期日和假日进行操练。这类民团人数达2.5万人,战时充当二线部队;而当正规军进入冬营②时,这类民团便遣散回家。海军也同陆军一样,积极地进行备战活动。1678—1688年间,尽管大战舰仅由116艘增至微不足道的120艘,但是,从义务兵役制中征召的码头勤务兵和海上水兵都提高到了新的效率标准。③ 法国舰队主要从地中海海战中积累了经验,特别是在1684年的热那亚海战、1685年的黎波里海战和1688年的阿尔及尔海战中使用新发明的双桅炮舰对付海岸炮兵

---

① 本卷所列陆、海军的兵员数字仅为近似值。若提供精确数字,则需对各种数字的含意作出详尽的解释,在许多情况下非经专门研究不可。但笔者并未进行此类专门研究。

② 参见本书原文第767—768页。

③ 参见本书原文第811页关于军火库一节,第821页关于海军在编名册一节。

的经验；他们曾同时与西班牙和阿尔及利亚的舰只作战。除了在陆、海军方面采取的这些措施外，法国人还在与邻国的争执中运用了强大的经济压力。17世纪80年代，法国与英国、荷兰进行了一场三边关税战，在产品输出竞争中，法国是个后来者，它力图以强有力的关税保护争得市场；除了就这点而言外，在这场三边关税战中，法国并不是入侵者。

1688年，由于先后三次发生了一连串事件，这场不宣而战的战争被公开承认了。马克西米利安·亨利是维特尔斯巴赫的巴伐利亚选帝侯家族的一员，他在科隆是一位亲法的大主教兼选帝侯。1688年年初，他的健康状况恶化。选出一位忠于法国利益的继承人的准备工作早已作了安排，斯特拉斯堡主教、红衣主教菲尔斯滕贝格将被任命为亨利大主教的副手。这将在至关重要的问题上确立法国的影响。这个大主教管区伸展在莱茵河左岸，沿河除科隆外，还有三个重镇在它的领土内：波恩、莱因贝格和凯泽斯韦斯。此外，亨利大主教还是列日的君主兼主教。列日主教区地跨默兹河两岸，本身是战略要道，而且还拥有工业区、煤田和炼铁厂；荷兰军队的大部分军火即从此地而来。另一位可作候选人的是亨利大主教的侄孙、巴伐利亚在位选帝侯马克西米连·伊曼纽尔的兄弟约瑟夫·克雷芒，他若当选，法国的影响就会被逐出科隆和列日。这位马克斯·伊曼纽尔虽是法国的一位盟友的继位人，却娶了皇帝的女儿为妻。皇帝曾于1685年建议把西属尼德兰赐予他作为封地，此时他正率领屡战屡胜的帝国陆军与土耳其人作战。他本人纵然无足轻重，他的兄弟倘若当选，路易十四也定然很不开心。大主教于6月3日死去，接着便是一场你争我夺的选举。教皇拒不给菲尔斯滕贝格以特许，而皇帝则拒不肯定他的选帝侯资格。8月下旬，1.6万名法军进占波恩、凯泽斯韦斯和毫无屏障的选帝侯区，随着可以跟进的后续部队也有1.6万人。科隆迎来了主要由勃兰登堡选帝侯提供的帝国部队，这位选帝侯的克里夫公国和拉文斯堡地区在莱茵河下游,是科隆的近邻。①

法军的推进并非没有后援,向南 100 英里处,一支大得多的部队向前移动,意在阻挡德意志诸侯们的抵抗。在作了一番准备(意图非常保密)后,法军三个军团约 8 万人于 9 月 24 日越过了实际上并未设防的帝国边界。路易十四发表了一份声明(形式上不是合规格的宣战书),为自己的行动进行辩解,用各不相同的借口来对付每一个领土遭他侵犯的国家。他的主要目标是夺取菲利普斯堡要塞。菲利普斯堡属特里尔选帝侯,那里驻扎着帝国卫队。菲利普斯堡是马札林进入德意志南部的必由之路,1676年洛林公爵率帝国卫队将它从法国人手中收复。现在法国除占领了它以外,还占领着沃尔姆士、施佩耶尔、美因兹、巴拉廷奈特境内的海德尔堡要塞和弗兰肯塔尔要塞以及曼海姆。法国人威胁着法兰克福和科布伦茨。科布伦茨是特里尔选帝侯的"府邸",位于莫塞尔河与莱茵河汇流处。

帝国军队在多瑙河地区的节节胜利是第二批事件。这些事件似乎证实了法国外交上的谋略(法国上述军事行动正是以此谋略为依据)。贝尔格莱德位于土耳其通往其欧洲属地之要冲。9月 6 日,贝尔格莱德向马克斯·伊曼纽尔投降。② 过去在皇帝处于逆境时,德意志诸侯们总会帮他一把,这次皇帝获胜了,一般估计他们不会转而反对皇帝,至少是保持中立。然而在第三批事件中,法国人大大失算了。在不宣而战阶段,法国竭力在英国与荷兰之间挑动恶感,有时也在英王与他的国内政敌之间挑动恶

---

① 教皇的决定有利于约瑟夫·克雷芒,他在若干年之后才得到了全部领土。约翰·莱维斯·范埃尔登在列日当选,路易对此大为恼火。1694 年范埃尔登死后,约瑟夫·克雷芒终于当选。

② 见本书原文第 621 页及以下关于这几年中奥斯曼战争的章节。

感。英王詹姆士二世的政策是他和他的兄弟查理二世1672年试图实施的那个纲领加以修改后的翻版。他再次冒分裂其臣民之风险（他们在宗教问题上尖锐对立）。他将英格兰和爱尔兰的军队由2万人增为3.4万人，他拥有37艘前四级①的战舰，其中有的已编入现役，有的短期内即可装备完毕，扬帆出海。詹姆士二世虽然接受法国的辅助，但却未让路易十四以1672年的外交政策——与法国结盟反对荷兰——缚束他的手脚。既然一旦战争爆发不能指望他支持法国，那么听任他在国内的地位受到削弱看来是可取的。在路易十四于8月末下定决心向德国出击之前，聪明的外交官们已经猜测到，荷兰正在组建的一支远征军是准备派往英国的，它是用来执行其统帅——陆军上将和海军上将——奥伦治的威廉三世的英国政策。同年夏季，威廉三世的挚友汉斯·威廉·本廷克在北德意志就雇佣军队问题进行交涉。他的论据是：除非威廉用武力插手干预，否则不列颠诸岛就会发生内战，其结局或是由一个忠于法国的君主政权取胜，或是出现一个反对荷兰的共和国。威廉的游说除了在策勒的汉诺威宫廷外均告奏效。派遣远征军一事被荷兰共和国作为正式计划而采纳。法军进击德国之举为自己在心理和地理两方面都廓清了道路。

威廉率领着约50艘战舰，护卫着一支拥有9000步兵和8000骑兵的陆上混编部队（其中部分是荷兰军队，部分是雇佣兵），扬帆出征。前英国海军少将阿瑟·赫伯特爵士担任海军统帅。在埃塞克斯海岸他们与一支拥有32艘战舰且从无败绩的英国舰队作战，威廉分明是在冒险。可是，大风和潮水却使英国舰队动弹不得，威廉未遇抵抗便于11月15日在英格兰西部登陆。年底前，威廉控制了英国的陆军、海军和整个政府机构。在世俗和宗教自

---

① 舰只按大小分级，根据英国的计算方法（以炮的数量为准），前四级足以参加第一线战斗。见本书原文第790页及以下。

由史上，他的革命堪称辉煌，以战争史的观点看，也有与众不同的方面。威廉采用联合作战，获得了路易十四曾多次获得的成功，只是威廉成功的范围更大。在此之前，路易十四的敌人无一敢于效仿他的做法。威廉已占有和平时期一块至关重要的领域。他在左右国内外舆论方面的成功，超过了路易十四以往任何时候所能达到的程度；他既已在英国三个王国达到了目的，便集中三国全部人力和物力投入路易十四11月26日宣布的与荷兰议会为敌的战争。[①] 他虽苦斗多年之后才巩固了他的双重革命，但是，入侵的成功已经大体上决定了这场斗争的性质和结局。因此，这次战争最主要的大事在战争开始之前就已发生，此后9年平淡无奇。

这是第二场结盟反对路易十四的战争，但英法作为敌国相遇却是第一次，自1629年以来，英国首次与法国进行陆战。英国军队曾多次参加大陆战争，最近的一次在1674年；但是，自从英格兰与苏格兰国王合并以来，英国从未作为主要军事强国干预大陆。对于法国来说，英国的敌对行为是这场战争中唯一具有巨大战略意义的新事。法国与一个欧洲联盟交战并非仅此一次，它已经作为海上强国与联盟打过一仗，它的战舰既在地中海也在直布罗陀海峡外面作战。它与北欧和东欧盟国有长期合作的经验，对敌人哈布斯堡的后方形成一道弧线。当时有人说，路易十四正在西面进行牵制，以减轻皇帝对多瑙河方面土耳其人的压力。究竟法国主要是考虑在利奥波德皇帝变得不可一世之前就削弱他，还是考虑当他的军队已陷在东面不能动弹，他对德国的控制面临挑战时对他进行攻击？其实这两种想法对法国来说都是可取的。路易十四竭尽全力重建他的盟国圈，然而，自1681年以后，瑞

---

① 威廉作为英国的执政者于1月2日与法国断交，但法国的宣战书并不包括英国，因为1697年之前路易十四始终视詹姆士二世为英王，后来威廉成为英王（见本书原文第206页），于5月17日向法国宣战。

典与他疏远了，以致1688年威廉希望争取与瑞典和丹麦结盟；倘若这两国的王权更强大而稳固些，彼此又不那么不信任，威廉本来是可以如愿的。事实是，丹麦两面讨好，在整个战争期间向威廉也向皇帝提供了雇佣军；几年之前，瑞典也将它从自己的德意志属地上征集的部队提供给双方。这两个北欧王国保持中立，使交战双方都感到失望。

路易十四能对波兰所做的并不比能对瑞典所做的更多些，因为他无法诱使正在与土耳其作战的波兰单独媾和。利奥波德此刻已暂时平息了匈牙利民族的抵抗，因而即使路易十四向土耳其提供的不只是外交上的鼓励，也不可能诱使土耳其做任何超出其本身利益的事。在路易十四的外围圈上唯一可以修补的是北非。他于1689年修正了对阿尔及尔的政策，缔结了一项和约，这项和约一直维持到19世纪。当时正在与皇帝的盟国——俄国和威尼斯作战的土耳其，从阿尔及尔、突尼斯和的黎波里取得了一些海上支援，这就是它从法国的牵制中得到的唯一直接实惠。海上列强与北非的关系极为复杂。的黎波里与法国在1692年名义上一度处于战争状态；1691年摩洛哥与阿尔及尔交战，荷兰和英国的战舰似乎在敌对双方都参战了；然而，从战略上看，这一切都无关紧要，北非并未严重地卷入战争。事实上，土耳其正在东面为法国的利益进行牵制。

正在进行的战争不是一场而是两场，而帝国两场战争都参加了。参战部队时而从一个战场抽调兵力去增援另一个战场，从而使两场战争联成一体。西面的那场战争得到了荷兰的财政援助；1695年，奥地利获得了一笔贷款，是以水银矿产的出口作为抵押的，贷款虽然数额不大，却为奥地利的改革提供了保证。[①] 然

---

① 卡尼奥拉的伊德里亚矿是当时全世界最重要的水银产地。参见本书原文第307—308页。

## 第七章 九年战争，1688—1697年

而，总的来说，无论哈布斯堡或其他德意志国家，均未对其组织机构作任何改变。奥地利的行政机构依然如故，还是那么臃肿、腐败；军队的后勤工作极差，医疗机构也许是唯一组织得较好的部门。军队中的日耳曼人和斯拉夫人都是优秀的军人，其中有许多老兵，骑兵声望很高。但是，高级军官的弊病却很危险，校官们对属下有生杀大权，君主在这方面也不能对他们施加影响。将领们军纪松弛，以个人情绪的好恶和利益厚薄来决定取舍。在战争期间，奥地利政府似乎将正规军的人数由3万人增为5万人。

荷兰人在1672—1678年间那场战争中险些遭殃，现在他们未对陆军、海军和行政体制作认真改造便又参战了。他们的陆军基本上稳定在1689年的水平，即骑兵1.1万人，龙骑兵2000人，步兵6万人。禁卫军被视为威廉三世的私人卫队，所以由英国出资维持。荷兰军队除英格兰和苏格兰原有的各三个步兵团外，还包括来自帝国境内十几个诸侯国的"津贴部队"，其中由瑞典和勃兰登堡提供的兵员最多。文职官员和军队的关系相处尚好，只是威廉不亲自指挥时，他需采取防范措施，防止荷兰各邦通过其战地代表进行不适当的干预。在整个战争期间，荷兰始终处于极度紧张状态。首相安东尼·海因修斯与威廉的另一些忠实的支持者一起，克服了联邦机构的许多超出预料的障碍；然而，尽管共和国不惜付出代价，承受比任何盟国更重的财政负担，却总是不能在规定的日期中做好陆上和海上的准备，有时还缴付不出它应承担的份额。

英国被迫作出比以往任何时候更大的努力，走上新的方向，发展其战争实力，这是欧洲的军事和海上实力配比中出现的巨变。这种变化是逐渐发生的，在每一个部门都经历了挫折；它并未受到多少重视，因为甚至到了战争的最后几个月，它仍可能因斯图亚特王朝复辟或因英国重新被纳入法国卵翼而被一笔勾销。然而，尽管屡遭磨难，潜在的实力毕竟调动起来了。陆军组建完

毕,但没有把民团变成有效的战斗部队。实际上并未为此采取任何措施。这支军队在英格兰和威尔士名义上有7.4万步兵和6000骑兵。如同在法国和荷兰那样①,这支军队是面临入侵危险时在受到威胁的地方组建的。但是它十分幸运,从未参战。正规部队人数增加了一倍以上。为应付这场战争而征集的兵员绝大多数来自英国。1694年人数最多时共有93635人,其中包括32个外籍团。海军的舰上兵员理论上从1689年的2.2万人增为1695年的4.8万人,但是,只有在下海的舰只最多的夏季,才能达到这个数字。在岸上,海军是全国最大的劳动力顾主和最大的物资消费者。它的组织极差,资金短缺,但它按新的战略要求完成了巨大的调整工作。1688年,全国最大的码头在查塔姆,而朴次茅斯以西没有任何码头设施。战争结束时,普利茅斯有了设备齐全的码头,朴次茅斯、德特福、查塔姆和伍尔威什都增添了码头设施,并作了改进,从而成为对法战争所需的基地。一系列不仅在英国而且在欧洲也是崭新的宪法和行政方面的改变,为英国陆军和海军系统的所有这些改进奠定了基础。这些改变均由国王在议会提出倡议并加以控制,议会每年开会,拨款、审计和将领对国王所负的责任都在议会里作出决定。无数次议会辩论和委员会会议,终于使全国在反复摸索中发现,一个包含反对派在内的议会十分有助于增强其对敌实力。

在逐年叙述事件的进程之前,先讨论一下这场战争的某些特点大概比较妥当。第一个问题是,交战各国击溃敌国陆军和舰队的愿望强烈到什么程度?他们又如何由于认识到政治目标应有限制,而且他们在陆地上可动用的兵力亦有限,从而克制了自己愿

---

① 此处所说的法军是指可以征召的后备部队;而荷兰军队则指根据"lócht en wacht"征召的兵员。参见J.R.韦斯顿著《十九世纪的英国民团》(1956年)第三章。

## 第七章 九年战争,1688—1697年

望的?就政治目标而言,这个问题不难回答。领头的四大国:法国、奥地利、英国和荷兰对它们的目标未作限制。当然,各国都有一些人希望作些限制,但他们不起作用。路易十四和他的大臣洛沃瓦,甚至还有洛沃瓦那些比较缺乏雄心的继任者们,都不遗余力地打击敌国。利奥波德一世和威廉三世都把这场战争看做削弱法国实力的大好时机,力图使之下降到能为其余欧洲国家所容忍的水平。利奥波德本人是个迟钝的守旧人物,但他的毛病却有其可取之处,那就是他倔犟固执。威廉在他所做所写或所说的每件事中,都显露出进攻精神。然而在那些小盟国中,情形并非如此。坚定地忠于共同事业的盟国纵然并非一个也没有,但也是寥寥无几,它们却一个个贪婪地盯着各自的利益。其中只有一国为自己的利益而成功地两次改换门庭,而其他各国则经常盘算保持中立至少能得到什么好处,而且当它们以盟国身份或出借雇佣军的债主的身份继续提供支援时,从不为索取高价而有所犹豫。

各国对自己的作战行动是否有所节制,这个问题比较难以回答。① 陆战的某些特点往往妨碍部队运动。河流是攻城炮兵等辎重部队唯一的交通干线,但筑个堡垒便把河流封锁了,这种情况尤以低地国家为甚。堡垒十分坚固,致使攻城往往要付出巨大代价。据点太多,驻守据点的人也太多。由于有了贮存库,不必在每个战役开始前筹集粮草,因而可以在早春发动攻势;然而由于依赖粮草贮存库的积习过深,将领们若离开粮草库五天的行程(约60英里),便觉得不大正常。整支部队一起向前推进的话,调度也不方便,数小时才能摆好战斗队形;但在攻击开始之前躲

---

① 约翰·福特斯丘勋爵的回答是肯定的,见《英国军队史》第1卷,1899年,第354—357页。关于不大为人所知的否定性回答,见 J. 科兰著《拿破仑的军事教育》,1901年,第1—28页;《十八世纪的步兵》,1907年,第2、3、30页;《战争的变迁》,1911年,第162、169—172页。参见本书第22章第1、3节。

避攻击却很容易。除非双方同意,否则很少进行战斗。追击很难也很少见,所以有时将领们投入战斗时不去安排与后面进行联络的路线。用一长串野战碉堡保护部队的恶习再次出现在德国和佛兰德。碉堡原来是用以防范敌方小股部队袭击居民、搜索钱财的,却渐渐被当做战略防线,致使将领们按兵不动。

尽管有上述种种情况,但是,看来各方并不是只求赢得有限的目标、土地和碉堡等物质收获,而不去争取战斗胜利。双方一些最优秀的军事著作家都强调指出战斗为重。伏邦认为,碉堡只能暂时起作用,每个碉堡的抵抗时间都有其极限,他甚至提出48天为一般标准,48天后即若投降也可算体面。有一些将领被认为轻率地牺牲了他们的部队,例如巴登的刘易斯总督便是如此。然而这并不一定就意味着其他将领十分小心地保存自己的部队。路易十四虽以壮观的排场亲临战场,却并未使攻坚战不再付出重大伤亡的代价。战争总的说来是血淋淋的。据信,兰登之役中的伤亡大于17世纪的任何一次战役,而巴尔弗洛海战则是有记录可查的伤亡最惨重的一次海战。疾病夺去了许多士兵的生命,使海上的舰队完全处于无法行动的状态。由于士兵患病,1689年英国舰队被迫退回港口;1690年,胜利的法军不得不撤离英吉利海峡;英国的西印度部队每次出征都因疾病而撤回国内。消极怠战的例子确实不少,例如在德国只有过一次大规模的战斗,即1692年的施皮尔贝希之战。但是此战的原因应从君主们的政策,而不应从他们的军事科学见解中去寻找。

另一个需要首先弄清楚的问题是,双方在纪律、训练和装备方面的差别所造成的后果。普遍认为,法国军队在作战和驻防时纪律最佳。众所周知,各国军队的素质不同,一支军队中的精锐部队与其他部队的素质不同;然而,这些差异的实际重要性似乎比预料的还小。战争的第一年,英军中因政治和欠饷发生过兵变,水兵的薪饷待遇极端恶劣的那些海军部队,长期处在不安定

## 第七章 九年战争,1688—1697年

状态,并有士兵逃跑现象。驻扎在尼德兰的西班牙军队同样苦于这类严重的混乱现象。但是,一支素质低劣的军队对一次重大战役的结局产生了严重的影响,斯塔法达战役似乎是绝无仅有的战例。在皮埃蒙特、乌菲内和西班牙,正规军受到游击队的骚扰,但在尼德兰和德国并无这种情形,在那里参战的是组织得较好的部队。

与纪律和士气方面的差异相比,装备和训练上的差异所起的作用似乎大得不多,也小得有限。舰只在构造和武器上的差别,在海上无关紧要;在战斗中,舰只的数量远比每条战舰的表现重要。陆上战争可以反映出一个时期武器的发明和迅速的改进,但是,一支军队的新装备很快就会为另一支军队所仿造,所以任何一支军队都不可能始终占有锐不可当的优势。燧发枪正在逐步取代火绳枪,后膛枪业已出现,刺刀取长矛而代之;伏邦于1687年发明了带刀座的刺刀。[①] 从1690年起,每个法国步兵团都有一个配备来复枪的连队。沃洛瓦把炮兵编入了陆军。卢森堡以驾驭新编大兵团的能力优于任何一位将军而闻名,他逐步采用师建制,即将诸兵种编在一起、能自己解决给养和军火弹药的建制,这种建制后来提高了军队的运动速度。但是,所有这些变化并未使法军取得决定性的领先地位。无论在海上或陆上,人数和指挥能力似乎都是决定性的因素。

以上我们作了初步分析,现在来看看1688年夏季欧洲大陆上的形势。此时,法国已侵入德国,荷兰正在准备入侵英国。皇帝不改初衷,这并不令人惊奇,因为他的土耳其战争境况甚佳。诸侯们也毫不动摇。此时德国境内没有可供使用的帝国军队;10月2日,法国统帅德·布菲勒侯爵攻陷凯泽斯劳滕。但是,勃兰

---

① 本书将讨论战术引起的变化,见本书原文第748—749页。

登堡和萨克森的选帝侯与不伦瑞克—吕内堡（汉诺威为其首府）的埃内斯特·奥古斯塔斯公爵、黑森—卡赛尔的兰德格拉弗于10月15日在马格德堡签订了一项协议，共同防卫莱茵河中游和下游，被称为马格德堡协议。他们携起手来便意味着有了一支训练有素、供应充足、兵力可观的武装力量。1688年死去的普鲁士大选帝侯给他的继任者留下了一支3万人的精锐军队，这是四支军队中最强大的一支。四邻的"圈圈"，即那些不拥有军队的僧侣君主和小诸侯，承担明确的义务，提供冬季兵营和捐税。德国结成了比以往任何时候都更强大的抗法阵线。埃内斯特·奥古斯塔斯率领8000人开往莱茵河中游地区，萨克森的约翰·乔治跟随其后。马克斯·伊曼纽尔从多瑙河带来了巴伐利亚和奥地利部队。10月底之前，一支2万人的部队已集结在法兰克福附近，布菲勒只得从科布伦茨城下的阵地后撤。后勤供应极差的菲利普斯堡在抵抗4个星期后向法军投降（援救它已为时过晚），但是，德国显然不会屈服。12月11日帝国颁布了第一项宣布法国为敌国的法令，以后又颁布了一系列这样的法令。

　　直到此时，法国的军事机器尚未完全开动，为使部队满员，后备兵员被征召入伍。此刻，一场欧洲大战的前景已十分清晰。秋季，路易十四曾希望西班牙作为中立国袖手旁观，果真如此，法国就可在卢森堡和大海之间免遭攻击。然而，西班牙已转而采取反对法国的政策。威廉三世相信，荷兰及其未来的盟国除了在西属尼德兰外，不可能在其他任何战场上打败法军。从1689年年初或早些时候起就已肯定，西班牙将会卷入战争。西班牙人实际上绝不可能依靠自己的力量保卫他们的尼德兰。他们的堡垒破败失修，既无粮草库和义务兵役制，又无可以支付军饷的现金；政府与民众的关系恶劣。人们相信，除非守住西属尼德兰，否则就无法保卫荷兰共和国的领土。然而，除了荷兰及其盟国，谁也无力守住西属尼德兰，而西班牙则要得到它们的支持才参战。荷兰装备了一个野战军，交由陆军元帅①瓦尔德克—德蒙伯爵乔治·弗雷德里克指挥。法国于1689年4月15日向西班牙宣战。由于双方都只能在低地国家决定胜负，所以莱茵河方向此时退居次要地位。

这意味着法国只得从这个地段撤军，意味着法国无力在它所占领的整条战线上保持积极的作战行动。法国大臣们一致同意将领们提出的一项撤军计划，撤军后又不让德军重新占领法军撤出的阵地。1688—1689年间的冬季，法军开始系统地在巴拉丁及其邻近地区大肆破坏，焚烧城镇，将一切无法搬走的补给品尽行销毁。教堂也未能幸免。海德尔堡和三个宗教中心：沃尔姆士、特里尔和施佩耶尔均遭破坏。较之1674年蒂雷纳劫掠巴拉丁，此次损失更加惨重。在有效和实事求是的宣传鼓动下，人们同仇敌忾，德国和正在形成的欧洲联盟得到了加强。这次大规模的破坏活动在军事上虽未达到预期的效果，但后来在这个地区确实至少没有发生过重大战斗。群众的抗议对法军或其他军队的行动，也说不上有什么明显的效果，至少在此后的几年中是这样。1690年，当纽里和都柏林即将易手时，法军将领主张破坏这两座城市；卡蒂纳在皮埃蒙特也是这样干的。这就为北方战争中骇人听闻的破坏活动开了恶劣的先河，在西班牙王位继承战争中，这种破坏活动也屡见不鲜。

反法诸国在冬季和早春为1689年之役作了准备。第一个大问题是：皇帝是否不再同时在两个战场上作战，而与土耳其媾和，并将其全部力量转向西面。威廉三世为促成这个局面的出现而不遗余力。他确信，这样他就能得到从未有过的良机，给路易十四以决定性的打击；他还相信，利奥波德完全能够拿出一个使

---

① 这个头衔不是军阶，而是职务，当时这个职务是大统领威廉三世麾下的副统帅。

他本人和他的盟友波兰和威尼斯都满意的条件来。某些历史学家对此看法不敢苟同。且不管原因究竟是什么，利奥波德未同土耳其媾和。直到西面那场战争结束，再没有出现过这种媾和良机。三个主要盟国之间的问题也有待解决。1689年5月12日，皇帝的全权代表与荷兰缔结盟约，据称，其目的在于恢复《威斯特伐利亚条约》和《比利牛斯条约》中规定的领土和教徒定居点，以便挫败法国的"收复"活动，让洛林的查理恢复他的公爵领地。皇帝请西班牙国王遵守这条约。英国不仅被要求对此表示赞同，而且还被要求同意一项关于西班牙王位继承的秘密条款[1]。英国，或者说是威廉三世（因为他并不把议会视为可信）于9月9日照此办理。各盟国以笼统的言辞同意全力投入战争，不单独媾和。

在此期间，英国与荷兰确定了在海上和陆上进行合作的原则。在陆军方面只是一个部署军队问题，因为根据宪法，威廉三世已是英荷两国军队的总司令。威廉三世从海上带来的荷兰军队，因国内需要于冬季返国，丹麦的雇佣军则留在原地。1678年3月3日和7月26日的条约规定，英国应派出1万名步兵去大陆支援荷兰，这项条款继续有效，并在一定程度上得到严格执行。1678年条款中有关海上的条款被认为对弱方要求过高，于是荷兰和英国应分别提供的舰只数量重新确定为三与五之比，鉴于法国拥有的大战舰估计为80艘，因而荷兰应提供30艘，英国应提供50艘，此外双方还应按此比例提供小型舰只。全部舰只组建成两支舰队，一支拥有50条战舰，部署在英吉利海峡和爱尔兰海；另一支拥有30条战舰，部署在地中海。两支舰队均按比例由两国的战舰混合组成。法国舰队虽然在英吉利海峡和大西洋沿岸都拥有基地，但这两处的码头设施都不足以维持整个舰

---

[1] 见本书原文第388页。

## 第七章　九年战争,1688—1697 年

队,因此法国的战略便是将其地中海(土伦)和大西洋这两支分舰队连接起来,而它旨在使盟国舰队分裂开来的计划又妨碍它们自己连成一体。盟国在舰队指挥上的困难可想而知,经过一番激烈的争执,威廉三世才解决了这个问题;英国因提供的舰只较多,实际上控制了联合舰队的指挥权,荷兰的高级将领始终充任下级指挥官,结果损伤了荷兰海军的效率。

另一项海军协议表明,战争开始时,海上强国对于凭借施展海上实力所能获得的东西寄予很大希望。与海上强国相比,法国不那么依赖海运贸易,却同样需要进口木材和海军物资。英国规劝荷兰对中立贸易放弃一贯的宽容态度,并与英国共同向盟国和中立国发出通知,英、荷将扣压任何国家驶往法国港口或将货物运往法国属地的所有船只。这种做法擅自扩大了交战国的权力,也可以说废弃了过去为束约两大强国而签订的条约,正如威廉三世一言所道破:"此乃大炮的权力。"①

在一个方向上,英国拒绝了荷兰采取联合行动的建议。荷、英两国同法国一样,在美洲拥有殖民地。荷兰曾建议派遣远征军去保护这些殖民地并推进两国的利益。英国认为荷兰与英国不同,荷兰此举意在对美洲进行新的征服,因而回答说,两国在该地区的利益不一致。两国只同意以各自的舰只保护对方的西印度人、"种植园、殖民地或其他州",此外未进行更密切的合作。

战争认真地打起来后,法国处于守势,但并未丢失中央阵地,这就使它可以决定在什么地方打。法国将军队推到国界以外,从尽可能远的被它占领的敌国领土上取得给养,长期以来,这种做法促使它可以不依赖中央供应资金和军需品而去开辟更多的战场。1689 年,法国在西属尼德兰未发动攻势。法军由不称职

---

① 见 G. N. 克拉克著《荷兰联盟与反对法国贸易之战,1688—1697 年》第 5 章。

的于米埃尔元帅指挥，他在瓦尔考特骑兵战斗中败在瓦尔德克手下；但是，瓦尔德克尚无打大战的实力。法国在另一个战场上对西班牙施加压力，它在这个第二战场上比在遥远的尼德兰较为自如。如果说这在政治政策上可算颇为大胆的做法，那么它在政治上取得的成果果然颇有价值，抵消了因分兵造成的损失而有余。加泰罗尼亚被卡斯蒂利亚统治几十年后就不太平了，1687年在其边境地区发生了危险的农民起义，从表面上看虽于1688年得到了解决，但1689年春却又再次爆发。1689年5月，法国将军诺阿耶率兵9000越过边界，直抵卡姆普洛东城下。卡姆普洛东投降后，法军留驻在加泰罗尼亚。

在爱尔兰开辟了第四战场。流亡在法国的国王詹姆士二世成了路易十四手中的一张牌。1689年3月22日，在13艘法国战舰的护送下，他在金赛尔登岸；夏季，他控制了除阿尔斯特以外的整个爱尔兰，但局势并不平静。北爱尔兰省信奉新教的居民自行组成了非正规的抵抗部队，拿下了北爱尔兰的主要港口伦敦德里；可是，这个港口周围都是陆地。威廉三世将爱尔兰当做次要问题，1689年夏季他以少量兵力挫败了他的苏格兰敌手，只是勉强地屈从于英国议会的压力，组建一支军队用于爱尔兰。这支军队号称两万人，由声誉卓著的舍姆伯格公爵统率，这是一位年已74岁、信奉新教的亲王，兼有日耳曼和英国血统，曾任法国元帅。

无论法国或英国，都必须渡海才能进行爱尔兰战役，因此，舰队的大规模调动都与此战役有关。至少就舰队整装待发出海作战而言，法国的海军管理最为有效。这就使土伦舰队能与布列斯特舰队会合。盟国再也不可能进击土伦或阻止法国的地中海贸易了，它们只能退而守护自己的海岸、圣乔治海峡上的航运和本土上的贸易。然而，法国并不试图进行任何大规模作战，双方只进行过一次小分队交火。阿瑟·赫伯特勋爵率领的19艘战舰5月

11日在班特里海湾与24艘法国战舰遭遇，英舰火力较法舰强。尽管很难说是一次胜利，但由于英国方面的战果，阿瑟·赫伯特受封为托林顿子爵，成为一名贵族。英法双方军队都在爱尔兰登陆，并无重大伤亡。

然而，现在看来双方均没有充分利用战机，都应受到指责。这事与威廉三世有关，他受到的指责更多，因为他不重视海上力量。史书记载，他把舰队仅仅看做战役中可有可无的因素，而且他内心深处似乎认为，将舰队送到陆军无法到达的地方便是对舰队的最佳使用方法。[1] 这次，他至少看到了可以阻止詹姆士二世登陆。虽然要做到这一点颇有些为难之处，威廉三世还是下达了明确的命令：一旦截获詹姆士，即应送上荷兰领土。在威廉三世的信函中，关于海军只有少量笼统的表示或指示，对此也许可以作如下的解释：他将海军事宜交由水兵们自行处理去了，如同他将攻城筹划交由梅诺·范·克霍尔恩（此人是伏邦的荷兰对手）一手处理那样，即使他本人身临围城前线也是如此。威廉早年在德·勒伊泰尔辅助下担任海陆军上将时，便养成了放手让部下去干的习惯。我们很难说清楚他对海军的想法究竟是什么，或者证明这种想法不符合时代的要求。

詹姆士二世在爱尔兰登陆后，兵力有4万人，但战斗力不强，他只能将他们部署在北爱尔兰阿尔斯特四周和包围伦敦德里，如此而已。伦敦德里坚持了105天，打入城内的炮弹多达590发，饿死的人数以千计。经过不必要的历尽磨难的延搁之后，柯克上校于旧历7月13日率领载有给养的一艘大战舰和三条小船从海上解了该城之围，当天夜间，贝维克公爵撤去包围，率军离去。8月23日，舍姆伯格在班戈附近的当郡海岸登陆，他的实际兵力为1.4万人。除外籍兵团外，这支部队训练很差，

---

[1] J. 艾尔曼：《威廉三世战争中的海军》，1953年，第259页。

指挥不力，供应糟得无以复加。舍姆伯格首战告捷，攻下了卡里克弗格斯，接着向邓达尔克挺进，但到了那里后，他便停止前进。潮湿的天气和疾病使他卧床不起，不过，敌军境况也不佳，甚至比他更无力发动攻势。整个秋冬两季中，两军对峙，按兵不动。

1689年，法军在德国采取守势，他们在数量上处于劣势，部队特别是新组建的骑兵在素质上也处于劣势。帝国军队共有三支，最小的那支保护斯瓦比亚和弗朗科尼亚，控制着斯特拉斯堡以北自莱茵河至黑森林的斯托尔霍芬防线。这支军队原由马克斯·伊曼纽尔指挥，但在战役正在进行时他被调往三支军队中最大的一支，该军活动在莱茵河中游一带。除了巴伐利亚人和从多瑙河调来的1.3万名奥地利人外，这里还有萨克森人和黑森人，总共5万人，指挥官是帝国最优秀的将领洛林公爵查理。该军扫清了法兰克福方向法国军队的威胁，包围了美因兹。于克赛尔侯爵顽强抵抗52天后，因火药用尽而投降。这是（法国的）一次重大挫折，是整个战争中盟国在德国赢得的唯一重大胜利。盟国在莱茵河下游也打了几次胜仗，但是，统率着自己的军队和汉诺威军队（共约4万人）的勃兰登堡选帝侯的举动，对联盟来说却不是好征兆。他毫不费力地夺回了凯泽斯韦特，廓清了科隆选帝侯的领地。一直期望给法国人以痛击的威廉三世要他接着前去会合洛林公爵的军队，但是这位选帝侯却更愿意滞留在莱茵河下游一带他的利益范围之内。他包围了波恩，以猛烈的炮击将它夷为平地。缺乏后援的波恩于10月10日投降。1673年威廉夺回波恩，从而切断驻扎在荷兰的法军的交通联络的战役是一场著名的胜仗；但是在这场战争中，波恩没有战略价值。波恩之役结束时，法国人依然控制着菲利普斯堡，但盟国部队则控制着从菲利普斯堡到莱茵堡的莱茵河一线。

威廉三世依照他在17世纪70年代的做法，于1689—1690

## 第七章 九年战争,1688—1697年

年间的冬季把盟国的首脑或首脑的代表召集到海牙举行"代表大会",商讨下一年度的措施。在此后的几个冬季中,他继续这种惯例。这种会议虽有助于协调行动和解决军事联盟问题,却也暴露了盟国间的利益分歧,因而在以后的年头中,这种会议变得不那么有用了。① 那年冬季的两个主要外交谈判中心不在这个会上。皇帝克服重重困难之后于11月在奥格斯堡召集选帝团,并征得选帝团的同意,选出他的长子约瑟夫为罗马人的皇帝,并为之加冕。这样,他就保证了哈布斯堡家族在德国的主导地位得以延续下去,并使法国在这方面日益衰微的野心得到遏制;然而,他却使诸侯们的和谐处于紧张状态,加剧了他们对哈布斯堡家族政权的疑虑。另一场谈判关系到萨伏依。公爵维克多·阿马戴乌斯二世娶了路易十四的一个侄女为妻。由于法国在比内罗洛和卡萨莱驻有军队,这位公爵名义上的独立已所剩无几;尽管他极为不满他的母亲对法国政策的谄媚态度,却也遵奉法国的政策,在迫害他的新教徒臣民这一点上尤其如此。② 然而,法国并不信任他,并于1689年要他将军队裁减为2000人,作为忠于法国的保证。对此,他也声称遵命照办,但却命令男子必须通过军训,所以他的后备兵员超过了规定的限额。他开始与西班牙和皇帝进行谈判。

对于法国来说,1690年的前景远比1689年为好。皇帝有意将西线交给他的盟友,自己则专心致志于土耳其战争。法国对尼德兰的进攻在即,英国军队仍滞留在爱尔兰。在上一年中,英国在海上损失了许多船只,商人们要求为他们,特别是为地中海贸易提供更多的保护,这样就削弱了国内舰队。6月间出现了危急

---

① 见本书原文第171—172页。
② 见《新编剑桥世界近代史》第5卷,原文第472—473页。

的局势。6000名法国军队和大量补给物资在爱尔兰登陆，舍姆伯格从他的冬季营地出发，攻下了查尔蒙，但直到6月24日威廉三世才在爱尔兰登陆亲自督战。他率领着一支约4万人的军队，其中步兵的主要组成部分是6个荷兰营、8个丹麦营和3个胡格诺营，与他对阵的军队实力较弱，其中有7个法国营。他以相当大的信心等待着爱尔兰战役，但是，欧洲的局势正在发生不利于他的变化。法国联合舰队正在英吉利海峡游弋，英国担心遭到入侵。托林顿率领的舰队与荷兰人会合了，另一支在海军中将亨利·基利格鲁指挥下由24艘舰船组成的分舰队却远在西部。它在完成护送开往国外的商船的任务后，正从加的斯返回，尚联系不上。在参谋们的一致支持下，托林顿决定，由于自己的实力较弱，因而在与基利格鲁会合之前应避免作战。而远在英格兰的大臣们瞎指挥，断然命令他不得继续后退，要在海况和天气许可时向法国舰队开战。

战役开始时法国在尼德兰有两个军。人数较少的一军驻防在东面默兹河与摩泽尔河之间。该地区的指挥官仍是以前的布菲勒。西面的主帅是法国最能干的将领卢森堡公爵元帅，他是参加过罗克劳伊战役的老兵，对当地情况非常熟悉，很少有人能与他相比。布菲勒的正面没有敌人，卢森堡就将两支军队相向靠拢以便连成一片。另一方的瓦尔德克正等待着勃兰登堡的部队。然而，尽管海牙会议的催促急如星火，这支部队仍不到来。法国的两支军队会合后共有4万人，瓦尔德克仅有3万人，在数量上处于劣势，但他仍决定迎敌。瓦尔德克率军向前推进，6月30日进入位于弗勒鲁和圣阿尔芒之间的阵地。7月1日激战了一整天。傍晚时分，他的骑兵不剩一人；他的荷兰步兵因使用长矛而颇受其害，但进行最后冲击的却正是这些步兵。战败但并未溃散的8个团于是向后撤退。据信，法军的损失与盟军大致相等，死伤7000人。这是西班牙军队为保卫西属尼德兰而进行的最后一场阵地战。是役之后,两军重新进入休整状态。勃兰登堡的援军于8月间到达。

弗勒鲁战役的战报在黄昏之后传到英国。关系重大的海战于6月10日在滩头堡外海面展开。① 托林顿的56艘战船按他的命令行动。法国人在他的西面,他处在上风位置,因此他本来可以骚扰法国舰队,然后撤往当斯方向而不必进行近战。英国舰只根据这个意图不向敌方靠近,但位于右侧的荷兰舰只却紧靠敌舰。英舰不给荷舰以充分支援,因而荷舰损失惨重,于是整个舰队全部后撤。法国舰队完整无损。盟国舰队锚泊诺尔时,英国人已损失了1艘战舰,而荷兰人则损失了4艘战舰。今天看,这些数字并不足以表明这场败仗的严重性。荷兰人和国王大为恼火,托林顿虽由军事法庭开释,但从此未被再次起用。关于他在这次战斗中的个人责任,至今尚众说不一。更大的战略问题至今同样莫衷一是,这个问题与个人责任不是同一个问题。这次海战之后法国没有入侵英国。威廉三世在致莫尔巴勒的信中说,他从不相信会有什么入侵危险,因为法国人未带陆军来。法军主帅图尔维尔认为不能攻击驻扎在普利茅斯海湾的基利格鲁,所以他们只焚烧了提格茅斯这个渔村。塞涅莱大臣则说他们法军完全控制了英吉利海峡,因为他们可从地中海调来大帆船(其实这种靠划桨前进的帆船无力对付战列舰的攻击)。但是,常胜将军图尔维尔的船上却有7000名病员,于是退回港口。当一切都已结束后,托林顿写下了一句曾引起许多争论的话:"大多数人担心法国人会入侵,而我始终持另一种看法,因为我一直在说,只要我们拥有目前这样一支舰队,他们就不敢轻举妄

---

① 法国人称这次战斗为贝维齐埃之战,荷兰人则称之为贝维西埃之战。据说这两个不同的称呼都来自"佩文赛"这个词。

动。"对这句话至今仍有两种不同的理解：一些作者认为，这表明，他错误地依赖装备而不是战斗精神，依赖舰队而不去夺取胜利；另一方面，有些人将这句话理解为：法国人不敢做托林顿本人在1688年做过的事，那时他显然入侵了英国，身后却留下完好的达尔茅斯舰队。[1] 这种看法扼要地道出了纳尔逊在1805年的不同条件下发表过的意见，那就是：必须设想，法国的任何一个入侵计划肯定包括击败英国舰队，以此作为控制海面的先决条件，而为了运送陆军又必须控制海面。这种解释可能最接近实际。

如果法国人善于利用这次胜利，无论是否入侵，他们都可以切断驻爱尔兰英军的交通联络。7月11日，这支英军在博依恩河汇流处打了一场胜仗。詹姆士国王在河南岸占有一个良好的防御阵地，修筑了堑壕，距都柏林也只有一天多的路程。威廉三世既从正面进攻，也从左侧包抄。詹姆士的军队伤亡1500人后，秩序井然地西撤香农。詹姆士重演1688年故技，撒下他的军队，独自返回法国。威廉攻克了从都柏林到沃特福德一线的各个港口，但在攻取利默里克时受挫。爱尔兰战争并未结束，英军仍然不能从中脱身，但是形势已有利于英国取胜。到了秋季，莫尔巴勒伯爵约翰·丘吉尔从海上赶来，用强攻拿下科克，以围攻拿下了金赛尔。这时，法国和爱尔兰的军队陷在西面不得动弹，除利默里克和高尔韦之外，再无别的港口可资利用。

在此期间，在萨伏依新开辟了第五战场。维克多·阿马戴

---

[1] 关于这两种对托林顿褒贬各异的评价，见海军上将赫伯特·李奇蒙爵士著《海军：政策的工具》，剑桥，1953年，第213—219页；J. C. M. 沃恩辛克：*Oe Vloot van den Koning—Stadhouden*，阿姆斯特丹，1934年，第101—144页。关于托林顿行为的详情，见艾尔曼前引书，第341—356页。

乌斯拒绝了法国的最后条件，倒向盟国。盟国除向他提供必不可少的补助金外，还付出了高昂的代价，其中包括承认萨伏依为主权国家，将卡萨莱归属曼图阿，并由他本人收回比内罗洛。他的加盟之举激起了热望，因为从此就有可能经由乌菲内和普洛旺斯打进法国，而土伦就在普洛旺斯。由于运输线更长，法国为在这些地方维持军队比在尼德兰和德国开支更大。另一方面，法国却可以经由萨伏依和皮埃蒙特攻击米兰公国和更远的皇帝的本土。西班牙在米兰的行政机构软弱无能，总督富恩萨里达麻木不仁，但西班牙扬言要派遣 1 万名军人。皇帝现在与法国人一样，战线太多，无法一一考虑周全，他打算派出五六千人。率领法军的是尼古拉·加蒂纳，这是一个在许多方面都异乎寻常的人物。例如出身，他就不是将门之后，而是巴黎高等法院一名法官的儿子，他本人也曾以律师为业。他为战役安排的最初部署也许不很有魄力，但战斗打响后，最初的部署的影响就不大了。维克多·阿马戴乌斯力主在行动迟缓的盟国军队到达之前开战。8 月 18 日，卡蒂纳在比内罗洛南面的斯塔法达修道院打败了维克多·阿马戴乌斯。[①] 接着又扩大战果，一举攻克萨卢佐和苏萨。帝国部队事后才赶来。所以，这一年的余下时间中，除了法国人的勒索、劫掠和随之而来的镇压外，没有发生任何重要事件。

对德国皇帝的诸侯来说，1690 年最严重的事件是土耳其在多瑙河打了胜仗，10 月收复了贝尔格莱德。巴伐利亚、勃兰登堡和不伦瑞克—吕恩贝格不得不派兵驰援。此事加上其他诸侯拒不听命改变了德国战争的面貌。洛林公爵年初去世，除巴伐利亚选帝侯，再也找不出更满意的人选来继任总司令。在弗勒鲁战役之后，在皇帝的 6000 名军队开赴意大利之后，法军兵员增至 4

---

① 这是法国民团参加的唯一的一次大战。

万人。无论在莱茵河上游或下游，帝国部队都不可能有何作为，皇帝原希望在今后某年能攻打休宁根，从而在莱茵河上游和中游地区发动一次攻势。萨克森选帝侯的军队在战场上停留两个月后返回老家了，而来自瑞典在德国属地的军队也只在战场上逗留一个月便返回了。

在海上和佛兰德的战斗以及在爱尔兰和萨伏依的规模较小但消耗较大的战斗之后，战争的胜负仍然未决，双方实力对比大体上并未改变；在这一年中，第一场战斗双方都全力以赴，然而结果表明，盟国既不可能轻易取胜，也不可能迅速取胜。瑞典军队的撤离便是一个征兆。海战前景仍不明朗，瑞典和丹麦都从中得到了好处。海上强国在最初两场海战后便放弃了破坏中立权的尝试；在这场战争结束之前，海上强国在各中立国采取海上联合行动的威胁——这种威胁本身当然并不十分吓人——面前，有时作出些让步。由于这些协议，各中立国一劳永逸地恢复了同各交战国通过海运进行的贸易，尽管战争进程中情况变化不定。

1691年与1690年一样，不是决定性的年头。爱尔兰战事实际上已经终结。威廉三世把指挥权交给智勇双全的荷兰人戈达尔将军，当时他是范·雷德·京凯尔男爵，后来成为阿思隆伯爵。法国没有完全放过这个机会，最大的一批法军和后勤物资5月份在利默里克登陆，其中兵员1200人，战马800匹，此外还有可装备2.6万人的武器，以及工兵和各类物资。但是，新任法国海军大臣菲利波·德·普夏特兰对形势缺乏正确估计。京凯尔于5月份从阿思隆渡过香农河，在奥赫里姆打了一场胜仗，击毙了法军司令圣—吕思。高尔韦在被围两天后，接受了极好的条件，弃城投降，这样，除了利默里克外，再没有任何地方需要夺取了。包围利默里克是必须的。8月下半月和整个9月，利默里克久攻不克。骁勇的守城部队指挥官帕特里克·萨斯费尔德即使得不到法国舰队的支援，也能坚守整个冬季。京凯尔不仅提出了体面的军事条款，而且提出了爱尔兰人为之战斗的宗教和土地问题的条件。[1] 这些条件不能说不慷慨；不应责怪军人们言而无信，没有执行这些条件。现在值得一提的是，后来那里居然没有出现游击战。

京凯尔在爱尔兰时，威廉三世首次在这场战争中负责指挥驻尼德兰盟军。盟军作出巨大努力，力图除莱茵河的4万人外，再在战场上部署8万人。但是同往常一样，法国人在战场上抢了先机，他们转而攻击克里夫诸公国，撤离勃兰登堡。当卢森堡对蒙斯的大堡垒进行围攻时，威廉仍在布鲁塞尔。4月8日，蒙斯投降。此后发生过一些零星的战斗，威廉没能诱使法军参加战斗。6月初，布菲勒攻击列日，但除了对这座城市进行炮轰外，别无其他成就，被炸毁的房屋据说达3000所之多。防守西属尼德兰的任务其时几乎全部由盟军担负，威廉决意搞掉该地的西班牙总督加斯塔南加侯爵。后来证明，他是西班牙籍总督中的最后一位。他的继任者是巴伐利亚的马克斯·伊曼纽尔，此人得到西班牙总督的地位后，野心非但不满足，反而更加炽烈。[2] 3年前，他作为选帝侯，地位远远高于威廉，而现在他虽就任新职，却仍屈居威廉之下。他是皇帝的女婿，而且是皇太子的表兄弟。3年来，他一直是一个猜忌和苛求的盟友。事实很快表明，他不是一个可靠的人。

在这一年中，皇帝在多瑙河、特兰西瓦尼亚和克罗地亚等地艰苦奋战，并非无战果可言，波兰和威尼斯也对土耳其形成压力。莱茵河方面没有重大战斗。在加泰罗尼亚的西班牙军队估计有1.8万人，法国没有大的举动，但继续做他们开始就做的事。法军攻下了乌尔戛尔，他们的战船轰击了巴塞罗那，不过这只是

---

[1] 见本书原文第214、256页。
[2] 见本书原文第352—353页。

显示显示而已,他们并不重视大炮。盟军计划在意大利作出重大努力,萨伏依—卡林南的尤金亲王(1663—1736年)在帝国军队中的影响和声望与日俱增,他是萨伏依的查理·伊曼纽尔公爵的长孙,马札林大主教的侄孙,法国大军事思想家蒂雷纳元帅和巴登的刘易斯①的亲表兄弟,他主张加强意大利战场,否则就应放弃。作出的决定是组成一支4万人的军队,其中除西班牙人外,还包括1.2万巴伐利亚人和5000奥地利人,再加上一支由海上强国出资维持的胡格诺和瑞士部队;海上强国还应向巴伐利亚和萨伏依支付津贴。这支军队的实力远远超过与之对阵的法军。但是,盟军中将领太多,意大利将军加拉法指挥的奥地利人纪律松弛,加蒂纳是所有这些将领中的佼佼者,虽然他并非每战必胜,但他攻下了尼斯(在海军支援下)、维拉弗兰卡,至迟在9月份又攻克了防御阵地之枢纽蒙梅里安,这些毕竟是有目共睹的战果。

这就是说,法国人在主战场上干得很好,除爱尔兰外,在其他地方也干得不坏。然而,在这一年中,明显的迹象表明,他们的财源开始告急。国王停止了浩大的宫廷建造工程,卖官鬻爵已扩大到海军,这就意味着庸才也可以获得谋取官职的特权。这一年的收成并不坏,但捐税太重,就连殷实的农户也不得不出卖收获物,而不能留作储备。

虽然海上没有重大事件,然而继法国人之后,英国人和荷兰人也立即扬帆出海,而且数量空前之多。英国还拟订了庞大的造船计划和海军改组计划。洛沃瓦于1691年8月16日去世。尽管出现了这个不吉之兆,法国的武装力量仍在1692年达到顶峰。战争

---

① 尤金是奥林帕·曼奇尼和苏瓦松伯爵的儿子,苏瓦松伯爵虽是路易十四的夙敌,但尤金尼奥·冯·萨伏依(这是他本人的签名,即尤金)却在法国宫廷中长大成人,后来他及时离开法国宫廷参加了救援维也纳的战斗。关于他从军与土耳其作战,见本书第19章。

的主要性质在1692年起了变化,这一点不止表现在一个方面。威廉三世在战斗开始前就对媾和条件表明了意见,但他丝毫没有降低原来的条件,而且还声言,盟国应从所有方向发动攻势。

现在双方都企图利用海军侵入敌国。盟国首先筹备就绪,但为了挫败法国的计划,它们取消了自己的计划。法国在科唐坦集中了2.4万名军人,詹姆士参加了这支军队并为它筹集运输工具。普夏特兰命令伟大的法国海军上将图尔维尔于4月25日从布列斯特启碇,如与敌方遭遇,要动用他手下的所有舰船与之作战。路易十四的手谕肯定了这项命令。这位海军上将心里明白,这项命令毫无意义。海军大臣觉察到这一点后,发出了一道相反的命令,但为时已晚,永远没有送到图尔维尔手中。图尔维尔率领44艘战列舰与爱德华·拉塞尔率领的由79艘战舰组成的英荷舰队相遇。战斗于5月29日打响,在巴尔弗洛到拉乌盖的海岸持续进行了6天①。15艘法国战舰被击沉,一大批法军逃往圣马洛,那里的英国和荷兰水兵要向他们攻击;但是英国的大臣们像他们的法国同行一样无能,在爱尔兰已经不再需要的25个营于5月登船,此刻正是让他们发挥作用的时候,他们起航出海,却毫无用处地到处乱跑,结果除了炮击敦刻尔克外,一事无成。拉塞尔写道:"焚烧一座法国城市之于法国人,犹如骑士桥不慎着火之于我们,后果并不更为严重。"所以,巴尔弗洛之役并不是一场不折不扣的败仗,与滩头堡之役相比,这场挫折并不更为沉重。可是,法国海军不可能像盟军曾经做到的那样重整旗鼓了,因此后果是极为严重的。

---

① 法国人和一些英国作者称这场海战为拉乌盖海战,大多数英国作者则称之为巴尔弗洛海战,或袭用法国人的旧称,称之为拉奥盖海战。实际上进行了两次战斗:一次在巴尔弗洛外海(拉阿盖海角),另一次在拉乌盖海湾。参见艾尔曼所著前引书,第397页第1节。

法国没有立即接受教训，依然不放弃舰队整体行动的想法。但从1695年起，法国大幅度削减海军经费，主要目标转为破坏贸易。武装的民船机智而大胆地从敦刻尔克、圣马洛以及一些较小的港口出发，进行活动。政府经常向它们提供补给品，出借船只以示支持。福尔班伯爵让·巴尔和这些民船中最有名的船长勒内·迪盖·特鲁安不是普通的海上游击队员。他们迫使敌方不得不承担为商船队护航的艰难任务，而且还时常惨遭失败。他们威胁并损害了英国和荷兰的进出口贸易，劫走或捣毁了数百艘船只。[①] 法国在海上的损失也很沉重，仅被英国海军军事法庭判罪的各种大小船只就多达1296艘。

　　在巴尔弗洛战役这一年，尼德兰也展开了一场变故频繁的战役。西班牙无力再支付勃兰登堡和黑森林军队的费用；皇帝本想把它们部署在莱茵河并在那里发动攻势；但海上强国把它们的费用承担下来并把它们带走了，这样就可以建立一支数量超过法国的步兵。当卢森堡围攻那慕尔时，他又成功地顶住了盟国军队的救援。那慕尔于6月失守，于是整条桑布尔河尽入卢森堡手中。8月3日，威廉三世终于迫使法国陆军主力在斯蒂扣克投入战斗。他发现法军阵地很坚固，便突然袭击，夺下了一个控制着法军右翼的制高点。之后苦战4小时，盟军伤亡7000人，法军的伤亡大概也同样惨重。威廉确信胜利在即，最后，他下令撤出战斗，部队秩序井然地退回原来的阵地。英国军官指责他们的盟友，尤其是威廉的亲属索尔姆斯伯爵不向他们提供支援。斯蒂扣克之役是瓦尔德克参加的最后一次战斗，他死于当年晚些时候，

---

　　① 见海军大臣在上院的一次讲话，1707—1708年（科贝特：《议会史》第6卷，第646页）。此处所说英国船只损失"近4000艘"，这个数字不是权威性的，它来自一本无名氏所写的小册子，与其他数字，例如，由法国遣返的被俘人员数字等不相吻合。

终年72岁。

在莱茵河方面，法军无疑占有优势。春季，由于向尼德兰派遣部队，法军实力变弱，而帝国部队集结太慢，等到6月他们的人数达到4.7万人时，法军已经返回。帝国部队正处于不统一的指挥之下，其中一部分两次渡过莱茵河，向西挺进，但又撤了回来，他们丢失了普福尔茨海姆，未能攻下埃伯莱贝格，符腾堡大公爵被俘。德·洛奇元帅强征暴敛，斯瓦比亚和弗朗科尼亚一片恐怖。

皇帝关注着别处，但并未捞到补偿。终于在萨伏依向法国发动进攻。加蒂纳的实力因分兵尼德兰而受到削弱，但他的步兵（100个营和40个连）强于盟军；盟军总数再次减少一半，装备缺乏，无法围攻比内罗洛，于是留下5000人监视驻扎在比内罗洛和苏沙之间的加蒂纳，拨出另外6000人去封堵卡萨里。主力2.9万人则分兵三路越过阿尔卑斯山，第一路经由库内奥去往小巴塞罗那，第二路经由萨卢佐和卡斯特尔代尔菲诺，第三路经由鲁塞那和奎拉斯。三路大军在多菲的昂布伦会合。昂布伦于8月16日投降。盟军发现加普已是一座空城，便在大肆劫掠后将城付之一炬。此后厄运接踵而来。维克多·阿马戴乌斯卧病不起；3个主要盟国想要守住昂布伦要塞，但看来此城难保。由于加蒂纳的部队近在咫尺，后勤给养无法保证。军队特别是奥地利将军卡普拉拉的部队大肆劫掠，只有教堂得以幸免。西班牙部队想要撤走，他们答应派船到海岸来支援的诺言完全落空。9月12日决定撤退。昂布伦和吉莱斯特莱的城防工事被摧毁了。此后直至战争结束，法国本土再没有受到蹂躏和污辱。

战争的过度消耗加在法国人身上的重负显现出来了。财政靠出售王家庄园等捉襟见肘的措施聊以支撑，征兵也困难重重。西欧大部分地区收成不佳。[①] 这对盟国也是一个打击，加上其他原

---

[①] 参见本书原文第320页及其以后关于对法国的影响。

因，盟国间的团结日益削弱。春季，皇帝查明肯定能从两个亲属——不伦瑞克—吕恩堡亲王和不伦瑞克—沃尔芬比特尔亲王那里得到正规军6000人，但是，这意味着他与萨克森选帝侯本来已经紧张的关系更加恶化，况且为得到这支部队，付出了将汉诺威升格为第九选帝侯区的代价。1693年年初，德国的诸侯们结盟反对这个新花样。① 这对法国无疑是个鼓舞，他们希望利奥波德本人或至少帝国的某些成员脱离大联盟。为推进这个政策，路易十四将他最优秀的外交官之一阿沃伯爵派往斯德哥尔摩。瑞典答应就全面战争进行调停。1692年以后，帝国军队中便不再有瑞典部队了。法国的外交活动未达到孤立威廉三世的目的。但到了1693年5月，威廉终于明白，除了在维持原状和威斯特伐利亚及比利牛斯条约之间取乎其中外，不能抱更大的期望。他的外交变成了守势，大联盟的整个纲领已经放弃。此后直到战争结束，越来越多的外交官和秘密使节为媾和条款问题忙得不可开交。由此而引起的重要后果是激起了盟国之间的互不信任，促使军事上的团结变得松散。②

对于各盟国来说，1693年是个前景暗淡的年头。虽然法国经济状况很坏，甚至发生了饥荒，但无论在海上或陆上却都打得很好。海上强国再次放过了利用舰队实现任何意图的机会。圣马洛遭到炮轰，但炮弹质量低劣；用一艘装满炸药的船作为爆炸装

---

① 这个名为"一致诸侯联盟"的组织于1月26日在雷根斯堡组成，参加者有丹麦、不伦瑞克—沃尔芬比特尔、萨克森—戈塔、黑森—卡塞尔、蒙斯特；后来又有另外一些诸侯参加。

② 从1693年起，法国和荷兰的使节每年举行谈判，威廉三世关于要求法国承认他的国王称号的条件是艰难的谈判中的一个主题。皇帝则在1692—1696年间他与法国人进行的谈判中赞同一个有利于斯图亚特王族的解决方案。见 M. A. 汤姆森著《路易十四与威廉三世 (1689—1697)》，载《英国历史评论》第76卷 (1961年)，第37—58页；H. 里特尔·冯·斯尔比克：《维也纳与凡尔赛，(1692—1697)》，慕尼黑，1944年。

## 第七章 九年战争，1688—1697年

置冲向防御设施，结果完全失败。6月间发生了这场战争中最惨重的海上损失。在前两年中，土伦舰队一直阻挠着向地中海东部的航行，盟国方面于是决定为400名商人提供一支强大的护航舰队，由11艘英国战船和5艘荷兰战船组成。海军当局想摸清法国人的行踪后再放这些护航战舰出海，可是，他们的情报工作极差，大臣们命令护航舰队出海。6月27日，护航舰队在拉古斯洋面与拥有70艘战列舰的法国联合舰队遭遇，约80名商人落入法国人手中，商船损失巨大。而法国人毫发无损。

在陆上，盟国支配下的军队共22万人：12万在尼德兰，5.8万在莱茵河上游，4万在皮埃蒙特。法国在尼德兰的兵力略少一些：卢森堡有4.7万名步兵，2.1万名骑兵，集结在埃斯蒂纳到吉凡特要塞一线；驻扎在图尔内附近的布菲勒有步兵3.1万人，骑兵1.7万人。1月初，弗内斯被法军攻克，相邻的迪克斯穆德镇也丢给了法军。西班牙人和马克斯·伊曼纽尔坚持拿下佛兰德，并认为必须顶住布菲勒对列日的攻势，威廉三世于是兵分几路。卢森堡在谋略上胜过了威廉。7月29日，威廉在兰登和内尔温登构筑的工事受到攻击，由于荷兰人第一次将自制的榴弹炮用于实战，所以守方的炮兵占有优势。双方浴血苦战，与斯蒂扣克之役相比，双方的伤亡都更大。盟军防御被击破并被赶出战壕。后撤的道路畅通无阻，威廉遂退往布鲁塞尔。看来卢森堡似乎要向卢万运动，切断威廉的交通，并向梅奇林（马利那）军火库或纽波特和奥斯坦德推进。然而，他只是包围了沙勒罗瓦要塞。经过一场激烈的保卫战，该城于10月13日失守。

法军在其他3个战场上都赢得了优势。在北加泰罗尼亚，诺阿耶包围并攻下了小海港罗萨斯和颇有价值并受到保护的海湾。在莱茵河方面，法军因分兵尼德兰而仅仅暂时受到削弱，尽管诸侯们心怀不满，但还是令人满意地响应了要求他们提供支援的呼吁。巴登的刘易斯避过了法军，当法军处于有利位置时，并未对

他进行攻击。但是法军又作了表演，再次洗劫海德尔堡，从而使愤怒的火焰重新燃起。在皮埃蒙特，尤金亲王在头一年的惨败后拟订了一个较好的计划。首先应夺取比内罗洛，然后通过阿尔卑斯山山口，或是在西班牙海军或在英—荷海军的支援下沿里维埃拉河而下，入侵法国。但是，由于奥地利人行动迟缓，这个计划终成泡影。直到6月间，军队才在卡里尼亚诺集结。围攻比内罗洛以失败告终。加蒂纳得到及时支援，10月4日在马萨格里亚打了一场胜仗，把敌方打得溃不成军。这场战斗最恶劣的后果并不表现在军事上。维克多·阿马戴乌斯仍然控制着皮埃蒙特东部，他认定与其坚持下去，不如改换门庭更为有利，遂于冬天暗中与法国将军泰塞进行接触。

然而令人十分吃惊的是，尽管发生了这一切，下一年，即1694年竟是盟国自1689年以来最有利的一年。原因在于，经济和财政上的紧张状况对盟国的打击小于法国，法国1693年的收成极糟。就陆战费用而言，双方有时都缺少资金，但在其他用途方面，盟国的资金较多。卢森堡虽然仍拥兵10万，但数量已不及对方，而且没有足够的后勤供应，无法发动进攻。威廉企图由东向西渡过默兹河，在佛莱密什海岸采取行动。卢森堡将他击退，但未能防止于伊城再次陷落。盟军首次在主战场上取得主动。除加泰罗尼亚外，法军在所有战场上都处于守势。

海上出现了两大变化。英国和荷兰试图以攻击法国海军的心脏——布列斯特军火库开始行动。管理上的种种弊端过去曾把海军的多次努力搞得一团糟，这次又把发动攻击的日子推迟了。所有秘密泄露无遗。6月间，在一支巡弋于英吉利海峡的主舰队和一个进行战术支援的小分队配合下，一支7000人的部队登船出海，结果发现伏邦已将堡垒加固，法军正严阵以待。部队登上了卡马莱特海湾，但被击退，损失惨重。1691年以来英国海军部一直在策划的入侵法国的计划就此告吹。迪埃普、勒阿弗尔和敦

## 第七章 九年战争,1688—1697年

刻尔克均遭炮击,让·巴尔却护送着波罗的海玉米船队堂而皇之地通过了封锁线。

然而,从上一个冬季起,威廉三世对海战战略有了直接兴趣,而且关注起地中海了。在加泰罗尼亚的西班牙军队约有1.6万人,而诺阿伊有2.6万人与之对阵,而且当他下到海滨时,还可从海上得到支援。布列斯特舰队出现在巴塞罗那,英—荷的地中海小舰队实在太小,无法迎击。5月17日,诺阿伊在泰尔打赢一仗。同日,来自布列斯特和土伦的两支小舰队在罗萨斯海湾会师。6月7日,诺阿伊猛攻帕拉穆斯,6月19日,他在赫罗纳就任加泰罗尼亚总督,这是对西班牙在这个省的统治的一个精心策划的威胁。6月间,英—荷舰队奉命开往地中海。7月10日,这支舰队在直布罗陀海面集结,共有41艘英国战舰,24艘荷兰战舰和10艘西班牙战列舰,每艘舰上的大炮均不少于50门。8月8日,这支舰队出现在巴塞罗那。法国舰队根本不看英—荷舰队一眼便返回港口了。诺阿伊由于得不到海军支援便向后撤退。西班牙人实力太弱,不能攻击设防的城镇,但是,法军遭到了游击队的骚扰。

利翁湾的新主人要影响意大利的事态为时已晚。入侵法国南部已无任何可能。进攻土伦需要陆军,但此事已无指望。威廉三世事实上对此尚未察觉,他并不知道萨伏依公爵实际上已在为法国效命。帝国部队5月间才在奥尔巴萨诺结集,而维克多·阿马戴乌斯迟至7月才与帝国部队会合。两支部队除将卡萨莱封锁了整整一个冬季外,别无任何其他行动。8月24日,盟国舰队司令拉塞尔(现在已是奥尔福德爵士)理所当然地决定撤回国内。

9月14日,拉塞尔接到国王的命令(这个命令否定了海军部的主张),指示舰队不要返回国内港口过冬,而是驶往盟国的港口加的斯港进行休整,供应船队将派往加的斯。这意味着,由于英国的管理有了全面进步,由于英格兰银行提供了第一笔贷款

（其中一半以上拨给了海军），一种困难的、全新的行政管理将被采用了。这也意味着，海上强国可以利用船只全年对地中海国家施加压力——欧洲战争的新阶段开始了。

因此，1695年战役开始时，盟国的前景不错。法国依旧缺粮，收获后才终于消除了饥荒。由于战争打起来了，马赛的地中海贸易第一次出现坏年头。1月间，卢森堡去世，由能力低下的维勒鲁瓦接任，与从前一样，布菲勒的军队仍部署在右翼。法军仍无力在尼德兰发动攻势，而且首次大败。维勒鲁瓦的军队沿伊普尔防线散布在斯凯尔特河到大海之间。威廉三世伴作向海滨推进，来到距海滨25英里的地段内。他威胁着敦刻尔克、伊普尔和图尔内，法国人急忙向这些地方运送给养。接着他调转方向与巴伐利亚和勃兰登堡两位选帝侯会合，开始围攻那慕尔。法国人企图在西面进行牵制，炮击马克斯·伊曼纽尔的首府布鲁塞尔，据说被击毁的房屋达3830所。那慕尔被围3个月后投降。盟军左翼遂在1691年的阵地上重建防线，更为重要的是法国的军事威望已经动摇。

其实，这一年并不是决定性的一年。海上强国对圣马洛、格朗维尔、加来、敦刻尔克以及加泰罗尼亚的巴拉摩斯无谓地倾泻了大量炮弹。诺阿伊由路易最优秀的将领之一旺多姆公爵接替。西班牙军队总数依然极少，但奥地利拨出3个德意志团，交给西班牙王后的表兄弟、黑森—达姆施塔特的乔治亲王指挥。然而，西班牙人放弃了支援海军的企图，盟国舰队大部分于秋天返回国内港口。宏大的地中海计划被放弃了。维克多·阿马戴乌斯行动消极，盟国完全有理由对他不予信任。

夏季，法国外交官卡利埃尔在马斯特里赫特与第克维尔特和博雷尔（阿姆斯特丹的一名市长）进行对话，表示在全面媾和后可以无条件地承认威廉三世。威廉三世对这个让步并不满意，

## 第七章 九年战争,1688—1697年

他怀疑此举的诚意;然而,卡利埃尔于1696年5月断然拒绝了在全面和谈开始时就承认威廉三世的建议。当和谈条件的讨论日益成为现实时,盟国间的不一致却日趋尖锐。对德国的诸侯们进行了安抚,并为他们的合作提出了新的计划;然而,很显然,这种合作十分脆弱,和平业已姗姗而来。

在这种背景下,双方在1696年都不期待任何如前几年的那种规模的战事,也不试图发动任何那种规模的战斗。法军未在尼德兰作出努力,却准备发动一场可以称之为威廉三世1688年远征的翻版那样的战斗。土伦的舰队来到布列斯特。英国很快就要发出信息,不是由一群强有力的政治家,而是由一帮密谋分子传递的。这些密谋分子的计划包括一种陈旧的手法:谋杀威廉。没有任何一支海军部队足以控制海面,因为掩护渡海运输需要20艘战列舰。总数为1.4万人的一支军队(即大体相等于1688年威廉的军队)从主战场调来。詹姆士国王于3月2日在加来加入这支军队。一星期以后,60艘英国和荷兰的舰只在离岸不远的锚泊地占好了位置,这就是有关这次远征的另一件唯一的重大事实。远征就这样不了了之,尽管迟至4月路易十四才取消这次行动。在此期间,20个营从尼德兰调回守卫英国,伏代蒙特亲王的实力因而被削弱。但是,这位在西班牙军队中担任指挥的亲王置此于不顾,于3月中旬派遣克霍尔恩去摧毁吉维的军火库。法国人想要攻击默兹河上的某个堡垒时,只能从这个军火库取得补给。虽然尼德兰战场使驻扎在莱茵河的巴登的刘易斯失去了黑森和蒙斯特两支部队,但在这一年的其余时间里,尼德兰没有更多的动静。刘易斯的其余部队姗姗来迟,只有斯瓦比亚和弗朗科尼亚集团因面临危险,表现坚决。刘易斯在兵力上大大处于劣势,他以机动作战进行防御。皇帝对于兵力分散在尼德兰和莱茵河两地感到不满,他还渴望他的盟友去支援西班牙,但是,西班牙人似乎没有作任何努力去保卫加泰罗尼亚,因而威廉不信任他们。

萨伏依的威廉三世久久地盼望着盟国的相助。但维克多·阿马戴乌斯却要把比内罗洛控制在自己手中，并将卡萨莱夷为平地。盟国根本不能满足威廉这些急迫的要求，而奥地利人也完全不支持他关于可能继承米兰的要求。现在他公开主张意大利中立。尤金亲王以及英国和西班牙的代表认为，盟国在意大利没有他威廉也不会出问题。他于是投奔法国人去了。法国人狡诈地允许他的军队进入卡萨莱。根据8月29日的《都灵条约》（法军于6月29日秘密地表示同意），法军交出了比内罗洛，并缔结和约。现在除了接受意大利中立外，没有其他选择，盟国遂于10月7日在维杰瓦诺表示同意。有3万名将士的精良的法国军队退回法国南部，开往巴塞罗那。由于西班牙人的意图极为可疑，而且运输问题非常困难，奥地利人没有朝同一方向推进，而是来到多瑙河。第二年，尤金在这里的桑塔取得了压倒性的胜利，这便是土耳其战争结束前的最后一仗。

在经济和财政方面，英国、荷兰共和国和法国都已枯竭。1696年，英国的财政紧急状况十分严重，使得水兵和陆军士兵屡屡举行兵变，比1689年以来任何时候更难以制伏。和谈已进展到几乎只剩一个问题的阶段，这个问题便是：究竟是全面解决还是等更多的萨伏依背叛事件发生后再说？又进行了一次战役。1697年的这次战斗的不同之处在于它让人看到了未来战争的方向。美洲首次成为海战的焦点。

在这9年中，美洲当然也年年打仗。[①] 关于在美洲保持中立的1686年的《英法条约》没有效用，因为法国不承认威廉三世政府。在加勒比海，法国地位十分优越，因为它在马提尼克拥有一个海军基地和指挥全地区的参谋部。但关键在于英法双方都从欧洲向这里派出增援部队。1697年之前，双方派出的船只和兵

---

① 关于在北美的战斗，见本书原文第486—490页。

员均不足，至多只能取得一些微不足道的或不可靠的胜利。西班牙将铁甲舰队平平安安地撤回国内。[1] 1689年，法国攻下圣基茨，并从加拿大进入赫德森湾，一直深入到斯克内克塔迪。延搁一年以后，一支小舰队载着一团步兵于1690年到达巴巴多斯，使背风群岛总督大克里斯多弗·科德林顿有了足够的实力，遂将圣基茨夺回。但是，法国重新占领了阿凯迪亚。威廉·菲帕斯爵士进攻魁北克和蒙特利尔，遭到失败。1691年，科德林顿和拉尔夫·雷恩准将攻打瓜德罗普，未能取胜。1693年，弗朗西斯·惠勒爵士率领8艘战列舰和1500名军人进攻马提尼克失利后，奉命开赴纽芬兰，在那里他毫无用武之地。这次失利是伦敦造成的。翌年没有任何英国舰队出海，法国人在各岛之间任意掳掠。1695年，威尔莫特准将会同西班牙舰队在圣多明各获得了大量战利品。[2] 1696年，英国资金匮乏，无法派出任何舰只。接着就进行了最后一次战役。德·普安蒂男爵率领10艘战舰和1005名被认为去袭攻英国的士兵横渡大西洋。6艘英国战舰和4艘荷兰战舰在海军上将约翰·内维尔的率领下跟踪而来。普蒂安得到了来自圣多明各的武装民船的增援，4月20日抵达西班牙殖民地中最富庶的港口卡塔赫纳，5月4日攻克卡塔赫纳。自从1628年皮埃特·海因夺取白银舰队以来，这是西班牙在海外最可怕的一次惨败，不过，此事对战争的结局并无影响。海外还发生了许多次战斗，如赫德森湾的港口几度易手，以及1693年荷兰人夺得本地治里等，但这些战斗对战争结局毫无影响。

战争的最后一个夏季中，法国在尼德兰增大压力，攻下了阿特和阿洛斯特这两座登德河畔的要塞。不愿媾和的人现在是皇帝

---

[1] 参见本书原文第354页第一段。

[2] 参见本书原文第355页。

和西班牙人了。过去在各个战场上无足轻重的海战和陆战中锐不可当的法国人，于8月10日攻克巴塞罗那，从而了结了战事。10月和约达成，皇帝于10月30日在和约上签字，其他国家则早在9月20日已签了字。

和约条款由波特兰和布菲勒这两位老朋友私下解决了主要困难之后，最终在里斯威克确定下来。在路易十四的那些火气很大的廷臣们看来，条款有辱于法国，而且完全没有必要。比内罗洛已归属萨伏依，法国和萨伏依之间新的联盟可能关系重大，可能毫无意义。领土的解决办法是维持原状，但有一个很重要的例外：法国应撤出菲利普斯堡、布雷萨赫、弗赖堡因布赖斯高以及法国在克尔的要塞，法国在莱茵河上的所有堡垒——拉皮尔、路易堡、特拉巴赫将被拆除。法国人以此为代价终于赢得了对斯特拉斯堡的合法权利。通过让皇帝同意剥夺斯特拉斯堡新教徒的权利，法国人狡黠地在皇帝和他的信奉新教的盟友之间播下了互不信任的种子。一些德国诸侯也捡了一些坛坛罐罐，洛林公爵恢复了他的领地，虽然这是以他在战略上仍受法国的任意摆布为条件的。但是，过去为自己争地盘都没有出力的西班牙人，现在却得到了他们的盟友未能为他们争得的东西。要塞的名单是长长的一串：卢森堡和奇梅、蒙斯、库特拉、沙勒罗瓦、阿特、巴塞罗那。迪南要塞回归列日。不久就开始传说：路易十四已使西班牙人看到，他可以轻而易举地把他们碾得粉碎，而现在他说要跟他们做朋友，眼睛却盯着他们的继承王位问题。

海上强国没有提出领土要求。荷兰得到了一个有利的贸易条约，其中最重要的条款是恢复1664年法国的关税。英国大使们得到指示，为最终签订一项商约作出安排，英国新的商务部实际上已在起草一个与荷兰条约相似的条约草案。但是，全权代表们没有提出建议，他们认为："照目前状况，贸易平衡显然对英国有利。"① 让英国与法国的关税战继续下去,英国人是满意的。据估计,法国的商船队已从1688年拥有750条相当规模的船缩减为1698年的533条,而战争结束时英国的商船队则比战争开始时还要大。由于缺少战争最初几年中贸易和工业方面的统计数字,无法估计这场战争的长久经济影响。战后出现了"复原繁荣",消除了战争带来的许多暂时性的后果,但是,战争给经济和政治权力合为一体的边疆地区带来了很大的变化。帝国与土耳其事实上仍处于交战状态,西班牙沉沦在贫困之中。荷兰在财政上遭到了沉重的打击。在法国,经济学家们为挥霍浪费、不公平的、缺乏效率的财政制度的种种弊端寻找药方,但没有进行改革。在贸易和非贸易部门出卖官职的收入高达4000万锂,买到这些官职的人又必不可免地把贸易部门搞得不成体统。工业再也得不到国家补贴或其他照顾。而在英国,改革打下了良好的基础,其后果表现在海军持续不断的改善上,海军的岸上设施大有改进。战争开始时,英国海军仅有100艘战列舰,到战争结束时已增为130艘,增加的主要是低等级的船只,这类船只用途非常广泛,尤其适用于"护航和巡逻"。

总之,威廉三世完成了他的主要战争目标。他被法国人承认为大不列颠和爱尔兰的国王,他的三个王国与荷兰结成伙伴关系,这种关系几乎肯定会长盛不衰,支持着对法国的实力平衡。

(许明龙  译)

---

① 参见历史抄本委员会《爵位文献》第3卷(1908),第127页。

# 第八章

## 大不列颠作为世界强国出现

1714年夏,当玛沙姆夫人艾比盖尔、牛津伯爵罗伯特·哈利和博林布鲁克勋爵亨利·圣约翰组成女王陛下强有力的政府时,白金汉公爵在被免职之际,对半个世纪以来的英国历史作了如下概括:

> 仁慈的上帝!在我生活的时代里,这个可怜的国家是怎样治理的呀!选在查理二世国王统治时期,我们受制于一群法国娼妇;到詹姆士二世时期则受制于一群天主教僧侣;到威廉国王时期又受制于一群荷兰随从;而现在我们正被一个下流女招待、威尔士的代理人和既无荣誉又无诚信可言的放荡的卑鄙小人统治着。[1]

这些言论的坦率充分展示出允许实力派们享有、而不给予迂腐学子们的自由。回首往事,站在斯图亚特王朝统治的最后一年(1714年)的立场看,博林布鲁克这位观察家对在接连受到王室

---

[1] 转引自温斯顿·S. 丘吉尔著《马尔巴勒:生平和时代》(两卷集)第2卷,1947年,第1008页。

信任的人中的种族、宗教信仰和职业的多变一定会有深刻印象。确实，从年轻的复辟国王急切、兴奋的即位到奄奄一息的女王悲惨的临终时刻，这54年色彩斑斓的历史时期可能是不多见的。这万花筒般的外观掩盖着一个实际的但却是重要的变化，这就是把1660年孤悬的英国变成了1714年的大不列颠。这不令人惊异吗？

这些变化同1689—1713年间两次大的战争\*有密切关系。1660年，人口略超过500万的英格兰（还可以加上约100万人口的苏格兰和略超过200万人口的爱尔兰）[①]在不久前同荷兰的第一次海战中虽已崭露头角，但在随后的28年间，在路易十四在陆地和海上、在欧洲和其他地方发动的几乎是持续不断的、大规模的纷飞战火之中，英格兰仍然未受过考验。路易十四有3倍于英国的人口、训练有素的海陆军将领以及当时世界上最有效能的部长们做后盾。的确，在1689年，当英国被迫接受凡尔赛的挑战时，斗争似乎是没有希望的，因为它实实在在地没有军队，它的船队成为敌人走私船屡屡掠夺的目标。而且，看来它好像是没有像法国那样有能维持那么长久的财政资源和物质资源。第二次英荷战争耗资总额达500万英镑以上，但这个数额还稍稍低于1689—1713年间打了近20年战争平均每年的费用，这期间仅有5年没有战争。引起观察家惊愕的还不仅仅是这些事情。法国有政府指挥统一这一优越条件，这使它能要求大多数贫苦居民，不管付出多大的牺牲，都要保证集中全力于战争。而在英国，1688年革命已经把议会、连同来自舆论界一切可能的压力都强加给了

---

\* 指奥格斯堡同盟之战（1689—1697年）和西班牙王位继承战争（1701—1714年）。——译者

① K. H. 康内尔：《爱尔兰人口，1750—1845》，牛津，1950年，第25页；人所共知的格雷戈里·金关于英格兰的数字是17世纪最后10年的；D. V. 格拉斯也分析过这些数字，参见《人口研究》第2卷第4部分，1950年，第338—374页。

国王；加之，英国各土地阶层显然比法国农民更不能忍受增加税负。敌人在内线战斗，能有效地压制住国内的不满并摧毁英国的海上资源。敌人的地位同1914年和1939年德国的地位颇为相似，当时看来一切都对他们有利。

还有一些妨碍英国战争努力的其他更深远的因素。最突出的是詹姆士党人的扰乱。对此，这里有必要加以识别。因为，詹姆士·斯图亚特的众多拥护者公开支持这个被放逐的斯图亚特的事业，与此同时，还有更多支持者留在国内，他们中的许多人还在任职，都决心以背叛、不忠或不作为来破坏新政权。在1689年以后的若干年里，爱国主义的含意就是效忠海峡彼岸的国王；1714年以前的年代，明智之举在于博得汉诺威和圣日耳曼①两个宫廷的恩宠。威廉受到以暗杀或入侵迫其逊位的威胁，安妮女王将由选帝侯或王位觊觎者继承。对所有这些临时补缺的君主，英国人都不会有他们乐于奉献给公认的王室家系的那种忠诚之情的。一个好战的荷兰人和他将被一个粗俗的德意志人继位的前景，就是斯图亚特王朝在英格兰复辟的主要资本。

长久以来，在氏族群众对首领的忠诚因封建统治残余的存在而更为加强了的天主教的爱尔兰和苏格兰西部高地，詹姆士主义成为一种带有群众性的事业。此外，这两个邻国同英格兰的关系多少有些不同。当时爱尔兰只在名义上是一个王国，它被当成是一个殖民区，在老帝国内处于从属地位。而苏格兰，直到1707年同英格兰合并为大不列颠联合王国之前，还是名副其实的王国。这里禁止进行殖民贸易，因此，直到那时之前，严格说来，它完

---

① 王室驻地圣日耳曼城堡位于巴黎以西约10英里处，由路易十四交付给詹姆士二世及其以后的老王位觊觎者（詹姆士二世之子——译者）使用。1718年摩德纳的玛丽在此去世。

全不是帝国的一部分。这两个国家都保留着自己的立法机构。爱尔兰议会仍在很大程度上受制于英国的枢密院；苏格兰议会，从1603年以后，只是在1689—1707年间得以独立存在。两个国家的人种外貌，除苏格兰西南部和北爱尔兰紧密联系在一起外，大体上介于东部撒克逊人和西部凯尔特人之间。詹姆士二世在爱尔兰失败以后，信奉天主教的爱尔兰人名义上受到排斥，但在实际执行中还是很宽大的。但威斯敏斯特议会禁止它的布匹和牲畜出口，结果，粮食的出口贸易成了爱尔兰唯一的大宗贸易。在《利默里克条约》以后，爱尔兰大部分地区的态度是一种勉强的服从。厄尔斯特（1689年的《容忍法》不适用于它）的态度则是对圣公会的垄断行为愤恨。[①] 同样，苏格兰也有自己的不满。它主要出口大马哈鱼、皮革、煤、盐和粗布，它最好的顾主是荷兰。由于被迫参加了三次英荷战争，它的经济利益受到严重损害。沿东部海岸一带，特别是在福思港湾以及连接福思港湾和克莱德港湾的采矿区，人口和经济都最有活力。这是古老的苏格兰同斯堪的纳维亚、荷兰和法国、而不是同英国商业和文化交往的结果。这个大方向已经在发生变化。因为同美洲殖民地有了大量私下的贸易，而在这方面格拉斯哥比当时主要的海港利思的地位更有利得多。靠近格拉斯哥的克莱德湾依旧很浅，只能停泊最小的船只。尽管如此，商人们还是把他们的货物从陆路运送到格里诺克和格拉斯哥港口，然后再装船运到西方。但是，这补偿不了苏格兰被排除在殖民地贸易之外的损失；所以，苏格兰也和爱尔兰一样对占支配地位的伙伴十分不满。到1702年，形势已经很明朗，不管是威廉还是安妮都不会有继承人了，在法律机构解决继承人问题之前，存在着一个现实的可能性，即北方的王国可以把王位授予某

---

[①] J. C. 贝克特：《爱尔兰新教不信奉国教者，1687—1740》，1948年，第41页；参见 L. M. 卡伦著《英爱贸易，1660—1800》，曼彻斯特，1968年。

个不是1701年英国《王位继承法》中规定的人选。①

在战略上，苏格兰和爱尔兰对英格兰都有有利的一面，也有不利的一面。一个明显的有利方面是战时可以利用它们的港口；但另一方面，这些港口也可以为敌人所利用。东部海岸几乎没有隐蔽的条件，而在西部沿岸，由于有无数的海湾和入海口，所以便于入侵者隐蔽藏身。正是在苏格兰和爱尔兰的西部沿岸，存在着斯图亚特王朝的支持者们。此后，布列斯特成了离开大陆出发的最好港口，从那里容易进入爱尔兰西南部，在同威廉进行战争的最初年代，法国人和詹姆士党人就曾自由地利用了这个机会。苏格兰西部高地的小港汉则提供了更多理想的登陆点和民众，这些民众对正在输掉或已经输掉的事业可能抱有同情心。1715年和1745年的叛乱在一开始之所以能够那样成功，原因正在于此。与此形成鲜明对比的是1708年3月的图谋，这次甚至连机会都没有，原因就在于法国的指挥官从敦刻尔克航行到了福思河口，而苏格兰这个地区与其说是以对斯图亚特王朝有普遍感情而著称，还不如说是以同荷兰的频繁贸易而闻名。② 路易十四犯了一个通常的错误，他把所有苏格兰人都想象成了高地人。只是由于运气不错，风向有利，加上福尔班的优良航海技术，法国人才得以顺利逃遁。

英格兰主要的自然条件更为温和宜人，更有利于从事各种职业，被地理学家们称之为英格兰平原的地区尤其如此。这个地区北端大体上同泰恩河和彭奈恩河邻接，西与从柴郡向南沿威尔士边界直到多塞特沿岸的海峡一线交界，南面和东面濒海。这个地区土地虽不太肥沃，但较适宜于耕作。因为这里没有山，土壤中含有大量地质上较新的物质，像泥灰岩或黏土，用简单农具即可

---

① 见本书原文第266—267页；参见 T. C. 斯莫特著《合并前夕的苏格兰贸易，1660—1707》，1963年。

② 关于这次"来自敦刻尔克的警报"，见本书原文第435页。

耕耘。这个地区的河上航运也比北部或西部地区便利。这样，很自然地，集中在这里的人口和工业比在平原地区之外的要多。17世纪末、18世纪初最平常的"改进"之一是河道的加深和加宽。英国在这方面优越于法国，它不仅有相当良好的河运网络，而且废除了这方面数不清的苛捐杂税；法国的运输则受到这方面的干扰。总的说来，对英国优越的自然条件，可以用否定的语气作如下概括：即没有大的或时间很长的高低悬殊的温差；没有大面积的、专用于同类生产或活动的地域；再者，各种金属矿藏很少远离煤的蕴藏地；同时人口集中的地方从不远离有航运条件的河流。看来未必有哪一个同样大小的17世纪的国家，能在这样小的范围内提供如此多样的气候和产品；还可以加上一条，英国有丰富的煤、铁，虽然当时尚未充分开发，很快就被证明这是一个决定性的因素。反之，法国主要盛产谷物、酒和纺织品等，这是更古老、更多自给自足特征的经济。最后，还有英格兰和苏格兰很长的、连绵不断的海岸线，可以开发新的港口，以满足新的需要，就像在西海岸一样。这一带的水势通常是有利无害的，没有像在法国那样大片的、把一片海同另一片海分割开的陆地，也没有像在波罗的海那样有冰块堵塞的危险。爱尔兰保护着英格兰西部的大部分海岸不受大西洋影响，就好像西部沿海岛屿保护着苏格兰的海岸一样。不列颠肩负着大国重任，对此，应当归功于它自己，也应当归功于海洋。

同等重要的是人的因素。在农村，占优势的是土地的自由领有农，他们是社会的基本单位，土地给他们提供了独立的保证，同时也要求他们为地方上尽义务。如可以在郡的副职岗位上或在大陪审团任职，亦可任法官，或民军军官，有时甚至可以当一个庄园主。他们不受阶级偏见的影响，因为农村就只有他这一个阶级，他们的主要目标就是提高租金和降低税率。他们主要的不满就是必须承担土地税的最大部分，由此他们厌恶商人和城里人，因为后两者轻而易举地逃掉了这方面的负担。

但是,在土地所有者这个广大阶级内部,也经历过许多长时期的变化。① 在天平的一端,他们中的大多数越来越不依赖农业;因为他们从经商、地皮租金或公职中得到收入。但是也有资金不断地从城镇流向乡村,主要是流向伦敦周围地区,因为许多通过经商或其他职业发迹的人购买了地产,尤其是1688年以后,拥有土地还有更大的政治价值。在天平的另一端,公簿持有农和租地农则往往沦为佃户或雇佣劳动者。处在这两极之间的是较穷的乡绅和殷实的自耕农,他们是一个逐渐趋向衰败的集团,是艾迪生笔下"一年100镑收入的人"的典型人物。他"靠他的猎物每周节省两到三次正餐",这样,他们比更穷困的邻居生活得还便宜些,《狩猎法》②禁止那些邻居打猎,因打猎消遣的权利已经逐渐被富人所垄断。小农还受到谷物降价的损伤,而谷物降价对农场劳动者和城镇的工人有利。与此同时,较大的租佃农场主则逐渐成了地产上的新富。总之,财富和社会地位的两极分化正在变成更尖锐的突出点。至少有一项有意义的社会变化可能是同这种发展相联系的,那就是仍然残存的但在逐渐减少和消失的庄园的权利。如果对此权益提出强烈要求的话,也许会增加一点收入;但是比较富裕的英国的庄园主们对他们的要求常常置之不理。

如同自由领有农是乡村的基本单位一样,"脱离"自己行会

---

① 见H. J. 哈巴卡克的论文《英国农民的消失》,载《联合国经社理事会年鉴》第20卷,1965年,第657—663页;《英国的土地所有制,1680—1740》,载《经济史评论》第10卷第1集,1940年,第2—17页;《18世纪英国的土地买卖》,载《不列颠和尼德兰》,J. S. 布朗利、E. H. 科斯曼编,1960年,第154—173页。开拓长期的抵押市场,加上较低的利率,和"严格依法处理授予(妻子)的财产",有利于17世纪80年代以后土地的出售,以对付战时高土地税的倾向。这种高土地税使许多小乡绅到1730年时丧失了土地。

② 《观察家》第122期,1711年7月20日;1670—1671年的《狩猎法》禁止年收入在100英镑以下的地产人使用枪支或猎狗。

的工匠则是自治城镇的基本单位。在当时，出于费用的考虑，许多工匠和学徒都不重视办理他们的"脱离手续"，从而行会本身越来越成了像我们今天所了解的那样的慈善机构。工业的日益专业化使他们已没有可能控制他们的行会。不过，学徒制仍然有两点可取之处。第一，它保护工人中的一个阶层不受剥削，如同将老的"正规管理"的工业部门和像运煤那样新的"无正规管理"的行业以及雇用廉价女工的工业部门的条件进行对比时所能见到的那样。第二，学徒制能保证维持严格的工艺标准，这不仅在新老纺织业中、而且在银品制造业、制皮业和机械器件如钟表的制造方面，都可以看得出来。这些制品的声誉极高，以致有许多外国的仿制品。在这方面和其他一些方面，英国的工艺技术在世界上享有盛誉。英国人还以他们的发明创造才能著称。这是由于战争年代物资缺乏促成的。在人们从前使用进口材料，比如布雷顿的粗帆布的地方，在战时不得不"凑合"使用本地产的原材料；与此同时，战争还鼓励发明家们去设计像原始的"坦克"和登陆装置这样一些装备。[1] 更普遍的是，胡格诺教派熟练工艺和资金的传入，和1689年《容忍法》对不信奉国教者的地位以更大的安全保障也鼓励了进取精神。不信奉国教者，由于仍然被排除在大学、中学和各种职业之外，只能从工商业中去寻找出路，正如同教友派教徒长于制造金属器具、刃具和农具一样。[2] 这样一来，在熟练行业中英国拥有一大批身怀多种技艺的人才，他们以自己产品的品类齐全而自豪。这一事实足以说明为什么英国出口贸易发展得如此迅速。

---

[1] 托玛斯·帕克尔的连发枪（机关枪）直到1718年才获得专利，在 W. Y. 卡曼著《枪炮史》一书中有插图，1955年，第81页。

[2] 关于他们在这时期在冶铁工业中的突出地位，见 A. 雷斯特里克著《科学和工业中的教友派教徒》，1950年，第89—160页。

还有一个被认为是"穷人"的广大阶级。新教改革由于引进了体面和拥有固定住址两种新的善行、美德，它不能容忍贫穷和失业，认定这些不幸必定是道德缺乏所引起的。现在，"穷人"不是一个阶级，而只是一个由在社会上没有公认合格地位的人所组成的残余，他们包括除土地自由领有人、有职业者和未"脱离"行会的人之外的所有人，因而，除了靠救济过活的穷人、失业者和流浪者之外，"穷人"这个词还扩大到了陆军士兵和海军士兵，工人和茅舍农，确实是所有领救济金或被认为可能领救济金的人，总之是一个无组织的廉价劳动力的大储存库和潜在债务负担者。每一个人都赞同自己的工资必须削减到能维持生计的最低水平，英国只有这样才能使售价低于它的竞争者，这样一来，在国内的轻体力劳动工人在某种意义上就相当于国外的重体力劳动者。对这两种残余都没有多少同情，相反，还有点不合逻辑的反对，认为两者不管谁都不是英国产品的主要主顾。因为西印度群岛上缺吃少穿的奴隶主要地以半腐烂的鳕鱼为生，这种鱼是由有进取精神的新英格兰商人通过交换蜜糖供给的，把这种蜜糖制成朗姆酒，可以买到更多的奴隶。而在国内衣衫褴褛的劳工和穷人身上，几乎没有一盎司英国毛料；他们经常以土豆和水为饮食，这对农场主显然不利，更不用说对地主和他的地租了。[①] 但是，在我们对这样的推理丧失耐心以前，我们应当记起，正是这种冷漠无情使英国得以致富，而且比起当代社会来，它的冷漠无情只不过是小巫见大巫罢了。

财政因素是使英国能够不被打败并最终战胜一个更富强得多的国家的诸多原因中的另一个原因。1692年，重新厘定了直接

---

① 马丁的论文《论行乞》，载《观察家》第232期，1711年11月26日；在对穷人的态度上更为有利的舆论见查理·威尔逊《重商主义的另一副面孔》，载《皇家历史协会会刊》第9卷第5辑，1959年，第81—101页。

税款中的最大宗土地税，按通常战争年代每镑收 4 先令的税率，每年征得土地税 200 万英镑。这个时期最可靠的间接税是货物税。货物税同财富和人口的增加密切适应，它的数额不断扩大，因而就有钱支付许多巨额贷款的利息，这些贷款也是为战争目的而不得不举借的。正是这种可靠性增强了公众的信任，这是英国在对法战争中①公共借贷计划得以成功的基本条件。公共财政的大发展成了革命时期的英国和斯图亚特王朝最后几位男性君主统治时期的英国之间的鲜明对比之一。然而，不管从哪个角度解释这种发展，说它是国家资源的更充分利用也好，或者说它是行政过程的一种逻辑发展也好，它们都离不开 17 世纪晚期海上冒险事业的发展。威廉统治时期发动的大规模战争，使扩大海上活动变得空前迫切；致力于发展对工商业有利的条件，限制不利条件的国家变得（似乎是）在经济上自觉了。对经济政策的诠释，得到一些时代精英、包括牛顿和洛克的合作，同他们协作的很可能还有诸如格雷戈里·金、乔赛亚·蔡尔德以及查尔斯·达维南特这样一些专家，他们对财富和贫穷的睿智分析为亚当·斯密的学说作了许多准备。总之，他们帮助普及了一种政策，这种政策的目标是充分就业、低工资和最大限度的出口，尽可能地将进口限制在原料和国内能进行深加工的产品上。最理想的（不过很少实现）是同那些可支付条金的国家进行交易，因为不管在什么情况下，海外贸易都是根据它们是带来顺"差"或者逆"差"分类的，这种分类和今天"硬"通货区和"软"通货区之间的区分有点类似。这样，从外贸平衡的角度来看，同波罗的海沿岸国家是"逆差"，不过英国从那些国家进口的是必不可少的东西；对法国的贸易完全是"逆差"，因为从那里进口的货物一般

---

① 关于英国和法国的公共财政，见本书第 9 章；对啤酒税的讨论见 P. 马赛尼斯著《英国的酿酒业，1700—1830》，剑桥，1959 年，第 10 章。

是奢侈品，诸如酒和丝绸，而且没有任何适当的通融能使英国产品进入法国作为补偿，其结果是，这种贸易受到爱国人士的谴责。[1] 博林布鲁克主要负责起草1713年的商业条约。这个条约列有给予法国对英国的出口以"最惠国"地位的条款，这一事实构成了1714年企图弹劾他的部分原因。与此鲜明对照的是，葡萄牙遵循传统重商主义的规则，进口英国的毛纺织品（尽管它努力摆脱对英国毛纺织品的依赖），支付给英国条金和葡萄酒。[2] 条金帮助英国确立金本位制；而作为检验粗壮男子汉阳刚之气的（葡萄牙）葡萄酒则在同法国人、詹姆士党人和托利党人可能饮用的柔和的法国红葡萄酒的比较中获得成功。葡萄牙还有另外一个使英国青睐的地方，因为里斯本对（英国）舰队在地中海及其沿岸作战是有用的，它的海岸也构成了海上贸易干线的侧翼。同绝大多数地中海沿岸国家的贸易被认为是"顺差的"，特别是同西班牙，它甚至需要大量的各种布匹，还有纽芬兰的鳕鱼。西班牙这个富有的（徒有虚名）、封闭的西方帝国尤其吵吵闹闹地要求欧洲的商品和非洲的奴隶。英国和荷兰在很大程度上因此而反对波旁王朝的人登上西班牙王位。

在这些年代，对对外贸易走向的控制显然是加强了，推进贸易的自由度也更多了。前一种趋势在1696年航海条例诸条款的全面实施和一个月后贸易和殖民委员会的设立中得到了很好的说明。这个委员会的主要职责就是为制定政策而搜集需要的情报，提出建议。其中许多已包括到立法中去了。[3] 另一方面，海外事业的经营有了

---

[1] 关于当代对达文南特和其他人这种观点的批评，见 W. J. 阿什利著《托利党自由贸易政策的起源》，载《历史和经济概览》，1900年，第268—293页；参见本书第23章第一部分和 M. 普里斯特利著《英法贸易和"逆差"论战》，载《经济史评论》第4卷第2辑，1951年，第37—52页。

[2] 见本书原文第523—524、535页。

[3] 见本书原文第490—491页及以下。

更多的自由。皇家非洲公司同时还认定,詹姆士二世的外逃意味着以王室特许证为基础的垄断的结束。① 1698年,奴隶贸易已对一切向公司支付应付费用的人开放。赫德森的海湾公司和更不受约束的、"管理正规的"勒旺公司仍然保持它们的特权,但是1694年失去垄断权的"老"东印度公司最终被迫同一个竞争对手"新公司"达成协议,于1709年重新组成一个联合公司。同俄罗斯继续公开交往。许多老的公司,像俄罗斯公司和伊斯特兰(波罗的海)公司已是暮气沉沉了。② 威廉统治时期最早的法令之一解除了对毛织品出口的限制,从而最终结束了老的商业冒险家们的垄断,这样就更增强了一些出口港口从伦敦得到更大外贸份额的趋势。伦敦在1500—1650年期间负责十分之九以上英国合法的海外贸易。

甚至在稍后的大西洋贸易中,伦敦也仍然保留着压倒的优势,西部的港口主要靠这方面的贸易繁荣致富。在那个时代的人看来,伦敦的活力最明显地反映在挤满在河里的茂密的桅树林,其长势在当时只有海运和防火保险市场的发展可与之相比。③ 由政府资助的大量贷款提供了新的机会,相对传统的土地投资来说,这是一种有吸引力的选择,它鼓励成功的商人和其他人留居在市镇,以促使发展一个常驻的贵族阶级,如同伦敦的主要竞争对手阿姆斯特丹的贵族阶级那样。1700年首都的人口已超过40万,在下一个世纪又翻一番,并远远超过了巴黎的人口。④ 到

---

① K. G. 戴维斯:《皇家非洲公司》,1957年,第123页;参见本书原文第855—856页。

② R. W. K. 欣顿:《17世纪伊斯特兰的贸易和公共福利》,剑桥,1959年,第156—161页。

③ 见本书原文第289、855—856页。

④ R. 莫尔斯:《欧洲人口发展史导论》(卢万,3卷本,1955—1956年)第2卷,第47页。回忆是很有益的。在1700年日本已经有3个大小差不多的城市:江户、京都和日趋扩大的商业中心大阪。见G. 桑塞姆爵士著《日本史》第3卷,1964年,第113页。

1689年，伦敦商业区大火之后的重建已接近尾声。1697年12月2日，在为《里斯威克和平条约》而祈祷的日子，圣保罗大教堂的歌唱队对公共礼拜开放了。雷恩的杰作\*祭奠了几乎是中世纪的伦敦商业区的消失，其地位被日益扩大的伦敦所取代。它不愧为不仅是一个国家、而且是一个帝国的首都。①

在威廉和安妮统治时期，已可隐隐看出国家财富如此扩大的两个明显的社会后果。其一是"新富"集团的出现，他们买得起那些进口的货物和商品，这些货物诸如红木和椴木家具，漆器和瓷器，咖啡和茶，以其品种、式样的繁多打上时代的印记。通常是将瓷器陈列在用上等木料制成的小柜橱里，用陶瓷容器泡茶。这样就引出了一种"休息室"，在那里，房屋的女主人能够保持一块不大闻得到烟草和啤酒气味的天地。私人休息室不仅是妇女解放的一个途径，它还是一种机制，特别是当它发展成沙龙以后，它能激励并常常提炼知识界人士发表的见解。和缓的文学表达方式较少学究气，较少专门技术性术语，较通俗易懂，这在一定程度上可归功于奥古斯都时代的斯蒂拉和维纳斯式的人物。在男人对女人的态度上，还有另外一种微妙变化的迹象。过去，妇女提供了创作十四行诗和抒情诗的灵感；如今，她们通常是有高度文学价值的信函的收件人。因为写信的人承认妇女在智力上与男人相像或相等，值得以通信方式与之切磋。迄今为止，她们一直在云层中，或是在厨房里。

财富膨胀的第二个社会后果可以想象得到。在中世纪和内战

---

\* 克里斯托弗·雷恩，建筑师，伦敦大火后的重建有他不可磨灭的功绩。——译者

① 对雷恩一系列的设想和困难，见J. 兰著《重建圣保罗》，1956年；参见约翰·萨默森著《乔治的伦敦》，1945年，第3—7章。总的说来，这是建造住宅和其他建筑物的红火年代，此事光是牛津和巴思就可作证，见T. S. 艾什顿著《英国的经济波动，1700—1800年》，1959年，第91—92页。

时期，英格兰北部曾度过一段全国中心的黄金时期，但是某些自然特征保证了内地和南部的优势。现在，由于煤和金属矿藏的开采日益扩大，大规模的海外贸易提供越来越多的利润，以及战争带来了大批财富，这种优势就显得更突出了。最早受这种形势发展影响的主要是特兰特河和塞汶河以北的地区，但是利润和财富则主要花费在泰晤士河谷和东南部，即英格兰平原的心脏地区，那里是首都、宫廷、立法机关和两所大学的所在地。当然，北部还有不同点。北部人口的密度较小，在议会里的代表名额少；但南北正出现一个更微妙的分野，即当北方的职业和生产品是与体力劳动和污垢联系在一起的时候，南方的职业和产品则是不用弄脏人们的手，真的是常常可以完全不用体力操作。煤、柏油和煤烟已经造成了两个英格兰，一个是"合格的"，另一个不太合格。在政治领导层中能够进一步看到两者鲜明的反差。在查理二世统治下，约克郡确实对丹比和哈利法克斯等这样一些（北方）知名人物负责，但是稍后的一些政治领导人几乎全都来自南方，直到格雷和皮尔、科布登和格莱斯顿时，兰开郡和北方才又重新扬名。

这些就是诸多重要的自然和人的特征，正是这些特征促使1692年以后英国历史发展方向的确定。因为当时有理由假定，至少暂时可以假定，英格兰、苏格兰和爱尔兰已经赢得革命的胜利。对革命处理的第一个严重威胁发生在1696年，当时曾有人企图暗杀威廉，还有一次威胁是被英国海上力量挫败了的法国入侵。《里斯威克和约》只提供了一个喘息的机会，但是到1697年，许多詹姆士党人已经放弃詹姆士的事业，因为他们认识到，詹姆士的成功就意味着凡尔赛的统治，尤其是许多英国人已经为革命事业投了资，他们能定期拿到股息，这同斯图亚特王朝投入资金的投机性质形成鲜明对照。穷人的直接负担不像法国那样在增加；中等阶级则从军事贷款和合同中得到好处；富人们则通过许多途径和不正当途径获利。高层的腐败行为比以前有所减少，而物质至上主义和对生活更求实的态度则更广泛地传播开来。

但是，最好的文明应当是缺点最少的。继革命之后而来的是一个信仰自由的政权，它实际上远远超过1689年条例①所规定的限制，这应当成为英国在同路易十四无信仰自由的法国斗争中一支无形的力量。在总数约为25万不信奉国教的人口中，只有约1.4万人在议会选举中有投票权。有许多人，特别是长老会派教徒，有时也愿意通过按国教会仪式接受圣餐以取得在机关团体任职的资格；出于政治策略的考虑，辉格党的上院议员们直到1711年才停止阻挠通过镇压"偶尔服从者"的法令。对任何情况下的新教说教而言，1662年的《信仰划一法》在绝大多数时间和场合都形同虚设。教友派的合法地位这一特别敏感的问题有一定程度的缓和。他们中的较贫苦者因未缴纳什一税和国教会税而被扣押财产，尤其是实物财产，这对他们仍然可能是灾难性的，但扣押不像1688年以前那样经常了。1696年以后，被扣财物价值在10英镑以下者，可以向地方法院告发，而不必找有关税收的民事法庭和教会法庭，这些法庭收费如此之高，无异于迫使许多教友派教徒放弃他们反对什一税的声明。1696年的《确认法会》*用确认取代了绝大部分仍然要求于他们的誓言，这个法令的通过，甚至应当更多地归功于威廉国王个人的干预，而不是已经过早发展的5万教友派教徒的政治组织。② 罗马天主

---

① 见本书原文第209—210页。

\* 指准许由于信仰方面的原因而不愿宣誓的人用以代替宣誓来保证不作伪证的方式。——译者

② N.C.亨特：《两个早期政治协会》，牛津，1961年，第3—4章。

## 第八章 大不列颠作为世界强国出现

教牧师也经常冒被罚款和被关押的风险，而世俗人现在更多的是困扰于无公民资格，而不是直接的迫害。僧侣举行天主教徒结婚仪式尽管可能受到重罚，但当事人双方仍然合法地结婚，其继承人可以继承财产，虽然有某些技术性的困难。它证明强行实施匆忙起草的、旨在摧毁他们作为地主的身份的 1700 年法令是很困难的。

英国的文明因它摒弃自己的罗马天主教社团而更差些，但与此同时容忍却扎下了根，比欧洲任何其他社会扎得更深。英国和法国的情况不同，体刑在刑事诉讼中已经不为人所知（法国几乎又延续了一个世纪）。1679 年的人身保护法修正案，虽然在短期危机期间如在 1689 年和 1715 年时议会曾使之暂停生效，但它确保被拘留人（叛国罪和重罚犯除外）能够要求保释，没有人会不经审讯就被无限期拘留。1696 年以后，被控犯有叛国罪的人有权聘请律师并在开庭审讯之前 10 天内得到一份起诉书。这是一种人道的措施，它使王室更加难以拿到对付不满者的罪证。考虑到对叛国罪释义的扩大，上述内容就尤为重要。这种扩大的释义是时间的危险引起的，例如，1692 年，未经允许出走法国就构成叛国罪；在 1706 年，以书面形式断言王位继承不能由法令改动也构成叛国罪；对亵渎神明也作为叛国罪对待。在欧洲大陆和苏格兰，对亵渎罪判处死刑；在英格兰，基督教信仰被认为是如此根深蒂固，以致国家敢于对拒绝接受基督教教义的人给予比亵渎罪轻得多的惩罚。根据 1698 年的一项法令，亵渎罪只被褫夺公民资格和判 3 年以下监禁，而且甚至这样的惩罚也很少付诸实施，可能是因为在实践中律师很难完全准确地判定，思想上的异端邪说是何时发展成犯罪的。实际上，英国这个时代是以神学讨论充满活力和勇敢精神著称的。

犹如在法律方面的变化一样，审判人员的地位也发生了甚至更明显的变化。不论是威廉还是安妮都不去干预法官的行为，这导致威斯敏斯特大厅*恢复了它在斯图亚特王朝时期丧失了的某些名誉。在这两个国王统治时期的法官中,最著名的是英国高等法院的首席法官约翰·霍尔特爵士。他渊博的法律知识和锐敏之才智,使他的许多判决构成了英国法学最本质的部分。他维护高等法院的独立性,不是对国王独立,没有这个必要,①而是对上院这个更庞大的机构。在他的多次审判中,特别是在那些由关心地位最卑贱者的地方济贫法当局上诉的案件中,他表现出一种从未有过的仁慈。他不仅拒绝审讯有巫术嫌疑的人,而且下令起诉那些试图发起这类审讯的人。在革命前夕的法官中,最著名的是杰弗里斯。

在实践中也和在理论上一样,王权仍然是政府中最强大的力量。《权利法案》已经宣布,未经议会同意,行使已被暂停行使的权力是非法的;行使仍在行使中的、曾为詹姆士二世掌握的权力也是非法的。对君权更严厉的限制是国王必须定期召开议会;不许外界对议会议程横加干涉。但是国王保留对立法的否决权。事实上,威廉只否决过4项重要的、有关公益事业的法案,虽然后来还是把它们收入了法令全书,但不是以它们原始的形式长期保留在全书里的。重要的不在于他否决了多少法律,而在于他遵守了多少法律。

掌管对外政策是完全留给国王的另一个古老权力。实施这项权力,牵涉到一些复杂的难题。其中之一是,人们认为威廉比他的任何一个大臣或部长都更熟悉外交事务,因而,一度至少是默许国王行使这一权力。此外,威廉同法国的战争在一定时期被公

---

\* 威斯敏斯特大厅在1870年斯特兰德法庭建成以前曾是英格兰主要的法庭。——译者

① 1701年《嗣位法》最终保证了法官的任期(当王位继承时除外),这一保证在查理二世和詹姆士二世时他们是享受不到的。

认为是革命必不可免的重要后果而被议会两院批准。但对他指挥战争的不满逐渐增加，批评扩散到他对外交政策的掌管，尤其是对他参与《瓜分条约》①的签订的批评也越来越多。人们痛恨荷兰人波特兰和海因修斯，只有他们得到威廉的信任，而所有的英国大臣都被排除在外，只有萨默斯和森德兰例外。1701年，下议院弹劾萨默斯，还有奥福特和哈利法克斯，莫须有地指控他们对签订《瓜分条约》负有责任，对他们三人"国王不会犯错误"的抗辩充耳不闻。弹劾虽然失败了，但真正胜利的还是下议院，因为它的这一行动清楚地暗示国王，对有关对外政策方面的一切重要事务，他必须按他委任的大臣的建议行事；同样，这对大臣们也是一次警告，他们不能再把一切责任推到国王身上，逃避自己的责任。而且，为代替两院之间不愉快的争吵，当时可能是提出了一个正式方案，以确保在国家所有重要事务中，国王只能根据对议会负责的代理人的建议行事。到1701年，威廉本人已经表现出他对形势的这种重要变化的某种理解，因为他向两院递送了他的条约副本，从而他在实际上放弃了亲自掌管对外政策这一古老的特权。至于威廉如何执行他仍拥有的巨大特权，可以断言，他采取了温和的、有见识的行动。在这种品德上还可以加上一个忠诚，它比严格的法律限制更为灵验。他的继承人是个女人，她按照大臣们的建议推行她的对外政策，这个事实保证了议会至上权力的确立。1714年，汉诺威王朝继承了这个事实。王位继承法于1701年6月宣布，新教教徒汉诺威女选侯索菲娅（詹姆士一世之孙女）为威廉和安妮之后的继承人。这个法令是以法令形式对国王掌管对外政策权力的首次侵犯的标志，因为它

---

① 见本书第12章；参见 M. A. 汤姆森著《议会和对外政策，1689—1714》，载《历史》新集，第38卷，1953年，第234—243页；《路易十四和威廉三世，1689—1697》，载《英国历史评论》第7卷，1961年，第37—58页。

规定在上述国王之后，不经议会同意，任何国王不得参与旨在保卫任何外国领土的战争，也不许离开本国。

在其他一些方面，这个被意味深长地冠以《进一步限制王权、更好地保证臣民的权利和自由的法令》标题的奠基性法令，则是对威廉国王宪政行为的评注。安妮女王一死，这个法令就立即生效，外国人不能担任公职、参加议会或占有王国政府的土地。这项法令明确谴责了威廉对其荷兰亲信的慷慨大度，它在如下附加条款中，从更广的意义上，对他滥用宫廷权势，也暗含着更多的批评。条款禁止王国政府公职人员和领取养老金者参加下议院，这一规定原则上已用来管理现代文官；而且，如果不是在1706年作过修改的话（即区分开1705年西洋旧历10月25日以前和以后增设的职务），这一规定必将束缚如我们今天所熟悉的内阁制度的发展。1701年的议会还裁定，国家的所有重要事务应当由枢密院办理，其建议应当由提建议者签名以后以书面形式提出。确实，1701年议会以这一职能表明，它对未见诸法律的、小而捉摸不定的内阁这一近代的新事物是很不喜欢的。虽然这个条款因无法操作也于1706年被废除，但它试图确立的大臣责任制的基本原则，毕竟一劳永逸地通过1701年法令而得到加强。1701年法令规定，对下议院提出的弹劾不得以国王的赦免为由进行抗辩。

在国王的特权中还保留着一些其他未被触动的部分，值得注意的有解散议会和加封贵族的权力，这些权力在1710年和1712年分别证实了自己真正的政治价值。最重要的是任命和免去大臣职务的权力，在两任国王统治时期，因行使这个权力而引起了许多麻烦和争吵。威廉在很大程度上扮演了他是他自己的首席大臣的角色；他执政期间由于一半时间是在国外，所以他不得不把一些责任委托给国内的大臣们。他并不偏爱辉格党人，确实，他视他们为共和主义者，荷兰的经验使他厌恶他们。但是，鉴于如此多的托利党人忠于错误的君主,而又如此多的辉格党人尤其是那些担任公职的辉格党人支持战争,因而他不得不对辉格党人表示出某种信任,并且,一般说来,从那些能促进他的事业和能得到下议院大力支持的人中挑选他的大臣。他这样做可能是受到他的密友森德兰的影响。① 只有这样我们才能解释他为什么在统治的后期对戈多尔芬和罗彻斯特委以重任。但是,威廉对之多少表示出一些真正敬意的一个英国国务活动家是萨默斯男爵约翰(1651—1716年),他在1695年以后的3年中是一个秘密的辉格党人小团体"顾问团"(Junto)的非正式负责人,参加这个团体的还有查尔斯·蒙塔古(1700年的哈利法克斯男爵和1714年的哈利法克斯伯爵),海军上将罗素(1697年的奥福德伯爵)和沃顿男爵(1706年的沃顿伯爵和1715年的沃顿侯爵)托马斯。正是这个非正式的大臣会议带领国家走过了战争最后的危机年代。这个组织存在的时期恰巧是辉格党人及其支持者在下议院占多数的时期。但是引人注目的是,萨默斯掌玺大臣的任命早于1695年大选,这次大选选出如此多的辉格党人,致使萨默斯的任期拖长到1700年,即他的党丧失了在下议院优势后的两年。这个秘密政治集团能够成为法人实体的唯一含义是这样一个事实:它的3名成员因被认为参与《瓜分条约》的签订于1701年受到弹劾。尽管如此,这个秘密政治集团在内阁发展史上仍有其特殊重要性,因为它的成员是辉格党人,而且甚至以这个名称自豪;也还因为其中两个人,即分别掌管财政和海军事务"顾问团"的蒙塔古和罗素,是从未有过的新型大臣的代表。他们以国家一个重要部门的所作所为对议会负责,也对国王负责。这同执掌一个部门或担任政务会的职务,只对王室负责的旧型大臣形成对比。诚然,萨默斯担任的职务在过去要求有处理国家事务的卓越才能,

---

① J. P. 凯尼恩:《罗伯特·斯潘塞,森德兰伯爵》,第8—9章。

但是现在，这种卓越才能已开始同财政部、而不是同大法官的法庭联系在一起了。① 沃顿不适于上列任何一个范畴，但他是一个有用的伙伴，一个会拉选票的老手，还是约克郡和白金汉郡一些选邑的所有主。在这些选邑中，秘密政治集团的成员控制着约60个席位，这是安妮统治时期唯一一个最大的集团。到17世纪末，这4个人都进入了上议院，这削弱了他们的集体力量。但是，在1705年，他们的影响再度出现。在1708年，第三代森德兰伯爵查尔斯（1674—1722年）参加了他们的组织。当时他们已相当强大，足能将森德兰强加给行政当局。那时内阁政府的概念已经确立，它的程序也逐渐正规化了。②

然而，依赖下议院支持的某种内阁的存在，并不能真正影响国王选用和辞退大臣的权力。威廉在临终前刚刚解除安妮公主叔父罗彻斯特的职务，公主一即位，就立即恢复了他的职务。不过，出于慎重考虑，他于1703年辞职了。安妮行使这种特权，表现出一个固执女人的任性，带有强烈的偏见。其结果是，如果她不得不让步，她将"在反击中变得令人生畏"。一个新的麻烦是，在继位问题上她受两个女人的控制：第一个是辉格党人、泼妇马尔巴勒公爵夫人萨拉；第二个是假正经的女士同伴马沙姆夫人艾比盖尔·希尔。只要公爵夫人权势兴隆，女王就甘愿在马尔巴勒协助下进行战争，在财政大臣戈多尔芬协助下治理国家。在1705年以后，女王越来越依赖辉格党人及其支持者，尽管总司令和大臣两人都想当然地被视为托利党人。在这方面，战争局势和为了打赢战争都需要一个好政府，这种需要导致相信他们的人在一段时期内模糊了党派界限。西德尼·戈多尔芬（1645—1712

---

① 参见斯蒂芬·B. 巴克斯特著《财政部的发展，1660—1702》，1957年。
② J. H. 普卢姆：《安妮女王统治时期的内阁机构》，载《皇家历史协会会刊》第7卷第5辑，1957年，第137—157页。

年）在4位国王统治和一次革命期间，从未长期离开过岗位，是当时最能干但最自谦的大臣。他对安妮女王，像以前对查理二世一样，都是"从不阻拦，坚决执行"。只要女王甘愿忍受公爵夫人的脾气，马尔巴勒的地位就是稳固的。正是这种奇特的合伙关系保证了在布莱海姆战役之后取得一连串的胜利，这在英国历史上是一种独一无二的合伙关系，当财政大臣得到供给并巧妙地吸引议会专注于战争的进行时，总司令则把不列颠的军队训练成在世界政治活动中需要认真对付的一支武装力量。这个戈多尔芬—马尔巴勒—萨拉的稍嫌松散的合伙关系可以说成是一个政府，它从1702年存在到1710年，在1704—1708年间还有哈利作为它的第四个有影响的成员。

这一合伙关系结束的方式，透露出安妮女王是如何行使其选中和罢免大臣的最最重要的特权的。到1708年，安妮女王厌烦了萨拉的控制，急切地寻求解放。在这种易于接受的有利心态下，她采纳了马沙姆夫人的建议，后者煽动女王对公爵夫人和政府的不满，并暗示女王，她的堂弟哈利企求尽力协助女王摆脱其压迫者。当时，哈利因被怀疑在其书记员威廉·格雷格叛国的通信中有共谋嫌疑而失宠，政府劝说女王，最终于1708年2月免去了他的国务大臣职务。但女王的同情所向还是那个她已经被迫免除其职务的人，这是因为哈利的继任者年轻的森德兰，脾气暴躁，毫不尊重王权。女王于是更怀念哈利。这个森德兰的任命是政治小集团支持政府的筹码。至于传说的哈利的不忠，难道这不是推荐森德兰任职的真正有利之处？因为安妮对汉诺威家族的继承权是绝没有热情的。哈利本人已经暗示，他所供职的政府只得到辉格党人和不信教分子的支持，国教会处在危险之中，只有靠像他这样"同情女王"的大臣，女王才能达到她渴求的目标——维持英国国教会的垄断地位。女王伺机行事。但是1710年春天的一个事件，即对萨谢弗雷尔博士的弹劾，可能鼓励了她的勇气。在1709年，向伦敦市长、市政府的布道中，在保卫不抵抗主义原则这一明显的借口下，萨谢弗雷尔暗示，1688年的革命是一次真正的篡权。不明智的是，政府控告了他，并判了他的罪。判决足以使他成为一个国家的殉道者。1679年，一个教会的江湖郎中泰特斯·奥茨医生在他周围聚集了辉格主义者和非正规的罗马教教义者的力量。无独有偶，1710年，一个教会的小丑亨利·萨谢弗雷尔博士，成了高托利党人、高教会教士和所有赞成处罚不信奉国教者大规模复活活动的中心。这个全国性的运动在1710年秋季大选中扫除了辉格党人的政权。但是女王已经行动了，8月份她罢了戈多尔芬的官，这使得这个政治家甚为惊讶和厌恶；她以举重若轻的方式处理马尔巴勒，后者在1712年1月以前一直未被辞退。① 远在那之前，哈利就是财政大臣，并且是牛津伯爵，亨利·圣·约翰（1712年7月被册封为博林布鲁克子爵）是大臣。就是这些大臣抛弃了不列颠的盟国，并把西班牙王位继承战争进行到最后。②

很少见比这更不和谐的政府了。罗伯特·哈利（1661—1724年），辉格党和不信奉国教者的传统的继承人，可能是第一个在下议院持续反对政府的声浪中仍取得声望的政治家。在威廉统治时期，作为"新"乡村党\*的首领，哈利坚持要求对公共生活实行更严格的净化。他因耍两面派而有"魔术师罗宾"的名声，但这并未妨碍他净化公共生活的运动取得成功。和他的辉格党对手、能干的金融家哈利法克斯一样，他对下议院的情绪及其传统

---

① 1711年12月31日（西洋旧历），作为总司令，他被第二代奥曼迪公爵詹姆士·巴特勒接替，后者当是1715年詹姆士党人反叛的领导人。参见本书原文第440—441页。

② 见本书原文第440页及以下，第457页及以下。

\* 乡村党形成于17世纪70年代初，它构成辉格党的大部分。它把广大乡村看做极小的宫廷的对立面，认为自己的斗争是多数人对少数人的斗争。——译者

了如指掌，是当时最能驾驭议会的高手之一。像哈利法克斯和萨默斯一样，哈利因资助文学界和明智地搜集书籍和手稿而赢得一定声望。由于哈利自称无党无派，他轻易地就赢得了一些团体和派别的支持，这些派别一旦团结在一个核心人物周围，就能够左右权势。但罗伯特·哈利不诚实，所以得不到那些人长时期的效忠。身为一位非正式首相，他办事推诿、拖拉，特别是当女王健康状况恶化而使得棘手的继承问题变得更加紧迫的时候，罗伯特·哈利却拿不定主意了。他脚踩两只船，但到了关键时刻，却决定不了应该把额外的赌注下到哪一方，以使自己政治上能飞黄腾达。更糟糕的是，他滥用女王的信任，玩忽职守，不修边幅，举止粗鲁；他说的话别人即使能懂了，也不能相信，在女王面前他常常语无伦次。这就是1714年8月7日女王免除他职务的原因。一年以后，哈利被囚禁在伦敦塔，等待审讯他的叛国罪和其他弥天罪行。尽管他的敌人对他怀有积怨，但是直到1717年仍未能证明他犯有上述罪行。此时，他的年轻同事和对手已在法国避难很久了。博林布鲁克是一个比较直爽、更易引人注意的政治家。他放荡不羁，其多疑问、多思考的才智和激情，给人以有卓越智慧的印象，他的能言善辩可以说达到了炉火纯青的程度。和老森德兰一样，他下大赌注进行冒险。与其前任不同的是，他输了之后从不懊悔，从不完全丧失荣誉感。博林布鲁克比牛津更信赖斯图亚特王朝的事业。看来他会想到，一个强大的、有组织的托利党有可能在女王仙逝时成功地从詹姆士二世的子孙中推出一个王位觊觎者，安妮本人对这个设计也会赞同。在觊觎者放弃自己的信仰以后，正是哈利的拖拉作风及其同辉格党头面人物的酒友关系成了实现上述设计的主要障碍。两位大臣在女王面前激烈地争吵，更加速了安妮女王的死亡。女王死于1714年8月12日。

女王仙逝的前4天，即财政大臣被解职后的4天，是英国历史上最令人不安的日子。8月9日，当御医宣布女王生命垂危时，博林布鲁克需要当机立断了。由于不再受牛津的控制，他采取措施建立了一个詹姆士党人的政府，以恢复斯图亚特王朝。他宣称在6个星期内就能准备就绪。但他没有得到这么多时间，由于两个人的介入，他突然被剥夺了主动权。这两个人刚被解职，平时在女王的会议上从不出头露面，所以看来很不适于在此关键时刻领导国家。但是萨姆塞特公爵和阿盖尔公爵不仅有权势，有财富，而且两人（一个在英格兰，一个在苏格兰）都一贯主张新教的继承权。还有，作为枢密院成员，他们依法有权向女王提供建议。和他们一起行动的还有另一个大贵族——爱尔兰总督施鲁斯伯里公爵查尔斯·塔尔博特（1660—1718年），他现在效忠于汉诺威家族的事业（尽管起初曾犹豫不决）。这3位大人物8月9日步入枢密院以后，立刻就控制了局势。枢密院从御医处得知女王确已病危，决定任命一位财政大臣，并推荐施鲁斯伯里公爵作为人选。安妮女王最后一次国事活动就是把白色权杖交到公爵手中。这一行为，正如后来形势发展所表明的那样，钦定了博林布鲁克和斯图亚特王朝事业的命运。据说是博林布鲁克首先提出施鲁斯伯里公爵的任命的；如果真如此，可以说这个姿态只是博林布鲁克的良好体育道德而已，但却结束了他前半生的事业。和马尔巴勒官复军职一样，他的免职是乔治一世最早采取的行动之一。稍后有种说法，德国人统治的最初几个月所煽动起来的詹姆士主义，比托利党政府执政4年间还多。这时一贯以反扑见长的博林布鲁克支持王位觊觎者，从而又一次把心怀不满的英国人弄糊涂了。但是新国王的大臣们迅雷不及掩耳的反措施表明他们觉察到了一个现实的危险。在英国社会，不同阶层都能明显地感到詹姆士主义的存在，特别是在北部和西部。这足以说明，当苏格兰高地的部族在帕思慢慢地汇集在马尔伯爵周围时，英格兰本身保持大部分军队以防不测是不无道理的。1715年发生了叛乱。如果指挥有方，行动协调，或者新政府事先警觉稍差一些的话，这场叛乱很可能发展成一场内战。

离开安妮女王在位时期各政党之间经常不断的殊死斗争的大背景，就无法理解冒充的詹姆士党人的势力，也不能理解安妮女王时期的政府为什么相对的动荡不定。同样，离开议会机制也无法理解这些现象——主要是议会（当然绝不完全是议会）把他们推上浪尖的。议会两院保护神权，而不保护人权，但不动产例外。上议院议员是国家最大的房地产所有者，他们代表他们自己，令人奇怪的是，下议院议员像上议院议员一样，他们代表的不是投他们票的选民，而是英国所有的房地产主。从现代的标准来看，下议院议员并没有什么代表性，因为这么多的议员是由为数很少的选民选出的。但是，若不以算术观点来论，他们还是有代表性的。许多国家"利益集团"，如土地，各种职业，各商业阶层，武装人员，文职人员等，在下议院都有代言人。总的来看，据估计，在513名议员中，经商和从事各种职业者有200多名。① 其余的大多是乡绅、贵族的幼子们、拥有苏格兰和爱尔兰贵族身份的人以及许多因和女继承人联姻，或因其他关系，或通过自己的努力，而依附于城镇或城镇主人的人。② 唯一不包括在内的一大阶级是下层教士，他们在这个时期可被说成是托利党的

---

① 威廉的最后一届议会下院包括58名普通法律师，2名海军律师，2名大法官法庭律师，15名"亲信"（主要是巨头们的法律代表）；43名商人，7名银行家，4名酿酒商以及商界其他人士7名；39名陆军军官，9名海军军官；113名在国王手下任职（多属卑职，还有一些闲差）并领有薪俸的人员。R. 沃尔科特：《18世纪早期的英国政治》，牛津，1956年，第161—177页。在该书第91—93、156—159页中，作者主张用四重结构来分析当时的政党，即按照宫廷党和乡村党，辉格党和托利党进行分析。

② 关于地方事务和全国事务之间的相互影响，见J. H. 普鲁姆：《罗伯特·沃波尔爵士》第1卷，1956年，第2章。该章中值得注意的是谈到这一时期选举费用增加，这无疑反映了对议席日益增长的要求，以及自1694年三年法令以后频繁的选举使人们厌烦政治生活方面的作用。

忠实信徒。这与多数是威廉任命的上议院的主教们形成对照，后者都是辉格党的坚定信徒。还存在一种说法，说是下层教士在他们自己的宗教会议上是有代表权的，如果他们在下议院也有代表权，这些年的历史就可能大不相同了。

在议会管理上走马灯似的变动中，政党间明晰的界限并不总能清楚确定，因此，不能认为事情就到此为止。威斯敏斯特毕竟不是英国，政治家们并不总是国家精英的代表。事实上，因为他们往往出于私心，行动起来就耍小聪明，以致不坚持原则。但毫无疑问，这样的原则是存在的。自从出现天主教徒阴谋案和关于排斥法案的争论以后，在对重要公共事务的舆论上就出现了分野。这种分野是对事态发展进程作出的不断反应，因而，分野和舆论的关系，跟人的气质的关系一样密切。托利党人接受别人给自己起的诨名比辉格党人晚，因为他们长期受詹姆士党人君权神授、甚至情愿使国家利益从属于凡尔赛利益的思想影响。随着革命处理的日益巩固，辉格党人对自己的名字感到骄傲；而托利党人则宁愿标榜自己为"以品德—原则和财产而著称的绅士"，也就不足为奇了。但对这里的第二点，比对另外两点，更难以作出评价。① 从最广泛的角度而论，以上所述就是判明那个时代两党必要条件的基本区别。尽管对每个人的政治行为或是对任何一个英国人就某一具体公共事务所采取的行动品头论足是多么不适当，但这种做法仍然扩散到国家生活的许多领域。因此，辉格党人对新教的态度使他们保证得到不信奉国教者的支持。不信奉国教者是地地道道的新教徒，而新教徒一词则不能用来指英国国教

---

① 普卢姆前引书第65页中估计下议院独立的乡村绅士约有200人，当然他们并不一定都是托利党人。普卢姆承认，在政治斗争最激烈的各郡，政党精神可能已灌输到了持续几个世纪之久的家族对抗中。他比沃尔科特更重视传统政党观念，后者更愿强调派别的影响。见《18世纪早期的英国政治》，特别是第198—232页。最全面的论述见G. 霍姆斯著《安妮时代的英国政治》，1967年，该书问世时间晚于本章。

徒。在托利党方面，他们在安妮女王时期议会的头3次会议上通过了《偶尔服从法案》，但法案遭到被辉格党人控制的上院的拒绝。1714年，博林布鲁克还操纵议会通过《分裂法案》，其目的在于阻止不信奉国教者以教书谋生。① 而托利党人则反对外国人加入英国国籍，不论是胡格诺派教徒，还是帕拉坦*的居民。② 这与其说是出于经济的原因，倒不如说是因为这些外国人同不信奉国教者的关系比同英国国教徒的关系更为密切。英国国教与分离派之间的敌意产生了深远的后果。托利党信仰英国国教，这不仅使他们剥夺不信奉国教者进大学的权利，而且他们拒绝修改牛津大学和剑桥大学诸学院的章程。这些章程要求其大部分有学位的人员担任圣职，一种膨胀了的教权主义，这极大地阻碍了两所大学的发展。对比之下，苏格兰不存在这种现象，这使得18世纪北方的4所大学享有很高声誉。

议会至上和君权神授原则之间以往的权力之争酿成一系列后果，其中最明显的是，辉格党人是主张政府负责制、议会有弹劾权的先锋；而托利党人则一直认为，到安妮执政时期仍然认为，由于国王可以自由选择大臣，大臣对国王就应有最起码的忠诚。在其他众多分歧中，还包括战争问题上的分歧。1688年革命已经使英国和路易十四处于完全敌对状态，但是许多人因不满威廉的领导，而认为他领导的战争是辉格党的战争，加之驻扎在国外的军队常常是明显的毫无目的的演习浪费了大笔金钱。托利党人反对这场战争，认为它是靠骗取公众的信任而被煽动起来的，从而

---

① 这项不得人心的措施，如同1711年《偶尔服从法案》一样，于1719年被废除。

\* 德国莱茵河西岸一地区，昔日为德意志帝国内之一国。——译者

② 到1709年7月，来自帕拉坦特低地的约1万难民在布莱克希思和坎伯韦尔扎营，他们并不都是新教徒；饥寒和美洲的诱惑也是他们移居国外的原因。这使英国和荷兰当局陷入极为为难的境地。

是靠"年年典当自身"而维持的一场战争，是一个注定要破产的过程。正如在西班牙王位继承战争9年之后，斯威夫特尖锐指出的：

> 毫无疑问，当我们的子孙看到悬挂在威斯敏斯特大厅里那用上亿英镑的高昂代价换来的几件破旧衣服时，会感到莫大的安慰。对此，他们一边替他们的祖辈清偿未了的债款，一边还像乞丐似的吹嘘他们的祖辈多么富有和慷慨。[①]

在这一点上，财政制度更增强了预示着的对立。大部分土地税的重担压在几乎全是托利党人的小地主和下层教士身上，而几乎没有触及常常是、虽然并不总是辉格党人的市民和商人。[②] 令人难以理解的是，没有一个托利党政府想要修改土地税法，去征收和土地税一样多的个人财产税。相反，他们却坚持主张英国应只限于参加海战，尽可能避免陷入全面战争。在革命以后的许多年，托利党在大部分时间都是处于反对党的地位，他们必然采取许多反对派所特有的手段。当托利党人没有像他们的对手那样从政府官职中捞到好处时，他们自然就要求一种较高的公共道德标准和从下议院排除善于钻营的官吏。因观念陈腐而处于不利地位的托利党人不得不向辉格党人借用更时髦的原则，诸如每年一次议会，或至少是间隔时间不要太长的议会等思想。但后世认为，1716年制定的《七年法令》是明智的。这个法令所依据的观点是，频繁的选举是危险的，也是一种浪费，而且保持某种连续性的措施是必要的，尤其是在对外政策方面。总之，可以说托利党

---

[①] 《盟军的行动》，1711年版。原文摘自H. 戴维斯编《乔纳森·斯威夫特散文作品选》第6卷，1951年，第55—56页；参见本书原文第442—443页。

[②] W. R. 沃德：《18世纪的土地税》，牛津，1953年，第7、39—41页。一般说来，北部和西部较伦敦附近诸郡纳税较轻，见前引书，第7—10页。

人比较狭隘，或者说，如果允许使用这个词的话，他们不如辉格党"进步"。据说，极端托利党人的"十月俱乐部"[①]举杯祝酒时经常说："外国人该死！"生活在广大农村的托利党普通党员中，甚至对那些虽然讲英语但是不定居在英国的人都抱有极大的不信任，正像他们对待苏格兰人的态度一样，大多数苏格兰人是长老会派教徒，就因为这宗教的、而不是别的原因而受到托利党人的敌视。相反，戈多尔芬及其辉格党支持者却克服了这种狭隘思想，这是他们所取得的最大的成就。

17世纪末，提出了几个与苏格兰实行立法合并的方案，但都不成熟。主要因为英格兰不愿意让苏格兰人从事殖民地贸易，而苏格兰民族主义者对丧失独立耿耿于怀。同时，随着在苏格兰的革命处理，可以认为苏格兰议会已是最高权力机构，如果国家终于还没有从不容异说中摆脱出来的话，至少是从被迫害中解脱了出来。但是威廉在北方从来不得人心，他因格伦科大屠杀和达里埃大灾难而备受责备。当英格兰政府指使其殖民地总督拒绝帮助苏格兰难民时，苏格兰舆论被激怒了。[②]后来，随安妮继承王位和高教派教会在英格兰的复活，许多苏格兰人终于认识到，与英格兰合并就意味着他们教会的毁灭。同样严重的还有詹姆士主义势力的复活和由圣日耳曼策划的、一些最杰出人士参与的许多

---

① "所谓的因为他们热情，因为在10月酿造出最烈性的啤酒"，1711年3月21日，罗伯索恩成了汉诺威选帝侯。引自丘吉尔：《马尔巴勒》第2卷，1947年，第800页。

② 历史手稿委员会：《上院手稿》新辑第4卷，第68—69页；参见本书原文第360页。苏格兰人的强烈感情还表现在1704年在福思湾扣留一条英格兰东印度公司的船只事件上，接着，在西洋旧历1705年4月11日对该船船长和几名船员进行了不公正的死刑判决。见R. C. 坦普尔著《关于"伍斯特"神秘悲剧的新线索》，1930年。

阴谋活动的重新出现。确实，在18世纪的最初年代，苏格兰似乎有可能发展成为一个政治上独立的国家，有自己的立法机构，独立的对外政策和自己的国王。所以，当时一位最有才干的苏格兰独立党人萨尔顿的弗莱彻倡导的一种解决办法认为，苏格兰甚至能够成为一个共和国，或至少是一个受到严格监督的君主国。弗莱彻和贵族贝尔哈文勋爵一起为建立一个不丧失独立的、强大的国家而竭尽全力。苏格兰第一届独立的议会从1690年延续到1703年，1703年大选就显示出了如下变化：许多詹姆士党人和圣公会派教徒宣誓效忠并进入议会，坚决要把老僭位者\*扶上苏格兰王位，但不惊动安妮。他们足以形成与宫廷党、乡村党平行存在的第三党。后面提到的乡村党，主要是长老会派教徒，是詹姆士党人的天然敌人。但是这两派出于对英格兰共同的仇恨和不信任，曾经一度联合。长老会派教徒认为教会会陷于危险境地，而詹姆士党人则认为合并将巩固不列颠的革命处理，从而把长老会派永远排除在政权之外。在苏格兰政界的领导层，也存在着类似的复杂情况。自从革命以来，道格拉斯议会的两名代表、苏格兰王国第一贵族、王位可能的候选人第四代汉密尔顿公爵詹姆士（1658—1712年）和苏格兰政界在实现1706年合并中贡献最大的人物、第二代昆斯伯里公爵詹姆士（1662—1711年），为谋取显赫的地位而展开了竞争。反对革命的汉密尔顿因拥有巨大威望和财产而成为一股势力，但是他傲慢自大，令人难以理解，缺乏把一个政党聚合在一起的必要手段；相反，昆斯伯里是革命的拥护者，擅长于管理，总能凭借让步和外交手段达到目的。1706年他对合并发挥的影响超过了任何其他苏格兰政治家。他对变幻无常的苏格兰政治的切身体验，也许会使他相信，合并能使其自身的利益得到最可靠的保证；他得到了第一代西费尔德伯爵詹姆

---

\* 指詹姆士二世之子。——译者

士·奥杰尔维大臣（1664—1730年）的大力协助。伯爵对旧秩序的告别词"美好往昔的结束"所宣泄的，确切些说是遗憾，而不是嘲讽。

1703年5月，苏格兰历史上最后一届议会召开。会议首先通过了"保护真正的新教及长老会派政府"的法令，法令的措辞激怒了英国国教会教徒和圣公会教徒。继这项法令之后，又通过两项无视英格兰的法令，一项是允许法国进口；另一项的大意是，没有苏格兰议会的批准，安妮的继承人不得把苏格兰拖入战争。1704年的《安全法》则是新民族主义日益强大的证据。法令规定，在安妮去世之后，如果苏格兰的宗教、政府和贸易在当时得不到保护，苏格兰王国将宣布一位非英格兰议会指定的、斯图亚特家族的新教徒为继承人。与此同时，还发布了提高原有的半封建捐税的一系列法令。这使戈多尔芬的处境极为困难，詹姆士党人的威胁必须由军队来对付，而要使军队具有战斗力，它就应由苏格兰出钱雇用，这样，军队的给养就主要靠苏格兰王国供给了。因此，戈多尔芬劝说安妮同意《安全法》，虽然该法令的各项条款等于是宣布苏格兰独立。当时，许多同时代人都认为，戈多尔芬这样做，是犯了一个以后他自己将被迫请求饶恕的严重错误。但是，不应忘记的是布莱海姆之战\*尚未获胜。当时，英格兰立法机构接受了挑战，并通过一项议案，宣布除非1705年年底之前王位继承问题在苏格兰得到解决，否则居住在英格兰的苏格兰人将被视为外国侨民；并禁止苏格兰的进口贸易。这同一议案还授权女王任命几名委员来实施合并。经过一番活动，在汉密尔顿背叛了詹姆士党人之后，北方王国被诱劝通过了一项专为实现上述目的的法令。

---

\* 西班牙王位继承战争中的一次战役。——译者

1705年末，两国在一触即发的紧张形势下开始了谈判。英方的谈判代表是戈多尔芬和萨默斯。他们的迅速取得成功，是理智和克制的明证，但同时双方分裂和仇恨的情绪也表现得十分突出。代表们在伦敦开会时，首先接受了两个基本观点，即，两国应联合成为大不列颠联合王国；王位应移交给汉诺威家族。苏格兰的代表们了解自己同胞的情绪，赞成邦联。但是为了防止谈判破裂，他们不得不放弃这一要求，而只提出了保证国内外贸易自由的条件。接受这个条件就引出了第三个基本原则。财政引起了某些困难。一方面，苏格兰的税收收入大大减少，造成这种状况的明显原因是可征税的东西较少，而且也是因为国王在很大程度上能够依靠自己的收入维持生活。另一方面，苏格兰的国债同英格兰相比是微不足道的，因此，如果苏格兰要分担英格兰部分债务时，就应对保险公司的统计进行调整。双方达成协议，同意暂时减轻苏格兰那部分在英格兰已经征收的税务负担。双方还商定付给苏格兰约39.8万英镑的"相当量"，作为对它分担其英格兰伙伴债款份额的补偿。这39.8万英镑的"相当量"，一部分支付给达林公司的债权人，另一部分偿还个人因兑换货币而蒙受的损失。苏格兰保留本民族的法律体系及法院，因为它的法律体系难以用法令来补充和修正。这样，就呈现出一种灭亡中的法律制度的有趣现象。双方还商定，苏格兰人在大不列颠议会中有61个席位，下院45个，上院16个，推选16名贵族进入上院。合并法令最后25项条款中，还包括对圣公会和长老会两个教派的保证。北方认为，这个问题至关重要，所以，当1706年11月对《合并法》诸条款进行激烈辩论时，又通过了第二个《安全法》，这次是强调苏格兰教会应像革命时确认的那样永久存在。

无数的请愿和普遍的骚乱证明，即将到来的英苏合并在苏格兰并不能马上赢得人心。尤其不祥的征兆是，那些一直被认为是势不两立的敌人将联合起来抵制合并。当苏格兰卡梅伦派分子)\*（极端的誓约派分子\*\*谈起同詹姆士党人联合的论调时，过去结成联盟的各党派明显地分裂了。两个政府很少拿出如此有力的措施来对付激烈的反对派。1707年初，经两国立法机关批准，大不列颠第一届议会于10月举行。达成这个协议，个中难免有点贿赂。当时，两国贿赂之风都颇为盛行，至少是从1703年以来，英国国库的资金名义上以"开支"为由流入苏格兰王国议员手中。可是，如果说合并是靠贿赂实现的，那就无异于只责难议会的一项成绩，而有意不触动其他问题，例如，要议会支持威廉发动战争，只有靠封官许愿和酬金才有可能。财政上的违法行为常常得到与其严重程度成正比的豁免。在这点上，英格兰和苏格兰的政治家们的真正区别在于：英格兰政治家们的生活水平较高，因此他们的索价也高得多。不过，早在1715年，西费尔德（现为芬勒特伯爵）就在上议院提议取消合并，理由是合并之后国家被剥夺了枢密院；英国惩治叛国罪的法律已扩大到了苏格兰；苏格兰贵族无资格成为不列颠贵族，苏格兰人要负担英格兰的麦芽酒税等。他的动议仅以67票对71票的4票之差被否决。上述要求取消英苏合并的理由虽无什么重要价值，但是却很值得重视。苏格兰所作出的实实在在的牺牲是失去了自己的立法机构。苏格兰的这样一种让步，表明一个国家的政治发展遇到怎样的阻碍。在合并前18年，这个国家刚摆脱束缚；如今，它的议会与其他机构尤其是与苏格兰教会的最高机构相比，已黯然失色。与王国过去情况相比苏格兰教会的最高机构通过处理宗教以

---

\* 苏格兰基督教长老会派中追随卡梅伦要求恪守1638、1643年两项誓约（保证苏格兰长老会派教会行政和崇拜礼仪不变）各项规定的一批人。——译者

\*\* 基督教苏格兰长老会派中的一派，又称圣约派。以拥护1638、1643年的民族誓约而得名。——译者

及非宗教事务，更像是国家立法机构了。这就是为什么苏格兰人在合并中强烈要求保护苏格兰长老会派教会的原因。一旦这项要求得到保证，这个如此不同于英格兰议会的、依然是中世纪的王国议会就可能更易于被降服。长期以来，在威斯敏斯特，下议院的45名苏格兰议员在正常情况下对政府措施进行投票时都抱成一团。在美国独立战争问题上，就可以看出他们是如何严重地脱离了自己的选民。当国民的大多数支持美国的事业时，而他们议会代表则相反。在下议院，率领苏格兰议员团的是一位苏格兰律师老爷，人们想，最主要的是他应当成为一个高个子，以便于他的追随者能看清投哪一方的赞成票。

合并的直接后果是，联合王国建立起一道防御敌人的更巩固的防线。当时存在着一些威胁，像法国—詹姆士党人企图在1708年登陆以及1715年和1745年发生的骚乱，但英苏两国都更加意识到双方互有需要，也意识到他们在几个根本问题上是一致的。这些带根本性的东西导源于非宗教人士拥护新教精神的本质，导源于他们种族的共同成分。第一点与进取、节俭和正直的品格联系在一起；至于第二点，苏格兰将享受另外的好处，即在世纪中叶平定了人口过多的苏格兰高地以后，凯尔特人的血液稳步地渗透到苏格兰东南部低地，以致今天几乎所有苏格兰的城镇居民都夸口说，他们的祖先中至少有一个是苏格兰高地人。不管正确与否，一般认为，高地人的血统给低地人不大容易激动的特质提供了富于想象力的或至少是富于情感的成分。这种混合，同斯图亚特王朝企图在这两大地区的苏格兰人中激起敌意，也同长期分裂爱尔兰的痛苦的隔离形成了鲜明对比。合并后不久，在这方面，苏格兰很快就交了好运。不到一个世纪，苏格兰人就被安置在帝国各地的负责岗位上。这些人并非都出身名门望族，不过他们都受过良好的教育，富有才干。苏格兰的许多大学在欧洲也是一流的，这些大学吸引了英国和美洲许多不信奉国教者,给那些既有实际能力又有理论素养的人提供了接受收费低廉的良好教育的机会。但值得注意的是,北方缺乏音乐。不错,在苏格兰人和盖尔人中都有许多优美动听的民歌,但是,音乐被排斥出教堂,这使苏格兰人失去了许多音乐传统和训练,这些传统和训练在别的地方则促进了音乐的协调发展。

苏格兰的文明好像不是遵循一条正常的轨道不断前进的。15世纪的乔叟传统兴盛不衰,是文学的春天,但被宗教改革和17世纪的寒流所摧残。随着18世纪的到来,文学又进入花繁叶茂的秋天,是北方总那么妩媚的时光。英格兰的文明更显现出连续性。奥古斯都统治下的拉丁文学全盛时期被认为是英格兰最伟大的成就,涌现出无数的报纸、小册子、杂志和讽刺作品;天主教阴谋活动产生了对恶棍小说和鬼魂故事的需求。威廉和安妮统治时期的战争,推动了地名词典、地图册以及介绍外国的书籍的大量出版。这些读物吸引了越来越多渴望消遣或得到信息的读者。1695年废止书报检查,也可部分地说明这一发展。这些文学作品对政府的批评虽然仍然构成煽动诽谤罪,但还是出现了对国内外事务进行坦率的并常常是睿智的讨论的局面。明显的例证是英国经过一段比较孤立的状态以后,正作为一个世界强国出现。新型的人出了。有文化的(有别于有学问的)英国人通晓公共事务,善于进行辩论而不会导致斗殴。诚然,官方的《伦敦公报》限制零星刊登内外的消息,但是有些报纸却开创了一个新鲜事:发表社论。社论通过分析关键的形势,进行指导并提供信息。这还不是全部。到1698年,出现了平装本,售价仅6便士。此外,还有部头更大的、扼要介绍国家历史的便士丛书。这些报章书刊成了那些历书和葬礼祷词等需要认真应付的竞争对手。这个国家虽然还没有给予公民以政治权利,但通过这些做法,在这方面已越来越成熟了，一个较有素养的公共舆论开始成为英语世界的特征。

1710年，即在安妮统治的转折那年，新闻事业有了新的发展，特别引人注目。这许许多多事件加在一起，引起公众舆论的强烈反应，这清楚地反映在那年秋季的大选中。1709年9月，在马尔普莱奎特战役\*中盟军的损失远远超过法国，继这一代价沉重的胜利之后，1710年在西班牙又遭到致命的惨败。与此同时，路易十四提出的一项有利的和平建议，因盟国坚持要路易把他的孙子逐出西班牙也落了空。路易十四由于拒绝了上述不合理的要求而赢得了国内外的尊敬，而戈多尔芬和马尔巴勒则因为没有抓住时机谋求和平而可能受到追究。但是这些重大事件[①]，即使加上当时出现的"教堂在危险中！"的叫喊也不能说明1710年党派情绪猛烈爆发的原因。在这种场合下，常常需要一位杰出的人物，他也许能把周围杂乱无章的事情理出一个头绪。马尔巴勒公爵就是这样一个人。他在史籍中以吝啬、自私闻名，因而他的评论家们不可能了解到他个人私下的许多慷慨行为。更严重的是，似乎有理由认为，他的辉煌胜利的日子已经随马尔普莱奎特战役而结束，佛兰德之战又会成为威廉时代那种令人厌倦的围攻战的重演。1710年是公爵生涯中的关键时刻。1709年，他愚蠢地要求任命他为终身总司令，遭拒绝，此事被英国文坛上最放荡不羁的天才之一、在气质上与这位将军截然不同的英籍爱尔兰人、牧师斯威夫特所轻易利用。1710年11月，担负起《检察官报》的主要职责之后，牧师便无情地嘲笑他的受害者。他集中攻击国家授予马尔巴勒公爵的许多有名的纪念性礼品，[②] 而且用

---

\* 西班牙王位继承战争中的一次战役。——译者
① 参见本书原文第436页及以下，第448页及以下。
② 值得注意的有拨款24万英镑，用以建造布莱海姆宫。见D. 格林著《布莱海姆》，1951年；L. 惠斯勒：《范布勒及其同类艺术家们的想象》，1954年，第83—123页。

来同过去授给征服者们的微不足道的奖赏进行比照。这一点有说服力，因为它是事实。但是，含沙射影地攻击这位将军、继续这场战争是为了个人发财致富，是想建立克伦威尔式的独裁统治，这就不真实了。牛津—博林布鲁克政府的建立也抵挡不住政治作品的泛滥。马尔巴勒自然成了不费力气的猎物。控制一般的战争行为甚至导致战争发生的政策是一次较大的检查。斯威夫特在《盟军的行动》一书中这样做了，这是他写的最有才华的小册子之一。他攻击了3个主要方面：首先，英国应当只作为辅助部队参战，因为路易十四并没有直接威胁英国，他仅仅是承认老僭位者，而承认也可能只是官样文章而已。在西印度群岛对法国及西班牙的领地进行海战，能更有效地维护英国的利益。其次，战争使国家债台高筑，它有朝一日会压倒我们，它已使农村的乡绅倾家荡产，从中获利的是承包商和股票投机商。再次，英国成了大同盟的傀儡。皇帝骗取了我们的土伦，之后又把军队调往匈牙利去镇压起义；荷兰则逃脱自己的责任，指望英国首当其冲，承担费用和人员的牺牲。作为一名出类拔萃的记者，斯威夫特向一个厌战的、对外国人怀有疑虑的国家呼吁，并且认为荷兰总是会在交易中占到便宜。

　　形成对照的是，丹尼尔·笛福的辩论则渗透着早熟的自由主义思想。笛福是一名不信奉国教者，没有正式的公民资格。他好像是站在事件的边缘上，能比直接参与者更公正无私地去观察事件。他在许多小册子和杂志上鞭挞当时那些因普遍得到宽恕而往往为人们所忽略的社会丑恶现象。例如，为了捞取保险金而让不适于航海的船只出海；南部海岸发生的"船只遇难事件"；囚禁债务人；对那些纯为生活所迫不得不去干小偷小摸的人处以酷刑等。对公共福利事业的深切关注和对"激烈的"党派偏见的愤恨，驱使笛福在他创办的《评论》杂志上撰文评论。① 该杂志创办于1704年，当时他因为写了《对付不信奉国教者的捷径》（1702年）一文而被囚禁在狱中。在文中，他以辛辣的嘲讽笔调建议解决不信奉国教者的最好办法是把他们全都吊死。在《真正的英国人》（1701年）一文中，他嘲笑过激的民族主义情绪，呼吁对外国人、包括对苏格兰人要采取明智的态度。的确，在1707年前后，他为在英苏双方创造一种更为友好的感情而做了大量工作。在他同时代所有的文人中，他最了解北部王国的形势，充分认识与其邻国结成亲密伙伴的迫切必要性。笛福与轻视商业活动的斯威夫特截然不同，他对不列颠的前途充满信心，他认为不列颠的土地、气候等自然条件被过于贬低了，它有一大批报酬优厚、生活富裕的工人。诚然，他们的性格"欢快，爱炫耀，不完美，还有满天飞的《英国商业计划》"②，但他们"并不习惯于轻松和肤浅的工作"，而且拥有不断改进其他民族发明创造的天才。

但是，这位天才往往比不上较少个性的人更能代表自己的时代。约瑟夫·艾迪生对新的英国作了最好的说明：繁荣、安全、自满。下面是他1711年对《皇家交易所》的赞颂：

在市镇上，没有比皇家交易所更能吸引我常去的地方了，它使我从内心深处感到满意，而且在某种程度上满足了我的虚荣心。作为一个英国人，看到自己的同胞和外国人频繁聚会，共同商讨全人类人人关心的事务，使伦敦成为全球的某种商业中心……我异常高兴地看到，如此多的人们不仅

---

① 见 W. L. 佩恩编《笛福评论文集锦，选集》，1951年；J. R. 穆尔的《丹涅尔·笛福，近代世界的公民》（芝加哥，1958年）和《丹涅尔·笛福作品一览》（布卢明顿，1960年）两书很好地介绍了笛福兴趣的广泛和新颖。

② 《英国商业计划》（1728年），1928年牛津再版，第32、144、224页。

个人事业兴旺，同时还通过调剂国家的余缺，以促进国家的货物供应。几乎每一不同等级都产生出他们特有的产品。一个国家生产食品，另一个国家则生产调味汁。葡萄牙水果缺乏，巴巴多斯就把水果运去了，把一种印度甘蔗的木髓注入一种中国植物，就会使之变甜……一件高贵夫人的服装常常是上百个不同地带的结晶。来自地球各个角落的妇女皮手筒和扇子也都集中在这里了……①

这之前的45年，德赖顿也曾触及类似的主题，不过，那时拥有世界霸权的是荷兰人，而不是英国人。他写道：

> 只为他们，上苍有了仁慈的热力，
> 在东方的宝库中流淌着珍贵的甘露；
> 为了他们，以土买\*的香脂草榨出汁液，
> 还有在热带锡兰\*\*生长着盛产香料的森林。
>
> 太阳仿佛只是为他们的岁月劳作，
> 每一轮渐圆的月亮用它的蓄水
> 湿润着潮路，把他们满载的船只
> 从天涯海角推向比利时岸边。

艾迪生华丽的修辞与德赖顿诗歌有力地提醒人们英国在拉丁文学史上最灿烂时代之一的奥古斯都时期欠缺些什么。但是在这45年间，这个岛国的命运已经改变了。1666年是"奇异的年

---

① 《旁观者》第69期，1711年5月19日。
\* 以土买，巴勒斯坦南部地区，在死海的西南。——译者
\*\* 即今斯里兰卡。——译者

代"。这一年,经历过流行黑死病和大火考验的英国,仍然能顽强地在海上与其最强劲的对手较量。1711年给英国带来了从欧洲大陆新敌人手里赢得的和平,以及扩大而统一的、即将在世界各国中占有显著地位的不列颠的必然结果。

(程西筠 刘淑敏 译)
(程西筠 校)

# 第九章

## 战时财政,1689—1714年

"不管这场战争什么时候停止,"英国的小册子作者查尔士·达维南特于1695年写道:"这不会是由于双方的仇恨情绪已经消除,也不会是由于没有人参加战斗的缘故,而首先感到财力不支的一方,必然首先偃旗息鼓。"这几乎是1689—1714年战争时期双方的政治家、将军、行政官员及承保商们所持有的一致看法。这一时期内,是一国的财力而不是它的经济力,最终决定战争历时的长短和激烈的程度。因为一个不能诱致或迫使公民把财富输入国库并迅速又巧妙地拿出财政上的新招从而破了产的政府势将被迫求和。敌对双方总是倾向于就劣币的流通、内部的叛乱、到期贷款无力偿付、外汇的逆差、重要金融家的破产或出走等事实而不是从死亡人数及物资的消耗中来估量双方的损失。正如1705年驻都灵的英国公使理查德·希尔在给财政大臣戈多尔芬爵士的信中所说:

> 法国国王的金库已开始崩溃了。他已亏空了2500万……对于夏米亚尔(法战争时期总管理员),爵士阁下,你还是一如既往继续占他的上风一到两年,把其余的事情留给马尔巴勒公爵去做就行了。

然而战争的财政方面，在当时的人看来是这样的迫切，但竟被历史学家们相对地忽视了。重新画出战争的财政面是很困难的，部分地是由于残留下来的档案混乱复杂，部分地是由于它的数量及可用性随着不同国家各有其不同之处。只有英国的财政统计资料在一定程度上可以确信，至于其他国家所呈图景则模糊不清。此外，一个经济学家有必要提出的大量关于战时财政真相的问题，如果没有可以作为依据的资料，最多只能得到不全面的答案：如利用外国贷款或通过减少投资或压缩消费或通过所有三项办法所支付的战费是多少，赤字贷款对经济增长的影响如何；因政府订约所引起的需求形式的改变如何等。为了实事求是的缘故，也必须把本文论述的范围限于在路易十四后期卷入战争的4个大国。然而对于英国、法国、荷兰和奥地利在战争压力下的财政制度进行描述并在主要原则上加以比较，这样一个尝试是值得做的，因为它将显示财政对这一时期的历史所起的决定性影响。

1688年刚结束时的英国财政制度，在许多人看来一定不像能支持一场旷日持久、耗资巨大的战争。英国财政的平时收入只达到法国的五分之一，又没有像法国和荷兰那样可以筹措长期借款以弥补亏空的机构。此外，王室与议会之间在财务上素有对立传统，曾经危害或阻碍过给养的征集，可能仍将如此。但也有若干好的方面可说，如为1660年法令所承认的王室封建课税的废止，一方面消除了王室由于监护、婚姻、购置等特权所引起的怨声载道，另一方面将国库收入置于相对可靠的消费税及关税辅以经议会同意的直接税的基础上。这样做的效果之一是使1660—1688年间的国库收入增长一倍。查理二世王政复辟后不久，教会自行放弃了征税的权利。1660—1685年间，财政部有效地控制了全部收入的征集。在安妮统治的末期，财政

## 第九章 战时财政，1689—1714 年

部对于开支也实施了相类似的控制，而担任司库职务的人成为政府中最重要的人物。这个机构的职权行使于 1714 年，经永久确立之后，这样的一个倾向得以持续下去，但在 1688—1702 年的一段时期，由于当时掌权的是财政部，而威廉三世本人对于财政也抓得很紧，致使这个倾向被隐遮了一部分。但在戈多尔芬担任财政大臣的职务时（1702—1710 年）则全部明朗化了。戈多尔芬表现出具有杰出的理财才能，且能正确评价国家信贷制度的重要性。他以后的继任人选一个世纪以来总是钦羡不已地回顾他的这些方面。

像戈多尔芬表现的那种天赋才能是经受了严峻考验的。在长期的战争中，英国的财政支出与它的盟国及敌国一样，上升到空前未有的水平。大革命前，其数额每年不到 200 万英镑；1689—1702 年间，总数达 7200 万英镑；而在 1702—1714 年间总数不低于 9900 万英镑。支出的 40% 用于陆军，35% 用于海军。给予其他国家的补助，虽然对于维系联合起了作用，但大大少于以后进行战争的年月：17 世纪 90 年代无确数，但 1701—1711 年间英荷共同承担付给"大同盟"8 个成员国约 800 万英镑。这个数字虽应由两国平均负担，但结果英国却付出总数的三分之二，对此托利党政府于 1711 年提出过异议。我们从斯威夫特的小册子中知道国内对这些给予外国的补助颇为不满，而当他们了解到英国战时财政收入的相当大一部分被用于国外这一事实后，不满的情绪更加强烈了。

用以支付战争的额外款项部分来自增税。1688—1697 年间，税收增长了 1 倍；1702—1714 年间，增长数又上升了 75%。主要的直接税为土地税，于 1692 年首次征收，虽然看得出来这种税系源出于旧税（包括共和政体时期月度税），这种税本来是在所有的货币、货物、商号及土地的收益上征收的，但很快改为（像其他国家的同类税一样）仅在土地的收益上征

收了，其战时标准税率为每镑4先令。征收额估定值，即收益，很快地变为定型的了，地主阶级对此很有意见，但这种税与法国的同类税、人头税比较起来还是好得多——无论就基本税负公允还是就税金收入（这时期估计刚超过200万英镑）而言。作为这种税的补充，有印花、房、窗等杂税。主要的间接税为关税及消费税，战争终了时约占国家税金收入的一半。两税的构成非常复杂，主要由于议会几乎每年都巧立名目，以倡征新税来支付长期借款的利息，又很快放弃了原来把消费税限制于色酒、啤酒、白酒等"奢侈品"上的打算。① 到了1714年，很少几种普通的消费品不被征税，而由此产生的消费税及关税税则，其复杂的程度，正如现代的所得税一样，只有专家能理解其梗概。

在正常情况下，无伸缩的收入得以大幅度增加是一项可观的成就，但这只能满足政府一部分的需要，差距只能通过借款来弥补。在这一方面，英国所处的地位很不利，因为1689年它的信贷机构只限于每年能筹集用预期可以到手的税收偿付的借款。重大的资金支付向来必须由出售王室土地及地租才能偿付。然而，由于过于频繁地乞灵于这种办法，竭泽而渔，以致到了1702年来自王室产业的收益变得微乎其微，而其时法令也禁止了继续出售这种产业。大革命后不久，议会被迫考虑一种不同的但更重要的权宜办法。早于1692年，由精明强干的财政大臣查尔斯·蒙塔古担任主席的下议院中的一个委员会征求用永久性生息基金作保证募款100万英镑的建议。这种建议最初虽然没有奏效，但其

---

① 1697年增征麦芽酒税，1710年增征蜡烛税；1711年增征蛇麻子、皮革及耐水煤等税；1712年增征肥皂、纸张、淀粉、印花布、出租靠背椅、纸牌、骰子等税。关于1690年的进口税一般水准提高4倍后的结果，参阅R. 戴维斯所著《1689—1786年英国保护贸易制的出现》一文，载《经济史评论》第2辑第19卷，第306—307页（1966年）。

后终于导致提出了一个用联合养老保险法①借款 100 万英镑的方案，利息 1 分，并于 1693 年 1 月经下议院批准。规定征收消费税 99 年以支付利息。对于认购人及其提名人终身免税，直至提名人人数减到 7 人为止。② 如果在这个基础上借不到 100 万英镑，则余额由发行利息为 1 分 4 厘的普通年金券筹集之。谨慎从事的投资人，大多数在伦敦，认为联合养老保险债券过于复杂且不大可靠，致使这项债券只筹集了 10.8 万英镑，而年金债券则筹集了 89.2 万英镑。然而，联合养老保险债券的重要性不在于它的形式上——其后也绝少仿照——而在于它成为大规模募集长期借款的基石。是长期借款使英国得以应付战争及征服活动的开支，其规模之大"使整个欧洲咋舌"。

继 1693 年联合养老保险法借款之后，又有 1694 年、1697 年及 1704—1714 年间的其他长期借款。在 17 世纪 90 年代中借款总数约 700 万英镑，不超过支出的十分之一，而在王位继承战争时期，借款数字几乎上升到 3500 万英镑，约为总支出的三分之一。两个比例所以有这样大的差距，主要由于议会最初不愿把国家收入的某些部分永久性地作为支付利息的保证。事实证明这是目光短浅的看法，因为它导致了过分依赖短期借款从而造成给予短期债券过高的贴现，约 700 万英镑的短期债券必须由 1697—1702 年间延期到以后才偿付。

为适应一个试验性和不安定时期的需要，政府的长期债券的形式多样化。其中有 1694 年、1697 年、1711 年及 1712 年募集的有奖借款，这方式以前在英国由私人、在法国和尼德兰由政府

---

① 联合养老保险金——一种年金的形式。当参加者死亡后加给活着的参加者。首创人为洛伦佐·汤梯，伦敦市政会的顾问之一。这项养老保险金于 17 世纪 70 年代及 80 年代被荷兰的县政府及私商的企业联合组织所采用。1693—1700 年，该项借款的利息为 10%，以后降至 7%。

② 英国政府证券上的收益，虽然多方提出要征税，但至 1799 年仍是免征的。

采用过①。1697年的有奖债券大部分未认购出去，主要由于当时信用大为下降之故，但其他有奖债券，如公开发售的奖券则很受欢迎，公开发行的奖券直至1826年方被取缔。它们之所以被采用于两次战争结束之时，说明了财政部认为这种形式的借款最适宜于困难时期，其时吃腻了嘴的投资人要求投机性的收益来加以刺激。在较早的时期，大部分款项系通过出售以若干年为期的年金债券筹集之，这又是一种为法国和尼德兰长期以来所悉知的借款方式。在1695—1702年间，1693年的大部分及1694年的终身年金券换为长期年金券，以换取享受年金权利者继续交款。1704—1708年间用长期年金券筹款得800万英镑；1710年又发行了另一笔年金债券。除了后一笔借款（为期32年）外，这些年金券都是为期89—96年之间的，因此紧紧地与17世纪90年代以前的国库收入的主要部分相关联。这些借款的平均利率曾由17世纪90年代的8%以上下跌至王位继承战争时期的约6.5%，因之也反映了投资人对国家信誉的信心真正增强。"大笔款项"（正如沃波尔1712年所说）"经常提前交付，几乎迫使政府接受，利率为5%—6%"。虽然如此，1714年国债达4000万英镑，其中约三分之一是用年金券形式发行的，此券不经持券人同意不能予以偿还或降低利率。这一事实说明战后若干年月政府所处的严重困境。

1694年、1698年、1709年及1711年由各特许公司提供的贷款补充了公众认购由财政部经手的长期借款。1694年，向一伙合股组成的所谓英格兰银行理事、股东联合会的认购者筹借了120万英镑，8厘起息。1698年，顶着旧东印度公司的严重敌意，特许设立新东印度公司，条件为以200万英镑借给国家，利率亦为8

---

① 1711年有两种有奖债券，1712年也有两种。1713年为了支付女皇皇室的年俸，筹集过一笔小额有奖借款。

厘。1709年，两公司以联合东印度公司名义联合经营，又以120万英镑输入了国库。1711年，戈多尔芬的继任哈利设法使政府无力立即偿付的900万英镑短期债券持有者们合股组成的英国南海商人股份公司的理事股东联合会，对债券持有者给予同额的南海公司股票，金融市场因此一举由大笔流动债务中解放出来了。虽然短期债券原来的贴现转到新股票上，新股票于1715年才达到票面价值。

这些债券及这时期政府其他债券的认购人表面上好像主要是由贵族、官吏及一系列小额贷款者身居前列，但绝大部分认购者则是伦敦的资产阶级，包括有权势的少数犹太人、不信奉国教者及胡格诺派教徒。政府从国外募得的贷款看来只是小额的长期贷款，一笔最重大的数目是1710年4月募自伯尔尼行政区的15万英镑。① 但可能有巨额外国款项以短期借款形式流入。

国家度支的新办法包括给银行及其他股份公司签发特许证，必须看做是在伦敦商业区内获得重要的技术进展的背景下发生的。海事保险业发展于爱德华·劳埃德咖啡馆中，海上保险股份公司经早期几个项目失败后于1720年开始创办——如皇家交换保险公司及伦敦保险公司。小规模的人寿保险业也在开始，主要在建立于1706年的协和商行内。火险业也在稳步发展，继1681年的巴旁商行之后，又有1683年的友谊商行、1696年的携手并进商行及1710年的太阳火险行。后者很快地超越了它的竞争对手并在国内市场中占了首位。帝制复辟后才兴旺起来的合伙银行业蓬勃发展。与此同时，政府及特许公司的证券市场也成长起来了，活动集中于皇家交易所对面交易巷的加勒汇及乔纳森咖啡馆。这时，出现了金融革命的第一阶段。在这阶段中，其后统治

---

① 英国政府也在荷兰筹集过短期借款以发放军队的饷银，1695年为22万英镑，1697年为28万英镑。

伦敦商业区达200年之久的一些机构建立起来了。

在这些机构中，英格兰银行占首位。它的兴盛使它的敌手深为懊丧。托利党人把1696年落空的土地银行计划并在某种程度上把1711年南海公司的设立看做是对英格兰银行优势地位的反击；有种看法认为，这个总部设在穿针街的英格兰银行，逐渐使财政部仅成为它在伦敦西区的支行了。直至眼下这个世纪仍有为数众多的人拥护这个看法。早期的评论把它看做是一个信用贷款的独占者，且由于同意哈林顿所说"凡是有一家英格兰银行的地方，十之八九有一个共和政体"，示意它源出于辉格党的倾向，建立一个共和政体。然而，鉴于它对国家财政稳定的贡献及自其成立的那年起对改进公开借款的贡献，很难不同意这样的一个结论：没有一个其他机构对革命善后的稳定作出更大的贡献，或更有效地保证了英国人在18世纪所享受的自由。1715年企图接收并把它焚毁的詹姆士派人也显示了对其重要性的高度评价。

1713年以后的30年间，英格兰银行逐渐把长期借款的管理工作从财政部手中接了过去，以它自己代价低效率高的办法代替了财政部的古老成规。然而，在1714年以前，它给予政府的主要帮助在于筹集短期资金。在这一方面，正如在筹集长期借款时一样，1688年后有重大的改革，但也犯了导致1696—1697年危机的重大错误，其严重性竟危及整个战争的进行。这时期所指望的国家收入主要由财政部以某种赋税作为担保筹集借款才实现。国家给予贷款人半根符木[①]和一纸偿付单，该单可以转让，并在

---

[①] 符木是一种中世纪遗留下来的清算账目的凭证，此项凭证一直被沿用至19世纪30年代。这是一根刻有凹口的木棒，国库于收进钱币后将其裂分为两半，由付款人保留较大的即主要的一半，由国库保留较小的即作为存根的一半。这时期通用于借贷行为上的有两种符木，较为普通的一种是书中提到的"索尔"（Sol）。

## 第九章 战时财政,1689—1714年

税款到手借款得以偿清以前发付利息。这个办法是相对可靠的,如果所有借款均能用捐税收入按期全部偿清的话,这类捐税通常只征收短短的几年。不幸的是,对于指望获得的税收的估计往往失误,以致若干种捐税在其征收期终了前它们所担保的借款尚未偿清。

此外,符木往往是发给部门的出纳员的,上面刻着他们的名字,好像他们总预期的某种捐税借出过钱,实际上他们并未借出过什么,但他们可以用这虚构借款的符木进行贴现或干脆直接付给政府的债权人。理论上说,税款征集后,符木的持有者可以把钱取到手,但实际上财政部对于这些由各部贴现的符木总数及它们的贴现率的控制似乎并不十分有效。年成歉收及货币不断贬值更使形势严重化,最后迫使政府于1696年用新硬币全部更换了轻的、旧的,磨损了的钱币——这一步骤虽然使欧洲大陆对于英国维持信用的决心大为赞扬,但在一个短暂而紧张的时期内使通货出现了异常紧缩的现象。由于经济上不尽如人意,税收不足,过多地发放符木,加上新硬币状态不佳等现象的并发,使外汇行情非常不利于英国,信用迅速下降,承包商在得到偿付以前,拒绝履行他们的合同。看上去整个战争机器有陷于停顿的危险。当时的一位评论家说,1696这一年,"对于英国的多方面来说很可能是致命的一年"。到了1697年春,15种捐税的税收不足,而由这些捐税所担保的数目在500万英镑以上的借款的符木的贴现率竟高达10%以上。

英格兰银行给予合作后才有了起决定性作用的补救办法。那时候银行已经把在佛兰德尔的部队的汇兑合同接过去了,它同意于1697年4月筹募认购数额无限的新股票,五分之四以符木支付,五分之一以银行现钞支付。认购的数目略超过100万英镑,其中80万英镑是以贬了值的符木认购的。与此同时,议会议决指定到1706年为止以8种关税和消费税偿付全部尚未结清的符

木的本息，包括其时银行持有的符木。这些措施，很快随之而来的《里斯威克和约》的签订，使短期信贷有了转机，并使6厘的符木于1700年重新与票面等值。银行的一位董事后来曾不无理由地声称，如果没有银行的协助，要渡过这次危机是不可能的。在下一次战争中，戈多尔芬凭他的才识，对于符木办法的管理更为小心谨慎，出纳员的贴现交易受到了严格监督。有助于走向稳定的另一个因素是银行的年度大额拨款，不是为出纳员将符木贴现，便是以存储符木作为担保。此外，这时候财政部更多地利用筹集短期借款的一种新的手段了，这手段于1763年取代了符木——那就是国库券。

国库券起源于1696—1697年危机时期，当时批准了以券的形式发行债券150万英镑，利息为4.6%，可以向财政部即期兑现①。国库券一部分渊源于查理二世统治时期所作的筹议，但早期实施的时机不好，计划不周，批准的债券中流通的仅15.8万英镑，大部分于1697年取消了。一年后又发行270万英镑，利息提高到7.6%，可用以付税，且与一伙商人做好安排为它们的兑现提供专款。② 这一次发行颇为成功，财政部吸取了1694—1697年时符木的命运的教训，谨慎从事，收回国库券，于1710年几乎全部偿清。1697年后直到1707年止没有继续发行过国库券。1707—1713年间则发行了为数不少于560万英镑的国库券，利息略高于3%，并以专门指定的捐税作担保。由于其中有些捐税已有其他负担，于是增发国库券以支付利息

---

① 其发行为设立土地银行的法令所批准，条件是如果认购额无法达到256.4万英镑（发起人曾作过将此数立即借给政府的承诺），不足数可用短期借款筹集之，其中150万英镑可以国库券充数。土地银行认购额全部未付款。

② 受托管理发行的人最初为12人，到1702年减至3人，继续行使其职权至1710年。他们的工作显然仅在为国库所拒付的国库券受款兑现。他们的款项来自年度认购额，认购人给予等额的国库券。

直至税款把其他负担了清为止。与此同时，银行承担起使债券得以流通的任务，办法就是在协商一致的条件下可以兑现债券。1709年银行为其中的170万英镑提供了备付本息的资金。国库券本身无力偿付这一部分债款。银行提供资金的办法是：1707年用一张要求按股额增资50%的通知，1709年通过把资金加倍，1709—1710年用要求增资15%及10%的通知，最后动用"为流通而认缴的年度专款"。到了1710年，这些做法使它名义上的资金（约相当于国家欠它的数目）增加到550万英镑，直到1722年为止就停留在这个数目上。由于银行的帮助，到安妮统治末期，国库券成为一种短期信贷行之有效的手段，为投资公众所乐于接受——与它入世初期令人产生怀疑的情况大不相同了。关于偿付1707—1713年的国库券，没有制定过系统的规定，以致450万英镑国库券到1713年尚未偿付，这是事实。但是以国库券逐渐取代符木、以年度税收预作抵押的道路已经打开了。

由以海军及粮食储备部为主的花钱部门发行的债券在短期借付中是重要的一项，而其发行额的控制是财政部经常遇到的问题。九年战争时，陆军和海军一部分是用信贷来开支的。为了扫清陆军薪饷及服装费欠款发出了凭单（债券），一部分可用以换回1697—1702年间被没收的爱尔兰土地；余数（98.7万英镑）于1711年换成南海公司股票。17世纪90年代曾试图用贬了值的符木支付军团的饷银——一种铤而走险引起过哗变的紧急办法。在以后的战争中，戈多尔芬谨慎地防止了这种风险再度发生，如期以现金发放陆军的饷银。1713年拖欠陆军的债款为数已微不足道了。海军部的承包商的运气要差些，付给他们的是6%登过记的债券，在工程进行中偿付，按照优先次序——这在平时是一种正当可行的办法，但在王位继承战争时期变了样，一部分原因是由于议会无法核准给予海军以足够的给养，一部分是由于债券偿付的期限——"海军工程进行期限"——持续延长了[1]。1711年海军及粮食储备部所发行的债券总额为400万英镑，这些债券在工程期限还有3年结束时，贴现率超过30%。它们的持有者大多数为伦敦的商人及银行家，他们为承包商把债券贴现，施加压力使财政部偿债。哈利主要为了应付这样的局面，向议会提出了他的南海公司方案，该方案于1711年6月13日得到王室同意。海军及粮食储备部当时的债务及若干种其他短期票据，其中有的是早自17世纪90年代就开始的，总数约900万英镑，均换成了新公司的6厘股票———种可认为是与银行将符木"移花接木"的办法，那个办法曾在1697年为国家解除了危难。

汇款以支付海外的武装部队的费用往往有很大的困难。例如1709年时必须汇300万英镑至各战场，这个数字可能不少于国家支付的顺差。显然这需要谨慎处理，以防汇率变得不利于英国，从而带来灾难性的后果。在这方面，正如财政战线的其他方面一样，这个时期是"吃一堑长一智"的时期，付出高昂学费吸取教训。1689年伦敦没有经办军事汇款的机构，对于其涉及的问题毫无所知，特别是有关调和战役的季节性需要及贸易上的季节性涨落的困难，这个问题搅乱了多数专门为此目的而签订的汇兑交易。

由于英国的经验不能依靠了，威廉三世先转向荷兰的军需官。但到了1691年，这个不让财政部有所控制的办法在实践上是如此不能令人满意，以致他又去依靠伦敦银团，后者有时候彼

---

[1] 关于募集1702—1710年的海军债款，综合起来有若干因素。这些因素可以归结为：议会无法通过全部预算或提供国库券的利息；财政部对于所通过的海军给养的拨款发行不足；海军及粮食储备部的超额花费（赊购）；海军给养品价格普遍上涨。服役的舰艇数逐年略有变动，随着战争的进行有某种下降的趋势。

## 第九章 战时财政,1689—1714年

此间相互进行着竞争。到了1695年,由于政府的信用下降,这个办法也难免失败。面对着前线的部队在战场上无法维持的危机,财政部转而向新建立的英格兰银行求援。谈判于1694年9月开始。1695年初时任财政部专员的戈多尔芬与董事们接触谈及要"他们中若干人前往荷兰,在那儿建立信贷,为在佛兰德的部队提供给养,提高汇率(当时汇率很低),并同意在以后一段时期里保持一定的汇率"。英格兰银行在安特卫普设立了一个办事机构(1695—1697年),先承担一个一年为期固定汇率的协议,然后在1696—1697年与私商共同参加了汇兑业务。英格兰银行为提供的帮助付出了很高的代价——估计全部交易损失约13万英镑——但对政府来说,其贡献是不可估量的。重铸货币工作的完成,短期信贷的复活,最为重要的是随着和平的临近,汇款减少,使外汇于1697年末重又处于有利的地位,使戈多尔芬和他在银行中的两个主要伙伴亨利·弗内斯爵士及西奥多·詹森爵士能去总结经验考虑他们从中学到了什么。

在下一次战争初期(1702—1704年),财政部再度利用有竞争性的银团,他们中许多成员,如詹森本人,是胡格诺派教徒,属于同时既经营荷兰又经营法国汇兑业务的家族商行组织。对于这样一个非正式的国际财团活动日益增长的怀疑,例如有关阿姆斯特丹及伦敦商人中流通法国商业票据(据说两者都意在维持法国的信誉并延长战争),对于1703年英国政府胁迫荷兰对法国实施全部商业禁运及断绝通信的决定起主要的作用。1705年逃往英国的法国的汇兑业务经办人让·胡古坦提供的消息证实了戈多尔芬对于英国银团的怀疑,也坚定了他的决心:把一切汇兑业务集中于干员詹森(经办意大利及帝国的汇兑业务)及弗内斯(经办低地国家及葡萄牙、西班牙等国的汇兑业务)。尽管戈多尔芬于1710年被罢官,但他们的汇兑系统直至战争结束始终保持着完整和效能。

在整个17世纪中"受到欧洲人这样尊敬及亚洲人这样畏惧"的联合省（正如孟德斯鸠1721年所描述的），在商业及经济技术上在欧洲各地居领导地位。外国撰写小册子的作者要找一个真正的重商主义国家的模式，就到有银行及交易所的阿姆斯特丹去找，从荷兰的商法及土地入册制度中去找，从荷兰的社会结构及社会倾向中去找。所以当时的观察家可能期望这一个从日常生活开始即惯于用最新的处事方法的欧洲最富有、最都市化及最具有四海一家观念的国家会建立一个简单、有效的征税制度，税收条理清楚、征收及列账简易，完全适合于这个国家的需要，不论是在战时或在平时。事实上不是如此。这个共和国的财政，虽然在管理上大大地优于除英国外的任何其他国家，但也有其不肯定拖延及不足的特点。他们也不能免除浪费及弄虚作假的毛病，原因主要在于荷兰人的强烈的地方主义情绪，这种情绪主宰了荷兰人的生活和政治。一个财政制度的最合理的基础——由中央财政部管理"联邦"的税收——是各省不惜付出任何代价要避免的。[①] 相反，他们顽固地依附于他们自己的财政机器，极为勉强地通过中央政府的预算。尤其是在和平时期，把国家的负担彼此推诿——正如荷兰议会在1721年所沉痛指控的——从而危害共和国的生存。

由于各省各自珍惜自身利益所导致的分化，中央政府的财政机构相对来说是很简单的。设在海牙的中央财政部及其所属的会计室，主要是一个账房，其任务仅在于把荷兰议会所通过的并把各省省库收支的金额登记入册。进入中央金库[②]的实际收入在战

---

[①] 1579年乌特勒支联邦征收联邦货物税，但后来又中止了。
[②] 布拉班特、佛兰德及一些其他区域部分地区，居民大部分是天主教徒，未享受和七省同样的权利（例如在国会中的代表权）。

争结束时不过是 75 万盾左右,且用于支付联邦借款的利息及中央政府包括中央财政部本身的行政费用。在这种情况下,负责监督检查这个机器并定期向议会报告财政事务的中央财政部长及共和国的中央金库长与英国的财政大臣、法国的财政部长或奥地利的宫廷金库长等,其地位不是同等重要的。

联邦收入的大部分来自各省的摊派款。下一年内联邦所需款项先由在海牙的国务院作出估计并提交给国会审议,后者一般在经过热烈讨论并与省及县政府交换情况和意见后给予批准。因为每一个省代表团必须同意它自己的摊款数额,事实上必须取得一致同意,而要做到这一点并对紧急案件作出迅速决定几乎不可能了。国务院预算采用的是军事预算的形式,而在战争时期采用的是非常时期额外军事预算的形式。后者需各省自己开列需要征集和维持的部队的细节。军事预算的规模随着战事的延续而急剧增大。17 世纪 80 年代是和平时期,一般开支约在 900 万盾左右。1695 年预计数为 2340 万盾,1703 年为 2440 万盾,1708 年为 2770 万盾,而 1712 年竟达 2900 万盾。这些数字与前些年份比较起来是令人吃惊的,但有助于说明为什么共和国的海军开支(像法国那样)在西班牙的王位继承战争时下降了。

海军的需要由国务院与以阿姆斯特丹选举团为首的 5 个海事选举团商讨后作出预算。这些选举团管理着进口税和出口税,这些税名义上是联邦税但实际上是由省控制的。所得收入虽不足以满足海军战时的需要,但也相当可观。1689—1714 年间阿姆斯特丹选举团的收入每年约在 100 万—175 万盾之间。国务院征求各省同意筹集海军需用的增款,一般总是在克服许多阻力和讨价还价后才达成协议。1688—1701 年间由各省为海军提供的非常开支数约 7800 万盾。这是一个战列舰发展到 100 艘以上的时期。王位继承战争时期类似的规模不再有了,故在战争结束时,荷兰可以作战的舰艇减少到 30 艘。但是很清楚,不断上升的军事预算使各省越来越不愿——如果不是越来越无力的话——为联合舰队的荷兰部分（占八分之三）承担开支了，特别是因为英国的钱包显然是无底的，看上去它已经有把握控制这场海上的战争。

如果在九年战争时期联合省的平均军事预算每年约为2000万盾，在其后一场战争约为2500万盾，则整个战争时期总估计的军费大约在4.5亿盾左右。这个数字还可加上海军开支（比如说）约1500万盾。由于没有精确的账目，无法说出实际上筹集了多少钱。由于延期和弄虚作假，总数似乎不像被全部筹足。即使如此，为了两次战争共和国肯定耗费了约5亿盾至7亿盾之间的数目（约合5000万至7000万英镑）。在这个总数中，中央政府发行的长期公债只占小部分。它们可分为两类：一类是由总部（中央）负担，从其收入中提供资金筹集的；一类是由各省负担，从它们的收入中提供资金筹集的。1715年时前者的总数为2450万盾，后者总数为5660万盾。此外，允许同盟国在荷兰募集借款，奥地利部分单独考虑。其他国家经允许在九年战争时期总共筹集约100万英镑，在王位继承战争时期约125万英镑。最大的借款人为西班牙的卡洛斯二世及查理三世，均记在他们荷兰收入的账上。

荷兰的战争费用大部分是由增加各省摊款开支的，各省经济负担的比例本来早在17世纪初已经确定下来了，虽然后来成为一件争论很大的事情。荷兰是最富有和人口最多的省，大家都希望它提供比共和国其他省份大得多的款项。在1689—1714年间，它不得不负担共和国军事支出的57％。1689年，荷兰的平时收入是以荷兰省及西弗赖伊斯兰议会通过的赋税为基础的，数额约1300万盾。此数中，260万盾来自房屋及财产税，960万盾来自20余种物品的消费税。这些消费税——被看做是典型的国课——系许多年来逐渐形成的。它们的征收承包给私人组成的辛

## 第九章 战时财政,1689—1714年

迪加,私营辛迪加在省的各级税务所配备了国课经收员。包税照例能保证收入到手但没有伸缩性,在农民中造成普遍不满并助长大量弄虚作假的行为,但这个办法直到18世纪中叶才废止。在对法战争时期,这种做法的后果之一是间接税的收入没有增加却相反下降了。所以17世纪90年代时,每年的国税收入约1025万盾左右,并于1700—18世纪30年代下降至约950万盾。曾试图增加产业上所征收的直接税以补偿未能在间接税上应增加的收入。在战争时期,财产税的征收扩大了,1689年对骑士及贵族的货物也首次征税了,税也征收到政府证券的收入上(在英国则未征),征收到东、西印度公司的股票、采地、采地上的货物、土地及房屋等的收益上。由于这样的增辟税源,18世纪20年代荷兰省的收入上升至约1900万盾。

然而,这还远远不足以支付战争费用。例如1712年,荷兰省应付的份额超过1600万盾。收入和支出的差距——荷兰省短缺比例大于共和国本身——必须通过借贷才能弥补,数目大小可以从1678年及1720年间省对于长期借款的利息的支付每年从710万盾增至1450万盾看出来。1727年,荷兰省长对荷兰及西弗赖伊斯兰的国务部说,他估计在1689—1697年间省债增加了2800万盾,而1702—1714年间,增加数不少于1.28亿盾。从某种观点来看,这是一个考虑不周的政策,因为它使国家的财政陷于这样的困境,以致很多年来省的力量(共和国本身也是如此)严重地受到了损害。"在最后的一次战争中",1728年荷兰省议会的财务委员会埋怨说:

> 看来人们已经下定决心不肯让早年用血肉和金钱换来的利益失去,所以他们竟以这样巨大的任务压在负担已经过重的财政上以致现在挽回这个局面已非常困难。

从相反的观点来看，正如英国的经验所证明的，债务的增加说明一个富国可以利用有限的收入作为"信贷基金"进行借款，借来的钱又产生一笔钱，一笔人民不缴纳税捐便有了的钱。一个像奥地利那样的穷国就不能这样大张旗鼓地借债了，无论它如何希望这样做，它也不得不为借到的债款付出灾难性的利息。

荷兰省能够前所未有地进行大规模借款，原因在于它拥有以集中在阿姆斯特丹的国际贸易为基础的巨大财富，也在于它习惯用信贷进行借款从事贸易活动，而大家乐于把钱借给政府是政府具有信誉的结果。自从16世纪以来，荷兰省就习惯于进行长期借款以解决它需要的一部分。到了17世纪末，它的借贷制度确立了，它的证券与荷英东印度公司及荷属西印度公司的证券一起经常在阿姆斯特丹交易所内进行买卖。包括政府债券在内的股票行情表由经纪人印发出来，证券可买现货，也可以买期货。①1689—1714年间，3种主要的借款形式已为投资界所熟知了。国家有权可以随时赎回的年金券是为人们所熟知也是最为重要的，也有终身年金券和奖券。随着战争的延续，越来越普及的奖券于1711—1714年间每年开奖（如同英国）。鉴于达成协议的是数目很大的借款，毫不奇怪，它们的条件越来越大方了。例如，1711年荷兰省议会要筹一笔400万盾的借款，他们决定提出为期20年的年金券，其条件不是9厘计息免税。便是1分计息免税10年，然后再照征。在阿姆斯特丹，资金很容易到手，1714年时总数约2.5亿盾的贷款，其利息并未过多地超过4%。

贷款的收集工作是分散进行的。出借人的姓名由省分行的经收人记录在登记册上，他们就在那儿缴款取得一张发给他们的由省政府负责还本付息的正式单据。整个过程在海牙的总行监督下进行，并由总行把收入和支出总数登记入账。荷属东印度公司高

---

① 就是说，即期的用现款购买，远期的用信贷购买。

效率的记账方法是把股票持有者的账记成分类账，并用转账册把股票转户，其做法完全和英格兰银行一样。这方法直到拿破仑时代才被荷兰政府采用——英国政府则在战后就立即采用了。

当科尔贝尔于1661年控制了法国的财政制度后，他发现，这个制度正如他所说，是"财务制度王国里最聪敏的人，埋头钻研长达40年之久，把它搞得如此复杂，以致唯有他们才懂得其中奥妙从而使他们成为搞这项工作不可缺少的人"。不幸得很，虽经他作了重要的改良，这套制度直到1789年前的任何时候总还是老样子。在科尔贝尔及他以后的几任财政部长——勒佩尔蒂埃（Le Pelletier，1683—1689年在位），蓬沙特兰（Dhélypeaux de Pontchartrain，1689—1699年在位），夏米亚尔（Chamillart，1699—1708年在位）及科尔贝尔的侄子德马雷（Desmarets，1705—1715年在位）——的领导下，重建了皇家财务理事会及设置专任日常工作的总管理处，财政控制得以加强。它与地方行政长官及财政系统其他组成部门如王室金库保持亲密的接触。随着业务的发展，它的主管人员成为非常重要的人物，虽然它始终没有获得英国财政部那样组织上的地位；它的力量反映出监督官的个人魅力。是科尔贝尔首先制定包税制（1681年），他还试图取缔可以用金钱收买的官职，并建立高效率的审计制度。这是第一次对于收入和支出能够有实事求是的了解，弄虚作假的现象减少了，费用降低了。此外，他对许多债权人进行了法律制裁，这个措施能使他把欠他们的债务一笔勾销，理由是这些债务过去不是用正当手段达成的。所有这样的做法有助于使预算得到平衡，并使财务管理的程序简化。

但科尔贝尔的政策也有其严重的缺点。这个制度明显地有利于上层阶级，这种有失公允之处，却没有得到纠正。收付分散这个时期在英国已有效地结束了，而法国还在折磨着历届政府直到1789年方才结束。此外，科尔贝尔具有当家人的品德，同时又有当家人的局限性。他谆谆教训政府，也就是国王这个人，必须量入为出。他非但很少认真考虑制定一项能使战时开支顺利增加的信贷制度，还竭力攻击吃债券利息的人，从而与这些人疏远。他维持国家有权拒付这个老办法，结果使国家的命运受到致命的打击。

1689年法国的财政支出约1.3亿利维尔（法镑，约合900万英镑），1698年上升到2.11亿利维尔，1711年上升到264亿利维尔，然后于1714年下降到2.13亿利维尔。整个时期的总支出约在50亿利维尔左右——约合3亿英镑，仅略少于法国的3个主要敌国支出的总和。在九年战争中，陆军用去的占支出的65%，海军略超过9%；在王位继承战争中，陆、海军开支分别占57%和7%。应付债务及行政费用用去了余数的大部分。[①]1689年收入来源基本上是人头税，约合税款收入的30%，且像其他直接税一样，由一伙总经收人征收。它虽然类似于英国的土地税，但比较起来差得多。因为由于这个或那个原因，几乎一半的法国土地是免征税费的。1695年的按人抽税制及1710年的什一税是对一切阶级的财产征税的尝试，但未能达到目标。这些办法虽然是战时推出的举措，但不得不在1714年以后仍然保留。除了这些主要直接税外，还有由教士及省一级缴付的乐施捐（慈善捐），阶段二部补税（作为军事增税的人头增税），向有油水的官职征收的额外收入税以及森林税。在这时期王室的产业不再有重大的收益了，虽然它还是一个重要的行政合成体。

间接税确有几百种，习惯地分为盐税（在食盐上征收），烟草税（在烟草上征收），商业税（对国内和国外的商业征收税），

---

① 利维尔（法镑）与英镑间的兑换率波动很大，一部分是由于利维尔多次重新作价之故。1688—1697年利维尔对英镑的兑换率为1∶15.3，1702—1707年为1∶17.2，1708—1714年为1∶18.3。

交易成交税（销售成交税及印花税）及注册税（主要是法定文件的登记税）。除单独包出的烟草税外，每一类都是若干种税的合成而不是一种单一征收的税。它们被统称为总包税收入，且几乎全部由总包税人管理。总包税人是一伙资本家，他们经营着一个巴黎总部精心经营的省级代办网。这些税既然大部分征收在商务上，在战争年代，它们的所得由于商务活动的减少而下降了。1689—1991年，政府一年能向包税人根据他们的承包收取6600万利维尔，1703年的数额被迫降低到5000万利维尔以下，1709年承包人不论给予何种代价均拒绝承包新任务了。战争结束时，战时间接税在国家收入中所占数额不超过5%。

面对着急剧上升的战争费用，可能认为政府要尽量急剧提高税率了。恰恰相反，政府主要采取了借款的办法和以减让税金作为引诱的出售公职的办法。它的动机是简单的，它年年希望和平的到来，而所采取的这种权宜之计与拧紧已是险象环生的征税制度的螺丝帽相比，它引起的阻力较少且更快地产生成果。然而，这种目光短浅的政策的效果是急剧地增加了费用支出（以利息及工资的形式），以致在战争结束时，这项费用竟吞没了几乎国家的全部正常收入。

1713年大部分在战争期间筹集的长期贷款的金额达13.6亿利维尔（约7500万英镑）。最大部分（12.8亿利维尔）由巴黎城都饭店支配。据福朋内说，在亲王及贵族手里的约占10%，官僚及法庭人员持有29%，教会及公司持有7%，商人及银行持有6%，艺术家及买卖人持有约4%，外国人持有4%。不幸得很，没有持有者地理分布情况的材料，但从后期的迹象来看，他们可能集中于巴黎和巴黎的周围。形成这项债务的债券是多种的。联合养老保险债券发行于1689年、1696年及1708年，有奖债券于1704—1705年发行，但大部分政府的长期债券的形式是可以换成现金的永久年金和终身年金券。1709年这些债券的用途几乎在于支付由城都饭店经手的统一公债的利息的一半。1709—1714年间,由于需要把短期票据换成统一公债,它们的数目又进一步增加了。

以巨大规模出售新的公职补充了从长期借款中得到的资金,而且鉴于国家作为借款人不令人满意的记录,出售公职的做法对于投资人更具有诱惑力。官方往往把一切战争时期财政的权宜措施说成是"非常措施",现在把出售公职也牢牢地与"非常措施"联系在一起了。站在广大公众的立场来说,这个办法的缺点是公职并非直接出售给投资人而是通过公职经纪人的辛迪加投放到市场上去的,辛迪加给财政部一个固定的价钱后就加上利润将公职出售。估计在1689—1714年间用这种办法筹集的5亿利维尔中,到政府手里的可能不超过三分之二。另一个措施是迫使公职持有人付出一整笔资金以作为预期要增加的工资。这些增加担保金的办法使政府到手另一笔1.2亿利维尔。公职经纪人本身是一伙小而有力的集团,人事上是和包税人、战时承包商、王室公职持有人等重叠在一起的,在向财政部提出方案和在剥削他们的当事人时,他们表现出足智多谋。当时的评论对他们批评很尖锐,说明他们是一伙十分被人憎恨的人。对政府来说,出售公职的办法虽然暂时有些作用,但危害毕竟是很大的。它增添了闲职(往往是无用处的)的负担,减少了税收(因为允许免税),且进一步削弱了资产阶级乐于向公债进行投资的积极性。

除了用捐税、长期借款及出售公职等办法筹集资金外,政府还大量发行短期债券为开支提供资金。随着战争的延续,事实证明它们是混乱的主要根源。债券的主要形式有3种:第一种是期券,记在借贷金库账上的。这是一个押金银行,由科尔贝尔设立于1674年,他去世后被查禁,但1702年又重开了。第二种是以未来收入的抵借款项。第三种是厂单,是造币厂票据。原来是在1701年重铸硬币时作为硬币收据发行的,但后来强制流通,一部分用以赎回金库的失去信誉的票据。

直到 1704 年，财政部对于各种形式的债券的管理似乎是有效的，但自布莱海姆英奥联军大胜之后却基本上垮了——既由于票券持有人的挤兑，也由于不顾后果地为应付紧急开支超额发行之故。到了 1706 年，单是厂单一项数额就达 1.73 亿利维尔，以艰难性的折扣在市面流通，信用实际上已瘫痪了。作为挽救危局的第一步，5000 万换成了利息为 5％ 的票据，由总包税人及总经收人发行，5 年后偿还（即 5 年票据）。这些债券的折扣很快跌到 2 折。其后又有 5100 万用公债管理处的即期票据进行兑换或转换债券。1709 年，4300 万厂单用现金偿付了。余数 2900 万不是按照这个方式偿付便是于 1711—1712 年硬性地换成债券。与此同时，公债管理处的即期票据由 1708 年的 6000 万增至 1715 年的 1.47 亿。和其他票据一样，它们的市价没有超过面值的 20％。由国防部、炮兵和海军发行的总数达 6100 万的另一批短期债券于 1715 年换成有固定利息的长期债券。为使短期票据能在一个比较扎实的基础上还本付息，1710 年又重新设立勒让德尔管理处，但仅获得部分成功，而又于和平实现后不久告垮了。很清楚，在战争结束时用现金偿付及换成公债等办法都仅能减轻由于超额发行债券所造成的混乱。据估计，1715 年流通中的票券数额达 6 亿利维尔（约 3300 万英镑），而政府到期应付的工资和薪金也有这样一个数目，这是在长期债款约 10 亿利维尔之外的。德马雷估计，所负长短期债务总数为 23.82 亿利维尔，相当于 30 多年的正常收入。正如他所指出，要挽回这个局面需用 20 年的时间。

由于税收下降、贷款人的态度勉强、超额发行短期票据等造成种种困难，在这些困难之外，政府还必须应付硬币在流通中实际上绝迹的现象。不管这个后果是由于荷兰人因法国降低价格从而把金银抽去了，或由于全世界的硬币普遍短缺（与世界贸易额相比），或由于面对政府的惩罚性的经济政策而进行全面性的囤积造成的，毋庸置疑的是，硬币的储备短缺了。银行家于盖坦估计，法国的硬币1689年总数为5.34亿利维尔，而到了1705年时则只有1.25亿了。这样严重的短缺造成了最严重的困难。最严重的困难又由于1689—1715年间利维尔的40余次重新估值而雪上加霜。其值对于财政部来说是1.4亿，但所付出的代价是最后丧失了群众对货币的信心。

对于硬币短缺，一种看法认为，这主要是由于给在佛兰德、德国、意大利及西班牙的法军大量汇款造成的。不管是不是这样，毫无疑问，这些汇款极其重要，以致不仅要为它作出许多其他牺牲，而且它还必须继续下去，即使这样做对财政部极有损害。17世纪90年代中，这项汇兑业务大规模地开展着，九年战争结束时，除法国外，主要业务中心是阿姆斯特丹及日内瓦。在阿姆斯特丹主要的法国代理人为荷兰财政家皮埃尔·戈特和荷兰商人安德烈亚斯·佩尔斯——欧洲的最大商人之一——及书商让·亨利·于盖坦。在日内瓦，以卡莱特利尼及法梯奥的国际商行最为重要，虽尚有其他几个人。在法国国内日内瓦银行家与里昂有密切的联系，许多里昂的金融家不是业已变成的胡格诺派教徒便是外国的新教徒。在巴黎萨尔埃尔·贝尔纳已开始进入这块园地活动了。他行将统治这块园地到1709年，虽然这块园地仅仅是他重商主义王国的一个部分。

到1703年，于盖坦为法国财政部所做的工作如此成功，以至英国政府不得不向荷兰施加压力要求把他驱逐出去。他因此迁至日内瓦。在日内瓦，他与卡莱特利尼（Caladrini）、法梯奥（Fatio）、萨拉丁（Saladin）、图尔东（Tourdon）、吉格（Guiguer）等商行及他们的里昂客户和在巴黎的贝尔纳紧密合作——他继续在法国汇兑业务中扮演主要角色。这项业务进出的数目到1704年每年达8000万利维尔，然而这个系统是为了对付1703

年6月英荷贸易禁令的临时措施,该项禁令有效地中止了票据在阿姆斯特丹进行转让和兑现。不久后整个财团的金融家受到了很大的压力。贝尔纳给法国财政部长的通信中描绘了一条焦急心理的向上曲线,最高点在1704年的7月和8月,那时他的有些票据以拒付出了名,原因在于财政部延期付款给他,而他却已濒临破产的边缘了。如果他垮了(正如他小心翼翼地指出),其他40人将跟着他垮——国家的信誉也将跟着他一起完。这种局面由于1704年6月1日禁令结束被及时地挽救过来了,财团得以在阿姆斯特丹重开长期债券的商谈。这一胜利部分地抵消了由于8月份布莱海姆英奥联军大胜之后政府短期票据跌价所造成的困难。跌价的直接后果出乎意料地是使于盖坦而不是财政部破了产,从而使汇兑业务集中到贝尔纳的手里。财政部提出用厂单付给于盖坦而对巨大的折扣不给津贴。当于盖坦以停止汇款作威胁进行反击时,政府引诱他到巴黎并迫使他对外国客户开票据,其值达800万利维尔(1704年12月),但他于票据到期前逃出了巴黎并先于追踪他的人到达阿姆斯特丹停止了票据的兑现,向他的法国客户提取了600万或700万利维尔(使若干商行破了产),并把钱装进了钱包。以这样断然的手段对付他老东家反守为攻后,他于1705年4月悄悄地息影英格兰,把他丰富的金融知识提供给英格兰政府使用。①

之后,贝尔纳和他的伙伴尼古拉与日内瓦新教徒客户及里昂的金融家合作,实际上控制了全部法国的汇兑业务直到这场战争的晚期。虽然即使在他们的权力鼎盛时期,他们还是不能把奥格家族的后继人排挤在阿尔萨斯合同之外。贝尔纳收取的汇率随着战争的延续而增加,由8%—25%。但是这样的说法是公道的:

---

① 1707年于盖坦回访荷兰途中被法国侦探绑架,但他脱逃。1711年他迁居丹麦。18世纪20年代中法国的侦探仍跟踪着他。

他在国外欠下巨款必须付出 10% 的利息，同时他也必须承担汇率巨大涨落的风险。

贝尔纳的系统（当其存在时）集中在每季节里昂偿付所中交易大数量票据的洽谈上。票据交易与里昂交易所有历史性联系，里昂交易所自 1660 年起开始衰落，但票据交易仍然存在，里昂交易所在 18 世纪初仍为仅次于阿姆斯特丹的欧洲商业票据最重要的市场。它们起着票据清理所的作用，借贷双方在其中了结彼此间交易上的债务，不是在现场偿付到期的最后差额便是延期至下一次偿付期解决。只要票据量与商业实际交易相适应，这个机制就能发挥作用，为给法国陆军支饷所开出的票据大量增加——这些票据仅被一个破了产的财政部的承诺维持着——这个机制身上的压力就越来越大。1709 年初算出来有半数对里昂偿付所所开票据是贝尔纳和尼古拉的票据。但此时贝尔纳的主要合作者日内瓦儿家商行已陷得很深，无法退出了。同年后期，他们解释说他们的资财都搁死了，不是搁死在这一项业务中便是搁死在英国政府的证券上。由于这些证券的汇率对他们不利，无法出售。

因此之故，这个市场处于极其脆弱、极危险的境地，它在 1709 年的金融危机中垮了。这个危机的原因有 3 个——急剧增加又无法偿付的国债总数；使河川冰冻、商业瘫痪的 1708—1709 年的惊人严冬天气；1709 年的谷物及酒类的严重歉收这些使已经露头的崩溃全部垮下来了。死亡率、食品价格及破产率大幅度上升。受到债权人不肯再延期的压力，贝尔纳无法在 1709 年的偿付所偿付他的票据，于是在法国和瑞士的客户中引起了一连串的破产。由于政府采取了行动，每年分配给他公债 100 万利维尔，并对他的部分票据强制延期 3 年偿付，贝尔纳才幸免垮台，并得以于 1711 年末清理了他的大多数巨额债务。但是他集中于里昂的系统则完全失去其信用了——与之俱去的是他在法国汇兑事业中的中心地位。虽然他继续为财政部承担合同直到战事结束为止，但他大部分业务已落入他人之手，他的经营规模也不如他极盛时期那样雄心勃勃了。

1708年后，新财政部长德马雷虽然是个精明的理财家，但除了苦苦将这个摇摇欲坠的财政机构支撑住外也不能多有作为了。什一税及勒让德尔管理处缓解了王室的困境，并于1708—1710年危急时期研究了设立国家银行的规划，这些规划虽未即时实施，但对于约翰·劳的财政改革却指出了方向。同时也明确了是法国财政上的弱点妨碍了1709年以后的大规模的军事攻势。

与英国、法国及联合省相比，哈布斯堡王朝领地1700年时总的说来是贫穷落后的，它们的财富集中于少数人之手，政府的结构形式大部分依然是中世纪的。此外，许多地区经常处于内外危机及高度紧张状态中。背景如此，无怪乎这个君主国的财政制度腐败、无能并烦琐到无可比拟的程度。由于已经被土耳其战争搞得极度紧张并在有时间进行改革以前（正如有些批评家所希望的），它又不得不应付对路易十四进行战争的巨额费用，这费用某几次竟几乎使它解体。由于这个缘故，虽然在战争时期作过多种改变，财政上实质性的改良大部分被拖延到和平到来时才见实施——在许多重要方面竟直到18世纪40年代。

虽然在理论上而不是实际上，集中的财政控制，是由维也纳的宫廷金库提供的，在这机构之下分别设有宫廷及行政费用支付局，以及军事开支支付局，匈牙利收入单独在普雷斯堡处理。由职业官员任职的省财务署征收宫廷及行政用的收入，这些收入来自王室领地及在酒、啤酒、食盐等上面所征收的税金。主要来自房屋及财产税的军用收入，规定一年一次由省议会投票决定。但在匈牙利，因议会3年开一次会，规定3—4年一次表决。军事预算分3部分：经常预算、非常预算及招募新兵及补充新马的预算。头年指定的支付额在公决金额中给予优先考虑。由每一届议会表决的最低数由宫廷金库规定，但往往争得很厉害。

17世纪末的民间及军事收入数额多少仅能加以猜测。估计每年在1200万—2000万弗罗林之间①，出入的差距（与可以得到的海上国家及法国的较为正确的数字形成鲜明的对照）来自过于分散的制度。在这个制度之下，每一个王国或者自行征收或支用它所经管的那部分收入，积累及清付它自己的债务。在这种情况下，宫廷金库尽管非常吃力地把讨论记录下来，把账目收集起来，但除了作作估计和拟拟草案之外，不可能有其他用途，而这些估计和草案之纰缪百出也是它坦率承认的。

要用这部破烂机器从一群愁眉苦脸的纳税人身上挤出增额收入是很困难的，但是长期的战争迫使国王的大臣们从事这项任务。随着时间的消逝，御前会议所制定的年度军事预算的数字惊人激增。1701年战争爆发前，预算总数为1400万弗罗林，1703年增至2800万弗罗林，到1714年签订和约时止，平均每年总数在2000万弗罗林以上。此外，每年还要筹集600万—800万弗罗林作为宫廷及行政开支。故仅用于王位继承战争的费用估计在3.5亿弗罗林左右。如果再加上1689—1697年的1.5亿弗罗林，则两场战争估计的费用约为5亿弗罗林（约为5900万英镑）。这些估算被全部筹足是很不可能的。估计数与实际收入的差距可能大于其他任何大国。由国王的谋士们组成的对策与方法委员会年年忧心忡忡地研究这个局面，他们起草了增加旧税和开征新税的建议。房屋、财产及消费税的基本税率提高了，犹太人入境税

---

① 官价汇率为每6.5奥地利弗罗林折合1英镑，但在这里通行的实际汇率为8.5。

(1708年)、公职税及人头税均开征了。1710年12月曾试图对赌博赢利征税10%，但其收益使满腔热情的提案人失望。对教会及贵族征税虽还不足，但这些权宜之计确使总收入有所增加。① 例如在战争刚结束时，17世纪90年代时仅400万—500万弗罗林左右的民用收入增加到800万弗罗林了，军用的收入亦以相同的比例上升。虽然如此，这还远远不足以偿付国家的开支。

这种局面可用简单的不予支付的权宜办法使之得到部分缓和，虽然政府答应把廷臣官吏的年俸工资延期到以后再付，并把军队的饷银也延期到有集体开小差的危险时再付，但如果奥地利要继续作为一个大国，这样公开拒绝履行义务的行为也是有其限制的。被占领的敌国的纳贡是第二个权宜办法。这办法自1706年起在巴伐利亚，1707年起在意大利都进行得很顺利。它使每年的收入约增加500万弗罗林。也可以说服海上国家把帝国在萨伏依、意大利及西班牙的军事任务接过去一部分从而节约大笔收入，但英国及荷兰均不准备超过它们的承诺给予直接补助，正如它们对待大同盟其他成员国一样。

除了这些间接援助之外，还可以说服海上国家用他们积累的资金及先进的信贷制度借出资金。在两个资金市场中，比较更有希望的一个还是荷兰。荷兰早在1669年曾贷款给皇帝，是以朱利安·阿尔卑斯的伊德利亚汞矿的产品作担保的。1695年及1698年，阿姆斯特丹著名银行家让·多伊茨、阿森德尔特为帝国政府又谈成了以此为担保的新贷款。阿森德尔特担任受抵押的汞矿的管理人职务。贷款的偿付由议会担保，利息出自多伊茨在阿姆斯特丹出售矿产所得。在这个基础上，于1702年、1704年及1706年又商谈了其他贷款，虽然谈判费尽了口舌——多伊茨

---

① 除了在匈牙利，教会与贵族均须缴直接税，但有许多免征及低估税率的规定。一切阶级均付间接税，这是当然的。

拒绝插手这件事，除非荷兰议会提供担保，而后者在一段时间（1701—1702年）内拒绝提供，理由是瑞典及公侯国巴拉丁也想在荷兰筹集资金。荷兰政府及荷兰投资人的疑虑是可以理解的，因利息的付给往往被延期①而借款于1724年才偿清。也是由多依茨兹筹集（1700、1703年）并以匈牙利铜矿收入作担保的贷款及以公爵的捐款及西利西亚产业作担保的贷款（1713、1714年）补充了这些以汞作担保的贷款的不足。由阿姆斯特丹的克列福兹经手的最后两笔贷款如期偿付了，铜贷款拖延到1736年才偿清。1689—1714年期间在荷兰市场上为皇帝所筹集的资金总额似乎在1080万弗罗林左右（约110万英镑），平均利率为5％。

筹自英国的贷款在18世纪中叶将是比较值得注意的，虽然在这时期它们的重要性较逊于筹自荷兰的。1705年有一笔6.6万英镑的小贷款，1706年有一笔5年内偿清、利息为8％的25万英镑较大的贷款在伦敦达成协议，虽然法国人曾嘲笑其承购注定要失败。英格兰银行经手了这笔贷款，丹麦的亲王及马尔巴勒公爵名列承购单的前列。两年之后另一笔告贷25万英镑的打算却中止进行了，这是在帝国大使说明了由于皇帝作为债务人的声誉太差，这项贷款债券虽给以12％的贴现还找不到承购人之后。1710年的一次新的尝试仅获部分成功，提出来的金额是20万英镑，认购的是8.7万英镑。除了这些英荷贷款之外，帝国也曾试图叩开热那亚、德国及瑞士的资金市场的大门，未获很大成就。1689—1714年间从国外借到的总金额约为1200万弗罗林（约150万英镑）。这些数字虽不能认为是确切的，但可以说明这时期只有4％—5％的奥地利战争费用是用外国贷

---

① 部分地由于多伊茨在推销伊德里亚矿水银时所经历的困难。例如在1705—1706年，英属东印度公司向阿姆斯特丹出口中国水银以削低其市场价格。

款及补助来支付的。

征税、欠款积累、外国纳贡及外国贷款帮助堵住了奥地利的财政需要和常规收入之间的大裂缝,但它们绝未把裂缝全部堵住。像其他国家一样,奥地利因此似乎越来越依赖国内借款了。1700年左右的帝国信贷机构似乎自从银行家富格尔斯承包查理五世的战争起没有什么变化。正式借款为王室契约所确认,这是一种详列债权人姓名等项的密封文件;正式借款也为国库收据所确认,这在发出时是空白的。第一种用于长期贷款,第二种用于短期贷款。两者一般均由王室金库担保,具体地用特定收入来源担保;两者均由皇帝个人负责偿付。准备承购这种债券的贷款人的范围是有限制的,其中主要对象是国家的高级官员,例如哈布斯堡王朝政府中的权贵显要准备将他们巨大财富中的一部分拿出来借贷。施塔海姆贝格伯爵冈德克作为宫廷金库的副总裁于1698—1701年间共贷出了79万弗罗林;1701年萨拉贝里伯爵应付出的未清债款达31万弗罗林;1704年切尔宁伯爵贷出了120万弗罗林,是这个时期最大的私人贷款。这些举动可能是出于爱国心的激发而不是由于贪婪心理的驱使,因为它们的担保是可疑的,利息一般又低于通行的利率。为补充贵族借出的贷款之不足,尚有按个人官职交付的贷款和强迫俗人及犹太人交付的贷款。

用激发责任感和采取威胁手段筹得的金额还是不能与扶摇直上的战争开支齐步并进,故必须另行设法寻找更大的贷款源泉。采用的另一个补救办法是铤而走险的,且事实证明它的代价很高。王室就像某个再也不能从抵押出去的财产及他极为勉强的朋友身上挤出油水来维持他奢侈生活的古老门第的贫穷贵族一样,只好听任犹太人的摆布,由犹太人来榨尽王室的血汗。据说后来利奥波德一世于1705年去世时,财政制度极为混乱,对新借款所给的利息竟达18%,犹太军事承包商获得的利润竟达30%。

这幅图景虽然看着令人吃惊，但描绘得并不过分，奥本海默合股公司中规模巨大的犹太行于17世纪90年代爬上哈布斯堡王朝战争机器的中枢位置的事实可以说明这个情况。它的首脑人物塞缪尔·奥本海默积累了这时期哈布斯堡王朝承包合同及短期贷款的最大的份额。从他1695—1705年间借出的贷款的账上，可以看到在一笔3070万弗罗林的资金上，他所得的利息是1570万弗罗林（利率大概为50%），故可以有把握地假定其承包合同的利润绝不会太低——他可以自由地出售短斤缺两及质量低劣的货物以充好货。当然他要冒承担政府方面违约的风险，所以他的勒索性的条件也是一种保险费。然而他却是用国家的钱发家自肥。此时经允许住在维也纳的其他犹太金融家也是如此，程度上稍微好一点罢了。如扎姆宗·韦特默尔，拉扎勒斯·希施尔及西蒙·梅尔。在这个城市中，反犹太气氛如火如荼。1700年7月，一个米珠薪桂的夏天，群众捣毁了奥本海默的账房，从此便可看出群众对犹太人的愤恨。

奥本海默及类似的商行，他们的行径尽管令人憎恶，但王室少了他们就不行。王室对他们的依赖程度在1703年5月塞缪尔·奥本海默去世时十分明显地表现了出来。"所有的商人都是这样深地卷入到这个行业中"。1703年5月，尤金亲王给吉多·施塔汉贝格伯爵的信中说："竟导致在犹太人事件得到某种程度解决以前，他们拒绝签订任何合同。"更坏的事情还在后面。不久之后，被债权人逼着付款的商行倒闭了，因其资财均搁死在借给政府的贷款中了。当时的一篇评论说："这是如此致命的一击，以致法国拿不出一个对自己有利而对皇帝有害的办法来。"在德国及意大利的军队由于领不到饷银已濒于瓦解的边缘。"钱的问题已到危机时期，"巴登的刘易士市长1703年6月15日给皇帝的信中说，"我用我自己的产业作抵押竟连100盾也筹不到。"在意大利的军队因国会抵制而濒于瓦解，向海上国家紧急呼吁贷

## 第九章 战时财政,1689—1714年

款40万克朗(约10万英镑),以支撑这支军队。显然,必须有一个新的大胆的办法才能挽回这个绝境。

已往已经作过一次改善政府财政处境的尝试。1706年各省议会同意从他们自己的收入中承担偿付财政部总债务中的1600万,总债估计为2200万弗罗林。但此举没有比治标的方法好多少——它既进一步影响了各省投票同意增税的积极性又损害了群众心目中对国家财政部的信心。此外,这是一个不允许重复的权宜之计。从这些论点出发,1703年在列支登士顿亲王汉斯·亚当斯领导下的一个专门委员会公开提出一个较为先进的激进规划,即建立一个国家银行。建立这种或那种银行的计划在奥地利像在其他地方一样老早就被计议过了,总的目标是大量利用信贷制度刺激经济增长。17世纪后期两个主张建立奥地利银行的人,G. G. 贝歇尔(G. G. Becher)及W. 冯·施罗德(W. von Schnoder)提出,信贷及纸币可以减少对黄金的依赖,扩大贸易,发展工业并缓和商业上的紧张局势。施罗德又说,银行只能由私人开设,因为国家的信誉太坏了,但他示意,一旦成为一个发达的企业,一个明智的君主可以把它接过去。这些讨论反映出统治阶层对经济的相对落后一面日益关心,而不断恶化的哈布斯堡王朝的财政也的确证明这种计议是有道理的,银行也许既能刺激经济又能使财政摆脱困境。1703年8月,在维也纳建立的帝国汇划银行反映出这一箭双雕的目的。宣布它成立的主要目的是为战争提供给养并遵循维也纳、阿姆斯特丹、汉堡及纽伦堡等银行的方针发展贸易。[①]

实际上第一个目的超越了第二个目的。但它最初的重点与其

---

[①] 汇划银行于1584年设立于威尼斯,于1609年设立于阿姆斯特丹,于1619年设立于汉堡,于1621年设立于纽伦堡。在汇划银行内,凡硬币及贵重金属存户的收付均准其记账,但不得有信贷行为。

说是提供军需，不如说是为政府满足债权人的要求。政府的债权人贷款额记入了银行的账册（总数约 600 万弗罗林），并给予他们可凭此转让的票据进行转让。一笔来自世袭土地的捐款的收入，每年计为 400 万弗罗林，放在银行中用以分期偿付这一次及以后各次的债务，利息为 4%—6%，为期若干年。很清楚，此举是旨在立即增加原来由银行承担的金额。除了这基本目的之外，也允许银行接受民间储户的捐款，并加上一条要命的规定：所有商业票据必须在银行兑现。这将由帝国顾问团银行委员会管理，银行委员会由列支登士顿亲王主持。这个首次把现代化做法插进古老的哈布斯堡王朝的金融机构中加以采用的尝试全部失败了。这个尝试现在看来是塞缪尔·奥本海默的债权人通过他们的挡箭牌阿贝·诺比斯蒙骗了政府。这花招是银行委员会设计出来的，而阿贝·诺比斯则是银行委员会的成员。当然，数约 500 万左右的奥本海默的债务是被接过去的总债的主要部分。在它建立的一年内，银行票据的折扣降至 3—4 折，它几乎仅够支付雇工的工资。当时一位愤怒的维也纳的评论家说，这都是犹太人不好，是犹太人假公济私把票据的价值抑低了，他建议向城内犹太人社团征税以偿付全部债务，修正的宪章（1704 年 7 月）把赠金增至 550 万弗罗林，但也无法改善银行的处境。新帝约瑟夫一世指定一个由乔治·马丁尼兹伯爵为首的委员会考虑设立另外一个银行。结果成立了维也纳市银行。该银行在这个世纪结束前在帝国财政事务中起了重要的作用。它于 1706 年 4 月 1 日开始营业。

这个银行的主要特点是，像阿姆斯特丹银行一样，由市而不是由政府管理，它正式的领导人是维也纳市长，它的业务在市政厅里进行，它的收入大部分出自在维也纳征收的消费税，计算每年约 60 万弗罗林（这是国家规定的），由银行控制，为期 15 年。作为应履行的义务，银行承担偿付这时期内全部国家的债务。它给债权人开出可以转让的票据,在偿付以前,给息5%—6%。还有一点也达成一致意见:以后的政府债务也可由银行承担——如果它的赠金数按比例增加。1703年企图迫使商业社团用银行的纸币来兑现它的兑换券之事未重演。设立了一个部长级银行代表团的宫廷金库常务委员会以保持与银行的联系,此常务委员会由冈德克·施塔海姆贝格担任主席直到玛丽亚·特里萨登基后下台。[①]

这些安排之所以可行是有其若干理由的。第一,它们有信誉好、管理能力强的维也纳商行做后台。一开始公众舆论就凭这一点对它有利。第二,赠金的收入实际上是指定给市政府的,这一事实给予银行一个前所未有的可靠的独立的基础。第三,捐赠基金的数目是相当可靠的。汇划银行(1703—1704年)的收入占国家总收入这样大的一部分以至实质上不可能全部征足。而市银行比较不太过分的收益则相对地可以如期付给。1705—1709年间,平均数为140万弗罗林。

关于国家的债务,它前前后后是一个备款付息的问题——把短期借款转换为长期债务的作业——与英国于1697年及1711年所做的相似。责成新机构偿付的第一笔开支是欠汇划银行债权人的600万弗罗林,汇划银行的票据几乎立即上涨100%。初步的成功使财政部能把以后的债务及贷款交由银行负起责任来,故1707年财政部欠银行的总金额达1380万弗罗林,其中500万以上是以汇划银行票据的形式欠奥本海默商行债权人的债务。1711年欠汇划银行以前的债权人的款项总数减少到320万弗罗林,但加上其他项目又使总数达2390万。增加的数目一部分是由于提供新短期借款的付息基金,一部分是由于直接把款贷给政府以支付工资及部队的饷银,而政府为此

---

[①] 一个专门处理涉及银行的诉讼事务的法定银行代表团。

增加其拨给的资金。

维也纳市银行是哈布斯堡王朝这个时期最成功的财政实验,且显然为减轻17世纪晚期犹太金融家在贷款和承包合同上进行高利盘剥作出很大贡献。诚然,它是一个国家的信贷机构而不是如贝歇尔或施罗德所希望的那种意义上的银行,故它在扶植18世纪奥地利工商业所起的作用是有限的。但它仍不失为走向比从前在哈布斯堡王朝领地存在过的更有条理更集中的财政制度的一步。从它的成功经验出发,1711年施塔海姆贝格建议在所有省的首府应设立另外一些银行。1712年一个专门财政委员会为改良财政及管理起草了一个更为激进的规划草案。草案的核心是成立一个既有议会代表也有平民参加的改革委员会。皇帝及其顾问不容分说,拒绝了这个大胆倡议。在玛丽亚·特里萨的时代,帝国财政实际上的改组在较为保守的方针下才能进行。

从1689—1714年,欧洲政府的开支达到了以前战争中从未达到过的水平。如把这里所列的估计数作一切应作的保留,其总数不会少于5亿至6亿英镑,其中四分之三很可能用于战争。各国用收入偿付这张巨额账单的能力相差很大,没有一国能全部偿付它的账单。1689—1714年间,英国的收入增加了3倍;以荷兰为骨干的联合省及奥地利领地,收入数增加了一半;法国实际上收入减少了。捐税非常复杂,但具有某些共同特点。总的说来,它们着重仰仗消费税及在房屋和土地产业上的固定税。由于没有行政技巧并缺乏机构,征收所得税变为不可能。对教会及贵族免征直接税,这在法国和奥地利是普遍现象,但在英国和荷兰省则不是如此。间接税的包税制在法国及荷兰省没有经得起战争压力的考验,英国在17世纪80年代放弃了这种制度可能是它财政上取得成功的原因之一。

## 第九章 战时财政,1689—1714年

收入和开支的差距是通过借债（特别是英格兰）和更好地规划来解决的。借债规模之大，财政规则之好超过欧洲任何一个历史时期。法国和荷兰省就是用这种方法支付他们的开支的一半到三分之一的，英国支付了约三分之一，最穷的奥地利支付了十分之一。战争结束后，交战国所负债务相当于5—7年的税款收入，债务的清理吸收了净收入的五分之一（奥地利）与三分之二（荷兰省）之间的数目。这就促使各国对于怎样减少债务的重视，从而引向走劳氏密西西比规划及南海泡沫的道路。各国所负债务的庞大是欧洲于1713年后免于重起大的战端达一代之久的相当重要的原因之一。

　　国家举债在付出的代价和效率上相差很大。重要的对比可以在英国和法国之间找到。英国在出借长期贷款及国际金融市场中开始时是地地道道的新手，它建立了英格兰银行，制定了一套可行的政府长短期贷款体制，包括一个雏形的股票交易所，使国家发行的债券的利率由17世纪90年代的10%—14%降低到18世纪初期的5%—6%。而法国与英国形成鲜明对照。国王的信誉由于经常肆无忌惮地失信于民而受到损害，成立一个中央银行的建议遭到摒弃，战后整个的财政机器竟处于这样混乱的状态中以至在1789年以前从未真正恢复过来。联合省的成就几乎可与英国媲美，它在依然是世界主要的资金市场中成功地筹集了巨大的金额。联合省能做到这一点只是由于它付出的代价是让国内几个富有的金融家（他们在生意与家庭关系上有错综复杂的联系）将整个国家实际上变成一个合股公司，红利在他们自己人当中分配。一个较为强硬的税制（过程则加限制）可能会加速18世纪荷兰经济的增长。在奥地利，虽然1706年成功地建立了维也纳市银行，但经济落后使国家扩大借贷无法办到，然而，战争带来的财政混乱引起了对财政领域进行改良的重视，使它能够也确实在一系列其他方面作了合理的改良。我们应该注意到各国动员群

众贷款的效率下降尺度与其军队战斗力降低是相对应的，也明显地相联系。

政府公债的发行似乎大部分由有关国家的国民认购，而长期资金的转移（通过借款及补助金渠道）数目上是有限的。然而通过里斯本、伦敦、巴黎特别是阿姆斯特丹和日内瓦的短期资金的流动量是很大的。没有这些短期资金，马尔巴勒、维拉尔及尤金的部队就不能作战。主持运用这个网形系统的财政小集团有国际性质，但他们的起源却带有强烈的胡格诺派教徒及犹太人色彩，虽然也有塞缪尔·贝尔纳、约瑟夫·赫恩爵士及亨利·弗内斯爵士等重要外界人士。英国及荷兰的宗教自由助长了他们的活动，虽然也可清楚地看出即使在法国和奥地利，财政上的需要迫使它们在和金融阶层打交道的时候缓和一下宗教迫害的官方政策。

这时候战时财政的社会和经济后果，由于没有统计，不能肯定地予以追溯，但有几点可以提一提。战争初期，由于各有关国家的资源大部分未被充分利用，政府的沉重贷款看来没有从当时的企业中转移大量资金。的确，政府的消费可能加速经济的发展，因为它能刺激对工业特别是钢铁、纺织、造船等工业的投资，这些工业都是与军事合同有直接关系的。比较贫苦的阶级受到因税负及物质短缺所引起的物价上涨的影响，但他们可能因战时一般经济活动的增加，获得较多的就业机会。小型的产业拥有者，特别是小地主，在重税及高物价的双重剥削下，看来处境最坏。他们一般无法接近可能有助于他们重振家业的社会和政界圈子。而属于这个圈子的人——大地主、金融家、大承包商、职业官僚——因他们有的是机会，不仅能免于背债而且往往能大发横财。在英国伴随这个形势而来的社会冲突，通过斯威夫特、艾笛生及笛福的作品的描绘，早已为人们所熟知。我们不妨想一想这个形势和它的后果倒是饶有趣味的：

不仅见于英国而且遍及欧洲,大地主、大金融家、大商人及官僚政客踩着小地主和小农的肩膀,地位愈加巩固,1715年后更不断扩大他们的势力和范围。

(李培基　译)

# 第 十 章

## 1688—1715年的法国形势

当我们考察法国这几年中的形势时，若撇开国家机器的运转情况，便无法理解它的任何一面。因此，本章的评述以简述1688年前后君主政府的强弱因素作为开端，也许是得当的。科尔贝尔于1683年9月去世，洛沃瓦死于1691年7月。这两位大臣的去世留下了一个名副其实的真空。国王于1661年亲政，但在头30年中，许多重要的决定，尤其是大多数敕令，实际上都出自他的这位或那位顾问。事实上，从1691年起，路易十四才实实在在成为他自己的首相。然而，即使在那时，对任何涉及战争或外交政策的事务他都有特殊的兴趣。在这两方面，平常他总是事必躬亲，因而驾轻就熟，特别能干。相比之下，司法、财政、贸易等这些他理应过问的问题，在他脑子里占有的地位就小得多了。中央政权组织是与他个人的偏爱相一致的。枢机会议这个范围极窄的内阁，除了处理已被国王变成专务的"外交"事务外，几乎不过问其他事情。其他各会议的实际重要性小得多。作为常规，它们只负责批准别处作出的决定。至于内政，一方面由按地区分工的4位国务秘书分管——每位国务秘书在各自的部门如同往常那样都控制着法兰西王国的一部分；另一方面则或多或少有系统地由财政总监的那些总是把手伸得很长的各个部门分管。因此，两位首席大臣的去世对内政的影响要超过外交事务。然而，我们首先要在不低估他们所起的作用的前提下，估量一下他们在什么样的条件下留下了从他们的前任手中接过来的那部复杂的国家机器，因为，他们的继任者们需要使自己适应的，正是这个条件。

科尔贝尔和洛沃瓦很快就在法国的历史书籍中被赋予掺有传奇色彩的声望。关于这两人，争议最少的一件事实就是：他们以各自的方式所作出的努力，到1688年已广泛地、决定性地达到了主要目标。如果以为从今以后政府的每一个命令在任何地方都会一丝不苟地得到执行，那确实是够天真的，但是人们现在毕竟比以往任何时候都恭顺多了。从另一个角度还可以说，中央集权的君主制虽然总是显露出缺陷和不完善，但它已稳稳地扎下了根。不但如此，这种君主制赖以建立的权力现在已摆脱了任何可以想象的危险。不过，一定要正确地评价这种结局，不能夸大。历史学家和哲学家们力图说成因路易十四的大臣们所作的努力而取得的最终后果，无疑与这些大臣们的本意相去甚远。借助更固定而可靠的收入为他们的主人提供金钱，并向他提供归他有效支配的武装力量，这些具体而有限的目标通过不懈的努力和一系列琐碎的措施均已达到。如果说这些措施果真形成了一个"体系"，那只是因为要对所应用的各种方法加以一定的协调；倘若这个"体系"顺理成章地发展到它应有的结局，那么一场自上而下的"革命"早已到来。但是，无论国王或他的大臣们，都丝毫无意朝这个方向发展。

到1688年，法国人对于向国王缴纳每一种税已渐渐变得顺从了，谁也不再指望今后能够或应该享用自己的全部收入。相反，纳税的原则已缓慢地但可靠地成了为国家机构筹措资金的一个必不可少的因素。然而，许多迹象表明，把任何税收都看成充其量只是一个非常手段而且多半是勒索这种陈旧的观念依然残存着。在这个时期的最初阶段出现的最突出的一个实例是《渴望自由的法兰西奴隶的叹息》中的一段文字,作者在书中为领主们不再像过去那样为他们的扈从,特别是佃农提供财政保护而表示震惊。[①] 这段文字引人注目地揭示了,许多对路易十四君主制的反抗,其性质是倒退的。更有意义的是,这证明了监察官的管理是有效的。不过我们必须立即补充一句:这当然并非任何真正的革新精神。科尔贝尔及其合作者们孜孜以求的是执行他们任职以前就已拟定并颁布的那些法令。例如在农村地区,通过比以往较为固定的方式向特权人物的农庄经营者征收直接税(即使与他们的纳税能力不成严格的比例),特权的范围就得到了非常好的控制。因为,在这种情况下,纳税义务反映在租契条文中。由于领主农庄的经营者通常是境况较好的村民即"村里的头面人物",向前跨出的这一步幅度应该说是很大的。而为了做到这一点,无须修改现行法律,只需使长期存在的规定行之有效即可。这些统称为"人头税"的税款基本上仍与1661年一样。由于实行比较周密和严格的监督,各种舞弊行为得到了控制,但是,特权原则并未受到直接打击。定税的依据和收税的方法均未改变,因而仍然是一种按地区依照比例确定的税制(分摊税制),而不是按个人收入分成等级的税制(比率税制)。在每一个村社即集体缴纳事先确定的一整笔税款的一群镇民和村民中,纳税者要额外负担无力纳税者的份额。所以,普通农民的"人头税"格外沉重,他们既要为榨不出油来的穷人承担义务,又要替免税者纳税,而且更是随心所欲的定税法的受害者。由来已久的类似现象在其他方面也可看到。盐税特别不得人心,科尔贝尔在任期间的政府对早已实施的盐税

---

① 《渴望自由的法兰西奴隶的叹息》第2卷,阿姆斯特丹,1689年,第27页。

未作任何改革。间接税也同样不得人心，间接税主要是指对葡萄酒和烈性酒征收的销售税。在一个普遍种植葡萄的地区中，这类税不单影响到商人和小酒店老板，而且影响到很大一部分农民，这是不言而喻的。然而，在这方面同样一成不变。科尔贝尔大臣在进出口贸易方面，乍看起来似乎有些新颖的做法。不错，他对由各种代理机构所征收的各种税的混乱状况进行了一些整顿，但谈不上创设任何近代的海关机构。虽然他确实抱有将海关移设到王国的边境并向商品征收单一的进出口税这种想法，但始终没有超出设想阶段。事实上科尔贝尔关心的头一件事是迫在眉睫的当务之急，即改善从国王属地上得到的收入，与负责征收间接税的包税机构谈判更有利的契约，以及如此等等。尽管到19世纪成为总包税所的这类巨大的行政机构在1688年尚未最终组成，但各种包税所毕竟逐步统一起来了。

实际上可以把1661—1688年间为改组而作出的全部努力看做只是一些实用性的改进，不过这些改进所涉及的不只是财政机构，还有行政机构的各个部门。路易十四的那些重要的敕令本身纵然十分出色，也只不过将现存的法律加以概括使之成文而已，并无重大增补。无论是民法条令或是森林河泊管理条令，过去法规中所没有的条款为数极少。这些条令现在被公认为得到了大为严格的遵守。然而，能说当时有任何一位大臣对国家机构演进中所包含的彻底的、不可避免的变化有任何清晰的见解吗？法国历史学家花了很长时间，力图一步一步地勾画出在17世纪中掌管财政区或省的特派员的发展过程。若干特征使科尔贝尔和洛沃瓦时代的监察官制度有别于黎塞留时代的监察官制度。首先，监察官现在具有固定的官制，而不再是偶尔派出的官员；其次他们与中央有例行的信函往来；再次他们的监察越来越有条理。然而，在一个主要问题上又出现了保守思想，阻碍了监察官制度的发展。科尔贝尔在临死之前还与那些保留着常任助理（代理监察官)的监察官们争执。这位大臣很愿意让监察官在他们广大的辖区内的小区中得到为他们所信任的那些人的帮助,但他绝不容忍作为这种安排的结果而产生出新的专职官员来。[1] 凡不加约束地使用这类助理官员的监察官都被怀疑为懒于尽职。对政权的另一个重大工具即军队所作的改进,大致也可作这样的评论。[2] 在军队中采取的几乎所有措施,也同样发轫于路易十三时期,甚至更早些。洛沃瓦继勒泰里埃外柔内刚的做法而实施的粗暴权力,至少确保了指示终于得到尊重。伙食和服装得到了改善的士兵们被置于严格的纪律管束之下,军官们或多或少地放弃了吃空名的恶习。但是,由于一个连或一个团的指挥职务是用金钱买来的,所以如同司法部门和财政部门的官职一样,军职依旧是一种私有财产,军官将他的士兵的薪金领来后按他自己的办法算账,士兵的招募也继续由他负责。军营仍然寥寥无几,军队无论在战时或平时,无论在驻防或开拔中,通常在当地民居中住宿。这种做法的后果令人沮丧,回忆一下逃避安排部队住宿这个差使的愿望有多么强烈便足以证明,因而这便成了大大有助于一个接一个地出卖次要军职的有利因素。不但如此,安排部队住宿最后在必要时还可作为一种威胁,用来压服违抗命令的下级。

在所有这些方面,国王和大臣们因循守旧,得过且过,没有显示出真正的魄力,一点也不令人惊奇。国王的宽容大度、炫耀权势、审时度势、随机应变,时而谦恭仁慈,时而粗暴傲慢,这些往往是对小心谨慎的一种掩饰。因为他十分清楚,政权其实已虚弱不堪,极力避免与传统的行为规范发生正面冲突,小心翼翼地维护既得利益。如果握有必要的财政手段,这个君主政权纵使

---

[1] 《科尔贝尔1682年6月15日致各地监察官的通知》,载 P. 克莱芒:《科尔贝尔书信、指示和回忆录》第7卷,第315页。

[2] 见本书原文第744页及以后数页。

不能采取革命措施，至少本来是可以进行一些重大改革的。不但如此，倘若在扩大国库来源时远不只是承担一些临时性的损失，那么从长远来看，某些改革本来可以收到良好的效果。这正是使1661—1683年特别具有戏剧性意义的原因。在一段时间内，科尔贝尔在一定程度上获得成功，竟然限制了这位年轻的国王的强烈要求，不但抑制了他对奢华的嗜好，更限制了他对武功的追求。科尔贝尔可以自夸通过搞活国家的经济生活减轻纳税者的负担，他实实在在关注着税收财富的增长。但是，为了眼前却不得不很快就牺牲未来。由于1688年战火重燃而且延续为两场旷日持久的战争，为眼前而丢失未来这种不可抗拒的因果关系自然更加明显了。在这两场战争中，法国实际上单独与整个欧洲对抗。

数十年中，物价总的说来趋于下降，全国的经济生活一般陷于停滞。其他国家确实也出现了类似现象；但是，当17世纪80年代国际上呈现明显的复苏时，法国依然如故。[①]谷物尤其如此，1687年和1688年的价格降到了最低点。与广大农民远非利益一致的大地主、农村地产拥有者和大佃农，哀叹粮食经营获利极微。然而，此后谷物价格的上涨却随之带来了新的灾难。1689年、1690年和1691年，法国部分地区的收成不是不佳便是很差。1691年秋，一场名副其实的饥荒已在利穆赞露出端倪，其他各省对此普遍感到恐慌。不过，各地区之间当时存在着明显的差别，当物价在一个地区暴涨时，在别处却仍然很低。王国政府进退维谷：或是禁止某些地区输出玉米，这样就会使缺粮地区得不到宝贵的供应；或是允许输出，这样就会使自给有余的地区玉米大量外流。在当时的情况下，难以作出抉择。由于战争，储存

---

[①] J.默弗雷：《1661—1715年间的物价变动及其反响》，载《巴黎统计学会会刊》第85卷（1944年），第109—118页。参见本书第23章（2）。

的粮食被运往前线。以 18 世纪的标准来看，武装人员的数量达到了前所未有的水平，为了向军队集结的地方运送军粮，开辟了新的路线，征用运输工具。因而，国家开支的很大一部分流向这些地区，而在其他地区，贸易则日趋凋敝。本来就相当复杂的法国经济地理，又人为地变得畸形。

此外，货币问题也相当尖锐。全国因资源缺乏，在贵金属供应上依赖外国的情况比以往任何时候都严重。过去 30 年中为改善贸易平衡所作的种种努力，充其量只能说取得了平平的结果。对新教徒的迫害使许多活动遭到了损害或破坏，同时还导致资本大量外流。除此之外，海上贸易从 1688 年年末开始也由于发生了军事冲突而困难重重，在这场冲突中，英国与荷兰终于结成联盟共同对抗法国。最后，由于赋税加重，全国越发感到缺乏硬通货。对食品和商品的流通所征收的沉重的捐税致使贸易衰退，从而引起货币流通减慢。与此同时，直接税则反过来吸纳了全国各地区余下的现金。在进行再分配时，收入国库的硬通货，常常不利于恰恰最需要硬通货的地区和社会阶级。还应指出，在食品短缺时期，缺乏重量足、成色好的金属货币是特别危险的，尽管这种情况只出现在部分地区。居住在穷乡僻壤的乡下人很少走出邻近地区去购买物品，他们必不可少的日常用品是通过各种各样延期交付的以物易物的方式进行交换的。[①] 但是，当他们需要从邻近地区以外去购买粮食时，却只能以现金支付。所以，当玉米匮乏时，缺乏现金的问题必然显得格外严重。这种情形在乡村比在城镇更经常出现。

我们将要叙述的 1693 年和 1694 年的戏剧性的事件，就是在上述这种背景下发生的。每当歉收时总会发生类似的事件，但是

---

[①] J. 默弗雷：《法国 17 世纪的交换流通和农村劳动》，载《纪念阿玛多·萨波里文集》（2 卷本）第 2 卷，米兰，1957 年，第 1127 页。

## 第十章 1688—1715年的法国形势

作为1692年和1693年连续两年歉收的结果而发生的这些事件，则因上面提到的种种情况而具有格外黯淡的色彩。一个危急的年头（1692年夏至1693年夏）过去之后，紧接着便是一个真正可怕的年头（1693年夏至1694年夏）。就对人口的影响而言，从1693年开始，出生率大大降低，现在的人口学家认为，这与死亡率上升一样，都是这类危机的特征。① 不过，死亡率上升现象对当时人们的震动更大。毫无疑问，由于这类灾难屡见不鲜，17世纪人们的感觉不同于我们今天的感觉；但是，无论他们已麻木不仁到何等地步，他们毕竟不会对极度的匮乏毫无反应。出版于1689年的拉布吕耶尔的《品性论》中有一段文字经常被人引用，他是这样写的："乡间游荡着一些雄性和雌性的野兽……它们赖以存活的只是黑面包、清水和草根，它们使人省去播种、耕作和收获之苦，……所以，它们也不应该吃不到自己播种的面包。"②这些话虽然写于1693—1694年危机之前的四五年，但在当时人们读来却似乎是对这次危机入木三分的评论。如果说对于某个令人毛骨悚然的细节可以不予置信，那么查阅各个教区的户籍册却是不容怀疑的，户籍册中记载的绝不是所有死亡者的名单，因为许多被迫背井离乡的村民常常在逃荒途中倒毙在路旁或在走进他们陌生的地方之前就倒地不起。所以他们不可能在户籍册中被列入死亡者名单。

直到1700年，玉米价格始终较高，1698—1699年间，甚至接近了危机年头的水平。由于惧怕1693—1694年间的灾难再次出现，实际上采取了一系列惯用的措施来维持玉米的高价。事实上，情况已大不相同了。战争已于1697年9月结束，另一方面，

---

① J. 鲁韦：《人口危机：经济问题抑或道德危机？——旧制度时代的列日地区》，载《人口》第9卷（1954年），第451页。

② 拉布吕耶尔：《品性论》（Henri Van Lann译，1929年），第318页。

一场真正的饥馑袭击了巴尔干诸国。阿姆斯特丹的玉米市场往常非常稳定,这回却轮到它经历了几个不正常的月份。[①] 这时法国玉米价格的相对上涨,只不过反映了当时的国际局势而已,除引起局部地区的饥荒外,并未产生十分严重的后果。从长远来看,更为痛苦的是出现于1700年并延续到1707年的价格回跌。在这几年中,再次出现了1690年以前经常引起人们抱怨的那种无利可图的抛售。考虑到经济普遍紧缩,实际上已局部瘫痪,肯定很难说抛售是导致价格处于低水平的重要因素,尤其要考虑到实力雄厚的富商们力图压低价格。不错,1701年战争再次爆发后国家的非常开支有利于某些生产部门和某些经纪人,但是,国家的财政困难已达到了如此程度,以至于不得不采取措施来紧缩开支,但这些措施却妨碍了它在其他领域中的活动。本朝最后一次大饥馑也就是最有名的一次,这次灾荒固然是法国本身造成的,更是欧洲造成的,但法国受害最重。1708年的年景很糟,价格行情在秋天上涨了。但是,决定性的事件出现在1709年1月,这次是天公不作美,一场罕见的严寒突然发生,第二年丰收的一切希望顿时化为泡影。顷刻之间到处一片惊慌。几乎每一个地方的玉米价格都达到或远远超过了1694年春季的最高纪录,一系列同样严酷的后果随之而来,连宫廷里也以劣质面包为食。直到1710年夏季以前,人们始终生活在极度痛苦之中。1710年的收成对法国至关重要,这种情形在其他国家的历史上实属罕见,幸好,这一年的收成令人满意。

玉米短缺引起的涨价并不比长期的低价趋势对经济有更多的刺激,两者的作用大致相同,而这种作用看起来也许是不合常理的。今天我们已习惯于将低价阶段看做经济困难时期,却往往忘

---

① 见 J. G. 范·狄伦著 *Mensen en Achteigzonden*,格罗宁根,1964年,第193—226页。

## 第十章 1688—1715年的法国形势

记了过去玉米价格的急剧上涨曾加剧了衰退;这种价格飞涨不仅远未扭转衰退趋势,反而使之变成了波及面极广的萧条。除玉米行业外,价格处于停滞状况,而且随着贸易缩减而在实际上遭到削弱。为应付居民的急需,或出于拿不出足够的储备以应付这种急需的考虑,所有可以到手的玉米储存都被大宗收购。即使在受到较好保护的巴黎,求雇和招聘情况也对这些限制性措施颇为敏感。例如,从痼疾医院的账本可以看出,建筑业在1693年和1694年缩减了,建筑工人的工资降低了。① 在法国的北部,纺织厂的产量和好几个省份的纤维生产都大大减产了;图尔的丝厂受到严重损害,以致一蹶不振,里昂也一度出现了同样情形。② 在外省的小城和不为外人所知的村庄里,手艺匠和农民找不到活干,而此刻生活费用更高。与这场灾难中的受害者相比,得益者的数量微乎其微。玉米储备很快就成倍增长,但比较分散,而且总量往往不多,许多人储存玉米不是为了出售赚钱,而是为了预防万一饥荒延续下去时出现全面短缺。地主及其代理人被迫向农民出借玉米,为的是农民既有口粮又有种子。但是到处都报告说,绝望的佃农们并没有耕种土地。事实上从各方面来看,私人和国家的收入都减少了,所有支付都拖欠下来了。

这就是说,从1688—1715年的法国财政史上有增无已的困难一个接着一个,难以胜数。操持民生的那些人不至于想不到进行改革,我们看到,至少在税收方面他们粗略地考虑了应该做些什么。他们虽然以极大的热情力图做得好上加好,却不得不满足于一些权宜之计,这些权宜之计往往十分天真可笑,而且仅仅在

---

① 巴黎,公共援助档案馆,痼疾患者收容所资料,会计凭证。
② M. 范·哈克:《里尔的哔叽厂》(2卷本)第2卷,里尔,1910年,第203页;《图尔监察官米罗梅斯尼尔信函集,1697年3—4月》,载 A. 布瓦里斯尔著《财政总监书简集》第1卷1614号;《里昂总慈善院院长1693年12月22日信》,载 A. 布瓦里斯尔著《财政总监书简集》第1卷第1259号。

短期内有效，其中最主要的措施就是借款。在这个问题上，一个主要的困难是最终能向政府提供贷款的人缺乏信心，他们怀疑政府有严格履行承诺的能力。敢于冒险同政府进行交易的只是那些指望得到间接好处或是力图为自己攫取间接好处的人，这种好处也许只是一种虚浮的荣耀或诸如此类的其他东西，而他们更多的是要借此取得相等于高利率的实际利益，其手段便是通过一些用来掩人耳目的精心策划。由于国家债台高筑，全面崩溃看来已不可避免。

1709年8月26日，财政总监向国王报告："4个月来，每周都发生暴乱，为控制这些暴乱，几乎每个省都需要军队。"[①] 当我们读着这个报告，计算着这类动乱的次数时，不禁为王朝竟然能制服动乱、安然无恙而感到十分惊奇。可是，必须将不同类型的动乱加以区别。一类是直接由玉米价格高昂引起的骚乱，应该指出，疾病和死亡对当局并不构成多大危险，某一个市镇如果顶住了从乡间涌来的贫民，那并不是因为惧怕他们诉诸暴力，而是怕他们把疾病传入城镇。恰恰是那些人口众多的大城市，那些比别处痛苦少得多的地方的人民运动，最令当局感到不安。在价格高昂时期，巴黎的警察局局长和夏特莱堡垒上的军官们日夜处于戒备状态。具有强烈煽动性的文字材料和画片有时被没收。然而，在下层虽然常常到处发生事件，但无疑都是些自发的、短暂的突发事件。在面包市场或分发面包的场所，以妇女为主体的暴民因突然暴怒而酿成骚乱。1709年，当王太子乘马车到达歌剧院时，竟然遭到人群的包围。然而，布菲勒元帅急中生智，只凭一句许诺就平息了一场眼看难以收拾、将酿成悲剧的事件。不但如此，闹事者甚至还向他欢呼。在外省，聚众拦阻玉米运走的事件层出不穷，船只和车辆被拦截，开船和赶车的人被迫卖掉船上和车上

---

① A. 布瓦里斯尔：《财政总监书简集》第3卷附录，第603页。

的货物。有时候，地方当局在不同程度上充当这类行径的同谋。但是，任何一起这类事件都不是由宣传煽起的，更不是有组织的密谋。传统的反应既已复苏，古老的习俗也就随之再现。正如当时所说的那样，确切地说，并不是"骚乱"，而是"激愤"。

总而言之，税收机关及其代理人所激起的闹事及其他越轨行为通常更为严重。在这里，需要着重提到盗税问题。盐的销售组织和盐税的收集制度十分复杂，以至在相邻的省份中，规章和价格的差别很大。盐这个须臾不可或缺的东西在某一个省内实际上无须纳税而且价格低廉，而在另一个省则被严格垄断而且价格高出许多，因而舞弊、抗议和无休止的欺诈行为日益增多。同从前一样，一旦风闻将实行盐税制，穷人和富人就携起手来。1704年发生在奥比松的情况就是这样。由于公众普遍支持甚至提供方便，在很大的范围内走私成风。包税人掌握着有组织的小分队，随时随地稽查私盐贩子。但是，私盐贩子胆子越来越大，纵然一旦被捕就要被送往国王的苦役犯营地做苦工，也依然我行我素。香滨和诺曼底的私盐贩子，60—80人结成一个武装团伙，在乡绅的指挥下携带枪支弹药大摇大摆地到处活动。不过，1706年提供这个情况的监察官谨慎地补充说，这类活动没有任何政治含义。

唯一可能引起内战的动乱来自完全不同的方面。从1688年10月起，政府倾全力解除新近皈依的天主教徒的武装，最狂热、最坚定的新教徒已经逃走，这无论如何毕竟是事实。几乎只在朗格多克的塞文山脉中还有一些不屈服分子。政府之所以不得不动用大量军队，并借助维拉尔元帅的外交和军事才干来对付"卡米扎尔"①，原因之一是这些游击队员具有无所畏惧的信念，尽管他们的人数只不过2000；另一个原因是政府急于降服这场叛

---

① 游击队员因身着白色短衫而被称为"卡米扎尔"。

乱，因为它的活动范围虽仅限于新划定的两个郡内，但很容易进一步扩大，尤其可怕的是会导致外国进行干涉，他们也可能与外国干涉者同流合污。从另一方面来看，卡米扎尔闹得最凶的时期是1702—1704年，这就是说，它与缺吃少穿的危机并无十分紧密的联系，甚至与作为这个时期特征的潜在经济危机也没有十分紧密的联系。

为了对付城乡反抗盐税的骚乱，政府灵机一动，放出风声要派遣龙骑兵，国王本人的正规部队也可以派来增援打击私盐贩子的突击部队。军队还被派去护送玉米运输队。这样，为了维持国内秩序就经常动用军队。然而，军队本身往往就是不安定的因素。一部分原因是征兵方法落后。根据法律，贵族阶级需提供兵员，1690年和1693年也这样做了，是最后一次，结果完全归于失败，但是，兵团早在1688年已经建立。[①] 从理论上讲，谁去当这种新型的兵，是在各个教区抽签决定的，但不久就变成当兵的都是穷人和被家庭厌弃的废物，家道殷实的农民则以金钱代子从军。另一方面，大部分士兵依旧是靠拉夫那种办法征集的。从理论上说，新兵应心甘情愿地签字画押；而实际上，负责征兵的官员们采用欺诈手段，以虚假的许诺和吃喝诱使头脑简单的汉子落入圈套。这种办法到处碰壁，于是见人就抓。这种乱抓壮丁的现象甚至在巴黎也可看到。除这种完全"正常"的方法外，贫困也提供了大量兵源。在这种背景下，开小差的很多，不少游民、走私犯和盗贼都曾当过兵，这就不足为怪了。然而，忠诚地留在军队中的士兵，同样为他们驻扎地区的民众所惧怕。提供军粮的负担日益沉重，为维持和训练军队应支付的费用则格外庞大。有时，士兵竟至光脚无靴的地步。在西班牙王位继承战争关键性的那几年中，参谋部与财政总监交换的信函中一再重复：玉

---

① 见本书原文第224、767—768页。

米告罄，现金短缺。

到了1693年春末，国务大臣们和枢密会议的常务委员们就总的形势提出了备忘录。在这个备忘录的开头几行中[①]，博维里埃大公断言，必须实现和平。然而，他接着又说，国王比任何人更确信这一点。他在论证中还提出这样一种想法：和平将能使国王和大臣们关心王国的"内部"状况。这位大公虽然曾长期担任皇家财政委员会的首脑，但当时并不领导国家机构中的某一部门。他作为王子们的教养人（自洛沃瓦死后），又是国务大臣和国王寝宫的首席侍从，他因为虔诚和正直而颇有些影响，他的看法完全受他的基督教道德观念支配。1700年，唯独他一人出于急于求和的心情，不仅主张拒绝卡洛斯二世的愿望，而且主张忠于《分割条约》。当时，他与从兄谢弗勒兹公爵（1646—1712年）同是"最为国王和梅因特侬夫人信任的人"。梅因特侬夫人"每周去博维里埃或谢弗勒兹府上赴宴一次，有时两次，这已成为惯例……桌上放着一个铃，这样他们就不需仆役在身边侍候，可以无拘无束地交谈"[②]。但是，借用圣西门的话说，这时有一位新人被引进了这座"圣殿"，此人便是费奈隆教士（1651—1715年），他的"机智"得到他们的一致赏识。1689年9月他被博维里埃遴选为国王的3个孙子的教师，此后权势日盛。1693年他当选为法兰西学士院院士，1694年，他被赐以法国最富庶的修道院之一，1695年他成为坎勒莱伊大主教。由于凡尔赛为他从教皇那里争得了"特许"，他在坎勒莱伊大主教任上岁入10万利维尔左右。

---

[①] 备忘录写于1693年6月16日，见G. 李兹朗《博利里埃大公，1648—1714年》，1933年，第577—585页。

[②] 圣西门：《回忆录》第2卷，A. 德·布瓦里斯尔版，第342页。

以"致路易十四"著称的那份有名的文件出自费奈隆的手笔,[①] 我们从内证可以确定,这份文件写成于1693年末或1694年初,口气之激烈常常使人吃惊:"整个法国近似一座大医院,破败失修,令人心寒。"很久以后,伏尔泰说得更准确、更公正:"人们在感恩诗的乐声中饿死。"国王无疑未曾读到这个文件,但梅因特侬夫人和博维里埃——文件显然影射他们——有可能读过。文件赞颂他们心地善良,但责怪他们在对国王施加影响这一点上缺乏毅力;费奈隆之所以写这份文件,大概主要是为了激发他们的热情。即令如此,他对国王的责难如果说值得肯定的话,那么主要也只是因为他以教堂中神甫的口气对国王说:"你不爱上帝。"而这恰恰是费奈隆作为神甫有责任指出的,其余一切无论大胆得让我们如何吃惊,相比之下都软弱无力。他的全部政策只不过是他神甫职责的延伸而已,也就是"神师"的政策。使他的那个文件成为伟大的因素同时也限制了其价值,因为费奈隆把王国的一切弊端都归咎于国王本人的心理原因。他在历数这些弊病时令人感动,但他提出来的唯一药方却是让国王皈依真实的宗教,而唯一具体的劝告便是立即实现和平。

从1696—1699年,费奈隆生活在"清静寡欲"的风暴[②]之中。1699年,他的自辩书《圣徒箴言》遭到罗马的谴责,但是他以屈服打消了敌手们的怒气。此后他仍担任坎勃莱伊大主教,对国王最年长的孙子布尔戈尼公爵施以教育,并继续为他出主意。自从那场困境首次令人恐惧时起,梅因特侬夫人(1635—1719年)就站在大多数主教因而也就是国王本人一边。不但如此,她在宫廷中的地位在1697年得到了巩固;在做了大约12年

---

[①] 初版于1825年,附有手迹复制件;新版于1961年,纽莎泰尔,P. 吉耶曼版。

[②] 见本书原文第147页及此后数页。

国王的合法妻子之后,① 她从1697年起被王族正式承认为王后——尽管从未在正式场合宣布。路易十四不愿受任何人摆布,至少不愿受一个女人摆布,这种孩子气的愿望限制了梅因特侬夫人的作为,何况这位前宫廷侍女本来就本能地处处小心谨慎。1698年,她公开抛开了费奈隆和博维里埃。然而,她虽然只是博维里埃—谢弗勒兹和费奈隆这三驾马车偶尔的同盟者,但却仍然是一个非常有用的同盟者,随着布尔戈尼公爵长大成人,这三驾马车的影响事实上与日俱增。当王位继承战争的灾难以更严重的形式重现前几年的苦难时,他们的影响进一步增大了。在这个第二阶段中,费奈隆不能再像他在1693—1694年写那封信时那样大胆了,然而,他仍旧热切地主张和平,准备在必要时不惜代价签署和约。当机会来到时,他为他昔日的学生勾画了一幅理想王朝的图画,这是一幅与当朝国王进行强烈对比、富有说服力的图画。通过这种方式,这位以教师身份起家的人终于步入政界。他那本说教的小说《忒勒马科斯历险记》于1699年出版。此次出版虽未经他本人同意,但他曾允许这部作品以抄本形式少量散发。故事的背景虽被置于荷马时代,但忒勒马科斯无疑就是路易十四的孙子,而那位引导王孙的贤哲曼托尔也不难辨认。在老生常谈的道德宣教后面,可以看到对当朝国王的批评,尽管这种批评是以极普通的言辞为掩饰的。他的另一部作品《对王国义务的良心审议》直到1734年才出版。这部书的风格更加活泼,意图表露得更直接。然而,除了谴责某些令人震惊的弊病外,这个"审议"很难说比《忒勒马科斯历险记》更有现实意义或更直截了当。

1711年4月,太子死去,这似乎意味着他的儿子即费奈隆

---

① L.阿蒂埃:《路易十四与梅因特侬夫人》(1957年)再次谈到了这个问题,但是,我不能接受此书作者关于结婚日期的说法。

的学生将要在不久之后承袭王位。我们这位曼托尔11月间在肖尔纳写下了他的政治思想概述。① 他这次写的这份东西是名副其实的一个纲领草案，其中包括国家改革的轮廓：每个教区的主教都应主持一个小型议会，其任务是摊派由僧侣、贵族和第三等级组成的地方议会所通过的向全省征收的税款。在朗格多克实行的体制应该推广到全法国。税收要供一切民事和军事开支之需，这当然是以大力削减预算并维持和平局面这样的预想为前提的。此外，王国作为一个整体，应每隔3年召开一次三级会议，三级会议有权延长会期，有权审理有关国家事务的几乎每一个部门。在经济上，自由贸易的原则得到了肯定，并着重指出应接受来自荷兰和英国的商品。以上这些就是费奈隆纲领的主要特点，这些特点使他的名字前面有时冠以"先驱"二字而当之无愧。与此形成鲜明对照的是他的另外一些主张，这些主张主要让人看到了他作为一个显贵人物的偏见。他所设想的三级会议与最后一次召开于1614年的三级会议相比，更缺乏作为一个整体的国家的代表性。这个三级会议事实上应由每个教区的主教、一名"古老而高贵的贵族"和一名"重要的"平民组成。这样，前两个等级的代表就被限定为它们最显要的成员，僧侣的合法代表应是主教，而且只能是主教。费奈隆提出了取消卖官鬻爵的主张，其真正的含义也在于他喜欢将官职授予高居于平民之上的贵族，而且不但对军官职务这样做，对司法官员也应尽可能这样做。他主张明令禁止"门不当户不对的婚姻"，限制向功勋卓著的人授以贵族头衔——凡此种种就使得他的全部建议所具有的陈腐的色彩达到了无以复加的程度。纵然如此，这位坎勃莱伊大主教的头脑与另外一些大贵族相比，毕竟还是不同于一般的。谢弗勒兹提笔为费奈隆的文稿作补充时，又加上了一条取消监察官，加强军事总

---

① 费奈隆：《政治杂著和书简》，乌尔班，1920年，第97—124页。

督的建议，他主张恢复军事总督的权力。同样，布莱维利埃和圣西门也奉献出各自的学识，为的是重建他们想象中的数百年前的法国。

布瓦吉尔贝（1633—1707年）和伏邦（1646—1714年）的著作则完全属于另一种类型，他们的著作触及了法国问题的真实核心。彼埃尔·勒伯桑·德·布瓦吉尔贝是鲁昂大法官裁判所的长官，一位中级司法官员。他是科尔内耶家族的成员，年轻时曾写过文学作品，他所在的城市中的市民因其经济生活的性质而经常与外国打交道，最富有的勒让德尔家族与荷兰的关系甚密。[①]这个家族的首领托马·勒让德尔新近皈依天主教，并于1685年成为贵族，他的一位当新教牧师的兄弟与巴斯内奇·德·博沃流亡在鹿特丹。我们不应忘记，以商业和制造业闻名的诺曼底，农业基础也很坚实，在这个有着繁茂的牧场和大片耕地的地区，商人和官员都拥有可观的产业。布瓦吉尔贝的思想反映了商界的牵挂和土地所有者的利益。他的主要著作《法兰西详情》出版于1695年。从形式上看，这部篇幅不大的作品部分是讽刺，部分是简介。布瓦吉尔贝很像16世纪和17世纪的献计者，主张掌握果断而有效的对策，重建国家财政。他在这部著作中显露的讽刺才能，使通常比较笨拙的文笔呈现一种生气，他的讽刺既有深刻的洞察力，也显然有言过其实之处，尤其是他所引用的数字。正因为如此，《详情》中具有一种天才的成分。在布瓦吉尔贝之前，没有一个人解释得这样清晰，在他之后也没有一个人对经济危机的发展过程描绘得这样具体。他比任何人都更清楚地阐述了：单独一个社会集团所遭受的损失，如何因购买力受到限制而抑制了另一些集团的销售和收入，进而使每个集团都趋向紧缩。

---

[①] J.默弗雷：《17世纪的一个大商人家族：鲁昂的勒让德尔》，载《现代史会通报》第49卷（1950年6—7月），第7—9页。

因此，病根就是"不完全的消费"。另一方面，这种不完全状态中没有任何新的东西，它并非起因于不久前全国的严重匮乏状态，而要上溯到所有食品都以低价出售的1660—1690年期间。那时的不景气才是全国贫困化的真正原因，由于它打击了农夫的热情，所以也是饥荒本身之所以出现的原因。布瓦吉尔贝就用这种方法论证了他数十年后在《谷物论》中探讨的若干题目。在《谷物论》中，他主张对玉米实行自由贸易。① 但是，1695年，他把税收制度作为最主要目标加以猛烈抨击，他认为，间接税妨碍了贸易运动，直接税使生产者破产。布瓦吉尔贝的批评生气勃勃，而且往往很贴切，然而他依据这种批评提出的解决方案却软弱无力得令人吃惊。他唯一的创新仅在于提出了征收烟囱税。他显然不愿意公开提出特权问题。

伏邦此时同样不愿意提出这个问题。早在1694年他就写了《战时非常税计划》，尽管他在书中强调这种计口征收的捐税应该是一种临时性的措施，因为它关系到君主的"荣誉"，但是这部书充分说明他那时对税收问题已发生兴趣。这位元帅的文笔不如布瓦吉尔贝活泼，但更有条理，更少偏见，他为以后几年税制改革所作的伟大设计已趋成熟。他的长处在于他用心全面，掌握情况。他的漫游生涯使他有机会观察各种各样的事物，不但如此，他还立足于数量和质量的考察。1697年，由博维里埃送交各地监察官的问题单子是按照伏邦的统计著作列出的，回答这张问题单子的那部有名的《回忆录》对他的帮助很大，不过，他另外还利用了自己的研究成果，其中一个具体的例子便是他的《费兹雷选举的地理描述（1696年）》。在他去世之前的1707年，

---

① 《论谷物的性质、栽培、商业和利益》和《法兰西详情》由E.代尔重印，收入《18世纪法国经济学家》，1851年，第323—371、163—247页。

他又写了《王家什一税计划》①，在这部著作中，他主张彻底改革税收制度，取消现行的所有捐税，用以取代的不是一种税，而是在尽可能精确地估税的基础上对每一项收入严格按比例征收的一系列捐税。这就不再是某种简单的临时性措施，而是定型的改革。从技术上看，这种税制纯属空想，但是，这位元帅的本意却是一种十分善良的信念，他为公众造福之心是纯净无瑕的，况且，由一位伟大的国家公仆来论述整个税制问题，这是头一次，他的道德权威是不容置疑的。

路易·菲利波·德·蓬夏特兰在1689—1699年间担任财政总监，并兼任负责海军和宫廷事务的国务秘书。此人的清晰面貌，历史传说并没有为我们留下，不过，大概由于他彬彬有礼的举止和谈吐，使人看不到他那精明的讲求实惠的才智。圣西门在一段意在颂扬他的文字中情不自禁地写道：他"在他所占据的各种职位上大发横财"②。他和他的家族肯定与海上贸易——船主、海盗头子和商人——关系密切。在他任职期间，让廷臣们在财政计划中营私自肥的做法，看来有了某种程度的发展，尽管这种做法毫不新鲜，而是在蓬夏特兰之前就由来已久，而且在他死后依然经久不衰。当他于1699年成为掌玺大臣后，便把国务秘书和掌管海军的职务移交给他的儿子热罗姆，把财政总监让给了米歇尔·夏米亚尔。夏米亚尔同时兼管陆军部，当时人们一致认为他意向良好，不过，只是个二流人物。然而，可以察觉到，他的后面有一位比他强得多的人物。尼古拉·德马雷（1648—1721年）是伟大的科尔贝尔的外甥，在他16岁那年，科尔贝尔让他

---

① E. Coornaert 版（1933年），第274—295页。
② 圣西门：《关于掌玺大臣》（巴黎，外交部档案馆，回忆录和文件，法国200），布瓦利斯尔从中选取了一部分，刊印在他编的圣西门的《回忆录》中，第6卷，附录第14页。

辍学去官场学艺，29岁时他当上监察官。34岁时他的舅舅去世了，但他并未承袭科尔贝尔的职务。1683年，一桩发行面值为4个苏的硬币舞弊案被揭露，他因受到牵连而被撵出宫廷达20年之久。然而，他作为专家的威望在他整个流亡时期从未受影响，大臣们和商人们照旧向他求教。夏米亚尔担任大臣后获准起用德马雷。1703年，德马雷东山再起，任财政督导，其实，这个职务使他成了该部的头号人物。5年之后，他成为财政总监。这位身高体壮、头脑顽固的人①，是路易十四在位时期的最后一任财政总监。

在他的指导下，政府没有垮台，而且竭力使国家依赖一些权宜之计维持下去。这些权宜之计就其性质而言，有许多都是由来已久的，然而，有两件新事物可以看做未来事件的预兆，这便是两种新税。一种是1695年的战时非常税（人头税），另一种是1710年的什一税。这两种税的名称令人想起伏邦的计划，但实际上这两种税完全是新增的捐税，并不取代原有的捐税。1695年1月敕令将法国人分为20个等级，同一等级中的所有成员均应缴纳相同的税款，各等级应缴的税款不等，最多的为2000利维尔，最少的为1利维尔。敕令规定②，国王的全体臣民，"不论其身份和地位，无论是修道院外的神甫或修道院内的神甫，无论是贵族、军官或其他什么人，均不得免税。"这个原则性的声明发表后不久，就给予僧侣以例外的特殊优待，只要求他们自愿进献贡礼，不必缴纳税款。但是，所有其他人则都登录在"各等级税率表"上。被列在第一级的有太子、血缘亲王、大臣、国库总监、战时非常费司库、包税人。在此以下，正如《阿姆斯特丹小报》以揶揄的口吻指出的那样："贵族与平民混在一

---

① 参见圣西门的《回忆录》第7卷，第129、394页。
② 布瓦利斯尔：《财政总监书简集》第1卷，附录第10页。

起，平民中有些人因突然致富而荣列国家第一等级之中。"① 不但如此，这种简略的等级划分对税额和收入所定的比例远不是公正的："法令规定律师和商人应缴相同的税款，这与让每一个残疾人缴纳相同的税款一样，十分荒唐。"② 但是，这种批评尽管很符合实际，却无法抑制政府急于立即进款的心情，而要立即获得进款，只有根据人们的表面社会身份确定等级才能不费多大力气。

必须承认，实践证明计口征税（人头税）是令人失望的。法人团体获准采用按年预纳的办法，也就是说由它们自行确定并征收经批准的一年之内应纳的总税款，这就使它们得以事先把税额定得很低。由于一些应纳税款绝非最少的人享受免税的待遇，因而进一步歪曲了纳税的原则，削弱了它的效果。从1695年到1698年，在巴黎财政区中，与人头税负担者所纳的税款相比，贵族缴纳的税款逐年减少。《里斯威克和约》签订后取消了战时非常税，但从1701年起重新征收，从此以后成为一种经常性的捐税。然而在这种情况下，为征收人头税而编制的登录册被当做确定应纳战时非常税的主要人员的依据，而不纳人头税的人则完全另外造册。结果，享有特权的人所负担的战时非常税很轻，而其余每个人的负担则更沉重了。税制的第二项革新即1710年的什一税的依据完全不同。每个纳税者被要求详细申报自己的全部收入，而不论其来源是什么。对于这种税额取决于个人申报量的捐税，200年后遭到了种种非议，对此我们颇为熟悉，由此我们不难推测，在1710年时想用这种办法对全部收入果真征收十分之一的税款，完全是空想。不过，无论德马雷或是他的合作者，

---

① 转引自圣西门的《回忆录》第2卷，布瓦利斯尔版，第464页。
② 布瓦吉尔贝：《法国呈文》，鲁昂，1706年；E.代尔重印，收入《18世纪的法国经济学家》，1851年，第248—322页。

当时也都对此不抱任何幻想。实际上，与特权阶级进行了谈判，结果这些人或多或少地逃了税，而对其他人则再次利用人头税登录册。然而，这两项试验的部分失败并不能抹杀其历史意义，因为当国王推行这两种新税时，毕竟最终宣称他有权向全体臣民征税。

1688—1715年间，国王不得不向各种社会势力让步，若在其他时候，他决不至于如此忍让。

在僧侣们5年一度的集会上，第一等级即大主教和主教享有无可争辩的优越地位。但是通常由这类集会投票通过的普通"无偿馈赠"数额越来越大。此外又进一步增添了非常"无偿馈赠"，其数额在1695年为400万利维尔，到1711年则为800万利维尔。大主教和主教们反而有恃无恐地作出了一些损害下层僧侣的决定。为维持乡村神甫的生活，决定发给他们一笔不少于300利维尔的"本堂神甫薪俸"。许多神甫宁愿全部以现金领取这笔薪俸，因为这样就可免除收取少量什一税的麻烦，什一税虽是他们的传统收入，但数额不大，而且不可靠。1690年6月30日，国王发布谕令，取消这种任意选择的自由，并且还规定，今后任何神甫均不得免纳僧侣作为一个团体向它的成员征收的税。从另一方面来看，主教团则可以加强它对整个法国教会的权力了。1695年4月11日谕令强迫每一个在修道院和不在修道院的神甫，在他宣道或听忏悔之前，必须预先向主教领取一个许可证，而主教则随时可以撤销批准，收回许可证。1698年12月，主教管区的主教获得了不提出理由便可命令该区神甫到神学院去静修3个月的权力。1700年大会决议，第二等级即大多数僧侣的代表在教义和道德辩论中没有发言权。

由于采取了上述这些措施，主教团把自己引上了与某些有势力的舆论界发生冲突的道路。自1693年起，出于包括外交政策在内的若干原因，凡尔赛不仅尽可能避免与罗马发生任何冲突，而且竭尽全力使教廷与国王的事业联结起来。① 1704年博絮阿死后，主教团的法国教会自治论失去了主要鼓吹者，教会和国家在再次爆发的耶稣会和冉森派的争执中也失去了调和的影响。在路易十四看来，神学是专家们的领域，而且教皇在教理问题上的权威肯定是不容置疑的，因而他认为，世俗政权的作用仅在于让教皇的权力得到尊重，由此推论，让已被正式遭到谴责的教义再次抬头就是一种反叛行为。正是基于同一观点，耶稣会教士拉勒芒把詹森派教士奎斯内尔称做"叛乱分子"。当罗马和凡尔赛达成协议时，天主教徒只能服从。但是，这种协议——其具体形式体现在1705年7月教皇谕令中，尤其体现在1713年9月教皇谕令中——却为反对派势力提供了重新集结的时机，而国王与教皇似乎都没有正确地估计这股势力的力量。自此之后，神的恩典究竟是"有效的"还是"足够的"这个纯神学问题普遍被遗忘了。然而，1709年遣散罗亚尔港修道院中修女，1710年毁坏这所修道院，以及1711年挖出修女和隐居者尸体一事，使天主教界认识到，世俗政权的干预何等粗暴。既然对被怀疑为詹森派的神甫使用密札——这是政府专横的监禁命令，看来法国教会已被置于警察统治之下。第二等级僧侣和高等法院的官员起而反对这种恐吓行为。第二等级僧侣不只是由下层僧侣组成的一大批神甫，还包括修道院院长、神学院院长和司铎，他们之中不少人颇有学识，而且往往出身于中产阶级，其中有一些人独立精神很强，注重法律。雅克·布瓦洛（著名作家布瓦洛的兄弟）便是这样一个人。1713年9月教皇谕令发布时，他在索尔邦大学主持神学院工作。大多数高等法院的官员的态度基本上也是明朗的。新冉森派和主张限制教皇权力、要求各国天主教自主的法国教会自主

---

① 见本书原文第131—132、161—162页。

论者可以在法院界找到最执拗、最能干的捍卫者。①

在他在位的最初几年中，国王有一切理由不把这些强大的宗教团体放在眼里，并且牢牢地控制它们。然而他不仅对它们采取了宽容的态度，而且听任它们的地位得到加强。怎么会发生这样的事呢？随着官职的成倍增加，做官应获的实利被众多的官员分享，而且官职已经供过于求，因而官职的售价下降了。这是造成最重要的官职拥有者——高等法院的官员不满的主要原因之一，因此必须给他们以补偿。于是，根据1689年10月的敕令，自1675年叛乱以来一直流亡在瓦恩的布列塔尼高等法院获准迁回雷恩，这项敕令设立了一个新的院长和6个顾问职务。此外，当上诉提交高等法院时，下级司法官员把高等法院的官员看做当然的上级。这一点很重要，因为司法和"治安"紧密相关，以至于在法官看来，干预公共秩序中产生的一切问题是理所当然的，尤其是在危机年头干预有关经济规章问题。因此，高等法院的决定书曾控制着玉米贸易，对于由各地方机构组成的治安会议，高等法院也处于支配地位。在1693—1694年和1709—1710年间，这些老规矩又获得了新生命。在那些远离宫廷的大城市中，这些高级法官轻松地保持着他们的社会地位，与许多虽有军职但不能发财的人形成鲜明对比。如果这些高等法院的官员不是出身于贵族家庭，而实际上他们确实往往不是贵族出身②，那么他们只因担任官职就可获得贵族称号。一般来说，他们除了投入官职中的资本外，还拥有大量地产，他们比其他贵族更精心经营土地。波尔多和金色海岸的大片富饶的葡萄园，大部分掌握在波尔多和第戎高等法院的官员们手中。他们亲自管理葡萄栽培，巧妙地广为宣传，提高其声誉，因为这些讲究饮食的专家们也是精明的商

---

① 见本卷原文第132—134；第7卷原文334页及以下数页。
② J. F. 布吕胥：《18世纪巴黎高等法院法官出身》，1956年。

人。监察官们也往往把高等法院的首席院长变成他们的主要合作者，彼埃尔·卡丁·莱布莱特1690—1704年在普罗旺斯兼任监察官和高等法院的首席院长，而与他同名的儿子在1710年也兼任双职。当然，最大的司法机构是巴黎高等法院，它掌管着全国三分之一的诉讼案，审理最重要的案件。鉴于血统亲王和教会及王族中有爵位的贵族均可在巴黎高等法院中拥有席位——事实上也往往确实如此——这就加强了巴黎高等法院是古老的法庭附属机构这种理论。那些曾使巴黎高等法院成为法兰西王国"根本法"监护者的判例更加没有被遗忘。

凡是依旧保留着省三级会议的地方，它仍然能起某些作用，不仅在财政方面，而且在广义的行政方面起作用。客观情况在这里同样使旧机构获得了新的活力。郎格多克的监察官巴斯维尔获得了当地人民的信任，他小心翼翼地避免在危机年头里与朗格多克的省三级会议发生冲突；过去省三级会议只开几天会，现在开几个星期，有时超过两个月。在布列塔尼，省三级会议控制着财政管理，现在，为争取财政管理自主的斗争取得了一些不容置疑的成功。省三级会议对某些城市也有影响。1692年，当每个城市遵照敕令设立终身市长时，似乎必须消除旧有的市政自由的一切残余，结果各个城市买回了供出售的市长职务。而照看此事的往往是省三级会议，因此，市政官员实际上变成了省的行政机构的代理人。这种变化在布尔戈尼尤为典型。

那些被称为"征税官和包税人"①、"财政界人士"的金融家们是一伙成分非常复杂的人。在那些担任官职的人中间，有各种各样的司库和税务员。在路易十四末期，应付当时紧急支付所需的大量票据，是由一个12位总税务官组成的联合会保证的。经常与他们合伙的是那些与包税有利害关系的人，此外还有根据

---

① 见本书原文第301页。

合同向陆军和海军供应粮食的军粮商。但是,几乎所有这类生意都要靠资金雄厚的商人贷款支持。行政当局对所有这类人员都给予特殊的优惠和荣誉。例如,托马·勒让德尔(1638—1706年)的祖先曾是16世纪鲁昂的著名商人,他于1700年获得了商业总巡视员的头衔,仅此一项,每年为他带来的收入即达1.2万利维尔,他还照样可以照看自己的生意,而且没有任何公务要做,没有任何责任要负。他死时,半官方的《信使报》提到了这样一件事:"为表彰他为人正直、谨慎,屡次提供贷款",他被授予贵族身份。[①] 塞缪尔·贝尔纳(1651—1739年)出身于巴黎一个中产阶级家庭,是一位名画家的儿子,虽然这是一个加入了夏朗东新教教会的家庭。我们不了解他是如何成为银行家的,不过,从17世纪90年代起,他在公共事务中所起的作用十分重要,而且在王位继承战争中有进一步的发展。关于圣西门有一个有名的故事:国王亲自陪他游览花园,企图说服他接受德马雷的建议,很显然,他在1709年受到了保护,逃过了债主对他的催逼,这次"缓解"使他恢复了自己的地位。最出色的军粮商莫过于巴里一家人。巴里·梅西(法国皇太子妃的承包商)在多菲内的莫瓦朗开旅馆,1690年经手为阿尔卑斯军队供应军粮,他的几个儿子协助其事,其中以巴里·蒙塔古干得最漂亮。1691年,他设法调集了1000头骡子驮送玉米到格勒诺布尔,使王家部队免除了断炊之虞。[②] 在以后的年头里,这个家族在供粮业中所占的比重大大增加,并以雄厚的资本为后盾在王位继承战争中再次露面。在摄政时代,给劳氏体制打气的就是他们。[③] 就发迹的规

---

① 1651年11月28日洗礼册(巴黎,法国新教历史协会图书馆)。
② 巴黎,兵工厂图书馆,手抄本4494号:《巴里·蒙塔古训子录》,第5—6页。
③ 见《新编剑桥世界近代史》第7卷,第223—224页。

## 第十章 1688—1715年的法国形势

模而言，这些人是极个别的例子，但很有启发性。在勒让德尔、贝尔纳和巴里家族的那个世界中最新暴富起来的人跟昨天或前天发了大财的人，以及和家财久远的人统统混在一起。

勒让德尔和贝尔纳的故事进而引出了另一个问题：新皈依者的情况。当我们观察他们的活动时，有一点看得很清楚，那就是他们曾帮了忙，因为他们原来都是胡格诺派教徒，而不是说尽管他们曾是胡格诺派教徒这一点是不能忽略的。寄托在他们身上的希望，正是他们利用与过去同派教友的联系所能做到的事。他们在海外那些经常与法国打仗的国家里的联系网，事实上是他们的贸易和金融实力的基础。较小规模的类似情况可以通过参照荷兰和法国的档案发现。在那些按理说已经分裂的家庭中，虽然某些成员已皈依天主教并留在法国，而另一些成员则已逃往国外，但个人之间的联系并未割断，他们在感情上有联系，而且彼此在利益上也有关系。王国政府对此非常了解，并且力求加以利用。1698年，《阿姆斯特丹小报》上出现了这样的新闻："鲁昂著名银行家勒让德尔遵照宫廷的命令今天抵达此间（巴黎），以便与在此办理商务的两位三级会议的专员进行接触。"[①] 1700年设立商业理事会后，勒让德尔可以以商业总巡视员的身份在他愿意的任何时候参与商业理事会的工作。在应召参加该理事会与政府的专员共事的各主要商业城市的代表中，有一位尼古拉·勒贝里·梅斯纳热。此人也是鲁昂的商人，生来便是天主教徒，不过偶尔也同勒让德尔合伙。这位梅斯纳热是《乌得勒支和约》的谈判者之一，值得一提的是，一位从鲁昂来的逃亡者、著名的新教神学家雅克·巴斯内奇充当了和约谈判前的对话牵线人。除所有这些外，某些监察官提醒人们注意废除南特赦令在经济上产生的后果，人们担心，对国家有用的重要人物会离开法国。在《里斯

---

① 《1月17日巴黎通讯》1698年1月7日、23日。

威克和约》谈判期间，政府拒不屈从外国的要求，并以武力对付国内的叛乱。然而，政府已打算改变政策而不作公开声明。在1689年12月13日的声明中，尤其在第二年1月的解释性通告中，政府对于严厉弹压新教徒的措施未得到执行的情况采取了容忍的态度，但同时却拒不撤销这些措施。此后，这些措施的执行程度则因地方当局以及地方当局不能不认真对待的民意而异。在各个大城市中，特别在巴黎，新皈依者虽然不能进行过去宗奉的宗教仪式，但至少可以把新皈依的宗教仪式减少到最低限度。当然，看到这些折中的做法和思想上的保留，内心有所顾虑的人不免感到震惊，但是，流亡对往日的新教徒进行了筛选，留在法国的那部分胡格诺派中产阶级，远没有煽动塞文山脉中农民反叛的那种思想状态。

蓬夏特兰别出心裁，让国王专为一心想捐官的傻瓜设立一种官职，这种做法扩散到一些不重要的甚至很不起眼的官职上，无疑，这是为了在那些资本有限的人中间找到买主。然而，这却为后来造成了极大的麻烦，某些官职虽被取消了，但不可能把所有这类官职都收买回来，于是乎，那些既领年金又做官，然而既非年金领取员又非文官的人形成了一个庞大的社会阶级。很显然，设立这类官职的好处大多仅在于捐官者就职之前所付的那笔"资金"，新设这类官职只是为了眼前的实利。例如，1690年3月为巴黎设置的20个"召集人"，以及"宣过誓的讣告宣读官"之类的官职便是如此。于是，一大批只管登录和收税的文官成了法国经济的一个大包袱。然而，这类为了救燃眉之急而采用的办法有时却成了有效改革的一部分。1691年设置了出生、结婚和死亡登记官，宫廷便可从负责造册的神甫那里得到这些登记册的副本予以妥善保存。这并不是新的规定，但过去一直很少这样做。自此以后，由于登记官可以向教区的神甫们出售豁免证件捞钱，这个老规定便得到了很好的遵守。

## 第十章 1688—1715年的法国形势

于是，新生的官僚便竭力使自己适应于从旧时代承袭下来的制度（旧时代还没有这套官僚机构），适应于在环境压力下他们不得不创设的新特权和新垄断。

财政总监、国务秘书、国务顾问和监察官，几乎全都出身于那个产生司法官员和财政官员的阶级，但是在这许多特权人物中，他们形成了一个与众不同的集团。他们已经得到贵族的爵位，在那些通常拥有伯爵或侯爵尊号的贵族中间，他们是一些土地和庄园最多的人。他们的兄弟和表兄弟们得到了主教管区或更重要的教堂这类实惠。他们显赫的门第往往可以追溯到二三代以上，或许在一二百年之前，不过，更久远的就很少了，因而在萨里尼亚克·德·拉莫特（费奈隆出生在这个家族）家族或鲁沃列·德·圣西门家族的成员看来，这就远远不够了，因为他们引以为荣的祖先是中世纪的骑士。另一方面，人数众多的"穿袍官员"集团对这些红得发紫的亲戚或多或少地存有妒忌，因为这些人渐渐疏远"穿袍官员"，在是否会捍卫"穿袍官员"利益这一点上，很可怀疑，因为他们本身的利益与"穿袍官员"的利益不总是一致。

每年享用数千英镑的高级僧侣和除"本堂神甫薪俸"外别无收入的乡村教区神甫之间，隔着一道鸿沟，其距离之大犹如腰缠万贯的金融家之于每日仅得5个苏的劳动者一样。一位有名的作家，即令家境只是小康而已，他与一个目不识丁，只会操布列塔尼语或某种南方方言的农民之间的距离也不小在哪里，尽管情况有所不同。另一方面，高级僧侣、金融家和诗人、贵族和下层官员，可以以相对平等的资格在同一个沙龙里，或在某个高雅的社交场合里聚会。各个统治阶级尽管都为争得首位和彼此间其他的嫉妒而闹得不可开交，但毕竟组成为一个在社交上彼此混杂的集团。一个仅仅有钱的人在理论上无疑是被人看不起的，但实际上，他可以用自己的贡献去换取头衔，而成为一个人物。他往往只需将女儿嫁给名门望族，就可以确保子孙在社会等级上高升数级。塞缪尔·贝尔纳死时已成了国务顾问和古贝尔伯爵；托马·勒让德尔的一个孙女后来变成了科赛·布里萨克公爵夫人。此外，许多司法官员和僧侣在文学上沽名钓誉，写一些往往与司法和宗教毫无干系的作品碰运气。一位走红的作者，出身纵然寒微，毕竟称得起是位作家了。

正是这些兼用威望、权力和财富，自诩促成了艺术、科学和文学进步的数千个人，为美好的社会定下了基调。千千万万老百姓的眼睛盯在他们身上。为他们提供各种各样奢侈品，使他们得以尽情欢娱的工匠和以技艺为生的人：厨师、假发匠，著名的画师和建筑师，组成了一个属于他们自己的世界。在偌大一个国家中，虽然有一些严肃的杰出人物哀叹信念和习俗的堕落，但许多人却急不可耐地在为自己或他们的子女追求他们所垂涎的地位。就此而论，旧王朝统治下轻易地就可以在社会上飞黄腾达这种情形，到路易十四在位的末期已接近尾声。上中等阶级力图跻身于上流社会，在他们之下则存在着许许多多向上爬的人，这些人希望自己的家庭有朝一日能一步一步地爬到那些最走运的人已经到手的地位。在他们之下，那些仆役，那些改头换面的乡巴佬，梦想着吉星高照，更上一层楼。除勒萨日那部著名的喜剧《杜卡莱先生》外，在固尔和杜弗莱尼的剧作中的一些场景也让人们看到，金融界提供的职位激起了人们的贪欲。平民更加期望得到可以用钱买到的职务，然后沿着国家官员的等级像惯常那样节节上升，运气好的话，有时还能爬上社会阶梯的最高一级。从军也是当时发迹的一条途径。不错，通常只有出身名门望族的人才能当上元帅，但是，中将或准将这类军衔对于新人并不是可望而不可即的；说得更具体些，在路易十四的最后几场战争中，由于特别需要军官，从军当官的大门向各种社会地位的人完全打开了。

同样值得一提的是禁卫军。路易十四从登基伊始就想让它成为一支经验丰富的精锐部队和培养指挥官的摇篮①,晚年时他初衷不改。这些军人像过去一样簇拥在国王周围,像过去一样享受特权,却被描绘为当时具有"平民气质"②。就此而论,禁卫军与其后来的变化形成至为鲜明的对比。

一个人可以指望凭借机灵和运气,也可以指望依靠个人的才干混得不错,甚至进而挤进一些圈子,这些圈子里的人十分自信,十分冷漠、聪明或有教养,以至于夸口把高贵的出身视若粪土。这种情形在1700年的法国并非前所未有,不过此时已开始具有新的重要性。我们有理由说,当时大城市所起的作用与此有关。寥寥数千人口的小市镇在已失去了效用的城墙废墟后面日益衰败,那里的经济生活渐趋衰落,市政公民权正在崩溃,有的已化为乌有。另一方面,大港口则将因国际贸易重新活跃起来而得到好处。文学和科学历史在王廷机构——高等法院、最高审计院、最高税务法院——所在的城市中蓬勃发展,那里生活着一些最杰出的人物。例如,审计大师贝尔纳·德·拉莫努瓦耶(1641—1728年)所作的《勃艮第的圣诞节》就是在第戎出版的。让·布伊埃(1673—1746年)19岁时当上了高等法院顾问,30岁当上了院长。1715年前后正当他盛年时期,他多方面的才华达到了顶峰,此时他也在第戎。孟德斯鸠从1711年起是波尔多高等法院的成员。不过,最名副其实的城市,拉布律耶尔用以与宫廷媲美的那个城市,则指的是巴黎。巴黎有一些由情趣相投的人组成的自成一体却又相互往来的圈子,通过可以称之为

---

① 见本书原文第780—781页,关于王室的军事部门。
② A. 科维齐埃:《17世纪路易十四的将领及其社会出身》,载《17世纪研究会通报》第42—43期(1959年),第25—53页;《路易十四的禁卫军》,载《17世纪研究会通报》第45期(1959年),第265—291页。

这些人的共同选择这样一种过程，上流社会逐渐形成，一种颇具现代特征的人脱颖而出。前几代人力图把这类人说成不是有教养的人，其实并非如此，但是，业已变化的思想习惯和生活方式已在他们身上打下了印记，他们至少有这样两个异常突出的特征：宽容大度的作风和讲究生活的情趣。

很早以前，古斯塔夫·郎松就从出版于路易十四后期的那些著作中去寻找18世纪"哲学思想"的根源；此后，保尔·阿札尔进一步发展了这种看法，而且把问题提到更广阔的领域。他认为，把"欧洲的思想危机"写成产生于1680年前后是妥当的。今天我们也许希望用更确切又不那么绝对的术语来描绘这个时代。就法国而言，人们思想的根本变化可以追溯到笛卡儿和帕斯查理这两位前代仅有的坚强人物。同样，像封德奈尔这样一位作家，若追溯其渊源，也可看到笛卡儿《方法论》中横扫一切的激情和帕斯查理《思想集》中信仰与理性悲剧性的冲突对他的影响。封德奈尔这位熟谙科学的文人和才子，在他的《神灵显迹的历史》（1687年）中，漫不经心地用揶揄的口吻把古代异教徒的神灵显迹比做基督教的奇迹。但是，他在这样做时用的是毫无激情的冷漠的语调，也就是数年前他在《宇宙万象解说》中使用的语调。此外，还可论证这样一点：充满当时人们头脑的怀疑主义并不一定能摧垮一切基督教信仰。例如，理查·西蒙的忠诚是毋庸置疑的，他的信仰与《新约》和《旧约》中合理的注释并不互不相容。从根本上说，危险得多的是新教徒贝尔的著作，他逃亡在荷兰，但依然是个不折不扣的法国人。他很快就站在茹里欧的对立面，赞同与凡尔赛进行谈判。[①] 在《历史和评论辞典》这部杰出的博学巨著中，他的哲学观点清楚地表明了他讲求实际的立场。他并不否认信仰的价值和效用，但他把信仰和

---

[①] 参见本书原文第218页。

道德截然分开。早在1686年，他借助"自然宗教之光——最根本的法则和正义的根源"揭示了思想的方向。事实上，这些著作对广大公众的吸引力，在于它们不是抽象的体系，而是对事实的探讨。神学已不再吃香，所以人们对形而上学的兴趣也减少了。人们的主要兴趣在于研读经文，用常识解释经文，在历史和哲学方面，人们则径直走向明晰易懂的解释。所有这一切的教益则是信仰自由。人们对于宗教争执的厌倦，新皈依者的影响以及上流社会对安宁的追求都有助于达到这个目的。为个人的信仰而反叛，为强制人们内心深处的感情而折磨他们，这些看来都是荒谬的。

伴随着这种宽和的哲理，往往还有一种非常强烈的意识，那就是财富和闲暇能为高雅和有教养的社交界带来乐趣。挥金如土的赌博比比皆是，人们醉心于狩猎。不过，这些都是昔日的遗风。在高雅的社交界中，交谈的乐趣越来越受到赏识。朗贝尔侯爵夫人从1698年起，在她的奈韦尔新府邸中，为新世纪的社交界女主妇们做出了榜样。在莫里哀的《可笑的女才子》和《女博士》时代开始的社交生活教育，现在又增添了国王让他的献媚者们经常保持的风度和举止。上一代佩剑贵族身上常见的古怪的粗鲁举止和粗俗的戏谑悄悄地消失了。人们转向善于处世的僧侣阿贝·热东教士在1718年关于"温文尔雅"的论述中力图阐明的那种理想。

人们热切地希望和平，唯有和平能让人享受生活的全部欢乐。某种世界主义也在逐渐发展。荷兰与法国的关系十分密切，战争也难于削弱这种关系。在荷兰出版的法国人的著作中，有一些作者生活在法国，他们为逃避书刊检查而情愿在荷兰出版自己的著作。对东欧和亚洲异国情调的向往虽停留在肤浅的外表，但私人藏书家手中的外国文学作品和游记却日益增多。面对这些，法国人觉得，他们国家政治上的显赫应该辅以或甚至继以文化上的灿烂。1688年由佩劳特挑起的古今两派之争以普遍接受以下事实告终：路易十四时代产生了堪与奥古斯都时代媲美的一些伟大作家。在那些接受了巴黎时髦并雇用了一些法国艺术家的国家里，在新教徒流亡者找到了安身之处并因他们的侨居而使法语得到了推广的那些国家里，人们对于上述这个事实也深信不疑。在法国国内，这种自信心后来被提高到民族信条的地位。

(许明龙 译)

# 第十一章

# 外国压力下的西班牙帝国，1688—1715年[*]

在1688年，一位八九十岁的西班牙人也许还会记得，西班牙曾是欧洲的第一强国。在这位老人的年轻时代，西班牙王室的财政虽然已经到了不可收拾的地步，但那时没有哪位西班牙人有理由为它的前途担忧。但是这位老人却得在灾难中度其余生了。从1620年到《雷根斯堡和约》签订的65年间，西班牙不是和一个国家就是和好几个国家开战，打了58年之久。到了1684年，西班牙已经丧失了在欧洲拥有的要害地区，还丧失了美洲的它声言是它的大部分地区。达尼河一役，西班牙的海军声名丧尽，而在罗克劳伊战役蒙辱以后，它的陆军也一蹶不振了。其时它的经济破产了，只有它的文化还能够保存一点往昔的朝气。1693年，马德里画派的最后一位伟大画家克洛迪奥·柯罗快要死了，他对那不勒斯人卢卡·其尔达诺获得宫廷的青睐，深感失望；不过本土的建筑艺术，从丘里盖赖家族的装饰工艺看到它的繁荣景象。[①] 在17世纪的最后几个10年中，除了1695年死去的

---

[*] 赫西教授死前没有写完这一章。编者感谢布赖恩·路德先生和邓肯·莫伊尔先生对完成本章的帮助。

[①] 见《新编剑桥世界史》第5卷，原文第174页。

墨西哥女诗人修女胡安娜·伊内斯的作品之外，没有几部伟大的文学作品是值得出版的，这个时期具有重要意义的是政治讽刺小品，生动地显示了西班牙人的才华。从1685—1693年，佛兰西斯科·班塞斯·坎达莫写了许多宫廷政治剧，力图恢复自1681年查理德隆死后便已衰落的戏剧艺术（他是这样认为的）。最伟大的西班牙书志学家尼古拉·安东尼奥死于1684年，他的《西班牙古书志》在他死后才于1696年发表。大学的衰微是显著的，虽然这时也产生了像对牛顿有影响的几何学家奥默利克，获得波舒哀欣赏的历史学家和神学家卡迪纳尔·阿吉雷以及在今天还享有国际盛名的古典学和古代学家曼纽尔·马蒂。如果从总的方面来看，西班牙确乎是赶不上科学和技术的潮流，这一股潮流正在越过比利牛斯山汹涌而来。17世纪末，在塞维利亚设立皇家医学科学院，1714年设立西班牙皇家科学院，这才标志出西班牙文化的富于创业精神的新时代的开始。

关于西班牙的衰微，如果考虑到某些主观因素，从较高的角度去考察，那就可以看出它已是普遍的现象了。一般谈西班牙的衰微主要是指卡斯蒂尔，而美洲和加泰罗尼亚则属例外。大家都谈到的人口减少的情况，部分是由于人口迁移而造成的，人们从农村和艰苦的卡斯蒂尔高原迁居到沿海城市。此外，西班牙人的记述，很多是与过去的黄金时代作比较，可从来就没有过黄金时代，或者有过而没有存在多久。[①] 对17世纪后期的情况的抱怨，事实上就是对16世纪后期或17世纪初期的怀念，那时还未显示出"衰微"的迹象。整个17世纪，理想主义的政治家们对他们国家的弊端所作的剖析，指出的多半是一些征候，而不是基本的

---

[①] 18世纪末加泰罗尼亚历史学家卡普尼—蒙特帕劳对这一点就提出了强有力的怀疑。参考 J. H. 埃利奥特著《西班牙的衰落》，载《过去与现在》第20卷，1961年，第52—73页。

病因。他们一般只主张加强现行的法规，同时有点像奥斯曼评论家对待土耳其的混乱现象那样，请求罪犯们不要再去犯罪。关于社会现象的描述，大多也是取材于外国的外交家们的信札，或根据旅行家和法国传记家（通常这些人一开始就是反西班牙的）的记述，或来自西班牙当时人的猜测，而当时人则由于各自的性格或动机不同，他们的猜测有乐观的，也有悲观的。即使是那些卷帙浩繁的论述，结果判明多是人们怨懑之词，或贬低自己的纳税能力，或对有能力的竞争者愤恨，或希望得到皇家的援助；财政资料含混不清，看不出指的是健全的通货单位还是贬值的铜币。从西班牙赶不上北欧经济发展的情况来看，也可以得出"衰微"的结论。虽然如此，我们既不能怀疑17世纪西班牙人民的生活和国家实力已经大大地衰退了；也不可以把这种衰落现象理解为16世纪所奉行的政策的副产品。西班牙的经济政策的确看不出它与欧洲盛行重商主义的国家有何区别，只是它为争当世界帝国而搞得过于劳累了；美洲的财富用来支付战争和驻外宫廷的津贴，而不能用来促进国内工业和交通的发展；在拥有特权的牧羊主协会的支配下，农业屈从于出口羊毛的生产；牺牲健全的经济和思想自由以提高宗教的地位；通过堂表兄弟姐妹联姻以扩大领土和巩固王位。这种近亲联姻可能不是一个小小的弱点。17世纪哈布斯堡王室的孩子们死亡率特高。西班牙王室的绝嗣君主卡洛斯二世的母亲是她丈夫的侄女，因此是她儿子的堂姐。1665年他长期的统治开始时，西班牙的财政已相当枯竭了。在此后的这些年间，为政不善加速了西班牙物质和精神的破产。3次出使西班牙的头脑冷静的维拉尔侯爵，对西班牙宫廷知之颇详，他在第三次出使西班牙后曾经这样写道：

> 15年前，人们在政府中还可以看到具有声望的部长；[345]
> 国王的财政以及他的子民的商务贸易还有充足的银币，使人

感到这是在一个好政府的统治下印度群岛给他们的富裕。但此时（1671—1673年间）……我在这里无论在公和私方面都看不出往昔西班牙的形影了。[①]

17世纪的一些作家，看到西班牙仿佛正处于最低潮的时候——或者，西班牙人兴许已沉落到无望的深渊下，已无路可走了，只能往上拱。

在这一点上他们是正确的。卡洛斯王朝的最后那些年间，政府的惰性当然会形成一个财政金融的停滞时期，经历了一次通货膨胀和紧缩的循环之后，终于在1686年把银币贬值了。随着这个法令之后的是非农业价格的稳定上升，直至1715年[②]，而这个法令可以说是为波旁王朝的经济复苏铺平了道路。这个灾难于1683—1685年高潮来临之后就再没有出现过。但是这次倒退[③]，在世纪中叶商业周期低潮时期，人口似乎慢慢地增长起来。1688年西班牙半岛人口约六七百万人，虽然比1600年少了200万[④]，但与1500年的人口数字比较可能没有很大的差距。但这些人口是从原先的家庭和工作中驱赶出来

---

[①] 《西班牙宫廷回忆录……1678—1682》，伦敦，1861年，第4页。

[②] 见厄尔·J. 汉密尔顿著《1651—1800西班牙的战争与和平》，载《哈佛经济研究》（1947），第31页。

[③] H. 卡门提到这一点，见《卡斯蒂尔的没落：最后危机》，载《经济史评论》第2集第17卷（1964—1965），第70—74页。

[④] 所有的估计都是不十分确实的。关于1500年时的人口估计为500万—700万，参考R.B. 梅里曼著《西班牙王国在旧世界和新世界的兴起》（纽约，共4卷，1918—1934）第2卷，第93页注3。又见T. 冈萨雷斯著《16世纪卡斯蒂尔……人口调查》（马德里，1929）；A. 贾德著《西班牙人口数字》，载《近代、现代史评论》第3卷（1928）第420—436页，第4卷（1928）第3—7页；J.R. 阿尔门萨著《1500—1945加利西亚的人口》（马德里，1948）；J. 维桑斯·比维斯著《西班牙和美洲的社会经济史》（共5卷，巴塞罗那，1957）第3卷，第251—271页；J. 诺德尔与E. 吉拉尔特著《1553—1717加泰罗尼亚的人口》（1960）。

## 第十一章 外国压力下的西班牙帝国,1688—1715年

的,因为他们生活在新的经济格局下,在新的人口中心未能充分就业。穷困和堕落极其普遍。许多工人都是外国人,商业、金融和名贵的奢侈品工业的管理人员多半是法国人、热那亚人和佛拉芒人,也有来自其他国家的人,如英国和荷兰,等等。1680年,据维拉尔的估计,法国工匠、小贩和务农的人口近6.5万人;他们来自法国西南部各地,往往在工作一段时期之后回法国去。① 在加的斯的外国大殖民地,法国商人特别显著。热那亚银行家常常承包二手税,他们能够定时交纳包税金,这就维持了西班牙在佛兰德斯和意大利的军队,甚至有一些财务人员是非法入籍的犹太人,他们谎报自己是基督教徒,这样就可获准去赚钱,然后便榨取他们。

皇家岁收的大部分来自卡斯蒂尔和美洲,但从来不入国库,部分原因是有多种赋税已经提前好几年征收了,被指定作偿还金融家贷款之用,而最主要的原因则是由于发放政府年金,造成国债涌涨。来自印度群岛的皇家收入,除支付美洲和菲律宾的巨大开销外,平均每年为100万—200万比索。根据官方计划,1683年以后全年总开支为800万埃斯库多,其中一半用来支付公共债务还感不足。② 西班牙的外交官无钱购买秘密情报已成为话柄;王室的御从甚至贵人过得就像平民百姓那样缺这少那;国王每夏例幸阿兰胡埃斯亦因经费不济而不时或辍。在西班牙和印度群岛开始是出卖税收,最后索性出卖公职,以至于印度群岛几乎等于

---

① 见普瓦特里诺著《奥弗涅……移民情况》,载《近代、现代史评论》第9卷,1962年,第5页及以下各页。

② (银)比索,西班牙银币,即比塞塔,值8里亚尔,此时与英币比值,各地不同,从4先令5便士至6便士不等。1686年以后,含银量26.5—27.2克。足重(金)埃斯库多,在1686年贬值前的30年间,值16里亚尔,但可兑20里亚尔。见汉密尔顿著《战争与和平》,第24页及以下各页,又见第514页。

放弃控制。① 最后是王国政府穷了，人民百姓的负担重了：没有哪项改革能比裁减官员更重要。长年的财政拮据迫使王国政府出卖管辖权，出现了许多新的领地。像包税和出卖官职这类办法，只能是侵蚀王国政府的世袭财产，国家的权力也是一样，已被许许多多的特许所限制了。通过提供财政"效劳"，可得到梦寐以求带着骑士余威的贵族身份。

教会获得多种豁免，收入比王国政府多得多。因此它能够吸引那些但求一宿一饱的无业男人。有些主教区和教职人员比大贵族还要富有，事实上贵族们多已举债，他们也像一般人一样，总是抱怨这种处于燃眉之急的困境。城市里教士数目膨胀，而且多半没有受过多少教育，尤不恪守教规，这是批评所集中之点。据说，1683年巴利阿多里德城有53所女修道院，却只有17个教区。② 反对宗教法庭的情绪强烈，还不是因为它不时焚烧一两位犹太人，而是因为它有权越过国家法律没收他人财产，而且经常这样干，间接地使第三等级的人遭受损害。另一方面，耶稣会掌握大量外汇，为许多商人所信赖（也是所有与菲律宾有贸易关系的人所必需），因此没有人指望教会破产。这些年出现了对信贷银行不断的需要，教会发挥银行作用，这的确值得研究。大量土地变为教会永久管业，小农家庭也实行土地永久继承法，这当然会影响市场收缩，并妨碍农业的改良。

半数以上的城镇和乡村都属世俗的和教会的领地，前一种领地可能几倍于后者。西班牙的领地制度在近代有发展的趋势，这点与法国不同。但就我们对它的后期历史的有限知识所知，它从

---

① J. H. 帕里：《哈布斯堡王朝西属印度群岛的公职买卖》，伯克莱—洛杉矶，1953年，第73页。

② 卡门，引自J. H. 帕里著《哈布斯堡王朝西属印度群岛的公职买卖》一书，第70页。

未发展到如法国封建法学家们所确定的那种程度；的确有许多无法权根据的领地，这在卡斯蒂尔尤其普遍；最通常的情况是地产与法庭混合，但即使是这种情况，许多古代的专利权和特殊的服务项目都没有实行。领主与农民和睦友善；事实上，当王权衰微之时，地方长官的庇护会吸引许多移居者。[1] 领主一般仍然占有森林和牧场，耕地则变为佃租关系。像在葡萄牙一样[2]，领主的收入得自各种捐税、让渡什一税以及磨坊、面包房、酿酒坊和旅店等专利以及其他事项，至于出售土地和房产的强索和其他中古时代封建法的残留就更不在话下了。过去的货币混乱使交租和支付产生麻烦（常常用实物代金，不像法国现在那样用现金支付）。在正常的情况下，领主要求其下属缴纳生产所得的十二分之一到七分之一，但在巴伦西亚却高达三分之一。各王国执行这种制度差别很大。在比斯开和吉普斯夸，领主拥有领地较少，而在加利西亚，这里虽然是"正统的修道院领地"[3]，但王室领地很是普遍，这两种情况均与巴伦西亚有所不同，巴伦西亚是世俗领主的天下，这里的世俗领主恶名昭著。安达卢西亚的条件可能也很苛刻，这里有最大的庄园，但科尔多瓦的条件似乎比塞维利亚更苛刻些；旧卡斯蒂尔有些乡村里的佃农会突然被赶走，他们比其他地方更无保障。1716年以前，阿拉贡的领主是唯一对下属拥有生杀权的，起码法律是这样规定的。加泰罗尼亚的领主比

---

[1] 多明格斯·奥尔蒂斯：《18世纪西班牙社会》，马德里，1955年，第327页。

[2] 见本书原文第537页及以下各页。

[3] 多明格斯·奥尔蒂斯：《18世纪西班牙社会》，马德里，1955年，第335页。这里有一种似非而是的情况，即比斯开和吉普斯夸两省的人口中贵族人口的比例比其他任何地区都高。1797年这两个省区连同安图里亚一起，下级贵族占西班牙全部下级贵族半数以上，但一点必须考虑的是，吉普斯夸省每一个人都声称他是贵胄。

较地说不太苛刻，虽然这里的世俗贵族获得特别大份额的什一税。西班牙的领主统治不限于农村，因为大部分的自治市镇是由贵族或其委任的人管理。在这种富含利益和权力的混合体中，似乎有一个很突出的普遍特征：据说贵族们犯的真正的经济罪就是"希望不要妨碍他们管理自己的庄园"[1]。无疑，此时更尖锐的问题乃是大部分领主包括教士和法官都对少数的最高贵族阶层表示屈从，这一阶层的政治野心的死灭，对了解本章所叙述的时期的混乱历史提供了一把钥匙。

在卡斯蒂尔，王室的权力是绝对的，起码理论上是如此，对国王权力唯一的限制是在他登基时所作的誓言，保证维持王国的根本法律。1700年时西班牙议会还有6个，但均无政治权力：卡斯蒂尔议会自1665年以后直到1700年就没有召开过；加泰罗尼亚最后一次召开议会是在1640年，巴伦西亚在1645年，阿拉贡在1686年。在另一方面，阿拉贡王国和纳瓦拉王国，加泰罗尼亚公国和巴斯克公国则有另外的代议机构，仍然很活跃。这些王国或公国拥有割据的自由和一定的税收权力。仍然是卡斯蒂尔照应全国的政策，是国王及其议会的永久所在地，负担也较重。在王权薄弱之时，出现了一个可怕的权力真空，被最高级贵族和教士所策划的混乱所填充。17世纪80年代期间，出现了由卡洛斯二世的母亲奥地利人玛丽安娜（1634—1696年）与奥尔良的玛丽·路易丝皇后轮番策划的阴谋。后者年轻，又没有多大主见，甚至在1679年嫁到马德里之前就被灌输了对其未来婆婆不信任的思想[2]，成了她的侍从女官满怀心计的特拉诺瓦公爵夫人

---

[1] R.查理：《18世纪欧洲的贵族》，A.古德温编，1953年，第53页。参考R.哈尔著《18世纪西班牙革命》第4章，普林斯顿，1958年。

[2] 比利亚尔斯：《回忆录》，第40页及以下各页。比利亚尔斯对母后表示同情，并对王后表示相当失望。

的感情俘虏。作为侍从女官,公爵夫人在背地里争权夺势,比王室的忏悔牧师的权势还大。宫廷里的流言飞语,或对虚荣心的中伤,或是别有用心的诽谤,最经常提到的就是王位继承的问题。卡洛斯4岁登基,生命无保证,也无治国能力。他是个可人儿,很孝顺,隐隐约约地想当个好国王,偶尔在识别人方面也表现出一点精明,但他毕竟是优柔寡断的,迷信的,受他母亲控制的,所受教育也极其肤浅。他身体不好,时发羊痫风,几乎肯定是阳痿,可能是营养不良所致,这是由于哈布斯堡王室成员遗传的牙床变形,食物不嚼而咽造成长期消化不良而引起的。他难得消遣或有什么兴趣,偶或打猎,仿佛这是国王的职责所在,长年浑浑噩噩,无精打采,除了虔诚参加宗教礼拜,或参加大臣们简短的令人厌烦的会议外,几乎不理朝政。

西班牙海外属地的情况稍觉开朗[1],菲律宾和新近皈依的马里亚纳群岛(拉德隆群岛)过去的确并不有利可图,只有在1696年至大约1736年间菲律宾才第一次显出稍有富余。[2] 加那利群岛与美洲有一定的合法贸易,但更多的是与欧洲贸易,事实上这都是与西印度群岛之间的海外走私贸易,这些贸易通过各种手段发展规模很大,由于安达卢西亚商人的成功,加那利群岛与美洲的贸易受到限制。单是这个原因,在安的列斯群岛出现了几个其他国家,就会产生许多问题。法国、英国和葡萄牙的殖民者也对(西班牙)美洲大陆上一些边境造成威胁。在这些地区,原来由官方派出的传道团和驻军就足以控制当地的印第安人,现在要对付欧洲的入侵者,显然就不够用了。西班牙自己对美洲的贸易已经衰落:开往维拉克鲁斯的商船队(跟主要开往卡塔赫

---

[1] 见《新编剑桥世界近代史》第7卷第21章(1)。
[2] P. 肖尼:《菲律宾与西班牙太平洋诸岛(16、17、18世纪)》,1960年,第132—133、261—262页。

纳的船很不一样）每年运载的货物曾达到8000吨，现在每两年才运载3000吨。然而有大量贸易躲开了西班牙海上交通法规的控制，所以这种贸易下降并不表明西班牙对美洲经济活动的减少。美洲的通货很硬，美洲政府能够支付各项账目。另外，海盗活动总是追着走私贸易而来，这两种灾祸根源现在成了相互为敌的了。因此，到了1688年，英法两国政府不再鼓励各自在牙买加和圣多明各的海盗活动。但是混合组成的海盗船或武装私掠船仍然在海上游弋，西班牙乃于1674年启用私人出资建立的海岸防卫队，扑灭出没于这个地区最可怕的危险。西班牙经多年踌躇之后才承认，这种本性就是为了获得战利品的物质刺激而建立的私人海岸防卫队的。

许多西班牙殖民地问题，仍然是欧洲外交交涉中的突出问题，但没有哪一个问题能比供应非洲奴隶契约更突出了——长期以来供应非洲奴隶契约成了一桩罪恶，然而又是必不可少的。西班牙除了能从摩尔人囚徒中拉走一些变为奴隶之外，在非洲没有其他可抓奴隶的领地，但它可以通过供应非洲奴隶契约买到奴隶，这种契约在西属美洲就是一种短期的垄断奴隶贸易契约。王室当然不会允许让别的主要大国参加，尤其不愿让非天主教国家参加，因为它们对西班牙的垄断和正统的宗教都会产生危险。葡萄牙是传统的奴隶供应者，但它碰上诸多困难不能恢复自己的奴隶贸易[①]，而热那亚和西班牙的契约签订者们，在17世纪60年代和70年代时就感到奴隶不足，他们从荷兰人、丹麦人手中或从英属西印度群岛买到奴隶。问题的核心是，奴隶贸易必须要有岸上设施，必须要让外国人合法地与西班牙殖民者进行接触，而此一经实行，其他商品的非法贸易就很难阻止了。到1685年，西班牙认为与其让荷兰人偷偷摸摸地干，不如让他们当合法供应

---

① 见本书原文第514—515页。

非洲奴隶的合同商人，这样危险要少一些。于是加的斯的一位荷兰商人巴尔撒泽·科曼斯获准当了供应非洲奴隶合同商西班牙人尼古拉·波尔西奥的破产产业监理人。荷兰代理商在加勒比的港口开业了，荷兰船开赴那里，直到合同结束，虽然在1689年下半年波尔西奥已部分恢复管理，但尼德兰政府通过外交途径要求偿付科曼斯后代提出的债务要求。① 这样，供应非洲奴隶契约成了国家间关系的要素之一。

直到1688年，西班牙在它积极进行殖民的"新世界"里——主要是牙买加和西伊斯帕尼奥拉（圣多明各）——没有损失多少领土，但在加勒比沿岸有广大的孤立地区，一任外国商人、海盗和洋苏木斫伐者随意活动。库拉索岛的荷兰人经营委内瑞拉的烟草和可可，他们从圭亚那通过加勒比的盟友接的线，与这些偏僻地区进行贸易，从坎佩切湾把桃花心木、杉木和染料木运往尼加拉瓜的莫斯基托海岸，长期以来一直吸引着西印度群岛的海盗和北美的船主们，在沙洲和珊瑚礁的后面，在清除了杂木的小河两岸，一小股一小股的伐木者们，俨然就是永久的殖民，他们得到牙买加总督的保护。1680年初，有一股英国的冒险家，在洗劫了波托贝洛之后，穿过伊斯莫斯的达里埃地峡，开展了南海海盗活动的新阶段。他们占山为王，肆无忌惮，长期结伙打劫，在后来许多年间，包括法国海盗在内的其他海盗群起效尤。西班牙对他们采取的反击措施，总的来说是颇为有效的，但不能完全防止孤悬海上的船只遭受损失，也不能避免沿海小城被袭击。如果说这些南海海盗活动并不像大家所说的那样严重的话，但海盗活动是发生在西班牙帝国遥远而辽阔的前沿地区受到威胁的时候。1680年1月1日，葡萄牙在巴西南界推进，直达普莱

---

① G. 塞莱：《卡斯蒂尔印度群岛的贩运黑奴贸易》（两卷本）第1卷，1906年，第641—693页。

特河，建立萨克拉门托殖民地，把布宜诺斯艾利斯的贸易转向智利和秘鲁。在北美洲，卡罗来纳的英国人已在骚扰佛罗里达的北界，而加拿大的法国人已于1682年4月进至墨西哥湾。

1689年2月12日，玛丽·路易丝皇后去世。她曾明白告知路易十四，西班牙国王无嗣是因为他肾机能不全，但一位新后对某个要求继承王位的人仍然具有权力。卡洛斯在被逼之下不情愿地在可能的配偶中进行选择，他顺从地于6月15日与女王的妹妹、法尔茨·纽贝格选侯的女儿玛丽亚·安娜完婚。新后贪婪成性，结党营私，她和西班牙人之间的不和很快便爆发了。

国王结婚后不久，西班牙即卷入九年战争之中（见第7章）。要记住这场战争，因为它集中了西班牙的国力，并把它消耗殆尽。特别是1689年5月法国入侵加泰罗尼亚，法国人虽然没有马上长驱直入，但由于卡斯蒂尔的几个总督集结军队，征物征人，这就重新撩起了1687年爆发的那场农民骚动。加泰罗尼亚人有他们的法律，这就是他们所珍视的具有法律效力的习俗，起码他们是部分地恪守的；但这些年来公国境内的劫盗和其他犯罪活动频繁，人们携带武器已习以为常。

奥雷佩沙伯爵（1642—1707年）（"Don"是西班牙对贵族的尊称）曼纽尔·乔基自1685年便任首相，从当时已被贬低的标准来看，他算是一位能干而诚实的人物，有"奥地利派"的倾向。他诚实侍君，国王支持他，但他谨慎地谢绝"宠臣"这个称呼，因为在卡洛斯朝初年尼撒德和巴伦苏埃拉俩人的做法使人恶心。① 他调整币值，取缔了一些杂税、年金津贴和虚职。整顿严厉执行，收入大部分保证偿还公债。破产商人、受损失的债权人、被革除的官员和被取消年金津贴者联合起来攻击他。战时

---

① 见《新编剑桥世界近代史》第5卷，第380—381页。

物价上涨和物资匮乏也使人们怨声载道。一批贵族大臣阴谋结党，强迫身患痼疾、优柔寡断的国王革除奥雷佩沙，王后、母后以及宫廷忏悔神父都加入他们一党，国王乃于1691年6月24日极不情愿地解除奥雷佩沙的首相职务。此时王后的权力成了至高无上的了，至少有关宫廷任免事情确是如此。奥地利派仍然占着优势。顾问和贵族们继续图谋权势。他们策划各种阴谋诡计，如果不看它的问题所在，那就更像是一出出滑稽歌剧。例如皱领问题，奥地利派戴皱领，但对手们则喜欢穿着法国宫廷的服饰。这样就引起一场真正的冲突。竞争者当中最赫赫有名的是卡斯蒂尔的舰队司令①，一位非常熟识意大利事务的亲法野心家；另一位是快要退休的蒙塔尔托公爵，是一位国王经常私下与之相议的人物。卡洛斯再不敢倚依宠臣，时或亲自理政。1692年，出于一时的独立决定，启用圣约翰教团大使曼努埃尔·阿里亚斯，一位能干可靠的人物，掌握实权直到1704年。但国王政府缺乏有效领导达7年之久。驻马德里的大使们都抱怨办事拖拉，评论国务委员的尺度是看他们能否平易近人，或根本无法接触。国王下达的命令通过办公厅转发，办公厅由能干而诚实的阿隆索·卡内罗主持，他在政府各部之间起一定的协调作用，但如果国王的命令与内阁不符，就会有麻烦。随着国王病体日衰，意气益发消沉，不接见任何人，以致最终罢理朝政。此时国务工作如何进行，如何对外作战，如何指导海外事务，这一切通通由政务会议决定执行。政务会议既繁复又拖拉，但政务会议由一批富有经验的官僚主持工作，至少也能办理一些日常工作。

---

① 麦迪那德里奥塞科大公让·恩里奎斯德卡勃莱拉，1691年继其父任最后一任卡斯蒂尔的海军上将，1705年亡故。1696年韦诺纳伯爵给都灵的报告中对这位舰队司令及政务会议的其他人物有有趣的评述，见C.莫朗迪编《萨瓦、热那亚、威尼斯使节报告集，1693—1713》，洛波尼亚，1935年，第33页及以下各页。热那亚使节有关宫廷的叙述，见同书第143—148页。

的确，即使在奥雷佩沙下台后，也进行了许多使人惊异的改革。继续攻击津贴金和奢侈的生活成了笑柄，事实确实如此。一方面是孤儿寡妇被取消了津贴金，而另一方面，根据1690—1699年英国驻马德里公使斯坦厄普的记述，西班牙最富有的人物奥森纳公爵每年新得6000比索的年金。另外的一些行政措施则比较有效。1691年发布了一系列法令，削减政务会议成员和军官，设置省一级的督监以保证岁收。12月25日，商务议事会重新恢复工作，考虑促进经济发展的办法。1692年12月颁行一项法令，扩大1682年的关于允许贵族从事工商业的法令，法令规定对贵族从事工商业不应有任何限制。当时及以后，不同的集团都主张设立对东西印度群岛的特许贸易公司。除地中海地区之外，还有这两个地区也包括在佛兰芒体系之内，这个体系的计划早在约翰·劳之前便把商业与国债管理合并起来，恢复工业，甚至维持海军。成立这样一个西班牙贸易总公司的计划，据说为荷兰人所否定，而控制塞维利亚领事馆的比斯开商人也加以反对。这是西班牙尼德兰总督巴伐利亚选侯的许多失败之一。

长期以来就考虑立皇帝的女婿、卡洛斯二世的外甥伊曼纽尔为西班牙尼德兰的世袭统治者。1685年当他与奥地利女大公玛丽亚·安东尼娅结婚时大体上已获同意，而玛丽亚·安东尼娅之子则有可能继承西班牙王位。到1691年5月，威廉三世敦促实现这一决定，因为他看到一个拥有重权的世袭总督有助于保卫低地国家，可以克服每3年一换总督以及由于马德里在任命总督时的延宕所出现的空虚。政务会议有些成员对任命一名同血统的王公代价更大表示痛惜，并怀疑选侯夫人一死，选侯会不会把尼德兰省还给西班牙。卡洛斯于1691年12月12日作出任命，但选侯既未获得自治权也未获世袭权。1692年12月24日，玛丽亚·安东尼娅去世，在确定约瑟夫·费迪南德为可能的继承人之后，他的行为就常常受到西班牙的干涉，他不能保证能否继续他的职位。虽然如此，在1701年3月之前，他还是比其前任能够行使更大的职权。①

1692—1694年，国王的命令对国防事务能起一定的作用。1693年2月16日恢复菲利普二世的民兵制度，这主要是考虑到海疆和边境的防务。1693—1694年地方政务会对改进行政管理和巩固防务表现出奋发图强之意，虽然做得并不彻底。地方政务会是一个由最有权力的大臣组成的人数不多的委员会，这是1692年出现了甚至首都的安全问题时，皇帝的大使洛勃科维茨提出要成立的一个机构。1693年9月蒙塔尔托说服国王划分3个管辖区。蒙塔尔托本人管辖纳瓦拉、阿拉贡、巴伦西亚和加泰罗尼亚，他的两个主要对手卡斯蒂尔的总管和海军上将分别管辖余下的两个区，前者管辖加里西亚和南北卡斯蒂尔，后者管辖安达路西亚和加那利群岛。他们的权力为总管地方法庭、议会和总督，这样一来就全部破坏了各王国的传统和"特权"。最主要的后果是混乱。但政务会发布的法令之一就是中止1694年的年金，扣回各官员工资的三分之一，并要求官员按自己的身份拿出"捐赠"。

当然，即使是最好的改革，也只是说多做少。他们怎么也不能克服这样普遍的困难。而有些改革也的确使困难加深。强征特别税和征兵普遍引起逃亡，许多逃避征兵的人，可以说是绝大部分很快便成了逃亡流浪汉。1696年的筹款或付款事实上是放弃了。但1696年这一年却抓了一个基本的宪法问题，这个问题与战争没有任何直接关系。关于过去两朝宗教法庭滥用民法曾引起激烈的争论。卡洛斯治下的权力划分使宗教法庭更加胆大妄为。有人鼓起勇气提出控诉，卡洛斯便组成一个由五大政务会各选派

---

① 1692年3月26日选侯庄严进入布鲁塞尔。见F. 范·查理肯著《西班牙统治尼德兰的终结，1693—1713》，布鲁塞尔，1907年，第1章。

两人参加的特别委员会。委员会声称宗教法庭滥用职权扩及殖民地,所以委员会受理事务包括印度群岛。1696年5月21日,委员会控告宗教法庭的权力伸到本属国王法庭审理的民事和刑事案件中,把与宗教人员无关的民事刑事案件调到宗教法庭,并指出宗教法庭执行处罚既无定则又重罚无度。委员会建议限制宗教法庭的管辖权限,凡与宗教无关的案件,被告人应受普通法庭裁定。但这一切都是光议不练。值得注意的是,国王如此软弱又如此迷信,即使是这类僭越司法权限的大事,又有谁不敢大胆去干呢?

如果说苦命的奴隶和某些印第安人的遭遇一如既往,而地方逃亡流浪汉照旧受苦,那么很难说西班牙的海外殖民地也出现了国内那样的困难局面。1697年以前,法国人一直没有理会西班牙的殖民地,地方的动乱是小规模的,虽然加勒比地区经常由于战争而出现普遍的紧张局势(一贯如此),袭击频繁,边远地区遭受破坏要经过多年才能修复。每年计划开往维拉克鲁斯和卡塔赫纳的护航队比过去更经常了①,群岛间的贸易和交通常受干扰,海盗袭击使沿海城市总是感到很不安全。一些法国的海盗,在1687—1688年间一直在加利福尼亚海外劫掠跑马尼拉的大帆船,到1690年时,向南转移骚扰秘鲁沿海。晚至1693年12月仍有一股余匪出没于太平洋上。有关他们活动的报道虽然不免有些夸大其词,但却是鼓励法国海军上校J. B. 德热纳进行活动的第一手材料。J. B. 德热纳是一位法国海军军官,1695—1696年率领6艘在拉罗什尔装备的战船,企图进入南海进行私掠,但后

---

① 弗洛塔船队于1688年、1689年、1692年、1695年、1696年、1698年、1699年、1701年、1703年、1706年、1708年、1711年、1712年、1715年驶比拉克鲁斯航线,加莱奥内船队于1690、1695年也驶比拉克鲁斯航线,后由法国护航,但航次不多。见R. 安图内斯—阿塞维多著《西属西印度群岛司法和商务史》,马德里,1797年,附录7,第26—27、33页。

来却返回了麦哲伦海峡。西班牙在加勒比地区清剿非法殖民颇为成功，补偿了在太平洋方面的损失。1689年把200名非法殖民者驱逐出具有战略意义的克拉勃岛，1695—1696年几次征讨坎佩切和伯利兹地区的伐木者。

在伊斯帕尼奥拉，法、西两国的殖民者长期以来就为一条未定边界不停地发生冲突。散居在圣多明各海岸的法国人包括1500名士兵和海盗，但他们宁愿搞点私掠活动而不愿打正规仗。1690年夏天以前，居西总督由于缺乏供应和兵员，很难防止西班牙人抢掠新生的种植园，也不能出击与他的辖地邻近的地区。① 是年7月8—9日，他的军队在焚烧圣地亚哥德洛斯卡巴莱罗斯之后而遭到西班牙人的伏击。次年正月，西班牙海军陆战队同墨西哥总督派出的向风舰队一起重创法军，并洗劫了北海岸的法兰西角。1695年，一队英、西联编的远征队袭击了这个殖民地。其时英国人名义上是由牙买加代理总督比斯顿指挥的，他曾要求他们集结保护，但命令措辞含混不清，指挥官们都不理他。罗伯特·威尔莫特海军上校和卢克·利林斯顿陆军上校谒见国王威廉三世后统率5艘炮舰和2000名士兵从英格兰出发开往加勒比地区。国王威廉三世显示出他的深谋远虑，对这支抢掠队给予详细的指示。② 这支队伍与西班牙的"向风舰队"和从墨西哥及伊斯帕尼奥拉征调来的1600名士兵合在一处。法国人早就知道这个计划，但他们富有经验的新总督让·迪卡瑟的军队只有2000人，而且南北分散驻扎在4个小镇上。5月，这支联编的舰

---

① 本岛东部即西班牙区的人口，1717年估计为18410人，包括3705名驻军，这个估计可能过多。见D.L.罗帕著《法国占领前夜圣多明各的殖民地社会》，载《法国海外史评论》第46卷（1959），第62—63页。据官方统计，1687年圣多米尼克的黑人和白人居民共8000人，30年后可能超过圣多明各的人口。

② N.H.摩西：《英国海军与加勒比海，1689—1697》，载《海员明镜》第52卷（1966），第33页。

队出现在法兰西角海外,法兰西角的居民都逃跑了。总督住在太平港西边 40 英里处,太平港的守军抵抗了半个月之久,联军是在 7 月中离去的,抢掠了价值 20 万英镑的战利品,另外还抢走了 140 支枪、1000 名奴隶和 900 名俘虏。这个港口是法国在圣多明各的最早的基地,1701 年拉巴特神父在这里的海岸巡游时,看到的只有 20 间土屋和一所木质结构的教堂。① 小镇却被烧毁了,联军没有继续抢掠。英军有许多伤员,联军互不信任。西班牙总督获得警告,唯恐英军只为自己而不为西班牙;一心想发财的威尔莫特不能善待利林斯顿,同西班牙人的关系也很坏。圣多明各北部的两个中心对古巴岛进行威胁,而南部的两个中心则威胁牙买加。1694 年迪卡瑟曾使这里遭受价值 50 万英镑的损失(包括破坏 50 处甘蔗榨坊,拐走 1800 名奴隶)。在这次战争期间,法国海盗抢掠的大量西班牙硬币流入圣多明各,圣多明各迅速发展成为热带作物生产地是从这些年代开始的。②

疾病和意见分歧,成了 1697 年法国占领卡塔赫那的预兆。攻占卡塔赫那是由路易十四拥有股份的一家私掠公司计划的,法国海军提供 10 艘装备有 30—90 门大炮的战舰,还配备小船,由男爵让德波伊蒂率领。迪卡瑟率领的 1000 名海盗加入了这支舰队,彼此看不起对方。但卡塔赫那城防薄弱,法军攻城半月之后,该城总督降服。5 月 4 日法军入城。波伊蒂掠夺大批战利品,但部属病号甚众,乃于 6 月初离开卡塔赫那。在圣多明各时,波伊蒂同意私掠队员与海军官兵平等分享战利品,但没有透露在分给公司商人和国王的份额之后,留给海军官兵的只是极微小的一部分。海盗们获悉他们受骗

---

① 《美洲新纪行》(共两卷)海牙,1724 年,第 5 部分第 5 章。
② 西海岸莱奥加纳附近的肥沃平原,殖民活动最为活跃,此地甘蔗种植园开始显出对蓝靛、可可、烟草等现行作物的优势,见 G. 德比昂著《莱奥加纳和居尔—德—萨克地区几种种植园的起源》,载《海地史评论》第 18 卷 (1947),第 11 页及以下各页。

第十一章 外国压力下的西班牙帝国,1688—1715年

之后,便重新洗劫卡塔赫那。

战争没有改变西班牙殖民活动的进程,虽然墨西哥城于1692年发生严重的饥荒暴动。走私贸易一仍旧贯,甚至与敌人做买卖。在一些地区,如坎佩切,仓促修建了许多碉堡,并且时不时在墨西哥湾沿海进行搜索,以防法、英的侵扰。1686年,针对拉萨尔的活动而进入得克萨斯东部,由于看到彭萨科拉湾(佛罗里达西部)的条件更好,乃于1693年放弃得克萨斯东部的活动,但此后5年多的时间里,除1694年作出决定在奥里诺科河设防外,在彭萨科拉一带的活动并无更多的建树。但另一方面,蒙克洛伐伯爵(1689—1705年,秘鲁总督)却能够继续他的前任的努力,在太平洋沿岸各海港设防,并在瓜亚基尔建造战舰,加强南海舰队。在边境地区,时有印第安人叛乱。1692年重新说服智利南部的阿劳坎人接受传教士的布道,但8年后又放弃了这种努力。1692—1696年间,新墨西哥总督瓦尔加斯重新征服1680年叛乱的普埃布洛印第安人,并使他们安居下来。1695—1697年,在国王的鼓励下组成尤卡坦和危地马拉两地的联军,征服佩腾湖地区的印第安人。在(墨西哥)索诺拉北部战争发动之前不久,一位坚强果敢的蒂罗尔人耶稣会士尤西别奥·弗朗西斯科·金诺神父(1645?—1711年)直入加利福尼亚湾进行传教活动,直达亚利桑那。1697年,胡安·玛丽亚·德萨尔瓦铁拉神父不顾一切地渡过海湾到达加利福尼亚的南部,10月在洛雷托建立第一个教堂。1686—1689年,弗里茨(1654—1724年)在亚马孙河上游与纳波河交汇处的奥马瓜斯与朱里马瓜印第安人地区建立第一所教堂[①],但在1700—1711年

---

[①] 弗里茨的亚马孙河流图(1691)是最早的相当"准确的亚马孙主流及其支流示意图",见 G. 埃德蒙森编《1686—1723 塞缪尔·弗里茨神父在亚马孙河游历和工作日志》(黑克柳特学会,1922),见本书原文第531页。

间被葡萄牙的远征队消灭。在这期间,基多地区听讲道的人不得不拒绝捐献,继续支持马拉尼翁传教团,虽然耶稣会仍然维持拉古纳的教堂,这是位于今天厄瓜多尔的瓜利亚加河下游的较早的一个教堂。这些年间,耶稣会为了阻止入侵,开辟一条河道公路,把玻利维亚东部和巴拉圭河流域的亚松森地区之间的奇基托斯各教区连接起来。1717年西班牙政府关闭奇基托斯公路,这就放弃了对传教前哨体系的防卫。按照正常情况,在图库曼及其他地方,西班牙政府承认有责任支持传教前哨体系。但由于非传教殖民对耶稣会控制经济及保护印第安人劳动表示愤懑①,西班牙政府转而赞同非传教殖民一方。在墨西哥北部牧区,为水利权而展开的殖民竞争,进一步暗示天主教会在西班牙人中间有着许多强有力的敌人,非教团教士也不例外。

加那利群岛无战事,仅1690年有过一次海盗骚扰。菲律宾常处于混乱状态,各宗教团体互相诽谤,大主教和总督也互相攻讦,但自从一位专制的主教死后,恰于此时又来了一位好总督,所以菲律宾的情况比较好了。新来的总督支持多明我会向柬埔寨扩展传教事业(1693年),并支持耶稣会试图在帕劳群岛布道(1692年),1708—1712年再继续进行,但没有成功。

在西班牙国内,最直接受到九年战争影响的是加泰罗尼亚。自1690年以后,加泰罗尼亚每年都有战事,法国在其他战场上采取守势,而在这里则缓慢地但不断地向前推进。像后来的王位继承战争一样,这次战争也是以围攻巴塞罗那而告终。巴塞罗那有马德里三分之一的人口②,拥有一支能作战的手艺工人民兵,并有一座符合西班牙标准的城堡。1697年8月10日,巴塞罗那

---

① E.M.L.洛博:《1690—1718年保护传教的奇基托斯公路》,圣保罗,1960年,第51—56页。

② 地中海沿岸某些城市人口的估计,见本书原文第542页。

第十一章 外国压力下的西班牙帝国,1688—1715年

向旺多姆攻城部队(2.6万人)投降。确定最后贡金之后,法军才于1698年1月4日撤离。加泰隆人虽然长期与法国人友善,而且厌恶卡斯蒂尔出面干涉,但在法国入侵期间却遭受重大的损失,所以他们欢迎西军回来,表现出真诚的欢乐。他们反对拟议中派来的总督,卡洛斯国王接受他们的意见,改派黑森—达姆斯塔特的君主乔治,于是他们对卡洛斯的忠心增加了。乔治是王后的表兄弟,是一位很有魅力的人物,他在后来的加泰罗尼亚战争中率领5000帝国军人作战,表现出色。乔治亲王于2月9日在巴塞罗那宣誓。这对未来事件的发展意义重大。

从性质上看,1697—1701年西班牙的政治历史渲染了王位继承问题(第12章)的国际斗争。帝国、英国和法国的大使都参与西班牙朝廷的政治活动,仿佛就是自己的事务一样。亨利·阿尔古侯爵的手腕最为灵活而狡诈。奥地利派理政不善,战祸连年,结果,在加泰罗尼亚以外各王国,认为由法国人继承王位的意见,即使仍在与法国作战期间,也颇得人心。这个情况对阿尔古侯爵很有利。玛丽亚·安娜皇后本人亲自领导奥地利派。国王长期以来偏向于由巴伐利亚人继承王位,而不是奥地利人或法国人,奥地利派反对。他们也反对托莱多主教路易斯·费尔南德斯·波托卡雷罗(1635—1709年)私下向国王进献的意见。萨伏依使臣对这位主教评价不高,认为他是"一个仅有良好意向但无多大影响的人"[1]。1696年5月,支持国王和人数不多的巴伐利亚派的西班牙王国母后去世,王后的一个主要障碍消除了。事情发生了。同年9月,国王的精神疲惫状态有所康复,经波托卡雷罗的劝说,承认巴伐利亚的约瑟夫·费迪南德亲王

---

[1] 参见《韦诺纳伯爵纪事》,1696年2月17日(莫朗迪,第1卷第36页)。1693年(同上书第146页)热那亚公使对波托卡雷罗的印象:和蔼可亲,但颇炫夸自负,光说不练。

(1692—1699年)为继承人。此外,他还重新起用法国派的劲敌奥雷佩沙。但这两项行动都是在王后患重病期间执行的。及至王后康复,大约一个月后,奥雷佩沙再被免职,国王的遗嘱亦被取消。1697年秋,皇帝请求她设法让奥雷佩沙复职,以便有一位奥地利派的支持者身处高位。但王后不喜欢他,对皇帝的请求采取拖延办法。波托卡雷罗此刻已是红衣主教,并转而成了法国派,于1698年3月2日促成撤换皇家忏悔牧师,改由一位同情法国的神职人员担任,王后这时才着了慌,急忙恳求国王召回奥雷佩沙,国王同意召回,但这时波托卡雷罗已有了一位让国王的良心听话而拥护自己的人了。10月9日,在朝觐前,此时王后正在教堂,波托卡雷罗、教皇的使节、还有其他大臣联合觐见国王,极力说服国王注意马德里的常驻军实属危害公共和平,因为他们是在加泰隆人战争期间由黑森—达姆施塔特招募来的德国骑兵团,他们的存在破坏了传统的民政制度。他们的真正目的当然是害怕王后党会利用这些常驻军来阻挠法国派的活动。王后回来后,卡洛斯建议说,为了顾全德国人的面子,可由王后提出由他请求把骑兵团调驻巴塞罗那。王后听了歇斯底里大发作,国王只好让步。但她的支持者警告她,将来如再这样,会刺激国王致死,而她也就危险了,故当波托卡雷罗命令骑兵团转驻托莱多,她便没有表示认真的反对,这样就只剩下三营兼职的皇家卫队驻守马德里了。

然而法国派的胜利仍然不是肯定的,因为奥雷佩沙支持约瑟夫·费迪南德。当国王得知第一次分割条约签订消息后(10月11日签订),奥雷佩沙说服国王复立约瑟夫·费迪南德为唯一的继承人。1699年2月6日费迪南德去世,人们认为奥雷佩沙会把卡洛斯推向哈布斯堡大公查理。西班牙人民回答了这个问题,至少马德里的居民回答了这个问题。马德里的公共秩序混乱不堪,卡洛斯难得离开王宫到群众中去。有时去了,"据跟随他的随从说,曼萨纳雷斯河边的洗衣妇们和那些小孩子们会跟在他后边喊叫'娈童'(同性恋者)……而最难听的辱骂则是对王后喊的。她马车旁的警卫没有一个去斥责辱骂者"①。帝国大使哈拉希伯爵的日记记载说,1698年8月,街上有弹吉他者唱双行诗,攻击王后和奥雷佩沙。对"奥地利"王后不敬,早就公开了,甚至在她入嫁西班牙之前,暴民们即在王宫窗前高呼:"国王万岁,虐政见鬼去吧!"② 目前到处饥荒,朝政紊乱,卡洛斯长期因病幽居,马德里的确出现了危机。饥荒的部分原因是由于粮商的操纵,可能是市政官员的默许,有谣言说奥雷佩沙是罪魁祸首。1699年4月28日,一件小事引起一场暴乱,人们袭击大臣的官邸,在王宫前举行示威。政府立刻任命波托卡雷罗一派的弗朗西斯科·龙奎略为新的警察长,并承诺进行另外一些改革,这场暴乱才平息下来。国王再次无可奈何地罢免奥雷佩沙和其他反法国派的成员。自此以后,波托卡雷罗权力独专。

海外发生的事件同样反映出外国已认识到西班牙的软弱。摩洛哥的苏丹攫取了北非的几处堡垒,不断袭击休达,但没有攻下。③ 在印度群岛,外国人的贸易愈发公开了。佛兰芒人在他们巴伐利亚人总督的庇护下,恢复从前的计划,而且还组织新的贸易活动,打进印度群岛和几内亚,其中一些活动不得不使马德里加以认真考虑,但结论是他们比外国人的无执照贸易的危害略轻一些。加勒比到处又出现了荷兰商人,他们运载的货物常有汉堡商人的投资。1698年的夏天,出现了一个不祥之兆,南海公司向法国政府注册立案,获得30年的特许权,在没有欧洲人势力

---

① 《私人回忆录……菲利普五世宫内侍从路维勒侯爵信件摘录》(共两卷)第1卷,1818年,第72页。

② 比利亚尔:《回忆录》,第154页。

③ 见本书原文第554页。地中海西班牙海船不断遭受在防务较差的海岸出没的巴贝里(埃及除外的北非沿岸)私掠船的抢劫。

的太平洋沿岸及海岛地区进行贸易。南海公司的主事们有身居海军要职的行政和财政官员,其中有刚刚创办中国公司的巴黎的让·儒尔丹,还有圣马洛的诺埃尔·达尼康。南海公司成立后,1698—1701年古安·德博歇斯纳成功地组织了对智利和秘鲁的贸易远征。① 九年战争之后,法国也恢复了他对墨西哥湾的关注。伊贝尔维尔对路易斯安那的窥伺,西班牙早已注意到了,墨西哥总督率军进入彭萨克拉湾,于1698年11月建立圣卡洛斯德奥地利堡。两个月后,伊贝尔维尔终于来了,在此关键时刻,西班牙的友谊对路易来说是重要的。伊贝尔维尔继续进军,在彭萨克拉和莫比尔西边的比洛克西湾建筑了一个小堡。②

同时,苏格兰人侵入达连。1695年由苏格兰议会发给执照的"达里埃公司"开始行动,这是一家伦敦和苏格兰合资经营的公司,由威廉·佩特森领导。在苏格兰当局的指示下,该公司希望设法谋取英国东印度公司的垄断权,因此掀起轩然大波,对此有利害关系的人制止了大部分英格兰的支持者,并对英王威廉施加了影响,佩特森乃转谋中美地峡。1698年7月,1200人分乘5艘战船第一次驶往阿克拉湾(今名喀里多尼亚湾,西班牙文称苏格兰湾)的黄金岛。11月初,他们在美洲大陆建立"新爱丁堡"殖民地开始进行贸易,并与印第安人建立保护关系。但威廉三世不想无缘无故地去触犯西班牙。1699年1月2日,他命令各英格兰殖民地抵制苏格兰殖民者。西班牙方面很快便组成一支军队,反对苏格兰的殖民。2月间,发生几次小规模的战斗。苏格兰殖民者由于内部互相猜疑、饥饿、疾病和贸易不顺利,加上西班牙人遣兵调将的消息频传,殖民者大为惊惧,许多

---

① E. W. 达尔加朗详细阐述了这次活动的复杂背景,见达氏著《法国与太平洋沿岸海运与商务关系》第1卷,1909年,第115页及以下各页。

② 见本书原文第500页。

## 第十一章 外国压力下的西班牙帝国，1688—1715年

人逃跑了。6月20日仅剩下400人。8月和9月，苏格兰开来了一支接济队伍，但1700年2—3月间，12艘西班牙战船和1000名兵员前来对苏格兰殖民者施加威胁。经过谈判体面投降之后，苏格兰人于4月8日登船开走了。①

至此，西班牙国内已临近收场时候；国王差不多卧病不起，所服猛药，简直可以把一个茁壮的人致死。围绕他周围的是各派各系的压力，没完没了的求索，像一处驱魔捉妖的道场，使他的精神完全垮台了。《第二次分割条约》把他激怒了，法国派通过忏悔牧师向他进行良心劝诫，无情地戳伤了他的感情。② 10月2日他签署了一项遗嘱，把一切传给昂儒的菲利普（1683—1746年），条件是法、西两国王权永远不能合并于一人之手；3天后又公布一项遗嘱附录，表示希望他的继承人完成他毕生的希望，即把西班牙王国置于圣特里萨保护之下。10月29日，他指定了一个摄政会议，王后任主席（表决权有限制），其余的有波托卡雷罗、阿里亚斯宗教裁判所大法官（塞哥维亚主教巴尔塔萨·德门多萨）和另外3位成员。1700年11月1日，这位消耗殆尽、39岁的国王死了。

宣读遗嘱，帝国大使显出讥讽的态度，一位信使被派出急告路易十四。摄政会议内部马上发生争吵，但在未得凡尔赛宫的任何表示之前，只是空吵一场而已。除了这点谨慎之外，11月16日还命令墨西哥舰队在未接到另外的指令之前，仍然驻防维拉克

---

① 参见 G. P. 艾困什编《苏格兰公司与非洲和印度群岛贸易的海船与航班文件集，1696—1707》，爱丁堡，1924年。

② 波托卡雷罗指责"奥地利派"魅惑国王，乃任命弗罗伊兰·迪亚斯为忏悔官，后者乞灵于一些相信幻觉的修女，宗教法庭指控弗罗伊兰·迪亚斯施行妖术，乃将之收监。

鲁斯或哈瓦那港。路易决定接受遗嘱。① 11月16日凡尔赛宫以他特有的新方式介绍他的孙儿。他一面为菲利普作好未来即位的准备，一面直接指示西班牙摄政会议的工作。他给他驻马德里的临时代办布莱康特的第一道指令于11月21日送达马德里，指令说法国派出的陆、海军防卫西班牙的全部领土。11月24日于马德里正式宣布菲利普将启程前来西班牙，他于12月4日离开凡尔赛宫，1701年2月8日抵达马德里，在边境线上他明智地遣回所有法国随从。

此时路易接手管理西班牙事务，由阿尔古传达他的指示。阿尔古是一位能干而又有经验的大使，很得西班牙的显要贵族的信任，又能管束马德里的法国同胞。② 在菲利普抵达马德里之前，纽贝格的玛丽亚·安娜已迁往托莱多，奥雷佩沙已被放逐，宗教法庭大法官返回塞哥维亚住所，没有明确表示忠心的大臣已开始被撤换。就在菲利普抵达马德里前后，撤销了原来的摄政会议，成立新的内阁会议。新国王年轻胆怯，仅17岁，一切行事就像卡洛斯王朝最后5年时一样。国王日常发布的旨谕，都是私下交给内阁会议秘书处，这是很不得当的做法。因此新内阁处理事务，每天早上波托卡雷罗和阿里亚斯都得参与国王与内阁秘书的私人会晤，自1701年9月以后，法国大使也参加这种会晤。与此同时，王宫里也进行一些改革，国王迁往隐乐宫（布恩里蒂罗宫）。

卡斯蒂尔人曾经表示赞同菲利普，这是有道理的。西班牙人一般都不喜欢法国人，但故王的遗嘱却写得明明白白，而菲利普就任后表现良好，他的登基驱散了分割西班牙领土的阴影；至于

---

① 见本书原文第397页。
② A. 博德里亚尔：《菲利普五世与法国宫廷，1700—1715》（共两卷，1889—1890）第1卷，第55页。

显要的贵族们,可能还有地位较高的贵族的大部分,大都倾向于赞同一个哈布斯堡家族的成员,因为他们了解政治上软弱无力的处境,路易十四在法国正是利用这种情况而削弱旧贵族的势力的。许多人则害怕对奥地利派实行报复,有些人已经抱怨波托卡雷罗剥除了他们的职位或对他们作难。尽管如此,卡斯蒂尔的贵族或表示赞同,或保持沉默。阿拉贡王国比较明显倾向哈布斯堡王室,但即使这样,意见仍然是不一致的。总之,阿拉贡王国的倾向有多少出于对传统的特权和感情的忠心①,无从确定。

巴塞罗那于1700年11月8日获悉卡洛斯死讯,按照习惯,暂停法政,召开百人议会。会上立刻出现分歧。皇家法庭内部大部分的人和那些其职位依靠国王或被国王看中的人忠于波旁。议会成员和巴塞罗那市政官员大多是自由特权的坚定的保卫者,他们认为在哈布斯堡之下比较安全。但是没有职权的人则盼望来一次大叛乱。加泰罗尼亚和巴伦西亚的农民、牧民和半游牧的山民的情绪显得最为极端。11月30日,巴塞罗那接到议会的指示,要求给宣布的新国王举行庆典,巴塞罗那市明确地提醒总督,认为这是违反惯例的,按惯例新国王应亲自前来宣誓就任,然后才

---

① 写西班牙历史,大多数是从卡斯蒂尔人的观点写的。本章论述阿拉贡王国的历史则取阿拉贡人的观点。有关这方面的著作有——J. 卡雷拉·普哈尔:《加泰罗尼亚政治和经济史》(共4卷,巴塞罗那,1946—1947年);F. 杜兰—坎亚梅雷:《在波旁王朝专制统治下的加泰罗尼亚》(《加泰罗尼亚法律评论》第9卷,巴塞罗那,1940年,第195—231、283—366页);J. 梅卡多·里瓦:《菲利普五世对加泰罗尼亚的控制》(《伊斯帕尼亚》第9卷,马德里,1951年,第257—366页);J. 梅尔卡多·里瓦:《十八世纪陆军之帅》(巴塞罗那,1957年);J. 雷格拉·坎皮斯托尔:《加泰罗尼亚的总督》(巴塞罗那,1956年);F. 巴尔斯—塔维内尔与F·索尔德维拉:《加泰罗尼亚史》(两卷本,马德里—巴塞罗那,1955—1957年);P. 博莱斯·博:《奥地利查理大公加泰罗尼亚国王》(巴塞罗那,1953年);《菲利普五世与阿拉贡王国的法律》(《政治学研究评论》第4卷,马德里,1955年,第97—120页);P. 比拉尔:《西班牙近代史中的加泰罗尼亚》(第1卷,巴黎,1962年,第638—704页)。

举行庆典。后来1701年1月9日皇家法庭承认菲利普的地位时，巴塞罗那市表示抗议。1701年1月，菲利普免除黑森—达姆施塔特的总督职务，如果考虑到德国亲王的贵族关系，还有他对加泰罗尼亚的抗议表现出的宽大，这是可以理解的。但是黑森—达姆施塔特很得人心，而由一个还没有在加泰罗尼亚宣誓的君主执行任免，是违反当地的特许权的。2月2日宣读菲利普的谕旨，换来了一片愤怒声。2月24日，菲利普威胁地明白表示对特许权的意见，但答应将履行正式仪式。28日，议会在抗议下决定接纳宣誓就职，因为这是有先例的。新总督帕尔马乃于3月2日就职。

西班牙现在有了一位国家领导人。即使在这时，控制权最后还是在凡尔赛宫，但凡尔赛力量较量的结果还得取决于马德里各派对立势力的影响，其中有些人明哲保身，持谨慎态度。从一开始就相信年轻的国王是决策中的消极因素。他有才智、温文尔雅、好心肠，但也容易激动、天真，喜欢别人奉承。他很快就显出忧郁和懒散，虽然后来证明他很固执，但不是那种病弱的人经常所表现的反常的顽固。就他的国王身份的任何方面而言，他就像一位最傲慢的显要贵族一样地敏感和固执己见。他欠他臣民不少情，特别是在他起来反对他的祖父的斗争中。他很快就反对他爷爷了。

在这个落后而情况复杂的国家，充满着仇恨，许多可怕的问题都迎着他来了。数年里这些问题一直是法国外交函件中讨论的主题。最急迫的当然是公共秩序、财政和国防问题，但另外两个问题尤其引起法国注意。第一个是教会问题，教皇通过他的使节和法庭干预西班牙的政治和司法，教皇开征捐税，控制任免、让授、赦免和出卖免罪状；此外还有关于国王认可权的争论，即国王对教皇新颁的训令、敕书、通谕等先行认可。诸如此类的问题，曾使16世纪哈布斯堡王室担心，现在同样使波旁王室担心。

## 第十一章 外国压力下的西班牙帝国，1688—1715年

宗教法庭摆出一副陌生的面孔，公开议论一个躲避斗争的国王，使新立的国王感到震惊。其次是拖沓的立宪政体，必然不随波旁君主专制的心意。"西班牙"是几个独立自主的管辖区域的集合体，每个管辖区域都有自己的司法和政府，对王国的关系，各自的地位不同，仅仅是一种菲利普主盟下的个人联盟。问题与其说是各地法律千差万别——法国法律更是五花八门——不如说地方的对抗机构太多，国王无法控制。事实是这样，巴斯克各省以及纳瓦拉王国，根据法律虽然是独立的，但长期以来却满足于受控制的地位，就像是隶属于卡斯蒂尔一样，而它们的宪法地位则从来不受侵害。1701年菲利普确认纳瓦拉的特许权，此后又曾两次确认吉普斯夸的特许权（1702、1704年）。阿拉贡和巴伦西亚对捐税，对西班牙王国的捐献，对军队和驻扎"外国军队"等仍然具有很大的控制权，并有自己的司法；加泰罗尼亚对这些方面则具有几乎完全的控制权，也有自己的司法。至于公共职务和其他方面，阿拉贡人的独有权是在卡洛斯二世时获得的。在卡斯蒂尔本身，法国人不喜欢臃肿的各级议会，它们办事拖沓，又回避责任，对改革者来说，这无疑是一群错综复杂的堡垒，保守的卡斯蒂尔人在其间可以大耍花招，击败国王的旨意。

傲慢和敏感的西班牙人即使是对最得体的干预，也会感到愤懑，但新来的法国顾问们几乎没有谁去迎合西班牙人的脾气。这些年来，法国政策不灵活，就要怪这些法国人。路易十四接受阿尔古、夏米亚尔和他们的女监护人德·梅因特侬夫人的意见，认识到必须对西班牙人的敏感性忍耐一二。例如，1701年2月他派遣了一支由德·科特洛贡侯爵率领的舰队前往美洲，在阿尔古的建议下，他就指示科特洛贡要尊重西班牙指挥官佩德罗·费尔南德斯·德·纳瓦莱特，服从纳瓦莱特的指挥；后来，路易十四要提升科特洛贡，级别超过纳瓦莱特，他特意给科多派了10艘军舰，并擢升他为中将，以便他指挥而不使纳瓦莱特生气。

菲利普即位的头几个月间做的事情不多，做的事也是与美洲有关。西班牙的官员们抗议1月5日的命令，该命令同意法国军舰前往美洲港口，有权用现金购买必需品。路易厚着脸皮向西班牙保证说，他将严厉惩治那些敢于在西班牙港口进行贸易的官员，但他的船需要对船上的东西进行调整，卖掉"无足轻重"的东西，买回供应物品，就像他们在法属安的列斯群岛所做的那样。军政会议接受路易的保证，3月28日发布一项命令，把这消息告知美洲官员。贸易法因之无法实行。由于西班牙官员不能在法国战舰或私掠船上搜查或设置警哨，而这些法国船舰在后来运载大量商品前往美洲并公开出售。1702年由达尼康武装的两艘马穆安船抵达太平洋海岸，马德里一再提出抗议，最后于1717年派出一支惩罚性远征舰队，而在此之前，据认为至少有150艘船望帆而至。具有重要意义的是有3艘由一名指挥官率领的法国船领有执照。① 1707—1708年，法国政府承诺停止这些航行，但它需要硬币支付军费，所以就经常破坏外交承诺。1711年，尽管此时的贸易已显出商业性的迹象，西班牙颁行了更严厉的禁令，但证明与过去的禁令同样无效，大部分回航的船只，有时（1708年以后）经由太平洋而到达中国。南海的贸易一向不许法国非洲奴隶供应公司参加，该公司的利益因而受到一定的损害。1701年法国几内亚公司接管葡萄牙卡其奥非洲奴隶供应公司，为期10年，该公司于1696年7月不顾印度群岛会议的反对，签订了为期6年的合同。② 法国人在公司已经拥有大量股本：在改组后的法国公司中，法国和西班牙国王各占四分之一的

---

① E. W. 达尔格伦论布甘维勒以前法国航海家到南海的航行，见《科学考察团报告集刊》第14卷（1907），第423—568页。达尔格伦在《海运与商务》中有详尽的全面论述。比较简明扼要的论述可参考C. 邓莫尔的《法国的太平洋探险家》第1卷，1965年，第7—25页。

② 见本书原文第515页。

股份。合同包括一项新的规定,允许使用所有大西洋港口,这样布宜诺斯艾利斯第一次向合法奴隶贸易开放,公司的船只,可能都是法国军舰,可以在法国港口卸货。这两点都是不顾印度群岛会议的反对而被认可的,虽然留有很大余地可进行详细解释,但问题的解决总是不能对公司有利。事实上,路易十四在西印度群岛只有3个大目标没有达到:占领彭萨科拉;分割伊斯帕尼奥拉;在美洲合法护航。① 早在1701年3月23日,路易十四声称法国必须占领彭萨科拉,至少也得暂时占领,不能让英国人挤进来。7月,他强调西班牙人无力防守彭萨科拉。西班牙议会承认有此危险性,但回答中对法国是否有权染指卡宴表示怀疑。早在1702年,路易即在莫比尔湾比洛克西和彭萨科拉之间设防,这是法国最大可能做到的一步。西班牙仅仅提出抗议。路易在伊斯帕尼奥拉和护航问题上也没有获得多少成功,虽然进行了多年的谈判,有时也允许对个别的船队进行护航。

1701年6月,一场欧洲战争的威胁逼近了,路易发布的信函早已使用命令形式,派遣的使者也是传达他的命令。他开始对付尼德兰的新总督贝德马尔侯爵,将佛兰德议会撇在一边。1702年,他命令废止了佛兰德议会。1701年6月18日,他强迫西班牙极不情愿地与葡萄牙结盟,付出的代价是放弃对普拉特河以北地区的主权。② 此外,遵照路易十四的旨意,法国的公爵贵族在

---

① 为了使塞维利亚的法国商人不受法国商馆人员对法国货船的勒索,科尔贝尔在1680—1682年作了很大的努力,以求获得法国商人用西班牙船运货的明确权利。船上的西班牙人则作为代理商,一旦出事,就可指控西班牙人捣鬼。一向强征本国商船运回的银币的西班牙政府,懂得法律上承认了外国商人在印度群岛从事贸易,外国政府就可以代表他们的商人要求赔偿损失。1667年以后,对法国商人的经济处罚和指责他们侵害西班牙主权造成了许多摩擦,并导致1686年强大的法国海军在加的斯示威。

② 见本书原文第525页。

西班牙取得与西班牙最高贵族同等的身份。路易坚持，凡有关西班牙教会和国家最重要职位的任命，都要经他复审，这激起西班牙高级贵族极大的愤慨。愤慨归愤慨，他们又不得不请凡尔赛宫给他们施恩。路易的确没有为那些涌到马德里来求职位的法国人负责，但他对那些引起他注意的事往往插上一手，他这就得为那些没有引起他注意的事承受责备。据菲利普的密友、博维利埃的提名人洛维尔侯爵认为，法国人创就的第一个好印象就是他们任职的人数不多，而且检点慎言。① 阿尔古告病于11月回法国，他已经没有了影响，但最重要的是路易没有任命德马雷为顾问官，而是选中了刚愎自用的财政专家让·奥里（1652—1719年）。这个任命于6月22日公布。让·奥里之被选中，也是波托卡雷罗与洛维尔提出的。红衣主教使法国人误解了西班牙人的顺从性，洛维尔的信函充满了对卡斯蒂尔人的轻蔑。在凡尔赛宫，托塞和博维利埃受了急躁的洛维尔的鼓励，推行过急的政策。②

奥里的紧急任务是准备一份备忘录，说明王国的税收需要改进，但在路易批准之前没有向西班牙大臣们提出任何建议。他的报告于1702年年底已经拟就，他的建议简直就是把法国的一套行政办法照搬过来。他坚持认为一个有效政府的主要障碍在于它的政务会议制度本身；当政务会还是贯彻执行国王政策的主要工具的时候，在卡洛斯二世时却已经由高级贵族接过去了，并成了反对改革的积极机构。奥里判定，直接侵犯他们的权力对新王朝太过危险，不如建议大大增加政务会议的人数，这样可以引荐忠于国王的新官员，并且仍然起着幕帷的作用，在它的遮掩下，可以进行其他需要的改革。同时，在现存的国务秘书处体系的内

---

① 《私人回忆录》第1卷，第iii页。
② 博德里亚尔书第1卷，第82、131页。关于托塞建议西班牙应让出尼德兰作为法国出力的报酬，参考同上书第90页。

部，应该成立以法国国务院为模式的内阁，以取代作为行政机构的政务会议。对于国务秘书处，路易十四强烈劝告他的孙儿一定要保留政策决定权。这无疑是后期波旁王朝行政的生长点，虽然当时奥里所能做到的仅仅是把现存的行政机器稍稍润滑一下。他比较迅速地设立起诉讼程序，重新获得多年来国王无从过问或被偷窃的千百项租让和其他财政权益。卡洛斯曾于1674年和1695年两度命令设立这种诉讼程序，但均无结果。1707年菲利普设立联合会议，这个机构行事达10年之久，但它没敢触动废除领地这个真正困难的问题。[①] 菲利普还建立包税制，1706年的烟草包税收入5倍于昔。对盐和印花征税与对羊毛出口征税同。卡斯蒂尔的执照税加倍征收（这是奥立伐尔斯希望予以废除的可恨的"百万税"），[②] 又实行捐献办法（名义上自愿，实际上按纳税能力摊份），或停止发放年金（可节省大笔钱财），从而获得巨大收入。此外还采取许多古老的敛财之术，如出卖美洲殖民地官职和贵族头衔等。也像法国一样，凡属征捐收税之事，执行起来自有许多偏私不公，这都是免不了的了。但是，仅在几年之间，由于财政上了轨道，西班牙有了一支真正的军队，编制、军容、武备和训练均按法国模式。

在西班牙，像安达卢西亚人、埃什特雷马杜拉人、加利西亚人以及其他地区的人等，虽然具有军人气质，但在1700年间，从前那种第一流军团的气势已荡然无存。从佛兰德撤回的最好的步兵团，1704—1705年间在收复直布罗陀战争中打得非常英勇，但损失惨重。拖欠军饷和缺乏训练是军队缺乏战斗力的主要原因。同时，由于任用军官凭个人偏爱，而被任用的军官往往不屑

---

① 见多明格斯·奥尔蒂斯书，第339页。
② J. H. 埃利奥特：《1469—1716的西班牙帝国》，1963年，第323—324页。本书对1665年以后着笔不多，但对此前的财政问题有全面的论述。

于进行必须的基础训练。在一个把社会声望看得过重的国家，当兵已被人轻视，菲利普成功地大大纠正了这种情况，虽然他不可能提供具有激情的军官，也不可能把他的步兵提高到配备有优秀军官和具有进取精神的骑兵的水平。他的骑兵强烈要求获得下级贵族的身份。菲利普于1704年11月8日发布的一项政令中提出他的基本革新，规定凡20—50岁的男人必须服军役，可同时却又开列了一长串豁免名单：教师、拥地较多的农民、公证人以及宗教法庭的某些成员，但不包括贵族。因为按照传统习惯，他们要供应"兵器和马"。这是后期波旁王朝军队的基础，虽然目前使人失望。[①] 晚至1711年，一位萨伏依的评论家[②]指出步兵中一些仓促成军的情况，此时步兵已有116营，但有略少于四分之一的兵员系外籍军人；他还指出骑兵团和龙骑兵的2万匹安达卢西亚良种战马每年置换约半数，实属浪费。菲利普还向法国非洲奴隶供应公司筹措资金，以维持一支皇家卫队。事实上他要求该公司能提供大笔资金以支付王室的各种开销，包括法国部长和顾问们的年金。[③] 但即使在1706年，法国公司本身如果不借债就不能履行满足西班牙财政要求的责任，可法国政府的压力是不能抗拒的，就像过去那些年月一样，得把现金送去让菲利普发军饷。

路易十四为了外交上的理由，决定要菲利普娶勃艮第公爵夫人之妹萨伏依的玛丽亚·路易莎为后。其时，玛丽亚·路易莎年仅13岁，但很快便显出她的早慧的个性：机智、勇敢、果断。路易希望她摆脱她的机智而狡猾的父亲维克多·阿马戴乌斯以及波托卡雷罗和其他西班牙高级贵族的影响，乃选定年长的于尔森公主，即特雷莫伊尔的安娜－玛丽（1635？—1722年）做她的

---

① 见多明格斯·奥尔蒂斯书，第371—373页。
② 特里维埃侯爵，见莫朗迪前书第1卷，第73—75页。
③ 见塞莱书第2卷，第428页及以下各页。

## 第十一章 外国压力下的西班牙帝国,1688—1715年

宫廷主管。公主可能是当时欧洲社交界最有才能的女人,在罗马有丰富的政治经验①,很快便获得王后的倾爱,后来也赢得菲利普的爱慕。她尽力把欢乐引入沉闷单调的西班牙宫廷,演出法国戏剧,1703年第一次邀请意大利歌剧访问马德里,花钱不多修饰了王宫,并布置了隐乐宫的花园。但是她也像王后一样,她的兴趣完全在政治上面。这两位女人使菲利普获得了他所缺乏的坚定和活力。最重要的是她们虽然都不注重西班牙的呆板的礼节,但都忠于西班牙。公主有着为法国利益服务的愿望,但绝不能以牺牲西班牙为代价——她就是这样看的。

菲利普一直推迟访问阿拉贡诸王国,它们开始怀疑他不考虑遵从它们的习惯。加泰罗尼亚人特别震惊,因为菲利普已经通知于1701年8月16日前往访问,但他又通知于9日召开议会,在他未曾亲自宣誓接受为巴塞罗那伯爵之前,他召开议会是不合法的。同时,除非国王亲自主持议会开幕,否则议会也不具合法职能。加泰罗尼亚人因此准备接待菲利普,但推延召开议会。菲利普可能是对惯例不清楚,而不是不考虑他们的惯例。9月17日他在萨拉戈萨举行宣誓,但在返回之前,没有召开议会。在前往巴塞罗那途中以及于10月2日抵达之时,他遵守一切习惯。现在他是合法的国王了。菲利普遵从一切习惯,是针对一场那不勒斯人的阴谋而这样做的。他派出了军队,但进一步的行动要等他是否能使议会满意而决定。经过长时间的热烈交换意见,菲利普同意了他们提出的几乎是全部要求,特别是他放弃了要在他们的王国驻扎军队。他还封给他们头衔,给巴塞罗那具有自由港成分,有权每年派遣两艘战舰前往美洲,"只要不损害塞维利亚城

---

① 她的第二个丈夫是布拉恰诺公爵弗拉维奥·乌尔西尼亲王,她通过波托卡雷罗对西班牙王位继承可能有一些影响。参考A.热弗鲁瓦编《于尔森公主未发表的书信集》,1859年,第19页及以下各页。

的权益"。巴塞罗那同意在6年期内交纳600万里亚尔。

菲利普转往那不勒斯,自查理五世退位以来,没有一个西班牙国王访问过那不勒斯王国。西班牙人讨厌他们的君主走出半岛以外,但菲利普希望亲自处理那不勒斯的动乱。压抑和敏感的那不勒斯人曾于1701年9月举行暴动,响应马克切亚亲王和他的同谋的呼吁。他们的叛乱是由罗马策划的,并得到维也纳的谅解,那不勒斯仍然怀抱着对奥地利的同情,这在1707年欢迎帝国军队的到来时充分表现了出来。当菲利普在那不勒斯的时候,发现他们正在策划第二次阴谋,这次阴谋的目标是要菲利普的命。① 他访问那不勒斯,凡尔赛和马德里本来都是强烈反对的,洛维尔前往凡尔赛说服持反对意见的阿尔古,路易最后同意菲利普的访问,但王后不可陪同前往。4月8日,菲利普登上法国战舰前往那不勒斯访问。据认为菲利普不信任法国政府始自这次风波。②

新后玛丽亚·路易莎仍然在萨拉戈萨,4月27日,在宣誓维持原来的法律和特权之后,她主持了阿拉贡议会的开幕典礼。她看出阿拉贡议会的情况相当紧张,就像加泰罗尼亚出现过的情况一样。她接到菲利普的指示,要她火速前往马德里,因为那里的不满情绪愈发高涨了。这时议会的辩论仍在进行中,她因此在议会通过10万比索的补助金之后,着令议会休会两年。就她自己而言,她是满意的,但法国人一想到议会在讨论通过补助金时

---

① P. 博莱斯·博:《塞达尼亚和那不勒斯在奥地利唐·查理大公统治期间的历史》,载《近代史研究》第1卷(1951),第94页。在这批策划这个真正的改革运动的贵族中,马克切亚亲王只是一个挂名的领袖,他们希望有一个本地的统治者,公职和教职限于授给那不勒斯人,压制宗教法庭,开放与其他国家的自由贸易。关于这个激烈运动及其背景的新的评论,可参考R. 科拉皮耶特拉著《那不勒斯总督辖区的政治地位和公共生活,1656—1734》,罗马,1961年。书中第3章论述尤详。

② G. 利泽朗:《博维利埃公爵》,第229页。

的不满,还是心有余悸。从此再没有召开阿拉贡议会了。1702年6月30日,玛丽亚·路易莎到达马德里,显得与众不同的是,她没让举行正式欢迎仪式。由于她的坦率的友好表现,很快便赢得马德里人的心。举例来说,她可以在王宫的阳台上向民众宣读她丈夫发来的急件。当然,她不能消除民众对波托卡雷罗的憎恨,民众特别恨他秘密地和法国打交道;她也不能缓和在高级贵族中间对波托卡雷罗的不满。7月间,英、荷联合进攻加的斯,其时安达卢西亚的军队和财政都已转向了那不勒斯,她几乎是单独集结卡斯蒂尔的力量进行抵抗。这是西班牙人在波旁王室统治下第一次严肃地显示出民族感情。[①]

王位继承战争(第13章)占了西班牙历史10年的篇章,它在国内留下了内战的伤疤。但在1704年6月以前,半岛上的战事规模不大。菲利普于1703年1月从意大利回抵马德里之前视察了米兰前线。另一方面,西班牙贵族的抱怨和对反抗的消极态度以及原来的官僚主义均有增无已,而且变得积习难返了。洛维尔的毫无策略的蛮劲,加深了西班牙人对法国人的做法和压力的愤懑情绪,何况洛维尔还与宫廷女侍、公爵夫人交恶。路易在选派使臣方面也没交好运,每次派出的使臣都想利用他们在国务秘书处中的席位当上实实在在的首相,所以他们与竞争对手奥里和他的女保护人于尔森夫人总是协调不起来。于尔森夫人于1703年与专横跋扈的埃特雷红衣主教发生了一场重大的争吵,并把洛维尔挤走了。埃特雷正式由他的侄儿接替,但新红衣主教并不像公爵夫人希望的那样,同样不尊重公爵夫人。路易十四对马德里的法国人之间的争吵丑闻感到厌烦,又受玛丽亚·路易莎

---

① 见N.罗多利科著《有关西班牙王后玛丽亚·路易莎·加夫列拉·迪萨瓦的一些资料》,载《近代史研究》第1卷,第33—46页。

的父亲的行为所刺激①,乃于1704年3月召回公爵夫人,6个月后又召回奥里。西班牙这时亟需法国的军事援助,这使得路易可以随意行事,而玛丽亚·路易莎则仍然是感到沮丧。泰塞元帅是在贝威克公爵与王后发生不和之后从后者手中接管西班牙军队的指挥大权的,他看到公爵夫人获得凡尔赛梅因特侬夫人的有力支持②,他就很有分寸地对王后的态度提了一下。1705年4月路易十四终于让步,在凡尔赛宫召见公爵夫人给予新的指示,同意她在将来选择西班牙大臣时可以自行决定,除非是路易亲自举荐,否则可以不考虑法国朝廷的意见。路易向来不信赖妇女影响朝政,这次是对公爵夫人的政治才能超常的肯定。8月,公爵夫人返回马德里。这时不仅早在5月间返回马德里的奥里在她麾下,就连头脑冷静的、足智多谋的新任大使米歇尔·阿梅洛(连任直到1709年)都隶属于她。波托卡雷罗已于3月间被迫离去,返回托莱多重当主教。入阁的新人物都是她所属意的。1705年7月11日,设第二个国务秘书职,负责国防和财政,由何塞·格里马尔多担任,这是实行奥里改组中央行政计划的第一步。同年委任陆军监察和军政监督,卡斯蒂尔舰队司令亡故,该职仍然空缺。不久,其他的高级贵族都被贬黜,新政权开始取得更多实实在在的结果。然而在1706年间,菲利普不得不撤出马德里并把他的珠宝送到法国筹款,新政权的运气到了最低点。

1705年以前,尽管有帝国谍报人员活动,尽管在1700年因迫害被定为奥地利派的人引起了地方上强烈的愤怒,但菲利普已牢固地掌握了东部各王国,甚至在1704年5月黑森—达姆施塔

---

① 1703年11月维克多·阿马戴乌斯加入同盟,见本书原文第417页。
② 她们年轻时就友好,1708年以后变得紧张,因为这时梅因特侬夫人不惜代价要求和平(参考博德里亚尔书第1卷,第378—382页)。

特率领一支英荷陆战队于巴塞罗那附近登陆,也未能把加泰罗尼亚人发动起来举事。然而,1705年8月22日,当查理大公在同一地点登陆时①,却煽起了一场农民叛乱。9月和10月间,巴塞罗那抗击英国和帝国的联合进攻时,边远的加泰罗尼亚城市却宣布拥护查理,领导他们的是巴塞罗那的资产阶级分子和地区小贵族。资产阶级分子们指望英国海上国家给他们的好处会多于法国与他们竞争的商人。小贵族们则能够团结农民、牧民、僧侣和低级的教士。这样,无论在加泰罗尼亚或在巴伦西亚,支持菲利普的是比较少数,他们是高级教士、为数不多的大贵族以及高级官员。在巴伦西亚,仅在不久以前,即1693年已爆发了罢租事件,因而王位继承战争已更多地具有社会斗争的色彩。但到了12月16日,当巴伦西亚城宣布拥护查理三世时,竟有一些显贵们参加。阿拉贡的情绪没有这样激昂,但拥护查理的革命也在当地发展起来了。1706年在萨拉戈萨宣布查理为国王,这是拉米伊战役之后不到一个月的事,这无异于宣布布拉邦特和佛兰德也加入大同盟。同年稍后,阿利坎特、卡塔赫那、伊比扎和马略尔卡岛向英国舰队投降。1708年8—9月以前,英国没有为查理三世占领撒丁岛和米诺卡岛,但在1706年,议会在巴塞罗那重申撒丁岛、西西里和那不勒斯自来就属于阿拉贡王国。1688年以后发达起来的加泰罗尼亚商人,他们的视野已越过了地中海,他们开设公司与直布罗陀进行贸易,逐渐破坏加的斯的地位。总之,加泰罗尼亚人的目的在于把他们的要求和旨意强加于整个西班牙,而不再是1640—1652年那时要求脱离西班牙了。②

年轻的大公于1705年10月23日进入巴塞罗那,议会已正

---

① 见本书原文第425页。
② 比拉尔书第1卷,第670—673页;参看同著者的《直布罗陀"新公司手册",1709—1723》,1962年。

式向人民宣布，他建立了旧制新人的政府，这是一个威尼斯式的富丽堂皇的小朝廷，封赐了20个爵衔，三番五次地显示慷慨的赏赐，这是与他的财政力量不相称的，而有时竟与他发布的最高敕令相矛盾，如后来在撒丁岛就发生过这样的情况。① 另一方面，他和他的一批人名声很坏，人们说他们是忘恩负义的人。他们老是埋怨这里的气候不好，辱骂西班牙人，抱怨盟国没有给他们足够的援助，没有让他们只消打一场仗就能征服整个西班牙。起码巴塞罗那的有眼力的观察家能够看出这一点，即查理不能很好地运用阿拉贡和巴伦西亚对他的好意。此外，加泰罗尼亚游击队，这些比利牛斯山贼虽然很少会接受哪一家兵法，但德国人的指挥方法对他们毕竟是不适合的。②

卡斯蒂尔人仍然忠于菲利普，这是报答他们所敬慕的王后，因为1706年6月葡萄牙人在高尔韦率领下暂时占领马德里、托莱多和其他地区时，王后振臂一呼，显示出保卫西班牙的高傲决心。③ 与此相反，许多贵族在与法国人接触之后更加倾向于哈布斯堡，他们对高尔韦都公开表示高兴，如果他们还没有小心翼翼地回到自己遥远的庄园去的话。波托卡雷罗在托莱多为奥地利唱起了赞美诗，在诺伊贝格的玛丽亚·安娜一反迩来的悲伤状态。后来，当收服卡斯蒂尔中部之后，于尔森夫人和阿梅洛建议严惩他们。菲利普接受他祖父的劝告避免这样做，他饶恕了一些已经受到惩戒的贵族，并原谅了其他许多人。他对波托卡雷罗是宽大的，承认他是一位曾经恪尽职守的老臣。他把查理的未亡人贬发

---

① 博尔特斯·博：《塞达尼亚和那不勒斯的历史》，第72—73页；有关加泰罗尼亚的税务、债务、发行新铸币（最早的比塞塔）以及1708—1712年涨价等问题，参看比拉尔著《加泰罗尼亚》第1卷，第685页及以下各页。
② 特里维埃侯爵事迹（1711年），见莫朗迪书第43页及以下各页，又见第75页及以下各页。
③ 见本书原文第429页。

## 第十一章 外国压力下的西班牙帝国，1688—1715年

到巴荣纳去，但继续发给年金。他只剥夺了少数比较著名的领袖，但他抓住这个机会剔除卡斯蒂尔议会和军政会议的不忠分子，并取消了两个国务会议职务中的一个。1706年11月21日的法令扩及奥里的关于恢复高级贵族采邑所有权让与方案。奥里本人于是年夏天回凡尔赛，直到1713年没有让他返回西班牙。阿梅洛建议说，西班牙对他的无情措施反应强烈，若使他推行法国事业，未免负担过大。贝威克从败将泰塞手中接回兵权，并于8月间重新占领马德里，他对奥里也不信任。

关于海外领地，大体上说未受战争的严重影响。盟国开始时怀着过高希望去说服土生白人宣布拥护查理三世，但又担心这足以使印度群岛议会容许法国的武装船只驻留南海，因为1706—1707年法国针对不满情况特地派出数艘战舰以加强殖民当局的力量。1706年，遵照路易十四的谕旨，委任卡斯特尔—多斯—里奥斯侯爵为秘鲁总督，明确显示出波旁的影响。干扰沿海地区和海上贸易是战争的主要特点。1702年的维戈事件①，西班牙的货船被劫，所幸大部分的金银块已运上岸。法国实行进一步护航，使海运财宝能够断断续续地运抵加的斯。1703年迪卡塞率领西班牙的大帆船回航（这是1702年在圣玛丽亚海外与本豪率领的舰队作战后的事），墨西哥舰队（捕获相当的英船只）也于1708年返航。但是也是在这一年，韦杰舰队击毁了好几艘从卡塔赫那驶出的海峡大帆船，而在1711年，利特尔顿舰队驶往维拉克鲁斯，另一支驶往卡塔赫那，通常都是由法国护航，有时，如1708年这一次，主要由法国舰艇组成。②

---

① 见本书原文第418页。
② R. 迪卡瑟：《迪卡瑟海军上将，1645—1719》，1876年，第250页及以下各页，又第343页及以下各页；R. 伯恩：《安娜王后的西印度群岛海军》，纽黑文，1934年，第5章；C. H. 哈林：《美洲的西班牙王国》，牛津，1947年，第335页。

海外战争表现为小规模的冲击,但在许多地方都有发生。在初期的一段时间里,英国人袭击古巴的特立尼达。1702—1712年间,坎佩切的伐木人5次遭受袭击。1706年11月,由詹宁斯上将指挥在加那利群岛击退了一次小规模的进攻。下年8月,法西联合袭击南卡罗来纳。更严重的一次发生于1702—1704年间,加罗来纳人进入佛罗里达,占领了圣奥古斯丁(但没有拿下城堡),并破坏了各处的传教村。① 1702年,西班牙已撤走沿海以北诸岛的传教团,英国开始控制萨凡纳河以南有争议的地区。但在1703年,一支法西混合舰队突然在巴哈马群岛的新普罗维登斯出现,随后袭击该岛,迫使英国人放弃在那里维持一处殖民地的第一次努力。② 但在此时,葡萄牙转向,加入英国同盟,从布宜诺斯艾利斯派遣军队袭击萨克拉门托的科洛尼亚,围攻城堡3个月之久,迫令守军于1704年3月14日撤出。1704年初,丹皮尔沿太平洋美洲海岸北上进行私掠,企图劫夺满载财货的马尼拉大帆船"念珠号",没有得手。他于1707年返回英国,翌年担任由伍兹·罗杰斯船长指挥的布里斯托尔私掠船队的领航。他们开往南海,在加那利要求供应——这是必须的和平访问,是当地英国酒商的要求,认为加那利与欧洲战事并无牵连——于1709年沿太平洋海岸北上巡游,抢占瓜亚基尔,大肆劫掠。12月22日,抵达下加利福尼亚海外,罗杰斯劫夺了从马尼拉开来的炮舰"化身号",但后来它的较大的僚舰把罗杰斯率领的3艘战船击退了。罗杰斯随后横渡太平洋前往巴达维亚,在关岛下舰。此地在17世纪60年代已有西班牙耶稣会士传教。这是英国劫夺最丰的一次掠夺活动③,也是西属美洲战争最后的一次插曲。

---

① 见本书原文第503—504页。
② 本岛在伍兹·罗杰斯出任总督(1718—1721年)之前为海盗出没的主要据点。
③ 关于这次活动,论说不一,B.利特尔在他的《克鲁索号船长》(1960年)中引用西班牙的资料。

## 第十一章 外国压力下的西班牙帝国,1688—1715年

1707年,国内出现了转折点。路易十四于3月间决定退出意大利北部,又不同哈布斯堡争夺那不勒斯和西西里,这样就触伤了菲利普。但贝威克于4月25日在阿尔曼萨打了胜仗,① 这就大大扭转了波旁王朝在西班牙的事业的逆势。11月14日,莱里达的卫戍军在该城已被摧毁的情况下投降了。到此,菲利普大体上已收复阿拉贡和巴伦西亚,并有可能改制阿拉贡宪法。菲利普自然怀有某些报复的动机,这在他的一些做法中可以看得出来:他羞辱阿拉贡的最高法官兼地方特权总监,撤销拒不驯服的贾蒂瓦城的建制,甚至取消该城的名字,还有他颁布新法令中使用的语言,对所有城镇强行征税所提出的理由,以及要求在各城镇驻扎军队,征集兵员虽传教士亦不豁免,等等。报复也好,按法国模式施政也好,似乎都不会是针对地方立法特权而采取的步骤。菲利普知道为首的叛乱者已逃入加泰罗尼亚,对阿拉贡人采取过分惩罚措施会有危险。宪法改革主要由阿梅洛和于尔森夫人负责,此外还有贝威克。在半岛战争危机期间,大部分地方政府的职位实际上都由贝威克的军官充任。② 在马德里有另一些有影响的人物,其中有卡斯蒂尔议会的议长弗朗西斯科·龙奎略(前法官)和一位有才能的给国王办事的穆尔西亚人梅尔肖·德马卡纳兹(1670—1760年)③,他们显然要抓着机会来结束宪法地位的不平等,卡斯蒂尔人长期以来就对这种不平等地位表示怨

---

① 见本书原文第433页。
② 奥尔良公爵在阿尔曼萨战役开始时加入军队,他也指望获得西班牙王位,通过各种许诺在战败者中广交朋友,这使马德里大为困扰。(博德里亚书第1卷第291页以下及第390页。)
③ 6月20日马卡纳兹被派往巴伦西亚进行行政改革和执行各项没收,他从中收受大量财产转让。关于他替国王办事以及对他的事业的评价,参考H.卡门著《梅尔肖·德马卡纳兹与西班牙波旁权力的建立》,载《英国历史评论》第80卷,1965年,第699—716页。1711年2月11日马卡纳兹就任阿拉贡的第一任总监。

恨，虽然菲利普亲近的贵人们大部分都反对他们。1707年6月29日菲利普发布命令取消"阿拉贡和巴伦西亚王国的一切特权、法律、习俗和惯例"，包括阿拉贡议会，并规定该两王国的一切事务都按卡斯蒂尔宪法行事。命令的明白语言甚至包括私法，而实际上国王是不管私法的。然而，菲利普了解了更多的事实之后，承认大多数的城市，事实上也是各阶层大多数的僧俗人等，都是当时形势的牺牲者，他们由于忠诚而受罪。7月29日，菲利普申明他的旨意，确认他们享有原来的各种私法特权，但不扩及上述王国的政府体制、法律和特权……因为过去的动乱许多是由于政府体制不同而引起的……[1]

巴伦西亚人上书反对这个对旧宪法的解释。阿梅洛愤怒地认为他们上书是非法的，放逐了两名上书起草人，另委派更严厉的总督。自此以后，凡是菲利普统治下的地方，有关刑法、税权、军务等，均按卡斯蒂尔法律处理。1711年4月3日颁行新计划，阿拉贡王国各领域委派一名督军和一名按卡斯蒂尔体制的最高法官。

1707年以后的西班牙国内事务，也像过去一样，如果不与对外关系联系起来考虑是不可能弄清楚的。事实确实如此，菲利普不像较早的时候那样了，此时可以暂时不太需要路易十四的援助，而法国军队在别的战场上正陷于严重的困难之中。然而，早在1706年，路易已开始准备牺牲西班牙设法谋求和平。自这以后不到一年，菲利普或西班牙已有了安全感，不会作为某种欧洲安排（第14章）的牺牲品了。1709年3—5月的会谈[2]，标明了两个朝廷间的公开破裂。4月，路易告诉阿梅洛说他决定让西

---

[1] J. 奥尔蒂斯、J. 桑斯著：《西班牙编年史纲》第10卷，马德里，1801年，第129—132页收录了这些法令。

[2] 见本书原文第450页及以下各页。

第十一章　外国压力下的西班牙帝国，1688—1715年

班牙自行其是，而菲利普则指示伯杰克①向荷兰说明他的解决办法不同于法国。法国的大臣们对6月签署的预备和约非常反感，表示反对，他们指望菲利普自动退位，乃从加泰罗尼亚撤走法国军队，以期促成此举。两国的商人和军队之间的摩擦不断增加，到了秋天，两国军队处于一触即发之势。阿梅洛此时已是事实上的首相，由于局势不稳，9月被召回法国，国务秘书处则转手于西班牙贵族，由梅迪纳塞利公爵主持。菲利普力图保留20营步兵没有成功，乃把大部分法国军官遣送回国，并亲赴加泰罗尼亚前线。但是，西班牙人至少认为，他手里攥着大部分的牌，他的这些牌是在法国人的影响下打出来的。

新的国务秘书处行使它那少到几乎没有的一点权力，政绩很差，财政和行政又开始恶化了，比较有能力的西班牙人背离菲利普的更多了。1710年4月，梅迪纳塞利本人以使人奇怪的叛国罪被捕。这就使路易十四和他的大臣们进一步相信菲利普的在西班牙的事业毫无希望。他们现在一方面仍然拒绝同盟国要求他们用法国人的武装无条件地把菲利普赶走，而另一方面又愿意出钱出兵，去给菲利普另找一个王国。格特洛伊顿堡夏季会谈②失败后，路易真的同意派遣旺多姆元帅前往西班牙，以补充西班牙将领之不足，法国军队又开始涌入纳瓦拉，不得不继续卫戍各个城堡。然而随着大公收复阿拉贡，西班牙朝廷又被迫退出马德里，回到巴利阿多里德后，路易作出努力说服菲利普放弃西班牙，转就西西里和撒丁岛。受命执行这个微妙使命的是鲁西永和朗格多克的军事总督诺阿耶公爵，他从西班牙回来反而捎回菲利普的恳求，希望得到更多的帮助，此外还有一份由32名大贵族签署的庄严请愿书。他们最害怕的是法国的外交计划会成功地分解西班

---

① 有关伯杰克伯爵的叙述见本书原文第390、413页。
② 见本书原文第456页。

牙，所以大贵族们宁可接受一个自己的波旁国王，乃重新团结在他的政府周围。在布里韦加战役以及12月比利亚维西奥萨战役之后，诺阿耶预言潮水会转方向，不久，他的预言证明是正确的，旺多姆军事指挥及法西两国武装大获全胜。[①] 此外，法国国王终于亲自答应他的孙儿的请求，从鲁西荣方面进攻加泰罗尼亚，1711年1月24日，在诺阿耶率领下的一支2万人的法国军队猛攻赫罗纳。同年秋天，大公同意接受（菲利普的）帝号，这样西班牙王位继承的国际问题便转变了，只有加泰罗尼亚战争对菲利普统治半岛挑战。

即使在困难的早期阶段，菲利普和他的顾问们也没有太明确表示法、西两国的利害关系是完全一致的。他们忙于对付法国人渗入他们的美洲贸易体系，西班牙人要求停止法国人已经进行的那些合法的或非法的活动。1705年成立的复兴贸易委员会于1707年5月15日正式成为贸易、金融、矿务委员会，这是1691年的商务会议的翻版，规模较大，但并不显得更有成效。委员会虽然成立，但不能认为西班牙人或法国人在西印度群岛的目标在1707年以后比之以前有很大的进展。麦劳印商船和其他船继续去智利和秘鲁做生意，但法国的外交官们不是总能够获得奴隶供应公司所要求的那些方便。奥里本人就不喜欢这样做。只有到了1704—1705年公司才获得建立自己的货栈和出售从波托贝洛运来的昂贵商品的权利，也只有到了1708年才允许法国船只前来载运除奴隶外的发回的货物，而这些发回的货物中实际上是不会有奴隶的。所有这些让步，扩大了走私的可能性，也引起了不满情绪。但是法国的压力仍然不能说服西班牙政府对公司开放有利可图的烟草和可可贸易，因为这两种商品都牵涉到包税问题。它的代理商也遇到西印度群岛的官员们的诸多刁难，有时竟受到暴

---

① 见本书原文第440页。

第十一章 外国压力下的西班牙帝国,1688—1715年

民的冲击。他们当然不能提出控诉,公司的头头们更是不敢:他们走私赚钱,而董事们只得向菲利普解开自己的钱袋。[①] 与布宜诺斯艾利斯贸易的尝试虽然受到当地人们的欢迎,但是竞争特别艰苦,因为它要绕过控制利马和巴拿马以控制南美贸易这一格局。所有这一切,在1709—1710年间由于两个盟友交恶而更难处理了。

同时,国家与教会间的关系也出现了危机。菲利普的母语是法语,他在说西班牙语时的法语语风受奥里和阿梅洛的影响更加浓重了,而奥里和阿梅洛对教士们的财政豁免权抱敌视态度。1705年,菲利普强令塞哥维亚主教门多萨辞去宗教法庭庭长职务,获得法庭的支持。此后宗教法庭炫示它是支持菲利普的,但是无论是这一点还是在阿尔曼萨的威力下得以向传教士索求巨大的借款,都不能使菲利普和他的顾问们的意见缓和一点。这样与罗马之间的破裂早就发展了。正式破裂是在1709年1月15日克雷芒十一世在哈布斯堡的压力下被迫承认查理大公为天主教国王,虽然没有用西班牙国王名义。[②] 路易没有给菲利普任何忠告,而被激怒了的菲利普乃与一个神学委员会商量,4月22日驱逐罗马教皇使节,关闭了他的议事庭,断绝给罗马的经费,没收传教士的岁收,命令教士向国王政府官员交出罗马发来的简报、敕书或函件,不让它们发生起码的作用。这样,从理论上讲就恢复了派驻罗马教皇使团从前的局势。

在《乌特勒支和约》(第14章)逐步具体化的那些谈判中,菲利普一般都让路易十四代表他讲话,但他反对法国人同意将来新的奥皇继续使用西班牙国王称号,即使这只是一个空衔也不

---

[①] 见塞利书第2卷,第339—450页。
[②] 见本书原文第595页。

行；同时他也一贯拒绝对加泰罗尼亚宽大，拒绝以此为代价去换取皇帝对他的承认。特别是他拒绝与荷兰媾和使他的祖父为难，他的目的是要使荷兰人保证于尔森公主的封邑。1714年5月，只因他需要法国军队攻取巴塞罗那，① 他只好让步了。菲利普希望当自己领土的主人，对此路易是同情的，但同时又常常批评他的态度，认为菲利普不仅忘恩，而且笨拙。② 脾气粗暴的奥里于1713年返回西班牙任全权代表，受监察总长衔，但路易对奥里的影响再次表示遗憾。这一次菲利普和于尔森夫人顶住法国召回奥里的一切努力，他们还贬黜了几个对菲利普对待谋求和平的顽固政策的反对者，其中有龙奎略将军，他被提升为卡斯蒂尔议会的议长早就使人大为惊愕，因为他不是贵族。

当新计划在阿拉贡领土推行的同时，卡斯蒂尔也发生了重大的变化。1712年11月马德里议会召开会议通过修正的《舍拉法典》，它的意图是使将来波旁的公主几乎不能与萨伏依或奥地利王室的子孙结婚。新法于1713年5月10日作为国事诏令公布。但是国务会议和卡斯蒂尔议会对这个法典只是勉强同意，因为新法一反多少世纪以来的旧规，从而是对16世纪哈布斯堡继承王位的程序的指责，在某种程度上也是对菲利普继承王位的指责。议会因此出现了反对派，提出理由要注意它们的改革。1713年11月颁布一项法令，1702年奥里的建议开始生效，卡斯蒂尔议会、印度群岛会议、财政会议、军事制度会议和宗教法庭等实行改组，各机构的成员大大增加了。1714年4月23日颁布了改组军务会议的法令。随着伊丽莎白·法内塞的到来和奥里的免职，改革出现逆转。到了1715年夏天，这些改革事实上都撤销了，

---

① 库西侯爵：《乌得勒支和约后的西班牙，1713—1715》，1891年，第201页。

② 同上书，第198、205页。

不过它们破坏议会力量，使之不能妨碍国王的旨意，这个效果却是永久的。它们标志着西班牙政府旧制度的结束。

1714年2月11日，玛丽亚·路易莎王后因长期患病亡故，这使菲利普五世几乎丧失理智，他比过去更加依赖于尔森公主，此时公主与奥里比以前更加积极推行改革。最重要的改革之一是1714年11月的法令，把国务秘书处分为四部，即军政部，海事和印度群岛部，司法、警察和外交部以及财政部，各部长独立进行工作，这样终于把奥里要建立的国务秘书处的体制付诸实现。这个改革也像议会提出的改革一样，按奥里原来制定的体制实行的时间并不长，但它对西班牙未来的政府产生了巨大的影响。

预言要控制教会事务，而且要全面控制，但无效果。1712年路易十四在西班牙国王与教皇之间进行斡旋，1713年12月19日，以走笔如神和拥护特权而闻名的梅尔肖·德马卡纳兹写了一篇有85个标题的记事录，被认为是"18世纪王权至上论的最伟大的声明，提出王权在各方面都高于教权之上"[①]。此外还提出限制罗马在西班牙的财政权，限制宗教法庭对世俗事务的司法权。他的记事录如此激进，使卡斯蒂尔议会的许多本来会接受它的基本意图的议员也感到震惊。议会此时已由马卡纳兹担任检查总长，乃赶忙把记事录呈交菲利普。阿梅洛、奥里、公主以及皇家忏悔官（有一定保留）全都支持马卡纳兹，结果菲利普把备忘录退回议会，要求每个议员提出书面意见。这一次似乎都同意了。但有人偷偷地把记事录交给西班牙宗教法庭庭长红衣主教朱迪斯，他即转给宗教法庭。菲利普赶忙派他为大使前往法国，以消除他的影响，但他于1714年7月31日发表了一篇宗教法庭庭长通告，宣布记事录有罪，要在马利进行终审。朱迪斯立刻被召回西班牙，菲利普愤怒地指示卡斯蒂尔议会提出意见。11月5

---

① 卡门上引书第707页。

日，议会建议彻底撤除西班牙宗教法庭。显然，只有与分解加泰罗尼亚有关的问题，和随后菲利普与伊丽莎白·法内塞的婚姻带来的变化，才使宗教法庭在1714年免于撤除。事实是撤除法令没有签署，1715年3月菲利普被迫公开否认有过要撤除这个机构的"恶毒意见"。2月，成了现在支配法庭的意大利派的牺牲者的马卡纳兹被放逐了。①

1714年9月11日，巴塞罗那在可怕的围城之后被贝威克攻陷了。4天后，元帅写道：

> 我缴了居民的武器，并命令废除代表团和旧政府之后……即设立新政府……命令未来警政应遵照卡斯蒂尔法制行事。②

贝威克建立新的皇家行政和司法会议，后者还是临时高级法庭。著名人物有约瑟·帕丁努（1667—1736年）③，他是米兰出生的加里西亚人，爬到次于阿梅洛的重要高位。此外还有好几位加泰罗尼亚人，他们在1701年时支持菲利普，后来则被迫害。他们中最重要的是弗兰塞斯·阿梅列尔，曾任加泰罗尼亚法庭检察官，被放逐期间则成了卡斯蒂尔议会成员之一。9月16日，贝威克解散百人议会，换了16名地方"行政主管"，并命令旧议

---

① 他在流亡期间，主要在法国，表现为强烈反对詹森教派分子，并于1734年着手撰写《宗教法庭彻底批判》，本书刊于1788年发表。1748—1760年在西班牙入狱，被释后不久死去。上引卡门书第711—715页对他的卷帙浩繁的全部著作作了一览表式的介绍。他留下来的大部分著作都是手稿，却是当时创建的皇家图书馆即今天的西班牙国家图书馆的主要藏书，这是颇具讽刺意义的。

② 《回忆录》（两卷本）第2卷，伦敦，1779年，第178页。代表团原本是议会中一个小委员会，负责征收议会通过的各项费用，但曾经是加泰罗尼亚地方特权的最有力、最警觉的保卫者。

③ 参看《新编剑桥世界近代史》第7卷，原文第278—280页。

会的政府官员扒掉所有徽章,交出钥匙,停止执行职务。10月2日,(后来他记述说)他想到3000名伤亡人员,乃实行对那些支持大公的圣职人员报复,"我还把阿尔巴拉金的主教和200名神父和僧侣运往热那亚,命令他们永远不得踏上天主教国王陛下的国土,违者处死"①。贝威克旋即返回马德里;在加泰罗尼亚禁止携带武器,监禁、没收、褫夺公职,拆除城市和城堡的防御设施以及其他惩罚等一直进行了许多年。1715—1718年,在巴塞罗那的海岸区建筑一座城堡,作为一个威胁和侮辱的标志,4000人被逐出家园。② 大约与此同时,菲利普查禁了加泰罗尼亚6所老大学,1717年改设塞尔维拉大学。马略尔卡在围城之初曾供应过巴塞罗那,而在1715年7月2日几乎不战而降,也被置于与加泰罗尼亚同样的控制之下。

1717年以前,加泰罗尼亚政府体制问题还没有最后解决。1715年遵照国王的命令,卡斯蒂尔议会请帕丁努和阿梅利尔提出书面意见,后者据说对执行最后指令能起缓和作用。最后命令明显是按照帕丁努的意见拟订的。他对加泰罗尼亚人的品性的判断是苛刻的:"他们现在尊敬国王的和司法的命令了,不是因为对国王和司法的爱戴,而是因为看到了比他们优越的军事力量。"③ 虽然如此,他还是比较温和的。他认为与王国政府无直接关系的领域,不要改变加泰罗尼亚原来的法律,他并建议法庭的决定不必向卡斯蒂尔议会申诉。他自行其是。1715年10月9

---

① 《回忆录》(两卷本)第2卷,1779年,第179—180页。

② 关于战争对此时人口不足40万的加泰罗尼亚的社会和经济的影响,参看比拉尔书第1卷第679页及以下各页。有一点是清楚的,就是在1712年以前,由于英、葡硬币的流入,大公的货币政策以及他的朝廷和军队的开支而造成的价格上涨,商人们都因此而赚了钱。

③ 引自J.梅尔卡德尔·里瓦著《菲利普五世对加泰罗尼亚颁行的法令:新计划》,载《西班牙》第11卷,1951年,第257—366页。

日巴塞罗那法庭成立，它的判决就是最后判决。根据1716年1月16日的命令，实行全部新计划，政权仍归法庭，由总督兼理，皇家的地方长官取代先前设置的监督；行事悉如卡斯蒂尔；只有国王有权铸造钱币，市政机构基本改组。但从整个计划可以看出，在不损害国王利益之处，保持了原来的法律。国王说："至于其他方面，应遵守加泰罗尼亚原来的法制，视同本法令所新定，具有同样的效力。"① 因此，关于刑事和民事，加泰罗尼亚的私法，就像它的语言一样，大部分被沿袭下来了。

1714年年终之时，菲利普与伊丽莎白·法内塞的婚姻②结束了这个时代，她把于尔森夫人和奥里逐出西班牙，她雄心勃勃，要生儿育女继承王位，她信赖一位新的宠臣艾尔维洛尼，西班牙的方针政策走上了新的轨道。

(黎国彬　译)

---

① 引自上引书第272页。
② 9月16日，他们由代表举行婚礼，但新后在12月23日才到达西班牙。参见E. 阿姆斯特朗著《伊丽莎白·法内塞》，1892年，第11页及以下各页论述了这次婚姻谈判。

# 第十二章

## 从九年战争到西班牙王位继承战争

在里斯威克签订的各条约中，有关正式结束战争的条款的措辞是有差别的。在法国与荷兰之间的和平，将是一个美好的、巩固的、得益良多的和神圣不可侵犯的和平；在路易十四与上帝恩赐的大不列颠国王威廉三世之间的和平，将是神圣不可侵犯的、会得到虔诚而严格遵守的、全面而永恒的和平；法国与西班牙之间建立的和平则将是美好的、巩固的和持久的；法国与奥皇的基督教国家之间的和平则是全面的和永恒的。不管这些措辞上的差别具有何种意义，但并不意味着对和平的看法有任何保留。当时的领导人物中没有任何人说条约的正式措辞是虚伪的或是过于乐观的；也没有人认为这种出于无奈的和平只不过是暂时的休战，至少在文字中或有据可查的谈话中是没有这种说法的。可是，曾几何时，不到4年，法国人就同奥地利人在伦巴第交战；1702年春天，奥地利皇帝、英国安妮女王和荷兰议会就向法国宣战了。这是两个方面事态发展的结果。第一方面，也是较为难以探究的一个方面，就是各国在经济上和行政管理上恢复了元气，使它们能够重新投入战争。这种复原是与和平俱来的正常现象。这种复原的速度总是比和平刚刚实现时所预测的可能速度要快一些，而政治家们在估计他们本国和其他国家已经恢复到何种程度时，总是容易判断错误。第二方面的事态发展是敌对情绪的积累，有些是根深蒂固的夙怨，有些则是新仇。

在里斯威克协议中有一项主要条款，其规定是不足以实现原定的目的的。这项条款规定的是法国人向西班牙交出他们在尼德兰的占领地。这项规定不能满足荷兰人建立一条安全的南部边界的需要。战争再度彻底证明西班牙人是不能够保卫他们的尼德兰的。尼德兰总督、巴伐利亚选帝侯马克西米连·伊曼纽尔，是一个野心勃勃的诸侯，他想利用他的几个省扩大自己势力。对他来说，明显的方针就是同西班牙人及其新盟友大不列颠及联合省这两个海上强国合作，这是毫无疑义的。因此，他同荷兰人达成了非正式协议，同意荷兰在8个屏障要塞派驻卫戍部队，总数共25个营。这8个屏障要塞是：纽波特、库特拉、奥登纳德、阿特、蒙斯、沙勒罗瓦、那慕尔和卢森堡。这其实并不能构成一个坚固的屏障。法国人占据着所有河流的上游，而且，西班牙人在斯凯尔特河和利斯河沿岸并没有要塞。法国军队以前曾经夺占过8个要塞中的6个。在向海的侧翼，敦刻尔克依然完整无损，能够对英国和荷兰的航运造成损害。不过，这些屏障要塞有了荷兰的卫戍部队，如果发生新的入侵，就能够抵挡第一轮的冲击。

西班牙人默认上述协议，可是，另一方面，从他们的行动上看，他们似乎认为和平真的是永恒的。他们并不掩饰他们的兵力不足以保卫他们在半岛上的边界。加泰罗尼亚的总督黑森—达姆斯塔特公爵乔治亲王仍拥有3个团的德意志部队，不过，在那里几乎没有西班牙的部队。西班牙没有足够的马匹可以组成任何骑兵部队，皇家近卫部队是一些非专职的部队，并无军事价值。所谓海军，不过是指停泊在西班牙港口的2艘和意大利港口的13艘战舰，其中7艘还是从热那亚租赁的。

荷兰除了派出他们的卫戍部队驻扎在那些屏障要塞之外，同样也没有对最终会发生一场陆上战争有所准备。他们由于财政困难，需要获得一个喘息的时间；威廉三世作为联合省的执政，并不反对按照和平时期的编制裁减军队，正如他在1684年所做的那样。这种编制虽然标准太低，但看来暂时还可以满足需要。1688年以来招募的军队余下的4.1万多名步兵和4100名骑兵，几乎已经全部付遣散。然而，由于威廉提出强烈的抗议，舰队却得到了加强。在战争中损失的战舰已予补充，大战舰虽然已经搁置起来了，但新建了18艘主力舰，1701年又增加了12艘。

英国，同荷兰一样拮据，必须限制开支，限制征税；它也同荷兰一样希望恢复和平的商业活动；而且，英国存在着反对威廉的各方面政策尤其是反对他维持一支强大军队的政策的各种杂乱思潮。过去在大陆上进行的战争，代价太昂贵了，而且有时是不光彩的。反对大陆战争的偏见还得到另一种论点的支持，即认为大陆战争并不如海上战争和殖民地战争那样能够为国家的利益服务。根据1689年的《权利宣言》，在和平时期维持一支常备军是非法的。现在，和平已经到来，相当多的关心政治的英国人担心这样一支军队会被利用作为专制制度的工具。这种担心是真诚的，可能也是愚蠢的。这种疑虑的产生，部分地应该归咎于国王本人。这位国王不但对议会而且对他的大多数英国大臣封锁他在外交政策方面的秘密。在实现和平之前的几个月，他授予森德兰伯爵很高的官职，这位伯爵是他专制伯父的前朝老臣，是最不得人心的人。这种种原因促使下院于1697年决定大大削减军队，遣散所有自1680年9月29日以来招募的陆上部队。这将使军队的人数减少到只有约1万人，而且其中不再保留外籍军队。1698年12月，议会复会的时候，发现上述决议并未执行。经过争论，国王不得不同意：在英格兰的军队除了留下其中生来就是英国臣民的7000人之外，其余全部于1699年3月26日之前遣散。在爱尔兰的所有外籍军团均予以遣散，超过1.2万人以外的其他军队亦予以遣散。

两个大国仍然没有裁军。皇帝仍然在同土耳其人作战；荷兰人尽管自己手头拮据，仍于1698年向他提供一小笔贷款。皇帝的努力现在正集中在这场战争上；尤金亲王在1697年9月11日的曾塔战役告捷之后，战争已决定性地向有利于他的方向发展。① 这样一来，军事形势就与1688年路易十四开始他的军事行动时的形势有些相同之处。但是，皇帝的财政状况极为不妙，1698年开始进行的财政改革所采取的某些有限措施收效甚微。把汉诺威提升到选帝侯的地位损害了皇帝在德意志的威望。信仰新教的诸侯因为《里斯威克和约》中有关宗教的条款而责怪他。② 他没有海军，因此，他在地中海不能有任何作为。他完全没有可能在西线主动采取军事行动。可是，法国也仍然没有裁军。威廉三世在和平开始实现的头几个星期就不相信法国人的诚意，他担心法国人不愿意交出在和约中已经同意让出的领土。法国人在他们自己的军队中确实也实行了某种裁减；他们的军队的数目是步兵15万人，骑兵3万人。每个连队减去5个人，裁减的比率这么小，总的影响就算不上什么了，而且原有的编制仍然原封不动地保留着。各民兵团已经解散，但是，这是一些第二线部队，作为野战军的预备队，是从来没有起过什么作用的。1698年3月14日，威廉告诉奥地利驻伦敦大使奥尔斯贝格伯爵说，法国人的行为已同缔结《尼姆根和平条约》后的行为相仿了。两星期之后，在海牙，海因修斯告诉斯特拉特曼伯爵说，法国的军队几乎已经采用与上次战争时一样的编制了。③ 这种比较是正确的，不过，这是同上次战争的后一阶段那几年作比较，而不是

---

① 见本书原文第626页。
② 见本书原文第473—474页。
③ 见O.克洛普著《斯图亚特家族的陨落》第8卷，1879年，第56—57页。

同早期阶段那几年作比较。法国人还没有作好准备以重新装备一支战斗舰队。①

法国人不仅缩减海上开支,约束他们的海上雄心,他们也没有打算恢复向各方面普遍施加压力——这种做法才是大联合时期的特征。此次显示力量乃与一项特定的政治目的有关。1698年3月,海上强国的政治家们就清楚地看到这项政治目的何在了。到6月16日,路易就明白地说出来了。他说:"很明显,只有在西班牙国王逝世的情况下,和平才会遭到破坏。"② 没有理由怀疑他的判断是真诚的,是有充分根据的。

在近代欧洲的历史上这样的事情是绝无仅有的:为数甚多的与人民生死攸关的重大问题的结局要取决于某一个人的生死存亡。如果西班牙国王终于逝世,哈布斯堡家族在西班牙的世系就将与他一起寿终;不管继承他所统辖的全部领土或部分领土的这个人究竟是谁,但这个继承人却不是西班牙人。他的已经式微的帝国,仍然是最富庶的帝国,而且一直是人口最密集的地区。这里的人对任何欧洲君主都是忠顺的,它的统治阶级还以他们历史上的辉煌而自豪。对这个国家的前途有肯定性影响的第一个因素是(至少在西班牙本国是如此),西班牙人出于他们的自尊心和保守主义,将赞成保持这个庞大帝国的完整一致并且要使它成为

---

① 1700年,他们的主力舰总数是107艘,但这个数字包括一些没有编入现役的舰只,其中一些也许已不适于一般的服役了。见J. H. 欧文(Owen)著《安妮女王时期的海战》,1938年,第279页。

② 对维拉尔出使维也纳的指示,据拉格里(A. degrelle)《法国外交与西班牙王位继承》第2卷(1889年)第514页所引。拉格里书中所收的信件极其重要,但他对法国政策的论述不如已故的 M. A. 汤姆森(Thomson)所作的精辟的、博学的论述令人满意。汤姆森的论文见《皇家历史学会会刊》第5集第4卷(1954年),第111—134页。

一个牢不可破的整体。他们在整个民族的支持下,将挫败其他国家的领导人打算委派一位总督来统治西班牙的任何企图。同所有的保守主义者一样,这些保守主义者的力量不仅来自他们的自尊和感情,而且来自他们的既得物质利益。

在欧洲的其他强国中,利益与感情总是不稳定地纠缠在一起。对荷兰来说,选定西属尼德兰的新主人是一件关系他们政治上的生死存亡的大事。他们需要有一个缓冲国来保护自己,以免受到法国人的攻击;而且,他们已经付出很大的力气来使这个缓冲国能够保护自己;但是,如果这个缓冲国变得强大起来,足可以为自己谋求福祉,那么,它就会令安特卫普这个休眠多时的港口复苏,从而破坏荷兰自己作为欧洲贸易最大的进出口岸的地位。[①] 西班牙的殖民地吸收了荷兰海外商业中的出口货物并提供白银,也同样吸收英国的出口货物并提供白银,而这两个新教贸易国一度是西班牙历史上的敌人,现在不但同它和解,不再两军对峙,而且有充分的理由希望它的松散的帝国主义统治继续不受扰乱而维持下去。这两个国家同西班牙殖民地进行数额巨大的贸易,但名义上却是非法的。没有任何一个强有力的政权能默然容忍如此巨大规模的走私贸易越过徒有其名的垄断壁垒而大行其道。在这里又可再次看到,海上两大强国的利益在于只需要保存这个西班牙帝国,却并不希望看到它再度强盛起来而且能够自主。另有一种不同的保守主义统治着维也纳。这里的哈布斯堡家族的这一分支,是在一个多世纪以前分离出来的,他们同该家族的较老的分支通婚,因而造成一种局面:除了生老病死等不确定因素之外,这一分支的人继承该家族的任何空缺乃是当然之事。这一分支与西班牙的关系纯然是政治上的,而且一向是友好的。

---

[①] 关于约瑟夫二世试图重新开放斯凯尔特河的意图,参看《新编剑桥世界近代史》第8卷,本书原文第272—273页。

他们之间也曾存在过意见上的分歧，特别是在关于何时、如何以及是否对法国人的进攻进行抵抗这类问题上存在意见分歧；但他们之间并没有由于领土野心而发生冲突，也没有由于经济矛盾而互相抵牾。

法国同西班牙是近邻，两面接壤；如果英格兰人和荷兰人先前掠夺了西班牙的领土，那么，法国人却是在新近才夺走了西班牙的领土的，而且掠夺了更靠近这个帝国的中心部位的领土。在九年战争期间，法国人几乎同时控制了尼德兰和加泰罗尼亚。法国人不断扩张的海外贸易侵入了西班牙帝国的许多地方。他们不像英国人和荷兰人那样直接同西班牙的殖民地进行贸易，但他们借西班牙的名义在加的斯进行的贸易同样是私自进行的，其最终的目的地也是相同的。他们可能占有加的斯的贸易总额的四分之一，路易十四用强有力的手段来保护这里的贸易。在西班牙各地，尤其是在安达卢西亚，除了一些多少带点流动性的法国劳动者之外，都有法国商人和店主的侨居区。不过，当时流行的经济思潮认为，最可取的贸易是同殖民地的直接贸易，因此，法国政府正在把它的注意力转向南美洲。1695—1696 年，6 艘法国船试图绕过霍恩角但没有成功。新成立的南洋公司又于 1698 年派出去 3 艘船和 1 艘炮舰，这支船队于 1701 年 8 月从太平洋回来了。这种冒险与对西班牙帝国前途所作的推测也许没有什么联系，但对西班牙帝国前途的推测却与马赛的勒旺岛的贸易大有联系。这里是法国海上商业最大的一翼。英国和较小程度上的荷兰也是这里的竞争者，而且，它们于 1695 年派出一支舰队来支持这里的竞争。但是，法国如果能够控制西属那不勒斯和西西里的海岸，控制巴利阿里群岛以及西班牙在北部非洲的海港，前景就会大不相同。这样得到的经济实惠，其吸引力不亚于法国控制西班牙本土从而控制它的大西洋及地中海沿岸以及直布罗陀海峡而获得的战略优势。一个幸运的偶然机会，使法国的国王及其大臣们认为，他们对上述所有地区的控制进而对西班牙所统辖的其余地区的控制，岂止属于他们的合法愿望的范围之内，而且属于无可非议的权利范围之内。

在缔结《里斯威克和约》的时候，国王卡洛斯二世已近36岁。他的身体历来虚弱，现在更加不济了。他没有也不可能指望有任何儿女。由于他的死期在望，首先就引起一个法律上的问题：谁有资格继承他的王位？但是，如果这个问题仅仅属于法律上的问题，那么解决起来应该不算太困难。西班牙的王位可以按照女方的世系传下去，这是有充足的适宜的近例可援的。卡洛斯有两位姐姐。在他出生之前，大姐玛利亚·特里萨就已经嫁给路易十四，并同路易生了一个儿子，即路易皇太子。这位皇太子比卡洛斯年长5天。1666年，当时皇太子与西班牙国王都是5岁，二姐玛格丽特·特里萨成了皇帝利奥波德的第一个妻子。如果仅仅是一个继承问题，则皇太子从出生时起就已经是西班牙王朝的假定继承人了。

然而，除了继承问题之外，还有其他法律上的问题，而且，对这些法律问题可以作出互相矛盾的解释。有些法律学家认为，一位国王，尤其是西班牙国王，他的国王的权力只与其生命共存，他不能改变王位从这个国王传给另一个国王的传递规则。然而，在另一方面，在西班牙和法国之外，较为普遍的共同看法是，一个专制的君主是能够改变这种法制方面的规则的，正如他能改变其他方面的规则一样。[1]菲利普四世于1665年逝世时留下的遗嘱规定，如果他死后无嗣，他就把他的西班牙全部领土的继承权传给他的小女儿（即奥地利皇后）。根据这项遗嘱，皇后

---

[1] 据 J. A. 马拉佛（Maraval）《西班牙17世纪的政治哲学》，第152页。当时持这种观点的唯一西班牙作家是德兰西纳（Rodriguer De Lancina），他于1697年出版的一本书中表述了这种观点；他的这种观点是当时环境影响的产物。

的孙子,巴伐利亚的马克斯·伊曼纽尔的儿子就有权继承王位。如果一位国王有权订立遗嘱来安排王位的继承,那么有权继承的世系中任何一个人也有同等的权利宣布放弃继承权,虽然也许不能宣布放弃他的子孙后代的继承权,但至少可以放弃本人的继承权。菲利普的两个女儿在她们成婚时实际上就行使了她们这种权利。这两个人的弃权是有区别的。小女儿即奥地利皇后的弃权是绝对的,其有效性是无可置疑的;但是,法国王后的放弃继承权则是作为婚约的一个部分,而婚约中还包括一些其他条件。然而,婚约中规定的一些其他条件并没有得到履行,例如,西班牙国王就没有按照婚约的规定承担义务付给嫁资,因此,法国的律师们有充足的理由坚持认为整个婚约包括其中的放弃继承权的条款在内都是无效的。此外,至少有一部分权威人士认为,放弃继承权应该得到西班牙议会的同意,才能认为是有效的;但是,没有人就这件事向议会提出,征求同意。在皇帝方面,他并不承认菲利普四世的遗嘱是有效的。他作为菲利普三世的孙子,要求独得整个继承权。

除了遗嘱和放弃继承权的问题之外,还牵涉到其他法律方面的问题。西班牙有一些领地如米兰公国和弗纳尔侯国(该国是从热那亚湾进入米兰的通道),都是神圣罗马皇帝的采邑。皇帝有权指定这些地方的继承人,如果找不到继承人,他就提供一位。因为如果米兰落于法国人之手,将使法国实际上与奥地利接壤,这对奥地利来说,是极为危险的。那样,就只能由一个军事力量微不足道的威尼斯共和国把法国人同蒂罗尔、卡林西亚(克恩滕)以及加尼奥拉等地隔开而已。除非皇帝力不从心,否则,他是不会不制止这种情况的发生的。早在1667年就有迹象表明,奥地利必须提防法国人。那一年,路易十四侵入西属尼德兰,要求为他的王后取得属于菲利普四世遗产的这块地方,借口根据遗产移交权,这块地方是属于这位王后的。①这种侵略的借口潜伏着进一步的危险。路易一直在作周密的准备,随时为皇太子要求得到西班牙的王位继承权,这已经不是什么秘密了。利奥波德当时还没有儿子,他只有一个女儿,尚是婴儿。他自己辖下的版图的前途就大有可能成为一个国际问题,而到了18世纪,这一问题竟真的成为一个国际问题。路易几乎兵不血刃就占领了西属尼德兰。1668年1月19日,利奥波德为西班牙做了一件好事,并为自己将来免于麻烦而同路易签订了一项秘密条约,这项条约一直保持秘密达一代人之久。这项条约规定最终要瓜分西班牙帝国——如果卡洛斯二世死后无嗣,皇帝本人将继承西班牙本土(除了与法国作一些边界调整之外),继承巴利阿里群岛、撒丁岛和加纳利群岛,还有米兰、弗纳尔和意大利的要塞区(帕拉西迪)②以及整个西属美洲;法国则占有尼德兰、弗朗谢—孔泰,以及西属纳瓦拉及其属地,还有罗萨斯的卡塔兰港,北部非洲沿岸的要塞区,那不勒斯和西西里,还有遥远的菲律宾。要是试行把这项条约付诸实施,在许多敏感的地区就会有引起地区性冲突的危险;这种尝试要是获得成功,则会酿成更大的危险。法国将仍然是坚固严整的,不过变得更加富有更加强大而居于西地中海霸主的重要地位了。奥地利—西班牙帝国将向外大大扩张,达到查理五世时期的规模,只是在德国、西班牙和意大利之间没有适当的战略交通联系而已。很难想象这两个庞大的混合体能够长久地相安无事以及海上两大强国会轻易同意这项计划。早在6个月之前,他们之间就签订了《布雷达条约》,(1667年7月31日),从而结束了他们之间的第二次战争。

---

① 见《新编剑桥世界近代史》第5卷,原文第210页。
② 要塞区为菲利普二世于1557年所建,包括爱尔科尔港、奥尔贝特洛、特莱蒙尼、蒙特根塔罗、圣斯蒂芬诺港、隆戈尼港及皮昂比诺。这些地方都在蒂勒尼安海的沿岸。同样的意大利方式也可能应用于北非北部的设防港口(西班牙语称为帕拉西迪)——休达,梅利利亚及奥兰。

## 第十二章　从九年战争到西班牙王位继承战争

如果认为这项条约能够大大消除它们之间对抗的根源，那还为时太早；不过，此时他们之间的争执停止了，而且，在西属尼德兰的问题上正采取共同的行动，因为这个问题关系到这两个国家的安全和贸易。很明显，它们的强大舰队将会联合起来以维护它们的共同利益。当时的情况表明，这两个强国在海上是无敌的，而且，在1668年这一年的外交活动中有明显的迹象表明，它们能够在大陆的各国中找到同盟者。

法国人和奥地利人在签订1668年的瓜分条约的时候，对上述种种情况是洞若观火的。他们明白，这是第一次尝试，企图在秘密的、从假想的前提出发的外交活动中处置西班牙帝国，如果不作出巨大努力进行调解或进行战斗，或者双管齐下，这种尝试是不能付诸实施的。事情的发展结果是，这项方案对缔约国的任何一方很快就失去吸引力。它们之间的敌对情绪由于进行了两次战争而加剧，这种敌对情况所造成的分裂是欧洲各强国之间最为根深蒂固的分裂之一。在1689年的《大同盟条约》中，两个海上强国和它们的大陆盟国重申：它们支持皇帝根据菲利普四世的遗嘱而提出的全部要求；虽然这项条款在1695年重新组成同盟的时候没有予以重述，但却也没有撤回。

到了缔结《里斯威克和约》的时候，时间已经过去了我们通常估计的一代人之久，哈布斯堡家族及其亲属不但从其与欧洲的关系来看而且从他们个人之间的关系来看都已完全改变了——法国皇太子娶了巴伐利亚的马克斯·伊曼纽尔的一个姐妹为妻，他们有了两个儿子，一个是路易·布尔戈尼公爵，当时15岁；另一个是菲利普昂儒公爵，差不多14岁。皇帝的女儿玛利亚·安东尼亚嫁给上述那位巴伐利亚选帝侯为妻，婚后极不愉快。她于1692年在布鲁塞尔死于生育一个儿子（即选帝侯约瑟夫·费迪南德）。她的丈夫，如我们所知，是西属尼德兰的总督。皇帝本人现在有两个儿子，是他的第3个妻子所生，一个是约瑟夫，

21岁；另一个男孩子名叫查理，到1697年10月1日才满12岁。这么一来，西班牙国王菲利普四世在维也纳、布鲁塞尔和凡尔赛都有着年轻的男性后裔。在马德里，却没有继承人，而西班牙国王的健康状况则每况愈下。

在九年战争接近结束的时候，路易力图分裂同盟，他的使节暗示要恢复《瓜分政策》，试图以此引诱奥地利人，不过，那是毫无成功的希望的。但是，和平的到来使有关的国家再次易于为法国在正常的外交条件下所做的游说而动容。当里斯威克的和平会议正在进行的时候，法国的全权代表法朗索瓦·卡利埃尔（一篇论述外交技巧的著名论文的作者）曾经发回一份报告，从这份报告看来，好像是荷兰的两位代表雅各布·博雷尔和第克维尔特公爵艾弗拉德凡·韦德他们本人是赞成瓜分的。博雷尔是阿姆斯特丹的代言人，而第克维尔特则是威廉三世的心腹；所以，很明显，诱使两个海上强国接受瓜分的原则是有可能取得成功的。巧妙地把哈布斯堡家族纳入里斯威克的和约之中的联合行动将进行下去并策划上述的进一步瓜分计划。

签订了和约之后，很快就开始了一系列的交易。这些交易有点像是布弗勒元帅与威廉最亲密的朋友波特兰伯爵汉斯·威廉·本廷克之间的秘密会谈（这种会谈曾经实际上解决了媾和的条件）。波特兰作为大使于1698年初到达巴黎，他奉有密谕要开展关于西班牙问题的谈判，布弗勒元帅事实上是他的第一批来访者之一。他的整个使命执行得不好，手法笨拙，他并没有能够提出这个问题，不过，蓬波尼和他的女婿托尔西在3月间同他就这个问题举行了一次初步会谈，这是另一位军人塔拉尔伯爵卡米耶·德奥斯顿动身前往伦敦同国王本人讨论之前的一天举行的。法国人既没有同英国人磋商，也没有同（威廉亲信圈之外的）荷兰人磋商，也没有同西班牙人磋商；西班牙人同海上

## 第十二章 从九年战争到西班牙王位继承战争

两个强国的外交关系由于一次个人事件而破裂了；也没有同奥地利人磋商，而奥地利人要全部更新1689年协议的意图则被威廉于11月有礼貌地但是断然地拒绝了。威廉不承认《大同盟条约》中关于西班牙的条款仍然是有效的，可是，奥地利人却建议作出安排强行实施这项条款而不通知西班牙，如果因此而重新引起对法国的战争也在所不计。他们建议派遣8000—10000人的军队到加泰罗尼亚去，为了运送这批军队，他们需要得到两个海上强国的帮助。

奥地利人虽然认为西班牙人不是知己，但是仍然力图充分利用他们从王朝的传统和外交的压力方面可能得到的对西班牙宫廷的任何影响力。[①] 他们要求让皇帝的小儿子查理大公得到米兰公国，皇帝有意通过他来实现自己的要求。这将是瓜分的前奏。在西班牙，重要的事就是国王另立一个新的遗嘱罢了，遗嘱中表明他愿意这位或那位要求继承的人。路易十四派遣一位能干的外交家阿尔古侯爵亨利衔命前往马德里（这位侯爵后来就是法国的公爵及元帅），向西班牙提出法国的要求，并使西班牙人相信路易的善意。此外，路易还使用了另一种更为有效的办法来炫耀他的力量。1698年3月18日，他通知阿尔古说，他的30个步兵营和3000骑兵已经准备好，将立即集中并向西班牙边界进军。如果有必要，他还可以增加他的军队。在加泰罗尼亚方面，它的军火库充实之至；在纳瓦拉方面，如果情况表明有必要，那里的军火库也可以毫不费力地在短时间内予以充实。在任何其他的前来争夺法国皇太子的继承权的军队到达之前，法国军队能够早得多地进入西班牙。为了反对皇帝的觊觎，将以武力来维护继承权；这不但因为皇帝的要求是不合理的，而且因为如果西班牙和奥地利两国的领土合并，那是违反整个欧洲的利益的。路易说，他也

---

[①] 宫廷的派系情况，见本书原文第357页及以下。

很清楚地知道，如果他的王朝和西班牙王朝实行合并，也同样会引起整个欧洲的嫉妒，因此，他提议，究竟将法国皇太子对西班牙的继承权授予他的两个儿子中的哪一个，应该由西班牙议会选定，并对继承权加以限制，即法国王朝同西班牙王朝永远不得合并。

在西班牙宫廷中有许多反对法国的人士，这些人很有权势，他们并不只是一些忠于长期沿袭下来的国策的西班牙人，其中有许多是支持奥地利哈布斯堡王朝的人，而为首的则是王后，诺伊堡的玛利亚·安娜，她是有王权的选帝侯的姐妹，也是皇后的姐妹。但是，法国人声威夺人，况且他们的建议又富有吸引力。到1698年的春天，法国人在西班牙的处境转佳。5月，他们提出建议，利用他们的舰队协助攻击正在进攻休达和奥兰的摩尔人。这项建议虽然被拒绝了，但从7月到9月，法国海军中将埃特雷巡视了西班牙的西南海岸，进入加的斯以及其他地方，表面上是为了剿除沙利海盗。① 从罗什福尔和马赛出发的舰队，访问了西班牙沿海的港口，也访问了意大利的港口，远至那不勒斯。7月底，除了在鲁西永的30个步兵营和50个骑兵中队之外（他们后面的多菲内有20个步兵营和20个骑兵中队的预备队），在法国的纳瓦拉还有30个步兵营和30个骑兵中队。只有葡萄牙作出在军事上采取反措施的姿态，葡萄牙征召一些新兵；在法国人看来，这种举动不过是一个笑柄而已。8月，黑森—达姆斯塔特公爵乔治（加泰罗尼亚总督），成为法国一场外交战的对象，这场外交战的结果使他信誉扫地。②

---

① 当时在摩洛哥活动的海盗，见本书原文第554页。
② 关于本年晚些时候反对他驻在马德里的一个团的运动，见本书原文第362页。8月，有谣言说他准备调派更多的军队到马德里来并且要绑架波托卡雷罗。因此，他被迫辞职。

两个海上强国除了要考虑法国的、西班牙的以及皇帝的政策之外，还必须考虑一些其他事项。首先，要考虑马克斯·伊曼纽尔的态度。此人对于自己只不过是一名西班牙官员而已这种处境并不满意，他更愿意得到一个世袭的总督职位，或者至少是一个牢靠的终身职位，这将成为走向主权国家道路的一个阶梯。不过，他的主子们对他这种抱负了如指掌，因此，他们把他的实权限制在一定范围之内。他无权任命主要要塞的司令官，而且，在有违于他的愿望的情况下任命了一位卢森堡总督。马德里政府对一位精明能干的尼德兰行政官伯杰克伯爵深怀疑虑，他是一位财务总监。[①] 马德里政府拒绝支持早些时候关于在尼德兰设立一个西印度公司的计划；但是，伯杰克和马克斯·伊曼纽尔通过1698年6月7日的公告，迫使马德里政府表态，并创设对几内亚和东印度自由地区经营批发业务的低地国皇家公司，总部设在奥斯坦德。卡洛斯二世对此表示同意；但是，这个公司并无充足的资本，荷兰人又帮助把这个公司扼杀于襁褓之中。伯杰克于1696—1698年间装备5艘船同西班牙在美洲的殖民地进行贸易，并在圣多明各获得立足点。他还计划建造两条运河，把奥斯坦德与安特卫普以及把桑布尔河与默兹河连接起来，这引起了荷兰人的嫉妒。凡此种种，都是伊曼纽尔招致疑忌的根源，而他在王朝中的地位还不算在内。他在王朝的地位是颇为暧昧的。他自己的儿子选帝侯约瑟夫·费迪南德公爵，并不真正有权要求继承西班牙的王位。他是法国皇太子的姨母的孙子。这位姨母在结婚时就宣布放弃她的继承权了，而且，由于她对她的丈夫的不忠极为恼怒，她在弥留时又重申放弃她的继承权。即使如此，马克斯·伊曼纽尔也希望能够为他的儿子提出某种要求。任何一方都乐于同他结盟，恰恰是因为他是不能信赖的，易变的。

---

① 他以后进行的改革，见本书原文第413页。

1698年4月初，威廉三世决定，除非外交行动能够阻止波旁家族也能够阻止哈布斯堡家族获得整个西班牙的继承权，从而避免出现灾难性的局面，否则，他就不惜诉诸战争。他已经作好准备同路易进行谈判，并逼迫皇帝及马克斯·伊曼纽尔接受瓜分的原则。他所持的立场并不是一个居间调停人的立场。他既然身负英国的重责，又身负荷兰的重责，他就必须看到这两个国家的直接利益得到保护。在谈判的早期阶段，他提出3点要求：荷兰在尼德兰的屏障应予扩大；为了商业活动，他必须得到西地中海一些地方，或是马洪港，或是整个马略尔卡岛，还要得到非洲海岸的一些地方；他必须获得西印度某个港口——这就是，在美洲。[①] 所有这些要求都不是什么新东西。第一项要求实质上是防御性的。第二项要求则是从最近一次战争得到的经验而来的。自从1684年撤出丹吉尔之后，英国就不再拥有供他们在地中海进行活动的基地了，荷兰则从来没有任何这样的基地。在战争中，这两个国家虽然曾经很方便地使用了它们的盟国西班牙的海港，但是在前途难卜的情况下，它们自然不想老是依赖西班牙。要求获得一个美洲港口，这是由于与西班牙进行的贸易的特殊性而引起的，因为不可能指望有一位继承人能够像西班牙人那样慷慨地纵容他们的走私活动，所以他们需要得到一个可靠的进行贸易的口岸。

一些历史学家认为，威廉的第二、三项要求不是防御性的，而是重温英国由来已久的商业扩张政策和海外兼并政策。要在地中海取得一个或几个根据地的观点，在查理二世的大臣中就曾经多次讨论过，他们曾经提到过马略尔卡岛和撒丁岛。1670年，

---

[①] 《致波特兰》，1698年4月7日，载《威廉第三通讯集……本特克》第1卷，第1部分，第278页。信中并没有明确指出这两个强国中哪一个要得到哪几处地方，不过，只有英国希望得到一个地中海的基地。

托马斯·阿林爵士的舰队在同阿尔及利亚人作战时就使用过马洪港。在九年战争中，奥尔福德的舰队保护了英国和荷兰的商业活动，但其作用远不只此，它已成为一支重要的战略与政治的力量；不乏迹象表明，英国的殖民野心此时比1689年的时候更加膨胀了。那时，英国曾经拒绝同荷兰共同组织对西印度的远征。在战争期间，苏格兰议会于1693—1695年间创设了苏格兰公司，以开展对非洲和西印度的贸易。英国的资本支持这个企业。不顾与西班牙的同盟关系，1698年7月，第一次向达里埃地峡派出的远征队起航了。到了第二年，苏格兰人与西班牙人之间才发生了武装冲突。① 不过，在整个冒险性的事业中这种武装冲突的可能性肯定是存在的。有人坚持认为，在这里同在地中海一样，威廉三世利用了西班牙王位继承危机作为推进英国野心的一次大好时机，如果他有诚意希望欧洲获得和平的话，这种野心本应该加以收敛。甚至有迹象暗示，他正在准备一次掠夺殖民地的战争。

就有关达里埃公司的情况而言，上述说法是与事实相悖的。在第一阶段，该公司大大威胁了英国最巨大的商业利益即对东印度的贸易。英国国王罢黜了那些请求他同意成立这家公司的大臣，而且，英国的股票持有人退出了这家公司。第二阶段，由于西班牙驻伦敦大使的抗议，国王于1699年1月向英国各殖民地的总督发出通令，命令他们不要支援或赞助苏格兰殖民者。达里埃公司并不是威廉的政策的表现，而是他的政策的绊脚石。1698年另一件勉强值得一提的事是英国派了一营人到牙买加去。没有什么理由怀疑威廉对海因修斯就此事所作的解释：他这次行动的目的纯然是为了防御。另外，并不像有些人坚持认为的那样，威廉不让英格兰参加瓜分问题的讨论是因为他从根本上就只把荷兰

---

① 见本书原文第360页。

的利益放在心上。这种论断是没有根据的。塔拉尔在同威廉的一次交谈中提出一种经济上的论据,以此反对向英国和荷兰提供一个美洲港口。威廉回答说,他是在荷兰长大的,因此,他深知荷兰的商业利益所在,但是,他对英国的商业利益何在则所知不深,他将"为此而采取必要的措施"。他认为,英国极其愿意得到哈瓦那,不过他没有提出什么肯定的说法。① 对于威廉的居心确实有许多互相矛盾的责难,其中最可笑的也许就是他的一位前大臣诺丁汉伯爵的责难。这位伯爵因为在战争时期作为国务大臣表现得庸碌无能而被黜免,不过,从某几点来说,他倒还是一位值得敬佩的人。在里斯威克的谈判和有关瓜分的谈判中,威廉总是听信路易的话,而这位路易又总是欺骗他,也欺骗了世界;于是诺丁汉伯爵把威廉比拟为卑怯地自我陶醉的希夕基,这位希夕基说:"如果在我有生之年能够享有和平,难道不是很好?"② 威廉其实并不掩饰他盼望在他尚可享有的一段短暂的生命中能够获得和平,而且他完全透彻地了解谈判是反复无常的,甚至是充满危险的,但是,他的决心是维持他无比珍视的欧洲各国的自由。

经过6个月的艰苦的讨价还价,同时(正如我们所看到的)法国的军队和战舰已经行动起来,这才于1698年10月11日签订了《瓜分条约》。这项《瓜分条约》与30年前那项《瓜分条约》不同,并没有把西班牙帝国划分为两个部分,即划给法国一份和划给奥地利一份从而使这两个国家各自比其余的任何欧洲其他国家都强大得无与伦比。从任何普遍的欧洲观点看来,这项

---

① 见拉格里(Legrelle)第2卷(1889年),第320页。
② W. A. 爱特根(Aitken)编:《诺丁汉伯爵言行录》,1941年,第137页。关于希夕基的事,见《旧约·列王纪(下)》第20章第10节;又见《旧约·以赛亚书》第39章第8节。

条约都是称心如意的，它达到了它的目的，把西班牙的宗主国部分和它的属地中最富庶的部分交给没有从属于某一个大国的继承人巴伐利亚选帝侯、童年时代的约瑟夫·费迪南德。他将得到西班牙、尼德兰、西印度和撒丁岛。余下的领土尚多，足够其他有权要求继承的人大为扩张其版图。法国皇太子将取得那不勒斯、西西里、吉普思夸的巴斯克省以及菲纳尔和托斯卡纳要塞区。皇帝的次子查理大公将取得米兰公国。

很难想象还有其他瓜分方案比这项条约更适合于当时形势的需要了。法国和奥地利王朝各自得到了相当的领土，他们可以占有这些领土而不致立即互相激起不堪忍耐的嫉妒或惊惧。海上两个强国的屏障也操于有足够军事能力的马克斯·伊曼纽尔之手。他的巴伐利亚选帝侯领地，加上他的兄弟——拥有列日和科隆的大主教选帝侯约瑟夫·克雷芒的力量，使他有足够的力量来实现他自己的抱负，并抵御法国人的侵犯而保持自己的独立。这种解决办法使海上两个强国的战略要害之处获得了安全，于是他们就放弃了本来希望获得的在地中海航行的保证，因为此种航行保证将使法国得到那么多的意大利海岸，从而使它将来有可能既扩大其在东地中海的势力，同时又扩大其在西地中海的势力。没有人必须交出任何实际的领土，每个有权继承的人（而不是其他的人）都将增加自己的实力。

然而，真正的问题不在于拟订一项公平的瓜分方案，而在于能否说服各国同意实行任何瓜分。条约规定，在签字之后，海上两个强国就应该立即把条约的内容通知皇帝和巴伐利亚选帝侯。如果西班牙国王死后无嗣，就要求该两国接受这项条约。如果他们或其他任何人拒绝接受，各签字国最后将不惜诉诸战争以强制执行之。可是，在情况没有发生任何变化之前，路易十四就把上述方案改变了。在条约没有得到批准之前，关于条约的谣言就已经从法国传开，既然条约要提交荷兰议会批准，也就无人希望能够继续严格保守秘密；但是路易劝说威廉推迟到1699年1月方正式通知皇帝。当时认为西班牙国王是活不到这个日子的。于是，皇帝被孤立了，而他本人并非没有察觉到这一点。这就成为他与海上两个强国之间重新形成诚挚关系的障碍。威廉不但很赞成这么做，而且他也不愿意帮助皇帝同马克斯·伊曼纽尔达成任何谅解。选帝侯相当痛快地接受了这些建议，而且抱有很大的希望。但是，不可能指望西班牙本身能够容忍这项条约。西班牙政府提出了抗议。西班牙国王采取了唯一能够阻止瓜分的步骤：他于12月1日订立了一项遗嘱。西班牙人对制定上述瓜分条约的人所怀的愤懑使国王转而拒绝法国皇太子的继承要求；看来，皇帝也不可能从一种会遭到法国和海上两个强国都反对的遗产赠与办法中得益。因此，遗嘱规定把整个大笔遗产授予巴伐利亚选帝侯公爵而不管4个大国如何。从法理上说，这项遗嘱同菲利普四世的遗嘱一样，是存在很多可以挑剔之处的。如果路易和威廉联合起来，坚持要求实施《瓜分条约》，则他们仍然能够说服皇帝而置西班牙人的抗命行为于不顾的。不过，他们的决定永远不能加以试验了。童年的约瑟夫·费迪南德卧病不到一个星期之后，于1699年2月6日亡故。

欧洲的政治家们根据他们各自的特质对这意外的惊人事件作出反应。在西班牙，有些人认为，一项奇迹的出现使帝国得以保持其完整性。马克斯·伊曼纽尔在隔了一些日子之后提出一项意见说，他的儿子是皇帝策划毒死的。路易十四履行了正式的致哀仪式，但在噩耗传到凡尔赛的当天，就派出信使到马德里和伦敦去，以便控制局势。先前并没有就这位公爵逝世这种意外事件作出规定。根据《瓜分条约》中一项秘密条款的规定，马克斯·伊曼纽尔将被作为他的儿子的假定继承人来看待，现在，把这种安排付诸实施可以使威廉三世得到满足；但路易十分正确地指出，原来规定的是，选帝侯只能继承他的儿子应得的那一部分遗产，并不能满足他的尚未实现的各种愿望。对法国来说，除了能够提出上述合法的异议之外，新出现的情况比原来的情况更为危险了；但是，这种新情况却可以为大智大勇的人提供大笔的奖赏。现在，同1668年一样，西班牙王位继承问题只是在法国与奥地利之间发生争执，而没有第三者问鼎。与皇帝取得直接和解是不可能的，从1689年以来他就要求有权继承整个遗产，寸步不让。现在，他终于能够在西方放手地运用他的权力了，这是近11年来他所未能做到的。选帝侯公爵的死讯传到海牙的当天，皇帝在卡尔洛维茨与波兰、威尼斯和土耳其签订了一项为期25年的和平条约，并留有时间等待俄国加入。① 要是在一年之前，威廉可以不必同路易纠缠于谈判。但现在已经为时太晚。虽然威廉的自我控制和克制态度依然完整无损，但为了重新进行瓜分，只得投身于谈判之中。

耗去一年多的时间才达成协议，在这期间，西班牙国王的健康状况越来越坏。没有其他诸如葡萄牙国王的名字可以被接受来代替选帝侯公爵的地位。把西班牙帝国分成两个部分（各自的幕后主人是法国和奥地利），应该从唯一的一项原则出发：此种分割应使双方势均力敌，以免此一方情不自禁地要进攻另一方。波特兰于1699年3月对塔拉尔用了"平衡"这个词，不过，他的意思是指两个实体之间的平衡，而不是欧洲的全面平衡，不是把每一方可能得到的同盟者都计算在内的平衡。② 在这次谈判中，两个海上强国并没有重新提出他们过去提出并讨论过而被第一个《瓜分条约》排除了的领土要求。但是，他们确实坚持要求对尼德兰屏障问题作出令人满意的安排。从一开始威廉就说，

---

① 见本书原文第626页。
② 关于欧洲的平衡这个概念的出现，见本书原文第155页及以下各页。

由任何一位法国王子继承尼德兰都是不能容忍的。他也不愿意让皇帝得到尼德兰。即使皇帝是荷兰的坚定盟友，而且满足于不为对外贸易开放斯凯尔特河，尼德兰仍然会被卷入皇帝同法国之间最终会发生的任何冲突之中，因而两个海上强国也就会如同过去那样再次被卷进去。仍然存在着对尼德兰另作其他安排的可能性。第一种可能性就是把尼德兰交给马克斯·伊曼纽尔，不过，他的运气已经消失了。他已经不再为任何一方所欢迎。伯杰克的保护主义措施招致荷兰和英国的报复和外交抗议，并受到各行会的抵抗，而各行会是得到西班牙当局的支持的。伯杰克被黜免了，而马克斯·伊曼纽尔由于自己的政治和经济计划遭到挫折转而接近法国人，虽然从根本上说，法国人甚至比西班牙人更不赞成他那些政治经济计划。路易通过塔拉尔提出一项意见说，他并不反对尼德兰落入西班牙王后之手，要是这样能够解决全部分歧的话。对此，威廉立即说道："如果不是碍于我的宗教信仰，我就会自己要求得到尼德兰。"[①] 塔拉尔在报告这件事的时候，过分强调这句话的严重性。后来，这句话并没有发生什么作用，而是把尼德兰交给一位奥地利王子了。

第二个《瓜分条约》并不如第一个《瓜分条约》那样构思缜密。这项条约规定把尼德兰加上原来准备划给选帝侯公爵那份遗产的其余部分——即西班牙和西印度——交给皇帝的幼子查理大公。同第一次的条约一样，对法国同西班牙之间的边界作了一些调整。法国皇太子将得到原来要给他的两个西西里王国之外，又加上菲纳尔和意大利的要塞区；但是，米兰公国则交给皇帝的外甥洛林公爵，作为交换，把他的洛林公国交给法国皇太子。自从缔结《里斯威克和约》以来，洛林已经解除武装。这里不准构筑要塞，而法国军队则有权穿越这个公国的领土。只等时机成

---

① 见拉格里（Legrelle）所著书第3卷，第37页。

熟，这个公国就会立即被吞并。

同以前一样，问题不在于条约的规定如何，而在于这项条约是否能够被接受。这一次没有保守秘密，即使能够保守秘密也不免造成猜疑。两个海上强国再次担任向皇帝通报的任务。这次，他们要向皇帝提议让法国占有米兰公国的领地。有经验的荷兰外交家雅各布·霍普衔命前往，并要取得皇帝的首肯，但是，他碰壁了。不过，两个海上强国并不对皇帝迫之过甚。实际上他们也不可能这样做。皇帝可能已经知道或可能已经猜测或者推断到他是有时间甚至在卡洛斯二世终于逝世之后才来加入这项条约的。如果在卡洛斯二世逝世之前他就降低自己的要求，对他何益之有？而且，即使在卡洛斯二世死后，他也不愿降低自己的要求。条约于1900年3月15日签订，利奥波德不但不同意，而且研究打算要采取的措施，一如并不存在什么瓜分问题似的。1700年夏天，他同意增派两个团前往加泰罗尼亚，并准备随时派出3万人去保卫意大利。海上两个强国在维也纳提出了抗议。西班牙王后大约于此时成功地暂时停付一部分作为年金的经费，以便为保卫加泰罗尼亚而提供经费。但是，王后的权威时断时续，这次所得的权力也只是暂时性的。她有许多敌手，这些敌手能够把西班牙的政策拨回原位。这些敌手中最有权势的人物是托莱多大主教、红衣主教波托克雷罗，此人认为，除了法国之外，没有其他国家能够保护这个君主国使它免致被瓜分。摄政的政务会①提出建议：法国皇太子的次子昂儒公爵菲利普应该是唯一的继承人。接着，与年迈的教皇英诺森十二世进行了磋商（如果只是因为两西西里王国是教皇的采邑，这种磋商还是应该进行的）。向教皇请教的是，国王应该订立何种遗嘱才符合罗马教廷和西班牙君主国的利益。教皇向一个由3位红衣主教组成的特别委员会咨

---

① 见本书原文第360—361页。

询，于是作出了正合乎波托克雷罗心意的答复。①法国人知道罗马正在进行何种活动，也知道卡洛斯将不久于人世。令人怀疑的是他们是否仍然相信有机会同皇帝就取得任何解决办法达成协议。10月4日②，他们开始扩充军队，他们还不知道国王于两天之前已经订完了他的遗嘱，遗嘱的内容正如教皇和红衣主教所建议的一样。整个遗产都交给昂儒公爵。如果他或他的弟弟不接受，这笔遗产就应交给奥地利的哈布斯堡家族。国王于万圣节*逝世。

法国国王和他的大臣们并不操之过急，他们考虑了这场危机的各个方面，而且他们之间的看法也并不一致。他们以应有的礼貌把他们的决定照会各国。他们的决定就是接受国王的遗嘱。伟人科尔贝尔的侄子托尔西侯爵继他的岳父蓬波尼出任外交大臣，11月，他就作出此项决定一事以备忘录婉转地照会威廉国王。人人都渴望获得的一个怡人的安静局面，现在可以保证获得了。法国和西班牙这两个王国多年来一直是各自分开的，现在也还是各自分开的。整个欧洲都渴望得到的稳定的平衡，现在可以完美无缺地建立起来了，这要比《瓜分条约》所能做到的好得多，《瓜分条约》考虑的只是给法国自己增添力量而已。

各个不同地区发生的事件是对上述这样的思维路线作出的评论。1698年任命的米兰总督是沃代蒙特公爵查理·亨利。此人乃威廉的一位老战友，是洛林的神圣罗马总监查理五世的私生

---

① 教皇英诺森十二世于9月27日逝世，他的继承人克雷芒十一世否认法国关于此事的报告的真实性。虽然西班牙的请求及教皇的答复的原件一直没有找到，而且有关此事的史实确有模糊之处，但主要的内容并无严重的可疑之处。见L.冯·巴斯特（Pastor）《教皇史》第33卷，1940年，第686—688页。

② 关于这个有意义的日子，见G.吉拉尔德（Girard）：《募兵与民兵，1701—1713》，1921年，第4—5页。

\* 万圣节是11月1日。——译者

子。按照《瓜分条约》，米兰公国最终将落入他的王室之手。11月还没有过去，沃代蒙特就迫不及待地宣布西班牙国王菲利普五世为米兰公爵。西班牙各地的总督中最重要的总督马克斯·伊曼纽尔肯定是要竭尽全力争取实现他的个人抱负的，但是，他却承认菲利普五世是他的新主人。12月，在布鲁塞尔的圣·居迪勒教堂又唱起了感恩圣歌。并没有公开保证让其他国家的商人可以享有在西班牙的统辖区内进行自由贸易的权利，也没有保证可以自由地通过直布罗陀海峡或西西里海峡。这两个海峡实际上将被置于法国的控制之下。法国甚至没有向世界其他各国声明保证法国和西班牙两个王朝永远不得合并。为了排除他自己的家族中其他支系对法国的继承权，路易明白地宣布，他保留西班牙昂儒王室在法国王位继承人出缺时继承法国王位的权利。这种做法本身就使敌意的宣传得到口实，把这种做法说成是一种阴险的计划。

路易十四在1701年的头两个月不无理由地设想：他在执行遗嘱规定的政策时是不会引起一场全面战争的；除非皇帝坚持要保有意大利，否则也不会遇到武装抵抗的。不过，如果不把法国和奥地利同时都采取的军事措施考虑进去，则1701年的头两个月（实际上是1701年全年）的外交活动就令人难以理解。我们看到，在西班牙国王逝世之前路易就开始扩充他的军队了，法国的每个步兵连都增加10人之多。1701年1月，重新建立民兵。这次为了使民兵发挥更多的作用，把每个民兵小队都配置在各个正规营里。到了2月，补充步兵的工作已经完成。11月，停止批准退役。1702年1月之前，正规军的人数已经达到22万多人，比1688年的人数还多。路易一方面进行紧张的外交活动以谋求孤立皇帝，一方面同时动员军队，准备投入战斗，或者进行恫吓，就像1688年所做的一样。看来，他也想紧跟上次的先例行动了。他的行动好像表明法国已经从1697年的困境中恢复过来，但是，情况并非如此，还存在很多困难，而且财力不足。此外，欧洲的局势也不像先前那样有利于他而使他能够取得德意志、意大利、北欧和东欧各国的支持。他把夙敌们的暂时困难看得过重。

尼德兰的西班牙人的老朽政府现在站在路易一边。路易的军队现在部署在边界上，这些军队只要开进去就可以不费吹灰之力制伏荷兰在屏障要塞中的卫戍部队，或者切断他们的补给。屏障要塞的情况实在很不妙，工兵不足，谈不上有什么军需品的储备，不同口径的火炮是法国制造的；这里的巴伐利亚和西班牙的军队大体上数目相等，加在一起总共不过是1万名步兵，另有1500名西班牙骑兵，其中绝大多数都没有坐骑。这些军队纪律废弛，薪饷不继。很快就得到了法国的金钱，于是，用这些钱来改善这种状况。2月4日，威廉三世作为总司令命令荷兰军队撤退，但他授权当地的司令官自行选定撤退的时间，而命令的到达也为之过迟了。2月6日，西班牙的司令官开放全境，接纳优势的法国军队进入各地。这时，荷兰的军队处于难堪的尴尬局面之中，不知所措，一直等到法国人已经充实了尼德兰北部的边境之后才允许他们撤回本国。当这些军队于3月撤退完毕时，许多地方如安特卫普，列赫要塞和其他要塞都已经整顿就绪了。不过，马克斯·伊曼纽尔已经不在那里了。1701年3月9日，他同法国签订了一项同盟条约，根据这项条约，法国保证西班牙欠他的债务将予以清偿，法国并答允支持他作为皇帝的候选人；但是，法国人使他要在尼德兰取得伟大成功的希望成为泡影。伯杰克在恢复财政总监的职务之后，就得同法国人一道工作，就如西班牙的军事司令官比德玛尔侯爵得同布菲勒一道工作一样。马克斯·伊曼纽尔被送回他的德国领地去。他回到那里之后，要保持中立，但他应该征募8000名步兵和2000名骑兵，几个星期之后，又达成协议，把这支军队增加到1.5万人。

## 第十二章 从九年战争到西班牙王位继承战争

同马克斯·伊曼纽尔的协议似乎是犹豫不决的,因为这涉及法国的外交网中最敏感之点。路易重施他一向惯用的伎俩:在和平时期猝然攫取一块领土。这一次,他不但获得西属尼德兰的众多人口及其资源、港口、巨大的商业利益(这是一个强大的国家才能取得的),而且他把他的疆界向前推进,以致荷兰在自己的领土之外再也没有前进的基地了;两个海上强国还被夺去了安特卫普。这巨大的收益并不意味着他有着与1688年同样的战略问题,也不意味着他处于能够更好地利用这些收益的地位。不同之点在于那时他不得不在德意志境内作战,并且要阻止战争扩大到其他地区去;可是,现在由于皇帝所持的态度,使他不得不在意大利境内作战,而且,同样急迫地要阻止战争扩大到其他地区去。目前,他的德国支持者能够给他最好的帮助莫过于保持中立,并同时进行武装,以阻止皇帝在阿尔卑斯山的北面采取行动。对于这些德国的支持者来说,这些任务并不算什么大难事。与马克斯·米伦有紧密联系的他的兄弟约瑟夫·克雷芒甚至更为恭顺。这位约瑟夫·克雷芒作为雷根斯堡的主教,在南面是颇有作用的;作为列日的主教,他在尼德兰的那个方向则有较大的作用;而作为科隆大主教,他拥有荷兰边界各要塞上游的莱茵河,他还拥有河上的一些桥梁,而法国人可以使用这些桥梁同巴伐利亚以及北方的策应同盟诸侯携手。[①]

然而,应该谨慎小心地对待这位约瑟夫·克雷芒,这倒不是因为他是一个朝秦暮楚的人,而是因为他这方面如果采取公开的行动将使德国的局势爆炸开来。他的要塞还亟待修葺。有王权的选帝侯垂涎凯泽斯韦斯,而勃兰登堡选帝侯则垂涎莱茵贝格。1701年春天,这位大主教同法国人订立协定:他将得到一笔补助金并雇用4000人和1000匹马,在当年晚些时候,这个数字又

---

① 见本书原文第246页注1。

有所增加。订立了协定之后,他立即动手招募军队,而且,他鲁莽地重新挑起与科隆的牧师会旧日的争端,结果,当年8月,在牧师会的领导下,各等级拒绝投票支持继续向他提供经费。于是,他宣布,他将使用武力征收赋税。牧师会向皇帝申诉。皇帝愿意支持牧师会,而且,为了率先防止危机扩大,占领了选帝侯各要塞,但是,两个海上强国是不会同意这种做法的。荷兰边界上的守卫工作,如贝尔根—奥普松姆一线并未部署就绪。法国人离科隆很近,他们若有所图,不难及时得手;而且,他们正在装备那慕尔、旺洛和盖尔特斯,使之成为可供进攻时使用的军火库。15个法国步兵营和16个骑兵中队被派到西属格尔德兰,而在这里,荷兰人占据着马斯特里赫特,这个地方在名义上是西班牙欠他们的债务的抵押品。当时看来,在默兹河边的这个要塞和默兹河与莱茵河之间的一片领土是法国企图攫取的目标。

到了1701年的3月底,在尼德兰和下莱茵区,事态的发展明显可以看出似乎法国人已经决定发动一次进攻性的战争。当然,法国人仍然在同海上两个强国进行谈判;直至此时,谈判双方都好像把这些谈判看做是谋求和平解决争端的最后努力,而不是看做为了争取时间进行军事准备而玩弄的伎俩。法国接受卡洛斯二世遗嘱的消息对威廉三世不啻当头一棒。他被法国人的诺言欺骗了;《瓜分条约》已成为一张废纸;他同皇帝之间又并无协议,也不可能断定皇帝不至于认为与其同两个海上强国站在一起不如同法国站在一起。西属尼德兰乃欧洲的战略要冲,现在已置于法国人的控制之下。尤其糟糕的是,法国人关于全面接受遗嘱的理由在伦敦和阿姆斯特丹产生颇为有力的影响。该两地许多有权势的人物甚至大多数有权势的人物都认为,除了可能发生的战争,否则,没有任何其他的事情会威胁到地中海和西属各殖民地等处的贸易。在英格兰,那种漠然的态度比之在荷兰的更为顽固。1700年10月19—29日的最后一次议会会议是威廉历来所遇到的最难对付的一次宗派成见极深的会议。他于11月写信给海因修斯说，他认为，英国人对其自身在大陆的利益视而不见，是上帝对他们的惩罚。但他也这么写道：

> 我深为羞愧，在这项重大的问题上我未能以应有的魄力采取果断的行动，并做出勇往直前的良好榜样；但这在共和国是一定会出现的，我希望谨慎从事，从容地引导这里的人民群众而不使他们察觉。①

事情已经很明白，不可能同马克斯·伊曼纽尔进行任何磋商了。另一种有待验证的可能性是，也许法国人会允许西班牙人交出一些城镇——诸如把奥斯坦德和纽波特交给英国，把那慕尔、卢森堡和蒙斯交给荷兰等——作为西属尼德兰独立的抵押品。为了平息它们本国内关于商业利益的意见，同时为了联合进行谈判并表明站在同一的阵线上，这两个国家——荷兰（于2月）英国（于4月）——冒着开罪皇帝的危险，在一项重大问题上作了让步：承认菲利普五世为西班牙国王。塔拉尔当时在伦敦，知名的阿沃伯爵在海牙；信使往返奔驰，一个会议接着一个会议。许多观察家都认为威廉的新议会似乎与旧议会同样执拗。乡村来的议员痛斥已成废纸的《瓜分条约》，猛烈抨击已卸任的大臣们，并纠缠于党派之间的宿怨。不过，国王冷静地有礼貌地对待他们，并给予新的信任。国王心安理得地放弃他控制外交事务的权力，只是把1677年以来签订的各项条约以及当前所得到的有关各项事件的详细情报提交给他们。他让议员们自己去判断需要采取何种行动。国内同时存在两个系列互相甚少联系的辩论在平行地进行着，其中一个系列的论点是反对威廉的，而另一个系列

---

① 《奥伦治·拿骚家族档案》第3集第3卷，1909年，第206、249页。

的辩论则在议会方面，其论点正在向威廉的观点靠拢。平民中有一股自发的或非自发的激烈情绪，要求采取措施对付法国人，虽然这种局面的出现有损下院的自尊，但却正是威廉从11月以来就开始谋求的。2月，他告诉海因修斯说，全国的意见正在发生变化。下院决定，要支持英格兰的利益和安全，支持新教，支持欧洲的和平。三天之后，下院要求国王根据1678年条约的规定，就派遣援军前往荷兰一事开展谈判。翌日，塔拉尔写信报告说，他认为战争已经不可避免，路易则回答说他的说法是正确的。下院在6月14—25日的会议闭幕之前，授予国王全权以寻求他的盟友；国会投票赞成增加拨款，其数额之大为迄今在和平时期的拨款所仅见，他们此举的目的是"为了共同事业的利益"。塔拉尔在伦敦又待了一个星期，而阿沃则在海牙停留得更久一些，不过，事实上他们已经无所事事。

存在着一个反法的共同事业，但尚不能明确知道除了两个海上强国参加这个事业之外，还将何人参加进来，以及在什么条件下参加进来。首先的问题是皇帝。当西班牙国王逝世的时候，皇帝有一支数目为7.5万人的步兵部队，而且他可以随意扩充这支部队。维也纳的宫廷素来行动蹒跚。维也纳宫廷的财力已为对土耳其的战争所耗竭，即使1701年采取了某些措施使情况得以改善，但两年之后改革才得以顺利进行。[①] 皇帝愿意两个海上强国同法国人作战，他极希望他们首先同法国人开战；但两个海上强国则认为，应该由要求取得西班牙王位继承权的皇帝发起战争，而不是由他们这些倡议瓜分而遭到失败的人来发起战争，这也是不足为怪的。他们怂恿皇帝漫天索价，如果皇帝的要求只局限于神圣罗马皇帝的采邑米兰和菲纳尔，他是能够夺取这些地方而得到满足的；甚至或者路易把这些地方奉送给他而把他收买过

---

① 见本书原文第310页及以下各页。

去，然后把力量集中使用于别的地方。为了打破"法国力量过分强大"，有必要使皇帝率领其所能征集到的全部同盟者全力投入战争。能够使皇帝这样做的最佳推动力莫过于他过去提出的对整个西班牙继承权的全面要求了。至于威廉，他自己表示，1689年的大同盟条约中包含皇帝这项要求的条款是否仍然有约束力是很值得怀疑的，无论如何，就战争要达到的目的及各方应得的份额达成一项新的协议是极为必要的。但是，皇帝的决定则取决于德意志及意大利的事态。

双方都可能在这两个国家中有一些同盟者，或者其中有一些保持中立。西班牙在德意志没有属地。法国可能重新制定一项称霸和掠夺领土的计划，和巴伐利亚达成的新的谅解则将成为打进德意志南部的一枚楔子。不过，巴伐利亚同法国人之间在地理上被符腾堡和巴登隔断，马克斯·伊曼纽尔还没有宣布他已经易帜，因此，路易着意避免出现任何进攻态势的迹象。4个国家中，德意志的问题比起意大利、尼德兰和西班牙的问题来是次要的，但却不能掉以轻心。

《里斯威克和约》缔结之后的头两年，皇帝在德意志的处境是极为窘困的，但经历了那一段时间之后，他的地位加强了。对于两位世俗的选帝侯他是尽可放心的，一位是他的姻兄弟、领有巴拉丁选帝侯的约翰·威廉，一位是萨克森的奥古斯都，后者在他的帮助下于1697年登上波兰的王位。最强大的选帝侯是勃兰登堡的弗里德里希，这也是一位最为贪婪的人，但于1700年11月签订了第二个《瓜分条约》之后，皇帝同意了他的索价，承认他是普鲁士国王，以换取他的一支8000人的援军。1701年1月18日，弗里德里希在柯尼斯堡把王冠戴在自己的头上。然而，黑森各邦和瓦尔德克是无条件地拥护皇帝的。另一方面，各策应同盟诸侯继续制造麻烦，其中为首的是不伦瑞克的安东·乌尔利希，还有戈塔公爵。1700年8月5日，一伙策应同盟诸侯甚至向路易十四求援。1697年联合起来的另一伙诸侯则依然阻挠皇帝实践其意图。莱茵河这边的6个希特邦已经联合起来了，1701年，巴登和符腾堡就努力劝说他们共同组织一支军队。1700年11月弗朗科尼亚和斯瓦比集团同马克斯·伊曼纽尔达成一项协议。12月，路易给莱茵河沿岸各选帝侯发出通报：如果他们参与西班牙王位继承问题的纠葛，他就认为这是和平的破裂。不过，到了这时，皇帝已经能够表明自己在德意志处于强有力的地位了。

1699年与土耳其媾和使皇帝得以从战争的重负下解脱出来。一年之后，北方战争爆发。九年战争期间，瑞典与丹麦之间的对抗使两国无法发挥任何重要作用。现在，他们之间又在互相厮杀。他们发生争执的第一个原因是石勒苏益格—荷尔施泰因的现状问题，这个问题很容易把德意志西北部的诸侯卷进来。此外，丹麦人参加了一个联盟，而该联盟的目的是摧毁瑞典在德意志及波罗的海诸国的势力，因而这与丹麦、波兰和俄国的前途密切相关。瑞典的查理十二世打败了丹麦人，强迫他们承认荷尔施泰因公爵的完全自主权；但是，两个海上强国派出一支舰队来制止他，不容许他进一步侵夺丹麦。在签署了《特拉凡德尔条约》（1700年8月18日）之后，北方战争就不再威胁进入波罗的海的通道了。[①] 这一年晚些时候，查理成功地解除了萨克森和俄罗斯军队所造成的危险，12月，他向法国人保证，他将以武力保证卡洛斯二世的遗嘱付诸实施。

瑞典的胜利在维也纳引起极大的不安。人们很自然地猜测（虽然并无根据），查理十二世同古斯塔夫·阿道夫一样，正在和法国人采取一致的行动。匈牙利原有的不满情绪又再度出现，

---

[①] 有关事件见本书原文第652页及以下各页。

第十二章 从九年战争到西班牙王位继承战争

而路易十四已经派出官员去同弗朗西斯·拉科齐一道工作。[1] 然而，奥皇利奥波德和他的儿子们以及此时已经著名的尤金王子坚定地顶住了他们顾问中的主和派。1700年12月宣布，巴登的刘易斯将指挥莱茵区的军队，皇帝将在匈牙利征集人员，并把宫廷选帝侯的8个团收归自己调遣。新闻报道断言他准备在春天把军队的人数增加到10万人。路易在尼德兰的举动与他同维特尔斯贝巴赫的勾结，使皇帝在德意志获得了支持。1701年3月，路易欲召集策应同盟各诸侯在一起开会，但未成功。以后他只好同各诸侯逐个地进行谈判，而且只有两位诸侯答应征集军队——不伦瑞克·沃尔芬比特尔8000人，萨克森—戈塔6000人。但法国人无意在下莱茵区挑起战争。他们加强了在更往南的地区的防御工事。瑞典国王越过波罗的海从俄国人手中拯救了英格里亚而没有惊动德国人，他于1700年11月30日在纳尔瓦取得了胜利。各种同时出现的事件都表明，意大利将成为法国人同奥地利人厮杀的舞台。

法国人在意大利获得沃代蒙特的支持而取得了初步的优势。泰塞于1700年12月到达那里，并很快发现他们在整个意大利唯一可以信赖的人就是米兰总督。在开始的时候，他小心翼翼，力图不要惊扰意大利其他各邦，所以他只要求派去一支数目不大的法国军队，计24个步兵营，3个骑兵中队和3队龙骑兵。12月底和1月初，这批军队从摩纳哥、昂蒂布和土伦登船，而在弗纳尔、阿拉西奥及瓦多上岸。他们的身份是西班牙人的辅佐部队，也就是说他们的到来并不就意味着法国同皇帝之间的战争。到1701年2月，皇帝的种种准备活动使沃代蒙特和泰塞确信，他们需要得到更多的军队，他们要求得到意大利的全部军队，其总数为40个步兵营和50个骑兵中队。3月，米兰多拉公主把她的

---

[1] 见本书原文第584页。

城市献给法国人；曼图亚公爵这位更加诚挚的支持者也接纳了法国军队。萨伏依公爵——泰塞恰切地称他为"这个难以理解的诸侯"——则同双方进行紧张的讨价还价。他终于同法国达成了协议，允许法国军队通过他的领土，并且提供1万人，而他则得到一个名义上的总司令之职位，他的一个女儿将嫁给西班牙的菲利普五世。托斯卡纳在各强国中，选择了皇帝。威尼斯由于受到条约的约束，不得不允许奥地利的军队穿越自己的领土，它也可能在适当的范围内允许法军这样做，而其他各邦则赞成教皇的计划，对西班牙在意大利的属地保持中立。春天，卡蒂纳元帅来到米兰。此时尚不能确定皇帝是把自己的努力局限于意大利的北部呢，还是也准备从的里雅斯特出发于海上进攻那不勒斯。

上述事态发展到1701年4月初（通常是一年作战季节开始的时候），战争已经迫在眉睫，只是尚未公开宣布而已。法国和西班牙两国的国王，以巴伐利亚和科隆的选帝侯和萨伏依公爵作为他们的同盟者，在低地国，在下莱茵区以及意大利集结了军队，而皇帝及两个海上强国则进行其反准备。没有人放一枪；仍然没有成立正式的反法同盟。但是，任何一方都觉得没有把握肯定对方在夏天到来之时不会在上次交战的任何一个处所（除了现在位于两个友好的国家之间的加泰罗尼亚之外）采取行动。上莱茵区和中莱茵区可能免于战祸。各强国总认为各地的备战工作进行得太慢，有负所望。

夏天，双方都公开地忙于集结军队，忙于给此种军事行动提供财政支持和外交支持。在英格兰，议会投票批准为90艘军舰和"新征集"的4万名海军提供款项。荷兰从增加他们现有各分队有实战能力的人数入手，着手使他们的军队达到7.5万人。他们的50艘战舰正在准备入海。5日，他们从黑森—卡塞尔雇来了两个团，并同意向梅克伦堡—什未林雇请军队。7月，这些军队加上来自勃兰登堡、不伦瑞克—吕内堡、宫廷选帝侯国和安斯巴赫的军队，荷兰的陆上部队达到约10万人。这些军队主要驻扎在马斯特里赫特附近以及尼尔斯河边的戈赫（宁姆根附近），一支军队驻扎在盖尔德斯要塞附近，以抵抗法国对该地带的任何进攻。布菲勒把他的司令部设于迪斯特，而塔拉尔则在莫泽尔集结了一支独立的军队。不过，法国在尼德兰的备战活动从战略上看有着地区性和防御性的特征，没有什么迹象表明有意采取进攻性的行动。法国的宫廷在犹豫了一段时间之后，同意西班牙的建议，建造几条长长的土木工事防线。一道防线从安特卫普到那慕尔，另一道防线则从根特的旧布尔到布鲁日的法兰克，可以防卫整个威伊地区。到8月底，布菲勒和塔拉尔已经一共有147个步兵营和225个骑兵中队。从海岸到默兹的防线已接近于完成。8月，马尔巴勒断定法国人已经放弃了本年内在佛兰德展开战斗的任何打算。他们实际上很快就要安排冬季宿营地，而且决定以三分之一的军队留驻尼德兰而另外的三分之二的军队则撤回法国的佛兰德。9月22日，路易决定本年之内不在尼德兰开战。

可以断定，德意志在1701年的相同的时期内也要进行休整。皇帝于春天同贝罗伊特订立了条约，取得了一个团，另外在黑森—达姆斯塔特得到一个团，后者也给奥斯纳布吕克提供援兵。维尔茨堡主教提供了两个步兵团和一个骑兵团。8月，德意志南部各邦，弗兰科尼亚，斯瓦比和上莱茵区，莱茵选帝侯国和巴伐利亚等，终于宣布将保持中立，并协议共同组织一支联合部队。这是法国外交的胜利。但是，这项胜利并未使其他任何胜利接踵而来，而且也不预示着法国会发动一场进攻。许多人竭力要求皇帝在莱茵河沿岸驻军以保卫德意志，但这里并不存在来自法国或其朋友的直接威胁；反之，如果不采取措施拯救米兰公国，那么，这个公国就将不保。

1700年12月，尤金就任一支军队的指挥官，这支军队从2月起从奥地利各公国出发，在进军途中不断补充人员。5月下旬，这支军队进入威尼斯的领土，6月初进抵阿迪杰河；此时，这支军队已拥有32个步兵营和26个骑兵中队，另外还有5个骑兵团正在前来参加的途中。皇帝决定从莱茵区调出1万人来增强这支军队的实力。卡蒂纳要求增援。援军姗姗来迟，当这些援军终于真的到达时，却是只不过有1个西班牙骑兵团和3个步兵营，外加1队龙骑兵而已。6月19日，在阿迪杰河隔岸交火。意大利之战开始了，法国人虽然到场参战，但却没有作好准备。他们使自己的军队在得不到应有的军需品供应的情况下向前推进。他们的漫长交通线要通过一个不友好的国家，那里的农民是颇不惮于向落伍的士兵放冷枪的。卡蒂纳对于能否在战争中取胜并无把握，因此，他把主动权完全交给尤金。后果是骇人的。尤金的军队是一支比较小的军队，没有军火库，他并不认真重视他的敌手的科学的、正确的军事部署，他渡过4条河而未遇到抵抗。7月9日，他取得了卡毕战役的胜利。在这个月的月中之前，法国人的前方已经没有任何河流可作为屏障了。8月，维勒鲁瓦元帅自尼德兰抵达，取代卡蒂纳为司令官，并带来明确的作战命令。他把卡蒂纳暂时留下，同他一道工作，而他自己则投身于恢复法国军队的士气与纪律的工作之中。9月1日，在崎岖的山村查理，法军的右翼发生战斗，随即发展成为一场大战，法军投入20个步兵营举行进攻，结果，以失败告终，伤亡数以千计。国王路易取消了作战命令。

　　这一年夏天的军事行动没有给法国的外交活动带来任何补益，也不能阻止反法同盟的建立。尤金在意大利的胜利却有助于这个同盟的建立。这时，发生了一项重大的人事更替。威廉国王从他的医生们那里得知，他的健康状况正在急剧恶化。他除了留下明白无误的志向和不许违抗的遗嘱之外，所余的力量

## 第十二章 从九年战争到西班牙王位继承战争

已经很有限了。1698年,他对马尔巴勒伯爵完全恢复了好感;这位伯爵不但是假定继承人安妮公主的宠儿,而且是一位颇有手腕的政治家,又是一位第一流的军事统帅。威廉现在提拔马尔巴勒到能够代行国王本人权力的各种职位上——只要凡是一位英国人有资格担任的职位。这些职位就是英国派往荷兰的军事力量总司令以及派驻荷兰共和国的特使。7月,马尔巴勒被派驻马里修斯,此时国王作为荷兰联合省执政官到这里作夏季巡视。国王回英国之后,他就留了下来,而在完成同盟条约这项工作中他的表现说明他具有当时所需要的个人才干。这项重要的协议(大同盟条约)于1701年9月1日签署。这项条约表面上并没有为无疑即将爆发的战争作出安排。条约规定,从批准之日起以两个月的时间同法国国王进行友好谈判,以努力实现同盟的宗旨,至于同盟的宗旨为何物,则并无确切的界说。瓜分的原则已得到承认。皇帝对西班牙继承权的要求将得到满足,在他的坚决要求下,条约特别指明他将得到那不勒斯、西西里,还有米兰。另一方面,皇帝不得不同意,如果两个海上强国能够夺取西属西印度的任何属地,就允许他们保有这些属地。南尼德兰应该作为荷兰的屏障,该地的主权谁属,尚是一个悬而未决的问题。皇帝并没有想要取得这个地方的主权。对于西班牙的前途,条约未置一词。虽然,这件事还需费力处理,但现在同盟已经有了坚固的内核。

普鲁士—勃兰登堡选帝侯国王已经加入同盟,成为同盟国。他除了将于第二年提供6000人的部队加入帝国的军队之外,还将保持一支主力部队,他原本可以使用这支主力部队干预北方战争。不过,事实上他并没有使用。萨克森和波兰的强主奥古斯都已经深深卷入了北方战争,他在法国人的支持下可能实现很大的野心。当西班牙王位继承问题处于严重关头的时候,奥古斯都对法国来说其吸引力在于:如果法国人能够成功地调解北方战争,他就有可能成为一个同盟者。1701年5月，他应允如果调解成功，他将派遣3万人向皇帝进攻。然而，法国的调解毫无结果。1702年，法波谈判破裂，选帝侯国王同皇帝签订了一项攻守同盟条约。黑森—卡赛尔几乎要与各策应同盟诸侯采取共同行动了，但却于1701年答应向两个海上强国提供两个步兵团（每团1000人）；到了夏天，举行了进一步的谈判，结果达成了协议，他参加同盟，并提供9000人的兵力；这支队伍三分之二的人员完全由两个海上强国付饷并供给装备，其余的三分之一的人，则在实战时由两个海上强国提供给养费用及军火。

法国曾经应允向波兰和巴伐利亚提供大量补助金，数额之巨，使它自己不胜负担，难以支付；又由于资金短缺，妨碍了它与德意志各小诸侯进行商洽。法国的外交官除了请求各小诸侯加入法国一方以维护其自身利益之外，就无计可施了。各项事态的发展进程及海上两个强国的丰厚财力，使各小诸侯认定皇帝更为了解他们的利益所在。在德意志有一股转向赞同皇帝的舆论。美茵茨选帝侯（也是班贝格君主兼主教）和他的邻居特里尔选帝侯就被1701年10月的补助金条约收买了。1702年3月，整个联合邦除了巴伐利亚之外都同奥地利达成了协议，加入了大同盟。5月，特里尔加入大同盟，答应守卫自己的地方，并允许同盟的军队自由通过它的领土。但是，帝国还没有作为一个整体正式宣战，组织一支帝国军队的计划也是到了1702年的秋天才付诸实施的。不过，在春季，德意志各邦的态度已经确定了。同路易站在一边的，除了他的两个主要盟友科隆和巴伐利亚之外，还有其他3个邦。一个是荷尔施泰因—戈托普。这个邦于1701年10月签署了一项补助金条约，但一年之后，这个邦的公爵逝世，这个邦又易帜了。另外两个邦是不伦瑞克—沃尔芬比特尔和萨克森—戈塔。这是策应同盟诸侯中仅余的两个邦了。这两个邦对他却毫无用处。1702年2月，从汉诺威和策勒出发的军队，对不伦瑞克的安东·乌尔里希实行"帝国的讨伐"①，萨克森—戈塔公爵发现法国人并不能帮助他，懊悔不已，于是，他把军队撤回转而受雇于同盟。

法国方面于1701年取得的一项颇足称道的外交成就是关于葡萄牙方面的。葡萄牙与大不列颠素为盟友，但这个古老传统关系并非十分可靠，也不能认为葡萄牙与西班牙之间的多年宿怨是坚不可解的；然而，两个海上强国能够对葡萄牙的海港及商业活动施加压力，而且，同盟国只有在葡萄牙才能找到入侵西班牙的陆上基地，只有在葡萄牙才能找到进入地中海的航海基地。由于葡萄牙国王在西班牙王位继承问题上曾经戏谑地要提出分取一杯羹的要求，1701年6月葡萄牙却同法国和西班牙签订了《同盟条约》（更确切地说是友好条约），这就令人不胜惊异了。②

法国人于1701年夏天及秋天所做的准备表明他们将要采用的战略的轮廓是什么样子。8月，他们在布列斯特装备了19艘战舰，在加的斯装备了24艘；11月，他们护送西班牙的船队回国；也是在11月，他们在萨斯凡根特的对面建造了一个要塞；12月，荷兰人在这个地方向他们开火。法国人秋天的这三项决定性的行动表明，这个没有公开宣布的战争其结局除了展开真正的战争之外，别无其他出路了。《大同盟条约》签署之后（而路易还不知道此事）9天，国王詹姆士二世于9月16日逝世于圣·日耳曼斯。不管《里斯威克和约》对他如何，他还是同其他一些被流放的君主一样，获准使用他原有的各种尊号。如果路易十四于此时竟然拒绝给这位"虚假的威尔士亲王"这种荣誉，那就是对斯图亚特王朝的怠慢了。要是给了他这种荣誉，路易就

---

① 这是指实施一项帝国决定的行动，这里所指的是皇帝根据威廉三世的请求而作出的一项决定。

② 关于葡萄牙的外交政策，参见本书原文第524页及以下各页。

可以取得好几个方面包括梵蒂冈的信任。他作了简短的思考之后，承认他是大不列颠和爱尔兰名义上的国王。路易这种慷慨的姿态，在英国被认为是意味着赞助詹姆士党人\*的事业，因为路易认为战争已迫在眉睫，所以英国人这种看法是正确的。这种做法使英国的可能有的全部愤恨情绪都集中于反对法国。同一个月，西班牙仿效法国于前几天作出的先例，禁止英国的制造品进口，因而鲁莽地挑起英国在商业方面的愤懑情绪。

路易对于同西班牙进行的交往，一直特别小心谨慎，避免引起反对菲利普的不满情绪，因为菲利普的地位现在仍然是不稳的；可是，现在令人惊骇的是，路易竟赞同一项从上述观点看来是十分危险的建议。10月30日，托尔西写信给马辛伯爵（伯爵是一位佛兰芒人血统的战士，他接任了阿尔古在马德里的职务），指示伯爵要求西班牙把西属尼德兰割让给法国，这样做将使战争更易于进行，也不会使和平更难于安排。而且，这样便可以补偿法国已经造成的和将继续造成的损失。马辛回答说，这样的要求将激怒西班牙人，这是对他们的帝国的完整性的一个严重打击，其后果可能是灾难性的。路易收回成命，但是他一直没有放弃瓜分的想法，他现在又回过头来认为瓜分是解决问题的根本条件了。这就很明白，甚至从路易的公开行为的表现看来，他实际上是把西班牙人和他们的国王视为他的臣仆。

1701—1702年这个冬季，各方面的备战工作持续进行，毫未中断；也没有进行任何值得一提的外交活动来扭转这种局势。11月，科隆的约瑟夫·克雷芒看到荷兰军队出现在宫廷选帝侯国而大吃一惊，立即请求法国人派军队到他的要塞（包括列日）来。以此作为借口，法国人作为援军开到布尔戈尼邦。威廉三世还没有做好采取行动的准备，也没有怂恿皇帝进行干预。但是他

---

\* 为詹姆士二世及其后嗣进行复辟活动的斯图亚特家族的拥护者。——译者

很希望皇帝能把自己的军队悉数派往上莱茵区，以便把他那些德意志的支持者[1]巩固地团结在一起，而在《大同盟条约》中他已应允把他的军队全部提供出来。皇帝总是想把军队转派到意大利去，那里的尤金王子的军队比较弱，而且补给不良。2月1日，尤金在奇袭波河岸边的克雷英纳的战役中侥幸取得了胜利，并捕获维勒鲁瓦元帅作为俘虏；但他的胜利中有某种无法理解的因素，因为即使春天他的援军到了，在人数上他依然处于劣势。皇帝总是想分遣一支部队给那不勒斯，并且要海上两个强国派一支舰队去地中海[2]，这两种想法都为时过早。尽管威廉提出忠告，并且表示愿意提供新的东西，但是，看来法国人将再一次看到德国人像上一次战争那样姗姗来迟，不能及时负起分配给他们的作战任务。数目相当大的一支4万人的队伍，从各邦集结到上莱茵区，同奥地利人和宫廷选帝侯国的人在一起，归巴登的刘易斯指挥。

威廉于3月逝世时，意大利已经再度爆发了战斗。布菲勒停止集结军队，等待命令。当时在海牙任秘书之职的法国外交官巴拉被匆匆地任命为"代表"，要求荷兰议会执政同法国人单独进行新的谈判。他对阿姆斯特丹那些被认为对法国怀有好意的当政人士解释法国的和解诚意。4月8日，议会拒绝法国人的友好表示。荷兰人态度坚定而且已经做好了准备。马尔巴勒、海因修斯和皇帝的大使戈斯伯爵进行了最后的准备。4月16日，荷兰共和国、普鲁士和宫廷选帝侯国的军队包围了凯泽斯韦斯。由于还存在一线希望，还有可能延长同帝国在名义上的和平，驻扎在朱

---

[1] 见本书原文第410—411页。
[2] 见A.D.法郎士（Francis）著《黑森—达姆斯塔特公爵乔治和1702年远征加的斯计划》，载《历史研究所通报》卷42，1969年，第58—75页，表明维也纳认为（见本书原文第418页），在英国海军部的反对下，夺取加的斯是对同一年的地中海攻势的补充。

里希的布菲勒奉命不得越过莱茵河。5月15日,奥地利、大不列颠和联合省同时对法国宣战。

(谭之清 译)

# 第十三章

# 欧洲的西班牙王位继承战争

18世纪初发生的两次大战（指王位继承战争和北方战争——译者）总起来看可说是一场真正的世界战争。然而这两次大战在发展过程中根本互不影响。只是在极少的情况下，例如在1707年，欧洲的这两个风暴的中心才几乎汇合在一起。在反对瑞典的战争中，王位继承战争的交战国保持中立；同样，在反对法国的战争中，波罗的海的交战国也是保持中立，虽然丹麦向"海上强国"提供了辅助部队。普鲁士参加了西欧的战争，虽然"北方战争"对它确实重要得多。

奥地利、英国和联合省（亦称荷兰共和国——译者）于1701年9月7日结成"大同盟"，主要是这3个国家对路易十四的霸权发动了一次最后的也是决定性的战争。从原则上说，神圣罗马帝国皇帝利奥波德一世认为整个西班牙的继承权应归哈布斯堡王室。他没有等条约签署完毕，甚至没有宣战，就迫不及待地派出一支部队进入意大利北部，企图占领米兰。在他看来，米兰是帝国的采邑，卡洛斯二世死后它理所当然应归属神圣罗马帝国；在伦巴第的法国军队只是充当菲利普五世的辅助部队而已[①]。然而，"海

---

① 关于"大同盟"的组成及其在1701年的行动，参阅本书第405页及其后诸页；关于哈布斯堡王朝在意大利的利益，参阅本书原文第590页及其后诸页。

上强国"在1701年却并非准备为哈布斯堡王朝纯正统观念的要求而战。它们承诺帮助哈布斯堡王朝只是为了在意大利、西属地中海岛屿以及西属尼德兰得到"公正而合理的报偿",而且进一步规定西属尼德兰应成为"联合省隔离和抵御法国的一道堤坝、壁垒和屏障"。因此,很清楚,威廉三世晚年精心策划的这个"大同盟"的前提就是要瓜分西班牙君主国。而且只有在法国和西班牙两个王室绝不合二为一的条件下才容许菲利普五世统治西班牙和西印度群岛。即使如此,"海上强国"在英国的促动下仍决定:除保持它们在卡洛斯二世时期在西班牙各领地享有的一切商业特权外,还将保持它们在西印度群岛任何可能掠取的权益。[①]

1701—1702年冬,德意志有很多邦通过单独签订条约或根据所谓"加盟法"参加了"大同盟",它们是:勃兰登堡—普鲁士,汉诺威,巴拉丁,明斯特,黑森—卡塞尔,巴登以及一些更小的邦。勃兰登堡的选帝侯以承认他的新称号"普鲁士国王"作为交换条件,同意支持帝国皇帝;而汉诺威的选帝侯只是由于希望登上英国王位才加入"大同盟"。这些诸侯很少是不折不扣的同盟者,"海上强国"雇用他们的军队只是作为辅助部队,只有普鲁士除这类帮助外对战争作了直接的贡献。"海上强国"由于财力雄厚,在整个战争期间实际上在德意志拥有取之不尽的兵源,而法国在那里的兵源储备却日渐枯竭。帝国内部的舆论主要是反对法国的,这是因为《尼姆根条约》和《里斯威克和约》使它们受到损失,他们愤恨难平,还因为他们惧怕法国进一步侵略。[②] 但巴伐利亚和科隆这两个具有重要战略意义的国家却站在法国一方,而萨克森完全投入"北方战争",其余的诸侯则主张中立。当整个帝国于1702年9月终于对"昂儒的菲利普"宣战

---

① 关于在美洲的战争,参阅本书原文第372—373页和第501页及其后诸页。
② 见 H. 吉洛特著《路易十四时期及德意志国家舆论》,1914年。

时，各诸侯国提供的军队没有多大战斗力。

在所有的盟国中，荷兰共和国对陆上的战争准备得最充分。威廉三世创建的军队状态极佳，1702年迅速扩充到10万人。英国的备战工作要差一些，但在1702年它向大陆派去一支4万人的远征军。在战争过程中，荷兰共和国的军队增加到13.7万人，英军增加到7万人。两国的军队如此庞大，只能靠征募德意志和丹麦的雇佣军才能做到，它们本国的军队还不到半数。尽管如此，这些数字足以说明这个小小共和国对陆地战争作出了巨大的努力。在西属尼德兰这个主战场上，荷兰人一直承受最沉重的负担。他们负责多次攻坚战的费用并提供重炮，英军带有野战炮但没有攻城大炮。从战争一开始，荷兰共和国就被迫以高利息借债来支付战争的费用；英国的财政状况较为稳定，税收所得很大一部分用于战争。在海上，情况则完全不同。像上次战争一样，两国商定，联合海军的费用八分之五由英国负责，但荷兰对应承担的八分之三实际上已越来越无力提供。英国舰队的状况相当良好，而荷兰舰队的状况则迅速恶化。① 这主要是因为，荷兰共和国把主要力量投入南部边界的战争，不得不忽略其他方面的利益。当时英国有一部分人仍怀有相当强烈的反荷偏见，荷兰海军的弱点使这种情绪愈加强烈；英荷海军人员之间的关系也并非总是友好的。② 奥地利是一个幅员辽阔的大陆国家，它没有舰队，只参加陆地的战争。哈布斯堡王朝的军队在数量上与荷兰的军队大致相当，但组织较为涣散，供应也较差，承担在意大利战场作战以及德意志南部战线的许多战斗。这时皇帝与土耳其人和平相处，对他当然是有利的。然而，他必须认识到匈牙利方面的不满

---

① 参阅本书第22章（3）。
② 参阅 D. 库姆斯著《荷兰的行为：西班牙王位继承战争时期的英国舆论和荷兰同盟》，1958年，第37页。

情绪,因为在1703年,匈牙利在拉科西·弗朗西斯二世领导下爆发了公开的叛乱。①"海上强国"曾敦促利奥波德及其继承人约瑟夫一世对匈牙利人作出让步,但未奏效,因而好多年那里的骚扰事件牵制着哈布斯堡的大量兵力。不过,皇帝虽在军事上和财政上虚弱,他却拥有萨伏依的尤金这位极为宝贵的军事天才,此人在1701年由于在伦巴第的辉煌战绩而享有盛名。

波旁王朝如何与"大同盟"相抗衡呢?西班牙王国已经衰落,它的陆海军已没有多大战斗力,但法国一个国家的军事力量就几乎等于整个联盟的力量。1705年,法军总数估计为25万人。② 法国的地理位置居中,交通线比对方短,军事指挥权集中于一人——这些都是有利的方面。从表面上看,法国只要保持原有的阵地就可以打赢这场战争。然而,它在海上的劣势很快就暴露出来了。法国在海上的力量起初只在地中海占优势,而且早在1704年就丧失了这个局部的优势。结果是法国和西班牙的海上贸易受到敌方的严重扼制,而且西班牙由于海岸线长、防御力量薄弱,也屡次受到攻击。最重要的是,英荷舰队的主力可任意行动,不受约束,一旦据有必要的前进基地,就可有扩大盟国陆军突击力量的战机,而且仍有余力派出小舰队巡视海峡水域及北海上的主要交通线。虽然如此,像九年战争一样,法国仍有强大的力量对敌人的贸易予以有力的打击。英荷商人所惧怕的武装民船在沿海许多地方出没,敦刻尔克、圣马洛以及1706年以后的奥斯坦德只是其中几个最可怕的武装民船的巢穴。直到1708年,法国武装民船的活动才有所削弱,但在战争最后的一年又恢复了活动。

法国最亲密的伙伴是西属尼德兰。菲利普五世登基后第一批敕令之一就是任命他的祖父为这些边远省份的摄政,因此,那里

---

① 参阅本书原文第584—585页。
② 参阅 J. W. 威金著 *Het Staatsche Leger* 第8卷第一部分,海牙,1956年,第539页。

的要塞为法军据有——卡洛斯二世晚年的总督马克斯·伊曼纽尔的合作也是一个因素。路易十四任用精明干练的伯杰克伯爵（即"比利时的科尔贝尔"）为大臣，由他推行中央集权政策。查理五世在位时期建立的3个平行的院——政务院、枢密院、财政院[①]——由单一的国务会议（Conseil Royal）所代替，两个财政部门也归并为一。伯杰克扩充军队，并按照法国的模式重新组建。由于志愿兵制不能满足兵员的需要，改以抽签的办法从平民中征兵。由于推行包税制，中央政府由贵族领地、邮政和进出口关税得到的收入几乎增加了一倍。伯杰克还试图在省和地方推行包税制，他在佛兰德取得成功，但在布拉邦特遭到挫折。省和地方的法院受到中央更严格的监督。在宗教事务方面，仿照法国的做法，大力抵制詹森教派，其主要领袖根据"逮捕密令"予以放逐。这种追随法国专制主义而不顾法律程序的做法完全违背了低地国家的意愿。这些新政策很难为当地居民所赏识，他们虽无明显的民族意识，却非常热爱他们的公民（特别是市民）自由的伟大传统；在行会和公司、司法官员和地方行政官员以及上层贵族中，哈布斯堡王朝的拥护者也还有不小的势力。然而，主要还是战争的爆发使伯杰克的这些措施未能实现其恢复经济的渴望，虽然这些措施对于进行战争本身是有用的。在西属尼德兰建起著名的布拉邦特防线，摆出一副防御的姿态。这条防线是由安特卫普附近的斯凯尔特河延伸到那慕尔附近的默兹河，由河流和棱堡构成的一个宽阔的弧形防御体系。布拉邦特防线未能收到预期的效果，因为后来证明集中强大的兵力是能够突破的。但在1705年以前，这条防线阻止了同盟国突袭部队的入侵，并保持

---

[①] 参阅《新编剑桥世界近代史》第2卷，原文第445页；关于伯杰克参阅第390页和R. de 施里瓦著 *Jan van Brouehoven*, *Graaf vom Bergeycle*, 1644—1725, 布鲁塞尔，1965年。他于1700年离职。

这个国家不致被他们占有作为赎买的条件。

在神圣罗马帝国内部,路易十四仅有的两个盟国都属于维特尔斯贝希家族。作为西属尼德兰的总督,马克斯·伊曼纽尔曾站在威廉三世和皇帝一边,可是现在他指望凡尔赛来实现他日益膨胀的梦想——国王的称号,也许还想当南尼德兰的君主。巴伐利亚本身就可以作为法国在帝国境内严重威胁奥地利的前哨基地,在法国的资助下这里很快建立了一支2.1万人的精锐部队。选侯马克斯·伊曼纽尔的兄弟约瑟夫·克雷芒不仅是列日的主教,也是科隆的大主教和选侯,他也已倒戈,并请来法军占领沿莱茵河和默兹河一线的许多据点,其中重要的有波恩、凯泽斯韦斯、莱茵堡、列日本土和于伊。不过他的亲法政策在科隆和列日遭到拥护帝国的人的抵制,这些人在宗教界和城市资产阶级中拥有相当大的势力。法国在意大利的地位确实非常牢固。萨伏依公爵亦即菲利普五世的岳父维克多·阿马戴乌斯二世位于法国和这时属于波旁王朝的伦巴第之间,比以前更加依赖法国:法军准备穿过皮埃蒙特,他就于1701年2月向他们敞开阿尔卑斯山隘口。曼图亚公爵则允许法国驻军,并把波河流域拱手让给法国卡蒂纳元帅。此外,1700年当选的教皇克雷芒十一世比其前任更不信任哈布斯堡王朝,这对于法国是政治上和道义上的重大胜利。教皇承认菲利普五世是西班牙国王和米兰公爵,出资帮助建立一支反对英国的法国远征军,而且直到1709年,他总是奉行一种偏袒法国的中立政策。另一方面,好斗的"纯正基督教王"的天主教派举行"卡米扎"叛乱[①],在国内给路易十四造成不小的

---

① 见本书原文第325页。参阅 D. 利根著 "Forèts, garrignes et maquis olans la guerre des Camisards", Aates clu Colloque sur La Forèt [Cahlersd Emdes Comtoises, 12. (1967)],第129—139页。("卡米扎"是18世纪初造法王路易十四反的新教徒,改退避山中继续斗争。——译者)

## 第十三章 欧洲的西班牙王位继承战争

难堪,只是同盟国未能利用这次叛乱,未使叛乱与自己的军事行动联系起来。

1702年3月19日,当战争即将爆发之际,"大同盟"的核心人物威廉三世卒于汉普顿宫。与法国的期望相反,威廉三世的死并未减弱英国或荷兰的斗争精神。对这两个国家来说,政治和商业的利益正受到严重威胁,这对它们太重要了,绝不能泰然处之。根据本届议会1696年的一项法案,安妮公主顺利地继承了威廉的王位。就在她登基的那个星期天,议会上、下两院发表忠于王室的誓言,表示要竭尽全力进行一场战争。长期为安妮女王所信任的马尔巴勒伯爵(不久后晋封为公爵)约翰·丘吉尔(1650—1722年)被任命为英国远征军的总司令和驻海牙的特命全权大使。他是一位杰出的军事领袖和外交家,虽然出身于托利党家族并且同情该党,却始终坚定地拥护威廉三世的大陆政策。以财政大臣戈多尔芬勋爵为首、由温和的托利党人组成的新政府全力支持他。这时大多数托利党人赞成这场战争,这部分地反映了他们要向海外扩张,但也反映出他们对于路易十四在1701年9月宣布大主教的"觊觎王位者"(Catholic Pretender,指英王詹姆士二世的儿子和孙子——译者)为詹姆士三世感到愤慨,即使他们当中坚决反对荷兰的人也不例外。这虽然不是英国参战的主要原因,但路易十四的这一貌似果敢实则轻率的承认之举却使这场冲突在大多数英国人看来带有王朝和宗教战争的色彩。即使如此,英国起初还是就参战方式展开激烈辩论,即英国是否只应作为辅助者参战,而把力量集中于公海和美洲?

在荷兰共和国,威廉的去世曾产生重大的影响。几乎在联邦的所有省份,反对奥伦治家族、主张共和、一向热爱和平的党重新掌权,虽然他们在泽兰和格尔德兰恢复政权曾遇到地方上的骚乱。几乎没有任何一个省任命新的行政长官,也没有合适的人选,因为弗里斯兰省的最高行政长官纳索的约翰·威廉·弗里索（威廉三世的堂弟）这时尚未成年。[①] 不过,这种政权变动只影响国内政策。同法国最初的期望相反,荷兰新的统治者都毫不犹豫地赞同威廉三世的对外政策。表面看来这是矛盾的,但一个简单的事实就可解释清楚:大家普遍认为法国控制西属尼德兰后,共和国的生存就直接受到威胁。半个世纪以来,建立一道反对法国帝国主义的屏障实际上已成为全民族的目标——这种思想绝不是由于与布拉邦特和佛兰德讲荷兰语的居民感情上一致而产生的,虽然这种感情的影响的确拯救了比利时的荷兰文明。执政者和商人们——特别是阿姆斯特丹的执政者和商人——非常重视的经济利益被视为民族基本安全。菲利普五世将贩卖非洲奴隶的特权让给法国一家公司使阿姆斯特丹和伦敦耿耿于怀。沙丁鱼和鲸鱼出口是荷兰特别敏感的问题,荷兰的贸易因法国重新限制进口沙丁鱼和鲸鱼产品而受到严重损害。因此,共和国进行战争虽无热情,但举国上下意见是一致的。威廉晚年所有重要的政治家都还在职掌权,其中最有权势的是市长安东尼·海因修斯,荷兰政治的千头万绪都在他的股掌之中。他和马尔巴勒私交甚好,这就保证了荷兰同英国能在战争初期进行密切合作。

威廉死后,英荷两个"海上强国"面临的首要问题是联军最高统帅的人选问题。按照常理,谁的军队强大谁就应该被提名担任最高统帅,但优良的荷兰军队有一个缺陷:它虽然拥有很多经验丰富而且很有才能的将军,却没有一个人有足够的个人声望和政治权威可以担任总司令。他们只好采取一种变通的处理办法:1702年6月30日,他们任命马尔巴勒为总司令,条件是当荷军在与英军彼此有结合部的战场上作战时归他指挥。这也就是

---

[①] 他后来成为一位将军并在战斗中赢得许多荣誉;但就在他有可能对共和主义者构成威胁之际,他于1711年猝然去世。

### 第十三章 欧洲的西班牙王位继承战争

说,当荷军独立行动时,应由荷兰将领指挥。[①] 从1704年起,荷军统帅是纳索—鄄奥文柯克;从1708年起是蒂利。蒂利出身于楚克拉斯的一个有名的比利时军人世家。即使在马尔巴勒有权指挥荷军时,这种权力也不是绝对的,因为在他所指挥的所有战役中都有荷兰议会派出的政治专员即所谓战地代表伴随,他们可以否决他的命令。这种有限的统一指挥权对于奥军来说更加有限,他们几乎是独立作战。[②] 另一方面,马尔巴勒的任命使英军以更大的力量陷入大陆战争,这也是很多托利党人所不喜欢的,他们注重纯粹的海上战略。

三大盟国于1702年5月15日对法国宣战。已经承认菲利普五世的英国和荷兰共和国这时也对西班牙宣战;皇帝向昂儒(指菲利普五世——译者)及其追随者下了战书。在两年时间里,主要战场是尼德兰、莱茵河下游地区、德意志南部和意大利北部。莱茵河一线的战斗在宣战前不久即已开始。在此战区英荷联军占有局部优势。他们第一个目标是夺取约瑟夫·克雷芒已经让给法国的那些莱茵河和默兹河上的外围据点。这个目标在1702年大部分实现了,在4月和10月间,凯泽斯韦斯、旺洛、鲁尔蒙特、斯蒂文斯韦尔特和列日相继攻克,1703年又占领了莱茵堡、波恩、于伊和位于默兹河和莱茵河之间的两个要塞——林堡和盖尔特斯。至此,这一战略目标完全实现。两处领土都被夺走的约瑟夫·克雷芒逃往法国避难。这样一来,法国丧失了一

---

[①] 见 J. W. 威金著作第8卷,第一部分,第697页。
[②] 除了马尔巴勒自1704年6月起同尤金有私交外,双方的联系只限于外交活动,在外交活动中,马尔巴勒和拉蒂斯劳伯爵(哈布斯堡王朝1701年1月8日至1703年5月9日和1703年12月30日至1704年4月16日期间驻伦敦的能干的特命全权公使)的良好理解起了很大作用,特别是在1704年。参见本书原文第420页注4。

些优越的前进阵地，而联合省共和国则解除了法国入侵的直接威胁。但是占领安特卫普的计划未能实现，由于1703年6月的埃克伦战役胜负未分，当时在斯莱根贝格将军指挥下的荷兰军队是与双倍兵力的敌人作战。

至此为止，战争还是按照过去那种从容不迫的方式进行的——如同一场围城战。战争初期还在指挥作战的沃邦及其荷兰对手克霍尔恩（1634—1704年）都擅长于这种战争。马尔巴勒主张采取一种更为灵活的机动战略战术。他认为在野战中取得一次胜利"对于整个战争来说远比攻占20个城镇有利得多"①，同时他对自己的军队的旺盛士气也充满信心，因此他宁愿抓住每一个战机进行战斗。这种很有魄力的思想引起荷兰人的怀疑和忧虑是理所当然的。荷兰的将军们对于马尔巴勒的军事才能还缺乏了解和信任，而且一场败仗所产生的后果对于共和国来说比对英国更加危险。反对马尔巴勒的最初的迹象出现于1703年。当时他想突破布拉邦特防线，迫使法军作战，但战地代表在荷兰将军们的怂恿下否决了他的决定。他极为失望。

在战争最初几年，莱茵河上游和德意志南部战场局势的发展对同盟国非常不利。帝国军队总司令、巴登的省长刘易斯侯爵在莱茵河布防，他在克尔桥头堡东北约20英里处筑起斯托尔霍芬防线，阻止法军从黑森林和莱茵河之间向北挺进。但在1702年9月，一直与皇帝进行谈判的马克斯·伊曼纽尔突然摊牌，诱骗帝国的乌尔姆市投降；在下一战役开始之前维拉尔即夺取了克尔要塞，然后大胆进军，通过黑森林隘口，于1703年5月与巴伐利亚人会师。这一迅速而出其不意的军事行动绕过了斯托尔赫芬防线，致使蒂罗尔受到两面夹攻——北面受到马克斯·伊曼纽尔的攻击，伦巴第方向受到旺多姆的攻击。选侯马克斯·伊曼纽尔

---

① W.C.考克斯：《忆马尔巴勒》第1卷，1820年第2版，第250页。

第十三章 欧洲的西班牙王位继承战争

攻到因斯布鲁克，旺多姆攻到特兰特（蒂罗尔）；但蒂罗尔农民游击队的猛烈进攻迫使敌军于7月份从他们所在的山区迅速撤退。然而选侯还是在巴伐利亚站住了脚，于9月份在霍恰斯塔特附近挫败来自莱茵河方向的帝国军队，并于1704年1月攻克奥地利边界上的帕绍。至此，从战局发展看来对哈布斯堡王朝十分不利，特别是当时匈牙利叛军正从另一个方向向维也纳逼近。维拉尔早在1703年夏就曾想进攻维也纳，但当时选侯却试图控制布伦内罗隘口，这标志着他们之间摩擦的开始。在新的紧急情况下，皇帝从意大利召回尤金担任宫廷军事委员会的主席，重新组织奥地利的军队。

此后不久，萨伏依公爵终于回到同盟国一边——1690—1696年，他曾与这些国家一起战斗过。那时他曾经几乎不断地与法国进行谈判，而此时，作为法国的盟国，他从1701年以来一直与维也纳保持接触，因为路易十四未能满足他对米兰人提出的那些要求。法国在1702年8月胜负未分的卢日拉战役以后（这次战役阻止了尤金的胜利进军，直到1706年才发生转机），已有力量加强对米兰的控制，并能在1702—1703年间阻挠尤金来自的里雅斯特的海上供应。维克多·阿马戴乌斯对于法国人对其本人及下属的傲慢态度越来越愤慨；1703年9月在旺多姆企图与马克斯·伊曼纽尔在蒂罗尔会师的军事行动失败之后，路易十四下令袭击在桑托·班尼得托的皮埃蒙特的部队。11月8日，在海上强国的保证下，奥地利与萨伏依达成协议。海上强国答应每月向萨伏依公爵提供津贴，皇帝则牺牲伦巴第，让出蒙特菲雷特·亚历山大里亚、瓦尔塞西亚·瓦伦察和维杰瓦诺。[1] 这一决定使萨伏依公爵在未来一段时间内陷入非常尴尬的境地。泰塞很快夺走了萨伏

---

[1] 参见本书原文第466、595—596页。

依，瑞士未能对它起保护作用。皮埃蒙特的一部分地区也被占领，它的很多部队被解除武装。在利奥波德于1705年逝世之前，维也纳没有尽多大力量来解除这种压力，还是马尔巴勒通过谈判调来8000人的普鲁士军队才于1706年拯救了这位公爵。维克多·阿马戴乌斯也不能指望同盟国舰队的支援，因为长时期以来盟国舰队主要用在新开辟的西班牙战场，在地中海的行动居于次要地位。

英荷联合舰队于1702年对西班牙的远征并无辉煌战绩。威廉三世为这次远征所确定的目标是收复一个海军基地，从该基地出发即使在冬季也能进入地中海。舰队司令乔治·鲁克爵士对完成战斗任务毫无信心。在奥蒙德公爵的统率下，由1.6万步兵和水兵组成的强大的远征军在加的斯附近登陆，但未认真试图夺取该城，因该城防务近期已经加强，且居民毫无同情的迹象；原希望西班牙人在将来会更加倾向于支持同盟国，但由于他们在海湾对面的圣玛丽港大肆掳掠，甚至连教堂也不能幸免，这种希望也全部破灭了。不过，在10月份，舰队在归航途中深入维戈湾大胆攻击西班牙的一支商船队，并摧毁了法国海军中将夏托朗诺尔率领的一支护航小舰队，使其声誉有所恢复。对法国舰队的这次打击还掳获了许多财物，在都灵和里斯本引起震动。

葡萄牙名义上是法国和西班牙的盟国。它虽不是交战国，但根据1701年6月的条约，它的海港是对法西两国的敌人关闭的。然而，海上强国一旦明显地显示出自己的海军优势因而有能力切断海上贸易和粮食供应之后，它们就不难诱使葡萄牙国王彼得二世参加大同盟。但彼得不只是要求军事和财政上的援助，他还要求割让西班牙的领土，并坚持要同盟国把皇帝的幼子查理送到里斯本作为保证，据说他的到来可以抵得上两万大军。英国的约翰·梅休因认识到如若在地中海采取有效的行动就必须在海峡附

## 第十三章 欧洲的西班牙王位继承战争

近取得一个海军基地,因而竭力陈说葡萄牙保持中立是不可能的,而且主要是他促成了1703年5月16日的两个同盟条约(葡萄牙在颇费踌躇后签字)。① 英国人还期望由于帮助未来的西班牙国王登上王位而得到商业上的利益。荷兰人对商业上的利益虽然也感兴趣,但惧怕在半岛上作战费用浩大,因而摇摆不定。皇帝是勉强同意的。他想为他心爱的幼子得到一个王国,但他主要还是对意大利感兴趣,而不是对西班牙;而且在他的长子约瑟夫对整个西班牙拥有继承权的要求得到承认之前坚决反对瓜分西班牙的任何方案。因此,葡萄牙要求割让的领土是由海上强国负责同意的,而且只是写在秘密条款中。即使如此,当一切都谈妥之后,在要求皇帝签署的弃权声明书上签字时,他是经过一番犹豫才签字的,而且仍然极不愿让查理大公亲自冒经海路去葡萄牙的风险,也不愿冒参加半岛战争的风险。②

葡萄牙加入同盟具有深远的意义。它把海港交给海上强国使

---

① 和《四国防御条约》不同,《永久防御条约》不包括哈布斯堡王朝;在该条约中,英荷对葡萄牙作出抵御法国和西班牙进攻的永久性保证。

② 参见本书原文第591页。葡萄牙人估计,查理大公的出现是西班牙人起义的必要条件,而且可以作为一种保证,即一旦他们失掉波旁王朝的友谊,同盟国不致丢开他们不管。因此,在第一个《梅休因条约》中以查理大公作为西班牙王位的继承人就成为葡萄牙要求列入的一个条件。虽然如此,在遭到维也纳的反对之前,海上强国一直认为查理三世的宣告是理所当然的,并有时使用他的名字,虽然他们在加的斯只提奥地利王朝。黑森—达姆斯塔特的诸侯乔治就可能入侵问题一直与西班牙人保持接触,他也许在1702年4月在伦敦提到过查理的名字。但帝国驻里斯本大使沃尔德斯坦总认为葡萄牙这个盟国是可以廉价买到的,因而迟至1702年11月还拒绝表明态度。结果是,长时期内查理本人是哈布斯堡王朝对西班牙这场战争的唯一贡献,至于皇帝应承担的同盟国的那份军费和部队,还得由英国来补足。[参见 A. D. 弗朗西斯著《约翰·梅休因和1703年的英葡条约》,载《历史杂志》第3卷(1960年),第103—124页;《葡萄牙和大同盟》,载《历史研究》第38期(1965年),第71—93页;《梅休因与葡萄牙(1691—1708)》(剑桥,1966年)。]

用，实际上是交给英帝国主义使用。从里斯本出发，强大的英国舰队可以直接对直布罗陀、巴塞罗那、米诺卡岛和土伦发动进攻。从经济上说，这个新盟国也向英国提供了很多便利。12月27日签订的"第二个"（严格说是第3个）《梅休因条约》规定，葡萄牙和巴西的市场向英国的布匹开放，同时葡萄牙的酒也可进入英国市场。① 然而，对于这样一个大同盟来说，葡萄牙的承诺却是一场灾难。大量的同盟军被调往遥远的新战场。更糟的是，大同盟的整个目的根本改变了。原来的方针是分割西班牙君主国，现已为"没有西班牙就没有和平"这一很不现实的口号所代替。正是这一方略使这场战争在实现1701年条约所确定的目标之后又拖延了很长时间。

对葡萄牙问题的处理表明英国在两年之内已在大同盟中居于主导地位。荷兰共和国只是跟随英国亦步亦趋，但并非情愿。在1703年，在另一个问题上，荷兰也屈从于英国的要求。战争初起时，英国政府曾禁止其庶民与西班牙和法国通商（虽然走私商人逃避这项政府禁令，苏格兰也未接受）。另一方面，荷兰全靠贸易的收入来支付大量的战争费用，因此，虽然英格兰和奥地利对它提出强烈抗议，它仍继续与敌人进行贸易；阿姆斯特丹与法国的记账贸易也从未中断。② 但在1703年初，英格兰议会作出决定，愿增加远征军1万人，条件是禁止与波旁王朝国家以现货或记账形式的一切贸易。荷兰议会屈服于这一压力，但只同意以一年为期，而且皇帝必须对汉萨同盟（德意志北部商业城镇的同盟——译者）诸港口实施同样的禁令。到第二年6月一年期满，荷兰议会坚决拒绝延长这项禁令，部分理由是中立国正在利用这项禁令造

---

① 参见本书原文第520、524页及其后诸页。
② 参见本书原文第303页。

成的机会进行贸易。① 瑞典和丹麦的这种企图的确使英国和泽兰省的武装民船多了一个借口来逮捕它们的商船,从而非但在海上强国与北欧诸王国之间造成极深的恶感,而且也在泽兰省和海牙之间造成恶感。为了挽救同盟,马尔巴勒曾亲自出马反对他的政府续订这一禁令。②

1704年初的军事形势决定主战场只能是在南德意志。当时维也纳正处于两面受敌的威胁之中,皇帝财源枯竭,奥地利军队混乱。海上强国如不采取有力行动,利奥波德皇帝确有被迫单独媾和的危险。符拉蒂斯劳作了不懈的努力使马尔巴勒认识这一形势——因为唯有他具有远见卓识能认清大同盟的整体利益。马尔巴勒想从大本营出发进行一次大胆的远途奔袭,战胜巴伐利亚,解救维也纳,同时也想摆脱曾在1703年多次破坏他的作战计划的荷兰代表。③ 虽然荷兰议会不愿意让自己的军队离开尼德兰,但在海因修斯的说服下,还是派遣强大的荷兰军队供马尔巴勒调

---

① (例如)波尔多的海军部档案记载表明:荷兰的担心是有些根据的,但是斯堪的纳维亚在1703年和1704年间海运离港次数总和还不及荷兰从1705年到1708年中任何一年的航行次数多。此外,由于法国的限制,在战争第一年里只有很少的荷兰船只在法国的西部港口停泊。在1705年春,法国的船只通行许可证才开始大量发给荷兰船只。1710年以后它们大部分(但不是全部)被禁止了。[J. S. 布朗利著 *Le Commorce de la Franae de l'Ouest et la querre maritime*, 1702—1712, Annales de Mioli, t. 第65卷(1953年)第49—66页。]

② 参阅 G. 范·登·豪特著 *Les Reloceions anglo–hollandahes an dèlnt du XVIII siecle*, 卢万,1932年,第255页以及以后诸页。

③ 温斯顿·丘吉尔爵士在布兰亨宫发表的个人研究论文证实了 G. M. 特里维廉的怀疑。(参见《安妮女王统治下的英国》第1卷,1930年,第325—326页。)他怀疑那种认为这次战略计划是来自尤金的传统观点:如果马尔巴勒的看法是起因于什么人的话,那就是符拉蒂斯劳,他是这种看法的忠实倡导者;1704年春他还陪同马尔巴勒到了欧洲大陆。(参见《马尔巴勒:他的生活和时代》第2卷,1947年,第721—722、727页。)

遣——表面上是为了在摩泽尔河上游进行一场战役——军中有忠于马尔巴勒的将军，但没有总司令，也没有政治专员。天气很坏，但马尔巴勒充满信心，从尼德兰沿莱茵河到海德尔堡，然后又到多瑙河，进行了一次大胆的长途行军，在进军中部队增加到大约4万人——虽少于前几年，但有得力的英国军队作为坚强的核心，这支英军可供他任意调遣。由于以前进行的两次战役，可利用莱茵河水路把辎重一直运到曼海姆。在巴登的刘易斯怀有戒心的合作下，马尔巴勒的第一个胜利是经过血战于7月2日攻克了施伦贝格，这是一座防守坚固的山头，由此可以控制多瑙瓦茨城。马尔巴勒选定此城作为前进基地，用来征集来自德意志中部的军需物资。关于这个问题，如同组织进军本身一样，都是预先经过深思熟虑的，而且同样依靠法兰克福和纽伦堡的银行家的大量财政支援。

而后，盟军侵入巴伐利亚。大军过处，田园、村舍化为废墟。之所以采取这种残酷办法是希望说服那位选侯改变立场，投向自己一边，这也正是他的臣民和谋士们长期以来所希望的；同时也希望削弱法军——这时法军已由军阶较低但很机敏的马辛接替维拉尔任司令，与选侯一起驻在奥格斯堡附近。选侯自己的精锐部队大部分分散于其他各地，路易十四遂下令塔拉尔元帅从斯特拉斯堡增援。马尔巴勒迷惑敌人，使法军误认为他将在摩泽尔河上游然后在阿尔萨斯—洛林发动进攻。塔拉尔会同急忙从尼德兰赶来的（先到摩泽尔河，再到莱茵河上游）维勒鲁瓦的部队的一部分，终于及时集中了3.5万人于8月10日在迪林根渡过多瑙河，抵达北岸与马辛和选侯会师。他们统率的兵力加起来共约6万之众，在炮兵方面强于马尔巴勒和市长海因修斯分别指挥的5.3万人的军队。不过，在法军渡河之前，尤金已从莱茵河上游带来1.8万名士兵，先抵达多瑙河北岸的霍恰斯达特；他原在那里防守斯托尔霍芬防线，现在这条防线则有可能被维勒鲁瓦突破——这是他和马尔巴勒预先周密计划、故意采取的一次冒险行动。马尔巴勒和尤金不愿和过分自负、情绪暴躁的侯爵共同指挥战斗，宁可减少兵力1.8万人助他去完成自己心爱的作战计划——围攻他们后方20英里的因戈尔斯塔特。因此，8月13日在多瑙河上布莱海姆（布莱德湾）附近的这场战斗中，盟军在数量上稍处于劣势。塔拉尔部队占据的阵地长4英里，地形对作战有利，在多瑙河和一些丛林覆盖的山丘之间有尼贝尔河的一片沼泽地护卫，塔拉尔估计敌人不敢向他发起进攻。他所有的步兵后备队因首先遭到进攻而被封锁在他右侧的布莱海姆村。尤金对奥波格劳村西面的反复进攻牵制住马辛和选侯的部队，与此同时马尔巴勒在尼贝尔河上逐渐展开队形，以步兵和骑兵的生力军对塔拉尔只有9个新建的步兵营支援的骑兵队发起毁灭性的攻击。法军半数以上被消灭或生俘，包括塔拉尔本人在内；盟军伤亡约1.2万人。不过，马辛和选侯幸免于难，他们渡莱茵河撤走——选侯逃到布鲁塞尔，在那里又当上了有利可图的西属尼德兰的总督。盟军继而于9月份攻占乌尔姆。奥地利人占领巴伐利亚，并统治该地直到战争结束为止。莱茵河以西的兰道、特里尔和特拉巴赫诸要塞于10月份相继攻陷。这年冬季，特里尔成为主要的据点。

布莱海姆战役是这场战争的军事转折点。它救了维也纳，并使法国失去在德意志的最后一个盟友巴伐利亚。德意志南部的战事几乎结束了。占领特里尔和特拉巴赫使同盟国取得了沿摩泽尔河入侵法国所必需的基地——这是马尔巴勒早已设想的一个计划。事实上，正是他从布莱海姆战役中收获最大。他的光辉的战斗风格有力地向全世界展示了他的天才。他在盟军中的军事威望至此已确立无疑，在国内的政治地位也大大加强。如果说布莱海姆战役使大陆战争在英国受到前所未有的欢迎，这绝非言过其实。这年冬季马尔巴勒在大同盟各国首都进行外交活动的成就也提高了他的威信。

尼德兰战线在1704年只居于次要地位；陆军元帅奥文柯克在那里仅限于防御。在意大利，法军的优势只是由于维克多·阿马戴乌斯在阿尔卑斯山和都灵的持续抵抗而削弱——这就足以阻止旺多姆在布莱海姆战役之前关键性的几个月调兵攻打维也纳，但在伊比利亚半岛开辟了一个新战场。

3月间，英荷联合舰队载着年方20岁的查理大公和一支辅助部队抵达塔古斯港。盟军于5月份沿葡萄牙边界发起进攻，其部队包括约4000英国人，2000荷兰人和2万葡萄牙人（其中大部分由海上强国出钱），① 这是一场失败的战役。没有进行决定性的战斗，没有一个地方的西班牙人愿意站在哈布斯堡王朝觊觎王位者的一边。然而却发生了一个震动世界的大事件。海上强国再次利用它们海军的优势和西班牙沿海防御的弱点。8月3日，鲁克和克兰伯格轻取直布罗陀。当时直布罗陀没有设防，城内只有几百名卫戍部队。盟军是代表"查理三世"将其占领，但当地居民都纷纷离去。防守直布罗陀的艰巨任务交给了曾在失利的加斯远征中代表奥地利的利益、时任帝国陆军元帅的黑森—达姆施塔特的诸侯乔治，守军则几乎全部由英国人组成。直布罗陀的特殊重要性，马德里和凡尔赛是很清楚的。法国舰队司令图卢兹伯爵不久前刚把驻布列斯特的分遣舰队调到土伦，这时正在巴塞罗那，当即出动全部舰队去收复直布罗陀。8月24日，双方主力舰队在马拉加海面打响，这是这场战争中唯一的一场双方主力舰队对阵的海战。法国舰队有战舰50艘，联合舰队有战舰53艘，但在轰击直布罗陀后缺乏弹药。也许是幸运，法国舰队在交火一天之后②即决定停止战斗，撤向土伦；战术上的平局遂变为

---

① 关于在葡萄牙境内的战争，参见本书原文第526—527页。
② J. H. 欧文：《安妮女王时期的海上战争，1702—1708》，剑桥，1938年，第93页说明了火力难以严格比较的原因。

战略上的胜利。从此以后，法国舰队的主力再没有出现过。西地中海在1702年实际上还是法国的内湖，这时法国舰队的存在本身对盟军的行动虽仍构成潜在的威胁，但已逐渐为英荷联合舰队所控制——由于荷兰海军日趋衰落，实际上是日益为英国舰队所控制。这场海战之后不久，10月间，泰塞麾下的法西联军在法国加的斯分遣舰队的不时支援下，企图完成法国舰队所未能完成的作战目标。整个冬天，直布罗陀守军由于有来自里斯本的战舰给予必不可少的支援，英勇地顶住了组织严密的危险的围攻。直布罗陀海峡从此载入世界史册。

同盟国在1705年的前景看来比过去的一年要好得多——即使1705年5月5日利奥波德一世皇帝逝世，情况也是如此，因为约瑟夫一世更加积极地执行他父亲反波旁王朝的政策。诚然，巴伐利亚的农民由于对奥地利人占领的非常不满，爆发了一场迅猛的农民起义，他们的口号是："宁做巴伐利亚鬼，不做帝国主义奴。"① 但这次起义在12月份即遭到镇压。这时两位维特尔斯贝希家族的统治者马克斯·伊曼纽尔和约瑟夫·克雷芒已被皇帝放逐，其采邑亦被剥夺，选帝侯家族的权力也被取消。此外，在宗教事务方面，新皇帝比其父较为宽容；同时他倾向于在帝国结构上作些让步来安抚匈牙利人。在取得兹西波隘口的胜利之后，他于1705年11月克复特兰西瓦尼亚，并开始与起义军谈判，但他拒绝恢复匈牙利君主的候选资格，这意味着继续进行在匈牙利的战争。②

马尔巴勒试图用英荷联军大部分精锐之师沿摩泽尔河入侵法国。同盟国军方人士也都赞成他的看法，即认为沿这条路进入法

---

① "Lieber bayrisch sterben als Kaisereich verolerben."
② 参见本书原文第585—586页。

国腹地要比通过层层设防的法国北部边界地区容易些；然而战争的进程并没有证实这种观点的正确性。他们还期望解除法国为迫使洛林公爵保持中立而施加的压力，以此来取得政治上的成功。结果却适得其反。马尔巴勒沿摩泽尔河的进军不久即中止，很难说取得胜利。法军司令维拉尔的将才与之相当，不给他进攻的机会。而巴登的刘易斯的部队又相当糟糕，配合不力。及至6月份，马尔巴勒感到一筹莫展，就将其主力部队撤回尼德兰，从此再没有回到摩泽尔河。特里尔再度被法军占领。

另一方面，马尔巴勒在尼德兰的初战中是很成功的。7月18日，他发动奇袭，在天楠东南方的海利森附近突破了布拉邦特防线。但在这一重大胜利之后未能按照他的设想立即向卢万和布鲁塞尔进军。关于这次失掉战机，他归咎于荷军将领和战地代表。这次战役以同盟国的激烈争吵而告结束。8月18日，战地代表根据荷军将领的意见阻止马尔巴勒在布鲁塞尔东南的上艾塞尔附近进行一场战斗，盟国关系紧张达到顶点。总司令马尔巴勒认为，由于在滑铁卢附近的这场战斗未能进行，使法军逃脱了一场惨败。因此，占优势的盟军在这一战役中取得的战果有限，只不过夺取了祖特利尤和部分地摧毁了布拉邦特防线，而该防线在1705年以后就没有什么战略意义了。这一回，布莱海姆战役的胜利者非常愤慨，公开向荷兰议会提出抗议，特别是对反对他的首要人物斯莱根贝格将军不满。荷兰的舆论站在马尔巴勒一边，海牙的市政当局也支持他。但另一方面，荷兰议会却无意放弃对军队中这一强有力的工具的控制。他们以前所有的司令官，从摩里亚斯到威廉三世，都派有政治代表在他们身边。不过荷兰议会还是委派了马尔巴勒所喜欢的代表，斯莱根贝格退出现役。从此以后，马尔巴勒和荷兰人之间在军事指挥方面就不再发生尖锐的分歧。

在1705年，只有意大利战场在力量对比方面显然仍有利于

第十三章　欧洲的西班牙王位继承战争

法国。法军首先包围了都灵。尤金返回意大利之后才挽回了败局，使帝国军队在这年夏季未被旺多姆赶过阿尔卑斯山。但当尤金强行进军试图与陷于困境的萨伏依公爵会师时，也于8月在卡萨诺附近被法军击退，他的普鲁士军队受到重创。萨伏依的败北和奥军被逐出意大利看来已无可避免。心情急躁的彼得巴勒伯爵受命率领一支强大的部队从海上前去挽救危局，查理大公亦随船同行。部队的将领虽在会议中意见分歧，却都宁愿取悦于大公去援助加泰罗尼亚人——这只是他们使命中的次要目标——而不是在尼斯登陆。尼斯是当时萨伏依与海上联系的仅存的几个要道之一。

然而，查理大公如要在西班牙的什么地方获得成功，那也只能是在地中海沿岸，而地中海沿岸的加泰罗尼亚对卡斯蒂尔的中央集权政策正满怀怨恨，决心保持它的传统特权。盟军在那里很快获得成功。由克劳德斯利·肖维尔爵士和彼得巴勒伯爵指挥的英荷联合舰队运来兵力7000人。9月14日彼得巴勒和黑森—达姆施塔特①对巴塞罗那的护城要塞蒙久克堡垒发动猛攻；10月14日该城停止抵抗，盟军受到当地居民的热烈欢迎。不久，加泰罗尼亚的所有城镇都臣服于查理三世，巴塞罗那成为他的临时政府的所在地。巴伦西亚和阿拉贡爆发了内战。这时，葡萄牙的军队（由于有高尔韦伯爵胡格诺教徒鲁维努麾下的5000英荷联军投入而加强）在西部边界进犯（尽管半心半意），在马德里的菲利普五世似乎受到两面夹攻的威胁。但他所处的地理位置居于中间，这对他是有利的，虽然同盟国据有直布罗陀和里斯本，控制了海上的交通线。

在加泰罗尼亚获得的迅速成功使同盟国认为西班牙的命运已完全操于他们手中。伦敦和维也纳也确实坚持以整个西班牙归属

---

① 他死于这次战斗，其他围攻直布罗陀的老将也战功卓著。

查理三世为条件，而这时路易十四刚刚开始同意分割西班牙的土地，因在 1705 年秋季路易才首次提出秘密的和平建议。他的和平建议是向荷兰人提出的，希望能把荷兰从大同盟中分离出来。① 事实上在阿姆斯特丹人拜斯的领导下，一个"主和派"也的确在形成。拜斯比海因修斯看得更清楚，他认为大量的国债已达到危险的地步。路易十四提出把西属尼德兰、那不勒斯和西西里转让给查理三世。该建议如再把米兰包括进去，那对于荷兰共和国将会有很大的诱惑力，因为这对于它的边界提供了某种保证。但葡萄牙条约始终是这类解决方案的障碍。英国仍顽固坚持定要征服西班牙，而荷兰的政治家也不能认真考虑舍弃英国的可能性——与英国决裂将会危及他们的海上贸易，在这种情况下是不能单独媾和的。② 所以拜斯想把西班牙留给菲利普五世的和平计划实际上不可能实现，战争只能继续下去。

在 1706 年，虽然年初由于法国元帅贝威克公爵攻克尼斯对同盟国不利，但整个看来是它们取得辉煌胜利的一年。各个战场捷报频传，甚至在西班牙也取得了短暂的胜利。

在西属尼德兰，战役一开始，马尔巴勒在荷兰代表的完全同意下就打了他的第二场大战。5 月 23 日，在拉米伊附近（那慕尔以北）他击败维勒鲁瓦和马克斯·伊曼纽尔指挥的 6 万法比联军。他再次使用曾经在布莱海姆用过的声东击西的战术。这次战线也是 4 英里长，他以强大的佯攻诱敌集中于战线的一端，而以后备兵力在敌人虚弱处给以最后打击。丹麦的骑兵队在这次战斗中又起了很大的作用。这次胜利同上次一样也具有直接的和深

---

① J. G. 斯托克—彭宁著：*Het Grote Werk*：*Vredesonderhandelingen gedurenole de Spaanse Successie - oorlog, 1705—1710*，格罗宁根，1958 年，第 24—71 页。

② 同上书，第 64 页。

## 第十三章 欧洲的西班牙王位继承战争

远的影响。法国军团溃不成军,先是向西撤退,后又向南撤至里尔。法军狼狈溃逃在西属尼德兰的两个主要省份布拉邦特和佛兰德,引起一场革命。那里的亲奥地利派从未听命于法国的专制政府,这时在古老的但具有民主思想的城市行会的支持下,兴高采烈地欢迎查理三世的同盟军。卢万、布鲁塞尔、安特卫普和根特均不战而破;6月5日和6日布拉邦特和佛兰德议会正式承认查理三世是他们的国王;菲利普五世的军队放弃他们占领的城镇,成群结伙地投向盟军。比利时在两周之内未经流血即完成了相当于1688年的英国革命的革命。这"也使马尔巴勒的征服带有温和色彩,同时也加速了征服的步伐"[1]。但这个革命只限于北部讲法兰德语的省份;那些讲华隆语的省份——埃诺、那慕尔、卢森堡仍效忠于菲利普五世,承认他为国王,路易十四为摄政。比利时总督马克斯·伊曼纽尔在伯杰克的陪同下将官邸迁到蒙斯。法国守军仍暂时控制着两个讲法兰德语的比利时城镇——奥斯坦德和登德蒙特,但盟军稍一围攻即被攻克。奥斯坦德原是法国武装民船出没之所,7月6日该城被攻占,这不仅使英国和荷兰的海上航行免受滋扰,而且缩短了英格兰至前线的交通线——这一点在1708年的战争中具有无比重要的战略意义。这也使英国的产品有可能向一个重新开放的市场出口,荷兰商品也通过安特卫普向这个市场倾销。

英国和荷兰没有把西属尼德兰作为被征服的敌国对待,而是作为被收复的盟国领土来对待。但在该地未来的政府这个问题上,同盟国之间立即发生了争论。原来的大同盟的条款故意订得含糊,现在则必须加上明确的解释。1701年的条约曾把西属尼德兰划归哈布斯堡王朝,但同时声明它必须用做保障荷兰共和国安全的"屏障"。此刻查理三世远在西班牙,而且实际上并未掌

---

[1] G.M.特里维廉:《安妮女王统治下的英国》第2卷,1932年,第123页。

权，他不可能亲自来主持政务。因此，他的兄长约瑟夫一世根据条约规定坚持摄政一职由奥地利人担任。但荷兰共和国在安全确有保障之前不愿放弃这样一个得来不易的良好"屏障"，何况奥地利对征服该地一点也没有出力。须知，获得这个"屏障"是荷兰进行这场战争的高于一切的根本目的。然而，一个良好的"屏障"不仅意味着有权占领南部边界上的主要要塞，而且意味着新君主要有财政来源支付守卫部队和维修要塞的费用。荷兰当前的目标是尽量加强他们的地位，以便在战争结束时迫使哈布斯堡王朝接受一项他们极不情愿的安排。因此，荷兰要求在战争期间南尼德兰的现政府特别是财政权归他们掌管。英国采取中间立场。起初马尔巴勒的观点同荷兰的观点没有多大分歧，但后来维也纳看到奥地利人已不可能任摄政，便突然改变策略，挑拨两个海上强国之间的关系。约瑟夫一世代表他在巴塞罗那的兄弟任命马尔巴勒为总督。这位大权在握、声名显赫的公爵[①]也很想接受这一职位。荷兰的政治家对此大为震惊，力促他谢绝这一任命。马尔巴勒暂时应允了，希望将来出现一个更好的机会，但他和荷兰同事之间的融洽关系从此就受到伤害。这段插曲在一方面播下了愤怒的种子，在另一方面又引起了亲维也纳倾向的怀疑。

最后达成了妥协：同意荷兰的主要要求，同时也不排除英国参加南尼德兰的治理。布拉邦特和佛兰德两个小国也允许参加制定这一解决方案。从1706年起，西属尼德兰在战争期间成为英荷两国的共管区，原则上仍承认查理三世的君权，但由比利时人组成的一个政务院在海上强国的监管下行使政府的职权。为了监督政务院，英荷两国在布鲁塞尔建立了一个所谓的"联合会"，

---

[①] 除他的新称号外，女王还授予伍德斯托克皇家采邑；议会大量拨款为他在那里修建住宅；皇帝勉强赠予明德汉姆小公国——从马克斯·伊曼纽尔没收来的，1714年又还给本人。

各派两名全权代表参加。英国以马尔巴勒为共管区的代表，从1707年起由他的军需总监和情报局长威廉·卡多根为助手，此人在某种意义上是公爵的心腹。但荷兰的全权代表约翰·凡·登·伯格在布鲁塞尔有极大的势力，他自始至终任共管区的全权代表。布拉邦特和佛兰德（以后还有1709年被征服的埃诺）就这样遵奉海上强国的指令被统治了10年之久。现在不能说南尼德兰喜欢这种体制，但当时战争本身需要这样做。这个国家继续承受着边界地区的一切苦难，也许这时较人道的交战方法使苦难有所缓和——例如将直接抢劫变为交纳赋税，把该地作为存放军需物资的仓库。两个强国还利用它们的权力按照荷兰和英国出口贸易的要求重新规定关税率。但总的来说在共管区施行某种程度的仁政、尊重当地的特权以及彻底否定伯杰克和法国统治空白期的专制倾向是其特点。长期受压抑的新教社团自动恢复了更多的权力，政务院也能利用英荷全权代表在"联合会"中的紧张关系。尽管有亲法少数派在活动，但在共管区存在的10年里却没有发生严重的动乱，即使在危急的1708年也是如此。直到战争结束，西属尼德兰一直在为同盟国作出力所能及的贡献。

在尼德兰发生的事件对别处的战争进程产生了决定性的影响。1706年5月维拉尔就已开始对莱茵河上游发动进攻，击败了在病中的巴登的刘易斯，并把他赶过了莱茵河。南德意志再次受到法军入侵的威胁。这次攻势也打破了马尔巴勒想同尤金在意大利会师进行1706年战役的希望。维拉尔突然停止了进攻，在拉米伊战役惨败之后，他不得不把他的大部分军队调到佛兰德前线。

在意大利北部，法国集中了创纪录的8万人。早在3月间，战幕即已拉开，旺多姆首战告捷，在查理锡那托击败奥地利的雷文特洛将军，结果奥地利人被赶到特伦蒂诺流域。5月，拉弗雅德对都灵展开有组织的围攻。维克多·阿马戴乌斯公爵据守的要塞式首都在强大的压力下岌岌可危，公爵本人为免被俘，带领6000

骑兵躲进阿尔卑斯山麓的丘陵地带。法军声势浩大，看来即将结束在意大利的战争，但由于两个事态的发展，战局发生逆转。首先，拉米伊的惨败迫使路易十四召回骁勇善战的旺多姆去防守正在受到威胁的北部边界。其次，在7月份，接替他的马辛和奥尔良公爵菲利普①由于尤金成功地绕过阿迪杰河、明西欧河、奥利奥河的防线从侧翼进攻，不得不从伦巴第撤退。尤金为解都灵之围，6月底出其不意地从特伦蒂诺进军，迅速越过威尼斯的领土沿波河南岸前进。他的军队在前一年曾因缺乏经费和装备濒于瓦解，这时由于有海上强国出钱雇用的普鲁士和德意志其他辅助部队的支援而得到加强，当然并不是毫无困难。他这时统率近3000人，与维克多·阿马戴乌斯会师后，9月7日在都灵大败法军，法军统帅马辛受重伤。这次大捷堪与拉米伊大捷相比。其结果不仅是拯救了都灵，还使法国野战军的残兵败将越过阿尔卑斯山退走，法国和西班牙在意大利的驻守部队也被切断。同盟国实际上已赢得在意大利的战争，奥地利在意大利的力量很快居于优势。② 旺多姆曾预言："失去意大利就会失去一切。"③ 此言是否有误还需拭目以待。

同盟国在西班牙一度似乎胜利在望。由于加泰罗尼亚游击队的活动，由于盟国战舰可利用里斯本进行冬季整修，也由于海军少将利克没有执行彼得巴勒要他在巴伦西亚登陆的错误命令，法军在5月企图收复巴塞罗那的巨大努力化为泡影；泰塞弃围城辎重撤至佩皮尼昂，执行封锁任务的舰队撤到土伦。敌对双方的国王都参加了这次会战：查理三世在他的临时首都坐镇，菲利普五

---

① 奥尔良（未来的摄政）并没有真正的权力，旺多姆曾建议马辛（他不赞成他的任命）应该由一位有皇族血统的诸侯陪伴来使那些意大利诸侯信服。
② 参见本书原文第593页及以后诸页。
③ 引自丘吉尔著作，第2卷，第165页。

## 第十三章 欧洲的西班牙王位继承战争

世则在攻城部队中。与此同时，高尔韦和米纳斯侯爵克服种种困难成功地从西向东推进。6月27日他们占领了马德里，贝威克的小部队撤走，但他们未能及时得到巴塞罗那的增援，此刻那里的司令部由于争吵而分裂，而彼得巴勒这个有争议的人物也一筹莫展，于事无补。在卡斯蒂尔这个西班牙最富民族自尊心的小王国里，敌视奥地利人国王的情绪骤然爆发，在他们看来这位国王是由异教的外国人、由他们所鄙视的葡萄牙人以及爱捣乱的加泰罗尼亚人支持的。事实上，除加泰罗尼亚和巴伦西亚外，整个西班牙都开始把菲利普五世视为民族独立的象征，而把查理三世看做外国征服的象征。这时西班牙西部和中部游击战争四起，高尔韦和米纳斯在马德里已无法立足。虽然来自东部海岸的约4000盟军终于在8月初在瓜达拉哈拉与他们会师，但这只是在他们把首都本身放弃之后才发生的，贝威克率25000人占领马德里。同葡萄牙的联络已被切断，盟军后来全部撤到巴伦西亚，菲利普五世则得意洋洋地重返马德里。对未来形势发展的一个良好转机是由高尔韦接替彼得巴勒担任司令官。即使在西班牙东部查理三世的处境也并不美妙。但是盟军还迟迟不能从所发生的事情中得出正确的结论。

到1706年底，威廉三世在《大同盟条约》中制定的有限纲领的要点已经实现。路易十四的霸权已被打破，欧洲的力量均势已经恢复；哈布斯堡王朝关于西班牙在米兰和南尼德兰有继承权的要求已得到满足；共和国在其本土和法国之间已得到一个缓冲国；英国在低地国家已获得安全保障，在地中海获得霸权。简言之，根据1701年的条约，同盟国已能从敌人手中争得体面的和平。在荷兰进行的秘密谈判中，法国再次提议瓜分西班牙君主国。[①] 在1706年夏，当菲利普五世看来即将丧失西班牙的危急

---

① 参见本书原文第446—447页。

时刻，路易十四甚至准备只满足于保持在意大利占有的土地。但英国和奥地利皇帝都不愿意讲和。马尔巴勒和戈多尔芬坚持"没有西班牙就没有和平"的既定方针，这在当时意味着整个西班牙君主国归属奥地利皇帝的弟弟查理三世。对这一政策的支持首先来自通过1705年的大选地位得到加强的辉格党。马尔巴勒—戈多尔芬政府自1702年以来即已发展成为温和的托利党内阁，1704年改组时哈利和圣约翰也参加了内阁——这时越来越依靠辉格党。1706年秋，当时议会尚待通过合并苏格兰条约，而辉格党的力量就已强大到足以迫使女王以桑德兰伯爵代替负责南欧事务的托利党大臣查理·赫奇斯爵士。另一方面，荷兰共和国仍认为瓜分西班牙君主国是满意的解决方案。但荷兰人认识到放弃西班牙就会与英国关系破裂，这是不可取的，遂力促其英国盟邦在意大利给菲利普五世以某些补偿；英国认为在那不勒斯和西西里出现一个法国的附庸国对于它在东地中海的贸易是一个威胁。不过，两个海上强国之间的这种争论这时还是在幕后进行，因为路易十四虽然在1707年和1708年几次向共和国提出和平建议，但总是坚持以菲利普五世保有西班牙为前提。

　　荷兰人渴望得到有保证的和平，因而在"屏障"问题上力求得到英国绝对必要的支持。他们并不想吞并南尼德兰，领土扩张自然不符合荷兰资产阶级崇尚贸易的精神，而且海牙当局始终很清楚，英国决不允许他们这样做。荷兰人甚至不想让南尼德兰建成一个独立的国家，他们只想让南尼德兰同一个能防卫他们的强国建立联系。荷兰人的全部要求只是驻守法国边界上一系列要塞的权利以及驻军的经济来源。[①] 这种安全体系他们早在他们的东部边界施行，不过规模小一些。根据《大同盟条约》哈布斯堡王朝原则上已经接受"屏障"的提法，不过他们希望对于他

---

[①] 关于以前同马克斯·伊曼纽尔的协议，参见本书原文第381—382页。

们在西属尼德兰的君权的这种限制越小越好。因此,荷兰外交活动的目的是要得到英国的保证,要它在最后和平解决时帮助共和国同查理三世签订一个满意的"屏障"条约。在1706年期间,荷兰人初次尝试与伦敦达成一项协议,共和国保证"新教徒继承权"(Protestant Succession),英国则保证支持一个措辞明确的"屏障"的范围。谈判由于英国(还有马尔巴勒)的坚决反对而破裂。英国拒绝把奥斯坦德(它是同欧洲大陆贸易的进口港)或登德蒙特(通往根特和斯凯尔特河上游的门户)划入"屏障"之内。伦敦认为荷兰要求这些城镇与其说是基于军事上的理由不如说是由于经济上的原因。英国也不忙于恢复谈判,它认为荷兰人一旦在"屏障"问题上得到满足,他们进行战争的热情定会冷却。1707年5月1日英格兰要与苏格兰合并为一个王国,改称大不列颠,英国拖延达成协议就更容易了;而且这时也不急于要荷兰对汉诺威家族的继承问题(Hanoverian Succession)作出保证。因此,荷兰在没有获得保证的情况下不得不继续进行战争,而且还需要进行6年毫无意义的战争来完成已经开始的谈判。在这6年里,荷兰共和国在盟国中的地位被其他盟国超越了。

1707年,北方战争接近西欧。查理十二世在征服波兰和侵入帝国的领土后又于1706年秋侵入萨克森。① 他在阿尔特兰施泰特的营地成了进行频繁外交活动的舞台。路易十四试图劝说这位瑞典国王去攻打奥地利。此外,惊恐不安的勃兰登堡—普鲁士有可能从反法战争中撤出它的辅助军。同盟国面临这种局势忧心忡忡。于是马尔巴勒于4月亲自赶到阿尔特兰施泰特。他在那里没有遇到多大困难。以新教的捍卫者自居的查理十二世从本身考虑在西方战争中不站在路易十四一边。他对于皇帝做出的有利于

---

① 见本书原文第663页。

西里西亚新教徒的让步感到满意，正是为了他们他才兴兵犯境。在夏季，查理十二世拔营出发去辽阔的俄罗斯平原上碰碰运气。① 海上强国则继续使用普鲁士军队。

西部的战役足以证明法国的抵抗力量并未摧毁，实际上法国甚至还有能力发动攻势。在西属尼德兰，路易十四集中了10万大军，他命令旺多姆避免进行决战的错误（他本人曾鼓励维勒鲁瓦在拉米伊战役中犯过这样的错误）。马尔巴勒的野战军力量较弱，而且防守西属尼德兰大城镇、特别是布鲁塞尔的任务很重，妨碍了他的部队的机动性。因此，尼德兰战役只不过是毫无意义地调动军队，并没有进行决战。但在莱茵河上游，维拉尔再次显示了他的军事才能，他以巧妙的伪装实行奇袭，一举突破了斯多尔赫芬防线——这一战绩使他得以席卷南德意志，从斯瓦比亚和弗兰康尼亚的广大地区勒索贡赋。巴登的刘易斯也许能防止这种局面的发生，但他已于1月去世，继他担任帝国总司令的贝罗伊特侯爵则是无能之辈。

在地中海战场，马尔巴勒早就想海陆并进，对土伦进行一次迅速但冒险的打击，这样不仅可以使那里的法国舰队瘫痪，而且还可从南线侵入法国，并迫使它从西班牙撤军。维克多·阿马戴乌斯完全赞同这一设想，但皇帝认为先占领西班牙在意大利的领土更为重要。他不与同盟国商量就批准了3月13日在米兰签订的一个条约，该条约使意大利在有关法国的事务上保持中立，这样一来就使法国在米兰已被切断的驻军至少有1.2万人可以去支援在西班牙和尼德兰的军队。此外，与马尔巴勒

---

① 参见本书原文第664页及其后诸页。在盟军攻打土伦失利前他没有行动，这也许是意味深长的；有人断言，他曾向维克多·阿马戴乌斯施加压力使此次战斗失败，他认为这次成功会使法国被迫接受和平。（请参阅R. M. 哈顿著《瑞典的查理十二世》，1968年，第232页。）

第十三章　欧洲的西班牙王位继承战争

的伟大战略意图相反，道恩统帅一支奥地利军队南下，通过教皇的领地轻而易举地驱逐了西班牙在那不勒斯的少数驻军，那不勒斯城不攻自破，加埃塔则是一攻即破。查理三世正式宣布自己是那不勒斯国王。于是荷兰想在意大利给菲利普五世留一个王国的愿望实际上已成为空想。

哈布斯堡王朝对那不勒斯的入侵首先是阻滞继而又减弱了向土伦发动的进攻，使这次进攻充其量不过是一次沿里维埃拉河将部队调动和后勤供应同步进行、需要经过周密计划的复杂军事行动而已。尤金和维克多·阿马戴乌斯统帅的 3.5 万奥地利和萨伏依联军，虽然在肖维尔的战舰和运输船队的必要的密切合作下终于抵达土伦城下，但这场围攻战却不得不于 8 月 22 日放弃。尤金本无意于这一战役计划，因而迟迟按兵不动，遂使法军统帅泰塞西得以从多菲内和萨伏依迅速调来大量兵力，组成强大防御。这次进攻的真正倡导者肖维尔既不能先期组织围攻也不能继续延长围攻。但法军眼看自己的舰队有遭到毁灭的危险，便把部分舰只自己凿沉。① 由于他们的造船厂缺乏经费，一时不能打捞和修复这些战舰，这一行动终于使地中海成为英国海军耀武扬威的天下。维克多·阿马戴乌斯除在 1708 年的战役中攻克法国在阿尔卑斯山的一些要塞外，在以后的战争中没有再起什么作用。②

同盟国在西班牙战场的遭遇更糟。在西班牙，高尔韦试图以一支很小的部队从巴伦西亚向卡斯蒂尔进军。这时贝威克由于得到来自意大利的法军的增援，兵力已加强。4 月 25 日高尔韦的部队在阿尔曼萨城外遭到贝威克的拦截而被冲散。高尔韦的情报有误，使他低估了敌人的实力。他除在总的数量上居于劣势外，

---

① 对法国南方地区入侵所引起的损失估计超过 650 万利维尔。参见 A. 皮雷特著《法国南方的森林问题，法国南方地区历史》第 16 卷，1966 年，第 48 页。

② 流放他乡者。他也想要一个屏障。参见本书原文第 467 页。

骑兵也特别薄弱；而葡萄牙的骑兵，由于身居高位的米纳斯的坚持被置于右翼，这又使他吃了大亏。后来，这位优秀的军人克服了很大困难才把被冲散的联军重新聚集起来，而这时贝威克却不得不把一部分部队撤走去保卫土伦。阿尔曼萨战役是同盟国在西班牙所遭到的一次最严重的挫折。由于这次惨败，巴伦西亚和阿拉贡的反卡斯蒂尔一派的希望破灭了。尽管如此，当查理三世还有加泰罗尼亚时，他仍然不想放弃西班牙的王位。

英国人同查理一样也无意放弃西班牙。那时他们认为西班牙是比尼德兰更为关键的战场。英国在1708年确实取得了一些辉煌的胜利。同盟国是依靠约翰·利克爵士的舰队才在8月份代替查理三世攻克了撒丁岛。一个月之后，詹姆士·斯坦厄普中将又攻克米诺卡岛及岛上严加保护的宽阔的深水港马翁港。此港可供军舰过冬，而直布罗陀的开阔的海湾却不宜于过冬之用。取得这个新的前进基地是马尔巴勒对那些过分谨慎的海军将领们的回答，它使英国成为地中海的真正的霸主。奇怪的是，英国以前却未曾试图夺取这个岛屿（奥地利人在1704年曾主张占领它）。用斯坦厄普的话说，占领米诺卡岛就可以"在战争和和平时期对整个地中海发号施令"①。这时的国王查理三世实际上不过是英国的傀儡。他背着荷兰人同英国达成的秘密协议充分说明他的卑躬屈膝达到何种地步。1708年1月，他屈从英国的要求，同英国签订英国久已垂涎的供应非洲奴隶的秘密协定。此后，他又重申马尔巴勒任南尼德兰总督的许诺。斯坦厄普提出要签订条约，把米诺卡岛割让给英国②，他也无力拒绝。荷兰人得知这些

---

① 引自亨利·里奇蒙爵士著《政治家和海权》，牛津，1946年，第92页。
② 自1706年1月起，斯坦厄普一直担任驻查理国王身边的英国大使，这时他又担负着领导英国代表团的双重任务。

秘密交易之后极为愤慨。① 向英国供应非洲奴隶的协定实际上是单方面破坏《大同盟条约》，因该条约保证海上强国在西属印度群岛享有同等的商业利益。

哈布斯堡王朝尽管蒙受了这些屈辱，但它在1708年的战绩还是比前几年要好一些。匈牙利的叛乱虽然一直持续到1711年，但其主力已于1708年8月3日在特伦钦被粉碎。在意大利，战争已胜利结束。教皇克雷芒十一世最后还是接受了奥地利和英国的劝说，于1709年1月承认查理三世为"天主教国王"②。由于这些事态发展，奥皇终于能够给他在西班牙的兄弟以有力的支援。从1708年起，奥地利军队开始被派往加泰罗尼亚，这时那里的盟军已由新任总司令吉多·冯·斯塔汉姆贝格伯爵指挥。援军的到来使哈布斯堡王朝的国王查理三世减轻了对英国的依赖。但他们来得太迟了，在那个孤处一隅艰难荒凉的战场上即使取得一些战术上的胜利也不能长期扭转战局了。

在莱茵河上游，这时汉诺威选帝侯和英王继承人乔治接任了帝国军队的指挥权，他的对手是马克斯·伊曼纽尔，此公也在为皇室头衔而奋斗。在摩泽尔河，尤金率领奥地利的一支小部队对付贝威克。但在这两条战线上都没有发生重要战事。1708年的主战场是南尼德兰，马尔巴勒统帅英荷主力部队制定了在这里发动一场新攻势的作战计划。

1707年的经历使马尔巴勒确信，绝不容许他的调动军队的

---

① 事实上，至少在1709年8月以前是这样对待米诺卡岛的，而且很可能也是这样对待供应非洲奴隶契约的。参见 R. 盖基与 I. A. 蒙可马利的《1705—1719年的荷兰边界》一书，剑桥，1930年，第151—153页。根据 B. 威廉斯的《斯坦厄普》一书（牛津，1932年，第61页）记载，法国人获取了条约的一个副本，并把它告知给荷兰人。

② 关于1709年10月才公开的承认查理三世为"天主教国王"之前所发生的"罗马教皇奥地利战争"，见本书原文第595页。

主动权再次由于保护布拉邦特的大城镇而被削弱,因此他打算撤离布鲁塞尔而在安特卫普建立西属尼德兰政府。法国人打乱了这个计划。因为法国人被1707年战役的相对胜利所鼓舞,并且依赖某些比利时人的友好倾向,也在计划发动一次强大的攻势。先是,由于苏格兰问题的牵制,英国从尼德兰调去了一部分军队。一支海军在佛宾伯爵指挥下偕同老王位觊觎者詹姆士·爱德华·斯图特尔3月从敦刻尔克出发开赴苏格兰东南部的福斯湾。这位伯爵的航海技术较好,而判断力较差。舰队停泊在福斯湾海面,但不能登陆,只好零散地返回敦刻尔克。[①] 派往英格兰北部泰因茅斯港的英军在尼德兰的战役开始之前已调回奥斯坦德。战幕揭开了,这是整个战争中规模最大的一次战役。起初,法国掌握主动。旺多姆和年轻的布尔戈尼公爵[②]置重兵于蒙斯以北。与此同时,与根特城有秘密联系的伯杰克暗中布置该城于7月5日投降,而该城是控制佛兰德所有水路的要冲。完全出乎马尔巴勒的意料,旺多姆疾速进军占领了这个新投降的城市,一次突击就打到了西属尼德兰的中心地带。这时已不存在撤离布鲁塞尔的问题,因为它已成为与荷兰保持联系的唯一可靠的据点。但马尔巴勒很快恢复了镇定。尤金率领几队骑兵迅速从摩泽尔向他增援。这一行动又使贝威克的一支更强大的部队从莱茵河驰援旺多姆。当法军离开根特附近的阵地去攻占斯凯尔特河上游的桥头堡奥德纳德镇时,同盟军以惊人的速度抢在贝威克到达之前,于7月11日截击法军。两军展开激战直至夜幕降临。战斗不是在预设阵地上进行,而是在奥德纳德周围的田野和园林里进行,而且随着部队的不断到来,这条临时战线也在扩大。

---

① J. H. 欧文:《安妮王后领导的海上战争,1702—1708年》,第260—261页。
② 他们关系不佳。的确,他们之间频繁的争吵,影响了这次战役所必须全面运筹的战略计划。

与布莱海姆和拉米伊战役相比，这纯粹是一场步兵遭遇战，一场混战。法军几乎被包围，同盟军没有追击，他们得以退至连接根特和布鲁日的一条运河对面的一个坚固的阵地；这之前布鲁日也投降了伯杰克。

这时法国北部已完全暴露在盟军面前，马尔巴勒想立即向巴黎进军。但荷兰的将军们比较谨慎，他们在尤金的支持下拒绝绕过法国最坚固的要塞里尔——这个要塞是伏邦精心设计的杰作，供应充足，并有布菲勒麾下的大量法军防守。于是围攻里尔的一场血战开始了。由于佛兰德的水路被根特封锁，攻城大炮和给养不得不由河上从荷兰运到布鲁塞尔，再从那里由一支庞大的护送队沿一条艰难而危险的陆上运输线运到里尔前线。法军竭其全力防止这一重镇失守。旺多姆占领了从根特到图尔内的斯凯尔特河上所有的渡口，从而切断了布鲁塞尔和同盟军之间的运输，这样，迫使同盟军依赖一条通往奥斯坦德的供应线，由海路到荷兰和英格兰。但是这条路线也处于危险之中。在布鲁日和纽波特的法军进入乡村，打开水闸，挖毁堤坝，淹没了奥斯坦德周围的大片地区。一场英武豪壮的斗争在西佛德兰被淹没的低地上突然爆发。一支英荷护送队沿着从奥斯坦德到里尔的几乎难以通行的道路前进，遭到法军的攻击，于9月28日在索豪特附近的韦伊宁代尔展开一场短促而激烈的战斗。由韦布和纳索—沃屯伯格指挥的英荷军队以高昂的士气击败了双倍于己的法军。但到最后，同盟军只能靠平底船队来维持运输。布菲勒于10月22日放弃里尔城后，仍坚守要塞，法军作最后的努力企图解救他。马克斯·伊曼纽尔从莱茵河回军围攻他以前的首都布鲁塞尔，该城的平民奋起参加防御。马尔巴勒突破旺多姆的斯凯尔特防线及时增援，于11月28日解该城之围。法军在这场戏剧性战斗中败北。布菲勒于12月9日放弃里尔要塞。法国的野战军由根特退回到法国境内，留在根特和布鲁日的守军于1709年1月投降。

法国局势严重。军队在瓦解，财政经济濒于崩溃，而这年冬季严寒为欧洲所罕见，使局势更加严重。① 饥荒遍及全国，英国海军阻止谷物进口，甚至荷兰也禁止谷物向法国出口。里尔陷落后，路易十四准备几乎以任何代价媾和。1709年春他派外交大臣托西微服去了海牙。同盟国赢得战争，但却无可奈何地找不到媾和办法。对此，几乎可由英、奥、荷三国同等负责。使三国意见分歧的是西班牙问题。三国在西班牙的战争失利，此时菲利普五世已不仅是法国人提出来的西班牙王位的继承人，而且是西班牙全国的国王了。因经过五年战争之后，查理三世只有在加泰罗尼亚才能立足。但同盟国拒绝承认这些事实。英国和奥地利仍坚持整个西班牙归属查理三世。诚然，这时托利党人已开始认识到这一目标不可能实现，但他们已不再掌权；1708年选举后是辉格党人控制戈多尔芬内阁。荷兰共和国比它的两个主要盟国更倾向于媾和，1708年的战争消耗巨大，已动摇其信誉，早已存在的厌战情绪日益增长。而且重要的是荷兰的政治家已习惯于把和平谈判说成是"伟大的工作"。他们过去同意查理三世为西班牙国王只是因为不这样做就会与英国决裂，可是他们仍想在意大利为菲利普五世谋求某些补偿。在另一方面，荷兰人却比他们的盟国更为苛刻。不久真相大白，托西的目的是法国单独媾和，但荷兰人最怕的是，同法国签订协议使它得到喘息的机会之后他们又不得不在西班牙进行一场战争。这时主要是他们，当然还有英国的辉格党政府，坚持全面媾和，而且要法国保证把西班牙王国让给查理三世。结果，3个盟国只能以各自提出的最苛刻的要求为基础达成一致意见。根据这些要求形成《海牙初步条款》，于1709年5月作为最后通牒提交托西。凡尔赛的国王忍受屈辱，几乎接受了全部条件：从西班牙撤军，放弃他在位期间引以为荣

---

① 见本书原文第322—323页；关于信用危机，参见本书原文第305页。

征服的土地（甚至包括里尔和斯特拉斯堡），拆除敦刻尔克的防御工事，割让纽芬兰。不幸的是，第4条和第37条实际上规定：除非在两个月内交出整个西班牙王国，否则就要重新开战。他认为这一点太过分了，宣称无法照办。准确说来，对海因修斯而言，这是整个谈判的核心。[1]

使欧洲感到惊异的是和谈没有成功。路易十四拒绝签署"初步条款"，并于1709年6月向人民发出强有力的呼吁，再次倾全力准备战争。但这时战争的目的已经不同了，起初他野心勃勃，锐意扩张帝国领土，企图称霸欧洲，现在却已变为一场保卫他本国的领土和荣誉的民族战争了。法国很快组成了一支新军——法国人为饥饿所驱使而投军，饥饿实际上起到了募兵的作用。与马尔巴勒将才相当的维拉尔终于被任命为北部边境的司令官。维拉尔从埃尔到杜埃构筑一条拉巴塞防线，阻止从里尔向巴黎进军。马尔巴勒虽然得到尤金一支庞大的帝国军队的增援，始终未能将维拉尔逐出这一阵地，向巴黎进军的设想未能实现。同盟国不采纳马尔巴勒从海上迂回包围，在皮卡第登陆的主张，而只限于夺取堡垒城市，从9月3日起开始攻击设防坚固的图尔内城。随后移军攻击蒙斯时，遭到维拉尔的截击。接着于9月11日在马尔普莱奎特展开一场血战。同盟国付出极大的代价才取得胜利，但荷兰步兵的精锐部队在此役中丧失殆尽。只有蒙斯的命运算是确定了：马克斯·伊曼纽尔第三次失掉自己的首都。他转移到那慕尔，后于1711年因忠于波旁王朝而得到报偿，被授权统治那慕尔和卢森堡两省，其目的在于加强他在最后谈判中的地位。

1709年，同盟国在其他各条战线上无不失利。奥军企图从

---

[1] 见斯托克·潘宁著作，第280—313页。关于谈判情况见本书原文第415页及其后诸页。

南德意志入侵弗朗—谢孔泰，结果以失败告终。在西班牙，同盟国于4月份失掉阿利坎特；奥地利副首相斯塔汉姆贝格全年处于守势；弗龙泰拉侯爵偕同病中的高尔韦从葡萄牙向埃什特雷马杜拉进军，为法国统帅亚历山大·贝侯爵指挥下的1.5万西班牙军所阻止。[①]

在荷兰共和国，英国和哈布斯堡王朝关于整个西班牙归属查理三世的要求仍然受到众多批评。马尔普拉奎特一战，摄政家族多人丧生，使荷兰人更加期望和平。而斯坦厄普与查理三世在西班牙秘密谈判的消息此时已有所泄露，使他们极为愤慨。但这时共和国已无法摆脱它的强大的盟友，就连拜斯在阿姆斯特丹的主和派也认识到不可能与法国单独媾和。虽然如此，但荷兰的政治家仍能利用局势对英国施加强大的压力，使英国为他们提出的屏障问题提供保证。辉格党内阁怕把荷兰诸邦推入法国的怀抱，愿意作出很大的让步。荷兰人的交换条件是保证新教徒的继承权，不仅在尼德兰方面，还在地中海和美洲方面，他们得到了想要的一切，因新教徒的继承权问题对于偏激的辉格党政府来说比1706年的政府要重要得多。10月29日在海牙签订《继承和屏障条约》。根据条约，共和国同意在紧急时给予武装援助以取得汉诺威家族的继承权，而英国则答应支持共和国获得占领一系列强固堡垒作为屏障的权利（包括里尔、图尔内、瓦朗西安、康德和莫伯日，但不包括英国视为掌上明珠的奥斯坦德）和兼并上盖尔特兰，这块领土早先原属荷兰的格尔兰德省，但据《明斯特和约》分割出去。此外，据第15条英国答应它所取得的西班牙王国任何地方的一切权益都与共和国共享，这就是说英国放弃了斯坦厄普与查理三世关于供应非洲奴隶和米诺卡岛的协议。尽

---

[①] 5月7日卡亚河畔的一场战斗是葡萄牙军队卷入的最后一次战斗。1710年10月，高尔韦返回了英格兰。

第十三章 欧洲的西班牙王位继承战争

管如此,共和国仍断然拒绝作出保证征服整个西班牙王国。代表英国签署这个条约的是辉格党的大使汤森。马尔巴勒置身事外,未参与谈判,他另有看法。

1709年的屏障条约看起来像是海因修斯的政策的胜利,但实际上是一个笨拙而倒霉的协定。首先它引起皇帝的不满,他对于查理三世在南尼德兰的主权受到如此严重的损害感到愤怒;其次是普鲁士国王,他声称上盖尔特兰应归他所有;最后是南尼德兰人自己,他们害怕这个条约将确立荷兰的经济霸权。但最不幸的倒不是条约把共和国与英国拴在一起——这方面没有什么新东西——而是与辉格党的战争政策牢固地结合在一起了。从一开始,托利党就认为这个条约损害英国的利益。

法国在1709年的抵抗力量虽已证明出乎意料的强大,但它仍然迫切需要和平。北方战争在波尔塔瓦战役之后再次向西发展,但没有减轻对法国的压力,因根据《海牙协定》,北德意志于1710年宣告中立。[①] 同月,法国派遣于克塞勒和戴·波利格纳克神父两人为专使去荷兰重新进行谈判。他们未被允许去海牙,因3个盟国正在海牙开会。但他们在格特洛伊敦堡受到鼓舞,接到拜斯和范·戴尔·杜森带来的盟国的提议,这两位代表仍然渴望和平。谈判的主要目的是找到履行"初步条款"第37条的变通办法。路易十四愿在尼德兰提供警戒城市,甚至愿意为同盟国在西班牙仍需进行的战争提供补助战费。荷兰人尽最大努力为菲利普五世在西西里和撒丁岛争取一个王国,条件是法国要保证他离开西班牙。英国除西西里外不愿放弃任何地方。奥地利坚决不同意分割西班牙,主张与法国单独媾和,而马尔巴勒则明确表示,他甘冒西班牙战争继续进行下去之风险,准备放弃第37条。然而,最重要的是,由于对路易十四的诚意极不信任,

---

① 参见本书原文第670页。

荷兰人坚持和平是一个整体而不可分割的观点。这样，他们过分的胆怯反而使他们走向轻率。海因修斯认为法国的财政经济已陷入窘境，路易十四最后必定答应全部的要求。但法国国王坚定地拒绝迫使他的孙子离开西班牙，也不以在意大利得到一个王国而满足。由于上述原因，格特洛伊登堡的谈判注定要失败。1710年7月谈判破裂。对此，法国没有必要感到遗憾。这时辉格党内阁已摇摇欲坠了。

1710年，维拉尔在尼德兰和法国北部的行动很谨慎。相对说，他的部队人数较少，他不能冒险再让这支部队投入战斗，甚至撤离拉·巴塞防线，因这条防线易被攻破。马尔巴勒发动的战役，以高昂的代价进行围困，结果只夺取了法国领土的4个要塞——杜埃、贝顿、圣维纳特和埃尔，但法国的抵抗并未出现预计的瓦解。进军巴黎仍有难以克服的障碍，主要是维拉尔构筑的新防线，即以阿拉斯和包钦为依托的所谓"不可逾越的防线"。

1709—1710年冬季，除纳瓦拉的驻军外，全部法军都从西班牙调回。这期间，皇帝约瑟夫一世在匈牙利的地位已经巩固，并已控制了意大利，遂派遣大军支援在加泰罗尼亚的他兄弟和斯塔海姆贝格。同盟国的兵力加强，乃重新发动攻势，7月在阿尔梅纳拉、8月在萨拉戈萨附近相继击败菲利普。进军马德里的道路再次打通，9月21日重新占领马德里。马德里原是查理三世心目中的首都，但这是他第一次亲自占有该城。具有讽刺意味的是，正是查理三世提出绕过卡斯蒂尔占领纳瓦拉和通往法国的交通线，这一聪明的行动方案遭到他的幕僚的反对。[①] 但旺多姆已经离开巴黎于9月17日在巴利拉多里德与菲利普会合；卡斯蒂尔的居民仍矢忠于菲利普；同盟军粮秣供应遇到困难。旺多姆匆忙调集一支法军返回西班牙，终于迫使同盟军于11月撤离马

---

① 参阅 A. 帕奈尔著《西班牙王位继承战争》，1905年，第284—285页。

第十三章 欧洲的西班牙王位继承战争

德里。斯坦厄普在返回阿拉贡途中在布里韦加被法国人俘获。斯塔海姆贝格虽在第二天（12月10日）在比利亚维西奥萨打败了旺多姆，仍被迫退到巴塞罗那。至此，该对西班牙做个了断了。局势的发展证明同盟国的政策是错误的。

在西班牙的溃败肯定了英国外交政策的新方针。新方针是由于英国政府性质的剧变而引起的。1710年夏，戈多尔芬政府的内外政策遭到人们的强烈反对。由于连续两年歉收，粮价飞涨，民不聊生；为偿付公债利息，征收高额土地税，乡绅怨声载道。早在3月，人们对萨谢弗雷尔博士普遍表示欢迎，这件事已说明辉格党失去了公众舆论的支持。马尔巴勒的夫人萨拉与女王不睦已有数年之久，4月被逐出宫廷。这时安妮已感到地位巩固，乃逐步解除大臣的职务。8月8—19日，戈多尔芬本人也被免职。哈利出任托利党新内阁的首相，圣约翰任首席国务大臣。10月，比宪法规定的日期提前举行大选，托利党在下议院取得压倒多数的席位。但这时马尔巴勒还没有受到攻击。

托利党人从来不赞成马尔巴勒进行的大陆战争。他们认为荷兰人是他们在商业上依然强大的对手，而不是必不可少的盟友，因而认为汤森签订的屏障条约有损英国的利益。这些新当权派也需要和平。他们一上台就通过托西的秘密代理人单独与法国进行秘密谈判。他们宣称愿意把西班牙让给菲利普五世。同年底在西班牙战败的消息传来之后，他们这种态度更加坚决了，而1711年4月17日皇帝约瑟夫突然逝世后他们的决心就更加坚定了。当查理三世继承了奥地利的世袭领地并于1711年10月12日当选为皇帝时，西班牙问题的全局就发生了变化：徒有其名的国王查理三世变成了皇帝查理六世，成为欧洲最有权势的君主之一。战争已使他拥有南尼德兰和西班牙在意大利的属地。如果他得到西班牙及其殖民地，欧洲的均势——这是战争的真正原因——将再次被打破，不过是变了一个方向而已。新的局势促使托利党政府按既定的方针去做。不过，不是由稳健的哈利而是由鲁莽而不讲信义的圣约翰操纵1711年夏与托西的双边秘密谈判。圣约翰不仅仅是想要和平，他要牺牲盟国去求得和平，要把英国的意志强加于欧洲。

当这些情况正在发展时，战争并未停止，而是在不同的气氛中进行。托利党人早就对忽视殖民战争不满，这时发动了蓄意已久的远征去夺取魁北克——这次远征准备不足，执行不力，1711年8月彻底失败。① 在西班牙没有发生战斗。国王查理于1711年秋离开西班牙去继承奥地利的世袭领地和王位，把他的夫人留在巴塞罗那管理这个国家——到这时候他还不愿放弃西班牙。由于即将举行帝国选举，他把尤金从尼德兰召回莱茵，致使马尔巴勒单独对抗维拉尔。然而这时马尔巴勒的地位也改变了，他已不再是大同盟公认的领袖，只不过是英荷联军的司令罢了。马尔巴勒最后一次显示了他的军事才能是在8月，他不损一兵一卒突然进军穿过维拉尔重兵防守的"不可逾越的防线"，围攻布卡因。但夺取这个小城镇之后并未立即入侵法国，因通向巴黎的道路上仍有法军驻守的层层要塞。他返回英国，托利党内阁感到自己势力强大，就连他也加以攻击了。

1711年夏，圣约翰与托西之间的谈判很快取得具体结果。② 法国全部同意英国的要求：直布罗陀、米诺卡岛、供应非洲奴隶的契约、在西班牙享有最惠国待遇、拆除敦刻尔克的港口设施和防御工事、割让阿凯迪亚和纽芬兰。这些让步都载入10月8日的《伦敦初步条款》。至于这些条款公然违反过去的条约特别是屏障条约，托利党人则全然不顾。英国政府以这些初步条款为基础，向它的盟国提议在1712年初召开全面和平会议。海牙和维

---

① 参见本书原文第505—506页。
② 参见本书原文第459—460页。

也纳群情激奋,连同各小盟国都一致表示反对,因为所有关于它们的利益的条款都订得含糊其辞,唯独有关英国利益的条款却详尽具体。特别是荷兰人大为不满。这不是因为《伦敦初步条款》把西班牙留给菲利普五世——荷兰人从来就没有真正赞成"没有西班牙就没有和平"的方案,更不愿意看到为了查理六世恢复查理五世的帝国。甚至"屏障"问题现在看起来也大不相同了,因为南尼德兰看来不会落入衰弱的西班牙王国之手,而是会落入大陆上第二个军事强国奥地利之手。但各国并不想简单地把《汤森条约》束之高阁,因为那个条约曾允许它们获得与英国同等的经济利益。推翻《汤森条约》的愿望把荷兰人推到另一个国家一边,即愿意把战争进行到底的奥地利一边。这两个国家只是很勉强地同意召开和平会议。

英国政府成功地利用小册子和报纸掀起公众对同盟国特别是对过去的对手荷兰的敌对情绪。一代人积累下来的怨恨和猜疑这时重新抬头。1711年11月底(旧历)斯威夫特著名的小册子《同盟国的行径》是这样提出问题的:

> 没有哪个国家如此长久又如此可恨地受到国内敌人的愚昧、轻率、腐化和野心的糟蹋;或者受到外国盟友如此傲慢、不公正和忘恩负义的对待。[①]

这个小册子影响很大。第二年约翰·阿巴思诺特博士的小册子《约翰牛的历史》影响几乎同样大。反对派的小册子也不少,但这时托利党声望正隆,反对派的声音被淹没了。马尔巴勒是反对派的中心,上议院是反对派的堡垒。这个堡垒被无情地摧毁了。这位公爵被指控贪污,同年底在辱骂声中被解除了一切职

---

① H.戴维斯编:《政治论文集,1711—1713年》,第15页。

务。这位伟大的人物自愿流放国外。[①] 他被解职的第二天，政府增补了12名托利党的贵族议员，从而打破了上议院的反对。至此，牛津和圣约翰完全控制了局势。1712年1月，尤金访问伦敦，毫无效果。2月4—15日，下议院通过一系列决议指责荷兰人在整个战争中未能按定额提供兵员、舰只和战费。这种指责一部分是事实，但不公平。就这个国家的人力和财力来说，它所作的努力是值得称赞的。荷兰为欧洲服务国力已消耗殆尽。

列强代表会议于1712年1月29日在乌德勒支召开。[②] 路易十四既已与英国达成协议，便向其他敌国提出自己的要求。但奥地利、荷兰及其他小盟国（特别是汉诺威）拒绝接受英法两国安排的和平条件。当会议正在进行时，它们继续进行战争。除此，圣约翰明知是最无耻的背信弃义之举，亦毫不踌躇。马尔巴勒解职后，英军在尼德兰的司令由奥蒙德继任。1712年的战役还没有开始，他于5月21日就接到了臭名昭著的"约束令"，禁止他参加任何围攻或主动出战。这些命令是对同盟国保密的，但圣约翰却把内容告诉了法国人。不过事情的真相还是很快传扬开了。停战协定签字之后，奥蒙德和全部英国本国军队于7月16日撤离战场。马尔巴勒的老战士感到这是一种耻辱。英国占领了根特和布鲁日，法国于7月19日把敦刻尔克移交英国，作为拆毁港口设施和防御工事的保证。

荷兰议会在海因修斯的劝说下（此公力主打个分晓），被英国的背叛激怒了，决定采取一项绝望的政策。他们甘冒财力不济的危险，自己承担原由英国支付的外国雇佣军的费用，并同奥地

---

[①] 1714年夏，安妮尚在世时，马尔巴勒就打算回国，但直到安妮突然逝世后，他才回到国内。

[②] 参见本书原文第461页及以下诸页。

利协作继续进行斗争。尤金被任命为尼德兰的司令。在英国军队撤走之前，同盟国已经占领了勒魁斯诺伊；但当尤金围攻兰德里西斯时，维拉尔于7月24日在德南附近给荷兰的掩护部队以沉重打击，荷军惨败危及同盟国的交通线。这一年的下半年，法军士气重振，收复了勒魁斯诺伊、布卡因和杜埃。荷兰人懂得了，没有英国他们就没有希望继续打下去。他们的国家财政崩溃了。失望和屈辱使他们甘愿屈服了——这正是圣约翰用的字眼。

荷兰共和国只好听任英国背弃《汤森条约》，而于1713年1月30日另行签订继承和屏障条约。这时已谈不上在西班牙的领土上享有同等的贸易利益，也无所谓兼并上盖尔德兰了——英国已决定把这块领土划归正在兴起和扩大疆土的普鲁士王国。"屏障"问题原则上仍保留，但英国原来答应帮助荷兰共和国获得驻军防守的城市却减少了一半。1713年3月和4月，英国、荷兰共和国、普鲁士、萨伏依和葡萄牙分别与法国签订和约，6月和7月，与西班牙签订和约。在诸小盟国中，托利党特别垂青的普鲁士和萨伏依获益最大。

只有奥地利和神圣罗马帝国还有待于默认这必不可免的命运。还必须进行另一次战役才能迫使奥地利查理六世屈服。这时法国已能把全部军队调集莱茵河地区，尤金无力对敌。1713年期间，维拉尔开始谈判，1714年3月6日奥地利与法国签订《拉施塔特和约》，但查理六世仍认为他与菲利普五世处于战争状态。9月7日，罗马帝国在瑞士的巴登签署了这个和约。[①]

无论如何这一切总还是大同盟对抗路易十四的无可否认的胜利。法国最后得到的条件虽比1709年可能得到的条件好得多，但西班牙君主国的被分割可以说是欧洲均势思想的胜利——而这正是1701年大同盟的主导思想。只有两个问题仍待解决，一个

---

[①] 参见本书原文第474页。

需靠武力解决，另一个则要靠外交谈判解决。

战争的结局对被遗弃的加泰隆人来说是悲惨的。驻加泰罗尼亚和葡萄牙的英军绝大部分已于1712年撤退到马翁港和直布罗陀。在对西班牙的和约中只字未提加泰罗尼亚的利益；博林布鲁克宣称，维护加泰隆人特权的事与英国无关。但加泰隆人拒绝接受自己的命运。当英国一支舰队封锁加泰罗尼亚港口时①，法国和西班牙的炮兵把半个城市夷为平地。经过4个月的围攻和6000人丧生之后，1714年9月11日该城投降。没有屠城，但加泰隆人被剥夺了政治权益并受到百般侮辱。

最后，还有一个外交问题有待解决：共和国与南尼德兰的新主子查理六世还要对"屏障"问题作出明确的规定。在英国与共和国激烈争吵期间，布鲁塞尔英荷协商会议的权力已微不足道。共和国政务院拒不执行协商会议的指示，并开始迫切要求立即把各省割让给它们合法的君主。1713年的屏障条约签订后，英荷两国的团结有所恢复，荷兰人才得以在布鲁塞尔协商会议上重新坚持自己的权利：这时1706年的政务院已由愿意接受两国监护的新的政务院所取代。《拉施塔特和约》签订后才有可能与奥地利谈判最后解决"屏障"问题。辉格党此时重新执政。在英国帮助下，荷兰于1715年11月15日在安特卫普与奥地利签订条约，才勉强从奥地利人处得到它梦寐以求的"屏障"。既没有要求比利时居民批准，比利时居民也没有接受。至此，"共管区"结束。1716年2月，协商会议的最后一名成员范登堡把政权移交奥地利人。西属尼德兰变成了奥属尼德兰。

（申立　译）

---

① 参阅特里维里安著《女王安妮》第3卷，1934年，第257页注266。

# 第十四章

# 乌得勒支和约

《乌得勒支和约》一系列漫长的谈判，既没有明显的起点，也没有明确的结束日期。乌得勒支会议及其后续的拉斯塔德会议和巴登会议，除了公开表明媾和意图外，只不过是一个有用的交易场所，用来批准经过异常曲折的过程达成的种种决议罢了。妨碍走向和平之路的许多困难，各同盟国之间在如何确保大同盟各项不甚明确的目标方面存在的分歧，致使各同盟国之间的谈判，如同对敌谈判一样，往往是艰苦和旷日持久的。只有经过一致同意才能媾和，但这并不妨碍同盟国中任何一国直接同一个敌国讨论各种建议，实际上，从1706年起，这样那样的谈判就一直在继续着。

走向和平的首次重大行动是法国和西班牙各自向荷兰人和英国人进行了双重接触①，时为1706年7月，即在拉米伊*解除了

---

① 关于1705年秋路易十四单独对荷兰的秘密交易，以及关于阿姆斯特丹执政长官威廉·拜斯的媾和观点，请见本书原文第425—426页。对于1706年2月的荷兰政治形势，请参见法国代表埃尔韦絮斯的回忆录，载荷兰《历史协会文献与情报》第80卷，1966年，第159—194页。

\* 拉米伊（Ramillies）是那慕尔（今比利时境内）附近的一个小村。1706年，同盟国军队与法军激战于此。同盟军获胜，遂迫使路易十四求和，但同盟国军队在取胜后内部发生战略分歧，英国同荷兰互不协调，各行其是，致使法国有了可乘之机。——译者

对荷兰人的直接威胁，并暴露出同盟国在管辖南尼德兰方面的分歧意见以后两个月，如果能够瓦解反法联盟，路易十四就准备瓜分西班牙的继承权。伯杰克同古达省议长布鲁诺·范·杜森接触①，建议把西班牙和西属印度\*划归查理三世，把西班牙在意大利北部的属地划归菲利普五世。西属尼德兰应划归荷兰。就在海因修斯向马尔巴勒进行这些试探的同时，马尔巴勒本人也间接同马克斯·伊曼纽尔和以西属尼德兰总督身份派到他那里的法国使节皮埃尔·鲁耶进行接触，探讨着不同的领土划分方案：尼德兰划归查理三世，埃诺省划归那个被剥夺了领土的选帝侯。法国和西班牙分头向各怀心计的同盟国进行初步认真试探一事，是与同盟国所坚持的共同主张相违背的，即：任何和解必须满足一切有关国家的利益，然后才能开始具体的谈判。到1706年底，已经进行过的意见交换仅仅表明，要取得和解竟是如此之难。各同盟国仍然认为菲利普五世必须交出他的全部西班牙领地，但英国拒绝荷兰提出的建议：把像那不勒斯或西西里那么一块对英国贸易至关重要的地区补偿给菲利普。更有甚者，在意大利，哈布斯堡王朝的野心与法国的奢望发生冲突，法国人希望把菲利普手中的意大利领土最后归属法国。同时，屏障条约\*\*已表明它要在

---

① 据埃尔韦絮斯称（出处同上，见第166—167页），他是一个倔强而傲慢的共和主义者，工作刻苦，消息灵通，他显然是海因修斯的继承人，但他对法国的诚意和英国的野心均极表怀疑："这是一个十分危险的人物，如果同所有的国家进行谈判，尤其要谨慎对待此人。"关于伯杰克，见本书原文第413页。

\* 此处西属印度系指南美洲西班牙属地。（见1701年9月17日签订的《大同盟条约》第6条。）——译者

\*\* 屏障条约（Barrier Treaties），统指1709—1715年间谈判的3个边界条约。条约允许尼德兰联合省有权在西属尼德兰南部边疆上派驻军队并管辖某些城镇，以防御法国的进攻。3个条约分别于1709年10月29日、1713年1月29日和1715年11月15日通过。第一个条约原来得到《乌得勒支和约》的正式承认。这里指的是拟议中的边界条约条文，因为当时第一个边界条约尚未通过。——译者

防止轻易走向和平过渡方面发挥作用。维也纳建议从法国西北部取得的领土中打主意,这样一来,荷兰驻军与本土的陆上联系被切断了。伦敦尽管对荷兰比较同情,但又不愿意把登德蒙特(荷法接壤处施凯尔特河交通线上的一个中心城镇)或英国人所觊觎的纽波特和奥斯坦德包括在内,因为其中任何一地都会给荷兰人带来十分明显的商业利益。与此同时,皇帝约瑟夫一世迫使米兰公爵将采邑划归奥地利,这就表现出他对自己的兄弟查理完整无缺地获得西班牙领地这一目标是何等不重视。法国这一分裂同盟国的初步尝试,产生了一个只对萨伏依有利的后果:法国提出把米兰公爵领地交给萨伏依,吓得皇帝推迟到1707年才履行他对《都灵条约》所承担的把蒙特菲雷特封赠给公爵的那项义务。[①] 阿尔曼萨战役使法国企图继续利用各同盟国之间的分歧的希望愈来愈小,因为此时路易十四已不太愿意考虑把西班牙交给那位大公了。1708年1月,来自鲁昂的商务参赞尼古拉·梅斯纳热在鹿特丹同范·杜森谈判以后,他能向海因修斯提供的,仅仅是较宽厚的对法贸易条件;他无权讨论任何有关西班牙继承权的划分问题。这些谈判在3月间中断了。英荷之间在拟议中的屏障条约(该条约包括有关保证汉诺威继承权的条款)方面所产生的困难并不足以引诱海因修斯再来参加一轮毫无把握的分头谈判。

这类和平试探并不表明法国有明确的政策。认真的谈判是在奥德纳德战役(1708年7月)以后才开始的。同年10月,里尔的失守又加速了这一进程,此时,通过彼得全姆(此人是荷尔施泰因—哥托普派驻海牙的公使,自1707年起就一直是法国的代理)与海因修斯重开谈判。法国此时已愿意公开提出把交出

---

[①] 当蒙特菲雷特侯爵领地所归属的曼图亚同法国联合时,该领地于1701年被奥地利人所占领。见本书原文第417—418页1703年《奥地利—萨伏依条约》。

西班牙和西印度群岛作为谈判的基础,这一点表明他们的态度有了很大的变化。路易十四这一含蓄的表白,说明他发动战争的整个政策是站不住脚的,于是他又恢复了《瓜分条约》的想法。但是,当法国放弃西班牙领土完整的原则时,同盟国却采纳了这一原则。此外,托西刚刚表明他打算根据同盟国之间达成协议的条约草案进行谈判,大同盟内部就矛盾重重,使本可按此做法制定出一份能为法国接受的草案的希望成为泡影。

1708年英国大选,辉格党获胜。辉格党决心要荷兰保证由一位新教徒继承皇位,并决心迫使联合省服从一项不妥协的媾和计划。其代价是与荷兰签订一项稳固的屏障条约,不管皇帝是否赞成。事实上,执政党比马尔巴勒更希望搞得快些,而马尔巴勒则是大联盟中最关心从军事上彻底毁灭法国的一个人,他认为现在离此目的为期不远,无须再对荷兰作出让步。反之,假如荷兰首先与英国签订了一项有利的条约,那么他们就可以此条约提出要价,那么,他们试图单独媾和的可能性就更大了。与此相反,辉格党却担心如果不首先答应同荷兰签订一项稳固的边界条约,荷兰就会单独媾和。事实上,军事形势减少了以瓜分为基础进行媾和的可能性,因而也就减少了荷兰背信弃义的可能性。英国占领直布罗陀以后,又占领了马翁港,从而使英国比以往任何时候更不愿意接受菲利普五世保留西班牙的做法,这是因为,若此,则可预料,菲利普五世就会要求收回米诺卡岛。另一方面,奥地利在意大利的利益扩张,使荷兰把意大利半岛补偿给菲利普的建议失去了意义,同时也间接减少了把西班牙让给哈布斯堡王朝的可能性。虽然教皇被迫放弃了"教廷绝对中立"的姿态,并于1709年1月秘密承认查理大公为天主教国王,被迫在菲利普五世与教皇的权力之间作出选择的西班牙人则一面追随其国王,同时又谴责他(于4月)在可恨的哈布斯堡问题上与罗马毁约的行为。

## 第十四章　乌得勒支和约

由于英国与奥地利均无意参与瓜分，因此荷兰在谈判中掌握主动、接受一切对他们有利的方案的可能性就被排除了。荷兰为签订屏障条约不得不求助于英国，结果他们不得不接受伦敦和维也纳提出的媾和条件的一切要求。辉格党对于彻底获胜的可能性确信无疑，但又不知如何去获得这一胜利，于是便怂恿荷兰（直至此时大同盟内部一直认为荷兰是坚决支持瓜分的）[①] 同奥地利结成坚固的统一战线。军事上无能，谈判中各执己见，就只能用成功的联合外交手段来加以补救。同盟军在佛兰德未能办到的事，就要由法国国王在西班牙替他们办到：他必须把自己的孙子驱逐出西班牙。

决定命运的那份1709年5月的"条约草案"的产生过程是极端令人痛苦的。海因修斯不愿脱离英国去冒险媾和，而英国离开奥地利又不能媾和（除非英国牺牲直布罗陀、米诺卡岛，以及1708年1月与查理三世[②]签订的那份商业条约中尚未公开的"供应非洲奴隶"条款）。由于皇帝为哈布斯堡王朝获取整个西班牙继承权的打算从未有过动摇，于是首先是英国，然后通过英国使联合省和一些更小的国家，特别是普鲁士和萨伏依相继接收了这个同盟国协调一致对敌谈判的唯一基础。一旦他们在"条约草案"中找到了避免进一步讨论他们之间分歧的办法，就把他们在西班牙进行战争的责任推给了路易十四，他们就联合起来了。然而，路易十四不愿意也不可能为同盟国想要得到的东西穿针引线。到1709年6月，事情陷入僵局。战争不能获得全胜，唯一可能的结果必然是降低同盟国的目标，或者同盟宣告破裂。同盟国只有强调基本共同利益，才能抑制彻底崩溃，维持各国之间的权力平衡就是共同利益所在。

---

① 见 J. C. 斯托克—彭宁所著 *Het Grole Werk* 第459页。
② 见本书原文第434页。

1709年初，各大国内部对于未来的看法分成了不同的派别。威廉国王的想法是问题要均衡解决。辉格党人无视国王意图，确信马尔巴勒的观点，认为法国已到了山穷水尽的地步。他们深信法国会在外交上屈服，从而可在西班牙获得全面胜利。但是如果事实证明这种信心毫无根据，那就只能增加英国的不满，因为前景可能是一场新的战争。辉格党人就在这些最高目标不再能实现的时候作出他们无法实现的许诺，抱着这些目标上台的，他们只得依靠大众的支持才能维持其权力，而在当时已经出现了媾和的良好前景。海因修斯要说服荷兰各省也非易事，他告诉他们，只要他们听从奥地利和英国的一切要求，只要他们甘冒战争的危险同英国站在一起去反对菲利普五世，那么就能替这场特殊战争的目的获得更多的好处，即签订一项完美无缺的屏障条约，——而此时法国却保持中立，成为共和国的威胁。

在维也纳，由于缺乏政治敏锐性，未能制定出一项把王朝的野心与军事和外交现实结合在一起的相应政策。约瑟夫皇帝曲解他的兄弟查理三世提出的要巩固维也纳在意大利和低地国家的利益的要求，适合了英国的利益，也可能会适合荷兰的利益。但是查理三世随之对西班牙的支持（此举对奥地利的利益无关紧要）却对荷兰无益，并且在军事上也是不可能实现的。再者，此举对一些较小的日耳曼国家的利益也不相干。对于这些国家来说，波旁王朝与哈布斯堡王朝之间连绵不断的战争是对莱茵河上游的直接军事威胁。布莱海姆战役并未能阻止对莱茵河对岸帝国领土的进一步侵犯，帝国也未在这一地区获得更多的领土，否则可以此为筹码，在谈判中讨价还价，以收复半个世纪以来被法国侵占的失地。1648年以来，维也纳最重要的事就是一劳永逸地解决德国问题，而现在这件事却必须服从哈布斯堡王朝在匈牙利、意大利尼德兰和西班牙的利益。由于当时需要为1709年条约草案确定德国和奥地利的要求，所以维也纳召开秘密会议①（2月间举行），帝国集团主要国家也召开会议（5月在海尔布隆举行），但因意见分歧而宣告失败。在帝国集团内部对他们目标取得一致意见之前，同法国的谈判就破裂了。在维也纳，只有符拉蒂斯劳一人对政策有一些清楚的概念，但由于他拒绝与尤金一起担任特命全权大使，出席5月在海牙举行的极为重要的谈判②，后又因重病，他便退到政治舞台的边缘，他的影响就大为减弱了。符拉蒂斯劳比他的君主更明智地关注着形势，他关心的是如何巩固奥地利权力（而非王朝要求），他认为获取意大利和德国南部，也许是萨伏依和巴伐利亚，就可达到目的。由于他清楚了解到约瑟夫皇帝没有儿子，哈布斯堡王朝的全部继承权很快就会落到查理三世手中，因而早在1706年，他就对要求获得西班牙全部继承权的实际作用表示怀疑。这样做会产生一种为沿海诸国所不能接受的局面，使奥地利受到孤立。从他自己的意大利政策出发，即便接受英国和尼德兰的屏障条约，他也渴望与他们合作。他预见到（这是作为君主的皇帝所不能预见到的），假如查理三世成了国王，在奥地利手中的尼德兰就会使哈布斯堡王朝的势力范围得到扩大，却不需要作出任何政治和经济方面的补偿。符拉蒂斯劳同样关注的问题是，解决德国问题中，利益和责任要平衡。法国在边界上作出任何对奥地利有利而不是对帝国有利的后撤，都不会得到日耳曼君主们的积极支持；而任何能扩大奥地利责任但又缺乏有效支持措施的和解办法对奥地利没有多大意义。奥地利的最终决定是要求获得斯特拉斯堡，并在1648年规定的基础上进一步限制法国在阿尔萨斯的权利。各方同意，任何屏障条约必须由

---

① 哈布斯堡王朝的中央机构，见本书原文第573—575页。
② 符拉蒂斯劳担心他不在时他对政策的控制权会被萨姆篡夺。萨姆是阴险而愚蠢的宫廷高级官员，他不愿与英国合作，或与寻求签订屏障条约的荷兰合作。

联合省与奥地利直接谈判。由于德意志帝国的诸侯们未能派自己的全权大使去参加1709年的谈判，而只派他们的个人代表出席，不起作用，遂将德国谈判大权扔给皇帝的代理人尤金和辛岑道夫，这俩人需要时就说帝国有必要协商，拿出统一的意见，以此来推卸他们自己的责任。

1709年的谈判分为两个阶段：第一阶段（3月17日到4月21日），谈判在默迪克和弗尔登举行。谈判是在法国的鲁耶同阿姆斯特丹议长拜斯和古达省议长范·杜森之间进行的。随后（5月6—28日）又在海牙举行。谈判一方是托西，另一方是同盟国的海因修斯、马尔巴勒和尤金。

在最初的几次谈判中，除那不勒斯和西西里以外，鲁耶受命有权对整个西班牙继承权问题作出让步；有权同意将盖尔德兰北部（有争议的奥伦治继承权的一部分）划归荷兰；有权对荷兰和古达省作商业上的让步并为签订一项屏障条约进行谈判。如果能对这些基本问题取得一致意见，那么，就可把英国和德国的全部问题提交大会处理。在大会上，荷兰出于自身的利益将支持法国。鲁耶还奉命去探听荷兰打算如何对待皇帝撤离那不勒斯的问题。讨论中第一次出现了这样的设想：与当前的敌人联合起来，用武力去对付一个难以驯服的同盟国，也即法荷海军联合远征，让菲利普五世尾随荷兰军队之后进入那不勒斯。这是同盟国要求路易十四将菲利普逐出西班牙的前奏。由于各种原因，这两种打算均未成功；然而，这一原先出于法国的建议却证实法国抱有的义愤是真实的，法国对同盟国随后提出的建议均报以满腔怒火。荷兰逐步为它自己及其盟国提出更多的要求，即使荷兰单独与法国就谈判草案取得一致意见，荷兰也没有希望从中得到好处，除非其结果是一项适合于所有盟国的全面媾和。在签订屏障条约方面，它们对伊普尔、梅嫩、弗内斯、图尔内、康德和莫伯日，以及里尔或列日、于伊、波恩等东部要塞提出了过分的要求；鲁耶不肯让出里尔或图尔内。荷兰还替普鲁士索要瑞士的内沙特尔和瓦朗金，因为拟议中的盖尔德兰和解办法违背了霍恩佐伦的条款，其中包括：奥伦治继承权问题；摧毁敦刻尔克；承认汉诺威继承权；以及通过萨伏依的军事胜利取得阿尔卑斯山的要塞埃克西尔和费内斯特里尔。在这几次单独谈判的整个过程中，由于马尔巴勒和尤金的出席，海因修斯变得强硬了。4月10日，马尔巴勒宣称，英国坚持要求对方全面投降，于是，荷兰便撤销了原先对法国的承诺，即允许法国在目睹菲利普五世进入那不勒斯时可发挥调解人的影响。海因修斯把法国希望立即停战一事看做是路易十四软弱的表现，进而坚定了荷兰与同盟国的合作，认为这个最大的赌注是完全正确的。海因修斯准备提出同盟国的全部要求，这是他签订一个他不可能单独与法国谈成的屏障条约的最好办法，这时，拜斯和范·杜森见状也就放弃了采取比较温和的解决办法，特别是让英国撤出意大利的希望。海因修斯绝不与其盟国英国分开，他这个做法同博林布鲁克在1710年后轻易地背弃这个共和国的做法相比，就形成明显的对照了。

4月28—29日在凡尔赛宫举行的宫廷会议，对荷兰要求的全部内容进行了辩论，会议结果暴露了法国的窘态。这次会议使谈判进入了第二个阶段。法国把诸同盟国当做一个整体与之谈判，不再企图分裂它们。为了在一场新战役之前赶紧结束谈判，托西表示他愿意前往联合省。路易十四含着泪表示了同意。除了不把所征服的领土让给萨伏依之外，托西受命有权对双方有争议的一切细小问题作出让步。此刻的屏障条约甚至有可能包括里尔和图尔内。敦刻尔克必须消灭；承认安妮皇后和汉诺威的继承权；把觊觎王位者从法国土地上赶出去；斯特拉斯堡投降；把巴伐利亚选帝侯的复位问题提交全体大会。但托西依然希望从他的敌手们之间在南意大利问题上的分歧中得到好处。他立即警告海因修斯说即使路易十四愿意，他也"无法迫使西班牙国王放弃他的全部领土"①（事实证明，这一论断比路易喜欢看到的更确实），但海因修斯不再继续受他的引诱了。马尔巴勒在5月中旬参加谈判时，托西又作了一次努力，表示愿意摧毁敦刻尔克并给公爵一笔贿赂，企图以此引诱英国，结果徒劳。此刻，汤森已来支持马尔巴勒。最后，他们明确地告诉托西，同盟国不会给菲利普五世任何补偿；如果要为菲利普五世建立一个王国的话，这个王国必须由路易十四提供。他们建议把王国设在布尔戈尼自由郡。5月19日，这一极为重要的问题被提上了议程。如果路易要获得法国迫切需要的媾和，唯一的办法是用菲利普去换；托西最后得到的指示甚至容许他把那不勒斯交出去，"交出与否由他决定，让他尽力而为"②。因而，此时讨论的重点不在于法国是否答应同盟国的要求，而在于法国能不能履行其协议。从托西放弃那不勒斯和西西里之时起，路易十四与他孙子的关系就成了媾和的关键。早些时候，法国坚持，凡提出一个解决方案的国家，都须拿出履行这一方案的手段，来证实本国的善意，而此刻这一主张正好使路易自食其果。同盟国半个世纪以来对法国一直不信任，现在对法国的不信任又加深了，觉得法国只是为了从战争的灾难中得到恢复和度过严冬而拖延时间。托西催促订立休战协定，但各同盟国决定只有在法国履行已同意的条件之后才能媾和而不是在这之前。如果法国确有诚意，它就会让菲利普平安地撤离西班牙；同盟国很明智，不愿贸然给法国以和平，然后自己却不得不同西班牙打一场只能通过海运得到给养的战争。5月23日，同盟国提出立即占领3个法国城市和3个西班牙城市的要求作为路易诚意的信物。法国拒绝了这一要求。5月24日，托西

---

① 托西：《回忆录》（共两卷）第1卷，伦敦，1757年，第254页。
② W.里斯：《西班牙王位继承战争决定性年代围绕着和平与安全的斗争，1708—1709年》，慕尼黑，1933年，第222页。

## 第十四章 乌得勒支和约

抱着扩大同盟国之间分歧的侥幸心理要求同盟国提出它们的全部具体要求。

刚刚前来与尤金协同工作的帝国大臣辛岑道夫伯爵决定在同法国完成谈判之前，先排除奥地利与荷兰之间的一切分歧。然而，自从4月间荷兰人与鲁耶决裂之后，他们就把签订屏障条约的希望寄托于共同媾和。如果同盟国的争论拖延下去，这种希望就会落空。因此海因修斯决定回过头来讨论大家已取得一致的中心问题，即西班牙问题。5月25日，他把他制定的作为最后达成和约的"四十条"提交给同盟国的代表们。两天之后，又把这些条款草案作为他们的共同要求交给托西。"四十条"中只有两条是关键的：第四条要求，如果菲利普五世不能在两个月的期限内履行媾和条款，路易就必须与同盟国一起制定措施来履行这些条款；第三十七条规定，只有在媾和条款执行之后，法国与同盟国之间停战协定的有效性方可超过两个月。这就是说，一旦条款中所提出的那些城市已告投降，那不勒斯和西西里已被占领，以及莱茵河的要塞已按其他各项条款要求予以摧毁，那时是否重新开战，法国就任凭同盟国摆布了。

在5月27日最后一次会议上，托西明确表示他不能同意这些条款草案，路易十四也不能接受。到了1709年5月，法国已度过了最困难的时刻。西班牙新运到几批白银，向国外购买谷物、补充作战物资和为部队供应衣服和靴子就有了现金；初春的艰苦日子对征兵很有帮助。6月2日会议上对条款草案进行辩论的情况虽然不为人们所知，但托西却赢得了足够的时间。路易可能由于受到托西和皇太子的支持，决定拒绝条款草案。拒绝之后，他就向全国发出了公告，号召人民作出最后一次的伟大牺牲，与污辱法国尊严的媾和条款作斗争；与污辱法国尊严的条款作斗争，而不是为了同情西班牙的波旁国王就成了号召的基调。

由于法国拒绝令人反感的第四条和第三十七条，致使谈判破裂，从而使同盟国内部就提出这些条款的意图问题展开了激烈辩论。由于同盟国未能在法国最虚弱的时刻，在同盟国的要求实际上能获得完全满足的情况下媾和，英国的反应是加快反对本国的执政党，人们认为执政党是为了继续战争而唆使荷兰提出不可能为法国接受的条款的。现在看来事实真相很可能更复杂些。英国那时对于什么是取得媾和的最好办法是有分歧意见的。马尔巴勒走得比他的同事们更远，他认为彻底打败法国是大家求之不得的，是可行的，而且马上就可实现的——而且同盟国可以轻而易举地把菲利普五世驱逐出去。实际上，条款草案的背后也都隐藏着与此相同的观点：如果法国已到了山穷水尽的地步，那么它此刻就必须接受这些条件。现在我们不能肯定的是同盟国是否设想过菲利普五世本人可能会拒绝这些条款。如果路易真的像鲁耶5月11日重申过的那样，真正拥有控制他孙子的权力，那么第四条和第三十七条就会成为像同盟国可能设想过的那样——只不过是法国的一种诚恳而善意的表示罢了，用以向菲利普表示：他此刻必须作出让步。然而海因修斯在5月6日与托西首次会晤时就接到暗示，说明路易可能并不完全像同盟国所想象的是菲利普的主子。现在同样不能肯定的是，路易答应抛弃菲利普时是否真心诚意。之所以在条款草案中提出几条令人反感的条款，其部分原因就在于考虑到路易可能没有诚意。但是在里尔失守之后，现在我们很难相信路易不是在真心寻求和平。菲利普拒绝服从授予他皇位的祖父，这件事本身就有损于法国在波旁同盟中的至高权力。西班牙人不易对付，这实际上使菲利普从他盟国中间赢得的独立性比奥地利或联合省从英国赢得的独立性还多。因而，由于双方考虑不周，制定了一项双方无法履行的提议，从而造成外交上的僵局。如果路易能早一些认识到不可能与西班牙达成任何有效的协议，那么托西就不至于同意同盟国对西班牙的要求了。不过那项使法国对菲利普五世行为检点负全部责任的全面要求是在下一年的格特洛伊顿堡谈判中才逐步形成的。由于法国特使们对于路易能说服菲利普迁往意大利的能力信心十足，所以最初几次谈判中从未考虑到这个问题。托西仍坚持认为，法国会拒绝承认菲利普对西班牙任何部分的继承权，并撤销法国的援助。同盟国之所以提出更多的要求，不是出于不信任路易的能力，而是出于不信任他的诺言。如果路易能用抵押城市或承诺对菲利普采取军事行动来证明自己的诚意，那么只需宣布一下这些措施，就足以把菲利普赶走，第四条和第三十七条也就永远不会付诸实施。同盟国并不了解路易无法控制菲利普，因而没有认真考虑到他必须强行实施那两项条款。没有一个同盟国当真怀疑路易会不屈从他们的条件。其他的条款比法国设想的要温和得多，主张恢复到一个由法国、英国和（得到西班牙一位哈布斯堡王朝后裔支持的）奥地利作为仲裁国的，保持均势的欧洲体系。对于尼德兰、莱茵河和萨伏依边境的 3 个屏障条约，尚未取得一致意见，但看来这 3 个条约不至于阻碍全面媾和。奥地利对西班牙继承权的奢望妨碍它再次坚持帝国在法国边界上的权力。布尔戈尼自由郡和阿尔萨斯的大部分地区依旧归属于法国。

诸同盟国的代表们只是达成了一个暂时而不稳定的协议。维也纳从未完全接受条款草案。秘密会议的争论认为，尤金与辛岑道夫为迎合荷兰已经走得太远了，但对于莱茵河的要求却又做得很不够。在法国拒绝"四十条"很久以后，大会还继续就"四十条"争论不休。皇帝不承认他的特使们的签字，符拉蒂斯劳、尤金和辛岑道夫等人警告说，这样做会带来大同盟的反击，皇帝对此不屑一顾。极端的苛求使任何协议和瓜分的希望都化为泡影，而约瑟夫一世在同盟国为支持他的主要目的而制定相应政策的时刻，却对他们采取了一意孤行的做法，使同盟国除了自己的利益以外再也不愿对奥地利承担任何义务了。此时，辛岑道夫认为应该利用这一机会提出更广泛的要求，而尤金则认为，那些令人反感的条款已超过了必要的程度。马尔巴勒同意这一看法。他说："如果我处于法国国王的地位，我宁可亡国也不愿同打我孙子的人同流合污。"① 只有巴塞罗那的查理三世对条款草案感到完全满意。

同盟国对"四十条"失败的责任进行了辩论。在海牙，谈判代表们责怪海因修斯，因为他是条款的起草人。他们责怪他未能为第三十七条找到一种可以取代的条款，不过他们自己也未曾对此提出过任何高见。诚然，海因修斯未能取得和平，但他却大大加强了他本国讨价还价的力量。1709年10月29日，英国依旧完全按照条款草案签订了一项他不能再予拒绝的屏障条约②，不顾这样做会影响英奥关系，也不顾英国政府显贵们的严重分歧（马尔巴勒依然认为这样做是危险的）。由于荷兰的坚持，条约中删去了一切有关"没有西班牙就不休战"的内容。英国同意为荷兰从马德里取得与英国相同的商业方面的让步，荷兰人还得到保证，他们将拥有他们期望能有的最广泛的屏障条约，包括诸如登德蒙特等要地。登德蒙特的重要性显然是商业上的。除此之外，该条约还是英国外交上的一项胜利。条约包括对汉诺威继承权的保证，而且要荷兰答应，未经法国认可就不能媾和。条约还使联合省继续参战。然而在政治上，条约对荷兰和辉格党双方都预示着是一场灾难。海因修斯认为，由英国为这一扩大的屏障条约担保比法国担保更可靠。但他的看法是建立在一个捉摸不定的基础之上的，即：辉格党能支撑到媾和的时刻。最后，因为条约所提出的巨大让步不得人心，使英国于1711年同意将它废除。无疑，这一条约含有若干对英国来说自相矛盾的内容，因为辉格党已从查理三世处获得单方面的利益，所以它坚持要满足查理三

---

① 见1709年7月10日"给海因修斯的信"，引自吉基与I. A. 蒙哥马利著《荷兰屏障条约 1705—1719年》，第131页。

② 见吉基与I. A. 蒙哥马利著《荷兰屏障条约 1705—1719年》，第438—439页。

世的全部要求不无道理。但是为了使查理取得完全的胜利,辉格党此刻愿意让荷兰分享斯坦厄普已取得的各种独占利益,这样英国说树立查理三世是英国最大利益所在就有点理亏。论点有所削弱。

条款草案遭到拒绝之后,彼得全姆再次成为交换意见的渠道。为了寻找取代第四条和第三十七条令人满意的条款,同盟国作了长时期的努力。1709年计划的惨败甚至使托西也产生了瓜分的打算,只要瓜分时能够把那不勒斯或西西里划归菲利普五世就好。在这种想法尚未完全打消之前,谈判于1710年3月在马杜克重新开始,接着又在格特洛伊顿堡继续进行。谈判的进展不大,同盟国把第三十七条作为讨论如何给菲利普补偿的条件,毫不妥协。在以后的几个阶段中,荷兰透露,只要法国一签署条约草案,同盟国将会进一步提出更多的要求。条约草案要法国交出更多的领土,这就使法国在敌方再次侵犯时处于无力抵御的境地。有鉴于此,路易十四就会非常明智地不签这个条约草案。他公开向他的全权大臣们表明,他管不了菲利普五世,菲利普不会自愿离开他的王国。他的内阁意见分歧,维拉尔在同盟国4月份包围杜埃以后就主张不惜任何代价实行媾和,只是由于路易坚决反对方才决定不投降,不过后来路易态度有所缓和,允许讨论敌人提出的要他对西班牙与他们一起作出共同安排的建议。6月5日,他最后同意,只要首先明确给菲利普另建一个什么样的王国,他将在西班牙给同盟国提供军队和给养。荷兰在了解这些指示之前已提出,要法国承担驱逐菲利普的全部费用。到了6月22日,同盟国已远远超越三十七条的规定,要求法国对所需的全部人员和费用负全部责任。正如托西所写的,"他们打算对祖父和孙子之间的一场战争袖手旁观"[①]。法国代表们于7月24日

---

① 《回忆录》第2卷,第86页。

离开格特洛伊顿堡。与马尔巴勒所期望的相反,荷兰虽然认为他们的条件过于苛刻,但依然完全忠于自己的盟国。再者,他们对伦敦如此唯命是从,以至坐失一个签订有利的和平条约的最后时机。法国再也不认真尝试利用共和国叛变的可能性作为达成全面媾和的手段了。当联合省最后打算媾和时,他们就只能从大同盟的毁灭中分得一点他们的同盟者事先替他们索取的残羹剩饭。

戈多尔芬内阁的垮台是一个转折点。该内阁关于在西班牙和意大利达成领土和解的诺言,由于法国屈服几乎已经实现了(实现这项诺言后能使地中海地区免于商业上的竞争,并使在西属美洲单方面作出让步的谈判得以进行)。但在格特洛伊顿堡谈判的最后阶段,法国已掌握确凿的证据,说明英国已开始表示不愿再恢复同法国的敌对行动了。

很难说明英国是何时开始反对这场战争的。政界人士已经有了成熟的看法,而且大体上是稳定的。对荷兰发动的"小册子论战"① 尚未开始。事实上,保守党的领袖们对条款草案根本不抱幻想。圣约翰对他早在1708年11月给哈利信中所表示的观点并未发生动摇,他说:"看在上帝的分上,让我们离开西班牙吧。"② 保守党的政客们害怕在公众中失去信誉,害怕会吓坏在战争中对待西班牙问题始终同他们观点非常一致的荷兰人,以免他们单独媾和,因而没有流露出不满。直到1709年3月,上议院和下议院才通过了一致决议,声称"没有西班牙就没有和平"。然而,对陷得不太深的政界人士来说,1709年5月谈判的失败削弱了辉格党在公众中的影响,这是显而易见的。施鲁斯伯

---

① 小册子是16世纪英、法、德诸国出现宗教争论时产生的一种宣传工具,后扩大到社会、文化、政治等领域,直至18世纪末仍是主要的舆论工具。嗣后才逐渐为报纸所取代。

② 见 D. 库姆著《荷兰人的行动》,第181页。

里认为"全国大多数人"要和平,圣约翰则说"此刻和平是最合乎公众和私人利益需要的"。①可是,对政府日益不满的最明显的迹象却来自与战争显然无关的国内问题。1710年3月对萨谢弗雷尔的审判恰好发生在重新开战的季节和法—荷谈判的同时;随着对萨谢弗雷尔名义上的判决而带来的狂热欢庆——这是保守党崛起的时刻已经到来的第一个迹象。施鲁斯伯里于4月14—25日被委任为宫廷大臣,反映了安妮女王对辉格党的深恶痛绝。它暗示着一种有着深远意义的政治变化。在路易十四同意讨论对西班牙使用武力后不久,森德兰即于6月14—25日被撤职,这就更加证实了这一政治变化。这种迹象为荷兰人所深刻理解。森德兰的下台使他们十分惊慌,在辉格党的劝说下,他们就去警告安妮女王不要解散议会。安妮女王著名的回答是:"这是对英格兰君主前所未有的最大侮辱。"② 她的回答显示,人们对她的行动所作的批评只能使她深信自己的行动正确无误。东印度公司股票的跌价、银行的警告和皇帝的抗议都未能使她惊恐。与此同时,哈利出色地分裂着辉格党的大臣们,他们中间的大多数人关心的是如何在职位上平安渡过风暴,而不是以辞职来表明他们的团结。9月间,哈利已牢牢掌握了局势。1710年的大选中,保守党以二比一的多数获胜,此事证明他精明地估计到国家的局面已不再为辉格党和豪富们所左右了。

圣约翰作为北方大臣加入了内阁,并且逐步地从哈利手中夺取了权力。他比哈利更狡猾而不如他坚决。1711年2月,他们就魁北克远征一事发生争吵。3月份发生了吉斯卡德企图谋害哈利的事件。到了夏季,圣约翰已把英国的政策掌握在自己的手中。哈利建议在一种体面而稳妥的媾和中把英国的同盟者控制

① 见D.库姆著《荷兰人的行动》,第209页。
② 同上书,第224页。

住，并对保守党上层在政府中进行一次彻底清洗的理由采取中间路线。他这样做的目的是为了取得辉格党适当的支持。哈利本来打算在媾和中与荷兰进行真诚的合作，而圣约翰则从一开始就准备给同盟国来一个既成事实。大同盟保证要忠于那个不可能实现的"四十条"，而且还要忠于其具体条款尚未为议会所知的那个屏障条约，这是哈利同共和国打交道时的一块绊脚石；他了解英国，同样也了解辉格党，知道他们都会拒绝对英国贸易利益所施加的限制。于是，内阁立即煽动起反荷情绪。就在8月间，在戈多尔芬下台的同一个星期，《检查者》创刊号出版了。事后证明，此刊在圣约翰的指导下，是唤起英国人原来就蕴藏在心头的，对荷宿恨的有力工具。圣约翰不得不指挥一场有两条战线的战争：一条是对付大同盟的英国支持者，他要逐步地约束这批支持者，使他们按他的意图抛弃大同盟；另一条战线是对付荷兰人，使他们既要同法国隔绝，又要同皇帝隔绝。他发动了一场宣传运动，一面假装对荷兰表示坦率，为英国的特殊利益进行呼吁，一面又表示愿意从1709—1710年所提出的高要求退回到大同盟原先的目标。这样，圣约翰就能进行一项高明的外交计划。这项计划使欧洲获得了和平，这种和平虽不如1709年可能获得的那么显眼，但却更为明智。与此同时，他为英国获得了那些单方面的利益。而辉格党早先正是因为企图在既不背弃同盟国又想偷偷瞒过同盟国取得这些单方面利益而遭到失败的。圣约翰的残酷无情主要是由于前届政府弄巧成拙的结果，他蔑视荷兰（因为荷兰未能履行1711年所承担的海军人员定额），他还愿意同敌方进行谈判。哈布斯堡王朝对西班牙布里韦加（1710年12月）希望的破灭，使5月媾和条款草案终于成为一纸空文。此事再一次肯定，战争不得不继续进行下去直至有一方愿意改变媾和条件为止。哈利和圣约翰都认为，查理三世征服西班牙的行动既不可能，也无必要。圣约翰对奥地利深为怀疑，他说："奥地利是附

# 第十四章 乌得勒支和约

在英国身上的恶魔，我一想起他们的作为，就必然会联想到就像有个人正在编着草绳，而他的驴子却正在另一端把草绳一口口地吃掉。"① 此时，被荷兰的要求所激怒的法国便迅速利用了英国政策变化中明显表露出来的那种厌战情绪。

托西与伦敦打交道的中间人是戈尔蒂埃牧师。此人原是塔拉尔家的成员，他于1701年留居英国，并已成为奥地利大使加拉斯的随从牧师。格特洛伊顿堡的谈判一中断，托西就立即建议戈尔蒂埃与英国政府中的新成员，特别是施鲁斯伯里取得联系。戈尔蒂埃经友人泽西伯爵（英王詹姆士二世的拥戴者）的暗助，于1710年8月同英国建立了联系。在直接谈判期间，泽西伯爵充当施鲁斯伯里和哈利的代理人，这给法国在下述两个问题上造成了危险的错误印象：新政府在媾和以及恢复斯图亚特王朝方面打算做到某种程度。直到1711年5月，圣约翰才弄清真相，法国也才意识到政府的变动并不意味着英国愿意放弃新教徒的继承权和英国的贸易利益。但是圣约翰确实接受了泽西伯爵曾提及可望作出的最重要的一项让步，即查理三世放弃西班牙王位。这是阻碍前几年和谈进展的唯一要求，现在放弃看来是有道理的。因为1711年4月17日，整个哈布斯堡王朝即由查理三世继承。不出3天，死亡（正如克雷芒十一世所说"死亡对任何人都是公正的"）夺去了法国王太子的生命，使菲利普五世成为法国王位的第四位继承人。同月，戈尔蒂埃提议召开和平大会，英政府认为召开大会要看事先能否就新的谈判条件草案达成协议。圣约翰机敏地坚持己见，说提出这些条件是法国为讨论问题提供了一个基础，他并让大家知道，查理三世对西班牙和西属印度群岛的要求只不过是一种形式而已。随之产生的4月22日提议，实际上

---

① 见《致德拉蒙德函》（1月5日，西洋旧历1710年11月），原载G.帕克编《博林布鲁克通信集》（4卷本，1798年）第1卷，第59页。

是英国所提的要求，表面上却是法国的建议。圣约翰向海因修斯说，这些提议是法国试探媾和的气球，英国则愿与共和国一起来进行探讨。海因修斯对圣约翰的意图抱有怀疑。但他与拜斯之间有分歧，使荷兰反应冷淡，并毫无猜疑地愿意让英国单独行事。此时，两国均无大使派驻对方（一位已去世，另一位休假去了）。在这次接触后，荷兰只是在5月间粗略地看过一次这些提议，后来就未再得到任何有关谈判的消息。直到10月，荷兰才得知伦敦和凡尔赛之间的条约已谈妥。

四月提议将作为全面解决问题的基础，在保障英国利益的同时，也适当照顾英国的各个同盟国，从而不使它们对协议不感兴趣，拒不参加。英国将获得同西班牙、印度群岛和地中海地区进行贸易的实际保障，并同意与荷兰签订一项条约，给荷兰以贸易自由。英国的各个同盟国将通过"一切合理的办法"得到满足，西班牙问题将在"有关各方都满意的情况下"得到解决。另外，还要召开一次全权大使级的会议来探讨媾和的问题。7月间，英国派一位名叫马修·普里奥的使节带着更明确和广泛的要求与戈尔蒂埃一起同往凡尔赛。马修是一位微不足道的人物，如果双边谈判失败，英国就可以不认账。托西同意在沿莱茵河地区与奥地利确定比较实际的边界（但不放弃阿尔萨斯），给萨伏依赔款割地，并让菲利普五世放弃在法国继承王位的权利。8月，普里奥由梅斯纳热陪同回到伦敦。在英国自身的要求尚未得到比较细致的解决以前，先把涉及荷兰利益和奥地利利益的困难问题搁置一边。经过同圣约翰、哈利、达特默思和施鲁斯伯里长时间的会议讨论之后（其间英国的地位由于马尔巴勒重创位于布卡因的"内普卢超越边界线"而得到了加强），10月8日签订了称为《梅斯纳热协定》的七项秘密条款。梅斯纳热协定是最后达成《乌得勒支和约》的基础。安妮与汉诺威的继承权将得到承认，奥地利和荷兰将确定其边界，敦刻尔克的防御工事将被拆除，媾和大会将讨论使各同盟国得到"合理的满足"的问题，同时将采取措施防止法国与西班牙王室合而为一，这样就使西班牙的归属问题悬而不决。双方同意，只有在两国认为合适的时候才把这些条件告诉各同盟国。英国的各项利益写在另一项单独的文件中，很明显，它将获得巨利。英国曾为使查理三世留在西班牙而进行过战斗，英国为此应获得酬报。此时，它的酬报将从菲利普五世手中获得，这些酬报包括：把直布罗陀与米诺卡割让给英国，与英国签订30年的供应非洲奴隶的契约，同意英国使用普莱特河上的贸易站。英国在纽芬兰和赫德森湾的殖民地将得到恢复。条款的详细内容有待进一步确定，但从此以后，圣约翰就直接与托西往来了。

秘密不久就被揭露了。加拉斯（这次谈判就是在他家里开始的）向一家辉格党杂志透露了条件内容。大家对条件的反应使英国政府大为震惊。为了稳定公共舆论的情绪，英政府公布了有关英国的条款。这是赤裸裸的背弃同盟国的行径，英国政府的威信为此大为下降，并危及英国的安全，直到斯威夫特的《同盟国的行为》一文打赢了这场笔战，才改变了这种困境。此时，荷兰因拜斯到伦敦去进行实地调查受到冷遇而更加不安。他到达之时恰巧是条件内容被披露之际。很明显，英国此时不想在与西班牙贸易中寻求单方面的利益，所以根本不重视屏障条约。拜斯试图弄清楚屏障条约最近达成了什么协议，他只得到了含糊的答复。圣约翰则依靠他派往海牙的一位新大使斯特拉福特勋爵，以单独媾和作为威胁，逼迫荷兰国王接受《梅斯纳热协定》。到11月底，联合省眼看已无法再行力争，于是只得同意就他们自己的国土问题召开一次会议。

英国的大臣们终于安安稳稳地坐下来参加议会了。在荷兰举棋不定之时，英国议会一星期又一星期地休会。托西和圣约翰之间联系密切，荷兰提前行动的可能性就减少了；托西实际上拒绝了惊慌的共和国同他接触。荷兰认识到，它不论是同法国谈判还是同奥地利谈判屏障条约，都不能没有英国帮忙；此刻若与英国对抗，那就什么屏障条约也谈不成。保守党的多数派于12月7日使条款在下议院通过。在上议院，高教会派的保守党人与反对媾和的辉格党人之间在"信奉国教"问题上达成策略性的妥协，结果产生了一项动议，即：任何和平条约都不能将西班牙交给菲利普五世。同月，女王晋封了12位可成为上议院议员的新贵族，于是，世袭议院对于公众寻求和平的阻拦就被打破了。马尔巴勒于12月31日被撤职，他欺骗荷兰的主张此刻已不再是必要之举；随之而产生的强烈抗议，很可能出于对他的撤职过于粗暴，而不是对此事的政策不满。到1712年初，圣约翰和哈利（此时已是牛津伯爵）已在国内斗争中获胜。这证明英政府和公众情绪的联合力量已相当强大，足以使政府在1711年最末3个月中渡过那场由善辩和愤怒的辉格党对它发动的攻击风暴了。媾和斗争的第二阶段于1712年1月29日在乌得勒支的市政大厅开始。

乌得勒支长达15个月的谈判结果，是英法之间的稳固和解。英法双方还互相支持一项广泛的和解。除奥地利外，所有国家都同意接受这项和解。1713年4月和4月以后订立的一系列条约是英法两国的胜利，他们在这一非报复性的媾和中获利最多。英国自始至终是主动的。它利用3个最强国家对法国施加压力，同时又使三国之间相互牵制，借以保持平衡，终于使英国在欧洲以外获得了殖民地利益和商业利益。要使各同盟国认识到，政治上的愿望，最终必须用实现这些愿望的手段予以落实，这一任务却更为困难。圣约翰的主张是建立与大同盟条件相适应的权力平衡，而不是单独媾和，否则会使法国在欧洲建立霸权，而战争的目的正是为了防止出现这一情况。1712年，他整年都在寻求全面和解的办法。在他给各国全权大使、给法国的普里奥和托西本人的信件中都充满了这一内容。实际上，全面和解意味着解决西班牙继承权问题，意味着迫使主要的同盟国之一的荷兰同法国和好——这就需同荷兰进行艰苦的谈判，并与皇帝疏远。荷兰不愿签约，是因为对英国的单方面利益有意见。荷兰长期以来就主张瓜分西班牙的领地，这是奥地利始终抵制的。圣约翰则简直对战争武器与外交武器不加区分，敌友也不分。法国与同盟国之间的谈判会议每星期进行两次，上午10时开始。直到3月中旬，谈判进行得很有成效。在1712年剩下的9个月内，谈判在各大国首都之间通过无数的渠道进行着，但最终的协议总是要靠伦敦和凡尔赛的同意才能达成。

大会开始时，英国在许多方面都处于备受责难的地位。英国本身的贸易要求和领土要求只是笼统地提一下。《梅斯纳热协定》并未为西班牙王位的安排和边界地理位置作出具体规定。英国的全权大使斯特拉福特和鲁宾逊奉命同荷兰一起进行工作，以求解决此事。然而，大会在认真的谈判开始之前中断了会议。当时，拜斯（荷兰的全权大使）要求对《梅斯纳热协定》作出解释。他从波利格纳克和于克赛勒处得到的"解释"是，该协定在承认英国的各项要求之余，把法国给予所有其他国家的让步减少到最低限度。这种苛刻的协议激怒了荷兰，也使圣约翰大为震惊。这样，法国看来在英国和它的同盟国之间插进一个分裂他们的楔子。3月5日，各同盟国分别向大会递交了一份"特定要求"。英国只是重申了法国已说过的话，称盟国要求会得到"公正与合理的满足"，非常笼统，也留下机动的余地。荷兰同样把全力放在自身的利益上，即：恢复有利的1664年的法国税率，对尼德兰境内和法国北部的一系列要塞拥有完全的主权，另外还要求在于伊、列日和波恩有驻军权，此举只能被理解为强化防御奥地利和神圣罗马帝国的边界。在这些要求中回避了西班牙这个中心问题，奥地利对此未作任何让步。

此时，辛岑道夫作为全权大使，带着取得整个西班牙继承权和只在1709年的"四十条"的基础上进行谈判的使命出席了会议。自大会通知开会以来，奥地利的政策一直处于激烈辩论的瘫痪状态。加拉斯由于处事不慎被驱逐出伦敦。1712年1月尤金到伦敦访问也未能改善英—奥关系；他过迟地表示愿意增派部队去西班牙，只能表明伦敦与维也纳之间的隔阂已经很深。这时，维也纳的王室利益就得看查理三世和查理六世了。如果说约瑟夫一世根据自己的权衡可能最终放弃西班牙的话，新皇帝却决不会作出让步。奥地利的"特定要求"是毫不妥协的。辛岑道夫与尤金力劝维也纳与荷兰或英国联络，以求取得某些一致的观点，但帝国政务会不同意同任何一国合作。甚至在一般性会议休会后，荷、英两国向奥地利私下示意时，哈布斯堡王朝的政策依然不变。4月初，哈利考虑把西班牙交给萨伏依，符拉蒂斯劳看到这是签订某种协议，使奥地利根据协议取得萨伏依和巩固其意大利领地的一个机会，但是他遭到奥皇愤怒的拒绝，因为这一政策可能要冒西班牙继承权被瓜分的风险。各日耳曼国家提出一系列相互冲突的"特定要求"，其中以普鲁士为首，它要求获得奥伦治继承权，这些要求都对大会起着阻碍的作用。对奥地利来说，这一情况引起了它重新开战的希望。但英、法却幸灾乐祸地看着大会陷入僵局，因为这样就提供了重新进行私人外交的机会。由于法国全权大使最后拒绝对"特定要求"作出书面答复，一般性会议于4月9日正式休会。

在一般性会议期间，正常渠道活动的速度和复杂性丝毫没有降低。在1712年上半年同法国的私下谈判中，英国差一点达到了它1709年的伟大目标，把波旁皇族赶出西班牙。但它又一次受骗了。这次骗它的是菲利普五世。在皇太子去世10个月之后，其子布尔戈尼公爵去世，不到3个星期之后，布尔戈尼公爵之子布列塔尼公爵在1712年3月8日随着进入了坟墓。布列塔尼的弟弟安茹公爵便成为王位的继承人,从外表看来他比死去的哥哥更为虚弱。[①]"假如上帝没有保佑这盏眼看就要熄灭的灯",菲利普五世就会成为路易十四的继承人。此时,死亡还可能来得及为法国获得战争得不到的东西,即两个王室的合并。然而路易十四由于害怕各同盟国反对,不敢坚持保留菲利普的(继承)地位,因而,菲利普必须离开西班牙,否则就放弃他对法国王位的继承要求。英国原先于3月提出要菲利普放弃法国的要求,法国则发表一项强硬的声明。声明说,据法国的基本法律,"按继承顺序,挨王位最近的亲王,是王位的当然继承人",这样英国的要求就是废话了。需要时菲利普可以选择王位。圣约翰看到这是办不到的,他也没有耐心再纠缠神学原则了,坚持要求菲利普现在就答应放弃一个王位,并见诸行动。如果菲利普选择法国,他必须立即离开西班牙。为了引诱他离开西班牙(两国都认为他会这么做),圣约翰就提出荷兰早些时候一再提出的建议,即:那不勒斯、西西里和萨伏依的领地都归菲利普五世。这样就向菲利普展示一种诱人的前景:如果他继承法国王位,萨伏依也一同归属于他。这项建议足以赢得路易的同意,并命令菲利普服从。路易十四对菲利普说:"如果你对臣民们怀有热爱和感激之情,使你要跟他们捆在一起,那么我可以对你说,你对我,对自己家庭和自己祖国的感情都会胜过你对西班牙的感情。"[②]然而,菲利普在西班牙进行战争并不是为了使自己作为一名王家血统的亲王居住在法国或萨伏依。他希望按照他应有的权利继承法国王位,同时不放弃西班牙而把它留给自己的儿子。5月29日,

---

① 见托西著《回忆录》第2卷,第282页。
② 引自布德里亚著《菲利普五世与法国之心》(共5卷,1890—1910)第2版第1卷,第491页。

他在接受圣礼之后,他的地位得到了巩固。他说:

> 通过这一步骤,我给法国带来了安宁。我为法国取得了君主国的联盟,否则这个联盟说不定在什么时候就会和法国的敌人联合起来使它遭殃;同时我接受这个看来是最光荣和最符合臣民福利的决定。臣民们的热诚和爱戴是使我成为君主的强大力量。①

菲利普对最后应该如何决定西班牙继承权问题作了安排,同时还确认奥地利此时参加媾和全面协议的可能性很小。路易看来虽然感到失望,但并不觉得惊奇。但圣约翰对曾于1709—1710年使辉格党受骗的法王的无限权力却抱有同样的信心。在等待菲利普作出决定的日子里,他曾把萨伏依驻乌得勒支的使节马费伊叫到伦敦去,心想他会说,他的君主将成为西班牙的国王。然而圣约翰肯定得接受菲利普的选择,并于6月6—17日把全面媾和条件递交议会。议会接受这些条件后就宣告休会,直到1713年4月复会,那时条约已签署完毕。这样,缔造和平的特权使政府在全部工作完成之前免受国内对此事的质问。

在这6个月期间,英荷关系恶化。2月间,部长们把1709年边界条约内容公开时,关于在西印度群岛和尼德兰贸易权平等的争吵发展到了顶点。议会愤怒拒绝该条约,汤森由于签署了在商业上让步的条约,议会表决他为国敌。议会中对一时占多数的议员们所播下的深信荷兰的种子,此时收割了。荷兰打算接近奥地利人的企图遭到了失败,因为辛岑道夫仍对尤金的伦敦之行抱着希望。荷兰此刻在各大国中没有支持者,便只得任凭英国摆

---

① 见布德里亚书,第1卷,第499页。

## 第十四章 乌得勒支和约

布,把他们的要求降到和供应非洲奴隶契约一样低。① 5月21日,限制奥蒙德的法令有效地结束了英、法的敌对状态。圣约翰写信给哈利说:"荷兰郑重其事地争论英国是否应该享有供应非洲奴隶契约中敌人给我们的利益。当您听到这消息时,难道不把你吓得浑身冰凉吗?"② 7月8日,荷兰收到通知,英法之间休战两个月。英法休战使屏障条约的规定大为缩小,并从1664年关税条约的总收入中取消了羊毛制品、鲸鱼骨与鲸油、鱼类和精糖等商品的收益。按1664年关税条约规定,应准许荷兰货物进入法国。7月17日停战协定最终签订,停战协定对根特、布鲁日和敦刻尔克进行占领,作为荷兰就范的抵押。由于菲利普五世的意外选择,荷兰又一次陷入孤立的处境,于是决定试图再次与奥地利恢复友好关系。尽管辛岑道夫作了种种努力,但并未奏效,主要是因为维拉尔在德南的胜利打垮了荷兰继续战斗下去的决心。博林布鲁克子爵(此刻与圣约翰一样)担心荷兰由于绝望而在英国为解决北美问题制定出详细办法之前去求助于法国。鉴于必须抓紧时机,他于8月中旬亲自赶往枫丹白露,并在那里一直呆到9月。英法休战延长了4个月。萨伏依公爵在西班牙问题上深感失望。为作安慰,在西班牙恢复原状后,他在媾和时可获得西西里王国。博林布鲁克还同意把撒丁岛给马克斯·伊曼纽尔,并同意他称王。然而他抵制了法国企图说服英国去强迫其同盟国媾和的做法。正如路易十四在1709—1710年曾做过那样。

---

① 荷兰表示同意,因为它明白,法国没有得到的好处,英国也不会得到,例如西班牙未给英国什么贸易上的让步。(见盖蒙与蒙哥马利书第271页)意思是英国故意在这一点上欺骗了荷兰。事实上,供应非洲奴隶契约的详细内容和把每年一次的"特许船"一项包括在该契约之内的意见,直到莱克辛敦和希利根于1712年10月到达马德里后才进行了讨论(见G.塞勒《卡斯蒂尔在印度的贩奴活动》第2卷第541页),见本书原文第475—476页。

② 见《博林布鲁克书信集》第2卷,第324页。信的日期是5月10日。

10月，英国由于害怕荷兰把南尼德兰归还给马克斯·伊曼纽尔，并为此正进行谈判，英国突然对屏障条约采取了强硬态度，坚持该条约必须把图尔内包括在内。11月2日，路易让步了，3天之后，菲利普五世在马德里国会上声明他放弃对法国（王位）的继承权。博林布鲁克于12月8日把包括保留图尔内在内的这些最后条件交给荷兰。① 荷兰坚持要求有3个星期的考虑时间，嗣后所有各联合省（格罗宁根除外）均同意接受上述条件。

荷兰宁可接受英国那些使人不愉快的条件，而不愿接受法国后来的条件，这一情况标志着双方的小国都在各奔前程。其中普鲁士、葡萄牙和萨伏依三国在媾和中是可以争取的，因为这三国的问题与无法解决的奥地利问题可以分开处理。除了通过皇帝或法国国王才能与大会有联系的日耳曼小国外，其余日耳曼小国，在乌得勒支没有代表，它们肯定会产生更大的麻烦，特别是路易的维特尔斯贝希的几个同盟国。但是如果要全面媾和，那就必须替同盟国的各种要求作好安排。最棘手的是早些时候为争取荷兰，有些要求已被搁在一旁。

普鲁士想在王室名分上得到法国的承认（实际上这并不是什么困难），并获得西班牙的盖尔德兰。普鲁士从1703年以来就以各同盟国的名义在盖尔德兰驻军，但英国曾在屏障条约中答应把该地划归荷兰。普鲁士对媾和的态度要看这两个问题的解决。普鲁士还要求与荷兰的纳索—弗里斯兰亲王分享法国境内奥伦治领地。1709年，英国曾答应把布尔戈尼自由郡、弗朗谢—孔泰和普罗旺斯等地划给普鲁士作为对西班牙盖尔德兰的补偿。英国此刻一心想讨好荷兰，同时又不致疏远法国，对普鲁士是否继续参战就不再关心了，因而不再支持普鲁士对奥伦治的要求了。此事重新引起普鲁士对上盖尔德兰感到不安。如果法国不能满足普

---

① 1713年1月边界条约。见本书原文第476—478页。

## 第十四章 乌得勒支和约

鲁士的要求,共和国就必须予以满足。1712年,当安哈尔特的利奥波德占领了克里夫斯的封地默尔斯后,普鲁士便接着向法国提出对盖尔德兰的要求。英国对普鲁士的要求表示接受,荷兰只能表示反对;奥地利人在获得鲁尔蒙德(由意荷共同驻军)以后,同尼德兰的交通联系就有了保证,于是也表示赞成。按照这项协议,1713年3月,荷兰获得了史蒂芬斯韦尔特、圣迈克尔要塞、文洛,并且可在默兹河上自由通航。普鲁士最后也获得了内沙特尔公国及其所属的瓦朗金省。

葡萄牙是愿意媾和的。彼得国王于1703年5月加入大同盟,葡萄牙为了从这个大同盟身上榨取最大限度的利益,它采取了一切预防措施。就在这个条约里,首先整个西班牙明确划归查理大公,然而又答应把西班牙一批边境城镇划归葡萄牙,这就破坏了这个条约的原则。如果同盟国战败或背信弃义,葡萄牙就缺乏保护措施了。当路易十四承认葡萄牙在"四十条"中提出的各项要求时,葡萄牙就感到大有希望。1710年后,大同盟分裂,它只能从残局中捡些破烂罢了。法国于1711年9月23日占领里约热内卢,同盟国在西班牙战败的危险性增加了。在乌得勒支,葡萄牙的"特定要求"是履行1703年条约,并用法国对卡晏的和解来调整有争议的巴西边界。英法的双边磋商不顾第一个《梅休因条约》的规定,同意在半岛内相互归还领地,并把注意力集中在美洲边界上。到11月7日,法国的让步使葡萄牙同意休战。休战一直延长到1713年3月签订和约时为止。法国为了保留"旧世界"(指欧洲——译者)西班牙的完整性,就在"新世界"(指美洲——译者)作出了让步。这样,菲利普五世就通过战争取得了查理三世那些可能会被大同盟牺牲掉的东西。

要赢得萨伏依就更为复杂了。维克多·阿马戴乌斯是按照对他非常有利的条件参加同盟国的。条件是,如果奥地利王室的香火断了,他便是西班牙的继承人,蒙特菲雷特和米兰尼斯河的一部分[①]也将归他所有。在乌得勒支和会上,萨伏依是唯一算得上的意大利国家,它的损失比其他小国要少。法国企图恢复原状(分成萨伏依和尼斯),暗示萨伏依扩大到米兰尼斯河,拥有伦巴第国王称号,并在奥地利接壤处建立一条边界。由于萨伏依外交官的能力,由于博林布鲁克想把边界建立在意大利与法国之间,也由于安妮女王的柔软心肠,想建一个王朝(根据和解法令免去了皇族的英国继承权),这一企图遭到了失败。菲利普五世1712年5月底作出的决定排除了公爵立即继承西班牙的可能性。虽然英国不支持萨伏依要取得摩纳哥要塞,或取得日内瓦山以南的领土、迪朗斯以及(托西称之为"法国的大门")伊泽尔河上的巴劳要塞的要求,但是博林布鲁克还是坚持把西西里划归萨伏依作为换取西班牙的补偿。他说,"这样调整还可以使一个重要战略岛屿掌握在友好国家手中"。当博林布鲁克同意把撒丁岛划归马克斯·伊曼纽尔时,法国让步了。支持萨伏依获取西西里而不延长阿尔派恩屏障,其原因在于英国决定与法国修好。这种修好实际上排除了对法国提出种种要求的压力,但并不把属于英国各同盟国的领土拱手出让。奥地利曾要求西西里划归于它,因而它注意到,英国正在利用牺牲一个大国利益的办法收买小国同意媾和,以便逐步孤立奥地利。1月间,皇帝勉强同意让出西西里。接着,1713年3月的意大利休战协定使萨伏依免于参加战争。最终的决定是把萨伏依—皮德蒙特与多菲内之间的山顶确定为边界线,法国交出乌尔克斯山谷地带、塞扎纳、巴多纳谢和夏托—道芬(并加上埃克西尔和费内斯特雷尔);萨伏依放弃巴塞罗那特山谷,以及边界线上在法国一侧的要塞小城镇,并确定,假如波旁家系绝后,西班牙便划归萨伏依。

---

[①] 指从亚历山大里亚一直到瓦伦察,包括洛梅利那和瓦尔塞西亚。

## 第十四章 乌得勒支和约

1713年初春，联合省、普鲁士、葡萄牙和萨伏依都参加了一项全面和解协议。然而协议的条件更难使皇帝签字。就荷兰与萨伏依来说，协议的条件是与维也纳的要求完全背道而驰的。1712年下半年，奥地利的政策曾提出实际的让步，以求把大同盟团结在一起，但却没有毫不含糊地表示将放弃对西班牙（哪怕是一部分西班牙）的要求。参加秘密会议的各日耳曼成员国是真心愿意放弃西班牙的。早在德南对取得荷兰支持一事的希望有所减小之前，符拉蒂斯劳和塞勒恩已说服皇帝采取瓜分的办法，或者（作为最后的手段）坚持加泰罗尼亚成为一个独立国，以此作为忠于哈布斯堡王朝事业的报答。与英国重开谈判的要求未立即遭到拒绝。博林布鲁克希望与维也纳的和谐来往能减少奥地利抛弃联合省的可能性。与此同时，他与法国之间已经休战了4个月，驻在西班牙的英国军队已无用武之地，依靠英国海军支持的皇帝同西班牙之间的联系也割断了。11月，法国同意把图尔内包括在屏障条约之内，这一做法是荷兰决定接受条件的转折点。荷兰不再支持奥地利对斯特拉斯堡的要求，不再反对马克斯·伊曼纽尔继续呆在尼德兰。这一背叛行为使皇帝完全陷于孤立，于是法国便开始抬高要价。英国由于自己的事尚未安排妥当，便接受法国的意见，坚持要马克斯·伊曼纽尔待在卢森堡和那慕尔直到他获得撒丁并且有了国王的尊号。在意大利和巴伐利亚问题上毫不动摇的维也纳，此刻过迟地表示了它对西班牙问题上的灵活性，其实，秘密会议早在4个月前就向它建议过这一点了。11月间，在伦敦进行谈判的霍夫曼表示，皇帝此刻会同意放弃西班牙，并接受加泰罗尼亚成为一个共和国，然而，其独立应得到各国的保证。英国人知道这个主意一定会延误媾和，只是建议让加泰罗尼亚人听凭菲利普的处理。英国人更实际，表示愿意为奥地利与其在意大利的敌人签订一项休战协定进行谈判，并为奥军撤出西班牙作出安排。这是一项双刃剑的建议，因为查理六世一方面担心他妻子在巴塞罗那的安全，一方面又不愿放弃他在意大利的有利地位。其时，皇帝也正在想方设法与马克斯·伊曼纽尔私下和解。但他的一切办法都不能阻挡几个小国宁愿得到英国对凡尔赛影响的保护。维也纳于1713年1月同意放弃西西里后，3月份，通过在海牙同英使节的几次谈判，达成了从西班牙撤军和在意大利实行休战的协议。加泰罗尼亚人在晚些时候才受到这一打击的影响，因为英国不愿遣返帝国军队从而在莱茵河与法国重新开战。

1713年2月，全面和解的建议被送往伦敦，这是奥地利最接近签署全面媾和条约的时候，只是关于巴伐利亚的建议遭到了法国的拒绝。皇帝虽然同意马克斯·伊曼纽尔迁往撒丁，但坚持他必须从其领地撤出，并且不能把上巴拉丁归还给巴伐利亚。就在这时，法国知道博林布鲁克急于去对付议会，急于要巩固他作为全面媾和发起人的地位，同时相信英国必然会支持法国，所以再次提高他们对奥地利的要求，虽然此时哈布斯堡王朝的让步已达到了最大限度。法国为了把曼图亚、米兰多拉和科马基奥从奥地利分割出来，决定支持被博林布鲁克称之为"一群懒惰和无所作为的诸侯"的意大利小国的利益。[1] 意大利那些小诸侯的利益对法国无关紧要，而且法国的军事地位也不能再对他们承担责任。这些举动，加上新提出的要查理六世承认菲利普五世的要求（这使自己在西班牙的要求也化为乌有）只能被理解为是企图羞辱被孤立的哈布斯堡王朝。法国在乌得勒支的全权大使们原先收到的指令清楚得很，不要为意大利的诸侯们去争取任何利益，他们的不幸应归咎于其自身的胆怯。迟至3月22日，辛岑道夫还表示，如果放弃最后的那些要求，他便同意参加媾和，但此时法

---

[1] 引自O. 韦伯1713年2月20日、3月3日给英国全权大使信，原文载 *Der Friedevon Utrecht*（Gotha, 1891），第376页。

国已经没有可能为自己留下后路：这是由于法国过高估计了英国对法国的支持的缘故（事实上博林布鲁克并未给过任何支持），或是由于法国过低估计了奥地利的自尊心的缘故。法国的全权大使们公开承认说："如果我们早知皇帝会如此固执，我们就不会把弦绷得这么紧。"① 随后，法国拒绝了奥地利的反建议（奥地利反建议只是重申了它已经同意过的东西），这是重新开战的信号。

在这次谈判中，博林布鲁克起着主要的作用。他把大部分精力花在调解与英国没有直接利害关系的争论上。只是到了由各种协议凑成媾和条约最后成形的阶段，他才去完成他自己最重要的那部分工作。他有选择时机的杰出才能，从而把英法问题的详细解决办法尽可能拖到最后的时刻。路易承认詹姆士二世的儿子本来是引起这场战争的一个原因，这一点已被《梅斯纳热协定》解决了，然而路易不很愿意把这位觊觎王位者逐出法国。英国的政客们自己也小心翼翼。没有迹象能表明詹姆士二世的儿子对王位没有野心。背弃奥地利也会引起汉诺威的叛离。汉诺威是皇帝最坚定可靠的同盟者之一，它认为安妮女王去世后保守党的前景对它凶多吉少。虽然哈利直到1713年初还在考虑安妮女王死后他应支持谁，但王位的继承问题并未使媾和谈判受到严重的干扰。路易十四最终于1713年2月把詹姆士二世的儿子迁到了洛林。余下的两个突出问题是：北美问题和一个商务条约。英国在获得恢复英法贸易条件之前，可以拒绝在美洲作出法国迫切需要的各种让步。博林布鲁克寻求的是今后英法关系会比较友好，这种关系会通过商业互惠而得到加强，从而避免一代人的关税之战。商务条约是在普里奥初次访问法国期间创议的，1712年3

---

① 引自希姆斯的报告，1913年5月30日，出处同上，第390页（希姆斯是驻海牙的奥地利使节）。有关意大利的拉斯塔德和约见本书原文第473页。

月由英国主动提出而正式起草成交。原来设想这是一项最优惠国的条约,是一种回到1664年关税条约的做法。不幸的是,等到普里奥为此进行详细谈判之时,英国已在这之前同意在法国准备给荷兰的减税项目中取消羊毛制品和其他三类商品。托西为了给荷兰保留最优惠国待遇,坚持给予英国的条件必须受到同样的限制。结果,(英国)经过一场激烈的笔战,和以托马斯·汉默爵士为首的保守党牧羊主们的反对之后,议会于1713年6月完全否决了"商务条约",使博林布鲁克抱着很大希望的这一条约成了他一次真正的失败。然而,此时法国与英国在经济上与其说是相互补充,不如说是处于相互竞争的状态:商务条约未必能促进两国更密切的政治关系。1716年的联盟主要是两国王室短时期虚弱的产物。① 这些谈判所取得的成果都只是为了维持两国在美洲求同存异的局面。② 在美洲,圣约翰要求保留阿凯迪亚,恢复赫德森湾要塞,并占有全部纽芬兰和圣基茨。托西则要求法国捕鲸船能使用协议规定的那部分纽芬兰海岸作为晒鱼场。魁北克远征的失败(正当《梅斯纳热协定》签订时为英国所悉)以及想在与同盟国接洽之前两国便达成一项全面协议,使圣约翰置贸易部于不顾。贸易部担心法国在渔业中与英国竞争,并且了解托西对普里奥的谈话的真实含义,即:纽芬兰对于法国水手和英国水手来说,同样是他们的养鱼场。就连到了1712年12月这些问题将要得到最终解决时,普里奥和施鲁斯伯里还在法国就达成有关渔业协议的问题拖延时间,继续坚决要求得到阿凯迪亚和瓜分勃兰登角岛,以此作为争取更有利的商务条约的手段。结果,条约允许法国使用从博纳维斯塔北部西至里奇角的纽芬兰海岸,保留圣劳伦斯湾岛屿的全部所有权。英国则收复了赫德森湾的要塞,拥有

---

① 见《新编剑桥世界近代史》第7卷,原文第194—195页。
② 关于阿西恩托条约,见本书原文第475—476页。

## 第十四章 乌得勒支和约

整个纽芬兰，同时保留阿凯迪亚（新斯科舍）和圣基茨。

博林布鲁克发现战争季节已临近而尚未做好准备，又被议会的继续休会弄得心神不定，便于1713年2月28日发出最后通牒，从而停止了商务条约草案中更改关税率的期限的争论。3月15日，他通知托西，他已准备签署条约。4月11日在乌得勒支，英国、萨伏依、葡萄牙、普鲁士的大使们，以及联合省的大使（在午夜之后）同法国签订了和约。大会完成了它的主要任务。但全面媾和尚有待于探索。奥地利和日耳曼的诸侯们还未与法国媾和。也没有一个国家与西班牙媾和。西班牙的全权大使只是在法国签订诸条约之时才获得护照赶到乌得勒支。

英法条约使英国得以实现其主要的战争目的：承认安妮女王和承认新教徒的继承权，通过把菲利普五世排除出法国皇族家系以恢复权力平衡。博林布鲁克无情地对待同盟国的行为受到了应有的指责。然而，他明晰的判断和解决问题的效力也获得了同等的赞扬。随着战争的继续，各同盟国的目的发生了分歧。荷兰首先认识到"没有西班牙就没有和平"的主张没有充分考虑到军事上的实际可能性和它政治上的含义。当查理大公继承了哈布斯堡王朝在中欧的领地之后，只有奥地利才有兴趣把战争进行到底了。英国和荷兰所能做的一切都不能满足奥地利对西班牙的野心，即便它们原来打算满足它也是枉然。当威廉三世的朋友们在英荷两国继续掌权时，英荷关系是亲密的，但当它们都不再害怕法国之时，两国的根本利益便发生冲突。

由于3个主要同盟国的目的分歧，不可能在媾和的时间问题上达成协议。愿意媾和的两国中，只有英国能采取主动。荷兰不能抛弃英国，因为它如果继续打仗，如果其边界不能得到同盟国的保证，它将处于任凭法国摆布的境地。然而，英国除了控制其边境的海军以外，它的边界不需要别人来保证。作为最后一着，英国没有荷兰也能媾和，而荷兰没有英国却不能安全地媾和。于是，博林布鲁克便利用这一行动上的自由，不进行单独媾和，而求欧洲问题的长久解决，并为英国取得一系列独有的利益。对此，所有的同盟国都关心自己所能取得的利益。皇帝把他的要求定得无法实现。1709—1710年，英国政府为使荷兰执行一项不可能实现的政策而向荷兰作出过分慷慨的许诺，荷兰深信不疑，结果吃了苦头。英国以后的政府将目标变成了一种可以实现的计划，并利用缺了英国就不行这一优势，迫使其同盟国遵照它的计划行事，使英国得到好处。

4月11日的各项条约签署之后几个小时，辛岑道夫便离开了乌得勒支，而他的同事基尔赫纳却在那里又呆了5个星期。皇帝此刻不再受到符拉蒂斯劳（他于1712年12月21日去世）温和姿态的牵制，但却受到西班牙顾问们的影响，他既不承认西班牙的波旁国王，也不同意给这位被剥夺权利的巴伐利亚选帝侯另外的好处。由于皇后从巴塞罗那回国，作出继续战争的决定就更容易了。这一决定得到拉蒂斯堡国会的支持。该国会在7月宣称，法国的建议会"玷污这个日耳曼国家的荣誉"，并答应为一场新战争提供给养，从而使皇帝可以向阿姆斯特丹借款。但是这些姿态并不能掩盖皇帝与帝国之间缺乏共同的目标。除查理六世以外，所有国家都想把战争限制在莱茵河地区，关于这个问题，皇帝只与法国达成了协议，而日耳曼诸侯们最想推翻的正是这个协议。他们将会成功，但结果对他们自己不利。皇帝要的是意大利的领土和加泰罗尼亚人的安全。有些（日耳曼）国家要掠夺德国北部正在崩溃中的瑞典帝国，因为这样做比继续与法国作战报偿更高。但这样做的结果却造成它们之间更多的误解。当时，汉诺威已经占领凡尔登（1712年8月），普鲁士的新国王弗列德里克威廉一世已于1713年6月制定了夺取什切青的计划。

这场新战争的结果不久就有分晓了。维拉尔于8月17日占领兰道之后谈判便恢复了。同月末，维拉尔的谈判得到了充分的条件和一系列可供选择的方案，所有方案都有一条：给意大利小诸侯们以赔偿和恢复马克斯·伊曼纽尔的领地，至少是恢复他在大因河和多瑙河之间的土地（事实上它是路易十四在德国南部的宝贵前哨基地）。11月间，布赖堡因弗赖斯高沦陷。政界人士在法兰克福开会宣布他们不能再继续这场战争，此时，皇帝便委托尤金全权处理此事。于是，两位将军便于11月26日在拉斯塔德的巴登侯爵官邸会晤。

谈判并不困难。两位全权大使是老相识，虽然维拉尔住在官邸左侧，尤金住在右侧，他们却在一起用餐，并合用他们的接待室。两人都想要媾和。但是，尽管维拉尔的军队处于有利地位，但他还是给了尤金优惠条件；尤金则不光彩地利用维拉尔的神经脆弱，谈判遇到困难后便威胁说他就要停止谈判。维拉尔渴望人们能把他看做是欧洲的调解人，就毫不犹豫地责怪他的宿敌马克斯·伊曼纽尔拖延了媾和。然而，争论集中在意大利和加泰罗尼亚问题上。法国逐步地放弃了要把哈布斯堡王朝赶出意大利的要求，但保留让菲利普五世任意摆布加泰罗尼亚人的权利。1714年1月，维拉尔和尤金把他们的建议分别送交各自的政府。对意大利诸侯们的要求只是简单地许诺要公平处理，"但不能阻碍媾和"。[①] 维拉尔还同意尤金的建议，允许奥地利人继续对加泰罗尼亚人进行军事援助。尽管托西提出了尖锐的批评，维拉尔却认为他已经赢得了他所谓的"我最后的一个战役"。[②] 他的建议遭到了拒绝后，他高兴地接受了尤金的意见，让奥地利人将一份最

---

① 库西侯爵：《1701年反法联盟》（共2卷）第2卷，1886年，第191页。
② 1714年1月28日托西致博林布鲁克的信："我们那位司令官与其说是搜集橄榄枝，不如说更习惯于搜集桂冠，他认为军事家很少懂得如何隐瞒真情，于是对尤金亲王的信任就如我对博林布鲁克勋爵一样。"见《博林布鲁克书信集》第4卷，第632页。

后通牒送往凡尔赛。战争季节在望,因而维拉尔夸大了重新开战的可能性。正在备战的尤金却对战争不抱什么希望。最后通牒送出之后,全权大使们于2月6日分手,维拉尔前往斯特拉斯堡,尤金前往施图加特,这样,表面上是谈判破裂,实际上双方仍保持着联系。

维拉尔答应过,他将接受或拒绝那份最后通牒。也许恰好是幸运,谈判不再由维拉尔负责进行。

在看来法国不会拒绝的情况下,说服尤金修改最后通牒的棘手任务就交给了维拉尔的一位朋友——陆军少将孔塔德侯爵。在施图加特的谈判中,孔塔德使路易对最后通牒的反对意见有所缓和后,同意让皇帝使用西班牙国王的称号(加上一条解释条款,说明这一称号不拥有法权),并保留在意大利当时和原先属于奥地利的领地。尤金同意在乌得勒支条约中对有关菲利普五世的事不作正式的拒绝,保持沉默。3月6日,路易十四宣布接受最后的条件。当天,条约即在拉施塔特由尤金和维拉尔签署。

日耳曼问题的解决是以《威斯特伐利亚和约》、《宁姆根条约》和《里斯威克和约》为基础的。法国保留斯特拉斯堡和阿尔萨斯,但交出了莱茵河右岸的全部领地——布雷萨赫、克尔、弗赖堡,并同意拆毁河中岛屿上的防御工事。法国保留了兰道及其附属地区。这些地区名义上是《里斯威克和约》规定给它的,而事实上是法国把战争继续打下去的唯一真正收获。查理六世承担了使帝国同意投降的工作。巴伐利亚和科隆的维特尔斯贝希选帝侯们完全恢复原状(只保留帝国战时在波恩驻军的权利)。这做法表明了双方的退让。法国撤销了为马克斯·伊曼纽尔取得撒丁国王尊号的要求,皇帝便径直占有了西属尼德兰(这是马克斯·伊曼纽尔的选择方案,也是他愿意接受的方案)。巴伐罗与尼德兰进行互换的直接危险既已排除,法国便

## 第十四章 乌得勒支和约

同意今后不再反对这种安排。因而，荷兰把南尼德兰交给查理六世。南尼德兰比它让与普鲁士的领土要小一些，而且在随后的奥荷边界条约中是必须同意的。皇帝保留了那不勒斯、撒丁和托斯卡纳要塞。各种自相矛盾的情况使皇帝"有效而迅速地公正对待"瓜斯塔拉、米兰多拉和卡斯蒂利奥的诸侯的要求的义务成了一句空话。曼图亚、米兰多拉和罗马教廷的科马基奥将仍属于奥地利。维也纳把帕尔马和皮亚琴察作为帝国封地的要求（教皇对此有异议）在沉默中通过了。后来，在《拉施塔特条约》签订之后6个月，菲利普五世与无子女的帕尔马公爵的侄女伊丽莎白·法内斯结婚时，维也纳这一要求即成为与西班牙冲突再起的起点。

尤金怕耽误，就在未得到许可的情况下为帝国签署了条约，并承担在随后的一次大会上使条约得到批准的义务。皇帝请求国会选定参加新大会的代表团，就像1709年国会所做的那样，或者把一切权力交给他本人。国会中不同的宗教派系对此意见分歧。新教的各州坚决拒绝把皇帝与法国在里斯威克所订的条约作为和解的基础。该条约的第四条规定，在法国要交出的阿尔萨斯外侧的留尼汪地区中，"天主教保持其目前的状态不变"，这样一来，整个地区（特别是巴拉丁，该处是被迫改信天主教的，有时仅仅因为法军经过该处的缘故）就全部保留为天主教了。这一情况显然是违反《威斯特伐利亚和约》的。英国与普鲁士在乌得勒支对此表示反对，但只得到了一项回到《威斯特伐利亚和约》的模棱两可的诺言，这是《拉施塔特条约》所忽略的。此时，只有议会才能拯救新教徒。然而，3月24日，天主教居多数的各州要求皇帝为整个日耳曼签字，而新教徒各州只能在一份抗议书的附录中保留自己的权利。一些较大的新教国家，为了转移人们对他们在北部危机中的活动的视线（查理六世此刻也很想插手），希望把媾和拖延下去，因而含糊地表示愿意将战争继续下去。皇帝虽受到诱惑，但未受骗。事实上，法国坚持保留第四条的做法得到了他的全力支持。① 如果他现在要靠信奉新教的汉诺威或普鲁士的支持，他只能看到哈布斯堡王朝在日耳曼的势力更进一步衰落。

帝国与法国之间签订和约的最后一次大会于1714年在瑞士阿尔高的巴登开幕。会议除了把在拉施塔特用法文写的条约改成拉丁文以外，没有多少事情要做。来自意大利、洛林、巴伐利亚和科隆甚至西班牙的部长们满腹牢骚，但也只是向会议提交了一份备忘录。维拉尔和尤金又一次充当他们政府的代表。他们想使维也纳和马德里签订一项和约，但也只是浅尝辄止；奥地利人在加泰罗尼亚人未获得自由之前②，拒绝考虑给在尼德兰的于森公主以领土，因而阻碍了会议的进展。由于8月12日安妮女王逝世、北部危机，以及土耳其的形势③，路易十四和查理六世都渴望结束会议。《巴登条约》遂于9月7日签署，10月15日皇帝代表帝国国会批准。

乌得勒支会议以后，皇帝决定把战争打下去，此举带来了很有价值的报偿。他仅仅丢失了兰道一地，却保住了撒丁（不久后，撒丁就成了获得西西里的资本），取得了尼德兰，并赢得了放手处理意大利事务的权力。如果两位维特尔斯贝希选帝侯的复位对哈布斯堡王朝的骄傲是一种屈辱的话，那么其他办法也不一定有利。然而，在日耳曼，媾和达到的效果不如其他地方稳定。只要法国的利益还继续集中在欧洲，只要奥地利（像法国一样）还不觉得有必要保护其后方，集中其精力来对付一个更加危险的对手普鲁士，那么，波旁皇族和哈布斯堡王朝之间的敌对状态就不可避免，因为隔开它们的是一条政治派系五花八门、不断引起

---

① 在1712年10月19日的信中，他怂恿教皇逼路易十四在乌得勒支会议上坚持在日耳曼保护天主教的主张。皮埃蒂使路易放弃对权力的考虑。因为在日耳曼，天主教徒对皇帝的支持比新教徒更有力量。

② 见本书原文第376页。

③ 见本书原文第637—638页。

## 第十四章 乌得勒支和约

外来干涉的边界。日耳曼的和解充其量也就是不会使凡尔赛和维也纳之间的关系恶化而已。奥地利担心,一旦波旁皇族的成员登上了西班牙的王位,就会使力量对比有利于法国。这种担心很快就被证实了,因为菲利普五世娶了一个妻子,这个妻子出于她自身的利益会充分注意到西班牙在意大利的利益。

把西班牙排除在《乌得勒支和约》之外是符合英法两国利益的,它们愿意它们两国自己解决西班牙的问题。法国同意英国在印度群岛的商业利益,但这种利益必须与英国对印度群岛的领土要求分开。在梅斯纳热会议之前一个月,哈利所建立的南海公司是保守党为媾和争取商业界人士支持的一个筹码。法国拒绝英国对供应非洲奴隶契约的要求,由于英国在北美以提高要价相威胁,法国便妥协了。法国同意英国上述要求后,英国便把纽芬兰的渔场让给了法国。

1712年10月,英国开始直接与马德里谈判。菲利普五世对于让他有机会摆脱法国监护一事并不感到遗憾。西班牙几位全权大使不很活跃,其中一位名叫蒙特里昂的全权大使被派往伦敦,而莱克辛顿勋爵和一位在早先的供应非洲奴隶条约中已参加谈判的商业代理人曼纽尔·马纳塞·希利根则派往马德里去与格里马尔多和贝德马尔会谈。主要的政治问题是容易解决的。菲利普重申了他放弃的项目,重申把西西里划归萨伏依之外,① 萨伏依将拥有菲利普五世的王位继承权。西班牙承认新教徒的继承权以及英国保留直布罗陀和米诺卡。然而,英国挽救加泰罗尼亚的各项

---

① 西班牙与萨伏依于1713年7月媾和。西班牙承认萨伏依公爵获得西西里而该岛的继承权则划归西班牙。11月14日,他在教皇与奥皇不承认的情况下,由英国海军上将詹宁斯送往巴勒莫,并加冕为巴勒莫国王。这一有战略意义的小岛反常地被如此弱小的国家占领(此举只对英国有利,因为英国可以控制它)了8年。

自由权的企图却未奏效。博林布鲁克不愿为了他们的缘故而拖延媾和。但是，商业谈判的曲折过程依然推迟了政治条约的签订。英国要求通过加的斯转口到印度群岛去的货物减收15%的关税，但遭到了否定，因为西班牙坚持英国和法国、联合省必须一视同仁。英国采用一种聪明而同样有效的方法，获得了每年派一艘500吨位的"特许船"去该处履行一般性贸易的权利。这是最后条约所不容许的一种违反殖民地垄断权的行为，然而却把它当做给予西班牙的一种特别恩惠来看待，以免其他国家也要求获得这种只给英国的权利。供应非洲奴隶契约要求，最低限度每年把4800名奴隶送往印度群岛（连续30年），并答应在普莱特河边给以木屋住所（可受西班牙的检查）。供应非洲奴隶契约于1713年3月26日在马德里签订，初步和约于3月27日签订，最终的英—西和约于7月13日在乌得勒支签妥。同日，一个附有西班牙答复的，以英国备忘录形式写成的商业条约草案也达成了协议，该条约草案旨在与宗主国西班牙重开贸易。条约作出了许多承诺，但能付诸实施的却很少，博林布鲁克称它是一个"盲目的畸形怪物"。条约延长了（对英国）有利的1667年条约，但由于无知，把新的统一关税率订得高于其他任何港口，而却把英国商人选出一名照看他们利益的"特别官员"的重要权利放弃了。在后来的日子里，为纠正写进这一协议的不能接受的条文发生了许多激烈的争吵。

由于不愿同意英国在印度群岛的单方面利益，荷兰和西班牙的关系受到了破坏。对此，博林布鲁克是毫不动摇的。荷兰不愿为边界条约承担风险，但最终于1712年5月承认了英国的供应非洲奴隶契约。起初，荷兰以为该契约不包含一般性贸易权（在当时的阶段并不包括）。然而，条约的签订又拖延了一些日子，因为西班牙要求给于森公主在尼德兰划分一块封地。菲利普五世无可奈何地作了让步，是因为法国由于安妮女王的病情和英法可能再次交战而感到恐慌，撤回了支持，并在媾和实现之前按兵不动，不去征服加泰罗尼亚了。1713年6月26日，西班牙与联合省签订了和约，条约对两国之间的关系没有多大改变。荷兰在贸易上享有最惠国待遇，但联合省却放弃了与西属印度群岛贸易的要求，西班牙则同意：在不损害供应非洲奴隶契约的情况下，任何国家不得与西班牙的殖民地进行贸易。

由于葡萄牙坚持要获得1703年所许诺的西班牙城镇，也由于西班牙企图向葡萄牙施加压力，以便利用葡萄牙与奥皇斡旋，遂使西班牙与葡萄牙之间的和约（1715年2月签订），亦即《乌得勒支和约》的最后部分延期签订。条约肯定了法、葡之间已解决的、在半岛上的领土相互归还问题。在美洲，西班牙虽然担心那个从布宜诺斯艾利斯起，贯穿整个普莱特河的葡萄牙殖民地可能变成一个英国商埠，但还是放弃了萨克拉门托。这就成了巴西最南端的界线，就像亚马孙河和奥亚波克之间的地带为北部法国租界一样。英国在这些安排中进行了调解工作，此刻它又对此作了保证——这事暗示英国对其葡萄牙同盟国的重视。

最后的问题是屏障条约。1709年的条约于1712年被否定。直到同年12月，英国才为引诱荷兰参加全面媾和而提出新的条件。1713年的屏障条约于1月30日签订。位于登德蒙特、里尔和哈尔内线的要塞被排除在外（1709年条约对这些主要在商业上有重要意义的地区作过许诺的），同时被排除在外的还有里尔、康德、瓦朗西亚、纽波特，以及法国边境上的莫伯日。在东面，列日和于伊已经丧失。抵消这些损失的只是获得了蒙斯。1713年边界条约并不如1709年条约受人欢迎，但是在里斯威克问题上有很大改进。这一条约许诺荷兰获得弗内斯、克诺克要塞，伊普尔、梅嫩、图尔内、蒙斯、沙勒罗瓦、那慕尔和根特，还有佩尔、菲利普以及达姆等要塞，并可望由南尼德兰本身提供足够的收入以妥善维持这一屏障。1713年2月开始的荷法直接谈判中，荷兰不得不放弃位于图尔内和伊普尔周围的领土，而它们对上盖尔特兰的要求又因普鲁士的坚持不同意而告失败。经英国调解，荷兰放弃达姆要塞，换得了联合驻防鲁尔蒙特、斯蒂文斯韦尔特、圣迈克尔要塞和旺洛的权利。除上述各项调整之外，法荷和约中的边界条约依然是英国原先设计的内容。条约也没有忽视英国和荷兰在开发南尼德兰中的利益。条约规定：荷兰不再提出任何会产生单方面利益的新要求；英国在贸易及其他利益未得到满足之前将继续在原地驻扎部队；尚未制定的贸易规定应对两国提供同等待遇。

剩下的棘手问题就是取得奥地利的同意。由于屏障条约明显减少了尼德兰对维也纳的用处，谈判是长期而复杂的，其中还夹杂着英、荷的嫉妒。英国一心想阻止奥皇在同法国媾和时破坏地中海的和解，因而希望荷兰支持萨伏依在西西里的王权，而荷兰则在屏障条约未被维也纳接受之前不愿与维也纳疏远。如今，战争已经结束，而拉斯塔德和巴登尚不承认萨伏依的王位。英国政府内部意见分歧，不能对拉施塔特和巴登施加影响，再加上7月14日安妮女王去世，英国的窘境就更突出了。乔治一世的政府在屏障条约问题上决定支持维也纳而不支持海牙，部分原因是因为汉诺威要保住不来梅和费尔顿，新国王在这个问题上迫切需要奥地利的支持。这一新的友好行为挡住了尤金放弃尼德兰的压力，并且阻止了在维也纳的西班牙一方想立即占领尼德兰的企图。这两个做法都会损害英国和荷兰的利益。10月间，安特卫普的奥—荷谈判宣告失败，使英国以调解人的身份参与谈判。12月，斯坦厄普为缔结联盟进行谈判而前往维也纳。在维也纳，他支持奥地利拒绝荷兰的建议（荷兰乐观地想回到1709年屏障条约）。作为报答，哈布斯堡王朝同意不疏远尼德兰。然而，只是在荷兰使出了狡猾的一招之后才最后打开了僵局。1713年屏障条约的第二条要求荷兰保证维护汉诺威的继承权。1715年8月，英国政府请求荷兰派出部队，荷兰立即表示同意。因此，英国在屏障条约的争论中对荷兰的意见表示了较为同情的态度。实际上，荷兰此时已再次打消了获得于伊、列日及登德蒙特的"商业性"屏障的想法。于是奥地利与联合省之间的屏障条约遂于11月15日签订。16日，6000人的荷兰部队便乘船开往英国。

荷兰丧失了在蒙斯、根特和沙勒罗瓦的驻军权，但保留了在1713年屏障条约中所规定的在其他城镇的驻军权（如与法国签订的条约中所修改的那样），同时也在登德蒙特派驻军队。在东部，奥皇将让出旺洛、圣迈克尔要塞和斯蒂文斯韦尔特。在守卫尼德兰的35000名军人中，他将提供五分之三的兵力，并每年提供津贴50万克朗作为荷兰部队的军饷。在商业方面，荷兰得到了完全的满足。这丝毫也不是因为英国同它站在一起，不让奥地利在荷兰的新省份获得任何利益是正中英国下怀。在一项两国始终纠缠未决的新贸易条约签订之前，沿海国家运进奥属尼德兰的货物将按照现行的税率交纳关税——这是1680年12月规定的非常优惠的关税率。有关奥地利津贴问题的争吵以及其他各种细节拖延了这一包括英国保证在内的条约的最后批准时间，直到1719年5月条约才获通过。

此时，英国再次成为主要的受益者。奥地利与荷兰之间已达成职责上的平衡。这种局面显然会确保安全，不会使任何一方占绝对优势，而使另一方处于不利地位。事后证明，该条约实际上把奥地利所获得的利益降低到了危险的程度。原先，哈布斯堡王朝坚持要获得尼德兰，原因是为了王朝的利益，而这一利益在英—荷继续关闭斯凯尔特河和有效地对抗奥斯坦特公司（它是奥皇1722年为发挥尼德兰的经济潜力而采取的措施）的压力面前却逐步地消失了。屏障条约1745年未能阻止法国，吓得英国去劝维也纳在守卫尼德兰的事务中要承担更多的义务。但玛利亚·特里萨因正全神贯注于普鲁士的问题,拒绝了这一要求。从1748年以后,直到法国大革命之前,该地区就不再是一个国际抗衡的场所了。

一系列的条约在乌得勒支签订以后,一枚刻有"Spes Felicitatis Orbis, Pax Ultrajuctensis"[①] 口号的纪念章也就铸成了。这一口号并非没有道理。先是法国,后来又是奥地利的野心受到了战争的挑战,受到了和约的遏制。正如大同盟所设想的那样,《乌得勒支和约》的成就是消极的。它防止了欧洲权力平衡的破坏,同时又恢复了机动灵活的原则。和约保证,新的问题和新的强国一旦产生,它们的要求将由各种新同盟和新联盟来加以解决,这些新同盟和新联盟将自由形成而不受任何一国过分自信的力量所阻碍。

(王恩光 谢琬若 译)

---

[①] "《乌得勒支和约》是全世界幸福的希望"。

# 第十五章

## 英法在北美,1689—1713年

在奥伦治的威廉登陆以后的几个月里,英国的殖民政策主要是由伦敦无法控制的情况来决定,而较少取决于目标的改变。贸易参议会——英国枢密院的一个委员会,现在仍然存在。它自1675年以来曾一直对帝国的政治组织机构提出建设性意见,贡献比查理二世或詹姆士二世都多。但它由于詹姆士的干预而锐气丧失,从未完全恢复。国王初期曾为帝国的中央集权创造了有利的气氛,但他无意中又做了比任何其他人更多的永远破坏这一气氛的事。此外,由于他的逃亡,英国枢密院肩负起重大使命:确保威廉和玛利的即位不会带来殖民地更加激进的革命。但战争迅即开始,政府的注意力更加分散了。因此,英国与其殖民地的谈判处于不利的位置,更不必说要强使他人接受其意志了。特别是,战争要求帝国必须步调一致,而老英格兰和新英格兰如果明显地追随分歧的路线,那么帝国统一就无从谈起了。

"光荣革命"为新英格兰提供了推翻令人憎恶的政权的机会:随着新英格兰自治领总督安德罗斯和北美总检察长爱德华·伦道夫的下狱,短命的新英格兰自治领瓦解了[①],与它有关联

---

[①] 见《新编剑桥世界近代史》第5卷,原文第351—353页。

的、身上帝国情操依稀可见的人们名誉蒙辱。在纽约、在马里兰都有革命骚动。新教的歇斯底里是他们大家所共有的特征，但歇斯底里还不足以说明骚乱的原因。新教歇斯底里的背后是对印第安人入侵的恐惧——每想起70年代中期菲利普国王的战争和在弗吉尼亚的大屠杀，这恐惧又再度出现。① 此外，每个省都有各自的严重困难、派系倾轧和个人争权的特殊情况；而且大家都曾目击过或担忧过詹姆士国王的总督体制限定继承人的省政府的结局。由于他从不掩饰对法国殖民地政府政体的赞赏，因此殖民地开拓者们很自然地将中央集权和巩固的计划与法国天主教教义对他们自由的外来威胁联系在一起。最后，被作为政论工具的波士顿领导角色是不能被忽视的一个因素。下个世纪的一个基本现实已从1689年的殖民地革命浪潮中露出端倪，对此要予以理解而不是反对，即：英格兰的大西洋帝国有两个政治首都——波士顿和伦敦。两者都是积极从事反法和反天主教战斗的。它们虽然大小不同，但在决定北美东海岸政治生活的竞争中却旗鼓相当。波士顿凭借其清教徒的传统势力而显赫，伦敦官方将以力量不很强的英国国教作为它在美洲的代表。1689年，伦敦发起一场改革，而波士顿仅仅利用了这次改革；但是，保证地方自治在帝国中绝不消失的却是波士顿，这部分原因是由于波士顿本身具备的地方自治的机能。

马萨诸塞率先在特拉华河以北恢复地方政府。安德罗斯的暴虐政策导致地方上的权力转移。温和的一派感到惶惑，而"宗派主义者"或神权主义者已恢复对地方的控制。温和的一派包括怀特温思罗普、西蒙布雷兹特里特和其他人，他们是很有势力的选民，除了对清教徒教会的清规外都感兴趣。神权主义者那时在伦敦的代表是干练的英克里斯·马瑟（1639—1723年）。马瑟

---

① 见《新编剑桥世界近代史》第5卷，原文第350页。

## 第十五章 英法在北美,1689—1713年

是"圣约派"传统中最能言善辩的发言人之一。新政府面临的难题不容低估。政府成员中几乎没有一个享有上一代人这样的信任——马萨诸塞不经英格兰批准便能够行动。因为内部倾轧会帮助法国人和印第安人,所以,革命派的领袖们不得不暂时收起殖民地独立的要求。反革命的活动似乎不大可能发生,安全会议主要关心的一个问题是抑制暴民,因为暴民几个月来已威胁其权威。实际上每个负责任的派别现在把合法政府视为某种需要伦敦赞同的东西。如果承认这一点,则共和政体的意向会被放置一边;代替这些意向的是全体英格兰人的公民权被强调。而且默认立宪君主政体应该得到热情支持:威廉和玛丽被高呼为从天主教引渡来的精神上的和神圣的领袖。因此,波士顿的革命便巧妙地被说成为爱国者的无私行动和新教徒为打击那些替法国人和印第安人效劳的、打着天主教徒烙印的那些人的阴谋所表现出来的忠诚行为。伦敦新上任的一些行政官面临这一棘手问题,因为他们不能随便谴责波士顿而不否定他们自己的光荣革命的主要原则。这也不是轻易地否认所提出的确认臣从义务的时机,这一承认已信守半个世纪,半个世纪里马萨诸塞的意志仅在长久的努力之后才改变的。

在纽约,变革是一样的错综复杂。殖民地混乱状态的起因很多。最初,这里原是一个荷兰贸易站,很快便发展到英王特许独占殖民地领主的地位,然后又进而发展到皇家殖民地的地位,面临并入英国殖民地体系的前景,英国行政和法定课税便要强加在它身上。此外,它还受到一次经济萧条的打击。这就大大降低了资产的价值。这些情况发生之前,普遍认为有个法国人和印第安人参与的罗马天主教的阴谋计划,而且这种看法日益强烈,这就产生了严重的调整问题。但是,突出的顽症也许是阻碍(有些人的)升级,这个阻碍晋级是由于废除议会政体和把殖民地纳入新英格兰自治领总体内引起的。被排除在政府活动外面的人中

间有公认为具有才干的人,例如亚伯拉罕·德佩斯特和雅各布·莱斯勒以及那些社会影响仅仅比真正参加者[1]稍微小一点的人。代理总督弗朗西斯·尼科尔森获悉英格兰遭侵略的消息即邀集市参议会和军事领袖讨论如何避免国内的不和。他有选择余地,他可置本人于人民领袖的地位;亦可把有产分子纠集起来以保护法律和秩序。而安德罗斯却没有这样的选择余地。但是民众由于受到波士顿和伦敦事件的鼓励,反应不同,否认他为领袖,这样就为一个出身德国的生意兴隆的商人莱斯勒开拓了道路。莱斯勒维持权力不到两年。他热衷于增长战时收益,败坏了他的地位。由于从陆上进攻加拿大的计划并未兑现,纽约于是在1691年欢迎由英格兰挑选一位皇家总督。亨利·斯劳特上校同情被非法剥夺权力的一些议员,他确信纽约是掌握在一群暴民手中。他把莱斯勒就地正法,这使莱斯勒死后的声望比生前所享有的更加深远而且受到下层社会的一致拥戴。

在马里兰,革命动乱也许更加露骨地表现出来。同样,对罗马天主教的害怕,不论是真怕或是佯装的,根源在于对法国人和印第安人的害怕,而且也在于对罗马天主教徒巴尔的摩勋爵独裁政府的不满。如在纽约,在不能获得最高行政官职的有才能的人中间存在着不满。可是在圣玛丽及其邻近的郡那边,暴动很少得到支持。而起初一个由两派组成的团体竭力缓和强烈情感和反击指控阴谋的罪名。革命领袖约翰·科德统治的政府比莱斯勒较少公开。1689年8月他把权力正式交给代议会议。该会特别将罗马天主教排除在外。在召开第二次会议以后,国王正式承认新教徒会。不久莱昂内尔·科普利作为王室总督抵任。虽然骚动仍在继续,但是,由于这一革命后的政府和平行使职权,马里兰从而

---

[1] 《美国的光荣革命》(M. 霍尔等编,查佩尔·希尔,1964年),第54—55页。

避免了纽约由于莱斯勒的殉道而长期遭受的苦难。

另一些殖民地避免了革命,但是并没有全部免除在别处发生的事件的政治影响。在弗吉尼亚,曾经任命某些天主教徒担任公职的埃芬厄姆的霍华德勋爵放弃了总督之职。令人惊讶的是,在听到詹姆士国王退位的消息后,东泽西仍是最平静的几个省份之一,尽管它包括在新英格兰自治领里,尽管它的新英格兰移民的比例很大,以及平民骚动的记录很长。更远的北方,一些小殖民地满怀希望地倚仗马萨诸塞有力的外交手腕,利用了混乱形势并恢复了特许政府。

在英格兰,马萨诸塞的代理人寻求承认最大限度的州自治权。英克里斯·马瑟希望恢复在以前两个朝代期间作废的殖民地时代的特许。威廉国王的处境是困难的,因为他以前曾公开谴责过对特许的突然袭击,说这是专横的。事实上的政府和新英格兰殖民地开拓者的行为,继续遭到回国后的伦道夫的批评,而且显然东部沿海地区重新统一会提供军事优势,对此马萨诸塞是反对的。但是,如果修复政治上的分裂仅是勉强接受的话,那么代议政府的原则便是毫不犹豫地得到拥护。马萨诸塞的成果是1691年的特许。马瑟是不太满意的,有时他的行为好像他是来自自动参加联邦帝国的一个州的全权大使。在伦敦的另一代理人、殖民地内的农民党领袖伊莱沙·库克认为基本的自由被牺牲了。可是让步绝不是单方面的。英格兰获得了委任总督的权力。但是,总督自由作出决定的权力是有限的,没有得到将官会议的同意他不得把军队调到州外去执行任务。法律可被国王否决。但是,由选举产生的上议院避免了外来干涉,而一个委任的王室会议则摆脱不了干扰。即使新罕布什尔被给予州的地位,缅因和新普利默斯仍然处于马萨诸塞的管辖下。康涅狄格和罗得岛的政府继续分开,即使前者的军事力量由纽约的总督统率,后者的军队由马萨诸塞新敕定的总督威廉·菲普斯爵士指挥。

新英格兰的外边发生了类似的妥协。在1690年，起先得到国王认可的马里兰的革命论者，随后不是隶属巴尔的摩勋爵，而是隶属敕定的总督和强化了的立法机构。第一次提名进入立法机构的，包含新教徒协会的代表和安妮·阿伦德尔的清教徒的代表，而且还有巴尔的摩勋爵提名的两个人。他们保留土地所有权。纽约也作出了规定，要建立代表会议机制和由总督领导的由提名产生的上议院。由于佩恩与詹姆士二世纠缠在一起，从而引起了怀疑，宾夕法尼亚被置于纽约总督的行政监督之下。到1692年，前一时代开始的动乱结束了，现存的一套政府管理体系结束了。这套体系是英格兰正式批准的，即使只有其中一部分是由英格兰决定的。

魁北克、蒙特利尔和三河城的法国人的小村落以及沿着圣劳伦斯和黎塞留河流的他们远离村落的农场，既不像英格兰租界那样在政治上能将自己意见表达得清清楚楚，也不掌握能够有效地把他们的愿望传达给本国政府的工具。如果法国想要让步，则需要通过君主委派的领袖们表达意见，而不是通过人民的代表。[①]除了战争本身的开始以外，1689年的重大事件是67岁的弗隆特纳克伯爵回来继承德农维尔重新开始当第二任总督。重要性次于总督的是魁北克的主教圣瓦利埃被他主观武断的前任赖伐尔选中担当此任，他很富有，出身高贵，开始时深受路易十四的尊重。而赖伐尔和弗隆特纳克个性不同目的迥异，常发生冲突，德农维尔和圣瓦利埃却比较容易合作。但是，在1689年以后，教会和新法兰西的政界领袖的关系又严重恶化。赖伐尔不顾科尔贝尔的不悦，坚决确立起教会绝对权威的原则，控制毛皮贸易[②]，这就

---

① 探究"领主政体"的封建含意，见C. 加拉尼和E. 拉沃伊编《从16到20世纪法国和法国的加拿大》中的M. F. Ouellet, 魁北克，1966年，第159—160页。

② 见《新编剑桥世界近代史》第5卷，原文第361页。

违背了帝国第一边疆的使命。他的意向在两个王室法令和州的布告中获胜,仅被殖民地内部的力量所打破,因为殖民地要的是自由的西部。圣瓦利埃基本上继续赖伐尔政策。在魁北克的会议上他联合尚皮涅(1686—1702年任州长),对抗扩展贸易,主张巩固农业和崇尚罗马天主教德行。[①] 虽然圣瓦利埃在气魄方面可以和赖伐尔相媲美,但是他毫无机智,迅速使他所接触到的几乎所有的人清醒过来而且限制了他的感化力。他长期不在殖民地,是赖伐尔在主要问题上提出咨询,直到他1709年去世。从弗隆特纳克的第二任施政开始,神权政治的势力逐渐衰败。科尔贝尔在1668年曾预言其将衰微。当时人口应该增加,但是长期的战争情况对教会势力下降起了很大作用。教会曾对建立新法兰西文明生活方式帮助很大,但岁入不足和教区牧师短缺使教会受到严重阻碍,甚至在1700年不到70个牧师要为大约14000人服务,而长住教区内的牧师很少。教会势力,作为州的政治权力,取决于王室支持。

在凡尔赛长距离的遥控下,政府运转很不方便。全部高级官员一年一度接到国王的需要执行的总政策声明,并附有先前12个月遍及法国殖民地世界遵照决定行动的精确、详细的情况说明。这种国王备忘录是行政指示的主要工具。然而,备忘录赖以实施的官方组织机构并非对称完美。原则上,新法兰西的总督的管辖权扩大到"法国北方"的全部地区,但是实际上,阿凯迪亚、纽芬兰和(1698年以后)路易斯安那的总督们很少与魁北克有直接联系。总督和州长由包括主教和其他7人在内的最高会议协助。最高会议自1703年起称为高级会议,到1713年实质上成为上诉法院;在高级会议中,主教的权力限于管辖神职和宗教

---

[①] 在《法国和法国的加拿大》第84—85页中,J. 哈梅林和F. Ouellet论及农业制度的发展与其说是作为帝国经济目的的基础,不如说是社会体系的基础。

问题。在国内，从事帝国行政管理的官僚机构很庞大，而且还在膨胀。在1699年以前，没有专职部长负责殖民地的商务、内政和防务；但是在该年9月，当小普夏特兰继任海军部长时，海军对于这些事务的控制是扩大了，虽然某些殖民地问题依然由总监督长和外事秘书负责。普夏特兰是一位厚道、勤政的组织者，一直保持控制至1715年，只是大政方针和高级官员的任命可能仍由国王决断。尽管路易十四非常勤勉并且十分注意细节，但由于通联不畅，不论是和平时期或战时，这就使一切依赖个人判断的缺点更加突出，并促使封建专制制度的失败。这种制度在理论上比英国殖民地无政府主义的集体协商做法显得更加有效得多。尤其在西班牙王位继承战争期间，国王的权威受到日益严重的混乱秩序的[1]挑战。

加拿大的人口数量与英国殖民地前进省的纽约都不能相比，而且是散布在沿圣劳伦斯和黎塞留河两岸长达300英里的地方。难以估定移民的品质及其在多大程度上能弥补人数的悬殊。如果这小小的领主阶级被贬之为懒惰、挥霍和穷困潦倒，那么居民的主体却在拉翁唐所著《航海》（1703年）中被描写为有进取心和不知疲倦的人；德农维尔说他们身材高大体魄强健。然而，他们也被说成是生活奢侈、神经过敏、不诚实、有酗酒赌博恶癖、满脑子妄自尊大的人。年轻人则被认为格外游手好闲，由于森林和印第安人生活方式的魅力，他们会毫不犹豫地抛弃安居的地方。白兰地酒的交易毫无疑问是万恶之源。交易中心蒙特利尔以其酒色淫乱闻名于全美洲甚至西欧；夜晚，成群结队的青年人使市民恐怖。1694年，一场因酒醉发生的放荡引起的火灾烧毁了

---

[1] J.C.鲁尔：《美国的旧政体：评论法国在美国的最近说明》，载《威廉和玛丽》期刊第3辑第19章（1962），第580页。在这里，作者指出支持这一见解的论证来源。

山岳派的萨尔皮辛本部。不受"不限量酒馆"影响的社区是很少的。在三河城有25户人家,其中大多数是出售酒类的;在魁北克和维尔玛里,比例也几乎是一样高。拼命喝酒、生活浪漫、无精打采——男人不到40岁身体就垮了。德农维尔断言,在20年内,酒精将造成居住在法国殖民地的基督教化的易洛魁人(北美印第安人中的一支)中95%的人死亡。然而,尽管这一问题已很严重,但是白兰地酒和毛皮交易造成的人口消散更加触目惊心。①

在1687年,德农维尔曾请求严惩易洛魁人的五部落之一塞内卡,他们的野心威胁这一交易。他的努力的结果导致1689年的拉辛大屠杀。这是"在殖民地历史中无与伦比的惨事"②。这一惨案动摇了法国的信心并导致印第安盟友的背叛,这也使渥太华人受到最严重的损害,而圣劳伦斯北部的毛皮交易取决于渥太华人的忠顺。弗隆特纳克9月带来路易十四宣战的消息,的确激起了殖民地人民新的精神。弗朗西斯·帕克曼声称,他也很快恢复了与印第安结成的联盟体系,但是后来的一位历史学家证明,他希望安抚易洛魁人,但结果却妨碍了联盟的恢复并且严重地危及法国在西部的地位。③

地方长官(总督)手中的兵力很少:大约1500名海军和稍多于2000的民兵。仅印第安人易洛魁族的人几乎就有这么多。尚皮涅极力主张集中力量对付阿尔巴尼,他相信摧毁了阿尔巴尼就为打垮五种族创造了条件,就可利用纽约的无政府状态(革命已经使纽约陷入无政府状态),因为阿尔巴尼被反莱斯勒的部

---

① 关于这些年里的毛皮交易,见本书原文第850—851页。
② D. G. 克赖顿:《北方的自治领》,波士顿,1944年,第97页。
③ W. J. 埃克尔斯:《弗朗特纳克的军事政策,1689—1698:再评价》,《加拿大的历史评论》37(1956),第201—224页;比较同作者《在路易十四之下的加拿大,1663—1701》(1964),第170页。

队固守,弗隆特纳克提出海军和陆军联合攻击纽约港。然而,他缺乏来自欧洲的必要帮助,因此转而连续凌厉地袭击英国居留地的北部边境:进攻纽约的斯克内克塔迪,缅因和新罕布什尔交界处的萨蒙瀑布,洛亚尔堡(波特兰)和在卡斯科湾的居留地。从法国人的印第安伙伴的眼光看来,法国人恢复了威信;但是,平稳的印第安人易洛魁族是否也信服了,颇值得怀疑。

英国人作出反应,1690年5月在纽约召集了一个殖民地联席会议。只有马萨诸塞、新普利茅斯和康涅狄格的代表们跟纽约的代表们一同与会。尽管马萨诸塞热切希望保护其渔业和对帝国显示忠诚①,但它已经采取措施使自己摆脱法国人和印第安人对东北部的威胁:在阿凯迪亚一支约700人的远征队在威廉·菲普斯爵士统率下在1690年5月从守备不良的驻军手中夺取了罗亚尔港。这一成功所花士兵和金钱的代价是低廉的,但是这城镇不久又被收复。然而,对英国人来说,夺取罗亚尔港仅是向征服加拿大迈出的第一步。殖民地联席会议制定了一个计划,其中包括仍由菲普斯率领的海军远征队完全摧毁魁北克。这一计划实施得很糟。纽约和康涅狄格的部队集结起来,作为牵制行动,他们从陆路进攻蒙特利尔,但他们不能越过乔治湖。他们撤退的消息促使弗隆特纳克决定去加强迄今实际上没有弹药的薄弱的魁北克守军。对圣劳伦斯发动的进攻被推迟了,后又被有力地击退。这年秋天的气候异乎寻常的寒冷,这使英国人的士气更进一步低沉。一场风暴打散了舰队,沉没了3艘舰船,预计的成功成为可耻的失败。虽然菲普斯不负主要罪责②,但他的领导能力想必已大大降低。英克里斯颇具学者风范的长子科顿·马瑟(1663—1728

---

① P. 米勒:《新英格兰精神:从殖民地到州》,马萨诸塞州坎布里奇,1953年,第160页。

② 参看 G. S. 格雷厄姆著《北大西洋帝国》,1958年,第69页。

年）毕生致力于解释上帝的新英格兰计划，他认为这次大失败是神的旨意的明证。他在《忠于祖国的悲壮一幕》（一本为菲普斯树碑立传的书）中指出，这些可怕的后果是耗尽新英格兰精英后的必然结果。如果这是马萨诸塞的物质与精神状态的真实描写的话，那么它应庆幸自己的首都没有遭到报复行动。事实上，法国的私掠船不断袭扰它的海岸线，在战争剩下的时间里对它陆上的袭击连续不断：1692年进犯纽约，1694年进犯奥伊斯特河，1696年进犯卡斯科，1697年进犯哈佛希尔和兰开斯特，甚至新建的防备森严的威廉亨利港（在佩马奎）也被攻克。而新英格兰仍然保持完整。两次与阿贝纳基的印第安人休战：一次在1691年冬；另一次时期较长，在1693年，在康弗斯上尉和一支有350名突击队员的部队成功地保卫缅因边疆之后。

在阿尔巴尼前线，纽约无法独自承受整个负担。1692年，除弗吉尼亚和马里兰外，谁也不给予财政帮助。新任地方长官本杰明·弗莱彻感到，以他掌握的那么一点财力和物力是不可能发动攻势的。1693年2月，彼得斯凯勒少校带着550名欧洲和印第安混合军重创了向Mohawk镇进攻、比他们稍大一点的加拿大队伍，同时弗莱彻积极活动把军队从纽约调往斯克内克塔迪。来自新泽西的援助既有人又有钱，到了夏末，弗吉尼亚和马里兰共同献出900英镑来保卫前线省。之后两年比较平静。在此期间，双方无一有力量采取激烈行动。法国困难的严重性并不比英国少许多。如果1691年新英格兰因上气不接下气而萎靡不振，新法兰西也因资源微弱而同样不景气。那年春天，人口因来自纽芬兰渔场的难民而膨胀，食品和弹药如此稀少，以致军队和民兵都不能离开堡垒对敌作战。现在，来自法国的增援既已无望，弗隆特纳克觉得只好把小规模战斗转变为一种强击。他按照易洛魁人的方法制定出一种既费兵力又费装备的战术，但却适合加拿大人的天才和军事困境。在此基础上，皮埃尔·勒穆瓦·伊贝尔维尔，一位有天才家族的成员和卓越的战术家，更是独具匠心。但对弗隆特纳克来说，恐怖战仍居第二位。其原始命令的目标是把纽约的居民迁至宾夕法尼亚和新英格兰来毁灭纽约。他认为波士顿也应毁灭并把赫德森河牢固据为法国所有。1690年以来他曾争辩说，达到这些目标即可获得最好或唯一办法来结束战争并使易洛魁人屈服。他至少有4次敦促路易重新考虑其以前的计划，其目的是把毛皮贸易和渔场置于无可争议的控制之下。新法兰西自己缺乏力量执行这一雄伟规划，这件事确实需要使用海上力量，但在巴尔弗洛海战①以后，法国海军对使用这样的海上力量还没有概念。双方母国都不想为在北美一拳将对方打倒而削弱自己在欧洲的地位。

法国最大的胜利是在纽芬兰和赫德森湾向英国渔场②和贸易站进攻时取得的。根据1687年的人口调查，法国在纽芬兰的人口非常少：在普拉森夏（普莱桑斯）、韦特角、福琼岛、内格雷角和勒赫密泰奇等地只有687名殖民地居民。英国的移住民比法国多一半，分住在11个社团。1690年来自费里兰的一队骑兵突然开进普拉森夏，英国人暂时取得胜利。经过小小流血就攻占了城镇和口岸，但未能长期占据。两年以后，在威廉斯海军准将指挥下用3只装有60条枪的船和两只小船进行的第二次进攻失败了。在惠勒海军上将指挥下进行的又一次更可怕的强攻也因天气恶劣而搁置未举，只抢劫了一下圣皮埃尔岛。双方在当地都无力长期保持其掠获。弗隆特纳克的对策是把法国的武装民兵派往普拉森夏，以掠夺英国的殖民地。费里兰于1694年之所以免遭涂炭多亏了威廉霍尔曼上尉的坚决抵抗，但在1695年8只武装民船毁坏了许多地方的船只和设施。1696年，费里兰终于落入来

---

① 见本书原文第244页。
② 关于法英鳕鱼渔场问题，见本书原文第848页。

自圣马洛的武装民船远征队之手。同时指挥者伊贝尔维尔派特遣舰队沿东海岸焚烧各前哨基地。出于妒忌竞赛,普拉森夏的总督布鲁朗猛攻了南海岸的几个驻地。这两个人相互协作已于1696年11月30日把英国主要基地圣约翰取到手。英国的处境严峻了。到1697年,英国只占有特里尼蒂和康塞普西翁湾,除博纳维斯塔和卡博尼亚外,英国在东海岸的殖民地都遭到了歼灭。这一崩溃引起的恐惧心情产生了一支有1500名士兵的队伍以及在约翰·诺里斯海军准将指挥下为了收复圣约翰而建立的一支大中队。英国远征军重建并巩固了这个遭到蹂躏的口岸,其巩固程度足使在内斯蒙特侯爵指挥下更加强大的中队不敢再次进攻,尽管在他焚烧卡博尼亚之后他们想和波伊蒂男爵达成协议的机会已经错过。波伊蒂男爵当时已满载卡塔赫纳的战利品。①

争夺赫德森湾并间接控制海狸贸易都集中在约克堡垒附近。② 虽然英国人在1693年收复了阿尔巴尼堡垒,但是约克垂头丧气的警卫队却于第二年向到处都是的伊贝尔维尔投了降。此地保持了3年之后,终于在1697年被伊贝尔维尔夺回。英国人就这样在防卫小地方不够认真上付出了代价。这种事情说明英明率领的宗主国军队的干预是如何根本影响地区势力平衡的。《里斯威克和平条约》使新法兰西、新英格兰和纽约的边区和前哨基地大体保持不变,但在纽芬兰和哈得孙湾这两处发生过决定性战斗的地方,法国势力占上风。威廉三世因维护海湾公司利益而酿成战争,为了公司追寻的目标,他不准备因实现和平而危害其欧洲政策。

---

① 见本书原文第355—356页。
② 见《新编剑桥世界近代史》第5卷,原文第366页。E. E. 里奇的《赫德森湾公司的历史,1670—1870》(2卷集,1958年)卷1提供了这次和其他战争的外交手腕和战斗的细节。

在纽芬兰，法国犯的错误是认为英国殖民地的消灭已成定局。法国对易洛魁人联盟的胜利证明更持久些。印第安人头领非常抱怨英国人未能把有力的援助调到纽约。到了1694年，因损失而精神沮丧，再加上新法兰西明显有能力利用欧洲看不见的资源，于是他们想寻找一个喘息的机会。但是只在全面通知弗莱彻总督说他们正处于困境而且是在军援尚未送到之后他们才与法国接触的。此时，对英国联盟的忠诚还未产生怀疑。弗隆特纳克号召全面印第安和平应包括渥太华人、迈阿密人和其他部族，但这个呼吁只受到加尤加人\*实质上的支持。安伦达加族、安奈达族和摩和克族否决了这个号召。然后他决定打垮这个联盟，1696年用2000加拿大人、常备军和印第安人进攻安伦达加族和安奈达族。这个惩罚的结果是有限的。法国强迫安奈达族讲和，两个部族都逃脱了法国人希望看到的全面毁灭。另一方面，除为了防止冬季饥馑而送去的玉米外，英国人的援助寥寥无几。《里斯威克和平条约》并未使法国承认英国对联盟行使主权的要求。弗隆特纳克反对纽约总督贝洛蒙伯爵让印第安人参加全面欧洲和平，虽然贝洛蒙控制着新英格兰和纽约的资源，这两个地方在他总督麾下重新联合起来。在此情况下，易洛魁人不得不另与魁北克单独进行谈判，因为他们的士兵数目已减到1300名，力量不大，又担心法英联合起来共同反对他们。1698年11月28日弗隆特纳克死后，这个拖延时日的讨论圆满达成协议。这个任务就落在他的接班人（1699—1703年）卡利尔的肩上。此人自1684年以来一直任蒙特利尔总督。1701年签订了条约，印第安全面和平终于实现。易洛魁人同意将来在任何英法战争中永远保持中立。在力图从法国人那里接过控制西方毛皮贸易的权力上他们承认失败。

---

\* 易洛魁人的一支。——译者

九年战争结束前,英国人在治理其帝国问题上采取了两种措施:制定1696年的《航海法》和成立商务部。革命后不久的几年里英国商业扩展了,但在5年内人们认为商业在衰退,前途难测。① 不景气的最主要原因有二:对《航海法》的有组织违抗和苏格兰无执照营业者的活动。1695年以前,布里斯托尔和利物浦已向议会请愿,要求支持合法贸易。1694年海关宣布非法贸易已使税收损失5万镑。伦道夫曾希望这些困难会促进他自己的帝国政治改组方案的实现。他终于下了改革旧殖民体系以使其更有成效的决心,伦道夫对此是有贡献的,但他又不负主要责任。1696年1月,海关专员们曾责备独占和共同殖民地在体系上有许多缺点,现在承认已制定了一项议案来加强1660、1663年和1673年的法令。枢密院一个委员会与海关专员们一样否决了伦道夫要改组独占和共同殖民地的提案,认为他的议案太激进。1696年4月法令的价值主要是澄清了早期立法的意图,建立了行政规章制度和违反章程的惩罚办法并进一步强调总督在执行上的责任。此外,在美洲实施弗劳德法规使殖民地海关组织走向系统。而且更重要的是建立具有海军中将职权的法庭,执行《航海法》中规定刑罚条例的裁判权。为了奉行王国政府额外增添的权力并对贸易大臣的工作效率下降做好补偿工作,又成立了商务部这个新机构。通过这个新机构的人事任命,商务部的连续性得以保持。第一任大臣为布里奇沃特,另一位成员为威廉·布拉斯威特,他是贸易殖民委员会前国务部长。伦道夫的影响仍然存在。商务部是个顾问机构,涉及面很广,用处大。但与其前身不同之处是商务部没有执行权力。除最早几年外,商务部接受以戈多尔芬为首的财政部和国务大臣们的领导。

---

① 英美贸易后文讨论,见本书第23章(1)。

殖民地领主的权力持续存在，这是伦道夫未能让英王向各殖民地委派检察总长以后才会这样。他还建议礼仪应由国王管理，但其维护王权的努力并无成效。1697年向罗德岛、康涅狄格、宾夕法尼亚等发出了函件，威胁要没收特许状和专利权。然而大家都知道，各特许殖民地政府不能随意侵占除非议会下令或通过一定法律手续。撤销某些或一切殖民地特许状，旨在把各殖民地"置于更平等基础上"①的提案，在乌得勒支和约前就向下院提交了5次。1701年是最早的一次，几乎通过。这次受到国内英国圣公会教徒（普通群众和神职人员）以及殖民地头面人物如尼科尔森总督和罗伯特·奎利（后者是一位海关总检察官）等人的支持。但为特许殖民地所作的辩护十分巧妙，包括：巴思伯爵为南北卡罗来纳作的辩护，亨利·艾休尔斯特（他是一位商业巨头，又是威斯敏斯特的不信奉国教者领袖）为康涅狄格、罗得岛和马萨诸塞作的辩护，佩恩家族为宾夕法尼亚所作的辩护。威廉·佩恩所起的作用可能是关键性的，尽管艾休尔斯特屡次声称他在大臣中很有影响。那些力求废除各独立政府的人们所作的努力也不完全毫无用处。佩恩放弃了他所有的政治权利，新泽西的领主们也放弃了他们的权利，而马里兰则在安妮女王死前仍在君主手中。这是中央集权的可怜替代物，也是王政复辟时期商务大臣们想象到的。但是起码皇家政府已成为大陆上的普遍现象而非例外情况。

和约签字后新英格兰还不断受到袭击，一直到它整个历史最受考验的几十年结束之后才停止。印第安人的恐怖带来的不只是人们精神上对直接受到攻击和酷刑造成的紧张，它还影响了1691—1692年弥漫于马萨诸塞省塞勒姆全村的魔法诅咒。这个遗臭万年的歇斯底里被看做是新英格兰历史中最黑暗的一页。当

---

① 1701年第473号政府殖民地档案一览表。

前的历史学家认为这个众所周知的歇斯底里使人们怀疑清教徒的神权政治。①事情是这样开始的。几个年轻姑娘指责社区里几位长者把她们变成女巫。随后她们就供认与魔鬼交配和其他无法无天的行为。结果有20个人和两只狗被吊死。殖民地的领导人对此未加干涉,不敢否定横加给无辜人们的罪名,害怕这将会使他们也遭受指责,削弱他们的权威。对这种审判要负责任的是领导无能,而不是新英格兰清教主义的本质。我们也不应当忘记马萨诸塞省刚从政治斗争中挣扎出来,这次斗争使它本身的存在受到威胁,而现在正进行一场军事斗争,其严重性并不比政治斗争轻多少。而且畏惧巫婆本来是西方世界的共同现象,但在这里情况就更严重了,因为这里据说尽是一些不信宗教而崇拜魔鬼的部落。正是这些情况加在一起,便将新英格兰人正常情况下都有的稳定的、切合实际的判断力给破坏了。

贵格会教徒也厌恶这种严重情况。他们不断为改变边区状况而作出努力,曾取得一些成就,但他们的做法却使新英格兰失去外围防御。"一位糊涂而拙劣的作家"②进一步激起了众怒。他叫汤姆·莫尔,想为印第安人在战争中的暴行辩护。但在贵格会教徒思想受到抵制的沿海地区,清教徒骚扰贵格会教徒的事情,革命后不久就停止了。1691年公谊会教友在波士顿用砖盖了第一所会议厅;15年后他们的成员数目增加,需要盖第二所。另外一个内部敌人就是安德鲁斯虚弱无力扶植起来的英国国教,但安德鲁斯政权被推翻后,英国国教也受到恶意攻击。1690年只在波士顿还有一些英国国教会众。之后,经过比较充分的成长,

---

① 见S.E.摩里亚森著《英领殖民地时代新英格兰知识分子的生活》,纽约,1956年,第255—265页;米勒,第13章。

② 科顿·马瑟,Decennium Luctuosum:《印第安人的战争的故事,1675—1699》(C.H.林肯编纂,纽约,1959年),第278页。

许多北方城镇的成分受到影响，主要是得到1701年成立"国外宣传福音会"的帮助，其主要目标是把牧师们派到各殖民地，在"真正宗教的原理"上指导殖民地开拓者。虽然国外宣传福音会是为了考验美洲殖民地英国国教的骨干并曾在基督教会的幌子下被说成是代表英国帝国主义[1]，但其成就不大，且零散。尽管如此，新英格兰的正统教长们仍有很好的理由认为他们的传统价值观念已处于危险之中。用1691年颁发的财产特权许可证来取代一个凭宗教并允许宗教自由原则的许可证，为不信奉国教宗派的增长和神权政治统治的结束铺平了道路。清教会似又受到另一种威胁，因其内部产生了进步运动。1699年，一些进步思想家在波士顿成立了布拉特尔大街教会。马瑟派及其他教长们的反击导致1705年提出按长老会路线进行改组的建议。在所罗门斯托达德和塞布鲁克宗教会议影响下，康涅狄格于1708年采取了"协议会"原则；但在马萨诸塞，"塞布鲁克政纲"中的中央集权方式则受挫于约翰怀斯领导的民主分子，也受英国政府的反对，因为英国政府害怕神权政治复活有损皇家利益。

在新英格兰以外的一些地方，在殖民地中，自王政复辟以来一直坚持信仰自由。信仰自由的实践效果有时不太好。有一阵子，纽约各教派所受限制比新英格兰各镇要多。他们在查尔斯顿的斗争是艰苦的。马里兰往南的这一片大陆殖民地，英国国教到1692年已经巩固，但除弗吉尼亚外，它还不是大多数人信奉的教。即使在弗吉尼亚，教区会的控制已经限制牧师的权力。在马里兰，激进的教派占优势；在北卡罗来纳与东西（新）泽西一样，贵格会教义是重要信仰。而且，新型移民使宗教信仰更加多样化。在1689年以前的殖民地生活中，宗教已经是五花八门的了。最重要的还是胡格诺派教徒。有些定居于纽约地区的中部，

---

[1] 见 C. 布里登博著《主教冠和王笏》，牛津，1962年，第57页。

其他沿南卡罗来纳的桑蒂河定居,他们大部去发展中的市区如查尔斯顿、纽约、新罗谢尔、萨勒姆、波士顿和牛津。他们在这些地方与英国圣公会教徒有了交往。德国宗派在弗朗西斯·丹尼尔·派斯托卢斯领导下于1683年开始其历史性进入。在以后20年中从莱因兰又来了许多人如贵格会教徒、孟诺派人、浸礼会友、里弗兄弟会、邝克尔斯、新蒙纳斯和荒野妇女会会员。他们主要向宾夕法尼亚移民,然后从那里又向特拉华和马里兰迁移。之后,莱茵河西岸地区的德国人也来了。虽然有些人经短期在英格兰当难民后被运往纽约以便为双重帝国目的服务,但大多数是从费城去的。这个双重目的是:生产海军军需品和巩固阿尔巴尼边防。由德格拉芬里德男爵率领的瑞士殖民区在北卡罗来纳州的新伯尔尼形成了。

宗教在大多数殖民地中如果不再是生活中的中心因素也一定是极其重要的因素,但不能期望它全面反击长期战争中对行为造成的不良影响。到1690年犯罪已成为主要问题,每个殖民地村庄都为夜间安全采取措施。城镇也不可避免地受到最坏影响。危险来自四面八方。1707年以后,纽波特的私掠船员们是动乱主要因素。查尔斯顿的守卫受到水手、有时是海军水手的袭击。费城也蒙受航海者的犯罪行为。在纽约,破门行抢教堂是公开的丑闻,暴力行为和骚乱日见其多。波士顿被认为是英国殖民地中治安最好的城市,但到1720年也享有暴乱盛行的名声,在暴乱中男女都参加了。酗酒是个普遍罪恶,虽有众多律条为之定罪,但也无济于事。沿海地区发生的动乱主要是酗酒造成的,老百姓愿意与海盗做交易,并从监狱把他们拯救出来,这也是造成动乱的一个主要原因。年青一代所受的影响或许比其他阶层的人更严重。1699年,不正当的通奸关系是普遍的。西班牙继承战争进行期间,殖民地居民第一次与欧洲士兵和水手广泛接触以后,通奸与私生事件显著增加。新英格兰1692年的严守安息日法规公开被人嘲笑，这就不足为怪了。私人组织与"罪恶的有害影响"进行斗争，但收效甚微。①

战争对教育的影响更难确定。安德鲁斯推翻新英格兰的教育系统以及威胁要把哈佛大学改变为英国圣公会神学院这两件事对大多数新英格兰人来说都是1689年以前一部分令人吃惊的事件。但是到1680年，有证据说哈佛大学在校学生的生活质量上有了下降。② 17世纪90年代期间，人们经常关心的是宗教信仰上的自由主义，但这与英国直接干预无关。另一要关心的是对"道德败坏的"波士顿大学有何影响。斯托达德是康涅狄格谷地的"教皇"，对马瑟派持批评态度，但他本人是哈佛大学毕业生，1703年他宣扬反对高等教育中心的言论，说这些中心看不到它们的任务是培养担任公职的人才。也许清教徒"杞人忧天的悲观主义者"有意夸大了这个下降。无论如何，哈佛大学只能从成立第二所新英格兰大学中获得激奋。这是清教徒针对领袖们进行的良心上自我反省分析准则所作的建设性回答。创办耶鲁大学是哈佛大学毕业生提出来的，哈佛大学祈祷这所新大学的成功。新英格兰教育传统的腐败已发生在低级教育部门。在17世纪最后20年里几乎整个成年人群都有文化，但在乌得勒支和会以后不久，马萨诸塞的议会哀叹说有些城镇宁愿受罚也不办中等学校。在这方面，边区城镇特别失职。

弗吉尼亚的传统不利于对教育政策提出批评。1671年伯克利总督批评免费上学和免费学习是违法乱纪、信奉异教的根源。他的这番讲话表达了许多殖民者的意见，他们认为教育是个人的责任。相反，新英格兰则认为保护新英格兰本身独特品质的最佳

---

① 见 C. 布里登博著《荒野中的城市》，纽约，1960年，第228页。
② B. B. 詹姆斯和 J. F. 詹姆斯编：《贾斯珀·丹克沃茨的日记（1679—1680）》，纽约，1959年，第266—268页。丹克沃茨是荷兰在北美的一个代理人。

## 第十五章 英法在北美,1689—1713年

方法是创造条件让各阶层畅所欲言,各抒己见。弗吉尼亚缺乏这个自信心,而且还不得不去创造它最有效的贵族领导传统。威廉与玛丽大学确实是1693年由省政府赠地两万英亩并拿出一年的毛皮出口税收入而创立的。但是大部分由附近教区的教长们组成的教职员,缺乏哈佛大学那样的卓越才干。可以想见,南卡罗来纳有组织的教育更不发达,但1710年的立法提出在查尔斯顿创办免费学校并任命校长。纽约和费城承认教育是教会和国家共同关心的事业,但心有余而力不足。尽管如此,它们为使教育茁壮成长所提供的土壤比殖民地经济性质所能提供的要多。

传播英国文化和下达政治命令的资源到1700年稳步上升,尤其是北方。从1639年起就有印刷业的波士顿,到1690年已成为全帝国第二大印刷和书业中心。1685年以后印刷业在费城发展迅速。新英格兰企业试图在1690年9月办起一份月报,"旨在反驳假报道"。由于严格的审查制度,第二期未能发行,一直到1704年才发行定期刊物《波士顿新闻信札》。刊物监督仍由总督政务会负责。南方到殖民阶段末期才有报纸,但开明的殖民者已在收集大量图书:威廉·伯德二世藏书4000卷,与科顿·马瑟所藏数目相同;托马斯布雷大夫(教会代表,国外传播福音会奠基人)在马里兰30个教区里几乎都成立了图书馆。在这里,尤其是切萨皮克湾地区,一种殖民者贵族统治正在兴起,这个统治阶层认为发财致富和富有成效地利用闲暇时间进行文化消遣是美好生活的补充目标。科罗托曼的罗伯特·卡特(一位精明的弗吉尼亚商人)公开宣称其最得意的职位是威廉与玛丽大学校长。

这样就在文化设施与英国大陆殖民地目标之间有了巨大差距。无论怎样,夸大社会结构的区别是可能的。无论在哪里,甚至在新英格兰,占有土地的多寡决定社会地位的高低。地主贵族相当于英国绅士。地主贵族下面是仆人、佃户、工匠和自耕农。

新英格兰的商业已由第二代发展成为一个繁荣的商人阶级；纽约战争提供了财富增加的机会，如罗伯特·利文斯顿抓住的机会。这些财富包括土地和货物。战争也加速了城市意识的增长。新港的人口确实未变，而波士顿的人口却从1690年的7000人降到1700年的6700人，尽管从边区有难民流入，到1710年只达9000人。但是查尔斯顿和纽约的人口稳定增长。处理社会和行政难题的新想法几乎全来自英国，然而各个社区都改善了他们的效能，路面铺得好多了，警察布岗也周密了。尤其是在5个主要海港，很明显地有一种新的公民自尊心和身份感，表明它们不再是殖民地村庄，而是一些与欧洲城镇性质差不多的城镇。[①]

新法兰西没有发生这样的城市发展。整个殖民地支持了还不到波士顿两倍人口的白人；魁北克本身的人口到1713年才有1800多一点。而且，自1678年以来能比得上新英格兰各城镇自治程度的不多。早先的市政官是由魁北克、蒙特利尔和三河城三地居民选举的，但他们在弗隆特纳克的第一总督任期结束后也就完了。然而在社会服务方面他们有理由自豪，在长期战争中社会服务一直在坚持。1688年在这3个主要社区里成立了济贫所来分发救济品并帮助失业者寻找工作。每个教区都有权成立类似的济贫所。4年以后让·弗朗索瓦·夏隆在蒙特利尔创办年老、体弱者收养院，1693年魁北克总医院也有同样设施。1702年乌尔苏拉恩斯在三河城开办了一处医院。文化生活要受诸多条件制约，如气候、土壤条件、是否不断处于遭受攻击的恐惧之中、河边教区的一系列建筑是否沿干道发展等。殖民地教育多亏了耶稣会、萨尔皮辛、雷克莱特和乌尔苏拉恩斯的热心，再加上赖伐尔和圣瓦利埃的支持。魁北克有了自己的初级教育设施，而周围农村的需求则由圣乔基姆扩大了的学校来满足。在莱维斯角、锡莱

---

[①] 见C.布里登博著《城市》，第138页左右两面。

里、圣福伊和圣法米尔还有其他学校。蒙特利尔有两所学校。在弗隆特纳克堡、拉普埃伊、拉辛、特朗布尔角和布切维尔也有学校。王国政府代表如雅克·劳道特、沃德勒伊和贝贡等的证言指出农村教育因缺乏校长而受阻,但有些证据与这一观点相冲突。在此期间,加拿大妇女所受教育总比男人好,这多亏了魁北克和三河城两地的乌尔苏拉恩社团和蒙特利尔及其所属地区内教堂修女们的功劳。在阿凯迪亚这个地方约有5000人,几个总督对他们的统治尚属宽厚,但总督不为凡尔赛所重视。这里罗耶尔港的神学院在九年战争中遭受过火灾和抢劫,但在拉赫丹和罗耶尔港早就有了男女混合学校。在整个教育系统中一直贯彻着法国做法。魁北克的耶稣学院是唯一全面组织起来的中学,据估计该校在1699年有130—140名学者。在魁北克还有许多拉丁学校,赖伐尔的初级神学院和工艺学校。圣乔基姆一度曾教授水文地理学、数学、木刻,大概还有绘画。蒙特利尔也教航海和筑垒。战争没有限制机会向阿凯迪亚以外的青年开放。尽管发生了战争,但学习机会还是向外发展了。

总而言之,法国殖民地的文化生活不如英国大陆殖民地丰富。他们没有一个可与新英格兰的爱德华·泰勒相媲美的诗人。自从圣瓦利埃与弗隆特纳克因演出《塔尔杜菲》发生口角以后,舞台表演停止了。私人图书馆与同时代的弗吉尼亚或马萨诸塞相比不可同日而语:水文地理学家让·德夏伊的私人图书馆在1706年藏书40卷,当时算是出类拔萃的了。除了基督教会团体的图书馆外没有一家是名副其实的,农民们根本没有任何书籍。法文的加拿大文学在1759年征服以后才开始出版,描写国家及其扩展的巨著如勒克拉克写的《新法兰西的第一所信仰机构》(1690年)和路易斯·埃纳平神父写的《新发现》(1697年)也曾引起过公众兴趣。尽管这种情况一部分反映了缺乏印刷厂,但也并不是不足以说明对印刷语言的漠不关心。不管是为了乐趣还是为了求知，人们认为读书是生活中的重要环节，书籍在人们的手中传来传去。加拿大人是出色的木石雕刻家。在这方面，诺埃尔和皮埃尔·勒瓦瑟两人都是杰出的；而在魁北克，尼古拉·贝林（或布莱）因精于雕刻铅和铜装饰品而享盛名。

教会的势力不限于圣劳伦斯和沿海地区，但其最远地区传教团的力量却在毫无结果的争吵中损失了一部分。法国对印第安人的渗透越来越取决于政治、军事和商业力量。1696年，路易十四确实下令放弃除圣路易斯堡以外的所有西部军事驻地，并实际上结束了西部皮毛贸易。但弗隆特纳克及受其支持的商人们却能像在科尔贝时代一样，争取到特许，并在弗隆特纳克器重的一位有才干的加斯科尼贵族拉莫特·卡迪拉的劝说下，决定在底特律河构筑碉堡保护贸易。卡利埃的眼力也看出法国从伊利诺斯和俄亥俄脱身不久会使西部各族纳入英国势力范围，而且有加拿大不满政治现状者协助。然而从外表看，边区仍是教会性质，以弧形从缅因最北部的西面延伸到伊利诺斯地区然后向南发展到密西西比河下游的盆地，接着向墨西哥湾的比洛克西和莫比尔两处正在奋斗的殖民地伸展。

1688年，法国只在缅因保留了一块立足地，在彭塔各沃特（卡斯丁）所设的碉堡早已废弃。迪农维尔已经预见到如果荒野的阿贝纳基族落在英国影响范围内，对加拿大会有严重威胁，因而力主沿肯尼贝克和圣约翰河一带成立布道团，并有力支持耶稣会会士，使之成为唯一能控制印第安人思想的团体。耶稣会会士与萨尔皮辛不同，他们认为使印第安人信奉耶稣教这项任务最好在远离白人殖民地的场所完成，并将阿贝纳基人集中于锡莱里。后来他们在夏迪创立了圣弗朗西教会，并于1688年恢复了他们的缅因教会。通过耶稣会会士的努力，肯尼贝克人、埃切明人和皮诺布斯科特人都成了天主教部族。彭塔各沃特一地的教区从官方说仍在魁北克神学院之手，但也对阿凯迪亚地方的印第安人执行牧师职务。1699年神学院交给了耶稣会士。马萨诸塞被自称是在自己领土上改变宗教信仰的罗马人扰得心神不安，曾两次派遣委员团诱导印第安人解散传教士，但失败了。战争恢复之后，有一支远征军劫掠了这个村庄，另一支远征军则侵入塞巴斯蒂恩·拉斯利神父的教会（在纳拉错克）并烧了那里的教堂。往西，在纽约境内，活动正在消沉。1689年，在易洛魁人中间唯一的天主教徒们就是那几位改变宗教信仰的人，还有皮埃尔·米莱特神父这位独一无二的牧师。他是欧奈达人的囚犯但是仍有影响。1702年，各行政区出于自己的意愿要求传教士回来，资深的雅克·朗贝维尔神父当选。他的传教活动恢复了，直到斯凯勒上校于1709年摧毁了教堂和耶稣会权力以后才停止。

罗马天主教取得的最大成就是在密西西比河上游盆地。1713年前后，文森斯已在沃巴什建立，这是为迈阿密人和波塔瓦托米人在圣约瑟夫建立的传教点，另一传教点在皮奥里亚，第3个点设在卡斯基亚人中间。围绕着这些传教点，法国人慢慢定居下来，有些人娶了信教的印第安人做妻子。他们的影响是相当明显的，尤其是在依利诺斯农业地区。1689年，雅克格雷维埃神父接替资深的阿卢茨任各教会总监；1690年圣瓦利埃委任他为总代理主教。雅克·格雷维埃计划将传教团设到伊利诺斯的两个边区卡霍基亚和塔马罗伊，以及欧塞奇和密苏里。1696年以后，他到更远的部族去传道。曾发生过一次纠纷。当时在主教支持下的魁北克神学院（巴黎"国外教会"的一个分支，在巴黎也很有影响）决定参加向西部的部族宣传福音。他们把塔马罗伊人看做是与较远部族联络的必要环节，于是首先在他们当中建立了一个传教团。尽管耶稣会会士们事先已有要求，在托尼卡人当中派个常驻的传教士，又在坦萨人中派个常驻的传教士，把神学院的影响带到翁斯皮克人、雅祖人和密西西比河下游的纳切斯人中去，但是那里的耶稣会活动也有成就。1700年，保罗·杜鲁神父从比洛克西堡沿密西西比河北上,他在那里的工作就由沿密西西比河南下来的两位神父所接管。这两位神父是雅克·格雷维埃和约瑟夫·德利蒙奇,他们在乌马人当中盖了一所小教堂。现在耶稣会会士们分头恳求圣瓦利埃和国王让他们独自指挥路易斯安那各教会。但是法国法院和圣瓦利埃一同袒护神学院并授以总代理主教权力,统管全密西西比盆地。虽然这个决定正式保留了魁北克的权力,但却剥夺了弱小的路易斯安那居民区的高度热情和耶稣会会员的组织能力。[①] 另一方面,虽然法国不断给予支持,但神学院的工作没有起色。它的传教士圣科斯姆1706年遭到谋杀;另一个叫拉旺特的人因与路易斯安那官方的关系不好,1707年回到法国时已经是要死的人了。敌人的行动更使他们雪上加霜。托尼卡教会1708年撤到莫比尔,因为受到参战的英国人和印第安人的威胁,1709年由拉维涅·瓦赞在道芬盖起的教堂,第二年就被拆毁了。塔马罗伊人(卡霍基亚人)现在是唯一能取得永久性成果的有指望的神学院教会传道所的人了。到1715年,当地约有47家法国人。

1702年,法国人最后被赶出圣基茨。如将这事排除在外,那么新生的路易斯安那财产受战争的影响要比新世界的任何殖民地都大。拉萨尔被谋杀后以及1684年他的殖民企图失败后,法国人对密西西比的要求得到皮毛商人的维护和传教士断言的维护。传教士们说那里住有法国人如米歇尔·阿查理特、埃纳平的伙伴,在伊利诺斯人当中生活、嫁娶。1689年,尼古拉·佩罗特以国王的名义占据了密执安湖与密西西比之间的土地,并随后在其上游地区以及帕平姆湖修筑了临时堡垒。拉萨尔曾于1684年警告塞涅莱说,如果外国人在密西西比流域走到了法国前头,那就一定会导致新法兰西的陷落。在法国政府内部,路易斯·德·普夏特兰

---

[①] 见吉罗《法属路安那史》第1卷(1953),第217—223页。

## 第十五章 英法在北美,1689—1713年

及其子表示愿意实现法国对该河下游地区的要求。考虑这些要求和必须保证新法兰西与墨西哥湾之间的交通是否会大大影响在里斯威克进行的谈判是难以预料的。相反,1696年法国的政策似又恢复到科尔贝尔的主张,即除圣劳伦斯河外不承担任何义务。国王也未采取彻底的新方针,直到乌得勒支发表了埃纳平的"新发现"并请威廉三世接管这个广大领土。雷蒙维尔是拉萨尔的老朋友又是海盗,对这个地方了解得最清楚。他在有影响的朋友如国会律师阿尔戈的协助下,寻求援助以成立联合股票公司承办开拓殖民地事务。他们提请人们注意英国日益扩展力量的威胁和迫切需要防卫俄亥俄的高度易受攻击的谷地的重要性。法国国内对此问题的兴趣扩展到几个神学校的成员。最有价值的是迪博神父的研究成果,他是法国周游最广、地理知识最丰富的人之一。接到阿尔戈建议两个月以后,普夏特兰为筹办远征军采取的第一步是选伊贝尔维尔为领袖:英国丹尼尔科克斯大夫[1]正在敦促法国新教徒在墨西哥湾建立殖民地这个消息使他快马加鞭。创业者排除了这个危险,西班牙人担心佛罗里达通路和新西班牙北部各省的安全,于1698年在彭萨科拉湾派驻了警卫部队。

从一开始,路易斯安那面临的最严重问题就是如何获得合适的殖民地开拓者。1699—1700年,起初只有一小队人(120人)在密西西比东面的口岸试探性地占据了几个地点,其中加拿人居多数。许多人经不住湿热的气候,外勤人员简直受不了这个惩罚。人口分散曾是新法兰西日趋衰弱的重大威胁,伊贝尔维尔希望能防止这一现象发生,于是在几个点把各殖民地聚拢起来,并禁止与印第安人做皮毛交易。为了尽快增加人口,他在法国贫民和警卫部队家属中移民。在阿尔戈和沃邦的激发鼓励下,普夏特

---

[1] 其大规模殖民地计划见V.W.克兰《南方边疆,1670—1732》(安·阿博再版1956),第48页左右两面。

兰和金融家安托万·克罗扎起草了招募计划。克罗扎的利益扩展到法国大多数海外贸易公司。一直到摄政时期法国才打算强迫流放。伊贝尔维尔把边区军事哨所远设到阿肯色和密西西比，目的是把这小小殖民地的边境稳定下来。但是在欧洲重新开战的阴影下，法国商人不愿冒投资和船只的危险。在莫比尔河不远处建立两个大基金会的计划搁置起来了。1702年放弃第一个比洛克西殖民地以后，稀疏分布于莫比尔和密西西比两个碉堡之间的路易斯安那人口才有140人。伊贝尔维尔像以前的沃邦一样哀叹法国殖民地开拓精神之贫乏，然而这只是路易斯安那发展很慢的一部分原因。该地区自然条件的诱惑力被夸大了，每个殖民地企业都这样，过低估计气候恶劣情况又是个严重错误。食物是主要的使人忧虑的事：牲畜不足，蔬菜收成也因太热而受损，其他作物则因雨量过大而受灾。许多移民不会引进适应当地情况的技术，结果失望地离去。缺乏技术工人使种植甘蔗和香蕉的计划受挫。多亏了伊贝尔维尔的有力领导才取得一定成就，但1702年以后，他的精力因战争的需要和诱惑而分散，不能像他原来打算的那样使殖民地富裕起来。1705年他在圣多明各去世，年轻的路易斯安那也继之失去了鼓舞人心的源泉（以前只对英国的背风群岛发动过一次有收获的私掠巡航远征）。

1706年春天以后的两年间，路易斯安那失去了法国的援助而完全衰退。1708年2月以后，它再次依靠来自安的列斯群岛和彭萨科拉的船货有3年之久。即使船只真的来了，面粉和其他必需品也经常没有，因为是用更赚钱的物品顶替了面粉，或是船在到达路易斯安那以前卖给急需的西印度群岛了。1707年该殖民地失去了有力领导，伊贝尔维尔的弟弟勒·穆瓦纳·德·比安维尔被弃而不用，改用德梅先生，一位来自新法兰西的官员。但只有领导才能还不能保证成长，伊贝尔维尔的经历就说明了这个问题。成功首先要看国王的态度。路易因为无力提供所需的物质支援使殖民事业站稳脚跟,就历数殖民地开拓者的缺点。在整个战争期间确实一直存在放弃殖民地的威胁,尽管年轻的普夏特兰坚决顶住,因为他认为眼前要关注的是殖民地的战略意义而非其有问题的经济价值。后来,路易同意让殖民地继续存在下去的时候,普夏特兰不得不依靠私人的财力,舍此别无他途。利用1712年9月14日的特许证书,他轻易地把殖民地贸易专利权连同任何土地或矿山产业都交给了克罗扎,经营期15年,国王只保留任命总督权力。这个危急的补救办法对克罗扎来说只不过是又作一次投机,但执行起来比较受压而好处不大。1717年克罗扎全部卖给国王,并建议使路易斯安那成为劳氏公司在西部的核心。[1]

在西班牙继承战争中,易洛魁人的中立使纽约免遭入侵,但在新英格兰,以前的冲突模式又重复了。缅因社团1703年8月受侵,冬港1707年9月受侵。在马萨诸塞边界上,迪尔菲尔德于1704年遭到严重摧残。阿贝纳基人住在萨科河、肯尼贝克河、佩诺布斯科特河和其他北方河流上的各村庄,位置很好,有利于法国各政治目标的实现。法国打算用下述方法摆脱对英国武器和器具的依赖:责成印第安人发动猛烈攻击,从而使新法兰西最不怕受攻击的地方招致报复。这样易洛魁人即可安枕无忧了。

1703年,沃德勒伊侯爵任魁北克总督。他是一名有成就的军人。他有三位总督统治这块殖民地的经验,因而与教会建立起亲密关系,与政界领导人物团结一致,这些都是圣劳伦斯殖民地从未有过的。针对他的进攻方式保卫英国各殖民地所费不赀。1703—1704年冬天,600人巡查了北新英格兰的森林,但未捉到一名印第安人;来年夏天2000人守卫着200英里的边境。这个

---

[1] 见 Gizaud,第2卷,1958年,第6章。

毫无效能的防卫系统与雄心勃勃的高涨情绪相悖，不仅极其不得人心，而且杀人的费用也高得十分荒唐。然而当地出生的马萨诸塞总督约瑟夫·达德利还控制着汉普郡，因此，在全局上也不能说都是失败。1704年冬季，一队队的巡逻骑兵肃清了印第安人边区，只有一次进攻康涅狄格城镇很快被人击退。为了减轻其财政负担，达德利也准备考虑订立中立条约。沃德勒伊虽然担心易洛魁人可能打破绥靖局面，但他还是把条件提得太高——为了不让英国人在圣劳伦斯湾和阿凯迪亚海打鱼，他向新英格兰人提出了不能接受的条件。达德利的措施在波士顿本身就受到了攻击。像塞缪尔休厄尔和马瑟派，这些人对他们自己那一角落是忠心耿耿的，而现在主张不要按照沃德勒伊提出的价格再坚持新英格兰独立了，他们指责达德利像从前安德鲁斯一样怀有亲法计划。无论如何，沃德勒伊的策略证明是太成功了，因为向他的印第安同盟者进行工蜂式袭击已引起向比较暴露的法国殖民地进行恶意报复，因此妥协的想法无人感兴趣。

报复虽然也是为了破坏阿贝纳基人的攻击力量，但这种报复在军事上没有多大价值。因此，在1704年夏天，本杰明·丘奇少校率领550名马萨诸塞人攻击了卡斯丁（阿凯迪亚），并烧毁了芬迪湾的波莱港。罗耶尔港是主要目标。这地方只有8名军官，185名士兵，但是丘奇却认为它过于强大而推迟了进攻，等待外援。但外援迟迟未到。但是到了1707年，部队增加到1000多人，其中包括从新汉普郡和罗德岛开来的一些小分队，这样马萨诸塞就准备再试试。这支军队是从农村民兵中抽调上来的，等于阿凯迪亚人口的三分之二，但在罗耶尔港惨败了。有些人早就主张从国内选拔称职的军事指挥员，罗耶尔港的惨败加强了这些人的影响。

在纽芬兰战区，命运变化很快，但全局对法国有利。1702年6月，约翰利基上尉，这位圣约翰的主官统率着一小部分人马

## 第十五章 英法在北美,1689—1713 年

守卫此岛,立即取得胜利,但为时不长。他打击了法国人在特雷帕塞和圣玛丽两地的航运和建立殖民地的活动。由于格雷顿海军上将拒绝派遣部队主要是为保护西印度群岛而冒风险,所以1703 年攻击普拉森夏本身的战机便失去了。这种小心谨慎后来被证明对英国代价很高。1706 年,一部分法籍加拿大人、海盗和阿贝纳基人在阿凯迪亚的总督奥格·德·苏伯卡斯率领下,离开普拉森夏,攻打圣约翰。这是以前伊贝尔维尔计划要统治纽芬兰的重演。城内受难居民坚守了 5 个星期的围困,但是法国人进而摧毁费里兰,并向北蹂躏博纳维斯塔。之后不断的进攻使英国认识到让法国为所欲为的严重后果,但直到 1708 年夏天才派人去夺取普拉森夏并最终控制纽芬兰。由于管理不善和天气恶劣,该计划破产。另一方面,以普拉森夏王家中尉、圣奥维德为首的私掠巡航远征队摧毁了圣约翰的堡垒并于 1709 年捉住了圣约翰总督,但法国人来年夏天又撤退。1710 年以普拉森夏总督帕斯托·德·科斯特贝尔为首向卡博尼亚发起海陆进攻,但收获不大。法国一再掌握主动,但无当地力量巩固胜利。对这种战争,运用私掠巡航战术较海军为妙。只要英国与法国共占纽芬兰,海军就不能确保英国渔场。英国在这里遭受的惩罚证明需要宣传北美战争的重要性,也清楚说明了博林布鲁克的强硬外交主张,在和平会议上定要坚持独占纽芬兰。

为控制密西西比而发生的冲突第一次明显地发生在南方边区。在那里,伊贝尔维尔的眼光已从目前路易斯安那的安全看到卡罗来纳沿海一带。弗吉尼亚、马里兰,最后纽约恐怕都要陷落,因为这是南北夹击的必然结果。在这个大陆计划中,第一步要走的是建立法国—西班牙海陆联合远征军攻打查尔斯顿,之后卡罗来纳的英国人要遣返,其胡格诺派教徒要改变宗教信仰。詹姆士·穆尔总督预见到法国和西班牙目标的某些中心内容之后,准备立即进攻圣奥古斯丁(佛罗里达)的市区和碉堡,深恐从

那里突然袭击南卡罗来纳。1702年秋天，一支由500名卡罗来纳人和300名印第安人组成的队伍扫除了北方的西班牙教会并企图以饥饿围困圣奥古斯丁。8个星期以后，被围困者的士气下降了，穆尔也焚城后撤退。穆尔现在被免去总督职务。他的攻势作风与新英格兰原来采取的守势战略迥然不同，但是这个做法的经济负担落在一个不大富裕的社会的肩头上，同样是很沉重的。即使如此，查尔斯顿议会仍同意建立一支能带来比其他殖民地战争更实实在在成果的军队。穆尔个人备款成立了一支有1000名印第安人和500名白人的军队，并于1704年使西佛罗里达西班牙教会的村庄荒芜下去，因为那里的阿帕拉奇印第安人可能被用来攻打下克里克人，从而将卡罗来纳的防守同盟摧毁。许多被俘的阿帕拉奇人被调到苦苦挣扎的边区城镇萨凡纳去增援，此地是卡罗来纳内地贸易中心。一个胜利接着一个胜利。往东，在阿帕拉奇和圣奥古斯丁之间的蒂穆夸教会都被消灭了。到1709年，西南佛罗里达的托科巴加印第安人都被打垮了。

政治头脑清醒的卡罗来纳商人们这时也警惕着来自密西西比方向的袭击，在这里，莫比尔地方的勒·穆内兄弟们直到1706年才有效地调解了由英国武装的强有力的奇查索人与法国盟友乔克托人之间的长期不和。亚拉巴马印第安人已于1703年抛弃了法国，而下克里克人则在阿帕拉奇人被征服后更倒向英国，伊贝尔维尔的边区政策基础动摇了。因为来自法国的援助极少或根本没有，保卫路易斯安那就靠比安维尔巧妙操纵残余的同盟者了。法国—西班牙的联合进攻只限于1706年进攻查尔斯顿，而且也流产了，这促使卡罗来纳建立一套侦察系统来改进其海路安全，并派遣军官到切罗基人和克里克人中去征召士兵，以扩大其军事资源。1707年，英国人和印第安人一路烧抢到彭萨科拉的城墙边，针对莫比尔的行动也在考虑中。莫比尔是通往密西西比下游的要隘。托马斯韦尔奇是个商人兼探险家，托马斯·奈恩是卡罗来纳印第安人的代理。这两人企图争取乔克托人、雅祖人、纳切斯人和其他住在河边的莫比尔同盟者。他们有先见之明的战略眼光早就看到,如果英国所有殖民地不愿长期局限于大西洋海边的话,他们就需要统一采取行动。要是没有查尔斯顿的长年政治斗争和奈恩船长的免职,卡罗来纳人此时也许独自就把路易斯安那消灭了。事实上,他们采取的唯一较大的行动是在战争收尾部分组织庞大的克里克人和奇查索人远征军在1712年彻底毁灭乔克托民族。在这场危机中,比安维尔的森林外交挽救了法国体系,使之免遭崩溃。① 森林外交甚至顺利地恢复了老亚拉巴马各同盟者。

具有帝国远大目光的并非只有穆尔总督和奈恩船长。纽约的科恩伯里总督采纳其各位前任的想法,从一开始就极力主张把法国人从美洲大陆赶出去。1708年底商务部确信,为确保西印第安人的食品来源,此事就必须要办,尤其是幸亏有了塞缪尔维奇的明确提倡。他是达里埃灾难的生还者,其征服概念已超过西班牙加勒比海到加拿大,这是他在贸易航行中了解到的。殖民地热心"光辉事业"稳步增长。北方的总督们保证支持,新英格兰人发出了事关紧急的口气,唯恐和平谈判要把加拿大、新斯科舍,甚至纽芬兰都交给法国。后来根据戈多尔芬透露,使英国在1709年撤销其援助的原因是和平谈判的进展情况以及原来打算去魁北克的海军中队现在转移到葡萄牙了。1710年马尔巴勒反对此事。② 受委屈的殖民地开拓者应为1710年10月获得了(安纳波利斯)罗耶尔港而感到心满意足。此港是由新英格兰民兵和尼科尔森上校(安德鲁斯的前副官)指挥的英国海军组成的

---

① 有关这些事件,见克兰,第4章。
② 见 G. M. 沃勒,塞缪尔维奇(查佩尔·希尔,1960年),第156、177页。对照同一书第114页左右两面"援助桑德兰和苏格兰贵族"。

大远征队取得的。尼科尔森上校让维奇负责一小支警卫队去体验有敌意的阿凯迪亚严冬的种种困难。

虽然攻克"北美敦刻尔克"后感到有些轻松,新英格兰人却把它看成是征服加拿大的前奏。英国的新托利党大臣们也认为这一次特大胜利是声名大振的事,是会议桌上抵消不利因素进行讨价还价的筹码。圣约翰特别支持征服加拿大的举动,并从马尔巴勒的军队中抽出几个团支持这个行动。负责监督这个有点匆忙的准备工作的正是他本人。波士顿专为军队筹办伙食的人和其他人要完成的准备工作太多了,远征军的领袖们也不幸运。新英格兰分队的主官是精力充沛的维奇上校,他隶属杰克希尔将军指挥。这位将军是陆军总司令,是艾比盖尔的弟弟,军功并不出色。海军包括9艘军舰,另有60艘运输舰和其他船只,接受霍文顿·沃克爵士指挥。沃克爵士曾在地中海服过役。希尔和沃克有同等指挥权。早在远征军望见圣劳伦斯以前英国人就已经与新英格兰人冲突起来。沃克和希尔不了解执掌一支英—美军队的复杂政治含义。军需部长也一样糊涂,他甚至在评论人们的"乖张冷酷"和马萨诸塞政府"懒惰冷漠"时更是十分坦率。① 马萨诸塞令人伤心的错误就是不能提供得力的领航员。事实上,除为从陆上攻击蒙特利尔而为阿尔巴尼的尼科尔森2300人军队出了许多人外,殖民地还比它所答应的多征募了10%的人充当这次大胆行动的海军先头部队。也许波士顿和伦敦之间过去从未有过这样相近的利害关系。预计会获胜的,结果却是发生了英国历史上最可耻的失败。在旧历8月20日晚上,在圣劳伦斯港湾靠近奥夫岛的地方,由于导航严重错误,造成在下风岸岩石上7艘运

---

① 见《沃尔克远征到魁北克,1711》(G. S. 格雷厄姆编,Navy Rec. Soc. 1953),第25页。

输舰和 800 生命的损失。① 沃克和希尔在所有海军舰长的支持下,认为这个灾难是决定性的,而维奇力争返回的后果很严重。在一片责备领航员和埋怨物资缺乏的声音中,远征军解散返回了。在英国,马萨诸塞变成了替罪羊。商务部原先在殖民地行政管理中充当的是平衡轮角色,宣传帝国各个部分的利益并设法调停它们的冲突,这次也避免了质问。尼科尔森、维奇和杰里迈亚·达默(马萨诸塞驻伦敦代表)都不能使英国公众相信灾祸的真正原因。纽约、马萨诸塞和新汉普郡企图再次发动远征,然而它们所作的努力也同样失败。普夏特兰正确作出判断,新法兰西的危险已成过去。直接的后果是恢复对新英格兰边境的攻击。

英国殖民地开拓者,特别是新英格兰的殖民者渴望和平的心情更有了韧性,因为恐怕他们的利益要牺牲给欧洲的英国人。继承战争就是前车之鉴,当时强调战略利益,而在加拿大问题上裹足不前、半心半意。另一方面,如果战争没有带来帝国合作决定性价值的明确范例的话,与 1689 年相比,怀疑下面这个问题的殖民地开拓者就更少了:呆在一个横跨大西洋两岸的侵略国家以内要比呆在以外好些。起码在表面上有一个帝国,不热衷于君主制度却强调新教,乐意把追求财富看做基本目标。高级行政人员自己不安地看到殖民地开拓者全神贯注于地方问题或最大到省一级问题。虽然他们看到帝国分裂的种子,但他们又没有拿出办法来避免分裂。尽管革命和战争已为他们提供了机会。对他们来说,新英格兰统治权的崩溃已是必然的了。老一代行政官员如伦道夫、布拉特韦特和德高望重的波维都已故去,统治了 17 世纪最末 25 年以后,他们的中央集权想法也消亡了。将来的行政官员都比不上他们的影响力,也未出现一个政治家对一个北大西洋帝国的根本问题提出相同分量的想法。因此,在英国,帝国思想很少超过

---

① 见格雷厄姆:《沃尔克远征》,第 33 页左右两面。

赤裸裸的经济目标。它经常按照固定公式考虑政治关系，碰到政治问题，如果要处理的话，都在省一级而不是帝国一级进行。凡能从帝国角度提出有建设意义想法的人，大部分都长期或暂时住在北美，如威廉·伯德二世、维奇和奈恩以及一些总督们如约瑟夫·达德利、弗朗西斯·尼科尔森和罗伯特·亨特。他们的一贯目标是创造好的沟通条件，以便欧洲的英国人能较好地了解其海外同胞们的问题和态度。在他们心中，他们也希望帝国重心的中心点能从大西洋东岸开始向西移动。北美人口增长和城市扩展也使人看到它的重要性。经四分之一世纪战争尚能生存下来，说明英国殖民地确有前途。

1688年以来的事态发展给帝国带来一份显著的收获。新英格兰似乎不再与母国严重不和，虽然马萨诸塞对其州议会的权力仍保留着高傲的看法和某些独立的观点。战争环境提高了其他地方议会的权力，特别是纽约的议会权力，已受强有力的总督们的控制。达默对和平谈判进展情况的消息很灵通，但谁也没有要求另派代表去乌得勒支。其实，很少新英格兰人像达德利一样在研究了和平条约的条件之前就说这是"一个幸福的和平"[①]，他们更像是休厄尔。而休厄尔要求的亦只不过是承认他的州对胜利所作的贡献而已。马萨诸塞官方人士——这个新的（相对的）驯顺的出现，一部分原因是这个州内部有了严重问题。新英格兰边境损失严重。在缅因，1675年与1713年间没有建立一个城镇；100多英里海岸缺少居民。新汉普郡实际上没有殖民地，康涅狄格只建立了少数几个镇。为此，20年中损失了5000—6000名年轻人。还有一点颇有意义：迁移不定的新英格兰人现在打算到别处定居。因此，科顿·马瑟大肆颂扬和平，他相信他这样做是得到

---

[①] 见《休厄尔日记》第6卷，第356页。"影响北美的和平条款"，见上述，第470页。

大西洋两岸有思想的人支持的。然而他又不安地看到在这方面他与许多人意见相左，这些人深信这是背叛行为。纽芬兰总督尼科尔森斥责"叛变、搞宗派、居心不良、尽力向海外人民散毒的小册子"，号召写出忠诚的作品进行反击。① 在马里兰和弗吉尼亚，经济不振给和平带来的欢欣鼓舞投下了阴影；威廉·伯德二世对和平谈判的召开表示冷淡。纽约人对沿北美五大湖和密西西比的法国殖民计划仍怀戒心。

敌对行动结束了，法国社团害怕被抛弃的心情也消失了。路易斯安那仍为生存奋斗，法国人在发展内湖河流的堡垒处于有利地位。魁北克由于运气不错没有被人征服，但《乌得勒支和约》规定割让阿凯迪亚和纽芬兰两地，又使魁北克进一步暴露。然而新法兰西的简易外围工事并未被全部摧毁。阿凯迪亚的边界要留给两个大国的委员会来决定，而实际上这两个委员会40年内不会开会，同时罗耶尔岛（布列塔尼角）仍被保留，这里的防御工事在普拉森夏交割之后立即动工。对新英格兰来说，它能进出新斯科舍，又于皇家安纳波利斯驻扎了英国警卫队，因而它的缅因边境进一步获得了保护，岸上渔民们也同样获得了进一步保护。在里斯威克和会上忽略了赫德森湾，博林布鲁克的做法与此形成鲜明对照，坚持其全部获得物作为和平先决条件。总的说来，法国威胁英国的能力，在四分之一世纪战争之后，已显示比以前更加危险。

在陆战中，英法的伤亡都比较轻，其印第安人辅助部队则较重。17世纪90年代，与法国结盟的部族只损失了100名战士，而1000多名易洛魁人则因打仗和疾病而丧生；在下一次战争中有800图斯卡罗拉人死于激战。在九年战争中，650名英裔美洲

---

① 见 *Cal. S. P. Col.*, *1712—1714*, 第523、731号。

人据估计被杀或死于监禁。[1]凡是人口显著下降的地方,如阿尔巴尼下降了四分之一,因害怕敌人而移居外国是下降的原因,并非死于杀戮。西班牙继承战争的伤亡数字更低:新英格兰损失了200名士兵,卡罗来纳损失了150人,法国死亡不到50人,而上一次战争只死亡300名。这个微不足道的损失对法国来说,高出生率能轻易弥补而有余;英国则靠外来移民弥补。[2] 长期冲突后,两个帝国的人口比率未变,在各次战争中人口规模翻了一番,新法兰西达1.9万人,英国大陆殖民地达40万人。重大变化在于英国的优势在压倒一切地绝对增长。

(王风林 蒋宗勋 译)

---

[1] 见 H. H. 佩克姆《殖民地战争,1689—1762》,芝加哥,1964 年,第 53 页。
[2] 1680 年以后移居新法兰西实际上已经停止,但是其人口年增长率在西班牙继承战争第二阶段只下降不到 2%;17 世纪 60 年代有一段时间高达 5%。W. A. 里德尔所著《在魁北克教会控制的兴起》(纽约,1916)第 35 页提供的人口调查数字如下:1681:9677;1688:10303;1692:11075;1695:12786;1698:13815;1706:16417;1712:18440;1716:20531。

# 第十六章

## 葡萄牙及其帝国，1680—1720年

葡萄牙帝国的经济在17世纪是以蔗糖、烟草和食盐为中心，到了18世纪，逐渐转向以黄金、皮革和酒类为基础，但并未完全放弃原有的主要产品。它以巨大的货物集散地里斯本为轴心，地位处于英荷资本主义和殖民经济之间。英荷资本主义部分控制着葡萄牙；其殖民经济本身则促使一个新的民族实体——巴西的形成，巴西也正从葡萄牙的殖民经济中缓慢地诞生。如果我们从价格变动[①]的过程入手，就能很快地掌握促成这个具有深远意义的结构上的变化的原动力，并把变化的过程分为几个阶段。

在1668年与西班牙讲和以前，葡萄牙的物价一直在迅速上涨，而其他国家的物价则保持稳定。逐渐上涨的小麦价格在埃武拉从1667—1693年，在亚速尔群岛从1670—1693年，趋于稳定，在维亚纳杜卡斯特卢，情况也相同，不过那里黑麦和玉米的价格在1680—1693年间稍有下降。1693年以后，这3个市场和布拉干萨（位于最北端，进口商品达到山脉的那一边）的物价都在上涨，1710—1711年间达到高峰，本地

---

① 关于欧洲总的价格运动，见本书第23章（2）。

生产的谷物的价格超过了进口谷物的价格。接着是一次周期性的下降,到1718年——布拉干萨在3年以后——达到最低点,长时期稍有下跌或保持稳定的趋势,一直延续到1740年。大米(几乎全部从巴伦西亚、热那亚和威尼斯进口)的价格在1680—1690年间下跌,1709年又上涨到一个高峰,然后继续下跌,直到1728年以后。葡萄牙宗主国的主要出口商品①的情况如何呢?在里斯本,橄榄油的价格在保持了一段时间的稳定以后,于1670—1692年间下跌,然后又稳步上升,于1712年达到高峰(除了1708年左右的一次周期性的萧条以外,这种涨落也影响到各类作物,尽管时间比较短暂);1712年后,直到1728年,出现了真正引人注目的萧条趋势。1649—1690年间,主要出口商品食盐以不变的价格卖给荷兰,离岸价格为每默德\*1480里斯,已缴税(660—700里斯)。② 1693年的饥荒使盐价猛然上涨一倍,到1709年达到前所未有的高价,1默德卖6000—7000里斯。此后,狂涨开始下降;1713年,11默德卖2650里斯,1714年为3650里斯。因此,国内物价的趋势可以概括为,1669—1692年下跌;1693—1715年间普遍回升;以后的20年间则是新的下跌或保持不变。

殖民地再输出商品的情况就不同了,出现了惊人的暴跌。1668—1688年间,丁香的价格下跌了72%,烟草下跌65%,而蔗糖——从1660年就开始跌价的一种更为重要的商品——下跌

---

① 参见《新编剑桥世界近代史》第5卷,原文第386—387页。

\* 默德(Muid)为荷兰容量单位,用于南非,约相当于3蒲式耳。1蒲式耳在英国等于36.368升。——译者

② 在锡图巴尔的医院里,盐的出售价为978里斯,至少从1660—1690年是如此。在里斯本和阿威罗售价较便宜:离岸价格为1250里斯。里斯本一默德盐约合23蒲式耳;400里斯合1银币,约值英镑2先令6便士。

了41%。① 1672年和1675年，来自巴西的大批运糖船队的到达，立即引起了人们的忧虑，因为仓库里已经积压了大批存货。在巴西本土，甘蔗的种植减少了，到1686年，沿塔古斯河寻找货物的船只由于找不到巴西蔗糖而空船返回。实际上，所有的葡萄牙港口都渐渐地趋于衰落。和1654—1668年的平均水平相比，1669—1683年进入法鲁的船只减少了20%。船只载货不足，运费降到了无利可赚的程度。根据烟草部（政务会）1682年的报告，早在1680年以前，奥波尔托和里斯本海关货栈里的烟草尚未完税就成卷成卷地霉烂了。及至1683年，法国领事对里斯本交易所的全面崩溃，描绘了一幅触目惊心的图画："那里不再有钱去买货物，也不再有商人去购买货物，结果只能把货卖给很可能会破产或被宗教法庭抓住的人。"② 事实上，早在1675年，一连串的破产事件就震撼了里斯本。这次长时期的经济萧条并不仅仅发生在葡萄牙。在威尼斯③肯定存在着同样的现象，西班牙也出现了这样的迹象。但是在葡萄牙是什么力量造成了这种状况呢？

1666年，一场空前严重的天花流行病几乎扫荡了整个巴西，尤其是东北部蔗糖产区，人力损失严重，受害最甚。由此开始了一次持续时间很长的生产危机。此外，巴西的出口商品在国际市场上遇到了外国的竞争④，这种竞争又由于有计划的重商主义的政策和奴隶市场上的变化而更形加剧。先是英国，接着是科尔贝尔，相继设置壁垒抵制外国的殖民地产品；在里斯本和奥波尔

---

① 在葡萄牙的主要市场阿姆斯特丹，17世纪50年代的价格在每磅0.69荷兰盾上下浮动，1660—1670年，价格在0.32—0.40盾之间；1671—1682年则在0.27—0.32盾之间；1686—1688年，达到0.23盾的最低点。
② 德格朗热，里斯本，1683年6月7日（巴黎，国家档案，外交档案B1，No.646）。
③ 西波拉教授提供的资料；关于威尼斯，参阅本书原文第555—556页。
④ 参阅本书原文851页以后，关于食糖和烟草的竞争。

托，法国、英国和荷兰的船只仍在装运蔗糖和烟草，但主要是为了运往国外市场上出售，他们本国的市场大体已被葡萄牙的商品占领。在几内亚湾，荷兰人驱逐葡萄牙的奴隶贩子，使形势更趋恶化；在安哥拉，沿海地区人迹灭绝，黑奴的价格随着对逃亡者的追捕延伸到内陆而上涨。由于爆发独立战争和筹办布拉干萨的卡德琳的嫁妆，巴西大种植园的税率被提高了。事实上，自1660年以后，越来越多的甘蔗种植园主被较高的工业利润率所吸引，转向生产酒类，向碾磨厂和饲养用于这些糖厂的牛马所需要的牧场增加投资。因此，在糖厂增多，它们之间的竞争加剧的同时，可供压榨的甘蔗却在减少；而奴隶（工厂比种植园甚至更需要奴隶）、木材和其他用品的价格都在上涨。就烟草来说，1678年前后，种植烟草的土地已明显地显露出地力耗尽的迹象。一个一个的困难迫使种植园主和糖厂厂主不仅向外贷款，而且（早在1668年就已开始）以三分之一的折扣向放债人预售产品。总之，一把钳子卡住了巴西的利润，这把钳子由市场价格下跌、生产成本上扬构成：由于国际竞争，尤其是来自西印度群岛的竞争，引起市场价格下跌；而各国对奴隶的争夺激烈，市场有限，生产厂家又过多，从而造成成本失去弹性甚至不断上升。

加的斯和西班牙美洲间的贸易也经历了一个困难时期。1675年，驶往卡塔赫纳的西班牙船队一只也没有回来；1676年，由于在印度群岛"商品没有销路"，返航的船只几乎是空囊而归。更多的商品源源不断地从中国运到阿卡普尔科，致使欧洲货物的价格暴跌。同样地，在1682年、1684年、1686年和1690年，由于贸易不足，也就没有必要设立墨西哥船队；新西班牙堆满了卖不出去的货物。[①] 进入加的斯的白银价格继续下跌。加上荷兰

---

① A. 皮卡多—多来斯编：《雷蒙多·德兰特里的回忆录，在卡的斯的印第安商人》，1949年，第134、162、205、267页。

## 第十六章 葡萄牙及其帝国,1680—1720年

贸易本身自1668年以来遇到的种种困难,使得在葡萄牙流通的货币日趋枯竭,1669—1670年,造币厂收到的货币创造了下降数目最高的纪录,尽管从西班牙购买蔗糖、烟草、亚麻布和黑奴的交易中收回了少量货币。在过去的几十年里,白银从葡萄牙的各个港口流往欧洲北部;而现在,回收的货币减少,外国人带走的现金却越来越多。1665年以后,在货币供应受到限制的情况下,这种"钱财外流"的现象更为严重。10年以后,全国三分之一的进口货物不得不以硬币支付。

社会和政治环境使得这种形势更加严重。[①] 长期以来,一直有一股反对资本主义的反动势力,一种普遍存在的对商业思想本身的敌意,这表现在攻击那些被宗教法庭怀疑为信奉犹太教的公司和商业团体。当然,这股反动势力自是有其盛衰浮沉,而它对政府的影响也绝不是固定不变的。然而,17世纪70年代宗教法庭再次发难。法国领事德格朗热——这位公正的观察家,在1683年断然指责宗教法庭造成里斯本市场全面崩溃。但是也许他的说法在某种程度上应该颠倒过来。不正是商业萧条刺激了反商的情绪,这种情绪又助长了宗教法庭不断地向商业团体施加压力吗?从1668年到1693年左右,帝国的经济经历了一个漫长的、主要表现为蔗糖、烟草、白银和奴隶贸易危机的萧条时期。

最终促使经济恢复的那些力量是什么呢?1671年7月27日,法国驻里斯本大使圣罗曼写道:

> 我最近得悉,葡萄牙人因为我们增收糖税十分生气,他们正在比以往更加积极地考虑兴建工厂,在葡萄牙本土生产缎带和大量其他商品。杜亚尔特·里贝罗已奉命为各行各业

---

[①] 关于1640年以后的政府改组,见《新编剑桥世界近代史》第5卷,第16章。

物色并输送尽可能多的工人。①

葡萄牙经济思想的一部主要著作,《关于王国技术的谈话简介》(1675年)竟会由一位驻法大使杜尔亚特·里贝罗·德·马塞多(1618—1680年)来写,这件事绝非偶然。他所处的地位使他受到科尔贝尔的思想影响。贸易危机导致一部阐述详尽的经济学说的问世。事实上,既然向法国、英国、荷兰出口的主要是蔗糖、烟草、西班牙羊毛及巴西木材,既然这些国家拒绝购买大部分这些货物,而葡萄牙既不能得到足够的外汇又不能继续无限期地以白银支付丝绸、毛织品、粗毛呢、缎带、烈酒、鲟鱼及其他进口货物,它唯一的出路就是,必须在国内生产迄至当时为止依靠进口的那些商品。

1670—1671年,工业投资项目是掌握在国内外商人和工厂主手里的,国家受到两位财政大臣影响采取发展工业的政策。这两位大臣是托尔伯爵(后来的弗隆泰拉侯爵)和埃里塞伊拉伯爵——他正式接受了王国工厂作坊最高主管的头衔。这项政策吸引了法国、英国和威尼斯的能工巧匠,他们带着织机、框架、工具和图纸赶到葡萄牙,来兴建第一批工厂,培训出一支熟练的本地劳动大军。在巴黎,里贝罗·德·马塞多亲自负责征募工作,并想出不少办法使征募工作得以完成。在都灵,一位已经变成葡萄牙代理人的法国天主教教士布吕托也在从事这一工作。1670年年底,两位葡萄牙企业家在里斯本建造了一座熔炉,用威尼斯方式生产水晶玻璃、板玻璃和玻璃制品。威尼斯的技术能手们安装起熔炉,并管理生产;国家提供场地、给予贷款,在10年当中对进口设备和物资免征进口税及免征其他税款;工厂主、工匠和其他职员享有各种个人优惠政策,企业则在整个王国和大西洋

---

① 巴黎国家档案,外交档案 B1, No. 644。

## 第十六章 葡萄牙及其帝国，1680—1720年

诸岛享有垄断权。埃斯特雷莫兹有充裕的水源和橄榄油，从西班牙进口羊毛又很方便，1671年，一位精明的布商和8个女工带着生产哔叽、作筛眼用的麻布或丝织品及其他松软毛织品的织机，从鲁昂来到这里。1672年，这座国家创办的工厂转为私人企业。那一年，从巴黎又来了4名能干的制帽工人，但是由于海狸毛皮不得不依靠进口，葡萄牙染料的质量又极差，致使投产推迟。1672年和1675年当法国使者设法把两名制帽工人送回国时，生产也就停止了。丝绸和其他纺织品的生产情况比较顺利。1676—1678年，布吕托在埃里塞伊拉的怂恿下，制定了一系列鼓励养蚕的措施。1677年，在里斯本，丝绸制造业的各种权利是掌握在罗纳尔·杜克洛手中的，他很快就有50部英国织机投入生产，还拥有一座大型精纺工厂；大多数工人是外籍人，但仅在里斯本就有300多名葡萄牙工人从事纺丝工作。1683—1684年，伯努瓦·杜克洛搞到一台抛光生丝用的法国式轧光机和一些加工塔夫绸和亚麻布用的法国式或威尼斯式的机器，安装了10部织机，请来了一些外国染色技师。1671—1681年的10年间，库维良和芬道周围的毛织业成倍增长。1680年，库维良的3个葡萄牙人在曼特加建造了一座有10台织机的生产台面呢和哔叽的工厂；同年，埃里塞伊拉已拥有5座已经在生产台面呢的大工厂，第六座正在托马尔兴建。1682年，由于采取新的管理方法和一些保护性措施，促进了西班牙式床罩的生产。在圣米格尔岛（亚速尔群岛），服装业也开始出现，到了1686年就定期向巴西出售产品了。最后，出现了冶铁业。在1654年以前，由于独立战争之故，难以从比斯开得到铁，于是国家重开托马尔和菲格罗·多斯·比努斯的锻造厂和铸造厂，这项工作是在一位法国官员迪富尔的指导下进行的，他的儿子从法国找来了4名熟练的锻铸工人。1687年和1692年，国家改组了这两个生产中心；为铸造军械而设立的第3个中心，已在阿尔热河和泽济雷河交汇处的

阿雷加建成。铁钉和熟铁制品，于1680年在里斯本的里贝拉港开始生产。

实行工业化在一定程度上是为了减少进口，为了保护这一工业化的进程，颁布了节约法令，这是对进口货物的直接打击，但并不是针对奢华服装的。大臣们原曾打算提高关税率，但那样做就会违反国际条约，于是换了个做法。例如，1677年2月的诏书规定禁止在国内使用和出售法国帽子、缎带、高级花边、意大利织锦和更加昂贵的英国和荷兰衣料，但占进口货物相当分量的"新纺织品"（台面呢和哔叽）以及英国长筒袜并未受到影响。1688年8月，颁布了一个类似1677年2月诏书的法令，禁止进口一切羊毛织物，这项法令开始执行得非常严格，以至葡萄牙人的穿着变得式样单调、色彩暗淡了。

然而，工业政策和商业政策与货币有着密切关系。当葡萄牙硬币由于贸易逆差而日趋枯竭时，从西班牙购买硬币和块金也就越来越困难。应该回顾一下1640—1686年间，在卡斯蒂尔发生的普遍的金融混乱①，在铜币不断贬值的浪潮冲击下，白银的价格一直在面值以上，价格体系垮了，一片混乱。1686年10月，西班牙为了制止白银外流，将货币的表面价值提高了25%。同时相应地降低了新铸硬币的重量。这样，金银之比就成了1∶16.48（英国是1∶15.39）。这一贬值必然在葡萄牙引起同样的变化。埃里塞伊拉不仅指望保证国内市场的供应，还想维持货币稳定。1685年10月，政府禁止低于法定重量的旧币流通的企图失败，1686年5月和8月，又强行在旧币上压齿边和打印记。1688年，政府决计解决这个问题。经过一整夜的激烈讨论，并采取了军事上的防范措施，于7月4日颁布了贬值的命令。在收集旧硬币和在旧币上压印记期间，旧硬币按重量承兑。在公众的压力下，王

---

① 参阅《新编剑桥世界近代史》第5卷，原文第371—372页。

## 第十六章 葡萄牙及其帝国,1680—1720年

室承担了一部分损失,但据统计,三分之二的损失是由市民承担的。这次大规模的改铸货币,使流通货币的数量减少了一半以上。商人们进行反击。他们把旧币运往荷兰压齿边和打印记,再运回葡萄牙,重量则低于法定标准。为了对付这种骗局,同时在西班牙货币贬值的压力下,政府于8月4日发布了一道命令,提高所有金币和银币的表面价值。其主要效果是给予葡萄牙一种可靠的货币,这种货币在随后的几十年中一直保持稳定。埃里塞伊拉解释说,这次升值将会"鼓励(西班牙硬币)'帕塔卡'和'达布伦'从卡斯蒂尔输进来,没有这些硬币,王国的日常贸易看来将不可能维持"。[①] 早在1690年,货币已十分明显地充足起来。1691年4月,一艘葡萄牙商船从阿利坎特和卡的斯为里斯本的商人们运来4万"披索"*;8月,一艘热那亚商船又从卡的斯运来8万披索。如果海关允许超过两万,1693年这艘热那亚商船还会从那里运16万披索到里斯本来。8月间,另一艘热那亚商船运来5万至6万披索,要不是害怕一支法国海军中队,数量还会大些。1695年1月,一艘托斯卡纳的商船从卡的斯运入大约10万披索。1697年8月,一艘热那亚商船只运来1.2万—1.5万披索,而一个月后另外两只船什么也没有运来。这时里斯本抱怨说,"如果西班牙船队不很快到达"卡的斯[②],它的商业将受到损失。

葡萄牙奴隶贸易的复兴,也有助于它经济的恢复。在30年战争期间,由于荷兰的进攻,葡萄牙遭到沉重损失。1640年后,长时期的独立战争切断了葡萄牙向卡斯蒂尔所属印度群岛供应奴

---

[①] 帕塔卡(Pataca)严格说来是葡萄牙银元,但这个名称也随意用来表示西班牙披索或价值8元的硬币。一个金达布伦相当于两个埃斯库多的西班牙金币。

* 披索——西班牙、墨西哥的货币。——译者

[②] 巴黎,国家档案,外交档案B1, No. 650。

隶的有利可图的奴隶贸易。一俟和平实现,奴隶贸易成为可能,政府和私人商行就发动猛烈的反击,夺回几内亚的部分贸易,把当时向西班牙美洲供应奴隶占主导地位的荷兰人赶走。1678—1680年圣多美岛总督弗莱雷·德·安德拉德奉命在达荷美海岸——圣若昂巴普蒂斯塔德阿杰达(怀达)修造一个要塞,由于这个要塞,若干年后得以在几内亚海湾沿岸以东设立一连串的贸易工厂。与此同时,"几内亚河流及海岸卡谢奥公司"由国王(占资金的三分之一)、4个里斯本资本家(其中一人为法籍)和一个亚速尔人组成。资金为15万克鲁扎多,需要时由王室担保以4%的利息借与20万贷款。该公司依靠普林西比岛作为主要货物集散地,活动扩展到整个西非(包括安哥拉,虽然它在那里并没有垄断企业),到1690年这种状况已开始明显起来。1692年,它与国王签订向巴西西北部马兰豪辖区供应奴隶的契约,1693年初,与西班牙经营非洲奴隶生意的马林·德·古斯曼签订契约,每年供应印度群岛4000奴隶,价钱从5.5万至7万里斯[①],在非洲购买黑奴的价格(8000里斯)由葡萄牙国王给予担保。国王批准公司每年捕捉1500名安哥拉奴隶——限制在这个数字,是为了保证给巴西保留奴隶,另外1500名取自佛得角,还有1000名取自卡谢奥[②]和黄金海岸。估计总营业额为160万帕塔卡。和西班牙签订的供应非洲奴隶的契约于1696年获得批准,公司的资金增加到46.8万克鲁扎多。这一成功是由于它的一条商船1698年从卡塔赫纳和哈瓦拉载了40万银镑到达里斯本;1699年4—5月,两只商船驶入塔古斯河,载有12万

---

① 西班牙人需为每一个年龄在15—25岁,体格合乎标准的健康黑奴付150披索(加上运费、食物和20%的保险费),一半在库马纳付,一半在卡的斯付。参见G. 塞尔著《黑奴贸易》第2卷,第23—31页。

② 这一居留地是葡萄牙人在冈比亚和塞拉利昂(原"佛得角几内亚")之间实际行使权力的中心。

披索（还有运往卡的斯的皮革、洋红颜料和可可等货物）；11月间第三条商船在亚速尔（因为害怕阿尔及利亚的海盗船）卸下了2万披索和2000公担做染料用的洋苏木。法国和英国自然是全力以赴地分享这些意外之财——办法是给公司定期供应货物，租赁船只给它或者甚至出资入股。1697—1698年，英国驻里斯本大使在这方面下了很大的工夫，为了进入西印度群岛，英国甚至准备以伦敦商人的名义，签订一项对它不利的协定。[①]

卡谢奥公司赚得的部分帕塔卡设法流入了果阿[②]，因而有助于通过好望角恢复葡萄牙的贸易。葡萄牙人在他们的大西洋经济大萧条期间，又开始对此发生兴趣，不仅想重新夺回他们在东方贸易方面原有的份额，而且想把莫诺莫塔帕[③]的黄金转移到大西洋，使莫桑比克成为向巴西供应奴隶的源泉，从而弥补几内亚奴隶来源的不足。巴西与印度洋之间的公开贸易在1671年即已提出，但是直到1680年3月，才由一项"阿尔瓦拉"（法令）批准，而当时期望中的东非黄金尚未流入。与此同时，对开拓东南非殖民地作出了新的努力。1677年10月，有4艘船载着600—700男人和50个家庭离开里斯本驶往莫桑比克；1679年4月，另外两艘船载运着150名士兵和30个家庭驶往莫桑比克；1680年4月，一艘快艇载着男人和妇女出发。鉴于疾病在移民中造成的混乱，这种持续不断的努力是引人注目的。政府对这项工作极为重视，以至调回驻果阿的总督路易斯·德·门多萨，以便他能在基利马尼亲自监督殖民地的建立。

---

[①] 国家档案，外交档案B1，No. 650，鲁耶的信件，里斯本，1698年6月10日和24日。

[②] 国家档案，外交档案B1，No. 650，1698年4月5日。关于法国与西班牙所签有关供应非洲奴隶的契约，见本书原文第364页。

[③] 给予班图·马卡兰加邦联的最高首领及其"帝国"（虽然已经瓦解）的王朝名称，据信在今罗得西亚的产金地区。

里斯本、果阿和澳门之间，贸易衰退已达几十年。1672年，确实有3艘从事印度贸易的大商船载运价值400余万克鲁扎多的胡椒、白布、地毯、丝织床罩和钻石从中国归来。但是在1673年，当里斯本白银短缺时，派往海外去的商船不得不减少。1675年原打算派5艘商船出航，但是只有一艘起航，尽管从果阿回来的3艘"载货十分丰富"。但是1680年返航的两艘从事印度贸易的商船却装货不足，1689年的两艘装货更少，以至不得不在巴伊亚装运食糖。1690年从事印度贸易的商船，若不是英国和荷兰因战争使他们自己的航运遭到危险而给它装了货，势必会空船驶回。但即便如此，也还需要在巴西装运食糖和烟草。1692年从事印度贸易的商船也是这样做的。大约1675年，葡萄牙考虑了两种相反的解决办法。里贝罗·德·马塞多在安托尼奥·维埃拉神父的支持下，提出从东方运肉桂、丁香、胡椒及其他调料和药材到巴西，作为破坏荷兰在该地贸易的最好办法。其他人考虑更多的是仿效荷兰的办法，建立一家东印度公司。前任总督阿尔博尔伯爵1689年自果阿回国后，赞成这个想法，并得到总理福洛斯·佩雷拉的支持。但是当时国王允诺的援助，不足以掀起商人们的热情支持。不过这样一家公司还是在1693年建立了，资金为50万克鲁扎多，全部由私人认缴，公司董事为8名葡萄牙人和4名热那亚人。热那亚人提供了大量资金，国王提供船只，规定运费只付给公司，因为他在公司拥有股份。全部希望都集中于烟草在东方的销售情况。在经济上，时机是有利的，因为荷兰的东方贸易正日渐萧条[1]，而且在战争时期，荷兰和英国一样，都倾向于使用葡萄牙货船。法国的东印度公司走得更远，为了挤垮荷兰，他们正设法参加葡萄牙的公司。另一家公司资金为60万克鲁扎多，1695年创建于果阿，在东方范围内

---

[1] 参见本书原文第856页以下。

## 第十六章 葡萄牙及其帝国,1680—1720年

进行贸易。起初没有让宗主国葡萄牙参与,不过1698年国王强迫其参加,并于1700年安排将两家公司合并。合并后的资金为70万克鲁扎多,三分之二属于果阿人;认缴额还来自一位有影响的普罗旺斯人皮埃尔·德奥利奥利斯和两位富有的意大利人。

值得注意的是,这些公司直到1690年或更晚一些——当衰退停止而复苏开始时——才开始营业,而且国王本人对它们很感兴趣。1698年驶往果阿的3只商船带出去50多万"帕塔卡"硬币(占货物总值的60%)和价值20多万"帕塔卡"的珊瑚(占25%);1699年从事印度贸易的商船载有30多万帕塔卡硬币和大宗货物。当时人们认为东方贸易是繁荣的。商品贸易净利获35%,用帕塔卡货币进行的贸易获净利30%—40%。向海外输出的商品主要是硬币和烟草(由公司或国王付部分款)、珊瑚、意大利纸张、荷兰毛织品。最贵重的进口货物是未经琢磨的钻石,还有金线织物和银线织物,锦缎和其他丝织品,运往安哥拉进行奴隶贸易的色彩鲜艳的布匹,以及被褥、白棉布、瓷器、橱柜和箱子,硝石、胡椒、靛青、麝香和龙涎香。

然而这种繁荣是脆弱的。在葡萄牙人稀少的东非斯瓦希里海岸,穆斯林积怨已久。17世纪60年代,驶往印度的护航船队曾遭到海上强国帕特(帕塔)的骚扰,帕特苏丹在17世纪70年代围攻莫桑比克时,曾得到阿拉伯的支援。[1] 1698年,阿曼的阿拉伯人在占领帕特和桑给巴尔后,经过3年的围攻,又占领了蒙巴萨[2]——这是对象牙贸易的一个沉重打击。再往南,葡萄牙对

---

[1] E. 阿克塞尔森:《葡萄牙在东南非,1600—1700》,约翰内斯堡,1960年,第141—143页。

[2] 见C.R. 博谢尔和C. 德·阿泽维多著《耶稣要塞和蒙巴萨的葡萄牙人》,1960年,第58—73页。

赞比西亚的黄金和奴隶贸易的垄断仍然是牢固的，尽管发生疟疾、部落战争，有时出现其他欧洲商船，主要是英国商船。赞比西三角洲出产稻米、小麦和食糖；其西南边出产棉花和木材，葡萄牙的种植园将苏法拉同色那连在一起，色那是政府所在地和最富有的奴隶主的家园。在这些地方的葡萄牙人，尽管一般都租种王国政府的土地，但大都独行其是。1694年驻果阿总督写道："在赞比西河人人都想管理。"[①] 当时葡萄牙在卡兰加兰的贸易站正受到罗兹维的土匪首领钱加米尔的侵扰，他成功地使莫诺莫塔帕本人不再效忠葡萄牙，太特这个贸易和传教的前哨站，仅仅由于钱加米尔1695年逝世才得免于难。在17世纪末，莫桑比克的首领发生内讧，并反对葡萄牙国王，它那些担任首领的承包商，即使在拥有总督的权限时，也因任职时间太短而不能降服它那些欧亚混血的封建领主们和他们的私人军队。尽管据说发现了新的黄金资源，它那一度极其繁荣的局面，犹如它的传教士们的传道热忱一样，看来已成为过去。这种停滞的局面，影响到与它有贸易往来的葡属印度各城市，实际上影响到葡萄牙在整个印度洋的势力。

在1700年以前，葡萄牙在印度还保留着的城市——在古吉拉特和孔坎——已成废墟。第乌和乔尔已经毁于与之竞争的欧洲人在苏拉特港和孟买港的开发；达曼和巴塞因的地产（他们现在唯一的收益来源）正日益遭到马拉塔族人的进攻；果阿的居民已无力维修他们雄伟的住宅，以保持其良好，到1687年，这个城市就"基本上被抛弃了"[②]。此时，整个殖民地居民中男性白人和欧亚混血儿大约还不到3000人。几年中，来自葡萄牙本

---

① 阿克塞尔森引语，第184页。
② J. H. 库尼亚·里瓦拉编：《蒂苏阿里的地志编年史家》（4卷本，1865—1866年）第1卷，第229页。

土的人已减少到150人①,甚至城市上层阶级的居民也大部分是"葡萄牙化的"印度基督教徒。大群大群的印裔葡萄牙人在财产遭受损失和穷困潦倒的情况下,或为环境所逼,移居到外国人控制的地区。许多人在科罗曼德尔海岸定居——在特兰克巴尔和丹麦人住在一起,在本地治里和法国人住在一起,特别是在马德拉斯和英国人住在一起,他们在那里的人数从17世纪70年代的大约3000人,增加到18世纪初的9000人。在孟加拉湾,同一时期操葡萄牙语的人估计在2万至3.4万,其中大约8000人在当今加尔各答的前身胡格利定居,至少有2000人在吉大港定居。总共有几千人继续住在马六甲、科隆坡、内加帕塔姆和这时已被荷兰占领的马拉巴尔等港口地区。这些移居国外的人地位差别很大。有些在各土著公国担任受尊敬的职务,如技术专家,特别是炮兵,他们在这方面的才干被认为是杰出的——18世纪初期在吉大港莫卧儿部队里的葡萄牙雇佣兵被描述为是当地"最盛气凌人的老爷";其他人成为著名的商人,如在巴塔维亚和马德拉斯,该地的英国议会于1680年报告说:"我们最大的收益来自和他们贸易征收的关税。"② 相形之下,在胡格利,大多数人陷于贫困,沦为小旅店老板、小官吏和下等手艺人;在马拉巴尔和锡兰的人,情况也大抵相似。从种族上讲,这些印裔葡萄牙人是少数民族,通过与土著或外来的欧洲人通婚而逐渐被同化,他们的肤色差别很大"从漆黑的变成淡棕色的"③。但是,在文化上,他们在很大程度上保留着共同的特点,甚至影响着他们所加入的团体。在荷兰人当中,情况更是如此,在殖民地养育的孩子几乎

---

① 印度官方图书馆,里斯本副本,《印度见闻》(英译本手稿)第1卷,第389页。
② W. 赫德尔森编:《马德拉斯圣乔治要塞政府档案注释和摘要,1670—1681》(4卷本,1871—1874年)第4卷,第14页。
③ 丹皮尔:《航海与发现》(N.M. 彭泽和C. 威尔金森编),1931年,第111页。

不会说他们的本国话，而宁愿说一种洋泾浜的葡萄牙语。事实上，葡萄牙语是葡萄牙的光荣最持久的象征，整个18世纪，它一直被作为西印度群岛沿海地区国际贸易、外交和传教活动的语言。①

1692年以后出现的普遍的经济复苏，并不是由于东印度公司，更主要的是与贸易联系在一起的。"九年战争"一爆发，葡萄牙就利用租船人一般都是外国人，不愿租用挂着交战国国旗的船只运货这个有利时机，立即把船队派往荷兰、英国和法国的港口，运去盐、糖、烟草、橘子、巴西木材和羊毛。1689年8月间，里斯本连一捆烟草也没有留下，价格上涨了30%以上。不久就出现了一个由新教徒②和富商组成的有限公司，把烟草连好带坏全部买了下来，控制了整个市场。1689年年底，政府认为没有必要为了鼓励销售而降低糖税。1690年巴西（护航）船队的抵达并未引起糖价下跌，而当法国对卸在马赛和布列塔尼的葡萄牙食糖立即增税15%时，财政大臣亚莱格莱特侯爵解释说，只有法国会吃亏，因为意大利人会把它全部买下。但这个时候，整个北欧都急需盐、油、酒和羊毛。因此，葡萄牙明显的经济复苏不单单是依靠出口其殖民地的产品，而且也有赖于出口葡萄牙宗主国的商品和再输出从西班牙（以及西班牙所属美洲）进口的商品——法鲁、锡图巴尔和里斯本成为这条运输线上的货物集散地。法国的敌人的护航船队整队地来到葡萄牙的各个港口，满载货物而去。1693年英国除购买大量白银外，购买的葡萄牙产品比过去任何时候都多。瑞典人和丹麦人也在武装护航下派来了更多的商船。葡萄牙的海运业仍然继续获利。1694年，粮食出

---

① 本段由K.J.克劳瑟撰写，参见《新编剑桥世界近代史》第5卷，第17章。
② 改信基督教的犹太人和（或）犹太教的秘密成员。参见西班牙《秘密信奉犹太教的人》。

口的平均价格为战前的4倍。法国观察家羡慕地说,从那以后,英国人和葡萄牙人变得非常富有了。这种繁荣兴旺的景象,大大刺激了巴西的生产,及至1698年初,葡萄牙再次发生食糖供应过剩,价格暴跌,尽管1699年糖和烟草价格高涨。事实上,西班牙、意大利、汉堡、荷兰和英国仍然什么都买。不仅如此,还打开了新的销路。例如,加泰罗尼亚开始购买葡萄牙的咸鱼;大约是在1700年,巴西烟草成了加泰隆人的一项大宗贸易的商品。此外,1700年汉堡各制糖厂使用的是来自各种不同渠道的粗糖,而提供最大份额的是巴西。尽管也有间断的时候,但这种普遍繁荣一直持续到1714年。当时法国领事仍然写道:"贸易量每天都在增加。"[①] 1708—1713年间,仅从英国、荷兰和汉堡进口的商品的平均价值就达1600万克鲁扎多。

至于葡萄牙的农业产品,在这次普遍复苏中主要是依靠橄榄油和酒类。独立战争曾经毁坏了阿连特如省的橄榄园,并造成下贝拉省的橄榄种植业发展减缓。但在1668年以后,由于受到国外和波罗的海地区市场需要的刺激,在南方省重新开始种植橄榄,而且在该世纪的最后三十几年间逐渐扩展到北方。1691年,仅仅里斯本运往欧洲北部〔远至但泽(今格但斯克——译者)〕的橄榄油就达1万大桶,奥波尔托运出5000大桶——分别占两个港口出口总量的六分之一和七分之一。各地的榨油机成倍地增加,特别是在可以利用水力的沿河地区增加得更多。著名的有圣塔伦(该地有200多台榨油机),以后是沿塔古斯河、泽济里河和纳宝河向北和向东北,直到科英布拉,而在维科萨镇和阿尔卡塞杜萨尔附近,还有其他的榨油机集中点。

更为重要的是在葡萄牙大陆的几个地区和一些岛屿上,葡

---

[①] 维冈涅戈,1714年1月30日(巴黎,国家档案,外交档案,政治通信,葡萄牙46, fo. 18)。

萄园和酿酒业的扩大。1715年左右,在亚速尔群岛的皮科岛和法亚尔岛,每年收集2.5万大桶普通葡萄酒和5000桶白兰地,这里酒的产量在40年中增加了5倍,销往巴西、小安的列斯、新英格兰,甚至销往欧洲北部(起初是在战争时期,但后来就定期运往北欧销售了)。随着波罗的海地区销路的扩大,葡萄的栽培也扩展到了圣米格尔,大约1725年那里生产了约4000大桶葡萄酒,但是如果说亚速尔群岛的产量超过了马德拉群岛,马德拉群岛的产值却大于亚速尔群岛。接近1718年时,马德拉群岛每年生产约2万大桶浓烈的白葡萄甜酒和800桶白兰地——比1650年增长10倍——主要销往美洲。英国人和荷兰人一向是马德拉岛白葡萄酒最好的主顾:1690年约有50艘英国商船满载这种酒运往巴巴多斯或英格兰,1693年有60艘英国船和荷兰船前来购买白葡萄酒。18世纪,西印度群岛和新英格兰每年平均大约消费9000大桶白葡萄酒,荷属安的列斯消费400—500大桶,用英国的制造品或荷兰和北美的粮食偿付。正如亚当·斯密后来所说,"马德拉的酒并不是一种欧洲商品,可以直接运进美洲和西印度群岛"而不至于违反《航海法》。[①] 1700年的葡萄牙地图上几乎没有一个地区没有葡萄园。我们甚至在内地的高地上也发现了葡萄园,当然这些园子后来是要放弃的。在18世纪的最初25年期间,葡萄种植业一直在继续扩展,塔梅加河附近巴斯托乡村著名的日光浴室——有钱地主的乡间住宅——的建造,就清楚地说明了这一点。在王国复兴以前,那地方原来十分贫穷,人口稀少,没有任何值得一提的建筑物;现在则随着产量相当可观的各种新酒的名声开始传播,人口也增加了。当然,自从中世纪以来,杜罗河流域就一直在栽培葡萄,而且多少世纪以来它

---

① 参见E. 坎南编《各国财富》(2卷本,1904年)第2卷,第4页。

## 第十六章 葡萄牙及其帝国,1680—1720年

们一直在征服两岸的坡地。然而只是在1600年以后,才酿制出后来被称为葡萄酒的芬芳甘美的酒,特别是在1688年以后,这里大量栽培葡萄,并做出重大努力来提高葡萄酒的质量。科尔贝尔1667年的关税法和1672年的战争,使得荷兰酒商不再像过去那样集中在波多黎采购*,而是转向马六甲、阿利坎特、赫雷斯、加那利群岛、锡图巴尔和里斯本。英国人也步他们的后尘,九年战争更促使他们优先选择西班牙和葡萄牙的市场。[①] 1690年,仅仅从波尔图驶往英国的葡萄牙商船就至少有24艘,他们一共买进约1.4万大桶;1692年英国进口了12953大桶葡萄牙酒,从西班牙进口的是14178大桶,然而几年以前进口的葡萄牙酒还不到西班牙酒的一半。1692—1712年,英国进口的葡萄牙酒为法国酒的10倍,西班牙酒的3倍。荷兰、汉堡和波罗的海沿海地区销路仍然不畅。上杜罗河流域的葡萄园产量提高到了5.5万—6万大桶,一半出口,一半供宗主国和海外的葡萄牙人消费。

这一意义深远的农业运动得益于贸易复苏,反过来又促进了贸易的复苏。由于这个运动的发展,新的社会力量和政治力量登上了舞台。工业化的政策突然崩溃了。工业化政策的幕后策动者埃里塞伊拉于1692年自杀了。诚然,这位弗隆特拉侯爵严格说来是将造船和办工厂协调起来发展的最早倡导者,他在一段时间里确实还能担任财政大臣,但是他的影响已经减弱,或者不如说因为他拥有葡萄园,他的政策已经改变。别的人接过了舵,把它转到了不同的方向。由于发展制造业的政策是对贸易不景气的回答,因而随着繁荣的到来,这项政策似乎失去了存在的理由。

---

\* 法国西南部出产葡萄酒的地区。——译者

[①] 参见本书原文第845—846页。一大桶为126加仑酒,正好是半大罎(酒的容量单位,相当于252加仑),不过今天通常只合105加仑。

"工业家们"让位给葡萄和橄榄的大种植园主。对葡萄园特别感兴趣的大地主阿莱格莱特侯爵,现在成了财政大臣,而司法大臣卡达瓦尔公爵,也是一个种植葡萄的大酿酒商。虽然这位公爵从1658年起直到1727年去世,在政界断断续续地身居要职,但也曾几次失势,其中一次恰恰与埃里塞伊拉的统治相吻合。这绝不是偶然的。

在17世纪甚至18世纪初期,葡萄牙的酿酒家和商人发现,他们在竞争中的某些方面处于不利的地位。人们认为法国和西班牙的葡萄酒和白兰地质量更好。事实上甚至在葡萄牙和巴西也喝这些酒[1],主要购自波尔多和加泰罗尼亚。1685年曾废除传统的自由进口而实行进口限制,特别是对西班牙的产品,严格地强制实行了几年。不过在17世纪90年代和18世纪初有所放松。在王位继承战争期间,从法国的进口停止了,葡萄牙宗主国和亚速尔群岛的生产在法国专家指导下大量增加。但与此同时,葡萄牙的酒和白兰地时价过高,又引起从加泰罗尼亚、马略尔卡和卡斯蒂尔的进口量增加。面对这种情况,1708年重新实行进口限制。这一次是全面限制,并于1710年8月正式恢复执行。引人注目的是,前几次强制实行进口限制时间都不长,而这次尽管外国提出强烈抗议,葡萄牙的政策却执行得卓有成效——这证明强有力的利益集团在起作用。事实上,这时的关税政策是由卡达瓦尔、阿莱格莱时和弗隆泰拉代表大地主制定的,目的在于使大地主们能够以比从前高得多的价钱和大得多的规模出售他们的葡萄酒。1709年之后,人们抱怨说葡萄园正在取代耕地,结果增加了谷物进口。但是,当时整个葡萄牙的贵族都热衷葡萄酒的大量出口,特别是对英国的出口。

---

[1] 啤酒在不久前由外国人引进,并开始在这个王国酿造,到17世纪80年代时也已经引起种植葡萄的酿酒家和商人们的惊恐。

## 第十六章 葡萄牙及其帝国,1680—1720年

因此,1692年以后,整个工业化政策被放弃了;节约法令受到漠视;1687—1688年对陶器、砖瓦和玻璃制品等工业品的限制,以及对海狸皮帽子和黑布等的限制,均被撤销。诚然,1698年11月的一项新法令对进口男服的式样作出了规定,并第一次禁止进口染色布和粗毛地毯;而另一方面却允许薄绸、毛织品、帽子、缎带和布雷顿亚麻布自由进口,这样就打击了英国人,而过去的种种限制原是针对法国人的。但是这些规定一公布,人们马上就普遍认为它们不会比过去的规定执行得更有效。从1692年以后,大权掌握在种葡萄酿酒的人、生产油的人和大商人手中。制造业的兴起,被证明仅仅是葡萄牙的经济史和社会史中界限分明的两个阶段之间的一个插曲,这两个阶段是进口巴西的食糖和烟草、图巴尔的盐和卡的斯的白银的"循环",以及葡萄酒、马德拉葡萄酒和巴西黄金的"循环"。

1692—1697年英国对法国酒类的征税提高[①]之后,葡萄牙所缴的税款不及他们的主要竞争者进入英国市场所缴的一半——这种优惠一直继续到整个18世纪。1688年,卖给英国的葡萄酒开始从前10年的每年平均572大桶增加到后10年的每年平均6668大桶[②]——增长11倍以上。以后直到1718年才再有一次这样的猛增。1668—1669年和1699—1700年间,葡萄牙对英国的出口总计增长了3倍,从英国的进口增长了1倍(新式布匹和服装增长2倍)。这些进口货物的总值1699年上升到25万银镑,1701年上升到277190银镑,1702年上升到460465银镑,1703年上

---

① 与战争期间禁止进口法国酒截然不同。
② 每年平均数如下:1688—1697年,6668桶;1698—1707年,7188桶;1708—1717年,9644桶;1718—1727年,17692桶。1704—1712年间,葡萄酒占英国自葡萄牙进口的酒类的一半。见 A. 格拉·滕雷罗著《杜罗经济史概况》(波尔图,1944:《葡萄酒研究所年鉴》),第105—108页,该文依据 C. 格内尔《上杜罗葡萄种植业总公司成立情况剖析》(里斯本,1920年)。——编者

升到714241银镑。这样，从英国进口的货物不仅远远没有被1698年的法令制止住，1699—1703年还几乎增加了两倍；1705年达到818995银镑的高峰。

一位英国布商的兄弟约翰·梅休因，担任威廉三世的驻葡萄牙公使直到1697年，他目睹了工业化政策的崩溃，并亲眼看见与他关系密切的葡萄园种植园主们对经济的控制。他的儿子保罗又继承他的衣钵当了公使，但在1702—1703年，当西班牙王位继承战争有可能失去葡萄牙这块阵地的时候，约翰·梅休因亲自回到里斯本，即使不算收买，也是要对葡萄牙的政治家们进行引诱。1703年12月27日签订的经济条约作了两项简单的规定。葡萄牙方面批准进口过去或多或少是偷偷摸摸进口的全部英国布匹。作为回报，英国方面给予葡萄牙酒超过法国酒的优惠，法国酒的进口税要比葡萄牙所付的税至少高出三分之一。但是这种优惠在一定程度上落后于这两套税率之间的实际比例，因为葡萄牙当时所付的税款并没有（也绝不会）超过一半。因此，这项以梅休因命名的商业条约，只不过是给一种处于既成事实的贸易地位的双方打上合法印记而已。与其说是它本身有任何变革，不如说这是葡萄牙1692年在政治上180度大转变的结果。另一方面，如果说从某种观点看来，这项条约是战争的副产品，那么必须承认是战争本身推迟了条约所支持的酒和布匹贸易的发展。[①] 此外，荷兰也从中得到好

---

[①] 1704年从英国进口的货物比1703年多9%；达到高峰的1705年，比1704年高出约5%。但是1703年曾经比1702年增长53%；而1702年又比1701年增长65%。从1706年起，进口衰退，直到1714年才又恢复。但到了1719年，才仅仅设法恢复到了1705年的水平。1700—1703年运往英国的酒平均每年为16252桶，1704—1707年仅增加到17198桶，而1710年对英输出的总数还低于1700年。参见A. D. 弗朗西斯著《梅休因家族与葡萄牙》附录3。（其中1703年的进口数字应为19906桶。——编者）

## 第十六章 葡萄牙及其帝国,1680—1720年

处,因为1705年8月财政委员会不顾过去的法令,下令免除荷兰布匹的税。1706年2月王室又下令正式撤销以前实施的各种限制,理由是英国已享有这样的豁免权。这是促使英荷竞争的一个聪明的行动。

葡萄牙在17世纪时总是仰赖着法国,因为法国和西班牙的对立,是它保持独立的一个支柱。悬在葡萄牙头上的威胁,纯粹是领土问题,因此它必须依赖大陆上一个大国的支持。在法国方面,有一把匕首永远对准西班牙的侧翼,它是求之不得的,但是也有其他利害关系促使他们支持葡萄牙,特别是在1664年以后。因此,随着法国的东印度公司的建立,路易十四的外交政策的目标,在于兼并葡萄牙在印度的一家工厂和与葡萄牙的东方各港口自由贸易。后一个目标除澳门外,在1669—1670年得到部分实现。但是在1670年,当西班牙的王位继承问题第一次变得尖锐时,法国提出一项分配办法,想要获得比戈或马扎干(在摩洛哥),或在印度得到一个立脚点,这时葡萄牙除了王后(她本人是法国人)和两名大贵族外,没有人对这次讨价还价的机会发生兴趣。葡萄牙宁愿坚持奉行一条严格的防御政策。1668年葡萄牙对得以避免自己的王位继承战争[①]已经深感满意,1687年它的王朝的未来由于彼得二世的第二次婚姻而得到了保全。

在1689年值得注意的是,葡萄牙的一位公主与卡洛斯二世结婚的种种计划,和11年后彼得二世成为西班牙王位继承人的计划一样,都成了泡影。但是有两个既是政治策略又带有经济性质的动机,促使葡萄牙干预西班牙的事务。首先是巴西南部边界的划定,葡萄牙自1679年起就主张以普拉特河为界(那里有它的新殖民地萨克拉门托,盛产皮革),由于这条河连接布宜诺斯

---

[①] 见《新编剑桥世界近代史》第5卷,原文第395—396页。

艾利斯和图库曼，又可作为取得它垂涎已久的白银的一条渠道。其次，葡萄牙本身的边界，只有依靠把阿尔坎塔拉、瓦伦西亚德阿尔坎塔拉和巴达霍斯这样一些要塞转让给它，才能得到保障。这些地方还可以带来已经供应葡萄牙粮食的有用的麦田。显然，葡萄牙也不会甘心看到西班牙的王位落到一个敌对的王朝手中而不加以反对。但是两次协商划分边界的条约它都未能参加，法国事后要它接受这两项条约，这至少使葡萄牙得以提出他们的要求，但也只能立即遭到威廉三世的拒绝。不过路易十四至少是表示赞同地倾听了他们的要求。即使这样，最后里斯本还是不得不同意这两项条约而没有得到任何正式补偿（1700年10月15日）。当卡洛斯二世的遗嘱将这整个问题重新提出时，法国和葡萄牙的联系就更加密切了。

因此，葡萄牙的对外政策的传统趋势，促使它站在法国一边，法国是在任何情况下关心给予它所要求的领土保证的唯一大国，而荷兰和英国则继续要求清偿旧债。这些要求被认为是太过分了。另一方面，正当巴西的黄金开始流入时，英国和荷兰的海军却威胁要控制海洋。政府夹在这些互相冲突的势力当中不知所措，直到1701年4月威廉三世承认菲利普五世为止。然后驻凡尔赛大使库尼亚·布罗查多建议它也照此办理，并接受法国的建议。由此产生的1701年6月18日同西班牙和法国缔结的条约，对葡萄牙都相当有利。这些条约明确承认它对萨克拉门托的权利，支持它对英国和荷兰提出的债务要求的态度，支持它本身恢复对马希姆岛（该岛曾被英国占领）的主权要求，以及在发生战争时从荷兰收回利钦和卡纳诺的要求。但是，如果战争发生，葡萄牙必须承担对英国和荷兰封锁它的港口的义务。

这种立场看来最符合葡萄牙的利益，但实际上不久就证明行不通。因为它的整个经济和政府财源都依靠海上贸易，而法国几乎不可能保护与葡萄牙帝国和西班牙帝国以及它本身生命攸关的海上要道。1702年,由一支法国中队护航的载运金银财宝的船队,返航途中在维戈遭到袭击。虽然英—荷舰队正忙于运送部队登陆,未能拿走已经被卸下的大量贵重金属,但却烧毁或击沉了20艘法国船和4艘西班牙大帆船,俘获9艘其他大帆船和8艘商船。由维莱特率领的一个中队共8艘舰船,自1701年7月起就一直停泊在塔古斯河上。当他们前去与加利西亚的中队会合时,与英—荷舰队遭遇,于是这支孤立的中队就轻而易举地被摧毁了。这些胜利和强大的英军在葡萄牙沿海的经常出现,都是令人不得不信服的依据:里斯本担心会遭到炮击。约翰·梅休因和一位荷兰使节从5月间就在里斯本,这位英国人十分懂得怎样利用种植葡萄的酿酒商的势力。公共舆论指责王室忏悔神父、国务大臣(罗克·蒙特罗)、财政大臣(阿莱格莱特),甚至卡达瓦尔接受大量馈赠。自1688年即担任总理的门多·德·福洛斯·佩雷拉于1702年被撤职,驻凡尔赛大使库尼亚·布罗查多被贬黜。如果说海军力量对比在当时发生的外交转变中的确起了决定性的作用,但也应该记住葡萄牙和法国之间在经济上的竞争,特别是当葡萄种植园主在里斯本掌权的时候,这种竞争超过了葡萄牙和英—荷之间在经济上的抗衡。然而,要使葡萄牙改变它的中立立场而站在大同盟一边,还需要整整一个冬天的协商。尽管在适当时机一支海军中队的出现,就足以破坏它对国王菲利普所作的保证,但还不足以把整个国家拖入战争。葡萄牙的战略地位确实给了它一些王牌。由于1703年5月16日的两个条约①,它确实是参战了,并承认了它欠荷兰的债务,后来荷兰只同意把债务从100万克鲁扎多减为85万克鲁扎多。但葡萄牙也得到了半岛的最高指挥权,包括辅助部队、武器和在该地作战的津贴(第一年150万克鲁扎多,此后每年100万克鲁扎多),除此之外,

---

① 见本书原文第419页及注。

葡萄牙还根据秘密条款得到两点重要好处。第一，西班牙必须放弃它对普拉特河北岸的权利要求①，而且不仅交出埃什特雷马杜拉的各个屏障要塞——巴达霍斯、阿尔伯克基和巴伦西亚、德阿尔坎塔拉，还要交出加利西亚的图伊、瓜尔迪亚、贝奥纳和比戈等城镇。第二，也是主要的，在大公到达里斯本之前，国王彼得应断然拒绝参战或承认"查理三世"。

又过了一年，才在西班牙开辟了新的战线。从1704年到1708年夏季，葡萄牙作出了巨大的努力，承受很重负担，咬牙坚持到1712年年底。开头5年，除了在它最暴露的省份阿连特如、贝拉和米纽派驻防御部队以外，它保持着一支拥有2万步兵和5000骑兵的突击部队。在葡萄牙土地上约有1万名英国和荷兰的步兵以及2000骑兵给它以支援。它的人力资源如何呢？与大得多的邻国相比，它的人口情况好多了，从1640年的不足200万人增加到了1732年的2143668人。如果我们设想1703年的人口至少也是这个数字，这是很有把握的，很可能还超过此数，因为众所周知，由于西班牙战争和巴西的淘金热，相当数量的城镇和大村子缩小了，有时缩小得相当厉害。只有波尔图在那段时期以后有所扩大，人口从14909人（11岁以上）增加到1732年的30737人。

与独立战争一样，西班牙王位继承战争毁坏了阿连特如和贝拉的广大地区。1704年5月和6月，这些省份遭到贝威克公爵的侵犯，随后又遭到米纳斯侯爵在北方领导的反击和加尔维亚斯伯爵在南方领导的反击。其间，萨尔瓦特拉、伊凡尼亚、佩尼亚、加尔西亚、蒙桑托、卡斯特洛布兰科、波塔莱格雷和卡斯特洛德维德都曾一再易手。这意味着盛产橄榄、葡萄和水果的地区以及重要的纺织中心都受到了影响。从1707年春到1708年春，

---

① 巴西和卡晏的边界也需要调整。参见本书原文第531页。

## 第十六章 葡萄牙及其帝国,1680—1720 年

轮到塞尔帕、莫拉和诺达尔遭受侵略,以后又被收复,麦田、葡萄园、果园和橄榄园都遭到损失,特别是橄榄园,西班牙人撤退时有意把它们砍掉。从 1712 年 9 月 28 日到 10 月 29 日,马约尔营遭到围攻,承受巨大痛苦。事实上,这个盛产谷物的富饶的边疆地区,在整个战争期间一直是战场。然而在 1704 年之后获得在葡萄牙土地上的主要战场这个可怕荣誉的却是阿连特如,因为它的谷物、牲畜、酒和油有利于为军队提供给养。

这场战争在经济上还造成了另一个非常不幸的后果。由于葡萄牙一部分固定的谷物供应通常是来自西班牙的埃什特雷马杜拉,所以面包师的烤炉不得不放慢速度了。在 1694—1695 年的大饥馑时期,里斯本的小麦价格上涨到每阿尔克雷 500—600 里斯[①],而在正常年景是 200—230 里斯;1708 年 12 月上涨到 700 里斯,阿连特如有四分之一的马匹饿死;1709 年 2 月上涨到 1000 里斯,4 月初高达 1200 里斯。这一时期的绝大部分时间,人们一直在焦急地等待着运载成袋谷物和成桶鳕鱼干、奶酪和黄油的大同盟庞大的护航船队的到来。1709 年 4 月底,由于一支英国护航船队的来到,小麦价格跌到 960 里斯,随后又跌到 720 里斯。一支更大的荷兰护航船队到达后,小麦价格本来可以固定在这个水平,但是,到了 11 月,这些供应品耗尽了,饥馑又开始蔓延,而且由于雨水毁坏了玉米收成而更形严重。因此,葡萄牙人急于休战是可以理解的。事实上,在这不幸的一年的年初,双方总司令之间商定的局部停战[②],保证了阿连特如的农民和他们在阿连特如的牧场的安全,确实使他们多少松了一口气。到了 1709 年接近年终时,关于和平的谣言四起,卡斯蒂尔的谷物通

---

[①] 在里斯本,1 阿尔克雷相当于 13.8 升;60 阿尔克雷等于 1 默德。
[②] 苏亚雷斯·达席尔瓦:《书简格式杂志,1701—1716》,里斯本,1933 年,第 186 页。

过阿连特如河运入，所有的内陆港口都恢复了正常贸易。1712年秋，这个地区烽火又起，不过到这时整个战局已呈僵持状态。

葡萄牙的金融市场对美洲白银的依赖，前面已经强调指出。在17世纪的最后20年中，卡塔赫纳的船队每5年才返航一次，墨西哥的船队大约每3年返航一次，平均载回1900万—2000万帕塔卡银币和价值600万—700万的货物。[①] 这种已经缩小了的贸易，又因在西班牙王位继承战争期间，敌方控制了大西洋航线，贸易逐渐完全依赖于法国的海军护航，因而进一步受到阻碍。1703年的商船队是当时已知的最富有的一支，它终于安全到达卡的斯，但是英国和荷兰享有了最大部分。值得注意的是，商船一抛锚，法国人就坚持要求采取有效行动，以阻止白银流入葡萄牙。在这些年代中，葡萄牙尽管和西班牙人多多少少进行着私下贸易，但市场上白银仍然奇缺。另一方面，更为重要的是舰队甚至单独的船只，几乎总是自由地行驶于葡萄牙和巴西的各港口之间，这是对它们决心站在海上强国方面的报偿。但是，尽管帝国的交通要道能够由此得到保障，一些海外领地却并未逃脱法国的注意。1709年，圣多美岛遭到洗劫，1711年9月，里约热内卢被私掠船船长迪盖·特鲁安劫持以勒索赎金。

王位继承战争的结局在许多方面充满矛盾，它的结果对葡萄牙来说也是矛盾的。法国和西班牙被局部打败了，葡萄牙获得的报酬是：西班牙放弃对普拉特北岸的权利要求，法国声明放弃亚马孙河以北远至法属圭亚那的奥亚波克领土。然而，菲利普五世还占据着西班牙的王位，葡萄牙因此就不可能获得本可以从查理三世手中拿到的埃什特雷马杜拉各个设防要塞和加利西亚了。此

---

[①] 巴黎，国家档案，海军档案B7，No. 225（《使王国富强之路》，1701年）和外交档案B1，No. 649（里斯本，1694年12月22日）。关于自1688年船队的航行情况，见本书原文第354页注1。

外，葡萄牙像法国一样，不得不将有利可图的阿西恩托（指贩卖奴隶契约——译者）拱手让给新的海上统治者，以支付取得海上胜利的费用。

在16世纪，在普拉特河与秘鲁之间已开辟了一条商船的航线。葡萄牙人很快就利用这条航路，把黑人贩运到布宜诺斯艾利斯，供给波托西矿，由此得到白银；在17世纪，布宜诺斯艾利斯有三分之一的居民是葡萄牙人。这项贸易因独立战争而中断，但是在1670年左右，当17世纪中期的危机造成持久的萧条时，巴西人重新靠贩运黑人牟利。来自里约热内卢和巴伊亚的商人，还有总督，将快艇派往普拉特河，他们相信就连当地最高当局也会顺从他们，不过来自塞维利亚的获得特许登记证的商船企图阻止这一竞争。1671年葡萄牙国王正式下令开放巴西和布宜诺斯艾利斯之间的贸易，从而打破了总督想为自己垄断这条航线的企图。利害关系是明显的，索萨·弗莱雷自巴伊亚写道，"这个国家由于缺钱正濒临绝境，但是如果我们设法进入他们的港口，卡斯蒂尔人就会给我们的船装满钱。"[①]

17世纪70年代，葡萄牙终于着手实现科雷亚·德萨的将巴西延伸到普拉特河的旧梦，因而情况有所改善。1668年他们在拉戈亚·多斯帕托斯和拉古纳附近建立了居留地，1676年国王将普拉特河以北的土地租给萨尔瓦多·德萨的子孙。就在这一年，当罗马建立起里奥主教辖区，将管辖范围扩大到普拉特河时，里奥市议会请求国王向全世界宣布他对这些领土的权力。1679年，受封为南部巴西辖区总管[②]的多姆·曼努埃尔·洛博，

---

① 里斯本，海外史档案，巴伊亚，1670年6月11日。
② 见D. 奥尔登著《王国政府在巴西殖民地》，伯克利—洛杉矶，1968年，第36页以下和第68页。

奉命在布宜诺斯艾利斯对面建立一支200人的边防驻军。于是1680年1月建立了萨克拉门托殖民地。布宜诺斯艾利斯总督在巴拉圭耶稣会会士的帮助下，摧毁了这第一个殖民地，但是根据1681年5月7日的条约，西班牙同意由葡萄牙人临时占领该地。殖民和开发，特别是饲养牲畜的工作，迅速而坚决地进行到1704年。新殖民地的前景必须与布宜诺斯艾利斯联系起来考虑，1687年5月从那里来的两艘商船，装运了150万皮阿斯特和价值35万皮阿斯特的6万张皮革抵达加的斯，这件事清楚地说明了这个地区在经济上的重要性。但是1691年4月，一艘载有5万皮阿斯特和皮革（食糖除外）的商船从布宜诺斯艾利斯和里奥来到里斯本；9月7日又有其他船只载来5500张皮革和大约20万皮阿斯特——这是"葡萄牙人有时通过他们在圣加布里埃尔岛的要塞在布宜诺斯艾利斯贩卖奴隶的结果"[①]。据认为，这项贸易可以增加到每年100万皮阿斯特（即8万英镑）。我们每年都发现一船船的皮革，1699年，我们听说这些皮革大部分来自布宜诺斯艾利斯。但是里奥护航队所载运的绝对数字表明，这些皮革不仅仅是和西班牙地区进行走私的货物——这就是说，葡萄牙人自己在饲养牲畜，他们的牧人在捕猎内地迅速繁殖野生牛群。1704年，西班牙总督巴尔德斯依靠从耶稣会教士为传教和教育印第安人在南美洲建立的"小村庄"派出的大量印第安人分遣队，重新占领了刚刚在乌得勒支和会上收复的萨克拉门托；但是1713年以后，葡萄牙人重新恢复了他们在这个地区的扩张。不过这时布宜诺斯艾利斯本身的贸易所受限制已大大减少，因为1723年有一只英国南海公司的商船将皮革运到那里转运里斯本。事实上，葡萄牙的首都这时已成为一个庞大的皮革市场。此外，

---

[①] 德·莱斯科列，1691年9月18日和10月2日（国家档案，外交档案B1，No. 648）。

## 第十六章 葡萄牙及其帝国，1680—1720年

秘鲁和普拉特河之间的白银贸易仍在继续进行，因为（正如1697年的一份备忘录①中所说），从利马用骡子，沿安第斯山路下行，穿过南美大草原到达布宜诺斯艾利斯，可以比经卡亚俄和巴拿马到波托贝洛这条官方路线更快些。

另一方面，亚马孙河从未成为连接大西洋和矿藏丰富的高原之间的桥梁。1637—1639年，佩德罗·特谢拉曾经成功地从亚马孙河口到达基多并返回，葡萄牙人不顾在此之前西班牙人多次作过这样的旅行，而利用特谢拉这次旅行，提出对远至上亚马孙河的主权要求。要想开发并垄断这一大片地方，必须在亚马孙三角洲和圣罗克角之间的地带殖民定居。大约1640年，在马拉尼翁和帕拉辖区约有1500名左右葡萄牙人和4万名效忠的印第安人，他们将捕获的印第安人贩往伯南布哥，他们栽培烟叶和糖料作物，也有希望种植棉花和香料。锡兰和马拉巴尔丧失给荷兰以后，里斯本不得不从别处寻找某些香料和药材。1669年，在亚马孙河的支流图康廷斯一带果然发现了丁香和肉桂。大萧条又进一步促进了这项工作。1671年，国王对马拉尼翁和帕拉的总督作出让步，条件是要促进靛蓝的生产，贝伦市议会必须鼓励香草和可可的生产。从锡兰和印度移植各种香料和药材，以便通过好望角破坏竞争对手的贸易，这个主张也重新提了出来。从东方引进的树木、植物和种子，1680年首先在巴伊亚，以后又在伯南布哥和马拉尼翁种植或播种；1683年请来了坎纳拉②的技术专家。胡椒试种失败，但是肉桂获得成功。1690年马拉尼翁和格脑·帕拉开始在大西洋经济中发挥作用，因而对经济的全面复苏作出了贡献。这一年，他们派出了一只载有7000阿罗巴③丁香、

---

① 巴黎，国家档案，海军档案B7，No. 221。
② 印度西海岸从曼加洛尔至果阿。
③ 1阿罗巴（arroba）等于32磅或14.688公斤。

一些靛蓝、可可、菝葜和烟草的商船到里斯本，虽然香料的质地很低劣。不久，每年驶往葡萄牙的就不仅是一艘船，而是一支有3—5艘船的小船队了。丁香主要在意大利市场销售，部分转销德意志；可可质量仍不如加拉加斯出品的，但已较法国安的列斯出产的为好，香草则较西班牙美洲的品种低劣。

所有这一切皆以人口增长和劳动力充裕为条件的。1675年有60个家庭从马德拉和亚速尔群岛移居马拉尼翁，自1682年起，连续20年，卡谢奥公司不得不每年供应500名黑人。1685年以后，私人也参加了这项贩卖黑人的活动，但是仍然供不应求，因而黑人价格昂贵。耶稣会会士主张进口非洲人，以便最低限度地把印第安人变成奴隶，因为他们想要利用印第安人在北方建立一个新的巴拉圭。由于这个原因，在1661年和1684—1685年的当地叛乱中，神父们数次遭到移民们的驱逐。耶稣会的国际性地位，使它受到怀疑。但毕竟是耶稣会会士在弗里茨神父[①]的领导下，于1685年从安第斯山下来，将葡萄牙人从他们无视托尔德西拉斯条约而正在兼并的领土上赶走。当时在上亚马孙河已发现葡萄牙人，1691年一支武装分遣队在远至里奥·纳波的地方建立了葡萄牙的统治权，对此，西班牙政府在1707年以前未作出任何反应。葡萄牙政府宁愿把耶稣会传教士留在亚马孙河以南，而让它所信任的加尔默罗会白衣修士沿里奥内格罗流域传入亚马孙河以北，这几乎是意料之中的事。1709年，伊纳西奥·科雷亚将西班牙的耶稣会会士从上亚马孙赶走，来自基多的一支西班牙武装远征队遭到来自马拉尼翁的反击，马拉尼翁胜。

早在1637年，葡萄牙人在亚马孙河以北，远至奥亚波克的"荒芜的海岸"建立了统治权，以后卡晏的法国人对奥亚

---

① 见本书原文第356页。

第十六章　葡萄牙及其帝国，1680—1720年

波克提出了主权要求。1687年，葡萄牙人在三角洲北岸修筑了马卡帕要塞，10年后，法国人曾短期占领这个要塞。根据1701年6月18日的条约，葡萄牙将这片领土割让给法国，但是遇上王位继承战争的好运，它又趁机在乌得勒支和会上收复了这片领土。里斯本想要停止圭亚那和马拉尼翁之间的全部贸易，因为法国人在马拉尼翁为他们的糖厂购买马匹。

和这种在北方广泛渗入亚马孙，在南方向普拉特河大力推进的同时，牲畜饲养人正缓慢地从富于糖类作物和烟草种植园、木薯和玉米田的沿海狭长地带转移到内地。当时欧洲对皮革的消费量正不断增加，而巴西沿海地带自身的牲口是工农业必不可少的动力，也是运输，首先是经营榨糖厂的一个基本因素。但是在人口稠密的沿海狭长地带，由于生活过于安定，不大适于饲养牲口。此外，在半游牧的放牧活动中，比在要求严格训练的农业和工业中更容易雇用印第安劳动力。小群小群的养牛人并未对当地农村构成威胁，因而他们得以相安无事地生活在一起。畜牧者带着他们的牲口从巴伊亚和伯南布哥攀登陡坡，沿着圣弗朗西斯科河逆流而上，直到戈亚斯和马托格罗索高原。他们在这里和来自圣文森特和圣保罗的、占据南方库里蒂巴高原的放牧人及其牲口会合。在最北端，养牛业于18世纪初被引进马拉若岛，该岛成为一个具有相当规模的饲养中心。再早些时，来自马拉尼翁的放牧人占据了帕纳西巴山谷，和来自圣弗朗西斯科河的放牧人会合。这样，整个对皮革感兴趣的社会就从亚马孙河延伸到普拉特河，给落后的边远地区带来了好处，并开辟了深入内地的道路。不久，在这些道路两旁就涌现了农场和饮食店。此外，养牛业的发展又促使人们寻找盐场，在圣弗朗西斯科流域和其他地方开采了盐，盐又促使皮革的制作得到改进。

一些大家族在内地拥有大得难以想象的领地，并把这些土地

划分开来，饲养大牲畜，他们自己留下一部分，大部分租给侍从，这些侍从各自拥有 200—1000 头牲口，一个大家族自身拥有的牲口可达 2 万头。到 1710 年左右，牲畜肯定超过了 150 万头。1691 年，来自里奥、巴伊亚和伯南布哥的三支巴西护航船队，在葡萄牙卸下了 10 万张皮革，不过这是一个少有的好年景；1695 年它们分别运来了 5000、8000—10000 张和 7000—8000 张皮革，但这是一个少有的坏年景。1715 年仅里斯本就收到 6 万张皮革。从此以后，里奥、巴伊亚和伯南布哥每年各自定期送来 2 万张皮革，往往还要多一两倍，而布宜诺斯艾利斯的皮革出口量已达 10 万张。

在畜牧地区以外，圣保罗地区居民大张旗鼓的旅行活动，逐渐把近代巴西的边境划到从巴拉那和普拉特河直至亚马孙河和安第斯山脚下。从圣保罗高原成扇形展开的这一活动，通常简单地表现为由粗鲁的葡萄牙人和贪得无厌而又极其残酷的欧亚混血儿领导的一连串寻找印第安奴隶的探险。这就是耶稣会会士创建和培植的"黑图"，是巴西探险队"旗手"的敌人。已故的雅伊梅·科尔特绍提供的值得注意的档案证据[①]表明，这整个活动还要复杂得多，其目标也随时间而异。对圣保罗高原的占领，开始是少数抛弃文明而采取印第安生活方式的葡萄牙人的自发行动，以后成为官方的政策，其目的和最初的拓荒者相同，在于寻找贵重金属。他们之间私人和官方努力的结果，导致巴西探险队"旗手"的组成，这是一种半军事性的组织，由 700—2000 名身强力壮的葡萄牙移民、冷酷无情的殖民者、欧亚混血儿和印第安奴隶组成，他们沿着可通航的水路和各种印第安人的小路探险。不久，巴西"旗手"探险队开始围捕印第安人，把他们作为种植

---

[①] 《安热利斯选集手稿：耶稣会会士与巴西探险队》（2 卷本），里约热内卢，1951—1952 年；参见同上，《巴西探险队史概述》（2 卷本，里斯本，1964 年）。

园的劳力,但是在16世纪后期,当非洲奴隶贸易开始发展,埃尔米纳的黄金开始减少时,寻找贵重金属和宝石的活动便扩大了(虽然围捕印第安奴隶仍然是一个重要目标),特别是当荷兰占领了安哥拉和圣多美(1641—1648年)时,情况更是如此。有时巴西探险队也谋求政治目的。他们力图破坏耶稣会会士在巴拉圭的独立的神权政治国家,并通过越过托尔德西拉斯分界线,为国王将巴西的边境往前推移。这最后一个目标是佩德罗·特谢拉那次旅行的主要动机,也是1648—1651年安东尼奥·拉波佐·塔瓦雷斯多次不平凡的旅行的主要目标,路线是越过查科到安第斯山脉的丘陵地带,然后沿马莫莫雷河下到马德拉,再到亚马孙,最后到贝伦。1670年里斯本发出加紧寻找黄金的紧急号召,当时黄金与白银的比价为1∶16而不是王国复兴以前的1∶11,换句话说,黄金升值了。提出这个呼吁正是时候,因为食糖的下跌减少了对奴隶的需要,因而搜捕印第安人的理由也就不复存在了。①

1674年,开始对内地进行系统的勘探。布拉斯·罗德里格斯·阿拉赞奉总督之命勘探伊瓜佩河(桑托斯以南),但成绩有限。派斯·莱梅率领一支巴西探险队离开圣保罗,沿着维尔德、格朗德、伊比特鲁纳和帕拉奥佩巴(圣弗朗西斯科的支流)等河顺流而下,在圣安娜(在未来的奥罗·普雷托附近)建立了第一个居留地,以后又沿维尼亚斯河顺流而下,在圣若昂(未来的萨巴拉附近)建立了第二个居留地。正是在这里,莱梅的女婿博尔巴·加托在1694年发现了一些最富的金矿,而布埃诺·塞凯拉和米格尔·加西亚也沿着莱梅的足迹,在圣安娜找到了黄金。1682年巴托洛梅乌·布埃诺溯流而上,到达帕纳西巴后,越过戈亚斯地区的阿拉瓜亚河,在那里的高原上发现了黄

---

① A. 小埃利斯:《黄金与圣保罗探险队》,圣保罗,1948年。

金，然后继续前进到阿马索尼亚，再原路返回。但是，大约在40年后，戈亚斯的矿藏才开始采掘。直到这时，人们的注意力才集中于这个由于这一事实而被称为"米纳斯吉拉斯"（总矿）的地区。1693年，安东尼奥·阿尔佐从陶巴特出发，在多西河的支流卡斯卡找到了黄金。因此，从1674年到17世纪末，该地进行了狂热的勘探活动，大部分是秘密进行的。

但是，还存在着一层障碍。蕴藏黄金的地区距离海岸有几百英里，而沿岸山脉又被密林挡住。水路很长，难于航行，被一条条坚硬干旱的地区隔断。只能得到最原始的食物——主要是块根植物和野果，少许野味，甚至爬虫。最初，黄金和食物都是由奴隶顶在头上运输，这显然是一种很有限的运输方式。1697年，圣保罗地区的居民打通了第一条通过森林的道路，每隔一定距离播种了玉米，种植了可可树和果树。次年，道路开始正式通行。但是这些道路在干旱季节对马损伤较大，在雨季则无法通行，因此很长时间仍然继续使用黑人搬运。直到1701年，里约热内卢和矿山之间才有了一条直通的道路。不久，通过圣弗朗西斯科河，秘密地但是继续不停地，将巴伊亚和伯南布哥这两座城市与这些矿连接了起来。

沿着这些道路，开始出现了耕地，每隔一定的距离开设了出售食物、饮料和衣服的商店。圣保罗及其高原上的乡村中，人们几乎都已走光，成千上万的移民从宗主国葡萄牙涌来，黑非洲则提供了一支庞大的奴隶大军。及至1715年，有8万多黑人和大约2万白人被雇来从事开矿和辅助性工作。仅在1715—1718年，就有8个采掘场发展成为介乎乡村与城市之间的"镇"。在南里奥格朗德地区也开始殖民定居，因为那里饲养了采矿运输所需要的骡子。另一方面，在18世纪的最初15年或20年期间，有些沿海地区人口外流。从1693年起就出现了饥馑，许多农田几乎一下子变成了荒地，大批工厂被抛弃；接着又发生了糖料作物和烟草的严重歉收，于是1697年在东北部和东部发生了危机。而且这次危机恰恰与对许多糖厂主进行的一次新的宗教迫害同时发生。巴西的经济中心南移，里约热内卢在牺牲巴伊亚的情况下得到好处。

巴西的黄金是什么时候登上国际舞台的呢？确切的时间很难说。甚至在巴西探险队开采的黄金大批涌入里斯本之前，有时也有少量的金条运进里斯本：1691年，除了来自布宜诺斯艾利斯的大量白银外，里奥船队载来了32磅金粉，但这一定是在圣保罗以南的巴拉那瓜、库里蒂巴和伊瓜佩等地区淘洗金沙的结果。只是在1699年，里斯本才从新发现的金矿得到第一批值得注意的黄金：登记在册的是514公斤，如果把走私的考虑在内，将超过734公斤。这无疑是同1698年在圣保罗和金矿之间建立正式交通运输这件事联系在一起的。1701年这个数字达到1909公斤，1709年大大超过4406公斤，1712年达到14500公斤的第一次高峰。次年下降50%，1714年又上升到大约9000公斤，1715年上升到12400公斤。此后的两年分别下降到3000公斤和1000公斤。1718—1719年又再次恢复到7500—8000公斤——这些数字在1720年又大大超过，出现了2.5万公斤的新高峰。1721年和1722年的年进口量保持在1.1万公斤这个可观的水平，但是此后两年又一次下降。不过在1731年以后，进口量只有两次低于1.1万公斤，1740—1755年只有两次低于1.4万公斤。但是尽管如此，如果忘记了走私，当然是愚蠢的，因为走私是形形色色的，而且数量难以估计。比如，1699年登记的黄金是35阿罗巴，但走私进来的就超过15阿罗巴。英国军舰一般是和巴西船队同时驶抵里斯本，并常常停泊在巴西船队中间。到了夜间，大量未经申报的黄金就被转移到英国军舰上。其他行驶在印度群岛航线上的英国和法国的船只，也多次在巴西港口停靠，尽管有各种控制，但它们仍然能够轻而易举地弄到几公斤黄金。外国和巴西之间也进行直接贸易，容许这种贸易的总督不久即被撤职。后来，所有的外国商行都被驱逐出境。

这个新的黄金来源的重要性如何呢？相当早的时候，当然不迟于1703年，它所生产的黄金实际上就比葡萄牙和西班牙在16世纪任何年份从几内亚和印度群岛得到的黄金总数加在一起还要多。在10—15年中，从巴西进口的黄金相当于塞维利亚直到1660年从美洲得到的黄金。但是巴西黄金是由海路从里斯本运往伦敦、阿姆斯特丹和热那亚的。在1689—1700年间，仅伦敦造币厂就铸造了价值2277251英镑的金币，在1701—1712年间，铸造了价值2384803英镑的金币[1]；1713—1724年，铸造了价值8884477英镑的金币。这些数字说明，巴西的黄金经过大约13年的时间才找到大量进入北方的道路。在王位继承战争结束之前，相当大一部分黄金运往热那亚，再运往巴塞罗那，用以支付葡萄牙在西班牙进行干预的费用。但是在新世纪的最初几年，金额可观的葡萄牙铸币已进入上面提到的3个主要市场。此外，由于黄金的流入和法葡之间贸易的中止，1705—1714年间葡萄牙人和巴西人对制造品的需要迅速增长，从而刺激了在英国、荷兰、热那亚、都灵、佛罗伦萨、卢卡和那不勒斯的制造业的发展。在英国和荷兰的法国技工，向他们传授原来法国向葡萄牙出口的奢侈品的制作方法。如此大量的欧洲货物运进巴西，到1715年市场已经饱和，价格跌到了欧洲的水平之下。

在宗主国葡萄牙，货币流通量的增加，初看起来似乎与从1712—1714年开始、直到1730年后为止的新的价格下跌相矛盾。但是这种现象正是贸易萧条的反映，产生萧条的原因，部分是由于战争的结束，而在巴西，淘金热又加速了食糖和烟草的衰落。为了对付贸易萧条，企图重新发展工业。虽然在战争期间，

---

[1] 1701年的1249520英镑这个数目完全是个例外，其后的年份显然又降低了。

法国的亚麻布难以进口时,织布业几乎增长了一倍,但毛织品生产却衰退了。重新发展工业的努力,主要归功于弗隆特拉侯爵和里贝拉伯爵。1716—1717年,里贝拉伯爵让许多精于制作各种丝绸和呢绒制品以及皮帽的法国家庭在圣米格尔岛安家落户。1716年他还打算借助于法国的工匠和资金,在里斯本开办一家玻璃工厂,但是法国当局进行阻挠,直到1724年才得到成功。然而要想建立起任何重要的工业部门,葡萄牙都得长期等待。

在18世纪的最初20年间,巴西的黄金不仅重新确定了巴西的地理形势,并把它的印记留在英国、荷兰和意大利的部分地区的经济上,它也为葡萄牙提供了一个更有力的活动手段。这个国家自从15世纪起就主要依赖海上贸易,具有商业国的性质。对1716年政府收入的分析[①](见表16-1),说明了它的财政基础。

表16-1 单位:百万里斯

| 项　目 | 金　额 | 百分比(%) |
| --- | --- | --- |
| 海上贸易的关税(包括领事馆的费用) | 1260 | 31.9 |
| 烟草承包税收 | 760 | 19.2 |
| 巴西护航队和巴西木垄断企业 | 200 | 5 |
| 五分之一的黄金矿区使用费 | 345 | 8.7 |
| 铸币厂 | 200 | 5 |
| 国内贸易(各项税款) | 667 | 16.9 |
| 经由陆路贸易所征之关税 | 40 | 1 |
| 生产税和其他国内收益税 | 470 | 11.9 |
| 总　计 | 3942 | 99.6 |

---

[①] 维斯康特·德桑塔雷姆:《葡萄牙与……关系概况》第5卷,第248—249页。

1716年全年收入总计相当于8789.85公斤黄金，以后停留在4410.59公斤和6065.56公斤之间，直到1760年。1681年"五分之一金矿使用费"的收入没有了，海运贸易关税收入仅683康托①（比1716年低84%），铸币厂收入4.76康托（相差4077%），烟草承包348康托（减少121%），经由陆路贸易的关税为28.84康托（减少38%）。

葡萄牙是一个商业王国，不仅因为国家的主要岁入来自贸易，也因为王室本身积极参与贸易，虽然它的一些垄断企业是承包出去的。国王保留进口称为巴西木的红色染料木材的垄断权，以及向印度出口烟草的垄断权，并在卡谢奥公司的资本中拥有三分之一的股权。此外，1663年巴西贸易公司被改变成商业政务会，这是一种王室贸易仲裁所，也是一种商船队的组织。我们已经看到除王室商船直接赚得的运费以外，"护航船队"的货物对国家是多么重要。如我们所知，国王在东印度公司的组成中也起了重要的作用，既提供资金，又提供船只。

地产仍旧掌握在教会和贵族手中。葡萄牙的200万居民中有2.5万多人是担任不同宗教职务的神职人员，3万多人是牧师——这就是说，大约每36个居民中就有1名（西班牙是每33个居民中有1名）。修道院的数目从1600年的396个增加到1628—1652年间的452个，到1739年增加到477个。据估计，全国三分之一的土地属于教会，教会也对全部农产品征收什一税。海外的教会影响甚至更大。耶稣会不仅想要建立一个神权政治的区域性帝国，而且想要建立一个巨大的商业联盟，足以控制全世界的主要贸易，从中国的丝绸到巴拉圭的茶叶。这就是它既

---

① 为便于比较，使用1688年的货币。〔康托（conto）为巴西及葡萄牙的钱款数目，从前等于100万里斯，目前在巴西等于1000克鲁赛罗，在葡萄牙等于1000埃斯康多。——译者〕

## 第十六章 葡萄牙及其帝国，1680—1720年

和政府又和社会发生冲突的原因，圣保罗、桑托斯、里奥、马拉尼翁和帕拉掀起反对它的暴乱——这些暴乱是"庞巴尔"① 最终将它驱逐出境的那次运动的最初迹象。另一方面，国王是3个宗教军事组织的首脑，这些组织为他提供了相当大的收益。但是它们的社会作用首先在于任命骑士团首领，这些职位全部保留给贵族：基督修道会（大约也有1000骑士）有400名，圣地亚哥修道会（最富有的）有36名，阿维斯修道会有60名。骑士团首领职位依靠皇家恩宠授予，通常沿袭两代人，收入在200—20000克鲁扎多之间。这些修道会的岁入主要来自什一税，但它们还有其他进账。这样，基督修道会拥有托马尔和苏拉的土地，圣地亚哥修道会拥有锡图巴尔和阿尔卡塞的港口，阿维斯修道会拥有贝纳文特的土地。我们可以拿克拉托小修道院作为一个兼有教会和世俗成分的贵族领地的很好的例子。克拉托跨越塔古斯河，宽9里格②，长18里格，包括10个"镇"和29个教区，约有3万年龄在11岁以上的居民。它的岁入包括从全部土地上征收的什一税、全部出产的四分之一、终身免役税、谷仓和榨油机的收入，以及磨坊和渡船的收益。全部收入为3.5万克鲁扎多。

贵族财产的来源也是多方面的。比如在皮尼希岛，阿托圭亚伯爵征收十分之一的鱼和出口货物，每年给他带来约5000克鲁扎多，此外还有市政厅供给的全年"伙食"；在雷东多（位于阿连特如），每播种60阿尔克雷，他从中收入36阿尔克雷，还有八分之一的酒，每年并征收进入"镇"的通行税5万里斯。卡斯塔涅拉伯爵从他的农民那里收入四分之一的小麦，八分之一的

---

① "庞巴尔"巴西的城镇，其参议院拥有比葡萄牙本土的市议会更多的权力，但城里也更加动荡不安，虽然有16.5万居民的里斯本也可能发生骚乱。参见《新编剑桥世界近代史》第五卷，第16章；关于庞巴尔和耶稣会，见本书第7卷，原文第123—125页。

② 葡萄牙1里格相当于6公里或3.75英里。

酒，和卡达瓦尔公爵一样。瓜尔达领主获得全部水果的八分之一，他还作为长期租赁契约的承租人，从租出的42个地产取得固定租金和赠品。这样，贵族阶层不仅是他们自己领地上酒类、油类和面粉的大生产者，而且还是将作为付给领主份额而收入的产品用于出口的货栈经理人。此外，他们还垄断了国内外公共行政机构的最高职位，因而能够通过直接参加贸易，或至少是通过发放许可证和给予特权而进一步为自己谋取利益。1718年，巴西矿区的总裁带着他在该地经商聚敛的90万克鲁扎多回到里斯本。许多菲达尔戈（出身高贵的人）也年复一年地从东方获得大量的收益。

在经济上，贵族阶层主要是依靠海上贸易，但是他们之所以能够有利可图地从事海上贸易，正是由于他们的地主身份。对土地的利用，是由3种惯例形成的：骑士团、受封者[①]和长子继承权。这最后一种，在17世纪成为固定的形式，其结果是将年幼的儿子送去做神职人员。更有甚者，相当多的地产甚至动产，被迫负担作追思弥撒的捐献，因而这些地产和动产的所有者，实际上成为财产受托管理人，只得到收入的五分之一至三分之一。这里，简略地谈谈各种不同形式的地产、对土地及其出产的权利是值得的，需记住，四分之三以上的国土仍然是荒芜的。首先是王室的庄园，佃户向国王缴纳土地出产物的五分之一或四分之一或更多一些，以及转租的罚金。其次是国王的更加重要得多的财产，它实际上是形形色色的征税权，大部分让与受封者。骑士团辖区的收入同样由税收构成，包括什一税，由首领和他的骑士团分享。广大的私有土地基本上可分为两类：一类是免税地产，属

---

① 国王将土地"收益权"封给贵族，于是贵族成为领主，在海外开拓殖民地的早期阶段一般是这样做的。但是在葡萄牙本土，受封者对他的辖区并不行使司法权。

## 第十六章 葡萄牙及其帝国，1680—1720年

于教会（通常为永久管业）或贵族；一类是纳税地产，属于平民。免税地产和纳税地产同样可由所有者开垦或出租——按租佃、长期租赁契约或免役税出租。前一种和后一种不付转租罚金，也不承担改良土壤的义务。按长期租赁契约租种的土地，作为租金，每年所付的年金一般比高额租金低六分之一。从法律上讲，按照这种租约，20年所付的年金总计相当于地产的基本价值，每年缴纳的超过全年半数的出产（播种所需除外）还未计算在内。实际上，这要么是相当于扣除什一税后的五分之一或十分之一可用实物或现金支付的产品（谷物、酒、亚麻等）；要么是固定数量的出产物，在这种情况下，不得用现金折算。有永久性的长期租赁契约，也有10年或10年以上的租约，最多的是长达三代人的租约。免役税于16世纪前传入葡萄牙，通常表现为地产所有者按他所保留的土地（虽然有时也出租甚至转让给第三者）上的出产，永久地或可赎回地出售年金。一般是业主因急需现金，提出按一定的价格出售免役税，买方有权首先对土地的出产提出要求，以保障他的年金得到偿付，但是他无权占有土地。与此相反的一种合同形式，是卖方出售地产，但自己保留全年的租金，这种合同几乎总是转变成为一种长期租赁契约。

农民虽然处处享有残存的普通权利，但需向教会缴纳什一税，向领主缴纳他应得的实物，还需缴纳各种捐税和租金，因而他们仅仅得到土地收益的很小一部分，其余都用来养肥教士和贵族这个趾高气扬的阶级了。然而农民缺乏反抗精神。无怪乎移居海外的可能性和从海外得到的收入，以及农产品出口的迅速发展，足以使他们保持安分守己。教会和贵族阶层都是以土地为基础的，并且牢固地掌握着国家工具。但是国家是一个君主专制政体①。1679—1680年以后，葡萄牙议会仅仅在1697—1698年间

---

① 参阅《新编剑桥世界近代史》第5卷，原文第389—392页。

召开过一次,而且是最后一次。在财政上,国王几乎完全不依靠贵族或土地,而是依靠能给予大量好处的大海和商业资产阶级,每当经济萧条的时候,他就以工业化的政策和发给成立特惠公司的特许证来支持这个阶级。另一方面,国家通过它自己的商业活动,同私营商业竞争,而仍然拥有权力的宗教法庭,一有机会就以种种借口对私营商业进行猛烈的攻击,这样就阻碍了葡萄牙资本主义的发展。正是这种对立的情况,在一定程度上说明了面对极其贫穷的农民阶级,展现在拥有土地的贵族阶层面前的各种政治和社会的机会。在文化领域里,存在着类似的对立情况。在这个领域里,艺术和文学仍然是巴罗克风格的,而一群居住在国外、对现代文化和经济的诞生已有所了解的人们,在努力突破官方说教的腐朽外壳,使葡萄牙能够了解正在欧洲激荡着的新潮流。

(宋蜀碧 译)

# 第十七章

# 地 中 海

在欧洲的海洋中，地中海是独一无二的。它地处欧、亚、非三块大陆的交会处，骤然会聚又骤然分离，不仅是重要的战略和经济要地，也是一个独具特色的地区，其某些特点长时期存在，另一些特点则只在某些关键时期才出现。[①] 如果要了解这个地区是如何影响土耳其，又如何受土耳其和1683—1718年欧洲战争影响的话，这两点都应牢记。这里气候变化不大。海洋、天空、陆地和谐地融为一体，曾使荷马大为欢喜。但农业资源缺乏，人们不得不靠海为生。自然条件的相似性和文化政治的多元化形成了鲜明的对比。在其作为沿岸各种文明国家中心的悠久历史中，各种复杂的甚至矛盾的利益交织在一起，其中最明显的是在奥斯曼帝国统治的东地中海和反对路易十四战争舞台的西地中海之间，战争的主角由一个新崛起的非地中海民族的海上强国扮演。

大多数海域此时仍是海上荒漠。偶尔有远航的船只经过，因担心海盗而一路孤帆疾驶。此时天文航海还没有普遍采用。船只主要依靠指南针和平面海图，或是依靠地面标志简单的交叉定位法航行。所以船员仍喜欢靠陆地行驶。空旷的海面和沿岸拥挤的

---

① 读者可与《新编剑桥世界近代史》第10卷第16章进行比较。

交通形成极大的反差。这里有重要的商道，如：从那不勒斯到巴伦西亚，经由莱戈恩（即里窝那）、热那亚和马赛；北非沿岸交通略为冷清；爱琴海交通网密集。这里是著名的爱琴海群岛，似乎海洋的作用只是将一个个岛屿连接起来。在各种海峡和狭长的水域里，航运十分活跃，成为海上重要的交通枢纽：包括直布罗陀和墨西拿海峡、西西里和马耳他之间的航道、托斯和厄尔巴岛之间的皮翁比诺海峡、奥特朗托扼守的亚得里亚的入海口、威尼斯的切里哥岛（Cerigo）控制的克里特岛和摩里亚岛之间的通道、古代的基斯里亚（Kythera）。战时这些交通要道非常危险，即使是和平时期，由于冬季经常有暴风雨，风大浪高，水手们宁愿在夏季航行。即使船在港口和锚地也不一定安全，因为一般港口和锚地很难抵挡汹涌的海浪。在众多的海难中，有些船骸惨不忍睹，如：1694年一支英荷海军舰队在直布罗陀海峡，损失了11艘船，1000多人丧生；1703—1704年冬，英国损失8艘船；1715年在巴塞罗那港，暴风雨毁坏了17艘船。

地中海沿岸的崎嶙巨石也为恶劣的气候助虐。雨水常常沿着峭壁飞泻而下。尤为突出的有：利吉里亚河沿岸、达尔马提亚海岸、摩里亚海岸、潘菲利亚、西里西亚的安纳托利亚省和阿尔及尔东部的卡比利亚等地区。沿岸的平原由于疟疾和海盗频繁成为野兽乐园。高山和森林则成了人畜的避难所。虽然高山地区土地贫瘠、松脆，常常过于干燥。但几个世纪以来，地中海人民已在较低矮山坡的凸石上和山顶上建起了村子瞭望塔。即使人口增长的压力也没有让地中海人民放弃世代生息的家园到未开垦的平原去落户。在被海水严重侵蚀的海岸，形成了无数个港口。居民们借助它可以抵挡敌人的侵袭，以弥补土地贫瘠的缺憾。有些港口成为重要的城市。广泛的贸易和精美的建筑，使他们成为各种文化荟萃交融之地。几乎所有地中海地区重要的中心都是港口。当时陆路运输既昂贵又危险，而令航运不安全的只是海盗和战争，所以人们一般尽可能用航运。有些城镇,如阿勒颇,更像是车马港口。而主要陆路运输的终点通常也都是港口。① 另外,由于内地农村手工业和城市手工工场提供了大量用于交换的产品,所以大港口并未完全和内地分离。尽管如此,港口和内地的经济仍是有区别的。这主要反映在食品供应的差异上。内地农村主要是生产。而港口一般更多的是从事商业活动。早在罗马时期就有一种叫安诺马(Annoma)的组织,它的职能是保证向城镇供应谷物。有关档案资料证明,城镇所报人口往往比实际人口多。这样,由于要向城镇供应大量谷物,谷物在农村反倒比城镇更紧张了。

一些地中海城市居欧洲最拥挤城市之首。君士坦丁堡(加上郊区)有居民80万,伦敦和巴黎均不及它的一半。② 开罗是奥斯曼帝国的第二大城市,人口超过20万。士麦那(伊兹密尔)和阿勒颇(加上亚历山大勒塔)各有10万人。大马士革和巴格达的人口相对少些。最大的基督教城市无疑是那不勒斯,在1656年大瘟疫前人口超过30万,到1700年再次超过20万,比阿姆斯特丹或维也纳的人口还要多。墨西拿和马勒莫减少至不超过原来的一半。威尼斯至少有15万,仅居其次。随后是罗马约13.5万。热那亚在1688年约8万人口,渐渐从1656年损失一半人口的灾难中恢复过来。米兰到1688年逐渐恢复到12.5万,但到1710年又减少到11万,是1630年大瘟疫前的人口的一半多。博洛尼亚,教皇国的第二大城市超过7万人,比佛罗伦萨和都灵人口还要多,尽管皮耶迪蒙特首都人口增加迅速。在伊比利亚半岛,唯一和米兰相同或

---

① 阿勒颇由一条骆驼小路在亚历山大拉塔(伊斯肯德伦或斯坎德论)和大海相连,这条小路因常有强盗出没而闻名。见 G. 阿姆布鲁斯著《阿勒颇的英国商人(1658—1756)》,载《经济史评论》卷3,1931年,第246—267页。

② 曼特兰:《17世纪下半叶的伊斯坦布尔》(1962),第44—47页欧洲城镇的数字主要依据莫尔斯《欧洲城市人口统计史简介》(卢万,3卷,vols. 1955—1956)vol. ii,第47、504—508页。

超过它的城市是塞维利亚和里斯本,均为16.5万人左右。马德里约14万人。伊比利亚城市总体上人口减少,尤其是(意大利亦如此)工业城市。塞哥维亚和托莱多在一个世纪里减少了一半。最后,马赛只是一个拥有7万—8万人口的中等城市,比巴塞罗那(4万—5万人)规模大,和阿尔及尔规模相当。

这些人口数字并不能和经济发展画等号。譬如:加的斯和莱戈恩是两个最繁忙的港口,虽然它们仅有2万多人口。然而,加的斯不仅影响着地中海,而且影响着整个欧洲的贸易。它作为西班牙到美洲航线的终点发挥着重要的作用,同时它也是英荷航线的基本航道,每一至两年都被用作从北海到东地中海的必经航道;此外,热那亚和马赛也到加的斯寻找银子。在这条海峡中最具世界性的市场是莱戈恩,与马赛及西班牙的港口不同的是,它的宗教法庭(Inquisition)非常强大。它承认犹太人和东地中海人。事实上犹太殖民地在莱戈恩最有势力。凭借着其家族在马格里布的影响,它控制了与北非海岸的多数贸易。托斯卡纳的大公们在16世纪后期开发了莱戈恩,在此发家,并决心使其成为一个在和平时和战时都向外开放的自由港。

战争虽然对热那亚及其他中立港有利,但在里昂海湾,虽然它可以用特有的小巧的单桅三角帆船运输谷物和其他商品,可惜仍未能阻止其贸易下降。除昂贵丝织品外,其工业亦渐衰落。它作为银行家的角色仍然是全球性的。威尼斯的吉罗(Giro)银行,① 当时也许可以和圣乔治银行相比。当塞缪尔·伯纳德将西班牙货币比塞塔从西班牙汇往佛兰德前线时,他要经过热那亚和

---

① 威尼斯的吉罗银行(1666年重组),不仅有储蓄业务,而且提供信贷、清理和对换业务,发行自己的货币 Partita,银行储备至少50%为其货币担保,直到1714年土耳其战争重新爆发前一直保持偿付能力。参考 G. 卢扎托著《16—18世纪威尼斯公共银行》威尼斯历史研究(帕多瓦,1954),第225—258页;威尼斯的衰落,见第555—556页。

## 第十七章 地中海

日内瓦才能实现。热那亚和西班牙的经济及战略关系十分密切，以致1684年路易十四下令对它进行猛烈轰炸。有些热那亚贵族甚至在那不勒斯拥有大量财产。相比之下，法国马赛是东地中海贸易最重要的标志。它的贸易包括从北非伊斯兰教各国进口谷物和皮革及羊毛等原材料，从西班牙进口白银；马赛总是把西班牙作为特殊的屏障，1730年把它作为"停靠处"（echelles）——这个词标志着这样一些特殊的地方，把贸易视为最重要的活动，主要是在东地中海地区。另一方面，它需要科尔贝尔的热情和耐心劝说以使其加入西印度贸易。在1669年，莱戈恩早已成为自由港后，马赛也取得了自由港的特权，并且逐渐成为地中海的贸易中心。

地中海贸易在两个方面与传统相连。首先，海洋被视为保护欧洲免受东方不断流行的瘟疫侵袭的屏障。自从16世纪实行严格的港口检疫制度之后，任何被怀疑携带病毒的船只都被拒绝进港，必要时甚至用大炮进行封锁，每个港口当局坚持看到所有登陆人员的健康证明才放行。像马赛和马耳他这样的港口，在检疫期间给船员们提供各种娱乐设施以吸引各国船只。事实上，瘟疫确曾流行过，有几次是灾难性的：如1630—1631年在西班牙和意大利爆发过瘟疫；1656年在意大利，1691—1692年在北非伊斯兰教各国海岸，1720年在马赛，都曾爆发过灾难性的瘟疫。但使人惊异的是瘟疫并非经常流行。其次，劫掠船横行。在大西洋，除了摩洛哥的萨利（Sallee）基地外（靠近拉巴特），劫掠船只在大战期间施虐，而沿北非伊斯兰各国（除埃及外）海岸的海盗活动比摩洛哥更猖獗，阿尔及尔、突尼斯和的黎波里的"摄政们"更是以抢劫为生；"阿尔及尔人"必不可少的总是要和至少一个船只被抢的国家交战。在基督教港口中也有反穆斯林的劫掠中心，而马耳他和（相对较轻）马约卡岛的巴利亚利群岛和伊维萨岛都是专门从事劫掠活动的。劫掠常用的借口是：查禁非法和无国籍的船只。① 尤其是那些土地不足的地方：这样，达尔马提亚和阿尔巴尼亚的海岸及岛屿劫掠猖獗。赞特和圣毛拉（Leukas）也是海盗横行。直到1684年这些地方被威尼斯人重新征服。有时爱琴海群岛本身亦如此。长期战争后的几年里，海盗现象十分严重。就像西印度一样，战争制造了一群以四处抢劫为生的人。如果走运的话这些人会满载而归，但他们很快将战利品挥霍掉。战争结束后，奢侈成性的海盗头们不愿意恢复原来的艰苦生活，就会寻找有战事的国家，并打着该国的国旗，继续从事劫掠活动。许多抢劫穆斯林的基督徒海盗是从反对当时的敌人——英国、荷兰、法国或西班牙中学会海盗营生的，1680—1720年间最著名的例子是来自马约卡岛的普兰奈尔，英国人普罗曼和一个在马耳他服役的热那亚人曼尼塔。也有许多失业的基督徒海盗背离初衷，在北非回教地区进行私掠活动。

17世纪初，由于北非回教地区的劫掠活动受到摩尔难民新的刺激，劫掠活动的范围扩大到所有基督教船只。当时阿尔及尔人拥有100艘战船，其中多数是小船；到1700年虽然仅剩四分之一，但都是高效的挂帆快速船。而整个18世纪，阿尔及尔人仅拥有25艘船，而来往于的黎波里和土耳其之间的战船不及其半数。大约在1650年，海盗活动达到巅盛时期，阿尔及尔几乎与所有的海上强国开战。由于其帆船的速度和灵活性都占有优势，所以总能逃脱追击。因为这种船吃水浅，可以尽可能划近岸边，这使所有大船都鞭长莫及。阿尔及尔式的帆船和战略成为欧洲海盗的榜样。人们花了很长时间寻找对付他们的办法，尤其是他们的船长有丰富的海上经验，在他们成为海盗前，一般都是基

---

① 北非伊斯兰教各国的海盗和真正的私掠船的区别不仅仅是形式上的：在黑旗和正式授权领事的劫掠之间有着本质的差别，普通的海盗如果被捕，将在院子里被吊死，而劫掠船的船员最严重的惩罚也只是被送上大划船。

督徒船只。在阿尔及尔,"海盗船长公司"(Reis)拥有大量财富因而野心勃勃,也想染指政治。其中多数人是叛教者,除了劫掠船只外,各种海上业务与他们无缘。如果在基督教水域进行贸易,就如同把自己交给宗教法庭。因此,基督徒商人通过犹太人做中介,也和阿尔及尔人用战利品进行贸易。托斯卡纳的大公们传统上就精于商贸,他们不仅允许反穆斯林的海盗船打着他们的旗号并在莱戈恩进行装备,而且还给阿尔及尔人提供储藏在他们国内无法处理的战利品的场所。这是海盗们把战利品变成现金的一种途径,许多人根本不需要中介。一般袭击海岸后,他们会打出一面特别的旗子——"释放旗",表明如果交赎金即可释放被俘的健康奴隶。但他们很少用这种方法出售被劫掠的船,因为这样需要的时间长,捕得奴隶的海盗就会将自己交由追踪他们的人来宰割了。同时,海盗港口,尤其是阿尔及尔人的港口,是奴隶和各种海上战利品的仓库和集散地。以拍卖的形式将奴隶卖给个人,不仅是为了将被俘者变成苦力或船上的奴隶,或女眷,而是希望得到赎金。即使被俘者本身无法达到主人希望得到的赎金数,也有希望获得释放。一般可以通过基督教牧师尤其是通过信仰三位一体的人募集的资金成批地得到释放。传说在阿尔及尔同时有3万奴隶;[①] 由于赎金缴纳频繁,实际奴隶数近1万名。

与有劫掠船国家签订的和平协议一般都有相互交换战俘的条款,除非战俘已在敌国军队中服役。这样,一个被带上马耳他海盗船的海员,或一个来自西班牙要塞的士兵,不论他们原籍如何都要留在北非穆斯林地区充当奴隶。自从17世纪末法英跟摄政休战以来,来自北非海岸国家的奴隶不多。多数奴隶是意大利人

---

① 明显是夸大,此说法来自A.C.台伊(奥斯曼帝国在阿尔及尔的统治者)1691年7月23日给路易十四的一封信,见E.普兰特编《台伊与法国宫廷通信集1579—1833》(两卷本,1889年)第1卷,第310页。

和西班牙人。列强除了希望保护他们的贸易免受这些具有半传奇色彩"海盗"的袭击外，认为战时请求他们的帮助也是值得的。九年战争爆发时，法国一直煽动阿尔及尔向英国和荷兰宣战，并许诺在英吉利海峡法国将以军火支持他们。这些条款一直持续到1692年。事实上，圣多明各总督迪卡塞和法国男爵波伊蒂战争期间在西印度使用海盗，并不是两国间政府协议的结果。

有关基督徒海盗的资料很少，但指挥袭击穆斯林船只的基督徒海盗和柏柏尔人一样可怕，从长远来看其造成的危害可能更大。大约在1670年，有土耳其人问："法国和马耳他一样强大吗？"1704年后，圣约翰骑士定期组织三四艘帆船，加上（一如既往）6艘大船，分成两个舰队，袭击回教君主的战船和商人。有时他们也和其他基督教海军联合，而且多数是和威尼斯人联合。每年都有几十艘海盗船带着操各国语言的水手，打着圣约翰的旗子（有时是不合法的），或托斯卡纳（Tuscang）、波兰、摩纳哥、布兰登堡、西班牙和葡萄牙的旗子出没。于北非和地中海东部诸国的海岸对阿尔及尔的劫掠不如对往来于亚历山大和士麦那之间的富商的劫掠多。因此，到17世纪末商人数量明显减少。沙丁讲述了到1670年爱琴海群岛如何遭到40名基督海盗的劫掠——"非常残酷"，以及萨摩斯岛是如何被受惊吓的居民遗弃。[①] 然而，不能过分夸大这些袭击对奥斯曼商船队毁灭性的影响。1718年及1750年政府试图通过武装船队（一种轻快帆船）来恢复海上贸易。严格地讲，土耳其更多是在岸上进行贸易。土耳其商人也在基督徒船上进行贸易。更有意义的是希腊的运输者自1720年后因马耳他人退出东地中海而受益，因为希腊人知道耶

---

① 《沙丁骑士到波斯及东方各地旅行记》（阿姆斯特丹，3卷本，1711年）第1卷，第2页。斯法克斯镇在这些年因为保留6艘平底船而被免税，他们随时准备追击基督徒海盗。

稣和教皇要求罗马战利品是有区别的。希腊人于1770年在俄罗斯的保护下发展起来。[1] 1700年他们还无法确定能否依靠土耳其皇帝的巡洋舰——一个冒险的临时的办法——或是置于法国的保护下,如果法国的敌人在海上强大就会很危险。

不论是基督徒海盗还是柏柏尔人,海盗们靠的是速度或者武器,或者是二者兼有。战争刚刚爆发,一些轻便的小型劫掠船,便集中在靠近海岸的主要航线,如伊维萨岛、奥涅格里亚、伊拉布和埃尔科尔港附近,想通过突然袭击获得战利品。任何轻型或中等吨位的船都可以参加,因为这些船比较容易改装。如果市场条件具备时,也很容易满足一般贸易的需要。这些船中最常见的是平底船。因其底平、吃水浅,在逃避追击时可以靠近海岸,有海上"飞毛腿"之称。战争开始几个月以后,才出现装备较好的大船。当有大猎物的消息传来时,他们会成群结伙地行动。这些船有的由普通商船改装,有的是特制的轻便小帆船,泽兰人(和阿尔及尔人)就把他们的胜利归功于这种小帆船甚至还有海上战舰。这样的行动需要较大的投入,自然也希望有较大的回报。

战争爆发后,因为有海盗,海上航运几乎绝迹。原因之一是商人担心遭受损失。一些商船的船长,如热那亚人,为了适应形势的需要,用坚固的全副武装的船及大量水手来防止海盗登船。有些人用轻便船在较大的水域活动,像当时英国的大划船。[2] 仍有一些人要求海军保护,在一些海域用反海盗的海军舰队、巡逻舰或护航的形式进行保护。其中第一种最有效,因为巡逻舰

---

[1] 卡瓦里埃罗:《最后的十字军》,1960年,第83—85页。
[2] 它的主人是这样定义的:"一个大划船是用桨航行的,船体比其载重量重一倍,形状宽且尖,比普通带护卫的船载重多一倍,并且可以载多一倍的水手……武装14支到16支枪……"(Hist. MSS. Comm., *House of Lords MSS.*, new ser,第7卷第182页。)地中海的水手们仍对三角帆给予很高的评价,它可以使船经受风浪的冲击,这是海盗必须做的。

不能满足商人时间和范围的要求,护卫舰原则上是安全的,但它速度慢,有时会造成商业上的灾难。战争期间,贸易公司有时也把货物分散给承租人和保险公司。另外,如果打着交战国旗帜进行贸易太危险,可以依靠中立国旗帜或使用容易使用的国旗。所以,战时中立贸易总是增加,无论怎样改变旗子,贸易量并未减少。虽然这不是国际准则,却是一般通行的原则,即:敌国的货物在中立国的旗帜下应受到保护。当然这一点有时可能会遭到破坏,海盗行为本身就是粗暴、不守规则的。海盗就是为寻找不义之财。中立,意味着要遵守某些承诺的义务,这样任何交战国的商船离开中立港都有 24 小时的时间,之后港口当局才允许敌国的船起锚追击;理论上,任何国家不许在中立港武装海盗船。另外,海上的惯例要求,水手如果在第一次发出命令时投降,应免遭虐待,所以多数商船遭遇海盗会投降以防被袭击。

强大的海军舰队出现后,几乎清除了航道上的所有船只。得知他们到来的消息后,较大的船逃进海港,小船躲进尽可能狭窄的航道。海军舰队太大,所到之处不可能不被发现,由于能获得舰队活动情况的消息,船主们因而可以轻易逃避追击。但只有在海军舰队行动时才会出现这种情况。海军大致是在 4 月至 10 月活动,此时也只是海军活动的地区受到影响。躲避海军比躲避无所不在的、更危险的海盗要容易得多。当他们和商船、海盗遭遇时,一切都取决于商船船长和海盗的速度、机警、航海技术和勇气了,商船和海盗的命运就密切相关了。

由于有见机行事余地,因而贸易即使在战时亦很流行。地中海世界绝不是一个小的自给自足地区的聚合。从远古时期开始,其经济形式已经确立,主要依靠酒、橄榄和玉米。流动的牧业(季节性放牧)和海运是其经济的补充。这里经济的发展和手工业有关,如陶瓷、纺织和制革业等。尤其是城镇,主要靠对外贸易来弥补粮食的不足。干燥的气候有利于储存粮食。由于可耕地少，人口多，所以每年产粮区的剩余产品都要拿到粮食短缺的地区。在穆斯林国家常见的储存财宝的现象，即是为了防止恶劣天气而兴起的。这种形式保持下来，年复一年。例如：西班牙和普罗旺斯，几乎总是进口粮食，而朗格多克、北非、东地中海是玉米出口地区。酒、橄榄油在地中海地区的国内贸易中也占有相当大的比重。仅传统的制皂业就需要大量航运，同时也需要大量的橄榄油和钾。早在16世纪末以前，当地中海国家开始进入北部海上强国的贸易轨道时，它和欧洲其他地区的贸易关系也得到加强。15世纪90年代，商品出现短缺，它甚至从波罗的海进口玉米，其他进口商品有：从北海或纽芬兰进口的木材、腌制或熏制的鱼，还有加工或未加工的金属制品、武器和零件。同样，地中海也有其商业魅力。它提供其他地方很难找到的外国商品，如：酒、水果、葡萄干、橄榄油、皮革、毛皮、药材、香料、明矾、硫黄、铜硫酸盐、盐等。总之，在与欧洲其他地区的贸易天平上，对地中海有利，财源滚滚。这和地中海商人长期具有丰富的商贸经验和高超技艺是分不开的。

穆斯林主要对陆路贸易感兴趣，其中许多贸易没有基督徒的竞争。除了定期使用尼罗河和美索不达米亚河外，重要的商线把阿勒颇—巴格达—伊斯法罕、的黎波里—费赞—达尔富尔高原、摩洛哥—的黎波里塔尼亚—埃及、马拉喀什—苏丹等线路联系在一起，还不算每年从陆路和水路集中到麦加朝觐的香客。另一方面，由于基督海盗不知疲倦地藏匿在爱琴海群岛、北非地区和东地中海的海岸[①]，凡拿财产在地中海冒险的奥斯曼商人，一般会求

---

① 甚至在红海（红海大体上是穆斯林的保护地），穆斯林也受到马达加斯加海盗的劫掠，他们在亚丁湾捕猎来往于穆哈和吉达（麦加的港口）的印度公司的船只；由于缺水约翰·阿芙利船长1695年在丕林岛才没有能建立基地。

助欧洲人的货船，尤其是马赛商人的船，法国政府从"旧制度"中保存下来大量"廉价的船只"，为其进行极为有利的贸易。当战争阻碍法国商业发展时，敌国商人便趁机扩大贸易。很难统计穆斯林使用外国船运输本国商品所带来的损失，但一定是相当可观的。

奥斯曼帝国的出现促进了地中海东部及沿岸诸国的贸易，贸易的特点是商业组织的发展优于海上技术的发展。自16世纪以来，到直布罗陀往返仍需要三四个月，时间上变化不大。当时拉古萨大船仍是最大的船，但小船因其灵活性更有优势。法国首先和土耳其苏丹谈判，达成政治框架；从1579年开始著名的"投降书"在1673—1681年里一再延长、澄清和扩展，使其对法国、英国和荷兰有利，尽管中间时常中止。[①] 土耳其贸易上歧视威尼斯，克利特战争和1684—1699年的长期冲突中贸易更受最大打击。当时只有4个海上强国——其中威尼斯与君士坦丁堡进行战争，实际只有3个——在17世纪和18世纪可以在东地中海安全航行，其他国家的商人和商船不得不寻求其中一国的保护，通常求助于法国。"投降书"承诺贸易自由（由于要支付固定的受限制的赔款）和土耳其地方官积极配合，允许他们在地中海东部及沿岸国家保留领事权——法国人的所谓"停靠处"。领事享有一定的权力和外交豁免权。穆斯林国家常常被欧洲国家代理人的不明智所激怒，这时就难免有人遇害，而受害人往往不是清白无辜的。当地的领事可以比常驻君士坦丁堡的大使处理事务更快更有效。法国成功的聪明绝伦的领事制度后又被塞纳莱改进，成为后来其他领事机构的样板。然而，与"停靠处"相比——当一个地方

---

[①] "投降书"是热那亚于1666年和1674年获得的，事实上它是一个虚假的开端：有关地中海东部及沿岸国家的贸易下降，和拉古萨的贸易下降，见曼特兰著《伊斯坦布尔》，第519—522页。

人数达到一定数量时,由"国家"组织建立常驻领事和欧洲商人殖民地;开放的道路也使欧洲的船只频繁往来,因为他们不用付税,商品可以通过水路输入一些禁止出口的商品,如玉米、水稻等。由于这些走私品有被没收的危险,多数商人用贿赂土耳其官员方法来达到目的。

法国的贸易主要在西顿(黎巴嫩)和阿勒颇,而英国和荷兰则控制了士麦那的交通,为东地中海的贸易"护航"。君士坦丁堡从欧洲进口的商品比他们出口的商品要多。因为君士坦丁堡是一个巨大的消费中心,信托可以抵消在其他"停靠处"的债务。1701年英国在开罗拥有和法国同样权利的第一个英国领事馆,当时开罗经济正在恢复,像亚历山大港和达米埃塔一样,成为玉米(尤其是1709年欧洲短缺时期)和棉花的出口地,特别是阿拉伯优质咖啡。[1] 荷兰从1613年在阿勒颇,1628年在士麦那开始拥有自己的领事馆,在英国或法国的保护下在埃及进行贸易。由于战争,他们在地中海甚至在莱戈恩的贸易遭受沉重打击。尤其是王位继承战争期间,他们在直布罗陀海峡没有一艘自己的护卫舰[2]。1692—1702年,他们也与北非回教地区开战,1716—1726年又与阿尔及尔人开火;1716年大多数从阿姆斯特丹到直布罗陀海峡的运输船都是英国和法国的。更危险的是,荷兰的羊毛被英国

---

[1] 以下第858—859页,自1669年一位奥斯曼大使到巴黎和1683年解救维也纳获得大批咖啡后,欧洲开始流行喝咖啡。参看 J. 赖克朗著《巴黎的咖啡和咖啡馆》Cf. J. Leclant, Le Café et les cafés à Paris, 1644—93', Annales (E. S. C.), 6e année (1951), pp. 1—14。

[2] 据 Levantse Handel 的董事所说,海运保险费在1711年很贵,高达货物价值的50%,而那时英国和法国只付14%:K. Heeringa(编), Bronnen tot de geschiedenis van den Levantschen Handel,第2卷(海牙,1917年),第6—7页。此书112页上有荷兰船只1697—1715年间驶离海峡的数目。英格兰海运直到1708年损失惨重。

挤出市场。① 泽兰海盗在地中海的成功也无法弥补这种损失。马赛流行个人主义，即使在战争期间，商人也经常是单枪匹马在东地中海进行贸易。而英国和荷兰无论战时还是和平时期，习惯以护卫舰的形式航行，这样能更好地防止劫掠。繁重的护卫制度不仅要冒运输过程中货物贬值的危险，而且，大批货物顷刻投放市场必然会导致降价，而购买返程货物时，因为需求量过大，价钱又会上涨。然而，英国和荷兰能够通过改进商业组织克服这个困难。一般他们在东地中海出货之前先进货，所以每一次航行都有赢利；他们的商人有足够的资金周转，可以用几个月的时间进行买卖，这样可以降低因价格波动带来的风险。1635年和1654年间他们已牢固确立自己的地位。到1680年，虽然航路遥远，他们仍在东地中海贸易中占得上风。他们的成功应归功于贸易公司的存在②，当法国贸易处于低潮时，科尔贝尔于1670年创建了东地公司，1685年又建立地中海公司。法国原来的巴斯逊和凯普尼尔公司运气比较好，其主要功能是安排运送玉米的船从北非到普罗旺斯和朗格多克。这些公司垄断了法国和北非的贸易（包括突尼斯的珊瑚渔业），1693年合并，1705年破产，1706年更名为北非公司。

　　从总购买力和交换形式两个方面来看，东西方贸易并不是人们过去想象的那样一边倒，而是你来我往的双边贸易，直到19世纪才出现典型的"殖民"形式，即用欧洲工业品和中东及北非的原材料交换。事实上，17世纪和18世纪的贸易正相反，塞哥维亚的洋红和精纺羊毛是突尼斯人织帽所需的最基本的原材料，传遍

---

① 据1702年英国计算，在过去20年里，荷兰出口到北非的布匹减少了一半。伍德：《东地公司史》，牛津，1935年，第100页。

② 英国东地公司，1661年重建，只是一个管理机构，既不负责销售，也不负责进货，只负责组织护航，护航一般包括30艘船，比荷兰同行更安全。

了地中海东部地区。在重要的东地中海城镇中，如大马士革和阿勒颇，有许多传统手工业品大量出口欧洲，如叙利亚传统的蓝绵织物，在西班牙和其他地方普遍流行。18世纪下半叶，穆斯林国家的工业才开始出现萧条，到蒸汽时代彻底衰落。仅就我们所掌握的有关东地中海出口的有限的资料，很难评价出东—西贸易的实际比例。有些商人在波斯和印度找到了出路。有一部分船在返航时不经过地中海，而是绕过好望角，和地中海形成周期性的竞争，尤其是贵重货物，如：里海的丝绸，经常从印度洋转运。[1]

信贷业务在地中海有着悠久的传统，但是，到1700年发展了信贷机构的意大利城镇不再繁荣。而18世纪地中海最大的商业中心马赛仍对东地中海金融废都的贸易抱有希望，科尔贝尔总是为此深感烦恼，他把它归因于马赛人处理不当。事实上，这是土耳其海关规定的必然结果，即免除对其他商品征收5%的进口关税。土耳其每天使用的硬币是塞维利亚和墨西哥的比塞塔（皮阿斯特）。这样，马赛人把比塞塔（皮阿斯特）视为商品，既容易控制又可获得至少5%的利润。这种利润有可能大幅度增加：荷兰通过铸造比塞塔进行硬币交易，获利20%，因其铸有狮子，取名狮子。而东地中海人则把狮子看作了狗。虽然"狗"是由低质合金制成，但因为它精美的外观和高质量的手工，"狗"在东地中海找到了市场。法国曾经也想仿制。[2] 另一种广

---

[1] 丝绸之路本身也是问题，到1620年，莱戈恩开始取代威尼斯和陆上路线，1669年英国人的原丝主要来自波斯—土耳其（25万磅），意大利（11万磅）；1700年44万磅，其中28万磅来自波斯和土耳其，11万磅来自意大利，5万磅来自孟加拉。见R. 戴维斯著《英国对17世纪威尼斯衰落的影响》，载《民间威尼斯研究》第9卷（1961年），第207—208页；本书原文第859—860页。

[2] 整个18世纪小规模的私下铸币十分兴盛。如：摩纳哥非法行为在整个地中海贸易中扮演了主要角色，从西班牙走私比塞塔，政府一般不干涉，而是大量征收附加税，以此获利，作为正常贸易费用。西班牙分别通过比利牛斯条约和1667年的商业条约，放弃了搜查法国和英国船只的权利。

泛使用的支付形式是船长向租船人放短期高利"抵押"贷款，实际上只有当有现金支付时才能用这种方式。人们可能认为1630年以后来自新大陆的贵金属相对减少，对基督西方和穆斯林的东方之间的贸易会产生不利影响。事实上，银子供应减少却促进了用工业品进行支付的贸易。在这方面英国和荷兰是发明者。到17世纪后期，它们的呢绒出口总数按科尔贝尔的统计，仅英国公司一年就达4万匹——实际数字要高一倍。[1] 法国政府想用贷款、出口津贴和荷兰工匠的帮助，来支持朗格多克的工业，与英国竞争。在这方面的确取得一定的成果。1680年法国一年出口的呢绒仅有5000匹（英国是2万匹），1685年这个数字稳步上升，尤其是1708年以后，1713—1714年超过3万匹。如果说后几年是例外，是恢复和平后的反映，那么到1715—1720年，法国在东地中海的贸易和英国持平，甚至超过英国。[2] 到法国大革命爆发时，法国成为东地中海贸易强国中的霸主。

地中海的两端是西班牙和土耳其帝国，它们是基督教和穆斯林之间古老斗争的幸存者。虽然它们都不完全属于地中海，但在地中海世界中都有自己的重要地位。中心区亚得里亚海是其分界线。它们统治的方法惊人的相似。西班牙总督在许多方面和土耳其的省长相似，都是用有限的手段达到有利统治的最佳效果，基

---

[1] 如此大批货物的唯一护航队于1693年在拉哥斯被捕获。它带了4.7万匹布，但这是3年的全部出口量。英国的毛织品有两种：一种是东地中海大量需要的质地厚且温暖的呢绒，因为地中海内地冬天十分寒冷；另一种是德文郡和英国东部生产的较轻的呢绒，这种毛料在奥斯曼帝国没有多少市场（亚历山大除外，因为那里不冷），这种呢绒在西班牙、意大利和葡萄牙较为畅销。

[2] 曼特兰，第556—559页；R. 罗曼诺：《18世纪马赛的小麦价格与贸易》(1956), p. 29n.; cf. below, ch. xxiii (i).

本都不改变传统。双方政府都依靠本地有影响的人物——在希腊是东正教的牧师，在西西里是贵族，允许外国商人从本地衰弱的商业中获利，可能西班牙帝国比土耳其更容易受到外国势力的入侵，两国经济萧条在某种程度上都受到大量军费开支的影响，如：建瞭望塔、城堡、炮台和军路，表现了辉煌，但是这种浮夸的作风长期阻碍了资本的发展。卡斯蒂利亚雇佣兵和安那托利亚士兵都出身卑贱，忠于军队。生活只是从一个要塞到另一个更遥远的要塞。因为两个帝国对海上联系都非常重视，以至于沿海都有大的要塞，比如在爱琴海群岛的土耳其的小港口，或者在从那不勒斯到热那亚的托斯卡纳的小港口都有要塞。总体上，因为统治较温和，各地能够忍受，但是地方的排他主义与奥斯曼"笔杆子"① 集权原则不相容，与卡斯蒂利亚或波旁贵族官僚主义制度也是不相容的。加泰罗尼亚曾在 1640 年寻求外国的援助，1705 年为自由而战时再一次请求外国帮助，被打败后，政府在巴塞罗那修建了一个大的要塞，以防他们再次起义。相比之下，北非摄政在卡洛维茨和约签订后，利用奥斯曼的弱点加强了自治权力。② 选举产生的土耳其军团的首领——在阿尔及尔的省长、突尼斯的省长和的黎波里的省长——禁止土耳其政府派的官员来行使官员的职能。1710 年在突尼斯建立了世袭王朝。每个统治者（的黎波里统治者）或省长，为了提高他本人的威信，仍要求土耳其苏丹在其就职时，赐其穿土耳其式长衫并佩戴帕夏的徽章。突尼斯的省长自 1704 年、阿尔及尔的省长从 1711 年开始定期接受恩赐。这标志土耳其苏丹和摄政之间的联系仍然存在，实际关系已被削弱。总而言之，被统治人民对统治仍然忠诚，即使在遥远的外国。如：西西里和那不勒斯的居民对卡洛斯二世和菲

---

① 见本书原文第 616 页。
② 见本书原文第 626 页。

利普五世的忠诚可以和东正教的希腊对土耳其苏丹的忠诚相媲美。[①] 土耳其海军的水手多数是希腊人,他们蔑视威尼斯人为"拉丁人",所以同其勇猛作战。

摩洛哥,位于马格里布的西部,受海洋潮汛的侵蚀,很难说它是否也属于地中海国家,但在穆雷·伊斯美尔苏丹统治时(1672—1727年)它在地中海事务中扮演了一个重要角色。土耳其苏丹爱好奢华的建筑。比如在梅克内斯,他的统治使人回忆起路易十四,但他的残暴和极权欲又让人想起彼得大帝。正是由于统治者的才能,而不是它的私掠船,使摩洛哥成为受人尊敬的国家。摩洛哥的海上私掠船在萨利很多,更有意义的是土耳其苏丹想把它们全部控制起来,并享有其战利品。有一些基督教哨卡防守不住投降,一个个撤离:1684年英国撤离丹吉尔港,西班牙分别撤离马莫拉(1681年)、拉拉什(1689年)和阿兹拉(1691年)。其他如:马扎干、梅利利亚和贝莱斯(Velez)的石堡被严密封锁,休达长期被围攻,虽然没有成功(1694—1720年)。穆雷·伊斯美尔的黑军进攻谢利夫峡谷时于1701年4月28日被阿尔及尔军队击垮,他对特莱姆森的计划便无法实施。他在改进组织机构,尤其是商业机构方面的努力更有成绩,此时商业机构对国家经济比在阿尔及尔甚至突尼斯都更重要。土耳其苏丹与此直接利害攸关,非斯成为"整个北非地区的一个总仓库"。[②] 对外贸易主要由犹太人和基督教商人垄断。仅非斯约有5000犹太人,基督教商人最初主要是法国人,多数是胡格诺避难者,他们总想讨好英国人和荷兰人。穆雷·伊斯美尔本人也渴望和法国保持友好关系,1682年缔结和约,摩洛哥大使1698年

---

[①] 作为一个原则,土耳其苏丹的母亲不是土耳其人,常常是索卡西亚人,穆斯塔法二世和艾哈迈德三世的母亲是克里特人。

[②] Picou de Saint-Olon, *Estat Présent de l' Empire du Maroc* (1694), p. 145.

## 第十七章　地中海

开始凡尔赛和谈。但路易十四在对摩洛哥的态度上缺乏机智和远见，到他统治结束时，法国在这个地区的贸易和影响彻底崩溃。① 直到1727年穆雷·伊斯美尔去世后，摩洛哥才蜷缩本土。

菲南德·布劳德尔将国家分成"范围狭小的"和"纵深很宽的"国家，分成只拥有狭长海岸的国家和拥有内陆资源的国家。这种分法对地中海历史十分重要，也许是因为远离海岸的国家可以招募更多的军人，而拥有狭长海岸的国家主要依靠雇佣兵。② 这个时期的发展主要依靠前者的优势。和其他欧洲地区一样，地中海在1720年以前经历了近一个世纪的通货紧缩的时期。地中海各国都积累了丰富的贸易经验和大量财富，它的财富足以使它抵御困难时期的危机。然而，事实证明条件并不好的北欧国家经受了危机的考验，而古老的地中海国家很快出现了不可救药的衰落。

为什么它是不可救药的？一般观点认为是大西洋取代地中海成为了世界贸易的中心的结果。虽然在1620年以前还没有，③ 然而，威尼斯在克里特战争中（1645—1669年）耗尽了财力，随后又与土耳其交战（1684—1699年、1714—1718年），结果北方国家日益激烈的竞争，阻碍了它在东地中海的贸易（但这对莱戈恩和马赛十分有利）；另外，因其浅水礁湖阻塞的困扰，只能用浮坞来帮助进港的船只减轻重量。这些都是一般的解释，听起来理由充分，但一定还有补救的措施吧？

---

① 见 J. 凯勒著《让—巴普蒂斯·埃斯提尔领事谈法国17世纪在摩洛哥的贸易》，载《法国历史评论》第16卷（1959年），第7—48页。

② Cf. F. Braudel et. al. "Aspetti e cause della decadenza economica veneziana nel secolo xvii", *Civilta Veneziana Studi*, vol. ix (1961), pp. 81—83.

③ G. Luzzatto, *Per una storia economica d'Italia* (1957), p. 68. 大约从1620年起威尼斯就把一些以前由它垄断的东方产品列为西方的产品——这便是一个非常有说服力的证据。

为什么威尼斯没有保住它作为德国和中欧南部窗口的地位呢？到1700年威尼斯的贸易仅限于弗留利、卡多（Cadore）、帕多瓦、特拉维索、罗维戈和波洛尼亚等地。① 曾一度繁荣的德国工厂处于半停产状况。这说明大部分德国的贸易（如伦巴第的）都被威尼斯丢掉了。这对安科纳、塞尼加利亚、的里雅斯特甚至热那亚等地的发展却十分有利。莱戈恩的繁荣证明了自由关税政策在吸引贸易并维持其长期繁荣方面的好处。但是傲慢的Serenissima尊贵的共和国（专指威尼斯）视这种政策为软弱的急于找个立身之处的新手采用的手段，不屑一顾。1661年表面上虽然放宽了关税政策，也只维持了20年，到17世纪20年代才重新实施。这种过分夸大的传统主义，只是寡头政治传统的一部分。对外国的影响如此不信任，以至于从1709年起贵族出国旅行也需十人会议批准。

同样有害的是所有的手工业行会都集中在威尼斯，及行会对特权的维护，和对所有改革的敌视。威尼斯内陆总体上交通不便，没有为在城市中处于窘境的工业提供发展的机会。科尔贝尔在劳动力低廉、地方势力薄弱、原材料充足的地区发展了新工业，无形中破坏了威尼斯的传统工业。所有这些条件威尼斯内陆都具备，但他们没有充分利用。相对只是对某些地区的工业实施保护，如：斯基奥的羊毛制品。总之，威尼斯的纺织业衰落很快：17世纪初出口呢绒约3万匹，到17世纪末降为2000匹；出口的丝织品在同一时期，也从1万降至6000匹，1660年左右急降至2300匹。五金产品在出口贸易中相对较好，即使这样也在与德国和法国同类产品的激烈竞争中损失惨重。玻璃制造业成为威尼斯经济的支柱产业。另一方面，内陆和首都相比正在发展，希望弥补国外贸易下降所带来的损失、殖民地的损失，以及后来

---

① 《威尼斯的对外贸易》，载《威尼斯档案》第19卷（1936年），第145—183页。

## 第十七章 地中海

当安科纳得到教皇的支持,特拉维索得到哈布斯堡支持时,它失去了在亚得里亚海,即"威尼斯湾"的主宰地位所带来的损失。[1] 威尼斯贵族在海洋贸易中积累起来的资本主要用于投资土地,这样就使威尼斯不仅满足本身对大量食品的需求,甚至成为一个重要的农产品出口国,主要出口小麦和生丝。

曾一度称霸东地中海的威尼斯,现在已经成为一个地区的港口。1720年以后英国和荷兰的船只不再到威尼斯,在东地中海的港口也很少能看到威尼斯的船只。内陆代替了殖民帝国。或许是由于长时期形成的狂欢节庆祝活动,使威尼斯成为欧洲最快乐的城市,长期吸引了大量奢侈的游客和被放逐的人,掩盖了这个最尊贵共和国的衰败。而且它是文化史上陈腐的讽刺之一:在帝国巨大雄伟的废墟上,尽管有塞巴斯蒂亚诺·里奇(1659—1734年)和皮亚齐塔(1683—1734年),威尼斯仅仅站在绘画第二个春天的门口。[2] 伟大的蒂耶波洛1696年出生,卡纳莱托生于1697年,瓜尔迪生于1712年。他们都是意大利最后的大师。

西班牙在意大利的占领区虽然不是一个统一的整体,但仍是一个大国。它包括西西里、撒丁和米兰,几乎占了半岛的一半,是一个具有"纵深"特点的地区。另外,它能够依赖西班牙和热那亚。西班牙王位继承战争的结果,使奥地利人代替了西班牙人在这个地区(除西西里以外的所有地区)的统治,根据"乌得勒支和约",西西里一度由萨伏依公爵统治。在许多方面曾是一伟大帝国的历史就这样结束了。西班牙在16世纪曾经保护意

---

[1] 1732年在安科纳成为自由港(得到哈布斯堡的支持)之前,有关威尼斯人对安科纳的妒忌,见A.卡拉西奥罗著《安科纳自由港》,1965年,第33页。

[2] 见M.勒威著《18世纪威尼斯的绘画艺术》(1959年);F.哈斯科尔:《赞助人与画家》(1963年,pt. iii)。

大利免受奥斯曼土耳其扩张侵吞,并从此维护了该地区的法律和秩序。与此同时,它显示了其政策的极大灵活性:这样在西西里贵族成为主要力量,有权管理岛内事务。而在那不勒斯王国贵族的所有政治权力皆被剥夺。那不勒斯特权阶级在1642年实际被取消。贵族旺盛的精力只能宣泄在一些优先权的小吵小闹上——这是由仪式性的政府养成的风气——或者是为哈布斯堡的对外战争效劳,或者是赞助艺术家。他们多数是大地产大庄园的主人,如同西班牙的显贵一样。但是那不勒斯、巴勒莫和墨西拿等繁华都市有它们自己的贵族阶层、有教养的律师和政府官员。市民也循规蹈矩。西班牙人对城市市民很是温良恭让,因为有钱人也害怕市民出气不顺。自1678年墨西拿人起义失败后,市民总的说来是驯服的。马克切亚王子造反(1701年9月)诚然是为争取一个独立的王室而发动的,但它的失败意义更深远;一般说来,对西班牙的忠诚人格化地体现在蒙特萨尔基奥亲王身上,而这位君主曾领导1647年的起义。[①] 菲利普五世1702年在那不勒斯受到热烈欢迎,虽然他辜负那不勒斯人民的希望,加速了1707年奥地利对那不勒斯的征服。在米兰有关西班牙统治的黑色传奇应归功于曼佐尼和其他人的浪漫主义所激发起来的忘恩负义。这些人把两个世纪后的19世纪民族情感挪了过来。公国用一个像那不勒斯和西西里军团一样光荣的伦巴第军团武装了西班牙军队,遗憾的是他们只搞了一些被动的抵抗,没有形成起义。这里的农民也比意大利中部和北部的农民更贫穷,更可怜。城市无产者(如罗马和威尼斯)满足于慈善救济。贵族,除了不断地密谋外,开始模仿西班牙人的方式。而西班牙对违法者毫不留情,不

---

[①] 1647年马萨尼埃罗的起义直接针对那不勒斯恶劣的市政管理。详见 P. Voltes Bou 的文章《奥地利唐卡罗斯亲王统治期间那不勒斯塞尔达涅的反叛史》,载《近代史研究》(Estudios de Historia Moderna)第1卷(1951年),第49—128页。

论是贵族还是无产者。但他们满足于遥控政治：允许地方法院和管理机构继续执政，每一个继任的管理者在到任时，都要宣誓，重申自1541年查理五世新宪法所规定的全西班牙的管理原则。任何政府集权的倾向都被爵位泛滥及从形式上提高像参议院等职能下降的机构的地位所弥补。政府采用的方式是鼓励贵族中进行有关血统等无害话题的讨论。

另一方面，西班牙在成功地维持了国内秩序的同时，它以欧洲为重的对外政策却把米兰变成了战争舞台，或成了邻国觊觎的目标。九年战争期间意大利战场虽然只在皮埃蒙特，但是伦巴第东部边界线却是1701—1705年旺多姆和尤金交战的战场，1707年，蒙特菲雷特、亚历山大里亚和罗姆里那为萨伏依参加同盟国而付出了代价，似乎没有人想到（甚至在米兰）就是米兰的独立。伏德蒙（Voudemont），西班牙最后一个总督，在1706年尤金胜利后撤离该城，他的儿子已经在为帝国服役。经济上，公国为卷入战争付出了沉重的代价，使1680年以来取得的成绩荡然无存。它比西班牙的保护主义政策更有力地说明了它失去贸易中心这个重要历史地位的原因。然而，在农村，贵族和教士拥有三分之二的土地，而他们又不在农村，从而使中间经纪人能够实施更有效的管理。中间经纪人人数自1670年以来成几何级数增长。另外，在一些较小的城市，如：科摩，工业增长部分弥补了米兰工业下降所带来的损失——尽管战争和瘟疫仍在肆虐，米兰仍是欧洲城市中最突出的城市之一。50年后可以半开玩笑地说，奥地利用两个世纪来摧毁这个地区的决心没有取得成功，这就是这个地区的自然财富。

西班牙统治后期最值得称道的是，他们没有扼杀意大利人的创造天赋。那不勒斯的最后两位总督甚至还支持它。宗教裁判所也没有推行在整个西班牙文化生活中所实施的审查制度。那不勒斯成为意大利的文化之都，我们能追忆起的名人有：皮特·吉阿诺（1676—1748年），他是一名律师，因为《那不勒斯王国国内史》（1723年）一书而被开除教籍，这本书受到孟德斯鸠的推崇；奥雷西奥的多米尼科（1639—1717年），他是法官、古代史学家、文学权威、哲学家、考古学家、医学家——文艺复兴最后一位巨匠；G. A. 波莱利（1608—1678年）可与笛卡儿和哈维并列为现代生理学的奠基人；查理洛·梅洛（1665—1738年），一部大教堂教规的典范和笛卡儿派哲学家的先驱之一（那不勒斯诞生了许多哲学家），其中最著名的是吉姆巴斯蒂塔·维克（1668—1744年），他的《国家通理新说》（1725年）确立了历史哲学的原则，他是近代最有创见的思想家——虽然他的思想在两代人以后才产生重要影响。A. L. 穆拉特利（1672—1750年）的成就不同，他是意大利北部的著名学者，长期把自己埋在摩德纳大公图书馆的手稿和古籍中，过着宁静的研究生活。他出生在摩德纳，使他能撰写出大量丰富的作品，以其博学和高产而著称，也许是最高产的学者。他的《意大利手稿再版》（1723—1725年）或者他的《意大利中世纪的古物》都是无可替代的作品。全书共有34卷，1738—1742年在米兰印刷，堪称个人成果的典范。

在西班牙统治时期，音乐剧和喜剧艺术在那不勒斯也得到发展。18世纪那不勒斯的音乐学校影响了整个欧洲。在它的4个剧院和3个音乐厅里（威尼斯人当时称有5个）孕育了天才斯卡拉蒂、吉姆巴蒂斯塔·佩尔戈莱西（1710—1736年）和多米尼科·西马罗萨父子（1749—1801年）。著名的画家有卢卡·吉奥达诺（他1705年死于马德里）和弗兰西斯克·索利梅纳（1657—1747年），他们是意大利唯一可与威尼斯人抗衡的学派，是一个17世纪与辉煌的罗马分离后具有欧洲影响的学派。索利门那学院也培养了一些优秀的建筑师，其中包括菲迪南多·桑菲利斯（1675—1750年），他以其大胆的楼梯设计而闻名。这一时期最具天才的建筑师是来自墨西拿的菲利波·尤瓦拉（1678—

1736年），他在都灵找到了发展的机会。①

对意大利未来最具深远影响的是萨伏依—皮埃蒙特公国地位的巨大转变。② 它转变成撒丁王国，是在维克多·阿马戴乌斯二世统治时期（1675—1730年）。1690年，一位优秀法官把这个小国视为传统的法国同盟，当时还不如瑞士的一个郡。到1713年它已经在欧洲赢得了一定的地位。相对其他意大利国家的漠然，维克多·阿马戴乌斯用欧洲力量均衡的优势，在1696年将法国势力赶出了皮内罗洛和卡萨莱，后来又得到伦巴第的一些省和西西里王国。18世纪萨伏依的强大反映在其王朝神奇的连续性上。但它在意大利的孤立地位和奥地利在伦巴第的出现，有效地遏制了它企图长期扩张的野心。维克多·阿马戴乌斯二世经常改变立场导致不信任，也暴露了他虚弱的本质。到1720年他不得不接受用撒丁交换西西里的条件。

两次大战清楚地暴露了公国的资源与统治者野心之间的差距。萨伏依本身和尼斯逐渐落入法国的手中；皮埃蒙特从16世纪中期逐渐形成的核心地位遭到严重的破坏。经济秩序混乱加重地理上的劣势：根据1685年的统计，仅有九分之一的土地付税。1702年国家年收入总计为950万里拉，公债已经达到2600万，年息需要150万；在王位继承战中，军队总共耗费了8100万里拉，其中4100万来自盟友的津贴。③ 农业经济占主要地位，从

---

① 参见 R. Wittkower 著《意大利的建筑与艺术，1600—1750》（1958年），第258—282、305—308、301—302页。那不勒斯制作圣诞小屋的天才，这是18世纪最杰出的民间艺术之一，在慕尼黑的拜恩国家博物馆展出。

② 关于萨伏依—皮埃蒙特这一段由斯图亚特 J. 胡夫博士提供。

③ L. Einaudi, La：《18世纪初萨伏依财政》（都灵，1908年），第176—184、277—319、392—439页。得到伦巴第省和撒丁，表明财政状况有所进步。蒙特菲雷特、亚历山大里诺、洛梅林纳、瓦伦察以及瓦尔赛西亚产值约160万里拉，1715年在全国总收入约1200万；撒丁（估计资本总价值800万里拉，相比之下西西里为6250万里拉）1730年1500万里拉，年总收入中仅支付出40万里拉。

1650年以来缓慢发展,平均收入比多数意大利地方要好。人口逐渐增加;像意大利其他地方一样,保守的技术、不完备的交通工具、政策禁令,尤其是贵族和教会的财产所占比例不当(又不断受到继承权和永远转给教会的经营权的束缚),[①] 阻碍了经济发展。工商业虽然得到查理·伊曼纽尔二世(1637—1675年)和维克多·阿马戴乌斯二世的重商主义政策的鼓励,但受到资金短缺、行会的限制,以及政策不清的阻碍。只有丝绸工业和(有时是)毛纺生产可与伦巴第工业相媲美。尽管尼斯和比利亚弗兰卡港得到支持,也无法与马赛、热亚那或莱戈恩对抗。皮埃蒙特是意大利北部邦国中唯一不围着特权严重的首都转的邦国。都灵在17世纪意大利扩张的城市中比较独特,在1713年仅仅有5.6万居民。[②]

财政和军队状况迫切需要改进,这也是维克多·阿马戴乌斯改革的主要原因之一。同时王权在两位摄政王统治时受到严重削弱(1637—1661年、1675—1684年)。为了加强王权,扩大王权赖以生存的社会基础,改革也是必要的。蒙德维反对盐税的起义(1680—1686年、1699年)是潜在的社会危机最突出的表现。早在维克多·阿马戴乌斯十几岁时,他就起草了一份私人备忘录规划了他未来的改革。1688年,他又命令重新调查土地。但是他的多数改革都拖至战争结束以后。早期改革的尝试由于有大量内在的困难及顽固派的反对,几乎都没有成功。从1717年

---

① 在萨伏依—皮埃蒙特贵族和牧师(1700年约占总人口100万中的3.5%)却拥有全部可耕地的25%多,占全部土地收入的三分之一。在伦巴第,1700年前后这两个阶层拥有土地的67%。继承权就相当于不可动摇永远继承一样,而且,这种情况非常普遍而非个别特殊情况。参见S.J.沃尔夫著《绝对王政时代皮埃蒙特贵族研究》(都灵,1963年)。

② G.普拉妥:《16、17、18世纪皮埃蒙特人口调查与人口》,《意大利社会杂志》第10卷(1906年),第349—355页。

开始,他重新整顿管理机构,均衡分配中央和议会之间的权力,统一货币,在各省建立地方行政长官,规定官员的工资,镇压贪污受贿者。这样,除了保留旧"封建"贵族对外交和军队的垄断权以外,几乎剥夺了他们所有管理职位。1713—1740年间,约有90%的管理职务由非贵族出身的人掌握。[①] 以盐税和土地税(tasso)为基础的税收,长期以来受贵族和教会特权及长期税务混乱的破坏,改革后简化了。1731年土地查勘完成,两个特权阶层免税的土地大量减少,封建特权受到冲击。都灵大学重建和建立一些国家学校后,教会对教育的垄断受到一定的限制,但是,反对教会司法权以及对教会财产的斗争,到1727年罗马教皇与政府间达成协定后才最终完成。和意大利其他地方一样,与罗马的政治关系阻碍了教会改革。维克多·阿马戴乌斯的反封建措施不顾其限制,在1720年没收了172个非法割让的采邑,也表明了维克多·阿马戴乌斯二世改革的决心。同时,严格规定封建司法权,并试图改革封建财政,限制地方封建势力,向非贵族的官僚、律师、金融家、工场主大量卖官鬻爵,使其更好地服从王权。在外交官中也可以找到非贵族出身的人,而中产阶级的工程师对大炮的贡献,破坏了贵族对军队的垄断。驯服地方行政长官和颁布皇家宪法(1723年、1729年),部分取消了地方的自由,进一步加强了王权的最高统治。

管理有序了,金融平衡了,外交得力了,军队强大了(18世纪30年代国家税收的三分之一被军队消耗),这些都是改革的成果。但是国家的社会经济结构变化不大。中产阶级仍占少数,很容易被贵族同化。他们在土地投资、公债、国家和私人的赋税上、甚至在工业方面,无不证明约3000家族的巨大重要性。在农村,贵族仍最有势力,特别是取得公地和农民债务后,势力更大。维

---

[①] 参见《18世纪上半叶皮埃蒙特的改革》(莫德纳,1957年),第91—95页。

克多·阿马戴乌斯的彻底改革，使其继承者只能对其补充完善，无法实施更激进的改革。另外，贵族、军队和改革的实质明显地阻碍了文化的发展，使都灵无法与米兰、那不勒斯、摩德纳或佛罗伦萨的辉煌文化相比。拉迪克提伯爵（1698—1737年）是自由的思想家，17世纪20年代出逃，[1]拉格朗日、丹尼那、巴拉提和阿尔菲尔等著名人物也都纷纷步其后尘。

在地中海，海军建设总是一个尖锐的大问题。在地中海以外，海军可以在木材充足或进口木材相对便宜的地方造船，地中海国家能享受此待遇的却不多。奥斯曼帝国是个例外，它可以在其势力范围内找到所需要的原材料，包括能引起法国妒忌的优质木材。用于船体和桅杆的木材（也用于建造君士坦丁堡）被运到位于多瑙河口和锡诺普之间的黑海沿岸。[2] 从波斯普鲁斯海峡到远东的特拉勃森都生长大麻，因为沿岸装载木材太危险；整个爱琴海地区都织造帆布，因为纺织品很轻，可以航运到很多地区，但要依靠风力；最好的铁来自萨罗尼卡（希腊东北部一港埠），有些（如油脂）来自黑海和克里米亚；阿尔巴尼亚提供最好的沥青和焦油；安那托利亚供应大量用于造炮的盐箱和铜。然而土耳其没有充分利用这些资源。由于忽视和无能，或更主要是由于急于想要新船，他们使用不合季节的木材，使所造船只很快腐烂。他们的船成为其他国家的笑料。尤其在威尼斯，他们的资源（主要是达尔马提亚的）较少，不能像法国——1690年在罗什福尔为地中海舰队建造了15艘大船，威尼斯人无法进入大西

---

[1] see F. Venturi, Alberto Radicati di Passerano (Turin, 1954)。

[2] 不使用达尔马提亚的木材，是因为威尼斯战争和离土耳其海军船坞太远。埃及造船完全依靠进口木材。传统上是从黎巴嫩，有时也从潘菲利亚的安塔利亚造船厂进口。见吉哈丹伯爵《回忆录》1686年8月14日，巴黎，Arch. Nat., Aff. Etr. BI, no. 379. fos. 433ff。

## 第十七章 地中海

洋造船厂——也不能像西班牙人那样在美洲用坚韧和高价的硬木造船。但是它充分利用现有资源，结果和奥斯曼不相上下。它的舰队虽小，但它的人员配置、管理和建造都比较好。后来威尼斯的船有时造了20年甚至50年。这倒反而更好，尽管这表明造船技术停滞不前，海军力量下降。

地中海海军人力资源也是一个更严重的问题，而且是一个双重问题，因为既要为大划船找桨手，也要为帆船找水手。征召水手不比其他地方更难。在相对自治的地中海世界里，水手们惯于扎堆，又是一个流动社团。海军雇用的水手都来自不同国家。尤其是战时，这一点比大西洋更为突出。而划船上的奴隶却难寻找。虽然海军拥有的大划船数量比16世纪要少，但西地中海仍拥有近100艘大划船。法国大划船军团在科尔贝尔治下发展迅速。1690年有近50艘船，比西班牙或威尼斯的规模都大。另外还有6艘船分别由热那亚、托斯卡尼、马耳他和教皇国控制。到1716年国王控制的大划船需要6000名桨手。[①] 土耳其苏丹拥有的海军相当于全部基督教国家海军的总和。每艘大划船可载250—300名桨手（除士兵和少量水手外），其中奴隶占三分之一，因为奴隶损失很大，所以对他们的需求也特别强烈。威尼斯和土耳其用战犯充当奴隶来满足需要，有时也把战犯出售给其他买主。1790—1792年间，法国缴获大量巴尔干半岛的战犯。九年战争期间，路易十四想向艾哈迈德二世借12艘大划船及桨手。艾哈迈德可能是因为宗教原因没有借给他。虽然"土耳其人"比其他国家的奴隶价格高，1702年平均每艘法国大划船上都有

---

[①] 巴黎的国家古代博物馆，海军，B5，3号，托施公爵自己有7条大划船，至少出租30年，一般由他本人指挥，开始租给西班牙，然后是法国。他有西班牙贵族的头衔。这个头衔得自位于塔兰托海峡的一个公国。家族属于热那亚贵族。1715年他成为法国海军大帆船的中将指挥官。

50名土耳其人。① 法国领事都有"为陛下海军的大划船寻找奴隶"的任务,与莱戈恩的法兰切斯基这样的专业经纪人订约。他是一个反穆斯林私掠船的爱好者,他为法国国王运送了近千名奴隶,据说价值200万元(ecus)。② 16世纪80年代奴隶的主要供应地莱戈恩和马耳他的奴隶数量减少。与阿尔及尔的和平协议又要求返还俘虏,法国开始尝试用塞内加尔黑奴,甚至易洛魁人。这是一个沮丧的失败。现在是刑事法庭为国王的大划船提供大量的人力,其中有走私的盐贩和军队的逃兵,也有少量的胡格诺派教徒,如果可能的话也从城市中的社会渣滓和贫困的农村中征召有偿的自愿桨手。但在长期的战争中很难找到自愿当水手的人。

这种用人做的交易源于一种特殊的操作技术,它只能和种植园奴隶贸易,或者和雇佣兵贸易相比。尽管这种大划船在某些地方偶尔仍用作辅助战船,在波罗的海则刚刚开始用于作战。③ 这基本表明了地中海的状况,即从古代它就发挥了重要作用。到17世纪便有可与曾在勒班陀作战过的舰队相比的大划船舰队,不仅如此,而且大划船的军事价值越来越值得怀疑。它之所以保留下来应感谢贵族的传统,官员的团结和威望,他们视海军如同陆军中的骑兵一样。政府本身面对不可避免的事不得不默许,这样,大西洋和地中海之间的运河的创造者,科尔贝尔和里魁特看到这个宏大的工程可让大划船在大西洋和地中海之间快速转移,

---

① 保罗·班姆福德:《1665—1700年法国海军大船上的奴隶》,载J. 帕克编《商人与学者》,明尼阿波利斯(1965年),第173—191页;P. 马森,《法国的大划船》(1938). pp. 275 ff.; J. 马泰利:《大划船上的奴隶》(ed. K. 芬威克编,福利奥Soc. 1957),第45页。

② 国家档案馆,Arch.. at., Aff. Etr. BI, No. 699, Livourne, 27 Aug. 1688.

③ 托维尔希望1690年在比希·赫德以前拥有15艘大划船;敦刻尔克通过王位继承战争拥有了一支小的海军舰队。至于波罗的海,参见本书原文第806页。

作为调整地区海上势力平衡的一种手段。然而，到"地中海运河"1681年结束时，迪凯纳（法国名将）在西西里附近的胜利表明大划船作为战船的日子已经结束。另外，大划船空余的甲板很少，不适合在海浪较大的冬季作长途航行，只能搁置，能用的季节每年从5月开始，最晚到9月初，除非是体积大而且坚固的马耳他大划船。现在大划船在海军中虽仍有存身之处，但趋势是（至少在地中海西部）用作为拖船进离港口（或远离战场）、作海岸警卫队和发送船，或运送贵重货物等辅助任务。[①] 这样，大划船给沿北非和托斯卡纳沿岸的西班牙要塞提供给养，也将西西里的丝绸运到热那亚或莱戈恩。大划船能在风平浪静和逆风中行驶，因而镇压私掠船仍有其战术价值，在沿岸水域仍发挥着重要作用。这也解释了为什么在奥斯曼和威尼斯舰队中他们仍被当做战船使用的原因。在亚德里亚海和黑海仍用于军事，在多瑙河和第聂伯河上发挥了重要作用，甚至法国在下一代人中也没有完全抛弃它们。西班牙1749年又恢复使用大划船，1794年建造最后一艘大划船。[②] 马耳他和意大利的小邦国到18世纪末仍在使用大划船。大约在1730年他们以新的形式出现——地中海沿岸的三桅帆船——一种小船，可以安装桨，装备更好，比大划船更坚固。长期以来，地中海人民钟情于这些细长、精美的船只，这些船也成为他们历史的一部分。

这30年构成了17世纪和18世纪的分水岭，3个方面的发展改变了地中海海军势力的格局：一方面西班牙海上势力崩溃，另一方面奥斯曼帝国兴起，还有英国势力的侵入。

路易十四曾给西班牙海军以决定性的打击，使其要用半个世纪的时间来恢复。1676年迪凯纳在西西里附近与西班牙和荷兰

---

① 1704年在马拉加，它们把法国战士从占上风的英国战舰从贴风行驶中救出。
② G. Desdevises du Dezert：《古代西班牙》第2卷（1899年），第394页。

舰队作战中，不仅击毙德鲁特，并使西班牙受到重创；在巴勒莫战役之后西班牙海军成为其自身的一具幽灵。具有讽刺意味的是，王位继承战争期间，当指挥整个海军的重担都落在法国身上时，路易品尝到削弱西班牙的苦果。1714年以后帕尔马的最关注的是重建海军，尽快恢复西班牙过去在地中海的帝国政策。他的工作因以下事件而没有完成：1718年英国攻击帕萨洛角；1719年法国攻击帕萨赫和桑托尼亚造船厂，有6艘船被焚毁。

路易十四的战争使奥斯曼海军这些年所进行的长期战争黯然失色。基督教在海上进攻的主力主要由威尼斯人承担，有时得到圣约翰骑士的帮助，偶尔得到托斯卡尼教皇海军的支持，1715年以后得到西班牙和葡萄牙的援助。总之这场斗争复杂而又枯燥。[①] 双方在人员上都遭受惨重损失，船只或大划船的损失并不多。双方遭遇后的优柔寡断令人吃惊（如果他们不是战斗次数不多的话）。实际上，这时在地中海东半部也像西部一样，实施海上控制收获不大。即使威尼斯人掌握了控制权，他们也因缺乏资源难以系统地加以利用。在有限的距离内他们能保证军队登陆，如1684—1687年和1714年在摩里亚，1716年在科孚岛；但是他们唯一长远的计划——1694年在巧斯岛登陆——却惨遭失败。尽管有挫折，土耳其舰队每年都出海保卫他们的基本需要：最重要是达达尼尔海峡；在爱琴海自由行动；保持和埃及的联系。甚至在一群基督教劫掠船的帮助下，威尼斯人都无法长期破坏土耳其人的交通线。安东尼奥·佐诺——威尼斯人的司令官在巧斯岛被击败，他无法与其显赫的前辈莫罗西尼相比，而他的对手土耳其舰队总司令梅祖莫托（1640—1701年）是一名伟大的水手。从1692年起，他在与圣马克雄狮的所有战斗中获全胜。

---

① 见 R. C. 安德森著《东地中海1559—1853年海战》（利物浦，1952年），第6章和第8章，参见第19章。

## 第十七章 地中海

有两次，1695 和 1697 年，威尼斯海军舰队勉强逃脱全军覆灭危险。梅祖莫托重新造就了奥斯曼海军，并决心以牺牲曾辉煌过的大划船为代价，定期增加帆船的数量；他指挥的船只最少都有 30 条。[①] 他出生和成长在北非回教地区海岸，最先看到了帆船的好处。威尼斯人则不同：他们更喜欢大划船队，而不是帆船舰队，很久以后才出现这种舰队。到 1715 年奥斯曼海上势力的复兴似乎十分稳固。事实上，当重新和威尼斯开战时，它再次征服了摩里亚。土耳其的侵略扩张引起南意大利和马耳他的担忧。为了抵抗土耳其，他们急忙请求法国援助，对巧斯岛的进攻是想抑制君士坦丁堡。20 年后土耳其恢复得如此惊人，爱琴海再次成为土耳其一家独有的海，直至俄罗斯人到来（以 1770 年切斯马战役为代表）再次改变了东地中海势力的平衡。

从海军上讲，地中海不再仅仅是其周边国家关心的焦点。九年战争及其以后的西班牙王位继承战争永远确立了英国在地中海上强国之一的地位。英国在海峡内没必要保留一个常驻海军舰队，它可以迅速从加的斯或里斯本派船到那里，而且高效安全。1704 年和 1708 年它得到了占有重要地理位置的直布罗陀和米诺卡岛。虽然他们的海上干涉早在半个世纪以前已经开始，但英国人认识到它的势力在任何时候都可以侵入地中海还是逐步才有的。1683—1684 年威廉三世放弃丹吉尔的决定被英国高兴地接受了[②]，但劝说舰长们和大臣们同意 1694—1695 年在加的斯停

---

[①] 在地中海航行的第一个海军战队是 1617 年 Osuna 公爵的，阿尔及尔在地中海的航行比西班牙人多。马耳他决定建造 4 艘有 50—60 门大炮的战船，两艘在土伦，1700 年被歼灭；见卡瓦利埃罗，第 106 页。

[②] 丹吉尔在 1662 年从得到它时起就是一个经济负担，它的海上价值不大。查理二世为保护贸易，（1669--1671 年）在地中海拥有的常备舰队使用的是马翁港；见约翰·巴尔撒普《海峡航行》的引言（J. S. 布朗利编，Luttrell Soc. 转载，第 20 期，牛津，1959 年）。

泊一支冬季舰队却颇费威廉三世一番周折的。后来直布罗陀的战略作用没有像马翁港那样受到重视；直布罗陀海峡太宽，在当时的条件下无法从岸上对它实行全面控制，所以，没有出现像为争夺丹麦狭长的松德海峡所进行的长期的斗争。许多年来，如果直布罗陀海峡不是昂贵的标志，乔治一世和斯坦厄普不会费力于1721年让它重归西班牙；各种反对的呼声主要是感情用事或出于商业考虑。① 和约签订之后，虽然由于财政原因法国海军要慢慢弥补其损失，但它却成为欧洲在地中海唯一屯集大量海军的国家。然而，任何战争英国都会参与，在思考地中海的新势力平衡时，必须考虑这种因素。地中海国家只能扮演次要的角色。

在一个海上运输的使用率超过其沿岸国家的海洋里，破坏敌人的水上交通是最重要的海军战略原则。第二个战略原则在法国与英国和荷兰同时开战时便清楚地表现出来。由于法国的两个主要基地布雷斯特和土伦都没有长期停泊整个舰队的设施，冬季来临时它不得不把舰队分开，当春季来临，战斗开始时，再重新集结。3月底或4月初各分区必须尽快装备，以防止敌人在他们分开时，集中力量各个击破。至少在九年战争期间，每一次战役之前法国几乎总是努力实现各分区的联合。而同盟国则极力阻止其集结。这样即使当主要战场不在地中海时，地中海也影响其战略。1689年3月托维尔想使土伦分区的20条船通过海峡到布雷斯特。1690年沙托亨诺特用17条船再次成功穿越海峡——虽然帕帕齐诺、齐利格鲁和冯·阿尔蒙德率领的舰队试图阻止他们通过直布罗陀海峡——及时和托维尔一起参加了著名的滩头堡战役。1691年，法国舰队没有集结。其中一个中队帮助征服塞达

---

① D. 冈麦茨·莫尔达：《直布罗陀：菲利普五世在位期间的一件外交活动》（马德里，1953年），F. 蒙克：《英国在西地中海》（1953年），第44、70页；B. 拉尔森：《直布罗陀史》（1955年），第44—61页。

## 第十七章　地中海

那（塞达格恩）和尼斯国，而法国海军主力力量太弱无法和同盟国主力舰队决战。在托维尔指挥下沿桑丁斯海峡迂回式航行，避免交战。1692年集结舰队的努力未果，尽管厄斯忒斯极力想在3月底离开土伦，尽快和托维尔在布雷斯特会合，但由于海峡中不断的逆风阻止了他的行动。土伦分区没有参加拉乌格战役，结果法国惨败。在九年战争的最初4年里，双方的主要舰队都集中在大西洋和英吉利海峡。路易十四希望在此给对方以致命的打击。直到1693年6月双方在地中海仍不分胜负。春天，厄斯忒斯带领一支拥有20艘船的舰队突然出现在巴亚港（那不勒斯以西17公里，波佐利附近），西班牙舰队正在这里维修，但他错过了这次歼灭它的机会。6月，法国在拉格斯附近大败英荷士麦拿舰队后，法国在地中海集结了前所未有的庞大舰队，总计150艘船（包括一线舰队中的90艘）5600门炮和7万人。但是这支海军舰队似乎更倾向于破坏敌人的贸易，而不是取得战略胜利。当然在几个月的时间里，它成功地将英荷的船只赶出地中海。但西班牙和意大利之间极易打击的交通要道却安然无恙。

1694年6月，英荷主力舰队由罗素指挥。他是第一位英国地中海主力舰队的总司令。他的命令很简单：支持西班牙人，（西班牙当时在加泰罗尼亚遭法国的猛攻，面临毁灭的危险）并防止萨伏依背弃大同盟。8月，罗素迫使法国放弃包围巴塞罗那。托维尔以仅有的50艘船对抗罗素的75艘船，他只能全力开往土伦。国王威廉这时完全改变了英国的干涉方式，命令罗素把所有舰队停在加的斯过冬，在此之前的看法一直认为这样在秋分和春分之间任何大小的舰队无法能过比斯开湾。现在英国的主力舰队在加的斯过冬，实际上法国驻布雷斯特和土伦的舰队便不能合二为一。威廉认识到他的做法有可能会把布雷斯特舰队引出英吉利海峡。地中海战事一年将持续七八个月，而不是三四个月。由于威廉的举措，法国本身的发展才成为可能。1695年罗素积极参加围攻帕拉莫斯,但在得到法国舰队逼近的假情报后,轻率地撤退到加的斯。必须承认,1694—1695年的战役让同盟军大失所望,1696年的战役收获更少。春天法国军队在布雷斯特集结阻止同盟军派舰队开赴加的斯。卢克在上年10月接替了罗素,年初返回,因为英国面临入侵威胁,他在国内指挥,在加的斯只留了一个小舰队由麦克尔和伊芙森指挥。

这样地中海再一次留给了法国海军,它可以再一次毫无干扰地支持地面行动。海陆军联合行动在意大利产生了明显的效果。1696年8月都灵协议最终使萨伏依从联盟中分离出来。10月在维杰瓦诺的会议上,通过了奥地利军队从意大利撤出的决议,这样奥地利就完全中立。路易十四给予萨伏依特使的特殊荣誉说明了他对这次成功何等重视。法国现在可以随意在尼德兰集结。同盟决定性的分裂出现,可能加速谈判实现里斯威克和平。巴塞罗那在1697年8月10日被围困两个月后向旺多姆和埃特富投降。西班牙和皇帝让步,战争结束。然而,两年后英国调停《卡尔洛维茨和约》成功,它遂又向人们发出警告:英国是地中海大国。

由于卡洛斯二世逝世引起的危机,使地中海的未来成为政府和国民关心的首要问题。"在当代人的眼中,它仍是商贸主战场。"[1] 50年来各海上列强与法国竞争后确立了微妙的平衡,任何威胁推翻这种平衡的事件都会引起有关商人直接和强烈的反对。这样在1700年春,有关法国可以得到西班牙在意大利的领地的建议似乎构成了对莱戈恩的威胁。莱戈恩是"梅迪契的奇迹",也是英国地中海贸易的交通枢纽。这个计划没有实现,但它却导致后来英国和托斯卡纳商业界不妥协和直接的对抗。

---

[1] J. Meuvret:《西班牙继承战争中法国的经济利益》,载《现代史学会会刊》第12系列,56°(专号,1957年11月)。

## 第十七章　地中海

西班牙王位继承战争是以1701年春天尤金进攻北意大利开始的。一支由伏宾带领的法国舰队攻击来自威尼斯湾的里雅斯特的供给以阻止尤金的进攻。当时西班牙、意大利和法国之间的海上联系仍很安全。为了破坏这些路线，威廉三世想在1702年派出英荷主力舰队。这次西班牙不再是同盟，基地成为直接和尖锐的问题。直到1703年5月第一个梅休恩条约才使里斯本代替加的斯变为现实。1704年3月，友托朗诺尔的力量太弱，无力拦截英荷舰队，它正运送部队到塔格斯，并由此揭开半岛战争的序幕。

1704年，地中海战争进入了一个更积极的阶段。直布罗陀海峡被占；在马拉加进行了一次非决定性战役；交战中双方开火7个小时没有变换队形。双方都错过了破坏对方战线、孤立其先锋的机会。战场的控制权虽然给了法国，但法军缺乏弹药，无法追击。路易十四政府没有果断地使用舰队出击，便永远失去了这个机会。同盟军可以在地中海自由地航行，用泰塞著名的话说，"就像天鹅在尚蒂伊水中嬉戏一样。"马尔巴勒按照威廉制定的伟大战略，争取1704—1708年间在地中海取得决定性胜利。也许他记起了1667年德鲁特在梅德韦火烧英国舰队，或1635年西班牙从莱林群岛封锁土伦，他想在1707年对法国在地中海的中心——土伦，实施决定性的打击。这是1695年威廉酝酿已久的一个大胆的设想。对方防御十分有效，他们为了保护战船，便将船半沉在海港里。而进攻又组织得十分糟糕。这次失败使菲利普五世有时间重组他在西班牙的军队。同盟军舰队则放弃任何攻击法国外围阵地的尝试。马尔巴勒对这次挫折十分不满，他在1711年声称攻击土伦的尝试是"从这次战争的开始……便成为结束战争最有效的手段之一"[①]。事实是海上和陆地努力的共同结果只是耗费了大量人力和物力。

---

① 引自丘吉尔著《马尔巴勒》（1947 edn）第2卷，第789页。

虽然西班牙在和平条约上失去了在地中海的所有海外领地，但只有米诺卡岛和撒丁岛的丢失可归因于海上力量薄弱。1708年两岛皆由英国人占领。除直布罗陀外，其他损失是由于被帝国军队打败而造成。由于尤金1706年在都灵的胜利，把法国赶出了意大利，1707年8月打开了通往那不勒斯的道路。[①] 甚至在1709—1710年冬天，当路易从西班牙撤军，仅留下菲利普五世和他的西班牙军队时，同盟军仍无法在那里取得决定性的胜利。整个西班牙都团结在菲利普周围，只有巴塞罗那在贝威克指挥的全面围攻中于1714年7—9月投降。

虽然同盟军拥有海上优势这一点很少引起争议，但围攻土伦是同盟军唯一认真进行的努力，以控制地中海，掌握更大的战略灵活性。如果先占领米诺卡岛这个目标可能实现得更快。奥地利人早在1704年就有此建议，至少可以在占领马约卡岛和伊维萨岛的同时占领米诺卡岛，而不是在两年以后。事实证明只要有好的指挥，占领这两个岛就像占领直布罗陀一样容易。更令人吃惊的是，没人留意让·卡瓦利埃—卡米萨德叛乱领袖的建议。他从1702年起，在离朗格多克海岸不远处，牵制了法国宝贵的几个军团，长达数年之久。叛军力量渐渐削弱。最终，1710年，当一支仅有700人组成的部队在一名胡格诺派教徒德西桑领导下进攻阿格德和塞特港时，起义至此灰飞烟灭。虽然同盟军也曾打算使用胡格诺教徒，但是不是他们把前线划在帮助臣民反抗国王的起义了？如果答案是同盟军舰队没有有效的登陆部队的话，那么，这就是陆军比海军更重要的又一个有力的证据。同盟国在商业上也没有取得重大成就。法国非但没有枯竭，对东地中海的出

---

[①] 见本书原文第429、593—594页，阿尔及尔利用西班牙的困难1707年占领奥兰，早在1694年围攻巴勒莫时就有此企图，但最终失败。西班牙1732年收复此地。

口反而迅速上升。在战争正酣时，法国正在波斯和埃塞俄比亚寻找新市场（虽然没有具体实现）。同盟军舰队对法国海岸的这种"封锁"，极易受到破坏。而且在继承战争前期，同盟军集结了在地中海的海上先头部队，然而却失去了在美洲瓦解西班牙帝国的机会。

这些年的战争得出了相同的结论：陆地战挽救了菲利普五世的王位宝座，使奥地利哈布斯堡家族里的人成为意大利诸邦的君主；陆地战使萨伏依成为王国，并成为唯一和其他大国获得平等待遇的意大利国家，加强了它未来称霸海上的野心。陆战耗资巨大，使联合省在1713年以前已经成为地中海国家中的二流国家。最后，威尼斯的海军在巴尔干半岛将大部分商业要地输给了哈布斯堡家族；而陆上力量在迫使奥斯曼从欧洲撤出的第一个阶段中扮演了重要角色。

1715年，法国成了地中海地区的第一大国，甚至商业强国，而不是逐渐恢复的西班牙或遥远的英格兰。两次战争结果自相矛盾，法国这一结局又何尝不是，须知它海上战绩平平。大不列颠用武力干涉南欧，使其政治分量大大增强，从当时的外交政策也可以看出。但斯坦厄普本人也清楚，没有法国的合作它不可能长期占据主导地位。路易十四去世标志着地中海作为世界贸易和势力角逐的中心已经成为过去。随着世纪的交替，17世纪让位于18世纪，列强们的注意力迅速转移到大西洋和绕过好望角到印度洋的线路上，至少在一个时期里列强们不再把地中海看作主要的未来。

# 第十八章

## 奥地利的哈布斯堡家族

1683年9月，土耳其人逃离维也纳，1684年8月，利奥波德一世皇帝重返该城，他的宫廷和政府那套复杂的机构又恢复了其传统的体制。在其后的35年间很多方面极少改变。皇帝、皇后、皇太后或皇子这些皇室，各有一批官吏，通常不得不同住在霍夫堡局促的宫室内。在他的私人宫室里，这位统治者商讨机密大事，这里是最高权力来源的地方。在许多接待厅里，他公开举行宴会，召集国务会议，封地受爵，接见宾客，这里则是正式行使这种权力的地方。靠近霍夫堡是一个由参差不齐的古老房屋和庭院组成的建筑群，大多数大臣的官署和各种委员会均设在这里。随着这些机构记录下大量的判决，记录下大量的下达到帝国各地和哈布斯堡家族在奥地利和波希米亚的世袭领地、下达到匈牙利和（1700年后）意大利以至下达到派驻外国朝廷的大使们那里的训令，它们的案卷与日俱增，只是18世纪初以后，"宫廷"和"政府"的职责才逐渐明确地分开。此外，不久后，在1723年，查理六世开始重建帝国大厦，使之富丽堂皇而宽阔。

距霍夫堡稍远一些，则是下奥地利公国政府的行政总部的所在地和邦议会议员们的集会地点。这座由城垣和棱堡紧紧围绕着的城市的其他地方，则归维也纳市政当局管辖。但正像普通的市民长期以来已将他们的权力丧失给由寡头政治集团少数人把持的市政会议一样，维也纳的市议会也是在宫廷的监视下选举自己的成员。维也纳作为一个城市并没有政治影响。可以说明这一情况的一个例子是：皇帝的主要宫廷重臣之一宫廷典礼官，有权在该城市给所有与宫廷有关的人分配住房。贵族及其他人要求豁免因征用许多住房而形成的负担，而市民们则不得不承受这种负担，因而他们对此怨声载道，但无济于事。另一方面，缴纳的房租和宫廷的开支，通常是他们不可缺少的收入来源。像贵族的做法那样，他们大规模地重建他们的住宅。1683年以后，在军事当局坚持保留的城堡周围的开阔地带之外，城郊也扩大了。一些名门显族开始在那里修建华丽的乡村住宅。1720年，这样的人家有200户。尤金亲王新建的观景楼可俯视他在一英里以外新建的城市住宅。这座城市没有工业也没有它自己的影响，它成了宫廷和政府的附属物。

这座城市的历史，似乎反映了专制制度的稳步发展。行政制度的发展可以在某些方面证实这一点。1705年约瑟夫一世即位后，中央国库（皇家财务委员会）终于不顾地方上的强烈反对，剥夺了在格拉茨的内奥地利邦国库和在因斯布鲁克的蒂罗尔邦国库向来享有的独立地位。宫廷本身进行了各种尝试来改善财政管理。利奥波德一世死后，他的国库顾问官超编的人员被裁减。"重大决定必须经委员会全体会议通过"这一规定被取消。由少数高级官员组成的各种小型委员会被赋予较大的职责。1717年，有一个委员会，即财政委员会被指定来监督帝国的一切财政机构。在奥地利宫廷首相府，维也纳的各个部门在格拉茨和因斯布鲁克已经享有相当大的权力，但同时它们往往过于热心于保护地方的利益，于是这时成立了另一个特别委员会，设法协调它们的工作。帝国首相府虽是在维也纳行使职权，但让人感到，与其说它是皇帝的一个机构，不如说它仍然是神圣罗马帝国的一个机构，在宫廷首相府和帝国首相府之间旷日持久的斗争中，哈布斯堡王朝的机构逐步侵占了其对手的领域。1705年以后的10年，双方进行了最后的决斗，一方是宫廷首相菲利普·辛岑多夫，一方是帝国副首相弗里德里希·查理·舍恩博恩，后者是帝国首相——美因兹选帝侯和大主教的侄子，已被提名为首相候选人。辛岑多夫获胜，因为在宫廷中，力量对比的优势在宫廷支持的政治家们一边，对这些人来说，哈布斯堡王朝的利益高于帝国的利益。舍恩博恩被排挤出国家的各核心委员会。另一项变更也出现在1705年，即任命了一位第二宫廷总管。这在不久以后就导致了司法和政治事务的分离。政治首先包括外交活动。[①] 事实上，宫廷首相府是一部强大的政府机器，较以前拥有更广泛的权力，即使它未能渗透进哈布斯堡王朝的波希米亚领土。皇帝与他们的波希米亚王国之间最关键的纽带，依然是设在维也纳的自成一体的波希米亚首相府。

但是，反对中央集权以及类似的行政改革的力量极为强大。各公国的控制权，在各地的首府由哈布斯堡王朝的官员们和享有特权的各阶层组成的邦议会分别掌握着，即使在波希米亚也是如此。利奥波德一世任命的代理总督本人通常代表着地方的利益。邦议会定期举行会议，设有各种常设委员会，有自己的官员。它们在政治上的独立地位虽已被剥夺，但基于历史权利和历史疆界，仍然保持着强烈的地域性的自豪感[②]，它们在行政方面仍然

---

[①] 不过，直到1720年为止与莫斯科、1742年为止与君士坦丁堡的外交书信来往仍由军事委员会（Hofkriegsrat）负责。从1705年起，这个机构还试图对格拉茨和因斯布鲁克的军事当局实行严密的控制。与此同时，军需总督（General Kriegskommissariat）变得越来越重要，而且对皇家财务委员会和军事委员会的"依靠"越来越少。

[②] 在伦敦皇家学会外籍会员 J. W. 冯·瓦尔瓦索所著 *Die Ehre des Herzogtums Krain*（纽伦堡，1689年）一书中关于地方历史和地志的卓越研究，足以使人们回想起这种观点。

享有最高的地位。邦议会投票赞成的税收由邦议会征收。某一个奥地利公国内部的政府军费，各项贷款的费用和在这个公国预筹的款项，或者转给它的债务，常常是首先从这些税收中扣除。由于会计工作管理不善、浪费和拖延，又进一步减少了上缴到哈布斯堡王室国库的数目。总之，邦议会以地主的身份，统治着农村地区。大多数地方税的征收依靠邦议会财务管理人员的信誉和手法。这些财务管理人员还协助执法。贵族常常在波希米亚地区和摩拉维亚担任官吏，他们的土地就在这些地方。处于无权地位的人们与其说是哈布斯堡王室各王公们的臣民，不如说是这些地方贵族的臣民，因为前者的法令很难达到遥远的地区和没有文化的农民。哈布斯堡王朝后期的历史中常讲到的那种官僚——与地方上没有瓜葛的官吏——并不存在。

历届皇帝本人都无法使中央政府各机构有效地连成一个整体。对专制君主来说，所有这些金库、首相府和委员会在理论上只不过是咨询机构，但他也极少能够解决由于这些机构之间传统的敌对局面所形成的这些普遍流行的争端。外国使节们不断谈到哈布斯堡宫廷的混乱局面。在这方面，利奥波德一世（1658—1705 年）在晚年时格外软弱无能。他喜欢征求意见，没完没了地听取各种互相矛盾的建议，但对任何问题都作不出果断的决定。到 17 世纪 90 年代，且不说一大批仅仅是名义上的顾问，在他周围就有由一些积极活动的顾问组成的一大堆互不相干的委员会，但缺乏一个小规模的有效的决策机构。从 1697 年开始，试行从各主要部门的官吏中派出新的"专门代表"，处理战时财政[1]和征兵等根本性问题，但无济于事。很明显，约瑟夫一世在位期间（1705—1711 年）实行了一些有益的改革，但由那些平行的委员会提供咨询的制度仍然未变。最后，在 1709 年，这些

---

[1] 参看本书原文第 305 页及以下各页。

委员会归属于一个拥有较大权威的小型常任内阁"国务会议"①。1721年颁布的一项法令,批准了这样一个最高咨询机构的职能。在以前的30年中,政府无疑是有效能的,这其实是依靠了个人的才干:1683—1699年间,依靠的是波希米亚的首相乌尔里希·金斯基;在1703年大危机时,依靠的是分别掌管皇家财务委员会和皇家军事委员会的冈德克·施塔海姆贝格和欧根亲王;1705—1713年,依靠的是宫廷首相之一的约翰·塞勒;1701—1712年,则是依靠在"大同盟"的外交活动中与海因修斯和马尔巴勒共事的约翰·符拉蒂斯劳。这些人也在很大程度上依靠少数辛勤工作的高级官员出力。事实依然是,由于彼此重叠和互相竞争的官僚机构造成的行政体制混乱,因而削弱了政府的力量。在利奥波德一世统治时期,以及在约瑟夫一世骤然开始进行改革的时期,几乎每个人都看得出这个弱点。查理六世(1711—1740年)表现出较大的活力;但由于他要求拥有西班牙的帝位——其结果是任命了一些西班牙的顾问委员会——而且他愚蠢地(如果不可否认是由于热情)改组财政,因而使维也纳宫廷更加混乱。

在思想深处,这些统治者不认为这样的缺点是一个带根本性的重要问题。他们所受的教育注定他们所强调的是另外一些价值观念,其中首要的是坚持宗教仪式。利奥波德一世及其次子查理不知疲倦地参加宫廷教堂的礼拜,这不仅是因为他们对教堂的音乐有专门的兴趣。这两位君主热情地前往玛丽亚策尔这样的圣地朝觐,认为以这种方式表明哈布斯堡王室与天主教会之间结下的深厚感情,乃是一种神圣的义务——他们从小就被教导尊重这种团结,将之奉为政权的一大支柱。他们直接树起两个当时最强有

---

① 一个由那些最重要的大臣组成的负有责任的小型委员会(Geheim Konferenz),从1669年起曾成功地行使职权数年时间,到1700年,该机构依然存在,但控制不了这许多委员会。

力的天主教崇拜对象,即圣灵怀胎说和对捷克殉教者奈波穆克约翰的崇拜。长子约瑟夫聘用了较少教权偏见的家庭教师,他的气质比较接近于世俗。至于娱乐活动,所有这3位君主都不待在霍夫堡,或待在该城城边的法沃里塔,而是去20英里以外的拉克森堡,一待就是很长时间。在这里,他们狩猎——约瑟夫特别热衷于此——或多或少将政务置诸脑后。无论他们在哪里,他们都认为政权是通过他们祖先世代相传的美德和地位而由上帝安排给他们的,万世不移。这种自信是他们国家学说和政治学说的一部分。

对权力的要求首要的是"我们的王室"——"奥地利显赫的家族"的要求。这个王室的政体和利益,还有它的继承法,决定着每个家族成员的命运。由于约瑟夫没有直系男嗣,根据继承权,权力的要求依顺序把奥地利各公国的土地以及南德意志的前哨基地和亚得里亚海沿岸的前哨基地给予利奥波德和他的两个儿子。这使他们拥有了波希米亚国王的领土,包括摩拉维亚和西里西亚;拥有了匈牙利的圣斯蒂芬王冠及匈牙利全部历史属国,这在中世纪时曾越过喀尔巴阡山而深入巴尔干半岛;另外拥有了卡洛斯二世死后西班牙诸国王在全世界的领地;此外还给了他们一种信念,即在哈布斯堡家族长期以来世代被选为罗马国王或皇帝以后,按照惯例,帝国的王权是属于他们的。一方面,藏书家利奥波德所雇用的那些历史学家和图书馆学家把他的家系同不计其数的皇帝、圣者和英雄联系在一起,一直追溯到诺亚。另一方面,维也纳的宫廷首相府和帝国首相府的法律学者们利用各种各样的法律工具来为哈布斯堡家族或者作为皇帝的哈布斯堡王室进行辩护,来反对敌对的王朝。不仅像方济各会的托钵僧马尔科·德阿维亚诺那样的宗教顾问,而且像符拉蒂斯劳那样的精明而冷静的政治家都毫无疑问地获得了在他们与皇帝的通信中被授予的格外多的世袭特权。前者在整个土耳其战争期间曾写了一系列的信安慰并激励利奥波德一世,后者则经常从维也纳写信给在西班牙作战（1704—1711年）的年轻的查理六世。事实上，这3位哈布斯堡统治者体现了在各邦之间关系的消长变化中对权力的追求，这是这时期主要政治因素之一。它直接影响到东南欧、意大利、德意志、西班牙和荷兰。

同时，他们和他们的顾问们深知，他们声称对各个地区有世袭的权利，而在分布如此广泛的地域里追求世袭的权利难度极大。最明显的是在1688年，直至1718年，哈布斯堡王朝需要决定将其有限的军事资源用在东面（对付土耳其——译者注）还是西面（对付法国——译者注）。另一件事是西班牙——甚至哈布斯堡家族统治的西班牙——与奥地利的哈布斯堡家族在意大利的利害冲突；或者对给予他支持的帝国负有传统责任的皇帝与在其他地方的属地日益增加的哈布斯堡家族的皇帝之间的利害冲突。此外，还存在着如何把传统的权力要求同一些不缺少的盟国的要求调和一致的问题：18世纪的奥属尼德兰是查理六世决心保持哈布斯堡家族一度拥有的地盘的一种纪念，尽管1715年的屏障条约只容许他拥有有限主权，而且这些地方远离哈布斯堡王朝政权的中心。哈布斯堡王室在欧洲的影响，具有世袭王朝的特征，这就使它不可能建立一个在地理上紧密相连的帝国。当前的目标是积累，而不是增加有效的权力。

17世纪80年代，奥斯曼帝国再次在喀尔巴阡山脉的西面和南面发动进攻。土耳其人虽在维也纳被打败，但最初他们在匈牙利依然强大。这两种情况都加强了试图重新征服匈牙利的理由，并且帮助了那些想要从土耳其人统治下解救巴尔干半岛基督教居民的政治家和教会人士。这种旧的主张是英诺森十一世从1676年起就坚持要求各基督教国家宫廷实行的。但直至1683年，利奥波德一世的顾问们更多地注目于在帝国内抵抗路易十四，而不是阻止土耳其人。这时，他们改变了观点。维也纳通过紧张的外交活动，设法在德国问题上同路易十四达成停战协定并巩固同波兰和威尼斯（并间接地同俄国）的进攻性联盟，从而努力把它的军事矛头集中指向东方。1685—1688年间，17世纪欧洲的大里程碑之一——土耳其人对匈牙利的占领——倾坍了。[①] 穆罕默德四世指定的匈牙利"国王"伊姆雷·特克利被逐出了他在斯洛伐克的据点。米夏尔·阿佩费君主和特兰西瓦尼亚邦议会根据1685—1687年愈来愈苛刻的条约，被迫让哈布斯堡王朝的军队进入。1686年9月2日布达陷落，1687年8月12日在瑙杰哈沙尼的胜利，封锁了土耳其军队的退路，使之无法返回多瑙河右岸支流德拉瓦河以北的平原。哈布斯堡王朝的其他军队从克罗地亚推进到波斯尼亚，被召唤到普雷斯堡的匈牙利邦议会，无法抵挡哈布斯堡政府对它所扫清的地区第一次主要的政治攻势：1687年12月9日，利奥波德一世的儿子约瑟夫加冕为匈牙利国王。这正式结束了确立男系称号世袭性质的谈判，废除了在以前的一些国王"当选"时所拟定的特许状中奉为神圣的某些特许权，并且在加冕誓言中包括一条准则，暗示赋予这位统治者一些保留权力，使他得以无视宪法。这种做法深深激怒了马扎尔人，特别是当他们看到被重新征服的领土临时由维也纳政府的各机构——驻军司令、皇家军事委员会、皇家财务委员会和军需总署——来治理时，更加怒火中烧。皇家财务委员会很快就任命了地区官员进行工作，中心设在布达、科希莱[②]（卡萨）和查科韦茨。

这就是1688年9月4日贝尔格莱德陷落后哈布斯堡权力在匈牙利东山再起的前景。虽然土耳其人在特兰西瓦尼亚和萨蒂河之间，特别是在泰梅什堡仍占有重要的据点，但此时令人振奋的

---

[①] 参阅《新编剑桥世界近代史》第5卷，原文第495—499页；第6卷，第619页及以下各页。

[②] 威廉·施罗德（1640—1688年）在他所著《各君主的国库》一书中，提倡在财政和经济方面实行开朗的专制制度。他曾于1686年在匈牙利北部接受了皇家财务委员会的任命，他在马扎尔人中极端不得人心。

消息从更远的战场上传来。穆罕默德四世被废黜,奥斯曼帝国的营垒中发生了混乱。① 保加利亚的天主教徒起而发动叛乱,尼科波利斯主教到维也纳求援。在像乔治·勃兰柯维奇②那样的冒险分子和他的兄弟特兰西瓦尼亚东正教大主教萨瓦的鼓动下,塞尔维亚人骚动不安。萨瓦自称是中世纪塞尔维亚专制君主的后裔。更加鼓动人心的是,费特拉尼将军在返回特兰西瓦尼亚的驻地前,竟调动他的军队通过巴纳特河和小瓦拉几亚而绕一个大弧形,以此对瓦拉几亚君主塞班·坎达苏泽施加压力。坎达苏泽派出使团到维也纳,承认利奥波德一世的宗主权。与此同时,波兰在摩尔多瓦的战役受挫,因此,哈布斯堡王朝得以提出历代匈牙利国王所提出过的、适合当时情况需要(但很古以来就提出过)的、对这个地区的权利要求。远在南面,在漫长的战线的另一端,哈布斯堡王朝的军队正在占领沿萨瓦河一线的格拉迪什卡和布罗德等据点。在所有这些地区,东正教对有势力的天主教盟友心存疑虑,并同莫斯科进行试探性谈判,但哈布斯堡王朝的地位从未这样强大过。到1688年底,在战争和政治方面的一个大好机会的轮廓已可清楚地看出:从匈牙利和特兰西瓦尼亚推进,越过喀尔巴阡山,越过贝尔格莱德以南多瑙河向东的路线,并越过萨瓦河和乌纳河,进入东正教占统治地位的地区。奥斯曼帝国的使节已经起程缓行北上准备进行谈判,他们接受了什么指示,则仍未透露。

此时,奥地利哈布斯堡家族在西欧的错综复杂的利害关系也开始表现出来。尽管马尔科·阿维亚诺可能在大谈其继续向君士

---

① 见本书原文第620页。
② 乔治·勃兰柯维奇(1645—1711年)后来被奥地利人所捕,被放逐到波希米亚,最后死在该地。他的著作,尤其是关于塞尔维亚历史的著作,在18世纪对他的同胞产生了极大的影响。

坦丁堡推进，但是曾经在1673年促成皇帝与荷兰结成联盟的所有论点，这时形成了甚至更重的压力。路易十四知道，哈布斯堡王朝在东方的军事胜利，影响到西方的政治舞台，并知道土耳其人建议举行谈判，目的是加速巩固法国直至莱茵河的影响。如果他获得成功的话，就可能解决一系列的问题，对这些问题，哈布斯堡家族和皇帝深为关心。其中有洛林的命运问题（利奥波德一世的姻兄弟、驻匈牙利陆军的军事长官洛林的查理五世，坚决不接受法国并吞他的公国）和奥尔良女公爵要求分享选帝侯之领地的复杂问题。能够向利奥波德一世施加个人影响的人，莫过于他的岳父、新当选的有王权的选帝侯领主法尔茨—纽贝格的菲利普·威廉，此人坚持不懈地通过皇后进行活动，同时他原来的大臣施特拉特曼在维也纳担任宫廷首相之职。此外，还有科隆主教选举的危机。① 如果路易十四硬要将他所提名的候选人菲尔斯滕贝格强加于人，那么首先牺牲的将会是维特尔斯巴赫家族，这个家族拥有该主教职位——往往还兼任其他主教职位，包括战略据点列日在内——已有一个多世纪之久。而贝尔格莱德的胜利者、皇帝的女婿巴伐利亚的马克西米连就是维特尔斯巴赫家族的成员，并且是经过小心的努力才诱使他摆脱了他父亲同法国的联系而成为盟友的。而且，通过维也纳的斡旋，马克西米连已获得允诺掌管西属尼德兰的政权；而法国在那里施加的压力越来越大，将会使这一允诺的价值越来越小。西班牙人自己吵吵闹闹地要求支持，而且西班牙的王位继承问题给他们在维也纳提供了一个达到目的的有用工具。最后，帝国的各邦肯定都希望联合抵抗法国的武力和外交，这样，皇帝若拒绝支持他们则是失策的。他必须记住，他在匈牙利的军队在很大程度上依靠这些邦的资源。总之，在这时候，他本人不能允许斯特拉斯堡永久与帝国疏远，

---

① 见本书原文第224—225页。

也不能允许布雷斯高永久与哈布斯堡王朝的统治离心离德。他也不能失掉这个使萨伏依的维克多·阿马戴乌斯二世从法国分离出来的机会,而只有他自己提供帮助,这个机会才有可能出现。

就这样,在西方出现的危机和在东方取得的胜利,造成了一种几乎平衡的均势,这种均势决定了直到签订《里斯威克和约》和《卡尔洛维茨和约》时的奥地利历史的进程。利奥波德一世附和金斯基和在匈牙利领导军需总署的安东尼奥·卡拉法将军的主张,最初也认为在两条战线同时作战"如果不是不可能的话,至少也会是很困难的"。然而,不论西线处于多么严重的危急关头,哈布斯堡家族也几乎不可能放弃沿多瑙河取得的胜利果实。正在维也纳同土耳其的两位使节们讨价还价①的哈布斯堡王朝的大臣们这时一步步降低原来的一些要求,但仍然坚持要求土耳其完全交出匈牙利和特兰西瓦尼亚,并拆除瓦拉几亚的土耳其防御工事。土耳其使节们未被授权接受这样的条件。此外,维也纳对于如何指挥在匈牙利的下一次战役而向巴登的刘易斯下达的指示太不明确。这些指示要求采取防御战略,但又允许将军们充分自由行事,因此,刘易斯与他的下属皮科洛米尼和费特拉尼于1689年向摩拉瓦河流域发动猛攻,深入到巴尔干半岛。他们的这次进攻意味着利奥波德一世失去了退出土耳其战争的一切机会。温和的政策越来越难以维持,他只好接受两条战线作战,批准同海上列强缔结新的同盟并使同土耳其人的谈判最后破裂。萨伏依的年轻的尤金和一些新教政治家们把巴尔干战争的继续归咎于教士们在宫廷的影响,这对利奥波德本人是不太公平的。

起初,媾和的失败似乎很幸运地造成了深入南方获得更多好处的机会。皮科洛米尼从尼什推进到于斯屈勃(斯科普里),到

---

① 见本书原文第621页。

1689年11月推进至普里兹伦,他以优惠的条件胜过了在此以前已经同这个地区的塞尔维亚人和阿尔巴尼亚人接触的威尼斯人。他劝告在奥斯曼帝国统治下享有很大官方权威的佩奇主教阿塞纽斯三世宣誓效忠皇帝。1690年4月6日,利奥波德一世发表宣言,呼吁巴尔干各民族联合起来反对专制君主,并允诺在合法统治者匈牙利新国王的领导下享有自由。同年冬(1689—1690年度),巴登的刘易斯率领的军队的另一半渡过摩拉瓦河,在铁门以下的一个据点到达多瑙河,驻扎在小瓦拉几亚,同时其所属军队也从特兰西瓦尼亚推进到布加勒斯特。海斯特将军同摩尔多瓦的贵族统治集团缔结了协定,规定纳贡、供应粮食并维护宗教自由。

这些业绩是哈布斯堡王朝前进的极限。土耳其人重整旗鼓,1690年成为帝国军队败退的一年——从各公国退回到特兰西瓦尼亚,从巴尔干半岛退回到匈牙利。瓦拉几亚的新统治者康斯坦丁·布兰科范恢复了他运用多种策略的自由权,不偏不倚地同时与君士坦丁堡和维也纳举行谈判。塞尔维亚重属土耳其。原先允诺的"塞尔维亚人的解放"未能实现,相反,他们的主教不得不率领该族人向北迁徙——这种迁徙虽然并非第一次,也不是最后一次,但是最值得纪念的一次。在贝尔格莱德,在该城市尚未被土耳其人收复以前,东正教教士们刚刚代表该教会所有成员向皇帝陈述了要求。阿尔塞纽斯在德拉瓦河畔的卡尔洛维茨建立了他的主教区。利奥波德一世批准了在他统治下的东正教的权利。后来有一种具有一定影响的奇怪说法,错误地硬说塞尔维亚人是应皇帝的邀请离开他们的家园,并在他的恩赐下定居在哈布斯堡王朝的国土上的。事实上,他们是由于皇帝失败的结果才来到北方的。

随之而来的是军事上的相持阶段。土耳其人于1691年8月在扎莱凯曼遭到严重挫败后,未能越过多瑙河右岸的德拉瓦河前进。他们丧失了毛罗什河以北所有的在匈牙利的据点,这条河从东流入蒂萨河。就他们来说，哈布斯堡王朝的司令官们既不能攻克毛罗什河以南的泰梅什堡，也未能收复贝尔格莱德。土耳其人占据的贝尔格莱德和哈布斯堡王朝占据的彼得华亭（彼得瓦拉德）的防御工事在1692年都有所加强，在以后的几年，他们之间在这个地区发生了大量的未分胜负的战斗。渡河与渡过大片沼泽地带（德拉瓦河、蒂萨河和特梅斯河接近多瑙河之处的大片沼泽地带。当时在这个地带，贝加河缓慢地经泰梅什堡流入蒂萨河）在交通上的困难，使当时在波河流域或在佛兰德的交战这种暂时的问题，比较起来，可谓无关紧要。1692年后在这里进行的战役付出了很大代价，却未能决定胜负。维也纳从汉堡和荷兰招募了航海船长和水手，改进了它在多瑙河上的军舰，但收效甚微。

当然，形成这种僵局的原因是由于帝国参加了九年战争。沿多瑙河一带缺乏优秀的指挥官和足够的军队。最后，促使利奥波德一世减少他在意大利和帝国承担的军事义务，是由于在西线的战争进行得对他不利，而不是由于他主动改变了政策。由于接受了路易十四和维克多·阿马戴乌斯的最后通牒，在意大利的战争于1696年结束①，这时他才得以将更多个团的军队和像萨伏依的尤金这样的第一流将领转移到东线。1697年9月11日，尤金在土耳其军队试图在曾塔渡过蒂萨河之际将其击溃。最后，土耳其人才开始认真对待和平。威廉三世的大使们为和谈铺平了道路，最后在卡尔洛维茨举行了列强会议②，维也纳强使波兰人也参加了这次会议。除俄国之外，交战各方最后同意保持他们当时占领的地方，只有一点是例外：为了在他们之间形成一条防御边界，主要的双方要放弃各自仍然占领的在对方统治的领土上的孤

---

① 见本书原文第250页。
② 见本书原文第626—627页。

## 第十八章 奥地利的哈布斯堡家族

立据点。因此,哈布斯堡家族未能得到泰梅什堡、贝尔格莱德或在瓦拉几亚的立足点。他们保住了匈牙利、特兰西瓦尼亚和这两个地区之间往南至毛罗什河的地区,以及直至萨瓦河的几乎整个地区。这是一个庞大的新帝国,即使西方的学者或政治家对它的广大区域也所知无几。值得注意的是,正是哈布斯堡王朝承担划定这个尚未绘成地图的国家的边界这个困难任务的委员会的一个成员路易吉·马西格里伯爵(1658—1736年)于1726年在他所著 Danubius Panonico - mysicus 一书中首次发表了关于整个多瑙河区域的充分的记述。①

沿着这条新边界,18世纪初存在着许许多多互相对立的机构和居民。哈布斯堡政府扩大了1683年以前保卫过内奥地利和克罗地亚区域的防御体系,又建立了新的军事区,其中修建了许多由小的边防哨所组成的防御地带和较大的要塞。在这些地方,派了少数正规士兵以加强当地的移民,这些移民本身也是战斗人员,由土地所有者支付他们服军役的报酬,这些移民多半是塞尔维亚人或其他移居来的斯拉夫民族的成员。事实上,有很多家庭和个人被歉收、传染病、人口过剩或他们定居的地方沉重的税收所驱使,被别处有较好土地的传闻所吸引,源源不断地到处迁徙。如1715年,有特别多的人从西克罗地亚移居多瑙河平原。与此同时,皇家财务委员会不断设法缩小军事委员会管辖的区域。马扎尔人居住的郡县要求控制毛罗什河沿岸的居民,但军事移民表示抗议,不愿像匈牙利农民那样纳税。在萨格勒布的克罗地亚地区邦议会,以军事长官为首,坚持他们在佩特里尼亚附近的一部分边界的权利。天主教教士攻击最近给予东正教的特许权,这些特许权是在马扎尔人后一次叛乱期间由约瑟夫明智地批准的。总之,在哈布斯堡王朝新统治地区的南部地区无统一可

---

① 《海牙和阿姆斯特丹》(6卷集)这部伟大作品的写作计划到1700年完成。

言。1718年,由于获得了泰梅什堡和巴纳特,获得了贝尔格莱德和塞尔维亚及瓦拉几亚的狭长地带,因而出现了明显的更加巩固的局面。《帕萨洛维茨和约》以后,移民比在《卡尔洛维茨和约》以后动荡的时期增加得快。

利奥波德一世在多瑙河流域获得了巨大的胜利,但他在西欧也大体上保持着原来的权利。维也纳虽仍然同土耳其人作战,但它是各王朝中最后卷入九年战争、接受《里斯威克和约》的一个,这表现了他模棱两可而又坚定不移的政治家的风度。

在前线不断推进的同时,哈布斯堡王朝军队在后面继续以军事压力巩固在特兰西瓦尼亚的战果。当地邦议会希望采用这样的解决方案:该公国继续存在,该国君主(当时阿佩费尚未成年的儿子)和邦议会则仅仅承认哈布斯堡王朝的宗主国权力,以换取维也纳对特许权的宽宏大量的保障。而马扎尔人则认为该公国是匈牙利王国无可争议的一部分。但是,利奥波德(尤其是在卡拉法的劝告下)却想在特兰西瓦尼亚拥有至高无上的权力,以便同匈牙利的邦议会抗衡。利奥波德所采取的政策果断而狡诈。他先将米夏尔·阿佩费的王位问题搁置一旁;保证了路德教、加尔文派、唯一神派和天主教这四个教派的特许权;制定了平时和战时的年度税收限额;并规定了当地文官政府和哈布斯堡王朝军事长官各自的权限;最后,使特兰瓦西尼亚人惊讶的是,他在长期支吾搪塞之后,竟拒不承认年幼的阿佩费有权继承其父的王位。于是,一个新的特兰西瓦尼亚首相府和财政部开始在维也纳办公,这又使马扎尔人惊讶和愤怒。实际上,驻当地的哈布斯堡王朝军事长官们仍旧发挥着左右一切的作用。1697年4月,阿佩费终于正式放弃了他的继承权。至此,奥地利这段时期对外扩张的一个阶段便告完成。特兰西瓦尼亚公国曾是奥斯曼帝国统治平原地区的得力助手,也是使上匈牙利反哈布斯堡王朝的起义

## 第十八章 奥地利的哈布斯堡家族

得以成功的重要援军。从此以后,它终于销声匿迹了。

匈牙利本身造成的问题与此大不相同。为了制定详尽的永久性解决方案,成立了以红衣主教科洛尼希①为首的顾问委员会。一方面,他们不得不应付眼前的难题,诸如军事占领造成的各种弊病、土耳其人长期以来提出的含糊不清或引起争议的领土要求、劳动力的缺乏等。另一方面,他们还讨论了独裁政体和宪法权利等根本问题。鉴于匈牙利地方势力盘根错节,科洛尼希打算搬用旧马扎尔政体的基本行政区划"科米塔特"(Komitat,郡)。他还企图为哈布斯堡政府、军队和税务部门在当地的权利寻求保障。保罗·埃斯特豪佐王权伯爵(匈牙利宪法确认,王权伯爵为国王以下最高职位)等马扎尔人由于当时在军人政权下自尊心受到损害,腰包遭到搜刮,强烈要求尽量恢复他们的世袭权利。卡拉法希望再次试行独裁政体(1681年以前的10年中曾作过这种试验,但未获成功)②,因而同红衣主教科洛尼希发生了激烈的争吵。红衣主教虽然对新教势力怀有根深蒂固的偏见,但试图保持某种程度的平衡。因此,委员会商讨后所确定的计划,即著名的"解决匈牙利问题备忘录"同时遭到马扎尔人和哈布斯堡王朝文武官员的反对。前者称其为独裁的蓝图,后者则认为它对马扎尔人陈旧而不守法的自由观念过于容忍。该计划只有很小一部分得到采纳。其中,土地所有权之争的解决进行得十分缓慢,以致无主土地的出卖直到1696年才开始。原计划草案中有关移民的措施是一个重点,但很久以后才得到实施,而且首先采取行动的是地主个人而不是政府。军需总署继续恣意横征暴敛,

---

① 利奥波德伯爵,即红衣主教科洛尼希(1631—1707年)于1650年在马耳他皈依圣乔治会。他曾在地中海地区服过一段军役,此后终生在各哈布斯堡王朝领地担任高级职务。从1692—1694年,他主管皇家财务委员会,1695年以后担任匈牙利大主教。他无疑是17世纪后期好斗的天主教会的主要代表人之一。

② 见《新编剑桥世界近代史》第5卷,原文第492—496页。

并动用军队强化税收。由于正在进行土耳其战争，军人对政府的控制丝毫没有削弱。同土耳其的讲和以及随之发生的西班牙继承权战争（驻匈牙利的一些部队被派去参加这场战争）为新的骚动提供了条件。

真正能够改善当地状况的唯一的一次尝试却使局面进一步恶化。1697年，利奥波德试图解决直接税收这个根本性问题。其实，他的胃口之大是当地人民所难以满足的。但是，为了减轻把农民压得透不过气的税务负担（早期马扎尔法典把农民称为"纳捐的贱民"），利奥波德决定也向大贵族和绅士们收税。他不愿下令召开帝国议会会议，但后来却屈从于抗议之声，大大减少了向大贵族们征收的款额，并同意暂不向小贵族征税。结果，农民仍旧遭受压榨。于是，成群结伙的散兵游勇开始四处袭扰。哈布斯堡王朝驻军据守着各个城堡，只能靠零星袭击来控制乡村地区。由于农民抗拒对生活必需品征税，市场上不断发生骚乱。到了1700年，地主和政府双重盘剥所触发的大规模农民暴动已可见于匈牙利大部地区。这些暴动成了后来一次重大政治叛乱的温床。

一般说来，面临农民暴动的地主总要和政府联合起来，但是，由于种种原因，这条规律却不适用于匈牙利。首先，匈牙利贵族所珍视的政治传统不仅允许造国王的反，而且允许向外国（波兰、法国以及土耳其苏丹）要求武装支援。其次，他们曾在很多问题上同哈布斯堡王朝军官发生争执。此外，他们惧怕政府的税收计划，在皇帝始终不召开帝国议会会议的情况下，他们就更是怕得要命。最后，利奥波德拒不召唤匈牙利代表参加卡尔洛维茨会议，又一次蔑视了他们的传统权利。于是，由于两位重要人物的介入，危机终于爆发了。其中一位是弗朗西斯二世拉科西[①]（1675—1735年）。虽然他在朝廷圈子和一所耶稣会神学院

---

[①] 与他同时期的英国人将"Rákóczi"拼做"Ragotski"。

## 第十八章 奥地利的哈布斯堡家族

里度过了循规蹈矩的青年时期,但马扎尔人却忘不了他祖父、曾祖父(两人都曾为特兰西瓦尼亚君主)以及继父特克利(Thököly)的称号所赋予他的声望。于是,他轻而易举地成了匈牙利东北部势力最大的大贵族(法语作 grand seigneur),拥有一望无际的庄园和数百个村庄,其葡萄园和盐矿之多更是无人可比。另一位人物是尼古拉·伯采伊。此人门第不如前者显赫,个性却强得多,并且控制着拉科西。一位奥地利谋臣曾称伯采伊为"匈牙利的新克伦威尔"[1]。这两位大贵族同外国势力取得了联系后被发现,伯采伊逃往波兰,拉科西越狱后也随之而去。两人于1703年返回匈牙利发动了叛乱,担任首领。当地要人们立即参加进去,因为他们有的仇视政府,有的则认为与其受叛乱者的威胁,不如做他们的头目。此后几年中最为突出的叛乱领导人是亚历山大·卡洛林。此人也是东北部的大地主,在叛乱前不久曾担任哈布斯堡王朝军队的高级军官。新教徒大都追随这些信奉天主教的首领,而天主教教士们却避免与其发生关系。也有一帮马扎尔人支持利奥波德,特别是大贵族埃斯特豪佐以及约翰和尼古拉·佩尔菲兄弟等。此外,利奥波德还有可以从西欧调来的一支人数甚少的军队。

到1704年为止,拉科西的势力发展很快,此后两年有所减慢,再往后便开始衰落了。这一发展过程不是偶然的,因为后来布莱海姆大捷和都灵大捷对匈牙利的局势产生了强大的影响。到1704年为止,拉科西的对手们已经丧失了整个北部地区。他们在特兰西瓦尼亚的势力范围已经缩得很小,以致一次贵族大会宣布拉科西为该国大公。拉科西的将领们占领了多瑙河以西的全部匈牙利国土,并向摩拉维亚、下奥地利(远至维也纳森林)和

---

[1] A. 冯·阿尔内特:《欧根·冯·萨伏依王子》第1卷,维也纳,1853年,第354页。

施蒂里亚发动纵深袭击。这时，叛乱首领们逐步制定了一套解决匈牙利问题的谈判条件。此后，在不断进行的谈判中，他们始终坚持这些条件。其中一条是，匈牙利问题的解决必须得到外国的保证。为此，拉科西越来越多地亲自插手同路易十四、波兰的奥古斯都及沙皇的秘密外交。但这些人都只是口头上答应给予支持，而无实际行动。此外，叛乱首领们还坚持要求维也纳承认拉科西为特兰西瓦尼亚君主。他们最为重要的一条要求体现在1704年2月发表的一项公告中。该公告宣布：1687年对匈牙利问题的解决无效。因此，约瑟夫作为匈牙利世袭君主的权利是没有法律根据的。叛乱者们还提出，必须解除新教徒的痛苦。在这一点上，他们的意见起初并不一致，但最终还是统一了看法。后来，叛乱者们在两次会议上又重申了上述的大部分条件。第一次会议于1701年4月在马罗斯—瓦萨凯里（Moros-Vasárkely）召开。会上，特兰西瓦尼亚人宣誓效忠拉科西。另一次会议于1707年5月和6月在奥诺德附近举行，这是一次更为重要的会议，会上，马扎尔人通过宣布空位期而废黜了约瑟夫。

对叛乱者来说不幸的是，拉科西既无法控制他的朋友们，也无法使自己的战士遵守纪律。当新教徒在奥诺德会议上对以前的诺言被忽略一事提出抱怨时，两位信奉新教的首领被残暴地杀害了。特权阶层像以前一样拒不放弃他们免交捐税的权利。为了填补这项缺额，掌握着匈牙利北部矿业城镇的拉科西发行了铜质货币，随后又使其贬值。结果，物价高涨加深了该国人民的苦难。与此同时，拉科西的敌手们却逐渐强大起来。1703年与1704年之间的冬季，尤金对东部前线作了长途视察。使他几乎感到绝望的是：由于缺乏兵源，特别是缺乏经费，防御系统已陷于瘫痪状态。布莱海姆大捷之后，他才得以将部分骑兵团从巴伐利亚调往匈牙利。1705年秋，赫伯维尔为首的一支远征军取得了一次赫赫战功后，他们从普雷斯堡以南的营地跨过大平原，攻入了特兰西瓦尼亚。拉科西亲自率兵堵截，但于11月11日在兹西波（Zsibó）遭到惨败。当地原有一支拉布丁率领的哈布斯堡王朝部队，曾长期孤立无援。这支部队参加到赫伯维尔的部队中来，重新征服了特兰西瓦尼亚，并逐步消除了叛军在该国的影响。哈布斯堡王朝军队于1707年底终于占领米兰和那不勒斯。此后，更多的正规部队被派往匈牙利。在老将军海斯特尔的严酷统率下，他们于1708年8月在特伦钦取得重大胜利，并在喀尔巴阡山脉不断推进。随后，他们又占领了多瑙河右岸。这时，被克罗地亚革出国门的约翰·佩尔菲开始发挥至关重要的作用。他从1710年9月起担任哈布斯堡王朝军队的总司令，后来又参与了私下进行的谈判。卡罗林及其朋友们开始认真考虑改换门庭的主意，而拉科西却正无谓地游说于国外，在迷宫里愈走愈远。1716年2月，他越过边境进入波兰，以便为争取外援作最后的努力。当1716年土耳其人邀请他去君士坦丁堡时，他是从巴黎前往的。

媾和条件在索特马尔谈妥，并由1712—1715年的一届帝国议会批准（几乎未加修改）。哈布斯堡家族赢得了两个根本性的胜利。首先，马扎尔人承认哈布斯堡王朝对匈牙利王位的继承权，条件是该王朝必须已有男性继承人。由于这一条，在约瑟夫于1711年死去之后，查理自动继任匈牙利王位。对此，马扎尔人没有提出异议。第二，匈牙利人历来声称，特兰西瓦尼亚、军事边界以及克罗地亚等边缘地区属于匈牙利宪法的实施范围。对此，和约未予认可。媾和之后，只有克罗地亚贵族集团保住了自己的权利，并同过去一样听命于维也纳而不是普雷斯堡。其他地区则继续由维也纳直接管理。从马扎尔人这方面来讲，首先，叛乱的失败并没有像通常那样削弱他们的特许权，这是个极大的收获；其次，维也维最终放弃了由卡拉法等人提出的专制计划，再次承认了新教徒的权利、地主的特权以及帝国议会和传统国家机构的神圣不可侵犯性。这是对那些在叛乱期间追随皇帝反对拉科西的马扎尔保皇派贵族的合理报酬。此外,查理六世于1712年夏从维也纳来到普雷斯堡接受加冕时,还曾强调必须实行和解政策。

巴尔干人并未被制服,马扎尔人也并不完全俯首称臣。但这段时期哈布斯堡王朝的大举东进受到了限制,为后来实现"双重君主制"*奠定了更坚实的基础。

早在1688年,路易十四对莱茵兰的入侵就曾迫使维也纳将视线转向西方。维也纳一如既往地认为,捍卫帝国是根本要旨。然而,1688年以后25年的政治状况清楚地表明,哈布斯堡家族在德意志的权力范围已经达到了极限,无法再扩大了。那些比较重实效的谋臣们情愿将精力集中于匈牙利和对西班牙领地的主权要求上。因此,整个"奥地利"政策都以帝国以外的事务为重点。如今回顾起来,这似乎是不可避免的。当时,从另一个角度看待局势的一些政治家曾对这种偏向表示遗憾,但他们的观点却未能占上风。

1679—1688年,法国不仅在莱茵兰,而且在威斯特伐利亚和施瓦比直接威胁着德意志大公们。大公们大多数向哈布斯堡君主,即他们的皇帝求援。因此,对于皇帝的权力,即1648年和以后一些协议规定的有限权力,他们暂时还难以提出非难。表明这个时期特征的一个迹象是,约瑟夫于1690年迅速而轻易地被选为罗马皇帝,这同1658年利奥波德当选之前的长期斗争形成了鲜明的对照。此外,1711年约瑟夫去世后,其弟查理在选举中遇到了法国设置的重重障碍,但这些障碍很快就被克服了。从1688年到1714年,维也纳在德意志的势力比稍前和稍后的几十年间都要强大。虽然施瓦比(斯瓦比亚)和弗朗科尼亚的一大

---

* 1867年,奥地利和匈牙利达成协议,宣布两国为自治国家,由哈布斯堡君主作为两国的共同君主。这就是所谓的"双重君主制"。——译者

## 第十八章　奥地利的哈布斯堡家族

批小国在九年战争和继承权战争中（通过帝国西部集团的联盟①）在招募、供给和部署军队以保卫国家方面显示了卓越的才能，但是，他们的联合力量一直不够强大，因而必须求助于维也纳。1693年，维也纳也的确帮助了他们，将处于其本人名望和权力高峰的巴登的刘易斯从匈牙利调往德意志南部担任统帅。与此同时，利奥波德还向靠北一些的反法联盟提供了大量的援助。1692年，他在同汉诺威达成的协议中授予恩斯特·奥古斯都选帝侯称号。②他还于1700年同勃兰登堡达成协议（即《王位协定》），承认选帝侯弗里德里希三世的王权。③利奥波德的这两个行动有助于将更多的汉诺威和普鲁士部队派往战场对付路易十四，并将这些部队保留在那里。这些交易表明，皇帝在帝国内有着特殊的影响，其权力是不可否认的。正因为如此，维也纳有一派人主张首先加强哈布斯堡王朝在"帝国内"的权力。他们认为，这样做既符合宪法又能满足实际需要。他们敌视朝廷中的波希米亚籍、意大利籍和西班牙籍官员，甚至敌视一些奥地利籍的官员，认为他们动辄便以哈布斯堡王朝在其他方面的政策为前提牺牲帝国和皇帝在德意志的利益。当时几任帝国副首相都是这派人的靠山。科尼蚕格于1694年去世之前是他们特别依仗的对象，1705年以后则是舍恩博恩。在这些年中，这个集团的主要劝说对象是先为国王、后为皇帝的约瑟夫。约瑟夫的私人教师和大臣萨尔姆亲王是这些人中最有影响的发言人。但萨尔姆于1709年失势。随之而起的是萨伏依的尤金、波希米亚的符拉蒂斯劳和奥地利的施塔海姆贝格。另外，舍恩博恩也逐渐被排挤出国务顾问的核心圈子。这几件事构成了宫廷派别之争的新时期。原来得势

---

① 关于西部集团，参见《新编剑桥世界近代史》第5卷，原文第447—449页。
② 见本书原文第166页。
③ 参看《新编剑桥世界近代史》第5卷，原文第556—557页。

的那派人的政策也被撇到了一边，但这一点不大为人所注意。总之，虽然帝国各种条约和宪章为皇帝与各邦规定的宪法关系使维也纳在德意志具有影响，但没有给它足够的直接权力。

维也纳在德意志的影响在一定程度上来自哈布斯堡王朝授予官职的权力。朝廷为来自帝国各邦的人才提供了一条仕途。塞勒以及（后来的）巴腾施泰因都是出身比较寒微的德意志人，也有一些大臣来自大户人家。这些家族的友好合作对皇帝来说是有价值的。科尼蚕格的父亲是一位施瓦比伯爵，而舍恩博恩及其亲戚则在弗兰克尼亚和莱茵兰的许多宗教牧师会中具有影响。在雷根斯堡的帝国议会中没有代表的帝国各骑士家族往往致力于谋求大教堂牧师和主教的职位，而皇帝的支持起着很大的作用。因此，各骑士家族通常也是皇帝的同盟军和附庸。萨尔姆亲王也与莱茵兰和威斯特伐利亚的一些显赫家庭有着密切的关系。事实上，皇帝对德意志西部和中部的许多势力都曾大力支持，而这些势力也仰仗他的庇护。另一方面，哈布斯堡王朝的政策对这些势力却不那么重视。例如，1692年签订的汉诺威条约以及1696年达成的意大利停战协议都被利用来将更多的部队首先投入匈牙利战场，而不是德意志战场。又如，在九年战争的后期阶段，维也纳对弗朗科尼亚和施瓦比联盟理事会的态度日益冷淡。利奥波德当时最有势力的大臣金斯基对德意志各邦和海上强国都怀有敌意。虽然维也纳通过《里斯威克和约》收复了弗赖堡、布赖斯高和莱茵河左岸的一些帝国领土，但这绝不是哈布斯堡王朝军队在这些地区微不足道的军事行动所带来的。从某种程度上来讲，哈布斯堡王朝之所以未能收复斯特拉斯堡，也是由于它并不想把收回这座帝国城市当做什么了不起的大事。

在金斯基及其同僚们看来，皇帝不得不认真考虑一个令人不快的事实，即他在德意志的实际权威同他显赫的称号历来毫不相称。因为他不经帝国议会的同意便不能立法，也无力强制不愿意

## 第十八章 奥地利的哈布斯堡家族

执法的邦政府执行所立之法。1689年,帝国议会同意向法国宣战,赞成征收战争税,并授权利奥波德把不募集兵员的邦征收的税款分配给募集兵员的邦。议会还授权利奥波德监督亲王之间对冬季营房的分配。但"有军队"的德意志各邦仍保持着对本邦军队的实际控制。它们贡献的部队和金钱仍然很少,而宁愿出借军队以换取补助金。1697—1698年,朝廷提出在和平时期保留一支8万人的常备帝国军队,战时增至12万人,但帝国议会始终未予同意。在后来的"西班牙王位继承权战争"中,现役"帝国"士兵也许从未超过4万人,而且从未作为一支联合部队采取过行动。除此而外,利奥波德作出的承认汉诺威的公爵为选帝侯的决定使一些选帝侯和几乎所有王公都极为愤怒。帝国议会被他们搅得混乱不堪,因而从1693—1700年未能行使其职权。在这一点上,信奉天主教和新教的诸侯们的观点是一致的。1697年,由于利奥波德接受了法奥《里斯威克和约》的第四条①,新教诸侯与天主教诸侯发生了激烈的争吵。

1700年末,西班牙继承权之争爆发时,许多德意志人都希望保持中立。维也纳采取的反措施是分别同一些王公达成单独协议。在多方利诱之下,他们答应给予支持。不久,帝国同海上强国结成了新的同盟,这对那些犹豫不定的王公产生了决定性的影响,只有巴伐利亚选帝侯和科隆选帝侯不为所动。然而,帝国议会虽然已经宣战,并赞成采取与1689年相似的措施,却无意有效地加以执行,因为在雷根斯堡的议会代表们惧怕1703年8月至1704年7月占领着该城的马克斯·伊曼纽尔。由于宪法的制约使皇帝与帝国王公之间的同盟陷于瘫痪,因此,皇帝与帝国无法抗拒巴伐利亚与法国串通一气所施展的计谋。然而,布莱海姆

---

① 该条保障了天主教会在帝国从路易十四手中收复的领土上的权利和特权。参见本书原文第473—474页。

大捷使维也纳一举获得了德意志南部的霸权。此后10年间，尽管绝望的农民于1706年举行起义，并被镇压下去，维也纳还是从巴伐利亚农村榨取了不少人力、财力和物力。约瑟夫将征得的一部分税款送给了邻近的乌尔姆和奥斯堡等自由城邦，并将他的主要大臣辛岑多夫、兰贝格、塞勒、施塔海姆贝格等人封为巴伐利亚贵族，以便让他们升至帝国王公的显要地位。后来，维也纳于1713年同马克斯·伊曼纽尔进行了谈判，提出以尼德兰南部（或其他领土）向他换取巴伐利亚的主权。① 这是因为，个别哈布斯堡王朝政治家从战略和地理的角度提出，插在波希米亚和蒂罗尔之间的巴伐利亚十分碍手，必须收归己有。但查理皇帝却反对这一主张，宁愿尊重巴伐利亚选帝侯的世袭权利，旧西属领地的主权保持原状不变。

哈布斯堡家族同法尔茨—诺伊贝格—维特尔斯巴赫家族的亲戚关系，也使维也纳的政策受到深刻的影响。利奥波德曾于1685年支持菲利普·威廉继任法尔茨选帝侯，1690年以后，又成为其子约翰·威廉的忠实支持者。但是，历代法尔茨选帝侯对"三十年战争"时期巴伐利亚剥夺其领地和封号一直怀恨在心。因此，对于哈布斯堡王朝同巴伐利亚的同盟关系，他们难以产生好感。尽管如此，在科隆贵族会议1688年的选举中，法尔茨—纽贝格的王公们还是参加了反对法国候选人，支持约瑟夫·克雷芒（巴伐利亚选帝侯伊曼纽尔之弟）的斗争。后来，奥地利同巴伐利亚维特尔斯雷芒家族的同盟产生了裂痕。原因之一是，玛丽亚·安东妮娅②于1692年去世。另外，利奥波德又愚蠢地试图阻挠约瑟夫·克雷芒谋取列日主教职位的努力，他想让一位法尔茨—诺伊贝格人当选，但未能成功。马克斯·埃马努埃尔染指

---

① 参见本书原文第465、473页。
② 利奥波德第一个妻子所生之女，于1685年嫁给马克斯·埃马努埃尔。

## 第十八章 奥地利的哈布斯堡家族

马德里的意图也遭到法尔茨选帝侯约翰·威廉的姐姐、西班牙王后玛丽亚·安娜的反对。由于上述原因，马克斯·伊曼纽尔和约瑟夫·克雷芒逐渐向法国靠拢，而约翰·威廉则使自己成为利奥波德不可或缺的左右手。他首先设法谋取尼德兰总督的职位，因为尼德兰与他的领地于利希和贝尔格是近邻。1700年以后，他还千方百计强化哈布斯堡朝廷在帝国的地位，使其变得强硬起来。他极力反对通过让步来争取伊曼纽尔，因此在1702—1703年与这位巴伐利亚选帝侯进行和谈时，奥地利采取了强硬政策，这同约翰·威廉的作用是有一定关系的。那次谈判的破裂导致了南德意志战争的爆发。约翰·威廉是布莱海姆大捷的主要受益者，到1708年，他已获取了原来伊曼纽尔享有的选帝侯称号。590 这一称号在世俗选帝侯中居第一位。此外，他还被授予上法尔茨领地。1711年查理当选罗马皇帝时，约翰·威廉所投的赞成票具有决定性作用，因为这时已对马克斯·伊曼纽尔和约瑟夫·克雷芒颁布了"帝国取缔令"。然而，查理却于1714年让那两位废君回到拉施塔特，并归还了他们的王位和领地，从而出卖了约翰·威廉。尽管查理于1716年又让一位法尔茨—纽贝格人成为特里尔的大主教—选帝侯，但查理同马克斯·伊曼纽尔已经握手言和。在1716—1718年的土耳其战争中，巴伐利亚部队起了助一臂之力的作用。

在北德意志，哈布斯堡家族对他们的头号劲敌勃兰登堡—普鲁士冷漠无情。① 皇家对比自己野心更大的腓特烈一世总是严加管束，既不准他为养本邦的军队而垄断"无军队"邦的税款，也不准他扩大其部队在弗朗科尼亚和（布莱海姆大捷之后）在上巴拉丁的驻扎范围。皇帝的法庭还拒不承认普鲁士霍恩佐伦王朝对德意志一些小领地的主权要求。最严重的是，《王位条约》

---

① 参见《新编剑桥世界近代史》第5卷第23章。

中以及后来一些协议中的财政条款造成了它们之间的长期摩擦。1705年,腓特烈一怒之下撤回了在上莱茵兰战场的部队。维也纳仅仅靠了海上强国的资助,才把普鲁士部队留在意大利和尼德兰。与普鲁士形成鲜明对照的是维也纳对汉诺威的态度十分友好。约瑟夫和查理分别于1699年和1708年娶不伦瑞克王朝的两位公主为妻,正式确认了这一友好关系。汉诺威的乔治于1706年被授权统率帝国军队。正像他的英国顾问们于1714年以后所发觉的那样,他在德意志之所以有权威,在很大程度上是靠了皇帝的支持。大战结束后商订有关尼德兰和意大利前途的屏障条约时,查理六世得以利用这种依赖关系作为对英国的政策施加影响的手段。

所有这些交易都表明,维也纳相当成功地左右了北德意志的力量均势。就南德意志来说,1704年之后,维也纳要想永久吞并巴伐利亚是完全可能的,但哈布斯堡家族从未认真考虑过这一计划。他们也不想坚持在莱茵兰和阿尔萨斯收复更多的领土,或者在该地区建立一座"屏障",从而损害法国的利益。哈布斯堡王朝宁愿在别处提出领土要求,甚至宁愿在意大利而不愿在德意志更多地利用皇家的统治地位。较大的几个德意志邦毕竟早已变得强大起来,足以用帝国宪法的条文和惯例在帝国束缚皇帝的手脚。

因此,1700年西班牙继承权的最后危机爆发在即,维也纳在意大利采取了攻势政策,这具有极大的重要性。利奥波德的谋臣们在马德里的外交工作十分薄弱,内政也混乱不堪。但是他们充分认识到,皇帝在意大利的利益远远大于在西班牙和尼德兰的利益。作为近邻,奥地利在意大利享有实际影响。西班牙国王卡洛斯二世在世时,西班牙人曾再三拒绝任命查理大公爵为米兰总督的建议。即使如此,维也纳仍能左右意大利的局势。过去的"九年战争"曾表明,由于维也纳在意大利驻有军队,它可以利用皇帝的权力从被认为是"皇家的"领地征税,并在外交谈判中充分利用他的权力拒绝向某人正式封授某块领地,或者授予萨伏依公爵和托斯卡纳大公等诸侯以至高无上的地位。此外,奥地利还得到米兰和那不勒斯一些小派别支持。[①]

早在1700年7月,利奥波德的大臣们便劝他将军队集中于蒂罗尔和内奥地利。利奥波德于11月18日(即他听到查理二世死讯的当天)写道:"派往意大利之部队……必须火速挺进。"[②] 法国人先其一步抵达伦巴第。但是,尤金对意大利北部的袭击却是在西方进行的这场新战争的第一个军事行动。哈布斯堡王朝这一行动对"大同盟"的建立产生了深刻的影响。根据交战双方于1701年9月7日签订的和约,波旁王朝仅仅要立即让出西班牙在意大利的领地。大多数奥地利政治家都对这条规定感到满意,因为对他们来说,"王位继承战争"的关键就在于意大利半岛。他们以这个首要目标为理由,对英国要在西班牙采取行动而施加的压力一再进行抵制。1703年,维也纳极不情愿地加入了葡萄牙同盟,因为在此之前的半个月来,符拉蒂斯劳曾多次提出,必须先征服意大利然后征服西班牙。但是,由于敌方开始加强对中欧的强大攻势,海上强国迫使利奥波德放弃这个主张。他之所以冒此风险,无疑还有一些对他产生影响的次要因素。例如,仍然活跃于维也纳政坛的西班牙驻维也纳前任大使莫莱斯也主张进军西班牙。"九年战争"中驻加泰罗尼亚德意志部队统帅、西班牙国王查理二世(Carlos II)任命的巴塞罗那总督、黑森—达姆施塔特的国君乔治于1702年去美国之前也曾于维也纳露

---

[①] 1700年,哈布斯堡王朝军队中的那不勒斯军官通过利奥波德派驻罗马教廷的代表同那不勒斯反对派进行了接触。翌年,皇帝的代理人支持马奇亚(Macchia)亲王密谋反叛,但很快被镇压下去。

[②] 《尤金·冯·萨伏依亲王的远征》第3卷(1876年),第406页。参见本书原文第405页。

面。另外，查理六世这位年轻大公周围的朝臣们不愿总是比其兄约瑟夫的大臣矮三分，而且他本人不久也显示出他有着自己的意图。实际上，利奥波德于1703年7月终于批准的条约是他对盟国作出的不幸的让步。尽管这些条款还是保密的，但他既然同意最终将埃什特雷马杜拉、加里西亚和南美洲境内的一些地方割让给葡萄牙，那么哈布斯堡家族争夺西班牙王位的处境就不会有利。[①]

对于条约所带来的直接后果，维也纳有着清醒的认识。整个交易意味着，首先，利奥波德和作为长子的约瑟夫必须将自己对西班牙的继承权移交给查理，并确认其为所有西班牙领地的合法继承人。其次，作为所有奥地利领土假定继承人的查理（因约瑟夫无子嗣）不久可能成为变幻莫测的盟国手中的人质，成为反对奥地利以维护西班牙利益的人，或者成为反对约瑟夫家族以维护查理自己家族利益的人。因此，为了保障整个奥地利王朝的前程，确定两兄弟之间的关系就成为头等大事了。于是，父子三人于1703年9月签署了一系列著名的协议。9月12日，利奥波德和约瑟夫公开宣布放弃对西属领地的继承权，因而这项权利由查理获得。但他们保留了帝国对西班牙国王管辖的皇家封地的主权以及哈布斯堡王位继承方面的既定程序。查理对此表示接受。但查理已于7天前暗中同意这一法律观点：封地证书的原有条款规定，一俟查理二世去世，米兰和菲纳尔应由皇帝收回。利奥波德这时决定将两地授给约瑟夫及其继承人。奥地利哈布斯堡家族在从西班牙手中收回了一些想要留给自己的领地时，坦率地提出了用途、距离和费用等方面的理由。最后，9月12日的公开敕令颁布之后，当天又签署了一份秘密文件，以解决西奥两国王位继承问题。西班牙法律有这样一个明确的规定：如果君主无子，

---

[①] 参见本书原文第418—419页和第526页中有关第一批梅休因（Methuen）条约的部分。

第十八章 奥地利的哈布斯堡家族

王位应由其长女继承。然而，秘密文件却将查理之女继承西班牙王位的权利留给了约瑟夫及其男性继承人，说到底就是留给了哈布斯堡家族奥地利系的任何男性继承人。同样，在继承奥地利和约瑟夫属下其他领地时，查理及其儿子也将优先于约瑟夫的女儿。这种坚持让所有哈布斯堡王子优先于所有哈布斯堡公主的做法能够"限制"王位的继承，从而捍卫整个家族的团结。这个典型奥地利式的分治协定必须向西班牙人保密。但是，在1713年查理六世将其公布之前，维也纳某些朝臣对此想必早有所闻了。查理公布这个秘密协议是为了解决其女儿（原文误作Sister——译注）和侄女谁可优先的问题。他的第一个孩子生于1716年，但随即夭折。女儿玛丽亚·西丽莎生于1717年。[1]

查理秘密答应放弃米兰，本来就有难言的苦衷。更使他尴尬的是，利奥波德和约瑟夫不久又将其让给他人。像查理一样，他们也是不得已而为之。1701年后期，他们开始同萨伏依的维克多·阿马戴乌斯谈判，以便争取他加入同盟国。阿马戴乌斯于1703年11月表示同意。作为代价，哈布斯堡王朝将一些地方给了他，其中包括伦巴第西部一些地区。这样一来，维也纳的政策实际上造成了一个双重骗局：西班牙人在某个时期将失去整个米兰公爵领地，而米兰公民们则将失去米兰十分重要而肥沃的一部分。

1704—1711年之间，奥地利的扩张史走了一段曲折复杂的道路。它在西班牙遭到失败，却在意大利获得成功。1705年10月，查理在巴塞罗那受到热情的欢迎，并从此在那里确立了稳固的统治。然而，尽管同盟国不断加紧参与西班牙的战事，但查理

---

[1] 当时，查理六世让女儿优先于侄女。这一合乎自然的决定是否符合原始《无言物继承协定》，目前仍有争议。由于他的《国本诏书》并无牢靠的法律根据，因此常常招致非议。参见《档案报》第60卷（1931年）第65—119页和《查理六世国本诏书的产生》（巴塞尔，1939年）中G.图尔巴与W.米歇尔的对立观点。关于《国本诏书》，请看《新编剑桥世界近代史》第7卷，特别是第393—394页。

的前途却日渐暗淡。无论从哪方面来看，军事上的胜利都属于盟国而不属于查理，因为他的全部资金和增援部队都来自海上强国。甚至查理将驻意大利的哈布斯堡王朝部队（以及他的王后）运送到西班牙，以及同马略尔卡岛和撒丁岛的高级官员取得联系也都是借助于盟友。查理因时常同约瑟夫发生矛盾而削弱了他的地位，因而他怀疑这位皇帝不愿援助他，还在那不勒斯和米兰篡夺他的权力。虽然文官听从巴塞罗那的旨意，奥地利武将却服从维也纳的命令。驻加泰罗尼亚部队的统帅吉多·施塔海姆贝格有时也不太听从查理的指挥。1708年，尤金拒绝前往西班牙，因此施塔海姆贝格代任其职。此人能征善战，但与尤金相比就差远了。西班牙的整个政局使这位挂名君主受到了深刻的影响。经过多年的苦心经营，查理坚信自己是西班牙及其所有属地的合法国王。他对利奥波德为他选择的顾问不再言听计从，而转向听从一班形形色色的心腹的出谋划策。这些人包括：摩拉维亚贵族米歇尔·阿尔瑟汉、那不勒斯的罗科·斯蒂拉伯爵（这位军人在战场上运气特佳）以及一群西班牙人和加泰隆人。其中最能干的是被查理封为里亚尔（Rialp）侯爵的拉蒙·代·维拉纳·珀拉斯律师。这种情况产生了深远的影响。1711年约瑟夫意外地早亡之后，查理回到了维也纳。他带回了一批亲信朝臣，而且还念念不忘他在西班牙的王权。这两个因素在此后几年中深深地影响着哈布斯堡王朝的政策。另外，由于大批流亡者接踵而至，因而加强了那班亲信朝臣的实力，这些朝臣极端效忠于查理的事业，因而不可能同接管西班牙的波旁王朝和睦相处。

奥地利向意大利的进军却一直比较顺利。起初，奥地利政府曾感到很难以有效的军事措施来实现它所采取的攻势政策。1701年，奥地利计划在阿尔卑斯山以南采取的干涉行动曾推迟了6个月。这令1700年11月奉命率军进攻意大利的尤金十分懊恼。行动迟缓的原因是，宫廷军事委员会的混乱状况妨碍了兵力的迅速动员。该委员会副主席及主席（吕迪格·施塔海姆贝格，曾于1683年捍卫过维也纳）于1701年上半年相继去世，而受到利奥波德之命继任施塔海姆贝格职务的曼斯菲尔德亲王又很不称职。此外，利奥波德还犯了一个错误，让另一个低能儿萨拉伯格主管宫廷财政委员会。1701年，尤金的部队突然穿越中立领土威尼斯，皇帝则断然下令废黜采取敌对态度的曼图亚公爵，随即发生了一系列战役，双方在这些战役中不分胜负。1703年，维也纳爆发了一场政治危机，国家银行暂时垮台又加深了这场危机。①因此，政府被迫从意大利调回大批部队，但未将部队全部撤回。这次危机迫使利奥波德任命尤金为宫廷军事委员会主席，然后又任命贡达查理·施塔海姆贝格为宫廷财政委员会主席。此举使战争指挥权和财政管理权终于掌握在有才干的人手中。② 由于取得了布莱海姆大捷，加上约瑟夫一世即位后加强了政府机构，政治家们又将注意力转向意大利。1706年9月，尤金在都灵大获胜利。从此，不管盟国如何劝阻，奥地利人还是坚定不移地向那不勒斯推进，并于1707年7月将其占领。加埃塔要塞守军也于9月30日投降。可以说，哈布斯堡王朝在这一天已经实现了自己在这场战争中的首要目标，而海上强国直到很久以后才做到这一点。为了一旦割让米兰领土之后能够保证该地的安全，维也纳最后还吞并了极为重要的战略据点曼图亚。此外，哈布斯堡政府还于1708年废黜了另一块古老的帝国领土卡斯蒂利奥内的君主。早在挺进那不勒斯的途中，道恩伯爵率领的奥地利军队便采用双管齐下的手段，以军事压力和有关皇家旧有领地的一整套法律规

---

① 见本书原文第310页。
② 这场危机清楚地表明，利奥波德的忏悔神父们偶尔也能左右政局的变化。尤金和施塔海姆贝格之所以能在这场宫廷派系之争中取得胜利，关键在于他们劝诱耶稣会会士恩格尔贝特·比朔夫在皇帝面前为他们说了好话。参见 M. 布劳巴赫所著《尤金·冯·萨伏依亲王》第1卷，慕尼黑，1963年，第354—368页。

定向意大利的一些侯国索取了军费。1707年，托斯卡纳、热那亚、帕尔马、卢卡等领地为供养哈布斯堡军队交纳了200万弗罗林的现金和实物。① 这些领地以后为这场战争所作的捐献虽然有所变动，但金额一直很大。

1706年以后，哈布斯堡王朝在意大利获得了压倒一切的优势。这在本来就有分歧的教皇克雷芒十一世和维也纳之间又增添了新的争议点。其实，罗马与维也纳之间钩心斗角由来已久，构成了下述整个时期的特点。纠纷始于亚历山大八世在位期间（1689—1691年），在英诺森十二世任内则愈演愈烈，因为他同路易十四逐步改善了关系。维也纳同克雷芒发生争执的首要原因是，克雷芒拒不承认查理对西属领地的统治权，因而使西班牙、米兰和那不勒斯等地通常由国王支配的大笔教会税收有断绝之虞。哈布斯堡王朝则采取反击措施，于1708年在米兰和那不勒斯两地发布敕令，严禁将教会税款交给罗马。摩擦的另一个原因是，皇帝（在德意志各大学一些法理学家的支持下）断然否认教皇有权转授和管理并分取其收入，并宣布各领地从来就属于帝国，约瑟夫登基时（1705年），没有按照惯例向教皇提交服从书，他的顾问们也把作为最高宗教权威的罗马与作为意大利境内一个国家的罗马截然分开。在论述这些问题时，语言最犀利、最使罗马震怒的要算利奥波德派驻罗马教廷的大使（1696—1699年担任此职）格奥尔格·阿达姆·马提尼茨。当时他便全面提出了意大利境内哈布斯堡王朝封地的问题。1706年以后，有关这一问题的争论再度爆发。例如，如果说帕尔马不是教皇领地，任何一位教皇都无法同意。然而，在1708年6月26日的一项庄严的公开宣言中，约瑟夫宣布帕尔马为帝国采邑。这场斗争原先

---

① 1707年，为了就约瑟夫一世向英国所借之贷款计算利息（见本书原文第308页），曾确定八又三分之二弗罗林等于一英镑。

是为了解决战争税和冬季营房这两个实际问题,但它不久便同意大利境内教皇势力与反教会势力由来已久的争执搅在一起。

不管其他方面在这场争斗中目的何在,奥地利军事统帅部决心获得沿教皇几个属国的北部地区驻军的好处(这个好处在1706年以前是由法国人享有的)。碰巧的是,莫德纳公爵里纳尔多本想当米兰总督,但由于该职授予了尤金,他的计划落空了,于是,他凭着同维也纳权势人物的关系(加上历史学家穆拉托里连篇累牍为他叫屈),便觊觎教皇属国弗拉拉和科马基奥(后者是虑据波河河口的小城)。尽管尤金和符拉蒂斯劳并不愿意,但在萨尔姆的支持下,哈布斯堡王朝军队于1708年5月24日占领了科马基奥,并且宣布,约瑟夫皇帝对该地拥有世袭所有权。这一事件终于将克雷芒激怒,使他发动了战争。他的军队势孤力单,没有其他意大利公侯的援助便无望取胜。由于向公侯们提出的结盟建议立即遭到回绝,克雷芒于一年半以后停止了这场绝望的战斗,并承认查理为天主教国王。约瑟夫则撤销了1708年的宣言,并将其他争端搁置起来,但这些绥靖措施并没有使哈布斯堡王朝在意大利的统治地位受到影响。

哈布斯堡王朝逐渐认识到,在阿尔卑斯山以南,对其权力的真正威胁将来自一个新的方面。使都灵解围和对米兰的征服的确是了不起的成就,但它们给维也纳造成了难以解决的问题。维克多·阿马戴乌斯和海上强国立即要求协助经由阿尔卑斯山脉入侵法国。为了使他们满意,约瑟夫的顾问们违背心愿地派尤金率1.6万人进入普罗旺斯,但仍保留了8000人,以便进军那不勒斯。1708年,他们拒绝将尤金派往西班牙作战(此事也使查理不快)。与此同时,阿马戴乌斯还要求立即割让1703年允诺的伦巴第领土。1708年初,约瑟夫和查理交出了部分而不是全部有争议的地区。哈布斯堡王朝政治家们都确信,阿马戴乌斯对伦巴第大部地区抱有不良企图。萨伏依的尤金对此尤其深信不疑。后来的事实证明他们的看法是正确的。阿马戴乌斯不仅一味要求维也纳以其无法接受的解释方法来兑现1703年的条约，而且提出，维也纳应从米兰公国再割让一些土地，以抵偿他从1704—1706年向驻意大利的哈布斯堡王朝部队提供的财政援助。此后5年中，尽管奥地利在别的地区无疑要投入大批兵力，尤金仍然强调，一定要将一支庞大的队伍留在伦巴第，以便遏制他的表弟。事实上，在意大利北部抵抗皮埃蒙特人的压力这时已成为奥地利政策中一个一成不变的内容。除伦巴第之外，阿马戴乌斯还另有所图，只不过表现得不那么明显。早在1700年以前，他就根据自己在西班牙继承问题上的权利提出，西西里（或是西西里与那不勒斯）应当归他所有。在1709—1710年先后多次召开的和会及后来在乌得勒支和会上，阿马戴乌斯指示他的代表再次提出这一建议。于是，1713年签订的几个条约将西西里划给了他。对此，维也纳提出了强烈抗议（1707年以后哈布斯堡王朝军队曾试图从那不勒斯攻占西西里，但未获成功）。然而，维也纳的对手不只阿马戴乌斯一个。1710年以后，它的对手还有英国，因为英国越来越急于在意大利寻找到一股势力，以便同哈布斯堡王朝抗衡，并进一步遏制法国。如果说1711年4月17日约瑟夫之死似乎为复兴查理五世的帝国带来了希望（或者说造成威胁），那么，查理六世不久便认识到，英国的海上力量使这种前景成了可望而不可即的幻影，因为哈布斯堡王朝在地中海的交通离不开英国的舰队。

约瑟夫之死讯传到西班牙时，由于查理和妻子尚无后嗣，甚至连女儿都没有，巴塞罗那的朝廷焦急地讨论了对策。6个月之后，大臣们商定将伊丽莎白·克里斯蒂娜留在西班牙做人质（英国人也一再提出这种要求），由其丈夫前往法兰克福和维也纳接收整个帝国以及奥地利本土。查理还下定决心尽量保持他所继承的西班牙主权。他认为，他的世系、他最近8年的事业以及他的盟友都使他有义务维护这一权利。维也纳的大臣们为查理没有及早返回故里感到十分惊慌，符拉蒂斯劳尤为担心。因此，他们更愿意考虑放弃西班牙。但是，此后几年决定外交方针和步骤的是新皇帝本人，而不是那些大臣们。查理同英国发生了激烈的冲突，因为英国不想让他继续统治西班牙，后来英国又企图将他的意大利领地用做解决全欧问题的筹码。但是，英国用海军阻碍他的王后返国，孤立他在加泰罗尼亚的部队，并迫使其撤出，这种压力是他所招架不住的。尽管如此，查理仍然拒不承认菲利普和阿马戴乌斯分别为西班牙和西西里的合法统治者，并且拒不放弃曼图亚、米兰多拉和科马基奥。1713 年，他将良港菲纳尔领地卖给了热那亚，给阿马戴乌斯以强有力的打击。虽然奥地利在西班牙遭到全面挫折，而且皮埃蒙特—萨伏依的势力有所增强，但查理六世（在匈牙利，他又是国王查理三世）却保住了大部分他想要保住的意大利领地。1720 年，他还以撒丁换取了西西里。

查理声称，他对意大利领地的统治权不是靠征服得来的，而是继承来的。他轻而易举地推翻了西班牙先王们早先所承认的宪法结构和社会结构。[①] 1714 年以后，奥地利仍旧通过"意大利事务委员会"（Consego D'Italia）管理这些领地，该机构那时已搬进了维也纳舒适的建筑物中，但机构中仍有一些西班牙和意大利籍官员，以便代表米兰、那不勒斯和撒丁。在那不勒斯，贵族继续在很大程度上依赖政府维持他们的特权。新统治者只拒绝了以提比里奥·卡拉法为首的一小派人所提出的过分要求。卡拉法指望驱逐西班牙任命的总督之后建立一个自由自在的贵族政权。在这一点上，卡拉法的思想同匈牙利的马扎尔人和凡尔赛和会上的圣西蒙如出一辙。像往日一样，常有律师升入贵族的行列，贵族也继续把持着各省和那不勒斯市政府。意大利政府的资金来源

---

① 见本书原文第 557—558 页。

依旧十分紧张，因为其中最主要的财产税仍是依据1667—1669年对财产的估价征收的。1720年，为了从西班牙人手中重新夺取西西里，政府花去一笔并不太多的额外费用，便将手头的资金消耗殆尽。在米兰，早在1706年主权易手之前，便出现过令市民反感的政治改革迹象。当时，波旁王朝任命的总督沃代蒙特曾试图搬用法国的行政管理方法。1706年以后，奥地利人为了战争的目的也想提高米兰政府的效率，并计划进行一次新的税收普查。[1] 他们还于1711年在伦巴第降低了原料的进口税，以刺激该地的工业。然而，这种一时的冲动很快就低落下去。米兰市和米兰公国那数不清的行政区、议会和法庭丝毫未受损伤，仍旧充当着各既得利益集团的可靠鹰犬。这些集团成功地削弱了总督们的权威。哈布斯堡王朝驻曼图亚的总督曾真切希望改善那个贫穷公国的行政管理，但他的打算也由于这类集团的抗拒而落了空。

总之，在进驻意大利的过程中，奥地利官员们并未过分更改原有的西班牙式统治结构，但政府的工作效率稍有提高。尽管在维也纳的那些西班牙官员从伦巴第和那不勒斯获取丰厚的收入，但哈布斯堡王朝总督们在任内并无中饱私囊之举。作为回报，新政权协助维也纳朝廷以及哈布斯堡贵族个人保持了从阿尔卑斯山另一侧搜罗才士的旧有权力。例如，查理六世曾聘请意大利学者掌管帝国图书馆，并请意大利音乐家担任宫廷乐队指挥。在一代人的时期内，哈布斯堡朝廷在许多方面继续保持了"意大利化"的特点。

---

[1] 1718年，成立了一个委员会［即税收调查委员会（Giunta Censuaria）］来全面审查直接税收的整个制度。此外，还作出了认真的努力，以估价从前免税的大量地产。但是，这一计划的实际执行被推迟了30年。参见S. 普列塞所著《18世纪前半叶伦巴第的财政经济状况》，都灵，1924年，第310—313页。

## 第十八章 奥地利的哈布斯堡家族

在奥属尼德兰，主权的易手就像在原西属意大利一样，并未引起太大的风波。1715年的屏障条约签订之后，查理连连向荷兰人发动顽强的进攻，将敌手搞得筋疲力尽，直到他收回佛兰德北部为止。这使驻荷兰部队给奥地利带来的财政负担稍有减轻。在那里，无人企图继续执行伯杰克的改革方案。缺席总督萨伏依的尤金委任的全权代表德·普里埃[①]尽管讨厌古代流传下来的自主权，但还是加以承认。只有曾归入法国并以法国方式治理的伊普雷等地区例外。原西班牙"低地国家事务委员会"也在维也纳的新居中获得了新生。不过，它对奥地利国务委员会（Hofkanzlei）的依赖比"意大利事务委员会"稍甚。

查理六世对敌国和盟友作出了一系列让步之后，在西欧获取了一大批新的领地，其范围之广并不亚于他父亲以前在匈牙利获取的领地。起初，这些地区的事情是他在外交方面注意的中心。后来，在尤金（此时其正处于政治家生涯中又一段辉煌时期）和克雷芒十一世极力引导下的教会势力两方面劝说下，查理于1716年开始协助威尼斯抗击土耳其人。查理为了捍卫他在西方的利益，仍在进行大量外交活动，主要依靠英国的支持。但是，有些大臣仍然希望打击阿马戴乌斯以加强哈布斯堡王朝在意大利北部的地位，打击荷兰人以加强哈布斯堡王朝在尼德兰的地位。因此，他们对政策的改变大为失望。就在此时，尤金卓越的将才使奥地利在1718年的帕萨洛维茨和会上又获取了新的领土。[②] 回顾1683年7月，穆罕默德四世开始炮击霍夫堡宫，对于当时的奥地利人来说，塞尔维亚、尼德兰和

---

[①] 厄尔科莱·迪·图里内托，即德·普里埃伯爵（1658—1726年），1701年以前任维克多·阿马戴乌斯的驻维也纳代表。1704年，他在说服利奥波德批准这两个朝廷于1703年签订的条约一事中起了首要的作用。此后，他转为皇帝效劳，协助管理米兰，并于1709年同克雷芒十一世谈判，签订了条约。在几代皇帝手下，都有一些意大利人爬至高位。德·普里埃是其中的佼佼者。

[②] 见本书原文第641—642页。

西西里似乎统统还是远不可及的。

　　一位第一流的奥地利历史学家曾写过一部有关这段时期的著作，书名为《一个大国的崛起：1700—1740年的奥地利》[①]。这个书名精辟地概括了这段对外扩张的过程。然而，扩张也有不利的一面。由于对战争和外交全神贯注，哈布斯堡王朝的大臣们很少愿意审查一下奥地利和波希米亚旧有各领地的状况，以消除衰弱的迹象。我们对那些地区当时的社会经济状况之所以至今知之甚少，同当时政治家们对这些领地的情况满不在乎的态度是有一定关系的。[②]

　　在这40年当中，农田、牧场、森林、葡萄园这些财富和生存手段的主要来源，支撑着几乎不变的社会结构。在包括蒂罗尔、内奥地利各公国、上奥地利（"恩斯河以上"）在内的整个阿尔卑斯地区以及在西里西亚，乡村社会结构通常分为这样几个等级：实力雄厚的大贵族集团、从上一世纪的失败中恢复了元气的教会、其人数和重要性都在不断下降的骑士小贵族集团，以及不屈不挠的农民。在他们以下，是分为许多阶层的小农、房产主、流动牧牛者、马匹商人、小商贩以及也时常在流动的众多赤贫者。贵族和教会的收入来自五花八门的租金和税款。农民在交付各种款项之后，一般仍能保有代代相传的出租田地。波希米亚、摩拉维亚和旧匈牙利王国的农村社会等级与此相同，下奥地利（"恩斯河以下"）也在向这个方向发展。但稍有不同的是，这个大区域内的领主较多地采用直接剥削的方法。所谓"直接剥削"，就是迫使农民义务地提供人力和畜力，并由一班不可缺

---

　　① 奥·雷德里希：《一个大国的崛起：1700—1740年的奥地利》，维也纳，1938年。

　　② 关于"三十年战争"后这里的情况，参见《新编剑桥世界近代史》第5卷，原文第478—485页。

少的管家和工头加以监督。此外，在上述这两个大区域内，领主一般还享有很多额外的权利。他们既是国家税收人又行使公共和私人司法权，可以自己出价向属民买卖货物，并在属民使用他们开设的酒馆、磨坊和市场时仍由他自行出价而从中渔利。由于整个经济结构有利于领主，因此人民的购买力和交税能力总是低得可怜。这种状况在波希米亚中部和摩拉维亚最为明显。相比之下，奥地利各山区领地尽管土地比较贫瘠，却不乏殷实的农户。上奥地利偶尔也发生骚乱，主要是由于农民对现状不满，而不是绝望，但蒂罗尔的农民一直比较富裕。

维也纳政府对总的状况听之任之，并未显示出有所担心的迹象。它对波希米亚的1627年宪法作了重大修订，并于1679年在下奥地利颁布了《无形结论》，将隶属及特权制度写进了宪法。一些邦政府还颁布了法令，试图永远禁止农民离开其住地。这种法令曾于1699年出现于波希米亚，1687年、1699年和1712年出现于摩拉维亚，1699年、1709年、1714年和1720年出现于西里西亚。从史料中可以看出，每当匈牙利境内出现执行安抚政策的迹象，似乎总是吸引上述与匈牙利邻近各邦的人们离乡前往。另外，这些邦的政府还同波兰和萨克森签订了引渡条约。更为重要的是，各种法规还使波希米亚农民的生活状况进一步恶化了。1679—1680年，波希米亚一些地区爆发了严重的农民骚动。1716年也发生了类似情况。每次危机平息之后，政府都颁布法令（1680年两项，1717年一项），就地主和农民各自的义务作出规定。这些法令禁止压迫行为，并允许提出上诉，但有关上诉的规定却有着严重的弊病。例如，1717年的法令规定，上诉必须首先向地主本人提出。1680年的两项法令还宣布剥夺农民"在可恶的叛乱以前"所拥有的权利。地主可以将所谓"可恶的叛乱"解释为1620年的叛乱，从而取消很久以来农民所享有的权利。这些法令还规定，地主每周最多可以要求农民提供3天的义务劳役,而且这个限额还逐渐变成了常例。它大大高于奥地利境内各领地的标准。1680年的法令曾反对地主强迫农民远离家乡服过重的劳役。但是,1717年的法令却宣布,劳力必须是可以流动的,而且要由地主而不是农民来决定。1717年以前的40年中,完全由农户占有的土地已明显减少,但1717年的法令只保留了政府对地主所吞并的土地的征税权,却没有禁止地主继续剥夺农民的土地。

连年浩繁的军费开支也使波希米亚和奥地利的情形每况愈下。农民的贫困状况于18世纪前半叶达到了最低点。在这一点上,高额战争税所起的作用并不亚于领主对地租和劳力的横征暴敛。其主要原因在于,社会结构使这两重负担不合理地压在一部分人身上。尽管政府大幅度提高了贸易税和人头税,但是,向每一庄园征收的全部"普通"直接税却要按照税收花名册上该庄园农民土地的数量计算。而地主的土地(包括出租给农民的土地)则免税。如果地主将一部分农民土地占为己有,他们往往不顾1717年法令的规定,强迫农民继续为这部分土地纳税,由农民其余部分的土地分担。此外,理论上向领主土地征收的"附加"税也按花名册上农民土地的数量计算,并由农民交纳其中的一部分。领主官员既是税务官又是收租人,而下层社会和政府对此却无可奈何。事实上,征税之后庄园主还能得利。在上奥地利,这种盈余常常是领主买卖庄园时估算庄园价值的一个方面。横征暴敛还使农民负债累累。相比之下,不合理的税收制度对有产阶级的产业却很少触动。饥寒交迫的人民与捉襟见肘的政府无法彼此接触,因为它们中间隔着一个腰缠万贯的贵族阶级。尽管人民挨饿,政府向英国人和荷兰人乞讨,但贵族却把钱借给皇帝,收取利息,而不按其财富的多少纳税。无论战时还是平时,他们总是大兴土木,修建富丽堂皇的新宫室。从1687—1710年,列支敦士登家族的首领——"富翁"汉斯·亚当向政府贷出的款额至少达 90.5 万弗罗林，但这还不及同一时期他在塞尔维亚、埃尔茨山脉和匈牙利购置财产时所花的钱。当时，名声赫赫的菲舍尔·冯·埃拉赫（1696 年被封为贵族）身兼哈布斯堡宫廷的"工程总监"和总建筑师二职。他曾打算仿照凡尔赛宫在申布龙建造一座更华丽的宫殿，并把霍夫堡修建得更加宏伟。但战争迫使他将这些计划束之高阁。与此形成对照的是，首相施特拉曼以及列支敦士登家族和迪特里希施泰因家族委托菲舍尔建造的宫殿却未受拖延，很快便造了起来。同这些宫殿相比，格拉茨和布拉格的宫殿在耗资巨大、设计雄伟等方面也毫不逊色。在波希米亚和摩拉维亚的乡村地区，许多较为俭朴的 16 世纪建筑都被大加改造。通向凯旋厅和教堂的旧楼梯被改成了宏大的双排楼梯。仆人住房和马厩也增大了许多。有些领主还将老房子分配给仆人和行政机构，自己住进新近耸起的宫室。

在成就方面，哈布斯堡王朝统治者们所做的最大一件事是调整贵族体系。他们利用授封贵族的特权为贵族阶层引进了新的人才和新鲜血液。其中最突出的是曾先后担任首相的霍赫尔、施特拉曼和塞勒。这些人都出身于帝国内的市民家庭。通过提升贵族们的等级，哈布斯堡君主不仅可以满足该时代人们的一个最强烈的愿望，而且使自己的宫廷成了他们不可缺少的晋升之源。早在这个时期以前，君主们便已迫使贵族集团承认并接纳了初受封于各公国和王国的外来人。因此，这意味着，在这一时期，哈布斯堡王朝各领地的贵族与后来加封的文武官员正日益紧密地结合在一起。在这种情况下，各领地之间的界线已逐渐消失。与此同时，哈布斯堡君主们还作出了另一项有益的贡献。对于较大的家族来说，各成员如何分配幅员广大的领地是一件令人大伤脑筋的复杂的事情，因为它很可能导致家族的解体。哈布斯堡君主批准的限定继承权制度（Fideikonuniss）为防止世袭领地提供了可靠保证。哈布斯堡家族通过相互继承协定保障了本家族的团结，于是让自己的贵族属民也有权享受同样的好处。

在捍卫特权地位方面，教会同贵族一样寸步不让，而且其地位似乎同贵族一样巩固。17世纪初以来，教会通过遗产赠送和购买而积累起来的大量教会财产，除补上了以前的损失以外还超过以前的总数。不仅旧有教派和教区重新兴旺起来，而且形成了一个庞大的新教派教徒网，其中包括方济各会的托钵僧（Capuchin）、奥古斯丁派教徒（Augstinian）、巴拿布会教徒（Barnabite）、厄修拉会教徒（Ursuline）、加尔默罗会教徒（Carmelite）、庇尔会教徒（Piarist），特别是耶稣会会士。政府也偶尔采取措施阻止世俗人将产业卖给教会，但未见多大成效。政府曾多次颁布法令，禁止将永久管业权转让给教会（1684年、1688年、1704年、1716年及1720年），然而却无人予以理会。哈布斯堡政府的大臣们从来没有忘记，世代相传的大量理论根据都说明教会应由世俗君主来统治。但是，1720年以前，这些理论根据基本上不起作用。宫廷和各大家族的无数成员对宗教十分虔诚。他们可以通过充任牧师和主教而得到。此外，耶稣会士在大学中占有公认的优势，并拥有行为检察官的权利。这一切都阻碍着反教会努力的发展。仅有的一点反教会努力总是抓住同教皇的争执死死不放。他们在王位继承战争期间为反对教皇而大声喧嚷，但并未使天主教会对日常生活的影响有所减弱。远在阿尔卑斯山高地河谷和波希米亚北部的幸存新教势力也未能做到这一点[①]。即使在新教受到法律允许和国际条约保护的西里西亚[②]，天主教各教派也权势甚大，极其富有。实际上，高级神职人员在奥地利每个

---

[①] 汉堡的贝思哈德·劳帕赫于1717年开始收集材料，准备撰写关于奥地利新教的历史巨著《奥地利的新教》（汉堡，1732年）。该书1740年的一句献辞是赠给奥地利路德教会的："感谢全能上帝，将路德教堂奇迹般地，半公开、半隐蔽地保持到今日。"

[②] 参见《新编剑桥世界近代史》第5卷，原文第484页；第6卷，原文第431页。

领地都属特权集团之列。因此,哈布斯堡君主对教会财产征税一向很困难,在某种程度上还得不偿失。当时,除下层神职人员仍较贫穷以外,教会的财富不断增加。另一位大建筑家雅各布·普兰德陶尔的蔚为壮观的业绩为此提供了佐证。他分别于1702—1711年、1708年以后和1918年以后在多瑙河谷的梅尔克、圣弗洛里安(其量更大)和戈特魏格重建了本笃会修道院教堂,其规模十分宏伟。[1] 然而,各教派的学术活动同当时的大学一样,不那么令人钦佩。但不管怎样,1700年以后教会的确比过去活跃了。

这段时期哈布斯堡王朝的经济一直停滞不前,这是由于它的内陆型经济本来就不利于发展,而上层贵族和上层教会势力在哈布斯堡王朝各领地皆占统治地位的状况无疑也是其原因之一。经济发展的阻滞首先使市民深受其害。有产阶级从西欧购买所需的奢侈品。奥地利往往将生铁和亚麻等原料出口到帝国各邦,由它们制成商品,再由奥地利人重金购回。然而,普通人的购买力却十分低下。为了应付这种局面,市镇工业垄断者和行会对工业生产实行了严格的限制。中世纪的城镇曾经顽强地保护过自己垄断工业生产的权利,但是150年来,尽管行会和垄断者极力抵抗地主势力,但地主势力还是不断侵蚀着这种垄断权。大地主们喜欢直接同来自帝国各邦的外商打交道,或者喜欢与行商打交道。他们在城镇获取越来越多的财产,而且市政府还逐步免除了对这些财产的税收。在勃兰登堡—普鲁士等地区的市镇,大地主们还建立了自己的酿酒场,因而使当地市民大为不满。大庄园除了生产粮食和木材以外,还建立了国内制造业,其生产规模远远超过自由市民及其雇佣手艺人的作坊。市民和小贵族的利益是息息相关的,他们一起走上了下坡路。

---

[1] 但是,一些保守派牧师曾反对为建造修道院而大兴土木,因为这样做会使教会债台高筑。

面对这种情况,自由市民死死抱住一个极为有限的市场和市场内不太稳定的垄断地位。他们顽强地维护自己在严密的行会组织中的世袭权利,并且对技术革新深怀敌意。对这个十分棘手的问题,政府并没有坚持采取措施加以解决。诚然,一些政治家却意识到,哈布斯堡王朝各领地在彼此之间的贸易中和与邻邦的贸易中的逆差,减少了国家的财源,而且生意越兴隆的市民要缴纳的税款越多。虽然几代哈布斯堡君主都宣布要审查所有的行会规则(新皇帝即位时尤其要这样做),但他们在这段时期从未冒险修改过行会规则的基本内容。帮工为当时的社会作出了极大的贡献,但代价高昂的杰作("招收限额")和其他一些条件却一直不准帮工成为行会师傅。[①] 直到18世纪20年代,奥地利才第一次出现了政府认真干预的迹象,其目的在于改善受行会欺压的未经批准的手艺人的法律地位。在此以前,皇帝仅仅满足于让宫廷伙食供应商不受行会条例的约束。利奥波德一世的宫廷大约有500名这类"免受限制的臣仆"(Hofbefreite),但他们大都是外国人。例如,维也纳的一批外国进口批发商也享有一些永久性特权。此外,德意志许多君主对他们所依赖的"宫廷犹太人"也给予这种特殊待遇。[②]

另一方面,当时有许多工匠把新技术和新行业引入国内,利奥波德及其儿子们也逐步将专有权授予了这些人。1672年在林茨成立的毛织品厂、1702—1703年在维也纳新城和维也纳建立的各种工场都曾得到专有权。其中有一个典型的例子是:1717年,一位萨克森境内迈森城的匠人带来了制造瓷器的秘密;翌年,同军需总署保持正式关系的一个企业获得了瓷器制造专利,

---

[①] 这就使女继承人在狭小的自由民社会中具有十分重要的地位,因为她可以将父亲的特权地位转让给丈夫,而其丈夫在别种情形下可能无法获取这一地位。

[②] 参见本书原文第788页。

从此开创了维也纳瓷器制造的光辉时代。于是,哈布斯堡各领地开始越来越多地制造本国所需的奢侈品。但是新行业的范围还很小,它并未影响农村地区的大多数小城镇,只有个别勇于创新的开明地主提倡本地区闻所未闻的新行业。

政府通过宫廷财政委员会对矿产资源施加的控制是比较有效的。施蒂里亚和奥地利的炼铁工业是哈布斯堡帝国主要财富之一。通过对它的研究,我们便可以了解政府的控制所取得的成果。当时,艾森纳茨的矿场和矿工以及恩斯河谷的熔炼工、铸造工和商人几乎全部联合成了一个公司,称为"因内贝格矿业联合公司",由一位政府官员任总监。该公司利用其广泛的权利制定了一套复杂的协议。根据这些协议,公司将特定的林区分配给各个矿场,并从特定的农业区购得食品,再以规定价格出售给工人。公司全盘控制生产,将生铁运往享有销售生铁特权的城市,并办理外贸业务。采取上述措施就是为了对炼铁业加以保护。奥地利的炼铁业曾于17世纪初破产,40年后又曾濒临破产。但是,到17世纪末,因内贝格矿业联合公司仍感到困难重重,不得不过分依赖德意志资本的支持。政府非但不在这方面助一臂之力,反而在战时向炼铁业提前征税,从而剥夺了它的一部分资源。生产成本上升了,其部分原因是1693年以后公司被迫为食品付更高的价钱,但又不能从工人身上补回来。此外,它的技术也比国外落后。林茨的贵族集团曾一致认为,聘请英国专家有利于技术水平的提高,但又害怕这些新教徒对领地农民产生同情。尽管1690年奥地利生产的铁矿石比一个世纪以前还少,但以后30年中,产量逐步上升。增产的矿石可能大都供给了国内制造业,而没有用于增加出口。[①]

---

[①] 奥地利最出色的工业品之一长柄大镰刀在东欧许多地方销路很好,但是,为了军事上的原因,宫廷军事委员会不同意将其售给土耳其统治下的巴尔干人。

在土耳其战争以前,奥地利同东南欧的贸易正在恢复,并面临着良好的前景,但这一切却被土耳其战争以及随后匈牙利发生的长期动乱所断送。1667年成立的维也纳东方公司于17世纪80年代破产。1698—1699年之间,尽管少数官员和个别外商为对外贸易出过不少力,但这方面一直没有取得实际进展。1718年,奥地利同土耳其人达成了有利于奥地利同巴尔干人开展贸易的协议。直到这时,外贸停滞不前的状况才告结束,协议达成后不久,新的维也纳东方公司宣告成立。1719年,查理六世成功地迫使威尼斯放弃了其对亚得里亚海航行权的世袭垄断权,并宣布的里雅斯特和阜姆为自由港(而他的父亲未能做到这一点)。查理还改善了从维也纳和维也纳新城经塞梅林山口通向海岸的陆上交通,后来修筑了横跨克罗地亚的"卡罗利那大道",使匈牙利有了到达海岸的道路。《帕萨洛维茨条约》迎来了通过这个朝南的方向有实现经济繁荣希望的时期。尽管如此,贸易发展仍然极为缓慢。的里雅斯特的光辉前程几乎还见不到影子。政府曾打算进一步将南方的贸易同奥属尼德兰的海外贸易联系起来,但这个计划也未能实现。另外,奥地利还曾希望利用亚得里亚海航行权避开威尼斯的港口使用税,并促进意大利与奥地利本土的交流,但它在这方面也面临着重重困难。在所有这些问题上,第一流的贸易顾问安泽尔门·弗莱施曼为查理出了不少主意。在君士坦丁堡、帕萨洛维茨和意大利等地举行的谈判中,弗莱施曼取得了出色的成就。

这段时期整个帝国的首要贸易中心也许仍旧是西里西亚的布雷斯劳。尽管布雷斯劳同匈牙利的贸易在此前已经衰落了,但这时又兴旺起来了。布雷斯劳有条宽阔的道路通向特斯切,并越过杰布隆卡山口(Jablangka Pass)进入上匈牙利。然而17世纪后半叶,特斯切的通行税上升到了空前高度。普雷肖夫各城镇和科希策实行的主要商品权力法又阻碍了货物的流通。除了托克利和拉科西等势力较大的扰乱治安者,一般拦路匪盗也令商人们感到不安。值得庆幸的是,同波兰和西方的贸易对西里西亚来说要重要得多。有关这段时期的史料都表明,西里西亚同荷兰人进行着巨额贸易。"大选侯"开凿的易北—奥得运河开辟了一条通向汉堡的希望之路。由于这里的通行税低于奥得河下游,西里西亚亚麻布从这里运往世界各地[①],因而至少有一个哈布斯堡王朝领地从欧洲的海外大扩张中得到了好处。17世纪末,莱比锡逐渐成为布雷斯劳和西里西亚其他主要城镇的主要贸易对象。

在从西里西亚到波希米亚北部这条宽阔的弧形地带,来自荷兰和德意志的商人还从农民(他们种植亚麻并用其纺线织布)及其地主手中直接购买亚麻布。这一地区的亚麻布生产对奥地利本土产生了影响。由于地方上乱收通行税,奥地利本土的亚麻布生意越来越不景气。不仅北部领地的亚麻布在德意志和意大利市场上的竞争力超过了奥地利产品,而且就连亚麻布贸易的路线也日益避开多瑙河中游流域,从另一条路通过摩拉维亚和波希米亚到达帝国各邦。还有资料说明,瑞士格里松斯对经过阿尔卑斯山的货物所收的税比哈布斯堡王朝领地蒂罗尔收的少。当然,贸易路线在国内的改道并不一定有损于整个哈布斯堡帝国,因为只要各邦产品能找到一个市场即可,而政府的确保证了这一点。另外,萨尔茨卡默古特的食盐也占领了波希米亚的大部分市场,甚至还进入了西里西亚。其中一个原因是,利奥波德对巴伐利亚和萨克森食盐的进口课以重税。但是将食盐从萨尔茨卡默古特向德意志出口却不那么容易,因为那里有巴伐利亚和萨克森挡路。这一情况为18世纪一场尖锐的关税战摆下了战场。这场斗争迫使维也纳为开放奥地利各公国和波希米亚之间的贸易采取最初几个步骤。至于奥地利与匈牙利之间的贸易,这在此后很长一段时期

---

① 见本书原文第866—867页。

内仍然是政治考虑的附属品和牺牲品。

哈布斯堡政府确实曾考虑过许多经济改革建议，但是时断时续，并且往往不了了之。这种消极态度同当时政治家们的特点无疑是有关系的。这些人不是大臣或神职人员，就是法学家或军事统帅。他们整天想的只是战争、宗教和法律问题。这种占优势的偏见所要造成的局面使经济改革看来的确不现实。对他们来说，最要紧的事当然是几乎连年不断的大规模的战争。1683年以后，奥地利在匈牙利进行了一系列旷日持久的战役。结果，贝歇尔和施罗德等重商主义理论家和"规划者"在战前提出的财政和商业建议便被悄悄地束之高阁。1688年，东西和解似乎已成定局。这时，利奥波德终于下令对全国经济作一次深入的调查，以便为制定刺激经济发展的政策打下基础。皇帝的短期目标是加强货币流通，以供政府征用。波希米亚、上奥地利和西里西亚等地当局进行了多方面详尽的调查之后，向利奥波德提交了报告。他们强调了下列问题：度量衡制度和货币制度混乱；道路破损；需要开放易北河和伏尔塔瓦河供航运；各领地内和边界的官方关税混乱，私人乱收通行税；过境货物估价方法过时。于是，皇帝建立了一个常设委员会，以制定和实施经济改革措施。然而，委员会成员基本上只是重复已知的事实和第一代奥地利"财政主义者"[①]多年前便已阐明过的老论点。即使这些人有所创新也于事无补了，因为，几乎与此同时，西班牙继承权战争爆发了。除1703年和1706年实行的金融改革之外[②]，经济改革仍像1683年以前一样一事无成。1714年和约签订后，某些经济改革终于开

---

[①] 这些写政治经济学的著者（参阅《新编剑桥世界近代史》第5卷，原文第45、195页；第7卷，原文第158页），都是从帝国各地来到利奥波德宫廷的，他们都死于1690年前后。值得注意的是，他们在奥地利国土上没有直系继承者；这个科目在德意志讲授很长时间以后才被奥地利大学所采用。

[②] 参见本书原文第310页及以下各页。

始了。1716年后，货币兑换制度有了改善，度量衡制度也得到进一步统一。政府在波希米亚、西里西亚和内奥地利设立了区域贸易委员会，以促进贸易。这些委员会对收通行税者、行会和市镇垄断者等既得利益集团开始逐步采取措施。这样做常常遭到地方上的强硬反抗。宫廷财政委员会也提出了抗议，因为它害怕失去税收来源。除上述问题外，任何人都不敢审查税收与农民的状况这两个根本问题，中央政府对此更是视若畏途。

总而言之，直到这段时期的末尾，政府才采取措施推动经济发展，但态度仍不坚决。特别不幸的是，1720年以后，查理六世本人对国内改革的热情冷了下来，并且未能兑现对其统治的头10年许下的诺言。在查理六世及其父在位期间，奥地利王朝征服了四面八方的大片领土，然而，有效地治理国家仍然是这个王朝力所不及的。

（陈养正　译）

# 第十九章

## 土耳其人的退却,1683—1730年[1]

奥斯曼帝国在欧洲领土面积最大的时期是1672年攻克波多里亚的卡梅涅兹要塞(卡门尼·扎顿要塞)之后,它把伊斯兰世界的疆域一直扩展到德涅斯特河的中游。在这段边界的西南,位于德涅斯特河与多瑙河之间是摩尔达维亚和瓦拉几亚两个进贡的公国,这里是由土耳其苏丹指定的宫廷官吏进行治理的两块富庶低地。在这两块低地另一边,隔着喀尔巴阡山,特兰西瓦尼亚王也和奥斯曼帝国宫廷保持着同样的依附关系。匈牙利大部分(只有约五分之一是处在哈布斯堡王朝统治之下)被分为几个直辖省——位于东部的泰梅什堡;位于西部的新扎姆基、卡尼扎和最西部的瓦拉日丁;在北部有埃格尔,特别是还有布达。整个帝国有近40个省,划为若干个行政区,各行政区都是按照大致相同的管理办法进行设置的,但规模大小差别很大。在这些行政区里,一般由一位常驻当地的帕夏作为土耳其苏丹的代表,分别称为省长和行政区长官。多瑙河和德拉瓦河以南地区,是奥斯曼帝国最大的省份鲁梅利亚,它的范围包括现在被称为土耳其的欧洲

---

[1] 感谢V.J.帕里博士、纳明·斯特里特夫人和H.S.戴汤神父为本章某些地方给予指点。

部分的全部，保加利亚、塞萨利、南斯拉夫大部以及阿尔巴尼亚；不过波斯尼亚和摩里亚河流域（the Morea）各设单独的政府，而克罗地亚大部归维也纳统治，达尔马提亚沿海岸部分地区归威尼斯统治；拉古萨（Ragusa）共和国则像萨洛尼卡（Salonica）一样，作为巴尔干对外贸易的重要门户，仅向苏丹进贡。希腊群岛和爱琴海的加利波利等某些沿海地区以及摩里亚河流域和利班图行政区，直接归帝国海军的海军帕夏（Kaptan Pasha）管辖；克里特岛是在前不久的1670年才从威尼斯手里并入这个地区的。在地中海彼岸的北非伊斯兰各国的"摄政"，尽管土耳其驻军的统治尚未深入到那里的山区或沙漠，但他们也承认土耳其苏丹的宗主权。① 它们不用进贡，但接受赠送来的火药并积极参与苏丹在海上进行的战争。

在亚洲，奥斯曼帝国的疆域自1612年以来就已缩小。祖哈布和约（The Peace of Zuhab，1639年）割让了波斯的6个省以及格鲁吉亚。在伊拉克，奥斯曼帝国统治的效能变动不定，取决于巴格达帕夏镇压沙漠地带阿拉伯人是否成功，这些阿拉伯人是整个红海地区甚至叙利亚日益增长的动乱的不安定因素；1694年，他们与沼泽地带的阿拉伯人联合占领了巴士拉（Basra），只是在波斯干预之后，巴士拉才归还到土耳其苏丹手里。游牧的阿拉伯人或土库曼的牧民，还有处于半游牧状态的库尔德人经常袭扰阿勒颇（Alleppo）至巴格达之间的商路，因此贸易往来只好改道向北经特拉布松（Trebizond）和埃尔佐勒姆（Erzurum）进入波斯。奥斯曼帝国在叙利亚的势力虽比较大，但也因一年一度改换总督而遭到严重的损害。总督

---

① 参阅本书原文第553—554页。关于土耳其人将当地居民分而治之的办法，参阅M. 埃梅里著《十九世纪上半叶阿尔及利亚的特权部族》，载《年鉴》（*E. S. C.*）第21期（1966年），第44—58页。

不得不在无法依赖驻军的情况下与根深蒂固的地方派别进行斗争，这种局面一直延续到18世纪，从这些斗争中涌现出一批属于王室体系的帕夏，才为这一地区的稳定提供了一定程度的希望。土耳其政府对黎巴嫩山区的动乱基本上是放任自流，不过要求西顿（Sidon）和大马士革的总督们要保证税收来源不断。结果，这些总督就卷进了复杂的部落和宗教的派别之争。从1711年起，这个山区大体上是由谢哈布族（Shihab）进行统治，该族允许基督教的影响不断扩大。[1]

在阿拉伯人的省份中，安纳托利亚和鲁梅利亚较之其他省份受到了最为彻底的控制，这两个省承担着比其他任何省份都大得多的帝国捐税负担。尽管1695—1696年进行了改革，埃及向奥斯曼国库最多只贡献它估计盈余额的三分之二，而且经常少于三分之二。[2] 自1586年以来，在开罗的总督曾经不得不镇压多起军事叛乱，但他们的处境由于从制度上保存了马穆鲁克（Mumluk，中世纪埃及的一个军事统治阶层的成员）辖区而进一步复杂化了，原来只有一小批主要是由瑟尔卡西亚人组成的军事显贵，现在却包括来自波斯尼亚以及其他地方的埃米尔[3]。人人皆知这些贵族曾经废黜土耳其苏丹的代表并在君士坦丁堡阴谋策划过反对土耳其苏丹本人，但在他们内部存在着极大的分歧。在1711年发生的"大暴动"中，有6个其他军团在开罗攻击近卫军，从而引起了一场历时70天的大屠杀。在那次大暴动之后，埃及的权力之争又像1631—1660年那样集中在卡西米叶（Kasimiyye）

---

[1] 德鲁兹（Druze）和马罗尼特（Maronite）社会的古宗教地区分布状态也开始崩溃，见P. M. 霍尔特著《埃及和富饶的新月，1516—1922》（1966年），第122页。

[2] S. J. 肖：《财政和行政机构与奥斯曼埃及的发展，1517—1798年》，普林斯顿，1962年，第6、297、304—305、316、400页。埃及人进贡时多采用来自阿比西尼亚的黄金，参见R. 曼特兰著《17世纪下半叶的伊斯坦布尔》（1962年），第234—235页。

[3] 见前引霍尔特的著作，第73页。

和菲卡里叶（Fikariyye）两大家族之间的殊死的争斗上。双方都在早先分派的基础上，在工匠、农民以至游牧者中间造就一批追随者，这种活动一直延伸到上埃及这个菲卡里叶家族势力比较强大的交界地区。总督只能依靠这两个势力范围很广的家族集中的一个（1714—1730年成功地依靠了卡西米叶家族）实行统治，尽管这些家族内部孕育着分裂为小派别的趋向。然而，1692—1711年间，开罗经常发生骚乱，主要是由于近卫军士兵无组织无纪律并由此而引起的不满造成的。而且埃及也和其他任何地方一样，食品价格昂贵（再加上各种特权和搜刮勒索）也是形成这种动荡不定局面的一个原因，对于这一点还有待调查研究。

到了1700年，虽然远至马萨瓦（现埃塞俄比亚港口）和昆菲哈（Kunfidha）的红海所有港口都还有土耳其的地方长官和驻军，但赫贾兹（Hejaz）的统治者——麦加行政司法长官已经公然反抗土耳其苏丹。同样，在波斯边境至黑海之间的山区[1]，中央政府也已放松对一些世袭库尔德酋长的武装控制。尽管如此，在黑海的北部，奥斯曼帝国政府对克里米亚的统治者仍然掌握着牢固的宗主权，而这些统治者又支配着瑟尔卡西亚（Circassia）和比萨拉比亚（Bessarabia）。根据这一状况，黑海比红海更有理由被视为奥斯曼帝国的"内海"。然而，土耳其人并未忘却，就在前不久他们的海军忙于进行克里坦（Cretan）战争之时，哥萨克的"海鸥"曾经袭击过他们的沿海地区，也未忘记顿河哥萨克是怎样于1637年占领了阿扎克（Azak）并把它奉献给俄国沙皇。南部一望无际的大平原地区政治上的不稳定，如同高加索一

---

[1] W. 福斯特爵士编：《17世纪末的红海及临近国家……》（1949年），第18页。论奥斯曼帝国的亚美尼亚、库尔德斯坦和格鲁吉亚的混乱局势，见H. A. R. 吉布和H. 鲍恩合著《伊斯兰社会和西方》第1卷（18世纪的伊斯兰社会）第1部分（1950年），第162—165页。

样，是造成奥斯曼帝国和其邻国发生摩擦的主要因素。这些邻国与奥斯曼帝国之间的分界线，与其说是用众所周知的疆土范围进行划分，不如说是由他们保护或试图利用的处于半游牧状态的好战部落所占据的变化不定的地盘来确定的。鞑靼人是奥斯曼帝国奴隶市场货源的主要供应者。

奥斯曼帝国的疆域大都采取纵深防御，由无数要塞以及一定规模的常驻军队来守卫，这种情况在匈牙利以及多瑙河沿岸体现得尤为明显。多瑙河下游由维丁（Vidin）要塞控制着，而在其上游则有布达和贝尔格莱德要塞。贝尔格莱德要塞是土耳其最杰出的要塞，它显示出土耳其人精于建造堡垒的艺术，它在萨瓦河流入多瑙河之处，有一座坚固的三面具有围墙的城堡。这座"战争之圣宅"通过一条途经尼什（Nish）、菲律普波波利斯（Philiplpopolis）和亚德里亚堡（Adrianople）的军用公路与首府连接起来，但多瑙河本身却更多地用来给欧洲战役运送补给，而贝尔格莱德则是这次欧洲战役的最大补给基地，特别是在战马的补给方面。奥斯曼帝国的心脏地区由坚不可摧的防御工事以及黑海北部的一系列要塞进行保卫：如分别位于德涅斯特河附近及其中游的卡梅涅兹（Kamenets）和乔汀（Chotin）；位于德涅斯特汀下游的本德（Bender）；在布格河（Bug）河口附近的大津（Ozü）；以及位于第聂伯河三角洲南面的基尔布伦（Kilburun）（库普鲁卢家族里的第一位宰相就曾用这些工事来保卫达达尼尔海峡）。再往东，对奥斯曼帝国至关紧要的亚速海要害部位则由阿扎克和刻赤控制着。

在远离帝国同族人居住的地区之间，交通往来主要依靠小船和运货的牲口。凡有公路的地方（主要在巴尔干半岛），这些公路也像河流或商路一样经常遭到土匪的抢劫，或被负责保养这些公路的村庄或慈善团体弄得破烂不堪。各种各样的人来来往往，有信使、士兵、朝圣者、游牧的人以及迁移的农民，这些人流显然多于商品运输，而对外贸易又比国内贸易多。官僚机构对分配性商业煞费苦心地进行控制（这些商业适合于供应军队以及较大的人口中心生活用品），再加上各种间接税收，挫伤了有经商头脑的希腊和犹太这些少数民族的事业心，实际上这些少数民族经商的事业心主要是靠与西方的贸易往来推动的。在帝国内部，各条交通要道都以陆路或水路的形式在首都会合，但那些著名的历史港口如特拉布松（Trebizond）、士麦拿和亚历山大港等仍然是地中海、波斯湾、红海和印度洋之间大批货物来往运输的重要港口，同时还有相当大量的小商品经由许多穆斯林朝圣通道进入麦加。从西方流入地中海东部诸国及岛屿的大量的各国货币[①]也都流入波斯和印度，势必也会影响土耳其帝国货币的不稳定。

自1584年预算出现赤字以来，外国投机买卖和美洲白银也是造成奥斯曼帝国硬币"阿斯普里"[②]（Aspre）不断贬值的原因。铜币很快也遭到贬值，而土耳其"皮阿斯特"则贬得较慢，这两种货币的贬值都是在1687—1688年间开始的。由于多数人的薪金固定不变，这种通货膨胀不得不主要归咎于官吏和军人贪得无厌的掠夺，他们中间有些人每办一件事都要报酬。与某些其他国家的经历恰恰相反，在土耳其价格政策似乎没有促使任何值得注意的新兴资产阶级的出现，因为在土耳其，政治上和财政上的条件多用来作为发财的手段，而不是用以解决贸易上的全面萧条。[③] 按照笛福（Defoe）这样一个进步的西方人士的观点来看，

---

① 参阅本书原文第552页。

② 这种小银币的重量只有1570年含银量较高的硬币的四分之一，仅作为一种计算货币单位保存下来。1687年，一个银质的土耳其"皮阿斯特"值160个"阿斯普里"。有关奥斯曼帝国货币见前引曼特兰所著的书第233页及其后。

③ B. 刘易斯：《对奥斯曼帝国衰落的某些见解》，载《伊斯兰研究》第9卷，1958年，第111—127页。

土耳其人他们自己就"反对商业……少得可怜的商业!"[①] 他们的外贸不是由欧洲人来经营,法国和英国人在土耳其经营外贸的越来越少,外贸大部分落到犹太人、亚美尼亚人、希腊人和黎巴嫩人手中。在主要港口,犹太的中间商对欧洲人来说是必不可少的,但与波斯和东方各国经由陆路来往的贸易,在土耳其也和俄国的情况一样,大量控制在亚美尼亚人手里。在里窝那(Leghorn)和马赛都有亚美尼亚和犹太的侨民。希腊船主已经控制了黑海和谷物的贸易,而且前途无量。1702年罗马教廷支持希腊船主反对马耳他人处理战利品的海上军事法庭之后,希腊船主在地中海得到了更大的行动自由。截止到1700年[②],希腊人的各个商业机构,以正在发展着的马其顿萨洛尼卡港为基地,在意大利以及整个奥斯曼帝国建立起一个商业网。银行业看来主要为犹太人所独占,但实际上也为、而且日益为善于钻营的亚美尼亚人所控制;他们作为短期的贷方,对当地的帕夏影响很大。在君士坦丁堡迷宫般的小巷里居住的犹太人数居欧洲首位,他们除中间商外,还有手艺人。

另一方面,土耳其传统的产业行业范围之广,给人以深刻的印象,这些行业均受管理市场的一批高级警察管辖,同时也从属于一个综合性的行会系统,这个行会系统不惜牺牲竞争条件来保证质量。在主要城镇,参加穆斯林行会的人也大量被征入享有特权的近卫军军团,因而这些人具有两个组织机构可以申诉他们的不满;实际上他们还有第三种身份,即他们中间多数人还属于伊斯兰教贝克塔希(Bektashi)托钵僧派的分支机构,这些机构对

---

① 《英国贸易的一个计划》(1728年,牛津1928年重版),第10—11页。
② R. E. 卡瓦里约罗(Cavaliero):《18世纪马耳他人的衰落》,载《马耳他历史》第2卷,1959年,第224—238页;前引曼特兰(Mantran)著作,第56页;N. G. 斯沃罗诺:《18世纪萨洛尼卡的贸易》,1956年,第195页及其后。

## 第十九章 土耳其人的退却，1683—1730年

活跃在伊斯兰教下层教徒中的许多异教团体影响最大。以上三者联合起来组成联系大城市的枢纽，并为这个时期对内政策的贯彻执行提供一个主要依靠，因为当时土耳其苏丹对首都的一场暴乱较之整个省的叛乱更为害怕。

城乡差别在奥斯曼帝国比在基督教统治的地区更为明显得多。这些城镇除了具有众多的行会和一些居民稠密区（这些居民区常以相同的信仰或同一种族为其特征）[1]，并具有一些在对立的宗教或种族之间进行活动的现成组织外，城镇还是宗教讲学以及个人和公共消费的活跃中心。只有在那些普遍拥有土地所有权的城镇附近地区，耕种者的生产看来才能有所剩余，他们的劳动成果没有全部被迫以低价出售或用以支付代偿金、纳税、偿还欠款以及发放赏金所吞没，这些负担长期累积下来，不仅是由于贪官污吏，而且也是由于行政官员的经常调换造成的。农村的这种剩余一般也越来越为税款承包人所侵吞。税款承包制代替了古老的军事封地，泽迈特（Zimmet）和泰马尔（Timar）[2] 这些税承包逐步合法或非法地落入朝臣或其他投机商之手，有的还把弄到的税款承包范围联成面积更大的一片。这些承包人中有的还把他们世袭的权力逐步运用到他们的税款承包地上去，并开始形成地方显要中的新贵族。但有许多人并不亲自经营土地；他们的代理人如同以前的或别处的代理人一样，可能会比居住在当地的原军人（Sipahi）阶层更为苛刻而且更加缺乏远见。那些税款承包

---

[1] 关于奥斯曼帝国人口的一些城镇情况参阅本书原文第542页；前引曼特兰所著的书第37页及其后各页分析了君士坦丁堡的人口（有附图）。

[2] 一块泽迈特年收入为2万—10万阿斯普里，数量更多的泰马尔年收入略少于2万阿斯普里；一块年收入多于10万阿斯普里的封地叫做赫斯（hass）。1668年史学家保尔·里考特爵士（Paul Rycaut）调查了每个区长拥有的泽迈特和泰马尔数量〔见《奥斯曼帝国现状史》（1682年）第5版，第332页及其后各页〕，同时也估算了他们所征士兵的人数。

人自然要努力去填补他们的支出（承包税款如同多数公职的价格一样是由于竞争性出价的结果），而不考虑耕种者恢复体力问题。虽然说1692年开始实行对劳动强度作出某种限制的终生契约，但这一事实正是最为雄辩地说明了中央政府的软弱无能，以及其开支的日益增长。

虔奉宗教的基金会（这是穆斯林宗教组织和许多公用事业的经济基础）的行政官员和收税人声名狼藉地剥削当地的农民。那些不信奉穆斯林的人也必须交纳人头税，而东正教的基督教徒则要受到某些希腊教士的敲诈勒索。总之，农业的主要情况是，若不是处于收缩期的话，至少也是处于萧条、不景气的状态，其经营方式极大地受到农村习俗影响，而且是以家庭形式为主。这种农业生产的主要目的是自给，其中占主要地位的是饲养牲口和进行以物易物的交换。巴尔干的城镇很少不是这样的中心，而匈牙利低地的城镇则早就变成来自荒废的森林、沼泽地或广旷平原的人和牲畜的避难所。科秋·贝（Kochu Bey）早在1630年就已经注意到被人们遗弃的村庄的数量，而且18世纪早期一位土耳其评论家[①]后来也着重指出农民迁移造成的灾难，这种迁移正是土耳其苏丹传统的政策所一贯禁止的。

这些情况对士兵的来源是不利的。首先，战争勤务和税收的负担主要落在鲁迈拉和安纳托利亚两省的肩上。这种"封地"组织是欧洲土耳其和小亚细亚的主要特点，这一特点造成军队中最大的单一成分，包括省帕夏和他下级招募来的骑兵也都来源于

---

[①] 财政部长迈赫迈德帕夏有关奥斯曼帝国治国术的著作由W.L.赖特翻译成英文，书名为《大臣（Vezirs）和省长参考手册》，普林斯顿，1935年。注意第119页。据M.佩西（Pécsi）和B.萨福尔维（Safalvi）《匈牙利地理》一书第167页称，匈牙利村庄在土耳其占领期间数量减少了一半以上。参看H.安东尼阿迪斯—比比科：《希腊被遗弃的村庄》，载R.罗马诺和P.库尔宾合编：《11世纪和18世纪被遗弃的村庄和经济史》，1965年，第379页及其后。

第十九章 土耳其人的退却,1683—1730年

这个组织,这是18世纪后期私人雇佣军队的核心。但骑兵(Sipahi)领主的数量在减少,而且常常无法承担长期战争的重担,因为从农民身上搜刮来的收入下降情况终究是要表现在他们的财力上。况且,那些能如期支付封地义务的人正是那些能够通过行贿而免除义务的人,而其他的人则担心对战争不出力会招致竞争者要求收回他们的封地从而夺走他们的收入。① 因此,所有的帕夏都日益被迫更多地用承包税款的收入来维持地方性军队。另一方面,雇佣职业兵的大量增加早已反映出16世纪战争艺术的变化。在这种正规军中,诚然,常备的骑兵因接受了煽动的影响,曾被第一位库普鲁卢大量裁减。② 而近卫军的特点是主要骨干是世袭的。尽管如此,它的战斗力也削弱了,因为谁出钱即可免服兵役,而且未经训练的士兵数量太多。"他们从未有过这么大量的士兵,也从未有过这么少量的部队,"一位1701年在安纳托利亚旅行、眼光敏锐的植物学家皮顿·德·图尔纳福尔(Pitton de Tournefort)评论时这样写道:"军官们……要士兵去为他们从事家务劳动,并把那些应服兵役的人交来的钱……放进了自己的腰包。这个庞大帝国感染上了贪污腐败风,腐败风似乎也正以某种莫名的动乱威胁着这个帝国。"③ 许多近卫军士兵从事民间的行业,因此军团也变成了一个类似民兵的组织。在埃尔祖鲁姆等那些偏僻的地方,平民老百姓为了免受驻在邻近地区的近卫

---

① 前引吉布和鲍恩合著的书,第1卷第1部分,第190页。"封建"和"封地"两个词的词义是相近的。

② 同上书第185页注中指出,估计1687—1703年间此数为1.5万—2.6万之间。参见A. N. 库拉特编《驻君士坦丁堡大使罗伯特·萨顿(Sutton)爵士1710—1714年的信件》,载《坎登社》(Canden Soc.)第3集第78卷(1953年),第32页。关于奥斯曼帝国军队的一般组成,参见本书原文第743页。

③ 皮顿·德·图尔纳福尔著,J. 奥捷尔译:《到地中海东岸地区去旅行》(两卷集)第2卷,伦敦,1718年,第35页。

军士兵的欺侮而花钱买个兵当。① 这些由当地人参加的辅助军队和职业军队之间的争斗，如同军团首领之间以及各军团连队或"家族"之间的忌妒一样，可能成为错综复杂的城镇政治结构的一个重要成分。尽管宗教信仰和对战利品的喜爱可能驱使近卫军士兵去勇敢作战（所以需要一段长时间的和平才能完全毁坏他们的战斗力），但他们作为士兵已经比不上欧洲土耳其的守卫部队，这支守卫部队（尽管有无故缺勤）由于拥有奥斯曼军队最强悍的士兵，即阿尔巴尼亚和波斯尼亚的士兵而英勇善战。几乎可以这样说，土耳其近卫军只服从他们自己的苏丹，就连战争时统率三军的宰相本人，即使在宰相权力达到全盛时期也不敢在没有军官的配合下任意惩罚违反纪律的士兵。他们中间具有更大破坏性的，严格地说是那些军械士、运输兵和炮兵军团的士兵。炮兵由于武器数量众多，在攻城时仍然很有威力，他们的野炮与攻城用的大炮相比只不过是口径大小不同而已。② 土耳其军队的工兵早在博纳瓦尔（Bonneval）改革之前，在一定程度上，就已经从改信伊斯兰教的人身上得到好处；英国和荷兰的坑道工兵在攻克坎迪亚（Candia）时出了力，而且1705年刻赤和本德城堡的构筑就委托给一位意大利北部的摩德纳人（Modenese）。③

17世纪90年代，如同恐欧心理在人们心目中扎根一样，欧洲的影响也发展得相当大。当时土耳其应用国外技术方面最引人

---

① 皮顿·德·图尔纳福尔著，J. 奥捷尔译：《到地中海东岸地区去旅行》（两卷集）第2卷，第195页，大量民间工匠仍然被行会征集去随军远征，见 O. L. 巴坎著《16世纪伊斯坦布尔一个大清真寺工地上的劳动组织》，载《年鉴》（*E. S. C.*）第17期（1962年），第1097—1098页。

② 见 C. M. 西波拉（Cipola）著《炮与帆……1400—1700》（1965年），第93页注。土耳其炮手和造炮手在印度仍然受到尊敬（见《炮与帆……1400—1700》，第128页注）。

③ B. H. 萨姆纳：《彼得大帝和奥斯曼帝国》，牛津，1949年，第24页。

注目的一个例子是海军采用的大帆船。这种帆船首次在克里坦（Cretan）战争中出现，并且是在伟大的海军帕夏梅祖莫托（Mezzomorto）倡议推动下使用的。梅祖莫托的革新是16世纪以来奥斯曼帝国海军所经历的最为彻底的一次革新。不过，这支海军虽令人羡慕地不靠外国供应，而且能使敌人生畏，但它仍有严重的不足之处。卡拉·穆斯塔法（Kara Mustafa）早在1681—1682年就改组了海军司令部，而且在安塔利亚、加利波利、锡诺普、苏伊士，特别是在君士坦丁堡都设有最好的海军武器库，但海军帕夏主要依靠基督教徒人头税收入的本省资源不再能满足海军无论是金钱或其他方面的需要。结果采取的一个补救办法是通过出卖任职令来收买那些指挥埃及以西北非伊斯兰教地区各国快速帆船上变节的意大利、英国、法国和荷兰籍船长，这些人转变过来就是对土耳其苏丹舰队实力的最有效的加强。从海军帕夏到他属下各级军官都设法通过为政府物资储存和供应进行运输来赚钱以支付自己的开销。奥斯曼帝国也和地中海其他国家一样，找不到足够的奴隶满足军舰划桨的需要，当时这种用人力划桨的军舰仍然有多种用途。在17世纪90年代，他们有时能够编成一支拥有成百艘用人力划桨的军舰组成的舰队，但爱琴海那些国家的舰队，名义上一年到头常备不懈，实际上兵力很少满员，同时他们的船长收入不如以君士坦丁堡为基地的夏季舰队的船长，因此极力设法避免作战的伤亡和损失。使用大帆船，包括那些有大量武器装备的商船，需要的海员和炮手数量大得多。船上需要的这些人力没有固定的来源，只有在夏季还可从希腊沿海及岛屿上招募来一些兵力。这些人被称为"雇佣军"（levends）①，他们也和军舰上的士兵一样难以用纪律进行约束。土耳其人虽是划桨能

---

① 参见前引图尔纳福尔所著的书第1卷，第352页。1720年引进了一支西方式的救火队。

手，但不是好水手，而希腊人又绝非有科学头脑的舵手，似乎是只有那些投靠过来的欧洲人才是可以胜任的炮手。

整个奥斯曼帝国的形成，起源于一个抵御外敌的边防组织（frontier organization），它主要是为了同异教徒作战而组织起来的，就连它的内部事务评论家也都极力主张传教士要宣传"圣战的好处"。军队通常由宰相亲自指挥，并由地方帕夏率领封地征来的士兵。土耳其苏丹本人有时也亲自出征，但皇位继承人是在一种与世隔绝的生活环境中成长起来的，他们既无军事指挥能力，又无处理政治事务的能力。帝国的主要负担落到土耳其政府宰相及其庞大的办事机构秘书处肩上。现在领导整个帝国的正是这些能干而又忠诚的"伊芬迪"（efendis，意即先生、绅士），或被称为"耍笔杆子的人"，其中有些人是在宫廷学校而不是在寺院里培养起来的。行政职位上的提升越来越多地通过这条官僚机构的渠道，而不是依据财富的多寡来定，同时政府里的首席文书官（Reis Efendi）拥有被任命到省级政府任职的良好机会，有的人如穆罕默德·拉米（Mehmed Rami）甚至于1703年就被任命为政府的宰相。①

只要能得到土耳其苏丹的信赖，宰相的权力就非常之大，他仅仅受到三种势力的约束：其一是阴谋诡计，所有事务都是在钩心斗角中进行的；其二是近卫军，必须讨好他们；其三是包括司法和教士在内的穆斯林宗教组织的干预，这个宗教组织可对各级民事和军事机构造成影响。主管法律和教育的极端保守的伊斯兰教高级学者对各种重大的政治决策仍然拥有否决权，这不仅是因为他们有代表参加国务会议（这不过是一个顾问性质的团体）

---

① A. 豪拉尼（Hourani）：《18世纪富饶的土耳其苏丹面貌的变迁》，载《伊斯兰研究》第8卷（1957年），第89—122页；N. 伊兹考维茨（Itzkowitz）：《18世纪奥斯曼的现实》，《伊斯兰研究》第16卷（1962年），第73—94页。里考特（Rycaut）估计宰相的"办事机构"大约拥有2000名官员和仆从，每天发出命令之多达到了令人难以置信的程度，等等。（载《现状》第5版，第81、103页。）

和地区性的帕夏会议；而且，虽说近卫军有时可以推翻一位土耳其苏丹，但这些学者可以控制穆斯林舆论天天对土耳其苏丹施以压力。他们的主要发言人，伊斯坦布尔的释典官，尽管形式上土耳其苏丹有权罢免他，但他不是宰相必不可少的朋友就是宰相的死敌。然而，释典官和宰相都最害怕穿黑衣服的太监头目，因为这位内宫太监总管（Kizlar Agasi）不仅作为皇家清真寺主持人①握有无限大的圣职授予权，而且作为后宫的总管成为整个皇家内宫的太上皇。在这个皇室内，女人和太监结成的邪恶联盟组成了各种宫廷阴谋活动的中心。这些活动始终都以每个官职和各种财源为中心在不停地转动着，为了获得一官半职或某一肥缺还有一个确定了的礼品规格单。幸好许多"伊芬迪"（笔杆子）能够免于受害，然而他们不拒绝贿赂。包括省级帕夏在内的所有高级官员也无法进行抵制，宰相本人则境况更为糟糕。只有善于搞阴谋诡计的人才有可能获得宰相这一官职。没有几个人能够长期保住宰相这一官职的，从1683年到1702年，宰相就更换了12人之多。几乎连手腕最强硬的人也不得不在慷慨解囊和安稳地进行勒索这两件事上耍手段。他们的追随者中间，许多人知道自己任职的时间不会比上司更长，自然要抓紧一切时机捞取油水（当太阳好的时候就把草晒干），至于他们为谋取一个职位或一个包税地是否必须付出高于该职位或包税地的代价，或者他们本人是否称职，他们都认为无关紧要。放弃"戴夫舍尔姆"（devshirme）制度（指从基督教徒的后代中招募奴仆的制度）的最坏结果是什么，对此是有争议的，其最坏结果与其说是造成生来自由自在的已婚穆斯林近卫军士兵的堕落，不如说是让

---

① 据前引图尔纳福尔所著的书（第1卷，第363—364页）称，这些清真寺以及依靠它们的教育和慈善组织每年消耗了土地税的三分之一；这是一笔可以作为保卫宗教因而也是可供战争使用的经费。

那些有可能十分成功地进行钻营的人去攫取国家民事部门的职位，而那些职位往往为出价最高的人所得。不管怎么样，从这个特殊意义上讲，奥斯曼帝国的政体确实为"有才华的人提供了发迹的机会"。

库普鲁卢父子在1651—1675年曾把帝国从濒于崩溃的情况下拯救出来，但他们并没有考虑到要对帝国制度在结构上进行任何改革。那些对弊病（这些弊病比通常人们所认识到的要多得多，而且其存在的广泛性也远未被人们所认识）进行鞭挞的人寻求救国之道。如果他们不是对西方有所了解的穆斯林信徒的话能拿出的办法就只好是在据说能预见到全部需要的圣法的指引下恢复道德，和对违法者进行严惩。由于确信伊斯兰教的优越性而且顽固地无视他们帝国以外的世界，奥斯曼人赏识的只是西方的战争技术，直到法国革命爆发之后伊斯兰教徒才对西方思想有深刻的认识。[①] 长期缺乏的是用归纳法进行推理的再创造能力。穆斯林学者（他们事实上垄断着高级教育和学术研究）对他们所理解的异教徒的"推理"科学完全持敌视态度，并且运用他们的巨大势力禁止虔诚的伊斯兰教徒了解基督教徒使用的各种语言。甚至在比较先进的医学研究方面，尽管在土耳其有精于医术的犹太和法兰克的医生，穆斯林学者在18世纪才开始重视欧洲人在16世纪医学方面的发现。[②] 重用亲戚和贪污受贿也给宗教统治集团在已经确立的制度基础上增加了大量物质上的利害关系，尤其是他们的财产与土耳其苏丹世俗仆从（从严格的意义上讲还是他的"奴隶"）的财产截然不同，既可继承，又不会被没收。这个"学术界"的规模正在不断地扩大。

奥斯曼帝国的一些弱点也还可以归咎于数量很大的希腊东正

---

[①] 见B. 刘易斯著《现代土耳其的出现》（1961年），第53页及其后。
[②] 学会某些西方地理学的知识，土耳其可以绘制他们自己沿海地区的地图。

## 第十九章 土耳其人的退却,1683—1730年

教教士中的许多人身上。当时,这个世界性的宗教对君士坦丁堡的影响正在恢复。该教对新的思想意识视若仇敌,而且对其信奉者也进行无情的勒索:主教若在财政上不能按规定进行奉献,则他的教区就要被"判"给能出高价的人。① 一般来说,东正教的进贡者与傲慢而宽容的穆斯林教徒的关系较之处于少数地位的天主教徒的关系更好一些,这些天主教徒在各处都是心神不安地与东正教徒住在一起,他们这种状况也同样存在于建立了法国方济各会布道团的土耳其克罗地亚(Croatia)和希腊的一些岛屿。后来,迫使塞巴斯特的男修道院院长梅克希泰尔(Mekhitar)(他于1700年创建了一个天主教教会,对亚美尼亚文化的复活起了主要作用)搬迁的是东正教而不是穆斯林。

斯拉夫人、格鲁吉亚人和亚美尼亚人中间的部分基督教徒之所以没有在奥斯曼统治下被同化,无疑地至少是由于山地部族的强悍精神和对穆斯林宗教的憎恶心情,这两者所起的作用也不相上下。但这基本上是一种制造混乱的精神,<u>丝毫无助于进步</u>。他们想到的改良也是简单的改良,不是基督教徒所急需的那种改良,即勒索少一些和公正多一些。虽然巴尔干半岛部分地区由于政权不断易手而出现一种不稳定的因素,但出现像斯拉夫民族意识一类的骚动还为时尚早。如果说1690年"雷希察"(Rascian)塞尔维亚人大规模迁至匈牙利南部是东正教教士组织的,那也主要是由于人口增长过快和需要扩大牧场的缘故。这次搬迁规模之大、速度之快可称为是个奇迹。穆斯林教徒也和基督教徒一样,他们的村庄大都是自给自足,互不往来。就连造反精神很强的门的内哥罗(又称黑山)人虽不乏领袖人物,但也从未响应彼得大帝②的号召团结得像一个人似的进行斗争。虽然土耳其人很快就怀疑

---

① 前引图尔纳福尔所著的书,第1卷,第79页。
② 见本书原文第632页。

基督教徒同情敌对的基督教国家，结果如17世纪30年代那样发生了一场大屠杀，但经济上的困境在当时仍比思想上的分裂更容易在基督教徒中间引起骚乱。至于犹太人，仅举一个例子就足以说明问题了——希腊的翻译迅速成为奥斯曼帝国中央政府的正式中间人，但外国大使发现，犹太医生是比希腊翻译更容易向高级伊斯兰学者，有时甚至是向土耳其苏丹本人传话的途径。

在帝国政府机构成员中间，只有有本事的"耍笔杆子的人"才能在接受教育方面比得上包括基督教和伊斯兰教在内的所有担任教职的人士。他们的影响正在扩大，特别是伊斯兰教学者，这种人对广大国民思想的控制是任何其他人所望尘莫及的。因此，即使宿命论者确定发生变革的期限会比人们预料的时间提前，但也难以期待下层会发生任何带有进步意义的，或者是持久性的暴动。近卫军一再发生的叛乱，尽管他们也许会去支持穷人，或者对为数众多的保守行会中的一个表示不满，但严格地说这也不过是一些兵变或者是使用暴力进行的罢工而已，而不是真正的社会革命。人们拭目以待的倒是奥斯曼政体能否通过外来的征服而有所改变。

1683—1730年间，奥斯曼人享受了不到20年的和平生活。而单单是那场从围攻维也纳①开始的战争就整整延续了几乎与和平生活同样长的时间，应对发动那场战争负责并对战争失利负责的是过分自信。战争也严酷地考验了这种自信。1683年9月，卡拉·穆斯塔法（Kara Mustafa）庞大的军队溃败之后，又在帕卡尼（Párkány）附近横渡多瑙河时遭到更为惨重的伤亡，接着又放弃了匈牙利北部（Upptr Hungary）的格兰（埃斯泰尔戈姆，Esztergon）以及其他要塞。12月25日，宰相在贝尔格莱德被绞死。1684年3月5日在林茨组成的"神圣联盟"意味着利奥波

---

① 见《新编剑桥世界近代史》第5卷，原文第513—517页。

第十九章　土耳其人的退却，1683—1730年

德（Leopold）皇帝屈从于他的将军和教士的主张，退出反对路易十四的战争，而为支持教皇英诺森十一世的十字军远征去统一德国舆论。事实确实如此，利奥波德由于怀疑（波兰国王）约翰·索比斯基（Sobieski）对匈牙利的图谋，早已对维也纳的这位救世主持冷淡态度，并于1683年拒绝全面追随土耳其人。在其后数年里，尽管他期望收复波多利亚并实现他兼并罗马尼亚各公国的野心，但内部困难使这位波兰国王无力动员足够的军队来实现这些愿望。① 另一方面，通过与威尼斯和马耳他海上国家参加的神圣联盟，以及由威尼斯人控制的希腊海岛上的武装商船合作，他可以严重地骚扰奥斯曼的贸易，并可牵制多瑙河方面的军队压力。威尼斯人可以在波斯尼亚和希腊的基督教徒中间挑起动乱。因此，1684年土耳其人发现他们自己要在三条战线上作战，即匈牙利、波属乌克兰和亚得里亚海，此外还必须保卫爱琴海上的重要通道。同年10月，强悍的克里米亚鞑靼骑兵发动了波兰人对乔汀的一次新的进攻，地点就在1673年索比斯基打了胜仗的地方。但威尼斯人夺取了爱奥尼亚海（Ionian）上的圣毛拉岛（Santa Maura），而帝国军队司令洛林的查理五世公爵则在匈牙利北部迅速地占领了更多的要塞。

土耳其人在他们自1526年以来一直占领着的匈牙利进行了最激烈的抵抗，支援1678年以来的匈牙利起义领袖、对奥斯曼帝国称臣的伊姆里·特克利（Imre Thököly）国王。1685年，洛林的查理公爵征服了新扎姆基要塞，3000多名守军中只有200人幸存下来。奥斯曼帝国军队主力的指挥官伊卜拉辛（Ibrahim）帕夏强烈地感受到这一打击之重，从而开始了全面的和平谈判。这位指挥官因未得到新上任宰相的批准就采取这一行动而被处决，但这位宰相本人不久也被免了职。如此频繁地更换宰相和总

---

① 见本书原文第683—684页。

司令使得奥斯曼帝国及其军队更为混乱。令人费解的是土耳其苏丹穆罕默德四世本人的行为，因为他面临着这么多的灾难，却仍一味固执地沉湎于寻欢作乐，特别是他更为喜爱的打猎活动。有关他对日益发展的危机持一种明显的漠不关心态度的怨言已经开始传播。这种怨言四起的情况随着1686年被称为"伊斯兰盾牌"的奥斯曼匈牙利重要中心布达的陷落更加严重。布达的阿布迪（Abdi）帕夏至今仍为土耳其人铭记在心，他曾英勇地抵抗一支4万人大军的进攻达78天之久。9月2日该城经过激烈战斗之后陷落时，几乎所有的土耳其人均被杀掉，首先处死的是阿布迪帕夏。结果整个匈牙利的抵抗被镇压下去，特克利不得不放弃他的其余城镇，听任驻在埃佩（Eperjes）的卡拉发（Caraffa）将军监督下的司法恐怖进行蹂躏。①

正当土耳其军队主力忙于在多瑙河作战的时候，弗朗西斯科·莫洛悉尼（Morosini）利用他对海上的控制，不仅威胁奥斯曼帝国国库主要收入来源的那些来自埃及的船队，而且于1685年占领了摩里亚沿岸的许多据点。莫洛悉尼军队拥有1.1万人，其中半数是由德国汉诺威和萨克森的部队组成，由柯尼希马克（Königsmark）伯爵统率。这支军队严重感染上热病，且对莫洛悉尼的严格纪律不满。他唯一的一次有重大意义的战绩是1686年占领那波利（Nauplia），该地后来成为他的海军前进基地。可是次年土耳其人由于失去对希腊科林思（Corinth）湾入口处的控制而被赶出了摩里亚［但马尔伐西亚（Malvasia）一直坚守到

---

① 参看《新编剑桥世界近代史》第5卷，原文第498—499页，哈布斯堡一直进行到1691年。再参看本书原文第576页及其后。匈牙利历史学者认为，外国军队解放匈牙利国土并未受到当地居民的热烈拥护。参看O.贾斯吉（O. Jasji）著《哈布斯堡君主国的消亡》，芝加哥，1961年再版，第41页；H.马查理（H. Marczali）著，H.坦普里译：《18世纪的匈牙利》，剑桥，1910年，第2页。

1690年],然后雅典本身①也被威尼斯人占领。威尼斯人的一颗炸弹基本上摧毁了当时被作为一座火药库用的雅典巴台农神庙。

1687年不仅在军事上多次失利,这一年还出现了严重干旱,粮价也随之高涨。索比斯基率领他的军队深入土耳其领土直达摩尔达维亚首府雅西(Jassy),不过他的实力与英勇善战的克里米亚可汗赛里姆—吉莱伊(Selim - Girei)统率的、机动灵活的骑兵相比又一次居下风。塞利里姆—吉莱伊曾4次在克里米亚称汗。② 土耳其人自己首先在多瑙河采取行动,宰相苏利曼(Suleyman)帕夏期望此举能收复布达。但与他的愿望相反,他打了一场败仗,损失约2万人,而皇帝一方只有轻微伤亡。这一仗发生在8月12日,就在匈牙利的莫哈奇(Mohács)附近的瑙杰哈萨尼(Nagyharsány)。这则消息是由一位年轻而又相当沉默寡言的骑兵军官萨伏依(Savoy)的尤金传到了维也纳,这位军官就是在这些战斗中接受了一支归他指挥的军队的。12月9日,奥地利王子约瑟夫在布达接受了圣斯蒂芬皇冠。

在经受这些挫折之后,奥斯曼军队主力起来造了反。军队推选赛耶沃西(Siyavush)帕夏作为将军并要求土耳其苏丹任命他为宰相。军队从贝尔格莱德撤到亚德里亚堡的同时,要求处决苏利曼帕夏。穆罕默德四世没有拒绝,但他接受赛耶沃西帕夏为宰相仍不足以拯救他自己。他玩忽国事使人们的不满达到顶点,1687年11月8—9日,伊斯兰教学者和军队一起废黜了他。③ 这位"猎人"穆罕默德就这样最后被他的异母兄弟苏利曼二世(Süleyman Ⅱ)所取代,后来历史证明苏利曼二世(1687—1691年)是一位比较有才能的统

---

① 雅典人口当时估为1.7万人,自1580年后已有减少。O. L. 巴坎:《对奥斯曼帝国15、16世纪人口统计的尝试》,载《经济与社会杂志·东方史》第1卷(1957年),第27页。

② 1671—1678年、1684—1691年、1692—1699年以及1702—1704年。

③ 参看《新编剑桥世界近代史》第5卷,原文第518页。

治者。他登基后首先碰到的阻力是来自当时在首都暂时处于主宰地位的近卫军，他们组织的独断专行的政府延续了4个月，在此期间他们任命高级官员，抢劫皇宫并像在被征服的国土上一样胡作非为。在安纳托利亚、克里特以及贝尔格莱德也都发生过骚乱。然而，这些暴行正如土耳其政治上富于戏剧性改革的特色一样，至少是暂时起到了乱而后治的作用。新就任的土耳其苏丹政府依靠受到欺压凌辱的民众的帮助，设法把骚乱镇压下去，惩罚了近卫军士兵并把他们的一部分军官处以极刑。

在这些骚乱发生期间，哈布斯堡的主力部队成功地在没有遇到什么抵抗的情况下向前推进。1687年12月占领了北面的埃格尔。在南面，皇帝的拥护者在巴伐利亚选帝侯马克斯·伊曼纽尔（Max Emmanuel）的指挥下于1688年春天占领了要塞彼得华亭（Peterwardein）。通往贝尔格莱德的大门就这样敞开了。本来预计贝尔格莱德自己就可以长期坚守，但它只坚守了3个星期，于9月6日投降了，也许是被人出卖了。由于它的陷落威胁着塞尔维亚、保加利亚以及各个公国（所有这些地区内部都有人与维也纳进行接触[①]），土耳其政府这时也认真地试图进行和平谈判。土耳其政府派出一位名叫朱尔菲查理（Zulfikar）的高级官员和很有影响的首席翻译官亚历山大·马弗洛科达托（Mavrocordato）到维也纳去，表面上是去宣告苏利曼二世继任王位，实际上是去试探达成协议的可能性。奥地利皇帝的条件是要吞并特兰西瓦尼亚和匈牙利，因而这是土耳其政府完全无法接受的。为了迫使哈布斯堡同意达成一个更为合情合理的和平协议，土耳其人遂于1689年夏末发动了一场新的战斗。他们希望土耳其苏丹本人亲征会鼓舞部队士气一举收复贝尔格莱德。结果事与愿违，9月24日巴登的刘易斯侯爵（Margrave Lewis）占领了往南150英里处

---

[①] 见本书原文第577—578页。

第十九章　土耳其人的退却，1683—1730年

的土耳其人重镇尼什，而且不久又占领了他们的维丁。这样一来，敌人更接近土耳其苏丹的夏季行宫亚德里亚堡。尽管塞利姆—吉莱伊（Selim - Girei）汗带领大批鞑靼人赶到，拯救了保加利亚和色雷斯，但巴登的部分军队还是在那个冬天突入瓦拉几亚直到布加勒斯特。①

整个军事形势当时是如此严峻，君士坦丁堡的公众舆论在伊斯兰教学者支持下，要求选拔一位极有个性的人担任宰相（通常不为宫廷食客所欢迎），这时的情况和1656年完全一样，那时库普鲁卢·穆罕默德帕夏被授予不受任何约束的无上权力。1689年10月25日，土耳其苏丹任命库普鲁卢·穆罕默德最小的儿子费齐尔·穆斯塔法（Fazil Mustafa）帕夏为宰相。这位领"费齐尔"头衔（意思是"公正的"）的穆斯塔法帕夏是一位一致公认的最能干的宰相，后来任职不到两年时间就战死在沙场上，但他在任时成功地整顿了公务和军队松散的纪律；对办事机构进行压缩并实行减薪，就连皇宫里也都一律照办，当时埃斯普里（土耳其14世纪开始使用的一种硬币）也贬值三分之一。这时皇帝的地位因爆发九年战争而变得复杂化了，因而土耳其人期待这位宰相把敌人赶出巴尔干也是有道理的。正如路易十四所设想的那样，法国于1688年向莱茵兰推进，牵制了奥地利的主要部队，不然奥地利早就把这些兵力用于东线了，但在巴尔干打一场十年战争对奥地利人不会有什么持久性的收益。此外，匈牙利人在哈布斯堡统治之下也是不安于现状的：原来由土耳其人任命的特兰西瓦尼亚的米歇尔·阿佩费（Michael Apafi）亲王已经屈从于皇帝，但特克利（Thököly）仍然继续为匈牙利的独立而斗争。在1688年，当威尼斯人撤出了阿蒂卡（Attica），且在内格罗蓬特（Negroponte）又遭失利时，希腊战局已有转机，到了1690年又

---

① 见本书原文第579—580页。

大体上从通常由威尼斯军队逃兵中的阿尔巴尼亚人和达尔马提亚人组成的匪徒手里夺回对希腊北部的控制。同年,费齐尔·穆斯塔法在巴尔干半岛获得又一显要的胜利,于9月9日收复了尼什,一个月后又收复了贝尔格莱德。塞尔维亚和部分波斯尼亚又重新回到土耳其的统治之下。也就在这个时候,塞尔维亚的历史出现了一段最有名的插曲。在塞尔维亚东正教圣地佩奇(Peé)地区主教的率领下,成千上万的人(有的说总数达到20万)迁移到匈牙利南部荒无人烟的土地上去,希望从新的封建领主那里可以得到较好的待遇。[①] 尽管出现了这种情况,费齐尔·穆斯塔法下令禁止对他们的不忠行为进行惩罚,允许建筑新的东正教教堂和对旧的教堂进行整修,停止进行随心所欲的压迫,并采取他所能办到的其他措施来改善由于军队过境以及由于战争对正常生活的破坏而势必遭受重大损失的人民的生活。

苏利曼二世死于1691年,他的王位由同父异母兄弟艾哈迈德二世(Ahmed II)继承(1691—1695年)。1648—1730年间,前后接任王位的土耳其苏丹共有5人,只有他们俩人没有被废黜。土耳其苏丹更换了,但费齐尔·穆斯塔法仍然担任宰相的职务。他亲自率兵进入特兰西瓦尼亚,却不幸于1691年8月19日在扎莱凯曼(Zalán‑Kemén)附近的一次残杀中英勇战死。[②] 土耳其人退到巴纳特,然后在大约一年左右时间里双方都被战争弄得疲惫不堪,军事活动处于停顿状态。在又一次新的战斗打响之前,英国和荷兰派驻君士坦丁堡的代表佩吉特(Paqet)勋爵和

---

[①] V. L. 特比艾(Tapié):《1661—1715年法国与中欧的关系》(巴黎大学教材,两卷集,1958年)第2卷第187页还重点突出后来从各公国向特兰西瓦尼亚的移民。1670年哈布斯堡对匈牙利新教徒进行迫害之后出现过移民倒流的现象。参见本书原文第580页。

[②] 见《新编剑桥世界近代史》第5卷(原文第499页)以及第6卷(原文第580页)所述这次特兰西瓦尼亚战斗的后果。

雅各布·科利杰尔（Jacobus Colijcr）① 表示愿意出面进行调解。不列颠和联合省自然急于要他们的帝国盟友不采取威廉三世提出的从更为重要的对法作战方向上抽调急需部队的主张。然而，由于土耳其要价过高，调解未能成功。1693年再次进行调解，但这次调解也和1688—1689年的调解一样以失败告终，这次失败的原因是奥地利的条件过于苛刻。因此两个大国虽都有和平的愿望，但敌对状态仍然延续下去。奥地利于1693年9月试图再次夺占贝尔格莱德，仍未获成功，同样，1694年土耳其也未能攻下彼得华亭。这两地之间的河流和沼泽地带实际上使双方形成相持不下的局面。

威尼斯人以为奥斯曼海上力量薄弱，遂于1694年9月派舰队横渡爱琴海在希俄斯（Chios）登陆，上岸的部队约8000人，他们很快就占领了希俄斯。这一占领使土耳其丧失一个富饶的海岛，这个海岛是从亚历山大港到君士坦丁堡的船队经常中途停泊的一个很有用的海军船坞。此外，这一占领还意味着可能封锁达达尼尔海峡的威胁，这个海峡在克里特战争时就曾几次被封锁过。对土耳其苏丹说来，这一占领可能意味着要被废黜或者比废黜更为糟糕。像往常一样，土耳其人能够在极端危险的时刻和地点集中一支庞大的舰队：他们当时除用奴隶划的军舰外，还拥有约20艘速度快、作战能力强的大型帆船②；此外，还有16艘北非的武装商船可以进行增援。另一方面，掌握威尼斯军队指挥权的莫洛悉尼（Morosini）于1693年死后，他的继承人安东尼奥·

---

① 科利杰尔在父亲手下工作获得经验后，于1684年接任其父常驻使节的职务，并在君士坦丁堡一直待到1725年。其间他大部分时间还兼任俄国的非正式的代理人。

② 这种大帆船与用奴隶划的军舰不同，在俄国人侵亚速海时地中海还有这种大帆船。1696年以后，每年都有一些无关紧要的海上作战，威尼斯人在数量上略居优势。参见R.C.安德森著《东地中海的海上战斗》，利物浦，1952年，第223页及其后；另见本书原文第565—566页。

泽诺（Antonio Zeno）既缺人又缺钱。大肆抢劫使他与希俄斯人之间的关系处于一种尴尬的状态。他自己手下指挥官之间关系也不好。他的马耳他人辅助舰队也撤离了。还有传说谈到土耳其人要在摩里亚的阿戈斯（Argos）进行反攻。事实上，泽诺发现自己正处于莫洛悉尼临死前告诫他的同胞要不惜一切代价避免卷入的困境：即远离自己的补给线而且分散了有限的兵力，结果不仅没能把土耳其人赶出内格罗蓬特以保卫摩里亚，反而危及威尼斯人对摩里亚的继续控制。他把共和国精心积蓄起来的战争资源全部浪费在只有土耳其人自动放弃才能轻而易举地获得的胜仗上。① 1695年2月，威尼斯人撤出了希俄斯。

在新就位而且精力充沛的土耳其苏丹穆斯塔法二世（1695—1703年）的领导下，土耳其人再次发动军事上的攻势，但时间不长。1695年6月他坚持要亲征，并从奥地利人手里夺得了几个小地方，因而国内民众欢呼拥立穆斯塔法为"盖兹"（Gazi），即战胜异教徒的英雄。

鉴于在军事上多次遭到毁灭性的打击，而且又丧失了这么大片土地，土耳其人仍然保持如此旺盛的战斗精神是非同寻常的。在每次惨败之后，土耳其政府于次年春天都要补充一批新的部队、火炮和战舰。但这是在付出许多代价，如造成经济上严重混乱和社会弊病加剧之后才换来的。国家的开支，或者说部分开支是依靠提高税收，特别是提高对咖啡、烟草、公务员薪金所征的税金以及没收倒台官员的财产来解决的。1669—1697年，土耳其政府采取了一次大胆的尝试，通过铸造一种新的皮阿斯特和一种价值300个阿斯普里的新金币来提高币值。这几年财政部比17或18世纪中任何一个时期都更难以维持其收支的平衡。1691

---

① P. 阿津梯编：《1694年威尼斯人占领希俄斯》（1953年），第41页及其后。

年国家财政支出（其中约四分之三用于军事）超过收入约四分之一。① 确实，按照土耳其人的习惯做法，军事上许多勤务的实施，以及事实上所有市政工程的兴建和维护全靠慈善机构来负担。奥斯曼帝国的宗教虔诚感使接受这种捐赠资助的不仅有寺院、医院和贫民收容所，而且还有所谓的"战无不胜边防线"上的公路、船只和堡垒。但这些慈善机构的经营却成为有权有势的人激烈争夺的目标，而且大部分捐赠收入都挪作他用，有时还纳入私人腰包。② 类似的情况还有，如边境的一支驻军也许会发现他们的薪金被营私舞弊的政府代理人骗走了，这些代理人负责管理政府指定用来支持驻军生活需要的一批地产。这批地产经常由于缺乏资金无法耕种，或者由于耕种土地的人早已逃离而无人耕种，同时那些领不到薪金的驻军也都开了小差。

正如后来一位财政大臣指出的那样，财政部门是虐待农民的最终受害者，因为"国家依靠他们而生存，而且财富也是他们创造的"③。由于财政部门需要依靠"数量众多的臣民"，因而用下列辱骂性文字来谴责近卫军就不单单是出自一种对农民的怜悯心情：

> 说是"我们在战斗"，实际上他们什么丑事都干……他们土匪一般行事：他们并不满足于从路过的村庄得到免费和无偿的战马饲料，也不满足于能填饱自己的肚皮。他们还要掠夺基督教徒的马衣和破烂衣裳，要是他们能够抢到粮仓，

---

① 前引曼特兰所著的书，第236、240、257—259页。

② 许多家族把他们的地产（尤其是在城镇或靠近城镇的地产）改名为慈善机构所有以免被没收。穆罕默德二世土耳其苏丹在1826年击败近卫军之后进行一次巨大改革的主要目标是对这些慈善机构进行统一管理，并把这些机关的收入据为己有。参见刘易斯著《现代土耳其》，第91—94页。

③ 见前引怀特所著的书，第118页。

他们才高兴呢!①

许多本来是平静的地区,现在遭到了强盗般逃兵的蹂躏,在其他地区［例如塞萨利(Thessaly)］地方性的抢劫则不断增多。许多农民发现最好的办法是去当土匪,或者甚至设法钻进像那些"自称近卫军"的精锐军队中去,用不着从君士坦丁堡走出很远的路程就可以有收入。② 这些冒险家的闯入,有时还会以军官的身份安插进去去指挥老兵,这无疑只会使近卫军的纪律更为松懈。而且,这样一支人数臃肿的常备军队,还常以兵变的威胁进行敲诈,不仅要求补发拖欠的薪俸,而且还要求增加,结果每个季度开支的总金额(约占军事预算的一半)成为国库中最大的一笔开支。同时,日益贫困的状况也反映在"封地"部队的实力上,使帝国不得不依靠那些纪律较差的志愿者的力量来进行生死存亡的斗争。

正在这个困难的时刻,北方出现了一种没有预料到的危险。土耳其人过去常以倨傲的态度对待俄国。一般地说直接和俄国打交道的不是土耳其政府而是克里米亚的汗;俄国人遭到鞑靼骑兵的袭扰,在人员、牲畜以及赎金方面的损失确实是与日俱增,尤其是以哈尔科夫为中心的刚定居不久而且自卫能力很差的斯洛博达地方的乌克兰人(Slobodskaya Ukraine)遭到的损失更为严重。俄国军事力量软弱这一点还表现在 1687 年和 1689 年 V. V. 戈里钦(Golitsyn)王子两次出征彼列科普(Perekop)地峡的失利上。尽管索比斯基(Sobieski)曾经于 1686 年说服莫斯科人参加神圣联盟(Holy League)(以波兰人永远割让基辅作为交换条

---

① 见前引怀特所著的书,第 126 页。
② 见前引怀特所著的书,第 111 页。

件①），但那个地区在1695年以前从未出现过严重危机。这时，俄国人没有直接对克里米亚采取攻势，而是转过身来进攻亚速（Azov）。年轻的沙皇彼得在俄土关系上同时也在俄罗斯历史上开创了一个新的时代。除了波兰和奥地利要求援助外，彼得也有充分理由要迫使鞑靼人停止袭扰。他也接受了巴尔干东正教、塞尔维亚人和罗马尼亚人以及希腊说客的劝说，这些人现在都已完全醒悟过来，唯恐他们从穆斯林主子那里得到的解放还要再从拉丁语系的"斯瓦比亚人"处去争取（斯瓦比亚为昔时德境内之一公国，现在德国巴伐利亚州内。——译者）：正如一位驻莫斯科的瓦拉几亚（Wallachian）使节后来于1698年所写的那样："世俗的战争还可能有结束的一天，而与耶稣教徒进行的战争则永远不会结束。"② 但是，沙皇的主要动机无疑是渴望取得"暖洋"。

由于亚速得到来自海上的增援，彼得对亚速发动的首次进攻失败了。他于1695—1696年的冬天下令在顿河上游的沃罗涅日（Voronezh）建造军舰。由瑞士人弗朗索瓦·勒福尔（Francols Lefort）指挥的这支小舰队由17艘用奴隶划桨的军舰，6艘轻型帆船和火攻船，以及大约40艘哥萨克小艇组成。③ 土耳其人遭到突然袭击，他们前一年损坏的军舰还未进行修补。亚速于7月被攻占了。这是俄罗斯人对土耳其作战的首次胜利，而且这次胜利具有深远意义。向俄罗斯人一直尽一切可能小心谨慎对待的这么一个强国显示一下优势是具有特别重大意义的。最后，他们终于到达了海岸边，虽然这还不是黑海沿岸。彼得在亚速西北、越过水面仅距20英里的塔甘罗格（Taganrog）建了一个海军造船

---

① 参见本书原文第683页。
② 引自萨姆纳所著的书，第34页。
③ 为在第聂伯河下游以及在黑海沿岸（直到阿查理曼）作战，俄罗斯人在比沃罗涅日距黑海更远的杰斯纳河沿岸勒良斯克建造大批小船。见安得逊著《海上战斗》，第239—240页。

厂，到1699年该厂已造了战舰14艘。然而，他的军队在其他方向上作战并不非常顺利。1695年，俄国元帅鲍里斯·彼得罗维奇·谢里曼捷也夫（Sheremeteyev）在第聂伯河下游攻占了4个小的据点，从而威胁鞑靼人与西方来往的交通线，但他向黑海门户刻赤海峡的进军却遭到挫折。这就是彼得竭力反对和平谈判的原因。当时由于签订了维杰瓦诺协定（Convention of Vigevano）①，尤金亲王（Prince Eugene）刚从皇帝在意大利进行的战争中摆脱出来，就出人意料地采取果断措施对土耳其作战，并赢得首次令人振奋的巨大胜利，这次胜利本来是能够促成和平谈判的。

　　穆斯塔法二世于1697年再次坚持要亲自率领军队主动发起攻势以收复匈牙利。然而，土耳其总指挥部没有任何既定的计划，而且内部有严重的意见分歧。当时，宰相艾尔玛斯·穆罕默德帕夏主张越过巴纳特北进，而其他人却要朝彼得华亭方向西征。结果宰相的主张占了上风，于是土耳其军队穿过蒂萨河下游难以通行的沼泽地区，根本不去监视敌人的行动。尤金本来估计土耳其人会进攻彼得华亭，因此进行了一次出色的强行军。就在土耳其骑兵大部分渡过蒂萨河东进而步兵尚在右岸时，尤金与土耳其人交上了火。这次交火是9月11日接近黄昏时在曾塔（Zenta）附近发生的。土耳其人对尤金的出现并果断立即发动攻势毫无准备，结果战死约2万人，可能还淹死了1万人，而帝国损失微乎其微。穆斯塔法二世隔岸目睹了这次杀戮，临阵逃掉。这次"可怕的血洗"（尤金本人是这样称呼这次交战的）再加上近卫军兵变使局面变得更为严峻，近卫军在绝望中杀死了宰相和其他许多高级官员。

---

　　① 见本书原文第250页。不过，在维也纳过多地希望从1697年战争中得到金钱和物资供应，但实际所得却少得可怜。这个战争实际上开始较晚，而且就连尤金也把防御看成是这次战争的目的。M. 布劳巴赫：《尤金·封·萨伏依亲王》第1卷，慕尼黑，1963年，第248页及其后。

## 第十九章 土耳其人的退却,1683—1730年

到了10月底,尤金已经深入波斯尼亚腹地,放火烧毁了重要的贸易城镇萨拉热窝(Sarajevo),并把它洗劫一空。

土耳其苏丹任命第四个库普鲁卢胡赛因(Hüseyn)帕夏为宰相,希望他会有办法使这场灾难停止发展下去。这时正是英国和荷兰再次进行调解的恰当时机,特别是卡洛斯二世(Carlos Ⅱ)已是奄奄一息,奥地利哈布斯堡王朝在西方可能会出现新的复杂局面。双方同意在保持各自占领地现状的基础上进行谈判。这样一来,俄罗斯人想通过外交活动赢得刻赤海峡的希望就成了泡影。1698年俄国沙皇访问了维也纳,企图进一步加强在一年前刚刚建立起来的共同反对土耳其的第一个奥俄联盟,但未获成功。结果,在彼得华亭附近的小镇卡尔洛维茨(Carlowitz),土耳其政府全权代表穆罕默德·雷米(Mehmed Rami)文书官(后来担任宰相)和经验丰富的亚历山大·马弗洛科尔达托(Mavrocordato)经过72天谈判之后,于1699年1月26日与除了俄罗斯之外的所有国家达成了和平协议。土耳其与俄罗斯人签订了停战两年的协议,紧接着在1700年爆发了"北方战争"。彼得把与土耳其达成和平协议看成是一件迫不及待的事,因此俄土签订了一个10年的和平协议。彼得永远不会原谅哈布斯堡人,因为他们在卡尔洛维茨谈判时把俄罗斯人抛在一边。

卡尔洛维茨的和平协议是很重要的,因为这是土耳其人与欧洲国家联盟之间达成的第一个协议,是土耳其人第一次接受中立国家进行调停的结果,也是奥斯曼帝国第一次承认自己是一个战败国。它丧失了大片领土:匈牙利和特兰西瓦尼亚(不过人烟稀少的泰梅什堡境内的巴纳特不包括在内)归属于皇帝[①];达尔马提亚和卡塔洛(Cattaro)的重要港口黑山(Montenegro)、圣毛拉(Santa Maura)、摩里亚和埃吉纳岛(Aegina)归属于威尼

---

① 见本书原文第581页及其后。

斯；波多利亚以及卡梅涅兹划归波兰。而且，按照1700年君士坦丁堡协议规定，土耳其人割让亚速地区并第一次接受俄国派来一个常驻外交使团，这样一个权利（1711年丧失了，但1720年又重新恢复）使俄国能和法国、不列颠、罗马帝国、荷兰和威尼斯一样享有研究和利用土耳其政界内幕的机会。此外，土耳其人拒绝接受克里米亚汗提出每年进贡一次的要求，俄国沙皇对此也极为反感。自1683年以后，进贡停止了，到1700年累积欠款额可能达到彼得大帝当年收入的十二分之一。[①] 彼得方面则同意摧毁位于第聂伯河下游他自己一直坚决要保留的4座堡垒，土耳其人也没有再去修复。俄罗斯人长期以来希望在不受任何阻碍的情况下任意朝拜圣地的要求也得到认可。总之，所有这些条文规定标志着土耳其人开始撤出欧洲大陆。此后，土耳其人有时确也挽回了部分损失，例如收复亚速（1711年）、摩里亚和埃吉纳岛（1715年）等地。他们也曾一度使他们与俄罗斯人之间的边境处于稳定状态，而且甚至扩大了他们在高加索占有的土地。俄罗斯人直到1774年才获得在黑海自由航行的权利以及有权保护在土耳其所属巴尔干地区内和俄国人同样信奉东正教的教徒，而这两条彼得早在卡尔洛维茨谈判时就坚决主张得到的。同样，直到1783年俄罗斯也才兼并了克里米亚。然而，尽管与奥斯曼帝国仍然统治着的辽阔地域相比，1699—1700年丧失的土地微不足道，但这些土地在战略上和经济上却具有重大意义。最为重要的是这些损失严重地损伤了奥斯曼帝国作为一个军事大国的威信。"土耳其人的威胁"显然已经成为历史。

帝国的生存在某些方面也已受到危害。从西部进入爱琴海的通道已经掌握在威尼斯人手中，而且威尼斯的舰队可以再次威胁达达尼尔海峡。在北面，亚速海已经不再是土耳其的"内海"；

---

[①] 前引萨姆纳所著的书，第77页注。奥斯曼国库也丧失了某些贡物。

## 第十九章 土耳其人的退却,1683—1730 年

亚速海以东,库班河下游以及高加索北部部分地区正在变成俄国的势力范围;而在西部,第聂伯河左岸新建的卡门尼·扎顿(Kamenny Zaton)要塞使人想起最近鞑靼人放牧和打猎场所遭到的威胁。克里米亚、第聂伯河河口以及黑海本身现在都处于俄国沙皇的庇护下。先前一直不准与君士坦丁堡有贸易往来的西方国家使用的黑海入海口可能很快就会向俄国开放,他们并不隐讳他们的这一野心;人们把乌克兰因采夫(Ukraintsev)于 1700 年乘一艘在塔甘罗格装备的带有 52 门大炮的战舰来博斯普鲁斯(Bosporus)参加谈判看做是不祥之兆。"北方战争"并未使彼得在塔甘罗格以及亚速进行的设防和造船这两个活动停止下来,为此动用了一支由 1.8 万多人组成的劳动大军直到 1709 年。①然而,重要边境要塞丢失的意义和莫斯科人力量的任何有效加强都同样在君士坦丁堡引起巨大的不安。彼得在俄国南方的成就与他在北方的所得相比实在是小巫见大巫,但他在南方所作所为比起取得的成就来说意义要重大得多。亚速和第聂伯要塞的丧失对每个奥斯曼帝国虔诚的国民都是一次强烈的震惊。从此以后,土耳其人对有关俄罗斯人行动的每一个传说都特别敏感。

此外,被战争打乱了的社会和经济生活需要数年时间才能调整过来。安纳托利亚和其他省份许多铤而走险的农民已经离开家园成为流浪者,有的去当土匪或者到首都去谋生。在某些地区粮价达到饥荒时的水平,而且有些地区政府已经无法维持社会的正常秩序。宰相胡赛因帕夏从 1697 年起就竭尽全力来整顿经济和行政管理工作。战争结束后,他取消了因战争需要而强制缴纳的多种款项,特别是他通过取消战争及其他方面的欠款来缓和信奉基督教的农民的悲惨境遇,这些农民不仅因大批地方政府垮台而

---

① 哥萨克于 1706—1708 年叛乱时(见本书原文第 732 页),已经低于此数的数字又减到了几百人。顿河以及支流的造船厂仍在继续造船。

遭殃，而且由于在巴尔干进行的战争而吃尽了苦头。[1] 胡赛因甚至大胆地抨击了军事采邑的滥用，因为在长期的战争岁月里，实际上许多并未担任军事职务的人也以战争名义征用了大批采邑。然而，在短时间内要收回成千上万个这种非法占有者的采邑是不可能的。他还设法改组近卫军，裁减数量，为国库节省了大批开支。许多兵营进行了重建，要塞也得到修复。也正是在这几年里，海军的效能迈出的步子最大。其中特别引人注目的是舰队司令梅祖莫托（Mezzomorto），他整顿了海军指挥体系，增建了横帆船。图尔纳福尔（Tournefort）对君士坦丁堡造船厂的组织工作印象很好，1701年他在该厂看到了装备60—100门火炮的28艘很好的船只。[2] 常备陆军和海军的实力加起来估计为196227人，每年开销近700万皮阿斯特。财政大臣萨里·穆罕默德帕夏在1703—1704年写文章时提到，光是常备的陆军就达96727人，未计在内的还有边境驻军和领抚恤金的7万人以及"2.35万念祈祷文的人"[3]。

要不是从那个富有而又野心勃勃的伊斯兰教释典官费佐拉（Feyzullah）那里遇到强大阻力的话，胡赛因本来是可以取得更大成就的。费佐拉原是穆斯塔法二世的老师，他的权势很大，他把许多儿子都安插在有利可图的岗位上并且经常干预政府的事

---

[1] 安卡拉，土耳其国家档案馆的宰相府大事记（Mühimme Defteri）第145卷，第485页。前引吉布和鲍恩合著的书，第1卷第2部分（1957年）特别指出，保加利亚人由于军队经常通过不得不离开首都迁到多瑙河。参见前引斯沃罗诺斯所著的书，第122页，关于萨洛尼卡对巴尔干贸易的瓦解。

[2] 《到地中海东岸地区去旅行》第1卷，第374页。一位威尼斯人于1716年对奥斯曼舰队实力作了如下统计：拥有112门火炮的战舰1艘，88门火炮的战舰2艘，72门火炮的战舰1艘，50—64门火炮的战舰25艘，28—48门火炮的战舰6艘，还未计北非伊斯兰教各国的一支战舰编队（前引安德逊所著的书，第248页）。1682年开始试建的3层甲板战舰数量在这几年里得到迅速增长。

[3] 前引赖特所著的书，第104—105页。

务。君士坦丁堡的释典官是伊斯兰教内的最高权威,因而也是法律上的最高权威,负责对包括决定战争与和平在内的神圣的法律条款进行裁决,因而比宰相还要受到人们的尊重,他与宰相俩人之间不能协调一致就会给政府高级部门的工作带来致命的后果。费佐拉是一位有学问的法律学家,他在提高宗教教规和教义讲授水平方面做了大量工作①,他代表了伊斯兰教学者对改革的强烈反对。宰相身体垮了,并于1702年9月5日提出辞呈,不久就死去了。他的继承者达尔塔班·穆斯塔法(Daltaban Mustafa)帕夏是费佐拉手下的一个粗暴而且专横的家伙,他没有能力也不愿意继续前任的工作,尽管他统管的正是他前任任职期间经过改进了的基金会(evkaf)的行政管理工作。

土耳其苏丹穆斯塔法二世是一个有学问、心地善良但又爱好寻欢作乐的人,这时他一直待在亚德里亚堡,因而人们纷纷传说他要把首都迁到那里去。他不在君士坦丁堡,可以轻而易举地逃脱学院式寺院、咖啡馆、工场作坊以及皇宫内部舆论的压力。有一件对他不利的事,即近卫军总头目主管着首都的治安。② 1703年8月,火枪手为长期欠发军饷所激怒,带头举行军事叛乱,这就是"亚德里亚堡事件",目的是迫使土耳其苏丹返回君士坦丁堡。陆军则逼迫穆斯塔法二世把王位让给他的兄弟艾哈迈德三世(Ahmed Ⅲ)(1703—1730年),军队还唆使伊斯兰教学者赞成这一行动。正如所预料到的那样,用没收被撤了职的政府官员封地的收入③足以支付在这种情况下从未向军队提供过的这样大一

---

① J. 封·汉默著,J. J. 海勒特译:《奥斯曼帝国史》(18卷集,1835—1846年)第13卷,第68页。

② 曼特兰对这个问题有详尽的论述,见前引其著作,第148页及其后。

③ 计3688个珀斯(purse)或1537666个皮阿斯特。其余的钱靠卖官和出售包税权。另外还给边境驻军用可向政府提款的汇票形式支付了1000个珀斯。见前引赖特所著的书,第6页。

笔开支。那位贪得无厌的费佐拉由于权势大减被他的继任者马弗洛科达托交到愤怒的暴徒手中。马弗洛科达托原是费佐拉的亲信，这时他避而不露面。

630　新就位的土耳其苏丹当时年仅30岁，以前过着一种与世隔绝的生活，但仍有一定的行动自由。他虽是一位有名的书法家和花卉画家，喜欢女人和诗句，但他并不完全沉浸于宫廷之乐。至少在他即位后的第一阶段，1703—1714年，他在政府事务方面表现出既明智又关心，并在司法和铸币方面进行了一系列的改革。不幸的是，他那乖僻、摇摆不定和野心勃勃的性格使他容易接受亲信的影响，不过他早已下决心不对任何人过分信任，而且集中全部精力来对付阴谋反对他的人。数千名被怀疑搞阴谋的人在他的命令或默许下被处死刑。他无疑会给国库增加收入，但同时也使帝国丧失了一批最为英勇善战的军人。他尽管和他的许多臣民一样深切地盼望见到帝国的伟大形象得以恢复，但还是深刻地理解到他的帝国现状使他不可能执行任何有作为的对外政策。首先要增加国家收入和提高武装力量的效能。为了实现上述目的，艾哈迈德不断地更换他的宰相，直到他物色到适合担任这个职务的来自柯尔罗（Chorlu）的阿里（Ali）帕夏为止。阿里帕夏自1706—1710年担任宰相，是一位坚定而又聪明的政治家，他在叙利亚曾做了大量工作来恢复当地的社会秩序。各省的首脑不久就体会到他是一位很厉害的人。他把近卫军军团内部那些不安分守己的人清除出去。他加强了关键地段，特别是刻赤海峡的海岸防御，同时继续扩大海军舰队使其达到足以使地中海沿海其他国家感到惊恐不安的地步。然而，由于他的唯一愿望是和平，所以他不想利用"西班牙王位继承战争"或"北方战争"来从中牟利，因而抵制了来自法国大使费里奥尔（Ferriol）对他不断施加的压力。法国大使这样做的目的是离间奥斯曼帝国与奥地利的关系，且于1707年后又转而离间奥斯曼帝国与俄国沙皇的关系。如果说柯尔罗的阿里顽固地恪守中立于1708—1709年间拯救了俄国使之免遭灭顶之祸①,是一点也不过分的。曾经3次出任克里米亚汗②的德夫莱—吉莱伊二世(Devlet-Girei Ⅱ)是一个极端的仇俄分子,他对来自沙皇的收入枯竭极为不满。1709年7月,在他想要参加瑞典人和马赞拉(Mazepa)率领的哥萨克的部队攻打俄国的时候,接到土耳其政府命令,要他不得擅自行动——这是一个能体现出土耳其人仍能牢固地控制其臣民的很好事例。这一禁令有助于沙皇彼得在波尔塔瓦赢得彻底的胜利,查理十二(Charles Ⅻ)和马赞拉逃到奥恰科夫(Ochakov),后不久就被转移到德涅斯特河上一个比萨拉比亚人(Bessarabidn)的要塞本德(Bender)中去。

波尔塔瓦一仗从根本上改变了东欧政治力量的对比。俄国现在无可争辩地成为这个地区最强大的国家,君士坦丁堡很快也感受到这个事实。在君士坦丁堡,新任俄国公使馆人员在托尔斯泰(Tolstoy)率领下比以往任何时候都更为广泛地策划阴谋和进行收买,同时在亚速和塔甘罗格,人们总是担心着俄国在进行战争的准备工作。首先令人感到惊恐的是波兰的现状,在那里到处都是俄国的军队,这些军队在追击逃跑的瑞典国王时毫不犹疑地侵犯了土耳其的领土。瑞典国王留住在土耳其,这在当时已成为俄土关系中至关紧要的一件大事。土耳其苏丹花巨资款待了查理十二,拒绝沙皇提出的引渡查理的要求。按照土耳其人的传统,避难所要对所有寻求避难的人开放,但这一次却变成对彼得施加压

---

① 瑞典入侵俄罗斯,见本书原文第664页及以下各页。

② 在1699—1702年、1707—1713年以及1716年。他是塞林姆·吉莱伊(Selim-Girei)5个儿子中最有出息的一个,从1705—1736年,汗的统治权由塞林姆·吉莱伊的几个儿子轮流掌握。1707年,他接替了他的兄弟善兹—吉莱伊(Gazi-Girei),因为盖兹—吉莱伊无法抵御来自库班河对岸的诺盖(Noghai)鞑靼人的入侵。各位汗的名单参见前引萨姆纳所著的书,第13页注。

力和迫使他修改1700年条约的一个大好机会。彼得因忙于波罗的海战争，只好同意按土耳其人的要求进行修改，拆毁了第聂伯河下游的小堡垒。作为交换条件，土耳其政府允诺尽快把查理十二经过波兰或俄国遣送回去，但土耳其派出的护送人员只能有500人以免惊动各国。这一次柯尔罗的阿里打错了算盘。这位瑞典"铁头"拒绝离开。他正确地判断出他想利用奥斯曼军队对付彼得的主要障碍是土耳其政府的宰相阿里，因此他策划阴谋来反对这位宰相。

瑞典国王这一具有重大影响的计划几近实现。他的计划得到德夫列特·吉莱伊和斯坦尼斯拉斯·波尼亚托斯基将军的全力支持，前者是出席土耳其政府国务会议的又一个著名阴谋家，而后者则是流亡的波兰国王斯坦尼斯拉斯·莱茨津斯基的追随者。波尼亚托夫斯基曾陪同查理到达本德，而且是一个能够通过土耳其苏丹的母亲和医生冯赛察（Fonseca）对苏丹本人施加影响的人。这一群"北方人"又得到马赞拉的后继者菲利普·奥列克（Philip Orlik）的有力支持。菲利普·奥列克的目标是重建一个独立的乌克兰，但他的波兰合作者和他的敌人俄国都同样不喜欢这一主张。这些惹是生非的人想尽一切办法在土耳其人身上加深反俄情绪。在亚速和塔甘罗格以及沿第聂伯河下游的备战迹象在政府人士中引起的紧张不安情绪有助于顺利实现他们的艰巨任务（当时俄国人在第聂伯河下游修建了一些新的堡垒，使人重新产生对克里米亚的担心）。彼得的军队当时还在波美拉尼亚（Pomerania）与瑞典人作战，因此他实际上也不想在这个时刻与奥斯曼决一胜负，但是当在君士坦丁堡并非仅仅是近卫军急切地要洗刷亚速的耻辱时，立即实现他那侵犯土耳其的最终目的也并非难事。尽管土耳其首都的气氛并不主张再次对俄开战，但伊斯兰教学者中的领袖人物对德夫列特—吉莱伊的宣传十分敏感，而且他们在一片小心谨慎和优柔寡断中能按自己主张作出决策，也说明他们的政治势力日益增长。温和派的宰相地位很快就被削弱了。他那恪守中立的外交政策此时被说成是亲俄的，而且他被指责为对他的君主表现出一种过分不听话的态度。他曾明显地采取令人大为吃惊的行动企图把后宫里的黑人太监全部清除掉，而这些黑人太监的头目正是沟通宰相与土耳其苏丹之间的渠道。1710年7月，柯尔罗的阿里在一次由宫廷发动的阴谋活动中倒了台，他虽幸免一死，但财产全部被没收了。

他的继任者是个有教养的库普鲁卢·纽曼（Numen）帕夏，是扎莱凯曼（Zalandkemén）战役英雄的儿子。和他家族以前的几位宰相一样，他也是一个有高度道德原则的人，并且努力做到主持公道，尤其是在财政事务方面。但他缺乏第一个库普鲁卢那种冷酷无情，而他的正直处事又遭到土耳其苏丹本人的反对。他担任宰相仅63天就被免了职。由于他的家族仍享有盛名，因此他被有礼貌地降为内格罗蓬特的省长。1710年9月26日接任宰相的巴尔塔吉（Baltaji）·穆罕默德帕夏与库普鲁卢·纽曼截然不同，他的外号叫"劈柴者"，是在土耳其皇宫里加强体育训练的潮流中成长起来的。他是一个"外来"的家伙[①]，这等于说，他学到更多的是服从命令，而不是去指挥别人，但不管怎么说他前不久曾经担任过阿勒颇（Aleppo）省的省长。

土耳其政府尽管要对付拖了很长时间尚未平定下来的埃及人的叛乱[②]，但最后还是决定于11月20日正式宣战，并向各省的帕夏发出命令，要他们于1711年春前来参加主力军队。彼得在得悉这个消息后曾两次设法劝说土耳其政府取消它的决定。但在他搞清楚土耳其政府确实要与俄国开战后就立即下令出兵。此

---

[①] 区别"外来"与"内部"家伙，参见吉布和鲍恩所著的书，第1卷第1部分，第56—57页，以及前引图尔纳福尔所著的书，第2卷，第8—14页。
[②] 前引霍尔特所著的书，第88—90页。

外，他还仿效利奥波德一世（Leopold I）的榜样，故意让这场战争带有宗教的色彩。像君士坦丁大帝公元311年在米尔维亚大桥（Milvian Bridge）作战时的做法一样[1]，他在卫队旗帜上印以十字架，并写上"在这面旗帜下我们无往不胜"。他声称他的目标是把巴尔干的基督教徒从"异教徒的枷锁下"解放出来。这是俄国第一次呼吁基督教徒起来反对他们的穆斯林主子。

这个预示前景的历史性声明看来是由化名为拉古金斯基（Raguzinsky）的萨瓦·弗拉迪斯拉维奇（Sava Vladislavich）起草的。他是来自拉古萨（Ragusa）的一位塞尔维亚人，曾在塞尔维亚人和门的内哥罗人中间担任过俄国的代理人。这些能吃苦耐劳的农民实际上成为推行沙皇政策的新的力量。彼得对奥地利人在卡尔洛维茨的背信弃义行径感到懊恼可能在某种程度上是由于他对巴尔干的打算遭到挫折所引起的，而且他对哈布斯堡人新产生的不信任感可能使他更加乐意去倾听东正教对基督教的抱怨。早在1687年，斯科普里（Skopie）的大主教曾经访问过莫斯科，并谴责了东正教的主教在匈牙利受到的虐待；1698年彼得在维也纳停留期间，当地塞尔维亚人的高级主教也进行过一次类似的呼吁；后来1702年耶路撒冷的高级主教多西休斯（Dositheus）也给他写信把利奥波德一世和迪奥克利特人（Diocletian）的所作所为相提并论。从1704—1710年间，至少有4位正在作战的塞尔维亚人的首领前往莫斯科"代表他们东正教的沙皇"表示愿为俄国效劳并请求给以金钱上的支援。[2] 在盗匪活动难以镇压下去的门的内哥罗的黑山和南部黑塞哥维那（Herzegovina），1702年穆斯林对基督教徒进行大屠杀之后已经发生了一种分散性的游击战。游击战的首领是担任主教的亲王丹尼尔·彼得罗维

---

[1] 见本书原文第579—580页。
[2] 前引萨姆纳所著的书第45页和马查理所著的书第202—203页。

奇（Daniel Petrovich）。1711年里塞哥维那地区的土匪头子米歇尔·米罗拉多维奇（Michael Miloradovich）加入他的队伍。虽然他们装备很差，但还是把远至东部尼什地区的土耳其人打败了。他们的命运与俄国拴在一起了，然而他们与俄国军队联系不上。

彼得本人在很多方面是不赞成东正教的教义和习惯做法的，但莫斯科却与希腊基督教的传教士保持着渊远而亲密的关系。圣物、朝圣以及学术上的交往在17世纪就已增多：希腊大主教与莫斯科在改革宗教仪式方面进行了合作，而且可能在某种程度上还有赖于俄国财政上的援助。① 基辅学院这时已是俄国东正教最重要的中心。如果说当时基辅学院所传播的"拉丁"文化曾削弱了希腊基督教神学对莫斯科人的影响的话，那么1691年对君士坦丁堡主教西里尔·卢卡里（Cyril Lukaris）"加尔文派"教义的最后判决又一次使这两个宗教集团团结起来了。此外，奥地利人和威尼斯人的胜利也加深了东正教和天主教之间的敌对情绪，这种情况就如同路易十四依靠奥斯曼帝国许多地方的耶稣会和方济各会教士保护暗中成立的新的尤尼艾特（Uniate）教派时使用外交手腕产生的后果一样。1690年出现了一场特别令人感到痛心的打击，当时法国有影响的人物为天主教徒购买了耶稣圣墓的拱顶石，从而使穆斯林当局放弃了通常对东正教的偏爱。归还拱顶石这件事被正式列入俄国人1692年的议事日程，而耶路撒冷大主教的愤慨心情对彼得的情报部门是无价之宝。然而，俄国有足够的理由要小心谨慎，不能过分信赖希腊的传教士。尽管罗马尼亚部分大地主内部派系横行，但他们对此态度却相当的不同。半个世纪以来，莫斯科人与各公国之间的联系一直在发展着。在波尔塔瓦大捷之后，摩尔达维亚的季米特里斯·坎梯米尔（Demetis Cantemir）（1673—1723年）为了报答在俄国人的保护下

---

① 参见《新编剑桥世界近代史》第5卷，原文第586—589页。

担任摩尔达维亚的世袭君主,承诺一旦俄土发生战争时他将和俄国人站在一起。他答应为入侵的军队准备好粮草。这些诺言得到1711年4月条约的认可,这个条约保证,一旦坎梯米尔战败,他可以到俄国去避难。坎梯米尔的死对头瓦拉几亚的王子康士坦丁·布兰科范(Constantine Brancovan)近几年来一直在向俄国靠拢,但他也谨慎地决定要等战争有了眉目之后再背弃土耳其苏丹。①

一支训练有素的俄国军队,计有步兵4万人和骑兵1.4万人,以在波尔塔瓦胜仗所产生的信念通过波兰领土开赴摩尔达维亚。和这支俄国军队在一起的有俄国沙皇和皇后叶·卡杰琳娜,许多将军夫人以及忙得不亦乐乎的拉古金斯基。沙皇御驾亲征能起的作用只不过是妨碍年老的总司令谢里曼捷也夫(sheremeteyev)的指挥。骑兵由罗尼(Rönne)将军率领,步兵师分别由恩斯伯格(Ensberg)、雅努希(Janusch)、哈拉特(Hallart)、布鲁斯(Bruce)以及他们中间唯一的一个俄国人雷普宁(Repnin)指挥。他们尚未到达德涅斯特河就开始感受到缺粮和缺水之苦,同时还多次遭到鞑靼人的突然袭击,但他们还是没遇到什么抵抗就进入摩尔达维亚,这是他们在第10世纪后第一次进入摩尔达维亚,并于6月抵达雅西(Jassy)。坎梯米尔立即宣称他接受俄国的保护,并号召他的人民帮助沙皇。然而,事与愿违的是俄国人的粮草供给仍然不足,这是由于干旱和蝗虫灾害造成的。这是俄国遇到的第一个严重挫折。第二个严重挫折是突然出现的土耳其的全部军队。

彼得已经下令要抢在土耳其人过河之前到达多瑙河。根据他的情报,土耳其人怕他,而且不愿渡过多瑙河,据估计土耳其的主力可能距河尚有60英里远。在俄国方面没有一个人觉察到巴

---

① 关于在这以前瓦拉几亚人暗中与维也纳来往的事,见本书原文第578、580页。

尔塔吉·穆罕默德帕夏已经接近俄国军队,而当时俄国军队早已被迫分成3个部分,以缓和供应上的紧张。土耳其人得到大批鞑靼人的增援,再加上来自本德的哥萨克和波兰人,他们沿着普罗斯河支流的右岸北上,渡过了河并于7月20日对俄国人发动攻势。俄国军队费劲地后退,鞑靼人则在他们的背后切断了从雅西南下的路。俄国人在离斯坦尼列斯蒂(Stanilesti)不远处停了下来,这里是一片狭窄的平原,后面是河,一侧是一望无际的沼泽地。他们被包围了。土耳其人的阵地位于可以俯视他们的山上,因此土耳其人可轻而易举地用炮火扫射他们和他们背后的河面,就这样沙皇完全处于任人摆布的困境。1711年7月21日,巴尔塔吉·穆罕默德正要签署发起大规模进攻的命令时,俄国人举起了白旗。他们由于饥饿、疾病和疲劳,几乎无法抵抗至少比他们多一倍的敌人,他们必须乞求和平,否则只好被歼灭掉。处于沮丧状态的彼得简直就不知道该如何是好。在这个紧要关头,叶·卡杰琳娜使他冷静下来并说服他去求和,她的主张得到副首相彼得·巴甫洛维奇·沙菲洛夫(Shafirov)的支持。看来查理十二世的猜测似乎是正确的,因为这时沙皇会被迫把从瑞典人手里得到的绝大部分东西吐出来,尽管他愿意拿出来的东西会少得多。然而,缺乏自信和没有远见的巴尔塔吉·穆罕默德却过分轻易地满足于俄国人的求和条件。他匆匆忙忙地批准的条件是:归还亚速;将塔甘罗格、卡曼尼扎顿和第聂伯河的新要塞全部拆毁;沙皇不得再干涉波兰的事务,俄国也不再派人到高贵的土耳其政府任大使;释放全部土耳其俘虏,并让瑞典国王安全地离开。巴尔塔吉·穆罕默德给俄国人提供粮食,并且私下答应把查理十二世驱逐出境。沙皇把谢里曼捷也夫元帅的孙子和给沙皇帮过大忙的副首相彼得·沙菲洛夫送到土耳其作为人质。

普罗斯河的结局"理所当然可以被看成是有史以来发生过的最使人感到意外和最为离奇的事件之一",英国驻奥斯曼帝国的大使萨顿（Sutton）（1701—1716年）是这样写的。[1] 他把这场胜仗看成是不该发生的事。然而，彼得和他新俄国的命运几乎完全掌握在土耳其宰相手中，如果后者采用更为冷酷无情的决策也许会改变东欧历史的发展方向。巴尔塔吉·穆罕默德看来早已被自己未曾预料到的成就冲昏了头脑，然而公正地说一句，近卫军几乎没有兴趣在这个国家作战，而且贫穷的骑兵（Sipahis）也根本不愿意承担长期战争的费用。此外，宰相对整个本德集团（指瑞典国王查理十二世及其属下。——译者）不信任，这也许促使他抢在查理十二世出场之前达成协议。[2] 在君士坦丁堡，除摇摆不定的土耳其苏丹以外，当然都一致同意接受这个和平协议，而土耳其苏丹不久就把巴尔塔吉投入监狱。这场胜利被看成是为上次战争雪耻：狡诈的土耳其人现在事实上可以认为，俄国的威胁是能轻易地摆脱掉的。彼得海军的拙劣表现也给这种假象以某种令人信服的理由，据说在强大的土耳其舰队出现在离亚速不远的地方时，他们拥有3.5万名陆军和海军陆战队；几个月后，彼得的南方舰队剩下的有价值东西，包括在塔甘罗格的补给品在内全部卖给了土耳其人。首先，这充分显示了俄国和巴尔干的基督教徒还不能有力地团结在一起。尽管门的内哥罗一直坚守到1714年，但沙皇也帮不了他们什么忙，与此同时各个公国对沙皇的援助也少得可怜。

从1716年开始，各个公国政府就被委托给马弗洛科达托的人和居住在君士坦丁堡法纳尔（Phanar）区（基督教的大主教也住在该区）的其他一些富裕的希腊家族管理。法纳尔人出任地方长官以及其为数众多的办事人员，由于要付出很高代价才能换

---

[1] 文电第60页。和科利耶尔（Colijer）一样，他也是一个极端亲俄分子。

[2] 前引萨姆纳所著书就是持这种看法的（第40—41页），他对后来指责宰相大量受贿表示怀疑。土耳其舆论对这种说法进行大量解释不是没有道理的。

得一个职位,而且还要经常冒着被免职的危险,因而他们对罗马尼亚人进行了残酷的剥削。这里举一个非常突出的例子来说明希腊人和奥斯曼人之间的合作关系,这种关系在某种意义上也可以说是要把欧洲土耳其建成一个"希土政权"①,并且已经把大主教的职位本身变为土耳其政府的财政和警察方面的代理人。许多受过教育的希腊人都主张建立一个新的拜占庭帝国而反对沙皇的"第三罗马帝国"计划,但这一愿望的实现要靠通过改善他们在整个奥斯曼政府中的地位。而在奥斯曼政府内,法纳尔人是享有担任首席译员和舰队译员的得天独厚的特权的。这样一来圣职授予权为其自身获得大量的财富和政治上的影响。此外,像驻土耳其的各国大使一样,土耳其政府由于变得日益有赖于通过外交途径来保持帝国的统一,反对各国之间经常发生的争执,因而也越来越需要那些较为西方化的希腊贵族的技能。尽管是在大约100年以后奥斯曼帝国才在西方国家设常驻大使,但据说在某种程度上把西方的外交思想引进土耳其的是驻卡尔洛维茨的特命全权大使,在机智的亚历山大·马弗洛科达托担任大使的那几年尤为活跃。②

根据普罗斯条约,俄国已经把1700年得到的东西全部交了出来,但这个内容不很具体的条约是经过了几个月的较量方才得以实施。双方都想对这些条款进行一些修改但又怀疑对方的诚意。沙皇首先进行了拖延,结果事实上导致1711年10月2日谈

---

① D. 达金(Dakin):《1821—1833年英国和美国对希腊感兴趣的人》,萨洛尼卡,1955年,第10页。

② 前引封·汉默(Hammer)所著的书,第8卷,第8—9页。希奥特(Chiote)一个丝绸商人的儿子马弗洛科达托(1636—1709年)曾在普吐阿(Pudua)学医,并在君士坦丁堡主教学院行医。他的地位提升也许是与保护人伊斯兰教释典官费佐拉有关。他的发迹说明医生和会讲基督教徒语言的人在宫廷里享有特殊的机会。富裕的法纳尔人子弟到普吐阿接受教育是习以为常的。

判中断，以及任用更为好战的尤素福（Yūsuf）帕夏来替换巴尔塔吉·穆罕默德。沙菲洛夫和托尔斯泰仰仗荷兰和英国代表的必要支持，努力设法达成反对瑞典的协议，而瑞典则在法国和威尼斯人支持下阻止达成这一协议。哥萨克人有的支持土，有的支持俄；需要费点事来弄清哪些哥萨克人支持哪一方；同时，黑海大平原和南部乌克兰边境地区的哥萨克和鞑靼人之间时有袭击和报复事件发生，对此如若不能加以制止，也至少要弄清责任。彼得这时正式退到德涅斯特河一线。但他迟迟不从波兰撤回他的军队。在1712年4月已经达成一个明确的协议之后，土耳其苏丹还在法国怂恿之下对俄国继续驻军波兰一事提出威胁，要采取进一步的敌对行动。这件事是与查理十二世通过波兰或俄国领土返回的问题联系在一起，双方都担心他返回时若带一支足以保证他的安全的卫队将会使局面进一步复杂化。边境的报告使奥斯曼人确信彼得是没有诚意的，因此11月3日土耳其皇宫门前再次挂上马尾作为要打仗的象征。后来到1713年3月，土耳其苏丹在摆脱了对这位令人为难的客人负有任何意义上的责任之后，就用强制手段把查理送到亚德里亚堡，并把德夫莱—吉莱伊也放逐到希俄斯。尽管土耳其人于4月30日再次对俄宣战［这是1710年以来第四次宣战，这次宣战是在瑞典人前一年12月在加德布施（Gadebusch）打了胜仗的鼓舞下提出的］，但这些措施实际上排除了俄土之间进行和解的主要障碍。6月5日，土耳其人和彼得在亚德里亚堡缔结了一个25年的和平协议。彼得的南部边界现在一直向北后撤（尽管没有明讲，但这却是事实）到奥勒尔河（Orel），而且他准备按照协议规定在两个月内撤出波兰。另外，1714年4月，土耳其苏丹还进一步表示承认奥古斯都二世（Augustus Ⅱ）为波属乌克兰的统治者。9月，查理十二世、斯坦尼斯拉斯·波尼亚托斯基以及菲利普·奥列克离开土耳其国土到别处继续进行他们的斗争。

奥斯曼对外关系中的这一决定性的转变可以从与威尼斯再次进行实力较量的准备工作已有进展这一事实中得到解答。由于摩里亚还在威尼斯人控制之下,而且威尼斯的一支舰队就在爱琴海,君士坦丁堡的土耳其人就不能高枕无忧。《卡尔洛维茨和约》最难以忍受的牺牲就是摩里亚的丢失;即使在热爱和平的柯尔罗罗·阿里担任宰相期间也都在谈论着要进行报复。而当时引起1711年战争的原因不是为摩里亚丧失进行报复,而是由于瑞典国王在土耳其避难和俄国人的威胁。对多数土耳其政治家以及近卫军来说,为摩里亚而战要比在多瑙河下游那边的战争具有更大的吸引力,近卫军不喜欢在远离家乡荒无人烟的地方过冬,据某些外国观察家的看法[1],他们烦躁不安的程度已经达到了迫使政府当局要给他们找点儿事干的地步。在俄国的危险已经减少和波兰问题已经得到某种程度的解决之后,土耳其政府决定要收复摩里亚。主战派的首领是赛拉赫达尔(silahdar)帕夏,他是土耳其苏丹的女婿和心腹,他个人又与摩里亚有着密切的联系,且一个时期以来他就已经是一个积极活动的政治家。正是他这个人,在伊斯兰教释典官和内宫太监总管这两位总是和宰相作对的人的帮助下策划并撤掉柯尔罗罗·阿里和巴尔塔吉·穆罕默德的职务。1713年4月,他自己就任宰相。

他的政策与法纳尔人的利益完全一致,因为威尼斯的元老院已经剥夺了大主教来自摩里亚的收入,而且把摩里亚尚存的外贸也转向威尼斯。威尼斯人的政府尽管形象不错[2],但它在摩里亚没有打下牢固的基础,只能依靠一个建立在特权和地位的脆弱基

---

[1] 《欧洲现状》第25卷(1714年),第483页:12月8日来自土耳其的意见。
[2] 农业方面的恢复比较明显,人口翻了两番,达到 25万已足以说明问题。(H. 安东尼阿迪斯—比比库, loc. cit. 第391页。)

础上的党派来进行统治。土生土长的希腊主教、商人、地方官以及威尼斯贵族都以政府的名义干坏事，他们所干的坏事足以抵消威尼斯人作为一个集体所做的好事，如恢复社会秩序、重新调整土地以及把国家出租地改为完全由个人保有的地产。教育的改善也没能消除大批意大利教士涌入所造成的影响。1708年，威尼斯人省长把摩里亚人描绘为诡计多端、报复心极强的人。[①] 所以，当奥斯曼人回来时，他们被当做解放者，受到欢迎，特别是他们还付钱购买粮食和饲料。威尼斯的驻军只有8000人，加上平民对政府的如此不满，而土耳其方面陆军超过7万人，还有实力大得多的海上力量做后盾。在北非伊斯兰教各国以及埃及的增援下，海军帕夏霍加（Hoja）指挥58艘帆船与威尼斯人的19艘船和支援他的4艘马耳他船作战。

1715年1月11日正式宣战，借口是所谓威尼斯代理人对门的内哥罗叛乱分子的支持以及威尼斯银行拒绝交出已于1714年被处决的瓦拉几亚君主康士坦丁·布兰科范存在该银行里的财产。6月，土耳其舰队轻而易举地夺占了埃吉纳岛和提诺斯岛（Tinos）（威尼斯人曾在该岛抗击敌人进攻达5个世纪之久），而当时宰相还扎营在底比斯（Thebes）平原。赛拉赫达尔·阿里在进军途中严格执行纪律因而博得希腊农民的好感，而且他的军队也没有因为缺粮而无法前进。不久，在7月7日他就占领了科林（Corinth）要塞，然后奥斯曼人又继续占领摩里亚人的下述据点：阿戈斯（Argos）、那波利（Nauplia）、科隆（Koron）、纳瓦里诺（Navarino）以及梅托尼（Methoni）。如果威尼斯舰队与海军帕夏打一仗的话，这个梅托尼有可能会守得住，威尼斯军队抵

---

[①] G. 芬莱（Finlay）：《希腊历史》（7卷集）第5卷，1877年，第208页。参看图尔涅福特对爱琴海希腊人的印象（第1卷第97页）："他们之间的家庭纠纷不可能总是因为钱引起的。"

抗力所以不强是由于它所控制的近海水域过长之故。双方陆军没有发生什么大的战斗，整个战役完全采取包围战的形式。经过整整100天才完成包围。1716年7月，土耳其的地面和海上军队进而对科孚岛（Corfu）本身发起进攻。科孚岛是威尼斯舰队经常集结的地方，当时由舒伦伯格元帅（Marshal Schulenberg）进行严密防守，他是一个萨克森人，曾在马尔普莱奎特（Malplaquet）战役中与尤金并肩作战。当奥地利人派兵援救时，威尼斯似乎正处于行将覆灭的局面。

尽管路易十四极力敦促维也纳对土宣战（一反他往常一贯怂恿土耳其打维也纳的态度），但奥地利皇帝在开始时曾设法进行调解。甚至在1715年，查理六世还忙于处理西班牙王位之战遗留下来的问题而无暇准备以威尼斯作为他唯一盟国情况下重新发起巴尔干战争；而他的跟随者西班牙则极力主张与奥斯曼和好以反对尤金。尤金运用他的影响要集中帝国全部力量对付土耳其，反对西方任何国家分散它的力量。[1] 正是因为达尔马提亚受到了威胁（可以理解为也是针对克罗地亚和施蒂里亚的威胁）导致了1716年4月13日与威尼斯签订了防御联盟。奥地利皇帝要求赔偿威尼斯共和国的全部损失。对他这份最后通牒与君士坦丁堡存在着不同的理解：国务会议部分成员认为它的通牒是认真的，至少要归还摩里亚，尽管土耳其已经统治摩里亚达两个半世纪之久；另外一些成员则认为只要交出威尼斯的领地提诺斯岛（Tinos）和基西拉岛（Kythera），奥地利皇帝就会满意。与维也纳接到的报告的结论正相反[2]，土耳其方面许多大臣确实反对与奥地利皇帝再次进行战争。他们在处理查理十二世问题时，一直

---

[1] 布劳贝奇：《尤金亲王》第3卷（1964年），第309—310页。

[2] 奥地利驻土耳其代表弗莱施曼（Fleischmann）报告称威纳·霍夫（Wiener Hof）已下定决心要打仗。他深信土耳其人为了进行报复而有意与奥地利皇帝一战。

关切的是避免与奥地利作战，为此他们甚至拒绝拉科西的残兵败将提出的避难要求；而且与威尼斯作战也是在相信哈布斯堡会保持中立的情况下才定下决心的。然而，赛拉赫达尔·阿里在和威尼斯人作战轻易地获胜之后，早就把要对奥地利皇帝持审慎态度这一点丢到九霄云外。他把奥地利帝国的干预看做是违背了《卡尔洛维茨和约》（但更确切地说是奥斯曼建立起新的力量破坏双方力量对比，从而破坏和约而引起的），因而说服国务会议断绝一切来往并对维也纳宣战。与此同时，土耳其政府还通过立弗朗西斯二世拉科西（Francis Ⅱ Rákóczi）为匈牙利王以制造事端：它派出一位使者去巴黎邀请他来组织这场斗争，这样，弗朗西斯二世拉科西也来到了土耳其。

1716年夏，土耳其一支充其量只有12万人的军队从贝尔格莱德发起进攻。按照赛拉赫达尔·阿里的意愿，军事会议决定攻打彼得华亭。8月5日，这里打了一场大仗。尤金有7万人，其中有187支骑兵中队。在尤金下令用骑兵进攻时，赛拉赫达尔·阿里对出现这一危急时刻要采取应急措施的劝告置之不理，而后来等到他率领军官骑马冲进战斗打得最激烈的地方时已为时过晚。他中弹受伤，并在送回贝尔格莱德的途中死去。在这场战斗中死亡的还有安纳托利亚和阿达纳（Adana）的省长图克·艾哈迈德（Türk Ahmed）帕夏和侯赛因（Hüseyn）帕夏。这几位领导人一死，接着发生了一场溃败。土耳其人的整个营地就像1683年在维也纳一样落入敌人之手，其中包括宰相宏伟华丽的帐篷，114门大炮，150面军旗和5条马尾。[①] 土耳其伤亡数字被过分夸大了，但可能比帝国多一倍，估计死伤近5000人。[②]

---

[①] 旗杆上悬挂着一个表示职位很高的标志，旗杆顶上有一个金球。普通的区长有权挂1条马尾，省长挂2条，一般大臣挂3条，宰相挂5条。

[②] 前引布劳贝奇所著的书，第3卷，第320页。

## 第十九章 土耳其人的退却,1683—1730年

鉴于土耳其近卫军猛烈抵抗,尤金没有对退往贝尔格莱德的败兵穷追不舍;相反,他下令向号称为"胜利"的要塞泰梅什堡进军。泰梅什堡控制着巴纳特,而且坚持抵抗了164年没有被敌人攻下过。这个要塞驻军有1万—1.5万人,他们进行了顽强抵抗,但派去增援的部队被打退回来,结果这个要塞于10月12日在体面的条件下投了降。由于害怕引起骚乱,这个要塞陷落的消息在君士坦丁堡没有立即向公众宣布。尤金把巴纳特划归他的密友默西伯爵(Count Mercy)管辖,默西派出一支小部队去袭击自1698年以来一直作为瓦拉几亚首都的布加勒斯特。在攻下彼得华亭之后,科孚也已解围,当时土耳其军队还从大陆上的布特林托(Butrinto)和更为南面的圣毛拉(Santa Maura)撤走。

赛拉赫达尔·阿里之死还产生了更为深远的影响。他的过分自信使他完全能够担当起恢复帝国被玷污的声誉和进行必要改革的重任。他的继任者哈里尔(Halil)帕夏1717年7月接到解救贝尔格莱德的命令,尤金和默西已经动用估计有8万人的实力包围了贝尔格莱德的要地。奥地利人在多瑙河和萨瓦河之间挖战壕以沟通这两条河,贝尔格莱德驻军约3万人此时也在穆斯塔法帕夏指挥下做进行抵抗的准备。由于哈里尔帕夏既不果断又无能,结果导致他坐失良机。尤金当时被夹在前有强大守军,后有两倍于己的军队之间,处境非常危险。哈里尔帕夏不但没有立即采取攻势,反而下令军队进入战壕进行防御并从高地上进行炮击。尤金利用了哈里尔帕夏的犹豫不决,乘偶然碰上的一次大雾机会于8月16日清晨对土耳其军队进行突然袭击。接着出现了许多混战场面,其间奥地利的中心部位还出现过一个缺口,直到8点钟左右大雾消失,奥地利人才能攻打土耳其的炮兵阵地。就在这个时候,对战争进展实况一无所知的宰相却下了一道撤退的命令。这次土耳其人的损失比在彼得华亭那一仗更为惨重,大约伤、亡各1万人。奥地利帝国伤亡仅5000人,却缴获150门大炮和60

面军旗，此外还有大量弹药和粮食。8月18日，这个遭到猛烈炮击的堡垒自己投了降，幸存下来的三分之二驻军在4天后也主动撤离。贝尔格莱德失陷之后，土耳其人撤离了萨瓦河防线上的其余前哨基地，但兹沃尔尼克〔Zvornik，在德里纳（Drina）河上〕、比哈奇（Bihach）和诺维〔Novi，在乌尼（Una）河上〕的驻军坚决顶住敌人的猛烈进攻，结果波斯尼亚没有像曾塔（Zenta）陷落后那样遭到入侵军队的蹂躏。而这时奥地利帝国军队内已经出现了疟疾，在其后两年之内，疟疾夺走了帝国千万个优秀士兵的生命。

与此同时，威尼斯人在6艘装备优良的葡萄牙战舰以及马耳他和罗马天主教徒的辅助舰只支援之下，重新占领他们在亚得里亚丢掉的地盘并再次进行海上攻击。1717年7月在马塔潘角（Matapan Cape）打了一仗，这一仗比一年后在切里哥（Cerigo）附近连打3天的那场战斗给他们带来的损失要小一些。在切里哥附近的那场战斗，处于优势地位的土耳其舰队进攻基督教徒由26艘帆船组成的战斗队形（他们虽有大的军舰增援，但始终未能保持住战斗队形），并造成后者近2000人的伤亡。维也纳对他盟友的表现感到失望，因而不再坚持要收复摩里亚，威尼斯也缺乏足够的力量去保住这个地方。

国务会议许多成员过去就反对与皇帝关系破裂，这是有目共睹的。当时不列颠和荷兰驻维也纳和君士坦丁堡的使节也都竭尽全力来阻止这种破裂。1717年底，不列颠新任驻土耳其大使（亲土派）爱德华·沃特莱·蒙塔古（Edward Wortley Montagu）与科利杰尔一起再次设法进行调解。维也纳认为直接谈判可以谈出更好的结果来。两国之间的谈判被拖了下来，主要原因是土耳其政府要先收复泰梅什堡，然后再收复贝尔格莱德两地（奥地利进行战争的主要目标就是占领这两地），同时也由于一位外国政治家从中活动的结果，这个人是西班牙政治家艾尔维洛尼

(Alberoni)他想使土耳其人和匈牙利人之间保持不和的状况,这对他来说是一个重要的转移。① 已经在撒丁岛登陆的西班牙军队,现在严重地威胁着哈布斯堡在意大利的地位。因为这个缘故,正准备再次出征巴尔干的奥地利皇帝,此时也急于解决与土耳其的争端,愿意接受不列颠大使从中进行的调解,英国人自己也为乌得勒支解决方案的稳定性感到担忧。6月初,在斯梅德雷沃(Smederevo)附近一个小镇帕萨洛维茨(Passarowitz),萨顿又一次着手进行艰巨的调解工作,亚伯拉罕·斯坦尼安(Abraham Stanyan)和科利杰尔也在暗中进行协助。② 这次调解再次以保持占领地现状的原则为基础,虽然奥地利人一再企图超越这一原则,在威尼斯问题上他们居然也成功了,因为土耳其根本不想和威尼斯人打交道。7月21日的条约规定要割让泰梅什堡、斯梅德雷沃以及贝尔格莱德等地,并规定一条沿萨瓦河和德里纳河的新的边界线,这条边界线就由此向东正好从尼什北面通过,再往北延伸到奥尔肖瓦(Orsova)。因此,匈牙利的领土在1699年被割掉的基础上,又丧失了巴纳特、小瓦拉几亚[Little Wallachia,一直到阿卢塔(Aluta)],以及塞尔维亚最肥沃的地区。弗朗西斯二世拉科西以及其他土耳其政府曾经支持过的匈牙利人

---

① 参看《剑桥世界近代史》第7卷,第197页。
② D. B. 霍恩编:《1689—1789年不列颠的外交代表》第3集第46卷,坎顿社,1932年,第152页。斯坦尼安(当时在维也纳)曾通知森德兰(Sunderland)说,皇帝无论如何要在没有调解人的情况下进行谈判,因而不会再找他,于是伦敦在1717年9月决定召回沃特莱。萨顿3月乘船离开君士坦丁堡,赶往维也纳。他告诉爱迪生说,汉诺威大臣圣萨福林(st Saphorin)曾鼓励斯坦尼安设法出任土耳其大使。10月,在没像往常那样事先与东方公司(该公司向大使发工资)进行商议的情况下任命斯坦尼安为驻土耳其大使。见 R. 霍尔斯班德(Halsband)著《玛丽·沃特莱·蒙塔古夫人传记》,牛津,1956年,第77—79页;W. 米歇尔著《乔治一世统治下的英格兰》第1卷,1936年,第362—368页;前引布劳贝奇所著的书,第3卷,第371页。

不得在新的边界线附近居住。奥地利政府在恢复巴纳特的国民经济方面取得一定成效,根据尤金的建议,许多德国居民,特别是退伍士兵迁入巴纳特;但在塞尔维亚,奥地利政府除了加固贝尔格莱德的要塞以外,再也没干什么,后来1739年奥地利又丢掉了贝尔格莱德。还与奥地利皇帝签订了一个商业条约。1719年,奥地利皇帝在他新到手的的里雅斯特(Trieste)"自由港"特许成立一个东方公司,野心勃勃地计划发展与巴尔干的贸易往来。① 这个计划在一定程度上损害了威尼斯人的利益,威尼斯是《帕萨洛维茨和约》的又一个受害者。尽管威尼斯依然保持住在达尔马提亚、圣毛拉和阿尔塔海湾(Gulf of Arta)所取得的胜利并收复了切里哥(Cerigo),但由于财库荡然,它默默地同意把摩里亚连同提诺斯岛和埃伊纳岛一起交了出去。切里哥岛则以其刚勇的武装商船著称,依然是介于爱奥尼亚海和爱琴海之间的威尼斯前沿基地,但威尼斯没有再和土耳其交战过。

《帕萨洛维茨和约》实际上宣布了土耳其在军事上不再成为对邻国的一种威胁。土耳其在彼得华亭和贝尔格莱德的败仗表明,一支数量虽少得多但指挥得当的军队,在头脑清醒的尤金统率下是能够打败在指挥和装备都差得远的土耳其军队的。然而它能说明的问题还不仅仅是这一点。过去土耳其人一再炫耀他们渴望战争和进行持久作战的能力,而且可以聚集巨大数量的战争物资。他们总的说来是没能充分利用这些有利条件,因为他们在有效地集中人力、物力和财力,侦察,巧妙地运用

---

① 查理的一些谋士曾极力主张获取诸公国以及黑海的一个海岸而不要塞尔维亚。见 J. W. 斯托伊(Stoye)著《查理六世国王:即位的最初年月》,皇家历史协会译本,第5集第12卷(1962年),第80—84页;参看本书原文第604页。该商业条约规定奥地利人除了拥有实际征收关税权和领事特权外,还可以在奥斯曼帝国全境自由地进行贸易活动。

## 第十九章 土耳其人的退却，1683—1730年

骑兵和野炮以及组织一个高级指挥机构等方面都远远不如他人。战术上他们过多地使用人海战术和肉搏战，在海上作战时他们又宁愿用军舰舰首去猛撞对方战舰并强行登上对方军舰而不喜欢炮战。他们的炮手享有盛名是因为他们常使用大量火炮进行围攻。他们还没有真正跟上可移动的野炮引起战术革命的前进步伐，对带燧发枪机的步枪带来的巨变更是一无所知[①]。他们军队的行进方式和作战纪律都不如德国人。他们这样一支庞大的野战部队无疑地会加剧巴尔干作战时的后勤供应问题。虽然他们早就意识到这个问题，并且建立了一套复杂的供应体制，但他们携带的辎重和随军人员还是过多。诚然，他们携带大批财富是有其实际用途的（这些财富是后来从缴获宰相的帐篷里发现的），但那些拥有很多房间的丝制帐篷以及其他帕夏的帐篷是需要很多人手来扎营和布置的。最明显的事例是攻下曾塔时战利品中竟有大车9000辆和骆驼6万匹。

土耳其人这时对占领匈牙利已经不再抱任何希望了，他们若能保住他们在鲁梅利亚迈拉的剩余地盘就算不错了。事实上，土耳其人对丧失贝尔格莱德是怎么也不会甘心的，但大规模出征的日子似乎是一去不复返了。各个阶层都渴望有一个持久的和平。新任命的宰相是来自安纳托利亚内夫谢希尔（Nevsehir）的伊卜拉辛（Ibrahim）帕夏，土耳其能够接受条件苛刻的条约主要应该归功于他。他完全是要满足那种对和平生活的渴望，也要迎合自"猎人"穆罕默德以来所有土耳其苏丹对在乡村过隐居生活的爱好。伊卜拉辛是在土耳其皇宫里长大的，曾给过着隐居生活（这是奥斯曼人防止王位继承人被人伤害而采用的方法）的艾哈迈德王子当过侍从，而且他们两人又是对弈的棋友。艾哈迈德继任苏丹后不久，就指定伊卜拉辛做他的秘书，并在赛拉赫达尔·

---

① 见本书原文第746页及以后各页。

阿里去世时任命他为宰相。他当时拒绝接受这个任命，以后看到哈里尔帕夏不能胜任时他才同意出任宰相。他作为一名绝对顺从的朝臣，想尽一切办法使自己能生存于宫廷阴谋诡计的汪洋大海之中不被淹没又保持苏丹对自己的信赖。他担任宰相的时间特别长（1718—1730年），这个时期人们称之为"郁金香时代"，因为当时"郁金香迷"成为宫廷和君士坦丁堡有钱阶层的独特爱好。据说在土耳其也已培植了1200种以上的郁金香花①，通常都是从荷兰或波斯引进的，其中有些非常珍贵并成为竞相争艳的花种。在首都以外的地方出售一个花蕾也会受到流放的处罚。在4月的月夜，土耳其苏丹和帝国所有高层人士常在舞蹈演员和乐师陪同下在郁金香花园里举行优雅奢华的喜庆集会。花园里挂满了灯笼和鸣禽，还有最美的郁金香花插在威尼斯人制作的玻璃花瓶里。在冬天举行的集会上，他们可能会演出中国的皮影戏或讨论哲学，还不时地分发糖果、各种宝石和官服；在夏天则举行精心安排的海战表演或施放烟火。这个时期最著名的诗人内丁姆（Nedim）曾写诗赞颂过"永乐宫"的美。他们当时把位于金角湾（Golden Horn）北侧的卡厄兹塔尼（Kagithane）②称之为"永乐宫"，该处建有中国或法国式最为华丽的游亭。虔诚信奉伊斯兰教的奥斯曼人在一段短暂的时间内曾对洛可可式建筑（欧洲18世纪一种建筑风格）感到厌恶，但他们的统治者似乎是决心在这种童话般的欢乐中忘记他们在军事上遭受到的耻辱，并且

---

① B.米勒：《在土耳其政府崇高形象的背后：斯坦布尔的大宫殿》，耶鲁，1931年，第124页。关于艾哈迈德三世新设宫廷花卉长官的权力，见上书第223—224页。

② 见A.D.奥尔达逊（Alderson）《奥斯曼王朝的构成》（牛津，1956年），第78页的"伊斯坦布尔及其周围地区"的地图。君士坦丁堡各行会及公司惯常在这里的草地上举行宗教的列队行进仪式。卡辛姆（Kasim）帕夏的大型海军兵工厂就在东面不远的地方（前引曼特兰所著的书，第68、365页）。

标榜他们早已彻底转变为和平的爱好者了。

除上述有组织的寻欢作乐外,伊卜拉辛帕夏还发展了有持久价值的各种文化活动。乐师、歌手、诗人以及装饰艺术家在新的气氛中得到了广阔的活动余地。尽管在圣索非亚(Hagia Sophia)附近著名的艾哈迈德三世的喷泉是当时受外国影响的一个标志,但土生土长的奥斯曼文化仍然远未达到枯竭的地步。朝气蓬勃的编史工作并不因这方面最杰出的代表人物耐玛(Naima)于1716年去世而中断。在他死后不久,一个由学者组成的委员会从事阿拉伯和波斯的重要著作的翻译工作,特别是历史著作的翻译工作。正如早些时候西班牙所经历过的一样,帝国的衰落促进了自我批判。在这方面,当时的奥斯曼历史学者起了带头的作用。5所国立图书馆的开放推动了知识的传播工作。1721年,土耳其驻巴黎一个使节接到国内指示:"对发展文化和教育事业的方法进行一次透彻研究,并对适合于土耳其的方法提出报告。"他的儿子赛义德·切利比(Said Chelebi)回国后积极从事出版工作。[①] 这段时期最引人注目的创新就是伊卜拉辛·默特弗里卡(Ibrahim Muterferrika,1674—1745年)于1727年在土耳其创办的第一家穆斯林的出版社。伊卜拉辛·默特弗里卡在血统上是一个匈牙利人,他对奥斯曼帝国许多领域处于落后状态持批评态度,他依靠从西方引进的排字工人和印刷机[②],选编并出版了大约30本书,这是土耳其人印刷的最早一批书籍。他之所以能够取得这些成就全靠宰相的支持,使他得以战胜大批以抄写为生的抄写员和来自伊斯兰教学者的反对,但这些学者却成功地阻止印刷宗教书籍,并于1742年停止了整个印刷业。

---

① 刘易斯:《现代土耳其》,第45—46页。
② 犹太人、希腊人和亚美尼亚人的印刷所早就在萨洛尼卡、君士坦丁堡及其他城市盛行。见刘易斯著《现代土耳其》,第47、50—51页。

艾哈迈德三世对享乐的追求和对艺术的喜爱完全可以和他的前任媲美。他对宰相非常满意，这位宰相后来因成为他的女婿而被称之为"达迈德"（意为女婿）。但达迈德·伊卜拉辛也只有在迎合他主子的贪婪和掩盖帝国真相情况下才能自由行事。在那几年里，威尼斯的常驻官员报告称，土耳其硬币奇缺，大量失业，而且一年一度的流行病严重。巴尔干最大的城镇萨洛尼卡由于虫害严重，1719年人口减少了三分之二。① 粮价非同寻常地高昂，1719年黑海地区农作物歉收，政府一贯首要关切的君士坦丁堡的粮食供应重担只好改由别的地区负担。有理由相信，这个帝国已经进入通货膨胀的一个新的周期。② 1711年因圣墓问题发生过暴动的开罗③，1721年又爆发了严重的骚乱。

在波斯发生的因阿富汗入侵迅速导致萨菲（Safavi）王朝覆灭这个轰动一时的革命，促使土耳其苏丹也开始逐渐对现实有所认识。侯赛因国王1720年底就请求援助，但直到1722年他被迫出走时土耳其政府才不得已采取行动。即使到了这个地步，要不是俄国沙皇在这一年夏天把军队开进阿斯特拉罕，土耳其政府也许还不会做出强烈的反应。彼得大帝在没有任何求援呼吁的情况下就采取行动。他迅速占领了达尔班德，并进一步封锁了土耳其通往里海的通路。1723年，塔赫马斯普国王（Shah Tahmasp）把西、南两面靠近里海的所有省份都奉献给他。但达吉斯坦、希

---

① M.L.赛依（shay）：《威尼斯官员公文信件中披露的1720—1734年的奥斯曼帝国》（厄巴纳，111，1944年），第20—24页；参见前引斯沃罗诺斯所著的书，第135—136页。

② 见前引赛依所著的书，第86—87页；见前引曼特兰所著的书，第279页。关于供应首都的复杂机构情况，见曼特兰所著的书，第185页及其后。

③ 埃及虔诚教徒的多种多样宗教仪式给外国旅行者留下深刻的印象，参见E.W.莱恩（E. W. Lane）著《关于现代埃及人的风俗习惯的介绍》（第3版，1842年）。

尔凡以及部分阿塞拜疆在1612年以前就在奥斯曼统治之下：俄国人在高加索山那边向前推进之举实则是对土耳其那些仍为《帕萨洛维茨和约》的耻辱感到痛苦的领土收复主义者有利。因此，当1723年俄国人占领巴库时，土耳其人就夺占了第比利斯。从这一年开始的以后10年间，土耳其对外政策一直受到波斯革命和俄国对里海威胁的支配。

土耳其政府对俄国力量增长的担忧从来就没有停止过。它曾经不得不一再要求俄国从波兰撤军；直至1768年爆发俄土战争时为止，保持波兰领土完整就一直成为它对外政策的基本原则，而1768年那场战争也主要是由于俄国干预波兰引起来的。众所周知，彼得一直在试图选派格鲁吉亚和亚美尼亚的基督教徒扮演原先由门的内哥罗人在欧洲土耳其部分扮演的角色。1721年，有消息说俄国人在捷列克（Terek）谷地修建堡垒，另外在里海沿岸有一支俄国的测量队在活动。[1] 加之，在帕萨洛维茨谈判中就曾力图重新挑起俄土不和的不列颠政府，这时又在努力培植土耳其政府对彼得的不信任。[2] 斯坦尼安在奥地利的支持下曾被授权以不惜花费1万个皮阿斯特为代价来实现这一目的。俄国大使和法国大使一起对斯坦尼安的活动巧妙地予以回击。他们俩人终于使土耳其政府在1724年6月接受彼得关于瓜分波斯各省的颇为新奇的建议。土耳其政府承认俄国占领高加索山以及里海南岸地区，而俄国则承认土耳其对格鲁吉亚、希尔凡、阿达比勒、大不里士、哈马丹和基尔曼沙（Kirmanshah）等地的占领。这是俄

---

[1] L. 洛克哈特：《萨菲王朝的覆灭与阿富汗入侵波斯》，剑桥，1958年，第217页。索伊蒙诺夫和封·维尔定（Verden）绘制地图活动参见上书，第239页及其后。

[2] 前引迈克尔所著的书，第1卷，第364页。不列颠主要关心的是转移彼得对北欧的注意，但不列颠也害怕俄国人对波斯的贸易居于支配的地位。参阅 I. 雅各布著《1718—1727年英俄和英土关系》（巴塞尔，1945年），特别是参阅第7章。

国与奥斯曼帝国首次也是最后一次一致同意瓜分一个邻国,一个穆斯林国家,不过它是唯一的一个自称忠于伊斯兰什叶派(Shi'a)的国家。这次瓜分对受益的双方来说都好景不长。随着纳迪尔(Nadir)国王的出现,他们双方所得到的好处很快就荡然无存了。① 就在1730年夏初,这位国王迫使土耳其人撤出了哈马丹、基尔曼沙和大不里士。

在生活费用如此昂贵之时发生的上述种种挫折,再加上为备战而招募军队并提高税收之后又有谣传说和谈早已开始②等各种因素,促使土耳其发生历史上最为残酷野蛮的一次革命。这场革命是1730年9月28日由少数近卫军在首都举行兵变开始的,当时整个宫廷都在河对岸的斯库台附近。佩特洛纳·哈利尔(Patrona Halil)当时是一名近卫军兼服装商人,他原来是阿尔巴尼亚水手,后曾在巴亚泽特广场(Bayazid)附近的公共浴室当过侍者。他为朋友举行了一次聚会,并告诉大家他是怎样想到要推翻土耳其苏丹大臣们的暴政的。他的行动是由部分伊斯兰教学者秘密筹划的,但近卫军的主要军官均未参加。面对政府当局没有采取任何对策③,而且由于近卫军兵变组织得隐蔽而且巧妙,叛

---

① L. 洛克哈特:《纳迪尔国王》(1938年),第24—106页。巴格达省真正独立也是从这个时候开始的。参阅本书原文第739页。

② 前引赛依所著的书,第27页。1722年斯坦尼安曾经报告称,土耳其老百姓恨波斯人,因为他们迫害森尼(Sunni)地区的穆斯林(洛克哈特:《萨菲王朝》,第215页)。根据"在君士坦丁堡起草的最初备忘录"编写、后来用法文在海牙出版的一本小册子称,与波斯再次发生总是令人讨厌并经常给土耳其人带来不幸的战争是引起这次叛乱的一个原因,但更重要的原因是近卫军关闭了商店并为一次出征(这次出征到斯库台就停下来)而花了许多钱,叛乱分子首领把积攒的钱都用来买了武器和服装,本准备在战斗过程中再卖出去。见《对1730和1721年君士坦丁堡发生的两次叛乱的详细叙述》,伦敦,1737年,第2—5页。

③ 在兵变发生时,大多数负责官员都在城外,或像近卫军统帅那样迅速从城里逃了出去,这位统帅自己的卫队也拒绝对叛乱分子采取行动。宫廷人员一回到皇宫里就产生意见分歧,而且互相指责。

乱很快就蔓延到整个军队。两天之后，叛乱分子控制了军火库并切断了对土耳其皇宫的粮食和用水供应。土耳其苏丹试图平息这场叛乱，下令绞死他的毕生好友和女婿，并将他的尸体连同副宰相和海军帕夏的尸体一起交给了群众。叛乱分子对没有把这些大臣活着交给他们不满，要求土耳其苏丹退位。10月1日夜晚，艾哈迈德三世把他的王位让给他的侄子穆罕默德一世，这个人自他父亲于1703年退位后一直被关在皇宫里。伊斯兰教总释典官被流放，首席文书官躲起来了。

新就位的土耳其苏丹答应发给的奖赏并不能平息叛乱分子的不满，他们纵火焚烧了金角湾的夏宫并抢劫了君士坦丁堡城里被没收的那些官员住宅。有迹象表明，叛乱分子首领曾设法制止随心所欲的暴力行为。[1] 加拉塔（Galata）地区在没有区长的情况下，部分犹太人的房屋和希腊人的教堂被洗劫一空，而叛乱分子又自封为反抗压迫的宗教界少数派勇士。尽管如此，那位曾经担任宰相整整12年、任职时间之长是前所未有过的"达迈德"伊卜拉辛帕夏（他在任职期间权力无限之大，而且手里集中了大批财富[2]）尸体被肢解这个事实严重地提醒着人们，在首都还总是会发生这种无法无天的暴行的，所有的精心警戒全无济于事。首都狭窄的街道到处都是无业移民。然而，佩特洛纳的叛乱也发自深埋在土耳其人本性中的力量，即对异教徒的仇恨和习惯于对有权有势者的讽刺挖苦。这种内在力量立即迸发出对外国人的畏惧和憎恨，以及对奥斯曼高级权贵奢侈和贪婪的反抗。造反者不仅要求对俄作战，而且要求进行内政改革，诸如废除终身租约等。他们佩戴的穆斯林红色头巾看来是具有预示性质的。他们声

---

[1] 前引赛依所著的书，第8、15、38—41等页。
[2] 据说叛乱分子找到了宰相和副宰相收藏财宝的地方，仅现金就分别相当于135万和187.5万英镑（前引赛依所著的，第26—27页）。

称他们代表了国家的利益和荣誉,但光凭恐怖主义不可能给他们带来大量的追随者,即使是不稳定的追随者也不会有很多。

在将近两个月的时间里,国家的最高权力实际掌握在仍然穿一身破旧的衣服的佩特洛纳·哈利尔和他的伙伴,一个口才雄辩的年轻水果小贩手中。这个水果小贩在近卫军中与佩特洛纳·哈利尔共过事,名叫默斯卢贝希(Muslubeshe)。他们两人住在被罢免的大臣住宅里,高兴时可以任意进出皇宫。他们否决了那些高级官员的任命,并且剥夺了许多法官的公权。他们设法把近卫军中拥护他们的人从4万扩大到7万,并且毫不吝惜地使用他们抢来的钱使他们提出的人选被任命为军官。然而,早在10月13日,新的土耳其苏丹就下令商店重新开门营业时,有些近卫军就退出了叛乱活动,其中部分人是在伊斯兰教学者影响下退出的。后来在11月5日,佩特洛纳也承认,他那1.2万名阿尔巴尼亚人是他可以依靠的最后一支力量,其中有的人已被委任管理监狱。就连他的同伙也对他的贪婪表示不满。他为自己的情妇要了一座宫殿,把海军帕夏的大办公室据为己用,并把摩尔达维亚交给曾经支援过叛乱分子的希腊一个卖肉的人去管辖。大概这位狂妄自大的人具有一种以死亡为主题的幽默感,因为佩特洛纳似乎早已预感到他的好运是长久不了的。[①] 由于詹奴姆·霍加(Jennum Hoja)回来担任海军帕夏,以及由于卡普兰－吉莱伊(Kaplan-Girei)新近上任为克里米亚的汗,宫廷的反抗活动也加强了。卡普兰—吉莱伊巧妙地提出一些可能会激怒近卫军的让步。最后收场的日子终于来到了,佩特洛纳和他的同事被召进皇宫;所用的借口是到国务会议共商国是,诡称要就他们提出的战争要求进行辩论。11月25日就在皇宫里,他们被处决了,当时土耳其苏丹也亲临现场。据报告称,他们的7000名同犯也在3天之

---

[①] 前引赛依所著的书,第53页。

内被处决了,并称,博斯普鲁斯海峡一连几个星期都布满了尸体,这些尸体随同欢腾的风浪漂荡着。①

这场镇压恐怖的活动持续进行了一年以上,造成许多无辜的死亡并促成于 1731 年 3 月爆发的又一次近卫军的小规模反叛。达迈德·伊卜拉辛帕夏的遗孀被怀疑对这次反叛起了兴风作浪的作用。6 个月后又发现另一起阴谋活动。在伊斯兰教寺院里发现谴责土耳其苏丹依靠亲信的传单。警察一再关闭了公共浴室、旅馆和咖啡店。② 在几年的时间里,据说君士坦丁堡由于死亡和放逐,人口减少了 5 万。巴亚泽特广场附近的公共浴室仍然与佩特洛纳·哈利尔的名字和在他统治下那种动荡不安的日子联系在一起。

(刘帼贞 译)

---

① 前引赛依所著的书,第 79 页。威尼斯在东地中海殖民地的总督 (bailo) 声称,1730 年有 1 万名近卫军丧生 (前引赛依的书,第 32 页)。

② 前引赛依所著的书,第 36—37 页。

# 第二十章(上)

## 查理十二世及北方战争

在北方战争中，瑞典及其年轻的专制国王查理十二世不得不面对一场瑞典政治家早已预料到，但迄今由于命运之神的青睐，也由于他们处置得当而避免了的挑战，这就是瑞典帝国的东西邻国联合起来同时向它发动进攻。瑞典自中世纪后期从斯堪的纳维亚联盟中分离出来以后便向外扩张，似乎势不可挡，在邻国中引起刻骨仇恨。对此，斯德哥尔摩从来不抱虚假的乐观情绪。瑞典走上扩张道路是出于战略和经济利益的需要，也是出于王朝和宗教方面的考虑，但建立帝国的整个波澜壮阔的过程，既是瑞典主动发起的，也是波罗的海和欧洲政治关系紧张、波罗的海地区势力真空的总的形势所决定的，内外因素的比重不相上下。丹麦扼守瑞典西去的通道。自解放战争以来，瑞典朝思暮想的是砸掉丹麦卡在它脖子上的这把枷锁，并把丹麦赶出斯堪的纳维亚半岛；与此情况相似的是边境形势动荡，致使瑞典在其芬兰领地上与莫斯科人产生摩擦，促使瑞典在东北寻求一个固若金汤的边境线。然而将瑞典猛然拖进芬兰湾以南旋涡的，首先是它想拯救其衰败的国运——丹麦、俄国及波兰都在觊觎它的领土——而一桩波兰婚姻的意外事件又使它卷入波兰事务和神圣罗马帝国的内部纷争。

一旦在三条战线上扩张成功，就使人重视其帝国理论了。瑞典东征，在波罗的海东岸占领若干地方是有道理的，这些地方被视为瑞典大国地位的堡垒，要不惜一切代价守住。俄国和波兰的出口贸易物资，许多是通过英格里亚、爱沙尼亚和瑞属利沃尼亚的港口运出的，瑞典希望吸引或迫使更多物资不得不通过这里去往欧洲，从过境费和应征收的款项中收取钱财，充实瑞典东部几省的财政。尤其是俄国，它被看做是内地，与欧洲的贸易得由瑞典的波罗的海港口连接起来——这就是为什么瑞典很早就有计划将阿尔汉格尔压下去的道理。* 同样，掌握波兰几个西普鲁士港口和库尔兰公爵领地也是垂涎欲滴的事，因为波兰的贸易也是通过瑞典控制的纳尔瓦、雷伐尔和里加的河口外运。除了控制波兰和俄国贸易物资外运的野心之外，瑞典还有一个美梦：将通往土耳其、伊朗甚至远东的交通线与波罗的海连接起来，此时波罗的海就可成为瑞典的内湖。东波罗的海在瑞典思维中占主导地位的是经济——此时丹麦已失去哥得兰和厄赛尔岛，因而在此沿海地区的政治事务中已不值一提；此时俄国和波兰似乎也默认瑞典在这一带的主权——瑞典占领神圣罗马帝国领土的目的与此截然不同，主要是捍卫威斯特伐利亚和约对宗教（因而也是王朝）问题解决的方案，1648年和约使它在帝国议会中获有席位，拥有和约保证人的地位，但这些地方也是发挥欧洲影响的据点。由于瑞典在帝国驻有重兵，瑞典海军又有能力保证驻军的后勤给养，瑞典便能够对勃兰登堡施加压力，就能操纵下萨克森集团几个诸侯之间的平衡，就能使大国更感受到瑞典影响力的存在。此外，它在德国西部扼有不来梅、凡尔登和维斯马。这些地方是瑞典对付丹麦的重要安全控制点，因为丹麦一直瞪大眼睛看着，伺机收回被瑞典夺去的丹麦和挪威在斯堪的纳维亚半岛上的领土。瑞

---

\* 阿尔汗格尔为沙皇俄国当时唯一的对外港口，但自然条件很差，半年冰封，不能通航。——译者

典与荷尔施泰因—哥托普的公爵结成王朝和政治联盟，从而将遏制丹麦—挪威的意图用白纸黑字写了下来：瑞典结盟的目的是将公爵事实上变成受保护者，只要公爵不与丹麦妥协，瑞典就可通过荷尔施泰因—哥托普领土从后门打进日德兰半岛，因为荷尔施泰因—哥托普领土与丹麦国王所属石勒苏益格—荷尔施泰因公爵领地犬牙交错地混杂在一起。这种一刻不停的入侵威胁是防止丹麦进攻瑞典半岛的最佳防御，对消除丹麦驻在松德海峡和西波罗的海相当大的海军力量也有很大帮助。

瑞典16世纪60年代至17世纪60年代建立帝国的活动由于俄国和波兰在关键时刻国力虚弱，也由于大国直接和间接的合作而变得轻而易举（这些大国跟瑞典一样不喜欢丹麦控制松德海峡的南北两侧，或者它们就是反哈布斯堡斗争中的盟国）。但瑞典成了波罗的海大国、超过了丹麦之后，情况自然就大不相同了。查理十世发动的战争，如果开始是防御性的话，后来就演变成侵略性的了。到了战争快结束时，荷兰感到，为了北欧力量均衡，它不得不代表丹麦出面反对瑞典了。法国跟瑞典的结盟关系要长一些，因为法瑞同盟是法国"东线屏障"的有机组成部分，但这个同盟关系有可能将瑞典拖进法国的强权政治斗争中去，与瑞典切身利益相悖。1675年，当瑞典卷入冲突，与勃兰登堡发生战争时，丹麦抓住机会进攻瑞典半岛的南部数省。

由于1675—1679年的经验教训，瑞典重新审视了它整个大国地位的基础，这也多亏了瑞典贵族——瑞典土生土长和生于国外的贵族——老贵族和新册封的贵族。他们得到国王的馈赠和赐予的特权，数量大得惊人，以致到了1680年国王发现他已手无寸土，而贵族拥有的特权又造成僧侣、市民和农民三个非贵族等级同贵族的矛盾。贵族一直垄断政治大权，尤其是1632年和1660年之后长时期的摄政期间。贵族认为，接受外国津贴是维持军队和帝国行政开支必不可少的。而就是这个政策现在遭到了否定。因为正是这些与外国签订的津贴条约将瑞典拖进与瑞典真正利益背道而驰的战争。瑞典对外国幻想破灭，不能再与大国纠缠在一起了，决心寻找一条使瑞典强大，能独立保护其占领地的途径。因而有了查理十一世，他成为改革时代的有目共睹的焦点人物，在战争中也显示出非凡的指挥才能。只是他日益增长的专制权力使他完成了"恢复祖训"的伟业（他的专制权力获得非贵族等级的谅解甚至怂恿，以及贵族院一些势力强大的贵族的同情），从而使他预算问题的解决有了可能；他加强了陆军，这支军队牢牢扎根于瑞军传统的模式之上，但按欧洲模式进行训练，也进行演习和动员，使这支军队无愧于常备军的称号；海军从斯德哥尔摩转移到新建的卡尔斯克鲁纳海港，以便保卫帝国的南部和西部；对官僚机构进行现代化改造，其主要职责是管理好陆、海军两个部门。[①] 查理十二世多亏了这个总的改革，也多亏他父亲当政期间发展起来的、将欧洲发明与瑞典情况结合起来的军事战术。当然，北方战争的经验又带来了一些重要的改进。

父亲统治期间留下的遗产有积极的，也有消极的，两者不相上下。查理十二世是1697年即位的，即位时消极因素的后果还没有显示出来。瑞典希望中立，不仅仅能使其改革得以顺利进行，而且还要保持其"平衡力量"的角色，瑞典17世纪80年代和90年代的外交政策已深深打上这个角色的烙印。瑞典憎恨法国路易十四的优越感，1688年两个海上大国缔结"王朝"联盟时瑞典便心存疑虑。在国王及其大臣们看来，瑞典此时扮演的恰当角色应是置身于大国纷争的九年战争之外，保存瑞典的力量，使瑞典能被交战国接受进行调停；或者如果有利可图时，它

---

[①] 最近研究成果请见 M. 罗伯兹著《历史》第50卷"查理十一世"（1965年），第160—192页；参阅第5卷，第531—538页；以及《新编剑桥世界近代史》原文第771—772、808页。

能在战争最后阶段,在决定性时刻参战,与此同时又利用机会增加商船队,将通常是荷兰和英国进行的贸易尽可能地拦过来。表面看来,可以说查理十一世这个政策是成功的,贸易和海运量猛增:达到750艘船,是瑞典"大国时代"的最高纪录。而且,整个战争期间所有国家都向它讨好,1697年4月查理十一世死前瑞典被聘为里斯威克和会的仲裁人。然而对瑞典不信任的种子已经播下了。它拒绝参与任何一方,因而它被认为是太以自我为中心了,不值得给予酬报,它的调停遂也成为一种形式的、空洞的荣誉,远不像预料的那样开展有力的平衡。路易十四对瑞典今后能否提供积极支持抱悲观态度,因此开始将其注意力转向丹麦。海上大国对瑞典拒不参加"共同的事业",且野心勃勃地要成为与它们竞争的贸易大国而感到愤怒,遂附和它们的外交官提出的"无信无义的瑞典人"的说法,并预言:一个不与其真正朋友合作的国家是要毁灭的。如果英国和荷兰撤走对瑞典的支持,那么这个瑞典又会变成什么样子呢?荷兰外交官沃尔拉文·范·希克伦在他对瑞典人十分恼怒的时刻描绘了一幅瑞典图景以回答他自己提出的这个问题:一个破败的、再次龟缩在"岩石、丛林和深山之中"[1]的瑞典。由于不信任,大国便预先做好安排,另找一个盟国来取代性格内向的瑞典。

另一方面,数年和平的岁月给斯德哥尔摩带来了信心。连年丰收,人口明显增加,卡罗琳松树林的四周从来没有像现在这样广阔,经济、陆军和海军方面的改革迅速进行,保护性关税有矿业、炼铁、炼钢、炼铜和炼焦油方面积极措施的支持。1697年查理十一世去世的那个冬天有短暂的停顿,1696年遇灾,颗粒无收,河上结冰,进口物资不能大量或及早到达,无法把大批穷人从苦

---

[1] 给海因修斯的信,斯德哥尔摩,1696年2月22日,《海因修斯档案》第3卷(1880年),第182—183页。

## 第二十章（上） 查理十二世及北方战争

难和死亡中拯救出来。1697年出现好几次不祥之兆——查理十一世的遗体还未从王宫移出安葬，王宫便起火了；查理十二世在加冕仪式上骑马游街，王冠却从头上掉了下来——使迷信的人吓得发抖。更有甚者，14岁的国王登基有可能使贵族再次向专制王权提出挑战。不过那些想从这种形势中渔利的人看到这位娃娃国王11月里获得多数支持时便惊慌失措了。① 以国王及其顾问即老国王的遗臣们，主要是瓦勒斯泰德和派帕为首的拥护专制王权的人，牢牢地掌握大权，希望停止"恢复祖训"的人大失所望了。

在国外，荷尔施泰因—哥托普的问题最最迫切需要解决。1698年夏，荷尔施泰因—哥托普的公爵娶了查理十二的姐姐赫德维格·索菲亚，他在石勒苏益格—荷尔施泰因境内自己的辖区构筑堡垒，丹麦则说他无此权利，因而再次发生争执，查理国王准备捍卫姐夫的利益和瑞典的利益。② 丹麦人觉得这是天赐良机，他们应趁此机会测试一下他们能将自己的计划推行到多远。丹麦人的想法是可理解的。他们相信一些夸大的情报：瑞典贵族马上要起来造反。斯德哥尔摩担心丹麦人正在与俄国人谈判，请俄国人在这场争端中支持丹麦（虽然俄国正与土耳其交战），但对来自另一方面的危险却判断错误。斯德哥尔摩不知道，丹麦和萨克森—波兰的奥古斯都（波兰国王索比斯基的继承人）之间的谈判已进入高级阶段。1697年波兰选举国王时瑞典采取中立态度③，萨克森选帝侯奥古斯都成功当选，瑞典根本没有想到瑞

---

① 关于国王是否到了法定年龄的不同意见及其动机请见T.胡吉尔的《卡洛林斯卡总会年鉴》（1942年），G.约翰松的《查理十二世和他的顾问》（乌普萨拉，1960年）第48—74页，以及T.胡吉尔、G.约斯塔德和G.约翰松之间的来往信札，载《历史杂志》，1961—1963年。

② 对争执的一种解释，见P.托恩托夫著《威廉三世和丹麦—挪威，1697—1702》，载《英国历史评论》第81卷（1966年），第1—25页。

③ 见本书原文第686—687页。

典与他会有什么过节儿。1698年,丹麦、萨克森和俄国在巧妙的伪装掩盖下缔结了反瑞联盟。丹麦国王克里斯蒂安五世匆匆忙忙地提出与查理十二联姻,遭查理拒绝,这就显然说明瑞典不准备牺牲与荷尔施泰因—哥托普的联盟关系,克里斯蒂安五世便与萨克森—波兰的奥古斯都和沙皇进行谈判,其子腓特烈四世(1699—1730年)即位后更快马加鞭继续谈判,要在瑞典新统治者立足未稳时从三个方向对瑞典发起进攻,丹麦进军荷尔施泰因—哥托普,将这位公爵赶出石勒苏益格—荷尔施泰因,沙皇彼得则向瑞典波罗的海省份挺进,奥古斯都向瑞属利沃尼亚进军——利沃尼亚这个省一旦落入奥古斯都个人手中,他就可利用这个省使波兰人接受萨克森国王为他们的世袭国王。波兰有两派,一派赞成奥古斯都为波兰国王,一派认为选举他当国王是非法的,而瑞属利沃尼亚划归波兰后,两派中有许多人的态度将受影响。利沃尼亚的贵族对瑞典将专制王权强加在他们身上,使他们的爱国感情和权力受到伤害极为不满,便在丹麦、萨克森—波兰和俄国之间穿针引线,努力劝说瑞典的每个潜在敌人相信,进攻利沃尼亚就是利沃尼亚贵族起义支持奥古斯都的信号,而实际上他们是希望利用奥古斯都获得真正的独立。

利沃尼亚有个贵族叫帕特库尔,他在德累斯顿和华沙的活动使大家认真注意到奥古斯都在谈判中的主动态度。毫无疑问,奥古斯都朝三暮四,反复无常,不像沙皇彼得是瑞典坚定不移的敌人,因为沙皇决心要为俄国扩张寻找出海口。然而从根本上看,丹麦国王是反瑞同盟的真正动力,先是克里斯蒂安五世,然后腓特烈四世也毫不逊色,他们敦促抓住查理十一世去世的机会,刻不容缓地结成反瑞同盟。对丹麦国王而言,进攻荷尔施泰因—哥托普只是拉开序幕而已,一旦瑞典忙于保卫其东波罗的海沿岸诸省,丹麦便进攻斯堪尼亚。撇开帕特库尔的阴谋诡计不谈,瑞典许多战备活动也都是用来对付奥古斯都的,这架势使当代人也认为他成了（瑞典）主要敌人。法国元帅费基埃称得上是精明的观察家了，直到1706年他还把奥古斯都看成是查理十二世的大敌，将沙皇说成是他的盟友。① 只有在一个方面，奥古斯都可以说对瑞典有特别危险：这就是他巧妙的外交将瑞典蒙在鼓里，使瑞典不知道究竟发生了什么。帕特库尔在三个反瑞同盟国的统治者之间传递消息，但他的作用也被误解了。帕特库尔是瑞典臣民，自1694年便被判犯有叛国罪，死刑，后来瑞典大使馆人员却发现他在莫斯科，俄国对此作了解释，瑞典政府则被德累斯顿和华沙活动真相的欺骗性情报所蒙蔽，居然从字面上接受了俄国解释的说辞。不过即使瑞典发现反瑞同盟计划后，除了奥古斯都的欺骗对瑞典造成的痛苦有所减轻之外，也很难看出瑞典会得出什么根本不同的结论。要瓦解反瑞同盟，只有对丹麦作出让步，没有一个瑞典政治家（不管他态度如何温和）是能够容忍这样的让步的。荷尔施泰因—哥托普修筑堡垒问题又使当代人、甚至瑞典人对形势进一步感到扑朔迷离。有些持批评态度的人由于对反瑞同盟谈判情况一无所知，也指责查理十二世对公爵的支持，如1699年借军队给他重新修建几个倒塌的堡垒，无非是出于王朝的考虑，或者甚至是心血来潮，因而说丹麦受到挑衅才参加一场可以避免的战争。海上大国发生了新的情况，又使问题更加复杂。1700年1月13日，《海牙条约》规定海上大国在荷尔施泰因—哥托普问题上要给予帮助，希望把查理十二从这个有限的战场上解脱出来，加入反法大同盟一边（根据同一条约），因为一场西班牙王位继承战争已隐隐出现。大同盟的政治家们对希望出

---

① 费基埃（有时写成"Feuquieie"）：《历史和军事回忆录》第1卷（1736年），第63页。关于俄国的动机，请参看S. 斯凡松著《沙皇彼得针对瑞典的动机》，载《历史杂志》（1931年）；R. 惠特拉姆著《沙皇彼得一世》第1卷，格丁根，1964年，第191页。

现的局面没有实现而深感失望,以致他们忘了瑞典正在东面为其生存而战,即使丹麦的威胁暂时消失。

1700年2月奥古斯都正式表态,率军攻打利沃尼亚,瑞典所有侍奉过查理十一世的人马上把握了军事问题的分量。这些人在塑造查理十二世成为军事统帅方面都有一份功劳,他们是:达尔贝格,利沃尼亚总督,虽年迈,但精力充沛;伦斯舍尔德、霍恩、御林军军官们(他们在国王军事训练期间所有模拟战斗中的表现十分突出)以及斯图尔特(此人教授国王构筑工事的技术)。他们始终估计到有两面作战的可能(即丹麦和俄国联手),他们也衡量了这样的假设:波兰同时与瑞典为敌。现在奥古斯都声称他是以萨克森选帝侯的身份攻打利沃尼亚的,这形势需要再作考虑,这就是说从波兰出兵攻打利沃尼亚的是萨克森军队,不是波兰军队。波兰—立陶宛联邦(大波兰)对他们国王以选帝侯身份采取的政策分成赞成和反对的两派,但大波兰正式说来是中立的。进攻的消息3月初到达斯德哥尔摩,几天后又得知丹麦派军队进入公爵领地石勒苏益格—荷尔施泰因。尽管莫斯科说了好话,但斯德哥尔摩断定沙皇彼得迟早要与腓特烈和奥古斯都联起手来。瑞典和查理十二世对掷战争骰子进行赌博的诱惑力是无法拒绝的。虽然他是在厌恶战争的教育中长大的,但他还受到以保护帝国为己任的教育,他也急切希望以瑞典传统精神来衡量自己——国王亲自带兵打仗。

瑞典防御敌人东西夹击的军事计划就是全力攻击其中较近的、对瑞典心脏更具危险的敌人。动员按详尽的条令条例进行,准确得像时钟一样,而且和平时期已演练得滚瓜烂熟。海军38条战船已准备于6月与海上大国为解决荷尔施泰因—哥托普争端而派来的几个海军中队聚齐。有了海上大国的帮助,卡尔可获海上优势,有这个优势在手,瑞典就能消灭丹麦由40艘战船组成的强大的舰队，就能控制波罗的海。为迅速与英—荷海军中队会合，查理冒风险派瑞典舰队通过水很浅的弗林特拉南岛，他的海军建造者瓦赫特迈斯特尔上将对选择这条航线连声哀叹，但由于风和气候条件有利，丹麦舰队又不愿冒此风险一战，结果查理成功了！转而向有联合舰队掩护的泽兰发起攻击，目的是要捕获或摧毁丹麦躲在哥本哈根港口里的舰队，但由于腓特烈四世很明智地向英、荷和吕讷堡的外交斡旋作了让步（他们也急切希望北欧平静下来），进攻中止了。进行干预的国家对丹麦向奥古斯都和彼得承担了多少义务知之甚少，认为它们的主要任务是武力调停。瑞典劝说调停国同意在《特拉凡德尔和平条约》里加上要丹麦不再向瑞典采取敌对行动的条款，就连这还遇到某些困难（《特拉凡德尔和平条约》已于1700年8月恢复了公爵"以前的地位"）。这一条是泽兰战斗的真正收获，这次战斗计划是由斯图尔特和伦斯舍尔德制定和实施的。由于《特拉凡德尔和平条约》有调停国担保，瑞典西侧和南翼就有了保护，它就可去打奥古斯都。瑞典未能歼灭丹麦舰队，但这也算是便宜的交换了。

1700年后，瑞典内部就迫使萨克森选帝侯接受和平的最佳方案进行辩论。有些人，包括查理本人（他已在泽兰战斗中接受了战火的洗礼，而且显示出对激烈的解决方案情有独钟，他那些比较谨慎的谋臣们后来对此深感绝望）赞成直接向选帝侯发起进攻。威廉三世和海因修斯担心德意志境内的战争会对路易十四遵守第二次分割条约以及对他们在德意志招兵都会产生影响（西班牙王位继承战争可能爆发，他们那时要在德意志招兵），于是紧急向瑞典呼吁，瑞典遂放弃这个进攻计划。瑞典对英—荷舰队感激涕零，而对法国在荷尔施泰因—哥托普争端上的暧昧态度深感失望：路易作壁上观，不愿得罪腓特烈四世，对北欧卷入战争旋涡感到满意。瑞典既感激海上强国，又怕其行动违背海上强国联合力量的愿望，因而非常聪敏地放弃直接进攻萨克森，另择他途——尽管很勉强。到10月中旬，为避免港口冻结而使计划受挫，瑞典陆军（对泽兰的战斗还余兴未尽）便匆匆忙忙开到利沃尼亚，到萨克森人进攻瑞典帝国的地方去迎战奥古斯都的1.8万人的军队。萨克森人以为瑞军主力还要被丹麦人牵制相当一段时间，一听到瑞军到达的消息后，就渡过德维纳河，撤到河的对岸去了；由于俄国此时业已宣战，并进入因格里亚，包围了纳尔瓦，因而最迫切的任务是对付彼得的挑战。瑞典人决定改变方向，立即开始强行军，向纳尔瓦挺进。途中有时实在是又冷又饿，因为当时没有时间来周密安排粮草供应问题，而哥萨克军队又把他们一路上的所有东西都抢光烧光。但瑞典人及时赶到纳尔瓦，11月30日大获全胜。瑞军8000人，俄军有2.3万人，全由外国军官指挥，但军官无法使未经训练的、抽壮丁拉来的俄国新兵顶住瑞军的进攻。此战胜利极大地鼓舞了瑞军士气。获胜的原因是气候恶劣，进攻突然；战斗行动像演练场上那么流畅；战术的精确以及伦斯舍尔德作战方案的高明。在这场战斗中（他们第一场大战，由霍恩指挥），查理显示出他对地形有双慧眼，对决战时刻有种本能感觉，这预示他今后将率领他的军队，在战争艺术上不再依赖他的老师们了：他父亲和祖父都是杰出的军人，他这份军事天赋显然是与生俱来的。斯德哥尔摩欢庆胜利时也松了口气，外国外交官们的反应也相同，只是谈到"我们的小英雄"时有点以恩人自居的味道。

　　纳尔瓦一仗使瑞典波罗的海沿岸诸省摆脱了来自俄国方面的眼前威胁，但有许多理由说明应迅速向莫斯科进军，先将彼得打倒，然后再处理奥古斯都（奥古斯都军队训练有素，驰名欧洲）。斯图尔特制定了一个冬季攻打莫斯科的计划，然而粮草供应、装备以及征兵（新兵在春季之前到不了部队）方面的困难，尤其是经过这短短的但十分艰苦的战斗季节之后，伤病士兵增多，迫使瑞典人进驻冬营。如果春天部队实力能补充到满员，可对俄国和萨克森两条战线作战，就最理想了。但即使到了那时，实力还是不够强大。和平时期瑞典机动部队有3万人，各地守备部队和边防部队共1.5万人。后来部队最多时增加到11万人，既有国内新征的兵，也有少量外国雇佣军。此外，还用补贴办法从瑞属芬兰、波罗的海沿岸省份以及德意志招了相当一部分，1702—1706年他们在主力作战部队中有3万人；1707—1709年间达4万人（不含留守在瑞属芬兰、瑞属波美拉尼亚和波兰的部队）；1718年达到6.5万人。但主力部队如果两面作战，尤其是在战争初期，则会削弱瑞军的攻势，太危险了。所以1701年春天一过，瑞典人便决定先打奥古斯都。这倒不是他们低估了俄国的危险，他们深知彼得是他们势不两立的敌人，但这样做的理由是：波罗的海沿岸的北方诸省可由当地强大的守备部队防护，主力打萨克森人。希望有场决战，国王然后可转到俄国战线上来。

7月19日，瑞军渡过德维纳河。这次行动是伦斯舍尔德和国王指挥的，达尔贝格和斯图尔特进行声势浩大的佯攻，因而突然性很大，取得无法估量的效果，是声东击西战术的胜利。然而还没有取得预想中的战略性胜利，因为萨克森军队缩进了庇护所：他们先到波兰，然后到神圣罗马帝国境内，而瑞典人仅占领库兰。在打败奥古斯都之前不能向俄罗斯进军，而奥古斯都只要躲在瑞典人到不了的地方，瑞典人同样不能向他发起进攻。在此情况下，查理不可避免地卷进波兰和东欧的政治。

侵犯神圣罗马帝国就要冒开罪海上大国之风险，有个妙计就在手边：把奥古斯都从波兰王位上拉下来，使他再无机会将萨克森军队派到大波兰来（他在大波兰还有支持者的默许），这样就解决了瑞典的难题。这个想法起源于波兰的几个派别，他们既不同意奥古斯都在国内扩大其权力的计划，也不赞成他与俄罗斯结盟；立陶宛势力极大的萨比埃哈家族也敦促废黜奥古斯都，其他人也想把奥古斯都赶下台（1697年选举国王时这些人投了法国支持的候选人的票，奥古斯都上台分封官爵时这些人遭到冷遇）。推出一位波兰人当国王的要求便被提出，这既可对国外执行波兰自己的国家政策，对国内也能使地方实力派少受些威胁。也许索比斯基兄弟中的老大詹姆士是合适人选，他在1697年选举中几乎没有得到支持。所以，很明显，只要给反萨克森的波兰人以道义、金钱和军事上的支持，他们就很可能将奥古斯都推翻。① 1700—1701年冬，瑞典人跟詹姆士·索比斯基进行谈判，跟波兰其他领导人讨论了非常广泛的计划：波兰瑞典结盟，波瑞共同攻打俄国（波兰亦可借此收复基辅和斯摩棱斯克两省的失地）以遏制俄国，鼓动土耳其向彼得宣战。在波兰所能获得的报酬，除东南欧以外，可能还为瑞典取得库兰（波兰在此享有主权），甚至西普鲁士港口，以及波兰对整个瑞俄边界的支持，这样瑞典边界的防御能力不仅提高，而且还将阿尔汉格尔也划在瑞典一边。反对俄国、反对萨克森的萨比埃哈家族是瑞典在波兰境内直接的军事盟友，他们自1697年起就一直坚持反对奥古斯都的战争，目的是最终成立一个由萨比埃哈王朝统治的独立的立陶宛。不过查理十二世还与波兰王家军队总司令杰布隆诺斯基及其女婿拉斐尔·莱茨津斯基进行了更有政治意义的接触。莱茨津斯基是位经验丰富的高官和外交家，特别是在土耳其政府里影响很大。查理与拉齐乔斯基大主教也进行了接触。拉齐乔斯基对波兰未来有远见卓识，而不是仅仅局限于竞选王位和加官晋爵。然而1702年末和1703年1月杰布隆诺斯基和莱茨津斯基突然相继去世，使瑞典希望遭重大挫折。领导波兰爱国者的责任现在要落在大主教身上了。大主教这个人没有收复被俄国抢去的省份的雄心壮志，而更希望让有关各方去争斗，不用波兰积极参加就把收

---

① 参看本书原文第693—694页。

复失地的问题解决了。大主教的地位因奥古斯都一个聪明但很无耻的反击行动而进一步获得加强：1704年2月，他在帝国领土上将索比斯基三兄弟中的两个逮捕了。人们对查理十世过去征战波兰的情况记忆犹新，又叫喊"波兰联邦内部事务受到了外国的、异教徒的干涉"，但奥古斯都不会从查理的话中捞到什么资本的（1702年1月查理结束在库兰冬营的休整时说他将被允许在波兰领土上追击萨克森敌人），查理这个要求的措辞是：瑞典人在波兰内战中支持反奥古斯都各派。但1701年末，查理曾说，波兰人应该废黜奥古斯都——这话能被奥古斯都利用——他也的确利用了。

瑞典随军政府的大多数官员对国王在波兰表现出来的政治上的莽撞感到遗憾。他们希望他们的国王待在幕后，由波兰人自己去解决他们的分歧，促使西欧舆论表现出更加息事宁人的态度，并希望对数不清的调停呼吁和愿意媾和的表示作出相应反应（奥古斯都将这些呼吁散布得很广）。有些官员，特别是留在斯德哥尔摩的，像老臣班特·奥克森谢尔纳，主张跟奥古斯都和彼得讲和，不管和平如何短暂，瑞典也能参加正在形成的反法大同盟的共同事业，这样瑞典既瞄准将来在帝国境内获得的利益——尤其是不来梅——同时也因为傲视群雄的法国的威胁比九年战争期间更加真切。就"大同盟"方面而言，一旦与路易十四世的战争开始后，他们就迫切需要得到胜利之师的瑞典军队助他们一臂之力，因而它们毛遂自荐，愿在奥古斯都和查理之间进行调停。无论它们是何等真诚，谈判情况却说明奥古斯都一切和平姿态皆是空的。接近查理统帅部的瑞典人不仅说东战场是第一位的（在东战场，不牺牲瑞典领土是不可能达成停战协议的），而且还说需要执行查理的波兰政策，即全力支持一个除奥古斯都之外的国王。

詹姆士·索比斯基和康士坦丁·索比斯基被俘后，查理未能说服他们的兄弟亚历山大·索比斯基出来担任过渡国王（直到詹姆士获释之后）。要在索比斯基家族之外物色一个能同时被反萨克森的波兰各派和瑞典接受的国王人选又何等困难。查理仍然坚持要一个波兰人当国王（反对由外国人来当），使波兰联邦获得新生，同时坚持要有一个活跃的、亲瑞的波兰联邦。而波兰大家族的野心和拉齐乔斯基大主教的故意拖延——其本身并未触及个人或家族的野心——对谈判起到了瘫痪的作用。为打破僵局，查理提出一个瑞典人选，强迫反萨克森的波兰人接受。于是有了1704年选举，斯坦尼斯拉斯·莱茨津斯基当了国王，但主教未予祝福。[①] 瑞典的军事力量进而使整个波兰接受他为国王：瑞典军队横扫一切，目标对准萨克森军队以及奥古斯都请来的辅助部队，目的是获得各地区和所有重要家族的波兰人的支持，必要时就以威胁相要挟。到1705年末，瑞典施加的压力已经够了，足以使斯坦尼斯拉斯登基，并在华沙签署一项波兰和瑞典的条约，从而结束了这场实实在在的战争，一场在虚构的和平生活下面进行的战争。条约说明了波兰联邦在查理宏伟的东欧计划中的军事、政治和经济地位。这条约又因签订了几个贸易条约而更强化，贸易条约还特别要波兰人承担一项义务：承认里加垄断俄国向西方出口的过境地位。[②]

对查理十二世在波兰的征战有各种不同的评判。一般都承认他需要先打败奥古斯都，然后才能去打彼得，即使让俄国在波罗的海暂时得逞也在所不惜。也有人说关于瑞典安全还有一条更好

---

[①] 见本书原文第697页。斯坦尼斯拉斯曾向亚历山大·索比斯基保证，奥古斯都将詹姆士·索比斯基释放后，他就退位，让詹姆士当国王。见V. D. 科罗卢比著《北方战争中的大波兰》；J. 卡利契和J. 吉罗基编写的《为了获得波兰王位》，柏林，1962年，第134页。

[②] K. G. 希尔德布兰德：《波兰1704—1709年》，KFÅ（1936年），和《瑞典扩张的经济目的》，同前书（1949年），参看本书原文第699页。

的途径：如果查理与普鲁士言好，腓特烈一世就能制约住奥古斯都；还有一个办法，卡尔跟奥古斯都和腓特烈做笔交易，使这俩人感到足够满意，他就可放手去攻打俄国而无后顾之忧。① 但这两种办法都要分裂波兰领土，这与瑞典的东欧计划相悖，也与查理本人有违，因为这就背弃了波兰的"自由"，而查理进入波兰就要捍卫波兰人的事业。还有，最最耐心的谈判表明，普鲁士向东扩张后能拿出交换的东西就很少了：肯定不是一个明确的军事同盟，一个（从瑞典人看来）能与牺牲波兰领土相当的军事同盟（波兰则从其他方面获得补偿）。事实上查理试验了这些途径，找不出一个解决波兰问题的办法，只有坚持他的想法：扶植一个亲瑞的波兰人国王，此人心甘情愿地跟瑞典合作一起去攻打俄国，让波兰成为发动进攻的基地——或至少是个缓冲地带，一个能把奥古斯都拦在局外的缓冲地带。

在波兰的3年使查理成熟了，成了自己能独力决断的军事领导人、政治家和外交家。与他政府里的顾问相比，他更多疑，但更现实。他讨厌卖弄技巧的外交手腕，对不是自己当前关心的机遇不想浪费精力去进行探讨，但他也不是西方许多人描述的鄙视文墨和会议桌的人。对这些西方人来说，他似乎痛恨外交，因为他不愿超过他力所能及的范围把东西两个战场交织在一起，他要为瑞典在东战场保持行动的自由，在西战场也留有余地，一旦需要以及机会正好出现，瑞典也可采取主动。对他兴趣范围之内的事，他鼓励发出外交触角。波兰与乌克兰鞑靼人和土耳其人的接触就得到他赞许，因为他们与打俄国人有关。事实上，自1702年起波兰为了瑞典利益而进行这些接触的方式，就是后来查理为反击反瑞典联盟的发展而进行的全欧外交的先兆。他也不是不知道

---

① O. 海因茨：《查理十二世国王》第 1 卷（修订版，1958 年，柏林），第 167—168 页。

宣传的价值，"貂"（他的拉丁文笔杆子）用技巧性很强的公开声明和散发小册子积极争取波兰追随者。① 当然，呈现在欧洲各国首都的一位从事正义战争、只希望收回被别人夺走的东西的国王的宣传形象并不是事实全部。他的宏伟的但也绝不是不切实际的理想——吞并库兰和波属利沃尼亚来解决瑞典东部问题；在他的帝国和俄国之间设一缓冲国波兰，波兰要割得俄国一些领土而扩大，波兰要由亲瑞的国王来统治，波兰国王对宗教事务要能容忍，并让东方的贸易通过瑞典的波罗的海港口——这些理想都有意地掩盖起来了，这些理想是查理的象征，也是他荣誉感和正义感的象征。

国王有许许多多机会来证实自己是个武士。第一场大战是1702年的克里斯祖战役，这是他担任统帅后取得的第一场胜利，伦斯舍尔德与他分担责任。他的指挥才能显示在他对战术形势的突然变化能立即作出反应，大大地帮助了1.2万名瑞典人打败了奥古斯都的1.6万名萨克森人和6000名波兰人。1703年的托伦包围战从技术上看虽不是他指挥的——他有次说，"我从来没有多少包围战的经验"②，暗含他也不太喜欢包围战——却充分表明他把握了能获得最大战果的战斗：打败一支大的萨克森驻军，影响了普鲁士的政策，与瑞典本土有了迅速、安全的联系路线，取代已被俄国在波罗的海沿岸诸省的活动所破坏的联络路线。1704—1706年，进一步显示他战略天才和如何经济地部署军队的天才成熟了。当他需要腾出手来到波兰为斯坦尼斯拉斯获得当选，便把奥古斯都的军队遏制在帝国境内。后来在波兰东西两翼同时开战，以减轻对波罗的海沿岸诸省的压力，并阻止俄—萨在

---

① S. 乌尔松：《奥洛夫·貂，一个战士、温文尔雅的绅士和政治家》，隆德，1953年，第235页。
② F. 阿德勒和S. 邦涅松编：《阿克塞尔·冯·罗文斯回忆录》，KFÅ（1929年），第48—49页。

波兰协同作战的计划成熟。瑞典的举措是建立在这样一个基础上的：希望抓住奥古斯都在克里斯祖战役和托伦包围战失败后又组建起来的最新和最后一支军队，或抓住彼得派来帮他盟友的奥杰尔维军队。精心的准备和周密的侦察（都是在经验这所严厉的学校里学会的），终于在1706年初取得了胜利。为俄国人在格罗德诺设了陷阱，但俄国人逃脱了，不过他们还是被迫撤出波兰；伦斯舍尔德2月13日在波兹南尼亚的弗劳斯塔特大获全胜，实际上宣告奥古斯都对瑞典大波兰计划的抵制结束了。

在波兰的岁月不是没有挫折。波兰这个国家的天性以及查理在波兰的危险处境，就说明其不会轻易取胜，尽管德萨克斯元帅已"为每个在波兰打仗的人"[①] 在纸上计划好了胜利。挫折也铸造了国王的性格，在这方面丝毫不亚于胜利对他的影响，因为挫折增强了他与生俱来的乐观精神，深化了他的宗教信仰。他很温柔，但有时也会跳出不和谐的、因痛苦而咬牙切齿的音符，那是在瑞典士兵成了游击战的牺牲品倒下时，他给伦斯舍尔德和马格奴斯·斯坦博克的信中出现的。[②] 由于大多数波兰人朝秦暮楚，且一再跳槽——他真的不懂他们"叛变"的动机——而且也由于无法与波兰各个派别建立起稳定的盟友关系，查理便横下心来自己单干。在一个非正规战的国家里打仗，保守军事计划的机密是高于一切的，这使他下达命令时沉默寡言，不说明目的，以致他的军官们一次或两次误解了他的意图。他允许他的随军政府对他提出许许多多坦率的批评，但最后还是由他拍板。一旦决定作出后，他就非常固执，这是他的本性。但是如果派帕、赫梅林和策德希尔姆（随军政府中三个最高官员）施加了很大压力，而且有充分

---

① E. T. 伦敦：《幻想曲》，1757年，第97页。本书原文第700页。
② E. 卡尔松编：《查理十二世国王信札》，斯德哥尔摩，1892年；德文翻译本，柏林，1894年。

理由，他有时也会收回成命。他十分勤奋，侦察和骑马巡视是他唯一的休息，他也会看望一下驻在一定距离之外的老朋友。社交活动——一位受尊敬军官的婚礼、欢迎一位贵宾的招待会等——他只是出于礼貌，或想听听国内的消息而参加一下。他很深情，但只有在他给自己姐妹写信谈及他对有些自愿参军的年轻人，主要是对符腾堡的马克西米连（他13岁就把自己交给了查理）表示关心时，他会让自己的感情宣泄一下，其余嘛，他说，"我跟军队结婚了，至少是在战争期间"，这就是他对自己单身独处光棍汉的解释。当代人和后代人曾对他不近女色感到迷惑不解，现在从国王遵守教会的教导和他需要为手下人树立榜样中获得了一些解释。非常了解国王的人说国王对女人绝不是无动于衷：一方面他持有年轻人浪漫的恋爱观，因而不会乱搞男女关系；另一方面他想他是统帅，如果仍是独身，他的精力就能全部集中在他的职责上。我们掌握的证据又进一步指出他是在控制人的天性爱好，而不是他性功能失常。他告诫自己要少吃点，少睡点，不要喝浓度高于低度啤酒的饮料，提醒自己在外界要很自然地摆出一副不动声色的神情，以至每天看到他的军官也猜不出他的情绪。他研究如何将建立在宗教信仰基础之上的自我控制和一往无前的勇气注入军队，使军队坚强，在血与火的战斗中有进攻精神。"与军队结婚了"，这句话虽然一半是俏皮话，但含义很深。查理对士兵物质和精神生活很明显的关心，对他自己和对士兵的职业信誉的自豪感，那些精辟的语言（它们变成长了翅膀的语言）以及将自己意志刻在军队身上的奇妙办法——所有这些都是相互依赖、相互爱慕的外在表现。作为军人，他是完美的，凡在国王帐下效命过的人对他都说不出一个不好的批评字眼。与此形成对照的是，在军队之外为瑞典效劳的人却经常批评指责他，这个事实也部分说明为什么会对他有"杰出的将军，拙劣的政治家"的肤浅的总结。从规律上看，当情况不妙时，这些批评就会出现在私人通信和官方备忘录里,以发泄他们沮丧的情绪,或是他们想到自己前程难保——因为国王可能战死,他们不想为国王的政策承担责任。同样还是这些人,当国王政策成功了,他们调子也立即变了。这些批评注定是短命的,为士兵代写家书的人自然会感到愤慨,这些暂且不谈,但这些批评产生了经久不衰的摩擦因素。查理太聪明了,不会进行过火的冒险,毫不动摇地坚持其激进的解决办法,决不妥协,决不搞暂时解决,死抱住他原来的关于瑞典未来的大版图的想法不放。甚至在胜利的时刻,政府里那些跟国王一样爱国的官员也担心国王"弓拉得太满了"①。

跟波兰签订条约和弗劳斯塔特大捷之后,一切焦虑不安都消除了,接着又是一连串的胜利。不过,跟波兰的条约,无论对实现瑞典计划多么有利,还是毫无价值,除非迫使奥古斯都公开表示同意让位。迫使他这样做的唯一办法就是打进他的老巢。北方战争和西班牙王位继承战争已达到这样的阶段,即大同盟国家对瑞军进入神圣罗马帝国即使不欢迎,至少也不会积极反对。查理说当反法战争进展对盟国不利时,他没有去骚扰帝国,但布莱海姆战役和拉米伊战役之后,他就没有必要再约束自己了。所以1706年秋初,他越过西里西亚领土,进入萨克森,萨克森的新教徒向他苦苦哀求,请他将他们的苦衷告诉奥皇,他们的教堂也被关闭了,这是违反《威斯特伐利亚和约》的。瑞军的到来造成一片恐慌。他们刚到选帝侯边境,萨克森人就急忙与瑞军达成协议:奥古斯都放弃波兰王位,承认斯坦尼斯拉斯是波兰国王,交出帕特库尔,允许瑞军冬天待在萨克森休整、等候新兵到来,以及更换破旧服装和装备。所有这一切都体现在9月24日签订的《阿尔特兰施泰特条约》②中。

---

① N. 路透霍尔姆致 J. 克朗斯塔特信,1707年2月16日。
② 参看本书原文第701页。

条约保密了一段时间，欧洲对查理的意图很不摸底。西线交战双方都在寻求他的帮助。1707年马尔巴勒来到阿尔特兰施泰特，部分原因是想抢先一步，阻止法国人来做有影响的瑞典人的工作，把他们变成"法国派"；部分原因是缓和查理与奥皇之间的摩擦，缓和瑞典与那些向"大同盟"提供士兵的国家之间的矛盾。关于这次来访有个公开的解释：马尔巴勒希望会晤一位像他一样的王室要人。这话也是真的。从瑞典角度来看，西班牙王位继承战争在1706—1707年会维持下去；双方看来势均力敌，没有立即和平的前景。[①] 这意味着瑞典在东线采取主动就有了宝贵的机动余地。

消息灵通人士对查理十二世下一步行动从无多少疑问。在萨克森停留期间，他就在军事上和外交上对进军俄国做准备。彼得斩钉截铁地宣称，他宁愿冒险再打10年也不会放弃包括圣彼得堡在内的因格里亚，他1704—1705年征服的爱沙尼亚和利沃尼亚领土无论丢失多少也在所不惜。虽然奥古斯都批准了和约，甚至几次相当友好地会见了查理，但查理还是要等自己想出他去俄国后如何还能控制奥古斯都行动自由的办法后再离开萨克森。查理由于未能获得普鲁士的帮助（请他们出辅助部队，驻扎在波兰，由瑞典指挥），他就寻求海上大国对斯坦尼斯拉斯的承认（最好是以保证波兰与萨克森和平相处的形式），这就给奥古斯都重返波兰设置了一道障碍。马尔巴勒保证去搞到这份保证。荷兰人则不愿在俄国打响之前作此承诺；他们发现俄国对待他们的货船非常慷慨，至少在他们暂时控制的瑞典波罗的海沿岸诸省是如此；他们还觉得东波罗的海有俄国来与瑞典竞争比瑞典一家垄断要好。这些理由对英国商人也

---

[①] 诚然，一旦一方遭受挫折，那么调停和力量平衡的长期目标将在瑞典总部里培植一个"法国派"或"同盟派"，那时瑞典将更加认真讨论干涉的问题。

产生了某些作用。但对白厅来说，查理给马尔巴勒许下的一个保证（为获英国的保证而许下的）分量更重。他证实瑞典要保持中立，保证瑞典军队一旦能够做到，就马上去支持同盟国。查理愈快去处理彼得，他就愈早能拿出军队来帮助同盟国。至少英国于1708年承认了斯坦尼斯拉斯。① 荷兰人既不承认斯坦尼斯拉斯，也不为1706年的萨克森的和平担保。因此在打俄国之前，瑞典保护其后方安全中便存在一大隐患。我们知道这在瑞典统帅部引起深深的忧虑。②

进攻俄国的精心准备工作业已就绪。从瑞典来的新兵已经抵达；德国志愿兵已组成他们自己的龙骑兵团；开始向俄国进军的陆军总数约4万人。③ 突击方向是绝对保密的。通过波兰中间人一直与乌克兰哥萨克的头目马赞拉、克里米亚的大汗德夫莱—吉莱伊，以及他的主子苏丹保持联系，一旦国王查理认为必要，他就可与他们进行更密切的接触。网撒得这样开是瑞典准备工作的典例，也是查理十二世"在情况更明朗之前"决不会死抱住一个方案不放的典例。现在我们知道，查理不可更改的最终目标（即迫使彼得放弃占领瑞典的几个省，接受对瑞典和波兰有利的新边界）受到了变化了的手段的限制。虽然今天讨论查理在俄国的作战方法不像以前那样完全依据从确实发生的事情中推演出来的结论，但材料依然很少，随军政府的大多数文件已在1709

---

① 不过英国对《阿尔特兰施泰特条约》没有作出担保。跟皇帝签订的条约（肯定西里西亚新教徒的权利）是1707年9月1日签的，几乎是跟奥古斯都签约一年之后了。见 K.G. 希布德布兰德著《英国和瑞典，1707年》，KFÅ（1937年）。

② R.M. 哈顿编：《詹姆士·杰弗里上尉写自瑞典陆军的信函，1707—1709年》，斯德哥尔摩，1954年，第44—45页。

③ S. 沃勒：《1707年瑞典军队总部》中说，瑞典陆军战斗人员共3.3万人，外加军官、士官、文职人员、赶大车的车夫和勤杂人员。

年7月10—11日按国王的命令销毁了。①

战斗开始时战绩喜人。查理一直使俄国人猜不透会从哪个方向打进来,最终他选择了一条从来没有大队人马走过的路线——马歇里安沼泽地和丛林地区,从而一枪未发就迫使俄军撤出波兰。想当年(1706年)瑞典人进入萨克森时,俄国人立即蜂拥而来,打入波兰,希望把波兰变成查理和彼得较量的战场,就像它曾是奥古斯都和查理较量的战场一样,并努力使俄国为波兰挑选的国王拉科西(匈牙利的诸侯②)获得支持。留在波兰的瑞典军队有5000人,由克拉索指挥,任务是帮助斯坦尼斯拉斯维持国内秩序,并担当预备队的核心。斯坦尼斯拉斯本人则随同查理大军一直走到拉多齐科维采。直到1708年夏初,俄国人还不知道瑞典的拳头是要砸在波罗的海诸省还是莫斯科本身。这几个省打了几年后业已精疲力竭,有些地方已无人烟,因为彼得已把老百姓从家中赶出来运走了。查理决定向俄国进军也是希望老百姓免遭更多的苦难。但主要原因是他的东欧计划的实现有赖于决定性地战胜沙皇,而这个决定性的胜利只有在俄国领土上才能取得。莫斯科受到的威胁就像1700年攻打泽兰以后哥本哈根受到的威胁,1706年进攻萨克森后德累斯顿受到的威胁一样。③

去莫斯科有4条路:第一条是从波罗的海诸省出发,经由纳尔瓦和诺夫哥罗德;第二条是从波兰和立陶宛出发,经维尔纳、明斯

---

① 见E. 塔尔著 Severnaya voyna i shvedskoye nashestvye Rossiyu(莫斯科,1958年),使用了落在俄国人手里的所有资料,还有大段的引文等。然而很明显,这个材料不很重要。参见K. G. 希尔德布兰德著《与马赞拉的关系,1707年》,KFÅ(1935年)。

② 参看本书原文第701页;另见G. Kiss著《拉科西、彼得和格洛塞在1717年》。Jahrbücher für Geschichte Osteuropass(1966),第344—360页。

③ 可以肯定的是,查理想从芬兰这一边打进,攻克圣彼得堡。见H. 鲁林:《对吕贝克指挥的裁决》,KFÅ(1934年)。

克和斯摩棱斯克;第三条,再向南,穿过塞文里亚和乌克兰(经基辅和卡卢加);第四条是从鞑靼和土耳其出发,通过扎波罗热的哥萨克和他们在贝埃尔哥罗德、库尔斯克和图拉的据点。莫斯科有几条大河作天然屏障:别列辛纳河、第聂伯河、杰斯纳河以及它们许许多多支流——要进莫斯科必须先过河,不论你选择哪一条路线。查理使防守一方捉摸不定,迫使彼得对两条北方路线都作防御;现有证据说明,驻在波兰的瑞军不仅仅是作为预备队,同时也是一支次要方向的军队,沿着南方(即第三条)路线打进去——1708—1709年又使哥萨克和鞑靼人沿着第四条路线打进去——或至少作为佯攻,以便瑞军主力通过斯摩棱斯克向前挺进。渡河时可能会发生战斗,查理的计划是将俄国人调开,避免在维斯杜拉河发生战斗,当瑞军接近俄国边境时,要诱使俄军按兵不动。

瑞军一路前进,顺利至极,开始渡过几条河未费吹灰之力,不是绕过了俄军,便是用佯攻把俄军引开了,被誉为指挥艺术的典范。但俄国士兵再也不是纳尔瓦战役时一支未经训练的乌合之众了,他们已是经历波罗的海之战,组织得非常好的老兵了,经常有在波兰的辅助军队的经验。尤其是,彼得和他们的将军们已有考虑周全的防御方案了。由于事关存亡,由于圣彼得堡已经建立起来,他们会进行英勇抵抗的。他们像瑞典人一样决心拼个你死我活。他们在佐尔基也夫开了个会,决定保存军队实力进行决战:俄国人往后撤,只有在情况最为有利时才打,把庄稼和村庄烧毁,断绝瑞典人的给养——不仅是在立陶宛和波兰领土上,而且在俄国境内也是如此。① 俄军在霍洛维茨(在瓦别奇河畔,1708年7月14日)第一次进行了认真的规模很大的阻截,不让

---

① 沿1500公里长边界、纵深达200公里的地区内,一切都要毁掉,人都迁走,使瑞典人"找不到饲料也找不到粮食"。见 V.E. 苏泰著的《对付查理十二世的人民战争,1700—1709年》(莫斯科,1958年)。

查理取得通往斯摩棱斯克的大路。瑞典人取得了象征性的胜利，但代价很大，伤亡惨重，特别是军官，而且他们又不能利用这次胜利，因为俄国撤到了新的有坚固防御的阵地。查理对前面任务的艰巨性从未低估。瑞典人从沉重代价中知道，他们愈接近俄国边防，防御就愈比进攻占有优势。

到了夏末，查理还有一个不利之处：要等候由莱文哈普特率领的从波罗的海省份开来的援军（由于彼得已撤出因格里亚以南地区，守卫波罗的海诸省的他们就可来增援）。援军除 1.2 万军人外，实是一个巨大的活动供应仓库，带来粮食、弹药和装备。原定 7 月底会合，但莱文哈普特迟到了，主要由于这年夏季气候极不正常，雨水太多，路很难走。查理焦急地等了几个星期，整天忙于行军和反方向行军，不让俄国人闲着，但他受了不正确的报告误导，把莱文哈普特跟他的距离判断错了，决定部队转向南，去塞维里亚。此时，人缺粮食马缺草。侦察结果表明，俄国实行焦土政策，边境内"太阳一天又一天被烟遮没"①，因此这个秋天根本不可能沿着斯摩棱斯克大道打下去。在此情况下，向南是很有道理的，让莱文哈普特到塞维里亚与瑞军主力会合，而且也可试试能否以更快的速度突破俄国防御。这里还可利用马赞拉的力量。马赞拉一直在挑拨俄国与瑞典和波兰的关系以争取时间，众所周知他要乌克兰自治。9 月 25 日，查理在苏境内数英里处掉头向南了，而莱文哈普特此刻却在第聂伯河的那一侧——俄国人派出了数不清的侦察分队，很快就把这情况弄清楚了。彼得决定，在莱文哈普特与瑞军主力会师之前，便以自己主力将他阻截。至此，供应列车除了被查封外，再也不可能有其他的命运了。10 月 9 日发生莱斯纳贾战役。虽然这场战役从技术上看可以说是打了个平手，但瑞典装运粮草弹药的大车全部丢下

---

① P. 昂格达尔援引目击者，见《查理十二世》，KFÅ（1930 年），第 212 页。

## 第二十章(上) 查理十二世及北方战争

了。由于决定用南线取代进攻俄国的北线,这点损失连暂时的挫折都算不上——塞维里亚和乌克兰两个基地盛产粮食——但是,甚至在查理听说莱文哈普特被困在浓密的丛林地带,他的部队又不可能及时渡过河去救他们时,又有更严重的灾难降落到查理头上:俄国军队先瑞军先头部队一步,抢占了塞维里亚通道和据点。这样瑞军主力被迫走上一条路程更长、更加艰险的路去乌克兰—克里索尔丛林。就像希腊悲剧一样,一个打击接着一个打击。马赞拉还不准备接待瑞典人,在瑞典与彼得的斗争有分晓之前,他对查理的强制命令只说声"见鬼去吧"!所以俄军拿下哥萨克的首府巴图林,将城里宝贵的供应物资都装袋运走,为所有支持马赞拉事业的人做个榜样,杀一儆百。

俄国人一直企图切断查理的邮件往来——也取得相当大的暂时成功——查理与波兰和瑞典只剩下最宝贵的联系了,但他仍准备重新开战。钱不是问题:瑞典人带了钱票,各地都会接受。供应也能搞到,与鞑靼和土耳其也联系上了,春天调来了斯坦尼斯拉斯和克拉索的辅助部队,如有必要再从瑞典调来援军。1708—1709年乌克兰的冬天像西欧和北欧一样严酷,破坏力比打仗伤亡还大。1月3日到4日夜[①],许多瑞典人,特别是躺在车上的伤病员挤在哈德雅奇小镇的城门下,缩成一团。他们冻得要死,或是身受重伤,因为他们找不到一间房屋,虽然他们比俄国人先一步赶到这里。1月17日攻打小城维普里克,结果失败,主要原因是城墙成了坚硬的冰块;多少杰出的年轻军官在维普里克丧身。夜幕降临很久后守城部队投降,即使如此也不足以抚平全军将士的悲哀。毫无意义的损失再次促使查理滋长残酷无情的弱

---

① 按瑞历这是圣诞之夜。E. 卡尔松在他《克兰诺库茨克—戈洛德诺尹—科洛马克》[KFÅ(1947年)]中批驳了这样的观点:这次冬季攻势是为了打开一条通道,沿第四条路线去莫斯科。

点，就像在波兰一样。经过紧张频繁的袭扰之后，卡尔抄袭了俄国人的焦土战术，将军营四周变成荒土地带，尽管对百姓生命有点仁慈之心。安全的冬营就这样建立起来了。

1709年春，瑞军虽然少了5000—8000人，但更坚定了，包围了有坚固防御工事的小城波尔塔瓦（此城在沃尔斯卡拉河畔，这条河是第聂伯河下游的一条支流），与鞑靼人、土耳其人进行了谈判，与瑞典本土和波兰恢复了联系。查理十二世事实上控制了沃尔斯卡拉河以西地带，彼得将其军队带到河的东面。不可否认，查理军事行动的节奏慢了下来。由于1708年没有惊人的战绩，波兰境内反斯坦尼斯拉斯势力又复活了[①]，特别是俄军回来后，他们希望波兰内战重新开火，他们成功地牵制了斯坦尼斯拉斯和克拉索。与扎波罗热的哥萨克人谈判有了结果，同意4月份进行配合，但君士坦丁堡的苏丹在估量出查理成功的前景之前不愿作出任何保证，就像1708年的马赞拉一样。随军政府里的派帕和其他人建议暂时撤回波兰基地，这是最安全的方针，因为和平触角已经放出去了。结果彼得像1706—1707年一样坚定，决不放弃圣彼得堡。另一方面，查理正在寻求一场长面子的胜利，以便争取鞑靼人和土耳其人。如能适时攻克地处水陆交通要道的波尔塔瓦，或使俄国军队按他的选择跟他打一仗就好了。然后向前推进的时刻就到了。俄国人此时也在寻求决定性的胜利；但他们小心翼翼，对查理仍有点畏惧，同时他们还在外交上采取主动，企图使卡尔得不到土耳其—鞑靼的帮助（克里米亚汗德夫莱—吉莱伊正在为获得这种帮助而向土耳其政府做工作）。

一件意外事件帮助解决了问题。彼此为考验对方的阵地便不断地隔河射击，一颗流弹击中查理的脚。国王显然不能亲自率领军队了。在此情况下，彼得决定冒险一战，但不是向瑞典

---

[①] 参见本书原文第702—703页。

第二十章（上） 查理十二世及北方战争

人发起进攻，而是命令整个大军渡过沃尔斯卡拉河，挖起战壕，让瑞典人来攻打他们的设防阵地。到了7月8日，一切部署就绪，瑞典人被迫先攻。好几个不幸事件又同时发生，打乱了查理的计划。俄国人在头天夜里修筑了两个多面碉堡，瑞典侦察兵居然没有发现，直到最后一刻才看到。步兵一支精锐部队到了那儿后前进受阻，与主力隔开，士兵被打得往后跑，被俄国人一个个杀了。主攻方向仍在坚持，瑞军痴心希望失踪的步兵能赶上来，重新加入进攻；查理的副官一个个都倒下了，命令发不出去了；最后，俄国人干出一桩使瑞典人大感意外的事——冲出阵地，在瑞军战斗队形恢复之前主动向他们发起攻击。① 瑞典将军们相互埋怨指责。年纪大的军官毫无疑问累坏了，不愿承担战场上的最后责任（这一直是国王的责任）。然而今天我们不能责怪任何人：是7月8日一颗子弹把国王与军队隔开了；也许还有个更重要的原因，就是俄国人的战术和士气有了极大提高。今天历史通常都说"兵败"波尔塔瓦，但当时瑞典有个提法：一次对既设阵地半途而废的进攻。这提法也颇有道理，② 尽管瑞军伤亡和被俘人数多达1万以上。将这次不成功的进攻变为失败的是7月11日1.5万瑞军（瑞军残存部队的大多数）在佩列沃洛钦纳缴械投降。

查理指挥撤退。③ 他先是建议在瑞军搜集了行囊和大炮的地方再打一仗，后来还是同意向南走，这样与鞑靼人以及与波兰进行联系更方便。渡过第聂伯河不容易，没有渡河工具，因为5月

---

① G. 彼得里：《波尔塔瓦战役》，KFÅ（1958年），总结了瑞典的研究成果，有关俄国研究成果，参看 W. 克兰贝格、J. 赫德贝格和 G. 梅德魏杰夫作品，同上书（1961年）。

② C. 霍伦道夫编：《查理十二世在乌克兰，情况介绍》，斯德哥尔摩，1915年。

③ E. 卡尔松：《查理十二世和佩列沃洛钦纳投降》，KFÅ（1940年）。

份俄军袭击扎波罗热的据点,几乎把所有的船都烧光了。大家敦促国王先走,去奥恰科夫,与鞑靼汗和土耳其苏丹进行谈判,把部队带回波兰;国王要尽早与波兰和瑞典重新取得联系——总而言之,用现有一切手段把波尔塔瓦闹剧的后果限定在一定范围之内,同时也消除国王被俘的危险,因为得知彼得已派出部队来抓他。军队则来到一个只有几个陪伴瑞军的鞑靼人才知道的渡口,能否渡过沃尔斯卡尔河只能听天由命了。渡河以后就去克里米亚,与国王会合。这应该是办得到的,但是无理性的因素猖獗起来。高级军官们,莱文哈普特和克鲁茨—伦斯舍尔德在波尔塔瓦被俘,随军政府的主要官员也被俘——精疲力竭,几乎毫无斗志了;他们对鞑靼人怕得要命,却不怕被俄国人逮去,因为俄军军官主要是德国人。许多瑞典人没精打采,或只想保命,特别是国王带领1500人——包括马赞拉和哥萨克人——走后。彼得肯定要向马赞拉报仇的。查理十二世永远不能原谅佩列沃洛钦纳的投降。他认为,莱文哈普特的责任不是让各团团长决定是降是打,更不是压他们表态,而是确保部队突围,或跟追上瑞典人的俄国骑兵打一仗,俄国骑兵分队人数相对不多。这话毫无疑问是真诚的[1],但缺乏对人的动机的了解,这也许是国王作为将军和政治家最突出的弱点。他不能,也不会去捕捉波尔塔瓦和佩列沃洛钦纳之间的联系。

瑞典国王从土耳其土地上努力弥补波尔塔瓦战役造成的损失。在他的帮助下,许多有影响的土耳其人和鞑靼人要立即去跟俄国人算账;查理在等待他留在俄国和波兰的部队的消息,并指示瑞典将他损失的一切补齐,但他没有想到还要建立更密切的外

---

[1] L. 斯达凡诺提出不同看法,参见 HT(1910年);E. 塔雷:《查理十二世和波尔塔瓦》,瑞文翻译本,1951年。

交关系作为今后合作的基础。他的目的是以波兰为基地，用克拉索—斯坦尼斯拉夫的军队，加上他自己的残部和从瑞典来的新军，继续跟彼得打。查理在他的脚伤治愈之前不可能考虑离开土耳其，但他相信，既然苏丹答应护送他，他在冬天降临之前能够与波兰的克拉索部队会合。查理在企盼中在土耳其度过了4年。① 由于敌人积极抓住许多机会，使他无法动弹。俄军立即洪水般地扑回波兰和波罗的海诸省；瑞军在佩列沃洛钦纳投降一事不予追究了（俄国答应瑞典降军军官：他们立下誓言后即可获释回国）；奥古斯都又回到波兰当了国王，斯坦尼斯拉斯和克拉索不得不退回瑞属波美拉尼亚；反对奥古斯都的几股波兰部队在路上跑了很长时间，要经匈牙利去土耳其边城本德；聚集在本德的瑞典人、哥萨克人和波兰人最终达到4000人；由于瘟疫，1709—1714年土耳其和哈布斯堡的边界封锁。法国和海上大国提议用船将查理送回瑞典，查理不喜欢把自己完全交到西线敌对一方手中，以致限制他今后的行动自由，便断然拒绝。他要从波兰回国，并死抱住这个希望不放，但这就要新派一支瑞典军队在帝国登陆。与此同时，他继续做土耳其人工作，让他们重新占领亚速，向俄国人宣战。

在斯德哥尔摩，参政会完全忙于丹麦问题。腓特烈四世在波尔塔瓦战役之后重新参战。1709年底，丹麦和挪威从两个方向向瑞典进犯。与此同时，由卡尔·腓特烈公爵的亲叔叔代他治理的荷尔施泰因—哥托普被敌方占领（卡尔·腓特烈1700年生于瑞典，在瑞典长大）。② 被长期战争打得有气无力的《特拉凡德

---

① 参见本书原文第630—631、636—637页。
② 他的父母来斯德哥尔摩避难，因为丹麦人摧毁了腓特烈公爵领土上的碉堡。1702年，公爵死于克利斯祖战役，赫德维格·索菲亚死于1708年12月21日。瑞军在波尔塔瓦战役之前已获知其死讯，但国王是在抵达土耳其后才知道。

尔和平条约》的保证国觉得它们已无力阻止，并认为查理十二世应倾听和平的声音，而非考虑再与彼得开战。在1710年3月和12月的海牙和平协议中，海上大国保证瑞典占有的帝国领土的中立，这是保持德意志和平安宁和让丹麦、萨克森军队去打法国的唯一办法。这项保证原是对瑞典有利的，如今却完全破坏了卡尔的计划：利用瑞属波美拉尼亚作为基地，从瑞典来的增援部队便可从此基地到达波兰和他自己身边。他反对这条和平协议，与海上大国关系由此产生裂痕，而且从未愈合。查理和参政会对海上大国持不同态度（参政会认为海上大国的合作是非常重要的）[1]，这一分歧也加深了他们之间的误解。国王和参政会相距太远，无法很好地一起工作。国王希望参政会有了阿尔维克·霍恩及马格奴斯·斯坦布克等军人的加强后，给他送去一支新军去攻打俄国，以支持他更大的战争努力，实现他这一首要目标。参政会只见眼前危险，对瑞典面临的形势太悲观，从而给国王的热情泼了一盆凉水。

最喜欢的姐姐的死使查理受到沉重打击，也只是从个人爱好（现在有时间恢复这些爱好了，如给特辛写信谈建筑、赞助瑞典人从土耳其到圣地远游等）中才慢慢恢复精神平衡，因此查理对参政会的大多数人失去耐心，捡起一个新的话题：加快动员瑞典丰富资源以进行战争的经济和行政管理的改革。查理买了许多书，与本德随行人员中最有学问的人，主要是卡斯腾·费伊夫进行讨论。费伊夫是随军政府官员，对当时的财政和重商主义理论很感兴趣。查理开始给瑞典国内一些人写信（这些人后来成为改革家），费伊夫充当国王的秘书。这样查理1714年后改革活动的基础就在土耳其打下了。与此同时，他在本德期间与参政会和瑞典行政机构打交道（即在累进税的征收问题上）的经验说明，

---

[1] J. 罗生：《英国提出和平解决，1713年》，隆德，1946年，第7—95页。

这些机制以后不可能成为执行他意志的机制。他也只是在削除参政会对陆军的所有责任，并将陆军的全部责任交给参政会一个委员，即马格奴斯·斯坦博克手里以后，他的德国登陆计划才获得生命（陆军后来在大陆上支持他）。

1710年拯救瑞典的是斯坦博克，是他将丹麦人从斯康尼亚赶走。到1712年他已将1.6万人运到瑞属波美拉尼亚这个小小的狭长地带（这地方经受了1711年敌人的进攻，现仍控制在瑞典手中。敌人进攻的借口是查理十二拒绝接受海牙和平协议关于这些地方坚守中立的条款，海牙和平协议的保证国对此进攻睁一眼闭一眼）。但是斯坦博克登陆后不久，他的供应船队被丹麦人完全摧毁了。现在看来这是战争所有挫折中最最致命的一个。这迫使斯坦博克离海岸近些，希望国内送来供应品——这真是希望天上掉馅饼，而他自己不去搞钱，搞船。因此虽然1712年12月他在加德布施战役中打败丹麦和萨克森联军，却不能充分利用这次胜利。斯坦博克由于未能按计划突入波兰，便攻打日德兰半岛，以迫使丹麦退出战争。但1713年1月他被占极大优势的萨克森、丹麦和俄国军队团团围在荷尔施泰因的一个碉堡（托宁）里面，5月他只能投降。

在获得加德布施战役及以后战事的消息之前，查理在土耳其的地位已很危险。他已看到奥斯曼三次向俄国宣战——三次宣战皆因瑞典对土耳其政府外交艺术发挥作用——从瑞典利益的观点来看，三次宣战都浪费了，主要是因为瑞典在军事上太弱，也未能与奥古斯都结成反俄同盟（奥古斯都对俄国在波兰太上皇作风真正感到厌倦了），又未能与普鲁士的腓特烈一世结成反俄同盟，尽管腓特烈对俄国的亲近也感到十分震惊。现在，查理愿意牺牲波兰，如果这能促成一个稳固的反俄联盟的话。但是无法按特定的条件达成协议，障碍还是原先的障碍，即查理坚持要用具体的军事义务作"保证"，而奥古斯都和腓特烈——从1713年2月起便是接他位的腓特烈·威廉一世——脑子里想的是风险少得多的安排：他们要瑞典作出让步，自己又不投桃报李，保证进行军事合作。本德和斯德哥尔摩都认识到，普鲁士失望后很可能会加入瑞典敌人的阵营，对汉诺威的意图也无把握——但也不太紧张，因为两者有传统的友谊——这位选帝侯担心丹麦征服不来梅和凡尔登，便计划自己去占领瑞典这两块属地。

不过1712—1713年冬天里最迫切的问题是查理作客的土耳其主人的态度。他待的时间太长，不受欢迎了。他对土耳其邻国的敌对态度跟他虚弱的军事力量很不协调，甚至起初支持他的（土耳其）人也开始跟奥古斯都的特使进行谈判将他赶走。土耳其派人护送他回国的问题终于落实，但瑞典截获的信件透露：原来土耳其和鞑靼人有个阴谋，将查理交给奥古斯都或俄国人处理，办法简单而便捷——到达波兰边境时土耳其护送人员立即消失。因此有查理的困兽之斗，即1713年2月在本德发生的一场喧闹：土耳其人和鞑靼人收到命令，要把查理赶出土耳其，"如果必要就用武力"，查理则故意顶住。查理成功地揭露了奥古斯都外交官与土耳其官员之间的阴谋。[①]他也曾一度再次点燃在平等基础上与土耳其苏丹进行合作的希望之火，那是在他听到加德布施战役胜利的消息和接踵而至的土耳其向俄国宣战的时候，只是斯坦博克在托宁投降后，这个火最终熄灭了。很明显，查理按自己意志回归瑞典的时候已经到了，目的是使饱受长期战争和瘟疫之苦而垂头丧气的瑞典镇静下来，咬紧牙关挺过去；对国内威胁专制政府的人进行反击；去动员国内经济资源，并寻找新的方法去对付瑞典的敌人。查理经过1700—1701年从和平向战争过渡的初步困难后，整个1701—1709年期间他做到了"以战养

---

[①] S. 鲍涅生：《扬·萨比埃哈，在本德喧嚣之前皆受礼遇》，KFÅ（1945年）；I. 斯达夫辛：《本德喧嚣》（1960年）。

战"(let the war pay for the war);但他和他的顾问们如今深信,为迫使有钱人作出牺牲,为对国家经济进行改革使王室能拿到钱和信贷去进行战争,当前国王的权威是十分重要的(进行战争而且要面对波罗的海省份和大多数德国属地业已丢失的事实,尽管相信这些损失是暂时的)。

经由波兰回国的路线不再有何实际意义了,因为土耳其政府决心与威尼斯交战①,跟彼得和奥古斯都俩人都签了条约。讨论查理十二世经帝国领土回国的问题终于开始了,卡尔六世同意让查理和他的一支小部队和宫廷人员进入德国。为了政治上大肆渲染哈布斯堡在北方大战中的调停作用,皇帝试图为瑞典国王安排一个正式的欢迎;也正是由于这个原因,查理越过土耳其边界后,便坚持要在其余瑞典人前面先走,不动声色地微服潜行。他先是坐驿递马车,后又索性骑马,一路快马加鞭,仅两个星期便赶到斯特拉尔松德,到城门口时是1714年11月20日深夜或21日凌晨。此城和维斯马是瑞典在德国仅剩的港口了。1712—1714年,汉诺威把凡尔登拿走,普鲁士把什切青拿走了。

查理在土耳其给他妹妹乌尔里卡·埃里奥诺拉写信时已梗概地把今后政策勾画出来(他不在国内期间就把妹妹视为摄政)。在这些信中他最最坦率地用笔将他的意图写了下来,要重新组建一支军队。与此同时要通过秘密外交将敌人分离开来,一是为了争取时间,二是试探一下能否与它们中的一个缔结单独的但必须是合理的和平条约。他不会缔结一个思想上有保留、不准备遵守的和平条约,必须是持久的和平。他遭受挫折以后,愿意考虑交出瑞典领土,但在获得瑞典领土的国家帮助下换回相等的领土;他并愿考虑暂时割让瑞典的港口和土地(加上它们的收入),他反对军事援助,但不反对单纯的贷款。军事形势尽管很严重,但

---

① 见本书原文第637页。

不是不可扭转的。奥古斯都不再称得上是重要的敌人，他已深陷波兰纷争的泥潭。波兰在事实上被俄国占领几年后，反俄情绪很强烈，同时亲瑞派在听到查理回国的消息后力量又恢复了。丹麦经济不支，不能单独发动对瑞典的进攻。危险更大的是普鲁士和汉诺威，它们的敌意一半伪装起来，但都热切希望继续抓住那些从瑞典帝国领土上以友好的名义分割出去的地方不放。一旦汉诺威的选帝侯变成英国乔治一世国王后，它就是更危险的潜在敌人。俄国虽然也像瑞典一样，打得精疲力竭，但也跟瑞典一样决心要打出个你死我活来，所以俄国仍然是瑞典最可怕的对手。芬兰经过这么多年战争之后已被（俄国）征服，瑞典本身也受到了俄国战船的袭击，瑞典还不能与俄国战船较量，尽管查理早就下令建造一个中队的战船。①

国王回来后，一段活动紧张的时期开始了。乌尔里卡·埃利奥诺拉出嫁黑森之事已谈了很久，现在已成为事实了。黑森的腓特烈是伯爵嗣子和继承人，野心勃勃，总想效仿德国几位到帝国以外国家去当国王的诸侯，但查理却认为他是一个亲信，认为他比1702年在克里索战役中丧身的另一位姐夫\*更有打仗的经验。由于瑞典前景改善，荷尔施泰因—哥托普的行政长官又参加进来了，将他官员中能干的 G. H. 冯·戈尔兹借调给查理。他是理财天才，愿意帮助在国外筹款。现在看，戈尔兹对查理的影响被大大夸张了，部分原因是他后来成为国王在国内采取的所有不得人心措施的替罪羊所致。事实上查理是政策大纲的始作俑者，政策通常是他跟所有信得过的顾问，瑞典顾问和外国顾问商量后定下来的，戈尔兹只是他许多政策工具中的一个而已，虽然是一个特别宝贵的工具，因为他能力很强，对工作十分投入。他在

---

① 参见本书原文第806—807页。
\* 指荷尔施泰因—哥托普公爵。见前文。——译者

1709—1714年错综复杂、充满矛盾的谈判中,努力保护失去瑞典支持的荷尔施泰因—哥托普的利益,结识了反瑞同盟中一些有价值的人。正因为认识这些人,他在外交中日益显得突出。

查理决心守住斯特拉尔松德和维斯马,只要血肉之躯能办得到的话,目的不仅是把战火推到远离瑞典大陆以外的地方,以及争取时间让黑森的腓特烈在瑞典东海岸组织起对付俄国的防御来,而且也是为了把佩列沃洛钦那忘得一干二净,并恢复瑞典军队的光彩,即使通过英勇壮烈的失败来做到这点也在所不惜——现在智斗刚刚开始,在智斗的战场上军队的光彩是一笔实实在在的财富。汉诺威和普鲁士正式加入瑞典敌人一方①,而且及时得很,分别赶上参加包围瑞典最后两个在德国的属地的战斗。正是在保卫斯特拉尔松德的一年中,在他从本德回来以后,查理第一次发下诏谕,要更加紧张地动员瑞典全国资源。查理在斯特拉尔松德投降前最后一刻才离开这个小城,于1715年12月13—14日到达瑞典南方。维斯马也继斯特拉尔松德之后于1716年4月沦陷。

国王在土耳其期间计划好的中央行政机构的改革现在付诸实施了:成立了6个探险队,每个探险队有位大臣领导,他们与国王保持密切联系。6个探险队与旧的、管的面很窄的政府分开,旧政府成了专管外交的专业部门。行政管理部门没有压缩,但已相对无权,无力对抗改革,因为又成立了新的管理全国经济生活的官僚部门,管理手段是空前的(也是遭人痛恨的)。按国王意志设置的新部门中最重要的是"税务署"(Kontributionsränteriet)和"借贷署"(Upphandingsdeputationen)。税务署执行国王激进

---

① 普鲁士1715年4月宣战,汉诺威10月宣战。腓特烈·乔治一世与彼得和汉诺威的乔治签订了反瑞条约,汉诺威的乔治在1714年夏天跟丹麦也签订了相似的条约。

的累进税政策；借贷署负责安排国债和向国外贷款，以及将短期贷款转为有固定利息的长期贷款。① 这是第二次宣布强制将铁卖给国家（以便高利润转卖到国外）等不得人心的措施，并限定瑞典境内商品的最高物价。到1718年后，地方行政机构改革也已完成（这项改革是为了鼓励各省在经济领域里的主动精神）。瑞典铁的垄断地位是用来哄抬铁在欧洲市场上的价格，然而其他国家对铁的需求竟是这样迫切，甚至英国1717年2月禁止与瑞典贸易也未达到目的。英国希望以破坏查理私人海盗船战争来反击（查理用海盗船打击与俄占瑞典港口进行贸易的船只），同时打击查理勾结英国退位国王詹姆士二世拥护者的詹姆士党人的阴谋，但英国人还是要从中介商处买铁，花钱更多②，而查理仍坚持其私人海盗船活动和与詹姆士党人相勾结的阴谋。与詹姆士党人的谈判，通过法国途径已经开始了并在继续，部分原因是戈尔兹看到，谈判是为瑞典取得钱和船的一种手段——虽然查理还钱的条件是詹姆士党人对计划承担真正的义务——部分原因是卡尔希望使乔治一世对瑞典计划有所顾及，以及使他不能把英国海军完全部署在波罗的海对付瑞典。

由于瑞典新的陆军和海军还在组建之中，查理的军事主动当然受到制约。从1715年的冬天到1716年春天，一场攻打挪威的战争计划很快拼凑而成，但6月份便放弃了。打挪威有几个诱人之处：挪威与瑞典在其他地方损失的领地面积相当，或至少使瑞典获得一个战略上非常有利的边界——查理脑子里想的是格洛门河——可防止将来敌人从挪威进犯瑞典。仅仅这个前景足以使瑞典参政会从1709—1714年处于瘫痪；佯攻也是一

---

① G. 林德贝格：《查理十二世瑞典的战争财政和战争勤俭节约》，斯德哥尔摩，1946年。

② G. 林德贝格：《格尔茨卡时代的瑞典经济政治》，隆德，1941年。

个值得钦佩的方面,使某些敌人捉摸不定,因为丹麦的腓特烈四世和汉诺威——英国的乔治都会受到挪威方向的威胁——对选帝侯的乔治而言,可从挪威南部进攻汉诺威,也可从瑞典经日德兰半岛进攻汉诺威;对英国国王的乔治而言,可从特龙里姆地区进攻苏格兰。在欧洲方面,为分袭反瑞同盟,谈判正在进行。[①] 两个最可怕的敌人,乔治和彼得,受到的奉承最多,通过黑森和荷尔施泰因渠道做乔治工作,通过戈尔兹和波兰中间人做彼得的工作。也许是主动向彼得作出和平表示的原因,反瑞同盟原定在1716年秋天进攻斯康尼亚的计划便放弃了。为了这次进攻,一支庞大的俄国军队已进驻丹麦;英国海军为了汉诺威的利益也找到了与这次进攻进行配合的方式方法,而此刻彼得坚持推迟进攻一年。对此的解释是,经侦察沙皇深信瑞典防御足以使这次进攻付出惨重代价。也有些迹象说明瑞典发出单独媾和触角发生了某些作用。推迟进攻斯康尼亚实际上就意味着放弃,因为丹麦的腓特烈表示来年春天他再也不能命令丹麦商人来搞运输。尽管乔治一世努力调和盟国关系,但彼得的决定在丹麦人和俄国人之间造成了永久的不信任。由于害怕沙皇在德意志的野心日益膨胀,反瑞同盟又进一步削弱:沙皇坚持,从丹麦撤回的俄国军队1716—1717年冬季要驻在德意志,这便与汉诺威的乔治发生矛盾。瑞典外交充分利用这些分歧,也没有因戈尔兹暂时被捕而受到严重影响(1717年荷兰议会在乔治一世要求下以参与"于伦鲍格阴谋"逮捕了他)。很快两套谈判并行进行:一个是查理十二世与乔治一世的谈判,通过一人组成的秘密代表团进行,往返于黑森、汉诺威、英格兰和瑞典之间;另一套谈判更为公开,但真正的讨论是隐藏起来了,地点在瑞俄之间奥兰群岛中的一个小岛上,由俄国和瑞典官方

---

[①] S. 约格尔舍尔德:《瑞典和欧洲,1716—1718年》,艾肯纳斯,1937年。

谈判代表参加，瑞方谈判官员中戈尔兹是国王的首席代言人，他与国王保持通信联系，信只能由国王亲自拆阅，看毕便焚毁。两套谈判都是为了在瑞典统治者还没有做好亲自在战场上发起进攻的准备时，使瑞典敌人的联盟陷于瘫痪。

与此同时，尽管有故意夸大和有意误导的"官方"信件编织成的极难破解的谜团，但这些谈判就认真探查对双方满意的条件和"等同物"而言，是真诚的和平谈判。两个谈判都没有在查理十二世有生之年谈完。提出的条件对一个正在完善他统率过的最庞大军队的国王是不能接受的。彼得拒不交出维堡以南的任何波罗的海港口；乔治对暂时拥有不来梅和凡尔登不能满意；任何一方还没有疲惫到不能再诉诸武力的时候；王位继承问题使形势变化难测；不论是乔治还是彼得，他们的王位并不安全可靠。查理跟詹姆士·斯图尔特和在流放的沙皇彼得之子亚力克赛谈判。亚力克赛死了之后①，前景仍是这样：彼得要死了，俄国条件会更宽。已有谣言传出，彼得病得很重。

瑞典也存在抢夺王位的斗争。如果查理无后嗣而死，戈尔兹和荷尔施泰因派主张由荷尔施泰因—哥托普的卡尔·腓特烈，即查理十一世大女儿的儿子来继承王位，而不是由小女儿乌尔里卡·埃里奥诺拉来继承，因为她已跟一个加尔文教派的人结婚，而且她是黑森推举出来的人。国王本人既喜欢他的小外甥（国王正在培养他，就像他曾经照料过符腾堡的马克斯一样），又同样喜欢他的妹妹，亲爱的"乌拉"，他不愿，也不能承认这个继承问题的存在。他不停地放出暗示，一旦和平实现，他就结婚，自己生个继承人。戈尔兹是真心实意忠于国王，年幼的公爵也太无经验，一心扑在舅舅身上，不允许在查理活着的时候出现一个实实在在的荷尔施泰因派。然而黑森的腓特烈开始跟被 1715 年

---

① 见本书原文第 733 页。

以后改革触犯过和激怒过的人勾结起来了,他们组成一个反对专制的核心力量,尽管腓特烈本人希望把专制制度尽量多保留些。

到1718年秋,重新开始军事进攻的准备工作均已就绪。东面不需要多少军队,因为岛上的谈判还在进行。新军(组成几个独立的、适合进行合同作战的军团)转移到西面。一支7500人的分队调到特龙黑姆,主力3.6万人到达挪威的东南方。约有1.4万人部署在瑞典南方充当预备队。在边境上,弹药十分充足。军队里有包围战工程技术人员和其他专家,主要是在"西班牙王位继承战"中服过役的法国人。炮兵机动能力更强了,发射速度自1709年后也按克朗斯泰德的新原理提高了。[①] 马和船都已备好了,可投入使用,当然不是用在山峦重叠的挪威,而是为了战役的第二阶段。第二阶段将会是怎样,谁也没有把握说得清楚。1718年11月30日夜在包围弗雷德里克斯登要塞时,也就是在战役刚开始的时候,查理十二世被一颗流弹打死了。[②]

他肯定设想有一天会率领他的军队来到欧洲大陆,横扫丹麦;在瑞典本土以外找个战场仍是至关重要的,也只有在德国和波兰他才能有指望与其敌人决一雌雄。一旦查理接近丹麦和汉诺威领土时,可以有理由期待他们向查理求和。对俄国,不能渡过波罗的海进行正面攻击,因为俄国在海上和陆上都做了很好准备,但可以再次把它拖到波兰或立陶宛来打,甚至在俄罗斯打。

---

[①] T. 雅各布松:《查理十二世时代的炮兵》(斯德哥尔摩,1943年)。

[②] 究竟查理十二世是被自己方面的人、某个受黑森的腓特烈指使的人杀死的,还是被敌人射来的子弹打死的,瑞典历史学家仍在激烈争论。参看 A. 桑德克莱夫主编《查理十二世之死》(1940年)、N. 安隆德编:《关于查理十二世之死的真相和故事》以及从那时起的KFÅ的文章。L. 坦纳尔在《查理十二世死后瑞典的革命》(乌普萨拉,1953年)中坚定认为黑森的腓特烈有罪。《腓特烈一世》(1953年)和《乌尔里卡·埃里奥诺拉》(1956年)的作者 W. 何尔斯特则认为没有证据。笔者的看法是查理十二世是被(也许查理本人也会说)"一个真正敌人的子弹"打死的。见《瑞典查理十二世》第495页以下内容。

然而非常可能的是查理对德意志考虑得更多些。俄国影响的扩大使帝国皇帝非常惶恐，许多诸侯也有同感，一旦查理把大军拉到德意志来，他就有了一块肥沃的外交领域。就在他死的一天前，或两天前的夜晚他曾对他的一个将军说——半严肃半开玩笑——"我们曾打过一场30年战争，我们可能还得打一场40年战争。"[①] 但国王死前没有作出任何决定。只需几天弗雷德里克斯登要塞就会攻克的。横渡格洛门河的进攻战已经开始，国王只是将他动身的时间推迟了几天，要在前线的那一地段等候戈尔兹从奥兰岛和该代表会议上带来新的消息。

查理十二世和批评他的人之间的分歧很容易被夸大。指责查理十二世好战的瑞典外交家和顾问们又何尝不跟他一样死死抱住瑞典的大国立场不放？黑森的腓特烈为集中精力争夺王位，停止参加挪威战役。他以放弃专制政权为代价为他妻子（即查理的妹妹——译者）赢得继承王位的斗争，1720年他自己登基当上国王，却继续查理的政策，在汉诺威和沙俄之间进行挑拨离间。他继承查理的原则：在获得实实在在的保证之前，决不牺牲一点东西。他让英国—汉诺威的外交手段胜过自己[②]，原因有好几个，其中一个是他希望在瑞典建立一个黑森王朝（通过汉诺威鼎力相助让他弟弟继承他的王位，如果他死后无嗣的话）。乔治和他的顾问们真心实意要瑞典与沙俄达成一个合理的和约，使瑞典成为英国在波罗的海东海岸的立足点，他也同样急于组成一个联盟，把俄国从德意志和波兰吓走。但更迫切需要解决的是抢在瑞典前面搞个交换：将不来梅和凡尔登交给汉诺威，什切青交给

---

① 见T.韦斯特林著《查理十二的最后计划》，HT（1895年），第341—342页。

② 见E.卡尔松著《尼斯塔特和平条约》（1932年），第23—28、297—330页；O.雷恩纽斯：《瑞典的国际地位，1720—1721年》，KFÅ（1915年）。

俄国，荷尔施泰因—哥托普公爵在石勒苏益格境内的土地都给丹麦，以及瑞典放弃被丹麦占领的维斯马周围地方以后的经济补偿。这些安排反映了反瑞同盟国家相关分量，都体现在《斯德哥尔摩条约》和《弗雷德里克斯堡条约》里，这两个条约是乔治一世1719—1720年在法国外交支持下谈成的，萨克森的奥古斯都未包括在内。① 后来在《尼斯塔特条约》中俄国人强加了一条：在"奥古斯都国王和共和国"问题上给俄国进行调停的地位，但直至1731年瑞典没有和波兰达成和平协议。②

如何获得未来盟邦军事援助的真正保证是个进退两难的问题，查理十二世对此一直看得非常清楚。当腓特烈和瑞典人为获得（未来盟国）承诺而签字画押让出自己领地时，这个难题就使他们上当了。他们勇敢地努力使乔治一世兑现他庄严的保证：提供海军支持，但瞬息万变的政治和经济形势不可能再逼迫他为了瑞典臣民而与彼得开战。南海泡沫*事件后，英国无力采取主动。奥皇被南方的问题缠住，反俄也不太起劲了。自从腓特烈在和平谈判中向乔治作出承诺以来，瑞典就一直与俄国人短兵相接打个不停，俄国舰队有时深入到斯德哥尔摩旁边的岛屿。所以，到1721年瑞典不得不求和。根据9月10—11日夜在尼斯塔特签订的条约，瑞典收回了芬兰，芬兰东南面的重要边境地区凯克斯霍尔姆和卡里利亚的一部分则除外；因格里亚、爱沙尼亚和瑞属利沃尼亚是全部丧失了。

瑞典的大国地位现在结束了。它在神圣罗马帝国境内还留有一些立足点，1719—1720年谈判结果使维斯马、斯特拉尔松德和波美拉尼亚的格莱夫斯瓦尔德区又还给瑞典，但这还不足以支

---

① 见《新编剑桥世界近代史》第7卷，第350—352页。
② 见 N. 安隆德著《瑞典与波兰的最终和平》，KFÅ（1915年）。
\* 指1720年由于南海公司倒闭而引发的英国的一次财政危机。——译者

持它的大国地位。有些瑞典人希望跟俄国重新开战,机会一旦出现就打,也许是在彼得死的时候。也有人希望通过荷尔施泰因—哥托普公爵卡尔·腓特烈的帮助,用更加和平的方式收回丢失的省份(这位公爵在瑞典王位继承斗争中输给乌尔里卡后便去俄国避难,娶了彼得的一个女儿为妻),假如他当上瑞典国王,俄国会不会把那些波罗的海省份当做俄国出生的瑞典王后的嫁妆还给瑞典呢?但是多数瑞典人觉得为了大国地位已经打得太久,打得太苦,现在摆脱大国地位和摆脱因争大国地位而造成的"大动乱"也不失为一身轻松。

丧失瑞典庞大帝国的原因,自1721年以来就争论不休。这是不是查理十二世的过错呢,因为他在鸿运高照的几年里一直拒绝和平?但奥古斯都、丹麦的腓特烈或彼得到1709年会不会因为瑞典小小的让步就满足,这点是值得怀疑的,他们也崇尚正义的事业,并下定决心让战争骰子按上帝意志来为问题作个了结。相反,可以争论一下的是,保持大国地位的希望是不是随着查理十二世死亡而死亡了?由于失去了他个人的激情和军事天才,由于国内各种问题的再现,战绩就得受损,至少暂时是这样。已故国王大胆的冒险行动绝不是两个在他死后争夺王位的人所敢为的(至少在几个问题解决之前)。除了有争议的王位继承问题外,对专制政府还是立宪政府问题上也有分歧,贵族和非贵族等级之间社会—经济关系紧张,大家为争夺官职更是打得不可开交。在这样的背景下,1718年打仗的冲动就没有了,陆军被召回国内,战争经费被分了,以获得更多(军人)的支持。一个偶然事故使查理十二世死在彼得前面(很有把握预料彼得是要死的了),不过从长远看,这个意外事故若与新俄国的压力相比,其影响就是小巫见大巫了。俄国全国统一了,起义被镇压下去了。人口至少有1000万,技术知识在增长,它已是瑞典的劲敌。一个组织精良,但人口不足300万,又是分散得很的帝国的瑞典经验证明,它如不利用关系和作出牺牲,在大国中找到一个盟友,并利用结盟的优势,那么瑞典是不能抵御它的天敌的。

(张晓华 译)

# 第二十章（下）

## 波兰的黑暗

"波兰的黑暗时期"是当时一位主要的政治家、立陶宛副首相斯坦尼斯拉斯·隆佐卡用以描述18世纪初波兰共和国形势的一种说法。一个在欧洲各星座中仍占有一席之地，而且仍然受到一些本身面临国内巨大变革的强国讨好的国家，本来很难说它已陷入"黑暗时期"。波兰虽被强邻所严密控制，但还没有到了孤立无援地在政治上任他人摆布的时期。另一方面，日益严重的混乱状态，已经妨碍着波兰共和国利用出现在它身上的各种政治机会。当时的人们认为这仅仅是一个直到不久前还很强大的国家暂时处于阴暗之中。如果说到1721年，欧洲这一地区旷日持久的战争已成过去。那么，该地区各国之间以前的均势同样也已成为过去。哈布斯堡王朝由于控制了匈牙利，并在意大利和低地国家取得了王位继承权而大大加强。俄国在彼得大帝进行改革和征服波罗的海沿岸之后，已成为北欧主要的强国。在普鲁士，实行严厉统治的政府正在为军国主义奠定基础。同时，瑞典已不再起什么作用，土耳其则只能偶尔执行主动的政策。波兰在外交方面活动的余地有限，而且在居于支配地位的邻邦的干预下处境极为不利，陷入了所谓的萨克森时代的最黑暗的阴影之中。

## 第二十章（下） 波兰的黑暗

这是一系列复杂过程的结果，它可回溯到16世纪初期。与社会地位低下的农奴和自由民相比，贵族享有罕见的特权地位，而地方长官们则实际上掌握着大权。他们之间的角逐破坏了国家的团结。正当欧洲大多数国家趋向专制主义的时候，波兰王权实际上由于实行自由选王制和随之而加于国王的誓约而削弱，这件事本身具有重要的意义。议会本来或许能够弥补王权之不足，但它又被一种严重的病症，即自由否决权所困扰。自从1652年以来，这种制度允许个人否决提交议会的任何法案，而使改革方面的一切努力都陷于瘫痪，任何系统的财政和军事政策均归于失败。主要从教会和王室财产征收的固定税，仅仅可以勉强维持1.2万名军人的供给（自1678年末和平时期的军队一直是这个数字）。即使是战时用于征召必要的部队的"特别"税，也只有费尽九牛二虎之力才能征收到；如果战争拖延下去，共和国就只有一支发不出军饷和随时会哗变的军队。此外，波兰的经济潜力每况愈下。波兰经济主要以农业为基础，17世纪时期价格的下跌，使农业受到不利的影响。贵族力求以加紧对农民的剥削来补偿其庄园收益的减少，结果只能是促使农业的效率和生产力下降。即使说实行重商主义的政策能够鼓励发展，但国家在决策方面的瘫痪状态也不可能使之实现。总之，这个世纪中叶遭受的巨大战争破坏，给整个经济留下了深深的创伤。

尽管有这一切，但仍不足以充分说明为什么真正的崩溃发生在17世纪末18世纪初。在此之前，这些基本的弊病即已存在，但并没有引起严重的危机。到那时为止，总有一些可以阻止形势逆转的对策。在皮劳斯战役之后又有别列斯特兹科战役；1655年波兰在瑞典入侵时期投降后，接着又为了保卫独立而实行社会的总动员；为了对抗俄国的胜利，1660年进行了库特脑战役（1660年）和波隆卡战役；继布贾克条约（1672年）之后，又进行了乔汀（乔希姆）战役和维也纳战役；卢伯米尔斯基的反动叛乱已由于1673—1678年进行了试验性的改革而得到补救。但是，新的一代人在暴力的潮流中成长起来。他们继承了前辈的一切起破坏作用的恶习，却又缺少前辈人的决心和力量。他们在拼命捍卫"黄金自由"的同时，却失去了政治上的深谋远虑。私利支配着一切，对全面改进的可能性也没有多大信心。斯坦尼斯拉斯·赫拉克留斯·卢伯米尔斯基所写的一本小册子《无益的讨论》（1699年）对这一代人的观点作了最确切的描述。该书说道，国家的每个机构，不论组织得多么好，不久就堕落成为罪恶的工具；结果，任何变革都无法带来持久的利益。另外一些目光没有那么深远的人，则寄希望于"萨尔马特主义"\*——这是一种自负而保守的哲学，它吹捧波兰贵族高于地球上一切民族。索比斯基在维也纳取得的胜利\*\*，如维斯帕西安·科霍夫斯基的赞美诗中所描述的，对他们来说，成为他们在基督教世界占首要领导地位的具体象征。他们把波兰宪法看成是至高无上的，鄙夷其他民族，认为他们是十足的奴隶。

在这种环境下，某一个人的努力，无论他是约翰三世也好，或者奥古斯都二世也好，都起不了多大作用。即使是具有传统萨尔马特人气质的君主索比斯基也未能激起人们对他的政治方针的广泛支持。他具有军事才干，在他身上有着法国文化的魅力，再加上在他的服饰上和在他的维拉瑙的新宫中表现出的那些土耳其和鞑靼风格的花饰，充分体现了东西方特征的融合，使他具有感染人的魅力——但这些优点在政治方面却丝毫不起

---

\* 萨尔马特人，公元前4世纪至公元4世纪生活在俄国（欧洲部分）南部地区至巴尔干东部地区一带的民族。——译者

\*\* 索比斯基即波兰国王约翰三世。1683年率神圣罗马帝国和波兰联军，击败土耳其军，解维也纳之围。——译者

作用。他的一切主动行动都遭到大多数地方长官以及追随这些长官的贵族们的反对。奥古斯都·韦廷是第一个占据波兰王位的日耳曼人，他的情况与这没有什么两样。他继承了萨克森的王位，又被选为波兰国王，他在促使萨克森和波兰这两个国家实现现代化时有个有利条件——广泛的政治经验。同时，波兰人本可通过与勤劳节俭的萨克森人紧密联系得到好处。① 然而不然，这里出现的同样是那种有时十分可悲的图景：占少数的开明（的萨克森）人同顽固维护现状的波兰权贵们进行斗争。

在某种程度上，这种形势像波兰社会的一般状况一样，可以用以下事实来解释：这个国家卷入了两次超出国力的战争，即神圣联盟战争的北方战争。在25年军事负担之后，很大程度上要依靠一个长期的和平时期来恢复稳定。在与哥萨克人、俄国人、瑞典人和土耳其人作战中付出的旷日持久的军事努力和财政耗费，已削弱了社会结构，再进行战争势必会带来致命的危险。然而，在1676年《索拉劳和约》签订仅仅7年之后，为了救援维也纳，波兰又投入另一场与奥斯曼帝国的旷日持久和耗费巨大的战争。

神圣同盟的主要目的是恢复沦于土耳其人的领土。约翰三世则希望收复波多利亚，得到摩尔达维亚和瓦拉几亚，并永远结束鞑靼人在共和国东南地区惨无人道的蹂躏。他的远征并没有取得持久的结局：卡梅涅茨—波道尔斯克\*并未能收复，摩尔达维亚也仅仅获得两个边境要塞。土耳其人显示了出乎意料的抵抗力，而贵族却辩解说，教皇和帝国的补助金已能满足他们的军队的需要，因此拒绝投票赞同征收必要的捐税。波兰已

---

① W. 科诺普琴斯基：《早期的萨克森时代（1697—1733年）》，《剑桥波兰史》第2卷，1941年，第3页。

\* 波多利亚地区的首府。——译者

无力集中更大的力量进行战争。在此情况下，宫廷当局决定在东部作重大的撤退。约翰三世屈从了1686年在莫斯科达成的条件，即俄国与波兰结盟并保持永久和平。这样不仅防止了俄国站在反对他的一边，而且在与奥斯曼的战争中得到了俄国的帮助。俄国答应进一步帮助他们反对鞑靼人，作为交换条件，波兰最终放弃了斯摩棱斯克、第聂伯河以东的乌克兰、基辅和扎波罗热。波兰还承认了沙皇对共和国东正教徒的保护地位。就这样，1686年的协定预示着在接着而来的年代里，俄国在与波兰的关系中将取得政治上的支配地位。具有讽刺意味的是，正好在这时，波兰文化在莫斯科的影响也达到了顶峰。17世纪60年代，大批画家和雕塑家到达莫斯科，给俄国的艺术留下他们的影响；波兰的语言以及从沙皇宫廷里流传出来的波兰服装，同样也十分流行。

起初，同盟在军事方面实际上没有取得什么成果。俄国王子戈利钦向黑海草原的远征全部遭到失败，直到1696年彼得大帝才得以占领亚速。1686年，索比斯基费了很大的力气，把4万人投入战斗。他推进到多瑙河三角洲，但未能守住征服的地方。得到好处的是奥地利人，因为他们在这个时候征服了布达。以后波兰的几次远征，包括1691年规模最大的一次在内，都同样没有收获，他们仅仅得到乔汀和摩尔达维亚的几个次要的要塞。更坏的是鞑靼人袭击了波兰领土，一直到达利沃夫。同时，土耳其人仍然与其在卡梅涅茨的强大驻军保持着联系。索比斯基的失败，很大程度上是由于缺少贵族的支持。在1685—1695年间召开的7次议会，只有两次取得实质性的结果。投票通过的税收与军队的需要相比杯水车薪。1697年军队的需要就短缺2600万克朗。这几乎等于岁入的10倍。多年来，军队往往领不到军饷。士兵领不到饷，就不好好打仗，人员不断减少。17世纪90年代，军队几乎召集不到3万人。只是由于国王个人的权威才防止了军队结成"联盟"去获得他们应得的利益。①形势要求尽快与土耳其和解，这并非是不可能的。经鞑靼人的调解，土耳其人宣布愿意撤出卡梅涅茨和波多利亚。从法国也有希望得到支持，因为九年战争的爆发，增强了路易十四想把波兰从奥地利联盟中分离出来的愿望。主要的反对将来自波兰的同盟者，只要土耳其不承认这些同盟者的征服地，它们甚至拒绝考虑与土耳其媾和。

约翰三世像他以前的许多当选国王一样，也竭力操纵他的继任者的选举，希望他的王朝得以同王位永远联系在一起。这方面可采取的一个有利的步骤是将边境以外的公国之一置于索比斯基的统治之下。这个公国将会通过统治者个人与共和国联系起来。约翰三世掌权之初，曾想重新得到普鲁士公国，1683年后，又想利用摩尔达维亚。这些打算无疑促使他不断出征巴尔干。国王特别喜欢他的长子詹姆士（雅各布）。国王带领他参加常务院的会议并给他指挥军队的权力；在接见大使时，他们同坐在国王的宝座上。为了实现维护王朝的计划，他们在法国和奥地利寻求外援。路易十四比较快地表示愿意给予支持，但在最后对奥皇给予援助的希望超过了其他的考虑。于是决定让詹姆士与利奥波德的妻妹、诺伊堡的伊丽莎白结婚。詹姆士原来争取与路德维卡·卡罗琳娜·拉齐维尔结婚，她是在立陶宛有大宗财产的继承人，但她的监护人勃兰登堡选帝侯腓特烈·威廉唯恐索比斯基家族的势力加强，因此最初把她许配给自己的儿子，后来，又许给了诺伊

---

① 在波兰，结成各种"联盟"，类似17世纪在苏格兰的"国民契约"。贵族成立了各种武装团体，宣誓为清除威胁他们各种权利的任何危险而共同斗争，有时也纯粹是为了保卫国家。通常只是地方上的一些集团，但有时也宣布结成包括波兰一切贵族在内的"总联盟"。参加联盟的人任命一个领袖，实行多数票制（与议会的自由否决权明显不同），并服从军事纪律。这一做法并不是非法的或是叛乱性的。结盟的权利是公认的宪法权利，国王不能合法地加以拒绝。

堡王子、詹姆士·索比斯基后来的妻子的兄弟查理·菲利普。与纽贝格公主结婚，使詹姆士得到西里西亚富庶的奥劳（奥瓦瓦），并得到许诺，在下届波兰选举中，帝国将支持他。另一方面，这次婚姻导致索比斯基家族内部的不和。约翰三世的妻子法国阿尔奎·玛丽的势力，由于国王患病而日益增长。她不愿看到一旦丈夫去世后自己失去对政策的控制，开始进行活动，或者使仍依赖她的年幼的儿子之一当选，或者能选一个将来敢娶她的候选人。她与凡尔赛紧密结合，1692年与路易十四签订了一项秘密协定，并向法国提供了一大宗急需的谷物，从而挫败了詹姆士。王族不和一直延续到约翰三世逝世，并实际上决定了其王朝计划的命运；而由于在波兰存在着一个强大的反对派，反对索比斯基家族继续占据王位，情况就更加如此。

反对派的中心在立陶宛，实际上就是萨皮埃哈家族。约翰三世统治初期，他曾支持萨皮埃哈家族，希望以此抑制强大的巴部落，而由于王室的保护，萨皮埃哈家族把所有有用的立陶宛军官都集中到他们自己手中。卡西米尔·萨皮埃哈成为最高司令官[①]，本尼迪克特·萨皮埃哈则任立陶宛财政大臣。他们同时控制了军队和财政，就能随心所欲地操纵地方议会的活动，并左右一年一度地方议会上选举的法官的人选。萨皮埃哈家族梦想取得王位；如果达不到他们的目的，他们就要坚持立陶宛退出王国。

---

① 在波兰，最高级军官的称号是 Hetman，总共有4个：波兰王国最高司令官（Wielki Hetman Koronny）和波兰王国野战司令（Hetman Polny Koronny）；立陶宛最高司令官（Wielki Hetman Litewski）和立陶宛野战司令官（Hetman Polny Litewski）。他们指挥常备军，而不负责普遍征兵；野战司令官级别较低。（在乌克兰的哥萨克人中，"Hetman"的意思是"领袖"或"首领"）"Koronny"意为国王，例如称王国最高司令官，意指波兰王国的国家军官，以区别于立陶宛大公国的军官。波兰—立陶宛二元共和国有两个独立的行政机关，一个是王国的，另一个是大公国的。在萨克森联盟时期，在萨克森又保持了第三个行政机关，有自己的军官。关于波兰的整个体制，见《新编剑桥世界近代史》第7卷第16章。

他们不断鼓励反对波兰国王保持家天下的做法，在这方面还赢得了王国的大多数权贵的支持。他们的影响甚至远及柏林和维也纳，因为霍恩佐伦王室和哈布斯堡王室对波兰王室力量的加强同样感到不安。1686 年，勃兰登堡即与瑞典和奥地利签订条约，保证波兰宪法的不可侵犯性和自由选王制的原则。在这样的条件下，反对派扰乱议会是一件轻而易举的事；他们十分清楚地看到，不断严重的混乱状态是如何地会削弱国王的地位。在地方长官中，追随王室的只是很少几个。国王本可能有希望求助于中层贵族，但是，在 1689 年的议会里，由于常务院成员对国王进行了前所未有的攻击，议员们要求成立一个"马背议会"（在这个议会中，贵族都可参加，以便与地方长官们对抗），而这时约翰三世没有同意他们的要求。[①] 国王本人缺乏决心，而且也许绝对不可能使他与他出身的那个圈子的人们进行兄弟之间的自相残杀。总之，进行这样的斗争，就像贵族们关于王室权力的实际愿望一样，其结果如何，难以逆料。这次机会是错过了，这个问题在约翰三世统治期间也始终再没有如此尖锐地显露出来。

索比斯基晚年毫无生气，随之而来的是 1696—1697 年波兰历史上最长的王位空缺期。这是由于詹姆士·索比斯基和他母亲之间发生激烈的争吵，扼杀了使索比斯基家族的另一个人当选的任何机会。王后甚至毫不犹豫地突然中止正在召集的议会——即由大主教作为空位期摄政王主持的，为在王位空缺期保卫国家并准备确定下次选举的时间和地点，以全国性联盟形式召开的特别议会。领不到饷的军人们劫掠农村，特别是王后的庄园，以此作为索取欠饷的手段，这就更增加了混乱；只是在选举前，费了九

---

① K. 皮瓦尔斯基：《法奥关系——约翰·索比斯基三世政治史（1687—1690年）》，见《历史—哲学讲座》第 2 辑，第 44 卷，第 1 号（克拉科夫，1933 年），第 96—100 页。

牛二虎之力，才为这些军人作出一些安排，平息了骚乱。这些动乱自然为外国干涉波兰大开方便之门。波兰的盟国，特别是俄国，反对法国提出的任何候选人，因为这些候选人很可能与土耳其单独签署和约。彼得大帝开始在立陶宛边境集结强大的兵力，以防止上述情况发生。但与此同时，某些贵族宣布支持凡尔赛的候选人孔蒂亲王，而法国大使梅尔基奥尔·德·波利格纳克主教则向所有各方都任意提供金钱和承诺。6月27日在沃拉的选举中，大多数贵族选择了孔蒂。萨皮埃哈家族支持他；而红衣大主教迈克尔·拉齐乔斯基（1645—1705年）则自立为国王。然而，在孔蒂的支持者离开选举现场之后，选举大会的很多成员，由于俄国的威吓或者由于罗马教皇和神圣罗马帝国的宣传，请求萨克森选帝侯腓特烈·奥古斯都·韦廷继承王位。

在这次有争议的双重选举之后，许多事情取决于两个竞争者所采取的行动的速度。韦廷表现出更大的力量。到1697年7月22日，他率领萨克森军队到达波兰边境塔尔诺夫斯基山。在那里，他受到由鲁瑟尼亚总督、王国最高司令官之子约翰·斯坦尼斯拉斯·杰布隆诺斯基率领的一个代表团的欢迎。奥古斯都匆忙离开宴会来到克拉科夫，在皮埃卡莱大教堂第一次公开做弥撒。他在这里还保证把立陶宛贵族享受的宪法权利同样赋予王国的贵族。8月初，他进入克拉科夫，那里已开始筹备加冕典礼。斯蒂芬·休米斯基的反对派联盟由于未能控制军队，无法阻止这一行动。1697年9月15日，在克拉科夫的瓦韦尔山大教堂奥古斯都加冕为波兰国王。这样，在谁也没有预见到的情况下，波兰历史开始了一个新的时代，即波兰通过一个人与萨克森联合在一起的时代。

这种联合为两国都提供了经济和政治发展的很大可能性。在经济上，萨克森的工业和波兰的原料、木材及农产品相结合，可以大大促进生产和贸易。萨克森的商业活动得到了波罗的海的港口和穿越波兰的商路,也可大大恢复波兰的城镇的繁荣。奥古斯都二世从即位的最初几个月起,就打算创办一个波罗的海贸易公司,重建波拉加港(亦称波兰根,在梅梅尔以北),认为其结果将使波兰和萨克森海上力量得到发展。由于1686年条约给波兰以通过俄国领土与波斯进行贸易的权利,上述措施就具有更加重要的意义。人们只有考虑到奥古斯都二世的这些波罗的海计划——比他以后企图收复整个利沃尼亚的计划更加影响深远——才能理解查理十二世为什么要坚决破坏波兰—萨克森联盟,因为它造成严重威胁,会改变北欧和中欧的权力结构。显然,如果波兰和萨克森有共同边界的话,人们一定会容易理解这些经济原则;而与此不无关系的是,把波兰和萨克森分隔开来的那些地区——奥地利的西里西亚和普鲁士的奥得河各省——一度曾属于波兰。在波兰,收复这些地区的愿望又出现了,而在萨克森,则是希望利用这个联盟,以便在德意志政治中起更大作用,并遏制正在增长的勃兰登堡的势力。在北方战争期间,这些愿望都破灭了,这次大战致命地削弱了波兰共和国。事实上,即使在这次战争以前,联盟的弱点已是很明显了。除了相互对立的宗教——萨克森害怕天主教的传播,波兰则不相信新教——外,新政权的种种迹象也令人不安。奥古斯都曾在萨克森削弱议会,一度取得成功;贵族们惧怕波兰共和国也实行同样的政策。[①]

急迫的问题是防止孔蒂夺取王位。孔蒂在1697年6月25日逼近格但斯克(但泽),这是一个牢固设防的城市,它支持奥古斯都而拒绝让法国的海军靠岸。孔蒂设法在附近的奥利伐上岸,但力量过于薄弱,无法与11月9日进攻奥利伐的萨克森军队抗

---

[①] 与早期德国历史学家的观点相反,R. 弗尔贝格尔在《关于萨克森—波兰联盟经济的评价》中,已注意到在早期对联盟的经济潜力已有所认识。见J. 吉尔罗夫斯基编《论波兰王国的斗争》,柏林,1962年,第209页;参阅J. 卡利施著《17世纪末萨克森—波兰建立海上贸易同盟的计划》,见《论波兰王国的斗争》,第45页。

衡。于是他起航返法。他的支持者——休米斯基、亚当·尼古拉·西恩尼斯基、拉齐乔斯基、萨皮埃哈家族、卢伯米尔斯基家族——同意与奥古斯都谈判，并于1698年5月5日结束了休米斯基的联盟。

这时，已有可能继续进行奥斯曼战争了。由索比斯基统率大军进行的这次战争，既没有攻克卡梅涅茨，也没有在摩尔达维亚或瓦拉几亚取得重大战果，而这里同样是奥地利和俄国的野心之所在。日益坚强的波兰骑兵，加上萨克森步兵和炮兵，预示在这里进行一次战役会更有利。正好，这次战役由于休米斯基联盟而推迟之后，又由于萨皮埃哈家族与立陶宛贵族之间的冲突而受到阻碍。然而，随着孔蒂的退出，萨皮埃哈家族欣然转到萨克森一边，他们重新得到国王的宠爱，就消除了立陶宛贵族的不满：1698年7月22日匆匆忙忙拼凑了一个协定。这一年，进行远距离作战，为时已经太晚，因此军事行动仅限于再次试图夺取卡梅涅茨。更加令人失望的是，哈布斯堡这时决定根据占领地保有的原则与土耳其人媾和。① 这样做虽然符合他们的需要，但对波兰则是灾祸，因为，这样一来将要把卡梅涅茨留在波兰国境之外。因此，在缔结和约前，急切需要取得一些积极的军事成果。如同索比斯基一样，奥古斯都为了他的王朝缘故，需要多瑙河诸公国。在他接位后不久，就着手准备一次远征。他在海牙的使者博斯收集武器并征募能胜任攻城作业的地雷工兵和工程人员。饲料和粮食在波兰征集；经验丰富的特劳特曼斯道夫将军受命制定一个作战计划。1698年9月，军队在利沃夫周围集结，在奥地利前线参战的萨克森团队也已到达。然而，适宜作战的时间所剩无几，道路将变成不能通行的泥潭，能否取得胜利是非常值得怀疑的。9月8日，军队终于向卡梅涅茨推进，并与鞑靼骑兵在波德

---

① 关于在卡尔洛维茨达成的和平协议，参见本书原文第626—627页。

哈杰斯附近进行了小规模战斗，获得胜利；但9月17日常务院的一次会议决定停止这次远征。气候，在立陶宛遇到的新困难，以及和谈开始，说明了为何作出这个决定。一部分波兰军队奉命留下来包围卡梅涅茨；一些萨克森军队则被派驻守在"三位一体堑壕"中，以保卫波兰免受鞑靼人的袭击。其余的萨克森人被派到立陶宛。

9月22日举行的一次盛大阅兵标志着这次战役的结束。阅兵过程中发生了一次争吵，几乎在波兰和萨克森军队间引起一场武装冲突。这次事件的起因是由于王国野战司令官之子、克拉斯诺斯塔夫地方长官米歇尔·波托斯基殴打了受国王信任的拥护者、马尔博克（马林堡）总督普泽本多夫斯基。普泽本多夫斯基被打了几狼牙棒倒地后，仍然设法逃跑了。波托斯基后来请求军队驱逐萨克森人。由于两个曾与国王一起在立陶宛扎营的司令官立刻返回，所有上述想法迅即被制止了。但是，由于奥古斯都命令成立临时军事法庭，审判这起严重违法行为的肇事者，形势仍然紧张。一批骑兵立刻发生骚动，指责王国最高司令官把德意志国王和他的军队引进了波兰。奥古斯都遂决定以武力镇压叛乱者，命令两位司令官即使不准备给予实际的援助，至少也要保守中立。最高司令官杰布隆诺斯基和其他一些权贵们保证要惩办波托茨基，但宣布，如果萨克森人攻击波兰兵营，他们就要拿起武器反对国王。这样，奥古斯都就遭受到双倍的挫折。他在与土耳其的战争中一事无成，并且最强烈地感到，作为当选的波兰国王，他的权力受到种种限制。

在远征巴尔干过程中，传来了勃兰登堡选帝侯企图夺取埃尔布隆格（埃尔平）的消息。1698年10月，普鲁士军队曾试图突然袭击这个维斯杜拉河三角洲的古城；11月，他们扬言要炮轰它。霍恩佐伦王朝有力地提请注意1657年比得哥什条约的一个条件，即波兰已答应，或者割让这个当时已大部淤塞的港口，或者以40万塔勒*将之赎回。这个条件一直没有履行，但勃兰登堡却单单选择在1698年提出履行它。事实上，选帝侯腓特烈三世只是在6月与奥古斯都在詹斯堡秘密会谈后才决定采取这一行动的。他们会谈的问题还有，商讨以曼斯菲尔德交换克罗森（克罗斯诺）公国，因后者从劳齐茨延伸到波兰的边境，这样就会使波兰和萨克森有一个共同的边界。作为对这次交换许诺以及总数达25万塔勒的现金报酬（其中10万塔勒在占领时交付，15万塔勒在下次议会开会时交付）的回报，奥古斯都割让埃尔布隆格。此后，他就设法选择一个最合适的日期占领该地。在他得知对摩尔达维亚的远征取消后，就立即决定在1698年10月占领。看来他似乎是想在普鲁士作战期间能够自由行动，不过对埃尔布隆格事件的文献尚有待于深入研究：我们不知道在结束土耳其战役后，奥古斯都的做法是不是有意设法利用波兰与普鲁士的争执，以便履行在詹斯堡商谈的领土交换。总之，他以很大的决心采取行动，并提议召开普鲁士公国的议会，与选帝侯开战。①他提出让他自己的军队参加，并在波兰普遍征兵。②常务院拒绝了这些建议："红衣主教拉齐乔斯基，军队首领及其手下的军官们和常务院的大多数成员……都不容许这些建议，不愿让共和国在经历了50年的战争之后，再卷入一次战争。"③常务院的成员是受了普鲁士塔勒的影响。舆论马上作出了反应，各种印刷宣传品要求霍恩佐伦王朝撤出普鲁士公爵领地。波兰军队在埃尔布隆格附近的缓慢集结，促使腓特烈三世在彼得大帝向他施加压力

---

\* 旧时德国的一种银币。——译者
① 关于反对勃兰登堡在波兰的这块封地上享有主权的情况，参见《新编剑桥世界近代史》第5卷，原文第544—549页。
② 贵族们在国王号召保卫边界时，都有义务亲自参加。
③ 约翰·斯坦尼斯拉斯·杰布隆诺斯基：《回忆录》，利沃夫，1862年，第17页。

时，举行谈判。彼得大帝不愿让争端破坏他计划建立的反瑞典联盟，这个联盟将同时包括腓特烈三世和奥古斯都。于是，腓特烈同意以40万塔勒为代价来收复埃尔布隆格。波兰国库没有这样多的钱，但奥古斯都仍然要拿出这笔钱，因为这将给他以用萨克森军队占领埃尔布隆格的权力。常务院认为这是国王危险地顽固坚持他提出要采取的行动，因此加以拒绝。最后，经过一年的协商，才同意把王室的珍宝作为债务抵押。1700年2月，腓特烈三世把埃尔布隆格交给了波兰特派官员斯坦尼斯拉斯·萨佐卡和安德鲁·扎鲁斯基。

在国王集中精力对巴尔干远征和埃尔布隆格事件的几个月期间，在立陶宛与萨皮埃哈家族的角逐再次达到重要关头。1698年7月的协议只是表面文章，不久内战就爆发了。萨皮埃哈家族取得了最初的胜利。最高司令官之子、立陶宛侍卫长卡西米尔·萨皮埃哈搞垮了哥萨克首领奥金斯基在约堡附近召集的贵族会议。贵族们绝望地求助于国王。1698年8月，他们成立了一个联盟以反抗萨皮埃哈家族。他们的目的是解散常备军。但他们也清楚，不经战斗，萨皮埃哈家族是绝不会接受这一点的，于是号召总动员，10月15日在格罗德诺集中。在最高司令官和部队从土耳其战争中回到立陶宛后，冲突达到危急阶段，国王由于埃尔布隆格危机，不能亲自到立陶宛，但他派去了由J. H. 弗勒明将军率领的他的军队。立陶宛贵族总动员，集中在格罗德诺，宣誓只要立陶宛的军队不解散，他们也不解散。奥古斯都命令双方接受他的仲裁，避免了一场冲突。同时，他命令弗勒明，如萨皮埃哈家族进攻，就保护贵族。卡西米尔无法指靠弗勒明会保持中立，只好放下武器。12月20日签订了一项新协定，规定解散立陶宛的3000名骑兵，只留下1140名龙骑兵和2960名步兵。这次胜利后，奥古斯都的影响力加强了，但贵族对他的意图仍心存疑虑，不久就要求一切外国军队撤出立陶宛。这样，萨皮埃哈家族虽被剥夺了军事力量，但仍保持着国家职务，他们的经济势力也未受到影响。该家族对敌视奥古斯都的人们中间一批有实力的追随者仍然具有吸引力。因此，虽然奥古斯都在这个大公国的地位比索比斯基过去的地位要强大得多，但当时的一些政治文章把立陶宛描绘成一个"绝对的领地"则是没有根据的。

1699年召开了一次议会，目的在于使国家安定，并一劳永逸地解决休米斯基联盟的影响。除了与《卡尔洛维茨和约》有关的事务（该和约使波兰收复了卡梅涅茨要塞）之外，国王还请求讨论埃尔布隆格问题、立陶宛的形势、军队的薪饷和萨克森军队在波兰的前途等问题。向地方议会，则提出在司法方面和币制方面的改革。贵族们甚至拒绝对现存的法律进行微小的修改。他们最强调的是萨克森武装力量问题。他们的大部分决议开始时是感谢国王与土耳其签订了有利的和约，但是到最后却要求萨克森军队无条件撤出波兰。有些省份的贵族指示他们的代表，如果国王企图保留萨克森人，他们甚至不讨论问题就解散议会。他们的这种态度是由于萨克森军队的行为激起的，萨克森军队对居民蛮横无理，并要求把供应波兰军队的给养供给他们。萨克森军队犯下暴行而未受惩罚，贵族们义愤填膺，并担心国王很可能会利用他的萨克森军队破坏波兰"黄金般的自由"。这反过来又使宫廷发生惊恐，唯恐有些与国王为敌的联盟图谋叛乱，特别是由于杰布隆诺斯基确曾打算把王国军队开到华沙，只是国王的紧急告诫才制止了他这样做。6月16日召开的议会，使局势更加紧张，因为代表海乌姆的议员马上就宣布，除非萨克森军队撤离，否则他不会继续进行议长的选举。其他许多议员也采取同样立场，议会似乎将要中止。斯坦尼斯拉斯·萨佐卡的一番话挽回了局势，他说，在萨克森军队的问题上没有什么不同意见，但明智的做法应该是一方面仍然坚持撤退萨克森军队，一方面开始辩论。这个问题直到7月31日会议结束为止，一直给整个会议投下了阴影。

最后，国王签署了一份誓约，同意撤出萨克森军队。由于作出这一让步，奥古斯都加强了他在波兰的地位，并采取一些措施以弥合由双重选举而造成的裂隙。不过，萨克森军队撤到了利沃尼亚方向的波拉加附近，其意义不容忽视。

奥古斯都本希望与土耳其的战争会以胜利告终，现在是落空了，但他又参加在1697—1699年期间已奠定了基础的反瑞典联盟。丹麦人在组建联盟中起了最积极的作用。早在1697年，丹麦驻莫斯科大使海因茨就曾寻求与俄国建立一个反瑞典的联盟。由于彼得一世专注于土耳其，这次使命没有取得结果，但1698年提出倡议签订《卡尔洛维茨和约》，局势从而改观。彼得和奥古斯都都认为，要是没有哈布斯堡王朝的帮助，他们都无力与土耳其进行战争，但他们看到一条把他们的注意力转向北方的办法。1698年8月8日，在拉瓦—鲁斯卡的一次会议上，他们商定了计划。同月，奥古斯都通过利沃尼亚贵族的代表、坚决加入波兰的莱因霍尔德·帕特库尔与这些贵族达成协议，一项秘密条款答应利沃尼亚归奥古斯都个人统治，以示与波兰共和国其他地方不同。奥古斯都作为萨克森的选帝侯，已经在3月26日成为丹麦人的同盟者。8月24日，俄国与丹麦的会谈在莫斯科结束；11月，俄国与萨克森结盟。彼得希望把勃兰登堡选帝侯也吸收进来，但一贯谨慎的腓特烈三世拒绝正式加盟。不过，当时普遍认为勃兰登堡将会参加这次战争，波兰也会一样。一旦《卡尔洛维茨和约》得到批准，就可确定对瑞典发动进攻的日期。

1700年2月战争在利沃尼亚爆发后，奥古斯都指望他的萨克森军队会借助居民对瑞典统治的不满而迅速控制这一省份。[①] 作为利沃尼亚的统治者，韦廷家族很可能不仅加强它的权威，而且甚

---

[①] 关于17世纪90年代利沃尼亚的"瑞典化"，见《新编剑桥世界近代史》第5卷，原文第537页。

至永久占有波兰的王位；同时，可得到俄国与立陶宛通过里加进行贸易而征收的巨额税收。另一方面，战争的任何扩大，都会使这位国王在共和国的处境更加复杂，加剧宫廷和持异议的地方长官之间的紧张关系。奥古斯都采取这一冒险行动是经过深思熟虑的，就1675—1679年瑞典与勃兰登堡之间的战争来看，这似乎并不过分；但他企图突然袭击并包围里加却未能得逞。根据消息，丹麦人在特拉凡德尔求和，同时，萨克森军队尽管是在数量上占优势，但还是撤过德维纳河，奥古斯都也开始急切要求法国和勃兰登堡作为调停人，代表他与瑞典谈和。由于俄国在纳尔瓦战役中惨败，谈判加速了，奥古斯都的政策来了个大转变。他的驻巴黎大使乔丹将军与路易十四订立联盟，规定如在西班牙王位继承问题上发生战争，萨克森军队将帮助法国，以换取一笔优厚的补助金。奥古斯都希望路易十四将由此而促进与瑞典媾和。1701年2月，在比尔扎他恢复了与俄国的联盟，这仅仅是为了保证他免受即将降临的瑞典的进攻。他拒绝把这一协定扩大到共和国，这个事实进一步证实他想把与瑞典的冲突限制在一定范围之内。

然而，查理十二世并不打算与奥古斯都和解。瑞典人明白，萨克森—波兰合并将会同时威胁他们在德意志和波罗的海的地位。他们决心利用这个机会破坏萨、波合并。查理十二世看到波兰掌握实权的地方长官反对奥古斯都国王，便计划以保护波兰的自由为理由，由一个较弱的统治者替代奥古斯都，把波兰共和国置于瑞典势力范围之内。查理十二世甚至期望牺牲俄国的利益，将库兰让给波兰，从而恢复波兰的东部边界，波属利沃尼亚则转让给瑞典。实际上，这个计划意味着波兰在政治和经济方面变成瑞典的附庸。在这个问题上，决定性的因素在于波兰会不会反抗瑞典的压力。究竟是贵族的自由更重要呢，还是国家的独立更重要？这个根本的难题当时还不明显。更确切地说，很多波兰人的思想还被以下观念所左右，即保卫他们的国王势必会使波兰的利益从属于萨克森；地方长官中不少人夸大其词地标榜"黄金般的自由",以致其他人即使有相反方面的怀疑,也被驱散得无影无踪。在17世纪是如此,一直到共和国的结束仍然如此。一个亲瑞典的小集团很快就形成了,随时准备以不同的方式与查理十二世进行合作。

1700年初,在利沃尼亚前线的侧翼,立陶宛的内战重新爆发。"共和派"贵族要求废除大公国和王国之间在宪法上的差别,特别是限制立陶宛财政大臣和最高司令官的权力。在这场斗争中,他们得到奥金斯基家族和其他大家族的同情,因为这些家族的地位被萨皮埃哈家族削弱了。在立陶宛地方权贵米歇尔·威斯尼奥威斯基领导下,共和派在维尔那附近的奥尔基尼打败了萨皮埃哈家族,宣布剥夺萨皮埃哈家族的官职和领地。然后,他们寻求奥古斯都的保护,将他们的军队交给奥古斯都去打瑞典人。但奥古斯都如果在立陶宛不担当仲裁者的角色,他一定会得不偿失。他与萨皮埃哈家族的关系毕竟已改善,该家族还派出军队在利沃尼亚作战。对比之下,共和派的军队主要是普遍征召来的人,不过是一些乌合之众,无法与训练有素的瑞典职业军队作战。不久就可以看出,单靠立陶宛是无力阻挡查理十二世军队的前进的。大公国被迫寻求俄国的援助,后来,在1702—1703年与彼得大帝签署了单独的协定。根据协定,沙皇允诺增援并给予补助,交换条件是立陶宛继续抵抗瑞典人。这些单独协定动摇了波兰—立陶宛合并的基础并严重地钳制了波兰共和国的外交。奥尔基尼基战役另外一个直接的后果是延长了立陶宛的分裂。它导致被俘的米歇尔·萨皮埃哈遭杀害,萨皮埃哈家族的庄园被彻底摧毁。奥古斯都本人或他的常务院成员们企图进行调解,但徒劳无用。萨皮埃哈家族从查理十二世那里寻求保护,把他们的命运交给他,并建立起一个瑞典派,他们任该派的领袖。废黜奥古斯都的想法,大概就产生于这些人中间,因为他们把奥古斯都看成是他们的一切不幸的幕后策划者。

在王国本身还没有这样公开的分裂。大波兰最大的权贵人物、财政大臣拉斐尔·莱茨津斯基和大主教拉齐乔斯基一样，可能倾向于查理十二世。但他们都不是盲目追随瑞典的人。拉齐乔斯基有更大的政治野心，就是担任首席大臣，不过不支持废黜奥古斯都。他认为只需要剥夺国王现在仍掌握的实际权力就行。他准备接受由瑞典和普鲁士作为这样的安排的保证人。这样，他作为大主教就能控制国王的主动作用，并左右与贵族和保证人的一切必要的磋商。这个反对派认为普鲁士的支持特别重要，因为就在这一年即1701年，腓特烈一世加冕为普鲁士国王。波兰在该地区影响的继续削弱，实际上为普鲁士展示了新的前景：挺进埃尔布隆格这条"皇家通道"——一条将勃兰登堡与东普鲁士割开的地带，并确保由与霍恩佐伦王朝有密切家族关系的凯特勒家族继承库兰的统治权。但未能使普鲁士卷进北方战争；西班牙王位继承战争和1703年普鲁士与瑞典的防御协定起了约束作用。

对奥古斯都的最严重威胁来自与查理十二世关系密切的詹姆士·索比斯基。当时居住在西里西亚的这位年轻的索比斯基，看到他重新追求王位的时机已经到来。他为了自己发迹，不惜以割让领土给瑞典（例如割让库兰）为代价。他开始纠集党羽并劝告瑞典国王："应该对波兰人说些好话，信守这条格言。"

1701年召开议会，讨论防止瑞典进犯问题。议会期间，反对派的活动有了显著的进展。贵族们坚决认为波兰必须摆脱奥古斯都的政策而保持中立。议员们再次表示，在国王把他的萨克森军队撤出前，他们拒绝进行议会的辩论。他们准备在年终时再次开会。这时，查理十二世在德维纳河进攻萨克森军队，打败了他们。此后，他侵占了库兰，瑞典骑兵则长驱直入立陶宛。查理拒绝了由波兰常务院提出的调停的建议，而提出以奥古斯都逊位为解决争端的唯一可以接受的条件。当议会终于重新召开时，不顾形势的危急，否决了增加税收和增加军队的要求。这次议会会议由于萨皮埃哈集团的活动而被迫中止。就在这样没有做好准备的情况下,波兰开始着手抵御瑞典的入侵。

奥古斯都促和的努力仍然无效。他对法国的调停已丧失希望,便拒绝批准与路易十四的联盟,并改变了对西班牙王位继承战争的态度。这时他希望与神圣罗马帝国皇帝达成协议,在海上强国的协助下,会打开与查理十二世达成谅解的道路。瑞典的反应是否定的。奥古斯都派遣到瑞典营地的两个使节奥若拉·柯尼希马克女伯爵和弗里德里希·冯·埃克施泰特·菲茨图姆活动毫无结果。联盟关系变化的唯一结果是法国的外交这时转而反对奥古斯都。这就促使查理十二世进攻萨克森并把奥古斯都赶下波兰王位。无疑,凡尔赛希望得到一个同盟者,以进行西班牙战争。然而,出于同一目的,利奥波德一世和海上强国则阻挠波罗的海国家的争端获得解决。

失去外援而且自己的臣民又靠不住,在这样的困境中,1702年奥古斯都面临一次将要决定瑞典在波兰地位的战役。瑞典人占领了维尔纳和华沙,在克利斯祖击败奥古斯都并控制了克拉科夫。波兰很多地区的居民反抗入侵者,特别是在立陶宛、波德莱西亚和马佐维亚;城里自由民和农民与贵族们一起,成群结队,并肩作战。但全民性的群众反抗始终没有发生。王国军队新任总司令官是希洛奈穆斯·卢伯米尔斯基,任命他是为了缓和他对国王的不满。王国军队在他率领下避免在克利斯祖作战,从而促成了瑞典的胜利。共和国普遍征召来的军队保持严格的中立。奥古斯都没有足够的兵力进行反攻。另一方面,查理十二世也缺乏进行决定性打击所需要的军事力量和波兰民众的支持。萨克森没有设防,要不是反法联盟各国出于自身利益而发出外交上的警告的话,瑞典人很可能转而进军萨克森了。在波兰,大部分贵族拥护奥古斯都。在克拉科夫失守后,小波兰的贵族们立即在桑多米埃什集会,为保卫自己而成立了一个联盟。随后,大波兰和立陶宛的贵族的一些成员也都这样做了。虽然这些联盟并没有给共和国增加很多的武装力量,但它们表明大多数贵族依然把奥古斯都当做合法的君主,决不准备屈服于外国的压力。

但瑞典的胜利足以使奥古斯都仍然抱有巩固其权力的任何希望化为泡影。贵族们支持他的一个条件是:国王放弃对宪法的任何修改,并庄严保证国家的各项自由。即使如此,奥古斯都在贵族们的指责下并没有退缩,因为1702年8月,在第聂伯乌克兰爆发了哥萨克起义,即西曼·佩莱伊起义。在索比斯基与土耳其进行战争期间,第聂伯河右岸的土地被占用,交给了哥萨克,因为当时需要他们的军事援助;但随着1699年的媾和,议会已下令解散哥萨克民团。权贵们希望大大增加农奴的数目,以便用于在奥斯曼边界附近遭战争蹂躏的庄园。哥萨克当然拒绝接受这样的前景,强制他们接受的企图遭到了失败。由于到1700年已经采取了遏制乌克兰分裂主义的最初一些步骤,因此局势更加紧张。1696年,禁止使用罗塞尼亚语作为官方语言。大力采取措施消灭东正教会,并接纳其主教进入一个新的宗教团体。因此,当哥萨克的指挥官西曼·佩莱伊和伊凡·萨缪斯转而反对贵族的至高无上的权力时,他们受到乌克兰城乡人民的普遍支持。哥萨克人占领了比亚瓦切尔考城堡,并试图鼓动他们在第聂伯河左岸的同族起而反抗。骚扰扩展到白俄罗斯、波德莱西亚和波多利亚,大有重新回到克梅尔罗斯科时代之势。[①] 最初,贵族无法控制起义,普征的义务兵一听到哥萨克人即将来到就四下逃散。只是到了皇家和私人的军队都集中在约瑟夫·波托茨基和亚当·西恩尼斯基指挥下以后,才把起义限制在一些群众情绪严重不满的地区。实际上,战斗一直延续到1704年才停止,当时俄国进行干涉,才消灭了起义运动的残部。这次代表波兰大地主的干涉,

---

① 见《新编剑桥世界近代史》第5卷,第565—566、572—574页。

促使在波兰形成了一个亲沙皇的派别。

为了对哥萨克作战,不得不同时从主战场抽调重要的军事力量,因此就削弱了波兰反抗瑞典的努力。尽管萨克森军队连遭失败,但它仍然是抵抗的主力。1703年春,瑞典人在普尔托斯克击溃萨克森骑兵;秋季,经过艰苦的围攻,他们占领了由萨克森步兵重兵守卫的托伦。瑞典军队和萨克森军队一样,都是靠损害波兰共和国的利益,强征贡赋来维持自己的,因此战争的重担都落在了波兰人民身上。即使在这样的情况下,波兰人也丝毫未能捐弃他们的分歧,以便击败入侵者。1703年卢布林议会显示出他们真的支持奥古斯都:议会投票赞成维持4.8万人的常备军,并征收必要的税。但这些措施能否实现,则是另一回事,特别是当时瑞典人还占领着这个国家的大部分地区。此外,卢布林议会还排斥了来自大波兰的反对派成员,而且不理睬大主教拉齐乔斯基的建议,这两件事情的发展清楚说明了一个更加坚定的亲瑞典派的形成。

大波兰的贵族在希罗达的地方议会开会,建立了一个反萨克森联盟。该联盟受到拉齐乔斯基和查理十二世的赞助,查理允诺帮助保持贵族们从前享有的权利和特权。1704年1月14日,在拉齐乔斯基亲自主持下,在华沙召开了另一次会议。会议宣布成立一个总联盟,废黜奥古斯都二世并举行一次新的选举。由于波兰领土落入瑞典人之手的数量与日俱增,使这次会议进行的速度加快了。诚然,华沙联盟各成员,特别是拉齐乔斯基,把该联盟看做是与瑞典进行谈判和使瑞典撤军的一个过渡性措施;但另一方面,查理十二世却在进行一种永久性的安排。他所要求的是,保证在波兰的王位上有一个(对瑞典)俯首帖耳的国王。

他原选定的人詹姆士·索比斯基在去波兰的途中在布雷斯劳(弗罗茨瓦夫)附近被俘。当时被囚禁在萨克森一座监狱中。于是,查理十二世又亲自物色了一个新的候选人,即不久前去世的财政大臣之子，27岁的斯坦尼斯拉斯·莱茨津斯基。在以后的年代里，斯坦尼斯拉斯成为一个具有远见卓识的人。但当时在家族野心的支配下，为获得这一王位，他只得屈从于这个瑞典人和蒙受巨大的个人耻辱。卡尔选择的国王没有得到其他权贵的赞同。此后，拉齐乔斯基与奥古斯都二世又寻求到新的谅解。最初也是华沙联盟成员的总司令官卢伯米尔斯基也已与瑞典人分道扬镳。在大波兰以外几乎得不到支持的整个联盟运动，事实上正在分崩离析。1704年7月12日，在瑞典军队戒备森严的华沙举行的选举中，莱茨津斯基当选国王，情景至为可悲。在那里集会的一小撮贵族各有各的打算；波德莱西亚与会的贵族提出强烈的抗议。然而，波兰历史上第一次在外国军队的强制下，国王被废黜，另选了一个新的国王。令人感到奇怪的是，在1733年，这样的事又一次发生，而同一个莱茨津斯基却作为民族英雄而卷入其中。

选举斯坦尼斯拉斯很快就证明是一个政治上的大错误。对瑞典人来说，他是一个负担。新国王没有一点权威，也没有军队，实际上完全依靠瑞典人，以及依靠像萨皮埃哈家族之类的瑞典人的朋友，因此，瑞典人在设法让人承认这位新国王中遇到了很大的困难。对波兰来讲，这是一个致命的步骤。这个国家分裂成两个阵营，绝大多数贵族拒绝承认这次选举的合法性，而莱茨津斯基又太软弱，无法控制局势。对奥古斯都和比较强有力的政府来说，前景也非常不妙。

如果说大多数贵族是反对华沙联盟的，那么奥古斯都也暂时放弃了他的专制君主目的。甚至在萨克森，他迫于军事和财政的需要，也将邦议会恢复了。在萨克森，1703年大臣拜歇林的垮台是一个转折点。拜歇林一直到垮台为止，是具有无限权力的大臣，他想把萨克森更快地引向资本主义和专制主义的道路。奥古斯都这时的处境较好，能够利用贵族的忠诚。发生在军队里的一件事，对这一点作了考验。当卢伯米尔斯基倒向瑞典人一边时，王国军队有三分之二转而反对他,在奥帕托成立一个军事联盟,为首的是一些宣誓效忠于奥古斯都的军官。1704年5月20日在桑多米埃什召集了一次新的会议,吸引了许许多多的常务院成员和贵族。在皇家捧剑官斯坦尼斯拉斯·德霍夫领导下,宣布建立一个总联盟,参加者均保证捍卫奥古斯都二世的合法地位而与瑞典作战。华沙联盟成员均被斥之为卖国贼,华沙的选举被认为无效;要求教皇开除拉齐乔斯基的教籍并革去其圣职;卢布林议会关于财政和军队的决议继续有效。奥古斯都再次保证他维护贵族的一切权利和特权,遵守誓约,恢复议会。战争结束后从共和国撤退全部外国军队。这时,他获得了机会,与桑多米埃什总联盟合作来统治国家。该联盟采用多数票原则,并授予其领导人德霍夫以广泛的权力。波兰共和国就是在它的自由选王制的大部分基本权利受到威胁的情况下,最后向瑞典宣战的。

当波兰采取这一步骤时,它就与沙皇结成同盟,因为沙皇自1700年以来就一直与瑞典进行着搏斗。1701年俄国就曾向波兰提出过缔结这样的同盟,但那时波兰人只有在基辅和斯摩棱斯克归还给他们的条件下才能参加反瑞典的阵营。彼得一世拒绝按这些条件进行讨价还价。1702—1703年间,他的外交成功了,与立陶宛贵族达成协议,这些贵族由于痛恨瑞典人支持萨皮埃哈家族,因而他们参战了。在波兰方面,只是到莱茨津斯基当选之后,才恢复(与俄国的)谈判。共和国这时急切希望得到俄国的援助,在合作的条件上已不再能提出高价,于是经过一个月的谈判,于1704年8月30日在纳尔瓦缔结了同盟。[①] 波兰代表为首的是海乌

---

[①] 参见(莫斯科)中央国家古代文献档案馆《波兰文献》第79辑,1704年第27号,第62—80页;吉亚林斯基—戈洛温谈判。戈洛温领导俄国外交事务衙门,直到1706年9月他去世为止;继任者是G. I. 戈洛夫金伯爵,此人在1709年获得首相的新称号。

姆诺总督托马斯·吉亚林斯基，俄国的首席代表是F.A.戈洛温；在吉亚林斯基要求下，维尔纳的教士、立陶宛驻沙皇宫廷代表（当时从属于那里的波兰大使）克里斯托夫·比亚洛佐尔也参加了谈判，吉亚林斯基毫不犹豫地指责俄国人签订的前述立陶宛协定的一些部分是不正当的，因此，《纳尔瓦条约》最后是一个妥协的方案。俄国人拒绝确认1686年的永久和平，但他们也没有恣意波兰人缔结一个进攻性的或防御性的公开联盟以反对一切敌人（很显然他们心中指的是土耳其人和鞑靼人）。至于波兰人，则未能得到第聂伯河右岸地区的经济开发权，根据1686年条约，这一地区的人口应当减少。俄国得到的是一个同盟者，这个同盟者将牵制瑞典军队的大部分力量，从而使俄国能放手改善其在波罗的海沿岸的地位。波兰人除得到军事和财政援助外，还得以废除俄国—立陶宛协定，并且说服俄国人镇压哥萨克起义。这是吉亚林斯基提出的结盟必不可少的条件。在这种压力下，俄国命令第聂伯河左岸乌克兰军事首领和佩莱吉的敌人伊凡·马赞拉去捉拿那位反叛的哥萨克人。佩莱吉遭到伏击并被遣送到西伯利亚；后来，马赞拉被抛弃，沙皇又让佩莱吉回到乌克兰，使他能及时赶上参加波尔塔瓦战役。第聂伯河右岸的要塞也曾落入马赞拉之手，驻上了俄国和哥萨克军队，波兰人只是在1711年、在彼得一世普罗斯河战役失败后，才返回该地区。

正当奥古斯都不断遭受新的挫折的时候，《纳尔瓦条约》对他的命运有所帮助。查理十二世蹂躏了利沃夫，拒绝让奥古斯都进入华沙，并于1705年11月28日在华沙迫使波兰人签署了在政治和经济上从属于瑞典的条约。瑞典宣布它自己可在波兰的土地上征兵，可驻军于波兰要塞。波兰共和国必须废除未经瑞典国王批准的一切条约。瑞典商人豁免波兰的大部分关税和其他义务，有权在波兰全国各地定居和经商。波拉加港将被封闭，其贸易转而通过瑞典的利沃尼亚的各港口进行。最后，这个条约将列入誓约,所有波兰国王候选人均须庄严地加以接受。尽管如此,《华沙条约》也还没有包括瑞典的全部要求,因为这些要求还包括库兰和波属利沃尼亚。在斯德哥尔摩,曾提出占领格但斯克的要求,只是由于海上强国采取了积极行动,才阻止了对这个斯坦博克在1704年就打算夺取的港口的进攻。不过,就条约来说,它表明莱茨津斯基派是完全依赖查理十二世的。《华沙条约》阻止了以后在斯坦尼斯拉斯和桑多米埃什总联盟之间和解的企图。

这时,在莫斯科和德累斯顿作出决定,由俄国、萨克森、波兰联合向查理十二世的军队发动攻势。1705年2月,4万俄军从波洛茨克向维尔纳进军。这支军队不得不与莱文哈普特旅多次进行战斗,因此未能阻止莱茨津斯基于10月4日在华沙加冕。佩吉考尔将军也曾设法阻挠这次加冕典礼,但是他率领的萨克森、波兰和立陶宛的骑兵,7月31日在首都郊区被打败。因此,粉碎查理十二世的计划一直拖延到了次年。不过,查理当时的处境也并不轻松。在东面他面对着3.5万人的俄国正规军,在西面是舒伦堡率领的2万萨克森军队。在沃尔西尼亚和卢布林省,有2万多人的哥萨克部队随时准备与萨克森人会合。波兰王军已集中在南部各省,立陶宛的旗帜飘扬在布格河上。这样,就有10万多军队反对查理,而他掌握的军队不到这个数目的一半,其中还有1.2万人是莱茨津斯基的追随者所招募的。由于害怕上述盟军联合在一起,查理像往常一样以进攻来保全自己。他派遣伦斯舍尔德军团1.2万人前往西里西亚前线,与他的其余部队一起向格罗德诺进军,俄国人在该城凭借防御工事固守。查理十二世不是设法强攻俄军阵地,而是决定切断连接格罗德诺到俄军前线的交通联系,从而与在利沃尼亚的瑞军连接在一起,并威胁斯摩棱斯克。奥古斯都满以为格罗德诺万无一失,率骑兵离开该地前往华沙,目的是与舒伦堡一起组织一支能够击败伦斯舍尔德的军队。但是舒伦堡已在沃斯乔瓦(弗劳斯塔德)孤军作战,因为那里的萨克森军队已被击溃。于是沙皇命令他的军队撤往基辅。由于涅沙维茨、比尔扎和拉舒维斯各地的顽强保卫，瑞军追击受阻，一无所得，而俄军则设法与彼得一世在第聂伯河一线聚集的其他军队会师。

瑞典人兵力太少，无法控制整个农村地区，忙于破坏占领的要塞和烧毁奥古斯都的追随者的庄园。一些权贵人物如立陶宛首相查尔斯·拉齐维尔，莱茨津斯基的叔父、罗塞尼西总督约翰·斯坦尼斯拉斯·杰布隆诺斯基，因他们的财产遭到破坏，而不得不承认莱茨津斯基。但总的来说，瑞典人几乎一无所获，他们不得不像看守俘虏一样看守他们征募来的士兵，防止这些人倒向奥古斯都。最后，被夺的土地都由忠于奥古斯都的米歇尔·威斯尼奥威基和立陶宛总司令格雷戈里·奥金斯基的军队归还给了原主。查理十二世发现俄军前线防卫坚强，乃决定：破坏波兰—萨克森统一并使莱茨津斯基的统治建立在坚实基础上的最好办法是踏平萨克森。因此，从1706年8月开始，瑞军开始从沃尔西尼亚西进，所过之地，烧杀抢掠一空；9月初，与伦斯舍尔德会师后，横越西里西亚进入萨克森。萨克森已无军队可言，无力进行抵抗。要塞不经一战就投降，城镇向入侵者敞开大门。

与此同时，俄国人与波兰的一支军队一起渡过维斯杜拉河，10月29日在卡利什击败守卫大波兰的瑞军马第菲尔德的部队。这样，几乎整个共和国均回到奥古斯都手中。但他不能忘怀他的仍被瑞军占领的萨克森。事实上，在瑞军进入萨克森后，奥古斯都马上就与查理十二世接触；在卡利什战役改变局势之前（那里只有最高司令官坚持才进行一次战斗），他的密使已接受了和平条件。1706年9月24日签订了《阿尔特兰施泰特条约》，奥古斯都的波兰王位被剥夺，他被迫与沙皇决裂，不仅要令萨克森军队中的俄国部队投降，而且要把彼得驻德累斯顿的大使帕特库利交给瑞典。奥古斯都必须承认莱茨津斯基并付给巨额现金赔款。当事实证明他的俄国盟友不愿为继续与瑞典对抗而进入萨克森,哈布斯堡的干涉以及奥地利与瑞典发生冲突的希望又化为泡影之后,奥古斯都彻底离开了波兰。离开前,他向波兰常务院的成员和俄国驻波兰大使道尔高鲁基保证,待敌人撤出萨克森后,他将重返波兰。

桑多米埃什总联盟的领导人们虽失去了他们的国王,但并未因此而考虑放弃斗争。他们选择了詹姆士·索比斯基来代替奥古斯都。这位维也纳的救星之子这时已从被囚禁的萨克森监狱中出来,他那具有魔力的名字使他博得贵族的支持;如果莱茨津斯基的当选无效,他很可能把波兰两个联盟联合起来。这个计划提交给俄国沙皇请求帮助,他答应支持。索比斯基与联盟的成员们进行谈判,但他慑于查理十二世明确表示的敌意而未敢宣布登上王位。[1] 于是,联盟成员们向沙皇彼得提出其他候选人:萨伏依的尤金或者弗兰茨·拉科西二世。提出尤金是由于这很可能引起奥地利与瑞典之间的战争;而提出另一个人选拉科西则是由于预料到路易十四会居间调停,使俄、波与瑞典媾和。这样可以在两个可能的好处中得到一个:或者结交一个新的强大的同盟者继续作战,或者与瑞典媾和并与匈牙利联系起来。然而,沙皇唯恐一旦预料中的瑞典东进攻打俄国成为事实,波兰联盟成员们最终会倒向莱茨津斯基,所以彼得一世念念不忘的是迅速将莱茨津斯基取而代之。于是他提出当时任王国最高司令官、凭借本身的力量成为首要权贵人物的西恩尼斯基为国王人选。西恩尼斯基与沙皇讨论了这一建议,但没有

---

[1] 1707年2月3日道尔高鲁基致戈洛夫金信,参见(莫斯科)中央国家古代文献档案馆《波兰文献》1707年第25号,第5页;1707年6月14日波托茨卡致道尔高鲁基信,同上书,第89号,第27—28页。

接受它，因为还不希望关闭与莱茨津斯基或与奥古斯都谅解的大门。在詹姆士·索比斯基退出竞选后，联盟成员们又倾向于选举奥古斯都。因此，就沙皇来说，联盟分子没有郑重其事地提出可以替代莱茨津斯基的人选，除非是能够使奥古斯都重返波兰。同时，他们强烈反对沙皇在第聂伯河左岸地区和在立陶宛（俄国占领了贝乔和莫希莱夫）的兼并活动。

1707年瑞军返回波兰后，俄国与波兰之间的互相指责平息下来。举行新的选举被推迟，俄波结盟关系由于得到军事上新的效忠诺言而加强了。此外，查理十二世准备东进，迫使彼得在瑞典的侧翼寻求同盟者。显然，他只有选择丹麦和由于蒙受《阿尔特兰施泰特条约》之辱而仍然痛苦万分的萨克森的奥古斯都。与奥古斯都的谈判由塞姆贝克家族的两个亲俄分子——新任大主教斯坦尼斯拉斯和副首相约翰——以及库亚韦主教康斯坦丁·萨尼奥斯基进行；萨克森方面则由弗莱明进行。塞姆贝克家族的上述两个成员不顾沙皇彼得的不满，于1707年底前往西里西亚，以便与德累斯顿保持更好的接触。然而，奥古斯都尽管一再许愿，却未能重返波兰。彼得因而也就对他重返波兰不抱希望了："我们没有得到奥古斯都离开萨克森的消息，我们对此也不再抱任何热切的希望。"[①] 如若波兰联盟分子能够保证莱茨津斯基在俄国与瑞典的冲突中保持中立的话，他甚至会准备让桑多米埃什总联盟的成员们承认莱茨津斯基的。

俄国与瑞典之间的冲突这时急转直下。1708年初，查理十二世渡过维斯杜拉河。在斯摩尔戈努和拉多齐科维采稍事停留后，于6月17日开始向莫斯科方向进军，在霍洛维茨附近突破了俄军防线。以后，由于在通往莫斯科的路上受到顽强抵抗，加

---

① 1708年7月27日戈洛夫金致乌克兰佐夫信，参见（莫斯科）中央国家古代文献档案馆《波兰文献》1708年第16号，第48页。

之缺乏粮秣,迫使他南进乌克兰,那里,从1705年起就与莱茨津斯基保持联系的马赞拉已决定支持瑞典人。

但是,莱茨津斯基的军队没有参加这次战役,因为,6月16日斯坦尼斯拉斯从拉多齐科维采撤退到共和国的中心地带,集中力量加强他自己的阵地,由于桑多米埃什联盟派这时已控制了大部分波兰,要做到这一点已非易事。最高司令官西恩尼斯基在利沃夫设立了总司令部,这样,王军就控制了整个小波兰和部分大波兰以及马佐维亚。萨尼奥斯基主教住在克拉科夫,作为莫斯科、德累斯顿和利沃夫之间,以及西恩尼斯基和塞姆贝克家族两成员之间的联络。德霍夫竭力拉拢克拉科夫和桑多米埃什两省的贵族,使他们忠实于联盟。在这种情况下,联盟派自然比以往任何时候更加为奥古斯都的逊位感到痛惜。[①] 莱茨津斯基和他的军队从拉多齐科维采的到来使他们陷入困境。奥古斯都这时若率领他的萨克森军队出现,会使事态发生决定性的变化,但他即始终踌躇不决。沙皇在瑞军面前节节败退无法给予帮助。不过,联盟派能够抵抗住莱茨津斯基,因为他们拥有强大的军队,而且可利用莱茨津斯基阵营内部的不和。在查理前往俄国之前,他曾禁止他的波兰仆从们召开议会或与反对派和解。然而,在莱茨津斯基的合作者中,只有很少一部分人赞同他与俄国作战的计划。大多数人赞成保持中立并与桑多米埃什联盟达成谅解。[②] 莱茨津斯基任命基辅总督、主战派领袖约瑟夫·波托斯基替代西恩尼斯基为

---

[①] 有关这些发展情况的主要资料,收藏在克拉科夫的查尔托雷斯基图书馆(西恩尼斯基通信,第5786、5790、5791、5792、5798、5925、5943、5962号;塞姆贝克档案卷450、451、452)以及华沙旧文献总档案馆(拉吉维尔档案,第Ⅵ—Ⅱ—79号,第4、10、95、124、142、281、288、306卷)。

[②] J. 盖罗夫斯基:《从拉多齐科维采到奥帕托大:斯坦尼斯拉斯·莱茨津斯基阵营瓦解的历史》,载《波兰在斯德哥尔摩第十一届国际历史科学大会上》,华沙,1960年,第217—237页。

王国最高司令官，波托斯基把西恩尼斯基看成是妨碍他充分行使权力的对手，于是迫使双方在军事上摊牌。战事于1708年11月21日在柯尼克波尔发生，海乌姆诺地方官西吉斯蒙特·鲁宾斯基和立陶宛财政大臣刘易斯·波契杰在该地打败了波托斯基。与此同时，西恩尼斯基向莱茨津斯基提出不可能接受的强硬条件：保持与俄国的联盟，宣布全面和平，举行自由选举。而莱茨津斯基由于完全听命于查理十二世的意志，因此削弱了他与奥古斯都的支持者进行谈判的权力。西恩尼斯基拖延时间，期望沙皇或者会获胜，或者会帮助联盟派。1709年元旦，一个使者带情报给西恩尼斯基，说奥古斯都准备随时在莱比锡与俄国使节接触，缔结一个条约后，他将会重返波兰。继这个消息之后又传来消息说，3个俄军正规团在英弗莱特将军率领下正向波兰靠近，这大大提高了联盟派的士气。西恩尼斯基向前推进与俄军会师；而德霍夫则推进到西里西亚，以帮助塞姆贝克家族加速让奥古斯都返回波兰。西恩尼斯基的军队和英弗莱特的俄军在查尔纳奥斯特洛格附近的陆军元帅戈尔茨的军团的增援下，寻索莱茨津斯基一战。莱茨津斯基被查理十二世召去支援瑞典军队，不敢冒险与西恩尼斯基和戈尔茨交战，遂撤过维斯杜拉河。总之，由于莱文哈普特在莱斯那贾的失败而已经削弱的瑞典军队，在1709年7月8日波尔塔瓦战役达到顶点以前关键的几周时间，没有从波兰得到任何援助。

当查理战败逃跑的消息传到萨克森后，奥古斯都终于下决心重返波兰。俄军从乌克兰推进；西恩尼斯基和戈尔茨打退了莱茨津斯基的军队；莱茨津斯基本人逃到瑞典属的波美拉尼亚。8月中旬，萨克森军队越过波兰边界。奥古斯都不仅受到桑多米埃什联盟分子的欢迎，同样受到莱茨津斯基以前的追随者的欢迎，连忙重新登上他3年前放弃的王位。波尔塔瓦战役使《阿尔特兰施泰特条约》失去了效力。桑多米埃什联盟在这次胜利中起了作用：它阻止了莱茨津斯基为了瑞典的事业而统一波兰，而且当他设法去救援瑞典人时，联盟又牵制了他的军队。波兰这时摆脱了《华沙条约》的桎梏。①

然而，由于瑞典的失败，结果使俄国的力量增强了。波尔塔瓦战役改变了俄波关系。由于共同反对瑞典的斗争而迫使他们紧密合作的阶段已告结束。相反，奥古斯都二世一旦重登王位，就尽力争取自由地掌握自己的政策。而随着来自莫斯科的压力越来越大，这就变得更加困难了。俄国拒绝从乌克兰的第聂伯河右岸地区的要塞撤退它的驻军，俄国派遣军队深入波兰领土，并开始干预波兰的内部事务。1710年春，桑多米埃什联盟派的总委员会在华沙开会，取消了奥古斯都二世的退位令，投票通过给军队提供必要的供应，并考虑采取措施遏制俄国的影响。如果奥古斯都的独立政策真的得到共和国其他集团的一贯支持的话，沙皇的干涉很可能会受到抑制。但是，由于"黄金般的自由"与"王权"之间的冲突又起，结果随之而来的反而是这种干涉变本加厉了。

瑞典的失败和奥古斯都的复辟，开始了一个对波兰的命运来说极为重要的时期。在很大程度上，它使波兰的最后崩溃成为不可避免的事。在17世纪50年代的战争时期，曾经拟定过一个计划，本来可以使该国免受邻国军事专制主义的欺凌而生存下去。50年后，它的政治独立已经受到损伤，因此产生了对内进行改革对外争取解放的愿望。但遇到的问题千头万绪，以致找不到任何可以一举解决问题的办法。而国家面临的一切难以克服的政治困难带来的只有筋疲力尽。

---

① 对桑多米埃什联盟派的作用的不同评价，见J. 费尔德曼著《北方战争时期的波兰》（克拉科夫，1924年）。费尔德曼对他们的作用持怀疑态度，不过他没有了解到俄国的资料或波兰收藏的各种资料，例如西恩尼斯基的通信。

波兰确实是尝够了优柔寡断造成的一切苦果。连年战祸，无尽无休地安顿和支应来往过境的军队，已使全国各地满目疮痍。萨克森本身由于瑞典的占领已饱受创伤；而在波兰，俄国的、瑞典的和萨克森的军队同样都是横行无阻，无情搜刮城乡钱粮，靠这块土地养活。据估计，以这种方式搜刮的财物达6000万塔勒，比整个北方战争期间共和国总收入的3倍还要多。就连唯一没有向外国军队投降的城市格但斯克，也"缴纳"了数十万塔勒。最严厉的报复是惩罚政治上的对手。例如，1706年，瑞典人在沃尔西尼亚破坏了140个支持奥古斯都的村庄；次年，俄国在大波兰采取同样的行动；1716年，萨克森军队烧毁了国王的反对者的庄园。这些破坏大到什么程度，从来没有人考察过，破坏以后接踵而至的是瘟疫和饥馑。1706年到1713年，黑死病在全国各地猖獗流行，人口锐减，有些城镇，如沃斯乔瓦、塞拉茨、莱祖卡，实际上断绝了人烟。歉收之年，饿殍遍野——尤其是1707—1710年在立陶宛，1714—1715年在小波兰。共和国人口在1650年曾达到约1000万，这时下降到不足600万。难怪整个整个的村庄甚至城镇空无一人。1710—1715年进行的王室产业调查，不断报道人口锐减，房屋毁坏，耕地荒芜，庄园仓廪空虚，连种子也没有。在某些地区，例如立陶宛的格罗德诺地区和克拉科夫附近利布斯地区，90%以上的耕地荒芜。

这些倒退并没有改变贵族和农权的关系。以前那种高度的强制劳役仍保持着，对农民的人身限制没有缓和。在这种形势下，重建庄园，或者即使是恢复最起码的繁荣也是很困难的。农村摆脱这样的大灾难，只能等下一代人了。城市的情况更加悲惨。它们遭受了半个多世纪连绵不断的兵燹。以前，庄园经济建立在农奴劳动的基础上，在这种不利的环境下，城镇至少可以设法维持下去，而新的灾祸则带来了毁灭。在当时的欧洲，大概没有地方像波兰这些城镇那样悲惨的了。遭受抢掠，人口锐减，神职人员和权贵们诛求无厌,管理王家城镇的宫廷官吏或私有城镇(占总数的五分之四)的领土横征暴敛,使城镇根本没有财力、物力来重建,更不要说发展了。城市手工业由于受到贵族支持的农村手工业的竞争,产量已减少到最低限度。商业停滞,只有格但斯克例外,那里更重要的买卖都在边界外——如布雷斯劳、莱比锡、奥得河畔的法兰克福、里加——进行。许多城镇变成了农村,其居民大部分不再从事城市商业而是去务农,沦为同服徭役的农奴一样。本来就已经软弱的中产阶级,已变得完全无力在波兰的政治和经济生活中起任何重要作用,而要让他们在国家现代化的任务方面起作用就更加困难了。

战祸也打击了贵族,不论是中等贵族还是大贵族。军队根本不尊重贵族的豁免权;贵族的庄园一旦遭蹂躏,再也不能提供像过去那样的收入。大贵族们往往有很多庄园散布在几个省,他们可以比较容易逃跑,但中等贵族就完全遭殃了。他们向更有权势的邻居处寻求避难,带着大批随从。这样,官员和贵族之间的倾轧不再是共和国政治生活中的主要因素,它已由争权夺利的大官及其追随者们之间更加经常出现的对垒所代替。他们中有人一贯反对结成爱国人士所要求的保王派——至于贵族,经过如此众多的严酷教训后,他们有些人对改革,哪怕是部分改革,确实产生了兴趣。

18世纪最初10年,这个国家逐渐分崩离析。议会仅仅在1701年和1703年开过会;1704年以后,只有各联盟的委员会曾经开过会。由于外国逼国王退位,后来又要求重新选举国王,使王权加倍地削弱。斯坦尼斯拉斯任命了一些官员,替代奥古斯都已经任命的人,结果使行政机构紊乱。与此相反,军事首领们的权力却达到空前的程度;他们除了指挥军队外,还控制了财政,并实行自己的对外政策。国家岁收减少,无法招募足够的兵员;甚至连修理装备的钱都没有。地方议会的权力由于填补中央权力留下的真空而扩大了，它们在税收、征兵、内外政策的方针等方面各行其是。由于可自行规定休会期限，它们无须再按惯例得到国王的命令就可以开会。他们的很多决议，取决于当时哪个集团占统治地位，以及外国和波兰的军队的压力。能够代替王权的唯有两个总联盟的权力，但是华沙联盟和桑多米埃什联盟之间的分裂，再加上外国保护者的干预，大大削弱了它们领导国家事务的能力。

由于政府的分裂，随之而产生了贵族的道德败坏和政治的混乱。甚至一些位居要津的人也贪污腐化。政客们反复无常，今天追随这一派，明天追随那一派，后天又回到这一派，有时是为了眼前的利益，有时则是为了保护自己的财产。在政治上能贯彻始终的人，实属凤毛麟角。然而，说来奇怪的是，正是在一些保持着为公众利益着想的精神的贵族中，出现了一个阻挠军事和财政改革的运动。因为这些改革要靠加强王权才能进行，而这些人却宁愿加强议会的权力。

改革中的共和派的代表人物是立陶宛副首相斯坦尼斯拉斯·萨佐卡和桑多米埃什地方长官斯坦尼斯拉斯·杜宁·卡尔威斯基。前者与马佐维亚的贵族有联系，后者是一个加尔文派教徒、一个有经验的议会议员。萨佐卡的主张以"坎迪德·维罗宁西斯"为笔名发表在《波兰的黑暗时期：展现的情景》（1709年）一书中。卡尔威斯基的著作《共和国的治理》没有出版，但有许许多多的手抄本，说明它受到广泛欢迎。两位作者都提出征收固定的财产税作为军队的经费，并为此而专门动用王国的岁入；萨佐卡也提出动用教会财产，不过只是一种假想，而且没有真正的说服力。他们还要求削减军事首领的权力，这些官职应通过选举产生；他们还一致认为必须改组军队，萨佐卡认为军队应为3.6万人，卡尔威斯基则认为应更少一些。萨佐卡十分强调使大贵族了解政治，例如，他设想建立邮政服务，传递消息。卡尔威斯基建议成立年度常设议会，可随时闭会和恢复辩论，而无须更换议员——这在波兰是一种新的做法。他还设想应严格限制解散议会的机会，但他没有抨击自由否决权的原则。改革后的议会将受国王的庇护。最后，卡尔威斯基建议改变选举国王的办法，即由各省进行投票，他们的很多主张后来曾由一些杰出的政治著作家，如莱茨津斯基本人和斯坦尼斯拉斯·科纳尔斯基所讨论。

奥古斯都二世的复辟，改善了进行基本宪政改革的前景。事实上，这并没有超出宫廷本身的利益范围。虽然国王本人的方案要走得更远些。1710年华沙联盟总委员会的辩论，也有着同样的倾向：它投票赞成建立一支3.6万人的常备军，并拨给它很大一部分岁入，包括关税和货物税，由财政大臣支给。这些决议"标志着两个萨克森国王时期改革的最高阶段"[1]。然而，在共和国，投票通过一项决议到把决议付诸实施相距何止千里——贵族们受莱茨津斯基的追随者们的宣传鼓动，拒绝按总委员会的决议行事；教士们的态度取决于罗马；地方议会则按它们自己的如意打算操纵立法。

莱茨津斯基的追随者们对俄土战争寄予很大希望[2]，当战争结束时，虽然结局对彼得一世很糟，但对波兰王室并没有什么影响。在瑞属波美拉尼亚进行的牵制战已结束，萨克森军队开进该地，为奥古斯都夺得了什切青和斯特拉尔松。1712年召开的议会在改革方面并没有什么特别的成就，它拒绝接受国王提出的以固定税收维持军队的建议，但它通过宣布休会而避免了本身的解体。依靠这种办法，过去通过的一切决议都可以保留下来，否则的话，议会若提前解散，这些决议就统统无效了。这种程序上的新做法，

---

[1] M. 尼茨：《沉默议会财政改革之由来》（波兹南科学之友协会，历史委员会文献，第13卷，No I. 波兹南，1938年），第180页。

[2] 见本书原文第631页以下。

使人们担心"会引进英国式的议会",就是说,建立起一个更加容易被国王控制的议会。① 最后,这个议会在限制军事首领的权力这个重大问题上解体了。议员们在祝贺解散时记载道:"国王陛下在这些议会中把否决权归还给我们了。"就这样,改革的第一次冲击无结果而告终。虽然争论本身始终没有离开财政和军事改革的范围,但究其根本原因,分裂是由于莱茨津斯基派的反对,也由于人们担心萨克森势力的增强和俄国的继续干涉。

波尔塔瓦战役后,俄国军队遍布波兰共和国,沙皇操纵着它的政治。沙皇试图把他的大部分军事费用强加给他的同盟者,以节省他自己已筋疲力尽的国家开支。随着赋税的重担落到城镇和乡村,加之莱茨津斯基的追随者遭到放逐,亲俄派的优势完全得到保证。在王国,最高司令官西恩尼斯基在沙皇的帮助下保持了他牢固的地位,就像立陶宛司令波契杰也保持了其地位一样,在这点上,奥古斯都顺应了沙皇的意愿。每个军事首领都结成一个与贵族特权结合在一起的保守派系。归根到底,奥古斯都把自己的复辟归功于俄国的胜利,归功于沙皇决定废除波尔塔瓦战役前在德累斯顿达成的一个协议,根据该协议,奥古斯都的儿子应仿照西吉斯蒙特一世朝的先例,在其父亲在世时就被选为国王。由于受到支持康斯坦丁·索比斯基的运动的威胁,奥古斯都后来于1709年10月20日在托伦与彼得签订了另一个协定,答应站在俄国一边继续进行对瑞典的战争,直到取得最后的胜利,并且接受了限制他的外交自由的条件。这样,波兰的一切主要权力核心都依附于彼得一世。此外,彼得不顾对共和国和对奥古斯都承担的义务的约束,继又征服了利沃尼亚,禁止波兰人进入里加。另一方面,他坚决拒绝普鲁士瓜分波兰的建议。一个软弱的波兰,既是一个令人放心的邻居,又是俄国对德意志采

---

① J. 盖罗夫斯基:《萨克森专制主义与黄金自由——1712—1715年共和国内史》,弗罗茨瓦夫,1959年,第159页。

取行动时方便的桥梁。彼得一世利用国王与军事首领之间的对立，得以永久保持他的支配地位。

然而，沙皇的政策在波兰并不是一帆风顺的。贵族们欢迎赶走瑞典人，也准备把沙皇作为他们的权利的保护人，但这时转而反对沙皇的辅助部队，并且逐渐反对奥古斯都本人，他们把他看成是沙皇的工具。这就是莱茨津斯基派重新抬头的背景。这一派成员中的很多著名人物已移居国外，有些人与斯坦尼斯拉斯本人一起住在什切青，其他人则在（土耳其）本德投靠了查理十二。但是，在波兰国内，鲁塞尼亚总督和莱茨津斯基的前首相斯坦尼斯拉斯·杰布隆诺斯基策划了一次阴谋。1711年俄国与土耳其之间的战争爆发后，波兰宫廷迟迟不参加俄国一边；6月9日在亚罗斯拉夫，奥古斯都只同意在波美拉尼亚采取牵制行动。《普鲁斯条约》又一次改变了彼得一世与波兰的关系。这时，他答应撤出共和国。因为对土耳其人来讲，共和国的完整是最重要的。① 但这些允诺到两年后方兑现。那时保证从奥斯曼帝国政策中获得的是奥古斯都而不是莱茨津斯基或瑞典人，从而使奥古斯都的解放政策又获得了新生。

奥古斯都的解放政策交织着他加强王权，特别是保证波兰王位由他的儿子来继承的意图。这样的话，卡尔威斯基和其他人关于共和改革的计划就是对宫廷的专制主义计划有利的事，这些计划的主要拟定者是萨克森的大臣们，特别是弗莱明。在波兰最重要的人物中间，支持强有力的君主政体的主张并不强烈，不过，他们中的一些人，例如王国财政大臣普尔泽本道斯基，库亚韦主教萨尼奥斯基和海乌姆诺总督西吉斯蒙特·鲁宾斯基有时似乎赞同这种主张。总之，在波兰推行彻底的专制主义是不可能的。奥古斯都本人就明确表示，他所能期望的，最多不过是限制议会和

---

① 见本书原文第645页。

地方议会的权力。在萨克森,他同样无法指望推翻固有的秩序。在这个意义上讲,据说是计划通过武装政变来彻底改变政府整个制度的所谓弗莱明计划,肯定是不足凭信的。撇开普鲁士计划(即废除贵族权力,同时有限度地瓜分波兰)不谈——1715年6月曾与弗莱明商讨过这个计划,但由于其中的领土条款,被弗莱明所拒绝。宫廷的计划可概括为四点:扩大王权以确保奥古斯都·韦廷王朝的继承权;废除自由否决权,并设立议会各委员会,与国王协力行事;设立各秘密委员会,以决定分配官职和鼓励成立宫廷党;最后,波兰与萨克森之间更密切地联合,办法是缩减波兰军队,把一部分可靠的萨克森军队转由共和国供养;通过征服西里西亚领土来开辟共同的边界;允许萨克森贵族在波兰获得土地和官职。[①]

这些计划没有一个在波兰得到广泛的支持,而在萨克森,由于奥古斯都推行天主教教义,更加使这些计划没有被接受的可能。[②] 在波兰,人们把这些计划看成是朝臣们用以讨好德意志人的手段,"而德意志人总是想让我们共和国保持从属地位,永远不想让它处于繁荣地位"。更有甚者,奥古斯都就是打算通过利用萨克森军队或通过乞求外国的援助而达到他的目的,必要时付出把领土割让给邻国的代价也在所不惜。

1713年,由于土耳其扬言要使莱茨津斯基复辟,从而使萨克森军队有可能重新进入共和国。由此,国王又有新的借口来放逐莱茨津斯基派成员:杰布隆诺斯基被囚禁在萨克森的柯尼施泰

---

① 这些建议的绝大部分包括在1715年10月14日肯定是由弗莱明写的一个备忘录中,这个备忘录是在得到波兰王军与萨克森人之间爆发战斗的消息后写的。德累斯顿,州档案馆,loc3492,V,第51—54页。

② 关于腓特烈·奥古斯都一世与萨克森议会的关系,见F.L.卡尔斯坦著《德意志诸侯和议会》,牛津,1959年,第242页以下。参看《新编剑桥世界近代史》第5卷,原文第453—454页。

因的萨克森城堡中。奥古斯都借口继续存在来自奥斯曼帝国的危险,而把萨克森人留了下来。但是,萨克森人强征了大批粮食和物资,从而在波兰全境引起了抗议的浪潮。国王对此置之不理。一方面,他开始寻求外国的支持。在波兰的邻国中,奥地利和俄国一样,拒绝接受加强波兰王室的主张,即使以领土作为交换条件也如此。相反,俄国继续待在利沃尼亚,因为它知道,归还该地区将会使之用来保证韦廷家族的继承权。只有普鲁士也许曾赞同波兰宫廷的计划,不过要以得到东波美拉尼亚和库兰作为代价。这一牺牲将会切断波兰的出海口。因此,宫廷不得不去寻找距离更远的同盟者,因为对这样的同盟者来说,波兰王室的强大与它们没有直接的利害关系。与英国关系的恶化——在英国,安妮女王集团里的人曾竭力阻挠奥古斯都的儿子皈依罗马天主教会——表明,法国是最有可能被选为盟友的国家。华沙宫廷估计凡尔赛可在安排解决北方问题中作为调停者,而凡尔赛无疑想利用奥古斯都作为在西方促进和平的工具。在瑞典的势力衰落后,法国不得不或者在北方寻找一个强大的新盟友,或者重新建立一个由较弱小国家,如瑞典、波兰、萨克森,也许还有普鲁士,组成一个亲法集团。这就是1714年8月20日在雷齐纳签订友好条约的背景,这个条约的目的在于以后达成协议,让奥古斯都之子与法国联姻,并保证在下次选举国王时法国给予支持。

奥古斯都的计划最后由于查理十二世的固执而归于失败,因为他拒绝接受奥古斯都和斯坦尼斯拉斯1712年在梅克伦堡达成的谅解。他从本德回来后,即在施特拉尔松准备继续进行战争。奥古斯都惧怕瑞典再次入侵,与丹麦和普鲁士一起重新开始了反对查理十二世的军事行动。法国的调停并未出现,路易十四实际上站在查理十二世一边。查理十二世的顽固立场,给奥古斯都的计划敲响了丧钟,因为他这时发现共和国环绕着他爆发了危险风暴,而他正处于这场风暴的中心。查理十二世的极端政策是要把波兰，同样也把瑞典推入深渊。

奥古斯都与法国恢复友好关系的企图，在波兰及奥古斯都的盟友中引起了猜疑。它使俄国人惊恐，害怕奥古斯都退出北方联盟，甚至顺从瑞典的意愿，拿起武器反对彼得。这种恐惧虽然是错怪了人，但彼得还是利用波兰人对奥古斯都的不满而决心使他的倡议落空。波兰人对奥古斯都的不满，导因于萨克森的征敛，正好又碰上连年歉收，由于他又逐步靠近凡尔赛，并且这同专制主义分子搞的一次阴谋不谋而合，因而使这种不满更加强烈。尤其是军队首领们，当他们发现国王计划削弱他们的权力，甚至想清除他们在军队中的影响后，感觉到岌岌可危。1714年秋，西恩尼斯基和波契伊鼓动贵族起来反对萨克森人，答应在军事上给予援助。宫廷虽暂时设法粉碎了这一反抗，但并未解决根本问题。因为支持贵族权利原则的还有彼得一世，他要求萨克森人离开波兰。沙皇驻华沙代表达什科夫不仅向军队首领们，而且向莱茨津斯基派首领，克拉科夫总督贾纽茨·威斯尼奥威耶茨基作出许诺，俄国支持他们反对奥古斯都。于是共和国又一次处于内战边缘。

第一次行动始于立陶宛。司令官波契伊担心被免职，召集贵族于1715年夏在维尔纳开会。会上一致同意拒绝向萨克森纳贡并把萨克森军队逐出国境。俄军出现在立陶宛，向施特拉尔松推进，救援丹麦和普鲁士军队。这时形势对波兰宫廷来说，似乎确实十分严重；但是不久就显然可以看出，俄国人并不打算给波契伊以军事援助。结果，这位司令官于9月22日与维森费尔斯将军妥协，允许萨克森人在立陶宛驻扎过冬。但是，在其他地方，萨克森人继续征敛，9月间引起了骚动。在克拉科夫省南部各县，贵族与派去征敛贡赋的萨克森分遣部队发生了一些小规模的冲突。在其他省和在军队里进行的鼓动，导致王军中的一部分人于10月1日在戈齐斯组成一个新的联盟。不久以后，桑多米埃什省的一个萨克森团在拉多各斯采被打败。于是，使那里的贵族受到鼓舞，他们在弗莱明反攻前，也着手组织一个联盟。整个小波兰燃起了熊熊斗争烈火：城市平民和农民对萨克森人的野蛮破坏行径忍无可忍，与贵族并肩战斗。1715年11月26日，在一个小城镇塔尔诺格勒成立了一个总联盟。以前要想从这些贵族那里为王军榨取金钱是不可能的，而现在他们却自发地自己征税，高举联盟的旗帜。甚至连那些过去对瑞典战争不闻不问的人，现在也参加到共同的事业中来了。

但是，萨克森的军事优势十分明显，因此弗莱明得以将塔尔诺格勒联盟分子赶向东南，进入沃尔希尼亚；背叛分子交出了重要的城堡扎莫希奇。西恩尼斯基和与他接近的一些常务院成员进行了调停，在拉瓦—鲁斯卡匆忙拼凑了一个条约，规定向萨克森人提供一种单一的贡赋，并规定他们在一定的日期撤离，但这个日期没有确定是哪一天；但是这些安排被联盟的领导人拒绝了。他们指望立陶宛的增援和俄国的外交干预。最初，俄国虽保持中立，其实他们的军队停止向波美拉尼亚推进，从而积极地为萨克森军队的集中提供了方便。事实上他们力图在"王权和自由"两者之间的争执中进行仲裁，彼得认为最可靠的办法是摆出一副捍卫"黄金自由"的战士的姿态，以反对波兰国王势力的任何增强。保持现行的宪法，可保证俄国占有17世纪获得的波兰领土，不使波兰采取任何收复失地的行动。它还使俄国有时间来消化它新征服的波罗的海沿岸领土，并取消波兰在利沃尼亚的领土要求。奥古斯都完全明白沙皇的调停将会妨碍他的制宪计划，于是他试图与联盟分子直接谈判。而联盟分子却上了当，以为彼得不会向共和国提出领土要求，并且想充当调停人；有一部分人实际上希望彼得能使他们实现废黜奥古斯都，让康斯坦丁·索比斯基与彼得的侄女联姻，拥他登上王位的打算。在这种形势下，奥古斯都表示同意调停，并安排在格但斯克与彼得会晤。此时，内战仍在继续。联盟分子向大波兰（在那里宣布成立了另一个联盟）逼进，并攻克了波兹南。这时，立陶宛支持他们。不过，最后还是决定与奥古斯都谈判。和谈从6月拖到11月，先是在卢布林，后来又在下卡齐米日和华沙。在这里，1716年11月4日，即塔尔诺格勒联盟成立将近一年之后，签订了一个条约。

条约是在笼罩着俄国军队阴影的情况下签订的。原来十分友好的彼得与联盟分子之间的关系已经恶化，因为他看到联盟分子的领导人、克尔泽明涅茨地方长官斯坦尼斯拉斯·莱图乔斯基一心要奉行独立的政策。莱图乔斯基曾建议从维也纳，甚至从土耳其或鞑靼人那里寻求援助。1716年的奥土战争使这些希望化为泡影。相反，俄国军队却在奥古斯都请求下进入波兰王国。11月14日的条约以及以后在没有俄国大使格列戈里·道尔高鲁基斡旋下，在华沙达成的一些协议，由所谓的"沉默议会"所批准。这次议会在1717年2月1日召开，没有进行讨论就宣告解散。但与历史学家一再重复的看法相反，不论是《华沙条约》，还是"沉默议会"的决议，都不是道尔高鲁基强加的，一般说来，他仅仅限于起主席的作用。尽管彼得一世明确表示希望要有一个俄国人在当中充当保证人，但他没有如愿，因为奥古斯都和联盟分子都对此持敌对态度。[①] 因此，俄国在外交上没有达到它真正的目标，因它本来是为了这个目标才同意从中进行调停的。

这个条约确实排除了奥古斯都在萨克森军队的支持下实行专制的任何可能性。条约命令萨克森人离开共和国，只允许奥古斯都留下他的1200名萨克森近卫队。萨克森官员也被赶走，只有萨克森办事处的6名成员除外，但明确禁止他们干预波兰事务；这样，波兰的外交在很大程度上独立于萨克森。但是，另一些条

---

① 1716年11月20日，道尔高鲁基致戈洛夫金信，参见（莫斯科）中央国家古代文献档案馆《波兰文献》1716年第11号，第470—471页。

款则明显地提高了国王在国家中的地位,其提高的程度竟使得普鲁士大使勒赫费尔深感不安地禀告腓特烈·威廉一世说,"已经为专制统治奠定了极好的基础"。确实,联盟分子中有一派人在莱图乔斯基的领导下,与奥古斯都一起,想利用谈判作为手段,实行某些改革。地方议会的权限削弱了,禁止成立联盟。最重要的是常备军的数目限制在2.4万人,并且第一次以固定的税收来供养,包括从贵族的财产中征收的税。国家岁入达到每年1000万兹罗提,这对军事需要来说数额是太小了,这是受到国家的经济崩溃的限制。为确保这笔钱用于军队,规定直接发给各个团,而不通过财政部,这一决定对这次具体的改革起了决定性的影响。军队首领的权力受到了遏制,其他高级官员的职责也作了明确规定。设立了特别法庭,审判被控与国王和共和国的敌人相勾结的人。最后,国王说服军队首领们把军队中最优秀的部分,包括步兵和重骑兵,都交由弗莱明掌管。

宫廷的追随者们深信,已经向根本性改革迈出了第一步。《华沙条约》和"沉默议会"决议的起草人之一萨尼奥斯基主教推心置腹地告诉勒霍费尔说:如果能恢复世袭制,将会对波兰更好些;并且说自由否决权是荒谬的:"英国实行多数表决制,就治理得很好。"① 在1718年的下次议会上,宫廷提议扩大军事改革,向炮兵和维修城堡提供经费;并且考虑扩大军队的规模。同时,国家着手制定一个重商主义的纲领,规定鼓励城市发展,取消私人关税,保护矿藏,禁止出口羊毛,管理维斯杜拉河航运,改革币制,以及其他革新。另外还建议调整教会与国家的关系:增加教会财产的税收额,限制向教会赠送遗产,没收教会违反1635年宪法而占有的庄园,减少教会征收的各项费用,削减教

---

① 1717年2月23日勒霍费尔备忘录;梅泽堡,德意志中央档案馆,共和国卷第9卷,第27号,第1页,K.2。

会法庭的权限。然而，尽管奥古斯都不久前在权威方面有所增进，但未能使这些进一步的改革获得通过。又一次仅仅靠赶快休会才使议会免于彻底瓦解。

国王的根本麻烦是军队首领们又与彼得大帝勾结起来。在1717年的"沉默议会"后，俄国军队继续留在波兰，帮助组织一个反对宫廷的派别。道尔高鲁基甚至鼓吹建立一个旨在推翻奥古斯都的大贵族联盟的主张。[1] 虽然由于贵族的抗议，在1719年实现了俄国人的撤军，但是当眼前俄国的威胁暂时缓和后，过去对国王的猜疑又重新出现。宣布奥古斯都之子皈依罗马天主教以及他与哈布斯堡公主结婚，给人的印象是国王仍计划向自由选王制开刀。结果，1720年的议会被解散，此后又有三届议会被解散。军队首领们的反对，使所有进一步的改革性主动行动均遭破坏。此外，1720年彼得一世在波茨坦与普鲁士国王腓特烈·威廉达成协议，确认波兰宪法和自由选王制的原则不可更改。在现有的均势下，这意味着没有外国的允许，波兰任何改革均无法实行。波兰就这样陷入了一个立法机构死气沉沉的局面，并一直延续到1764年为止。"沉默议会"决议仍然只实现了一半，它成了这个苦难年代中比较明智的愿望的一个标志，每当共和国在军事上的软弱更加显示出不祥之兆的时候，往往会唤起人们的这种愿望。

就这样，波兰继瑞典之后，成为北方战争的第二个主要牺牲品。军事上连遭失败，农村惨遭蹂躏，政治上四分五裂，使得约翰·索比斯基在位最后几年已经显露出来的混乱状态更加恶化。通过国王个人关系将波兰—立陶宛与萨克森联合起来，本是给波兰—立陶宛国家提供的一个机会，但这个机会被白白糟蹋了。一部分罪责应归咎于贵族和权贵人物，因为他们拒绝放弃他们的特

---

[1] 1718年11月30日道尔高鲁基致戈洛夫金信，参见（莫斯科）中央国家古代文献档案馆《波兰文献》1718年第8号，第244—245页。

权，并且惧怕萨克森称霸；一部分罪责则应归咎于奥古斯都本人和他的顾问们，他们有时野心过大，又未能杜绝往往是他们自己造成的重重困难。查理十二世不切实际的狂想对这场大灾难也应负很大责任。他那些想当然的、不切实际的计划把他的傀儡莱茨津斯基扶上王位，造成了波兰的分裂，并且在任何时候都决不与奥古斯都二世和解。瑞典的态度反过来又为俄国称霸开辟了道路。这些情况断送了改革的前途，而人们普遍认为这些改革对共和国的安全是性命攸关的。同样，这也妨碍了解决人们已开始充分认识到的"王权与自由"之间的冲突。因此，在桎梏了波兰的自治权的两次战争的过程中，波兰的地位每况愈下，成为欧洲的笑柄。波兰接连两次在战争中名义上跻身于胜利者之列，但实际上是崩溃了，沦为一个二等国家。

（杨丽华　译）

# 第二十一章

# 彼得大帝统治下的俄国与已经起了变化的东西方关系

俄国皇太子彼得生于1672年,10年后便与他人一起统治俄国。这时俄国贫穷落后、人口稀少,既没有什么像样的城市,也没有大规模的工业,经济生活是以生产木材、皮毛、盐和效益不大的农业为基础。广大的地区没有开发,实际上是荒无人烟。地理上唯一直接通向西方的出口是阿尔汉格尔港,但一年有半年结冰。俄国与波罗的海的联系却被瑞典隔开了,因为瑞典占有芬兰、因格利亚、爱沙尼亚和利沃尼亚。它的边界此时距离黑海还有几百英里之遥,克里米亚还是一个向奥斯曼帝国进贡的国家,那里的鞑靼人的骚扰仍然严重地威胁着俄国南部和乌克兰的安全。然而,从15世纪后半叶起,来自欧洲西部的军人、医生以及各种能工巧匠已经活跃在俄国,西方的思想和技术逐渐地在俄国扎下根来。在17世纪,这一过程加快起来。[①] 但是,即便是在17世纪的最后几十年中,从任何实际意义来说,俄国都远不是欧洲的一个部分。它被隔离开来,不仅是由于地理上的缘故,而且也是由于它那独特的和在许多方面都不幸的历史,由于它的

---

① 参见《新编剑桥世界近代史》第5卷,第25章。

民族自豪感如此强烈而且傲慢，以至于招来几乎所有外来客人的议论，特别是由于根深蒂固的宗教的差异。俄国最富有和最有势力的机构是东正教会，它从拜占庭那里继承了一种高于西方基督教世界的深刻的优越感；而且，一般来说，它是最强烈排外的。在西方观察家们看来，俄国人看上去是亚洲人，沙皇的专制独裁可以与伊斯兰国家的苏丹或伊朗国王的专制主义相比拟，而不能与任何一个欧洲君主的专制主义同日而语。除了一些原料以外，这个国家对于欧洲的经济生活所作的贡献无几；而对于欧洲的政治生活来说，它也很难说有何重要性。

彼得的母亲——他的父亲阿列克塞于1676年去世——为他安排的正式教育与过去为统治家族成员安排的毫无二致，主要有阅读、算术、礼拜仪式和东正教祈祷书知识，但是没有正式教授外语。彼得从来不爱读书，他把书籍只是看做有用材料的来源。实际上，他一贯轻视文学，认为文学"只是一些浪费时间的无聊故事"。直到死时，他的拼写仍然杂乱而无章法。另一方面，他从童年时代起，就喜欢工具和机器以及一切需要技能的体力劳动。他在这方面所受的教育，不是来自他母亲为他挑选的老师，而是来自手艺工人，首先是莫斯科城郊"德国人住区"中的那些外国人。1682年射击军叛乱①后，彼得和他的母亲遭到冷落。索菲娅女沙皇摄政期间（1682—1689年），彼得的全部实权均被剥夺。这种境况使他跳出了克里姆林宫的困囿，摆脱了繁文缛节的束缚，从而能够接受这种空前广泛而又实际的教育。他早年就表现出精力充沛，对待一切问题采取实利主义态度，对待一些抽象的空论如果说不是完全地反对，也是不屑一顾的。这些特色在

---

① 射击军是陆军的一个部分，主要驻守在莫斯科，担负宫廷警卫任务，很有政治影响。1682年，他们发动叛乱，杀死了许多贵族要人，立彼得的异母姐姐索菲娅摄政。

他一生中一直保持不变。他更喜欢跟东西打交道，而不是与人相处，从他和妻子及儿子的关系中就可看出。到了17世纪80年代后期，他表现出一种兴趣，这对他的一生都起了支配的作用。他在少年时代，就开始把供他使唤的大批仆从建成了相当可观的有组织的队伍——"游戏军团"，用莫斯科军火库中的武器，甚至大炮装备起来，举行演习，进行模拟战斗和假包围。也许完全出于无意识，但他却组织了一支现代化陆军的核心部分。建立一支海军的想法也在他的头脑中进行酝酿，尽管他还没有看见过海，也不知道一支俄国舰队究竟能够或者应当用在哪里，又为了什么目的。相形之下，他对他的母亲1689年为他安排的与富有但很愚蠢的叶芙道契娅·鲁鲍希娜的婚礼却抱无所谓态度。9年之后，他迫使她进了女修道院。虽然她一直活到1731年，但是她却从未具有任何政治意义。1707年，他却置传统于不顾，娶了一个外国人（而且过去是女佣）即未来的叶卡杰琳娜一世为第二个妻子。1724年，他将她立为皇后。

彼得一世意志果断，精力充沛。当他接近成年时，显然对索菲娅的权力愈来愈是一种威胁。从1682年的变革以后，她就一直掌握政府的大权。彼得的同父异母兄弟伊凡曾于1682年与他同时被拥立为沙皇，1696年去世。伊凡的身体和精神都非常孱弱，因此，他在政局中从来就是无足轻重的。在愈演愈烈的权力斗争中，索菲娅得到他的情夫、首相华西里·华西里也维奇·戈里钦亲王和射击军的支持。彼得则获得他母亲娘家纳雷科金家族的忠实追随者的支持。1689年，斗争已到严重关头。8月底，彼得得到错误的报告说射击军正在前来抓他，他吓得躲进了莫斯科附近的谢尔盖耶夫三圣修道院避难。消息是假的，但是他的行动已使公开冲突成为不可避免的了。许多外国军官主动站出来支持彼得，其中著名的有苏格兰人帕特里克·戈登，没有几天，戈里钦被流放到俄国北部的荒原去；索菲娅被监禁在一所女修道院中，15年后死在那里。但是，彼得及其支持者的成功绝不是进步力量的胜利。戈里钦这时已深刻地意识到，俄国生活中的几乎各个方面都需要进行彻底的变革：需要有一支常备军；与外国建立永久的外交关系；一定程度上的宗教信仰自由以及儿童去国外受教育。他的倒台使他不能够为下一代的改革作出贡献，因此使他成为俄国历史上最大的悲剧性人物之一。与此相反，在以后的6年中以彼得的名义统治俄国的人物是被流放的戈里钦的堂兄弟和反对者鲍里斯·戈里钦亲王，以及特权贵族列昂·基里洛维奇·纳雷什金和蒂洪·尼基提奇·斯特莱斯涅夫等，他们不过是当时上层官僚机构的一些典型代表而已。彼得的母亲在1694年去世前，一直对他很有影响，而她在许多方面却是极端守旧的。再者，这位年轻的沙皇一连好几年热衷于训练他的"游戏军团"，学习造船的技术，以及同郊区日耳曼人的酒友豪饮，对于日常的行政管理问题不感兴趣。在此期间，他与比他年长得多的帕特里克·戈登结下忘年之交，特别是与日内瓦的冒险家弗朗索瓦·莱福尔结下的友谊对他的思想发展产生了很大的影响。虽然这两个人都于1699年去世，并且他们的位置都被新的顾问和宠臣，特别是虽然腐败但却能干的亚历山大·达尼洛维奇·缅希科夫（他于1705年被授予公爵称号）所取代，但是，彼得始终没有忘记他们俩人的教益。

1695年，24岁的彼得开始亲政。他的第一个行动是进攻土耳其占有的扼顿河咽喉的亚速要塞。攻占这个要塞就将表明，俄国有能力在奥地利、波兰和威尼斯早已向奥斯曼帝国发动的战争中发挥重要的作用，也洗刷1687年和1689年戈里钦两次进攻克里米亚的徒劳无功的耻辱，而最重要的是能使彼得获得一个通向黑海的出海口，从而有可能建立起一支海军。俄国第一次进攻亚速要塞时遭到失败。彼得这时还没有舰队可以阻止土耳其人从海上向亚速镇上派出增援部队；没有能胜任进行这种围攻战的工兵；俄国的部队也没有真正统一的指挥。1696年，彼得再次向这个要塞发起进攻。这一次，俄军配备了大批在顿河沃罗涅日附近建造的吃水浅的小船队和一支作战舰队，并在利奥波德皇帝派来的工兵的援助下，于7月18日攻占了该镇。为了庆祝这一胜利，在莫斯科举行了一次胜利游行，彼得亲自参加。如果俄国能够夺取刻赤海峡（刻赤海峡是控制亚速海进入黑海的通道），就会为建立一支常备黑海舰队打开道路，或许就会使奥斯曼让出更多的好处。但是，沙皇的这些雄心计划受到了阻碍。奥地利人、波兰人和威尼斯人由于种种原因，都急于同土耳其人尽快媾和。1699年，在卡尔洛维茨签订和约时，彼得发现自己处于孤立的地位，而俄国的利益，正如他深深埋怨的那样，"完全无人理睬"。1700年，波罗的海的事态也迫使他不得不同奥斯曼帝国议和。俄国的力量已经得到充分的显示，但是直到此时，俄国还没有取得通向黑海的可靠通道。

几个月以后，彼得断然采取了全新的做法，这便是他出使西欧的"伟大之举"。表面上，这支庞大的出使队伍是由莱福尔、费·亚·戈洛温和普·勃·沃兹尼钦率领的，其中包括仆从、警卫和翻译，于1697年3月浩浩荡荡地离开俄国。这位沙皇取了一个很容易被人识破的化名"彼得·米哈依洛夫"，一同前往。彼得途经瑞典的利沃尼亚和库兰公爵领地、东普鲁士以及勃兰登堡，于8月到达尼德兰。他在赞丹和阿姆斯特丹做了一段时间的修船木工后，于1698年1月跨海来到英国，在那里停留了4个月。然后，又取道尼德兰、哈雷、莱比锡、德累斯顿、布拉格，于6月到达维也纳，在维也纳停留了5个星期。这次不同寻常的、在俄国皇室历史上前所未有的旅行，是出于下面两个目的：第一，或许是比较重要的一个，是为了获得各种技术知识，首先是关于造船和航海方面的知识。在这一点上，彼得取得了很大的成功。在普鲁士，他能够学到射击术，在尼德兰和英国学习造船和其他手艺。他对他所访问的国家的技术成就一直表现出强烈的好奇心，并且如饥似渴地学习。不仅如此，沙皇这次旅行的直接结果是，俄国获得了近千名外国专家为它效劳，这些专家包括海员、炮手、造船木工、数学家、外科医生、工程师和各个方面的熟练工人，以及他们随身带来的书籍和工具。彼得还开始认识到，不采取西方化的新制度，他在西方倍加赞赏的财富和效率就无法移植到俄国来。但是，他此行的第二个目的，是想要建立一个反土耳其的新同盟，事实证明这是不实际的。（英国）威廉三世、荷兰执政以及神圣罗马帝国皇帝的政策全都为西班牙王位继承问题所左右，而这个问题现在显然已成为一个迫在眉睫的危机了。

射击军发动新的严重叛乱的消息传来，彼得便匆忙地从维也纳赶回莫斯科。射击军的一些团队对于彼得对待外国人以及外国思想持偏爱的态度感到吃惊；对于他对射击军不信任而将他们调往亚速和波兰边界的做法感到愤怒；因此，他们于1698年6月发动了叛乱，并且打算向首都进军。这次叛乱由于缺乏真正像样的领导，因此，在彼得回国以前即已被有效地粉碎，这主要是由于戈登采取了迅速果断的行动。但是，彼得决心要彻底摆脱这支动辄骚乱、纪律荡然、以"古罗马禁卫军"自诩的卫队。通过严刑拷打、处以死刑（据说，也许并不可靠，有些是他亲自动手的）等手段，射击军作为一支政治力量，被彻底地摧毁。虽然亚德里亚大主教作出努力，为他们求情，但彼得置之不理。

因此，到了1698年底，彼得就能够实行一系列的重大改革了，这些改革对于俄国来说无疑是一场革命。这些变革在实施时往往没有计划，不成系统，只是到了他在位的晚年才成形。特别是1700年由于爆发了同瑞典的一场大战，使这场变革变得面目全非了。然而，它们却是俄国历史，实际上也是欧洲历史的分水岭。其中，最紧迫、最突出并且在某些方面最具有重大意义的，是陆军的改组和海军的建立。这二者在行政管理上、心理上以及在社会上（程度较小）都产生了具有深远意义的变化，给外国的观察家以深刻的印象；而俄国若要成为欧洲政治中的一个真正的因素，这二者都是必不可少的。

俄国陆军的素质和组织结构，早在彼得即位之前即已有所改进。从17世纪30年代起，俄国陆军中封建色彩一直在减少，人数愈来愈多，外国的影响和模式日益增多。但是，它仍然缺乏战斗力，而且陈旧过时，否则，北方大战的初期，瑞典人就不一定能够轻而易举地战胜数量上占优势的俄国军队了。无论是射击军，还是保存下来的封建士兵，都算不上是一种可以信赖的战斗力；炮兵业已过时；而最重要的是非常缺乏训练有素的军官。[①] 彼得青少年时代对于军事就有浓厚兴趣，去欧洲考察后这兴趣又有进一步的加深，如今最终导致了整个军队结构的彻底改组。1699年底，建立了29个新的步兵团队和两个龙骑兵团队。这些团队是由部分志愿兵和部分义务兵组成的。不过3个多月的时间，一支比较具有战斗力的为数3.2万人的军队便建立起来。同时，又着手改进军队的中央组织机构，设立了一系列新的职位。新设立的职位有：主要监督中央行政管理机构的总督察长，掌管供给事务的军需总监，以及负责指挥炮兵部队的炮兵总监。1700—1701年间，已经有了9个龙骑兵团队，这主要是针对1700年的惨败而采取的步骤，同时也成立了俄国的第一个炮兵团。由于乌拉尔地区生铁生产的发展，铸造枪炮的工作也有了很大发展。普鲁士驻圣彼得堡公使的秘书福克罗特是个消息灵通人士，据他估计，到1713年，俄国已拥有1.3万门铜炮和铁炮。1705年，进一步扩大并加强了征兵制：按每20个农户出1人的

---

[①] 参见《新编剑桥世界近代史》第5卷，原文第577—578页；第6卷，原文第777页。

比例征募。1705—1709年，即北方大战最关键的时期，就是采用这种征兵制，征召了16.8万名士兵。从1705年起，占陆军主体的步兵和龙骑兵团队开始按旅、师单位编制，尽管这些并不是永久性的。同时，还作出不懈的努力，减少俄国对外国的依赖，特别是小型武器要依赖荷兰的状况。结果，1712年之后，便停止了这些武器的进口。

事实证明，要解决有足够数量的训练有素的军官问题，就困难得多了。最初，彼得主要从外国人首先是德意志人那里获得军官，特别是高级军官，1699年组成的若干新团队就主要出自德国人魏德将军之手，其中甚至没有一个团长是由俄国人担任的。但是，彼得从来没有打算将这种依赖关系永远维持下去：几乎从一开始，他就竭力为培训足够的训练有素的俄国军官而努力。俄国的第一所军事学校，即著名的普列奥勃拉赞斯基近卫军军事学校，于17世纪末建立。从草创开始，它逐渐发展成为一整套的训练机构。这些训练机构即使在实际上并不是那么一回事，可是在理论上说来，却是冠冕堂皇的。1701年、1712年和1721年又相继建立了几所炮兵学校；1709年和1719年又成立了工程兵学校；1707年成立了一所军医学校。从许多方面来看，比较重要的是近卫军的成立。因为，大批的俄国步兵军官，就是在近卫军中当兵受训的。彼得曾进行不懈的努力，以期做到：地主阶级中的青年若不曾在近卫军中服役，或者经过其他适当形式的训练，就没有接受军官军衔的资格。这样，他就能够逐步地以受过训练的俄国人取代不能令人满意的或不需要的外国军官。1709年以后，当战争危机显然已经过去时，这一过程便加快起来。

但是，同其他任何活动相比，彼得在他整个执政期间更感兴趣的是建立一支舰队。他本人就是一个造船的木工巧匠。他认为自己甚至有能力干预海军组织和管理这些技术性非常强的事务。例如，早在1694年，他就制定出一个供当时只不过是几个小船队使用的信号系统（这几艘小船后来便发展成他的整个舰队）；后来，他派往西欧和南欧学习航海技术的许多俄国青年学成回国后，他又经常亲自对他们进行考核。有关外国海军的情报总是为他所欢迎，而且在他的指示下，俄国又把外国的海军条例汇编成一巨册。在西欧之行以后，彼得要建立一支强大舰队的愿望，只是建立一支游弋在黑海的舰队，因为俄国那时还没有其他出海口。1696年11月，彼得又决定强迫地主阶级为建造新的船只作出捐献。为此，他于1697年命令他的那些比较富有的臣民组成若干组，每组捐献一艘或数艘船。所以，到1698年春季，已经有了50多艘舰只。其中许多船只设计低劣，匆匆建成，事实证明是无法使用的。但是，建造这些舰只却是一个重大创新。因为，其目的是要为俄国提供一支相对来说由作战人员数量较多的战舰组成的常备舰队，它要远远超过1695—1696年匆匆拼凑起来的那支舰队。在波罗的海夺取了一个据点后，就为海军扩展打开了一个更有价值的新地区。早在1702年，彼得就下令在塞亚斯河上建造一些装有大炮的快速帆船。这条河流入拉多加湖的南端。波罗的海舰队的第一艘战舰是在1703年8月下水的，一年之后，又有了由6艘装有大炮的快速帆船和相当数量划艇组成的一支舰队。波罗的海舰队的发展很快，甚至可以说是惊人的：到1710年为10艘，1714年则为17艘，到了1724年已有32艘。根据这种情况，需要有相应的新的行政管理、后勤供应和训练的机构。1700年，成立了专职的海军部；1712年，成立了海事法庭；最后，于1718年又成立了一所海洋学院。1701年，已经在莫斯科设立了一所航海学校；1715年，一个更为重要、更持久的机构——海军学院开始在圣彼得堡培训军官。首次专门征集海军新兵是在1705年，至此，船舰上的大部分人员都是从陆军士兵中调来的。1710年，为舰队起草了一套规章条例；1720—1722年，又起草了一个更为具体的条例。然而，事实证明，这支新建立的海军比现代化的军队脆弱得多，而要深深地扎下根来步伐还太慢。1711年普鲁斯战役惨败后，亚速镇交给了土耳其，黑海舰队解散，这支新的海军受到削弱。① 再者，这支新海军由彼得亲自缔造，几乎成为他的个人玩物，在全国人民中间非常不得人心。因此，就在外国的军官和专家们在军队中的职位多少已被贬低了很长时间以后，他们依然继续左右着俄国的海军。② 海军舰队的不得人心还意味着，作为一个有效的战争工具，它的寿命很难超过它的缔造者。彼得一死，它即刻受到冷遇，一直到叶卡杰琳娜二世即位后才又抬头，彼得最得意的缔造物也是最短命的。

这些强大的战斗部队所以能够得到发展，是由于俄国经济生活有了相应的发展。如果认为这一发展只是同瑞典交战的结果，或者认为彼得在交战前完全漠视经济问题，这就未免言过其实了。然而，军队对武器、火药、军装、造船木材以及其他军需物资的需求大大地刺激了彼得统治时期工业的发展，有力地促进了生产的扩大。国家的财政和税收几乎完全为战争的负担所支配。1702—1703年，战争开支占政府全部支出的76%—77%；而在1705年这个对俄国人至关重要的一年中，几乎占96%。在这些非常艰难的年月中，战争的费用只有靠降低硬币成色和广泛地征收沉重的间接税；而降低硬币成色的做法在1700—1703年间的收益就相当可观。不过，上述措施，再加上没收寺院财产、征收关税以及实行国家专利，尤其是1718年开始征收人头税，使彼得统治末期政府的财政出现了前所未有的坚实状况。③ 如果除去卢布购买力的变动不算，政府在1724年的收入可能是1680年的3倍，是

---

① 见本书原文第634—636页。
② 参见 M.S. 安德逊著《不列颠与18世纪俄国海军的发展》，载《航海明镜》第42卷，1956年，第132—146页。
③ 参见《新编剑桥世界近代史》第7卷，原文第320页。

1701年的两倍多。

难道说彼得是一个普通所说的"重商主义者"吗（重商主义本身含义不清）？无疑，他在经济方面具有大多数西方国家所特有的见解和偏见；而且，也不难发现，他所实行的政策的一些方面带有重商主义的色彩。彼得在位期间问世的 I. T. 波索希科夫写的《贫穷与财富论》是一本最著名的经济学著作。[①] 该书阐述了许多同西方当代著作相似的论点，其中许多论点公开流露出排外的心理。另一方面，政府大量干涉国民经济生活的做法，早在彼得之前，甚至在重商主义思想在西欧臻于完善之前，就已经在俄国盛行，彼得不过是利用了这种做法而已。不仅如此，在许多重要方面，例如相对来说不大强调扩大出口、相当重视农业等，这位沙皇的业绩并不是轻易地套用西方传统的重商主义模式。但是，从他对工商业重视的程度以及他试图发展工商业所采取的手段来看，他似乎在许多方面倒像是一个东欧的科尔贝尔。*

工业发展得以促进，首先是由于开办了一些国营工厂，生产种类繁多的产品：铁器和铜器，小型武器和炮，羊毛织品和帆布，硫黄，火药以及纸张。彼得在位期间，已有86家这样的工厂建立起来，这个数字几乎占了当时俄国新建的全部工业企业的半数。诚然，许多工厂，尤其是在他的晚年，最后都租给或卖给了个人或公司。然而，俄国政府对俄国的工业生活的影响比任何一个西欧国家对其本国工业生活的影响都大。甚至实业家开办的私人工厂，通常在很大程度上都要依赖政府批准的免税和专利，靠政府提供廉价的强征劳动力，以及政府对这些工厂生产的产品

---

[①] 《贫穷与财富论》（1724年）的作者出身于莫斯科地区的一个王室领地的农民家庭，原来是当地兵工厂中的银匠，从事硬币的铸造，最后终于凭借自己的能力成为一个制造商，拥有房产甚至一些村庄。

* 科尔贝尔（Colbert, 1619—1683年），法国的政治家和财政家。——译者

的需求。① 各项新工业的劳力来源不同。有的是雇用的自由人；有的是罪犯和逃亡农民；甚至军队的新兵也被派到工厂去干活，这和大多数欧洲国家的做法非常相似。特别是在政府所有的工厂里，有数量可观的国家农民为工厂劳动，或"划归"这些工厂。据一个统计资料说，1719年用这种方式划拨了3.1万多人，到1725年则达5.4万人以上。最后，1721年颁布的一条指令，允许工厂主，不论其阶级出身如何，均可购买村庄，并可在其企业内使用通过上述方式被他们控制的农民劳动力。这些强制性的或半强制性的措施保证了有充分的非熟练工人可以流入，但是许多种类的熟练工人仍然十分缺乏。尽管为了培训俄国的手工匠人和从国外招募工匠——例如，德国的矿工和意大利的丝织工人等——作了不懈的努力，但是，熟练工人的短缺仍然是彼得去世后很长一段时间俄国整个经济生活中的根本弱点。事实证明，彼得的许多工业规划本身条件就不成熟，基础不牢，其结果也必然是短命的。尽管1724年实施了保护关税，但生产纺织品、纸张、化工品、皮革和消费品的工厂，由于管理不善、缺乏熟练工人，以及由于战争造成的人为需求的下降，仍然摆脱不了迅猛垮台的命运。然而，一个重要部门，即铁的冶炼和制品工业，主要由于乌拉尔南部地区巨大的高质矿藏的首次开发，在这一时期却迅速地发展起来。到1725年，俄国已经成为向西欧出口铁的主要国家，其中对英国的出口占显著地位。②

彼得在发展商船业从而使俄国人能够与外部世界积极进行贸易往来所做的努力，几乎遭到彻底的失败。在他派出"巨大使

---

① 关于俄国人对这一问题的看法的讨论，其中许多方面仍不明确，参见拉·波塔尔的《18世纪俄国的制造商和社会的阶级》一文，载《历史评论》第16卷，1949年，第160—185页；第17卷，1949年，第1—23页。

② 参见《新编剑桥世界近代史》第7卷，原文第318—319页；拉·波塔尔：《18世纪的乌拉尔》，1951年，第1—3章。

团"期间,他就已怀有这种抱负;但一直到同瑞典的战争危机过后,他才能有所作为,将这一理想付诸实践。然而,他的措施不当不久就暴露出来。同外国签订商业协定,建立贸易公司,以及对私人建造商船队者给予特权等,所有这些措施对于问题的解决都无济于事。从他处理商业问题的做法中可以充分地看出,他不能根据真正的经济观点来考虑问题,他依赖(并非一概不对)纯行政的,甚至是强制性的措施以期产生长远的经济效果。他采用歧视性关税以及其他的措施努力把阿尔汉格尔的对外贸易①转移到新首都圣彼得堡一事,就清楚地说明了这一点。

在农业方面,这位沙皇所起的作用也是非常有限的。他曾经努力试图改进畜牧业,鼓励发展蚕丝、亚麻和大麻,推广以长柄大镰取代效率较低的小镰刀。可以肯定地说,耕种面积有了相当大的扩展,边境地区和俄国中南部未开发的土地上有了人烟。但是,俄国的农业始终未能改观,仍然墨守着传统的耕种制度(主要是三田轮作制),收效较低。

因此,彼得的经济政策在许多方面归于失败。这些政策呈现出一幅政府活动频繁的图景,不过,这幅图景却杂乱无章,完全是应付眼前的需要,是特定的即席之作,至少到彼得在位的晚年是这种状况。

在陆军、海军和经济方面采取这些首创精神的同时,彼得也进行了一系列复杂的行政变革。彼得所承袭的政府结构,乃是历代随意发展的结果。② 中央机构有贵族杜马(这是上层贵族代表的一个咨询委员会)、四十多个部(衙门,这些部门的职能的重要程度和管辖地区的大小各不相同,权限往往相互交错,极不合

---

① 见本书原文第842—844页。
② 参见《新编剑桥世界近代史》第5卷,原文第581—586页。

理)。地方行政管理系由省督,即军事长官掌管。彼得在位期间,曾为彻底改变这种体制并将其改造为有效率的机构进行了不懈的斗争,以便把俄国的资源置于他的掌握之中。

第一步由人数比较少而又不拘形式的枢密院和大臣会议取代贵族杜马,作为能够比较有效和灵活的中央管理机构。与此同时,对部一级的组织,特别是在1699—1701年间,也作了一系列的变动。有的机构被撤销或被废置不用,另外设立其他的一些专门对沙皇新政策实施情况进行监督的部门;如海事部,就是为了掌管新舰队的建设工作而设立的。最重要的是保安部,专管侦查和镇压一切反政府的行为。一个更为激进的举措是于1699年设立了外贸部这一新的行政机构,用来发展贸易和工业,控制城镇(这样可以使之摆脱省长的管辖),征收间接税并行使中央政府财政部的职责。虽然外贸部并没有做到尽如人意,但是在此后的10年中,它却是俄国最重要的机构之一,在中央集权方面,首先在金融方面做了大量的工作。然而,在彼得统治的前半期,政府机构基本上一直是一种权宜措施,其目的是为战争筹集兵力和金钱,是沙皇的意志在行政管理方面的延伸。只有在战胜了瑞典之后,彼得才能够腾出手来比较从容地、系统地进行改革,从而大规模地带来了永久性的变革。首先,于1711年建立了新的中央管理机构(枢密院),9名成员中没有1名是彼得最重要的部下,其中1名还是文盲,但这并没有妨碍它在许多方面成为中央政府的最重要的政府机构。后来,从1718年起,已经过时的各部体制便被9个行政院所取代。其中3个专管财政方面的各种事务,其他几个则负责商业、矿业、制造业、对外事务、陆军、海军和司法。如同彼得晚年的其他改革一样,这些院的建立是经过了长期的谋划和讨论的结果。它们主要仿照瑞典的模式,由1名院长、1名副院长和若干助理组成。无论从它们的人数有限方面,还是从它们之间职能的合理划分来看,都与原先的各部有所不同；而且，每个部门管辖全俄国。

彼得统治期间，特别是在其统治的晚期，地方行政的改革[①]趋势是逐步地通过把地方官员置于枢密院的隶属下，后来则隶属于9个院的做法来加强中央集权。但是，其结果不仅仅更加明确地规定了这些官员的职责，而且，又设置了大量负有专职的新的政府代理人，如王室土地监督，保护林地的护林官。换句话说，地方行政管理上已经大大地官僚主义化。至少根据统计数字来判断，在20年稍稍多一点的时间里，俄国就拥有了一个更加高度集权的行政管理体制。

在进行这种广泛的重大制度改革的同时，还做出了要扩大俄国人的知识面并提高其知识水平的努力。彼得的欧洲之行使他深深地感到，俄国在这一方面有很大的局限性，而他的种种改革措施在许多方面都需要有知识的人才，这种需要是前所未有的，而且在日益增大。早在1699年10月，在同亚德里亚主教的一次谈话中，这位沙皇就曾坦率地表示他对俄国教育的落后状况不满，并设想了一些改进这种状况的办法。但是，与瑞典的战争使他在许多年间，只能将其精力和国家物力集中在一些可能立即收效的方案上。例如，建立陆军学校和海军学校，成立目的在于为外交部门培养翻译人才的语言学校（1701年），以及矿业学校（1716年）。直到1714年，才投入一定的力量通过发展初等教育的办法为这些院校打下坚实的基础。同年，彼得下令每省设立一所"算术学校"，主要用来教本地的地方和官员们的子弟学习算术和一点几何知识。彼得在位期间一共建立了40多所这类学校。然而，收效甚微：成立这些学校是为一定阶级服务的，而这个阶级的大多数人并不希望受教育，学生能够完成其学业的寥寥无几。在彼得死后不过一年多一点的时间里，幸存下来的学校在校生几乎不到

---

[①] 参见《新编剑桥世界近代史》第7卷，原文第324页。

500名。虽然也另外采取了其他一些措施，不过其范围毕竟有限，而且同样没有收到什么效果。1721年，又下令在每个主教管区为教士子弟开办一所学校。无论是教区学校，还是对军人子弟施以初等教育的驻军学校，都谈不上是为俄国增添了一种教育体制。

相比之下，书籍的出版日益增多以及进口书籍日见扩大却更有力地促进了俄国文化生活的发展。翻译适合国内需要的外国书籍，首先是翻译技术和自然科学方面的书籍，受到政府的鼓励，尽管当时这种著作在俄国市场上销售量甚微，只能达到相当低的水平。语法书、辞典、年鉴和教科书的数量之多，是前所未有的。学生们获得的基本学习工具比以往任何时候都要充足。1703年，人们常说的俄国最早的报纸《新闻报》问世。它纯属是政府办的报纸，彼得用它来为改革申辩和宣扬成绩。这份报纸不定期出版，发行数量很少，但它却是俄国生活日趋现代化的另一表征。剧院在俄国也取得了立足点，虽然还不牢固，这主要是由于王室成员的支持。也许外国文化的影响在俄国制度上产生最大效果的是科学院的成立。彼得生前曾计划建立科学院，但直到他去世数月后这一计划才得以实现。一种比较间接的但往往都是强有力的推动因素（至少对俄国的上层社会来说是这样）是来自一系列次要的改革：1700年，采用儒略历，系统地运用阿拉伯数字；1699—1700年，立法规定除农民和教士外，所有俄国人一律要剃去胡须，穿欧洲的服装。彼得晚年在圣彼得堡建立了"集会厅"，男男女女可以在这里按照法国的方式进行文明社交，其间或许还要穿插着波兰和德国的舞蹈。当然，彼得革除俄国妇女历来不得参与社会活动这一陋习是有深远意义的。

的确，彼得本人在他最后的10年中，对于西方文化的态度也有所改变。经过多年的艰苦奋斗之后，他感觉到国家的实力比以前强大了，而且国家也比以前安定了，他对事物的看法也不那么实利主义了，而是更愿意向西方借鉴，这不仅表现在对待西方的陆军、海军和工业技术方面,而且也表现在对待西方的艺术、建筑和文学等方面。因此,1716年他在阿姆斯特丹大量购买西方的绘画,又派遣俄国的青年前往佛罗伦萨的迪塞格诺学院学习;1718年他在罗马又弄到了一批雕刻和绘画,并设法聘请意大利的美术家和雕塑家到俄国工作。18世纪初期,西欧的建筑师已开始为他服务,新首都的彼得和保罗要塞就是按照一位沃邦派建筑师的设计建造的。到他在位的晚期,其数量和所起的作用越来越大。圣彼得堡主要是按照波罗的海巴罗克建筑艺术的日耳曼—荷兰风格的设计建成的。这个城市的建造工作先后在卢加诺的多梅尼科·特雷齐尼(特雷西尼),柏林的安德烈亚斯·施昌特、G.J.马太诺维(另一位德国人)以及巴塞尔的 N.F.哈尔贝尔的指导下进行。[①]

　　文化革命遇到的最大障碍莫过于东正教会。彼得本人是一名虔诚的教徒,这一点从以下几个方面就可以清楚地看出:他在国外之行中对宗教问题颇感兴趣;他的信件和讲话中有大量的圣经引喻和引文;他对奥斯曼帝国所持的明显敌视态度以及鼓励在俄国的非基督教徒中开展布道活动等。但是,改革一开始,彼得就不得不把俄国的东正教当做敌人看待。主要原因是因为东正教及其领袖是俄国的仍然十分强大的排外保守主义的代表,是唯一能够挫败彼得计划的强大势力,虽然(1666年)莫斯科大主教尼康要求教会居于至高无上地位的企图遭到了失败。[②] 1690年,彼得竟当莫斯科教长的候选人失败,对此他既感到恼火,或许也感

---

　　[①]　参见 C.马斯登著《北方的巴尔米拉:圣彼得堡的初建》,1942年,第2章;R.维特拉姆著《沙皇彼得一世和德国皇帝》(两卷本)第2卷,哥廷根,1964年,第57—79页。

　　[②]　关于尼康的要求和改革所引起的冲突问题,参见《新编剑桥世界近代史》第5卷,原文第586—591页。西蒙娜·布朗的文章《"启蒙时代"初期的俄国教堂》,载《年鉴》(E.S.C)第20期,1965年,第442—464页,重新研究了西方影响,特别是通过基辅学校带来的西方影响问题。

到吃惊，这可能就促进了"醉友会"的成立（可能在1692年）。这是由沙皇的一伙酒友组织的一个团体，他们成立这个团体的目的何在，至今仍有争议，不过他们直至彼得去世时，一直对宗教仪式进行亵渎，并嘲弄不已。彼得对东正教也感到厌恶，因为它们把本来可以用于更为有益方面的钱财白白地花费掉了，而且其中的僧侣和教士既懒散又无知。因此，为了削弱教士的权力和独立性又要重新作出不懈的努力。

这一过程始于1696年，1700年采取了一个重大步骤：亚德里亚主教去世后，没有再委任继承人。这就使得东正教会没有正式的领袖，从而为国家更直接地影响社会的事务打开了道路。1701年成立了寺院部，对教会的财产进行监督。教会的大部分收入不久即被充作对瑞典作战不断增大的费用。同时又开展一项运动，要求削减僧侣人数，迫使他们劳动，实行苦行僧生活，并且还禁止建立新的寺院。最后，教长职务本身终于1721年被废除，代之以由10名教士组成的"至圣指导会议"。这个教会组织是彼得建立的，其地位高于其他任何院署。彼得从1716年起便接受了伊拉斯塔斯学说的信徒、后任诺夫哥罗德大主教的大胆的"哲学"神学家费奥凡·波罗科波维奇的建议，最后采取了这一步骤，费奥凡曾在瑞士居住，并在基辅将科学纳入他的教学中。虽然"至圣指导会议"在形式上是一个院署组织，但实际上它在管理宗教事务方面却相当于管理世俗事务的枢密院。[①] 在理论上，它行使教长的全部职权，但实际上只不过是沙皇的从属工具而已。东正教会长期以来享有的自治权从此被摧毁，它的政治权力也受到决定性的破坏——这是一种对整个俄国的未来有着深远意义的革新。

在所有这些发展趋势的基础之上，而且部分地也是由于这些发展的结果，俄国的社会结构正在发生着变化，这是彼得所不曾

---

① 参见《新编剑桥世界近代史》第7卷，原文第325页。

设想的,其全部意义也是他始料不及的。但是,这些变化仍不失之为彼得留下的最具重大意义的遗产之一。① 这些变化首先影响到农民和地主。无论农民或者地主都不是自我一体或在法律上权利一致的社会阶级,而是包括形形色色截然不同的集团,各自具有其明确的法定权利和义务,因此,俄国的社会便呈现出一幅显然复杂而又十分差异的景象。农民中,一端是农奴,实际上就是奴隶(尽管在俄国社会中只是相当次要的成分);中间是各种农奴和小自由农集团;另一端是地主——俄国中部或南部地区半军事性的殖民者阶层,有时被看做是贵族的最底层,根本不是农民。地主和农奴主包括一群大特权显贵家族在内,其中一些可以说比罗曼诺夫家族本身还要古老。在这些大家族之下,其他的家族等级极其复杂,这种等级制度是以"官职名次录"划分的,一直沿袭到1682年。这种"名次录"是官方正式承认的习惯做法,它决定各个贵族家庭的先后名次。地主也是根据俄国现行的两种不同的财产形式加以划分的,至少在形式上是这样做的。但是,世袭领地大地主和领地地主之间的区分已经没有什么实际意义。因为,实际上所有的财产都已经可以继承了。②

彼得的改革结果是将这种复杂的社会等级制度改变为在法律上同属一体的两大阶级:纳税农民(私人庄园上的农民和国家农民均在内)和享有特权的地主。就一直存在到1724年的农民阶级来说,主要是由于系统地大量征兵以及1718年以后强征人丁税所造成的。在征兵不厌其多、征税不厌其重这种不断的压力下,这两项负担逐渐地落到越来越多的人身上,结果占人口十分

---

① 俄国历史学家对于这些社会变化多有讨论。英文本中阐述这些变化的最优秀的著作是 V. 克抑切夫斯基的《彼得大帝》(1959年),译自他的俄文版《俄国历史教程》(莫斯科,5卷本,1904—1921年)一书的一部分。参见《新编剑桥世界近代史》第7卷,原文第320—322页。

② 参见《新编剑桥世界近代史》第5卷,原文第578—579页。

之九的农民大众在法律上和经济上原有的区别已没有什么意义了。这种逐渐消除差别并且合而为一的过程可以从地主地位的逐渐下降中看得一清二楚：地主下降到只是一群国家农民；亦可以从另一方面，从1723年具有法定地位的奴隶制度的消失中清楚地看出。同样，在社会等级的另一端，正在出现一个同属一体而且具有自我意识的地主阶级（新贵族），这主要是由于国家压在所有地主集团身上的负担日益增加的结果。彼得不懈地迫使所有地主在陆军、海军或行政管理部门为国家服务；一切想要逃避为国家服务的企图将予禁止并且受到惩罚。因此，1714年发布了一项重要的然而却是非常不得人心的法令，其目的是要驱使地主阶级中的青年为国家服务。该法令规定，地主的财产今后只能由其所有者的一个子女继承，不得像以往那样在子女中分配。这一措施所获得的重大成就意味着，判断一个俄国地主或贵族是否显要的标准是官阶，而不是门庭或财富。上层阶级因而逐渐地开始认识到俄国社会已成为一个官僚等级社会。1722年颁布了"官阶表"就更加证实了这一点。根据该表，陆军和海军的军官被划分为14个等级，并规定每个等级相当于文官的级别，同官僚机构中相应的最高八级官衔一样，这14个等级都授予世袭贵族。因此，到了1724年，"贵族"便迅速成为一个人数众多的阶级，他们的亲戚在官僚机构中拥有强大的势力，在某些方面同腓特烈·威廉一世在普鲁士的作为相似。

所有这些计划究竟在多大程度上受到了西方思想的影响呢？一些历史学家认为，彼得的统治是当时在西欧和北欧大多数国家中正在发展起来的中央集权并且行之有效的君主专制政体在俄国的翻版。当然，在彼得当政的大部分时间里，外国的关于政府形式和行政管理方法的思想在他身边的人中间可以自由地传播，而且外国人提出的建议对他也有影响，其中著名的有荷尔施泰因人菲克和萨克森人卢伯拉斯。毫无疑问，有几项革新——首先是建立了行政管理的各院和海军以及对陆军进行改组——也都受到外国做法的启发。同样显而易见的是，这些外国影响都局限在方式和方法的问题上。彼得实行的政策所要达到的目的——壮大军事力量，进一步发展经济生活，取得出海口——是俄国过去的历史和地理位置所决定的，并不是外国顾问向他提出的，也不是他从旅行国外的体验中受到启迪的。[①] 实际上，彼得进行的所有变革除去彻底废除教长职位外，都可以从他的前任沙皇的统治中找到某些先例。从某些方面来说，他的改革中最突出也是最不受欢迎的是建立俄国海军，这项工作在17世纪60年代就已初露端倪。彼得在位期间，俄国在一个专制甚至是残暴的君主统治下，以几乎无法承受的社会上的和心理上的紧张为代价，得到了前所未有的快速发展。然而，俄国经历的过程却是一场强制的演进，而不是真正的革命。

彼得的改革得到了一小批西方化了的俄国青年的热情支持，但在进行中却遇到了广大臣民们由于不理解而产生的敌意。其中有的只是由于没有受过教育，由于信教而思想保守，看到剃胡须、着西服、抽烟和使用新历法等表面现象就感到外国影响的增长，因而从本能上反感。但是在这种情绪的背后，隐藏着更深且久的怨恨。人们普遍感到最大的负担是政府压在农民身上有时是难以忍受的物力和财力的负担，最明显的是沉重的赋税和大量的征兵，但是更加沉重的也许是经常要农民为公共工程，例如，造船、建筑港口、防御

---

① 彼得改革受到外国的影响有多大，这个问题至今仍有争论。在有关这个问题的许多讨论中值得提到的是W. 莱昂蒂也夫的《彼得大帝：他的经济政策及所谓重商主义》一文，载《东欧历史年鉴》第2卷，1937年，第234—271页；P. 米留科夫的《十八世纪前二十五年彼得大帝改革时期的俄国国民经济》，圣彼得堡，1905年；W. 欣兹的《彼得大帝对其所处时代科学和艺术文化的贡献》一文，载《斯拉夫文化历史年鉴》新编第8卷，1932年，第349—447页；B. I. 塞罗米亚特尼科夫的《彼得大帝的正规国家及其思想》第1卷，莫斯科—列宁格勒，1943年。

工事和开凿运河出钱出力——往往还要另行征收其他大量的苛捐杂税。众所周知，建造圣彼得堡就动用了大量的农民劳力。从1703年奠基到1718年，被征召的劳工中有的来自遥远的西伯利亚，这些被征召的劳工在涅瓦河口的沼泽地中挣扎、受苦难而且死在那里。这座城市就是在无数的劳工和大量的饿死、病死的情况下缓慢地建立起来的。甚至1718年以后，圣彼得堡省的农民还在继续不断地为建设这座城市而提供劳力。其他方面也没有废除强迫的做法，只是改为给以现金作为报酬。不只一首民歌中记载了人们在建造这座新首都中所遭受的苦难。除上述种种的负担外，还要为新建厂提供工人，为军队提供食品、草料以及名目繁多的运输义务等。因此，人们不难理解，彼得的统治何以招致怨声载道，如此不得人心了。据估计，彼得统治期间，平均每户农民被迫在不同的时间内向国家提供的贡献，包括现金和劳务等，每年相当于125—187天的劳动。甚至连彼得的妹妹玛利亚也不得不抱怨兵连祸洗，民穷财尽。除此之外，再加上1704—1706年间和1722—1723年间年景歉收，粮食短缺，农民更是无法忍受了，他们唯一有效的反抗就是逃亡，逃到人烟稀少的边远地区，逃到哥萨克人那里去，或者逃到像巴什基尔这样一些非俄罗斯民族的地区去。早在1707年，彼得就曾对大批人逃到顿河哥萨克人那里去避难一事啧有烦言。当他的统治行将结束时，这一现象就更为普遍。1719—1727年，根据官方的记载，像这样的逃亡事例将近20万。沙皇在其晚年曾一再努力要制止这种危险的趋势。

哥萨克人除了成为那些心怀不满和走投无路的农民的避难所外，有时还爆发了更为积极的反抗行动。[1] 1706—1708年，顿河

---

[1] 关于这些反抗在俄罗斯人与其邻人的关系中有何重要意义的问题，参见《新编剑桥世界近代史》第5卷，原文第566—568、584—585页。参见D. 埃科特著《17至19世纪俄国的强盗：神话与现实》一文，载《近现代史评论》第12卷（1965年），第161—202页，论彼得千方百计未能捣毁的边境地区和沿着商路一带的犯罪活动的背景。

地区的哥萨克在康特拉特·布拉文的率领下举行了相当大规模的叛乱，反对据信是以沙皇为代表的外国势力，特别是反对彼得日益加紧的在亚速海、陶甘罗格和沃罗涅日船坞中的强迫劳役。这次起义正是在瑞典人对俄国的西部边境的压力达到顶峰的时候发生的，这是沙皇统治期间出现的最危险的时刻之一。1708年夏天，彼得对起义进行了野蛮的镇压，但是并没有消除南部边陲不满分子给他带来的困难。扎波罗热的哥萨克是一伙定居在第聂伯河两岸难于驾驭的强盗，他们于1709年加入了查理十二世和乌克兰的造反头目马赞拉的队伍。这支队伍的军事价值不大，他们在第聂伯河中游建有防御工事的集聚点，几乎在一个世纪里一直是他们的总部所在地。这个集聚地一旦被摧毁，他们便立即受到惩罚。然而，多少年以后，马赞拉的继承人菲利普·奥立克领导的波尔塔瓦哥萨克难民还在继续对沙皇进行骚扰，使他感到不安，尽管他本身势单力薄，构不成什么严重的威胁，但是，他们有时对君士坦丁堡所施加的影响却使他们成为俄土一直紧张的关系中的一个重要因素。

首先，彼得在国内不得不面对来自宗教方面的强大对抗，这种对抗可能采取极其危险的形式。沙皇及其抱负是对神圣的俄罗斯传统甚至对东正教教义的本身都是一种危险；这种恐惧情绪曾经对1698年的射击军的叛乱产生了很大的影响。叛乱的被镇压、大教长职位的废除以及彼得公开采纳外国的方法和思想的做法等，都使这种恐惧感油然产生。而这种恐惧感往往又表现为对彼得的某些奇特念头，如说什么现在的这个彼得实际上是一个名叫勒福尔的外国人的儿子冒名顶替的，真沙皇在国外旅行时即被杀害。或者甚至说，彼得本人就是一个"假基督"，他的统治预示了世界的末日。这些说法很普遍，特别是在普遍开展的不信奉国教运动的成员中间更盛。不信奉国教运动发轫于17世纪60年代反对尼康的"仿希腊式"改革俄国的宗教仪式。① 尽管彼得对于这个运动的态度比较宽容，但他们却依旧不信任他。宗教情绪是推动1705—1706年的阿斯特拉罕大起义的重要因素，一年后对于布拉文的起义也有影响。这种反抗在彼得的儿子阿列克塞悲剧性的经历中最为显著。阿列克塞是彼得同叶芙道契娅·鲁鲍希娜短命婚姻的产儿，他为人诚恳、勤奋、虔诚而又懦弱，与他所惧怕而又憎恨的严峻的父亲毫无共同之处。他和他的父亲没有过什么真正的个人接触。随着时间的推移，父子间无法克服的对立情绪更加明显。彼得的愤怒和失望，就像阿列克塞的惧怕和憎恨一样，不断地加剧。这位皇太子生来对神学和宗教仪式感兴趣。他在保守的顾问们的影响下，得出结论，认为他父亲的政策将使俄国招致毁灭。正如他后来承认说，他打算在他即位后就取消舰队，仍然以莫斯科为首都，并且不进行侵略战争。1716年夏天，父子间的对立终于爆发，阿列克塞逃往国外，先去哈布斯堡，然后前往那不勒斯。1718年2月，阿列克塞在得到保证其人身安全的许诺后，回到了俄国。他的许多所谓支持者被逮捕并被判刑，他本人也遭到审讯和折磨，于7月间死去。这是这个世纪中最著名的悲剧之一。导致阿列克塞死亡的真正原因至今不明，但是彼得对此负有责任则是毫无疑问的。为了捍卫他所认为的至关重要的改革措施，他宁愿采取这些极端的手段。这一点就明显地证明了彼得对俄国怀有责任感，也说明了他的性格上的残暴。4年之后，即1722年，彼得取得了指定其继承人的权力；但是，他对这个权力却一直没有运用过。1725年1月，彼得弥留之际已经虚弱不堪，无力说出他在继承人问题上的遗嘱，因此，继承问题只有留待近卫军和一小撮大臣们来决定。

---

① 见《新编剑桥世界近代史》第5卷，第589—590页。

毫无疑问，波尔塔瓦战役是俄国与欧洲其他各国之间关系的转折点。早在查理十二世在乌克兰遭到惨败前，彼得和俄国在西方政治家们的心目中是无足轻重的。

的确，俄国加入北方战争后，它同其他各国的政治接触比较以前密切了。海上大国急于要结束这场战争以便在即将来临的与法国的作战中使用瑞典军队，因此于1700年在彼得和查理之间进行斡旋。在以后的几年里曾不止一次地进行斡旋，虽然彼得对此一直表示愿意接受；但是瑞典国王由于胜利喜形于色，而且由于一心想要对那些对他进行过攻击的国家进行理所当然的报复，因而始终加以拒绝。然而，查理的顽固态度却使反对法国的国家不得不对北方事态的发展加以关注。例如，1702年，普鲁士驻莫斯科的代表凯泽林就曾建议，彼得应该与普皇以及海上大国结成联盟。1707年的5月和6月，俄国驻海牙公使、精明干练的A. A. 马特维耶夫在伦敦就俄国可能加入"大同盟"的问题进行谈判，直到1708年秋，谈判才最后终止。与此同时，法国也希望在西班牙王位继承战争中利用瑞典军队。1701年初，当彼得和奥古斯都二世在比尔扎会晤时，法国驻波兰大使杜埃隆就曾建议与查理十二议和；然后，俄国、波兰、瑞典和土耳其应与法国一道结成大联合来反对普鲁士皇帝和海上大国。一年后，曾为建立1699—1700年[①]的反瑞典同盟出了大力的利沃尼亚贵族帕特库尔又建议法国与俄国、丹麦以及"其他北方国家"结成联盟。1707年春天，彼得由于瑞典在波兰取得的胜利以及俄国国内不满情绪日益高涨，身受巨大压力，被迫提出向路易十四提供一支数量可观的军队以换取路易十四为结束北方大战出面调解。路易十四接受了这一建议。但是，查理十二世要求归还瑞典从前的全部领土，而彼得则以同样强硬的态度拒绝放弃新建立的圣彼得

---

① 参见本书原文第652—653页。

堡，这就是说，建立和平的真正可能性尚不具备。但是，对于英国或法国的有关的政治家们来说，这些谈判似乎并不具有任何真正重大的意义。他们之中谁也不重视俄国的支持。因此，1706年2月，俄国表示只要法国归还在敦刻尔克被掠去的两艘俄国船只就可与法国保持友好。但是，托尔西却不肯出此区区代价，竟然加以拒绝了。8月底，他又拒绝了与俄国缔结一项通商条约的建议，理由是战争已经排除了两国间任何贸易发展的可能。同样，在英国，戈多尔芬于1707年争辩说，北方战争"可能对我们的战争影响不大，除非莫斯科和波兰不对土耳其人进行牵制，土耳其人因而可以趁机进攻普皇和威尼斯人"[①]。

波尔塔瓦战役使查理十二世从一个征服者变成为一个逃亡者。这次战役彻底改变了整个形势，这就使1699—1700年反瑞典的联盟可能复活，从而迫使英国和尼德兰召回它们从丹麦和萨克森雇用来的援军。这次战役摧毁了斯坦尼斯拉斯·莱茨津斯基的地位，使俄国的影响在波兰有举足轻重之势，也为俄国占领波罗的海沿岸一带大部分地区甚至占领北德意志开辟了前景。因此，除了由于军事上的胜利而赋予彼得的威望之外，凡此种种也大大增加了他在西欧的影响。俄国驻维也纳公使乌尔别赫在1709年8月给莱布尼兹的信中写道："人们现在开始就像从前惧怕瑞典那样而惧怕这位沙皇了。"这位哲学家同意这种说法："人们普遍地说，沙皇对于整个欧洲来说，将是难以对付的；他将成为一个北方的土耳其人。"几周后，他劝告他的雇主汉诺威选帝侯要尽力同彼得保持友好的关系。[②] 1710年，托尔西在格特洛伊登堡与英法两国谈判期间，曾建议说，西班牙王位继承战应

---

[①] "历史手稿注解"，见《巴思手稿》第1卷，第184页。

[②] V. I. 古耶尔：《莱布尼兹的关于俄国和彼得大帝的杂论、书信集》，圣彼得堡，1873年，第115、120、139页。

由俄国出面调停而使之结束。正如他所承认的那样,他希望利用彼得为法国效劳就像黎塞留曾经利用古斯塔夫·阿道夫那样。因此,波尔塔瓦战役产生的直接后果,就是立即承认了俄国在欧洲事务中的新地位。这次战役还表明,北欧其他国家现在与其说对俄国感到恐惧,不如说是对瑞典帝国的崩溃感到恐惧。1711年,一位普鲁士的外交官建议说,丹麦、普鲁士和萨克森—波兰的奥古斯都二世应该结成一个联盟,查理十二世以后再参加进去,以便遏制这时已形成威胁的俄国力量的扩张。这只不过是俄国胜利以后所提出的许多类似建议中的一个而已。

然而,在1713年前后,西方的几个主要大国要想积极地干预北方的事务是不可能的。英国政府确实非常不安地注视着对利沃尼亚的征服,俄军侵入德意志,俄国海军力量在波罗的海的增大以及彼得可能很快就要垄断若干海军物资的供应等。但是,英国在和法国媾和之前,它的手脚是被束缚着的。博林布鲁克于1713年2月写道:"我们密切地注视着北方事态的发展,但是,正如同人们注视着海上的风暴一样,我们看到眼前的情景只能感到恐惧,对那些遇难者只能表示同情,但却毫无希望能够至少不能立即前去拯救他们。"① 1714年,随着一个国王的继位(他同汉诺威的选帝侯一样,已经是反瑞典联盟的一个成员),英国遏制俄国扩张的前景就更为遥远了。② 而联合省,由于阿姆斯特丹有许多商人希望保持并且扩大同俄国的有利可图的贸易往来,因此,也不会真的反对俄国的。路易十四和他的大臣尽管受到了在法国仍然势力强大的亲瑞典的传统的重大影响,但也曾一度希望利用俄国来对付获胜的反法联盟。特别是他们相信,他们会说服

---

① 1713年2月3日给驻萨克森—波兰公使斯科特的信(伦敦档案局,S. P. 第104—123)。

② 见本书原文第673、675—676页。

彼得前去支持拉科西领导的匈牙利民族主义者反对普鲁士皇帝。因此，在波尔塔瓦战役后，当丹麦、汉诺威和普鲁士将瑞典人从所有德意志属地中赶走时，彼得就可以在没有干涉的情况下完成对利沃尼亚的征服。

彼得采取的在他执政期间最引人注目和最危险的冒险行动，即1711年的土耳其战役，也正是发生在这个时期。土耳其于1710年11月宣战，并不是彼得所需要的，因为这时他正忙于巩固他对波罗的海的征服以及同瑞典媾和，腾不出手来。1711年的俄土战争是查理十二世、波尼亚托斯基以及他在君士坦丁堡的其他代理人等一手策划的，而首先是克里米亚汗一手挑起的。① 彼得本来是愿意接受一个大国的调停的，以避免在南部边境发生冲突而牵扯其精力。因此，直到1711年3月，莫斯科才正式地公开宣战。然而，一旦宣战，彼得就奋力推进战争。这时，沙皇梦想着可以在巴尔干基督教徒反抗穆斯林统治普遍举行起义的支持下，胜利地向多瑙河推进。然而，进攻遭到惨败。俄国在黑海得来不易的新据点丢掉了，这是一个沉重的打击。但是，这次战役的结局并不像曾经看上去时的那样糟糕。彼得的军队没有因此垮掉，彼得的手脚也没有被捆住，而是让他腾出手来彻底消灭瑞典在波罗的海的势力。即便是查理十二世直到1714年才迟迟从土耳其流放地返回瑞典，也未能阻止这一切的发生。由于1716年维斯马陷落，瑞典就失去了它在大陆上的最后一块属地。到了这年的夏天，俄国—丹麦军队在英国和荷兰舰队的支持下，即将在瑞典南部登陆。

接踵而来的危机——沙皇突然决定放弃这次入侵；1716—1717年的冬天，大部分准备入侵瑞典的俄国军队已在梅克伦堡驻扎了；俄国的盟友感到吃惊，结果反瑞典同盟瓦解了——这是

---

① 见本书原文第631页。

俄国所曾遇到过的最严重的一次外交纠纷。① 1716年的事件在英国、丹麦和汉诺威引起了强烈的反俄情绪。这些事件清楚地（也许甚至要比波尔塔瓦战役更清楚地）表明了，这时俄国在政治上已经成为欧洲的一个部分了。一度对于俄国彻底囊括波罗的海和德意志北部的恐慌，渐渐地平息下来。彼得似乎想要以利沃尼亚或者牺牲汉诺威，来补偿专制的梅克伦堡公爵的损失，这位公爵已被他统治下的各个等级在一支汉诺威军队的支持下赶了出去。1722年，人们担心，沙皇可能出于自己的打算而攫取梅克伦堡和但泽。在他统治的晚年，他的女婿荷尔施泰因—哥托普公爵卡尔·腓特烈大有在俄国的支持下被扶持为瑞典国王的可能，这又加深了西欧各国政府的怀疑。尽管人们对俄国感到讨厌、惧怕，甚至在某些方面表示蔑视，但却再也不能置之不理了。尽管俄罗斯的民族生活中有许多奇特和野蛮之处，俄罗斯语言也不易懂，其宗教多属等，但有一事实却无法掩盖，即俄国在欧洲各国的政策制定中正在起着越来越大的作用。

彼得不久即以清清楚楚的行动向人们着重地表明了这一点。1717年，他第二次去西方旅行，访问了汉堡和阿姆斯特丹，最后一站是巴黎。在巴黎，戈贝林工厂和"皇家公园"对他有特殊的魅力，这一点毫不奇怪。但是，他这一次却不再是以一个为寻求新思想、新技术匿名旅行的学生，而是作为一个政治改革家和军事征服者出现；在许多人看来，他是当代最伟大的统治者。同时，从直接的政治利益来看，这次旅行的结果是微不足道的。彼得希望同法国结盟，这一思想直到他去世时，在很大程度上始终左右着他的对外政策。他对奉命同他进行谈判的泰塞元帅说：

---

① 参见本书原文第675—677页。参见 J. J. 默里著《斯堪的纳维亚和北方同盟的终结》一文，载《近代史杂志》第16卷，1944年，第81—92页；W. 迈迪格著《俄国通向欧洲的道路》，不伦瑞克，1952年，第32—35页。

"我前来是要亲自向法国建议,我要法国取瑞典地位而代之。"①这样典型的开诚布公提出的建议,却没有得到结果。这时,法国政府由于1717年的三国同盟而与英国紧紧地联系在一起,使它在一定程度上坚持同俄国敌对,并且仍然坚定不移地忠于法国传统的盟友瑞典。摄政奥尔良既不能向彼得提供什么津贴,也不能给予彼得他所要求的对其征服地的保证。这位沙皇只能从8月间在阿姆斯特丹同法国和普鲁士签订的一个条约中得到一丝满足。根据这个条约,法国同意就波罗的海问题进行调解,并且不签订有损于俄国利益的新协定。这个条约实际上并没有生效,但是,它却进一步构成了对俄国在欧洲的新地位的承认。

在其他方面,俄国的这种新地位也得到了承认。这时,俄国同欧洲各国的外交关系比以往任何时候都更为持久,而且是按部就班的。到了彼得的统治结束时,各大国的代表都在俄国常驻,进行谈判和提出报告极为方便,这在17世纪是不曾有过的。在彼得方面,他为了加速这种关系的发展尽了很大努力。1699年,他派遣A. A. 马特维也夫出使海牙,从而设立了一个现代式的俄国外交机构。俄国驻西方各国的大使馆不再是短命的了,那已经是前两个世纪特有的现象了。不仅如此,从1707年起,俄国就开始在西欧建立了一个领事代表机构体系。到了1725年,俄国拥有的外交机构可以同任何一个其他欧洲国家相比拟。许多统治家族愿意考虑同罗曼诺夫家族联姻,这是前所未有的事,从此也可以看出俄国的国际地位得到了提高。早在1701年,利奥波德皇帝就曾经暗示,他的儿子可能会与彼得的妹妹纳塔利娅,或者是与彼得的一个侄女联姻,尽管这个计划维也纳并没有认真地加以考虑。1710年,沙皇的侄女安娜同库兰公爵的联姻倒是具有实际意义。安娜是两个世纪以来第一位嫁给一个外国人的俄国公

---

① 《帝俄历史协会文集》第34卷,1881年,第198页。

主。6年之后，彼得的另一个侄女叶卡杰林娜又成为梅克伦堡公爵夫人。皇太子阿列克塞于1711年娶不伦瑞克—沃尔芬比特尔的夏洛特为妻。彼得在他的晚年，曾不止一次地认真提出，要把他的一个女儿嫁给法国的皇室；此时，菲利普五世似乎已考虑要让他的儿子娶一位俄国公主为妻。这件事充分地显示出罗曼诺夫家族的地位有了多么大的改善。1721年俄国同瑞典缔结了一项胜利和约时，彼得采用了"大帝"的称号，这是适当地维护他在世界上的新地位的一种举动，使得西方政治家们为之震惊。

尼斯塔特战役使得俄国在波罗的海的地位最后终于得到确定。彼得晚年主要寻求在亚洲进行扩张。从1698年起，俄国就已组织了从莫斯科至北京的定期商队贸易。但是，自1689年《尼布楚条约》宣称满族人对阿穆尔河流域拥有权利后，俄国就没有打算重新占领这个流域，尽管事实证明该流域具有这样的价值，即它是西伯利亚各条河流上的俄国殖民地的粮仓。当俄国的资源在欧洲紧张时，就不可能把这些资源投入到这个地区来，虽然彼得对在西伯利亚的传教活动给予相当大的支持，而且也十分注意制止西伯利亚的地方行政官员的铺张浪费行为，这对他的财政收入是很重要的，因为国库仍然要从国营皮毛贸易的利润中提取一笔有用的收入。[①] 从1714年起，曾先后向中亚的各汗国派出一系列的使团，有的是军事性的，有的是科学性的。1717年同波斯签订了一项商业条约。1721年，继尼斯塔特战役之后，眼看萨菲王朝行将垮台，彼得开始有计划地攻取里海附近的波斯各省，这里盛产丝绸，并且显然容易被攻占。但是由于疾病流

---

① 维特拉姆，第2卷，第480—482页；G. V. 兰特泽弗：《17世纪的西伯利亚：殖民统治的研究》（加利福尼亚大学历史书刊，第30卷，1943年），第151—154页；关于西伯利亚及其问题的总评价，参见R. 波塔尔著《17世纪俄罗斯人在西伯利亚》一文，载《近现代历史评论》第5卷，1958年，第5—38页。

行、交通不便，从格鲁吉亚的基督教徒那里又得不到帮助，而且还有土耳其进行干涉的威胁，凡此种种，都使得这次战争遇到意想不到的困难，而且所费不赀。然而，俄国军队于 1722 年攻克了达尔班德和雷什特；1723 年又占领了巴库；因此，到了 1724 年，经过许多复杂的外交活动以后，俄国终于在里海西岸和南岸拥有一条狭长地带。① 但是，事实证明，这一块彼得最后的征服地，既无价值，也难以维持长久。驻扎在这块被征服的地区（其中大部分从未被有效地占领过）上的俄国军队，由于疾病，人员损失严重。1732 年，在安娜女王的统治下，这块被占领不到 10 年的领土，便被放弃了。

俄国的崛起自然会从精神上和心理上在国外产生反响。西方长期以来存在的蔑视俄国的思想需要彻底加以改变。甚至早在波尔塔瓦战役之前，就有迹象表明，彼得的活动即使没有得到西方观察家的赞许，也已赢得了他们的尊敬。伟大的莱布尼兹对俄国产生兴趣是把俄国作为从事科学与语言学研究的一个领域，并把俄国作为欧洲文明与中国文明之间的一个过渡地带进行探讨，但他对俄国这样一个不发达的大国给它的这位统治者带来的良机也已有着深刻的印象。不过，俄国首先引起西方注意的，却是它对瑞典的军事上的胜利。正是由于这个原因，在彼得统治的后半期里，有关俄国的书籍的出版日益增多，西方报刊上关于俄国问题的介绍文章不断增加。彼得本人深知得到国外报刊好评的重要意义。早在 1703 年，他就在巴黎安排了一个代理人，其责任就是散播他取得胜利和进行改革的消息。而当时德意志的一家重要政治杂志 Europäische Fama 受到他的很大影响，对于他的作为给予好评。但是，对于俄国及其沙皇的了解，即使在波尔塔瓦战役之后，在某些方面仍然非常有限。就是到了 1717 年彼得去巴黎访

---

① 见上引书，第 644—645 页。

问时，当地市民成群结队前去观看他，其中有许多人甚至对于他到底叫什么名字，是什么头衔，还弄不清楚。到他的统治结束时，甚至在其后的很长时间里，俄国生活中许多极为重要的方面，例如，农奴制的巩固和扩大的问题，官僚制度腐败无能的问题，以及教派对立问题等，对于西欧来说几乎是一个谜。迄今没有一个作家成功地向西方描绘出俄国社会的真正平衡的、现实的情景。然而，人们普遍感觉到，曾经一度是愚昧的、半野蛮的莫斯科，现在正在开始成为不只是政治意义上的欧洲的一员。1716年，法国出版的《皇家年鉴》中第一次把俄国列在欧洲强国的名单之内，就是一个明证。

当然，这种对俄国日益增长的尊重，在很大程度上反映在对其统治者个人的赞美，有时甚至达到阿谀奉承的地步。甚至在路易十四去世前，许多观察家就认为彼得是活着的君主中最伟大的一位。他的精力充沛、他的虚怀若谷、他对知识的尊重（至少对一些种类的知识是如此），以及他在振兴民族事业中的自我牺牲，所有这些品质无可辩驳地证明了在一个聪明睿智的、热心为公的独裁统治者的统治下所能获得的好处。彼得几乎是不可抗拒地迎合了启蒙时代对创业的统治者日益增长的要求，这种统治者愿意听命于理性和自然。圣彼得堡的一家英国工厂里的一位牧师写道："从他改造本国人民风俗的崇高的尝试中，可以看出他的虔诚；从他迫使人民改邪归正，消除他们有生以来就已持有的谬误和迷信活动中，可以看出他的果断。"[①] 在彼得去世时，大量的评论和悼文洋溢着赞美之词，至少其中的由丰塔纳尔向法国科学院发表的颂辞演说，对未来西方对彼得的统治的评价有着深刻的影响。二三十年以后，伏尔泰在他的《彼得大帝统治下的帝俄史》（1759—1763年）一书中以更具有影响的方式表示了这种

---

① T.康塞特：《目前俄国教堂的状况与管理》，1729年，第14页。

有些不加批判的赞美。无论彼得同时代的人们对于把俄国看做为一个欧洲国家有什么样的保留意见,但到了他的晚年时,他们都会同意他是一位伟人。尽管他性情残暴、过于自信、有过失算和偶尔的惨败——但是,他在"创造历史"的伟人祠中的席位那时即已确定。

(王丽芝　译)

# 第二十二章

# 陆军和海军

## 1. 陆战艺术

到了17世纪最后10年，欧洲有影响的舆论对战争的看法产生了根本的变化。除了同奥斯曼帝国有接触的地区外，那种不能容忍异教邪说而打得你死我活的宗教战争大体上已经消失，战争的规模虽然日益扩大，导致投入了更多的国家资源，但只有1708年以后法国所做的极大的战争努力以及瑞典在与俄国进行长期斗争中所蒙受的巨大牺牲才具有爱国主义的激情。这种爱国主义激情从1793年以后导致了全民动员和"总体战"的产生。从宗教战争到民族战争时代，战争行为逐渐变得有了"限度"①，这并不是说战争的目的局限于王朝之间的和商业上的争夺，而是说战斗本身日益被认为是一种受到确认的惯例所约束的绅士行为。由于交通不便，战争对欧洲平民的影响仍然受到限制，落后的交通常将战争引向某些历来的征战之地。战争引起的经济后果虽很广泛，但战争直接造成的灾难程度则各有不同。北方大战因其残酷而出名。在东南面，土耳其因其暴行常

---

① 参见本书原文第229—231、784页。

遭到奥地利的报复；在西面，法军于1674年和1688年对巴拉丁两次洗劫以及盟军于1704年对巴伐利亚的蹂躏，常被引证为恐怖的战例。当时对这种暴行真是千夫所指，说明那个时代的良心都受到震撼。

然而在这一时期中战争最显著的特点是某些国家的军队逐步壮大，虽则大多数国家的武装部队的规模仍然很小。在公认的1643年的巨大的战役即洛可瓦战役中，2.3万名法军击败了大约2.7万名西班牙军；66年后，8万名法军同11万名盟军血战于马尔普莱奎特。这反映出由于各国政府对其经济、行政体制进行了改进，普遍增加了兵员。据估计，法国在1691—1693年间拥有兵力约44万人；但在战时，兵员的总数起伏较大，此种起伏视国家的财力而定。1705年，法国的兵力缩减到25万人，但尔后又恢复到以前的水平。即使在和平时期，法军的作战部队的编制都很少在15万人以下。仅有250万人口的瑞典帝国在其顶峰时期拥有一支11万人的部队。彼得大帝建立了一支不包括哥萨克军在内的、大于此数一倍的军队。奥地利和帝国的部队人数约在10万至14万之间。奥斯曼帝国兵员如果不超过此数，至少也与其旗鼓相当。英国则继续维持一支兵员数目不定的军队，其兵力在不同时期多寡不一。英军人数在1698年最低，当时议会将在英国本土的兵力限制在7000人，在爱尔兰及海外的兵力限制在17万人，但在王位继承战争的高峰时期本国籍的军队却达到了7.5万人。联合省共和国的兵员也达到此数。①

这些规模较大的军队，其兵员并不都来自本国，其中很大一部分是由雇佣兵组成的。1677年，法军的八分之一是由瑞士、苏格兰、爱尔兰和其他外国雇佣兵组成的；荷兰雇用了丹麦人、勃兰登堡人以及英国的汉诺威人和黑森人；奥地利除由克罗埃西

---

① 有关陆军的招募及社会成分参见本书第22章（2）。

亚人和边疆居民提供非正规的步兵和骑兵外，其大部分兵员是由帝国各邦依据合同提供的。许多国家的军队之所以具有"国际性"的面貌，其部分原因要归诸于这些军队中冒险分子的职业态度。爱尔兰人彼得·德雷克在同一次战争中既在盟军中服务过又在法军中服务过，全然不为此感到尴尬；佛兰德骑兵将领默罗特—韦斯特卢伯爵先在法国—西班牙军中，后又转主哈布斯堡军中服役，并且在两军中都晋升到很高的职位。职业军人为社会所不齿，被视为流浪汉，他们只要有利可图便可投奔对方而毫无内疚之意。但这并不妨碍个别部队培养高度的集体精神。在这方面，英国和瑞典的近卫军便是突出的范例。杰出的将领常能激发部属对其个人高度忠诚，在战阵上英勇豪侠的事迹屡见不鲜。

由于各国军队之间存在着很大的相似之处，这就给从军的冒险分子转换部队提供了方便。转换部队还有更深一层的意义，因为许多长远的和当前的影响使得这种人能在战术上、装备上和战争理论上得到发展的机会。在整个17世纪的后半期中，法国的影响占据了统治地位。法国的军队最为庞大，在布莱海姆之役以前其组织也最为优良并且在欧洲显然是最有成就的军队。法文的军事用语或其派生词，例如，营和排，均为其他许多语言所采用。查理二世派出过青年军官向蒂雷纳学习，约翰·丘吉尔便是其中一个，他后来当了第一代马尔巴勒公爵，成了他的法军中老同事的灾星。在奥伦治威廉的促使下，联合省共和国依照法国的制式缓慢地改革了它的军队。彼得大帝一向仰赖德国人充当军官，特别是高级军官。[①] 在蒙特科考里和查理十一的领导下，奥地利和瑞典较独立地发展了自己的军事体制，但大体上还是依照了标准的法国制式。法国的影响在德国较为显著，而勃兰登堡—

---

① 参见本书原文第720—721页，以及原文第777页，彼得的军事改革。

普鲁士则搬用瑞典的制式。①

奥斯曼帝国是这一时期战争的主要参加国，仍采用老得多的军事组织形式和方法。奥斯曼帝国在炮神艾哈迈德帕夏克洛德·亚历山大（1675—1747年，又名博纳瓦尔，于1729年投入苏丹军中服役）时代以前，并未认真实行陆军现代化，然而其海军则已开始采用某些西方技术。② 土耳其人所依仗的仍然是兵员的数量，在欧洲拥有最大的野战部队。马西格里公爵于1678—1679年和1690—1691年间，曾在土耳其，对情况十分熟悉。他估计土耳其各省的帕夏所征集的第二线步兵和工兵——统称为"色拉苦力"（意为边疆的奴隶）——的人数共为10万，此外，尚有兵员，最多时为5.4万人，组成3个军团的"雅内萨里"（近卫军步兵）。雅内萨里连同其他正规兵种——少年近卫步兵、炮兵、军械兵、水上运输兵等——一道统称为"克匹苦力"（意为土耳其帝国政府之奴隶）。克匹苦力的常备骑兵共有高、低级骑兵1.5万多人，再加上各省为完成纳贡义务和因持有官爵、纳赋田亩和土地而产生的各种义务所征集的约5万名骑兵。纳贡骑兵由当时尚未被征服的特兰西瓦尼亚、罗马尼亚诸侯国和克里米亚提供，克里米亚鞑靼族骑兵在土耳其人的征战中起了显著作用。根据"扎马特"和"梯马尔"等采邑制度建立的老式"封建"骑兵，其重要性已开始让位于色拉苦力各类骑兵，其中包括重骑兵、轻骑兵和侦察骑兵。色拉苦力骑兵原是为了防守边疆而建立的，但此时各省长官利用纳赋田亩的收入和强行征召的办

---

① 参见《新编剑桥世界近代史》第5卷，原文第552页。
② 工兵也许例外。在1664—1669年的克里特岛战争中，工兵从英格兰和荷兰的条令中受益匪浅（吉布与鲍恩：《伊斯兰社会与西方》第1卷，第1部分，第187页），像博纳瓦尔的新式炮兵一样，他们许多人来自希腊和波斯尼亚。

法不断扩大兵员。①

新型的法国军事机器的许多特点并非法国所原有,而是众多的杰出法军将领和行政官员采纳了外来的思想加以发展的结果。这一发展使法国军事机器的特点最终为欧洲各国军队所吸收。继拿骚的莫里斯(死于1625年)在战术上的创新后,最显著的便是古斯塔夫·阿道夫所带来的影响。阿道夫的改革无疑是一种新型的战争,此种战争的基础在于采用经过改进、火力更大的转轮滑膛枪,增大滑膛枪兵对长矛兵的比率以及细致地实行火炮口径标准化,将火炮口径主要分为三类,即攻城炮、野战炮和团编制使用之火炮。古斯塔夫·阿道夫是第一个认识到改进了的炮兵所包含的全部意义的人,并且围绕着复杂的火炮发射计划形成了自己的战术。此外,他的组织严密、兵力约为400—500人左右的新式战术部队也增加了机动性。许多国家仿效他的改革。克伦威尔和鲁珀特采用"冷兵器"骑兵冲锋;蒙特科考里以六列队形的营取代了行动不灵活的哈布斯堡步兵团。最有意义的是黎塞留把萨克斯—魏马的贝尔纳的全部军队吸收到法国部队中来,并派遣有前途的军官在古斯塔夫的其他老同志手下工作。瑞典的军事制度由于被蒂雷纳、孔蒂和卢森堡所采用,从而给法国取得军事优势提供了基础。然而就法国而言,不幸的是法军将领误用了瑞典的军事原则,古斯塔夫的原则直到马尔巴勒、萨伏依的尤金和查理十二之时才重新得到发展。因此,瑞典所兴起的"军事革命"在古斯塔夫以后的一个世纪中才给各国军队留下了深刻的印记。②

---

① 马西格里:《奥斯曼帝国军队之壮大与衰败》,第一部分,阿姆斯特丹,1732年,第61—143页;吉布和鲍恩,第1卷,第一部分,第192—193、314—328页。

② M. 罗伯茨著:《军事革命,1560—1660》(贝尔法斯特,1956年)。关于查理十二世的革新,见 R. M. 哈顿的《瑞典查理十二世》,第465及以下诸页,以及525—526页。

## 第二十二章　陆军和海军

　　法国最大的、具有独创性的贡献乃是改组军事管理。这一军事管理改组的过程也是由黎塞留所开创，他建立了一个陆军部，用以协调军队的供给和组织。黎塞留的工作后来由勒泰利埃（1603—1685年）和他的儿子洛沃瓦继续进行。黎塞留父子在他们这一代人之间将一群缺乏训练的乌合之众改造成为欧洲的一支最精锐的常备军，他们的改革被各国广泛仿效。他们在各级实施了严格的政府监督，但实际情况和条令之间仍存在着极大的差距。经过重新厘定的军法审判制度严厉制裁无纪律和明显的贪污行为。他们取缔了非正式的部队编制，并努力制止在招募兵员中存在的经济投机活动。由于对经费实行了细致的配给和监督，从而消灭了许多弊病。虽然如此，部队的薪饷仍有拖欠数月之久的现象。[①]监察长官定期到团视察；演练制式、训练和装备都尽量使之标准化；具有特点的制服也于1672—1700年间逐渐开始采用。各团包括的营数、骑兵中队的兵力以及其他各点均有明确规定。卢瓦着力于改组军需供应机构，他建立了军需部来管理包括火炮、弹药、军粮、马匹、交通、野战医院等在内的各种后勤部门。文职的监督官的任务乃是尽量减轻战地司令官的后勤负担并独立地向凡尔赛汇报执行的情况。边界后面建立了一系列综合兵站为辎重车队进行补给。这一切大大地减少了对于农村的仰赖。靠农村要给养这一做法被当时舆论所谴责，而且派出去征集粮秣的士兵逃亡率甚高，效果很低。类似的改革也改善了欧洲其他国家军队的后勤工作，早在1650年，奥地利便设有军粮供应部门，[②]但军需部负责战地的详细的具体补给。在英国，古老的军

---

① 法国普通士兵一天得5个苏，龙骑兵11个苏，炮兵15个苏。英格兰步兵生活费每天6便士，以及不在计算之内的2便士（减去几项扣除后）。在荷兰军队里，步兵每月发12.5盾，骑兵28盾。

② 参见本书原文第573页。

械局供应除火炮以外的许多军用物资，1703年，则辅之以军队及财务主计官办事处用以保证对士兵发给良好的装备以及定时发给口粮代金；具有历史意义的1707年颁发的"皇家授权书"规定了配给每一士兵的适当的被服和装备标准。马尔巴勒认为这些改进甚为重要，同时也是由于他的影响才取得了这种改进。

法国的指挥结构经过了彻底的修改。1675年第一次颁布的军阶表详尽地调整了军队中的等级，明确规定了每级的特权及晋升的要求。过去战场上级别相同的将军隔日轮流行使指挥权这个古老的传统最终被根据资历深浅的原则，即授予该军阶时间迟早的原则所取代，而且最高指挥权由王室授予并须受到不断的考察。① 从此，法国军官原有的社会地位在理论上就变得不如其军

---

① 下面是三个最具代表性的指挥系统里大体相互对应的军阶：

| 法国 | 英格兰 | 奥地利 |
| --- | --- | --- |
| 法兰西大元帅 | 上　将 | 陆军元帅 |
| 后勤总长 | 军需主任 | 监　军 |
| 中　将 | 中　将 | 中　将 |
| 兵营主官 | 少　将 | 少　将 |
| 旅　长 | 旅级将官 | （无对应军阶） |
| 上　校 | 上　校 | 上　校 |
| 中　校 | 中　校 | 中　校 |
| 少　校 | 少　校 | 少　校 |
| 尉　官 | 尉官（包括中、少尉、海军上尉） | 尉　官 |
| 旗手（步兵Enseigne, 骑兵Cornette） |  | 旗　手 |
| 中　士 | 中士，骑兵班长 | 士　官 |
| 下　士 | 下　士 | 下　士 |
| 昂斯拜萨德 | 上等兵（老兵） | 上　等　兵 |

这张表不完整，将官里还有一些军阶未列入。军需主任经常行使非正式参谋长的职责——那时尚未设参设长——他的军阶可能低些。

阶那样重要了。重要性含混不清的老的职务名称，其中包括"指挥官"这一名称，便不再使用了，而代之以新的名称，其中最重要的新的名称是准将。虽然德国和俄国受奥地利的影响，但与法国类似的军阶结构则已在欧洲普遍出现。中下级军阶仍可鬻买。沃洛瓦虽然曾试行选拔考试制度并为有志从军的贵族设立训练人员，但是，特别在1715年以后，中下级军阶在法国仍属贵族之特权。一些欧洲国家也仿效沃洛瓦的做法。[1]

根据这种做法，勒特里埃父子及其效法者建立了精干的常备军。同时，一种过于拘泥于规章制度的倾向加重了正确执行规章制度的困难，从而使法国和其他国家的军队在17世纪初受到损害。许多野战部队因贪得无厌的承包商和发战争财的人而继续受到巨大的苦难。

步兵武器的一些进展也改变了战争的艺术。燧发枪和有插座的刺刀很快地替代了老式的火绳枪和长矛。新式的燧发枪经过了多方面的改进。这武器依然偏重[2]，但比火绳枪轻，士兵不需用支架托住枪管。第二个改进是口径减小，枪弹由每磅12发增至16发，法国的一种型号的燧发枪的枪弹甚至增至每磅24发；每一士兵通常携带枪弹25发。击发装置也更便于使用，火药由燧石撞击钢铁产生的火花点燃。虽然仍有不发火的现象，但这种装置较之以手工在火门上装上引信并常因潮湿而不易点燃要方便得多。燧发枪的射程并没有明显地增大到超过75—100码，但由于越来越多地采用了纸制弹药筒，子弹射击数量却增加了一倍，一名好射手可在一分钟之内发射数枚子弹。燧发枪的缺点是：装药棒仍是木制的，此种木制装药棒在战斗紧张时易于折断。然而燧

---

[1] 参见本书原文第780—782页。
[2] 英式标准燧发枪，不带刺刀重10磅不到一点，瑞典式重5公斤；火绳枪重15磅多。

发枪却代表了武器技术中相当大的一个进步。普赛居（1655—1743年）写道："现在决定战斗的是火器而不是冷兵器。"① 燧发枪很快地就被用做标准的步兵武器。在1685年的塞奇莫尔战役中，费弗沙姆的一部分军队已使用了燧发枪；到了1700年，英国、荷兰和法国的部队几乎全部配备了燧发枪，但法国的第二线部队直到1703年还在使用火绳枪。瑞典政府于1692年批准了一种燧发枪的图样并于1696年颁发至其部队，但许多瑞典部队长期保留使用老式的、有着奇特的"复式枪机"的滑膛枪，这种滑膛枪具有燧发枪和火绳枪的特点。这种武器在奥地利的军队中也被广泛使用，但在18世纪初则被燧发枪所替代。火绳枪只是在俄国和奥斯曼帝国军队中作为大多数枪手的标准武器存在了一个较长的时期。奥斯曼帝国的军队装备得极不平衡，近卫军配备有良好的枪支，地方部队则仍以标枪、弓箭和矛作战。

从长矛过渡到作为个人防身用的武器——刺刀，为时更为缓慢，因为这一"武器之王"仍受到许多人的青睐。例如，达尔塔南就强烈反对沃邦完全以滑膛枪装备法军步兵的打算。直至17世纪末，各国部队仍将长矛兵和滑膛枪兵的比例保留在一比五或一比六。但长矛的缺点逐渐地被大家所公认。长矛重而且长（14—18英尺），使用不便，严重束缚了部队的机动性，滑膛枪专家则希望获得在军队中被长矛所占用的人力。在尚未找到有效的办法之前，皇帝甚至于1659年下令以野猪矛代替长矛来同土耳其人作战。② 在1690年弗勒鲁战役以后，长矛作为自卫性武器的价值也引起了怀疑，当时广泛地谈到，某些完全以滑膛枪装

---

① 《兵法；原理和规则》（1748年），G. B. 特纳在他的《西方社会军事史》（1953年）第23页引用此语，普赛居1690年任军需主任，1734年晋升为上将。

② 这也是瑞典发明的，它比长矛短，通常插在士兵面前的地上，也可与撒在丛林里的尖铁障碍物结合起来使用——是大陆国家军队广泛使用的装置。

备的德国部队比按常规配有一定比例的长矛兵的部队更有效地击退了法国骑兵的进攻；同年，法国元帅卡蒂纳攻打萨伏依的阿尔卑斯山之战以前便废弃了长矛。然而发展一项取代长矛的较理想的武器进展甚为缓慢。野猪矛仍然笨重，需要特殊车辆运载。在滑膛枪上安装刺刀的尝试最初并不很成功。早在1663年，英国便在部队中使用插座刺刀，其后20年中，这种刺刀被配给一些法国部队和皇家部队使用。这一武器的缺点是刺刀装在枪口上妨碍射击。1689年在基利克兰基战役中遭到失败的英国将军休·麦凯指出："苏格兰高地人动作神速，如果一营枪兵待敌接近，再开始射击，以便有把握地将其杀伤时，高地人早已冲至跟前，而我方士兵已来不及进行第二道防御，即将刺刀插入枪口。"[①] 这一缺点由于采用环形插座刺刀，使之能固定于枪口外面而终于得到解决。专家将这一发明归功于麦凯和沃邦，其结果便是在战场上不再使用长矛了。瑞典近卫军于1700年装配了这种刺刀，在此以后的3年中大多数国家的军队均已完全改用了这种刺刀，但法国1703年颁发的条例仍提及"长矛配合滑膛枪作战"。各国军队制造的刺刀形式各有不同，但战术意义则相同。奥地利刺刀原是仿照法国模式制成，但比法国刺刀短而厚实。老式威武的长矛于是便在欧洲各国军队中消失了，但其小兄弟——短矛和戟——作为下级军官的随身武器又继续被使用了一个多世纪，并且证明在整肃部队时所发挥的作用甚大。

武器的改进产生了深远的影响。在战场上，步兵的重要性大大地提高了，而骑兵的作用则相应地变得不那么重要。为了尽量地利用这种增强了的火力，新的编队逐步地建立起来了。步兵的横列加长以增宽部队的正面，但营的规模却缩小了。在1658年的达尼河战役中，法军每营为1200人，排成纵队8列；40年

---

① 《回忆录、信札及短篇纪实》（爱丁堡，班纳坦俱乐部，1833年），第52页。

后，法军每营则为700人，排成纵队4—5列。1702年，英军每营为500人，仅排成纵队3列，以便取得正前方最大的射击面。瑞典军队每营通常为600人，排成纵队4列，散开队形时，长为185米，深为6米。奥地利的部队仍以团为基本单位，为了适应战术需要，团又分为若干营；团的大小各个时期不同，1695年一团分为四营，共2300人，但1711年尤金进行改革后，一团缩减为三营共五连，每连名义上的兵力为140人。

这些改变促使能懂得其含义的指挥员更加放手利用步兵兵种。与此同时，战术仍很呆板。为了取得射击和重新装填弹药的最大效率，发展了一套详尽的演练动作。这显然是要求保持行列的队形和肩并肩演练。威廉三世和马尔巴勒都主张勤加演练，以发挥火力步调统一的威力。许多英国部队都接受了以排为单位分三次射击的训练，而不是采用法军及其盟军继续使用的那种以单列、连甚至营为单位的齐射。英军的这一革新长期以来并不为人所注意，但马尔巴勒却认识到了它在战术上的重要性。以排为单位的射击具有一些明显的优点：将射击指挥权授给下级军官，从而使射击更能持久和更准确；由于英军每营总有三分之一士兵进行射击，英军以排为单位所发射的一浪接一浪的火力便使敌军毫无喘息之机；就防御而言，同样有重要意义的是，三分之一营的兵力总保持枪支填充了弹药，随时可以击退意外的突袭。歼敌骑兵时，英军则排成中空的四方阵形，一个营一分为四，实行四面合围。英军步兵接受了移动和立定射击的训练，从而逐渐演变成了现代的火力与运动的原则。英军在70码开外以排为单位对敌射击，待敌军受到消耗后，英军各营则以迟发的齐射杀伤敌军，继以刺刀冲入溃乱的敌阵。法国人在使用步兵火力方面想象力不如英国人那样丰富。法国对其步兵要求的主要是让它提供一块固定的基地，以便骑兵在冲锋之后得以在步兵后方重新编队。保持长矛时代4—5人纵深的队形则浪费了火炮的潜力并且妨碍快速重新部署；然而卢瓦缺少想象力，一味鼓吹这种陈旧观念，直到维拉掌管军队时才部分地采用了盟国的优良技术。瑞典在使用步兵方面较之俄国更为有效。1680年，查理十一世在训练上进行了许多革新；他的儿子则在这方面无所创新，但于1701年、1708年两次修改了操典。进攻的重要性一贯受到重视。瑞典兵步一旦接到敌军前来进攻的报告后，立即举行反击：在距敌40步时，后面两列士兵开枪齐射，前面两列士兵则在烟幕掩护下挺进，直到"刺刀可以触及敌人"[①] 之时方开枪射击。俄国兵几乎无法抵挡。

线式阵形与巨大的火力相结合的结果，便是伤亡率普遍提高。1692年的斯蒂扣克战役，双方大体上仍使用长矛和火绳枪，此役当时被认为是空前激烈的一次步兵战斗，参加战斗之兵员共15万人，阵亡者双方各为4000人，负伤者亦与此数相当，盟国步兵的先头部队伤亡最大。武器更新后，盟军18万人在布莱海姆之役中伤亡超过了3万人，其中还不包括被俘人员。在马尔普莱奎特之役中，盟军每4人便有1人伤亡。在波尔塔瓦之战中，瑞典约1.3万人参加战斗，伤亡几达4000人。如此大规模的伤亡引起了一片惊呼，因此，许多指挥官宁愿打机动战也就不足为怪了。攻城战的代价极为巨大，例如，盟国为夺取里尔，至少付出了1.2万人的代价。

到了17世纪最后25年，防御工程技术早已胜过了笨重、射程不远的大炮的威力。具有讽刺意义的是，沃邦从来没有打算使自己的堡垒成为战斗活动的中心，而是用来保存部队以便在其他前沿阵地上发动攻击。然而，法国和联合省共和国都醉心于搞筑垒设防以及与堡垒相关的军事活动，这就必然引起了防卫思想的

---

[①] M. 斯坦博克将军的"指示"（舍维克，1710年1月24日），引自《总参谋部战史》第3卷第521页上的引文（斯德哥尔摩，1919年）。

产生和对有限战争的偏重。沃邦制定的"边防城镇条例"（1678—1698年）实施的结果是在法国边境附近建立了33个新堡垒和整修了数百个旧堡垒。他的荷兰对手克霍尔恩工程师也筑了一条令人生畏的堡垒屏障。帝国皇帝除了整顿铁门一带（新老奥尔肖瓦、梅哈蒂亚）的堡垒以防备土耳其人外，还企图修整多瑙河上游（菲林根、乌尔姆）以及意大利北部（米兰、曼图亚）等地的防御工事以防法国入侵，但不怎么成功。土耳其人原以攻城战最为出名，其声誉仅次于法国人；但1683年维也纳城下之败降低了他们的声望。[①] 同时尤金于1717年夺取了贝尔格莱德又使他们的坚不可摧的防御盛名遭到无可弥补的损害。沃邦的影响在战争的攻、防两方面实际上都占据了支配地位。

沃邦的"三道"防御工事使堡垒难以攻破，这就迫使将领们集中力量去研究攻城战以及研究加强攻城和解围的打法。用最简单的语言来讲，沃邦的体系就是尽最大的可能利用纵射炮火、纵深防御以及守军利用隐蔽的出击口实行突击。沃邦完善了佩根（1604—1665年）的棱堡体系；增筑外缘工事和半月堡以加强易受攻击的突角，并根据自然地形构筑堡垒。沃邦利用夜袭和埋设地雷阻延敌军攻城，因此，除非弹尽粮绝、士气低沉，其防御总占上风。沃邦还改进了攻城技术，将"攻"（contravallation）和"守"（circumllation）的工事建筑技术加以系统化。[②] 当时流传有这样的说法："沃邦守城城在，攻城城破。"他认为他亲自指挥的53次攻城战情况各自不同，但整个欧洲都仿效他的原理。攻方在仔细择定了营地并通过充分的侦察在敌方的防卫中确定了

---

[①] 从技术上看，这次土耳其人的围城战是很出色的，但花的时间太长，卡拉·穆斯塔法围城时又未能作好防备敌人增援的部署。见J. W. 斯托伊著《包围维也纳》（1964年），特别是第150—173页和第235—264页。

[②] "攻"（contravallation）是对被围城市而修建的堑壕；"守"的工事则是为保护围城部队防备援军可能的进攻而修建的工事。

其最薄弱的环节后，即挖掘三道"平行壕"接敌，一直挖至敌方堡垒的缓坡边缘为止。平行壕是一种复杂的土构工事，由间接的交通壕连接，用以藏兵驻守，最终发起攻击。小型火炮进行直接射击或跳弹射击，在敌方胸墙上有选择地打开一个缺口，以支援掘进部队；迫击炮则扫除敌方防御。这种攻城战一旦开始，其进度几乎可用数学方法算出；一阶段接一阶段向前推进，直至守军将领陷入欧几米德的几何形的罗网之中，面临要么光荣投降，要么冒全城军民被屠之险由缺口出击突围。由于伤亡太大，这种出击实际上甚为少见。根据惯例，守军可按条件于48日内投降，否则即要遭受立即攻击；但攻城战要求充分的物质准备，消耗大量的人力和时间，因而延缓战争的进程。

在地形有利的情况下，常设堡垒有时有永久的防线加强其防御。1703年建立的控制莱茵河与黑森林之间10英里地带的斯托尔霍芬防线便是这种防线中构造较为复杂的一例。较简单的防卫包括决堤放水、利用天然障碍和修筑哨堡以延缓而不是阻止敌军前进。由于18世纪时部队调动较困难，无法绕开对方防御阵地，同时又由于当时火炮预先轰击火力不足，因而正面攻击处于明显不利的地位。马尔巴勒以其完善的战争艺术于1705年击破了70英里长的布拉邦特防线并于6年后又击破了极限线防线。同时，维拉尔于1707年利用奇袭击破了斯托尔霍芬防线。虽然如此，筑堡防线仍然对防御战起了鼓励作用，并证明笛福的说法是有道理的："现在各有5万人的交战双方常在能见到的距离内相对峙，在整个战役期间彼此回避，或用当时雅致一些的话来说，彼此观察，最后拔营回去过冬。"[1]

在这种情况下，装备、武器和战术思想通常相同的部队是胜、是负或是相持，则完全取决于为将者的指挥才能以及兵员之

---

[1] H. 莫利摘自《笛福的早年生活与作品》(1889年)，第135页。

多寡。指挥官勇敢者少,谨慎者多,因而偏重于防御战的趋向便得以发展。而且他们的政府也常常强令他们实行防御战。路易十四在蒂雷纳死后受到卢瓦及其助手夏姆莱的影响,自1676年以后一直十分偏重于防御战。他们作为行政长官发动战争,调动军队犹如在棋盘上移动兵卒。每次征战都定期发下详细指令;经常向前线发送指示,提醒不得冒险。法王在指示中写道:"务望谨慎行事,切勿有损害我军声誉。"陆军部长也一再指示说:"不幸招致失败将给国王带来何等痛苦,这一点毋庸多言。"[1] 陆军部长的继任巴布齐允和夏米亚尔也经常提出类似的警告。就是著名的将领卢森堡也在九年战争中打了多次卓越的规避战,因而一再挫败了身患疾病的威廉三世强行决战的企图。因此,名气较小的后辈将领如塔拉尔和旺多姆不敢勇于交兵也就不足为奇了。即使凡尔赛批准了作战行动,法王的指令也束缚着将领的主动性。1706年,路易命令维勒卢瓦:"对会遭受英军第一次打击的那一部分防线加以特别的注意。"[2] 这一指令实际上造成了拉米伊之战的失败。小心谨慎的盟国政府可能用类似的条条框框牵制了自己的将领。荷兰议会通过其代表经常妨碍马尔巴勒的作战计划。托利党将马尔普莱奎特之役咒骂成"屠夫的账单",掀起了一片喧嚣,也起到了束缚主帅手脚的作用。[3] 值得赞扬的是哈布斯堡军事会议[4]一向不给战地统帅规定作战方针,但某些将领如斯蒂

---

[1] 引自 H. 韦安特著《法国陆军史》(1938年),第155页。
[2] 引自 F. E. 德沃尔特和 J. G. 皮莱特著《西班牙王位继承战争中军事关系回忆录》(11卷及图,1835—1864年)第6卷,第11页。
[3] 见 G. M. 杜维廉的评论,《安妮治下的英格兰》第3卷(1934年),第19—20页。
[4] 1675年的指令宣布它是皇帝与将军们之间的主要介体。军事会议设在格拉茨的独立分支机构,直到1705年尤金把它解散以前一直在处理土耳其前线的问题,此后所有军事活动皆由军事会议掌管。

伦以及后来的贝罗伊特都倾向于打攻城战。瑞典军队由于受军事家的国王亲自统率，自然在打运动战方面比较自由，而且查理十二也喜爱运动战。

真正的伟大军事家并不偏重打有限战争。像当时最有胆略的军事家查理十二一样，马尔巴勒、尤金和维拉尔常能避开当时逐渐失去活力的战争惯例，而恢复他们以前的古斯塔夫·阿道夫和蒂雷纳所熟悉的机动和快速的精神。蒂雷纳告诫孔代说："少围城，多交战；一旦掌握了广大乡村，城市便唾手可得。"① 一般而言，土耳其人同样具有此种求战之积极性。马尔巴勒所取得的4次伟大胜利，表明了他对重大战斗所具有的重要性深信不疑，即使这种重大战斗要冒相当大的风险也在所不惜。

奥德纳德之役中，盟军冒了被分割和逐一被消灭之险贴近法军渡过斯凯尔特河。此役之后，马尔巴勒写道："我认为再没有别的什么东西可以推动女王的事业顺利前进了，因此，我下定决心打一仗。这一理由促使我于昨天冒了一场战斗风险，否则便会让敌方大得好处。"② 尤金也同样力主交战。尤金尽管于1707年在土伦遭到失败，并且在马尔巴勒被罢黜之后的年代中缺乏制服维拉尔的能力，但由于他多次战胜土耳其，且于1706年都灵之役击败马辛，并且他善于同其英国同事合作，因此，仍然声名昭著。在法国方面，维拉尔所表现的非凡之处就是将马尔巴勒和尤金在马尔普莱奎特所取得的胜利限于技术性的胜利：维拉尔重新集合士气低落的法军，使法国得以继续战斗，从而在德南战役中取得了他一生中最光辉的胜利后，为法国赢得了并非不利的和平。

---

① 引自韦安特著《法国陆军史》，第155页。
② 马尔巴勒1708年7月12日写给戈多尔芬的信，参见W.考克斯《马尔巴勒公爵回忆录》（第3版，1847年）第2卷，第265页。

在各个时代中，地形和气候对于决定各种战场上所使用的战斗方式均有巨大的影响。由于绿色饲料短缺和冬季道路不良，战斗一般限于夏季进行，又由于欧洲农业产量一般较低，大部队行军之远近完全视其所能携带的粮草之多寡而定。气候炎热时，军中则痢疾肆虐；冬季寒冷之时营中则有冻伤、饥饿和疾病。

在西欧，历来的征战之地主要有4个。其中最重要的是"欧洲古战场"。这一古战场是由安特卫普、敦刻尔克、那慕尔和马斯特里赫特环绕而成的四方地带，主要由默兹河和斯凯尔特河盆地构成。这一地带土地较为肥美，河流纵横，既便于攻又利于守，大部分城镇又甚富足，因此，尼德兰南部便成了极佳的用兵之地。此外，它还处在拱卫进入巴黎和莱茵河的通道的战略要地。这一地带堡垒众多，因此，指挥官在这一地区的重要任务便是保护交通要道。卢森堡和摩泽尔要塞以外为上莱茵河，即第二个战场。在西班牙王位继承战中，大部分战斗在这里进行，在古斯塔夫和蒂雷纳时代，情况也是如此。阿尔塞斯和洛林的丰腴的田地由左岸的设在斯特拉斯堡和兰道的堡垒防护，斯托尔霍芬防线则保卫通向上多瑙河和下莱茵河之孔道；黑森林地区为不毛之山区，部队进入法朗科尼亚平原之前必须通过崎岖的小道输送补给。意大利北部为第三个战场。它在路易十四进行的后两次战争中均赫赫有名。波河河谷土地肥美，城市、河流众多，与尼德兰颇为相像。在这里所进行的战斗常常是为了控制河谷以北的、有曼图亚、维罗纳、佩斯奇拉和伦格那诺等4座堡垒防卫的"四方地带。"其北部和西部为阿尔卑斯山所包围，自法国进入这一地带之通道必须通过狭窄而易受海上攻击的利古里亚海滨；同法国利害攸关的还有几条狭道："自热那亚和博尔米达河、斯图拉河河谷以及坦达自然村向北伸延的博切特狭道。布伦内罗和塞梅林同是联结意大利和南奥地利的狭道。除山地外，夏季气候炎热，冬季气候温和。但西班牙战场却大不相同。将葡萄牙和西班牙一分为二的干旱山地使1704年后在半岛西部进行军事行动受到严重的限制；大部分战斗均在东部、加泰罗尼亚（例如九年战争）以及巴伦西亚进行。就是在这些地方，由于大部分村野十分荒凉以及夏季酷热，也难以开展有效的军事行动。

北方大战的范围包括波罗的海沿岸国家、波兰，越过第聂伯河直达乌克兰平原。1701—1707年的战争中心地带是波兰，当时瑞典人沿涅曼河和维斯杜拉河同萨克森选帝侯进行了激烈的战斗。这一地带，特别是普利皮亚特河一带，主要为沼泽地区，春夏两季便成了巨大的障碍，因此这就导致了查理十二一反常规地进行了多次冬季战斗。查理十二入侵俄国除了必须克服一系列巨大河流形成的障碍外，尚须穿过广阔的森林和起伏的平原，后来在俄国的"焦土"政策逼迫下取道南方条件较好的乌克兰地区并在这一地区挨过了1709年初凛冽的严冬之后遭到全军覆灭。

土耳其人发动的战争浪潮波及了巴尔干半岛上6个以上地区。特别值得加以区别的是沿多瑙河的3个地区。多瑙河中部地区于1683年经历过土耳其人围攻维也纳，匈牙利平原则在20年后有过马扎尔人的叛乱。这一地区及多瑙河北岸均有肥沃的土地，但其南面的地区则甚为贫瘠。沿河而下，多瑙河和萨瓦河之汇合处形成了第二个战场，1691年的扎莱凯曼之战以及连续多次对贝尔格莱德这一主要城堡之争夺均发生于此。这一战场沿河下游是直抵铁门要塞的塞尔维亚和瓦拉几亚干旱的山丘；东南则是穿越尼什附近空旷的原野、直达安德里安诺普尔的大道。许多战斗，其中包括1677年的曾塔之战，均发生于贝尔格莱德以北泰梅什堡的巴纳特地区，[①] 这一地区是多瑙河连接特兰西瓦尼亚以及连接瓦拉几亚主要隘道——沃尔肯和红塔的枢纽。

---

① 关于蒂萨河一带附属国的复杂地形及水草地带，见本书原文第580页。关于土耳其在多瑙河的防御体系，参见本书原文第610页。

下面要述及的是野战的一般特点，其中包括各国部队显露特色的战术和行政管理上的改变。这种改变本身虽小，但常影响在其他方面基本相同的交战双方之间的战斗命运。各军之间，甚至各团之间的训练细则和次要的战术均有相当大的差别。

一般集结在城堡附近作战的军队均在前一年冬季仔细地储备弹药和补给。从事这类准备是瞒不过敌军的侦探的；一支军队的大体意图可由其侦察的地区以及对城堡补充的情况推断出来。因此，指挥人员为了攻敌不备必须用诈。1703年和1704年之交的冬季，盟军为了瞒过凡尔赛，使其相信盟军主攻方向是在莫泽尔河上游或阿尔萨斯，而不是多瑙河，于是在科布伦茨和菲利普斯堡竭力进行准备；1707年，维拉尔为了麻痹贝罗伊特边境侯，令其产生一种虚假的安全感，于是当法军暗中在斯托尔霍芬集结时，他参加了在斯特拉斯堡举行的一次舞会。选作集合地的地点由一名高级军官在各兵种的代表陪同下进行勘察；建立警戒线并对这一地点详细划分，集合地的安排通常反映出战斗序列。侧翼通常划归骑兵，每一骑兵中队正面距离为50步，中队之间保持相同的距离。步兵则安置在双排临时兵营中，每个营有100码宽的辖区，各营的间距相同。大炮一般安放在主阵地的前面或后面，由特种卫队保卫；军需车辆停在易于出入的地方，每四日散发一次给养。下级军官则在大部队到达前在规定的地区内安排好团的营地。部队到达指定的地点后，即在其所在地前方中央竖起军旗，作为集结点的标志。随后部队解散，埋锅造饭。为了防避风雨，士兵要寻找材料修筑简陋的掩蔽所，但自1700年以后，军用帐篷的供应不断增多。主要的警卫和巡逻部队均备有马匹，步兵和骑兵的主力警卫都配置在营地以外1英里左右的警戒哨所。他们由营地指挥官统辖。营地指挥官系依勤务名册逐日指派，在安全和军纪方面对司令官负责。如营地系永久性质，则在外围增筑栅围和土构工事。增筑工事的营地可以起决定性的作用：1704年7月，马尔巴勒和巴登就无法攻破巴伐利亚选帝侯设在乌尔姆外围的堑壕工事；1709年，彼得大帝在其筑堡防线保卫的大营附近——波尔塔尔击败了瑞典人。①

这都是部队每次结束一日行军安营扎寨所要遵行的复杂程序。营地勘察小队最少要在大部队动身前半日乘马前去寻找有水源、侧翼可以防守的营地，他们同敌军狭路相逢之事屡见不鲜。1706年，威廉·卡多根发现维勒鲁瓦的部队早已在盟军想要选用的拉美伊附近的营地上安营。次日的行军计划由值日将官和营地指挥官共同拟定后交由司令官核准。附近若发现敌军，部队则常依战斗序列行军，队形常依敌军的方位而定：如敌军在前，则分两翼行进；如敌军在一侧，则成横队前进。② 后备队、大炮和装载给养的车队通常位于中央，他们在车队指挥官及其特遣队或弩弓队的指挥下沿尽可能好的道路行进。其他部队以龙骑兵为先导取车行之小道或越野前进，龙骑兵携带木排和草把以便在溪流上搭桥和填铺沼泽，工兵则奋力修缮道路。各营以排为单位成几路纵队前进，必要时为了缩减队伍的宽度可将几个纵队坠后，但一有可能即前挪坠后的排恢复原有队形，组成战斗序列。

部队行军每天很少超过10英里。在向多瑙河进军时，马尔巴勒的部队用了5个多星期才行走了250英里，于朗谢姆与巴登会合。部队行军主要是受到了笨重的野战炮的限制；当时采用两匹马前后排成纵列拉车并由民间承包运输和驾驭车马，但由于欧洲道路泥泞，部队的行动并没有因此而获得改进。部队长途行军

---

① 与欧洲人相比，奥斯曼的营盘杂乱无章，臭名远扬。乱的部分原因是他们营盘里的非战斗人员太多，有时超过战斗人员4倍之多，两者成4与1之比。据说每300人就配备一名刽子手。

② 行军队形成"双翼齐飞"时，右翼的骑兵组成一个纵队；左翼的骑兵组成第二个纵队，步兵和枪炮手则置于他们中间，成第三纵队；部队成横队行进时，每个纵队都要组成一个完整的战斗队形，骑兵位于纵队的首尾，步兵居中。

顺利与否取决于军中后勤管理工作的质量。大多数部队的后勤管理工作亟待改进，在这方面，最能说明问题的莫过于法军和英军在1704年的战争中所显示出的差别。法国元帅塔拉尔在增援巴伐利亚的第一次进军中，由于士兵开小差和在黑森林迷途，损失了兵力三分之一；在7月进行的第二次战斗之前，塔拉尔的骑兵的马匹因发生疫病而受到隔离检查。对比之下，盟军从尼德兰进军多瑙河路途更远，但效率却大得多；盟军事先做了准备，其中包括在海德尔堡给步兵每人发放一双新鞋，以及准备了第二套交通运输办法。这一套办法使马尔巴勒敢于挺军直驱优势敌军之侧翼，部队抵达多瑙河时状况良好，从而赢得了夺取施伦贝格高地的一场恶战；英国骑兵在经过了长途行军后状况极佳，尤金为此赢得了极大的赞誉。细致的管理以及对士兵和马匹无微不至的爱护是英军士气高昂的两个秘诀，英国士兵称呼马尔巴勒为"约翰伍长"，这一美誉表明马尔巴勒能令士兵吃苦耐劳，而这一点却是很少将领所能做到的。查理十二在其士兵中也同样深孚众望，但他管理才能并不甚高；1708年10月，莱文哈普特在莱斯那贾损失了全部的运输车队，使整个入侵俄国的行动遭到了失败。但是，认为英军的装备总是很好的也是错误的。在西班牙，最初由彼得巴勒后由高尔韦指挥的英军由于管理不善，给养严重缺乏，大大地影响了战斗力，从而致使英军在阿尔曼萨遭到了失败。

大多数将领均在日出行军，日落安营。但马尔巴勒则是夜间行军，用以掩蔽部队的行动并使士卒免受暑热，这是马尔巴勒成功的另一秘诀。帕克上尉在述及向多瑙河进军的情况时写道："我们一般在凌晨3时开始行军，日行军为4—4个半里格（每里格约合3英里——译著），9时到达宿营地。"[①] 在战术行动

---

① 罗伯特·帕克：《回忆录……1683—1718年，在爱尔兰和佛兰德》（都柏林，1746年），第80页。

## 第二十二章 陆军和海军

中,这种夜行军的策略也常加利用。巴登曾利用夜行军在尼什袭击土耳其阵地的后方,马尔巴勒采用类似的办法先后在布莱海姆和奥德纳德迫使敌军勉强应战。在马尔巴勒的后来一次行动中,当旺多姆听到盟军在斯凯尔特河展开的报告后,他的反应是:"他们能到达斯凯尔特河,除非有鬼神相助。行军如此迅速是不可能的!"① 为了便利战术部署,部队进入战斗时均排列成几个纵队。最多使用的是五路纵队;但马尔巴勒向布莱海姆进军时却使用九路纵队,查理十二在波尔塔瓦之役中令伦斯舍尔德和莱文哈普特分别率领六路骑兵纵队和四路步兵纵队前进。指挥官将其部队在正面尽量部署得很宽以包围敌之两翼;但要避免正面部署过宽,以免部队遭到分割和各个被歼的危险。拉美伊战役中,马尔巴勒充分利用内线对付维勒鲁瓦的伸延过长的阵地,他在战斗的关键时刻利用反斜面*掩蔽英军自右翼调至中央。善于识别地形是指挥官的一个重要属性,许多战斗的关键在于正确利用阵地上所能有的天然有利条件和气候条件。在 1700 年的纳尔瓦之役中,瑞典人利用暴风雪为掩护进攻了人数众多的俄国部队。

战术朝着一定的程式发展大大地限制了战场上可能发生的情况。精密的战斗序列需要大量的时间进行准备。除非遭遇突袭,双方均可拒绝交战,因为都有时间将部队撤至对方难以到达的阵地。双方一旦交战,指挥官的首要任务便是保持部队战斗序列的完整,因为陆战和海战一样,保持一条完整的战斗序列甚为重要。但由于极微小的地形变化均能使经过周密安排的营甚至整个部队产生混乱,因此,要做到这一点绝非易事。当时最大的编制单位为旅,这使战斗中如何部署和掌管部队变得更为复杂。1718

---

① 丘吉尔引自《马尔巴勒》(1947 年)第 2 卷,第 360 页。
* 反斜面即非面对敌军之斜面,特指不易被敌军观察到、不易遭敌军火力威胁的山坡之类。——译者

年，查理十二将其一部分军队组成一切供应自理的独立军团，但这不过是一种独特的试验而已。18世纪末，各国军队都还没有师的组织。

战斗之前，部队组成两道或两道以上并行的战斗队形，彼此相距300—600码，这样能相互支援，背后也不至于不适当地暴露在敌人的火力之下。将领按预先确定的次序和军阶的高低进入岗位，最高的岗位在第一道战线的右翼；在战场上，军阶较低的将领则指挥第二道战线的左翼。旅长在其本部效命，但所有较高的指挥岗位均按职位之高低而定。在其他方面，关于战斗编队的原则，各国均有不同。17世纪的标准编队是步骑相间编队，这一做法一直由帝国军队所袭用，帝国军队将长方形的战斗编队排列在防御骑兵的防栅之后，这对付号令不甚严明的土耳其的密集进攻甚为有效。法国则将骑兵置于两翼，在整个战斗中都使用骑兵。对比之下，马尔巴勒和查理十二则开始就让步兵在少量的骑兵支援下去冲锋陷阵，而将大部分骑兵留作预备队，在紧要关头或有决定意义的时刻将他们投入战斗。土耳其人同样也保存骑兵以便对敌实行致命的打击。18世纪的专家认为，精密筹划的战斗编队是当时制胜的一个重要秘诀。例如，蒂尔潘·德克里塞写道："夺取胜利不是靠兵员众多，而是靠如何把部队组织起来，靠部队的队形和纪律。"[①]

部队一经编队，即依战斗序列奔赴前线，但要不时停下来整顿队形。行动过于仓促则易招致毁灭性的失败。因此，兵家总是"宁愿缓慢但有把握"。当时普遍认为，先开火的一方由于来不及重新装填弹药常被击败；因此，后来步兵便受到持枪不发直到切实可靠的最后时刻方才开火的训练。在布莱海姆之役中，英国将军命其所部之旅进逼至距敌栅围仅一军刀之遥处才射出第一轮

---

① 《论战争艺术》（1754年），特纳书中引语，第24页。

子弹，严格保持这种战斗序列需要有高度的纪律。我们在谈到武器变革时论述了英国、法国和瑞典步兵在战斗中的战术部署。欧洲其他国家的军队在这方面也大体相同，但各有特点。帝国的部队缺乏划一的训练，但主要采用常规战术，"射击"仍以营为基础进行。但哈布斯堡王朝的步兵走在时代前列的唯一的一个方面乃是用克罗地亚人为轻装步兵，置于最前面，作为主要战斗编队的屏障。蒂雷纳曾试验使用各自为战的散兵，但这一做法暂时弃之未用，因为散兵妨碍以营为单位的排射射界。帝国步兵的铁板般的纪律同其对手土耳其军的作战方法形成了强烈的对照。奥斯曼的指挥官凭借密集的冲击来夺取步兵战斗的胜利。他们通常使用大批的非正规军，从而无法采用精密的战术。在这一时期，只要帝国的部队保持战斗序列，不为敌军所诱，不急于掳掠敌军高级军官富丽的营寨而过早追击，土耳其军在野战中就很难取胜。

虽然欧洲的步兵是一个能克敌制胜的军种，其重要性变得越来越大，但欧洲的骑兵仍保持住了其古老的声誉以及它在部队中的规模，骑兵通常构成整个部队兵力的五分之一至三分之一。在马尔普莱奎特之战中，投入战斗的骑兵共6万人，这是当时规模最大的骑兵战。团仍是标准的行政单位，但进行战斗时骑兵则分为两个和两个以上的中队，每一中队下辖3连，每连由50名骑兵组成。骑兵主要分为两类。带甲骑兵配有军刀和手枪，身着胸甲和背甲，有时头戴钢盔——这些都是实用盔甲的最后残迹。龙骑兵则依情况需要可以进行步战或马战并额外配有一支马枪。奥地利的部队还有第三类骑兵，即轻骑兵。起源于马扎尔人的轻骑兵曾使用过几百年，但正规的骑兵团首创于1688年。这种轻骑兵不编在战阵的列队之中，而是与土耳其人使用领地的骑兵相仿，用于突袭、搜集粮秣和进行侦察。[1] 轻骑兵并没有受到普遍

---

[1] L. F. 马西格里，第一部分，第99页。

的称道。德拉科洛尼上校说:"正确地讲,轻骑兵不过是骑马进行非正规战的一帮匪徒而已。"① 瑞典人采用了一种波兰人的轻骑兵,俄国人则大量地使用哥萨克骑兵。

各国部队使用骑兵时在战术上颇不相同。虽然蒂雷纳和孔蒂都信赖以骑兵实行猛烈冲锋的威力,但法国人在使用骑兵上仍有些夸大,将其当做特殊火力的工具。法国骑兵所接受的训练,即按连为序以手枪或骑枪进行立定射击,使法国骑兵易被英国骑兵中队的连续冲锋所击破。马尔巴勒坚持利用骑兵作为突击力量,冷兵器为骑兵的规定武器,战时只发给骑兵3发子弹,用做搜集粮秣时防身之用。与此相同,查理十二也只许骑兵用马刀进攻。瑞典在战术上进行了创新,即采用楔形或镞形队形,每队3列,前后相随。土耳其人常置领地征来的骑兵于步兵之前,用以进行配合松散的进攻。克里米亚鞑靼族善于骑马,能在奔马上准确射击,但敌不过训练有素的奥地利骑兵。奥地利的骑兵在巴登和尤金的统率下形成了帝国部队的一个精锐的兵种。

大炮的口径甚多,但就其类型和射程而言,各国军队之间的差别并不大。部队通常使用的野战炮和团编制使用火炮包括3磅炮、6磅炮、8磅炮,以及发射16磅炮弹和24磅炮弹的较大的大炮。根据火炮类型的不同,火炮的有效射程约在450—600码之间,部队每1000人配备一至两门火炮。攻城时则使用发射36—60磅炮弹的重炮并辅之以臼炮和攻进爆破装置,奥斯曼帝国拥有一种发射120磅石制炮弹的大炮,但此种大炮十分罕见。火炮辎重队虽因战斗不同其大小有所不同,但其组织庞大而又复杂,其中包括机械官、工兵、供应勤务和炮手。重炮编在独立的攻城辎重队之中,这种重炮不跟随部队行动,而是根据战斗进程

---

① 德拉科洛尼:《一场已往战役纪事,1692—1717年》(W.C.霍斯利翻译,1904年),第159页。

独立地由一处堡垒移至另一处堡垒，防守大炮的任务则交由战斗部队专门派遣的步兵连队负责。大炮由于庞大笨重，对战争之进行影响甚大。虽然由于越来越多地采用双轮尾架使大炮移动略见便利，但部队终因大炮行动不便，行军甚为缓慢，无法实行迅速或果敢的行动。

总而言之，炮兵这一兵种进展甚微。有些国家的军队忽视职业炮手，视职业炮手为下等社会阶级，炮兵黯然失色的最重要原因乃是负责供应火炮和操作火炮的组织通常不是正规部队领导的组成部分。英国军械局是一个完全自主的单位；奥地利受过训练的炮兵将自己视为同业公会会员而不视为士兵。卢瓦对法国的炮兵组织作了一些改进，于1679年将大炮的口径种类减为6种，但是尽管杜梅茨作了极大的努力，真正的炮兵部队尚不存在。各个敌对的炮兵部队的区别不是装备的种类和性能有所不同，而是对炮兵的正确使用。在王位继承战中，英国的炮兵后勤工作在欧洲最好，其中部分原因是马尔巴勒集战地长官和军械首长二职于一身，十分注意火炮的各个组成部分。在战斗中，例如在布莱海姆和马尔普莱奎特战役中，马尔巴勒常亲自确定大炮之位置，坚持使用经过处理的火药，采用一种启动良好的车辆使补给和弹药运输更为便捷。最重要的是马尔巴勒培养了炮手和机械官对其职业的爱好并保证他们能公平合理地获得晋升和荣誉。英国为每一步兵营配给两门轻炮，用来进行近距离火力支援，这一做法首创于瑞典，战术意义甚为重要。荷兰人和奥地利人立即效法，尤金给帝国骑兵配备了轻野炮。土耳其人曾试行在骆驼上发射小型火炮，但就人畜而言效果均不理想。法国人在战场上使用火炮效果较差，他们将火炮编组，大体每组为4门、8门或10门。但法国隐蔽巧妙的炮兵在马尔普莱奎特之役中却给了荷兰近卫军重大的杀伤。总的看来，炮兵造成的局限性大于其优越性。炮兵由于机动性很小，常妨碍巧妙用兵。

由于实际上没有参谋机构，因此，在作战中要有效地指挥各个兵种就更感困难。宁姆根之役后，卢瓦曾试图建立一套初步的参谋体系，但没有发展起来。大多数指挥官以其亲属或善于逢迎之徒充斥于参谋部门。马尔巴勒依靠少数心腹的帮助制定和实施其宏大的作战计划。他的心腹包括秘书卡登纳尔、军需官卡多根、财务署代理官亨利·达文南特。他们根据自己的经验给予了这位公爵技术性的协助。马尔巴勒在精心培养副官方面也十分出众。副官的任务是对当地的战局作出估计并向上报告，以及在战斗的硝烟中传递信息。查理十二依靠像斯图尔特、伦斯舍尔德和足智多谋的于伦克鲁克这样有才能的人全盘筹办供给、绘制地图和路线。总司令以下没有设立军或师这一级的指挥机构，只有少量的下级将领分管战地各个防区，因此总司令担负了作出所有决定的责任。命令是通过口信下达给校级军官的，由于浓烈的硝烟顷刻便能淹没战斗的景象，因此总司令要恰当地观察整个战斗的进展情况是极其困难的。要取得作战的胜利，指挥官就要有克服当时各种局限的能力，特别是协调部队的作用，充分发挥经过改良了的火力优势。

伟大的军事家所作的努力引起了当时撰写随笔和日记的作家的相当大的注意。除了像笛福或荷兰军官高斯林加等少数人持公开的批评态度外，大多数编年记事的撰写人本人便是军人，都懂得他们的领导所遇到的问题。默罗特—韦斯特卢伯爵给我们留下了在法军中服役的饶有兴味的记述，这一记述可说是对陆军上尉帕克所撰写的跟随威廉三世和马尔巴勒征战回忆录的一个补充。[1] 苏格兰步兵团的布莱卡德上校在日记中流露出他作为长老

---

[1] 默罗特—韦斯特卢和帕克的《回忆录选集》，1968 年出版（D. G. 钱德勒编）。序言对帕克回忆录的真实性进行过审阅，帕克的回忆录首次于1746 年在都柏林出版；默罗特—韦斯特卢的回忆录1840 年首次在布鲁塞尔出版。

会教徒的良心与荣誉之间的冲突。他的长老会教徒的良心谴责他的许多同事说话随便，行为放浪，然而他对他们所取得的战功却又引以为荣。① 上尉德雷克、列兵迪恩，下士毕晓普和军士米尔纳主要是马尔巴勒的基层官兵的代言人。② 马西格里伯爵全面概述了奥斯曼帝国的军队。"老兵"德拉科洛尼对巴伐利亚和帝国部队的生活有过生动的记载。詹姆士·杰弗里斯上尉在紧要时期详细报道了查理十二的作战行动。③ 理查德·凯恩撰写了《英王威廉及女王安妮时期之征战》一书（1745年），这一书奠定了深入研究军事艺术的基础。沃邦关于军事工程的著作和普赛居的《战争艺术》迄今仍为军事著作中的经典。这些著述表明，17世纪最后数十年和18世纪初期，在军事艺术上是一个过渡时期，除少数军事天才使得这一时期稍见活跃外，一般而言这一时期较为平庸。但这一时期却明显地预示了在装备上及战术上将要取得的重大进展并且证明军人职业是较高尚和令人尊敬的职业。

## 2. 军人与平民

在这一时期，欧洲的战争和政治的季节节奏很少被打乱。部队每年都要等待冰雪消融，大地长出了新草料之后，才开始行动。绝大多数战斗和围城战均在夏秋两季进行。在7月酷热的西班牙，战斗曾暂时停止过，瑞典指挥官曾调动部队神速地越过波兰冬季白皑皑的平原，但在大多数地区战斗仍按通常的时间表刻

---

① A. 克赖顿编：《J. 布莱卡德中校的生活和日记》（1824年）。
② 伯里尔编：《友好的叛徒：彼得·德雷克上尉回忆录》（1960年）；J. M. 迪恩：《佛兰德战役日记》（1846年私人出版）；C. T. 阿特金森：《马尔巴勒的心腹之一：马修·毕晓普》，载《J. 陆军史研究》第23卷（1945年），第157页；J. 米尔纳：《所有行军、著名战斗、包围等简述》（1733年）。
③ R. 哈顿编：《瑞典陆军信札，1707—1709年》（斯德哥尔摩，1954年）。

板地进行。每到11月下旬,部队都回营过冬。此时政治季节便开始了,为下一次作战行动进行外交上和财政上的准备。在英国,下一年的陆海军的详细预算于11月或12月提交给下议院审核,这是从1690年开始的新的做法。在哈布斯堡王朝境内,12个地方议会于当年12月至次年3月间例行对战争赋税讨价还价。同时,在难易不同的情况下,解决主要交战国向小国雇佣兵员数额的问题。许多法国军官则返回巴黎,军需大臣夏姆莱侯爵在巴黎着手制定波旁王朝次年征战的年度计划。

冬季也是主要的招兵买马的季节。遍布各地的部队,甚至各团的每一骑兵连和步兵连均有一两名军官回家招收兵员;他们定于春季准时带领新兵返回部队。在西班牙王位继承战中,到了春季,苏格兰的新兵则已加入了荷兰雇佣的苏格兰旅,勃兰登堡的新兵则已到达了腓特烈一世驻佛兰德或意大利的部队,更多的英格兰新兵可望抵达西班牙。送往驻在波罗的海沿岸诸附属国和波兰的部队的新兵是从瑞典北部沿着精心安排的路线通过斯德哥尔摩和卡尔斯克罗纳,然后渡海,以及从芬兰输送的。1683—1699年中,有几个冬季奥斯曼帝国的主力部队并没有按这一步骤增添新兵,而是从小亚细亚和埃及调来新军加强其力量。1700年以后,这种每年一度将新兵输送至远方战场上的做法在西欧和北欧均有改进,办法是从国内的部队中大量征调兵员补充在国外服役的部队;但国内的部队由此而产生的缺额大多数仍在冬季加以填补。

毫无疑问,这种季节性征兵的时机是由作战条件所决定的。部队无法行动而不能进行战斗时,就必须抓住这种时机补充人员、马匹和装备。但是这一季节也是由民间整个社会结构和经济所决定的。贫苦阶层的生活一向十分艰难,由于在冬季农业和其他许多行业减少雇工,其艰难程度便愈益加深。繁忙的收获季节之后接着便是一年中最坏的季节,到处一片闲散和贫苦。欧洲南部的将领们认为,精明的做法莫过于在来年春天葡萄园雇工之前进行招兵。1709年1月,马尔巴勒在谈到急于回英国的军官时说:"……在这样生活困难的冬季,他们很可能在一天内招来的兵比过此以后在一个星期内招来的兵还要多。"① 由于平民生活贫困,因此,大多数军队仍然依靠招募志愿兵来充实队伍。由于有重赋收入,招兵的军官便能出钱出衣招募到所需的兵员。如果还要多招,政府一般提高给予应募人员的赏格。政府对于那些越来越多地利用违法手段强行招兵补充部队的连级军官和军士也很宽大。如果兵员名额仍然不足,政府则依法实行强制性的义务征兵制。对贫苦的平民而言,强制性征兵有时也比穷困还要强一些。贫困的男子汉必然会考虑选择当兵这一惯常的出路。除了有现钱,有吃喝穿着的指望外,还有碰上奇遇和得到战利品的直接诱惑。因一时的冲动而入伍当兵往往决定其一生的前途。根据大多数国家的法律,只要统治者不解散部队,一旦入伍便终生当兵。当兵虽然艰苦,但也有解脱之法,那就是开小差。

上述的生活窘迫和当兵的诱惑对出身于法国农民或德国富裕农民以及英国景况较好的自耕农的青年说来并无什么影响,他们家里有合法的地产并有足够的牲畜。手工出众的工匠师傅的子弟也是如此,他们在严密的地方行会组织中有一席继承之地。但大多数农民和工匠都生活在经济阶梯的底层,他们不断地从农村流入城镇充当临时工,然后,特别当收入低微,物价、房租和赋税提高时,又从大城镇流出来。17世纪后期,这种情况在各地均常常发生。在法国,许多地区因地方经济全面萎缩而受到影响,人口下降。莱茵河地区虽然开始恢复在30年战争中所损失的人口,但却没有出现支持这一人口增长所必需的全面经济上升。此

---

① 默里爵士编:《马尔巴勒……的信札和文稿》(5卷本,1845年)第4卷,第397页。

外，在这一漫长的萧条时期中，17世纪90年代遭受了特别寒冷而又漫长的冬天的损害。在以农业为主而耕作方法又未改进的社会中，连续两次歉收即可造成巨大的灾难。先进的农业地区，例如斯凯尔特河以南的佩德韦则是例外。1692年和1693年，法国连续两年歉收。苏格兰丁1695—1701年遭到了7年饥荒。芬兰在1696—1697年的灾荒中损失人口三分之一，瑞典政府由于面临类似的情况感到甚为惊恐，于是在1695—1699年，将其从波罗的海东部港口出口至西欧的粮食削减到最低限度。英国大大地提高了济贫税，根据格雷戈里·金估计，在英国，处于基本生活线以下的家庭为数甚多。威廉·佩恩1693年发表的"穷人要么当兵，要么做贼，要么挨饿"[1]的讲话，事实上公正地反映了当时各地平民普遍贫困的状况。同一时期华托的版画《新兵》也反映了这一情况，这幅画表现了几个衣衫褴褛的壮丁拖着沉重的脚步穿过一片荒野，似乎从绝望的过去走向捉摸不定的未来。

这种景况显然不仅仅限于交战国的边区。大规模的战争毫无例外地要依靠所有人的力量。中立地区的贫民同样穷困，有着到外国军队中服役传统的中立地区的贫民，同样认识到当兵是一条出路。荷兰议会的军队中有从德国雇来的团；在荷兰团中也有许多德国北方人。法国军队中既有瑞士州政府招募的瑞士团，还有不通过州政府而招募的瑞士队伍。

瑞士的州提供了研究山区经济怎样会影响欧洲大国军队的成分的典型案例。类似瑞士各邦的状况在萨伏依—皮埃蒙特、比利牛斯山区和苏格兰也出现过。瑞士的山区矿产稀少，养牛方法和林业经济以及耕作方法均甚陈旧，不足以养活其人口。例如，在伯尔尼政府治理下的某些谷地中虽有较多的农民仍然发达兴旺，但自本世纪中期农业上升后，缺地缺牛，甚至无地无牛的农民人

---

[1] 《创建现在及未来欧洲和平论文集》，第1章。

口不断增加。他们企图占用森林和公用草场，但遭到反对；他们离乡背井在外漂泊，到头来只是受到越来越严厉的济贫法（1676年、1678年、1690年）的折磨，这种济贫法使各地村庄更不愿接纳外乡人。乡下人发现到瑞士的城镇中找出路也很难，那里对劳动力需求不大，既得利益团体又不吸收外来人。这样便造成了大批乞丐到处漂荡，这些人同当时爱尔兰的"强要饭"极为相似。瑞士要摆脱困境只有3条路。第一条路是向外移民。1650年以后，许多家庭迁往德国南部和阿尔萨斯，少数自瑞士的格里松斯迁往威尼斯；瑞士人移民北美始于王位继承战争时期。第二条路是在国内发展工业。到了17世纪末期，瑞士北部的纺织业逐渐扩大起来了，此时有着这样的说法：由于工匠十分缺乏，苏黎世政府不愿招兵到国外服役。但是工业发达的苏黎世遇到过严重的饥馑和失业危机。一位荷兰使者生动地记述了1692年冬季百物腾贵、饿殍载道的景况，并记述了就募兵问题同英国协商失败所引起的失望，以及尔后不久他本人便顺利地招募到了一营新兵的情况。[①] 摆在瑞士人面前的第三条路，也是显而可行的路，便是当兵。瑞士许多邦同法国和西班牙有着长期的联系，在1689—1714年的战争时期又为荷兰服务，这对信奉新教的瑞士诸邦在良心上是一个安慰。交战国的需要保证了诱人的价钱。外国的钱钞通过各邦统治者之手流到急于求职和牟利的军官手中，这些军官则去招募新兵。每年招兵遇到困难的情况甚是少见。[②] 在这一战争期间，主要在法国和荷兰军队中服役的瑞士部队以及受雇于西班牙、威尼斯和皮埃蒙特的少量瑞士部队的人数，多年来均超过3万人。1698年，法国和荷兰开始将其部队的兵员和薪饷裁减到

---

① 贺宁根—胡纳：《瑞士—荷兰关系史论文集》（柏林，1899年），第71—82页。
② 威尼士1692年在瑞士招兵的情况也是如此。招来的新兵是送到摩里亚去的，这是所有战场中最不诱人的战场。

和平时期的水平时，瑞士各邦产生了深刻不安的情绪。

贫困和失业以及根深蒂固的当兵的传统并促进募兵的效果，使之能维持当时所需要的日益庞大的部队。从1688—1689年战争危机时期，到1713—1714年媾和时期，各国政府所实行的强制征兵制度在西欧的战争中起了重大作用。这一征兵制是建立于在理论上不同而在实际上常混合在一起的两种概念之上的。其中一个概念要求强制征集生活败坏和游手好闲之徒入伍。例如，自1704年以后，英国立法允许将无合法职业或无明显谋生之道的丁壮强行征集入伍。另一概念主张采取征兵制用以保卫本乡本土。当时地方民兵虽远不及职业军队重要，但在欧洲各地仍以某种形式存在。民兵定期集合和训练可能并不受到重视，但与自择当兵为职业者相较，当民兵在理论上乃是加之于某些阶层国民或公民的一项义务。在某些地方，民兵保护法律和财产，使之不因当地的动乱而受到损害，但一旦遇有来自外部入侵的危险，政府则将民兵当做常规军的补充队伍。民兵和常规军之间的关系在这些年代中成了最大的行政问题之一。

皮埃蒙特在这一时期多次成为战场，它的经历便是一个很好的例证。皮埃蒙特的统治者强迫臣民实行保卫国家的义务。"农民民兵"被合并到公爵的部队之中，这些部队原是从国内和从瑞士招募而来的。由于敌人已打到了国境的大门。从1690年起，皮埃蒙特便实行了彻底的征兵制，定期命令各地城镇提供规定的兵员份额。皮埃蒙特各地区的官员和显贵为了私人利益不受损害，利用抓阄和强迫捉人等一切手段征募。受害者常于征兵前或被征后不久而逃亡，一个地区可以因此种逃亡而人口锐减，也可以由另一地区来到的逃亡者而人口剧增。① 但是，维克多·阿马

---

① E. 莫斯卡：《1703、1706年，西班牙王位继承战期间的阿尔巴省》，载《萨丁王国历史文献》第55卷，1957年，第67—101页。

## 第二十二章 陆军和海军

德二世的行政管理甚是有效，在后来的 25 年中，其办法逐渐趋于精密和公平。[①]

然而这些办法与法国的办法相比，其重要性便大为逊色。1688 年以后，能使路易十四的陆军出类拔萃的重大改革是实行了征兵制。法国政府对原有的民兵保留未动，而是征募了新的民兵团，并从 1693 年以后也像加泰罗尼亚、皮埃蒙特和佛兰德那样使用其中一些民兵团。夏姆莱于 1688 年就曾建议采取进一步的办法使民兵与正规军相结合，他之所以赞成征兵制，其目的也在于此。但他的这一建议直到 1701 年才获得实行，原因是维勒鲁瓦的部队当时在意大利北部遭到毁灭性失败，从而使其论点更加具有说服力——遭受失败后，法国立即命令征召来的民兵越过阿尔卑斯山加入野战部队。由此而增加的兵员解决了远离法国的战区对于兵员的需要，这与旧式的招募制度相比较，能更好地从法国的遥远的战地输送源源不断的兵员。从此以后直到 1712 年为止，法王每年均颁布动员令。征召的人数每年不一，1701 年为 3.3 万人，1708 年为 9800 人。各地区的人数分配也不平均。1688 年的法令要求依多数票推举一名未婚的民兵；1691 年 12 月则采用抽签的办法；1703 年后，已婚的男丁也要应征。[②]

与此同时，旧式的募兵制度仍继续使用，但是军官及其代理人更加明目张胆地欺压平民，结果在平民中造成不安。早在 1690 年，主计官便说，农民畏其强暴，不敢集市贸易，消费品的税收从而减少。由于平民对这两种征募制度进行抵制，非法贸易因而增加；各类逃兵壮大了贩卖私盐的帮伙。沃邦主张薪饷应优厚，服役期应缩短，以便使军人职业具有诱惑力。他对上述混

---

[①] 参见本书原文第 560—561 页。
[②] 关于由柯尔贝尔提出的海军军籍登记制度，请见本书原文第 821 页及以下诸页。

乱现象甚为震惊，对征兵表示憎恶。其他的职业军官也是如此，但他们特别感到不满的是那种收买志愿兵去替代应征士兵的普遍做法，因为这种志愿兵通常就是向招募兵员的军官主动应募的那些人。最初是较大城市中的一些个人，其后便是整个教区的居民，都要为不幸而被征召的兵员付出费用，这样便逐渐地而且是不可避免地导致了要为收买顶替的志愿兵付出费用。这两种相互重叠的征募办法的矛盾表明，征兵制虽然有助于法国扩大其部队，但并没有改变部队的社会基础。法定免服兵役者的名单甚长，这一长串的名单说明了同样的结论，各类官职均能豁免兵役，买到一项官职便能免服兵役，免服兵役几乎同免向部队提供住宿以及免交租税一样是一种有吸引力的特权，但是随着小官员的数量大增，较贫穷的没有特权的户主所受到的压力也就加大。更易受害者莫过于各色各样的乞丐和流浪汉，他们常和轻罪犯一道被地方官吏送去当兵。

在帝国的一些邦中，情况也极为相似。汉诺威的奥古斯都于1689年首次实行征兵，合格的农村青年和流浪汉都在征召之列。勃兰登堡—普鲁士的腓特烈批准了一项计划，这项计划后来又由1693年11月24日颁布的条例加以扩大。勃兰登堡—普鲁士政府获悉部队的需要后，规定各省应征召的数额；各省将所征召的兵员送交邻近的驻地，最后从邻近的驻地转送前线作战部队。后来，将征兵名额摊派到各地的村庄和城镇中的各种行业或行会便成了惯例。农村如拖欠兵员，除须交纳一般税负外，还要交纳沉重的罚金；柏林等地的工匠则宁愿纳税雇人顶替以免除服役的义务。各省负责征兵的官员使用强迫办法征集到一定数量的兵员还不普遍，在其后20年中这种办法便花样一再翻新。在霍恩佐伦领地也同在法国一样，征兵制同旧式的募兵制相互重叠，相互干扰。政府时而采用征兵制，时而采用募兵制，有时两种制度同时采用。

欧洲这一地区的情况揭示出了军官厌恶征兵制的又一原因。他们觉得塞给他们的都是不合格的新兵,因为老百姓要留下能干的劳力种地和做买卖,要清除罪犯、流浪汉以及不能受雇做工之辈。说来奇怪,征兵制可以被当做一块抵挡征兵压力的盾牌,这是因为负责征兵的人较之募兵军官更能认识到"有户籍"的自由民和农民要求不受干扰,地主则渴望保留佃户,对他们这种要求和希望要作让步。平民利益集团还可采用其他形式对征兵进行抵制。萨克森选帝侯于1702—1711年颁发过多次征兵令,但都受到错综复杂的免役职业细则的阻碍;特别是他的采矿工人也包括在保留的职业的名单之中。在信奉教会的公国中,主教常被迫承认教士团体关于不在其所有的土地上征召新兵的要求。在勃兰登堡,1703年曾颁布命令征召18—40岁的未婚丁壮参加民兵。此一政策的目的在于将本土防御交给民兵承担,从而增加派往国外的兵员的数量,[①] 然而丁壮一旦被征加入民兵便被认定免除各类兵役。腓特烈一世想用退役军官率领民兵部队,但不久这种职务便被文官和市镇长官所取代。皇储腓烈特·威廉由于西班牙王位继承战的激励,后半生一直热衷于军事。一支精锐的军队需要精壮高大的兵员,对这一需要的种种限制他都厌恶。因此,在1713年后,他排除了各种限制。他的军队从国外回来后,一些地区便开始了一个短时期的准军事统治,在这些地区中由于募兵军官竞相使用暴力征募兵员,在老百姓中造成了一片恐慌。[②]

在德国,即使在最小的侯国中都存在着密如蜂窝的特权结

---

① 陆军编制人数为43756人。到1709年其中2.3万普鲁士兵在佛兰德,8000名在意大利。C. 约尼:《普鲁士皇家军队史》(4卷本,柏林,1928—1933年)第1卷,第503页。

② 1720年后情况改善。有关这方面改革,参见《新编剑桥世界近代史》第7卷,第295—296页。

构,较小的统治者得要征募军队租借给诸如萨克森、汉诺威和丹麦这样较大的邦国和帝国的皇帝;或允许大国直接在自己的领地上征募兵员。在自由市中,自由民政府廉价地把从市内临时移民中招募兵员的权力卖给军事大国。在科隆发现的文件透露了一系列令人眼花缭乱的协定,根据这种协定,来自丹麦和威尼斯的募兵军官都被允准挑选志愿兵员。①

在英格兰,对征兵的抵制更为有效。1688—1689年的危机并没有毁掉詹姆士二世所建立的常规军。威廉三世利用在荷兰部队中服役的英格兰和苏格兰团、英格兰贵族在革命时期招募的部队、在埃尼斯凯伦和伦敦德里招募的用来对抗泰尔康内尔的团和在苏格兰的其他部队来加强常规军。他还保持了一部分1688年跟随他的荷兰部队,这些部队由英格兰出钱雇用,英格兰政府还在佛兰德雇用了德国和丹麦部队。1689年,在英格兰又再次征募了一些团。在国内征募的兵员数字较大,但不过分。威廉统治期间,经济状况动荡不定。在这一时期老式的"击鼓"募兵的办法行之甚为有效。事实上,在九年战争时期,军队在人员上的重大变化则是完全排除天主教徒,吸收一些极端的新教分子如较温和的改革长老会会友,以及吸收一些北爱尔兰军官和增加法国新教徒军官。在王位继承战中,1700—1708年是一个繁荣时期,笛福觉察到当时是"缺人而不缺就业人员"。② 只是在这一时期,国会才批准市长、法官和警官以及诸如此类的人每年征召游民之辈当兵。这种人以及在押的欠债人和为了征兵而释放出狱的重罪犯均有助于填补一些空缺。但是,当谷物价格下跌,农民叫苦时,穷人的日子便好多了,也就不易为"每周3先令6便士所引

---

① 参阅T.霍埃尔《1700—1750年科隆直辖市的征兵》(波恩,1911年)。
② 《别对兵器发慈悲》,载《地道的英格兰人作家作品集》第2卷(1705年),第426页。

诱而去卖命了"①。当稳定的一般工作容易找到时，3先令6便士便比不上普通的工资。笛福无疑是低估了当时广为议论的根深蒂固的"穷人"问题，投入军队中的新兵仍然源源不断。后来，由于真正缺少兵力，这便迫使马尔巴勒及其政府考虑采取更积极的行动。在马尔巴勒出任统帅期间，正常的消耗和部队的扩充要求在英国每年征募步兵1.2万人。② 与威廉三世时代的征战相较，英国在西班牙半岛所做的巨大的军事努力和遭受到的损失使问题更加恶化。即使是在这样的情况下，也无人提出采用法国的办法，即将新征集来的民兵并入常规军。英国的民兵是属于特权利益的，征调至海外服役不适于民兵。由各郡和各教区摊派征兵名额的这种变通办法也于1708年初停止实行，因为这种办法涉及议会利益集团决不愿放走的佃农和雇工，同时，在战争不甚频繁的时期，这种做法也就失去了其意义。代之而行的办法则是英王宣布将付给立即前来应募的志愿兵的津贴由2镑增至4镑。这一规定被写进了1709年颁布的征兵法之中，并且增添了一条重要的新办法，即付给教区一项津贴用做应募士兵的安家费用。负责执行新征兵法的土地税收长官在寻找新兵方面颇为顺利。1709年，食物价格上涨，1710年的食物价格依然很高，1711年的食物价格仍高于1704—1707年的水平，此种情况对土地税收长官执行新征兵法十分有利。

在英格兰以及在西欧其他地方，征募骑兵和龙骑兵的工作困难却小得多。骑兵的薪饷较高；征兵法不适用于骑兵；志愿

---

① 《别对兵器发慈悲》，载《地道的英格兰人作家作品集》第2卷（1705年），第445页；参阅笛福著《评论》，1705年3月31日和1706年1月31日以及《英格兰一项商贸计划》（1728年）第69—74页。关于英格兰穷人，参阅本书原文第259—260页。

② I. F. 伯顿：《为半岛战争提供步兵，1703—1707年》，载《历史研究所学报》第28卷，第35—62页。

参加骑兵的人员甚多。他们或他们的家庭都有一些现金和存款，他们像汉诺威和奥登堡某些地方的农家子弟一样都骑坐本地饲养的马匹。出身于殷实的地主家庭的子弟想出来见世面，热衷在行伍中显赫扬名。这种家庭极易对地位比他们低下的亲友和较为富裕的佃农产生影响。1688年，英格兰士绅在招募军队时便出现过这种情况。由于当时环境特殊，很多志愿从军的人员只是在爱尔兰和佛兰德服役。1701年后，在米德兰地区招募龙骑兵便成了简而易行之事，因为在1697年以后的和平年代中，这一地区曾驻扎过龙骑兵部队。英格兰募兵军官最倒霉的事也不过是在一个好地区被人捷足先登把最好的骑兵先挑走了而已。

与此相较，招募足够数量的步兵却是各国遇到的十分重要的行政问题之一。由于平民谋生十分艰难，募兵工作因而较为顺利。但在1688年后的数年当中和在1701年以后，由于需要更多的兵员，募兵任务甚是紧张。募兵工作可能在两次战争的末期又变得较为容易，因为战争的重负加深了贫困，造成了兵源大于税负财源之势。1714年后的30年中，经济较为活跃，这便给想招募大批军队的政治家提出了新问题。

北欧长期以来便实行强制性的征兵制度，其部分原因显然是普遍缺乏人力和财力。到1700年为止，瑞典（包括芬兰）和丹麦（包括挪威）本国的部队赖以建立的基础仍是分配给部队的特定土地和维持部队生活的土地收入，以及若干农民土地所有者共同提供一名步兵及其装备所承担的义务。战争的重负和军事上的失败引起了哥本哈根的1660年宪制改革和斯德哥尔摩的1680年宪制改革。这两次改革均赋予君主以更大的独断专行的权力，从而能加强其军事体制。[1]

---

[1] 见《新编剑桥世界近代史》第5卷，第22章。

1675—1679年战争时期，瑞典征集步兵引起了大部分农民的不满，因为贵族的仆人和佃户常被免除兵役。1680年后，查理十一世不允许他们免除兵役。他赞成瑞典某些地方过去的办法，即一个地区的居民自行组建一个团，这一做法同他想在和平时期保留一支常备部队的要求正相吻合，"旧"瑞典的各省也仿效这一办法。① 通过斯德哥尔摩与地方政府达成的一系列详细协议，国王在全国普遍征兵的权力有了实质上的修改，即每一地区向国王保证维护一个整团的部队（通常为1200人）。过去由农民负责提供一名步兵的做法作了修改，用以维持官兵费用的配给土地进行了详细登记。这与过去的做法并无截然的不同，政府没有放弃在紧要时期实行大规模征兵的权力；但普通的农民却感到协议的条款固定了他们的义务，并希望他们的义务会因此而有一定的限度。关于征集骑兵的类似制度也制定出来了。征募骑兵并不困难，然而装备和维持一支常备骑兵部队却严重地损耗了本已贫困的农村；一些原来拨出维持骑兵的土地已不再用于这项用途了。同时，由于王家土地和此种土地的税收大量转移，政府的军用来源便相应减少。查理十一世扭转了这种趋势。随着"改革"的逐步推行，查理十一将一些土地和土地收入分给骑兵和步兵（即"印德耳宁斯维尔克"制）。分给军官们的数量依其军阶等级而定，用于维持骑兵的土地以及耕种这种土地的农民则不必为本省的步兵效劳。从此以后直到1697年查理十一统治末年，那种过去为特权家族增添收入的资源和人力便被转用于维持瑞典部队了；但较小的贵族，特别是曾在1680年支持过国王的第三等贵族和因"改革"结果土地被王室收回而变得贫困的上层贵族可以通过从军获得经过改进了的赠与制度所提供的生计。贵族为

---

① 就步兵团而言，瑞典通过1658年的《罗斯基勒条约》从丹麦手中得来的南方诸省不在这次改革之列。1675—1979年的战争说明那里百姓的忠诚是很不肯定的。

国王服务的义务仍未改变,然而他们中有些人却愿像在法国的雷耶尔苏德瓦团的军官或在荷兰部队中瑞典团的军官那样到国外服役。

在丹麦,征募贫苦人民服役早已为人所熟知。1676—1679年的战争时期,各省征募了步兵团,但这种团包括用通常的办法和赏金招来的新兵,其中许多是外国人。在以后的20年中,这些团除在名义上外已和克里斯蒂安五世的其他常备军毫无差别了。直到克里斯蒂安五世于1699年8月逝世之时,地方政府虽受到鼓励招收乞丐和表现不好的劳工,但"丹麦"的11个团(包括近卫军和海军)以及3支混杂的部队,绝大多数均为志愿兵组成。在1.6万人的编制中最少有三分之一的德国人和荷尔施泰因人。政府还在帝国范围之内招募人数不固定的兵员,但此种兵员常租借给外国君主。丹麦在招募和维持步兵方面跟随法国和德国的做法比瑞典还要跟随得紧。另一方面,丹麦发展了自己的"骑兵土地"制度,这种制度以农民供养驻在这种土地上的兵员代替了农民出捐税和劳役的办法。由于政府要扩大分给骑兵的土地,丹麦也同瑞典一样制止了1680—1720年间王室土地早期转移的现象,但不如瑞典果断。王室土地转移现象到1717年达到高峰,其后便逐渐消退下来:交付给军队的实物税和其他劳役后来改用现金付给。丹麦国王从不像查理十一和查理十二那样严重地依赖把平民的实物税和劳役直接交付给军队的做法。

北欧的君主控制了许多其他部队。挪威农民——他们与丹麦农民不同,一般均有地产——仍定期以抓阄的方式被征去组成6个省的步兵团;骑兵则分给土地。瑞典在芬兰也保持了军队,在芬兰,"改革"政策为建立一套新的军政官员提供了土地基础。此种新的军政官员乃是其家庭统治了芬兰达两个世纪之久的"公职"贵族。其他部队在"北方战争"前夕驻在波

## 第二十二章 陆军和海军

罗的海对岸。① 在利沃尼亚和爱沙尼亚，军事制度要求对地产进行严格的估价：当地的地主无可奈何地代替政府收取现金和谷物形式的重税，这种税负的一部分用于军队。此外，波罗的海的贵族家庭长期以来便在瑞典军队中起重要作用，其重要程度犹如投入丹麦军队中的梅克伦堡人和其他德意志北方人。"改革"政策首先在利沃尼亚和爱沙尼亚实行，使不在当地的瑞典权贵受到损失。实行这一政策是以激发当地土著地主的希望而开始的。当这些土著地主也被迫交出大量的土地时，查理十一便引起了强烈的不满。直到帕特库尔成为土著地主在里加的代言人之前（帕特库尔从此成为反对瑞典统治的旗帜。——译者），查理十一此举是否会影响土著地主对瑞典国王的忠诚仍是一个不得而知的问题。事实上，大多数土著地主仍坚持支持查理十二，1700 年以后，查理十二的波罗的海军官中有四分之一死于战阵之中。在里加和雷瓦尔相继于 1710 年失陷后，一个新的时期便开始了。彼得承认了该地区各阶层的特权，机敏地放松了收回土地的"改革"政策：波罗的海的日耳曼人失去了旧有的获得体面职业的势力范围，而在长期战争蹂躏后他们又迫切地需要这一势力范围，因此他们便转而为俄国服务。虽然沙皇君主权力向西扩张必然会促成这类转变，但这一转变在当时却是十分重要的。在以后的数十年中，在沙皇新疆界以外的库尔兰的贵族都倾向于加入普

---

① 瑞典陆军总兵力在正常情况下是：在瑞典和芬兰有 178 个步兵连（25217 人）和 95 个骑兵连（11459 人）。这些部队是按"协议"制度征集的，国家给应征入伍的人以土地。在瑞典和在国外单个入伍的人多数驻扎在瑞典南方和海外，名义上有骑兵 8444 人，步兵 21992 人；但实际兵力大大少于这个数字。见 C.O. 诺登思凡的《瑞典陆军 1700—1709 年》，载《卡罗林斯卡年鉴》（1916 年），第 171 页及以下诸页。

1699 年 8 月 25 日有个估计数字：在丹麦的部队有 23000 人，在挪威有 10500 人。见《大北方战争史统计数字》（丹麦总参谋部，10 卷，1899—1934 年）第 1 卷，第 88 页及以下诸页。

鲁士军队，而不加入俄国军队。

但是，波罗的海诸国的不满却是瑞典防务中的一个小裂缝。在长期紧急状态下，瑞典的整个军事组织虽未遭到彻底破坏，但已有了改变。在局势紧张的第一年，查理十二一方面为在海外作战进行准备，另一方面在国内又需要一支后备军。此时征募兵员已经超越了"合约"的范围：过去每3组要为部队提供1名士兵，现在却要多提供1名士兵。在芬兰，这种义务增加了一倍。查理一卷入波兰之后，这些新兵便要调走。因此，在1701年，为了增建新的团，查理要求每4组或5组提供第四名新兵，其后又要求提供第五名新兵。同时，老的团中每连所损失的兵员须依原有的协议加以补充。军官们渡过波罗的海监督接收新兵事宜，这样就使各团同其在国内本省的实际基地和军需官保持联系。瑞典负担十分沉重，1708年，由于收成颇好，价格有所上升，这种负担有了缓和。波尔塔瓦之战后，情况恶化。除了查理十一的制度外又加上了彻底征兵制；在波罗的海整个地区1707—1712年再次发生了瘟疫，死亡率甚高。正当此时，由于抽去了人力，经济受到了损害。在早期，瑞典在它管辖的国外土地上实行重征重赋从而减轻了政府的费用。1706—1707年间从萨克森所榨取的财物和征召的兵员与哈布斯堡帝国同时期在巴伐利亚或意大利的某些公国中的横征暴敛不相上下。另一方面，由于查理十二拒绝支持西方的一些国家，因而不能从它们那里得到资助，同时又把向国外的借款减到最低的程度。他用在招募外国志愿兵的费用比古斯塔夫·阿道夫要少。瑞典军队的补充能力令人印象十分深刻，其主要原因在于各团与其本省有效地挂了钩以及瑞典在易北河和德维纳河之间广阔的地带所进行的战争费用不大。

丹麦国王也不亚于查理十二，虽然在程度上并不那么引人注目。腓特烈四世于1699—1700年在荷尔施泰因受到屈辱之后，在处理波罗的海的事务中特别谨慎，他宁愿将1.2万名士兵租借给荷兰和英国政府以换取这两国政府在紧急时期给他以海军支持的允诺。有讽刺意义的是，他虽非交战之一方，但当时却面临着使瑞典、法国和勃兰登堡发愁的同样的困难：他的军队已外出，而他又需要保卫本土。1701年2月24日，他下令重新恢复民兵制度，其原因与在勃兰登堡组织一支民兵部队一样。丹麦的办法是责成除"骑兵土地"外的一切土地都要出一定数额的农民。自由农场或类似这种农场可获得豁免，地主可以找人替换应征的佃农。这是一支真正的民兵，他们定期接受训练，随时可以保卫国家。民兵在强制服役的6年中不得离开其家乡地区。由于政府不给民兵以迁徙的自由同地主要将雇工束缚于土地上的利益相一致，因此，禁止民兵离开家乡地区便对丹麦的社会产生了深刻的影响。当然，地主在危急时刻也受到了损害。1710年，丹麦企图收复斯康尼亚遭到失败后，常规部队便径自用民兵加以补充。但在和平时期，法定限制民兵的迁徙自由主要是为另一个不同的目的服务，这一限制最终导致了1733年颁布的将14—36岁的役龄农民限制在本乡本土的"斯达芬斯班德法令"。[①]

这种公私利益相巧合的现象在彼得一世的莫斯科并不显著，但在他死后，当俄国地主从他所建立的军事机构中部分地恢复了对农村的控制之时，类似的情况才存在。相反，彼得一世在1700年以后实行了人力的动员，打乱了下层社会的传统秩序。[②]除了沙皇直接控制的农民外，彼得一世残暴地夺取了地主的农奴，夺取了一般为教会管理和种植土地的人员，特别是夺取了不附属于地主的广大农民，从而使其数量锐减。过去附属于贵族或

---

① 见《新编剑桥世界近代史》第7卷，第342—343页。实际上，这个法令完全改变了1702年的法令，1702年法令是允许农民迁徙自由的（在他6年服兵役期间除外）。

② 见本书原文第729页及以下诸页。

教会的人今则全都成了沙皇的臣民，① 并长期有义务在沙皇军队中服役。为了登记人口，普遍征收人头税（1718—1724年）以支付庞大的常规军的费用，俄国最后被划分为许多"团区"。部队各团驻扎在这些团区之内，其军官——通常为外地人——则掌握当地的行政。他们如认为必要，便可征用兵员、劳役、宿地和税负。对许多俄国人而言，北方战争的结束首先意味着他们的国家被新的俄军所占领。

在一条广阔的边疆地带，情况则稍有不同。在俄国已经夺取了一个半世纪之久的古老的伊斯兰教喀山汗国中，彼得突然将其臣民由纳贡者的地位降至要服兵役而又要交人头税的地位；有地位的鞑靼族家庭也有服劳役的义务。在阿斯特拉罕以北和顿河以西一带，边防军和边区民兵仍依靠分拨给他们的土地为生。但在乌克兰，由于内部的压力，哥萨克团的原有组织则在解体。在哥萨克占据的地区内，哥萨克团的校官们占用了越来越多的土地；地位较低的家庭则越来越贫困。在同西方国家军队作战中，彼得对哥萨克部队的评价并不高，同时，在马赞拉叛逃后，他对大多数哥萨克首领产生了怀疑。1709年后，彼得在乌克兰大量征发劳役至其他地区服务，因而加速了哥萨克这一古老的军事社会的衰败。新的哥萨克首领斯科洛帕斯基认为把大片土地送给莫斯科的将军和政客的做法是有远见的。彼得还摧毁了第聂伯河一带的独立的哥萨克人的堡垒。在分配土地给士兵的基础上建立的东欧军事屯田区仍然具有重要意义。② 这种屯田区有助于保卫基督教世界的边疆免受俄国南面和巴尔干内的伊斯兰世界的侵犯。这种

---

① 同样，为了提供足够的武器，1697年后大举发展矿业和冶金业，此举成败取决于对沙皇的农民、贵族及女修道院属下人群进行工业征兵的情况。

② 1711年后，彼得一世也邀请许多奥斯曼帝国的塞尔维亚"军官"在第聂伯河右岸建一军事屯田区；1726年哈布斯堡土地上的塞尔维亚人也来到这里。参见B.诺尔德《俄罗斯帝国之组成》（两卷本，1952—1953年）第2卷，第32—33页。

屯田区在业得里业海滨和多瑙河中游之间形成了一个世纪后马尔蒙元帅所称的现代政体杰作的"军事边疆"的基础。

在沿斯堪的纳维亚、俄国和匈牙利的这条弧线上，国家对当地居民倾向于使用高压政策。但在这条弧线以内，尽管有着建立一支庞大军事力量的资源，波兰选择君主政体却正在消失之中。1686年索比斯基入侵摩尔达维亚遭到惨败后，由于国王的总司令和利沃尼亚的总司令独立行使指挥权，波兰军队遭到削弱。波兰军队真实地反映了波兰政体的瘫痪。在拥有王权的伯爵的领地中，将对土地所拥有的势力和封爵的权力融为一体的伯爵可以征募到数量可观的重骑兵、轻骑兵、龙骑兵和步兵，在波兰西部和马佐维亚征募到的以步兵居多，在桑多米埃什中部一带以及南部所征募到的则是以骑兵居多。但他们对国王和彼此之间都怀有恐惧之心，其程度超过了他们对俄国、瑞典或鞑靼人的恐惧。因此，战争税便感不足，或是没有征收；1696—1697年选举新王时，在立陶宛和波兰欠下的军饷有助于说明军政领导的贪污腐败。其后，波兰便成了一个波兰军队只起辅助作用的战场。如果说1717年解决的办法在书面上建立了一支常规军（军官数目太多），极不相称并规定了支付军官和士兵的税收的话，① 那也不过是1677年依照议会和索比斯基所制定的和平时期的军队的低劣的翻版而已。在这一时期，波兰的社会结构似乎没有改变；虽然国家本身由于外国力量彼消此长仍然得以维持，但已是临近崩溃了。

在这一时期，迫使地主阶级从军的形式甚多：其中有国家征召、经济动机、军官专家以及从军的道德传统。统治者于1725年以前的俄国和1713年以后的勃兰登堡—普鲁士都大力迫使他们服役。

---

① 参见本书原文第713—714页。意味深长的是，像奥尔登堡的慕尼黑这样能干而富有的人也觉得他在波兰军中的职务使他无法忍受，于1721年投奔了彼得一世。

彼得的要务是迅速扩大军事力量。从国外招募有经验的军官很快便证明是办不到的事；彼得在德国大张旗鼓地招募军官并允许军官具有不同的宗教信仰，但却无法支付前来应募者的薪饷。因此，他就依这种设想行事，即在他统治下的土地所有者永远负有服役的义务；土地多寡不影响个人的义务。其结果便是，在这一类人中即使有很多人逃往俄国的穷乡僻壤，但与彼得以前和以后的统治者的治理时代相比较，一般还是有较多的人被迫从军服役。直到1720年以后，俄国军队和各类拥有土地的家庭还有直接的和紧密的联系。这也许是彼得统治时代所出现的最引人注目的改变，这一改变对东欧后来的历史产生了深远的影响。但彼得却必须使旧有的社会等级制度服从于与其不大相同的军队中的等级制度。由于要造就纪律严明的军官就必须给予系统训练，因此，即使出身于王侯家庭的子弟也必须从低级军衔逐渐获得擢升。同时，出身微贱的士卒也可以得到提拔。沙皇独裁政权反对朝中及乡村中既得利益集团的倾向是显而易见的。然而其目的还是迫使地主阶级在其军队中或在他处服务，而不是降低他们的地位。彼得虽然打开了极端的僧侣社会的壁垒，但这种壁垒随后又被关拢起来保护了一个新的特权阶级。虽然这种走回头路的情况在彼得死后已是不可阻挡，但早在1725年前就出现了这种兆示，即当时的贵族仍将在军队中占统治地位。名字登录在每冬均要察看的详尽的名册上的合适家庭的子弟必须先在普利奥勃拉赞斯基近卫军或西蒙诺夫斯基近卫军中当兵，而后才能得到委任到其他团中充任军官。近卫团一度曾是彼得孩童时代的"玩具团"，如今已经日益成为排他性的部队；1719年成立第三个近卫团时，该团获准仅接纳名门望族的子弟。

腓特烈·威廉一世即位后，这一有力的独裁政权便开始在勃兰登堡—普鲁士强迫当地的地主阶级入伍当兵。腓特烈·威廉一世也有各省合适当兵者的名册并且使名册及时更新。在柏林他还创立了"士官队"的机构,通过这一机构有效地对容克地主实行了有效的训练和监督。士官营过去隶属于参加过九年战争的一些团,士官营最初改为国内训练机构,后于1720年合并为一个单一的机构。① 1688年,霍恩佐伦的军队中的大多数军官均来自霍恩佐伦的贵族;但是在勃兰登堡,尤其是在东普鲁士,保守倾向最初阻碍了许多可以充当军官的人的晋升之机。贵族并不都承认这位选帝侯加强了的权威。他们之中有一些人在其他方面抱着旧有的思想习惯不放;他们待在乡村,生活常感贫困,他们对事物的看法同波兰某些地方一生都在将很小的家产进行分割、再分割中度过的没落贵族,以及同石勒苏益格的一部分债台高筑的特权地主阶级一样,没有多大区别。少数一些家庭则由于家道殷实,真正觉得可以不依赖于人。这种家庭出身的人如果从军,则大都宁愿为国外的王侯服役。但求职的愿望在勃兰登堡如同在别处一样是一个强大的推动力量,因此选帝侯的军队也就十分庞大。人们很容易地注意到,选帝侯的最有成就的将领都得到了大量土地的奖赏,上尉及其以上军阶的军官的生活都有保障;上尉除了薪饷和补助外,还可以从自己管辖的连里捞到好处,即在政府付给他们的费用和用于招兵、装备以及支付士兵薪饷的差额中捞到好处;上校同样领取薪饷和补助,同时还因主持一个团的工作而得到各种好处,此外还可截留本团所属连队所得到的利益;将官则常截留所属各团各连所获得的好处。这种诱惑在1688—1713年间大为增强。德国北部诸国的军事费用当时是以荷兰和英国的补助、占领区的捐献以及国内的重赋来支付的。薪饷虽有拖欠,但军官的战时薪饷比许多德国贵族微薄的收入却强得多。

---

① 早在1704年3月就有人在军事会议上提出:为"全国所有贵族青年"参加"士官队"一事作好安排。建议很可能是太子提出的。参见C.欣里克斯《腓特烈·威廉一世的青年时代》(汉堡,1941年),第98页。

此外，一些家庭的牢固的从军传统可以一直上溯到三十年战争。① 1683年后，德国北方许多青年士绅赶赴南方参加土耳其战争，同时还有主要来自梅克伦堡和荷尔施泰因两地的大批的人加入丹麦部队。出于同样的动机，勃兰登堡人则必然参加他们自己的选帝侯的部队。大选帝侯对他们加以收用，但无意坚持要他们服役，也不让他们垄断军队。他欢迎外国士兵，并擢升本国行伍的平民。他还招收胡格诺派教徒入伍：1688年，在他的军队的1030名军官中，胡格诺派教徒至少有300人。但1700年以后，腓特烈一世的军队中的军官虽非全部但大部分都是由本国的贵族充任的，包括汉诺威君侯在内的不伦瑞克诸王招募的军队的情况也与此相同。必须记住，在帝国的新教各邦中以及在斯堪的纳维亚，有地位的人以在教会中供职作为替换职业的情况是不存在的，但这种情况在信天主教的欧洲却很普遍。然而在南部，在巴伐利亚的伊曼纽尔军中服役的、非来自维特尔斯巴赫家族诸邦的贵族比例，② 以及在皇帝军中服役的非哈布斯堡的臣民的比例相当大。

另一方面，战争的重压也有助于在勃兰登堡和其他地方敞开入伍当军官的大门。各国的军队都已扩大。在较好的部队中，军事训练越来越细致。③ 军事组织日趋复杂：在国内外驻守时，

---

① 1699年，有410名德意志人（丹麦人是136名）在丹麦总共27个团的22个团里充当军官。参见《大北方战争史统计数字》第1卷，第108—109页。

② 在伊曼纽尔军中的430名军官中，直到1705年11月10日，有131名是巴伐利亚人，61名日耳曼人，23名奥地利人，3名瑞士人，34名法国人，16名洛林人，42名瓦龙人或佛兰芒人，31名意大利人，35名爱尔兰人。参见K. 施道汀格《马克斯·伊曼纽尔二世统率下的巴伐利亚选帝侯国陆军史，1680—1726年》（慕尼黑，两卷本，1904—1905年）第2卷，附录第6页。这里所列的尚不全。

③ 普鲁士步兵操练的严格和刻板可追溯到大选侯（第二任妻子所生的）长子腓力·威廉（1669—1711）。他训练出他的姻兄安哈尔特·德绍的利奥波德和侄儿腓特烈·威廉。根据军事会议1702年的命令，他团里使用的操典便印发给普鲁士所有步兵团，供他们学习和使用。

## 第二十二章 陆军和海军

部队的团都下分二分之一为营，作战时又集合起来组成旅。由于这些原因所以需要更多的军官。中校、少校、中尉和少尉已经成了普遍委任的军阶。这种情况便迫使德国政府去鼓励有才能的平民了。1704年，腓特烈一世正式许诺在他的近卫军中平民出身的人可以享有与其特权家庭出身的同事平等的晋升机会；此外，他和他的继任人不同，他大量地将平民封为贵族。因此，德国的部队仍为有才能的人提供职业而合理地敞开了大门。然而1713年以后，非贵族军官的比例逐渐缩小，但在技术性较强的兵种中这种缩减非常缓慢。在另一方面，甚至在战争年代中情况就有了改变。勃兰登堡、汉诺威、荷兰和英国军队中的胡格诺派教徒军官很快就融合于德国、荷兰、英格兰和英—爱社会之中，坚信路德教的萨克森则不容纳他们。在西班牙战争结束之前，腓特烈·威廉表示了用德国军官替代胡格诺派教徒军官的愿望。1714年，在他解除的军官中，平民出身的军官比贵族出身的军官要多得多；但贵族普遍地进入军队的情况却早已发生在他实行这一政策之前。征召年轻的贵族进入士官生队就是要加强传统的社会结构，由于国王仅接收本国的贵族进入士官队，从而增强了进入士官队的严格限制。由柏林送到部队充当上等兵——军士接受下一步训练的士官生不再会同社会地位比他们低下的人混淆不清，社会地位比他们低的人升至少尉以上的机会越来越少。1700年，有一些贵族仍然长期充当列兵和军士，不能升迁，而平民出身者却得到提拔。在以后的20年或30年中，军队中的社会关系有了调整。这种关系真实地反映了社会本身。

在西面，皇家的强迫与寻求职业紧密相连的类似情况和类似的许多机构也重新出现了。1695年，一位英国人在考虑他儿子的前途时写道："……他有资格做任何文职工作，但是在这样一位英王的统治下，青年人要想在适当的时候获得自己的前程，唯一的途径便是在年轻时从军……"① 威廉三世由于这位未来的斯坦厄普伯爵于1695年在那慕尔之战中表现英勇，果然允许他在近卫军中充当军官。威廉同彼得大帝、查理十二、阿马戴乌斯二世、汉诺威王乔治甚至萨克森王奥古斯都一样，深信统治者的职业以及他所信赖的臣民的职业就是打仗。这些国王的左右都是享有特权的王室亲族和近卫军。1691年后，在英格兰，近卫军军官即使是中尉军官也罢，都比其他团里的军官高一级，有时还高两级；后来这类军官在其军事生涯中出现了垄断英军中头等职务的趋势。但是威廉的近卫军却不能像在俄国那样被统治者用做实行剧烈社会变革的工具，同时在英格兰也没有出现像普士士官队那样勃然兴起的情势。

路易十四庞大的近卫军，1690年共有8500人，相对而言是一支更为重要的部队。受到宠信的那部分法国贵族，一般都有门第和财产上的优越条件，他们在国王的同意下不断地离开近卫军转入部队，对部队进行控制；路易十四在某种程度上是利用这种办法来监督和限制贵族对军队的垄断。例如，圣西门就对强制像他那一类的人在皇家滑膛枪队中服役一段时期的做法表示不满。他认为一个贵族有权从军作战，有权自荐和通过亲友获得军官职务而不受到政府的积极干预。他还对根据等级条例所规定的依资历提升的办法不满，认为这是阻碍提拔良家出身的有作为者的规定。这一做法当然是用来加强国王对军队的控制的，但国王对这一规定也作出过例外，而且在王位继承战中，这一规定执行得也不如以前那样严格。国王还在他的4个警卫连中废除了上尉以下军职的鬻买，并允许警卫连收纳非贵族士兵。② 1701—1714年之

---

① 参见 B. 威廉斯著《斯坦厄普》（牛津，1932年）第7页上引语。
② 参阅本书原文第340页。士官队是卢瓦创建的（见本书原文第223—224页），1691年后士官队的招募工作便停了，在近卫军或滑膛枪团里服役的经历有助于取他们而代之。

## 第二十二章 陆军和海军

间，就整个法军而言，授给富裕的资产阶级的军官职务显然增加了。其原因是在紧急时期合适的人员十分缺乏。战后，资产阶级出身的军官被大量解职，其数量比被解职的贵族军官要多得多。另一方面，不久被封为贵族的家庭（其中有一些在政界和司法界甚为兴旺发达）的子弟此时正在进入老一代贵族军人的行列；这一情况反过来又影响了在军队中身居高位的人。[①] 据其母系，于克赛勒元帅乃是出身于长袍贵族，卡蒂纳元帅则出身于不高于中等声望的议员家庭。沃邦曾作出过这样激进的建议：[②] 士兵应在国王军队中长期服役，通过逐步晋升而有资格取得贵族的地位。但他这一建议从来没有获得采纳的希望；即使是1693年设立的包括各种奖励的圣路易军事授勋规定也不授予贵族地位。社会等级虽然可能改变，但不会按照军队中的等级而重新改建；军队中的军阶也不像战时财政和兴盛的司法那样可以成为社会变革的工具。

此外，在西欧各地这种信念仍很牢固，从军包含着两个相互有关的目标：取得贵族的纹章和军权。1688年以前，在路易十四鼎盛的年代中，他所取得的最大成就之一就是把对国家履行军事义务的责任感同这两个目标结合在一起。到了1700年，一种固定的模式便深深地进入了千千万万法国家庭的家史中去了。这种模式是：士绅家的儿子有一个或几个在路易军中服役，另外还有一个或几个在教会中供职。此时，国王的压力已同顽强的习俗难于分辨清楚了。其中潜在的原因是十分明白的。在收入方面主要依

---

[①] 路易十四任命的276位中将中有164位的社会出身已查明，其中43位出身于16、17世纪封为贵族的家庭，114位出身于更古老的贵族家庭，只有4位可以说是出身于非贵族家庭。见A.科尔维西耶《路易十四的将军们及其社会出身》，载《17世纪》第42—43卷（1959年），第41页。

[②] 《以服务获取显贵身份的若干手段》，参见罗沙·戴戈隆主编《沃邦的家庭和著作》（2卷本，1910年）第1卷，第642—646页。

靠收租而不是依靠自耕不出租的土地，加上在朝廷做官便可不在本地任职，这意味着悠闲自在和有迁移的自由。在许多地区，长子继承权和保存祖传遗产也意味着悠闲自在和有迁移的自由，但这却常延误较年幼的儿子的婚姻。佩剑贵族本身的含义就不许他们参与其他的活动，对丧失贵族资格的行为的制裁有助于把贵族的职业限定于从军方面。如果贵族家庭的经济来源一落千丈，自甘或必须"堕落"的诱惑便越来越强。1670—18世纪初期，在昂儒、布里昂松和多菲内等地均有贵族家庭衰落到如此地步；[①] 贫苦的贵族立下遗嘱允许其子弟学一门生意和丧失贵族地位。但在商业或其他行业中谋求一个职位常常很困难，同时习惯力量也使大多数贵族忠于其从军的传统。假如可能，他们就购买军职。较为拮据的乡村贵族则诉诸戚友，或求助已在国王的部队中获得好处的庇护人。政府予以协助，其做法是将需要从前任手中购买（有国王的许可）和不需要从前任手中购买的军职区分开来。少尉、中尉、准校、少校和中校都属于后一类。路易的补助偶尔也能帮助最下级的优秀士兵往上爬。另一方面，战功和资历往往比不上有钱有势，而过了中年的中校以下军官的经常性支出则难以靠薪俸维持，在西班牙王位继承战中，地方行政官的报告表明，有地产的家庭一般都以其多余收入接济在外服现役的亲戚。没有这些额外收入或不交好运的话，他们简直活不下去。在路易十四时代，一个军官的前程是以其薪金和家庭入息为其经济基础的。财产愈丰厚，晋升愈容易。如晋升到一定程度，他的军阶就有利可图。

在法国以外也有许多这类特点，当然不是一概如此。不允许废除合约是导致1700年萨伏依贵族贫困化的部分原因，[②] 但在法

---

[①] 《17世纪的家庭和人口》，载《17世纪》第15卷（1952年），第454页。

[②] M.布鲁歇：《维克托·阿梅代二世1721年关于萨瓦公爵领地政府的训示》，载《历史与科学工作委员会历史和哲学学报1900年》，1901年，第286页。

律上认许可以选择其他职业的皮埃蒙特,当地贵族通常是在教会或军伍这两种传统的抉择选其一。在意大利别的地方和西班牙,所缺少的则是专制压力。意大利贵族有时会参加哈布斯堡和波旁王族的部队,而伟大的蒙特科考里的后代也有成为优秀的皇家指挥官的。但意大利社会已不再包含一种确定的军事阶级。[①] 有些贵族为了谋叛而扶植亲信,但建立军事组织的迹象甚少。维也纳收复摩里亚主要是靠德国雇佣军。在1701—1706年的伦巴第战斗中,意大利北部城市的民兵不过是旁观者。在西班牙有些特权人物并不摒弃武装,但摒弃军队。他们是从吉普斯夸到莱昂等北部地方为数众多的中落士绅或埃布罗河和杜罗河以南出身望族的大人物和有封号的贵族。他们喜欢在行政机构和法庭任职,而不屑为皇室服兵役。这种想法和1660年后西班牙力量日渐衰微有关,而在1704年后的长期内战危机中有所转变。慑于菲利普五世的独裁统治,很多卡斯蒂尔和阿拉贡的上层贵族为查理大公而战。腓力1704年12月8日的敕令也是力图恢复在他控制下的卡斯蒂尔和其他地区的军事力量。它表达了国王通过训练士官生使他的部队成为"训练王国贵族学校"的愿望。它还把低级军阶向"过贵族生活"的人和商人子弟开放,它规定几乎所有阶级都必须服兵役。[②]

一种新的英格兰律例——"严格的财产授予法"——使有可能把家产中本来全部留给长子的额定现金收入授予幼子。这些人可以自由活动,他们有某些收入,但为数不多。因此,斯图亚特王朝后期诸王日渐兴盛的军事力量吸引了这些寻求高官厚禄者中颇大一部分人。郡民兵由地方贵族担任指挥,常备军的指挥官——中尉和上尉水平的——则由外地贵族担任。很明显,这些

---

① R. Filamondo, JL Genlo Pellicoso di Napoli.

② (1694年)书中收进大约50位那不勒斯军官的简历,这大概是对一个古老军事传统在文学上的取得反响之一吧。

人对这个国家不太关心，但其态度仍是肯定的：在这方面军队和民兵的区别并不如政治家所宣称的那样明显。1692年，有一种看法认为，"我们的军官都是有产者，他们的任务是克敌而不是把战争作为职业。"① 与此同时，苏格兰贵族历史性地开始参加英军。他们和英格兰人一样都可以进行贸易或参加其他职业。但总的说来，他们的国家太穷养不起他们。这样这些年轻的冒险家就不替外国军队服务而自然地参加在国外服役的英国部队。除了参加大小地主以他们的佃户建立起来的苏格兰团以外，英国团中的苏格兰军官人数迅速增加。1714—1763年，英国军队中有四分之一的团级军官是苏格兰人。②

在英格兰也有一些明显迹象说明有种趋势在发展，这种趋势在任何别的地方一样重要：部队的现役军官自视为一种伟大的永久性"行业"，他们保卫许多较小的私有行业，从而涉及千千万万人的生活。服现役的有产者是其中的一方面，受半薪者则是另一方面。由于加入新建的团并不难，战时服役是很吃香的。但一旦委任了军职，这职务就取得了一种现金价值，再想晋升也就非钱不成了。这对较老的团说来尤其如此。一旦战争结束，这些团保存下来的机会较大。团的资历所以重要，部分原因即在于此。所以，威廉于1693年对团的资历作了更加严格的规定。当某某人晋升为少尉、中尉或上尉以至更高的职位时，他需要支付的款项，和他在前任任期的收入之间的差数是影响到这个时期很多军人的事业的一个因素。买一个军职可能需要毕生的积蓄，而把它卖掉又可为遗孀取得一笔收入。这种制度有明显的缺点，1711年有人试图改革，但马尔巴勒竭力维护。事实上，在战争最后几

---

① A. 格雷编：《1667—1694年众议院辩论集》第10卷，1769年，第263页。
② 海斯：《英国陆军中的苏格兰军官，1714—1763年》，载《苏格兰历史评论》第37卷（1958年），第25—27页。

年,就有很多不必购买就能晋升的机会。有着更为独裁传统的乔治一世强烈地感觉到这种办法限制了国王决定提升的权力,并压抑人才。但1720年的规定说明他除了对各级军职确定需要缴纳的最大限度税率外,无权再做别的,虽然他可以坚持低级军官晋升为上尉以前必须有一段较长的服役时间。

"半薪"是解散编外军官时发给他们的解雇费,有不少政府在九年战争结束时实施。它间或作为一种老年和残废军人的抚恤金。虽然为数不多,但在和平时期真正使很多军官感到为难的是它的发放无定期并长期拖欠。即使这样广大军士也享受不到这种待遇。当解散一个团或裁员时,只发给数周生活费就把士兵解雇了。一般说来,失业或临时雇用的老兵在下一轮战争开始时也可能愿意应征入伍,但他们并不构成随现役部队的发展而发展起来的军事"利益"的一部分。某些国家拨出款来照顾在战争中负伤退伍的军人收入只帮助了个别士兵。①

正如一个政府的军事工作远远超过招募和训练大批士兵和军官一样,老百姓所做的也不只限于(为部队)提供这些人。伟大战争的进程最终靠人民经受战争的全面压力,并在和平时期为驻国内庞大永久性部队提供给养的能力。在此时期,有迹象说明政府的办事能力有所改善,并作为缩小战争破坏以减少压力的准备,也有迹象说明某些社会集团不仅较易适应战争而且从中发财。

---

① 在安妮女王统治期间,负责伤员病号的专员在军事通信中占突出地位。他们的部分开支从扣发的薪饷中出;伤兵很少领到退伍金、养老金。普鲁士1705年为伤残人员单独设了一个基金,到1709年受到基金帮助的约有2000人;1722年腓特烈·威廉一世开始建立庞大的波茨坦军队孤儿院。在巴黎,"皇家禁军院"里据说收容的官兵多达7000人。然而路易十四后来的战争表明它还不能满足需要。许多国家的政府还将能够担负卫戍勤务的伤残人员组织成连队。

从法国边境省的行政官中可以看出一流司政能力的重要性。若说里尔的行政官是国王威廉和马尔巴勒的最可怕对手是毫不夸张的。在他的助手战争委员（加上1700年后资历较高的拨款审核委员）的协助下，他供应东北部法军的主要用品。他和所有地方当局协商有关官兵的住宿事宜（驻野外的除外），并决定扣除税款外在这方面可以提取多少开支。征用土地、建筑军事工程和堡垒时他估算补偿费。为了部队招雇木工石匠，他可以禁止私人盖房。他和各种包买商打交道——建筑商、医院管理员、粮草供应商。他规定随军小贩索要的价钱，他给乡镇长规定任务：他们出办法，靠增加地方税或直接征用以完成合约，但他有最后决定权。省行政官也是军需官，这在部队也是重要的职务，他有责任为部队筹措饷银。他中间也给上级送去有关个别将军的秘密报告。对比之下，海军有它自己的军需官。

与佛兰德和阿图瓦一样，阿尔萨斯也力图开发富庶边境的资源，但不竭泽而渔。在这方面地方行政官有责任制定出居民和军事机构可以共存的细节。责任是重大的。除了驻防1681年以来在莱茵河地区修筑的漫长的新堡垒以外，还必须补给一支野战军以对抗德国西南部的帝国部队，这对该省的影响是复杂而矛盾的。即使有1702年后不再从边远省份抽调民兵的决定，但强制征兵和征用车马也极度匮乏了农民家庭。驻在当地过冬的部队和永久性的卫戍部队哄抬物价，这损害了大部分人的利益，当然也适合了个别的人。有些斯特拉斯自由民和地主从合约中发了财，这些自由民在城市附近抢购物业。实物地租为仓库提供更多食物。[1] 政府用调整物价，在适当时机征用、储存和发放储备等办

---

[1] 能与之比肩的是尚贝里家族（后成为一方显贵），他们为去意大利的法国军队提供一路上的给养。见F. 韦尔梅尔《17世纪对农民进行的军事训练》（1911年），第64页。

## 第二十二章 陆军和海军

法节制因极度需求所产生的效果。居民为了得到工资和供应,扣缴部分应纳的税款。为了建筑堡垒和围攻战的工事,村社要提供劳力并发给他们工资,不过这也为不少临时工提供了一种生计。1701年纳布里扎克工事完成后,某些人全面就业的黄金时代就结束了。总的说来,这种有控制性的压力使邻近主要战区的富庶区域不至降低到内地某些地区的贫困水平。①

在尼德兰南部情况就更为复杂。在这里,同时在较少的程度上也在德国西部,一系列加固的据点和防线使野战军难于活动。队伍不能像在东欧那样随意游动,就食乡间。另一方面,没有连绵不断的堡垒以防止大批游击队或龙骑兵越过敌人部队袭击他们背后的农村然后回师。同样,供应在他们前线后方作战的部队也是极端困难的。水运虽然发达,但不能弥补残破的道路。在1672—1677年的战争期间,地方行政官们议定了一些与他们关系至切的"贡物条约":他们同意承认交战的任何一方有从一方未能完全征服但另一方也不能有效防卫的地区征收贡物的权利。这种现金或实物由条约规定的地方政府征收,以避免强制作用。1694年前,在九年战争期间,没有签订过这种条约。和战场上的激战以及围城战的曲折过程比较起来,交战双方在斯凯尔特河口和阿图瓦,以及默河和莱茵河之间这两个主要地区进行的野蛮袭击就更是小巫见大巫了。这种带有强烈破坏性的战争是1688—1689年冬天法国蓄意进行的,旨在蹂躏符腾堡、巴拉丁和下莱茵某些地区,其目的是战略性的,对平民说来,其后果是骇人听闻的。在欧洲这部分地区,王位继承战争对非战斗人员造成的困难较少。尼德兰对贡物条约的安排说明没有更好的办法以掠取敌国的额外资源和避免破坏引起的浪费,这种破坏会使征服敌国所得的利益减半。这种想法正符合农村宁愿和敌人妥协也不

---

① 战争对那里的粮食和货币供应的影响,见本书原文第320—321页。

把财产交给军方"处理"的自然愿望。其结果是，在佩德韦、列日教区和法属阿图瓦形成的大三角地区内，有些地方政府、城市和庄园在战争中保持完整，为数不多的官员和包税商——官员规定税率，由包税商征收税款——即满足了敌对军队的要求也中饱了私囊。交战双方的君主在征服新领土时很少不承认城市、贵族和教士的历史性特权；而城市、贵族和教士也毫不迟疑地承认王权的转移。城市当局也常常要求围困该城的部队指挥官不要把他们和守城的卫戍部队混在一起。在这方面战争是带朝代性的。至少在尼德兰、德国和意大利北部，其目的总是打败敌国的君主而不破坏这个政权所依靠的社会秩序。1689—1691年，爱尔兰之战和20年后加泰罗尼亚之战是这一般规律的重要例外。

从这方面说，西方的战争负担是很小的了。同样重要的是，当战争结束后，常备军的管理有了改进，这样就不至于太不容于国人。征税和包买逐渐取代了直接军事统治和强迫征用。官兵从百姓那里获得实物享用的老规矩逐渐被按官方税率缴纳的现金所代替，其后这种现金缴纳又为一种新税所代替，从而把这种义务公平地分摊给更广大地区、更多的家庭。城市筹资建造兵营以避免在私人房舍和马厩驻扎的弊病，虽然在大多数州里骑兵仍驻在农村。有时由于缺乏任何居室，如1700年前的爱尔兰和1715年后的苏格兰，政府不得不建造兵营。

除了利用军事活动致富的小团体外也有人在远离战区的地方发了财。最走运的是荷兰和英格兰政府的债权人。在法国，职位的出售使更多家庭多少能够逃避一个走投无路但很强大的政府最沉重的征赋，虽然他们不得不一再出钱赎买这些权利。这些官员中有很多和供应军事物资的组织有联系。这些士兵和民兵与城市寡头之间存在着很大的分野，这些人指挥他们自己的民兵，保卫通过他们市镇的新兵；他们和供应地方仓库的包买商有共同利益。另外，在这些次要的特权人物和那些大包买商、金融家和行政官员之间也存在分野。在这最后一种人中,所有欧洲最特殊的例子也许要数安妮皇后的海外部队军需官詹姆士·布里奇斯。他的父亲是一个贫困的贵族,母亲是一个土耳其商人的女儿。从1705—1713年,他小心翼翼地在他的办公室里把由他经手的公款余额有利可图地利用起来,从而大大地增加了他的收入。通过操纵货币和股票投机,他的收入扶摇直上。就像战争出钱营造了尤金在维也纳漂亮的建筑和巴登的刘易斯在拉施塔特的王宫一样,战争也为这个市民捞足钱买了房子和他的艺术收藏。

商人们开始轻而易举地为战争签订合约,筹措资金,甚至参加军事管理。柏林的承包商约翰·安德烈亚斯·克劳特一直经营奢侈织物,于1688年后加入大选侯专署,并连任霍恩佐伦的战时财政部主管达25年之久。他被正式批准可以合并使用他商行的和官方的物资。税款和盟方的补助都由他经手,后来他又组织了为部队缝制服装的作坊。一批胡格诺移民采取了同样的道路。从里昂流亡到阿姆斯特丹的于盖坦兄弟们在17世纪90年代还在卖书度日,但从1701年起,他们就以英法部队的汇款代理出现。1703年后,日内瓦的让·亨利·于盖坦把一般用于商业的资金作为借款转拨给法国政府,[①] 他在日内瓦的一些对手也从经营丝绸、盐和玉米转到银行业,这就加重了当地贫困居民的负担。他们把法国资金转往意大利,把盟方资金运往皮埃蒙特。1704年开始,在一再设法利用大量黄金储备刺激国内工业后,伯尔尼政府发现贷款给荷兰人是较为有利可图的。伯尔尼的马拉克里达私人银行也起而效尤。于是,瑞士对荷兰和英格兰长期投资的历史开始了。同时,德国巨商中的"法庭犹太人",他们通常以供应奢侈品起家,而终于成为他们武装部队的金融家和包买商。1690年,汉诺威的勒夫曼贝伦斯经营路易十四给埃内斯特·奥古斯都

---

① 参见本书原文第303—304页。

的大量补助和后来盟方给明斯特主教的补助。1701年后，在选举铁腕人物奥古斯都起关键作用的哈尔贝尔施塔德的贝伦德莱曼为驻波兰的撒克森部队供应靴子和服装。更为重要的是塞缪尔·奥本海默，他在17世纪70年代是哈布斯堡部队的包买商，到1700年已成为这支部队的不可或缺的银行家。在巴黎，由于法国在遥远战区开支的增加，他同时代的大人物，塞缪尔·伯纳德的生意也大大地扩展了。所有这些人都靠他们利用各方面合伙人和投资者的手腕来筹措各国政府所急需的贷款，他们有时在不利的条件下竭力维持现金和信用的来源，这样他们可以从税款和补助中得到偿还，这样做是缓慢的，但有利可图。

这种买卖是否基本规矩常常受到猜疑。在法国的摄政期，裁判公所的调查结果没收了某些人发的战争财。不少别的投机商为了对狂热的项目投资借款太多而大吃苦头。1703年，奥本海默去世，哈布斯堡政府由于他的后人的暂时挫折，轻率地想把他们撇开而受到震撼。1705年，于盖坦背弃了他的贷款人，1709年，伯纳德无力偿还里昂金融市场的巨额债务。不过奥本海默家族和他们的亲戚韦特默尔家族的财产根基巩固，使他们在18世纪获得了巨额财富。伯纳德一世获享巨富直至耄年。他们这种职业并不因和平来临而结束，因为军队已成为一种永久性的制度。一个典型的例子是柏林的军火承包商施普利格尔伯和他的多姆公司（1713年），该公司建立了波茨坦和施潘道的工厂，连续几代供应普鲁士军队军火。

从最广泛的意义上说，武装部队反映了社会的一般结构，它们由皇室成员指挥，由不同级别的贵族代表统领。除了炮兵和技术兵种外，1714年后，未经委任参军的贵族和晋升为高级军官的非贵族人数都迅速减少。部队职位绝大部分都由平民担任，他们可以升任下士或中士——但不能超过这个限度。这种部队和文明社会的共同基础并非在一切时期都如此。在东欧，一种极端的不同制度的残余仍然存在。因为土耳其的近卫军和俄罗斯的近卫军在任何时候都不代表农村阶级。相反，和奥斯曼帝国的做法一样，部队和文明社会有时可以在土地所有权的基础上联合起来。但1693年路易十四最后一次征召有食邑的贵族从军，而1717年普鲁士国王也终于以纳税的形式代替这种陈旧的义务。即使这样，从西方的封建过去仍保存一项重要的遗产：即佩剑贵族是由于参军的义务才取得他们的身份的想法。这种身份使他们在新的常备军中取得优越的地位。

尽管这样，人们依然愈来愈感觉到军事组织和文明社会之间的区别。划分这两者的是更为严格的军法、军纪和训练，以及更大规模的军事组织。一种公认的政府职能是调解军民关系，使双方都不至于过分吃亏而使国家受到损失。为此目的，政府制定出不同的行政管理办法，取得不同的效果。在某些方面，军民都能获益，因为他们之互相依赖是众所周知的。但在经济比东方更加发达和更敏感的西欧，平民的利益是更易于理解的。在东欧，至少在俄国，在较少的程度上也在1713年后的勃兰登堡—普鲁士，值得一提的是18世纪初期由国家专制权力建立起来的社会的新的军事基础。在别的地方，政府是无法改变武装力量的社会基础的。在这个好战的、对手林立的世界中，为了获得足够的军备，他们较有节制地设法调整他们的重点。

## 3. 海军

1688年，欧洲最强大的舰队属于法国、英格兰和荷兰。西班牙和葡萄牙的海军实力在17世纪变得异常衰微。虽然奥斯曼、北非沿岸伊斯兰国家、威尼斯和马耳他舰队已不限于帆船，但它们在地中海以外的海域是微不足道的，而且它们都不足以控制地中海。除了法国以外，丹麦—挪威和瑞典的舰队比任何地中海国家的舰队都更强大更有效率,但这二者也无法取得波罗的海的霸权或排除外来舰队的干预。1721年开始了决定性的转变。丹麦和瑞典的海军削弱了,而俄国的舰队则首次在波罗的海舰行(见第21章)。在土耳其舰队司令梅祖莫托上将领导下,奥斯曼舰队进行了改造(见第19章)。安东尼奥·德·加斯塔南加海军上将和约瑟·帕丁努恢复了伟大的西班牙海军造舰传统。从1718年的帕隆洛角海战中可以看出,英格兰有决心也有能力推迟西西里和那不勒斯的收复。在这里,西班牙的战舰和帆船在17世纪90年代给法国带来了无可讳言的麻烦。英格兰对直布罗陀和米诺卡岛的控制表明它作为欧洲主要海军力量的地位。1689年荷兰曾与英格兰争夺联合海军中的领导地位,但1714年它们为拼凑8艘战舰为国王乔治一世护航而感到力不从心;1702—1710年,它们对同盟国战斗阵线的贡献从第三位降至第五位,而从1710年开始,它们就再也无力承担一支北海中队。[①] 相反,由于得到一个十分有效的政府的支持,从1721年开始,法国用较新式而又灵活的海军更新了20年的陈旧设备。1716年或稍晚一些对它的舰队的调查结果表明共有69艘额定的舰只,其中9艘是捕获船,其余的五分之三是1702年建造的。在这一年,从135艘仍能服役的战舰中修复了84艘。[②] 英格兰舰队不同于上述国家的海军。直到1709年,当西班牙王位继承战的海战开始减

---

[①] J. H. 欧文:《安妮女王统治时的海战》,附录C,第277页。
[②] 巴黎,国家档案馆,海事类B5,no.3,以及G13,第11、24—31页。1689年法国人只有113艘舰船,其中包括35艘三等和28艘四等舰船(同上,G9,第23页),而1702年有54艘三等的(60—46门炮),仅有17艘是四等的(44—36门炮)。这些数据不含大帆船。1716年大帆船还有25艘。参阅本书原文第563页。
他们的一等和二等舰大体和英格兰的一、二、三等舰相当,而英格兰四等舰大体相当于法国三等舰。所有大国都不时修改等级,然而法国确切分等级时间始于1689年4月15日的"皇令"。

弱的时候，英格兰前线的战舰仍然和1689年或1702年一样强大。[1] 它由100艘战舰组成，力量超过所有波罗的海舰队的总和。

"战船队形"一词始于17世纪90年代。当时从成本、木料和冬航等方面考虑都不适于建造1690年就开始营建的三层艨艟巨舰。纵队队形是从17世纪偏重炮战而摒弃老式的横队、近距离肉搏战发展而来的；在英、荷联合作战中，这种战斗队形变得更为完善，成了一种经典形式，从而有1691年的《英格兰战斗训令》（这可能是托林顿起草的），数学家保罗·霍斯特的《海军战斗艺术》（1697年）也是间接根据英格兰的实践而写成的一书。[2] 这种队形所依仗的是短程武器和船舰的坚固结构，在这两方面英国都远胜别的国家，以至为此它宁愿牺牲航速。和同等火力相比，法国和西班牙的舰艇规模较大。[3] 对各交战国来说，队列要求相同的性能，这对火炮的统一和部署，战舰的火力分级，"主力舰"和其他舰艇的区别都有重大影响。主力舰要有足够的威力能坐镇队列，以别于各种常规任务——主要是商船护航和侦察——这些任务在任何一个滨海国家都是由许多护卫舰、单桅小

---

[1] 见欧文的书，第273—277页；以及J. 埃尔曼的《威廉三世战争中的海军》，第4页。

[2] J. S. 科贝特编：《战斗训令，1530—1816年（海军）》（1905年），第175—194页。关于这个世纪里炮船、大炮及队形相互影响的演变情况，见埃尔曼的书第一章及F. L. 罗伯通的《海军武器装备的演进》（1921年）第15页及以下诸页。队形对当时粗糙的弹道是合适的（甚至敌人也承认这点），不过调动时需要强调纪律和战术控制，以及全面的密码信号——由于詹姆士二世叛逃，法国在这一点上据说获益不少。（L. E. 霍兰：《国家船舶及海运业的镜子》第39卷，1953年，第5页及以下。）队形战术中的形式主义与当时陆上战斗的趋势相仿（上文第22章），M. 刘易斯在《英国海军》（1948年）第455页及以下诸页中谈了这个问题。

[3] 罗伯逊在他书的第41页上提到英格兰建造的"彭布罗克号"战舰。该舰从法国人手上夺回时，舰上只有50门炮，而不是原来的64门。

帆船、快艇和其他船只担任的。英格兰或荷兰的主力舰至少配备50门火炮，法国（装有更强大的火炮）则不少于40门。另一方面，17世纪中叶以前，武装商船可以在战斗中服役，故政府只需为数不多的正规舰队。在英荷联合作战中，租赁或征用商船——除了作为完成一次战斗的火攻船以外——的缺陷终于暴露出来，此后商船就被派充辅助性任务，如输送兵员和给养，要不就作为私人武装船，既攻击敌方商船队也进行贸易。值得注意的是，1679年后租赁船从瑞典海军中消失了。

到了1688年，职业常备海军不仅分级更为细致，而且比以前更为强大。1670—1675年，英格兰海军建造的船舰吨位比以往任何一个5年都多。1677年，当英格兰舰队首次全面分级时，政府制定了新的土地税，以便"迅速营建30艘主力舰"——这在"1691年法案"出台以前是一个后无来者的计划，是对图尔维尔率领70艘巨舰在滩头堡出现所引起惊讶的反应。[1] 40年前法国海军还不足20艘战舰，除了3艘以外其余的装备都不足50门火炮，由黎塞留传下来的舰队中，1648年幸存下来的最强大的舰只也只配备52门，[2] 从这里可以约略看出科尔贝尔和塞涅莱的成就。在行政官的影响下，联合省于1684年决定营建一个包括96艘船舰的舰队，这足可与英法匹敌。到1688年底，即使把配置40—50门火炮的舰只也计算在内，仍不足30艘。但是，1682—1688年间，他们船厂营建的27艘主力舰中不少于7艘是属于90门火炮级的，这就远远超过了荷兰沿岸浅海所允许的火力装备。这产量可以与1665—1667年荷兰建造的60余艘主力舰对照。在九年战争中，他

---

[1] 埃尔曼，第372、430—432页；以及J. C. M. Warnsinck的 *De Vloot van den Koning Stadhouder*, 1689—1690（阿姆斯特丹，1934年），第13—14章。图尔维尔率7艘（每艘有80门或者更多炮）军舰，其中包括"皇太子号"（110）和"太阳号"（98）。

[2] 参见R. 梅曼著《路易十四王朝的海军装备》；参阅航海研究学会的不定期刊物第5期第2部分《法国舰船，1648—1700年》（P. 勒孔蒂汇编，剑桥，1935年）。

们和英法一样证明能营造一定数量的船舰。从下表可以看出1689—1698年期间这些国家新营建的主力舰情况:①

单位:艘

| 类别\数量 国别 | 荷兰 | 英国 | 法国 |
| --- | --- | --- | --- |
| 76门火炮以上 | 8 | 4 | 25 |
| 76—60门火炮 | 31 | 23 | 14 |
| 60—36门火炮 | 39 | 42 | 35 |
| 合计 | 78 | 69 | 74 |

从这些简单的统计可以看出,当时对路易十四战争机器表示敬重是不无原因的,虽然路易十四后来未能有效地利用而易被忽视。但这些统计掩盖了1693年后法国海军营建迅速下降的事实。从1695—1698年,英格兰有44艘,荷兰有24艘新舰下水,而法国只生产了19艘——两艘一级,9艘三级,8艘四级。很明显,现在所有国家都喜欢建造低级别的舰只,在九年战争期间,法国造舰从未像1707年后那样完全停止过。

到1650年,各国军舰的营建只在局部上略有差异,虽然这些差异的重要性仍足以引起时人的研究,特别在法国。英格兰战舰的艏材比荷兰较短,但吃水较深。荷兰最重的军舰在一般潮涨时出海有困难。他们的军舰船底略平,船体较宽,是所有舰队中速度最慢的。一般说来,在17世纪末,法国军舰以其鲜明的轮廓和宽敞的炮位享有最优舰只的声誉。这不是科尔贝尔1671年的意

---

① 参阅航海研究学会的不定期刊物第5期第4部分《尼德兰联合省的海军,1648—1702年》(A. Vreugdenhil 汇编,1938年),埃尔曼著作的附录2,及P. 勒孔蒂的上述引文中。J. C. de Jonge 的 *Hel Nederlandsche Zeewezen*(第3版,5卷本,1858—1869年)第3卷,附录7的表上可见,荷兰在这几年建造了55艘舰,舰上的炮从52门到90门不等。

见，当时他在布雷斯特、土伦和罗什福尔的3所大型兵工厂都设立了造船委员会,[①] 从此以后，荷兰造船变得十分保守，而科尔贝尔则坚持探索一种建船理论，他不是靠应用新科学于实践，而是通过船舶的性能得出看法一致的理论原则。高明的木匠对他们的手艺保守秘密，而且不愿改变他们的方法。只有等那个被称为布莱斯的精明的那不勒斯人比阿吉·庞加洛来到罗什福尔，并在图尔维尔和海军部长的支持下，才动摇了布雷斯特的埃蒂安·于贝克的统治地位。于贝克造船是置宽度于长度之上，科尔贝尔迫使他们辩论，并听取海军军官的意见，而这些军官又需要听取更有发言权的船工讲课和观看他们的实地表演。从这不断的讨论得出1689年法令规定的新船比例，沿用了一个世纪，好几个朝代的木匠们仍保留了多方面的"秘密"。相形之下，由于荷兰匠师抵制理论上的东西，极珍惜时间的学徒工沙皇彼得就觉得泽丹不如德特福[②]。霍斯特神甫在他1697年所著《建船理论》一书——这是对提高法国船舶产量最脍炙人口的贡献——承认最好的船往往出自未受过教育的船匠之手，这无疑是因为建船科学仍然考虑比例太多而忽视了其他动力学的因素，如船体轮廓，有经验的匠师有时一眼就能看出来。在所有国家中，设计师都同样受到材料和工具的限制。对外国船的模仿促进了实践的共同性。荷兰曾经设法仿造敦刻尔克1695年开始生产的新的带桨快速护航舰。[③] 1670年前，法国人借鉴过荷兰人和丹麦人。从布莱斯的例子可以看出船匠们

---

[①] 梅曼著作第664—666页。

[②] S. C. 范坎彭，*De Retterdamse particuliere scheeprbouw in de tijd van de Republiek*（阿森，1953年），第65页。

[③] J. J. 巴克尔·德克斯：《分布在各海域的荷兰海军》（海牙，两卷本，1890年）第1卷，第810页。关于17世纪70年代英格兰受益于法国和托斯卡纳，见J. R. 坦纳编《附有说明的未付印的海军手稿分类目录》第1卷（N. R. S. 1903年），佩皮斯图书馆，第255页及以下。

常常可以把技术出卖给外国。荷兰人和英格兰人在斯堪的纳维亚半岛都能找到工作,虽然1727年以后,荷兰海军部才采纳鹿特丹1695年就提出的把他们的造船厂交英格兰经理管理的建议。[1] 借鉴外国技术最著名的人物自然要数彼得大帝。

使各国海军均衡发展的另一因素是当代海军技术。假如数量上劣势不太明显,在精干的司令官指挥下,一支列队以待的舰队可以挫败锐意进攻的敌人寻找决战的努力。在18世纪,法国人曾多次巧妙地利用他们的队形以达到此目的,但这主要不是防御性的。多数战术家都强调严格保持队形,对个别舰长表现的主动性不予支持。不过只要不影响舰队司令的指挥,则仍然强调中队去分割和牵制部分敌人舰队的独立行动的价值。一支强大的舰队可以迂回敌人的队列,但在势均力敌时最好不要去冲敌人的队形——这是从英荷联合作战中得出的教训。假如西班牙王位继承战开始了无决定性战役的时代,这不能完全归因于队列的运用。军舰既笨重,又容易偏离航道滑到下风处,射击不准确,信号系统不足。因此,海军无法歼灭敌人的舰队。只有数量上的优势才能打破技术上的平等。英国海军上将肖维尔写道:"经验告诉我,当水手的战斗经验和素养相等时,除非出现奇迹,决定胜利的是数量。"[2] 1689—1715年间有3次公海上的战斗以战败的舰队仓皇溃退而结束:一次在滩头堡;一次在拉乌盖;还有一次是1715年在科尔贝海面,这次瑞典舰队被丹麦打得大败。每次战胜者都在数量上占了明显的优势。集结的战斗力量愈大,胜利愈有把握。但是没有一个国家能够集中力量建造大量最大型和装备最重火炮的舰只而不考虑除了规模和数量以外的别的因素。

海军机构的规模和结构决定于政府对海军对国家利益所起作用

---

[1] 冯·坎佩,第65—66页。

[2] 欧文引文,第74页。

的估价，意想中敌手的实力，以及技术人才和各种材料的来源。奥斯曼、俄国和波罗的海沿岸各国是唯一能在木材和海军给养方面自给的国家。在战争压力下，对需要的初步估计必然会因事态发展而修改，这不仅包括海战本身或开辟新的带有战略意义的战场，还包括日见短缺的人员和物资，特别是对公共信用的处理，在这方面，由于需要不断修理船只和供养以数千计的人员，其负担之重为任何其他行政部门所不及。因此，不管海军是否随时间的迁移而没落，它们的力量是不稳定的。不管怎样，建造一支强大的舰队较易理解，一旦考验到来如何使用它就不那么容易。每年冬天，政治家的海军领导——可以理解后者比前者更为谨慎——必须在各种不同要求中决定作战范围和方向——士兵和船主、外国王室和殖民当局的希望总是相互矛盾的。经常需要支援陆上作战，需要安排护航，需要满足盟国或中立国的要求，甚至要引诱敌军叛变。怎样把能利用的舰艇安排在不同的岗位上？要不要组织一支主力舰队，这意味着盟国之间的协同动作，对法国来说，则是勒旺和波南分队之间的协同动作（参看第7章）。除了保障陆军的调动，唯一明显的任务只是加强和平时期的工作以防止外侮和保卫商业，除非敌方已形成战斗队列，这两种任务却不要求组织战斗队列。在这方面，17世纪后期的海军竞赛为战争提供了一个新的领域，这是一种浪费金钱和精力而长年累月很少收到戏剧性效果的捉迷藏游戏。比如说，即使布列斯特港驻有一个敌人中队，也很难夸大这个中队对英格兰的主动行动会产生什么影响。有意义的是，就在威廉三世希望增加英荷在地中海的兵力时，戈尔多芬草拟了派舰队在英伦海峡游弋封锁布列斯特港口的原则。[①] 在凡尔赛早就不相信它有什么进攻潜力的时候，一支法

---

[①] 这个原则没有立即执行，却比爱德华·弗农提出的要早多了，而人们通常将此归功于他，见A.N.瑞安的《威廉三世及布列斯特舰队》，载R.哈顿与J.S.布朗利编辑的《威廉三世及路易十四》，第49—67页。

国"备用舰队"是这个时代战斗的一个重要因素。凡尔赛的漠然态度也不能归咎于拉乌盖一战的失利,因为这次失利可以推诿于天时和地利,战斗到达高潮时方露败迹,其初期阶段(巴尔弗洛阶段)可以说是图尔维尔取得了战术上的胜利。在某些法国人看来,更有教育意义的是,即使获重大胜利,到头来仍是一场空。1690年图尔维尔控制海峡时,他曾想把力量集中于地中海,但让·巴尔(他于1667年和德鲁特共事过)则建议封锁泰晤士河。滩头堡一役,由于船上病员增多,图尔维尔只好轰击提格茅斯。[①] 当敌人掌握了主动时,什么是当务之急是较易决定的。

无论一个独裁政府怎样使用它的海军,它也不能无视商界舆论的压力。其结果是,由于把海军转用于消灭敌人的商船,路易十四就置他个人的利益于他的臣民利益之上。在更多地依赖远洋贸易的英国和尼德兰,舰队的用场是从未被怀疑过的。即使荷兰的小城镇也感到有必要追查一下某一场海战失败的原因,至于将级军官的擢升则更需要阿姆斯特丹市议会的审慎考虑。即使各省没有战事,但只要波罗的海一旦发生政治纠纷或地中海出现海盗船时,海军问题也经常提到他们的议事日程上(见第17章)。武装护航到"海峡尽头"是英国对勒旺贸易需要付出的代价,因为在斯图尔特王朝末期,很多绅士、村民、商人和工厂主对此是休戚与共。当哈利法克斯爵士宣称"英国人的头条政治信条是他相信海洋"[②] 时,他正代表了他的国人,除了作为唯一的防止侵略的有效手段外,海军对有政治影响的社会阶层的利益至关重要。1693年,"士麦拿船队"被袭击引起舆论哗然,这就说明海军的举足轻重,舰队司令被召到下院对他的行为加以解释。1694年,

---

① 沃辛克,第85页。关于法国对巴尔弗洛海战的看法,参阅 J. de la Vaernd 著《图尔维尔元帅》(1943年),第220页。

② H. C. 福克斯克罗夫特:《见风使舵者的特性》(剑桥,1946年),第26页。

在立法上已采取措施制定1708年的护航法（这也是对"海上失职"的反应），要求"除了参加海战和远洋护航的舰队外，为保障商船出入在适当位置上至少配备43艘巡航舰艇"。事实上，这是对只在地中海布置海军而置英吉利海峡的安全于不顾的严厉批评。因为从13世纪开始，英格兰就宣布了它对英吉利海峡的主权，这在18世纪已深入英格兰人心。英格兰人一致认为一支强大的舰队是绝不可少的，但对它的用法意见却极不一致。

主张"美洲战略优于欧洲战略"是英格兰18世纪的经典看法，它形成于17世纪90年代。当时认为英格兰应将它的兵力部署在海上，目的是消灭法国的贸易及其海外殖民地，这本身就足以削弱路易十四在欧洲进行大规模战争的能力。在路易接受了卡洛斯二世遗愿以后，把班鲍派往加勒比海——那里一支相当规模的英格兰舰队中队将要驻防数年之久——搜索西班牙商船队一事表明利用西班牙不劳而获的根深蒂固的神话很快就会死灰复燃。这种想法对一个渴望扩大其银储备及为其国内商业开辟新市场的日益扩张的商业社会，以及对从牙买加到新英格兰殖民地里的激进分子都有吸引力（参看第15章）。威廉三世和马尔巴勒的政敌和反对者也是"海洋"政策的热情支持者，这政策符合保守党的利益。鲁克由于运气不错而在维戈湾猎获一支西班牙商船队，他们对此大加吹捧，并认为进攻加拿大较之在法兰德进行一场战争更符合民族利益。事实上，正如本书前数章所指出的，这个时期的最高战略目标几乎全都在于取得欧洲大陆的控制权。海军对此所能发挥的影响从波罗的海或地中海东部的相对地域性含义中可以看出来。它对西方各交战国提出了全新的问题。威廉三世从海上包围法国的最后决定是最有趣味的回答。不管他开始时如何犹豫——这主要和爱尔兰之战和行政困难有关——这位国王兼行政官早在1692年就已接近于解决英格兰的防卫和他个人关于战争必须最后在大陆上决定的看法的矛盾。他解决这个矛盾的办法是洞见不同战区海上交通安全的重要性的结果。这从英格兰和爱尔兰以及低地国家的联系中可以看得很清楚。威廉和其后的马尔巴勒也认识到,在地中海部署一支舰队控制从法国至西班牙和意大利的航线,协同陆军威胁法国南部并加强盟方对犹豫不决的意大利各省的外交攻势,就可以直接影响欧战。如事与愿违,仍可认为英荷对地中海西部的控制,除了取得一条重要的贸易通道并便于盟方对伊比利亚半岛的干预外,还限制了法国对英荷更为重要的地区的进攻潜力。由此而产生的影响波及到全部海战。除了1704年救援直布罗陀外,1694年后法国海军唯一的一次大规模行动是掩护1708年詹姆士二世党人对苏格兰的进攻——这在海军史上为法国军舰能摆脱它的追踪者提供了一个很有意味的范例。总的说来,必须承认在这个时期的战略上欧洲海军比起陆军是明显地居于次要地位,威廉三世和马尔巴勒认为必须在陆上打败法国是对的。1683—1713年,英国需要学会对付一个没有陆军支援难以单靠海军击败的敌人的最好办法。对它大陆战略的批评虽然是皮毛的,但仍反映了一个海上强国的窘境,它的对手是一个陆上强国,即使海战受挫仍可进行战争。

和威尼斯以至马耳他骑士一样,海上强国必须依靠陆军进行防御这条规律对英格兰也不适用。不过现在却适用于英格兰的海上盟国。荷兰的确比英格兰更需要依赖他们经常受到敌人袭击的远洋贸易和渔业。他们需要进口大量食品和工业(包括供应出口的各种加工工业)所必需的原料。这些工业的生存有赖于安全的航线,因而他们的民族英雄也多是海员。可是,在勉强接受担任欧洲政治主角的同时,皮特·海因的崇拜者特罗普及德鲁特从1672年以来就痛感到他们边境的脆弱性。[1] 为了取得一种

---

[1] J. W. 史密特撰文探讨他们的犹豫不决。该文载 J. S. 布朗利和 E. H. 柯斯曼编辑的《英国与荷兰在欧洲和亚洲》(1968年)第13—36页。

"屏障"和欧洲的"均势",荷兰必须全面参加一场对路易十四的陆战。战争结果表明,荷兰无法保持1689年英荷协议(参见第7章)中规定荷兰所承担的即使是次要的海军实力,因此,1678年防御条约规定的荷英主力舰对比从3∶4下降为3∶5。每年秋天海上大国都要审议定额的绝对数字,漫长地讨论下一年的战略。在海上国家增加护航队的份额这一点上存在误解。即使乐观的估计,在西班牙王位继承战中,荷兰舰队每年平均低于定额20艘左右(或者说少了一多半)[1],而等这些舰艇装备起来后也常常为时太晚。这种延误使英格兰坐失1702年对西属印度洋群岛凭空一击的良机,而1703年6月,荷兰的地中海舰队在计划攻占那不勒斯一役也出发太晚。海因修斯和威廉三世一样对征服美洲不感兴趣;阿姆斯特丹人对在维戈被歼的护银舰队则是利害攸关的。不过在地中海荷兰的商业利益和威廉的战略是如此一致,1694—1695年,英格兰舰队在那里过冬的决定也主要是受阿姆斯特丹海军分区及其历练的部长乔布德怀尔德(1637—1704年)[2]建议的影响。即使在1710—1711年间,当荷兰人已无法承担一支国内舰队并早已取消了勒旺岛的护航以后,荷兰国会仍在地中海保留了十几艘战舰。

1712年,保守党控制的下院表达了英格兰人对荷兰海军缺憾累积的不满:

> 因此国王陛下不得不以更多的舰艇补充这些欠缺,并在一年中最不当令的时刻继续把更多的军舰部署在远海,使舰队蒙受严重损失。这也影响到商业护航。由于缺少巡航舰,

---

[1] De Jonge, vol. IV, pp. 87—88;F. 斯纳珀,*Ourlogsinvloeden on de overzee handel van Holland, 1551—1719*(阿姆斯特丹,1959年),第268—270页。

[2] 出处同上书,第194页及以下。

海岸得不到保障，而陛下亦无法干预敌人和西印度群岛进行的极有利的贸易，他们从这里获得大量财富，非此他们就无法支付战争的庞大开销。①

正如它左右了斯坦厄普和查理大公于1708年签订的单方面的商务条约一样，这种批评无疑为波林布鲁克在外交上出卖盟国扫清道路。② 可是真正感到荷兰人把海洋置诸脑后——"海洋是我们的前线，而我们却为他们设置屏障而弄得精疲力竭"的波林布鲁克是很明白个中原因的："不管谁主持，荷兰政府变穷了。"③ 到1707年末，海因修斯在给马尔巴勒的信中已丧气地提到战争的"可怕支出"。④ 1710年，荷兰的远洋贸易将经历北方战争的全面影响，它承受王位继承战的压力不如九年战争（至少到1695年）那样成功。有理由相信它的护航系统不那么有效。护航舰比巡航舰队需要投入更激烈的战斗，损失后得不到新舰补充。⑤

对荷兰来说，1689—1697年和1702—1713年，这两次战争的另一区别是，后者是在没有行政官提供统一指挥的情况下进行的。威廉是陆海军总司令；桀骜不驯的省，特别是泽兰省，也表示了对奥兰治皇室的效忠，这是荷兰市政大臣所从未如愿以偿的，即使海因修斯和经常出海的约翰·德·威特一样对海军方面的问题表示同样的职业性兴趣。行政官腓特烈·亨利曾想取消

---

① A. T. 马汉在《海上大国对历史的影响》（第5版，1950年）第218页上援引。
② 见本书原文第430页；参阅斯纳珀，第231页。
③ 致汤森和德拉蒙德的两封信，1711年2月6日和3月30日，引自上书第338、264页。
④ B. Van't 霍夫编：《马尔巴勒与海因修斯通信集》，第354页。
⑤ 见斯纳珀，第203、231、242、244页。

1597年制定的那部累赘而又支离破碎的宪法,这部宪法把区域安全和联邦海军委托给5个独立的海军部,每个部都竭力维护自己的地位以及选举海军部成员的各州镇的利益。那个"完美的荷兰人"德·威特和经常和阿姆斯特丹闹矛盾的威廉三世也就只能通过个人领导、谈判和影响来推行这个不确定的文件。[1] 从以下事实可以看出一定程度的集中:3个海军军区——马斯、阿姆斯特丹北方区和西弗里斯兰——仰赖于荷兰州并负担三分之二的海军开支,而泽兰和弗赖伊斯兰(格罗宁根)只各负担六分之一:在这些份额中内陆省需要负担总额的五分之一——也就是过半泽兰之数——但却常常迟于缴纳。当需要装备一支舰队的时候,所有选举团体都派代表到海牙与国会代表讨论各自的份额。国会代表是一个只能听命于各选举团体并国会在财政和政治上所加影响而行事的咨询机构。海军总司令由国会提名并接受其指示。国会会员有权遴选各舰舰长。不过各选举团体"属下"的海军上将、中将和少将则由选举团委任,他们可以听取或不听取外部意见,鹿特丹的高级委员会可循例授权总司令和荷兰州,在总指挥权一旦失落时——过去通常是战斗阵亡的结果——提出候补人。如行政官不在,则市政大臣行使其有限权力,主要通过他是荷兰州议会及该州之海事委员会成员来行使。这些机构介于3个海军军区和国会之间,相当于英格兰的海军总监(1690年后是海军专员)及法国兼管海军工作的国务委员。英格兰大使不惜耗费时日与各省讨论指挥和募兵细节,这是不无原因的。

尼德兰各选举团奉行串同制度,这种做法一向耗费时间和财力。因此,一旦该国的财政不堪重负时它就崩溃了。特别是泽兰省,它强调海员利益,又喋喋不休申诉贫困和强调本身权利,国

---

[1] J. K. 奥登迪克:《约翰·维特和海军》(阿姆斯特丹,1944年),尤其是第7页。

王兼行政官死后它就自行其是。米德尔堡的海军军区有责任保护它的海岸和内河不受附近敦刻尔克、奥斯坦德和纽波特海盗船的窥伺。它对它的"委员会航海者"之长久不替也表示关注,在法国人看来,这些航海者之可怕就如敦刻尔克人之于滨海国家——但不只在一个海洋,因为1695年后,泽兰人开始远涉地中海。1688—1715年间,在米德尔堡及弗洛辛出售虏获品获利几及2000万盾①——足够支付海军3年的全部开销。在这个数目上还需加上在国外出售虏获品所得的巨款和国会为捕获或击沉敌舰发放的奖金。这些款项有助于说明为什么"Les Flessinguois"海盗有别于其他海盗享有能征善战的美誉,虽然荷兰船员的勇敢同样获得他们的盟友和敌人的钦敬。1705年7月,由于把这些款项提高了一倍,泽兰各州被说服同意较严格的虏获品

---

① "九年战争"中出售战利品的总收入情况参见 G. N. 克拉克的《荷兰结盟与反法贸易战》第148页,此后几年的收入情况也以同一资料来源为基础。感谢泽兰省藏书目录馆的 M. P. 德布鲁因先生提供的资料。不含贝尔(Veere)和齐里克泽两个小港,并且不考虑某些细小因素的收入情况大致如下:

| 年份 | 弗洛辛 | 米德尔堡 | 总计 | 年均 |
|---|---|---|---|---|
|  | (佛兰芒镑,1镑=6荷兰盾) |  |  | (战时) |
| 1689—1698 | 840897 | 665719 | 1506616 | 167402 |
| 1698/9—1702 | 78076 | 35094 | 113170 | — |
| 1703—1707 | 510148 | 645657 | 1155805 | 231161 |
| 1708—1712 | 261337 | 259259 | 520596 | 104019 |
| 1713—15/17 | 1895 | 21108 | 23003 | — |
|  | 1692353 | 1626837 | 3319190 |  |

可以看出,1703—1712年的年均收入虽然比1689—1698年的略高些,但在"西班牙王位继承战争"下半阶段里,收入不及上半阶段的一半。1702—1713年发了300多次佣金,见 J. S. 布朗利著《1707年雅各布·索京给所罗门·雷德斯下达的某些泽兰私掠船的命令》,载《威廉三世与路易十四》,第165页。

处理程序。在此以前他们支持海军军区谴责中立国或友好国家船只与敌人进行贸易的行径——泽兰厌恶这种陈旧的荷兰做法——从而使国会陷入与斯堪的纳维亚和盟国政府的外交纠纷。[①] 武装船占用海军人员也促进了和海军的摩擦。这一年和1702年一样，泽兰收获很大，为舰队提供了3000人。当有可能和1703年年终一样，以1000门火炮装备40艘战舰，武装船这门行业就需要5000多人，因为一艘配备32门火炮的护卫舰需要180名船员是很寻常的。掠夺敌方商船常带风险，而各地能投放的人力也有限度，但由30多个家族控制的米德尔堡和弗洛辛的海军委员会在这些战争中却干得不错，成为泽兰爱国热忱的真正代表。只有从省的狭隘观点出发，以战养战仍是正确途径。

所有滨海国家——连只有奥涅格里亚作为唯一港口的萨伏依也算在内——都把武装船编入现役，其目的是对敌方的近海船进行打了就跑式的袭击，这样做可以减轻地方的贫困。在九年战争期间，泽兰船长克里多和英格兰船长普洛曼轰动了地中海，但是促使马赛保险率上涨的原因主要还是马略卡岛上的人。在查理十二2月19日的武装船令公布前几个月，英国政府就抗议瑞典的掠夺。这一法令的公布使斯德哥尔摩派出30艘"私掠船"服役，哥德堡派出20艘，维斯马和施特拉尔松也各有派遣。[②] 从1689—1697年，伦敦海事法庭公布了420份捕押许可证，并在1702—1712年间接受了1540份保证书。[③] 1702年6月至1713年12月间，凡尔赛捕获船委员会除了批准2000份赎金以外还谴责把4000艘捕

---

① 出处同上，第169—174页；同前《海盗船、泽兰人与斯堪的纳维亚海运业》，载M. 莫拉：《轮船与北欧海上经济》（1960年），第93—109页。

② 见J. F. 钱斯《乔治一世和北方战争》（1909年），第46—48、65—68页。

③ 见克拉克著《荷兰结盟》，第150—151页；伦敦公共档案馆 H. C. A. 26/13—21。这些佣金以武装商船最多。增加的数量也确实惊人。一部分原因是1696年废除了1689年公布的禁止进口任何法国商品（包括战利品、赠品）的法案。

## 第二十二章 陆军和海军

获船押送欧洲港的做法：如把在殖民地海域击沉的、非法处理的和捕获的船只算起来，英国在西班牙王位继承战前半段约损失3600艘商船的说法是可信的，特别是到了1708年，法国的海军实力已越过高峰，而圣马略则已把精力转到更为有利可图的南海贸易。对主要在英吉利海峡游弋的麦劳印私掠船来说，1694—1697年是最好的年景——即使举行了使他们失望的和平谈判也仍然取得246艘船的装备。除了由让·巴尔（1650—1702年）指挥的皇家中队外，从1693—1695年的28个月内，敦刻尔克武装了同样数量的私掠船，主要用于北海。让·巴尔是佛兰德人中最优秀的海员。佛兰德人用荷兰人从德鲁特那里学来的战术回敬他们。由于盟国舰队无法防止敦刻尔克的迂回接近，敦刻尔克在下次战争捕获的船增加了25%，因而在和平条约中获得了它的席位。① 它对干预英格兰集中在泰晤士河的贸易和在苏格兰和挪威之间或通过松德海峡回航的荷兰船队是再合适不过了，更不必提长期落寂的北海渔业。从布列斯特开始活动范围更加扩大，这个基地从1702年就为勒内·迪盖—特鲁安（1673—1736年）所使用，不过他仍仰赖他的同乡圣马洛筹措军饷和人员。不过他和让·巴尔，以及南特的雅克卡萨尔（1672—1740年）和傲慢的骑士，福赛的克劳德（1656—1733年）也只是这个时期许多舰长中最为人牢记的人物，这些人把法国武装船这一行业变为一种传统，一种有其自身战略原则的国家机制。

和路易十四晚期的法国别的新想法一样，为武装船战争进行

---

① 出处同上，《西班牙王位继承战争期间圣·马诺的贸易和私掠船》，出处同上，第17卷，第5部分（1964年），第631—647页，以及《法国私掠船战争，1702—1713年》，载 H.E. 贝尔、R.L. 奥拉德合编的《1600—1750年的历史文献，呈献大卫·奥格》（1963年），第213—216、229页；参阅 A. 莫雷尔的《1681—1715圣马洛的战争》，第132—173页；H. 马洛：《敦刻尔克的海盗和让·巴尔》（两卷本，1913—1914年）第2卷，第418页，以及《敦刻尔克，英雄的城市》（1918年），第75—76页。

经典性辩护的是对敦刻尔克十分了解并对装备部分船只起过作用的沃邦元帅。他在 1695 年 11 月 30 日所写的著名的《私掠船备忘录》[①]中提出两种主要设想：英荷的作战能力植基于庞大但易受袭击的商业。建立一支庞大的舰队起不了太大的作用，除非这支舰队能主宰海洋。在这种情况下，出路在于坚定地而又机智地扩大一场"捉摸不定的海战"，迫使敌人在为保卫他们生存所必需的商船队的财政压力下崩溃。私人资本将负担进攻的大部分费用，只要国王的低级舰只和护卫舰——这也要有私人投资者参加——能组成中队进攻主要目标，并在解决俘获船讼争方面能迅捷些，减少包买商对俘获品销售的阻力，提高武装船员的士气。这些船员由于出航前往往预先领取并花光了他们的工资或俘获品所得的大部分，所以很容易开小差或临阵脱逃。国王的法律未能防止预支造成的这种弊病，雇主之间的竞争更助长了这种弊端，而沃邦别的追求又未能实现。16 年后，消息灵通的法国舰队司令秘书及俘获船裁决委员会秘书特鲁赛德瓦林库尔谴责了武装船武装部司库的欺诈行为，律师的诡计和对被捕船只的洗劫——所有这些都是构成武装船衰亡的原因。[②] 不过沃邦的部分纲领实现了，主要是通过把国王的船只租给私人辛迪加，这些团体由于有失业军官参加而发展了；另一方面，国王为他的远征队寻找支持，这和他早在 1693 年把他的大使派往丹麦和瑞典去争取支持一样。所有这些安排是他在美洲殖民地地方长官所主张的结果，不能说部长必然都会同意，不过结果却是公共资源和私人资源取得紧密结合，这方面欧洲无出其右者。这就足以说明为什么法国

---

[①] 《沃邦的家庭和著作："赋闲"与书信》第 1 卷，罗沙·戴戈隆版，第 454—461 页。沃邦的想法早些年已经考虑成熟，参阅马洛的《让·巴尔》，第 2 卷，第 327—328 页。

[②] M. 德瓦林科的回忆录（1711 年），国家档案馆，船舶，G144。

武装船比别的地方武装船业在国内享有较高的声誉,特别因为部长和廷臣有时也会对它投资。1689年初,法国海军部长塞涅莱已在武装4艘护卫舰,其中1艘是和法国作战部长洛沃瓦合作的。国王本人提倡这种做法,并决定于1695年减少海军经费。从某一方面说来,他不过稍微修改了科尔贝尔的目标,为此塞涅莱和主张海军第一的人就为什么需要建立一支舰队曾与洛沃瓦、麦米亚尔以及梅因特侬夫人辩论:那就是从滨海国家手中夺取国际贸易。① 但黎塞留和科尔贝尔却认为一支强大的打击力量是商业和殖民发展的条件。海军部长继续主持商业和殖民地。虽然圣多明克和马提尼克岛的小型武装船仍不时活跃,但这些岛屿的总督的行政官都希望得到五六艘国王的巡洋舰。在沃邦的"回忆录"里也直率地承认有"一个时期"法国忘了它的海外商业。他错误估算了法国小型武装船的能力(虽然它对法国动机的反应能力比海军更为深刻)和敌方对损失的适应能力,这二者有时会发展成为政治上的神经战。法国人既然要进行商业战争,他们就必须承认海军优势对此是必须的。

在取得这种优势以前,经济战这种想法在英格兰已经存在。这可以从英国一再设法防止1703—1704年荷兰和法国的贸易,特别是威廉三世防止北方中立国1689—1690年的贸易的努力中看出来。1693年,法国缺少玉米的时候,威廉单方面把它列入战争禁运物资——这在17世纪后期成为许多条约的内容(见第5章)。他被迫撤销了这个决定,但1703—1705年,又再次没收了好几批玉米,这就重新激起斯德哥尔摩和哥本哈根的抗议。问题出自中立国船只携带的证件有缺点,有些无疑是伪造的以便藏匿盟国人员携带的禁止和敌方进行贸易的物资。所有交战国对货物都进行"渲染",使中立国货船的活动受到多种条例的约束。

---

① L.罗思克鲁:《反对路易十四》(普林斯顿,1905年),第377—385页。

和护照一样，这些条例提供了许多没收的口实并卖弄法律。牵涉到中立国船只时在海上能否登上它们的船进行搜查，违禁品的定义是什么，以及交战国俘获品法庭是否有资格对它们进行裁决等问题上发生了争议。所有这一切促成了国与国之间的怨愤，并使武装船这一行业在18世纪人道主义者面前变得声名狼藉，这些人愿意赦免一切非交战国人员，甚至交战国的人民。各个国家都提到一些原则来支持他们的要求；但如要达成协议必须依据各种互惠而又矛盾的条约。一个国家的态度受它的中立国抑或交战国地位的影响，假如是交战国，[①]则要看它推行其愿望的能力，或对中立国运兵船的依赖性。荷兰和瑞典虽然互相敌对，但在1691—1693年都结成"武装中立"。他们对所受损失获得某些经济赔偿。但在北方战争中中立国的权利问题也提出来了，当时英荷事实上已达成武装中立的协定。1710年和1715年，丹麦和瑞典的俘获品条例和九年战争中英荷王室的政策有分歧，而英荷联合反对瑞典禁止和俄国占领的海港进行贸易的做法是和1689年英荷伦敦公约所规定的交战国权利不一致的。

很明显，中立有它的风险但也有它的权利。为了保护这些权利，北欧王室都部署了少量的舰队，主要是彼此防范，而且又都局限在波罗的海之内。双方都有值得骄傲的航海传统和勤劳而又习于航海的人民，特别是丹麦，它最优秀的海员都来自挪威。它们也富于造船材料，其中挪威的桅、荷兰的焦油和瑞典的钢铁都

---

[①] 见克拉克著《盟邦荷兰》第5章及其《西班牙王位继承战争中的中立国贸易》，《英国国际法年鉴》(1928年)，第69—83页；C. J. 库尔斯拉德著《1780年前的海上中立》(波士顿，1936年)，第123页及以下；P. C. 杰塞普和F. 迪克著《中立》第1卷，书中随处可见。如要研究英格兰和法国文件者，请参阅R. G. 马斯顿著《海事法及海关》第2卷 (N. R. S. 1916年)；R. J. 风林著《新评1681年海军训令》(罗歇尔，两卷本，1776年) 第2卷，第213页及以下各页；勒博著《新逮捕法令》第1卷 (共和七年 [1799年])。

出口西方。不过这两个国家都尚未具备一支坚实的商船队。至少有三分之二的瑞典外贸是在斯德哥尔摩进行的；虽然它的钢铁出口量正在急剧增加，但哥德堡仍是一个小地方。瑞典和丹麦国王早就通过大量减免关税鼓励私人营建防御性船舶；不过这已由海军新的大规模造舰所代替，而查理十二事实上废除了这种制度。这一方面，英格兰的航海法刺激了斯堪的纳维亚吨位的上升，使荷兰受损。17世纪90年代，斯堪的纳维亚国家的建船业十分兴旺。虽然必须把寻求中立国保护的外国商船也计算在内，但是当时瑞典的商船队（共750艘）比它整个18世纪时的都要强大。丹麦的商船队较小，但在17世纪90年代，丹麦的海军造舰活动则显然活跃得多。1692年，克里斯蒂安五世已有9艘配备76门或更多火炮的战舰，另外还有20艘配备34—70门火炮；1692—1699年，又有8艘参加前线战舰行列，包括弗里德里库斯·考都斯号。即使这样，它在数量和质量上仍不能和瑞典相比，瑞典接近40艘舰艇。1703年，这两支舰队各有大约50艘战舰，但瑞典共配备了2872门火炮，而丹麦只有2414门。①

在波罗的海和在地中海一样，海上交通安全具有十分重要的政治意义。瑞典王国事实上是一个海上王国，它的领土完整有赖于在瑞典、芬兰、爱沙尼亚、利沃尼亚和德国北部之间自由运送兵员和物资。丹麦通往挪威之海道也易于受到袭击。1700年，丹麦由于未能控制松德海峡而被暂时排除出北方战争之外。当时瑞典在英国海军上将鲁克指挥的英荷联合舰队支持下控制了松德海峡，虽然这一行动也表明在哥本哈根以南和以北浅海处大型舰

---

① E. F. 霍克斯谢尔：《瑞典经济史》（剑桥，1954年），第97、111—114页；[R. 莫尔斯沃思]《丹麦情况介绍：1692年的丹麦》（第4版，1738年），第88—89页。G. de 兰珀蒂著《18世纪历史回顾》第12卷（海牙，1734年），第134—137页。参见 J. H. P. 巴富特著 *Danmark-Norges Handelsflåde, 1650—1700*（克龙贝格，1967年）。

艇活动非常困难,特别是由于撤除了所有航标以后。① 1700—1709 年,瑞典海军可以在波罗的海自由活动,支持他们国王的征战。1709 年后情况改变了。瑞典在波尔塔瓦的失败使丹麦重整旗鼓再次参战,而俄国也开始在波罗的海作为一种新的海军力量出现。到了 1710 年,卡累利阿、因格里亚、爱沙尼亚以及利沃尼亚都被彼得大帝征服。瑞典面临更大的困难,因为和彼得的舰队交战需要有与丹麦人在波罗的海交战不同类型的战舰和战斗技巧。沿芬兰海岸都是岛屿。在这些岛屿四周的海面以及往西延伸到瑞典,俄国人使用的是 1704 年首次下水的用桨驱动的浅水帆船。战斗的帆船在地中海正在丧失它的历史性地位,但在波罗的海却开始了它整个世纪的新影响,这是由于芬兰在俄瑞战争中的战略地位以及可以不需要控制波罗的海就可以沿着它的海岸行驶帆船。1709 年,瑞典有 37 艘主力舰和 21 艘护卫舰,但只有 5 艘帆船。1714 年,在汉高特(甘古特)进行的首次帆船战斗中,彼得有 100 艘帆船参加。② 1719—1721 年,他用这些帆船骚扰瑞典沿岸,从极北的皮特欧到斯德哥尔摩南部以远的诺彻平。不过,从某种意义上说,正是由于丧失了波罗的海沿岸各省,瑞典未能控制波罗的海,而不是由于瑞典未能控制波罗的海才丧失了波罗的海沿岸各省。埃里克十四和他的继承人曾经想占领芬兰湾,以切断俄国和波罗的海的联系。彼得对海湾南岸的征服作为一种军事上的胜利必然使俄国海军在波罗的海打下基础。相对来说,以瑞典波美拉尼亚湾失陷告终的德国战役主要是受海战影响。由于瑞典海军无力在两个战场进行战争,俄国和丹麦就取得

---

① O. 布郎宁编:《乔治·鲁克爵士的航海日记》(N. R. S. 1902 年),第 11 页及以下各页。

② R. C. 安德生:《1725 年地中海里的帆船舰队,水手的镜子》第 42 卷(1958 年),第 179 页。参阅同一本书,《波罗的海中的海战》(1910 年),第 8 章。

了主动权。1712—1716年间，由于瑞典海军甚至不能取得对丹麦地区上的优势，结果使瑞典在德国的驻军处于孤立无援境地，最终导致他们的投降。其后，当瑞典本土的海岸被袭击时，俄国人几乎深入到斯德哥尔摩。俄国入侵之所以未能实现，可能是由于俄国和丹麦缺乏合作和英国在必要时决心使用武力以保持北欧的均势。另一方面，查理十二想征服挪威以挽回损失的企图由于丹麦控制了瑞典和挪威之间的交通而未能实现。

北方战争的历史主要是陆战（参见第20章），但也有在芬兰、瑞典、德国和挪威沿岸为支援陆军而进行的简短尖锐的海战，特别在其后一阶段。主力舰队一般是作为预备队，只有在为达到某些值得为之冒险和花费的特殊目标时才使用。就在北欧国家海军力量日渐衰微的时候，俄国的海上力量却以惊人的速度成长。虽然俄国用松木建造的舰只寿命不长，俄国人本身也不喜欢在海军服役，因而海军要靠沙皇的意志来支持，但是这种新的事态发展肯定导致了瑞典大国地位的下降。

除了战斗损失外，战舰的寿命必然受自然界压力对战舰本身及其船员的影响。航行中船体破裂、桅杆折断、索具残破以致巨缆分离等是常见的事。虽然也完成过诸如海上急救（互救）等奇迹，但船舶一般负重过多，无法再装载大量的备用品如中桅、帆、桁、索具和其他用具。舷和船底必须用木加固，特别要按时偏滩以便清洗和捻缝。水桶以及粮食、弹药、燃料等要经常添补。因此，作战效率就和能否在战区附近修配和取得补给有直接关系。无可避免的是，并不是在战略需要的时候都能找到合适的港口。一支舰队需要地盘和一定的水深，不受敌人袭击和避免最坏天气所加之影响。

在丹麦和瑞典这两个斯堪的纳维亚国家中，丹麦在基地上比瑞典略胜一筹。除了加固了的哥本哈根港外，丹麦人在格吕克施塔特和克里斯蒂安桑设有船坞——后者为维修在卡特加特保卫商业和挪威海岸的小型舰队服务。哥本哈根一支舰队一般可以控制松德海峡和南波罗的海，1680年后，哥本哈根港为容纳大型船舰做了不少工作。丹麦人也热衷于在波罗的海的波恩霍尔姆岛建立基地。这个岛没有合适的港口，但在它的东北面，在称为埃尔寿洛美的两个岩石小岛之间有可能修筑一个。天气不好时，游弋到波罗的海的战舰可以在那里躲避。由于靠近波罗的海贸易航线中心，它们可以成为一个武装船据点。只要丹麦人占据了南方省斯科纳和布莱金格，在松德海峡设置一个瑞典基地就是不切实际的。不过在1658年后，在布莱金格海岸却建立了一个基地，名为卡尔斯克鲁纳。以卡尔斯克鲁纳代替斯德哥尔摩的决定是明智的，因为卡尔斯克鲁纳的位置较适合于驾驭丹麦人和保护瑞典和它在德国数省之间的交通。不过在北方战争期间它有负众望。它远离芬兰湾和利沃尼亚海岸，在俄国将其兵工厂设置于喀琅斯塔得的情况下，它的方向就是错误的了。1710年后，斯德哥尔摩重新获得某些早期的重要性，不过，由于1682年以来的弃置，使它眼下的作用受到限制。在卡特加特海峡和斯卡格拉克海峡活动的瑞典军舰的基地在哥德堡。

虽然英格兰和荷兰的舰队经常开到波罗的海，但是舰队在那里都没有基地，在那里舰队一般是为了护航，但也不常如此。波罗的海距本土近，那里适合战斗的季节也较短，因此舰队可以在秋后回航而不至于严重影响他们所保卫的经济和政治利益。这两个国家在地中海的情况就大不一样，在1708年占领米诺卡岛以前，由于缺少合适的基地，联合舰队受到限制。在九年战争期间和1707年后，那不勒斯和西西里港提供某些方便，至于英格兰的战舰则早已习惯从西班牙在地中海的港口取得木料和水，新鲜食物和酒。不过就基地而言，法国的土伦是无与伦比的。1694—1695年冬天和以后的某些日子里，每年有过半的时间土伦几乎全面控制了地中海的海战。当威廉三世下令拉塞尔的舰队在地中海过冬时,拉塞尔最好的办法就是借用卡迪斯的设备;卡迪斯是查理二世时常设的海峡船队的终点站;这支船队也利用巴利阿里群岛。西班牙不再是盟友以后,有优越停泊之便的塔古斯便成为最佳的替补港;它是梅休因父子运用外交手腕取得的,他们利用了维戈岛战役胜利给里斯本造成的良好印象,但这并不发生在盟国部队未能占领卡迪斯以前(参见第13章)。和在卡迪斯一样,英格兰人在里斯本委派代理以取得给养,照顾海员、俘虏和伤病员。特别在卡迪斯,这种活动规模之大,所需工具和管理之浩繁,加上对信用和汇款的特别安排——这就创造了当时最卓越的行政管理奇迹之一了:"一个在外国领土上、远离英格兰1100英里的英国船坞核心事实上在临时通知的情况下就建立起来了。"[1]有必要请私人商号作为代理采购当地的物产——虽然荷兰籍舰长常常以个人信用做担保——也有必要请大使来消除地方上的过敏感情。可是受半岛政治变化影响的卡迪斯和里斯本,他们的价值由于远离土伦和加泰罗尼亚战区而下降。海峡的天气导致拖延,有时造成船舶失事。1704年占领了直布罗陀停泊所以后也没有引起太大的保卫和安置作用。只有在盟方能自由地修建马洪港时他们才取得一个没有这些缺点而且在地理上十分适合巡防地中海的港口。

米诺卡岛并非英格兰第一个海外海军基地。在近代,这第一的名次如不属于马德拉斯就属于丹吉尔和孟买。作为一个不适于重型军舰碇泊的避风港并且由于经常受到大批摩洛哥骑兵的袭击,由于财政和政治上的原因,丹吉尔于1684年被放弃了。[2]至于东印度人,英格兰希望他们放弃圣赫勒拿岛或好望角以远的

---

[1] 引自埃尔曼,第526页。
[2] E.查佩尔编:《塞缪尔·佩皮斯官方文件》(N.R.S.1935年),第20—29页。

海上防卫；好望角作为"两个海洋的旅馆"，在那里外国船只比在巴塔维亚或其他荷属东印度交通中枢更受欢迎。另一方面，英格兰的美洲船队在其全部航程中都有护送，在某些殖民地并派有护卫舰——为了保卫夏天渔船作业，在法国海盗船垂涎的纽芬兰最多时曾派出过6艘。野心更大，更使敌人沮丧的是在牙买加的金斯敦长驻一支同样数量的舰队（见第15章）。海盗们很清楚，这个基地的主要优点在于它有一个宽阔的港湾和良好的天然防御，它是除了卡塔赫纳和哈瓦那——这两个基地和维拉克鲁兹一起构成西班牙舰队的基点——以外这个时期在加勒比海最优越的港口。金斯敦——也可以说在其入口处设有炮台的罗亚尔港——的另一优点是它处于西班牙贸易路线上的先遣位置。作为这样一个基地，它在海军方面的重要性始于西班牙王位继承战。在这次战争中，它多次派出远征队拦截从卡塔赫纳出发的西班牙战船。虽然这些船都比不上1701年拥有22艘战舰的班鲍舰队。同样，在这时期唯一从法国到达加勒比海的舰队是波伊蒂子爵的远征队，他们于1697年占领了卡塔赫纳（见第11章）。

不过这个地区的所有政府的主要任务却是保卫他们的船队（这对1700年后的法国来说还包括给西班牙船队护航），特别是所有的岛屿，那里的居民经常害怕他们的庄园和奴隶受到袭击，而奴隶本身也是不安定之源。出没无常的小股牙买加、圣多明各和马提尼克海盗并不限于海上掠夺，在遭受台风、地震、饥馑和瘟疫所造成的灾害以后，这些海盗的不时大规模袭击更加深了当地居民的苦难。1689年法国占领了英格兰在圣基茨岛（圣克里斯托弗岛）部分，1690—1702年，英格兰倒转了那里的形势。的确，英格兰人1691年或1701年在瓜德罗普岛和他们1693年在马提尼克的罗亚尔岛（行政中心）一样都未能成功。事实上，西印度群岛的人民既不愿意把竞争性很强的产糖岛屿并入他们的国家版图，也不热衷于攻击它们。至于劫掠，那是另一回事。

1694年，迪卡塞在牙买加停驻6周期间造成了极大破坏；1706年，赫德森湾和路易斯安那的英雄勒莫伊纳的贝尔维尔置尼维斯岛和圣基茨岛于他的孤掌之中；此外，1712年，卡萨尔破坏了背风群岛中的蒙特塞拉特和安提瓜岛，然后又劫掠了苏里南、圣尼斯坦提斯和库拉索岛的荷兰人勒索赎金。这对迪卡塞的海盗以及后来的拉罗什尔和马赛—土伦的武装船来说都是有利可图的得意之作，但法国海军所起的作用只带偶然性。[①] 除非由于船舶装货的需要，法国巡航舰在加勒比海不多逗留，避免秋天台风的到来或船蛆的破坏。1690年，小型英格兰舰队开始在那里过冬，但在西班牙还是盟方时，英在牙买加没有常驻中队。不管17世纪60年代以来总督和议会施加多大压力，安妮皇后的历届政府只能抽调1—2艘护卫舰进驻后来的背风群岛站。当从牙买加逆着信风行驶到安提瓜需要数周的时候，总督和议会是很难感觉安全的[②]。作为海军基地，即使在1739年，罗亚尔港也还是草创的，虽然当时它已有倾斜码头和仓库。在托马斯·汉达赛德准将时代（1702—1711年，他是牙买加能干的总督），设备只限于清

---

① 神父拉巴特说，1694年迪卡塞（后任圣多明各总督——译者）率4艘皇家舰船和1500或1600个海盗来到圣·多明克海岸［见《通往美洲岛屿的新航线》（海牙，2卷本，1724年）第2卷，第213页］。海盗第一次来到马丁尼克就准备做弥撒，与教会分享他们的财富，拉巴特神父对此印象甚佳，称赞海盗的虔诚和他们的情意（第1卷，第72—76页）。这与海盗重情重义的作风是一致的，他们分配掠来之物（à compagnon bon lot）时讲究情义，"租船合同"里也明文规定对受伤人员要作赔偿。但殖民官员却夸张地把他们说成是不可救药的"浪子"。迪卡塞有时袒护他们，为自己政府镇压他们感到遗憾，但迪卡塞也觉得他们无法无天，不听调遣，主要是因为他们用选票的多数来控制当选的代表，（政府）急召他们从海上返回守卫疆土时，他们又拒不服从。他们并引诱合同未满的佣人、工匠以及商船水手等加入他们的行列。国家档案局，"殖民地"C9A/2，页码52，465—466，以及C8A/16（密尔顿先生交还的诸岛现况备忘录，1706年5月10日）。

② A. P. 桑顿：《王政恢复下的西印度政策》（牛津，1956年），第239—244页。

洗船体，而贮存则常感不足。① 加重这些缺憾的是加勒比海的航行条件，生病和开小差者多，殖民当局不断向海军提高要价，以及市民代表之柔弱无能。②

在牙买加待过了15个月以后，战舰都十分残破。有些在出发时就不灵便。由于修理不善，舰长和船厂干事互相责难。毫无疑问，双方都有玩忽之处，但巡航舰职务繁忙没有时间很好整修，而国内船厂的任务又过于吃重。海军的效率即使在海外战区也主要仰赖于这些船厂的效率。到1689年，很明显，英格兰的能力跟不上舰队的发展，只有朴次茅斯的地理位置才适合与法国作战。1698年，它增加了一个干船坞和两个船坞，虽然查塔姆仍保持优势而希尔内斯也重新起用。德特福和伍尔维奇则式微了。主要的革新是1690年决定在普利茅斯建造一个统一规划的船厂，到1693年，这个船厂的先进程度足以打消在法尔默斯建造同样一个厂的想法。③ 1694年向金赛尔派一海军专员，这也反映了在西部建立基地之需要，金赛尔和科克一样当时已经是食品供应港，但防卫较好并配备修理业务，可以为能在半潮时通过浅滩的船舰服务。英吉利海峡常刮西风，而朴次茅斯和普利茅斯适处布列斯特的下风，战略上很不利。不过同是这个风，也使船只难以驶离布列斯特，因而这个不利条件也就忽略不计了。否则它们就要停泊在乌森口外，等候起风再上驶英伦海峡。假如刮东风，英格兰舰队就不能很快到达大西洋或爱尔兰。这情况妨碍了海峡的贸易防卫，特别因为封锁布列斯特这种带风险和消耗很大的战术要再过一个

---

① D. A. 鲍：《沃波尔时代的英国海军部》（普林斯顿，1965年），第353页；R. 伯恩：《安妮女王的海军在西印度》（纽黑文，1939年），第72—74页。

② 出处同上。许多摩擦是因为对海军的票据应打多少折扣看法不一而造成的。关于波士顿"乡下钱"价值的类似矛盾请见 G. S. 格雷厄姆编《沃克的魁北克远征，1711年》第319页以及下各页，第336页。

③ 埃尔曼，第416页及以下各页。

世纪才能得到完善。还有,随着海战焦点从北海转移,除了迎接北来的船队和封锁敦刻尔克外,在英格兰参加的几次战争期间,一般处于敌人下风的荷兰基地的位置就变得更为不利。在此期间,在斯凯尔特河口附近的弗洛辛得到一个新船厂。

英伦海峡缺少一个深水港使锐意经营勒阿弗尔的红衣主教黎塞留深感忧虑。假如塞纳河口的主要基地设有一个合格的停泊所,它会有很多优点,并且也许可以使法国政府对海洋的重视会像英国大臣对泰晤士河一样。和其他次要的法国港口一样,勒阿弗尔主要为海军建造和修理低级舰只。从1678年起就以防卫军需总监身份系统地视察海岸的沃邦建议,以"海峡旅馆"瑟堡代替它作为护卫舰基地;为此起草了计划,但花在这上面或其附近拉乌盖的钱甚少,拉乌盖是负责重建布列斯特的总工程师薛瓦利埃·德·克莱维尔所选中的另一基地。沃邦的杰作是敦刻尔克的防御工事和海港工程,包括一条为荷兰人艳羡的大堤,虽然船坞(以及通往船坞的贝根运河)需要经常疏浚。它可以接待配备60门火炮的战舰,但却挤满了私掠船和他们俘获的船只。1706年,敦刻尔克的居民比麦朗德还少,而麦朗德下游是沼泽地,疟疾肆虐,存活的人口本不多,那里从1666年开始,在十分困难的情况下花费了巨大代价修建了罗什福尔的全新船厂。① 布列斯特和土伦由科尔贝尔全部改建为兵工厂,但罗什福尔则被视为一个宏伟的模型。它为每条船都配备一个仓库,并有它自己的铸炮厂、法国的第一

---

① P. 傅尔高尼埃在《图解敦刻尔克史》第2卷(布鲁日,1730年)第130页上援引1706年4月的一份统计材料(不含船上的海员和寄宿者):2682名家长、3098名已婚妇女和丧偶的寡妇、937名12岁以上的姑娘、5847个孩子、742个仆佣和277位牧师——总共14274人,住在1639间屋子里。罗奇福尔1690年人口不超过3万人,住在木质的"cagennes"里勉强应付,直到贝贡控制了罗奇福尔后这里才变成秩序井然的城镇。见梅曼的书,第33、164页及以下各页;参见 Y. 毕扎尔《路易十四治下的航海及殖民地官员:贝贡》(1932年)第107页及以下各页。

个干船坞和由布隆代尔设计的巨大走道。迪凯纳对它的危险入口不放心,此外,它又获得发货迟慢之名,这是因为当地的石头房子都建在木桩上,在这种地面修建码头需要很长时间。另外,它的船舶需要在梅曼河下游20英里的泊场完成装备。[①] 不过在它的总建筑师和重建布列斯特出了大力的波南海军总管特隆的科尔贝尔(1618—1684年)看来,罗什福尔最大的优点是,船只如无当地领港员带领就无法进入这个港口,而且它靠近粮食富足的地区。这在当时由于内乱日亟导致海岸不安,兼之歉收频繁的法国是两个极为有利的因素(见第10章)。罗什福尔还通过内河运输取得佩里各特和安戈莫的木材和铁。由于接近卢瓦尔和纪龙德之间的拉罗什尔,罗什福尔经常为开往安的列斯群岛的船队护航(东印度公司在洛里昂有自己的基地),又因为它位于巴荣纳和布列斯特之间,它是朗德的焦油和比利牛斯桅的收集点,同时它也收集南特的优质布雷顿篷布和麻。[②]

由于内地贫瘠,布列斯特的给养主要来自海上;又由于敌方的私掠船不断光顾布雷顿海岸,布列斯特的兵工厂仰赖于船队的活动,而这种活动本身又受天气无常的影响和船队常有的延误。兵工厂的力量主要看它雇用海员之多寡和素养,最好的海员来自圣马罗"基地",而假如1689年不从波南借人的话,土伦则无法武装20艘主力舰。可是作为勒旺分队基地的土伦却可以较易地得到许多军需品。它只要保证在阿尔的罗纳河运输就可以得到从勃艮第,弗朗谢—孔泰、尼维尔内、福雷和多菲内,森林和锻炉生产的煤、铁,小型武器和大部分木材,虽然从勃艮第和多菲内麻的收集可以由于冬季道路不良或和别的地方一样由于商业竞争而受到破坏。从朗格多克可以得到葡萄酒、豆子、腌猪肉和牛肉,

---

① 梅曼,第65、967页及以下各页。
② 国家档案馆,船舶、海运类B3/59,页码25。

第二十二章 陆军和海军

从多菲内和朗格多克可以得到牛羊，从勃艮第或瑞士可以取得乳酪，从普罗旺斯可以得到米和葡萄酒。和南部法国其他地方一样，土伦仰赖勒旺、突尼斯或南意大利的玉米；它的任务之一是保护这些物品进口。在这方面，和武装船业及反武装船业一样，它和马赛密切合作。马赛有高度发达的造船业，是一个资本市场，它接近土伦是一个有利条件；相反，布列斯特并没有得到麦劳印资本家什么好处，而南特也尚未富起来。在土伦修建船舶也并不如在西部船坞那样经常为暴雨所阻。不过在另一方面，它自己出产的木材供应已感短缺。1702年，它就不得不从皮德蒙特—萨伏依地区和加泰罗尼亚取得樯桅，并从罗马尼河和托斯卡纳取得橡木。① 1689年前囤积起来的北部樯桅在土伦一直用到1696年，但这些东西不能像在中立的热那亚和里窝那采购的波罗的海焦油那样易于添置。要从西班牙和比利牛斯山取得樯桅或木料就必须控制埃布罗河及其出口，② 法国从1705年开始就未能做到这一点。西班牙人偏爱比北方有较坚实、弯道较大的各种意大利橡木，但在法国，由于管理不善和选择失当，这种木材的使用尚成问题。

海战规模的扩大，使英格兰和法国1660年后采取积极措施，以保存和扩大它们的木材资源。科尔贝尔1669年的森林法由零星的立法补充，于1700年用法令固定下来。它赋予海军在海滨和河流附近的私人森林调查和先买权。1668年和1669年的英格兰法令，只限于皇家森林的圈地和复种，比法国皇室法令所规定的范围少。更有价值，并作为矫正百年滥伐弊端的长期措施则是

---

① P. W. 班福德：《森林与法国海上力量，1660—1789年》（多伦多，1956年），第95页及以下各页。

② 国家档案馆，船舶B3/95，页码145及B3/118，页码333。北方的樯杆可用30年，而多菲内的樯杆只能用6年。埃布罗三角洲盛产焦油和大麻，1724年Geronymo de Uztari（t）z力主在这里修建一座新船厂。他的著作英译本名为《贸易及海事的理论与实践》（两卷本，1751年），尤见第72章。

约翰·伊夫林的经典著作《森林志》（1664年）一书所提倡的私人植树。因此英格兰地主得以凭借其更有力的地位随便要价或拒绝出售，特别因为海军还需要和其他众多的采购者竞争。不过法国保留私人林场的贵重林木又时以极有争议的价格强行采伐旧材林的做法使林场主失望，而与此同时，贪污不法的林业部门在皇家森林滥伐以后又未予补植。这是一个由律师控制的繁杂的官僚机构，它和海军监督有矛盾，而这二者又和地主之侵占和农民之推诿有矛盾。海军的要求经常变化，因而遵循科尔贝尔森林法的日少，在拿破仑帝国成立前法国林业一直未能学会莱茵河国家的优越技术。[①] 不过，到了1700年，从德国获得大部分橡木和少量松木的荷兰人已经把势力伸到孚日。从1686年开始，英格兰进口东方国家的橡木修建战舰的船体和甲板，不过他们仍能利用国产橡木（或榆木）制造曲线（罗经木料）或直线板以建筑框架。从1652年开始，他们从殖民地得到更多的主桅，艏斜桁和沉重的横桁，虽然材料主要仍来自波罗的海和挪威。[②] 1691年的马萨诸塞宪法把直径24英寸的树都保留给国王，不过新英格兰的锯木场如此狼吞虎咽，1722年，所有从新泽西到新斯科舍

---

① R. G. 阿尔比恩：《森林与海上力量》（剑桥，1926年）第3章；班福德，第23页及以下各页，第82页及以下各页；A. Peyrisqt：《普罗旺斯的森林难题》，载《历史上的普罗旺斯》第15卷（1965年），第229—244页，以及第16卷（1966年）第42—71页。参阅M. 德维兹《森林问题讨论会记录》（1967年），尤其是第141页及以下各页，以及第219页及以下各页。

② 挪威的栎木被丹麦订购一空，英格兰就收买杆材和其他已锯开了的木材，数量不断增加。这些产品不像圆木，丹麦人对它们不感兴趣。H. S. K. 肯特：《18世纪英格兰与挪威的木材贸易》，载《经济史评论》第2辑连载部分，第8卷，第65—67页。英格兰主桅杆的标准直径是：1英寸（桅长）1英尺。最高的桅杆有38英尺，约18吨重，其价格则比一个28英尺长的高出若干倍。弹性、耐用和匀称是要求它必备的品质。参看J. J. 马隆著《松树与政治：在殖民地新英格兰的海军储备和森林政策，1691—1775年》（1964年），第4—5章及以下各页，第839页及以下各页。

第二十二章 陆军和海军

的白皮松都被置于"巨齿"之下。这种防止"木材浪费"的做法更有甚于科尔贝尔有选择地在私有林木上打戳的办法,是为英格兰地主所不容的。

由于除了皇家森林以外在国内没有其他储备,假如英格兰商船吨位1689年后继续扩大或不能从新英格兰建成的新舰或俘获船中得到补偿,威廉三世和安妮皇后的舰队就更不好过了。事实上,17世纪90年代的海军造舰计划,部分是求助于私人船厂,特别在索斯安普敦水道,那里的价钱比泰晤士河便宜些。此后,虽然海军偏向于自身的设备,私人船厂仍有余力为小型军舰放样。① 相反,荷兰的船厂在1707年工作仍很紧张,当时扎恩区的船台上同时停泊了307艘船,达到了最高纪录:这种挤拥情况足以促使(海军)马斯高价船厂的复苏。荷兰海军部一向乐于为修建船舶订合约,英格兰海军部则不太愿意冒这种风险,不过这是因为选举团可以实行现场监督,而荷兰的建船大师则比多数英格兰船商拥有更多的资本和人力。② 在英格兰,这种合同和大仓库的年度合同一样都集中于伦敦,因而驻船厂监督(虽然是海军部成员)比荷兰的海军监督或海军委员会在工作上享有的自由要少得多。还有提供各种不同服务的"长期"合约,如垂直度检查,木桶装修,或各种制成品如滑车、铁制品和罗径等。这些工作多半在船厂进行,但由海军部安排,如1686年后和伊

---

① R. 戴维斯:《英格兰造船工业的腾飞》(1962年),第25页及以下,第66页及以下;B. 普尔:《海军部合同,1660—1832年》(1966),第49—61页;埃尔曼第433—439页;参阅A. J. 霍兰著《水手的镜子》第49卷(1953年),第21—27页,第275—287页。

② 除阿姆斯特丹和北方地区外,对其他所有造船厂而言,位置靠近好处多多(包括有利于技术和质量监督),其优点超过赞丹的低价位,见范·坎珀,第91页及以下各页,第113页及以下各页。英格兰海军部(内设4位负责供应的专员)出于同样原因,青睐泰晤士河的造船商。

萨克·洛德所订关于锚的合约：他制造的锚泊索具在1703年12月"大风浪"的考验下可悲地失败了，不过看来不能归咎于"洛德先生敢于承担为整个海军制造锚具这样一件伟大的工作"，而主要是由于当时焊接方法不良之故。① 1716年前，在英格兰制造帆布（虽然不常是帆）也由中央订合约——船长们对此已经常提出愤怒的抗议，他们的船在缺乏可靠的布列塔尼帆布情况之下比在荷兰战争时期要行驶更多里程（更多纵向帆）。连布列斯特在1687年也建立起它的工厂，不过新生的英格兰工业在1713年还是刚起步，在国家津贴下用他们的产品和汉堡帆布、荷兰帆布抗衡。

法国的海军行政部门也需要依靠包买商的才干、信用和耐心（法国主要的船厂都配备了自己的锻工车间、炉子和工场），那里政府提供资本和给予优惠——如科尔贝尔鼓励由达利埃兄弟在尼维尔内和多菲内建立的工厂生产武器和铁器——或成立专利，如1664年和银行家法朗索瓦·贝特洛谈判成立的火药场。政府还可以支持包买商和第三方面抗衡，如矿场主或为数众多的木材采伐和运输行业，并保护他们不受债权人的侵犯。另一方面，工业要受检查，海军派代理进驻私人铸炮厂和火药厂，而手臂伸得很长的海军监督有时会求助于省行政官：米歇尔·贝贡甚至从1694年起就把罗什福尔管区（1688—1710年）和拉罗什尔新财政区合并起来。强制征用不太普遍，但在1689年的军备热潮时由塞涅莱下令占领了贝特洛的私人弹药库。② 就在这一年，船舶监督员特洛的科尔贝尔1674年的规定发布后，海军法令严格地规定了合同程序。和在英格兰一样，法令规定在每隔很短一段时

---

① R. D. 梅里曼编：《安妮女王的海军》（N. R. S. 1961年），第141、155页及以下各页。

② 见梅曼，第881页及以下各页，第898页。

## 第二十二章 陆军和海军

间公开招标,并对送交船厂的货物数量和质量彻底检查,那里的港务监督、检查员、仓库管理员和仓库代表以及木匠师傅和其他直接有关人员有责任协助行政官。行政官向海军大臣汇报一切"港务细节",并在采取特殊措施之前征得他的同意。虽然他们签订除了粮食以外的一切合同——粮食由巴黎的粮食供应承包商代表处理——海军事务之难办就如英格兰海军部一样,后者的优点是它处于英国商业中心,在招标以前可以较容易地了解市场动态。

假如因为他们需要在长期财政匮乏的情况并在严格的会计程序下工作,无论哪一种采购当局都无力进行贿赂。包买商可以比国家机构直接出面买得便宜些。不过一切要看他能否按时提交质量合格的货物。实际上对许多供应品来说这意味公开投标是不合适的,虽然一般都避免垄断。很明显,在东方国家,资金、关系和经验对大批木材、麻绳和焦油谈判是必不可少的。1689—1697年,和海军局签订供应国内木材合同的有34名商人,而签订供应波罗的海木料和桅的只有15人,其中3人同时供应麻绳和焦油。[1] 法国兵工厂很少大量购买外国货,不过他们也趋向于逐年地依靠他们最信赖的供应商,和在英格兰一样,这些商人对何时付款可以等候,他们喜欢硬通货,并懂得怎样把海军的账单变成现款,或者他们有足够的信用可以游说别人同样做。不过当金融商场拮据的时候,如在威廉三世统治下的英格兰和在西班牙王位继承战大部分期间的法国,想做生意的包买商就更难找到。在17世纪90年代初期,当现金短缺而和斯堪的纳维亚国家的关系又吃紧的时候,海军局就难以说服东方国家的商人投标,合同签

---

[1] 见埃尔曼,第59页及以下各页。桅杆主要签约人约翰·泰勒也从新英格兰进口。

订也晚了好几个月——一般都喜欢在 2 月签订。① 1707 年春，布列斯特脆弱的经济已破败到如此程度：它不得不要求财政大臣为所有的供应寻找包买商。即使合同期限较长，价格也较高，当地商人也不愿意接受要延期数月才付款（有时还要提抗议才付款）的巴黎支票，而持有过期 8 个月票据的洛克罗纳和普卢达尼埃尔的帆布供应商，在债权人的催迫下，买不起麻线和支付他们工人的工资。一般认为这种工厂将一蹶不振，而拉尼翁和特雷吉埃地区的农民也将停止种麻。布列斯特的经验是个极端的例子，那里很多小供应商经常无法完成他们承包的任务。但早在 1702 年，土伦的行政官就已经告诉他的部长不能用证券买麻，在包买商亏损时，海军就要受损失。②

这种压力对给国内外和海上的舰队提供大量的食品和饮料的生产者、包买商和有业务往来之行号的影响更大。当时食品贮存技术只限于盐渍和腌制，夏天酿的啤酒易发酸，农场和牛群都很小，粮食收成特别不稳，现金短缺。需要进口一些物品，而一些储备，如法国和英国的焦油和麻则有时下降；不过只要小心管理这些物品就不会腐败，也不需要在很多港口存放，或在困难时期占用市民的供应。假定口粮减少到三分之二——这就是英国人所说的"不足量分配"，为此补付船员们现金和因缺乏维生素 C 引起败血症的可能，船只可以得到不超过 5 个月的粮食供应。实际上虽然没有强调酸橙汁，但已开始强调鲜肉的重要性；要储存所有英格兰水手 3 个月内自由饮用的烈性啤酒是不可能的。即使官方对腐败食物的统计也达到五分之一。因此，除为适应气候情况而在饮食上作些改变——如在地中海改食大米、葡萄干、橄榄

---

① 见普尔，第 66—68 页。
② 布列斯特，海港档案馆，IE458，第 412—413、750—751 页以及 IE460，第 41、879—881 页；国家档案馆，船舶 B3/118，第 495、502 页。

## 第二十二章 陆军和海军

油、牛板油和喝酒等以外，在国外驻军靠当地补给就是必不可少的了。不过正如舰队司令诺里斯和乔治·宾1715—1721年在哥本哈根所发现的那样，在一个新的粮食基地大规模补给的问题并不是一下子就能解决的。直布罗陀当时已成为主要粮食基地，但经验丰富的驻直布罗陀代办也只能部分克服丹麦的官僚作风和生产费用。①

英格兰的粮食代办通常只驻在海军基地，但这两种功能不一定重叠：停泊在当斯——这和斯皮特黑德一样是一个常用的集合点——的船只由多佛供应粮食，在其他"次要港口"可以从常驻的包买商的库存中取得粮食或由指定的行商在当地市场洽谈购买。法国海军不需要太多的国外交货站，不过在地中海有一个常设的领事机构则能帮不少忙。荷兰也十分依靠他们在里斯本、里窝那和别的地方的领事，虽然他们海军部给他们的舰长带来很多债务，长年不得偿还。② 粮食的增加给会计带来问题，在此时期未能很好解决，虽然英国议会和海军部对此十分敏感，并从1702—1713年作了某些改进。可是英格兰粮食专员的最大困难在于对他们购买、加工和分配粮食的要求太大和时间太紧。虽然比一般贮备范围较狭，一个海军年度的粮食需求必须在前年冬天——这是适合盐渍的季节但不宜于采购乳制品——就准备好，并要防止腐败、过量定购和市场价格的波动。为此目的，粮食部比驻巴黎的军火商的优越性在于伦敦已控制了国内市场并更接近船厂；普利茅斯是个例外，它在依赖地方资源方面像一个法国兵

---

① 丹麦啤酒少得出奇，1720—1721年用法国白兰地补充；在此之前，唯有朗姆酒是获准的烈性酒——在去热带的航程中用。见D. D. 阿尔德里奇的《1715—1729年间英国海军远征波罗的海的粮食基地》，载《斯堪的纳维亚经济史评论》第12卷（1964年），第1—25页。

② 1710年6月2日泽兰因未结清1705年以来的账单而亏欠诺塞船长1500镑，亏欠其他几位船长37490镑。海牙，Algemeen档案馆，海事2536。

工厂。

尽管雇用海岸供应船和办理他们到船厂的通行证并不十分迅速也不是没有损失,英格兰粮食的大部分不仅可以买到,还可以由中央直接加工。1684年前英格兰海军和一个商人集团签订了供应一切食品的合同,法国政府此时仍然是这样做。1670年成立了海军军火部门的科尔贝尔这样做的目的是防止舰长们发横财,只要可能舰长们都会自己采购。从1689—1713年,这种合同制度是如何实行的至今仍不太清楚,只不过到1708年,和政府管理机构本身一样,它由于缺少现金而完全失掉信用。[1] 可以看到,早在此以前,当国王把船租给武装船部时,他只提供火炮而不提供粮食,海军经常要自己采购俘获船粮食。从原则上说,由政府直接管理的英国制度可以对供应商实行更严密的控制并使交货快捷,同时可使国家免受物价突然波动的影响。粮食供应商以合同形式通过很少的几个商品行家在国内采购一定数量的粮食,并由当地船厂安排补给有限的一部分,在这方面海军部认为很可能产生贪污行为。[2] 粮食债务之所以如此难以控制——它对现金的不断要求压缩了其他部门的开支——并非这种办法本身不当,而是由于食品价格的高涨,民间的竞争和船队对辅助性食物的临时要求,这有时会在难以预见的地点发生。会计工作之不当和船上事务长之欺诈行为概括了其余的一切,他们这样做肯定是

---

[1] 1704年4月,布列斯特的行政长官已经被迫用自己银行存款作抵押,以使该市肉铺老板手里有点钱,与此同时,运酒从波尔多来的三桅帆船的小船主们又恳求付给他们运费。布列斯特港档案IE452,页码383、419。

[2] 托马斯·里奇是朴次茅斯的一个大酿啤酒商人,议员,1710年2月被下院取消议员资格,原因是他跟船上事务长一起搞卖空生意,没有交货而开具发票,钱却两下分了。哈里奇、查塔姆、罗彻斯特和迪尔的酿酒商也被议会下院委员会查明犯有欺诈行为,而多佛和朴次茅斯的粮食代理出具交货证明时很不严肃。参见P. 马赛纪斯的《英格兰的酿酒业,1700—1830年》,第197页及以下各页。

出于船长和商人的纵容。

这一切供应和服务意味着对半工厂半仓库式的船厂进行十分细致的分工和大量投资,并且要有各种技术,由大量栈单、垫款单、薪水册和凭单所支配的存货单。无论是战争或和平时期都有一批由行政和技术干部组成的核心常驻在这里,他们知道有必要储备劳力和物资以应付紧急状态。对科尔贝尔来说,一个兵工厂要有足够的储备以装备两倍附属于它的船舶的数目。事实上,当战争使工作白热化的时候就只能容忍一些临时张罗或劣拙的工艺。比如说,1689—1690 年,图尔维拉的庞大舰队就需要付出这样的代价,因为 1687 年以后,兵工厂就已耗竭殆尽,以致 1688 年有三分之一的舰队不能出海——这是 1694 年裁减舰队的前奏。把劳动力扩大到战备基础对一个邻近人口较密的中心的船厂来说是比较容易的,如 1689 年的查塔姆,但朴次茅斯却不是这样。特别的是,1688 年只有 400 名劳动力的朴次茅斯,到 1696 年就业人数就超过了查塔姆,这两个城市当时的就业人数都超过了 1200 人。到了 1711 年,当查塔姆降到了这个水平以下而普利茅斯则上升到 700 人的时候,朴次茅斯的人数则达到了 2000。1689 年,英格兰的全部船厂劳动力还不太高于这个数目;到 1697 年,它已差不多倍于此数;而到了 1711 年,H. M. 船厂记录在案的"技工"是 6369 人,其中半数是船匠、木工和锯木工。[1]

如此规模的上升不会是毫无摩擦的,这涉及某些工种许可证的使用,特别是从报废船只的海员中招聘的索具工。法国海员一直受聘装备船只和卸除信管,而英格兰海员除非贿以双倍工资——这是海军部不同意的做法——则连把贮存从船上运到岸上

---

[1] 见埃尔曼,第 636—637 页;梅里曼,第 373 页。就业情况冬季最好。然而这种季节性波动在 1702—1703 年不似以前那么厉害,也许主要是因为更多的船在夏天从国外回来了,更多的船从事贸易保护活动了(同上书,第 104 页)。

也十分勉强。1708年曾作过试验，选择有资历的舰长作为船厂"监督"，他们有权惩办港口工人，这是1712年前驻厂专员所未能享有的权利，而海军行政官则不同，他们可以在需要的时候以国王御封的信吓唬工人。哥本哈根船厂的工作在和平时期由3000名海员（由罪犯补充）组成的后备力量担任，他们由国王出资供食宿，但1709年后，财政困乏，雇用劳力和采购物资一样变得愈来愈困难。在瑞典，同样的问题由于卡尔斯克鲁纳发生瘟疫而每况愈下。各地船厂当局需要对付工人们的烦躁情绪，他们干活仍按老办法，因为他们的工资被拖欠了一年多，这本身就意味着营养不良和生产下降。虽然每周有粮食补助，拖欠仍然导致哥本哈根的海员哗变，即使工资按时发放，英格兰专员仍然面临怠工、侵吞工款和因超时而吵架等问题。一般说来，设有船厂的市镇的悲剧就在于他们要全部依靠一个像海军那样不稳定的雇主。1704年，在布列斯特，只要拖欠工资5个月就足以迫使工人家庭出卖或抵押他们的财产；而1706年，迟付两个月就会招致罢工。即使工人们老实，他们的妻子也不会像他们老实了。由于军队强占和房客无力交付现金，他们的困难加重了。早在1709年的大饥馑以前，面包商就拒绝供应由于缩减海军开支而被裁的兵工厂雇工的家庭。1706年，在罗什福尔，潜在性动乱变成纵火。到了1710年，人们相信作为兵工厂秩序最后保证的海军警察的叛变指日可待。[①]

所有舰队的海员都十分憎恨不定期发放工资、不卫生的饮食和海上的严酷纪律。这种工资常常只是一纸借据，由职业票据收买者以很大折扣用现金收买，或转让给旅店主人和海军服

---

① 布列斯特港档案馆 IE453，第253、721、821页；IE457，第154—156、220、536页；IE458，第3页及以下，173，859页。参阅 M. 吉罗著《码头上的水手和工人》，引自《扇子的历史》第2卷（1953年），第343—352页。

装收购者。他们享受的某些好处，诸如对俘获品出售所得可能享受的微小份额，短期内免于因未能还债而坐牢之苦，对残疾鳏寡的少量福利。战时竞争激烈，为了招聘有经验的海员（"有能力"的或"年轻力壮的"），以及愿意出海的新手，多数商船都把工资提高一倍到两倍，海员在此情况下对海军就更不满了。在某些地方参加武装船是一种更强有力的反引力，以致英格兰海军部1697年就想取消这一行业。法国则想把私掠战和长途贸易航行一样加以限制，办法是规定一个回航日期。有时候他们禁止所有船只从某些港口出航，英格兰就常常这样做，在半个月左右禁止从一切港口出航，在荷兰港口这种办法显然能使海军船只完成船上定员，原则上他们从商船或渔船中每5人抽1人，主要从北海渔船队抽取。在17世纪末，这支船队雇用了1.4万人。[1] 在英格兰，由于春季封港加强了被称为"热压"的不分皂白的搜索，使1702年商船失掉三分之二的船员，并使其他船员躲藏起来，这种办法肯定是失败了。对法国来说，这不过是克服海军军籍登记地方性缺点的"万灵药"，军籍登记是这个时代最卓越的行政革新。

于1668—1673年提出并于1689年巩固的这种"分级制度"，其目的是给海军迅速配备人员，公平地分摊服役义务，并防止"强征"引起的暴乱。它植基于对一切海员和渔民的强制登记和分级，每人每4年应召1次——对罗什福尔和土伦来说则是每3年1次——船长和领港由于要培训新海员可以得到豁免。正如科

---

[1] C. R. 博克塞：《荷兰共和国里需要久坐的工人和靠航海为生的海员》，载《不列颠与荷兰》第2卷（J. S. 布朗利和 E. H. 科斯曼编，格罗宁根，1964年），第149页。开到格陵兰的船，从1680年到1689年，平均每年为198艘，而从1690年到1699年下降到平均每年只有94艘。G. van Santel 编：*Alphab. Naam-Lyst van alle de Green landsche en Straat-Davissche Commandeurs...*（哈勒姆，1770年），第26—27页。参阅本书原文第848页。

尔贝尔所想象的，这也是一种福利制度，它特别规定在海员离开家时要发给他们家属一部分工资——这一点，1792年前英格兰实际并不承认，直至海员的妻儿们即使不至于沦落到求乞也到了十分穷困的境地。行政官发出的公布说明，只要有钱政府还是设法执行这种规定。① 不幸的是，1683年后备海员的半薪停止了，因此，某人如在服役期内不受征召就会受到很大打击。另一缺点，特别对罗什福尔来说，则是新教徒的外迁。总的注册数字从1677年的2.9万人上升到1686年的59494人，到1690年则下降至55790人。② 除了受到豁免和在海上或国外服役的以外，这个数字不能满足1690年战斗要求的23175人之数——此数字比那年夏天英格兰的全部要求少1万人，但约略相当于荷兰九年战争期间的最大数字——即1.6万至2.4万人。把护航队、海岸警卫队和帆船队都计算在内的话，法国1690年的需求会大一点，虽然在帆船队服役的主要是囚犯和奴隶（见第17章）。另一方面，1690年是法国海军建设的高潮年，而英格兰海军从1694年到1696年有4.8万人，1702年后偶尔还会多一点——肯定超过这个国家本土海员的半数。③

---

① 见（例如）国家档案馆，船舶B3/131，第317页（土伦，1705年8月30日）。

② 根据1687年考察，各地注册人数如下（国家档案馆，船舶09，第81—82页）：

| | | | |
|---|---|---|---|
| 敦刻尔克到迪埃普 | 3818 | 巴斯克港 | 1831 |
| 勒阿弗尔到格朗维尔 | 5501 | 朗格多克 | 2092 |
| 布列塔尼 | 14991 | 阿尔到昂蒂布 | 12068 |
| 普瓦图到吉耶讷 | 10178 | | |
| 总共（除去7388个免税人） | 50479 | | |

参阅R.梅曼《国家军舰上的水手与士兵，1661—1690》（1937年），第209页。

③ E.L.阿谢尔：《抵制海员分级》第66卷，加利福尼亚历史出版社1960年版，第91页；C.R.博克塞，loc. cit，第153页；埃尔曼，第110页。

第二十二章　陆军和海军

对1690年海军军籍登记缺点的补救办法法国是组织80个"海军独立连",每连100人。同年威廉三世恢复了詹姆士二世的"海军团"。9年以后荷兰恢复了德威特的海军陆战队,不过英荷联合海军比法国较少使用陆战队;法国舰队有三分之一由陆上士兵组成。这些陆上士兵由他们的少校招募并供给服装,他们有别于海军警察和海岸民兵。他们需要在船上或船厂执行某些任务,从而组成一个"海员培训所",尽管他们的特长是作为经过训练的射手,这对私掠船特别有用。英格兰部队的主要任务是培训前桅工。他们住在船厂附近,有少数补充船的定员,甚至取代商船回航中被强征的船员。[①]

对海军军籍登记如何起作用所知甚少。作为级别监督(1692—1710年)巡视海港的皮埃尔·阿尔诺在对这规定作了某些删节以后,声称这个制度培养出比1693年需要的海员还要多;不过他要求负责各部门——有些地处内陆以便在内河船工中招雇新手——的专员之间以及他们在各区、各乡村教区或大型城镇的各部分的代办之间更多地合作。[②] 在这方面,主要看一个总管对这些人、他们的家庭和隐藏所的熟悉程度,以及他应付地方权

---

[①] 英格兰的海军陆战队1699年解散,1702年重建,共6个团,不超过8000人(见梅里曼,第47、177—179、207页以下)。荷兰1665年建立了陆战团,1679年又解散了(见乌登代克,第142—144页)。然而当议会使威廉三世的3个近卫团解散后,国王反对海军选举团这种因小失大的做法,又组织了3个团。海军选举团在"九年战争"中真的是小事聪敏大事糊涂,因为敌方的滑膛枪手常把他们的海员赶到甲板下面去,所以就有机会强行登船。见J.R.J.P.坎比埃尔的《荷兰陆战队,1665—1900年》(赫尔德,1899年);参阅H.W.里奇蒙的《1739到1748年战争中的海军》(3卷,剑桥,1920年)第1卷,第267—275页。

[②] 因而马赛一分为四(还有第5个部分,就在与马赛相邻的乡下);杜克洛是多年负责马赛的专员,他说他从不诉诸武力,这是因为他对马赛大街小巷的情况十分熟悉。国家档案馆,船舶,海运B3/71,第706—709页。阿诺尔德1693年的报告,参阅同上资料来源B3/78。

贵、士绅和船主的能力，这些人往往和大部分英格兰商人和法官一样追求他们自己的利益。有些总管由于懂得"管理海员的办法"而获得信任。由于战争导致死亡和失散，有些人的船舶登记紊乱。这些官员必须由他们兵工厂的同事帮助以提高他们的工作效率，在兵工厂里兵器局人员核对船上人员名册（全体船员），这和财务干事在英国船厂所做的一样，不过还要校勘一个总的名册。无论这位总管是否受贿，他总是工作过度，对检查每艘进出港口的小驳船疲于奔命。有些抵抗中心如马丁奇和圣特罗佩是众所周知的，还有据说出了不少庸碌水手的瑟堡（和朗格多克全部）。战时很多人逃到国外，如意大利或爱琴海，1706—1708年，对这些"船厂逃亡者"人数的估计高达3万人。[1] 相反，在法国外国海员受到欢迎，但人数不如荷兰之众。在外国寄航港十分普遍的开小差也可能在陆路转赴兵工厂的小队中发生。土伦和布列斯特之能够通过陆路大批交换人员而损失不大是较为特殊的。总的说来，不管压力多大，兵工厂还是按时得到新海员并把他们按来源和素质在各条船之间进行分配，虽然也有自残者，但不合格的人数比英格兰征兵队在此时期搜罗到的人数显然要少。

法国征募引起的劫乱比在英格兰要少些，英格兰陆上的拉伕头子必须谨慎从事，以免人家控告他非法入侵。最重要的还是法国水兵有更大的自由。他不像英格兰水手那样在发工资前经常从一条船转到另一条船，他在离家前一般先领到两个月的预付工资——只要有钱这是优先得到照顾的，因为这比任何东西更影响到海员们是否心甘情愿地工作。即使在荷兰也和别的地方一样，由于工资拖欠愈来愈长，很难找到应募人员，特别由于发放办法出现明显的偏颇——不幸的是，这在英格兰是十分普遍的。1699

---

[1] 国家档案馆，G7/1830（1708年12月10日克雷塞尔给总监的报告）。

年，英格兰海员向议会请愿，反对把他们的伤病员作为逃兵对待；病号难免遭此待遇，除非他们运气好，病愈后又重返他们以前的船上服役。由于受薪专员于1704年转变为公职人员以及由于后来的风化问题，相对而言军籍登记的效率降低了。在战争的压力下，没有人期望各个阶级会轮流服役，虽然在封闭边界港和其他强制措施下极力设法奖励值得奖励的人员，使疲惫的船员得到休养生息，并分摊各部门的负担。各种恶习受到谴责，有时并受到惩处。不过只要海员名册和船舶登记发生紊乱，这种制度就失掉它作为一种有控制的征兵制度的主要优点。

不管法国的征兵制度有什么缺点，英格兰的征兵方法更为杂乱并公然带有煽动性，然而当代评论家却认为英格兰征兵法是一种有效率的、细致的人员配备的典范。即使"奖金"比垫付给所有法国新兵的工资还多，一个和平时期1万人的组织也不可能只靠志愿者就扩大到4倍，即使薪俸和工作条件都更有吸引力。雇用二三百名助手的招募团在海上或陆上展开大规模的工作，毫不懈怠，然而，保守的海员从1692年起就不喜欢整个冬天都把他们留在大船上，即使给他们发饷也不喜欢。这种革新本来的目的是要减轻春天招募的费用并将假期"错开"，但最终却成为一系列防止因强征而导致的擅离职守的措施。冬天巡弋也增加了"转船"的人数，因而造成发放工资的混乱并拖延了发薪日期。这种"产生更大苦难的苦难"[①]及其因辞退海员补发的工资及票据买卖带来的恶果比强迫征募本身引起更大的道义上的愤慨，受到笛福等人的批评，这主要出于经济上的原因——如除了工资高

---

[①] [威廉·霍奇斯]《大不列颠的呻吟》或《英格兰皇家海员遭迫害、崩溃和破坏……的情况报告》（1695年），第2页。关于工资取消（由于海员在发放"总的解雇金"时人不在而未发的工资）以及通常的工资难题请看梅里曼的书第173—175页。海员一旦名声不好，他们就拿不到一分欠款。

涨外，由于把海员吓离港口对贸易的间接影响及商船上人员不足等。海军当局并非视而不见也不是漠不关心，主张船舶登记的人包括船厂专员圣洛和海军部大臣伯切特。1696年，议会设立了义务船舶登记处。1710年，它被承认失败而撤销了。后备人数从1698年的3万人降至1702年的1.7万人，其中很多无固定居处。由于保护其持有人不受强征的登记证可以金钱获致，这种办法失去了信用。只有强迫登记，否则予以处罚的办法才能杜绝这种买卖，不过即使有海关帮忙核对海员名单，英格兰海军机构仍然太小，无法完成这个任务。这符合他们十分不同的社会机构，英格兰人比法国人更加依赖民政官员的通力合作，但在这方面这种合作却有很多不足之处。

假如英格兰和荷兰可以不择手段地最终征召其相对地说较为充裕的航海力量，丹麦和瑞典则必须靠预见来节俭地使用它们的人力。和法国人一样，丹麦人设法通过编纂船舶登记册来保证随时能找到服现役的人员，虽然他们不同之处是把登记放在自愿的基础上。丹麦、挪威和外国海员都可以登记。他们可以免除一切义务劳动，船主奉命优先雇用姓名在册的海员。这种始于1679年并于1700年修改过的海员登记虽然不能满足海军的全部要求，却提供了一些核心人员，并在实践中证明是行得通的。瑞典人则不那么有成效。他们的核心海员由海员户和海员登记提供。海员户始于古斯塔夫·阿道夫时代：滨海专区可以在征兵和缴纳某些赋税上得到豁免，条件是提供对一定数目人员的给养，这些人在必要时要参加舰队。由查理十一世于卡尔斯克鲁纳附近首先建立起来的海员登记意味着有些人被派到一些小农庄，由于有国王的补贴，这些农庄足以养活他们。他们定期进行训练，一旦战争爆发就可以不需太多花费迅速被送到在卡尔斯克鲁纳的他们的船上。瑞典制度的缺点是它植基于陆地。它利用志愿者，包括外国人，不过瑞典军舰人员配备不足，因为大多数船员缺乏航海经验。

大家对去海军服役都谈虎色变——当代人将它比做是北非伊斯兰国家的恐怖——人员不够的难题根源即在于此，疾病造成的非战斗减员特别说明了这个难题。非战斗减员远远超过战斗造成的伤亡，有时并影响到一次战役的结果。1701年，班鲍在西印度群岛由于死亡和开小差损失了四分之一的人员，开小差的人特别多，但使英格兰舰队1693年在马提尼克岛损失了1000人的却是"疾病"，这和1706年一个月内西班牙装甲舰队损失的人数相同。在温暖水域孳生的败血症其酷烈程度仅次于热带的热病和痢疾。在甲板上挤拥不堪、空气难以流通的情况下，性病和肺病，中暑和关节炎也是造成大量"在船上熏蒸致死"[①]的原因。伤寒是由陆上淫猥污秽的士兵和征募人员带来的，[②]酗酒也引起很多意外事故。为了应付这种日常危害，多数船只都配备一名外科医生，但常常缺乏助手，于是，1691年英格兰模仿瑞典的做法增加了一名内科医生。在这方面和其他有关方面，荷兰的做法由约翰·德·威特予以改进，德·威特是詹姆士二世以外唯一的随作战舰队出海的主要政治家。但最高的标准却是早些时候由西班牙人确立的，他们最早使用医院船。图尔维尔在滩头堡有好几艘极为需要的医院船。到1703年，当英格兰人更好地理解某些伤病护理细则以后，他们雇用了5艘医院船。在陆上建立海军医院方面西班牙和法国遥遥领先。荷兰人依靠优良的民办医院，而英格兰海军部则利用权力在勉强迁就的伦敦医院征用床位。普利茅斯是唯一有自己医院的英格兰船厂。在不设医院的船厂，伤病

---

① 《大不列颠的呻吟》，第11页。
② 乔治·圣洛：《英格兰的利益》（1694年），第43页。参阅 J. J. 基维尔的《医药与海军，1200—1900年》第2卷（1958年），第245、264页，并参阅 C. 劳埃德编《海员的健康》（N. R. S. 1965年），第28页及以下各页。

员就只好到由伤病委员监督的住户那里养病,这些委员在大多数港口都有代表。为纪念威廉的王后而建立的格林威治皇家医院是为领养老金的残废军人服务的医院,在西班牙王位继承中开始服役;而"负伤津贴"也可以从更古老的,由捕获船款项、军官的捐献和工资扣除额组成的查塔姆金库领取。由对进口商品和私掠品所课税款组成为残废军人提供半薪和为遗孀提供养老金的科尔贝尔伤病员公款保管处作出更慷慨的安排,特别是因为它对所有的登记人员开放。另一方面,靠教堂募捐和其他捐赠的哥本哈根海军医院从1682年就只为海军伤病员服务。对成立救济院和友好社团十分大方的英国人道主义对改善海员条件则不如为海军培养年轻人那样积极。1701年在纽卡斯尔成立的基尔门医院是实行互助的罕见例子。不过从1702年到1713年,英格兰对战俘的照顾比以前好些。另外有迹象说明,直接有关的官员对伤病员的需要也比较了解,但由于款项短缺、医生无能和海军专员事绪纷繁,困难仍很难得到解决。[①]

就像托马斯特·罗特医生1804年所说的一样,的确,"一艘管理完善的船很快就能平息一切不满情绪"。[②] 一般海员可能出言不逊,工作无精打采,易于发脾气,但他一样能服从领导。这一切在很大程度上决定于船长、领航、水手长和其他负责船上日常工作和掌管航行的官员的性格。除了战争和在外国港口停泊时需要执行的特殊任务外,一名船长在他的巅峰状态下能了解他辖下每一名船员的任务。他早期在商船上或作为海员指挥官和亲信接受基本训练,很有可能年满二十就被委任为海军上尉。在海军

---

① 基维尔,第235页及以下各页。参阅O.安德森的《将战俘派遣到远海对舰队带来的影响,1689—1783年》,载《水手的镜子》第45卷(1959年),第243—249页。

② 《航海医学》,重印于劳埃德的《海员的健康》上,第267页。

上将德鲁特时代,荷兰舰队中有些舰长年龄不大,其中有他的儿子,不过这种情况在私掠船和商船船长中较为普遍。1660年以后,各国政府都不太愿意全部依靠传统的见习方式,它助长裙带关系而不保证效率。早在1663年,丹麦就成立了一个训练团,它的团员被派参加外国海军或随商船出航。瑞典商船的士官生接受同样训练。1701年,由于海军士官生连的成立,丹麦引进了一套较有条理的教育方法,除了航海经验以外,士官生还在哥本哈根的不来梅霍尔姆岛上一所学校里接受正规的航海和军事科目的训练。这是否和塞涅莱的得力助手、1692年派驻丹麦大使的迪乌松·德波里巴有关?不管怎样,1669年由科尔贝尔成立的训练团进行的训练是最系统的海军训练。为此目的,在其后几年成立了几所专门学院教授航海和士绅之道。1696年,从这些学院毕业的人数达到634人,他们从国家对科学的实际运用的兴趣中获益,特别是现代化海图的制作。[①] 英格兰和尼德兰虽然在海洋测量方面领先,但仍然没有设立对行政军官的正式训练;[②] 基础训练是"船上"服务。1677年,在反对浅尝辄止的长期斗争中,海军部长佩皮斯设立实用航海术测验作为委派海军上尉的条件。相反,1717年,当一所海军学校在加的斯成立时,由于贵族的偏见,没有设入学考试。

不管怎样片面,这种安排宣布了作为永久性舰队产物的正式海军军官的诞生。永久性舰队不仅提供更持久的职业,而且由于战争爆发时需要增加现役舰只和后备军官而临时成立一部分未受雇用海员的半薪制。1694年,英格兰议会通过一项法令,扩大

---

① 总共706人(如果军官包括在内),分驻三地——罗什福尔、布列斯特和土伦。到1712年人数降到467人,其中413人是卫兵(国家档案馆,船舶,G11和19)。

② 见A.H.W.罗宾逊《英国的海洋制图学》(莱斯特,1962年),第3章。

了这个1668—1675年为高级官员设立的原则，这项法令还把假公家之便侍奉海军司令和舰长的"仆人"数目减少了。1700年，当半薪被限于50名船长、100名海军上尉和30名工长的时候，就有必要成立一个资历表。就这样，虽然是缓慢的，但全职官阶的现代概念开始取代兼职职位。并不是担任每个指挥岗位的都比前任资历高。在挂海军中将旗号后，一名英格兰海军军官可能降为海军少将，虽然不至于降至海军上校。这种微妙的变化由于红、白、蓝中队的传统级别而变得更为复杂，这和尼德兰的海军军衔由于鹿特丹海军部资历而变化一样——当一名海军中将和德鲁特一样想住在阿姆斯特丹的时候这就是一个很微妙的问题了。[1] 1689年，荷兰人同意英荷联合舰队由在场的英国高级军官指挥。这是很大的让步，它对荷兰士气的影响是难以估量的。虽然偶有摩擦，其所以行得通，主要是由于荷兰指挥官，特别是威廉三世十分赞赏的范·阿尔蒙德之机智。[2] 到1702年，英格兰的海军军官数目已超过它的9个现役职位所能容纳的数量，由此产生了"潜服役"俾未受雇的海军将领得以领取半薪。1689年，法国有11名将级军官，包括1名波南海军中将和另一名勒旺中将，但不包括法国海军司令。法国海军司令是终身职务。1704年，他虽然名义上指挥了参加马拉加海战的舰队，但这个职位对海军的重要性已被黎塞留剥夺了。到了1712年，3名陆军中将已增加到5名，并有12名舰队司令。他们所取得的最高职位属

---

[1] G. 布兰特：《米歇尔·德鲁特的一生》（阿姆斯特丹，1698年），第336—337页。1665年年轻的特朗普拒绝在德鲁特麾下效命，后来舰队增设三位文职副手才把这问题解决，三人中有一人便是德威特（荷兰政治家——译者）（资料来源同上，第290页及以下各页）。

[2] 威廉三世的英格兰同事们知道，打通"范·阿尔蒙德到国王的一条线"比再三恳求国王管用；A. L. 范·谢尔文：*Philips van Almonde, Admiraal in de gecombincerde vloot, 1644—1711*（阿姆斯特丹，1947年），第135页。

于陆军方面,这就是法国陆军元帅;在社会上陆军级别较高,并从那里产生了一批海军军官。法国海军中一些最显赫的人物,特别是它知名的帆船队,都有骑士称号。图尔维尔开始是马耳他骑士,最终成为法国元帅。

随着一种职业性的团体精神的发扬,海军吸引了更多"名门望族"的子弟,特别是由于1689—1713年的战争可以从缴获敌方船只的财产中致富。查理二世创新的目的之一就是招募"绅士",迫使舰长接受海军部提出的人选——所谓的"志愿者"。科尔贝尔有同样的偏爱,他认为传统的军事阶级比海员们更易掌握航海术。一名法国军官没有国王的许可就不能结婚。这也意味着对妆奁的考虑,因为没有私人财产的军官被认为易于接受为私人贸易服务、劫掠或非法处理俘获品、伪造名册和其他不法活动的引诱。这种违法行为不断发生。在路易十四统治后期的财政压力下,法国海军风纪衰微是可以理解的,当时海外殖民大臣小蓬夏特兰严厉地谴责军官的野蛮和欺诈行为。[①] 英国军事法庭记录说明,野蛮行为受到包容,而怯懦则遭严厉惩处。这二者在西印度群岛都是常见的,在那里指挥官经常和老百姓发生龃龉,他们"咆哮威胁总督,纵横整个海岛,每个指挥官都好像一个土皇帝"。[②] 对贸易部的不断申诉,海军部只提醒他们注意要求军官和总督合作的训令,虽然它肯定了解船长的怪脾气给船厂专员们带来的麻烦。假如他们谦虚一点,就能协助船厂发现他们船的毛病。1697年裁减军备的时候,查塔姆专员就辛辣地建议,为了替他们找工作,能雇"所有像我这样的老古董,以便为这些时髦的花花公子参加新型海军

---

① M. 吉罗:《路易十四统治末期的民心危机和政权危机》,载《年鉴》(*E. S. C.*)第7册(1952年),第172—190页和《路易十四统治末期的人道主义倾向》,载《历史评论》第260卷(1953年),第217—237页。

② 牙买加商人的请愿书,1696年,鲍纳援引,第214页。参阅上书第287页。

扫清道路，并竖立起他们自己的通天塔"。①

这是"绅士"和水手之间由来已久的互相猜忌的回响。到了1702年，这些猜忌仍如此强烈从而导致了一场反对班鲍的叛乱，有意义的是，即使靠了社会关系也未能使这次事件的元凶避免处决。从1703年到1712年，海军局证明303名前商船船员胜任海军上尉——比志愿者只少30名。这些人的比例逐渐上升，他们有更多的机会充任舰长。②"水兵"有可能取得低级军官的职位或纵火艇、运输舰等的指挥。和敦刻尔克海盗巴尔一样，法国"蓝服军官"很少能打破主要是东南部和西北部贵族"红服军官"的垄断，特别是由于海军军职不像陆军那样从来不能购买。很明显，在战争开始的时候，尉级以上军官的空缺是很多的。1689年，皇家海军日记只开列589名军官，但1696年则开列1138名，到1702年降为952名，但到1712年又升到1068名——其中包括153名舰长，54名护卫舰长和6名载弹舰舰长、41名纵火艇艇长和18名补给运输船船长。③但在这个时期给尉级以上和准尉军官之间作硬性划分是错误的。即使工长无法晋升为高级军官，一名英格兰一级舰的工长的工资也等于六级舰舰长的工资，而一名海军上尉的工资则比任何船上水手长的工资高不了多少。一艘船的活动工长、领水和水手长比所有的上尉和很多船长都更为重要。假如船长掌握生杀大权，事务长则有他自身的独立权力。这些军官们有时共谋不轨，有时互相倾轧。但是他们互相为用的职务使他们揽成一团超过不同薪俸或社会地位对他们之分隔。真正的分界线存在于他们和他们拉杂的船员之间——如

---

① R.D.梅里曼编：《塞吉森文件》（N.R.S.1950年），第272页，同前，第131—136页。

② 鲍，第98页。

③ 国家档案馆，船舶G9—G19。在殖民地执勤的军官一度约有50名，包括在本地治里的一对夫妇。

水兵之有别于内河船员。

另一条线横跨在海军军官和文职人员之间，文官决心要驾驭海军军官。海军军官肯定不是不能参加行政职务。他们之中很多是英格兰的船厂专员，法国则选择现役军官担任10个港口长，他们被法国海外殖民大臣蓬夏特兰称为港口的"灵魂"。在九年战争期间，拉塞尔同时兼任总指挥、海军部成员和海军司库。瑞典海军能干的海军上将汉斯·瓦赫特迈斯特尔作为海军学院院长和负责海军财政的海军总署事务部部长，从1689年到1713年有很大权力。不过，即使他充沛的精力也不能使他不愈来愈依赖文职官僚，他们在他退休以后就自己管理海军。到了1721年，那种由数名职员和一名因海上得意而获声誉的重要人物管理整个海军事务的时代早就过去了。行政人员获得了自身的权力，虽然他们之间有些人的社会地位和他们日渐扩大的责任不相称，英格兰的船厂专员就是这样，不过海军监督们并非如此。

专业知识很难，因此，政客也难以和专家抗衡。这可以说明在安妮皇后时期海军部的每周会议为什么形成一种形式，而路易十四亦从未能理解海军事务。技术官僚又因在职年限长而更胜一筹。贝贡在罗什福尔当行政长官长达20年之久，但是德沃弗尔统治土伦时间之长又远远超过他（1680—1715年）。佩皮斯在职年限超过30年，1660—1673年任法案官，1673—1679年和1684—1690年任海军部大臣。查尔斯·塞吉森，1675年以船厂办事员身份参加海军局，1690—1719年是法案官。至于1694年由拉塞尔提名的乔赛亚·伯切特，1742年前一直单独或和别人合任海军大臣。库尔贝尔·塞涅莱学习了几年"海军细则"，1683年继承乃父衣钵任海军大臣。而蓬麦特兰（热罗姆·菲利波）1699年接任海军大臣前则和他父亲共过事。老蓬麦特兰1690年任职时的确缺乏这样的背景：塞涅莱的合理继承人被认为是迪乌松，他是法国海军基本法规《1689年法令》的作者之一，但他出不起购买职位的钱。有意义的是，其结果是提高了蓬麦特兰属下总管的影响力——这使海军官员和大部分与他们观点相同的法国海军历史学家生气。由于这些贵族对路易十四的大臣们独断专行持有偏见，因而他们对波南和勒旺局领导拉图什和萨拉贝里（1688—1709年）之类人物的蔑视不可全信。没有别的国家在划分文官和武官责任方面比法国做得更多。蓬麦特兰家族肯定支持科尔贝尔定下的文职人员的主宰地位，并以此教育他们的部属。但是他们的影响由于1695年国王的私生子图卢兹成年而下降，图卢兹年仅两岁时就成为法国海军元帅，这样做的目的是要削弱武装力量总代表的权力。他还领导港口的海军总署，以及该署对俘获品的裁判权和商船管理权：这些官员和海军官僚彼此仇视。另一打击是，1699年夏米亚尔升任总管理员，他是梅因特侬夫人的亲信，5年前梅因特侬夫人指示他起草一个经过削减的海军预算。在总管理员的压力下，从1702年到1704年，有200名海军军需官需出钱购买他们的职位，否则就要离任。尽管只是少数，海军因此丧失了有经验的人才。

在政治影响愈来愈耗竭法国和荷兰的海军经费的时候——那里的海军部对内陆各省未能履行在西班牙王位继承战中给予他们财政补助的"承诺"十分恼火——英格兰海军信用却终于从1688—1689年的动乱中获益，尽管党派政治在官员之间制造了摩擦并提高了后台对他们事业的影响。大约占用国家战时支出四分之一的英格兰舰队[①]的优越性首先表现为多戈尔芬财政的优越性。如本书别处（第9章）所提到的，在这方面，九年战争比其后一场战争更为艰巨，这场战争开始时海军就欠下一笔非长期

---

[①] 对各年情况进行粗略估算，1696年到1697年舰队开支占国家战时开支的34%，1710年到1711年降为15%。见D. C. 科尔曼的《斯图亚特王朝后期的海军码头》，载《经济史评论》第2辑第6卷（1953—1954年），第136页。

债务，其数目之巨足以支付1702年的海军开支。这笔债务于1704年还清，但是到了1711年累积的债务又达到差不多400万镑，食品供应商的票据价值下降三分之一——和1697年的长期债务一样高。9年之内，食物供应超过议会预算260万镑，因而迫使其他部门资金短缺。议会的决定并不等于现款，因为供应冻结在尚未收到而习惯地过高估价的税款上。法国海军收入取之于农场产品、人口税和造币厂利润等，它总是大大少于海军每年被核定的全部经费。① 延期收据则由海军司库私人借款抵付，他们3人中每年轮流外出一次筹款——这和由一个商号主持的陆军"特殊战争"不一样，据说这种"战争"很少受个体金融家信用不实的影响。② 路易·德·卢贝尔是3人中的一个，他这样写道："现在已是1705年3月，而我还需要为1704年支付1200万镑。人们都认为是我扣发了主要军官的工资和海员的薪饷。"③ 在安排把现款从法国某地汇到另一地方时这些国库替罪羊的日子并不难过——在金融极度混乱的时刻处理这种工作本身是需要相当技巧的。英格兰较为统一的金融市场和它的国债一样有很大的优点。有一次监督官沃弗尔有必要亲自去里昂一次，回土伦时带

---

① 国家档案馆，G7/1830。从1708年到1713年，国家批准的经费介于1400万到1600万之间，而从农场产品等征收的税款只在400万里尔到1200万里尔之间。这些年大帆船的开支变化不大，每年近300万。

② 海军司令1704年1月8日给海军财务总监的信，资料来源同上，1828年。

③ 资料来源同上，1829年。到11月11日财务总监吕贝尔死，欠债近700万，一个基金（fouds）也未搞到。到1711年他的几个继任者手里还有100多万债务转让证书没有偿还（资料来源同上，1838年）。1704年不仅是开支极大的一年，而且这年还得在已获批准的1800万里再减少500万，以偿还以前几个司库欠下的债，而吕贝尔本人1702年就接下250多万的债务。布列斯特兵工厂1704年拖欠的工资，一半被转让到布列塔尼出售海岸警卫队队长官职的收入上，因为麦米亚尔告诉普麦特兰，减下来的500万必须从卖官中填补（资料来源同上，1829年，吕贝尔给麦米亚尔的信，1706年9月6日）。

着许多金币,他在车上彻夜不眠;幸运的是,他和贝贡一样与银行界都有家庭联系。

荷兰海军部的财政困难可以从马斯省的情况看出一斑。这个省的选举团比米德尔堡制造的障碍要少些。1701—1712年,鹿特丹的军费共13035763费罗令,但到1713年只筹到半数——其中荷兰省6317915费罗令,至于几个"免装备"省则只有245274费罗令。这些省还欠140万费罗令,而荷兰省则欠510万,这说明乌得勒支和内陆省的短缺,虽然对其他省影响不好,但不是最主要的。[1] 从地方上征收的税捐——主要从"护航"和"执照"征收——只是支付日常防务费用。鹿特丹因此需要借它战费的一半——"额外费用"——这不是英格兰人想看到的费用。1709年1月,荷兰借款利息已高达9%,而阿姆斯特丹银行存款则比战争的任何时候都要少。[2] 即使由于阿姆斯特丹的贷款便利和有较高的税,尼德兰仍不可能同时在海上和陆上连续进行两场战争(第9、13章)。瑞典和丹麦则更不可能长期维持他们即使规模较小的舰队。瑞典皇室的收入主要来自皇族地产的实物收入。皇族地产是由查理十一世恢复的[第20章(1)],但外国借款越来越难取得,而外汇储备则由于铜的生产减少而减缩。海员也不能和1709年前的瑞典陆军一样就食被占领国。丹麦比较脆弱的经济基础和收入迫使它竭力从国外寻求借款。和金融家伊萨克莱布曼进行了长期但无结果的谈判,只要他肯贷款80万丹麦克朗,他就获得丹麦境内一切军事物资采购的合同。给俄国不定期的财政补助又靠不住。

只要描绘一下海军行政官员是在什么样的财政限制之下工作,以及他们经过改进但仍十分不完备的会计和档案制度就足以说明

---

[1] (Algemeen)档案馆,海军ⅩⅩⅩⅤⅡ37/37,第145页。
[2] 见本书原文第896页。

## 第二十二章 陆军和海军

为什么"弊端"是他们思想中之主流。创新往往是为了防止弊端。那个时代的海军函件充满了责难,尽管从后人看来,写这些信的人的手也不见得从来就是那么干净的。法国海军部长特别好责备人,好像期望他们的多面手能完成一切无法完成的工作。最后,很明显,中央政府坚持要了解一切情况。英格兰海军部和海军局可能会就一艘游艇的航行质量或一名捻缝工的病情书面通报对方。每周给部长写好几封信的海军行政官既不放过私掠船的货物,也不忽视一名军官妻子的怪癖。泽兰海军部有时也忙于反驳大使们的申诉,而马斯省为了一名士兵忘了给舰长敬礼也要向国会汇报。即使在权力分散的尼德兰省,海军最终依靠的是政治家的意志和智慧。[833]

即使他们对海军的专业知识知之甚少,决定最后优先权谁属的是政治家。他们特别需要决定他们能否把为其他军事部门所必需的钱花费在这样一个耗费巨大的军种上。在这样做的时候,他们不能对有影响的集团的抗议和要求置之不理。因此,只有在一个经济主要由海上贸易组成而其安全则完全仰赖于海军实力的社会,海军才有可能充分发展。这两个条件由于英格兰1650年后社会的性质及其1688年后的政治结构而绝对得到满足。英格兰的海军普遍被认为是一种必须,而一支常备陆军则被认为有害自由。欧洲大陆国家的海军政策,即使是尼德兰的政策,也必须更多地迎合别的兵种和多方面的需要。

(崔思淦 译)

# 第二十三章

# 经济活动

## 1. 1683—1721年的商业地图

对一个大陆在一个短时期内的经济史所进行的任何综合,势必多少带有武断性的一家之言,这样的综合要为这位史学家(必然是他个人)的评价所左右。也就是说,要为他本人对各种变化——局部与整体的变化、较短期与较长期间的变化、壮观的与不太显著的变化——它们各自所具的重要性作出的评价所左右。本文无法对科尔贝尔死后到北方战争结束这一期间,即便是在欧洲的产、购、消费各方面进行面面俱到的论述。这里要集中叙述的是欧洲的生产、交换在国际方面的情况,至于那些仅仅是地方性的情况[1],就要相对地省略。这样做,并不意味着前者是无可比拟地更为重要,而是因为根据我们目前所能掌握的知识,难以用大陆的尺度来解释后者。另一方面,既然首要的是要提出经济时代中一个相对短暂时期内的显著特征,那就必须把注意力放在那些更为现实、令人瞩目的现象上面,特别是把注意力放在

---

[1] 一些民族的、地方性的因素,前已论及,见本书第8—11、16—19章和第21章。

战争的影响和商业循环上面,那就只能舍弃经济生活中那些变动较为缓慢、然而在某种意义上更为基本的因素,诸如人口、消费的模式、技术和一般的经济体制。①

在大规模的战争期间,人们和别的时候一样要生活下去。在远离光荣场面的地方,有时也离得不太远,庄稼要收割,熔炉要上料,账目要收清,而交通运输这一巨大的纺织机则在不停地运转,纺出欧洲经济生活这一织品。即便仅就人们每天食用的面包价格而言,很少人不受战事的影响。就在政治家们将贸易变成战争之际,企业家们却在战争中找到了买卖:巨额的政府贷款要筹措,军火和海上补给的合同有待签订,部队要穿、要吃、要发饷,在那私掠船与商船之间持续不断的交战中间,完全有机可乘;这种交战年复一年,它牵涉进去的船只、人员、枪炮比所有海军交战中牵涉进去的这方面的总和还要多。不过,对大多数的商人来说,战争仍然是一种特殊情况,每一个人在这种情况下把他所承担的风险分散,能保险的就保上险,对不正常的价格和需求水平尽量留有余地,并且首先是为和平重新来到做好两手准备。

在这种时代,经济政策几乎不大可能成为生活惯例中一项较为静止的要素。然而就在它所有这些难以预测的变化之中,几乎没有什么可以用来辨认这一时代的经济政策。重商主义,就政府为了国家政权的利益而进行的经济调节这一意义而论,它在西欧,在1683年之前的半个世纪中已经达到它的最高点;虽然政府调节在欧陆不太先进的地区如彼得治下的俄罗斯还不过是一股新兴力量,虽然它在德意志和斯堪的纳维亚还要维持它那巨大的活力达一个世纪之久,它在西方却显然已在衰败。荷兰人对那特许成立的、垄断性公司的兴趣日益减少,他们正在对一些新的组

---

① 参看《新编剑桥世界近代史》第5卷第2章及本章第2节。

织形式进行试验，用它们来调节对外贸易如那些和俄罗斯或波罗的海进行贸易的、带有强迫性质、由国家进行监督但又是可以自由参加的商人会社；旧的规章，就如那鲱鱼捕捞的规章，早已陈旧得不再适用，迟迟没有废除，新增添的条例也不多。在法国，原有的既得利益者在科尔贝尔死后取得上风，这是事实，他们订出一条又一条的规章，他们缺乏批判性的自我估价或创新，这种情况一直延续到战争最后动摇了这整个的结构才告结束。虽然在国内科尔贝尔遗下的政策大体上经受了战争和饥荒的考验，他在国外的贸易公司却都垮了。至于这些公司在约翰·劳手中得到东山再起，此事不属于国际贸易史的范围，而在更大的程度上则是应该写进财政史中去的。1701年提交重新恢复起来的商务理事会的一份份请愿书全都具有批评性的意见，这一点充分显示出那历时40年的科尔贝尔主义在推动法国上层资产阶级反对国家控制的路上已经走得有多远了。在英国，在整个17世纪中，有人不赞成对一些地区进行垄断，这样，在一代人的时间里总算中止了非洲、俄罗斯和"商人冒险家公司"的有效特权，昔日的东印度公司曾一度受到无照营业者们的挑战，不过经济上和政治上的自身利益诱使新旧公司在1702年合并它们的买卖，并于1709年在名义上也合而为一。正是地理上和军事上的因素，加上它的贸易极为有限，才算保住了赫德森湾公司的特权。在国内，革命在摧毁政务会政府最后剩下来的一些法律支柱的过程中彻底破坏了唯一的一些可使工业的内部调节在英国统一生效的控制手段。自此以后，在需要继续立法或需要新的立法的时候，对立的利益集团之间的斗争是在议会而不是在会议室中进行的。

前面（第9章）已经探讨过一些交战国的财政史。私人信贷的基础结构并无明显的变动。英国也许是个例外，英格兰银行的创建最终要使伦敦的货币市场大大胜过阿姆斯特丹。阿姆斯特丹银行基本上是个吸收存款和进行票据兑换的银行，它的最最宝贵的功用大概是在于促进整个欧洲商人之间的货币汇划，而英格兰银行的贴现放款业务则标志了趋向现代商业银行和现代中央银行这两者所有的功用迈出了尝试性的一大步。经历了在英国斥资创办英格兰银行、新东印度和南海诸公司、在法国创立劳氏各公司的这一代人显然非常爱好进行实验，他们在金融技能方面比在商业技能方面显得更具有创造性。特别是在英国，在1688年以后的岁月中，人们斥资筹建了好几百家经营外贸、采矿、制造业和金融业的公司，直到最后1720年的《泡沫法》明令取消组织合股公司，他们才偃旗息鼓。自此以后，只剩下三大家拥有公债的金融公司，一些经营火灾和人寿保险的股份公司，还有少数几家别的公司，它们成为1720年以前那别出心裁进行钻营的岁月中留下来的纪念品。不过就在那进行实验的洪流中，首先在荷兰发展起来的股票交易和投机技能却很快地在英国得到适应。一般的金融方面的交易确实愈益具有国际性：瑞士货币活跃在法国和荷兰，而荷兰的货币则活跃在法国、英国、东欧与北欧。

就在货币和信贷的国际性交流背后，物资和商品通过水陆两路，首先是通过海运在流动，这种交易是一切经济现象中最先出现在当代政策制定人和商界领袖头脑中的现象。在战争的冲击下，欧洲几乎每一个重要地区之间的交易，在贸易量和货物流向方面，都发生了深刻的即便不常是永久性的变革，而且当时在欧洲和其他大陆所进行的交易中，其贸易量和流向也常常发生这种变革。大多数政府现在感到有必要在它们的进出口贸易中发生上下波动的时候，对此加以监视，而且在力所能及的范围内，尽可能对这些波动进行估量。它们的统计自然还有许多不足之处，但是，如果能够谨慎小心地加以利用，那么这些统计数字就可以为我们提供十分现成的线索，不仅提供关于各国经济中各工业部门情况的线索，还有关于欧洲和欧洲在海外的经济中的那些生气勃勃的要素的线索，而这种要素是最能够说明这一个时期的特征的。欧洲的经济性质将十分明显地和它的一般的历史有关,因此,如果我们着手绘制主要地区之间的货物交易图,就特别要把注意力放在这几个方面:这些交易中有哪些新的东西、有哪些东西是正在消失或暂时湮没的。这样做,还有可能提示这一时期发生的战争对消费、生产、销售模式的变化究竟起了多大作用。

如把早期的现代经济和中世纪鼎盛时期经济两相比较,前者最为显著的特色之一是大量的粮食在地区贸易中所占有的相对重要的地位。主要的生产—输出国是波兰—立陶宛联邦,它的大大小小的土地所有者把他们的粮食(通常是私人经营的)经过维斯杜拉河和涅曼河运往但泽(格但斯克)和柯尼斯堡,而但泽在这方面比柯尼斯堡要加倍活跃,约略有一半经过松德海峡运来的粮食在此集散。从俄国本土运抵波罗的海的粮食还不多,而从德国的波罗的海口岸运出的数量比起波兰的货运量来是很少的。里加在粮食买卖中占可怜的第三位,谷类在该地相对来说是无足轻重的——在1685—1699年间,它占里加出口额的14.2%,在1700—1718年间为4.2%。这些谷物几乎完全来自利沃尼亚南部、库尔兰和内立陶宛。① 黑麦在一般的情况下在波罗的海地区总是居支配地位的,不过小麦的重要性也在日益增加,因为在伏尔希尼亚和波兰的东南直到乌克兰的发展中的省份里,为了出口而种植的小麦有所增加。但泽由于它的地理位置好,在1670—1730年间输送出的小麦占从波罗的海出口的小麦的70%,但在17世纪的最后25年里,即便是在但泽,小麦的重要性仍只及黑麦的一半,而在随后的四分之一世纪中甚至一半也不到。相形之下,里加、雷伐尔,还有其他一些利沃尼亚—爱沙尼亚口岸,它们的位置实在太偏北,

---

① E. 邓思多夫思:《17世纪的里加粮食贸易》,波罗的海和斯堪的纳维亚国家,第3卷,1937年,第27—28、32、35页。

以致它们能经手的小麦量是微乎其微的；在17世纪80年代，大麦、燕麦和豌豆跟在黑麦后面上市，但在90年代，这些买卖就逐渐衰退了。17世纪的前一半是波罗的海粮食贸易的黄金时代，当时仅在但泽一地谷类出口每年达10万拉斯特。[①] 发生在这一世纪中叶的几次战争几乎毁了这一买卖；即使恢复和平以后，但泽的出口量在该世纪的最后25年中，平均仅勉强恢复到3.6万拉斯特。在北方大战期间，出口量再次下跌。在1700—1719年间，平均仅每年2万拉斯特（在1720—1762年间，仅恢复到平均每年3.1万拉斯特）；里加和雷伐尔在这场战争中蒙受的灾难很大，这两个地方的粮食出口在1700—1720年间少得可怜。柯尼斯堡受战争的影响相对小些，有些年头通过松德海峡运出的黑麦甚至超过了但泽。不过在恢复和平以后，但泽对柯尼斯堡和其他口岸的相对优势实际上要比战前更大。

除了很少的一些粮食是从瑞典所属的波罗的海各省运往母国的之外，几乎所有在波罗的海各口岸装上的粮食是运到联合省去的，其中大约有五分之四是用荷兰船装运的。17世纪中运到那巨大的阿姆斯特丹市场的粮食，平均有43.5%是再出口的。为了防止本地粮食匮乏，欧洲各国几乎全都对粮食买卖进行节制，但只是在1698闹灾荒这一年，才由议会出面在短期内禁止谷物出口。碰上当地缺粮的时候，粮食可以从阿姆斯特丹运往西欧的任何一个角落——间或大量运往法国，更为经常的是运往伊比利亚和意大利。不过，唯一的经常性的市场是在联合省和莱茵河的上游。这不仅仅是因为这两个尼德兰是欧洲人口最为密集的地段，也因为那里能种上谷物的地面比较少。那里的许多土地只能用来放牧和收草料，当时荷兰庞大的养牛催肥业本身增加了对进口饲料、进口牛的需要。同时，余下适宜种植食用粮的土地，不少早就被

---

① 一拉斯特为两吨或10夸脱尔。

人垂涎,用来种植荷兰工业需要的进益更好的作物——大麦、蛇麻草、烟草、大麻、亚麻、茜草、黄木樨草和菘蓝——或者被用来培种花卉供应日益城市化的人口。就这样,荷兰人饮用的白酒和啤酒,食用的面包和肉类,都是波兰大平原上的剩余产品。

其他一些主要谷物出口地区的重要性就差一些。这里包括北非和叙利亚,突尼斯的谷物有时甚至在北欧出现;不过地中海地区整个说来则是进口谷物的。另一方面,英国正在迅速改变它在国际谷物市场中的地位。1674年以前,它的谷物出口是微不足道的,它的国内市场组织得很差,大约到1688年,伦敦还常常不得不进口谷物,虽然这个国家整个来说是自给有余的。到1700年的时候,这一大都市消费的面包、饮料、饲料和船上补给品一年几乎达150万夸脱尔,超过波罗的海地区的全部出口量。但在1688年以后,即使是伦敦也停止了进口,因为英国已从一个偶尔进口国变成一个相当可观的出口国。1674年和1689年的临时性的出口补贴造成了短暂的出口热,而更为牢靠和广泛的出口贸易则在1700年才开展起来。从1697—1731年,英格兰每年平均出口35.3353万夸脱尔的谷物(1720年后比但泽的出口稍多一些),主要是出口到伊比利亚和地中海,也有视当地情况需要,运往爱尔兰、挪威和美洲的。不过英格兰谷类出口的组成和波罗的海地区的出口组成不尽相同。黑麦,甚至小麦总是没有大麦和麦芽那样重要。从1710年开始,麦芽的出口量常常相当于其他粮食出口量的总和,麦芽和大麦加在一起约占全部出口量的三分之二。苏格兰的谷物出口大约只及英格兰的五分之一,麦芽和大麦在那里也占支配地位。[1]

欧洲最大的谷物出产国是法国,它也是欧洲最大的市场。法国和德国、西班牙甚至英国一样,与其说它是一个粮食市场,还

---

[1] 伦敦,政府记录所,T.64/274/66,68。

不如说它是一些重叠在一起的销售地区的复合体。这些地区有的相当大,如巴黎的市场大量吸收塞纳河上游和奥杰赛两个盆地的粮食[①];有的相当小——一个集镇及其领邑,也就是它四周围的势力区,由于道路蹩脚,这种集镇倒不受外界供求波动惯常所引起的影响。只是在价格奇高的年头,运输费相形之下算不得什么,这些偏僻的内地市场才突然失去它不受一般世界价格波动影响的孤立状态。相比之下,沿海地区从未有过这样的孤立(除非是人为地强加的)。在整个地中海、大西洋沿岸地区,粮价总是在上下波动着的。1688—1713年间,又是战争,又是饥荒,日子难过。关于这一时期法国的市场情况,下面还要概括叙述(见本章第2节),这里要先指出,这些年来农业的发展并不是齐头并进的。可以看到普罗旺斯的农业在整个17世纪是在走下坡路,一个一度出口的地区这个时候被迫经常从朗格多克进口;而在西南部,粮食(特别是小麦)的种植面积在扩大,总的来说,在17世纪的前半期,就已在进口粮食,远到从但泽进口。但是经过大量投资,把波尔多周围的沼泽地和加龙河中游一带容易泛滥的低洼地的积水排走之后,这个地区就变得自给有余了。不过在内地进一步扩展粮食生产是受到阻碍的,因为畜牧业在那里更加有利可图。法国的牛、羊、马、骡在西班牙能卖好价钱;这项牲口买卖,归根到底还是为全法国赚进了白银,但是由于比利牛斯山两侧都歉收,这一买卖曾经受到打击,1694年法国商人被驱逐出西班牙,这一买卖也就停顿了。在这以后,在整个西南部,谷物种植曾有一次很大的扩展。这里的小麦和原来的牲口那样成为十拿九稳的商品作物,原因之一是军队需要积聚给养。农民为了省下他们的小麦去换现钱,自己情愿吃玉米和小米。

---

[①] J. 默佛雷:《巴黎谷物和面粉贸易与路易十四时代的巴黎商人》,载《近代现代史》(修订本)卷3(1956年),第169—203页。

1713年后，一些地区如奎尔西下游继续专门生产小麦，因为当时波尔多需要优质面粉供应西印度群岛。①

在地区贸易中比谷类更为重要、在战时则比谷类更为棘手的大体积商品要算那几乎全部是水运的林产品和海军补给品这宗买卖。总的来说，欧洲在1700年比随后的任何年头都更为郁郁葱葱、森林茂密。树木不管锯成什么样子搬运起来总是比较费钱，在最终售出的时候，它的运输费用往往数倍于它的主要成本，所以大多数欧洲人总是就近取材，为自己提供建筑用的木材和烧火（家用和工业用）用的劈柴。但是船舶建造业木材的类型、外形和质量是有非常特殊的要求的。在战争时期，定期的供应有可能中断，商船和海军对储备木材的需求会达到高峰，这时候，木材确实成了一个主要的问题。②

1692年，英国六所皇家船坞使用了19船栎木、48船山毛榉、705船枞木、1129船榆木，还有6780船栎木。这栎木几乎全部取自英格兰的森林，主要是取自汉普郡、肯特和苏塞克斯的森林。新英格兰栎木，虽曾试用，却被认为太脆弱、太易腐烂，不合海军船只之用。德意志和波罗的海栎木质量好些。相当谨慎、小心的英国海军从不用它做肋骨，只把它用来做船壳板和裁成板材\*，但是英国的制造商船的厂家都广泛地使用这种木料。规模相当大的荷兰商船从德国取得它所需的栎木（以及大部分的松木），还有较小一部分则取自南波罗的海口岸，远至柯尼斯堡。荷兰商人不仅在主要的河上集市（埃姆顿、不来梅、汉堡）收购，还深入内地，买下还未砍伐的林木，按照订单的规定格式把它们锯开。不过荷兰人和英国人不

---

① 就在这些年中，通过和爱尔兰的贸易还向法国西部提供了越来越多的咸牛肉、黄油等，这些物资又向它的列斯群岛再出口。

② 参见本书原文，第813—814页。

\* 英国这种板材宽7英寸，长6英尺，厚不超过3英寸；美加两国：宽11英寸，长12英尺，厚2英寸。——译著

一样，他们并不坚持他们的商船的船体必须使用栎木。荷兰有名的平底船（在北海上来往的载重量大的船只），每年下水的有好几百艘，一般都是用软木材造的，这些船是不够坚实，可是造价便宜，易于操纵，也就弥补了这一缺点。荷兰人需要的各种软木材部分仰仗于波罗的海国家，特别是挪威，他们在很大程度上控制了和这个国家的买卖。1686年，英国人船用木材需要量的六分之五要靠进口，也是依赖挪威，来自这个国家的达80%。[1] 木材集散地的规模是比不上谷物集散地的规模的，主要因为装卸储存的费用大。虽然在赞丹的巨大造船中心经常总有大量的木材堆存备用，严格地说这一地区并不是个木材市场。虽然木材仍然是荷兰主要的再出口物资，对法国和西班牙来说尤其是这样，即便它在和挪威、德国这一边的贸易的支配地位并未改变，但在波罗的海地区这一地位看来是在下降：到1721年，从这一地区（主要是纳尔瓦和芬兰）出去的木材，其中仅40%是装上荷兰的货船或前往在荷兰的目的地。直接运往英国、法国的愈益经常化，偶或也有运到西班牙、葡萄牙去的，不过去法、西、葡这3个目的地的木材几乎从来不是由各该进口国的船只来装运的。

在地区之间的贸易中，这大宗的木材制品都是普通的船用木材，有木板和船壳板，还有形形色色的桶板。制造桅杆需要巨大、挺直的针叶树木，最理想的是枞木，云杉木可制造较小型的桅杆，这是一个问题。在整个北部，可以弄到不同质量、不同数量的桅杆。最好的来自里加，但尺寸大小和数量都有限，而且在北方战争中这一来源几乎枯竭，因为当时里加和内陆森林的联系被切断了。普通尺寸的挪威产桅杆倒是不少，但质量不是那么好。要找最大的桅杆木，已有必要去北美，不过法国人对他们从加拿大运来的桅杆木的质量并不满意。由于桅杆木是如此之稀少而又如此

---

[1] 国家档案局，C. O. 390/8/G, H, I.

之需要，对它的保持和管制已成为国家的事务。在挪威，最大号的桅杆木的出口是受到管制的，沙皇彼得颁给荷兰辛迪加的桅木（还有柏油）专利，只许运往荷兰，这就引起英国方面经常抗议。英国第一任驻俄国的使节惠特沃思（1705—1712年）也曾努力设法让彼得准许把运往英国的桅木从德维纳河顺流而下，通过俄国的运输公司，运到里加，他的努力仅仅取得部分的成功。在新英格兰，从1685年起政府努力设法先行买下可能到手的桅木供海军使用，但这一努力总不是那么有效。法国政府促使比利牛斯山区居民树立保持林木的思想也不太成功。从1705年开始，英国人试图发放奖金以便取得群体的桅木和海军补给品，但一直到1718—1723年，他们才从他们自己的林场取得40％他们需要的大桅杆木，而在1708—1713年间，才12％。他们的中小号桅木仍然大量地仰仗挪威，但在西班牙王位继承战争中，他们得以从阿尔汉格尔和里加取得不定期的大桅木供应，而在1707—1714年又从瑞典取得供应①，作为对挪威和新英格兰主要供应的补充。

一支海军如果没有亚麻做帆篷布，没有大麻做缆索，没有树脂、沥青、松脂和松木油，则无以开动操作。在一条普通船只的使用寿命期间，花在这些补给品上的费用要超过原来的肋骨和替换桅杆、圆木等的费用。② 树脂和沥青几乎一直是为瑞典人所垄断的。瑞典政府利用欧洲海上国家依赖波的尼亚和芬兰森林产品这一事实，在经济上，国库岁收方面，有时是在政治上寻取好处。从1648年开始，一系列持有执照的公司不顾海上强国的反对，垄断了瑞典的沥青贸易；尽管这一系列公司中的第三家于1682年因

---

① 国家档案局，C. O. 388/6/A7，390/6，第225—242页。参阅D. W. 巴姆福特著《1660—1789年间的林业与法国海军力量》，多伦多，1956年；J. J. 马隆著《松树与政治：殖民地新英格兰的海军补给与林业政策，1691—1775》（1964年）。

② 1703—1706年（包括1706年）期间，英国海军仅在大麻和帆布上的费用就超过了木材和桅木。政府记录所，Adm. 20/77，80，83，86，89。

英荷两国的联合外交压力和国会表示的不满而被取消,又一家新公司于1689年重又取得垄断权。政府规定它不得把价格抬得过高以致刺激竞争。然而这家公司却通过垄断对荷兰的出口贸易、同时只通过它自己的代理客商在荷兰销售货品,还是硬把在荷兰的价格抬高了,以致产生某些对抗活动。荷兰是树脂和沥青的主要集市和消费中心,1703年的一次估计把欧洲所消费的三分之二归诸荷兰市场及其对西班牙、葡萄牙和地中海的再出口——英国人占六分之一,法德口岸各十二分之一。[1] 17世纪的90年代,荷兰人在挪威、库尔兰特别是在俄罗斯开发新的来源,瑞典的垄断者们不久降低他们的价格来保卫他们自己,然而这些新的渠道未被堵住。俄国沥青是沃洛格达和维亚特加"政府"的产品,在德维纳河上顺流而下数百英里到阿尔汉格尔,质量好,价格便宜。仅阿姆斯特丹一地进口的阿尔汉格尔沥青在1698年就达1.8万吨,1713年达6万吨,1714年通过松德海峡来的仅为6100吨。[2] 从波罗的海来的沥青有80%以上仍然出自瑞典或芬兰,但是阿尔汉格尔已经从此永远打破了瑞典对沥青的垄断。

英国商人根据《航海法》的规定,一般要直接从产地进口沥青,不通过荷兰。英(国)瑞(典)关系常常取决于这一不太高雅的商品。由于英国到1700年基本上仍然要仰仗瑞典,北方战争和西班牙王位继承战争的同时发生导致了一次危机。一方面英国的需要在飞跃上升,另一方面俄国人入侵芬兰破坏了供应来源。瑞典垄断者们的反应是提高价格、嗣后又拒绝在瑞典出售沥青,只通过他们在国外的代理商来销售。正当英国海军在这方面的需

---

[1] 政府记录所,SP 9/206/10 fos. 324—325 估计欧洲在1674年使用的树脂及沥青一年达8100拉斯特,其中荷兰国内的消费达3000拉斯特,英国是1800拉斯特。

[2] 参阅政府记录所,C. O. 388/6/A.7;A. J 阿拉能。参见《18世纪芬兰的外贸与海运》(《芬兰科学院年鉴》,ser. B,tom103,赫尔辛基,1957年),第97—98、105—106页。

要在1702—1703年间十分紧迫的时候,瑞典公司甚至在向法国运送的同时,完全切断了对英国的沥青供应。当时曾纠正了这一做法,但是从1705年起,随着英瑞关系的恶化,瑞典运往英国的沥青数量不断下降。挪威运来的沥青数量虽然略有增加,但这并不能弥补其不足;在东波罗的海地区也弄不到多少;阿尔汉格尔有大量沥青供应,但是,在一些辛迪加的垄断之下,只运往荷兰;通过外交上的压力也只能为英国偶或争来少得可怜的份额。1705年的《补助金法》大大地刺激了新英格兰和南北加罗来纳对英国的沥青供应,到1718—1725年期间,英国所需沥青的五分之四是从这几个地方取得的。瑞典在查理十二死后放弃了这一垄断,然而它的柏油贸易要等到美国革命才出现又一阵子真正的繁荣。

法国和它的邻国一样,它所需要的沥青和柏油大部分要仰仗荷兰;不过法国人自己在波尔多南边朗德的松树林中拥有欧洲松脂和松香的主要资源,连英国人和荷兰人也要依赖于它。英国人当时正在新英格兰开发又一个松脂资源,在战时能为它提供足够松脂,但是松香却比较困难,在它从西班牙取得的供应被切断之后就更觉困难。17世纪90年代,荷兰人在俄罗斯开发了几个新的资源,而英国人则多靠新英格兰、俄罗斯,靠俘获敌船,靠走私(通过海峡群岛),零零星星弄到一点过日子,后来设法到受大公管辖的西班牙一些地方去弄,而在1701—1702年,[①] 主要是靠投机性的进口。最终,法国人要步瑞典后尘,失去他们对这些货品的支配能力,其部分原因是小朗德的树木在1709年冬大都被冻死了。

来自北欧的最有价值的海军供应品是亚麻、大麻及其制品。在1689年以前,布列塔尼生产的篷布最受人称道。海上诸强好不容易才算用英国、荷兰和北德的较新产品取代。[②] 大麻比起亚麻来,更

---

① 政府记录所,C. O. 390/6,第223—242页。
② 关于亚麻贸易,见本书原文第866—867页。

是一项具有专一用途的海军补给品，它从法国西南到俄罗斯北部到处都有种植，尤其是在东波罗的海盆地，那里的里加大麻被尊为最上品，售价要高出纳尔瓦和柯尼格斯堡的大麻。1700年以前，从波罗的海地区发运的大麻至少有三分之二是来自里加。那里的大麻、亚麻在1655—1699年间占出口量的61%，在1700—1718年期间为69%；大麻子和亚麻子在这个时期分别占出口量的14.7%和17.7%。90年代，里加的买卖在数量上达到了顶峰，但随着北方大战而下降，在1704年以后下降更多。1699年，里加大麻足有75%来自波兰—立陶宛联邦的白俄罗斯或其极东部的地段——这个地段正好是最易受到外国入侵的地区，在里加本身于1710年失陷之前，这些地区实际上正处于俄国国境线的后面。

制作绳索少不了大麻，它是海上强国不可或缺的。荷兰人在自己的"内陆"有少量大麻供应，但是，他们的绳索制造厂所使用的大量大麻则是波罗的海大麻。英国人尽管发放补助金，却一直未能在国内或在美洲生产出多少大麻。所以，大麻就成为英国从北方进口的最为有用的商品，其重要性只有铁能与之比拟。英国人和荷兰人在这一方面的竞争比在波罗的海贸易中的其他任何部门都要来得顺利一些，这大概纯粹是需要使然。他们还在阿尔汉格尔开发了又一个主要资源。迟至1698年，已经奄奄一息的莫斯科公司每年有6艘船到达这个地方，但与荷兰每年要开来大约30艘相比，就未免相形失色。莫斯科公司在1699年留下的空白，加上随后的北方战争，大大刺激了在阿尔汉格尔的贸易：到达该地的船只总数从1698年的54艘上升到1702年的149艘；而在1703年，仅英国人就派出约70艘。大麻是这一贸易的基础，这不仅表现在数量方面，也表现在它的价值上面，它很快就占英国从俄国进口货物的一半。从1704年起，英国大麻进口量的三分之二到十分之九是由俄国提供的。不过1721年以后，由于沙皇彼得（大帝）歧视阿尔汉格尔，这一贸易又转回里加，同时圣彼得堡则成为波罗的海第二个大麻口岸和对英贸易的中心。

虽然珍珠灰通常总是来自德国,只有北欧的无穷无尽的森林才能提供西欧肥皂制造商所需的巨量更为普通的灰和钾碱。[1] 荷兰人几乎垄断了波罗的海出口中灰的这宗买卖(以但泽和柯尼格斯堡为中心),但是大约从1699年开始,英国人买下了绝大部分的钾碱。英荷两国是阿尔汉格尔这些商品的大买主。荷兰人还为他们的肥皂制造商从波罗的海地区买进大量的牛脂——质量低于他们自己的或德国人的牛脂——为他们的蜡烛制造商,也为了向天主教欧洲出口数量较少的蜂蜡,这种蜂蜡"主要是波兰和莫斯科的产品,蜜蜂似乎已经选定这两个国家作为它们主要的栖息之处"[2]。

除了金属[3]以及一些奢侈品如鱼子酱、大黄和琥珀这些北欧在地区贸易中的主要产品之外———一般来说,说它们是主要产品,是指对它们的需要而言,而不是指它产品的价值——北方则惯常运进同样笨重的商品:盐、酒和鱼。

波罗的海国家盐的主要来源是法国西海岸,锡图巴尔和加的斯湾(主要是在圣卢卡尔)。还有来自瓦伦西亚海岸和卡泰罗尼亚的盐矿的。撒丁和西西里盐在18世纪早期也开始进入大西洋地区的商务范围。在朗格多克的蒸发厂供应法国的南部,萨伏依—皮埃蒙德和瑞士的一些地方;在维耶利奇卡和鲍赫尼亚(邻近克拉科夫)的盐矿满足了波兰国内大部分的需要;在匈牙利和奥地利也有重要的盐矿山。隆内堡的一些老厂家在衰败,但是1699年在哈雷新开的厂家却减少了征用东部对海外供应的依

---

[1] 参看政府记录所,C. O. 390/5 53 页以下。
[2] 比埃尔·但尼尔·胡爱:《荷兰贸易回忆录》……译自法文,伦敦,1719 年第 2 版,第 56 页。
[3] 见本书原文第 869—870 页。

赖。苏格兰西部的蒸发厂除出口之外，还略有剩余，而1670年开张的柴郡盐矿不久就使英格兰市场不再依赖外国的供应，而且还为新生的港口利物浦提供外运的压舱物。柴郡有一些盐行销在北美的殖民地，可是那些地方的渔业界却愿意要加勒比海或葡萄牙的盐，因为这些盐的咸度高。

荷兰人在北欧盐的贸易中占支配地位是因为他们的渔业要消费大量食盐，因为他们有庞大的提炼厂，也因为他们的船只在装运波罗的海进口盐中所占的份额——1681—1690年是74%，1691—1700年跌到42%，1701—1720年又回升到58%，但在1721—1740年[①]中，又跌到45%。他们的波罗的海盐业买卖并不是建立在一个国内集散地或制作业的基础之上，他们直接从法国和葡萄牙把盐运走。有时有人断言，历次战争迫使荷兰人和英国人转向葡萄牙买盐，从而搞垮了法国对盐业的垄断。事实上，葡萄牙盐虽然曾在那激烈波动的战争岁月里在数量上超过法国，可在1702年，就如在1683年那样，法国盐的数量在松德海峡却超过了葡萄牙，在2：1以上，只是在1720年以后法国才败下阵来。

有些行业永遭战争之害，那古老的酒业是比较能够说明这一问题的例子。在本章论述的这一时期，栽培葡萄的地区相当辽阔，从葡萄牙一直延伸到匈牙利。位于最最北面的大型葡萄园靠近莱茵河和摩泽尔河，大量的酒就在经过这两条河流往荷兰供一般的消费和出口之用。不过，由于这些酒在国际上的重要性逐渐下降，也由于葡萄牙人还没有把酒的市场打得更开，17世纪70年代，欧洲酒的贸易就由西班牙，尤其是法国产品所支配。

---

① 17世纪90年代荷兰人的份额低（42%）不是个非常突出的问题：当时许多，也许是大多数参加"海湾（比斯开）贸易"的丹麦、瑞典、吕贝克以及其他北德意志船是属于不公开出面的荷兰人的。斯堪的纳维亚船只，部分同样也是隐瞒身份的，这在这个年代在英国贸易中占非常重要的地位。

勃艮第红酒在路易十四时代的巴黎是颇享盛名的，但是，直到新的渠道在1720年后开放为止，这种酒即使进入巴黎这样的市场也还是受到限制的，而且这种酒在世界市场上也没有多高的地位，因为在世界市场上，所谓法国酒，人们仍然只知道波尔多葡萄酒。[①] 1700年后，罗纳河和米迪的酒运销到地中海以外的地区，但最初只是少量而已。在波尔多，今日的规模在17世纪中叶尚有待开发。当时的出口品几乎只有这个城镇附近所生产的非陈年普通酒。由于荷兰人不像英国人那样需要这种"红酒"，酒商们就舍波尔多往北沿着海岸进入内地，寻找当时还未曾出口过但是却迎合荷兰人口味的当地各种酒类：白葡萄酒、甜酒、强度较高的酒、加糖的酒、麝香葡萄酒、盖拉克和卡奥尔的葡萄酒、圣托奇、昂尼和佩里各特产的白葡萄酒，还有专为迎合荷兰人口味而发展的新品种索特尔白葡萄酒。相当数量的商业性生产的酒精也首次问世，荷兰人需用这种酒精来提高他们的酒的度数。就这样，1672年，法国西南部的葡萄栽培因荷兰人来订货并预付货款而成为出口型的相当繁荣的一个行业。它在世界市场上唯一真正的对手是英国人所喜欢的加那利和杰雷斯酿造的酒以及荷兰人普遍喜爱的阿利坎特和马拉加出产的酒。在17世纪80年代之后，西班牙的葡萄园并没有显著的扩大。相形之下，葡萄牙葡萄园在国际上的地位，包括在马德拉岛和亚速岛的葡萄园，却是欣欣向荣。到那个时候为止，葡萄牙酒和一些西班牙酒一样一直被看成是地方酒类。荷兰人于1675年从奥波尔托进口第一批掺了酒精的酒；美国人在1678年也开始进口这种酒。从此人们要对上杜罗河的产品另眼相看，因为国外对它有高度人为的需求，而

---

① H. 昂贾尔贝尔：《名葡萄酒是怎样诞生的：波尔多、奥波尔托、科涅克》；《17世纪波尔多的商业和阿坤淀盆地的经济生活》（1950年）；参见 R. 迪昂著《法国史》（1959年）。

它在国内又受到一个听命于葡萄园主的政府的鼓励。

可是那北欧市场掌握在法国人手里,以上的情况并不能证明可以轻而易举地动摇法国人的这一地位。英国在1675—1678的"正常"年景中,仅伦敦(它代表着五分之四的英国市场)每年就要从法国进口平均8535桶,进口5008桶西班牙酒,进口莱茵河酒才不到1000桶,葡萄牙和佛罗伦萨酒每种都在100桶以下。但是,从1679年开始一直到1685年,英国禁止进口一切法国酒,而葡萄牙乘虚而入,英国进口的葡萄牙酒从几乎等于零跃升到1683高峰年的16772桶。不过,"正常"的市场一经恢复,法国的优势却比以往更甚。1685—1689年间,伦敦进口的法国酒平均为13402桶,葡萄牙酒仅434桶,而西班牙酒的进口量则低于它70年代的水平,仅3915桶。1689—1713年的战争使波尔多在英国市场上蒙受的损失更甚于1679—1689年的抵制活动给它带来的损失。在"九年战争"期间,伦敦全部停止进口法国酒,又一次为西班牙(约有70%来自卡那利)和葡萄牙酒所取代。① 这些变化要比早先的抵制运动期间的变化更为持久。由于奥波尔托的产品质量在提高,英国人的口味有改变,更主要的是因为对法国酒仍然要课以重税,所以波尔多在和平以后未能恢复它的市场;在官方统计表上,法国酒甚至居意大利之后。1702—1713年战争造成奥波尔托的最后胜利。② 由于西班牙到1704年为止一直是处在菲利普五世的权力统治之下,因此,西班牙酒和法国酒一样受到有力的排斥;虽然西班牙的局势以及英国人对对敌贸易的态度随后很快有所改变,葡萄牙仍然保住了它1703—1704年间在英国市场上的支配地位。1697年后,葡萄牙(还有西班牙)在酒上的税比法国酒上的税要少一半还多,所以葡萄牙得以很好地保住它的支配地位。在1711年到1750年间,英国进口的葡萄牙

---

① 政府记录所,C.O.388/6/B.49; T.64/274/111, 115。

② 见本书原文第523—524页。

酒大约是西班牙酒的一倍①，是法国酒的 10 倍。

不过除了英国之外，另外还有个比它大得多的荷兰市场。如果说 1672 年以前的阿姆斯特丹进口的西班牙酒少于伦敦所进口的，那么，它所进口的法国酒却要比伦敦多出好几倍。到 1721 年，虽然波尔多酒的总出口量只及它 60 年代总出口量的一半，但是运往荷兰各地的有 34138 桶——这几乎是运往英格兰、苏格兰和（特别是）爱尔兰的数量的 6 倍——其中大部分是供尼德兰及其邻近地区饮用的，虽然也有相当一个尾数是再出口的，主要是再向北方出口。1688 年前，南方酒在那里的市场相对来说一直是小的，而且在历次战争中又有缩减，但是到 1714 年，这个市场却达到了一倍于 17 世纪 80 年代的水平。它在 1714—1725 年间又再次扩大了一倍。这对波尔多来说是特别走运，因为北方正在吃进比 1678 年前伦敦大市场的黄金时代所吃进的还多；在 1714—1725 年这段时间里，通过杜德海峡运往北方的酒至少有四分之三是直接来自法国，可能还有一些不是直接从法国运去的还不算在内。1721 年后，丹麦和瑞典船在这一行业中变得十分活跃；1725 年，通过松德海峡出关的南方酒大约只有 18% 是用荷兰船运送的，而在 1714 年，有 40% 是由荷兰船装运的。

在战争年代里，酒业普遍不景气，法国西南部的葡萄园特别困难。有许多地方，都暂时转变到那种仅能维持生计的经济。为了保存大量的卖不出去的酒，采取了许多措施鼓励将它们酿成白兰地酒；军队也为贮存这些酒提供了一个暂时性的市场，不过后来法国西南部被迫走上一条更为艰辛的自救道路。从此酒酿藏时间不长、不分等第的年代已成过去；饮用名葡萄酒已经成为时

---

① 西班牙酒一般来说似乎是在丧失它在欧洲北部的支配地位，虽然在乌得勒支条约以后的岁月中，苏格兰的饮用酒几乎全部是由西班牙供应的；政府记录所，T.64/274/113；T.36/13。

尚。普通的红葡萄酒无法在英国完纳13倍于它在法国的成本价格的税；因此，就在荷兰人以在波尔多每桶100镑的价格购进廉价酒的时候，这些酒随后运到英国，在1717年平均每桶价格是180镑，到1724年，其平均价格上升到600镑。1713年成立的马坦尔酒坊可以被看成是一种象征，是西南法国白兰地提炼业同样经过质量专业化这一过程的象征。远至里加的人几乎就只喜爱法国酒，因此，我们看到进口法国白兰地的数量在80年代就稳步上升。法国白兰地在1689年前的最大市场一直是荷兰和英国；可是现在它在英国，地位已被当地自己的提炼业所取代。英格兰烈性酒的生产80年代中一直稳定在每年50万加仑以上，但在1691年，产量开始迅速增加，到1700年已超出100万加仑，1710年达200万加仑，1722年为300万加仑。1727年是400万加仑，这就开创了地地道道的"杜松子酒热"。[1]

荷兰人的鲱鱼船队拥有1000多艘帆船，好几万名水手，在英国的海岸附近夺走帝国的财富，据说它仅在荷兰一处就直接或间接地养活了大约45万人。据说荷兰人为在17世纪90年代每年捕捞约30万吨鱼，每吨价值约20镑，这样一年有600万镑的买卖，很容易成为欧洲商业中最大的部门。这些鲱鱼大部分是在国内和马斯河（默兹河）、莱茵河流经的一些国家消费掉的。其他大量的去处是法国和地中海沿岸的天主教国家，特别是西班牙，这些鲱鱼在汉堡、不来梅和在波罗的海地区也有重要的然而是第二位的市场，在17世纪80年代，这些地方进口的鲱鱼，荷兰人的要占四分之三，在1697—1702年的和平时期，几乎也是同样的这一比例。不过在几次战争中，荷兰人的捕鱼船队和运鱼

---

[1] 在北欧，比一般的酒更为重要的一项工业产品和消费品是啤酒；以英国的啤酒消费为例，一般每年每人不超过一桶（政府记录所，C. O390/3 fo. 16）。但在区间贸易中，它的重要性不大，且在减少，因为运送大麦比运送啤酒要方便得多。

船遭到敦刻尔克武装民船的掠夺——这对苏格兰人是有部分好处的，他们运进波罗的海地区的鲱鱼数量在当时和战后的几年中超过了荷兰人运走的数量。荷兰人在1722年后，虽然在一个缩小了的波罗的海市场上重又领先，英国方面在1713年后施加政治压力为苏格兰人的鲱鱼打开了原来一直是荷兰人所占有的在汉堡和不来梅的市场。外来的竞争、鱼的回游、两次战争的蹂躏，还有荷兰集散地定下的规章缺乏灵活性，这一切凑在一起，到1750年就把历史上称雄一时的荷兰鲱鱼业的规模缩小到它全盛时期的五分之一还不到一些。

尽管政府不断作出努力，英格兰的鲱鱼业到17世纪末比起该世纪初来还是每况愈下。为了打破荷兰人对格陵兰捕鲸业的控制而作出的各种努力——这最后一次的努力是在1692年颁发执照成立一个专业垄断公司——也同样是令人失望的。在17世纪80年代早期的高峰年，荷兰每年有240艘或更多的船出海，捕杀1400多条鲸鱼，可带回达6万吨鲸油。在九年战争期间，由于保险费用和人力方面的开支增长，荷兰议会又暂时禁止捕鲸，出海的船只减少到战前平均数的一半还不到，阿姆斯特丹的鲸鱼制品的价格上下波动得厉害。不过在随后发生的一次战争中，尽管议会再次进行限制，出海的船只却比上一次战争时要多，然而捕获量有时低，得益跟着也有极大的波动。不过在每次战争之后，荷兰人总能重新确立他们的绝对地位，大约相当于80年代的水平，不过和派出的船只数目相比，捕捞量却在减少。等到18世纪20年代，荷兰人正在转而把相当一部分的精力放在新开发的戴维斯海峡的渔场上去。1721年，在开往格陵兰和戴维斯海峡进行捕捉鲸鱼作业的355艘船只中，有251艘是荷兰船，余下的有来自汉堡（55艘）、不来梅（24艘）、卑尔根（5艘）、比斯开湾各口岸（20艘）。鲸油的主要用途是制造便宜的灯油和肥皂。

在北大西洋，荷兰人在苏格兰和冰岛之间进行的鳕鱼捕捞业

## 第二十三章 经济活动

也是非常成功的,他们在17世纪90年代动用了350艘帆船。不过丹麦人和挪威人在这里也很活跃,到18世纪的20年代,挪威人已经取代荷兰人成为波罗的海地区的鳕鱼供应者;事实上,荷兰人在战后通过松德海峡运进的只有鲱鱼。到1750年,他们的鳕鱼作业已缩小到只及上一世纪90年代规模的五分之一。就在荷兰人的渔业仍然兴旺发达的当口,英国人和法国人已在集中力量经营那远一些的北美鳕鱼渔场。"英格兰西域"渔业一开始是很有希望的,可是到1680年就已衰落,它所拥有的船舶还不到100艘,衰败的部分原因是法国人的竞争,同时也由于当地先是在新英格兰,随后是在纽芬兰渔业发展的缘故。生气勃勃的新英格兰渔业不但在缅因湾扩展,也在新斯科舍和纽芬兰沿岸近海扩展。到1700年,它的船队已大大超过"西域"的规模。在冬季加工的新英格兰鱼,大的大部分运往毕尔巴鄂,小一些的品种则运往里斯本的奥波尔托,较次的运往加那利群岛、马德拉群岛、亚速尔群岛和牙买加,"处理鱼"则运到巴巴多斯和背风群岛给奴隶当食品。在欧洲赚来的这一进益大部分以钱币或汇票的形式流到英国用来购买新英格兰从欧洲输入的各种欧洲工业制品,当时新英格兰正在扩大这种进口。还有一部分是用来支付渔业需用而购进的伊比利亚盐和新英格兰自己直接进口的白兰地、其他酒和水果。运往西印度群岛去的鱼(还有新英格兰的木材、食品等)换来了糖、糖蜜和盐;但其中有些进益最终又以货物或汇票的形式流往英国用来购买更多的工业制品。沿海渔区对盐、朗姆酒、食物、捕鱼用具和其他货品的需要量很大,新英格兰人这就能够在纽芬兰开展他们纯粹的商务活动。"西域"的船只把它们大部分在纽芬兰打来的鱼装往西班牙、葡萄牙,再把盐、酒、水果、橄榄油或羊毛带回它们在英国的基地。

面对荷兰人的竞争,盛极一时的法国鲱鱼业衰退了。迟至1700年,法国人从荷兰进口的咸鲱鱼几乎比他们自产的还多一半。

法国政府曾试图制止这种情况，特别是一个向荷兰人施加压力的最最现成的办法，那就是提高进口荷兰鲱鱼的关税，可是实行关税本身引起农人协会在进口事业方面的相反的兴趣；在一些贸易城镇如鲁昂和一些渔业港口（特别是迪埃普）之间也存在着利益上的对立。可是国会采取的行动挽救不了法国的渔业，因为法荷在乌得勒支签订的条约不准许搞禁止性的措施，并且把进口税降到1664年的水平。随着鲱鱼业的衰落，在迪埃普以西的一些港口就以更多的精力来经营鳕鱼业。在1678—1688年之间曾出现一个高峰，法国在纽芬兰的渔业在某一个典型的年头使用了300艘船、人员2万——大大超过了英国人。然而这样的规模本身使它极易受到战争的影响，不说别的，单说海军抢着要这些渔民服役这一项就够了。1702年，从圣马洛和格朗维尔出航的有100艘，但是在1703—1712年间每年很少有达到30艘的；在"九年战争"期间，1688年出海113艘，在这之后平均出航船只只有18艘。① 法国渔业生产组织要比英国的简单得多。它在战时基本上是个"不搞加工"的作业，在这个意义上，它很少需要使用当地岸上的码头晒台和村落。而且，想在法国和普拉森夏、加拿大、西印度群岛之间开展多边贸易的打算也没有多大指望。所以法国的鳕鱼业即使在它的全盛时期也不能算是什么缔造帝国的力量，而英国的鳕鱼业却是这样的一种力量，它的重要性不在此而在于它是地中海上一种运输业的基础，在地中海特别是马赛和圣马洛有密切的联系。法国根据乌得勒支条约丧失了普拉森夏以及对纽芬兰的领土主权要求；他们可以在海岸沿线一些指定的地段登陆晒他们捕

---

① 雷恩市伊尔—维莱纳省档案馆档案卢茂安：《海军P9B, 402-7页；J. 德吕慕著：17世纪末圣马洛港的运动》，雷恩，1966年，第272—273页。这些船只回归欧洲的运动十分复杂，时间拖得长，在《17世纪末圣马洛在纽芬兰的鳕鱼捕捞船队》编年史（E.S.C.）一书中得到分析，共16年（1961年），第665—685页。

捞来的鱼，但不得在那里修建永久性的建筑或在那里过冬；在勃兰登角岛上的路易斯堡代替了普拉森夏在防卫体系中的位置，但渔船很少使用这个地方。尽管如此，法国的鳕鱼业在战后恢复得很快。1719年，它使用的船有300艘，并继续扩大，到1740年，它每年的总收入达到惊人的数字，相当于100万英镑。

到目前为止，我们一直是在讲扎根在旧有的北欧经济中的商品，这些商品无论在规模或价值方面都有其重要性。当我们放眼海外的时候，我们就会碰上各类商品，它们的价值大于它们的规模，而且在欧洲经济中具有非常新的重要性。虽然鳕鱼一直是首先吸引英国人、法国人定期去北美的商品，可是它现在却只代表北美和欧洲的经济关系的一小部分，而北美贸易中的其他重要部门如果和欧洲有什么关系的话，也仅仅是间接的关系：在这一情况之下，新英格兰、纽约和宾夕法尼亚在迅速发展中的经济在很大的程度上是依靠向西印度群岛出口食品和木材。不过北美和西印度群岛作为一个整体，它们有的是裘皮、烟草、更多的是糖，有力量在欧洲采购它们需要的东西。

裘皮可以分成奢侈品裘皮和原材料裘皮（海狸、麝鼠皮、兔毛皮、野兔皮）；前者用来做衣服的皮板，后者供制帽人和制毡人使用。奢侈品裘皮当时的主要来源是西伯利亚，主要的消费中心是东（中）欧。原材料裘皮在西欧具有更大的重要性：那里几乎人人都要戴一顶帽子，而奢侈品裘皮则渐渐不再时兴。廉价的毡可以用当地或进口的兔皮和野兔皮制造，但是最好的毡要用海狸；18世纪早期，英国进口的裘皮有65%是原材料裘皮，仅海狸就占50%。到这个时候，在英国的殖民地中，只有纽约由于它和内地的水路交通极好，那里的裘皮业仍然是一项重要的买卖。加拿大的圣劳伦斯河河流系统中和赫德森湾的海狸资源似乎是取之不尽的，皮裘一直是加拿大唯一的大宗出口货品。由于北美出产的海狸和兔皮多到不是英国或法国所能使用得了的,有一大部分——英国是70%——是再出口到阿姆斯特丹和汉堡的巨大裘皮市场去的。而且在这些年中,在赫德森湾发生的战事把大批作为战利品的皮张推到市场上去。许多这样的海狸皮——用印第安人的血汗使之不致软化的裘皮——最终进入俄国,那里的手艺师傅通过一个秘密的操作过程把裘皮的长粗毛下面的细软绒毛梳掉,只留下皮张上面的护卫长毛。这些梳过的皮张常常再运回汉堡做衣服,海狸上的绒毛则经常运回荷兰、法国供制毡商人使用。不过,从短期来看,运往俄国的皮张能够稳定西方的裘皮市场。① 法国在军事上的胜利和圣劳伦斯河通往内地的河道使法国人在海狸皮的进口方面对英国人占有永久性的优势。不过,英国人也有某些有利条件。印第安人一般来说比较喜欢英国的制品。"赫德森湾公司"不需要花钱维持一个殖民政府;等到英国根据乌得勒支条约收复这个海湾的时候,这家公司已经历尽艰辛,脱颖而出,供应高质量裘皮不成问题。到1713年,由于西方梳理皮毛的技术有改进,已无必要把那些不易处理的海狸皮张送往俄国加工。胡格诺制毡人向英国移民,这给伦敦制帽业带来了高超的技术。这样一来,英国在1700—1725年间得以把出口量增加两倍——其中约有70%是销往欧洲大陆的(主要是行销西班牙和葡萄牙),其余的行销北美和西印度群岛。这是一项一流的转口贸易,到1725年,帽子出口值几乎相当于裘皮进口值的6倍。

比裘皮重要好几倍的是烟草。到17世纪80年代,为了欧洲市场而进行的大规模商业性的种植主要是包给巴西、弗吉尼亚和

---

① E. E. 里奇:《俄罗斯和殖民地裘皮业》,"经济史"重订第二套丛书第7卷(1954—1955年)第307—328页;H. G. 劳逊:《裘皮:不列颠重商主义之研究,1700—1775》(1943年);参看R. H. 费歇著《俄罗斯裘皮贸易,1550—1700》,加利福尼亚大学历史丛刊第31卷,1943年。

马里兰的。在西印度群岛，烟草正让位于获利更多的作物，而"凡利纳斯"的产量似乎一直是相对稳定的。印第安人在委内瑞拉沿海的小片土地上种植这种烟叶，每磅的价值要高出较为普通的巴西或切萨皮克烟叶好几倍；其中大部分由荷兰人暗中获得。17世纪晚期，欧洲烟草业中更为先进的那一部分曾有最为蓬勃的发展。如果说西班牙人经营的烟草业因价格高昂而停滞不前，那么巴西的烟草业是因价格下跌而受到严重损害，而切萨皮克的烟草业却继续保持繁荣，尽管它也受到价格疲软的伤害。伦敦的进口量从1662—1663年中的737万磅上升到1696—1697年、1700—1701年的那些过剩岁月中的2500万磅。英国的总进口量在1670—1700年间翻了一番还多（达3780万磅）。烟草和裘皮一样是项近乎理想的殖民地商品，因为随着进口量的上升，剩余的烟草和裘皮也日益增长，可供再出口，从而支撑了国家的"贸易收支平衡"。整个来说，英国的再出口发展趋向比进口要快得多：1668—1669年，再出口是进口水平的一半多一些，而大约到1700年，则几乎达到进口水平的三分之二。葡萄牙进口的烟草中大概再出口的比例也几乎有那么高。

　　荷兰是英国、葡萄牙、西班牙烟草的巨大再出口市场。即便在1697—1701年间，英国烟草销荷兰的百分比在一度下降之后接近40%。阿姆斯特丹是欧洲的烟草制造和烟草贸易中心。荷兰的烟草制造商把各殖民地来的昂贵烟叶和荷、比、卢还有德国出产的便宜烟叶掺混在一起，生产出各种价格中等、切成细片、经过碾压的混合烟草，其他地方都比不上它。荷兰制造商向德国的许多地方和整个北欧提供这种产品，这使英国的制造商感到十分尴尬，因为它们只使用弗吉尼亚和马里兰烟叶，发现在整个北方他们在价格上处于不利的地位。荷兰烟草的种植集中在阿麦斯福特，东及格尔德兰，上埃塞尔和克里夫的霍恩佐伦公爵领地。在勃兰登堡和波美拉尼亚还广泛地种植一种次等烟叶，有些分散在阿尔萨斯和匈牙利之间内陆的一些地方。但是最发达的烟草生产要首推荷兰。1689—1713年间的历次战争对荷兰烟叶生产的刺激最大，当时殖民地交货没有定期，弗吉尼亚烟叶的价格在阿姆斯特丹上涨至少50%；"阿麦斯福特"或"内地"烟叶价格上的优势，早先极为微弱，现在却起了决定性的作用，使生产飞跃上升。于是，到"王位继承战争"的中期，英国的烟草再出口（每年1500万到2000万磅）在欧洲大陆上不得不和那里生产的烟叶进行竞争：联合省以及克里夫至少生产1500万磅的烟草，加上勃兰登堡—波美拉尼亚也许有1300万磅，法国有600—800万磅，而阿尔萨斯到匈牙利之间生产的2000万磅"内地"产品和来自巴西的约六七百万磅还未计算在内。英国一直到18世纪20年代才算重新达到（并且事实上还超过）1697—1701年间的出口水平。

烟草的消费在一个世纪内一直在逐渐普及，从城市中悠闲的小圈子扩大到所有的居民。俄国是最后一个有待征服的地区，因为那里的教会禁止外国人之外所有的人吸烟。1697年，基于国库岁入和思想意识上的原因，彼得批准认可并把烟草进口列为国家专营的行业。在沙皇访问伦敦之后，这一买卖就包给了一个英国商人的联合组织，他们有意向整个俄国提供弗吉尼亚烟草。两年后，他们不得不放弃他们的合同，因为当时俄国政府不肯或无法制止从哥萨克地区走私进入俄国本土的不完税的烟草。① 一个规模更大的外国烟草市场行将在法国形成。尽管科尔贝尔的远见卓识看到法国可以自给自足并且向北欧出口，但他还是禁不住烟叶高额进口税的诱惑，把法国境内的烟草种植限制在几个小小的地区之内，主要是在加龙河中游沿岸，因为征收进口烟叶税坐享其成来得更为省心。约翰·劳按照苏格兰人更为严峻的逻辑，在

---

① J. M. 普雷斯：《烟草打进俄国》（译文，美洲费拉德尔菲亚学会、新版丛书，第51卷第1部分，费拉德尔菲亚，1961年）。

1719—1720年干脆取缔了这些种植园。在法属安的列斯群岛，烟草的生产在1700年的时候几乎已经停顿，这停产的部分原因是法国随后的垄断者们不愿意出高的价格收购，而法国即便在战时也愈益依赖阿姆斯特丹供应的外国烟草。不过在1697—1702年，法国的垄断者们开始直接在英国进行大宗的采购。1713年后，法国成为不列颠烟草的第二个最重要的市场；1730年后，成为第一个重要市场。

如果烟草被推崇为一项转口商品，糖就更加珍贵，被视为帝国的缔造者，因为糖业动用的船只要多好几百条，动用的资金也更多。还有，烟草在西欧的消费到1700年已经开始停滞不前，而糖的消费则仍然快速增加。这是当时殖民地成就的一个显著标志，英国殖民地在食糖生产上一马当先，葡萄牙、法国和荷兰的殖民地紧随其后。产糖历史较久的巴西的产量从1670年的27200吨跌到1710年的21800吨①。这比法属西印度的产量要高些，估计那里的产量已从1682年的1800万磅上升到1701年的3000万磅。荷兰人的种植规模要小得多，但在大力发展，特别是在苏里南，但是英法两国糖的销售脱离了他们的直接控制。

到1701年，英属西印度除了向北美出口外，向英国国内输送5200万磅。英国进口糖的价值比烟草多一倍多。17世纪的最后30多年中，生产翻了一番多。接着它以一种更有节制的速度——这种速度实际上低于国内消费的增长速度——增长，就这样，原来可能成为一个理想的贸易类型给歪曲了。在1688年以前，英国糖经常运往库拉索或圣厄斯坦提斯，从这些岛屿直接运往荷兰，但在1713年后，法国和荷兰糖被偷偷运进这些英国岛屿，作为英国糖运出，运到愈来愈吸引人的英国市场上去。尤其重要的是，再出口量在1698—1700年间仍然还占进口量的

① 见本书原文第510、534页。

37.5%，可是在1733—1737年间却竟然跌到4.2%这样一个微不足道的百分比。有人说英国糖在价格上无法在外国市场上（主要是荷兰和德国市场）同法国、荷兰相竞争；更确切一些，就应该这样说，英国的趋向是消费大于生产，这样，它受到保护的国内市场上可供出口的剩余量就要减少，它的国内市场因此也就不那么依赖于向欧洲大陆出售食糖，其结果是英国的价格显著地高于大陆的水平。这和英国的制造成本毫不相干，因为几乎所有再出口糖（去爱尔兰的除外）都是未经加工的。[1]

制糖业在马丁尼克岛、瓜德罗普岛及圣克里斯托弗岛上发展迅速，但在圣多明各最初发展并不快，在那里，发展持续较长的是烟草和靛青。从17世纪90年代起，奴隶的人数有所增加，这对糖业是进一步的推动，在圣多明各尤其是这样，它在1713年后成为法国的主要食糖产地。未来是属于法国人的：仅在南特一地，尽管有战争带来的起落[2]，糖的进口量在1714年大约高出1698年水平的150%，到1733年还要4倍于此。所以说，1697年以后法国的食糖生产在加快，而就在这个时候，不列颠的增长率却在开始放慢，葡萄牙的糖业已完全衰落。法国的这一增长最终产生了巨大的盈余可供再出口，它在17世纪90年代只有约500万磅可供再出口，而英国当时再出口量近2000万磅。就在1714年，在南特的再出口量仅为进口量的14%；但是，到1730年，在产量增加7倍以后，再出口量竟占70%以上。这些货主要是运往荷兰，法国人没有能为他们的殖民地生产的食糖在德国和北欧开辟更有把握的直接市场，这就是迟至1721—1726年，法国殖民地生产的食糖，

---

[1] 糖在马提尼克岛、瓜特罗佩和圣克里斯托弗、政府记录所 C. O……

[2] 1702—1712年从南特、波尔多和拉罗什尔出发去法属岛屿的船只班次在《米迪年刊》中已列成表格，见 t. 65（1953），第66页，这上面1705年和1711年拉罗什尔的数字应分别改正为38和34。——编者

足足有63%是从荷兰运出，经松德海峡到达北欧的，而且，法国这一最大的转口贸易有这一天还多亏法国消费者作出的自我克制。在17世纪的90年代，英格兰和爱尔兰的人口大概是法国的三分之一，但他们糖的消费量至少都比法国多出三分之一；在随后的30年中，他们的消费还要增加至少166%，而法国人的消费状况，由于征税重，看来一直是相对地静止的。

对其他美洲产品可以很快地作一概括的论述。在90年代，稻米的种植已在南卡罗来纳安家落户（种子来自马达加斯加），而且很快提供了一项有用的再出口品，从1709年开始，英国进口的大米约有四分之三来自南卡罗来纳，但主要是去荷兰和德国①，但是大部分庄稼是供当地食用或运到西印度群岛去的。美洲更为重要的产品是欧洲纺织业所不可或缺的染料。胭脂虫几乎是西（班牙）属印度诸岛的独家产物。野生在犹卡坦半岛和南边邻近的海岸的洋苏木弥足珍贵，西班牙人因地理关系，自然就能进行垄断，不过英国的伐木人早已打入坎佩切、洪都拉斯和尼加拉瓜的砍伐业，满足了英国的需要，并降低了早先因西班牙的垄断而造成的高价。西班牙推行了一项更加有效的限制性措施，它把伐木人从坎佩切赶走，但是，这反而使这些人更加频繁地活跃于洪都拉斯湾的伯利兹四周和尼加拉瓜的摩斯基多海滩。北方的殖民国家一直在顺利发展它们自己的靛青货源以便达到自给：荷兰人是在爪哇和苏里南经营，法国人在圣多明各、英国人在牙买加。不过1713年后，英国的工业愈益仰仗于法国的供应。

几乎美洲贸易的每一部门在这一时期的迅速发展在很大程度上是以日益扩大的非洲奴隶买卖为基础的。种植、收割和榨糖这些沉重的劳动首先是由一伙非洲人干的，而且干得最为出色，他们还逐渐从白种移民的手中接过大部分需要熟练技巧的工作。西

---

① 政府记录所，J64/276B/320。

班牙殖民者继续依靠从英、荷殖民地（特别是库拉索）非法进口的奴隶、也依靠领有执照的外国贩卖奴隶的人——热那亚人、葡萄牙人、法国人和英国人[①]。在整个时期，相当可观的葡萄牙人的奴隶贩卖和荷兰人规模更大的贩卖一直在继续着，各自运来比自己的殖民地需要的人数更多的非洲人，这就造成了有余额可以卖给西班牙人的法国人（法国人是从荷兰人那里买的）。在丹麦和勃兰登堡领到执照的公司也稍稍参与奴隶贩卖；这些公司都利用丹麦的圣托马斯岛，该地在历次战争中也许是安的列斯群岛中最为活跃的秘密交易中心，交战国之间进行的买卖在这里也相当活跃。英国的奴隶贩卖业后来居上。1672年成立的皇家非洲公司到1689年一直相当有效地垄断这一行业，但是，革命剥夺了这家公司的权利，不准它抓无照经营这种买卖的人，使它对大量出现的"自由经营者"束手无策。议会承认有必要保持设在西非海岸的贸易站要塞，并根据1698年的一项法令，责成自由经营者在那些地方出口货物要付给该公司10%的捐税。1712年，这一规定满期，在这以后这家公司除了在20年代曾昙花一现地稍有起色之外，在商业上已经奄奄一息。它的失败要归因于那些无照营业者和受到伦敦垄断业排斥的小港口两方面施加的政治影响；要归因于五金业和其他制造商对一个享受特权的买主的敌视态度；还要归因于那些小岛上和在北美的殖民者，他们声言他们的利益受到忽视而愤愤不平。这一失败还起因于公司在国内的财务管理不善、在非洲的开支多而又不加节制、无法向购买这些奴隶的种植园主迅速收回欠款。在1680—1688的9年中，公司每年平均运交西印度群岛5155名奴隶；1690—1698年，每年仅约1400名；1698年以后的10年中，约每年1800名，而那些所谓"单干户"却有7500名。于是英国人着手要把所有的竞争对手远远地抛在后面。在大约

---

① 见本书原文第364、375—376、514—515页。

## 第二十三章 经济活动

1698—1707年间①，仅伦敦一地每年就平均派出50艘船去非洲（37艘是自由经营者的，13艘是公司的），而荷兰人只派出12艘或14艘。英国人在这战争的10年中每年运交的奴隶人数有9000多名，而法国人即使在1716—1718年的年运送数估计也只有1800名至2000名——这个数字仅法属安的列斯群岛一处就嫌少，那里经常抱怨劳动力不足。于是，法国的种植园主也不得不仰仗荷兰人和英国人，和他们进行秘密交易。到1716年，荷兰人已经退出不干了，只有英国人每年为法国人提供1500百名奴隶。不过法国的奴隶贩卖业正处在大规模开展的前夕。1713年，在失去贩卖奴隶契约之后，这一买卖卓有成效地开放，到1723—1730年，运交的奴隶人数每年平均达7200人以上。②

17世纪中，有些贸易是因为它需要船运才被重视的；还有一些是因为它们提供的是战略商品而被重视的；又有一些是因为它们在本国使许多人就业而得到重视的；再有一些是因为它们在账面上造成贸易顺差才受重视的。规模宏大的对东印度的贸易却并没有提供以上所说人所渴求的好处中的任何一种。由于东印度来的货品体积不大和该地贸易需要使用的船只不多，那里除硝石之外并没有向欧洲提供任何战略商品。东印度虽然运去生丝要在欧洲加工，它同时也运去丝棉织品和西方工业进行大力的竞争。最后，和东印度的商品贸易有逆差，这就使欧洲的硬币和金条以空前的规模，经常不断地外流。虽然如此，和东印度的贸易却是资本雄厚、政治上强大、获利优厚（即便是间歇性的），是一个

---

① 政府记录所，C.O.388/10/H.108和388/I.8；T.70/1205/A.43. 参看K.G.戴维斯：《皇家非洲公司》（1957年），第310—312、361—363页。

② 巴黎研究所图书，MS.2387, fo.243，参看加斯东·马丁：《18世纪之南特：黑人的买卖，1714—1774》1931年。

缔造帝国的主要因素。

荷兰人曾经支配了对东印度贸易的各个部门。[①] 虽然缺少精确的数据,1683—1721年间的迹象给人的印象是,他们把在印度本土的优势拱手让给英国的同时,在整个东印度贸易方面仍然保持领先地位,即便是微弱的领先。1720—1723年,他们每年平均派出39艘船,英国人是20艘。[②] 而且荷属东印度公司在1709—1719年的10年间,每年售货进益平均达132.6万镑,英属东印度公司在1708—1717年的售货进益是99.9万镑。但在这以后荷兰人的领先地位削弱了,平均销售额是157.1万镑(1719—1729年),而英国是147万镑(1718—1727年)。法国在东印度的贸易在18世纪20年代之前规模不大。科尔贝尔的国营企业从来就不很顺利,它在九年战争中因失去本地治里和许多船只,损失严重。即使在1698—1702年这个繁荣的间歇,法国公司每年派出的船只平均也不到5艘(英国的两家公司派出了21艘),而回到法国的东印度商船当时平均不到4艘——荷兰是19艘。早先在随后的战争中蒙受的损失对法国公司是不胜负担的,它在1703年后不再出船,而是把买卖委托给持有执照的私营商人——从1709年起是委托给麦劳印一家。在它仍然拥有特权的最后几年里(1715—1719年),扬帆去东方的法国船每年不到一二艘[③];当时的出口估计每年不到20万镑(英国是50万镑

---

① 这里和下面几段取自K.格拉门著《荷兰—亚细亚贸易,1620—1740》,哥本哈根,1958年。关于葡萄牙人的情况,见本书原文第516等页。参看《新编剑桥世界近代史》第5卷第17章(ii)及L.德明尼:《中国与西方:18世纪中和广州的贸易》(1965年,4卷集)第1卷,第1部分。

② 参见政府记录所,C.O.390/6,第183—195页。

③ P.开泼林:《东印度公司和弗朗斯华·马丁》(1908年)附录,第657—661页;B.克列希那:《印度英国商务关系,1601—1757》(1920年),第289—290、323—324页。

以上），进口估计是40万镑（荷兰是大约120万镑）。法国和东印度的买卖和它商业中的许多其他部门一样在"摄政时期"得到改造。1719年新建立的"印度公司"在躲过了劳氏换算方案造成的混乱以后，立刻就大展宏图，颇有生气。

来自东方的商品很多，各式各样，一般来说，都较为值钱但不是什么大件头。只有少数初级商品和距本国较近的一些地区生产有竞争。英国和荷兰都已大量减少进口印度靛青，前者转而依靠西印度，那里正在盛行种植这种产生靛蓝的植物，后者在爪哇取得了一个新的来源。糖在从孟加拉到台湾之间的地区广泛种植；搞种植和制糖的中国人已在爪哇开拓了商业上具有重要性的种植园。1688年以前，糖在阿姆斯特丹的价格常常太低，低到不值得把这一产品大量运回国去；荷兰人于是把它在日本卖掉和中国糖进行竞争，也在印度的西北和波斯抛售和孟加拉糖相抗衡。不过在几次战争中和战后，欧洲的价格升高了一些，货源又不断增加，这就鼓励他们向国内运进更多的爪哇糖，先是做压舱货，而在1715年后成为一项商品性的货物，虽然这和美洲运来的数量相比还是微不足道的。

亚洲特有的商品具有更大的重要性。最为闻名的是麻拉巴尔胡椒。这是荷兰人开发出来的，但是，荷兰人在苏门答腊、爪哇（尤其是在班坦）发展起来的胡椒供应此时把麻拉巴尔胡椒比下去了。不过荷兰人的垄断并不能席卷整个国际市场。他们并没有采取一种贱买贵卖的限制性的政策，却宁愿买进超过自己需要的数量，然后在欧洲和东方大量抛出，用这样的办法来使外国的竞争对手却步不前。英国人在失掉班坦之后，在南苏门答腊的班库伦开发了另一个新的供应基地，并紧紧抓住他们在麻拉巴尔的立足点，此时他们所有的胡椒有三分之二是从这些地方获得的。然而，荷兰人在全然是承包性质的贸易中却加强了他们的领先地位，在1715—1720年间，这一领先地位是二与一之比。没有别的国家能像荷兰那样向欧洲提供更多的胡椒,这一局面一直持续到18世纪20年代法国和奥斯坦德的公司崛起才告结束。荷兰人具有更为有利的条件对印度尼西亚东部"香料群岛"上的丁香、肉豆蔻、肉豆蔻干皮和桂皮进行垄断。虽然有时候对人所熟知的荷兰的东方贸易的形象是有夸张之处,但是,这一垄断地位对他们公司的利润来说是重要的:1698—1700年,尽管各种香料只占从东方运回去的货品发票价值的11.7%,它们在阿姆斯特丹售货收入中份额却有25%,而且这一比例一直令人注目地保持稳定不变,不像胡椒那样,它所占的份额正在缩小。1683—1721年,荷兰公司通常能够依仗它大量的后备存货在国内维持香料的固定价格,让欧洲的需求根据这一价格对自身进行调节。在亚洲,公司通常以稍低于欧洲的价格出售的办法来鼓励消费,但也不使价格过低以免有人觉得合算会在亚洲的公开市场上买下香料运到欧洲去。维持这一政策并非易事。该公司经常受到东方生产过剩的威胁,不时采取把树和作物毁掉的办法;它在欧洲的储备有时也变得过多,在1713年和平到来之后,许多贮藏过久的存货被焚毁。总之,荷兰的固定价格政策在17世纪后半期确立之后,欧洲的消费明显下降。尽管公司的董事们也懂得需求的弹性,但他们并没有调低价格以此作为一项试验,看看这个办法能否利用来提高消费水平从而取得更大的毛利。

欧亚贸易中这个时期的最新商品是茶和咖啡。它们真正的重要性只是在17世纪90年代才开始。到1698—1700年,二者占阿姆斯特丹销售额的4.1%;在1738—1740年间,几乎占25%。至少在1720年以前,咖啡和茶与香料有别,它们是荷兰人不得不在公开市场上进行竞争性的买和卖的商品。

咖啡的主要出产地是也门的山里,还有一种质量较次的则产自红海那一边的埃塞俄比亚。也门的口岸穆哈是个大集市,咖啡从这里通过船只和商队销往整个饮用咖啡的地方:从印度的西北部和波斯一直延伸到西方。主要的运行路线是红海，经过陆路到埃及的各地中海口岸，然后遍及地中海各地。就在17世纪90年代欧洲开始盛行喝咖啡的时候，法国人显得特别有办法，他们通过勒旺岛的贸易，向西欧提供大量的咖啡；荷兰人近至18世纪刚开始的那几年，他们有好多咖啡仍然是在里窝那和热那亚买的。不过在1700年以后，上述路线受到越来越多的障碍，诸如私掠船、阿拉伯人的骚动、埃及和红海上高级官吏帕夏们的勒索。这些障碍，再加上欧洲对咖啡的需求越来越大，迫使人们在欧洲和阿拉伯半岛之间建立更加直接的联系。英国人和荷兰人已经从专门设立在穆哈的工厂买进咖啡。从印度发运；在这一新世纪中，英国、法国、荷兰的购货人从穆哈出发，深入内地到也门的山区距离产地更近一些的地方进行采购。大约到1710年，这三个国家都在派专门船去穆哈把咖啡运到欧洲，不用再在印度或锡兰换船。穆哈咖啡在下一个10年中达到它的鼎盛时期。一般来说，英国人领先，他们的进口额从1685—1688年间的每年21.3444万磅上升到1699—1701年间的55.2235万磅（其中大约有一半直接来自东方），到1713—1715年间，又上升到135.0689万磅（大约有四分之三是直接运进的）①。荷兰人很快就跟上。到1717—1721的高峰年，他们从穆哈发运的数量高出英国一倍以上，这英国的数量却稍有下跌。在这个节骨眼上，这一行业发生了革命性的变化。需求量在扩大，咖啡种植不仅被引进波旁岛（留尼汪）和爪哇，而且还被引进巴西、苏里南和安的列斯群岛（在有些地方则是得到振兴）。这些地方的种植园一开始都不是那么重要的。直到1721年，荷属东印度公司进口的咖啡有90%还是从穆哈来的，只有10%来自爪哇。这一比例在5年之内却颠倒过来了。这一出色的新出产使这家公司得以压低咖啡的价格，并且把在摩哈的难弄的

① 伦敦档案局，转接下页390/5, fo. 59 及 Finch MSS，第16卷（F. T. 3）

生意留给英国及法国、阿拉伯的商队去做。在18世纪30年代，法属西印度生产的咖啡大举进入，使得欧洲市场更加复杂化。不过到这个时候，人们的喜爱已经转向茶了。

17世纪80年代，中国茶在欧洲仍然是一种富有异国情调、十分昂贵的商品——对许多人来说，茶只是一种药物，在宫廷权贵的圈子里它是一种时髦的饮料。这样的消费量不算多，不用和中国直接进行贸易，在亚洲随便什么地方就可以弄到手。英国人在这个80年代进入厦门；到1700年，英国人、法国人被允许进入广州。在这新世纪中，由于直接来源有了保证，这一贸易如火如荼地发展起来，不过开展得没有咖啡那样快。英国的平均进口量（1685—1700年间为1.6万磅）在1711—1717年间增长到19.7万磅，然后在下一个10年里又增加两倍——到该世纪中叶又增加5倍。在1728年以前，荷兰人并不直接到广州去做交易，而是仰仗于中国帆船运到巴塔维亚的供应。这有一大好处，可以避免白银进一步流到中国，但也意味着荷兰人购买的茶叶数量有限，而且价格也相对地高。

然而，最初把英国人吸引到广州厦门去的并不是茶叶而是丝绸。中国生丝久已闻名欧洲，它在那里和意大利产品，还有通过陆路从伊斯法罕运到由阿勒颇或士麦拿的波斯大量出产的丝绸相竞争。丝绸业在波斯是由皇室垄断的，只要政治形势对头——一般来说，在波斯和土耳其交恶的时候——欧洲各家公司就想方设法改变丝绸的运输方向，把它引到波斯湾在那里装运，他们获得成功，但仅仅是非常短暂的。17世纪晚期，东西双方贸易一个新的、日趋重要的发祥地在孟加拉成长起来。1678—1685年，议会禁止从法国进口任何东西，这一禁令刺激了英国丝织业，就在这个时候，英属东印度公司通过从孟加拉大量定购生丝取代了"地中海东部公司"成为主要的进口商；1685年后，"地中海东部公司"再执牛耳。其时荷兰人已经在扎扎实实地做孟加拉丝

第二十三章 经济活动

的生意,其基础是在日本和荷兰的良好市场。1698—1700年,他们进口的孟加拉丝约相当于英国的两倍半,英国人买的丝大部分仍然由土耳其进口,他们从意大利进口的丝比他们从孟加拉进口的要多一倍,而荷兰人这时进口的丝有75%来自孟加拉,16%来自波斯,9%来自中国。在1713年以后这一代人的时间里,波斯—土耳其贸易仍然是英国的最大生丝供应者(就如意大利是它最大的捻丝供应者一样),不过在英国的贸易力量延伸到孟加拉以后,从孟加拉来的生丝也就随之逐渐增加。

虽然纺织群(指原料和成品)在阿姆斯特丹的销售额的比例从大约1700年时的43%跌到1738—1740年的28%,但它仍然是荷兰从东方取得的最重要的进益,在这方面生丝起的作用不大,起作用的是成匹的丝绸和棉布。荷兰人一直重视他们在科罗曼德尔海岸的贸易,因为那里出纺织品,特别是棉制品,他们可以用这些物资在印度尼西亚交换胡椒和香料(这样可以节省货币),同时也把这些纺织品和中国的以及其他印度丝织品运回国去。这里亚洲国家之间的贸易是最为重要的,直到17世纪80年代欧洲人的爱好发生了革命性的变化为止。稀奇古怪的印花棉布和丝绸突然成为男男女女的热门风尚。棉布在阿姆斯特丹的销售额几乎增加两倍。英国人从东方取得进益的困难较大,已开始在苏拉特大力采购纺织品,苏拉特是艾哈迈达巴德周围工业区的沿海国际通道。当地的棉花和波斯生丝就在这个工业区进行加工。即使在这一世纪末发生的政治动乱迫使英国人把他们的主要基地移到巴德拉斯的时候,他们很大一部分匹头布仍然是从苏拉特来的。英国人进口的匹头布确实仍然是相当均匀地由苏拉特、科曼德尔和孟加拉三处分别供应的,而荷兰的匹头布进口却有剧烈的变动:55%来自孟加拉,26%来自科罗曼德尔海岸,有少量来自苏拉特。不过英国的贸易在这新世纪中将发展得更快。

在东印度公司经营的货品中,唯一能和欧洲本地的工业相竞争的只有精工制作的丝绸和棉织品,这一竞争非常激烈,因为英荷两家公司派出了艺匠、送去式样,指导印度工人的生产,并且取消了中间人的渔利,从而保证那里的产品能适销欧洲市场。印度产品在欧洲市场上的竞争以及由此产生的社会压力,在17世纪80年代"印度"热之后一代人的时间中达到了危机性的水平——先是在法国,那里的纺织工业发生的一切困难(这是1686年的国际危机和胡格诺人向外移民造成的)都因情况的需要归咎于远东丝绸和色布的输入。1686年颁布的一系列法令(这些法令一直到1689年才完全生效)禁止进口东方的丝绸、金银线织品和色布。1700年,一项内容众多的法规最后连白布也禁止输入,只有"法国公司"和马赛商人进口的是例外,但是输入的目的也只能是再出口。这项白布禁令一直持续到1759年,但是,在一个时装仍然需用印花布、时装又是高于一切的国家里,执行这一禁令是非常困难的。西班牙和勃兰登堡也采取了类似的禁令。可是白布印花在荷兰和瑞士盛极一时——大部分是法国胡格诺移民搞的——主要是满足出口走私的需要。在英国,这一斗争持续时间相当长,但是议会在1700年最终禁止使用印度、波斯或中国造的丝绸,禁止使用"在那里上色、染色、印花或着色的"布。英国的公司像法国的公司那样仍然可以在贴了封条的仓库里大量贮存这些织品供再出口之用,这对荷兰人是难堪的。这种仓库贸易十分可观,即使在法案实施之前,输入英国的白布有一半是再出口的。而且英国的法案和法国1700年的立法不同,它允许输入白布,这使英国印纺工业在1721年的法案也禁止使用白布之前得到巨大的推动力。英国这一禁令像法国的禁令那样也难以执行。英国也好,法国也好,这两个国家的毛纺工业能从这些禁令中得到好处是令人怀疑的;丝绸业也许得到的好处多一些,但是主要的受益人却是那些走私者。

东印度贸易对常规的商业政策造成的一个更大的问题是向海

外装运什么货的问题。在东方，没有一个地方对欧洲产品的需要足以使欧洲人能支付他们从那里要买的一切货品。除了输出钱币和金条，没有真正别的选择，虽然人们对这个办法的偏见是几乎普遍存在的。事实上，硬币占英国对东方出口量的80%（1708—1730年）①，荷兰多半是90%（1714—1728年），法国外运的货物比英荷要少得多，可在1716年甚至也占76%。一般而论，每一个公司只能进一步运出硬币才能扩展它的贸易。各种防止这一外流的办法都已试过。为避免花费现金，印度尼西亚的胡椒可以拿来卖给中国人，印度布匹卖给印度尼西亚人，如此等等。最有希望的贸易是去日本，能在那里弄到现金。荷兰人独家进入日本是他们在贸易上占支配地位的关键，有些年头，他们从日本得来的硬币多于从荷兰运出去的。在日本人于1668年禁止白银出口以后，黄金在荷兰人装运的货品中替代了白银的位置。日本后来数度降低他们的钱币中的黄金含量，使得这一贸易的吸引力也愈来愈小。1696年降低硬币成色以后，从日本输出金币不再有利可图。可是荷兰人还是接着干，准备在兑换中吃些亏也要得到这些硬币，因为买印度纺织品需要硬币，而这些纺织品又可以换到印度尼西亚的香料。他们得以庆幸的是，在白银不许出口、黄金成色降低的情况之下，日本的铜却是可以大量弄到手的。这个决定性的贸易到1681—1682年达到它的顶峰，当时日本每年有300万磅以上的铜被荷兰人弄走。之后这一行业慢慢衰落了，一是由于日本方面的限制，再是由于1690年后在日本出售丝绸愈来愈困难，因为日本人在发展他们自己的丝绸制作业。大部分铜，和金银一样，最终流到印度，但有一年剩余的铜作为香料船的压舱物被运回国去，这使荷兰人在欧洲摆脱了完全依赖

---

① 政府记录所，C.O.390/6第183—195页，在1698—1719年，英国输出的贵重金属有70%是运到东印度群岛去的。

瑞典铜的境地,并且起了节制欧洲铜价的作用。

勒旺贸易[1]被看成是东方贸易的另一条可供选择的道路。欧洲参与勒旺贸易的国家,特别是法国,也遭到硬币的大量流失。不过欧洲人在和勒旺岛贸易中花在购买穆哈咖啡和波斯丝绸这类商品上的金银,有许多被商队的人往东往南带到这些商品的原产地。因此,荷兰人和其他一些国家的人,凡是到阿拉伯海和波斯湾一带的口岸进行贸易的,得以开发这个"摩尔人的"巨大金银之源,当地人在和欧洲进行贸易时把这些金银带回国去。因此,在硬币从西方大量流到东方的同时,还存在着反方向的涡流。

由于白银(比起黄金来)在东方比在欧洲要值钱一些,英国人只运出白银;荷兰人主要运出白银,也运出少量黄金。英国人和荷兰人主要靠在加的斯及其附近进行的贸易取得白银,荷兰人在这个地方传统上占很大优势,法国人越过比利牛斯山经营的贸易从中也取得不少白银。许多西班牙白银通过热那亚也进入中欧。1660年后,虽然原来所有的白银分配机制仍然发挥着它们的功用,进入欧洲的西班牙白银供应量却只及过去的一个零头。信贷紧俏、物价下跌——这一般是在和平岁月中随后两代人时间中的特点。另一方面,巴西金矿异乎寻常的迅速发展改变了欧洲1700年以后的货币情况。[2] 英国是和葡萄牙有主要商业联系的北方国家,它得以把这些黄金中的绝大部分吸引过来;有些则转而再流到荷兰或法国[3],但是留在英国的黄金多到足以在商务交易中到处代替白银使用(白银贬值并且供应不足)。

没有一个欧洲国家愿意让硬币流到东方。英国人在这一方面比法国人的处境要好一些。1698—1710年,羊毛织物在英国运

---

[1] 参看本书第17章和原文第551—552页。
[2] 参见本书原文第534—535页。
[3] 政府记录所,T.64/276B/391。

到东方的出口商品中占58%，1710—1730年上升到70%——铁和铅是白银之外仅有的重要货品——但是由于气候的关系，羊毛织物对往东的汇款所能作出的贡献有限。在地中海东部，英国羊毛织物和其他货品有它们的市场，没有必要运硬币去。相比之下，马赛商人要运出大量硬币来维持他们在这个地区规模大得多的贸易。只是在1708年以后货币短缺的年头，马赛才真正有大量的布往外运；战后他们的货运量实际上超出了英国的。①

法国向勒旺岛扩大布匹出口缓慢，部分原因是在科尔贝尔以后一代人的时间里，它的毛纺业情况普遍萧条。由于香滨、贝里、朗格多克和普罗旺斯的羊毛不够法国制造业用，这个工业要依靠进口材料，特别是在军事需要量增加的时候更是如此。最好的羊毛是卡斯蒡尔的，是从比耳牛斯山的那一边进口的，从巴约纳经过海上转到埃尔伯夫、阿布维尔和色当的制造厂商那里去。把阿拉贡的不够精细的羊毛，还有纳瓦拉的粗羊毛也算在内，法国在1700年进口的西班牙羊毛，每年约值900万或1000万镑。法国的工业因此特别容易受到战时西班牙供应中断的影响；勒旺岛和非洲的粗羊毛只用于农民的比较粗糙的手工制品，不允许用于制作军服，波罗的海所供应的，或者由"夜间走私船"从英格兰、爱尔兰偷运出来的在法国的需要量中则仅仅是沧海一粟而已。

虽然独立的、手工业制造者在塞文山和比利牛斯山里依旧存在未被淘汰，法国这一行工业的大部分和其他先进国家一样，是在把活计交出去做这种制度的基础上组织起来的。诺曼底（依赖

---

① 参看本书原文第552页。法国从地中海东部取得的进益主要是纺织原料：大约在1700—1702年，丝占24.3%，棉占15.3%。在随后10年中，丝的货运量停滞不动。到18世纪20年代，它们被棉花货运量所压倒，后者持续而且迅速增加。见R.巴烈斯著《从1660到1789：勒旺岛贸易》，载G.雷勒脱编《马赛商业史》第5卷，1957年，第505—511页。

鲁昂的商人——制造者）、皮卡迪和法属佛兰德尤其是这样。1700年，在里尔附近，一个布商就可以让3000名把活带回去做的工人忙于生产——这种高质量的工业只是在1708年受围困和被敌人占领时期才暂时受到损伤。皮卡迪的制造业以亚眠为中心利用许多不同种类的羊毛织造各式各样的料子，一般来说，战争对它的影响要小些。更为重要的是那巨大的诺曼底制造业。埃尔伯夫周围的制造业雇用了8000多工人把塞哥维亚羊毛织成和英国、荷兰产品相仿的精美织物，这个制造业到17世纪90年代确实已经盛极而衰落；但是，在诺曼底的几个规模较小的中心，它们或模仿埃尔伯夫式样但搞便宜一些的制品，或纺制哔叽和大众化制品，倒能更好地应付过去。后起之秀的香槟制造业，它就做不到，此时已远远落在诺曼底的后面：因为胡格诺老师傅们往外移民，色当受到的打击特别大，城里有2000名手艺人失业；在兰斯和雷伐尔，由于羊毛缺货和移民的缘故，作坊在1686—1699年间减少了一半。其他中心损失更大，不过在夏龙和朗格勒，新质量的布的生产缓和了恶劣商业气候和老一些行当一蹶不振所带来的影响。在法国的其他地方，分散的制造业多半是为当地市场生产的，然而有时却也相当重要。奥尔良内的罗莫朗坦，专做军服料，贝里的夏托鲁雇用1万多人。在普罗旺斯、多菲内特别是在朗格多克，也有重要的制造业，为勒旺岛、北非和安的列斯群岛生产廉价布。国家鼓励一种比较集中的、为了特殊用途的生产形式。朗格多克境内的卡尔卡松、康奎、塞普特斯以及其他地方，享受优惠的皇室御制造商每家都雇用好几百工人。较为著名的有在阿布维尔的范罗巴伊业务所，1700年时，它雇用工人1500名。当时，只有精练、切刮和漂洗是在公司厂房里进行的。但是在1708—1714年之间，这家公司把从纺纱开始的全部操作过程都固定在它自己扩充了的厂房里面。工人们对这一新的纪律进行抵制，迫使政府在1716年采取打破罢工的干预。这样庞大的一个企业，在18世纪20

年代雇用3000名到5000名工人,然而在当时的纺织业中,它不过是个异想天开的怪物而已。把活送出去的制度仍然有其巨大的生命力。它确实在整个欧洲发展着。

一般说来,法国的毛纺业到1708—1710年已经走到南特赦令撤销以后漫长的不景气的尽头:大约在1715年尽管还曾出现过生产过剩的迹象,整个来说它在继续发展。相形之下,荷兰人仍然处于衰退之中。他们在莱顿的工业规模宏大,在1661—1671年间,曾年产12.9万件布,而在1699—1701年间,平均仅生产8.3万件;在接着发生的战争中度过了非常艰难的光阴,于1717—1726年间也只恢复到每年7.25万件。莱顿在战时经历的困难在很大程度上是因为缺少西班牙和别的进口羊毛。更为永久性的伤害是在原先像法国、普鲁士那样的市场,高度保护性的制造业在发展。1713年后,莱顿在奥斯曼帝国的公开市场又丢失给法国人了。在德意志南方和哈布斯堡的国土上,荷、英布的销售都因高昂的运输费用、河上关卡和保护性的关税而受到阻挠。① 而且在西里西亚和卢萨蒂亚的地方制造业在发展,利用西里西亚的优质生羊毛满足了当地和南德意志需要的一大部分,另外在1715年前后每年还运往波兰和俄国数千件。虽然有些世家自称卖出的衣料和英国、西里西亚的毛纺品、精纺毛织品、纬起毛织物等不相上下,实际上却常常是最最普通的等级的。在德国能买到一种较好的,是亚琛(即埃克斯拉夏佩勒)附近生产的。

比德国的规模要大得多,在产值上,甚至10倍于莱顿的是英国的广大衣料工业——可能是欧洲任何种类工业中的最大的工业。虽然它经常遭受一次又一次的折磨,它的生产在这一时期却在慢慢上升。英格兰、威尔士制造业需用的羊毛从1695年前后的4000万磅增加到1741年前后的5700万磅。本地羊毛本身是

---

① 关于哈布斯堡的商业政策和哈布斯堡的经济见本书原文第602页以下。

国家的一项巨大资产；17世纪90年代，英格兰和威尔士纺织业使用了价值200万镑的生羊毛，其中大约有十分之九是英格兰和威尔士自己出产的，余者主要来自爱尔兰，其次是来自西班牙的。[1]"西域"公司——从处于停滞状态中的威尔特郡和格洛斯特郡到正在兴起的德文，它是把活儿交出去这一制度的标准老家——制造出最好的料子，有可能用的是西班牙羊毛，而且总的来说，它比起其他生产料子的地区来，更是以出口为方向的。战争保护它不受外国时装变化的影响，只是到18世纪20年代，它生产的哔叽才感到诺福克出的料子和它竞争的十足劲头[2]，据说诺福克仅在诺里奇的附近就雇用了12万人（付出的工资较低）。不过潜在的最有生气的地区还是约克郡的西里丁，那里虽然也存在着规模有限的把活儿交出去的体制，却是规模较小，搞独立经营的小业主的发祥地，这些小业主就雇用几个学徒和短工。英国北方在传统上生产较为粗糙的料子，主要是一种手织粗呢，主要是供应国内市场的；大约在1700年前后，出现了一个新的要素：布雷德福周围的精纺业重新抬头，最终成为诺福克最最严重的对手。在这面目一新的精纺业中，企业家们都比较殷实，广泛实施把活儿交出去这一体制。

大约在1700年，英国全部羊毛织品和精纺制品的五分之二或更多一些是出口的，约占英国本国制品出口额的六分之五，为它总出口额的五分之三，不过后来，这一百分比到1750年将要减少到只剩三分之一。毛织品出口值从上一世纪60年代起到1700年只增加约三分之一（1700年时估计是300万镑），并开始在1750年之前又增加三分之一。在查理二世统治期间，这一行业因新的外国竞争对手、

---

[1] T. 64/275/147.

[2] W. G. 霍斯金斯：《埃克塞特之工业、商业和人，1688—1800》，曼彻斯特，1935年，第74—77页。

外国的敌视性关税遭到极大的困难，但到1688年得到恢复。历次战争在海外造成军事上和投机性的需求量，但同时也破坏了外国市场，既带来非常不利的时期（例如，1696—1697年），也带来很好的时期（例如，1708—1710年）。乌得勒支条约之后的一些年头情况反复无常，没有什么真正的进展，这种情况一直持续到20年代的中期。荷兰和德国仍然是英国极为主要的市场地区，不过它们在英国的外国市场上所占的份额从1699—1701年的44％降到1716年的36％；这些市场地区主要是为一些远离贸易中心的输出港服务的，这些港口与勒旺和东方公司都没有贸易往来。其次是南欧，特别是那富有黄金的葡萄牙（1716年占英国国外市场的17％）和西班牙（11％）、奥斯曼帝国、北欧国家和美洲的种植园（二者都在5％）和佛兰德；东印度群岛给人增添种种麻烦，是个比较小的市场，法国只买走私羊毛。① 汉堡公司（原先的"商人冒险家们"）和其他一些领有执照的公司垄断组织妨碍羊毛织物的出口，但是，1689年的一项法案取消了一切限制，只保留了勒旺、非洲、俄罗斯和伊斯特兰公司（1579年，英国成为对波罗的海沿岸地区进行贸易的机构——译注）诸公司的特权；及至1699年，这后三家的营生实际上已对所有的人开放。自此以后，荷兰和德国商人越来越多地通过代理人在伦敦和料子口岸购买，不再由"商人冒险家们"向海外贸易中心城镇出口料子。② 这些代理商，起初都是英国人，后来逐渐为外国采购员所取代，这些人，如不来梅的巴林一家人（驻埃塞克特），都是为此目的专门派出来的。英国卖主和外国采购员打交道的贸易中心集镇有一部分于是就移到英国，不过伦敦的大商人仍然自己搞出口，特别是对南欧的出口。

---

① 政府记录所，C. O. 388/15/20；390/5，fo. 37；390/7/36；390/12，第2页以后各页；参看 T. 64/275/146。

② 政府记录所，C. O. 388/11/76。

亚麻布这一行业在北欧比毛织品行业分布得更为均匀。到处都有种亚麻的，要取得必要的技艺也并不难。一般来说，其质量和价格从西往东，渐次低下，最好最贵的亚麻布来自法国，俄国的最粗最便宜。不过由于亚麻布的价钱不算贵，人们的需求量愈来愈大，在西印度群岛和北美更是如此，亚麻工业在这一时期内的潜在活力是向东转移，寻求更加便宜的原料和劳动力。

法国的亚麻布业实力雄厚，它在英国、意大利、西班牙和西属美洲都有市场，产品种类繁多，从粗帆布、毛撮和不列塔尼、诺曼底的粗亚麻布一直到皮卡迪、阿图瓦、法属佛兰德的麻纱，一应俱全。1686—1688年，英国人每年大概要从法国进口价值70万镑的亚麻制品，仅加的斯一地每年就买下45万镑以上的货，供应印度群岛。可是法国在英国、印度群岛这两个市场的地位甚至在17世纪80年代就受到了挑战，向它挑战的有荷兰和布拉邦特新兴的仿造业以及比这更新的设在撒克逊和德国其他地方的仿造业。德国亚麻制品在历次战争中在西班牙和美洲市场上取得大而永久性的份额，德国仿造的毛撮、粗麻布和"法国"帆布在英国销路很好。因英国临时性的禁令和对法国人征收永久性、歧视性的关税之便，撒克逊和荷兰亚麻制品在那里永远取代了法国的制品。在1713年后的10年里，英国除了向德国购买比较便宜的亚麻制品之外，它所需要的上等细布几乎全部是从荷兰进口的，麻纱则主要购自荷兰和佛兰德。这一行业在法国境外是集中在荷兰。那里有一个综合性的组织已经形成，把尼德兰南部、威斯特伐里亚和现在的下撒克逊尼生产的褐色（未完工的）亚麻品运到哈勒姆的漂白作坊去——其中有大部分是由阿姆斯特丹再出口到英国、西班牙和葡萄牙去的。迨及1700年，这一联合体把上撒克逊、波希米亚和西里西亚的亚麻产区都包罗在内。不过哈勒姆的黄金时代已成过去，因为漂白作坊正在威斯特伐里亚建立起来，并深入到德意志。在17世纪80年代，英国的"商人冒险公司"就直接从汉堡进口为数可观的威斯特伐里亚产的亚麻制品；在这家公司的特权被取消之后，不来梅成为威斯特伐里亚的亚麻品和亚麻纱直接运往英国的出口口岸，但是汉堡仍然是西班牙的主要供应者。[1]

再往东，供出口用的亚麻制造业正在波兰和俄罗斯的乡村中展开。荷兰代理人在这些农民中间传播了经过改进的技术，于是原来在17世纪70年代从阿尔汉格尔少量出口的俄国制品到彼得在位的年头里数量大增。从波罗的海出口的亚麻布数量在1680—1700年间增长了3倍。这一新兴工业在北方大战时期受到严重影响，但在18世纪20年代却超越了它1700年的水平。在1700年以前，但泽几乎垄断了这一行业，柯尼斯堡远远跟在后面；就在这个时候，这一手艺已从波兰传入俄国，引起这一贸易结构的激烈变化。1721—1725年，从波罗的海口岸出去的亚麻，有71%来自圣彼得堡，只有29%来自但泽。在18世纪20年代，如前一世纪的80年代，整整有四分之三是出口到英国去的。于是乎这一工业的一个新的独立于荷兰集散中心的部门成长起来了。

另外一个新的部门行将在不列颠诸岛发展起来。企图在英格兰建立起亚麻工业的尝试整个说来是失败了。部分原因是那里的劳动力成本高，不过在制造船篷布方面却是相当顺利的。爱尔兰是个不发达国家，劳动力便宜，有纺织业方面的经验。由于1699年以后官方的政策限制爱尔兰羊毛织品的出口，亚麻制造业就为就业提供了另一个方便的机会。还有，1685年后，从圣康坦迁来的胡格诺难民已把法国最好的亚麻技术传了进来。从1696年起，英格兰免税进口爱尔兰亚麻和亚麻纱。为鼓励生产，爱尔兰政府于1711年成立亚麻委员会。在它的扶助下，出口量在1711—1721年间几乎翻了一番，而且到1734年还要再翻一番。苏格兰的亚麻

---

[1] 政府记录所，C.O.388/7, fo.14 及 388/11/76；参看 T.64/275/164。

工业，特别是在它和英格兰合并之后，也发展迅速。

丝业早在意大利北部、瑞士、阿维亚诺的罗马教皇领土和贡姆他维纳河（The Comtat Venaissin）流域，还在巴黎、图尔和罗纳河流域建立，但在欧洲是个不那么重要的制造业。法国这一工业所需的原料主要依靠意大利，但是从士麦拿来的波斯丝所作出的贡献渐次扩大。意大利为里昂制造业提供的丝是已经捻过的（即捻成线的形式）；阿维亚诺是加工勒旺产生丝的中心，供其他各地纺织之用。不过根据1687年的一项法令，进入法国的外国丝，无论是通过马赛来的生丝或是从阿维亚诺来的丝线，都必须通过在里昂的贸易中心市镇，并在那里交纳通行税。尼姆四周朗格多克丝业对把货物往罗纳河上游运，然后再往它下游运这一规定感到是一种特殊负担。1721—1722年间发生鼠疫，工人们散往里昂和尼姆，从而大大促进了法国本土的捻丝工艺。然而在这之前，阿维亚诺仍然是一个主要的捻丝中心。路易十四末年，人们再次作出努力，在南方特别是在多菲内和尼姆的周围营造桑树林。迨及18世纪20年代，随着这一新的生丝生产的顺利发展，捻丝和纺织在整个农村更加广泛地扩散。科尔贝尔曾大力发展法国的丝织工业，尤其是在尼姆，当时对外国织品的一项禁令曾鼓励了职工从附近的阿维亚诺移居进来。不过这一行业在里昂是由严密的行会组成的，只接纳天主教徒，而在尼姆，控制没有那么严，许多师傅是新教徒，以至于反胡格诺措施在那里显得特别松劲儿。老师傅们的外徙造成为数可观的失业：有些工人跟着他们跑，其余的人回返阿维亚诺。洛桑的丝绸工业全部都是由尼姆来的手工业艺人组成的，在阿姆斯特丹和伦敦也是这样，不过规模没有这样大。

英国为法国的丝织品和亚麻制品同样提供了良好的市场。尽管在1679—1685年间曾实行过抵制，英国纺织业的进展仍然有限，一直到后来法国这一行业在英国的业务因战时中断，它才在技术熟练的移民中得到新的活力。在1689—1713年间，英国开创了一个受到周密保护、稳扎稳打的丝纺工业，它强劲有力，足以有效地参加博林布鲁克的1713年英法商务条约。它所需要的捻丝靠意大利，生丝靠波斯—土耳其的贸易（后来靠孟加拉）。英国人在把生丝变成具有一定强度作为经线之用的丝线这一过程上遇到相当大的困难，这个问题一直到1716年隆勃兄弟掌握了皮埃蒙特捻丝机技术才算得到解决。这一技术在他们厂子里（设在德比郡）是保密的，外界对此不无妒意。

在当时，无论是在资金、劳动力和产量方面，纺织业都是首屈一指的工业。我们现在所说的"重工业"，尽管它的产品在战时极为重要，当时却没有纺织工业那样举足轻重。英国出口为数可观的锡和铅——输往法国，这主要是在和平时期，而在战时，则输往荷兰。但是英国的主要矿产是煤，英国又是欧洲的主要产煤国，有人曾提出怀疑[1]："（欧洲）大陆（大约在1700年）（煤的）全部年产量是否抵得上大不列颠年产量的六分之一多一点。"英国在17世纪80年代的煤产量，估计约每年300万吨，稳步上升，这在纽科门工程师的抽吸机问世以后，尤其如此。这些煤，约有16%产自苏格兰，41%产自诺森伯兰和达勒姆，29%产自英国中部。凡是在可以航行的河道邻近挖掘出来的煤，以诺森伯兰和达勒姆为例，可以长途远运；其余的只能在离矿井口15英里之内的地方使用——这个距离是用车拉的最大经济限度。伦敦是水运煤块的主要消费者，不过那里的煤价从来也没有低于矿井口价格的4倍或5倍。泰晤士河流域每年约消耗46万吨，出口16万吨，其中五分之三出口到荷兰，运往法国和德国各十分之一左右。法国即使在科尔贝尔的领导之下，1715年煤的总产量还比不上一个泰恩赛德采地的产量。它的主要矿区在福雷兹（在圣埃铁恩纳一带），当时从那里可以把煤经卢瓦尔河外运，和位于莱昂内斯附近的德吉尔河，从那里经过水路运到莱昂，

---

[1] J. U. 纳夫：《不列颠煤炭工业之兴起》（两卷集）第1卷，1932年，第129页。

顺着罗纳河而下。1700年,德国规模较大的煤炭生产集中在亚森和萨克森附近,但主要产地是在鲁尔。只是在列日到蒙斯这一地带,采掘的规模有点像英国人的;然而比利时总的产量是否超过达勒姆—诺森伯兰产量的三分之一还是值得怀疑的。话虽如此,比利时煤的生产确实是支援了它那欣欣向荣的冶金工业,并且经由水路向法国和荷兰提供了一项重要的出口物资。

铁矿砂和木炭的供应充足,在大多数国家中能够维持一个正好满足国内需要的铁工业,法国就是个明显的例子;仅有列日的主教管区那样少数地方其自身的资源足以支援供出口的铁器制造业。主要英格兰和瑞典是例外——英格兰是唯一大的进口国,瑞典则是大的出口国。常常有这种说法,认为英格兰的炼铁工业在1660—1760年间由于林源"枯竭"而停滞不前,这是不正确的。这一工业,特别是在发生战事的年头,它平稳地持续发展。在英格兰,森林是十分珍贵的,不能把木材劈成柴烧,木炭实际上是取自不到20年树龄的灌木或是林场上间苗拔除下来的树木。经过周密的计划,利用这些树木来维持炼铁工业的生产,而又不给它迅速发展的机会。[①] 英格兰的人工昂贵(这在木炭的价格和炼铁加工的成本上面得到反映)这也许是这个工业未能迅速发展的更具有决定性意义的原因。因此,随着它的一些使用铁的行业的进展大大快于它的制铁行业,英格兰愈益依赖进口铁。在1699—1701年间,约有五分之四的铁是从瑞典进口的;1720年,从波罗的海口岸运出的铁,约有三分之二是输往英格兰的。在波罗的海地区之内,瑞典执牛耳的地位是不能动摇的。它这一工业在欧洲、在技术上是最先进的,它还使用一种纯得异乎寻常的矿砂,丰富的森林又靠近它的锻炉,那里的劳动力又十分便宜(因为常常是临时工)。瑞典政府把制造条形铁的锻造车间迁到远

---

[①] 亚伯拉罗·道比于1709年在科尔布鲁克代尔开始用焦炭炼铁,不过他的冶炼过程长时间内一直是保密的。

## 第二十三章 经济活动

离生铁高炉的地区,企图以此来保持森林的原始成长,然而,这一企图只能预示瑞典炼铁业具有的有利条件中的第二项并不能持久地存在。[①] 瑞典这一工业在18世纪的发展比在上一世纪要缓慢得多,生产在1697—1747年间才增长27%。它的出口额(至少占总产量的四分之三)在1740年以后不再上升。其时,俄国的出口额却开始显出它的分量,而它在1721—1725年间才占波罗的海口岸运出量的2%。

如果我们能够把这些不同的行业都加在一起,并且弄清各个行业、国家和年份在欧洲经济活动中的一份作用,那么,就能够更加直截了当地理解这些行业作为一个整体的意义。可是我们能够用来进行哪怕完全是尝试性的全面计算和比较的只有英法两国的对外贸易。在这两个国家的对外贸易中,英格兰更为活跃,特别是在再出口方面——这在1699—1701年间为200万镑,法国在1716年才120万镑。[②] 两国出口的工业品都远比它们所进口的要多,而且两国进口的工业原料都比它们所出口的要多——这是"工业化"国家所应具备的正常条件,也是重商主义计划制定人所大力追求的目标。在这两个国家中,工业制品中占支配地位的也都是纺织品。这些货物占英国进出口的87%,占法国出口货物的69%。

法国对外贸易的主要对象是西班牙、意大利、瑞士和两个尼德兰。意大利、西班牙两家共吸收法国在欧洲这一范围之内出口制品的四分之三,前者主要用丝、后者用白银来偿还。相形之下,联合省作为法国产品的最大贸易中心就几乎没有买进什么法国的

---

① E. F. 赫克舍:《瑞典经济史》(哈佛版,1954),第97—98页。
② 法国在1710年以后出口的增长,其原因之一,可能是英镑在1709—1726年间的大幅度贬值,当时英镑被稳定在低于它1693—1700年间价值的三分之一的水平。参看阿尔弗来德·福维尔著《法国在1716年前的对外贸易》,《统计与比较立法公报》第13卷,1893年,第48—51页。

工业制品。法国贸易的一些次要伙伴依次是德意志、法属美洲和大不列颠。英国贸易的重点方向是德意志（1699—1701年占46％）、两个尼德兰和法国，其出口额超过了进口额，二者之间的比例为15：7。有一半以上的进口货是亚麻制品；出口货以羊毛织品为主（45％），其次是白布、糖和烟草的再出口。它和荷兰的贸易在这一地区最为重要，但在1700—1725年间，对荷贸易相对地处于静止状态。和德意志的贸易要活跃得多，尤其是在1720年之后，当时英国直接向德意志出口相对来说已经经常化。其次是英国对南欧的贸易（1699—1701年为23％），主要进口意大利和土耳其的丝；主要出口羊毛织品。正是丝使意大利得以在1715年取代西班牙成为英国从南方进口的主要来源；1705年，葡萄牙也已取代西班牙成为英国出口货去南方的主要目的地。英国殖民地在英国对外贸易中占第三位（1699—1701年为16％），进口货以糖和烟草为主，出口货大部分是工业制品，既有英国的（主要是羊毛织品），也有外国的（主要是亚麻制品）。东印度只占英国对外贸易的7％，荷兰和东印度的贸易则接近10％。

就整个欧洲各种交易来看，我们感到突出的是，这一中世纪后期的"商业地图"有它的持续性，其主要动脉起自波罗的海地区，经荷兰、比利时、卢森堡低地国家，延伸到比斯开湾和伊比利亚海岸。重要的环节把这条动脉和挪威、英国各岛以及地中海联在一起。在16世纪又加上更远一些的联系：北俄罗斯、南北美洲和远东，但是波罗的海—加的斯这条路线仍然是船运的最大使用者。联合省在海上持续的支配地位的基础即在于此。下面的表格[①]说明在战争前后两个10年中，每年船只通过海湾的平均数字。

---

① 这些以及其他海湾船只往来资料取自V. E. 班格和K. 克斯特的《通过松德海峡货船统计表，1661—1783年》（第2卷第4册，哥本哈根—莱比锡，1930—1953年）。参看本书原文第893页。

表 23-1

| 国　　籍 | 1681—1690 年<br>船只通过平均数 | 1721—1730 年<br>船只通过平均数 |
|---|---|---|
| 联合省 | 1902（47%） | 1612（42%） |
| 英格兰和苏格兰 | 592（15%） | 791（20%） |
| 丹麦—挪威 | 538（13%） | 489（13%） |
| 瑞典 | 470（12%） | 390（10%） |
| 总计 | 3502 | 3282 |

实际上，荷兰人在波罗的海超越英国的领先地位要比以上这些数字所显示的更为明显，不过这一领先地位的削弱也比表格中所显示的更为迅速。荷兰在这里的一般船只仍然要大一些，但是，荷兰船正在变小，而英国船却在变大。1688 年在但泽，通常的荷兰船几乎比通常的英格兰、苏格兰船大 4 倍；到 1729 年，它只比英格兰、苏格兰船大 1 倍。[①] 荷兰人在这方面的领先地位正在缩小这一事实却不过是他们一些较小的烦恼之一，更为严重的是他们总的贸易联合体是否健全很成问题，这个联合体的许多部门正在收缩，如加的斯白银、波尔多酒、但泽的粮食，以这些部门为后盾的荷兰制造业、荷兰的转口贸易一般也随之收缩。

不过，荷兰人在他们传统的一些贸易往来中仍然强劲有力，让我们来计算一下他们 1740 年的船运情况就能说明这个问题（这里不包括沿海航行船只和捕鱼船，也不包括东印度公司的船队）[②]：

---

① W. 伏格尔：《17、18 世纪德国海运统计文献》（II），《汉萨历史汇编（1932—1937 年）》，第 78—151 页。

② 阿姆斯特丹，荷兰档案馆：Archief Bungmeester，第 137 号。参见 M. 吉第翁赛著《18 世纪荷兰之波罗的海贸易》，载《哈佛论文集》，1932 年，第 45 页。

表 23-2　　　　　　　　　　　　　　　　　　　　单位：拉斯特（重量单位）

| 贸易往来 | 船只数 | 船运量 |
| --- | --- | --- |
| 波罗的海和挪威 | 870 | 130500 |
| 阿尔汉格尔 | 33 | 7590 |
| 格陵兰渔业 | 146 | —— |
| 英吉利和海峡 | 81 | 2196 |
| 法国和比斯开区 | 248 | 17360 |
| 西班牙、葡萄牙及地中海 | 216 | 24840 |
| 几内亚和西印度 | 80 | 8000 |

这一计算早一个世纪进行也就是这样，各项比例是如此之面熟，似曾相识。1670年的一次类似的计算（不包括格陵兰渔业），说明荷兰在欧洲和地中海两处的贸易并在一起并不少。当时的比例是：船1160艘，1740年是1448艘；总重量是16.4万拉斯特，1740年是18.2486万拉斯特。[①] 再看看它和几内亚以及西印度的贸易往来，可以得出更为惊人的结论，估计荷兰在1670年，与几内亚和西印度的贸易往来中使用了100艘船，总重量达2万拉斯特；而在1740年，船是80艘，重量只有8000拉斯特。即使这种估计（把平均吨位量减半的估计）可能有点言过其实，但我们在这里可以看到，就整个航运经济来说，荷兰作为一个上升的部分，正面临着不祥的衰落征兆。

让我们把荷兰和英格兰两家在这方面的数据比较一下[②]，这种利害关系的固定性就更为明显。1686年，整个欧洲和地中海贸易使用了仅英格兰商船吨位的56%，而1670年，这一地区的

---

[①] W.伏格尔：《中世纪和近代史的研究与起因：迪特里希·戈歇尔》（耶拿，1951年），第319页。

[②] R.戴维斯：《17世纪后期经济中的商船业》，载《经济史评论》第2套，第9卷（1956—1957年），第70页。

贸易使用了约荷兰商船吨位的 77%，在 1740 年的百分比还要更大些。另一方面，荷兰船远在与非洲—美洲的贸易交往中已经衰落（1670 年为 10%，1740 年约 4%），而在这地区所使用的英格兰吨位于 1686 年就有 38% 之多，而且百分比还在上升。事实是，荷兰的地位正在下降，而英格兰的地位则属于国际船运经济中的上升部分。如果不是因为这样一个事实，这种地位上如此明显的差别本身是算不了什么的。

由于扩张的方向不同，英格兰、荷兰和法国总吨位的全面发展也就不相同，这不足为奇。1670 年一些主要国家的总船运量（包括渔船队）估计①如下：

表 23-3　　　　　　　　　　　　　　　单位：拉斯特（重量单位）

| 国　别 | 船运量 |
| --- | --- |
| 联合省 | 284000（56.8 万吨） |
| 英格兰 47000〕<br>苏格兰 5000　〕 | 52000（10.4 万吨） |
| 法国 | 40000（8 万吨） |

荷兰领先的幅度那么大，不难理解他们在 1720 年仍然领先，甚至迟至 1750 年，他们大概仍然处在领先地位。不过，他们的发展模式不同于他们的竞争对手们的发展模式。尽管发生了九年战争，荷兰的船运业在这一世纪的最后 10 年继续扩展，大约在 1700 年达到高峰：仅阿姆斯特丹一地的吨位在 1694—1702 年间比在 1667—1671 年间高出 50%。不过，随着北方战争和西班牙战事同时发生（荷兰人的贸易模式对此特别敏感），荷兰船运业，至少阿姆斯特丹的船运业出现了一次明

---

① 参见 W. 伏格尔书，第 331 页。

显的收缩。① 它在18世纪20年代，也未能恢复到1700年的水平。另一方面，英格兰的船运活动，在1688年前一代人的时间中增长很快，在战时曾停滞不前，1713年后，重又开始发展，速度虽然比过去慢得多，可是仍然令人瞩目。同样，法国的商船业在战时几乎无法维持下去，但随后也重新开始发展：1730年，它拥有1657艘在公海上航行的船只，另外有3703艘三桅船（沿海船队和渔船队所用）；而在1686年，它只有757艘在公海航行的船只，3226艘三桅船。② 即使在1730年，法国商船队的规模仍然只及英国商船队的五分之二，英国商船队在那时候比在1670年处于更为领先的地位。话虽如此，法国和英格兰一样，在日益发达的世界贸易中，比荷兰人更有分量。

在这几十个年头里，在贸易的每一部门，战争都是至为明显的支配性因素，但绝不是个独一无二的支配性因素。国际贸易周期非常清楚地反映出战争与和平两者之交替。总的来说，1678年法荷媾和之后，国际贸易量一直很高，但到1682年，这一战后的繁荣随着竞争之增多已经消逝：各行贸易经受的困难可以概括在1686年的国际危机之中，80年代的后期只取得部分的恢复，而这一恢复还是借助于1685年英法贸易的恢复这样一种环境而实现的。"九年战争"最初几个年头，情况多变，国际贸易

---

① 17世纪90年代，斯堪的纳维亚半岛上的人因中立而得到好处，当时仅瑞典人就拥有船只750艘之多；但是这些好处在"北方战争"中丧失殆尽。荷兰的北方贸易几乎全部掌握在阿姆斯特丹人的手里。鹿特丹，虽然在17世纪相对地说不太重要，可是在18世纪却比阿姆斯特丹活跃得多：它在海湾和伊比利亚贸易中处于重要地位，并且从18世纪20年代起，在英格兰烟草业中占重要地位。因此，根据阿姆斯特丹的数据作出的判断需要有所调整。

② P. J. 夏里埃脱：《三个世纪中的法国海上经济》（1931年），第32、35—36、42—44、52—53页。

量一般是低落的，只有荷兰在1693年恢复了元气，且保持繁荣昌盛到1700年。英国的贸易一直比较呆滞，只是在和平之后才重又上升——它停滞的一部分原因大概是英国的航运业遭到法国私掠船的威胁较大。1696—1697年，相当普遍的金融困难似乎对一般正在复苏中的贸易（英国的羊毛制品除外）影响不大。在一次战争与另一次战争的间隔年间，贸易量一直是高的，但是"北方大战"的爆发对荷兰则意味着暂时的挫折。

西班牙王位继承战争与北方大战不同。初起时，国际贸易量仍然相当的高，至少英格兰以及荷兰是如此。这和它以前一场战争的情况不同。1704年后，贸易比前呆滞，这一情况一直继续到1711年《和平初步条款》签订后才告结束。最糟糕的年头是1705—1707年，只是在荷兰与法国、英格兰与西班牙之间恢复了贸易，情况才见好转。1708年，贸易稍有起色，给个别行业如英格兰的羊毛制品带来了繁荣，也带来了高度的投机活动，最终出现了1710—1711年的一次国际危机。这主要是一次金融危机，它因人们对西方交战各国受到战争破坏的财政失去信心而加剧。它是一系列这类危机中的第一次，这些危机在1711—1715年困难的年头里波及欧洲各部。不过从1711年开始，实际贸易量在法、英两国增加得相当快，只是在1720—1721年发生金融困难时期才暂时地稍稍受到挫折。另一方面，荷兰和北方没有能躬逢其盛，因为"北方战争"的第二个10年比第一个10年在波罗的海地区的冲突更为激烈，许多港口陷于混乱之中。

所以总体来说，历次战争曾经刺激了欧洲国际经济的某些部门，暂时地消灭了另一些部门，破坏或更改了又一些部门。不过18世纪20年代的商业总图实质上仍然保持17世纪80年代的状况。在北方，最为令人瞩目的变化是俄国中的重要性在与日俱增，相形之下瑞典作为一个出口国所起的作用却是相对地呆滞；大麻，尤其是亚麻，成为主要出口物资，显得重要起来，而谷类之出口却在衰落。在西方，荷兰船运业在吨位上仍然首屈一指，然而没有明显的进展，与此同时，它的渔业则完全衰败，前景不妙。英格兰的商业在几十个战争的年头里取得的进展比它后来在全面和平之后的第一代人的时间里要快得多。不过，这张商业图上最为突出的新的要素要算是法国企业中若干冷门在战争过去之后正在快速发展的进度。

## 2. 1688—1715年：欧洲物价、人口和经济活动记录

对经济活动的历史进行直接的钻研，首先需要取得生产、销售、消费方面的指数。不幸的是关于这一方面的指数，很早以前甚至17世纪晚期的指数存者不多，我们于是不得不求诸间接探索的方法，即对一套套的物价进行分析。这一套套的物价，尽管不够完备，相对地说，却相当的多，并且具有连续性和精确性。

这里所要观察的阶段为时甚短，但它首先必须是在一个逐年记录更为广阔的范围里面的一个阶段。为此目的，可以利用已故的N. W. 波兹休默斯所编造的表格，它依据阿姆斯特丹商品交易所报的一笔笔交易，记下各种物价的加权指数。[①] 根据所能获得的1680—1689年之数据，下面的表格（表23-4）用一个新的基数（100）来代替波氏的基数：

---

① *Nederlandsche Prijsgeschicdenis*，莱顿，1943年，第106页。这些数字可以和E. H. 费尔波斯·勃朗与希拉·V. 勃朗所确立的英国生活费用指数相对照。这两人编列的指数见所著《七个世纪以来消费商品的价格和建筑工人工资数字的比较》，载《经济》第2部，第23卷（1956年），第296—314页。以1681—1689年作为基数（100），1690—1699年的指数为112，1700—1709年为101，1710—1715为121。葡萄牙的一些价格运动情况见本书原文第509—510页。

表 23-4

| 年　份 | 农产品 | 其他产品 |
| --- | --- | --- |
| 1680—1684 | 99 | 100 |
| 1685—1689 | 101 | 100 |
| 1690—1694 | 152 | 119 |
| 1695—1699 | — | — |
| 1700—1704 | 133 | 118 |
| 1705—1709 | 131 | 100 |
| 1710—1714 | 167 | 104 |
| 1715—1719 | 114 | 119 |
| 1720—1724 | 100 | 108 |

这些指数汇集了范围颇广、各式品种的货物价格，每一件都用含银量不变的货币单位标明。必须承认，这些指数是既有波动幅度极大的价格又有非常刻板的价格两者加在一起的结果，因此，就在人们对每一套价格依次一套一套地过目之时，会出现一些危险，即有可能冲淡或甚至丢掉那主要一套价格所能给人造成的具体印象。另一个不利方面是：固定以5年为一个时期来进行分类，这就无法标明活动方向中变化发生的确切日期，更不要提在1695—1699年这5年中间的持续性被令人遗憾地打断这一事实了。除了这些不足之处之外，涉及一个相当大的国际地带的某些主要事实却是十分醒目的。第一个事实是：和这里所要观察的时期大致相同的1690—1714年间，它整个阶段的特征，是与它以前和以后的年头相比，较高的价格水平一直占支配地位。1690—1714年间的农产品平均价格指数达到146，而1680—1689这10年当中其平均指数是100；这同一指数在1715—1724年这10年当中跌到107。1690—1714年间其他产品的平均价格，总的来说，上升未超过110，而在1714年以后几乎停留在同一水平上

面（113.5）。从阿姆斯特丹证券交易所这一独特的观察哨所能看到的就是这样：1690—1714年间出现的总的情况和在一个长时期内成为17世纪特征的情况形成了对比，这里所说的特征是指价格下降这一总的趋势和经济活动的呆滞。那么，是否可以把这一对比解释为一切恢复正常、商业复苏呢？只有进行一次详尽的估计才能证实这样具有肯定性的一个结论，而要作出这样的结论还需要有别的证据，我们只有对一套套个别价格加以审查，才有希望能更加接近事实的真相。

谷物在当时日常饮食中的地位，尤其是黑麦的地位，首先值得我们注意。让我们从这一项目下我们手边所有的数量相当可观的一套套价格中，把阿姆斯特丹、里昂和卡彭特拉这几个市场挑出来研究一下。这3个中心的黑麦价格，在把它们根据收割的年份归类、折成银子的重量用指数来表达之后[1]，再次以1680—1689年这个10年为基数（100），可以作出和波兹休默斯所作出的计算相类似的计算（参见表23-5）。这样，在阿姆斯特丹得出黑麦在整个1690—1714年这一期间的平均指数是154，这就证实了早就看到的食品价格总的来说是在上涨。在里昂，相应的指数是176，这种情况再次出现，而且更为突出。相反，卡彭特拉的指数仅为122。这些结果本身值得注意。它们实际上说明存在着具有差异性的地理价格，这在谷物方面得到非常明显的反映。[2]

而且，如果通过短短几个年头、从短期或中期的情况来看，

---

[1] 波兹休默斯，第574页；里昂社团档案，BB及HH组；卡彭特拉，社团档案。这些以及其他一些指数即在下面，见第898—902页。

[2] 粮食价格在地理上出现的差异使得这一方面的任何混成指数解释起来失去其可靠性，至少在短期和中期是如此。弗里奇氏在《小麦与收获循环》[见《经济报》卷31（1921）]中开列的指数在当时是有用处的；厄谢尔在《经济统计评论》第12卷（1930）中开列的法国小麦指数完全是引起争议没有最后定论的。

## 第二十三章 经济活动

不仅有地理上的差异,在同一套价格指数中的上下波动也显得更加重要。譬如,如果我们先取出1690—1714年间某一套指数中的10项每年最高价格的平均数,再取出10项最低价格的平均数,以后者为新的基数(100),并把前者与之相比而表示出来一个指数,我们就能够勉强地衡量出那些波动的平均幅度。按照这样的尺度,阿姆斯特丹黑麦10项最高价格的平均数字就变成173,里昂是259,在卡彭特拉是157。更加令人瞩目的是年最高价和年最低价之间的直接抗衡。从这一角度出发,再回到以1680—1689年为基数(100)的指数上去,把在阿姆斯特丹收割年1698—1699年的最高数(316)与1691—1692年的最低数(105)相比〔或者如果再回溯到1688—1689年与最低数(95)相比〕,在1709—1710年间,这一指数就达263,虽然只是在3年以前,在1706—1707年间,它已经又跌到了95。但是里昂黑麦波动情况又如何呢?在1693—1694年,这个指数爬到400的高度。而在1688—1689年,它只有83,在1695—1696年间又要落到103;不过在1708—1709年间,又达到457这一纪录数字,而在两年前,同样的这一商品在同样的市场上,还仅仅是87,只及1708—1709年间划定价格的五分之一。相形之下,在卡彭特拉所看到的最大波动就显得平常:1691—1692年是151,在1692—1693年间也是如此,在1689—1690年间是58,在1690—1691年间是91;甚至在1709—1710的收获年,是年冬天严寒,在卡彭特拉的指数也只达到214,而在1701—1702年和1711—1712年的收割年则分别是81和93。当然,这些典型的例子,它们的不同之处和相似之处已被从邻近地区收集来的数据所证实。

不过,这种波动幅度的对比和方才提到的一套套价格在短期运动中明显出现的时间滞差一样,无须把它们的一般形态和某种程度上的时间上的一致性(至少大致上是一致的)掩盖起来。而这种时间上的一致性,在或多或少的程度上,远至中欧、在萨克森和奥地利①都是适用的。乍一看，巴塞罗那②的经验似乎可能产生和价格上升这一普遍特征相反的情况（价格上升似乎已被我们掌握的指数所证实），那里的谷物市场的平静趋向——这是地中海地区所特有的一种现象——和价格长时期内波动程度不大这一事实是一起存在着的。不过，我们如果不是孤立地去考虑谷物的价格，而是去算算其他农业商品如橄榄油和酒的这些单账，这个困难也就不算一回事了。

从既有的、大量的谷物数据中找出结论是个诱人的做法，可是，如果这样做就意味着单从这些谷物价格中重新找出长远的价格运动，那么就应该抵制这一诱人的做法，因为从中重新找出长远价格运动归根到底是需要进行大量学术上的研究修改的。毫无疑问，比较聪明的做法是，只要办得到，就应该把调查范围扩大到其他的农产品。在某些情况下，正如我们刚才看到的，油和酒能够帮助我们纠正光从谷物一项引申出来的关于农产品价格的一般景象，或者它们会证实这一景象。酒在像法国那样的国家里曾经具有一种天之骄子的地位。显然，酒类和各种谷物一样，有时甚至比谷物更加容易受到天气变化的影响，造成价格上的强烈震荡。勃艮第葡萄酒，以前的葡萄园，它们的价格年年都要向两个极端摆动。③更加值得注意的是，30年来，这种酒的价格一直在不断下降，从1686年起，它们非常清楚地提供了一项运动记录，把它们所有的价格抬到一个高度，其间虽有短暂的反复，但这个高度一直维持到1715年以后。在

---

① O. 狄脱曼：《莱比锡城的谷物价格》（莱比锡，1889）；M. J. 埃尔萨斯：《德国价格和工资简史》卷2A（莱顿，1940），第517页；A. F. 普列勃拉姆：《关于奥地利价格和工资的资料》卷1（维也纳，1938年），第529页。

② P. 维拉：《现代西班牙的加泰罗尼亚地区》（3卷本）第1卷，1962年，第642页。

③ 参见博纳和社团档案；在汝拉的阿尔布瓦也有类似的情况。

阿姆斯特丹①出售的波尔多酒的行情虽然要平静一些,也证实了这个总的运动情况。

如果国际贸易中还有一项非凡的商品,那么就舍香料莫属。胡椒价格的前前后后在香料中最有代表性,令人信服。事实上,一旦把它换算成相等的白银的重量,它的这些价格在广大分散的地区同样也提供了相同的共同性质。在巴伐利亚和新卡斯蒂尔,我们又发现,大约在1689年和1690年,继1680年和随后几个年头中的低水平之后,出现了一次几乎完全相同、时间也相同的向上摆动,而且持续甚久②,按照上面对1690—1714年所使用过的程序来衡量这种价格的上升,得出新卡斯蒂尔的指数是133,维尔茨堡的指数是137。在阿姆斯特丹,已经发表的一系列数据中有一些脱节的地方,所以把中间数字进行比较要比比较平均数字更为妥当一些:如果以此来计算黑胡椒的价格,我们得到的中间水平是131,所以,非常接近西班牙和巴伐利亚的平均水平。在另一方面,英格兰粮食部白胡椒进货提供的指数③和上面的数字是相一致的,不过上升得还高一些,达166。但是,如果我们从每年的详细报价,甚或从短期几年的平均价格中去寻求这种不同市场之间的协调,这样的协调根本就不大可能再出现。举个例说,英格兰政府在1695—1697年购买胡椒的价格水平异乎寻常的高,在马德里或维尔茨堡就没有这样的水平;同一政府在1702—1708年间报价低了许多,这一情况可以解释为它符合那些年来从德国南部买来的价格,但并不符合西班牙的行情,甚或阿姆斯特丹的行情(在数据虽有明显的脱节,但尚能进行比

---

① 参见波兹休默斯所著书,第226页。
② 参见埃尔·萨斯所著书,卷1(1936年),第659页;E. J. 汉密尔顿:《西班牙的战争和物价,1651—1800》,1947年,第241、246页。
③ W. H. 贝弗里奇等:《英国的物价和工资情况》(第1版,1939年),1965年重印,第430页。

较的情况之下）。

迄今为止所提及的商品价格——谷物、酒类、胡椒——显示每年都有强烈或者非常强烈的变化，造成非常明显的曲线，或长或短。但是，非食用货品和劳力的价格所提供的情况通常又完全是另一回事。原料的价格更主要的是各种工业制品的价格，即便有些上下浮动，变动也很小。工资是一种范围有限的例子，它的特点就是僵硬难变。在所有这些栏目中，同一个数字几年重复出现，有时一连几十年也是如此，对此应该如何解释呢？价格不变的例子并不难找，即便在较具弹性的纺织界中也可以找到这样的例子。优质布是对经济气候非常敏感的典型产品，米兰公布的材料中除有关优质布的情况介绍之外，还为粗布编制了一份表格，这种粗布从1688年起到1707年①完全没有任何价格上的变化。索洛尔德·罗杰斯在他经典性的研究工作中载有毛巾布的价格，这些价格在1691—1701年间②是相同的。在查理·弗林丹所主持的研究工作汇编里面，亚麻在佐梯根（佛兰德）的价格从1692年开始记录的一套价格到1788年一直没有变化!③ 这个例子特别富有意义，因为它的来源是无可指摘的，而由于杀价和拍卖的关系，人们在使用公家机构的记载时，其来源性质就不是那样无可指摘的。佐梯根的没有变动的价格，总结了对一个地方市场所进行的各种观察。那里的亚麻价格一直稳定，这同一来源事实上还显示出了小麦、小麦和黑麦的混合品、大麦、燕麦、麦秆、阉鸡、雏鹅、油、黄油价格的相当敏感的变化。

---

① A. 德玛大勒那：《17世纪中米兰的价格和商业情况》，米兰，1950年，第175页。

② 《英格兰农业及价格史》（7卷本）第6卷，牛津，1866—1902年，第547页。

③ 《布拉邦特州的价格和工资简史》第2卷（勃罗格版，1965年）第495—497页。

## 第二十三章 经济活动

建筑业其重要性是不言而喻的，有关这一部门的数据在研究价格史的时候是经常要用到的；在这个部门，各种价格同样也是没有什么伸缩性的。我们手头掌握了不少负责营造或修建单位的记载，里面经常都有大量关于材料、熟练和非熟练工人工资的介绍。但是，总是出现同样的一个现象：泥水匠的酬劳和砖块的价格一成不变①。在其他许多例子中，物价的摆动，有时在一个年头中颇为活跃，但很可能没有什么经济上的含义，这种摆动完全可能是因东西质量不同而引起的，而这种质量上的差异在文件中又是不可能找到的。

除此之外，利用一套套物价来研究这一个时期的经济气候还有一个主要的障碍。17世纪末和18世纪初，许多欧洲国家流通的金属货币的面值发生变化。克服这一困难所要采取的办法一直是人们提出的问题，也就是说，把账目上表示出来的钱的价值，换算成贵金属的重量。如图尔的货币里尔（livre tournois）。\* 如果是在处理一些商品价格，它的具体价值变化大于货币市场的变化，这样的换算方法还是可以被接受的。但如果碰上一些内在变化很狭窄的产品，显然采取这样一种调节货币价值的办法是有其武断性的：如果货币价值的变化——这是必须予以考虑的问题——压倒了"天然"的价格运动的重要性，就会出现这样一种危险，我们所进行的计算工作最终将粗糙地把纯然是货币的变化转移到

---

① 这种一成不变达到完全同一的例子在埃尔萨斯所著 *Umriss einer Geschichte der Preise und Löhne* 一书中有许多。英国紫红布的价格根据慕尼黑的记载从1671—1710年一直不变（同上书，第1卷，第552—553页）；砖在1665—1713年间同样也没有变动。奥格斯堡泥水匠帮手的工资从1693—1712年也没有涨落，熟练的泥水匠的工资在1672—1712年间（同上书，第1卷，第728、731页）和其他建筑工人工资也没有变化。

\* 里尔，法国古币，是结账用的工具，其值相当于古代一市斤银子的价值。——译者

价格数字上去。反过来,表面上的价格对货币价值的变化能及时作出反应,致使这种货币价值在一套套价格中立刻变成账目上的货币,在这种情况下,如果进行一次再换算,我们就再次发现一种被货币现象掩盖起来的价格惰性现象。海军行政当局在土伦①买进的船篷布是说明这个问题的一个适当的例子。这些篷布的价格,用苏(sous tournois)*计算,根据数年一次签订的供货合同是固定的,在把这些价格画成图表之后,它们变得十分曲折,有如一级级的楼梯。在1689—1694年间,篷布的这些价格出现第一次向上曲线,1701年又出现一次,在1708—1709年间,再出现一次,这一次更为急剧。但是,这些价格的上升在锂的价值改变之中自身就作出了解释,锂的价值变化的程度和价格上升的程度是相同的。要不是因为两者变化的程度相同,设想订约人竟会同意自始至终几乎以同样的价格来成交,未免过于莽撞了。

剩下的问题是有些国家,可以认为其通货在1688—1715年间是稳定的或基本稳定的衡量价值的标准单位,这样的国家不多。这里,鉴于波兹休默斯的研究工作中有一些极大的脱节之处,我们不得不满足于纺织品价格的那么一张表格(参见表23-6),利用两套英格兰的,一套米兰的。当然,豪顿当时对英格兰不同地区羊毛价格的调查②只限于1691—1702年,而米兰的那套优质布的价格到1706年就断了③;只有英国海军部购买的大麻价格在我们所要研究的整个阶段是齐全的。④ 豪顿的羊毛

---

① 土伦,港口档案,I$_L$,第253—306页。

\* 法国古币单位,全称"图尔苏",相当于5生丁,20个苏等于1法郎。这种辅币开始是图尔市铸造出来的,后被皇家采用,成为全国流通货币。——译者

② 由索洛尔德·罗杰斯汇集,第5卷,第416页;关于皇家学会会员约翰·豪顿(死于1705年)的资料,见《全国传记字典》卷27,第422页。

③ 见玛大勒那所著书,第173—174页。

④ 见贝弗里奇所著书,第676页。

价格，在用每年平均价格的指数来表示时，表明在1691—1695年间有一次真正的上涨，随后一直维持在一个高水平，直到1702年，即他最后的一套价格为止。这些指数必须依据1691—1702年的价格所提供的基础来计算；但是根据这一个条件，这些指数和已经检验过的其他指数大体上是吻合的，即便在一些具体的方面不完全如此。其他两套价格可以在同一个基础（1680—1689年）之上和波兹休默斯所建立的一般指数直接进行比较。这些指数都一直是在100以上，这就证实了价格总的上升这一现象，这是很清楚的。关于英格兰大麻采购的指数，它们所表现出来的两个10年之间的上升，比我们的一般指数的上升要明显得多，表明把这一部分的调查研究工作扩大到其他各套里去是有困难的。关于价格史的出版物显然是多得如汗牛充栋，但也不应对此寄予奢望。

讲了那么许多，其中最有指导意义的事实还是从谷物价格和非食用货品价格在同样地区、同样的年份，以同样的货币体系进行对照之后取得的事实。在一般的情况下，非食用货品价格的相对坚定性和谷类价格同时发生，有时又是与十分激烈的摆动相对比，前者说明在经济生活中的不同部门之间彼此都没有能互相结合起来。没有弹性的工资，还有许多工业制品没有变化的成本，肯定在这些年头，如1688—1689年或1706—1707年，当时谷物是在亏本出售[①]，给主要的农业品生产者的处境带来难堪。可是食品价格的飞涨却是个更为严重的问题。其他方面的价格不动，仅此一端，高昂的食品本身就意味着手艺工匠和挣工资度日的人的日子不好过。而在涨价超过一定的水平以后，甚至会发生这样一种情况：在消费紧缩最多、

---

① 关于温彻斯特在1688年收割之后的小麦最低价格，以及1705年和1706年丰收年在那里的低价格水平，见贝弗里奇所著书，第81—82页。在法国的价格流中有许多这类下跌的例子。

因此也是活动紧缩最多的部门，价格本身会出现下跌。对这些尖锐的危机进行研究，确实能帮助我们清楚地了解完全可以称之为回顾性经济地理的这一门学问。不少历史学家，由于他们观察的范围太窄，总是低估这些事态真正的苛刻性。

1692—1694年的危机对整个法国是个悲剧（第10章），其他地方也曾波及，但没有那么严重。即使在法兰西王国内部，这一危机在它的西方和地中海沿岸也大大地减弱。1709—1710年那次危机的范围更波及全欧，其严重程度在各地也不尽相同。另一次危机，其严重性无疑与前一次不相上下，在1696—1698年间危及斯堪的纳维亚和其他波罗的海国家（在1698—1699年危及苏格兰）。① 这次危机在阿姆斯特丹引起反响，甚至法国的市场也受到它的影响，不过它在西欧产生的影响远没有在北欧那么严重。

为说明以上所说，两项事例足以胜任。第一例举自卡斯特尔脑丹莱各项生羊毛价格，这个地方在法国南部，但离地中海还很远。② 在这个地方，谷物指数在1693—1694年上升到214，在1709—1710年上升到302——在这个地区算是异乎寻常的高了，但比起我所看到的里昂和其他地方记录在案的最高指数还差得远。未经处理的羊毛（laint surge），它除了是一种卓越的农村产品之外，还进入半是农业性质的一项工业，我们从别的资料来源中，知道它受到谷物大幅度上涨之后造成的农业价格低落之害。

---

① E. 裘铁卡拉：《芬兰大饥荒，1695—1697》，载《斯堪的纳维亚经济史评论》卷3，1955年，第48—63页。在爱沙尼亚，黑麦价格的上涨到1698年秋达到其顶点，O. 列伊夫：《17世纪初爱沙尼亚地区的经济形势》卷1（他度版，1935年），第281—294页。关于在若干苏格兰集中燕麦片的价格，参看R. 密契逊著《17至18世纪中苏格兰谷物价格之运动情况》，载《经济史评论》第2套，卷18（1965年），第278页以次。

② 卡斯特尔脑丹莱（奥德），社团档案，HH2和3。

## 第二十三章 经济活动

因此,在这里我们能够把谷物价格和在同一文件材料中记录下来的一种原料的各种价格进行对照。比较的结果非常明确。对照表明,谷物最高指数在1694年(除了有一次为时不超过几个月的落后之外)竟然和生羊毛跌到的最低点(指数76)相合;而在1709—1710年间,那就更能说明问题,竟和仅仅为61的生羊毛指数(参见表23-7)相合。这些重合肯定不是偶然的。羊毛和谷物的这种变化多端的价格不仅表明制造商们由于市上没有什么需求,不去充实他们的羊毛存货,而且也表明农民们是在压力之下出售羊毛的。

我们的第二个事例,是由死去之人的产业清单中提到的锡镴器皿提供的。在这些清单中,这些器皿是用重价来计算它们的价值的,其质量惯常就简单地分成"一般"或"优质",以便分类。在正常的年头,这些器皿的价格几乎没有什么变化,但在严重危机出现的时候,它们就显而易见地跌价了。原因是锡镴食具在不那么殷实的人家所起的作用就相当于银器在富有人家所起的作用。在正经的金属钱币十分稀罕并总是被囤积贮藏起来的岁月,锡镴变成一种积蓄储备的手段,可以出售,一个人在需要现钱或借款的时候,还成为较受欢迎的抵押品。但是在一个严酷的带有普遍性的危机出现的时候,这样做而又要不蒙受损失是不可能的,于是像在1693—1694年发生的那种具有结论性的症状在巴黎地区的锡镴定价告垮之中出现了:其指数从1693年的83跌到1694年的80——而就在这个时候,巴黎的 mercuriale(物价流)把小麦的指数抬高到306(参见表23-8)[①]。随后,锡镴的

---

[①] 公证人记录稿中锡镴的价格:巴黎,国家档案,案卷ZZ,凡尔赛,瓦兹(塞纳河畔)的省档案。关于到1698年为止的小麦价格,见 M. 包伦和 J. 墨弗兰著《摘自巴黎市场行情表的粮食价格,法国价格史研究与文献》卷2(1952年),第135页;关于1699—1715年的价格,见 H. 豪瑟著《法国物价史之研究及有关文件》,(1936年)。

指数又上去了，原因很简单，它具有货币的功用，正因如此，对它的需求日益增加，并且非常活跃。据此，当小麦在1709年上升到509这个指数的时候，锡镴跌到99，而在这前后的几年中，它的指数一直是123。

已经引起大家对工资的"僵滞"性的注意。还应再次强调之。由弗尔泼斯·布朗和霍普金斯①确定的南英格兰建筑业工资的多种长期指数的主要依据是由索洛尔德·罗杰斯所收集的数字材料。从他们制作的图表中一看就能发现工资是如何像连续的垂直梯级那样上升的，每升一次就要好几年不变。实际工资的曲线——把货币工资用一个人为的生活费用指数来除所得来的结果——再次产生（远期的则倒过来）生活费用短期和长期的变化。关于在此与我们相关的时期，索洛尔德算出木工和泥水匠在1689—1690年间每天的最高工资额是2先令6便士，1697—1699年、1701—1702年和1702—1703年亦是这个数。② 有好几年大量有关工资的未经发表的材料可在巴黎疑杂病症医院档案中看到。③ 在去掉季节性的偏差以及其他因种种职业、资历引起的偏差之后，我们最多只能看到在主要项目下工资有一次增长，它从我们正在研究的这个时期一开始的15—17苏上升到这个时期最后（1715年前后）的17—18苏。这还抵不上同时发生的账目上的货币贬值。

17世纪末留存下来的文件在一定程度上起了弥补缺少综合

---

① 布朗和霍普金斯的《七个世纪的建筑业工资》，载《经济》期刊第22卷，（1955年），第195—206页。

② 《农业和价格的历史》第5卷，第671页。

③ 巴黎，"政府援助档案"，Fonds des Incurables Pièces comptables.

性定期人口调查的作用。从行政当局那里弄到的细目和估计是有限的。其中大部分是为了财政上的目的而编制的，因此，从中可以了解的是纳税人的数目而不是居民的数目。教会的档案，由于主教的巡视，提供了领圣餐的人数，这个数字在法国和成年人口数字几乎相等。但是所有这一切材料还需要分类，也还有值得批评之处——总之，还需要进行研究，到目前为止，这种研究工作是很不够的。在当代一些估计之中，格雷戈里·金有名的统计工作在那个时代是出色的，它使我们有可能估计英格兰和威尔士在1695年左右的人口总数是550万人。① 1697年由法国各省省长负责发动在以后的3年中进行的调查远没有产生可靠的结果；最多也就是一个相当粗糙的近似数。对这个问题专门进行过研究的沃邦认为整个法国的人口是1900万。② 但是，这种性质的材料仍然是静态的。我们需要了解的是一国人口的动向和它的年龄结构，还有按照社会类别和地区作出的人口组成。原则上，在相当多的地方，这些问题可以从记录洗礼、婚丧的教区牧师所保存的登记册中找到答案。③ 事实上，在17世纪末，这些登记册的数目确实有大量的增加，在质量上也确实有所改进，并且传到今天。不过，对它们的调查工作还刚开始，大多数历史学家，总是集中力量试图确定人口在长时期内演变的一个轮廓。即便他们研究出来的材料是正确的，他们也不可能真正辨别在一个相对短暂的阶段中人口的特征。他们这些专著还不多见，这就使我们有可能在一个比较精确的、在以年代顺序的范围之内来考虑这个问题。

---

① D. V. 格拉斯和 D. E. C. 埃弗斯赖（编辑）：《历史上的人口》，1965年，第159—220页。
② 沃邦：《国王什一税计划》（E. 可脑宪特编辑，1933年），第159页。
③ 格拉斯和埃弗斯赖收集的一些文字中有许多这方面的材料。

人口统计方面的事实从各个方面澄清了历史，有些事实是短暂而又激烈的危机的结果，有的是缓慢然而是前进的演变的结果。到目前为止，是这第二类的事实引起了我们最大的注意。这里还有两个方面：一是出生率、死亡率和结婚率的系数产生持续演变的时期，二是这些演变对人口总数的多少所产生的影响，或者不如说它们对人口中正在活跃中的这一部分人的多少产生影响。而在这个系数产生的时期和这种影响时间却有一定的时间滞差。另一方面，同价格问题一样，不同的国家和不同的社会集团不可能以同一的节奏同时生活。由于这些原因，任何企图从少数几个特殊的人口统计级数中作出一般性的论断必然是非常鲁莽从事的。

不过，如果有人仍要这样试一试，那么说一下1688—1715年这些年，从这个时期人口消长率相对低这个角度来看，比较而言，并就其消极意义而言，似乎还是可以的。换言之，这个时期在人口统计方面没有发生什么激烈的变化。人们对于18世纪英格兰人口的估计虽然还有争议，专家们对其发展的大致的轮廓是意见一致的。就我们而言，我们同意这种看法：本世纪初人口有一定的增长，但是很有限。对1700—1720年间人口的增长，有3种不同的估计：一说增长13.6万，一说17.5万，再一说21.2万。就为数550万到600万这样的总人口而论，20年中这一规模的增长——即每年增长1.75%左右——并没有什么了不起。这3种估计对1740年的人口数字看法一致，1720—1740年间出现倒退现象，所以这1740年的数字和1700年的数字十分接近，同时，这3种估计都认为，在1740—1760年间人口有增长，分别定为56.7万、62.2万和65.7万。即使这3个不同数字中的最低一个也要比1700—1720年间人口增长的最高估计多出一倍半以上，即56.7万：21.2万。然而这1740—1760年间人口的增长数，比起计算出来的所谓工业革命刚开始的1750—1801年间的人口增长数字来，算是平平而已。①

威尼斯在整个17世纪人口下降惊人，而在18世纪还要继续明显下降。不过，在这两个灾难性的阶段之间，我们目前正在研究的这一段岁月倒可以算做一个高地。丹尼埃勒·贝尔特拉米对这座城市中两个10年（1690—1699年和1700—1709年）内的人口出生和死亡进行了深入的研究。研究表明，在第一个10年中有逆差（负372），但是，这在第二个10年中因出生超过死亡（正257）而得到部分的补偿。② 威尼斯陆上（terrafer ma）的人口数字在1680—1719年间实际上是稳定的。早先K. J.贝洛克进行的研究工作虽然是包括整个意大利的，但也给人这种印象。他对西西里人口的假设性估计表明，在1681—1713年间有一次小小的下降（从117.1万减到114.3万），但是，这要部分归因于一次非常特殊的事件，即1693年发生的地震。③

这一相对静止的情况似乎是这一时期总的人口面貌的特征，短期的摆动就不去管它了。这样，慕尼黑在1680年的人口算是2.3万，1690年是2.5万，1700年是2.4万；奥格斯堡的人口在1681—1690年是2.6万，1691—1700年是2.7万，1701—1710年是2.6万，1711—1720年是2.7万。④ 在同样的这些年中，苏黎世大约有11000人，1762年这个数字几乎完全相同地再次出现。⑤ 加泰罗尼亚在1630—1670年间出生人数大量下降，到1686—1690年间才恢复过来；在1691—1695年和

---

① J. D.张伯斯：《潮流的痕迹，1670—1800》，载《经济史评论》增刊1957年第3期，第23页。
② 《16世纪末共和国倾覆时期的威尼斯人口史》（帕多瓦，1954年）。
③ 《意大利居民史》。
④ 埃尔萨斯，卷1，第79页。
⑤ W.毕克尔：《瑞士居民及居民政策》，苏黎世，1947年，第42页。

1696—1700年这两个5年内没有任何大的变化。① 在瑞典中部，纳克省出生率在1691—1715年期间每5年都有波动，波动幅度在28.5%—35.4%之间；出生与死亡的平衡时而亏时而盈，两相交替。②

总的印象是人口情况相对稳定，这和专家根据教区登记册研究出来的英格兰和法国两国情况并不矛盾。对诺丁汉郡在1670—1800年间作出的调查确实表明，在18世纪下半期，领洗人数和死亡人数均有高涨，领洗人数更是大幅度地多于死亡人数；但是在威廉和安妮在位年间，所能看到的领洗人数增加的优势很小很小，人口的曲线是个不甚明显的斜坡。在"农业"村子里，丧葬人数稍有减少，领洗人数维持"停滞"的状态；在"工业"村里，丧葬人数也稍有减少，但是领洗人数有上升的小小趋势。③ 再看法国，如果带有将那特别剧烈的摆动当做一个插曲，暂且不去管它，那么，皮埃·古白尔关于法国北部的总的结果也导致这同一的结论。④ 在诺曼底的克鲁莱，1681—1690年间，领洗人的平均数是每年36.7人，在随后的25年中⑤则是37人。朗格多克乡间人口减少的趋势从1680年开始，并无情地继续下去，这是事实，但是就在这个省份，城镇却在扩大。⑥

虽然如此，重要的是不能过于相信对总的情况得出的这一印

---

① J.那达尔著《西班牙人口》，巴塞罗那，1966年，第60页；关于西班牙总的情况，见本书原文第345页。
② G.乌透斯脱洛姆：《1660—1750年左右瑞典一些人口变化的概况》，载《历史上的人口》，第538—548页。关于波兰人口的锐减，见本书原文第705页。
③ 张伯斯，第34—35页。
④ 《西班牙人口、博韦与博韦西斯》第2卷《地图与图表》，1960年，第50—51页。
⑤ E.戈蒂埃、L.亨利：《诺曼底教区克鲁莱的人口》，1958年，第243页。
⑥ E.勒华·拉度里：《朗格道克的农民》（两卷集）卷1，1966年，第541—547页。

象。关于前已总结出来的这种现象的机制,它确实还能够让我们作出一些很不一样的假设。非常可能,这些现象里也许并没有什么真正的活跃力量;也有可能是一些强有力的运动在向相反的方向起作用,随着时间和空间的转移,互相抵消了。无论如何,应该稍稍检查一下那些可能决定这一时期人口运动的因素。首先,要辨别哪些是可能发展或限制生育力的原因,哪些是促进死亡率的原因。有一种想法至今仍然广为流传的,必须立即加以否定。这一想法实际上是假设出生率在18世纪末之前是不受控制的,这可能是由于社会条件的原因,也可能是个人的意愿。绝大多数人结婚的年龄是个因素,完全有理由强调这一因素的重要性;它肯定和我们正在研究的这个时期和社会的类型一起发生变化。另一方面,如果认为人类,尽管是生活在很早以前的,在他们希望节制生育力的时候竟然不知道有什么办法,那就未免太天真了。[①] 有一种假设认定有各式各样由个人或集体作出的反应,在死亡的各种原因面前,设法去维持某种平衡;这种假设看来是非常可信的。

由于战争造成的死亡虽然不是完全无足轻重的因素,但是对这一时期的人口也只带来一般的有害影响而已。17世纪中叶以来,军队是比以前扩大了,但和18世纪晚期以及随后的军队规模相比,就算不了什么。招募入征的人数仅仅触动了人口的极少极少的一部分;尽管法国以其他地方新的民兵队伍正在兴起,但系统的征兵制还是后话。打仗是要死人的,但也不是天天打仗的,有时候,部队吃的苦头更多的是疾病。

各种疾病,即使是在保健设施最好的国家里面,它仍是造成大量死亡的永久性的原因,在婴儿中间尤其如此。"地方"病和

---

[①] E. A. 理格雷:《工业化以前英国的生育限制》,载《经济史评论》第2套卷19,1966年,第82—109页。

"流行"病的界线，尽管当时的医生们有很多议论，是难以捉摸的。[1] 但是巨大的流行病，由于传播广、性质严重，是可以辨别的。在这方面，至少在西欧，一种可怕的灾祸，淋巴腺鼠疫（pest）在 17 世纪的过程中大部分消失了。它在西欧最后一次猖獗流行是在 1665—1666 年的英格兰。这次发生的鼠疫接着在法国停留了几年，但是，除 1676—1685 年在西班牙发生过，1720—1722 年[2]在马赛和普罗旺斯发生过，那算是最后一次。西欧以外，在斯堪的纳维亚和东欧，鼠疫还未消灭。[3] 这些地区还不像法国那样已经具有消灭鼠疫的高效率机构，由于政府当局采取了有力措施，法国在 1668 年得以保卫自己：在各个港口，检疫的条例愈益受到尊重并且很有效率。比这困难得多的是如何堵塞其他疾病传播的渠道，那些病一开始不是那么令人担心，但是暗中却在蔓延，而且人们对它们也了解不多。[4] 这一时代医药上使用的一些字眼，历史学家们只能猜测其意思。即便等到这些字眼的意思变得更为具体，并且和我们认识得到的临床观察相一致的时候，它和大多数非专业性目击者所使用的语言是否相同，还有待分晓。譬如说，

---

[1] 见 C. 克兰顿著《流行病史》（两卷集，剑桥，1891—1894 年）卷 1。

[2] C. F. 穆来：《淋巴腺鼠疫和英格兰》，列克星登，1956 年，第 266 页；C. 卡里哀，M. 古度里以及 F. 雷巴发合著：《死城马赛，1720 年的鼠疫》（新版，1968）。

[3] 穆来著《淋巴腺鼠疫和英格兰》，第 262—264 页，提到 1707 年华沙出现鼠疫，1709 年在但泽出现，1711 年在哥本哈根出现，同年鼠疫在勃兰登堡很猖獗（死亡人数为 21.5 万）。奥地利死亡 30 万人。1709—1712 年，英格兰采取一整套措施对来自波罗的海地区的船只进行检疫。在哈布斯堡，为感谢圣三位一体（圣父、圣子、圣灵——译者）把人从鼠疫中拯救出来而竖立的纪念碑上记述 1691—1692 年和 1711—1714 年共 6 年中发生时疫。A. 格伦堡：《奥地利之鼠疫》，维也纳，1690 年。

[4] 许多当年的文字有些表现出那些最最灵敏的头脑对疾病的起源也感到惶惑，读者要知道这方面的材料，请看罗伯特·波义耳的论文《空气合乎卫生和不合乎卫生的原因》，登载在《哲学著作》上面，彼得·萧编（3 卷本，1725 年），卷 3，第 521—544 页，参看 J. P. 彼得著《十八世纪末的病人与疾病》，载《年鉴》（E. S. C.）第 22 期（1967 年），第 711—751 页。

"紫色"热（pourpre，当时许多信件中都提到过）究竟是否就是医生们自己会同意我们所说的斑疹伤寒？[1] 根据当时的用法，这一字眼总是给人以印象是用来指出疹性的疾病，如天花或猩红热。"痢疾"这个词，依次类推，可能指任何一种肠病。这种无法确定的字眼对一个历史学家来说是颇为恼人的，因为如果知道疾病是如何传播的，这种知识就可以说明集体的心理，而这是一个不容忽视的方面。当时的城镇一直是生活在"碰上传染物"这种梦呓之中，而这是城里人对农村来的穷苦难民持严酷态度的根本原因，怀疑这些人身上带着疾病。

在英格兰，疾病之发生及其后果在很久以前就是早作研究的对象。18世纪一位名叫托马斯·肖特的医生立志要研究一些地方的教区登记簿，主要是约克、诺丁汉、德比和肯特一些县份。[2] 肖特以150—160个农村教区（另外还有几个城镇）为依据，逐年计算他认为是"有碍健康"的数字，理由是在那些地方丧葬人数超过了领洗人数。他把发病的教区中入葬和领洗的总数加在一起。[3]（他调查的一些结果，参见表23-9）这个表格提出的第一条评语认为，1688—1715年是健康相对好的年份。其中没有一年有病的教区达到20%这一数字，而这个百分比正是1680—1689年的平均比数，更不用提1680年达到的25%这个数字。第二条评语是这18%或19%的最高数字一点也不是和英格兰谷物腾贵的年头同时发生的。这里所记录的疾病和昂贵的食品不是一起发生的。[4]

这是一个至关重要的论断，但并不能推论到别的国家，更不

---

[1] P.哈辛和E.黑林合编：《死亡率问题：方法、来源与图书目录……》，载《国际历史人口研讨会刊》（列日，1965年），第26—27页。
[2] 《城市、小镇和农村死亡证……的新观察》（伦敦，1750年）。
[3] 同上书，第85页，表格4。
[4] 参看贝弗里奇一书中温彻斯特的小麦价格，第81—82页。

能推论到法国，它发生在17世纪末18世纪初仍然处于食物匮乏已极的时期。让我们来认清问题之所在。我们目前不去考虑那持续多年食物匮乏对一部分下层阶级疾苦所引起的影响，也不是去考虑它对这些阶级中人生活上长远的腐蚀。这是另一个问题。根据我们目前所掌握的材料，上面讲到的物价普遍上涨——从25—30年为一个阶段来看，上涨程度还算是相当温和的——另一方面，还有上面提到的同一时期内人口变动情况性质稳定，二者都不能为对这个题目作出决定性判断提供依据，只有朗格多克是个例外。① 然而我们也无法避开这样的结论：曾经出现名副其实的人口统计学上的戏剧性场面，时间虽短，却十分剧烈，这和食物价格同样是剧烈地上升是相吻合的②——这个结论从5年内和理由更加充分的10年内的平均数所表现出来的变化情况来看常常是至为明显的。要探测这种戏剧性的场面，肯定需要足够多和具有持续性的论据，以便让我们能够严格按照逐年的详细情况，同时注意谷物的价格变化过程和出生、死亡的变化。以日历年为范围来进行这样的分析有一大障碍：在许多情况下，1月1日开始12月31日为止的日历年从一开始就缩小了这些现象的范围，如果以一次收获和下一次收获之间的时间作为分析的时间单位，就能更好地掌握这些现象的性质。③ 还有，我们不能不承认在食物贵得出奇的年头死亡率不正常，这就带来了一些复杂的征象。有可能食物匮乏的影响是附带的，疾病的影响与前者无关。譬如说，严寒的冬天本身可能会引起死亡，同时还把地里的种子冻坏了。事实上，如果一次自发的疾病出现在饥荒之先，它就很

---

① 参看洛哀·拉度里书中各处。
② 关于这一类型的危机，请看古贝尔，卷1，第45页。
③ 关于方法的所有问题，参看J. 默安弗兰著《法国旧制度下的生存危机与人口》（人口，1946年），第643页。

可能把这掩盖起了：它在粮食危机之前就先猖獗起来，夺去了人口中一些人的生命，留下那些抵抗力最强的。这在1708—1709年的英格兰，也许发生的就是这样的情况。不过，更为经常的是饥馑与疾病是连在一起的。也有一种死亡是跟着饥荒来的，不管这两者之间间或的联系是什么。还有，我们必须考虑到乞丐向城镇的流徙，他们希望在那里找到救济。在那些悲惨的年代里，城市的死亡人数有一部分确实就是这些难民进得城去，死在城里的，也有一部分是城市居民，得了外面带进来的病而死去的。

死亡率有剧烈的危机，出生率也有；出生人数减少，这和饥荒的时候死亡人数增加都是很明显的事实。正是这两种现象的结合产生了表格23-10，从中可以看到灾难的百分比（参见表23-10）。编制这张表格就是要表明1693—1694年饥荒在法国不同地区内的一些地方的人口变化的影响。① 对出生的运动进行比这里更为实际的观察表明，它在死亡率上升后几个月下降。这一下降被归因于孕妇受到疾病或死亡的影响。但是，怀孕的人数比例突然下降，用另一种假设——家庭节育——似乎更加说得通些。此外，就是其他一些情况，如在灾难过去后怀孕人数迅即恢复，同时死亡人数也下降，勾画出了这些戏剧性但又是昙花一现的事态特征的轮廓。尽管为时短暂，这些事件在历史上还是有它们的意义的。

然而，在表23-10中，就在法国境内，粮食匮乏的影响

---

① 据鲁昂（圣戈大、圣麦克劳和圣帕特里丝几个教区）以及其他列出的地方教区登记册，克鲁莱除外（参看高狄爱和亨利合著《克鲁莱的人口》），圣曼若也除外，关于这个教区，见C.布其哀著《勒克丢鲁瓦一隅的饥馑与瘟疫》（奥克，1929）。这些登记册都和各该地社团档案核对过（维格兰由维勒梅林补充），有几个例外：塔拉斯空和恰西（在马赛，罗纳河省档案）、奥弗苏瓦兹（以及它的两个邻近的教区）、雷姆波意兰（以及它的6个邻近教区），因为这些地方登记册的对等档案都存放在凡尔赛·塞纳瓦兹档案馆。

有一些非常明显的地理上的差别,十分引人注目。首先,在地中海,挑出来的一些不受影响的地方:怀孕的人在塔拉斯空和恰西占优势。邻省朗格多克的状况分得更为精细:在洛代夫,甚至近乎平衡;离开洛代夫不远的拉图苏图贝,死亡人数比怀孕人数多出一倍以上(22.3%),而在弗隆蒂南,更加令人惊异,死亡人数竟3倍于怀孕人数。事实是,关于最后两种情况,要把从山区来的贫苦难民考虑进去。最为突出的大概要算罗纳流域的瓦朗斯和普罗旺斯的塔拉斯空的数字之间的对比。一般来说,法国中部地区的死亡率已达到高峰,从此往前向东地推移,危机的严酷性逐渐有所缓和。从巴黎地区或诺曼底向西推移,情况也跟着缓和。所有这些人口地理方面的事实,都已被物价地理所澄清。

在其他一些国家,没有出现像这样的情况,至少没有与此规模相仿的情况,但是这些国家的人口地理也可能受到粮食匮乏的影响,不过不到这样的程度而已。要注意到那些不那么明显的现象自然是更加难一些。都灵在1695年[①]的物价流出现了一次最高纪录,虽然还是比较一般性的高峰。如果口粮危机在那里产生了什么影响的话,那么,应该能看到它在晚些时候也会产生比前温和一些的影响,然而在多菲内和皮埃蒙特交界之处所作的调查表明,1693年死亡人数稍有超过,这在1694和1695年又消失了。[②] 即使是在伦敦,可以看到和1687—1700年整个阶段有关的死亡率高峰在1694年发生;其实算不上是个什么高峰——24109人,而1696年[③]的低谷也达18638人。这仅仅是一个偶然事件吗?可以把法国和波罗的海地区的危机作一更为认真的比

---

① 都灵社团档案。
② 西萨尔和波宋(苏塞流域)教区登记册,情况由达维可小姐慷慨提供。
③ 克兰顿,卷2,第43页。

## 第二十三章 经济活动

较：在芬兰的一个地区，在1695—1697年间，人口缩小了39%之多。①

英、法之间在人口消长节奏方面的对比，实际上是两个欧洲之间的对比，两个所在的自然条件不同，商业发展阶段不同的欧洲之间进行的对比。

要确定这个时期不同国家内不同的农业生产部门的岁入肯定是不可能的。不过，最近在法国已对向教会完纳的农产品税进行有条理的研究。② 这种税是按照收获的固定比例征收的，因此我们可以从这个角度来估计收获的大小。同样，我们可以设法利用根据梅他维奇（Métayage）制度出租的庄园所提供的数字，根据这个制度，收获的庄稼由庄园主和以实物交租的佃户（méfayer）来分。遗憾的是，那些残存的账目来自最大的农业品收税者和地主，而且总是经过中间出租人之手，这种人的任务是向佃户收租，作为酬劳，取得一份事先按照约略的收获预订定下来的租金。决定性的证据上能从直接开垦土地的人记下来的详细账目中取得。有些地主生活在自己的庄园里，自己种植：从他们的家庭日志里面可以取得有价值的情报，但是所记项目零零碎碎，很少有个成套的统计性数字。自然很少有种地的农民会作出这一类记录，这些记录对他们来说也确实没有什么用处。

虽然如此，这里有个事例，它的准确程度是罕见的。不幸的是它所说明的是个完全反常的情况——这是一个非常大的田园的情况，它从巴黎北面的朋柳（banlien）③一直延伸到圣丹尼斯以远的大平原上。那里的土壤肥沃，巴黎这一市场近在咫尺，使它

---

① 裘铁卡拉，第51页。
② 洛哀·拉度里，卷1，第227—235页。
③ 从巴黎四周向外延伸的行政圈，方圆25—30英里。

的粮食营生颇为昌盛。在那田园上耕种的那个庄稼人付给所有人一大笔货币租金，他自己拥有干活的设备和牲口；换句话说，他是个承包者，具有这个字眼的现代意义的承包者。而我们现在正好弄到了他把谷物送往市场的账目，上面记着运出去的数字，从1690年秋到1695年夏，每次出售的价格——因此也包括1693—1694年那次危机在内（参见表23－11）。① 这里要提出来议论的第一件事是：最多的一次收入正好发生在闹饥荒的1693—1694年。这笔收入超过2.2万锂。在另一头，在所提到的整个4个收获年中，1691—1692年，最少的收益仅8883锂（此数字与表中不符，疑原书误）。而这一年售出的数量却累计745赛抵安（setiers），而1693—1694年只是585赛抵安。其间相差160赛抵安，相对地说，是还算温和的（21.5%）。在扣除播种、农产品税并把这个庄稼人自己的消费都考虑进去之后，1693—1694年与1691—1692年相比，其出售量的减少暗示收获量最多降低了10%—15%。但是在此期间，价格几乎加了4倍。可以说这一上涨对非常大的种植者是有利的；但是也不用说，这些数据作为了解对一般种植人的情况的指南，会严重地把人引入歧途。甚至那些定期脱手的人，即使脱手的余粮数字不大（这里所掌握的差额，不常常有10%—15%那么多），在收成实在不好的年头，根本没有什么可以卖出的。从另一个角度来看，那些谷物生产者所能取得的财务上的最大的好处和最小的好处，中间有极大的差别，这可以从一个相反的意义上来解释。如果闹饥荒的那个年头竟是对这种特殊类型的生产者相对有利，那么价格低落的年头正是销售（mevente）情况不妙的年头，而现在的事例则表明了这些情况会意味着什么。对田园所有人每年要付租6000镑。直接

---

① 塞纳瓦兹省档案，J67：旭埃西—佩安夫地方农民夏蒂安所记载。赛抵安（setier）是计量用的容器，在巴黎约相当于12蒲式耳的谷物。

税（faille）是1600镑——仅两项债务就几乎相当于我们所看到的1691年的总收入。这位庄稼人还有另外一些收入来源，这是事实，但是，他还得用现金来偿付其他开支。而且，他的账目是在1690年开始的，这一事实，非常明显，是由于他的几个前人，在1688年和1689年弄得很不顺利，谷物当时只卖8镑一赛抵安，有时还更少，就在这一年他们把租地交回的。①

但是，如果低落的价格对最大的生产者们打击很大，对中小生产者们就只能留下一个很坏的余地。在巴黎地区，由于就近有巨大的消费，价格多少还能维持。在边远省份，产品特大丰收，价格跌得很低，甚至难以处理掉。② 这里所提到的各个表格应用这一观点来解释。1680—1689年的基数是个低价格阶段，这样，接下来的指数在100左右（更有充分理由认为低于100），这在事实上和销售年份不好的年头是相符合的。在这方面，也许应特别看看1702—1707年，当时法国当局收到从各方面来的大量的不满申诉，提到几次特大丰收累积起来的危害。③ 在英格兰这样的国家，价格变动的幅度十分肯定地比法国要窄，但比它后来的变动幅度还是要宽得多。因此，格里戈雷·金会作出他关于几何级数或价格缩小的定律并非偶然，虽然这正好发生在这一个时期，当时生产量的变化是用简单的算术尺度来衡量的。④

---

① 包朗和默安弗兰，卷2，第40页。
② 关于这个问题的一个奇怪的文件来自1688年的昂儒。农民不愿意以一天的工作来换取一蒲式耳的谷物。他们说："面包和酒算不了什么，而他们情愿要8—10苏的钱，也不要一蒲式耳的谷物。"参见雷纳·勒霍路著《昂热教堂的礼仪》，F. 勒勃隆编（1967年）第186页。
③ 请看诸如省长和主计长之间的通信，国家档案，序号G7。
④ 金并没有发表他在这个问题上的著作，我们是通过查理·但夫南的著作《在贸易平衡中让一个民族赚钱……的论文》（1699年，第83页）而知道的。

那时候工业生产和农业世界是非常密切地结合在一起的。原料不仅是要收割或提炼，还是修剪和整理过程中的对象，直至成为半成品的阶段，这为农村提供了收入的重要来源。正如我们所看到的，这些来源当面包昂贵、减少工业需要的时候就缩小了。但是，即便是成品也是在农村环境中加工的。就这样，在英格兰中部的一个叫做温格斯敦的村子，它有一部分人是手工业工人，像这样的人同时在大陆上许多地方也有。除了它有16%的居民被说成是"贫苦的"，W.G.霍斯金斯发现有"30%的居民从事各种手艺和行业，这些人在不同程度上也都依靠农业；有17%靠编结东西……"[1] 在编结之外的其他许多工业部门中，甚至并没有出现新的工具，村民们在自己家里从事多种多样的制造业，以补充旧有的城市手工艺，并且与之竞争。

为了测量一下旧有城市手工艺的活动，有时可以得到一些直接的迹象。譬如，我们并不是完全不知道学徒工的人数，这可以通过耐心查找公证人记录进行估计，也不是完全不知道实际使用的工具数。但是，这一类材料常常是不完全的，而且只对某一类型的工业或仅仅一个地区有用。要从中找出任何几个国家或几个工业共同的趋向是非常困难的，特别是因为我们可能发现我们自己是在贸易和制造业模型这个万花筒面前。[2] 早在我们目前正在研究的这个时期以前，17世纪就已目睹技术革新之降临，它的总的目的至少是看得出来的。有人无疑会情不自禁地去注意那样一些事实，例如，第一个亚伯拉罕·达比鼓风炉中焦炭冶炼过早地出现，虽然还应该懂得我们还不是在讲

---

[1] 《中部地区农民》（1957年版，1965年重印），第212页。
[2] 见C.威尔逊的《17世纪的布匹生产和国际竞争》，载《经济史评论》第13卷（1960—1961年），第221页。

批量生产；由于木头愈来愈少，需要解决的就只是要找到焦煤的廉价代替品。在纺织方面，有一种与之平行的趋向特别明显，但这是又一次一种质量上的变革，它意味着产量没有跃进。这一新的组织取代了旧的，从而搞垮了不再能改造得应付变化的那些制造业——这里所说的变化，如果仅仅指外表形式上的变化，而没有注意到使用人的收入，那就未免有点简单化了。莱登古老的纺织工业在1664年繁荣昌盛，令人瞩目，这一年售出各式各样的布足有14.4万件，1700年，不到8.5万件。① 一种传统上高质量的制造业可能遭到的恶果是式微衰落。在不沃凡，哔叽的生产和绒面呢的生产就是个鲜明的对比。在很长一个时期里，这两项生产均无起色，随后记录有一段时期中断，1695年后，二者以完全不同的姿态重新出现：制造哔叽用的织机数目和老师傅的人数明显地都有回升，东山再起，而绒面呢却最后垮台了。② 这一对比说明"客户的购买降低了……转而着眼于比较便宜的衣料"③。

丹麦在波罗的海口上设立的松德海湾通行税足以指明国际贸易的一个重要部门所采用的途径［第23章（1）］，不过这些已发表的珍贵的数量数字的表格，已经引起了人们相当强烈的批评④，同时，到1750年为止，瑞典一直享受免税通行的特权，这就使这些统计数字为我们服务的价值受到了限制。无论如何，这些统计表中船只运输的大致总数还是具有一定意义的。一方

---

① N.W. 波菲休默斯（编）：*Bronnen tot de geschiedenis van Leidsche textielnijverheid*, 卷5（海牙，1918年），第8页。

② 古贝尔：《地图与图表》，第117页。

③ 同上书，第588页。

④ N.E. 庞、K. 柯斯脱合著：《通过松德海峡货船统计表》。参看皮埃·让宁著《根据松德海峡账目建立的欧洲经济活动总指数》。《历史评论》卷231（1964年4—6月），第55—102、307—340页。

面，1661—1679 年船只总数跌得很低，每年平均约 2500 艘，然后在 1680—1689 年又回升到 4000 以上，1690—1699 年算出来的平均数是 3700，仍然不失为一个相当高的水平。1700—1701 年，下跌数字就较可观：从 1701 年的 3193 艘这个最高数字变为 1710 年只有 1413 艘这个最低数字。①

荷兰人在这一行业中占有相当大的份额，这就可以让我们把松德船只进出阿姆斯特丹港口征收的税款提供的数字和松德海湾的统计数字进行比较。② 这里，1661—1679 年之间年平均税收达 9.66 亿弗罗林，1680—1689 年为 10.95 亿，1690—1699 年接近 12 亿；最后，1700—1710 年，这一税收上下波动得非常厉害，年平均数仍然在 10 亿左右。荷兰的贸易当然在许多地带有活动。东印度公司在荷兰的销售额在这些年中经久不衰。克列斯托夫·格拉门对该公司账目进行了研究，结果表明从 1679—1688 年，它的销售额累计约有 1.02 亿弗罗林；1689—1698 年是 1.24 亿；1699—1708 年③为 1.37 亿。

英格兰的对外贸易在 17 世纪的下半叶经历了一次深刻的变化。热带作物以及再出口的物资在它的对外贸易中占有更大的地位。④ 从不列颠的全部海运来看（这包括苏格兰和爱尔兰），在 1699—1701 年的这些年头，西北欧（从汉堡到法国西部）以价值计算，占 46%，南欧和地中海地区占 23%。但它和北美、西印度群岛的关系显得日益重要，糖占英格兰进口总值的 23%，烟草占 15%；虽然如此，酒类（主要来自西班牙和葡萄牙）仍

---

① 庞及柯斯脱合著，卷 2，第 1 页。参看本书原文第 871 页。

② J. C. 惠斯脱曼著 "Statistische gegevens over den handel van Amsterdam in de Zeventiende eeuw"，*Tijdschrift voor Geschiedenis* 61 eg. （1948 年）。

③ 《荷兰亚细亚贸易，1620—1740》，哥本哈根，1958 年，第 16 页，表格 3。

④ 雷尔甫·戴维斯：《英格兰的对外贸易，1660—1700》，载《经济史评论》第 2 套卷 2（1954—1955），第 150—166 页。

第二十三章 经济活动

然名列前茅，占 24%①。与此相似的是，葡萄牙的经济（关于它的发展已在上面第 16 章中约略介绍过）是和英格兰——大西洋商业密切联系在一起的。英格兰在地中海地区继续和荷兰人分享里窝那这一自由港的好处以及和勒旺岛进行交易所取得利润；把海洋大国的经济和它们自己的经济联结在一起这一想法对都灵的朝廷一直是具有吸引力的。② 英格兰在经济上的成长已经和它的海外商务联结起来了。我们掌握有 1697 年以后它出口合计的官方估计。在 1697 年，这些出口加在一起达 225.7 万镑。1708 年则达 506.9 万英镑。③

在这些战争之前，法国的对外贸易以完全相同的方向显示上升的趋势，这可以从南特开往安的列斯去的船只的惊人的进度来取得佐证：1674 年开出的船有 35 艘，累计不到 3000 吨，然而在 1687 年就增加到 73 艘，或 7675 吨。九年战争的影响可从 1696 年跌到 1485 吨这一事实中反映出来，而在 1697 年又恢复到 5365 吨。④ 不过，即使在海上贸易条件处于不利情况下的法国，它那最为大胆、总的来说最为有效的能动性也是针对海上贸易的。和平一到来，船只的活动趋向活跃。即使在战时，也有不止是一个方面的创新：主要是在南海方面的贸易，但和中国的贸易也在兴起。到 1701 年，价格较为低廉的中国丝正在刺激鲁昂

---

① 雷尔甫·戴维斯：《17 世纪后期经济中的商船运输业》，载《经济史评论》第 2 套卷 9（1956—1957 年），第 59—73 页。

② F. 文吐里：《18 世纪初皮埃蒙特与英国外交官的交往》，皮埃蒙特历史文献通报，54 卷，1956 年，第 2 张。

③ D. 狄恩以及 W. A. 柯尔：《英国在 1668—1959 年间的经济成长》，剑桥，1962 年，第 319 页；参看 G. N. 克拉克著：《英国商业统计指南，1696—1782》（1938 年）。

④ J. 特鲁曼：《17 世纪法国对外贸易》，17 世纪，第 70—71（1966 年）、81 页；参看《圣马洛港在西班牙王位继承战争中的活动，1681—1720》，根西乌学会，17 卷（1964 年），第 631—647 页。

生产新的纺织品，引起莱昂①方面的抗议。进口物资尽管在战争中也可能继续增加，在这方面最好的一个例子就是罗马明矾：从契维塔韦基亚运往马赛平均年出口额在1683—1689年间是2856肯塔（重量单位，地中海国家使用较多，1肯塔约等于100磅，1埃及肯塔为99磅，1土耳其肯塔为124.5磅。——译者），它在1689—1695年间上升到7357肯塔，在1695—1707年间又上升到8039肯塔。②

另一方面，远离海洋的一些大陆中心点所遭受的灾难似乎更多一些，它们不仅遭受前已叙述的剧烈危机，还遭受那贯穿这整个时代的潜伏着的危机。大约从1680年起，日内瓦人的贸易经历了一次真正的繁荣。1689年春天，显然只有困难。在随后的几个年头里出现了危机——一开始是生活上的危机，最后是一次长时间的普遍性危机，日内瓦人的贸易在这次危机中就再也没有恢复过来。这一小小的共和国的四周被一些国家的包围，这些国家或限制或禁止交易，这就使它成为对欧洲任何一个角落的衰退都十分敏感的地区之一。③

在这一段时间中，在许多不同的场合，我们总听说银根紧，这是否在任何时刻、任何地方都是如此呢？在1689年和1715年间，这种"拮据"的情况似乎和许多货物价格的不断上涨是有矛盾的。这种价格上涨的情况出现在一些巨大的国际市场如阿姆斯特丹。这种价格上升的情况，比起谷物价格出奇坚挺的情况来，不算过分，但是，如果支付手段疲软，又怎会

---

① 国家档案G7。

② J. Delumeau：*L'Alun de Rome*（1962年），第274页，表28。1肯塔在罗马约等于50公斤。

③ M. Piug：《17世纪日内瓦贸易的研究》（1964年），第382页。

## 第二十三章 经济活动

出现这种情况呢？各式各样的通货膨胀可能是这一问题的答案，因为我们没有根据认为在巴西发现的金矿在1715年前对欧洲的贵金属的储存有任何显著的增加。[1] 但是如果货币流通趋于活跃，这是否可能满足对货币的日益增长的需求呢？在这个问题上，毫无疑问，必须采取某种措施，容许许多国家在战时能有异乎寻常的开支，这些战事仅在西方就曾持续9年和11年之久。

我们已不止一次注意到海洋国与大陆国之间存在的鲜明反差。这里我们要再次看看它们的反差。在法国，什么是国家和个人所能依赖的信用资财呢？它采取的形式很多，但都未臻完善。拥有牢靠财产的人们继续广泛利用私人贷款合同，他们的这种财产可以用作保证，从而取得他们所需的款项，利息比较适中。大量的这类合同是在公证人面前安排的，迄今为止，历史学家们对这些合同未作充分的考查。下面提供的有限的实例（参见表23-12）不过是从更为系统的研究工作中所能取得的成果的约略的迹象，如此而已。这一实例取自在诺曼底的鲁昂，[2] 这个省的法定利率在5.5%以上（au denier 18），即每贷18个denier至少要付一个denier的利息\*，高出这个王国其他各处（au denier 20 = 5%），对靠得住的投资的利率低，这并不是经济扩展的征候。当营业不能博取优厚的利润，或者赢利的前景十分富有风险，小心谨慎的人情愿以他们所能办得到的最为保险的方式来使用他们的存款，即使收入低一些也心满意足。因此，我们看到的贷款合同的利率往往低于法定的利率——当然，在严重的危急时刻，通过这种正常的、监督严密的途径借款有困难，就不在此

---

[1] 资料来源同上，第534—555页。
[2] 鲁昂档案馆。
\* denier是法国古代的辅币，相当于1/12苏。泛指"钱"。

例。在这种场合,盛行的只是短期的现金信贷,利率上升到高利贷的水平。几乎在所有的借款合同里,利率在拉向法定的最高额,但这并不能完全反映经济危机,更能反映这一危机的是这类合同日益减少这一情况。

经营商务的人现在已经完全熟悉使用汇票,但这种结算方法当时在阿姆斯特丹的惠塞尔银行(Wisselbank)有一个只此一家的国际中心。一个实施背书的系统已有发展,在这一系统里面,一大部分最为重要的国际票据最后在这家交换银行收兑,这家银行在保证支付这类取兑方面和在提供维持平衡的最大保证方面组织得特别良好。因此,复制下面(参见表23-13)一些取自这家著名银行档案的数据看来是有用处的。[1] 从中可以看到在1688—1697年间,账户的数目表明比战前有所增加。银行的结存总数也有增加,并在3年和平时期(1698—1700年)继续成倍地增长。随后,这个总数稍有下降,到1708和1709年间,下降变得更为显著。不过这一制度一直到漫长的"西班牙继承战争"的结尾始终很好地维持下来。金属储存在理论上应为这家银行所拥有结存构成百分之百的保证,而且在实际上,储备也是非常强大的。在1712年,储备跌落到保证的最低点66%(为680.1万弗洛林,而结存总数则为1028.4万弗洛林);但从1713年起,保证金回升到44%,到1715年,超过93%。像这样的坚实保证并不仅仅是私人的成就。它包含着遍及全国的一种真正的有信心的精神。

英格兰的货币在某种举棋不定的情况之后,于1696年固定在它传统的比价上面。所以,要不是政府当局得以从公众那里取得一大注信贷,它就无法弥补它日益增长的开支。在这一问题上,

---

[1] 根据 J. G. van Dillen 的 *Brennen tot de Geschie der Wisselbanken*,卷2(海牙,1925年),第985页。

开展国债（参见表 23-14）成为国家财政的现代形式之先驱。①法国以及大多数其他大陆国家也是同样的处境，别无良策，也只能退而求诸权宜之计。在所有的权宜之计中，以货币这一对策最为轻而易举。增加金属通货的面值，比用货币账单来衡量物价上升尺度更易为人们接受。

总体来说，在短期内，这一时代的经济气候在许多国家中不可避免地盖上大起大落的烙印。从长时期来看，从国际范围来看，物价有节制地、比较正常地上升（这可在阿姆斯特丹那样的市场上看到），只是表面上的一种和全面下降趋向相矛盾的现象，那种下降趋向至少可从 17 世纪中叶看到，而且这个趋向还一直延续到 18 世纪。我们的相对高物价的 10 年阶段仅仅标志着一个持续的长期运动中的短暂的间歇。它首先是一种紧张状态的后果，这种紧张状态主要起源于战争，并且也许和这些战争是完全能够等同起来的。②

表 23-5　　黑麦价格指数（1680—1689 年 = 100）

| 年份 | 阿姆斯特丹 | 里昂 | 卡彭特拉 | 年份 | 阿姆斯特丹 | 里昂 | 卡彭特拉 |
| --- | --- | --- | --- | --- | --- | --- | --- |
| 1688—1689 | 95 | 83 | 76 | 1702—1703 | 100 | 93 | 93 |
| 1689—1690 | 115 | 108 | 58 | 1703—1704 | 118 | 103 | 102 |
| 1690—1691 | 115 | 178 | 91 | 1704—1705 | 103 | 100 | 98 |
| 1691—1692 | 105 | 132 | 151 | 1705—1706 | 103 | 91 | 118 |
| 1692—1693 | 170 | 230 | 151 | 1706—1707 | 95 | 87 | 112 |

---

① A. 布朗宁著《英格兰历史文献 1660—1714 年》（1953 年），第 355—356 页。援引《大不列颠净公共收入与支出情况》卷 2（1869 年），第 298 页。参阅前文第 4 章及 P. G. M. 迪克森的《英格兰的金融革命，1688—1756 年》（1967 年）第 39 页及第 41 页后各页。

② 有关表，请看本书第 1193—1198 页。

续表

| 年份 | 阿姆斯特丹 | 里昂 | 卡彭特拉 | 年份 | 阿姆斯特丹 | 里昂 | 卡彭特拉 |
|---|---|---|---|---|---|---|---|
| 1693—1694 | 186 | 400 | 135 | 1707—1708 | 97 | 105 | 102 |
| 1694—1695 | 155 | 151 | 135 | 1708—1709 | 200 | 457 | 214 |
| 1695—1696 | 141 | 103 | 145 | 1709—1710 | 263 | 288 | 174 |
| 1696—1697 | 159 | 115 | 112 | 1710—1711 | 178 | 120 | 93 |
| 1697—1698 | 200 | 159 | 148 | 1711—1712 | 129 | 123 | 93 |
| 1698—1699 | 316 | 316 | 141 | 1712—1713 | 129 | 209 | 129 |
| 1699—1700 | 214 | 224 | 112 | 1713—1714 | 159 | 237 | 112 |
| 1700—1701 | 145 | 123 | 102 | 1714—1715 | 151 | 126 | 112 |
| 1701—1702 | 118 | 135 | 81 | 1715—1716 | 138 | 89 | 68 |

表 23 - 6　　　　　　　　　**纺织品价格指数**

| 年份 | 大麻（英国海军部） | 英国羊毛（休顿） | 细布（米兰） | 年份 | 大麻（英国海军部） | 英国羊毛（休顿） | 细布（米兰） |
|---|---|---|---|---|---|---|---|
| 1680—1689 | 100 | — | 100 | | | | |
| 1691—1720 | | 100 | | | | | |
| 1688—1689 | 127 | — | 102 | 1702—1703 | 159 | 101 | 115 |
| 1689—1690 | 132 | — | 104 | 1703—1704 | 159 | — | 115 |
| 1690—1691 | 130 | — | 131 | 1704—1705 | 133 | — | 110 |
| 1691—1692 | 123 | 75 | 131 | 1705—1706 | 108 | — | 111 |
| 1692—1693 | 127 | 80 | 103 | 1706—1707 | 141 | — | 107 |
| 1693—1694 | 128 | 79 | 135 | 1707—1708 | 141 | — | — |
| 1694—1695 | 132 | 89 | 111 | 1708—1709 | 153 | — | — |
| 1695—1696 | 153 | 119 | 113 | 1709—1710 | 168 | — | — |
| 1696—1697 | 169 | 112 | 116 | 1710—1711 | 188 | — | — |
| 1697—1698 | 147 | 112 | 114 | 1711—1712 | 176 | — | — |
| 1698—1699 | 128 | 106 | 121 | 1712—1713 | 147 | — | — |
| 1699—1700 | 141 | 106 | 122 | 1713—1714 | 136 | — | — |
| 1700—1701 | 159 | 101 | 127 | 1714—1715 | 126 | — | — |
| 1701—1702 | 158 | 102 | 124 | 1715—1716 | 131 | — | — |

表23-7 玉米及生羊毛在卡斯特尔脑丹莱的价格指数

（以利维尔计）

| 年份 | 玉米 | 生羊毛 | 年份 | 玉米 | 生羊毛 |
| --- | --- | --- | --- | --- | --- |
| 1682—1688 | 100 | 100 | | | |
| 1688—1689 | 66 | 101 | 1702—1703 | 124 | 94 |
| 1689—1690 | 62 | — | 1703—1704 | 115 | 108 |
| 1690—1691 | 113 | 96 | 1704—1705 | 135 | 93 |
| 1691—1692 | 142 | 112 | 1705—1706 | 108 | 108 |
| 1692—1693 | 135 | 129 | 1706—1707 | 110 | 108 |
| 1693—1694 | 214 | 139 | 1707—1708 | 113 | 89 |
| 1694—1695 | 118 | 76 | 1708—1709 | 209 | 109 |
| 1695—1696 | 113 | 106 | 1709—1710 | 302 | 61 |
| 1696—1697 | 132 | 121 | 1710—1711 | 121 | 161 |
| 1697—1698 | 152 | 135 | 1711—1712 | 148 | 85 |
| 1698—1699 | 139 | 153 | 1712—1713 | 270 | 84 |
| 1699—1700 | 155 | 129 | 1712—1714 | 148 | 81 |
| 1700—1701 | 163 | 171 | 1714—1715 | 115 | 118 |
| 1701—1702 | 121 | 118 | 1715—1716 | 115 | 103 |

表23-8 巴黎小麦价格及巴黎地区白镴价格指数

（以利维尔计）

| 年份 | 小麦 | 白镴 | 年份 | 小麦 | 白镴 |
| --- | --- | --- | --- | --- | --- |
| 1680—1688 | 100 | 100 | | | |
| 1688—1689 | 66 | 111 | 1700—1701 | 137 | 123 |
| 1689—1690 | 87 | 111 | 1701—1702 | 115 | 143 |
| 1690—1691 | 78 | 111 | 1702—1703 | 94 | 136 |
| 1691—1692 | 104 | 99 | 1703—1704 | 94 | 136 |
| 1692—1693 | 156 | 86 | 1704—1705 | 86 | 111 |
| 1693—1694 | 306 | 83 | 1705—1706 | 74 | 143 |
| 1694—1695 | 134 | 80 | 1706—1707 | 65 | 123 |
| 1695—1696 | 121 | 86 | 1707—1708 | 70 | 123 |
| 1696—1697 | 129 | 80 | 1708—1709 | 141 | 123 |
| 1697—1698 | 154 | 80 | 1709—1710 | 509 | 99 |
| 1698—1699 | 206 | 111 | 1710—1711 | 155 | 123 |
| 1699—1700 | 113 | 123 | 1711—1712 | 164 | 123 |

表 23-9 **英格兰人口发病率**(取自 T. 肖特《新观察》)

| 年份 | 死亡多的教区所占百分比(%) | 同一教区葬礼与洗礼数相比的百分比(%) | 年份 | 死亡多的教区所占百分比(%) | 同一教区葬礼与洗礼数相比的百分比(%) |
| --- | --- | --- | --- | --- | --- |
| 1680—1689 | 20 | 144 | | | |
| 1688 | 8 | 122 | 1702 | 8 | 110 |
| 1689 | 19 | 120 | 1703 | 9 | 123 |
| 1690 | 12 | 164 | 1704 | 4 | 128 |
| 1691 | 11 | 187 | 1705 | 8 | 115 |
| 1692 | 7 | 147 | 1706 | 16 | 135 |
| 1693 | 18 | 153 | 1707 | 10 | 135 |
| 1694 | 12 | 134 | 1708 | 10 | 136 |
| 1695 | 15 | 132 | 1709 | 6 | 125 |
| 1696 | 13 | 145 | 1710 | 10 | 117 |
| 1697 | 14 | 137 | 1711 | 10 | 169 |
| 1698 | 8 | 137 | 1712 | 13 | 149 |
| 1699 | 13 | 136 | 1713 | 10 | 120 |
| 1700 | 18 | 122 | 1714 | 15 | 118 |
| 1701 | 18 | 133 | 1715 | 9 | 133 |

表 23-10　1693—1694 年法国的饥馑情况:死亡与怀孕数的百分比

| 地　点 | 地　区 | 百分比(%) |
| --- | --- | --- |
| 鲁昂 | 诺曼底 | 407 |
| 克鲁莱 | 诺曼底 | 431 |
| 迪涅 | 佩尔什地区 | 357 |
| 迪南 | 布里塔尼 | 110 |
| 朗布依埃 | 巴黎西南 | 478 |
| 吉昂 | 奥尔良内 | 457 |
| 维莱 | 索洛涅 | 421 |
| 贝拉布里 | 普瓦图 | 491 |
| 圣·麦隆 | 阿尔玛尼亚克 | 251 |
| 拉图尔—絮尔—奥尔布 | 朗格多克 | 223 |
| 弗隆蒂南 | 朗格多克 | 282 |
| 洛代夫 | 朗格多克 | 93 |
| 罗曼 | 多菲内 | 161 |
| 瓦朗斯 | 罗纳谷地 | 307 |
| 塔拉斯康 | 地中海的普罗旺斯 | 46 |
| 卡西 | 地中海的普罗旺斯 | 50 |
| 伊苏登 | 贝里 | 736 |
| 奥弗尔—絮尔—瓦兹 | 巴黎北面 | 518 |

表23-11　1691—1695年巴黎北面一大农场售出的玉米

| 时间 | 数量(赛抵安) | 平均价格(利维尔) | 收进款(利维尔) |
|---|---|---|---|
| 1691年2—7月 | 451 | 9.47 | 4271 |
| 1691年8月至1692年2月 | 227 | 10.37 | 2346 |
| 1692年2—7月 | 518 | 12.56 | 6507 |
| 1692年8月至1963年1月 | 314 | 18.56 | 5821 |
| 1693年2—7月 | 583 | 22.06 | 12859 |
| 1693年8月至1694年1月 | 339 | 37.13 | 12587 |
| 1694年2—7月 | 246 | 40.05 | 9851 |
| 1694年8月至1695年1月 | 232 | 18.83 | 4369 |
| 1695年2—7月 | 930 | 12.98 | 12069 |
| 收获年 |  |  |  |
| 1691—1692年 | 745 | 11.88 | 8853 |
| 1692—1693年 | 897 | 20.82 | 18680 |
| 1693—1694年 | 585 | 38.36 | 22448 |
| 1694—1695年 | 1162 | 14.66 | 16438 |

表23-12　　　　　贷款利率(鲁昂公证)

| 3年流动平均数 | 5%以下利率的百分比 | 合同数指数 | 3年流动平均数 | 5%以下利率的百分比 | 合同数指数 |
|---|---|---|---|---|---|
| 1687—1689 | 64 | 100 | 1701—1703 | 63 | 98 |
| 1688—1690 | 64 | 150 | 1702—1704 | 75 | 91 |
| 1689—1691 | 56 | 164 | 1703—1705 | 76 | 77 |
| 1690—1692 | 68 | 160 | 1704—1706 | 74 | 59 |
| 1691—1693 | 79 | 110 | 1705—1707 | 76 | 43 |
| 1692—1694 | 84 | 78 | 1706—1708 | 80 | 34 |
| 1693—1695 | 86 | 62 | 1707—1709 | 100 | 28 |
| 1694—1696 | 72 | 48 | 1708—1710 | 100 | 36 |
| 1695—1697 | 78 | 55 | 1709—1711 | 84 | 48 |
| 1696—1698 | 82 | 66 | 1710—1712 | 60 | 43 |
| 1697—1699 | 81 | 74 | 1711—1713 | 55 | 57 |
| 1698—1700 | 63 | 90 | 1712—1714 | 48 | 47 |
| 1699—1701 | 47 | 91 | 1713—1715 | 63 | 47 |
| 1700—1702 | 71 | 102 | 1714—1716 | 50 | 38 |

表 23-13　　　　阿姆斯特丹银行的活动

| 每年账户数（平均） | 年　份 | 总结存（1000 弗洛林）（每年平均数） | 金属储备（1000 弗洛林） |
|---|---|---|---|
| 2034 | 1681—1690 | 9360 | 8309 |
|  | 1688 | 10752 | 9947 |
|  | 1689 | 12715 | 11831 |
|  | 1690 | 12604 | 11742 |
| 2510 | 1691 | 13557 | 12708 |
|  | 1692 | 13181 | 12322 |
|  | 1693 | 13525 | 12602 |
|  | 1694 | 11479 | 10377 |
|  | 1695 | 12013 | 10405 |
| 2640 | 1696 | 10207 | 8649 |
|  | 1697 | 10263 | 9110 |
|  | 1698 | 15234 | 12384 |
|  | 1699 | 16751 | 13716 |
|  | 1700 | 16285 | 13365 |
| 2698 | 1701 | 14830 | 12038 |
|  | 1702 | 14783 | 11542 |
|  | 1703 | 12578 | 10006 |
|  | 1704 | 10964 | 9477 |
|  | 1705 | 12524 | 9054 |
| 2755 | 1706 | 11299 | 10106 |
|  | 1707 | 10059 | 8733 |
|  | 1708 | 9316 | 8177 |
|  | 1709 | 8182 | 7058 |
|  | 1710 | 11386 | 9385 |
| 2475 | 1711 | 10006 | 7857 |
|  | 1712 | 10284 | 6801 |
|  | 1713 | 11772 | 10090 |
|  | 1714 | 10666 | 8544 |
|  | 1715 | 12991 | 12113 |
| 2656 | 1716—1720 |  |  |

表 23-14　　**英格兰国债(长期与非长期)**　　单位:百万英镑

| 年　份 | 总　数 | 年　份 | 总　数 |
| --- | --- | --- | --- |
| 1691 | 3.1 | 1703 | 12.3 |
| 1692 | 3.3 | 1704 | 12.4 |
| 1693 | 5.9 | 1705 | 12.1 |
| 1694 | 6.7 | 1706 | 12.4 |
| 1695 | 8.4 | 1707 | 15.2 |
| 1696 | 11.6 | 1708 | 15.5 |
| 1697 | 14.5 | 1709 | 18.9 |
| 1698 | 15.4 | 1710 | 21.3 |
| 1699 | 13.8 | 1711 | 22.4 |
| 1700 | 12.6 | 1712 | 34.9 |
| 1701 | 12.6 | 1713 | 34.7 |
| 1702 | 12.8 | 1714 | 36.2 |

(任家桢　译)

# 索 引

（此索引中的页码系原书页码，见本书的边码。）

Aachen，亚琛，亚琛毛织品，865；
亚琛的煤，869
Aargau，阿尔高，474
Abbadie, Jacques，阿巴迪，雅克，
胡格诺神学家，145
Abbeville，阿布维尔
阿布维尔毛织品，863—4
Abdi Pasha，阿布迪帕夏，土耳其
司令员，619
Aberdeen，阿伯丁
阿伯丁的高尔夫球，151—2
Academie Française，法国科学院，
76
法国音乐科学院，106
法国科学院，38，40—1，43，
65，76
Acadia，阿凯迪亚，12，13，251，
442，470，485，487，497—8，
502，508；另见新斯科舍
Acapulco，阿卡普尔科

中国与阿卡普尔科的贸易，
511
Accault, Michel, of Illinois，伊利诺
斯的阿卡尔特，米歇尔，499
Adanson, Michel，亚当森，米歇
尔，法国植物学家，59
Addison, Joseph，艾迪生，约瑟夫，
作家，32—3，146，282，315
《卡托》，83
《旁观者》，94，282
Adige, the，阿迪杰河，405，429
Adler, Guido，阿德勒，吉多，音
乐研究家，103
Adrian，亚德里亚，俄国的大主教，
720，726，729
Adrianople，亚德里亚堡，610，
621，754
亚德里亚堡事件，629
亚德里亚堡和约，636—7
Adriatic，亚得里亚海，564，619，776

索　引

和威尼斯，604

Aegean (the Archipelago)，爱琴海，2，540，544，546，548，608，615，627，823
爱琴海海船制帆篷的布，562

Affirmation Act (1696)，批准法令 (1696)，264

Afghanistan，阿富汗，与波斯，644—5

Africa，非洲
东非，516—18
北非，277，385，551，564，838，864
西非，12，261，515，855
另见 Barbary Coast

African Company, Royal，皇家非洲公司，261，855

Afrique, Compagnie d'，非洲公司，551

Agde，阿格德，571

Aguirre, Cardinal Jose Saenz de，阿吉雷，卡迪纳尔；何塞·萨恩斯·德，西班牙历史学家，134，343

Ahmed Ⅱ，艾哈迈德二世，苏丹（国王），563，622

Ahmed Ⅲ，艾哈迈德三世，苏丹（国王），629，642—4
艾哈迈德三世退位，646

Ahmedabad，艾哈迈达巴德，860

Aire，埃尔，1710年为英国人所占领的埃尔要塞，437，440

Aland Islands, congress (1717—1719)，阿兰德岛代表大会 (1717—1719)，676—8

Alassio，阿拉西奥，403

Albania，阿尔巴尼亚，544，562，608，622，646—7

Albany (New York)，阿尔巴尼（纽约），486—7，489，494

Albarazin, bishop of，阿尔巴拉金主教，379

Alberoni, Cardinal Giulio, of Parma，帕尔马的艾尔维洛尼，卡迪纳尔·朱利奥，西班牙政治家，164，380，565，641

Albuquerque, fortress，阿尔伯克基要塞，526

Alcácer do Sal，阿尔卡塞杜萨尔，520，537

Alcantara, fortress，阿尔坎塔拉要塞，525

Alegrete, Manuel Teles da Silva，亚莱格莱特，曼纽尔，特尔达·西尔瓦，侯爵，葡萄牙财政大臣，519，522，526

Alembert, Jean le Rond d'，达朗伯，让·勒·隆德，法国数学家，43，52

Alentejo, province，阿连特如省，520，526—8，538

Aleppo, caravan route，阿勒颇商队

路线，541，548，550—1，859

人口，542

Alessandria 亚历山大里亚，418，466n.，558，560n.

Alexander Ⅷ（Pietro Ottoboni），亚历山大八世（彼得罗·奥托博尼），教皇，131，161，594

Alexandre de Rhodes, S. J., 亚历山大·德·罗得，远东的传教士，129

Alexandre, Noël, 亚历山大，诺埃尔，多明我教会的历史学家，132

Alexandretta, 亚历山大勒达，542

Alexandria, 亚历山大，546，550，611，623

Alexis, tsar, 阿历克赛，沙皇，716

Alexis, tsarevich, 阿历克赛，沙皇之子，彼得大帝之子，676，733，738

Alfieri, Count Vittorio, 阿尔菲耶里，伯爵，维托利奥，意大利诗人，562

Algiers, 阿尔及尔

人口，542

海盗，227，391，515，543—6

与荷兰的战争，550

奥斯曼帝国官员在阿尔及尔的权力，553—4

被俘的人，563

另见 Barbary Coast

Alhucemas, fortress, 阿卢塞马斯要塞，554

Alicante, 阿利坎特，370，438，514

阿利坎特的葡萄酒，521，845

Allin, Sir Thomas, 阿林，爵士，托马斯，英国海军上将，391

Allouez（Alloues），Claude Jean, S. J., 阿卢茨（阿卢斯），克洛德·让，S. J., 传教士，498

Almanza, 阿尔曼萨

1707年阿尔曼萨战役，373，433，438，447，757

Almenara, 阿尔梅纳拉

1710年阿尔梅纳拉战役，440

Alost, 阿洛斯特，要塞，252

Alsace, 阿尔萨斯，8，223，765，852

宗教，120

战争，304，421，753，755，785

与乌得勒支，454，473，590

Althann, Count Michael Johann, 阿尔瑟，公爵，米歇尔，查理四世的顾问，593

Altona, Treaty of (1689), 阿尔托纳条约（1689年），3，154

Altranstädt, 阿尔特兰施泰特，4，432，633

阿尔特兰施泰特条约（1706年），431，701

Alvor, Franeisco de Tavora, 阿尔博尔，弗朗西斯科·德·埃沃拉，第一代公爵，果阿总督, 516

Vietar Amadeus Ⅱ, 维克多·阿马戴乌斯二世

Amazonia 亚马孙河流域
传教团, 129, 356, 531

Ambros, August Wilhelm, 安布罗斯，奥古斯特·威廉，德国音乐研究家, 101

Ameller, Francesc, 阿梅列尔，弗兰塞斯，加泰罗尼亚的检察官, 379

Amelot, Michel Jean, 阿梅洛，米歇尔·让，法国外交家, 183, 186—7, 370—1, 373—4, 376—9

America, North, 北美
北美与欧洲, 11—13, 56, 95, 128, 195—6, 506—8
北美哲学社团, 42
九年战争, 251—2, 486—90
王位继承战争, 441, 501—6
乌得勒支, 13—14, 469—70, 507
北美贸易, 256, 490—1, 840, 842, 850—3, 855, 866, 871, 894
北美移民, 493—4, 765
另见 New France 和 separate colonies American Indians, 美洲的印第安人, 13, 96, 99—100, 128—9, 486, 492
阿本纳克（加拿大）, 487, 498, 502—3
亚拉巴马（路易斯安那）, 504
阿帕拉契（佛罗里达）, 504
阿拉干（智利）, 356
卡霍基亚（伊利诺斯）, 499
卡尤加（伊罗夸伊）, 490
奇卡沙（路易斯安那）, 504
乔陶（路易斯安那）, 504
克里克（佛罗里达）, 504
埃特坎敏（加拿大）, 498
朱里马瓜（亚马孙）, 356
卡斯卡斯基亚（伊利诺斯）, 498
肯尼班科（阿凯迪亚）, 498
佩滕湖（墨西哥）, 356
迈阿密（伊利诺斯）, 490, 498
莫哈·克（伊罗夸斯伊）, 490
纳齐兹（路易斯安那）, 499, 501, 504
奥马瓜（亚马孙）, 356
奥奈达（伊罗夸伊）, 490, 498
奥诺达加（伊罗夸伊）, 490
奥萨奇（伊利诺斯）, 499
渥太华（加拿大）, 486, 490
翁斯比克（路易斯安那）, 499

佩诺勃斯考特（阿凯迪亚），498，502

波塔瓦托米（伊利诺斯），498

普韦布洛（新墨西哥），356

塞内卡（伊罗夸伊），486

塔恩萨（路易斯安那），499

塔马路伊（伊斯诺斯），499

蒂姆夸（佛罗里达），504

托科巴加（佛罗里达），504

托尼加（路易斯安那），499

托斯卡洛拉（伊罗夸伊），508

亚祖（路易斯安那），499，504

Amersfoort, 阿麦斯福特，烟草，852

Amiens, 亚眠，毛织品，863

Amsterdam, 阿姆斯特丹，15，51，75，105，176—7，187，195，200，262，727，737，796

财政和战争，23，297—8，303—4，307，314，420，471，895—6；见 Banks

海军部，21，295，800

人口，542

贸易，295，535，550，736，846，851—2，857，860，873，875，877，893

谷物市场，322，837，876—8，898

Anatolia, 安纳托利亚，541，553，567，609，621，628，639，642；另见 Turkey

Ancona, 安科纳贸易，555—6

Andalusia, 安达卢西亚，349，353，366—7，369，375

Andes, 安第斯，531—2

Andrade, Freire de, governor of São Tomé, 安德拉德，弗莱雷·德，圣多美总督，515

Andros, Sir Edmund, governor of Dominion of New England, 安德鲁斯爵士，埃德蒙，新英格兰自治领的总督，480，492，494，505

Angola, slaves, 安哥拉，奴隶，515，533

Angoumois, iron, 安戈莫，铁，812

Anna, duchess of Courland, 安娜，库兰特的公爵夫人，738—9

Anne, queen of Great Britain, 安妮，大不列颠女王，17，29，102，108，121，169—70，190，255，268—9，381

作为公主，201，204—5，207—9

和托利党，270

登基，414

和萨伏依，466

和奥古斯都二世，710

逝世，474，477

Ansbach, troops,安斯巴赫,军队,404

Antalya, 安塔利亚，土耳其海军基

地，615
Antigua，安提瓜，810
Antilles，安的列斯
　　见 West Indies, flibustiers, and separate islands
Anton Ulrich, duke of Brunswick-Wolfenbüttel，安东·乌尔里希，不伦瑞克—沃尔芬比特尔公爵，74，166，202，246，402，407
Antonio, Nicolás，安东尼奥，尼古拉斯，西班牙目录学家，343
Antwerp，安特卫普，87，390，398—9，416，426—7，435，445，477，753
　　英格兰银行的营业所，293
　　安特卫普的防卫，404，413
Apafi, Michael，阿佩费，米夏尔，特兰西瓦尼亚的王子，577，582，608，622
Aragon，阿拉贡，9，347，348，353，363，368，373—4，375
　　内战，370，373，425，433，783
　　羊毛，863
Arbuthnot, Dr John，阿巴思诺特博士，约翰，苏格兰的学者，48，107
　　《约翰·布尔》，443
Archangel，阿尔汉格尔，657，716
　　贸易，648，725，841—4，867

Ardabil，阿达比勒，为土耳其占领，645
Arega，阿雷加，513
Argos，阿戈斯，为土耳其人重新夺取，638
Argoud, sieur，阿尔戈，先生，路易斯安那的创办人，500
Argyle, Archibald Campbell，阿盖尔，阿奇博尔德·坎贝尔，第九代伯爵，196
Argyle, John Campbell, 2nd duke，阿盖尔，约翰·坎贝尔，第二代公爵，271
Arias, Manuel de 阿里亚斯，曼努埃尔·德，西班牙大臣，352，361
Arizona，亚利桑那，356
Arles，阿尔，813
Armenians，亚美尼亚人，186，618，642，645，811
Arminianism，荷兰神学派，122，142
Arnauld, Antoine，阿尔诺德，安托万，詹森教派教徒，132，135，139
Arnoul, Pierre，阿尔努，皮埃尔，各社会等级的管理，822
Arras，阿拉斯，要塞，440
Arsenius III，阿塞纽斯三世，佩奇的大主教，579—80
Artagnan, Pierre de Montesquiou d'，

阿尔塔昂，皮埃尔·德·孟德斯鸠，法国元帅，747
Artois，阿图瓦，亚麻布制品，866
Arundel, Anne, of Maryland，马里兰的阿伦德尔，安妮，483
Arzão, António, Brazilian explorer，阿尔萨，安东尼奥，巴西探险家，533
Arzila，阿兹拉，要塞，554
Asam, Cosmos Damian and Egid Quirin，阿萨姆，科斯莫斯·达米亚和埃吉德·克维林，巴伐利亚的建筑师装饰家，144
Asfeld, Jacques Vincent, barond'，阿斯费尔，雅克·樊尚，男爵，法国外交家，160
Ashurst, Sir Henry，艾休尔斯特爵士，亨利，殖民地的代理人，491
Asiento, the，西班牙与外国政府或商人签订有关供应非洲奴隶的契约，349—350，367，376
与法国，10，15，364，367，376，415，856
与英国，434，439，442，448，460，464，475—6，528
与葡萄牙，364，515
另见 slaves
Asselijn, Thomas，阿塞里奇，托马斯，荷兰剧作家，75
Assendelft, Jean Deutz Van，阿森德尔特，让·多伊茨·凡，荷兰银行家，307
Astrakhan，阿斯特拉罕，644，733，775
Astruc, Jean，阿斯特律克，让，法国学者，67，141
Asuncion，亚松森，357
Ath，阿特，要塞，252，381
Athens，雅典，为威尼斯人炮击（1687），620
Atouguia, Jeronimo Casimiro de Atáide，阿托吉亚，赫罗尼莫·卡西米罗·德·阿塔伊德，第九代伯爵，537
Atterbury, Francis, bishop of Rochester，阿特伯里，弗朗西斯，罗彻斯特主教，127
Attica，阿蒂长，622
Aubusson，奥比松，325
Auersperg, Count Leopold von, imperial ambassador to Britain，奥尔斯贝格伯爵，利奥波德·冯，奥地利帝国驻英大使，383
Aughrim, battle of (1691)，奥赫里姆战役（1691），242
Augsburg，奥格斯堡，238，421，589
奥格斯堡联盟，120，223
人口，884
Augustus II，奥古斯都二世，波兰国王和萨克森选帝侯，2—3，

116, 184, 402, 406, 584
宗教皈依罗马, 121, 188, 687, 709—10
被选为国王 (1697), 652, 686—7
交出王冠 (退位) (1706), 663, 701
宣告退位无效 (1710), 704
专制主义者的目的, 2, 697—8, 707, 709, 713
波兰的改革, 687, 691, 707—8, 713—14
在波兰的反对, 654, 657—9, 686—9, 697, 711—12, 714
波兰人的支持, 654, 695—6, 698, 700, 702—3
与土耳其, 637, 672—3, 688—9, 692
与立陶宛, 690—1, 693—4, 711
与科兰, 694
与利沃尼亚, 2, 652—3, 655, 687, 692, 712
与卡尔十二世, 652ff., 662—3, 671—3, 678, 692ff.
与俄国, 184, 636, 654—6, 660—1, 678, 692, 693, 698—9, 701—2, 704, 708—15, 734—5
与勃兰登堡—普鲁士, 2, 689—90, 694, 708, 709, 710, 735
与法国, 406—7, 692, 695, 710—11
与海上霸权, 655, 670, 695, 699
与哈布斯堡, 695, 710
军队, 237, 241, 768

Aulisio, Domenico d', 奥利西奥, 德梅尼科德, 那不勒斯的法官, 558

Aunio, wines, 昂尼, 葡萄酒, 845

Aurangzeb, Mughal emperor of India, 奥朗则布, 印度莫卧儿王朝的皇帝, 35

Austria, duchies of, 奥地利公爵, 572—3, 591, 599ff.

Austria, house of, 奥地利 (哈布斯堡) 王朝
利益的冲突, 4—6, 157, 162, 228, 238, 412, 576, 578—9, 586, 621—2
与罗马教皇, 131, 434, 448, 594—5
与土耳其, 162, 195, 225—7, 232—4, 238—42, 253, 383, 402, 572, 576ff., 618ff., 625ff., 638ff.
与西班牙王位继承, 8, 157, 351—2, 357—9, 384ff., 393ff., 448, 449—50, 454—5, 462—3, 468, 471ff., 590ff.

家族法规, 575—6, 592, 597
另见 Habsburg monarchy, Vienna
Avaux, Jean Antoine de Mesmes, Coute d', 梅斯梅斯的阿沃, 让·安托万, 公爵, 172, 178, 186, 200, 203, 246, 400—1
在爱尔兰, 213
Aviano, Marco d', 阿维亚诺, 马尔科德, 奥地利方济各会的托钵僧, 576, 578
Avignon, 阿维亚诺, 丝织品, 867—8
Ayloffe, Captain William, 艾洛夫, 卡普顿·威廉船长, 145
Azak, 阿扎克, 610
Azerbaijan, 阿塞尔拜疆, 645
Azores, the, 亚速尔群岛, 509, 513, 520, 531, 849
Azov (Azak), 亚速 (阿扎克), 要塞, 6, 610, 625—8, 631, 634—5, 684, 718—22, 732

Bach, Carl Philipp Emanuel, 巴赫, 卡尔·菲利普, 埃马努埃尔, 音乐家, 118
Bach, Johann Sebastian, 巴赫, 约翰瑟巴斯钦, 音乐家, 105, 115—18, 144
Bacon, Francis, 培根, 弗兰西斯, 哲学家, 37—8, 43, 71, 84

Badajoz, 巴达霍斯, 要塞, 525—6
Baden, 巴登, 5, 167, 402, 477
大同盟, 411
条约 (1714), 446, 474
另见 Lewis, margrave of Baden
Baden-Durlach, 巴登—杜拉希, 侯爵, 166
Baghdad, 巴格达, 548, 608—9
人口, 542
Bahamas, 巴哈巴群岛, 372
Bahia, 巴伊亚, 128, 516, 529, 531—2, 534
Baia, 巴亚, 海战 (1693), 568
Baiona (Galicia), 巴伊奥拿 (加利西亚), 526
Baku, 巴库, 为俄国占领 (1723), 645, 739
Balance of power, concept of, 均势的思想, 155—7, 395
Balkans, the, 巴尔干, 1, 7, 29, 563, 571
巴尔干战争, 5, 30, 579—80, 628, 684, 689, 754
基督教, 167, 576, 625, 632, 754, 776
另见 Turkey and separate territoris
Baltaji Mehmed Pasha, 巴尔塔吉·穆罕默德帕夏首相, 632, 634—7
Baltimore, Charles Calvert, 3rd bar-

on, 巴尔的摩, 查尔斯·卡尔弗特, 第三代男爵, 482—3

Bamberg, 班贝格, 主教, 407

Bangor (Ireland), 班戈 (爱尔兰), 237

Banister, John, 班尼斯特, 约翰, 英国音乐家, 104

Banks, 银行

阿姆斯特丹, 银行, 832, 835, 896, 902

英国银行, 23, 249, 288—93, 314, 457, 835

热那亚, 吉罗银行, 543

巴黎 (1674, 1702), 信贷银行, 302

鲁昂, 勒让德尔银行, 302, 305

威尼斯, 吉罗银行, 543

维也纳, 吉罗银行 (1703), 311—2, 606; 城市银行 (1706), 311—12, 314, 606

另见 Berne, Geneva, Lyons

Bantam, 班坦, 胡椒, 857

Bantry Bay, 班特里湾战役 (1689), 236

Baptist Brethren, 浸礼教兄弟会, 493

Barbados, 巴巴多斯, 251, 521, 849

Barbary Coast, 北非伊斯兰教各国 (埃及除外) 的海岸, 178, 543—6, 548, 550, 553—4, 566; 608, 615, 638

海盗, 6, 224, 357, 543ff., 615, 623

另见 Algiers, Morocco, Tripoli, Tunis

Barbezieux, Louis François Marie le Tellier, 巴布齐尼, 路易·弗朗索瓦·玛丽·勒·泰利埃, 侯爵, 法国国防大臣, 752

Barcelona, 巴塞罗那, 16, 252, 362, 368, 441, 444, 541, 553, 591

法国在该地的海军, 243, 248

人口, 357, 542

围攻 (1697), 358, 423, 568—9; (1705), 419, 455, 429; (1714), 377—8, 444—5, 467, 570

谷物市场, 877

Barcelonette valley, 巴塞罗尼特流域, 159, 245, 467

Barclay, Robert, 巴克利, 罗伯特, 教友会辩护士, 150

Barcos, Abbé Martin de, 巴科, 阿贝·马丹·德, 詹森派教徒, 133

Baretti, Giuseppe, 巴雷蒂, 米塞佩, 意大利评论家, 562

Barfleur 巴尔弗洛, 海战, 见 La Hougue

Baring, John, 巴林, 约翰, 布商, 866

Baron, Michel, 巴隆, 米歇尔, 法国剧作家, 90

Barrier, Dutch, 荷兰海关关卡, 16, 384, 391, 395, 400, 406, 427, 431

 英荷条约（1709）, 438—9, 441—2, 447—52, 455, 460, 462—7, 471, 750；（1713）, 444, 476—7

 奥地利—荷兰（1715）, 445, 473, 478, 576, 598

Bart, Jean, 巴尔, 让, 敦刻尔克海盗, 19, 244, 248, 795, 802, 829

Bartenstein, Johann Christoph von, 巴滕施泰因, 约翰·克里斯托夫·冯, 男爵, 587

Bashkirs, 巴什基尔, 732

Basle, 巴塞尔, 223

Basnage, Jacques, 巴斯内奇, 雅克, 胡格诺派作家, 123, 337

Basra, 巴士拉, 609

Bassein（Baçaim）, 巴塞因（巴塞因）

 马赫拉特的进攻, 518

Basto, 巴士托, 521

Basville, Nicolas de Lamoignon, 巴斯维尔, 尼古拉·德·拉穆瓦农, 侯爵, 朗格多克的地方行政长官, 335

Batavia, 巴塔维亚, 519, 809, 859

Bath, John Grenvill, 巴思, 约翰·格伦维尔男爵, 491

Baturin, cossack headquarters, 巴图林, 哥萨克司令部, 667

Bavaria, 巴伐利亚

 与奥地利, 237, 241, 243, 450, 468, 589—90

 与法国, 167, 203, 215, 402, 404, 407, 411, 588, 756

 布莱海姆之后, 30, 422—3, 589, 741

 乌得勒支, 473—4

 物价水平, 877

 另见 Maximilian Emmanuel

Baxter, Richard, 巴克斯特, 理查德, 长老会教派牧师, 142, 146, 153

Bay, Alexandre Maitre, marquis de, 贝·亚历山大·梅特尔, 侯爵, 法国官员, 438

Bayle, Pierre, 培尔, 皮埃尔, 哲学家, 24—5, 36, 77—8, 91, 123—4, 139, 142—3, 218

 《共和国通信》, 33, 46, 76

 《辞典》, 47, 88, 136—7, 341

Bayonne, 巴约纳, 175, 812, 863

Bayreuth, 贝罗伊特, 402侯爵, 432, 752, 755

Beachy Head, 滩头堡, 战役, 215, 239, 567, 792, 794—5, 825

Beauchesne, Gouin de, 博歇斯纳, 古安德, 法国船长, 359

Beauvais, 博韦, 纺织品, 893

Beauval, Basnsge de, 博沃, 巴斯内奇·德, 胡格诺派牧师, 329

Beauvillier, Paul de Saint-Aignan, duc de, 圣埃格纳的博维利埃, 保罗, 大公爵, 国家大臣, 189, 326—8, 365

Becher, Johann Joachim, 贝歇尔, 约翰, 约阿希姆, 奥地利经济学家, 54, 310, 313, 606

Beckford, William, 贝克福特, 威廉, 英国作家, 97

Bedmar, I. J. J. Domingo de la Cueva de Benavides, 贝德马尔, 多明戈·德·拉·奎瓦·德·贝纳文德斯, 侯爵, 西班牙属地尼德兰的总督, 365, 398, 475

Beeston, Sir William, 比斯顿爵士, 威廉, 牙买加总督, 355

Beethoven, Ludwig van, 贝多芬路德维希·凡, 105, 116

Bégon, Michel, intendant of Rochefort, 贝贡, 米歇尔, 罗什福尔的地方行政长官, 21, 815—6, 830, 832

Bégon, Michel, 贝贡, 米歇尔, 前者之子, 加拿大地方行政长官, 496

Behrens, Leffmann, 贝伦斯, 勒夫曼, 汉诺威银行家, 788

Beichling, Wolf Dietrich von, 拜歇林, 沃尔夫·迪特里布·冯, 萨克森大臣, 698

Beira Baixs, 下贝拉省, 520, 527

Bekker, Balthassar, 贝克, 巴尔塔扎尔, 荷兰学者, 123, 142

Belém, 贝莱姆, 见 Pará

Belgrade, 贝尔格莱德, 6, 7, 610, 754

为奥地利人夺取 (1688), 225, 577—8, 621; (1717), 582, 640—2, 750

为土耳其人占领 (1690), 241, 580—1, 619—20, 622—3; (1739), 627

Belhaven, John Hamilton, 贝尔哈文, 约翰·汉密尔顿, 第二代男爵, 苏格兰独立派, 276

Belize, 伯利兹, 354

Bellin (Blain), Nicolas, French-Canadian engraver, 贝林 (布莱), 尼古拉, 法属加拿大雕刻家, 497

Bellomont, Rihard Coote, 贝洛蒙, 理查德·库特, 第二代伯爵, 纽约总督, 490

Benbow, John, 班鲍, 约翰, 英国

海军中将, 372, 796, 825, 829
Bender, 本德, 要塞, 610, 615
  卡尔十二世本德要塞, 630, 634—5, 669—70, 673—4, 708
Benevente, 贝尼文特, 537
Bengal, 孟加拉, 518, 857, 854—60
Benkulen, 班库仑, 857
Benoist, Elie, 伯努瓦, 埃利, 胡格诺派牧师, 123
Benserade, Isaac de, 邦塞拉德, 伊萨克·德, 法国音乐家, 106
Bentley, Richard, 本特利, 理查德, 英国学者, 82
Berczényi, Count Nicholas, 伯采伊公爵, 尼古拉, 匈牙利起义领袖, 584
Beresteczko, 别列斯特兹科, 战役(1651), 682
Berg, 贝尔格, 公爵领地, 589
Bergen, 卑尔根捕鲸者, 848
Bergeyck, Count Jan van Brouchoven, 伯杰克公爵, 简凡·布罗乔文, 西属尼德兰的改革家, 374, 390, 395, 398, 413, 426, 428, 435, 446, 598
Bergen-op-Zoom, 贝尔根—奥普—松姆, 399
Bergh, Johan van den, 伯格, 约翰·凡顿, 荷兰驻布鲁塞尔的外交使节(1706—1716), 428, 445
Bergues canal, 贝根运河(敦刻尔克), 812
Berka, Franciscus Antonius, 贝尔卡, 弗兰西斯克斯·安托纽斯, 哈沃拉公爵, 奥匈帝国在海牙的使节, 171
Berkeley, George, 贝克莱, 乔治, 克洛因主教, 哲学家, 50, 55, 126
Berkeley, Sir William, 贝克莱爵士, 威廉, 弗吉尼克的总督, 495
Berlin, 柏林, 31, 768
  柏林科学院, 42, 45, 76
Bernard, Samuel, 贝尔纳, 萨米埃尔, 法国银行家, 23, 303—5, 314, 336—7, 339, 543, 788—9
Berne, 伯尔尼, 31, 288
  马拉克里达银行, 788
Bernier, François, 贝尼埃, 弗朗索瓦, 法国旅行家, 95, 99
Bernini, Giovanni Lorenzo, 贝尔尼尼, 乔瓦尼·洛伦佐, 意大利雕塑家和建筑师, 144
Bernoulli, Daniel, 贝尔诺利, 达尼埃尔, 瑞士科学家, 42, 66
Berry, 贝里, 羊毛, 863
Berthelot, François, 贝特洛, 弗朗

索瓦，法国财政金融家以及战争条约签订人，815—16

Berwick, James Fitz-James, 贝威克，雅姆·菲茨·雅姆，第一代大公，法国元帅
在爱尔兰（1689），237
在尼斯（1704），426
对葡萄牙的侵犯（1704），527
马德里（1706），372，429—30
摩泽尔（1708），434
巴塞罗那（1714），378—9，570
另见 Almanza

Bessarabia, 比萨拉比亚，630

Béthune, 贝顿，为英国夺取的要塞（1710），440

Bialła Cerkiew, 比亚瓦切尔考要塞，696

Białłozor, Christopher, 比亚洛佐，克里斯托夫，维尔纽斯的天主教徒，698

Bielke, Count Nils, 比尔克公爵，尼尔斯，瑞典的上议员，184

Bienville, Jean-Baptiste Le Moyne, sieur de, 比安维尔，让·巴蒂斯特·勒·穆瓦，501，504

Bignon, Abbé Jérôme, 比尼翁，阿贝·热罗姆，40—1，45

Bihach, 比哈奇，土耳其驻军，640

Bilbao, 毕尔巴鄂，849

Biloxi, 比洛克西，360，365，498—500

Birże (Birzha), 比尔扎，693，700，734

Bishop, Corporal Matthew, 毕晓普，科普拉尔·马修，英国官方，762

Blackadder, Colonel John, 布莱卡德，上校，约翰，762

Black Forest, 黑森林，237，417，753，756

Black Sea, 黑海，1，3，31，562—4，611，627，644，716，736

Blaise (Biaggio Pangalo), 布莱斯（比阿吉·庞加洛，法国造船商），21，793

Blasphemy Act (1698), 亵渎神明法令（1698），265

Blathwayt, William, 布拉斯威特，威廉，陆军大臣和商务大臣，176，491，506

Blécourt, Jean Denis, marquis de, 布莱康特，让·德尼，侯爵，法国外交家，361

Blekinge, 布莱金格，808

Blenheim, 布莱海姆，战役（1704），269，277，421—2，449，756—7，758
战役结果，167，169，302，304，449，584，589—90，594，662

伤亡人员, 749
Blondel, Nicolas François, 布隆代尔, 尼古拉·弗朗索瓦, 法国建筑师和工程师, 40, 812
Bluteau, Fr, 布吕托, 兄弟, 法国人, 为葡萄牙代理人, 512—3
Bochette, 博坎特, 阿尔卑斯山的通道, 754
Bochnia, 博赫尼亚, 盐矿, 844
Boerhaave, Herman, 博尔哈夫, 赫尔曼, 荷兰哲学家, 34, 44, 65—6
Bohemia, 波希米亚
  宗教, 120, 602
  它的建立, 573—5, 599
  地主和农民, 599—600
  经济, 605—6
Boileau-Despréaux, Nicolas, 布瓦洛—德普罗, 尼古拉, 法国评论家和诗人, 24, 73, 81, 83
Boisguilbert, Pierre le Pesant de, 布瓦吉尔贝, 皮埃尔·勒佩桑·德, 法国经济学家, 329—30
Bolingbroke, Henry St John, 博林布鲁克, 亨利·圣约翰, 221, 430, 735, 799
  殖民政策, 13—14, 16, 503, 505, 508
  与法国的贸易条约, 17, 261, 469—70, 868

掌握, 254, 270, 281, 441
教会分立法令, 273—4
乌得勒支协商, 442—3, 457—71
Bolivia, 玻利维亚, 357
Bologna, 波洛尼亚, 10, 555
  人口, 542
Bombay, 孟买, 518, 809
Bonn, 波恩, 要塞, 225, 237, 413, 451, 462, 473
  为同盟军所夺取 (1703), 416
Bonnet, Charles, 博内, 夏尔, 瑞士博物学家, 64n.
Bonneval, Claude Alexandre (Ahmed Pasha, "the Bombardier"), 博纳瓦尔, 克洛德·亚历山大 (艾哈迈德帕夏, "投弹手"), 614, 743
Bonrepaus, François d'Usson de, 邦雷波, 弗朗索瓦·迪松·德, 法国海军管理人和外交家, 186, 830
Bordeaux, 波尔多, 42, 335, 341, 522, 839, 842, 846
  葡萄酒, 845, 871, 877
Boreel, Jacob, 博雷尔, 雅各布, 阿姆斯特丹的市长, 170, 249, 388
Borelli, Gian Alfonso, 博雷利, 吉安·阿方索, 那不勒斯科学家, 558

Bornholm，波恩霍尔姆，岛，807

Bose, Christoph Dietrich，博斯，克里斯托夫·迪特里希，萨克森驻海牙特使，688

Bosnia，波斯尼亚，1，577，608—9，619，626

Bosporus, the，博斯普鲁斯海峡，562

Bossuet, Jacques Bénigne，波舒哀，雅克·贝尼涅，莫城主教，25，72，87，94，124—5，136，216n.，218，343
  主张限制教皇权力，132，334
  与理查德，西蒙，140—1
  与居荣夫人，147—8
  逝世，334

Boston (Mass.)，波士顿（马萨诸塞州），12，14，480—1，488，492—6
  王位继承战争，502，505—6，810n.

Bouchain，布卡因要塞，440，444

Boucherville (New France)，布坎维尔（新法兰西），496

Boufflers, Louis François, duc de，布菲勒，路易·弗朗索瓦，大公，法国元帅，324，398
  在里斯威克，170，252，388
  九年战争，232，239，242，247，249
  王位继承战争，404，409，436

Bouhier, Jean，布伊埃，让，第戎行政长官，340

Bouhours, Dominiqgue, S. J.，布霍乌尔，多米尼克，评论家，78

Boulainvilliers, Henri，布莱维利埃，亨利，法国历史学家，329

Bounty Act (1705)，邦蒂法令（1705），842

Boyle, Robert，玻意耳，罗伯特，英国科学家，34，47，51，53

Boyne，博伊恩战役（1690），214，240

Brabant，布拉邦特，415；布拉邦特各州，426，428
  布拉邦特线，413，417，424，751

Bradford，布雷特福，毛织物，865

Bradley, James 布雷德利，詹姆士，皇家天文学家，40，43，52

Bradstreet, Simon，马萨诸塞州的布雷兹特里特，西蒙，481

Braganza，布拉干萨的谷物价格，509

Brancovan, Constantine，布兰科范，康斯坦丁，瓦拉几亚的王子，580，633，638

Brancovich, George，勃兰柯维奇，乔治，塞尔维亚历史学家，577

Brancovich, Sava，勃兰柯维奇，萨瓦，德兰西瓦尼亚东正教的大

主教，前者的兄弟，577—8
Brandenburg-Culmbach，勃兰登堡—库尔姆巴赫总督，166
Brandenburg-Prussia，勃兰登堡—普鲁士，2，154，241，719
 胡格诺派人的欢迎，121，779
 军队，20—1，202—3，228，232，239，244，404，742—3，768，777，779
 九年战争，195，215，225，232，239
 大同盟，404，406，410，425，432
 乌得勒支，465—6，477
 和哈布斯堡，587，590
 和奥古斯都二世，689—90，694，708—10
 瘟疫，886n.
 另见 Frederick III, Frederick William, Great Northern War
Bray, Thomas, 布雷，托马斯，福音传播会的创建人，152
Brazil, 巴西
 传教团在巴西，128—9，356，531，537
 黄金的发现，163，533—5，862，895
 布宜诺斯艾利斯贸易，350，528—30
 发生危机，510—11，534
 糖，510—11，516，519，520，530，531，534，853
 烟草，510—11，516，520，530，534，851—2
 牛，531—2
 使徒保罗传道会，532—3
 贸易公司，536—7
 另见 Cayenne, Maranhao, Para, Sacramento, Slavery
Breda, 布雷达条约（1667），387
Breisach, 布雷沙赫，252，473
Breisgau 布雷斯高，579，588
Breitkopf, J. G. I., 布赖特科普夫，J. G. I., 莱比锡乐谱印刷商，105
Bremen, 不来梅，477，649，658，672，678，840
 贸易，847—8，866—7
Brenner Pass, 布伦内罗通道，417，754
Breslau（Wroclaw），布雷斯劳（弗罗茨瓦夫），605，697，705
Brest, 布列斯特，军火库，20，256，793，811，812—3，820，823
 骑兵中队，18，22，203—4，236，250，408，423，567—8，795
 同盟的进攻（1694），215，248
Bridgewater, John Egerton, 布里奇沃特，约翰·埃杰顿，第三代伯爵，外贸大臣，491

Brihuega, 布里韦加战役（1710），375, 440, 458

Briord, Gabriel, 布里奥尔, 加布里埃尔, 公爵, 法国外交家, 181

Bristol, 布里斯托尔, 70, 490

Brittany, Louis of France, 布列塔尼, 法国的路易, 大公, 463

Brittany, 布列塔尼, 335, 519, 523, 829
制帆篷等的布, 812, 815, 843, 866

Britton, Thomas, 布里顿, 托马斯, 音乐会的创办人, 104

Brochado, Cunha, 布罗查多, 库尼亚, 葡萄牙驻法国公使, 525—6

Brouillan, Jacques François de, 布鲁朗, 雅克·弗朗索瓦·德, 普拉森夏总督, 489

Bruce, James Daniel, 勃鲁斯, 詹姆士·丹尼尔, 俄国将军, 634

Bruges, 布鲁日, 436, 443, 464

Brunswick-Lüneburg, 不伦瑞克—鲁内伯格, 61, 404; 见 Ernest Angustus

Brunswick-Wolfenbüttel 不伦瑞克—沃尔芬比特尔, 见 Anton Ulrich of and Charlotte of

Brussels, 布鲁塞尔, 242, 247, 249, 388, 397, 424, 426, 428, 436

Brydges, James, 布里奇斯, 詹姆士, 昌杜斯的第一代公爵, 国外武装的军需官, 107, 787—8

Bubble Act (1719), 虚设（幻想）法令 (1719), 836

Bučač, Treaty of (1672), 布贾克条约 (1672), 682

Buccaneers, 海盗, 见 flibustiers

Buchanan, George, 布坎南, 乔治, 苏格兰学者, 217

Bucharest, 布加勒斯特, 580, 639

Buckingham, John Sheffield, 白金汉, 约翰·谢菲尔德, 第一代大公, 79, 254

Buda, 布达, 6, 7, 608, 610
为奥地利夺取 (1686), 577, 618—20, 684

Bücken, Ernst, 比克, 恩斯特, 德意志音乐研究家, 102

Buenos Aires, 布宜诺斯艾利斯, 372, 476
贸易, 350, 364, 376, 525, 528—9, 534

Buffon, Georges Louis Leclerc, 布丰, 乔治·路易·勒克莱尔, 法国博物学家, 35, 62—4

Bug, the, 布格, 610, 700

Bukofzer, Manfred, 布科夫策尔, 曼弗雷德, 音乐研究家, 103

Bulavin, Kondrat, 布拉文，康特拉特，顿河哥萨克的领导人（1706—1708），732

Bulgaria, 保加利亚，608，610，621

Bunyan, John, 班扬，约翰，79，146

Buonanni, Filippo, S. J., 博南尼，菲利波，意大利植物学家，64

Buononcini, Giovanni Battista 博诺奇尼，乔瓦尼·巴蒂斯塔，意大利音乐家，110

Burchett, Josiah, 伯坎特，乔塞亚，英国海军大臣，824，830

Burckhardt, Jakob, 伯克哈特，雅各布，瑞士历史学家，103

Burgundy, Louis of France, 法国的勃艮第，路易，公爵，路易十四之孙，148，189，327—8，435
逝世，463

Burnet, Gilbert, 伯内特，吉尔伯特，索尔兹伯里主教，119，125，138，140，201n.，217—8

Burnet, Thomas, 伯内特，托马斯，牧师，86，141

Burney, Dr Charles, 伯尼博士，查尔斯，音乐研究家，101，107

Burtler, Samuel, 巴特勒，塞缪尔，英国讽刺作家，79

Butrinto, 布特林托，639

Buys, Willem, 拜斯，威廉，阿姆斯特丹依靠抚恤金生活的人，425—6，438—9
和平协商（1709—1711），450—1，459—62

Bychów, 贝乔，为俄国所占领，701

Bydgoszcz, 比德哥什条约（1657），689

Byng, George, 宾，乔治，后为托林顿子爵，英国海军上将，817

Bynkershock, Cornelius van, 宾克肖克，科内利乌斯·范，荷兰法官，173

Byrd II, William, 伯德二世，威廉，弗吉尼亚州的种植园主，495，507

Cacheo Company (Guinea), 卡其奥公司（几内亚），364，515—16，531，536

Cadaval, Nuno Alvares Pereira de Melo, 卡达瓦尔，努尼奥·阿尔瓦雷斯·佩雷拉达梅洛，第一代公爵，葡萄牙大臣，522，526，528

Cadillac, Antoine de la Mothe de, 卡狄拉，安东尼·德拉蒙德戴，法国在加拿大的海军舰长，498

Cadiz, 加的斯, 345, 408
  海军基地, 11, 22, 238, 249, 566—9, 808—9
  联盟的进攻（1702）, 369, 418, 423
  贸易, 371—2, 385, 475, 511, 514, 528—9, 844, 866, 871
  人口, 542
  海军学校, 827
Cadogan, William, 卡多根, 威廉, 陆军军需司令, 428, 756, 761
Cadore, 卡多尔, 威尼斯的贸易, 555
Cahors, 卡奥尔, 葡萄酒, 845
Cairo, 开罗, 11, 609, 632, 644
  人口, 542
  英国领事, 550
Cakovec, 查科韦茨, 577
Calais, 加莱, 炮击加莱（1695）, 249
Calandrini family, 卡莱特列尼家庭, 日内瓦银行家, 303
Calcinato, 卡尔锡那托, 战役（1706）, 429
Caldara, Antonio, 卡尔达拉, 安东尼奥, 威尼斯音乐家, 111
Calderon de la Barca, Pedro, 卡尔德隆·德拉·巴尔卡, 佩特罗, 西班牙剧作家, 72, 343

California, 加利福尼亚, 传教团, 35, 129, 354, 356, 373
Calixtus, Georg, 卡里克萨图斯, 格奥尔奥, 路德教神学家, 122
Callao, 卡亚俄（卡廖）, 530
Callenburgh, Gerald, 卡伦伯格, 杰拉尔德, 荷兰海军中将, 423
Callières, François de, 卡利埃尔, 弗朗索瓦·德, 法国外交家, 170, 172—3, 179—80, 249, 388
Callières, Louis Hector, chevalier de, 卡利尔, 路易斯·赫克托, 低级贵族成员, 蒙特利尔总督, 490, 498
Calvinism, 加尔文派, 24, 119—23, 149, 150, 218, 582
Camaret Bay (Brest) 卡马莱特湾（布雷斯特）, 248
Cambodia, 柬埔寨, 多明我会传教团, 357
Cambridge, university, 剑桥大学, 43
  柏拉图主义者, 92, 138, 142
  持异议者, 274
Camden, William, 卡姆登, 威廉, 英国文物工作者, 87
Camerarius, R. J., 卡梅拉里乌斯, R. J., 德国植物学家, 64
Cameronians, 卡梅伦教派人, 278

Camisards, 卡米扎（农民起义），169, 325, 414, 571

Campeche, 坎佩切, 350, 354—6, 372, 515, 854

Campo Maior, 马约尔营, 围攻（1712）, 527

Camprodon, 卡姆普洛东, 投降（1689）, 235

Canada, 加拿大, 见新法兰西

Canaletto (Antonio Canale), 卡纳莱托（安东尼奥·卡纳莱）威尼斯画家, 556

Cananor, 卡纳诺, 525

Canary, Islands, 加那利群岛, 349, 353, 372—3, 387, 521 贸易, 845, 849

Candamo, Francisco Bances, 坎达莫, 弗朗西斯科·班塞斯, 西班牙剧作家, 343

Candia, 坎迪亚, 615

Canitz, F. R. von, 坎尼茨, F. R. 冯, 普鲁士诗人, 73

Cantacuzene, Serban, 坎达苏泽, 塞班, 瓦拉几亚王子, 578

Cantemir, Demetrius, 坎特米尔, 德米特留斯, 摩尔达维亲王, 633—4

Canton, 广州, 11, 15, 35, 96

Cap Français (St-Domingue), 弗兰西斯角（圣多米尼克）, 355

Cap Négre (Newfoundland), 内格雷角（纽芬兰）, 488

Cape Breton Isle, 勃兰登角岛, 470, 508, 850

Cape of Good Hope, 好望角, 809

Cape Matapan, 瓦塔潘角, 640

Cape Passaro, 帕萨洛角海战（1718）, 565, 790

Cape São Roque, 圣罗克角, 530

Cape Verde, 佛得角奴隶, 515

Capitulations, the Ottoman, 奥斯曼帝国的投降, 549

Caprara, Aeneas, 卡普拉拉, 埃尼斯, 奥地利将军, 245

Capuchins, 方济会的托钵僧, 129, 146, 576, 617

Caracas, 加拉加斯, 可可, 530

Caraffa, Antonio, 卡拉法, 安东尼奥, 奥匈帝国将军, 245
在匈牙利, 579, 582—3, 586, 597, 619

Carlonear (Newfoundland) 卡博尼亚（纽芬兰）, 503

Carcassonne, 卡尔卡松, 毛织品, 864

Cardonnel, Adam, 卡登纳尔·亚当, 驻马尔博罗的秘书, 761

Careri, Gemelli, 卡雷里, 杰梅利, 去中国的旅行家, 96

Caribbean, 加勒比海, 见 Cartagena, 维拉克鲁兹, 西印度群岛及分散的岛屿

Carignano，卡里格那诺，247

Carinthia，克恩滕（卡林西亚），386

Carlos Ⅱ，卡洛斯二世，西班牙国王，8，9，162，168，296，344，352—3，358，391，591，626

　意志，10，163，360—1，394，400，796

　性格，348—9

　婚姻，348，351，525

　继承王位，385—8，410

　逝世，4，181，361—2，569，576

　另见 Partition Treaties，Spain

Carlowitz, Peace of (1699)，卡尔洛维茨和约（1699），1，2，6，158，162，394，553，581，632，637，639，719

　英国的调停，569，580

　条款，518—2，626—7，691—2

　匈牙利与和约，584

Carmelites，卡尔梅里茨，531

Carnero, Alonso，卡内罗，阿隆索，西班牙大臣，352

Carniola，卡尼奥拉，386

Carolinas，卡罗来纳（美），491，493

　南卡罗来纳，12，350，372，495

　大米，854

Carpentras，卡彭特拉，黑麦的价格，876

Carpi, battle of (1700)，卡毕战役（1700），405

Carrickfergus, captured (1689)，被占领的卡里克弗格斯（1689），237

Cartagena (Indies)，卡塔赫纳（西印度群岛），12，251，349，354，372，511，515，528，809

　为法国占领（1696），355，489

Cartagena (Spain)，卡塔赫纳（西班牙），370

Carter, Robert，卡特，罗伯特，弗吉尼亚州种植园主，495

Cartesianism，笛卡儿主义，43，46，49—51，73，84—6，122，136

Casale，卡萨莱，27，160，223，238，240，248，250，559

Casca river 卡斯卡河，黄金，533

Casco Bay，卡斯科湾，486—7

Caspian Sea，里海，1，2，551，644—5，739

Cassano, battle of (1705)，卡萨诺战役（1705），425

Cassard, Jacques，卡萨尔，雅克，法国海盗，20，810

Cassini, Giovanni Domenico, 卡西尼, 乔瓦尼·多梅尼科, 天文学家, 41, 73, 77

Castanheira, counts of, 卡斯塔瓦拉伯爵, 538

Castel Branco, 卡什特洛布兰科, 527

Castel doo Rios (Castelldosrius), Manuel de Oms y de Santa Pau, Ist marquis of, viceroy of Peru, 卡斯特尔多斯里奥斯（卡里特尔多斯留斯），曼努埃尔德·奥姆斯德·圣保，第一代侯爵, 秘鲁总督, 372

Castelnaudary, 卡斯特尔脑丹莱, 谷物和羊毛的价格, 881, 899

Castiglione, prince of, 卡斯蒂略内王子, 473, 594

Castile, 卡斯蒂尔, 343—4, 783
政府, 9, 348, 353, 371, 374, 377—8, 425, 553
财政, 346, 366, 514
向菲利普五世效忠, 369, 371, 430
贸易, 522, 528, 877—8

Castine (Acadia), 卡斯丁（阿凯迪亚）, 502, 见 Pentagoët

Catalonia, 加泰罗尼亚, 7, 11, 30, 343, 396, 430, 553, 787
与查理大公, 8, 370—1, 425, 430, 437, 593, 596
法国在加泰罗尼亚, 235, 242—3, 247—50, 351, 357, 374, 389—90, 444, 767
政府, 347—8, 357, 362, 368, 378—80, 382, 390, 425, 445
游击队, 371, 429,
乌得勒支, 444, 467—8, 472
拉施塔特, 472, 474
贸易, 370, 379n., 520, 522, 813, 844
人口, 884—5

Catherine I, 叶卡杰林娜一世, 俄国女皇, 617, 634

Catherine II, 叶卡杰林娜二世, 俄国女皇, 722

Catherine, duchess of Mecklenburg, 卡德琳, 梅克伦堡女公爵, 738

Catholics 天主教, 8, 10, 25, 149, 474
公理会的宣传, 128—30
在亚洲, 129—30
在联合省, 135
在德国, 120—1, 188, 252, 473—4, 588
在不列颠王国, 135, 194ff., 201, 264; 见詹姆士二世
与英国的殖民地, 480ff., 492
在特兰西瓦尼亚, 582
另见 Jansenism, mission, papa-

cy, Quietist controversy

Catinat, Nicolas de, 卡蒂纳, 尼古拉·德, 法国元帅, 19, 747, 781
　　在意大利, 233, 241, 243, 245, 404—5, 414

Cattaro (Kotor), 卡塔洛（科托尔）, 627

Caucasus, 高加索, 610, 627, 645

Cavalier, Jeam, Camisard leader, 卡瓦利埃, 让, 卡米扎（农民起义）领导人, 570—1

Cavalli, Pietro Francesco, 卡瓦利, 彼得罗·弗朗切斯科, 意大利音乐家, 104

Cayenne, 卡宴, 41, 466, 531

Cederhielm, Josias, 策德希尔姆, 约西亚斯, 瑞典法院官员, 184, 661

Celle, duchy of, 策勒公爵, 188, 226, 407

Cerdaña (Cerdagne), 赛达那（赛达格恩）, 567

Cerigo, Venetian base, 切里哥, 威尼斯基地, 540, 638, 640, 642

Cervera, university, 塞尔维拉大学, 379

Cesti, Marc'Antonio, 切斯蒂, 马尔卡·安东尼奥, 托斯卡音乐家, 110

Ceuta, 休达, 摩尔人的进攻, 359, 390, 554

Cévennes, 塞文山脉, 325, 338, 863

Ceylon, 锡兰, 519, 530, 858

Châlons, 夏龙, 毛织品, 864

Chambers, Ephraim, 钱伯斯, 伊弗雷姆, 百科全书派, 47

Chamillart, Michel, 夏米亚尔, 米歇尔, 战争时期总管理员和秘书, 284, 298, 331, 363, 752, 803, 831

Chamlay, Jules Louis Bolé, 夏姆莱, 米尔·路易·博莱, 侯爵, 陆军军需司令, 751, 763, 767

Chamoy, Rousseau de, 夏穆瓦, 卢梭·德, 法国外交家, 173

Champagne, 香槟, 毛纺织厂, 863—4

Champigny, Bochart de, 尚皮涅, 博夏·德, 新法兰西的行政长官, 484, 486

Changamire, Rozvi chieftain, 钱加米尔, 罗兹维的土匪首领, 518

Channel Islands, 海峡群岛, 20, 842

Chantilly, 尚蒂伊, 40, 570

Chardin, Sir John, 夏尔丹爵士, 约翰, 旅行者, 95, 98, 546

Charente, the, 夏朗德, 812

Charlemont, fortress, 夏尔蒙特要

塞，为舍姆伯特所占领（1690），238

Charleroi, fortress, 沙勒罗瓦，要塞，248，252，381，477—8

Charles, archduke of Austria, 查理，奥地利大公，继西班牙的查理三世和查理四世之后为皇帝，提名为米兰公爵（1697），161，393，426，591

 西班牙王位的继承人，164—5，358，388，418—19，433，437，446ff.，592，596—7

 王位继承战，296，370—1，422—3，425，429—30，440，444，575，593

 斯坦霍普条约（1708），434，439，464，799

 与克里孟特第十一，164，376，434

 皇帝，164，441—2，459，462，593

 匈牙利国王（1711），585

 与土耳其，638—42

 哈布斯堡政府，597—607

Charles II, king of Great Britain, 查理二世，英国国王，102，106，183，193，221，254，269，480，742，808

 与下议院，193—4

 性格，193—4，209

 对外政策，193，225

 财政，285，291

 陆军，197；海军，792ff.，828

 查理五世、洛林公爵，225，234，237，396，578

 在匈牙利，619

 逝世，241

Charles VI, duke of Lorraine, 查理六世，洛林公爵，5，252，397，424

Charles V, emperor, 查理五世，皇帝，5，308，368，387，557

Charles VI, emperor, 查理六世，皇帝，见 Charles, archduke of Austria, 查理，奥地利大公

Charles X, king of Sweden, 查理十世，瑞典国王，649

Charles XI, king of Sweden, 查理十一世，瑞典国王，172，183—4，650，743，749，771，773，825，832

 逝世，651

Charles XII, king of Sweden, 查理十二世，瑞典国王，2—4，154，167，169，182，184，188，402—3

 就任，650—1

 军队质量，655—6，660，744，749，752，757—8，760，761

 性格，659—60，661—2，714

波兰政策, 631, 656—9, 693ff., 714—15
进犯俄国, 663—8, 702
流亡在土耳其, 630—1, 635—6, 669—72
回到波罗的海 (1714), 673, 710
后期的政策, 673—7
逝世, 677
另见 Augustus II, Russia, Sweden

Charles Emmanuel II, duke of Savoy, 查理·伊曼纽尔第二, 萨伏依公爵, 243, 560

Charles Frederick, duke of Holstein-Gottorp, 卡尔·腓特烈, 荷尔施泰因—哥托普公爵, 670, 677, 679, 737

Charles Philip, prince of Pfalz-Neuberg, 查理·菲利普, 法尔茨·纽伯格王子, 685

Charleston, 查尔斯顿, 12, 493—6, 503—4

Charlotte of Brunswick-Wolfenbüttel, 不伦瑞克—沃尔芬比特尔的夏洛特, 738

Charron, Jean François, 夏隆, 让·弗朗索瓦, 蒙特利尔的慈善事业家, 496

Chateaurenault, François Louis Rousselet de, 夏托朗诺尔, 弗朗索瓦, 路易·鲁斯莱德, 海军中将和法国元帅, 418, 567, 569

Châteauroux, woollens, 夏托鲁毛织品, 864

Chatham dockyard, 查塔姆海军船坞, 229, 811, 819

Chest, 切斯特, 826

Chaucer, Geoffrey, 昌塞, 杰弗里, 诗人, 79

Chaudière, the, 夏迪, 传教团, 498

Chaul, decay of, 昌尔的衰落, 518

Chaussée, Nivelle de la, 肖塞, 尼韦尔·德·拉, 剧作家, 95

Chelm, 海乌姆, 691

Chelmno (Culm), 海乌姆努 (克尔姆), 698, 703

Cherbourg, 瑟堡, 811, 823

Chesapeake Bay, 切萨皮克湾, 495, 851

Cheshire, 柴郡, 盐矿, 844

Chevereuse, Charles Honoré d'Albert, 谢弗勒兹, 夏尔奥诺雷, 德阿尔贝, 法国国务大臣, 326—9

Chiari, battle of (1700), 夏里战役 (1700), 405

Child, Sir Josiah, 蔡尔德爵士, 乔塞亚, 商人, 15, 260

Chile, 智利, 15, 350, 359, 376

Chimay, fortress, 奇梅要塞, 252
China, 中国, 26
　　贸易, 24, 139, 511, 516, 537, 856—60, 894
　　传教团, 96, 130
Chios, 希俄斯, 565—6, 623
Chiquitos missions, 奇基托传教团, 356—7
Chittagong, Indo-Portuguese, 吉大港, 葡属印度, 519
Chmel'nyc'kyj, Bogdan, 克梅尔努斯科, 博格丹, 哥萨克首领, 696
Chorlulu Ali Pasha, 柯尔罗罗·阿里帕夏, 首相, 630—2, 637
Chotin (Chocim), 乔汀 (乔辛姆), 610, 619, 682, 684
Christian V, king of Denmark, 克里斯蒂安五世, 丹麦国王, 166, 652—3, 772, 805
Christiansand, dockyard, 克里斯蒂安桑, 海军船坞, 807
Christina, queen of Sweden, 克里斯蒂娜, 瑞典女王, 73
Church, Major Benjamin, of Massachusetts, 丘奇, 梅杰·本杰旺, 马萨诸塞州, 502
Churchill, John, 丘吉尔, 约翰, 见 Marlborough, 马尔巴罗
Cibber, Colley, 西伯, 科利, 剧作家, 94

Cilicia, 西里西亚, 541
Cimarosa, Domenico, 奇马罗萨, 多梅尼科, 那不勒斯音乐家, 559
Circassia, 瑟尔卡西亚, 609—10
Civita Vecchia, 契维塔韦基亚, 明矾, 895
Clairaut, Alexis Claude, 克莱劳, 亚历克西·克洛德, 法国数学家, 41, 52
Clarendon, Edward Hyde, 1st earl of, 克拉伦登, 爱德华·海德, 第一代伯爵, 87, 91
Clarendon, Henry Hyde, 2nd earl, 克拉伦登, 亨利·海德, 第二代伯爵, 198, 209
Clarke, Samuel, 克拉克, 塞缪尔, 玄学家, 51, 138
Claverhouse, James Graham of, 1st Viscount Dundee, 克拉弗豪斯, 詹姆士·格雷厄姆, 邓迪第一代子爵, 212
Clement IX (Giulio Rospigliosi), 克雷芒九世 (米利奥罗斯皮格里奥雪), 教皇, 132
Clement XI (Giovanni Francesco Albani), 克雷芒十一世 (乔万尼·弗朗西斯科·阿尔巴尼), 教皇, 9, 131, 140, 163, 598
　　詹姆士派教徒, 131—2, 162
　　查理大公的承认, 164, 376,

434，448
　　菲利普第五的承认，414
　　与维也纳的争论，594—5
Clerville, Louis Nicolas, chevalier de, 克莱维尔，路易·尼古拉，骑士，法国军事工程师，811
Cleves, 克里夫，225, 242, 466, 852
Clyde, the, 克莱德, 256
Coalbrookdale, 科尔布鲁克代尔, 铁, 70, 869n.
Coblentz, 科布伦茨, 223, 225, 232, 755
Codde, Peter, 柯德，彼得，乌得勒支主教, 135
Codrington, Christopher, 科德林顿，克里斯托夫，背风群岛总督, 251
Coehoorn, Menno van, 克霍尔恩，梅努·凡，男爵，荷兰军事工程师, 236, 250, 416, 750
Coello, Claudio, 柯罗，克洛迪奥，西班牙画家, 343
Coëtlogon, Alain Emmanuel, marquis de, 科特洛贡，阿兰·埃马纽埃尔，侯爵，法国海军中将, 363—4
Coimbra, 科英布拉, 520
Colasse, Pascal, secretary to Lully, 科拉斯，帕斯卡尔，吕利的秘书, 108

Colbert, Jean-Baptiste ('le grand'), 科尔贝尔，让·巴蒂斯特（大），塞格尼莱侯爵, 40, 96—7, 103, 826
　　海军, 13, 22, 563—4, 792—3, 803—4, 812, 818—21, 827—8
　　经济, 28, 510, 521, 543, 551, 835, 852, 856
　　财政, 298—9, 302, 317—20
　　殖民地, 484, 497, 500
　　工业, 556, 723, 813—15, 863, 868—9
　　逝世, 15, 316
Colbert de Terron, 特隆的柯尔柏, 船舶的监督员, 812, 816
Colijer, Jacobus, 科利杰尔，雅各布，荷兰在君士坦丁堡的驻外代表, 185, 622, 641
Collegiants, 联合教会, 123
Colle di Tenda, 科尔第坦达，阿尔卑斯山通道, 754
Collier, Jeremy, 科利尔，杰里米, 94, 140
Cologne, 科隆, 161, 171, 237, 399
　　选举权的争论, 5, 202—3, 224—5, 393, 398, 578, 588
　　王位继承战, 407, 411—14, 473—4

Colombo, Indo-Portuguese, 科伦坡, 葡属印度, 518

Colonia do Sacramento, 萨克拉门托的科洛尼亚, 见 Sacramento, 萨克拉门托

Colonie, Colonel Jean Martin de la, officer, 科洛尼上校, 让·马丹·德拉, 官员, 759, 762

Comacchio, 科马基奥, 468, 473; 科马基奥战争, 595—7

Comenius, Jan Amos, 夸美纽斯, 简·阿莫斯, 波希米亚教育家, 121

Compton, Henry, 康普顿, 亨利, 伦敦主教, 125, 197—8

Condé, 康德, 要塞, 438, 451, 477

Condé, Louis II, de Bourbon, 波旁的, 孔代, 路易二世, 王子, 744, 752, 760

Condominium, 共管政府, 见 Spanish Netherlands

Condorcet, marquis de, 孔多塞, 侯爵, 哲学家, 71

Confederacies, 联盟, 在波兰—立陶宛
　限定, 684n.; 罗梭的赞美, 2n.
　萨皮哈斯, 685—6, 690—1
　立陶宛人反对萨皮哈斯, 657, 690—1, 693, 695
　(1696—1697), 召集国民议会, 686
　洛维茨 (亲法, 1697—1698), 见 Humiecki
　桑多米埃什 (1702), 695, 697; (1704—1710), 698, 701—4; 另见奥古斯都二世, 华沙 (1704), 697—8, 701
　戈尔佐斯 (反萨克森, 1715), 711
　塔尔诺格洛特 (反萨克森, 1715), 711—12

Confucius, 孔子, 96, 130

Congreve, William, 康格里夫, 威廉, 剧作家, 89

Connecticut, 康涅狄格, 483, 487, 507

Conques, 康奎, 毛织品, 864

Conscription Act (1709), 征兵法令 (1709), 770

Constantine the Great, 君士坦丁大帝, 632

Constantinople, 君士坦丁堡, 2, 130, 178, 181, 185, 549, 566, 578, 602, 623, 628—9, 732
　人口, 542
　贸易, 550, 611—12, 623, 644
　默夫蒂, 616, 629, 646
　君士坦丁条约 (1700), 627

骚乱（1730—1731），645—7
Contades, Georges Gaspard, 孔塔德, 乔治·加斯帕尔, 侯爵, 法国陆军少将, 473
Conti, François Louis de Bourbon, 波旁王室的孔蒂, 弗朗索瓦·路易波旁王室, 王子, 与波兰, 686, 688
Converse, Captain James, 康弗斯舰长, 詹姆士, 缅因的, 487
Coode, John, 科德, 约翰, 马里兰的领袖, 482
Cooke, Elisha, 库克, 埃莱沙, 马萨诸塞州的代理人, 483
Copenhagen, 哥本哈根, 3, 42, 654, 804—7, 817
　　船坞, 820
　　海员医院, 826
　　海军学校学员, 826—7
　　瘟疫, 886n.
Copernicus, Nicolaus, 哥白尼, 尼古拉, 天文学家, 84—5
Copley, Lionel, 科普利, 莱昂内尔, 马里兰总督, 482
Corelli, Archangelo, 柯雷里, 阿尔凯杰洛, 音乐家, 102, 105, 116
Corfu, 科孚, 被围（1716）, 565, 638—9
Cork, 科克, 240
Cornbury, Henry Hyde, 科恩伯里, 亨利·海德, 第一代子爵, 纽约州的总督, 505
Corneille, Pierre, 科尔内耶, 皮埃尔, 剧作家, 110, 329
Coromandel coast, 科罗曼德尔海岸, 518, 860
Corresponding Princes, 联合一致的亲王联盟, 246, 399, 402, 406—7
Corsairs, 海盗, 见 Privateering
Cosimo Ⅲ, 科西莫三世, 托斯卡纳大公, 131, 151
Cossacks, 哥萨克, 31, 610, 630, 634, 636, 665—70, 683, 732, 759, 775—6
　　与波兰人, 696, 699, 759
　　与彼得大帝, 732, 775—6
　　另见 Bulavin, Don, Mazepa, Orlik, Palej, Samus, Ukraine
Coste, Pierre, 科斯特, 皮埃尔, 牛顿的译员, 78
Costebelle, Pastour de, 科斯特贝尔, 帕斯托德, 在普拉森夏的总督, 503
Côte d'or (Burgundy), 科多尔（勃艮第）, 31, 335
Cotentin, the, 科唐坦, 243
Cotes, Roger, 科茨, 罗杰, 英国数学家, 43, 47
Couperin, François, 库普兰, 弗朗索瓦, 音乐家, 103

Courland, 库兰, 656—7, 660, 693—4, 699, 710, 719, 773
与奥古斯都二世, 694
贸易, 648—9, 837
Courtilz de Sandras, Gatien de, 库蒂尔茨·德·桑德拉, 加坦德, 法国作家, 91
Courtrai, fortress, 库特拉要塞, 252, 381
Covilhā, 库维良, 毛织厂, 513
Coxe, Dr Daniel, 考克斯博士, 但尼尔, 殖民宣传家, 500
Coymans, Balthassar, 科曼斯, 巴尔撒泽, 荷兰提供奴隶的商人, 350
Crab Island, 克拉勃岛（加勒比）, 354
Cracow, 克拉科夫, 695, 702, 705
Crato, priory of 克雷托修道院, 537
Crébillon, Prosper, Jolyot, 克雷比荣, 普罗斯佩·若利奥先生, 法国剧作家, 95
Credo, Willem, 克雷多, 威廉, 泽兰海盗, 801
Cremona, fortress, 克雷莫纳, 要塞, 409
Creutz, Karl Gustaf, 克鲁茨, 卡尔·古斯塔夫, 瑞典将军, 669
Crimea, 克里米亚, 562, 610, 619—20, 625, 647, 664,

669, 716, 718, 736
Crisp, Tobias, 克里斯普, 托拜厄斯, 142
Crissé, Turpin de, 克里塞, 蒂尔潘·德, 法国军事作家, 758
Croatia, 克罗地亚, 7, 242, 577, 581, 586, 604, 608, 617, 638
Cromwell, Oliver, 克伦威尔, 奥立弗, 197, 744
Cronstedt, Karl, 克朗斯泰德特, 卡尔, 瑞典精通炮术的人, 677, 808
Crozat, Antoine, 克罗扎, 安托万, 法国理财家, 13, 500—1
Cruizers, and Gonvoys Act (1708), 巡洋舰和护航法令 (1708), 796
Crulai, 克鲁莱, 人口, 885, 900
Cruz, Sor Juana Inés de la, 克鲁兹, 索·胡安娜·英尼斯·德拉, 343
Cuba, 古巴, 355, 372
Cudnow, battle of (1660), 库特脑战役 (1660), 682
Cudworth, Ralph, 卡德沃思, 拉尔夫, 柏拉图主义者, 93, 139, 142—3
Curaçao, 库拉索, 12, 350
Curitiba, 库里蒂巴, 淘金地, 534
Cussy, Pierre Paul Tarin, 居西, 皮

埃尔·保罗·塔林，圣多明各总督，633
Czarny, Ostróg, 查尔纳，奥斯特洛格，703

Daghestan, 达吉斯坦，644—5
Dahlberg, Count Erik, 达尔伯格伯爵，埃里克，利沃尼亚总督，654, 656
Dahomey, 达荷美，515
Dalliez, the brothers (de la Tour and de Réalville), 达利埃兄弟（德拉图尔和雷阿尔维尔），法国制铁商，815
Dalmatia, 达尔马提亚，541, 544, 608, 627, 638, 642
Daltaban, Mustafa Pasha, 达尔塔班，穆斯塔法帕夏，首相，629
Damascus, 大马士革，551, 609
人口，542
Damietta, 达米埃塔，550
Dampier, William, 丹皮尔，威廉，探险者，海盗，15, 35, 56, 96, 372
Danby, Thomas Osborne, 丹拜，托马斯·奥斯本，第一代伯爵，204—5, 207, 209, 215, 264
Dancourt, Florent Carton (sieur d'Ancourt), 当古，弗洛朗·卡尔东（达库尔先生），法国剧作家，32, 90, 340
Danube, the, 多瑙河，4, 5, 7, 223, 241—2, 422, 562, 564, 577, 605, 610, 640, 753—5, 776
Danycan, Noël, 达尼康，诺埃尔，圣马洛的商人和公司的创办人，15, 359, 364
Danzig (Gdańsk), 但泽（格但斯克），10, 186, 520, 688, 699, 704—5, 712, 737
贸易，836—7, 843, 867, 871
Darband, 达尔班德，为俄国占领（1722），644, 739
Darby, Abraham, 达比，亚伯拉罕，制铁局，70, 869n., 892
Dardanelles, the, 达达尼尔海峡，565, 610, 623
Dar Fur, 达尔福尔，548
Darien, Isthmus of, 达里埃地峡，35, 350
公司，15, 212, 275, 277, 360, 392, 505
Dartmouth, William Legge, 达特默思，威廉·莱格，第一代伯爵，460
Darwin, Charles, 达尔文，查理，64
Dashkov, Aleksei Ivanovich, 达什柯夫，亚历克赛·伊凡诺维奇，俄国驻华沙大使，711

Das Minas, 达斯来纳斯, 见 Minas

Daubenton, Louis Jean Marie, 多邦东, 路易斯·琼·玛丽, 科学家, 41

Daun, Count Lorenz Wierich von, 道恩伯爵, 洛伦茨, 派里希·冯, 奥地利将军, 433, 594

Dauphiné, 多菲内, 231, 240, 245, 336, 390, 433, 467, 781, 813, 815, 864, 889
丝织品, 868

Davenant, Charles, 达维南特, 查尔斯, 经济学家, 157, 260, 284

Davenant, Henry, 达维南特, 亨利, 马尔巴勒的财经代理人, 761

Davis Strait, 戴维斯海峡, 捕鲸区, 848

Deane, Private J. M., 迪恩, 普赖文特, 美国军官, 762

Declaration of Rights (1689), 权利法案 (1689), 208, 220, 382

Deerfield (Mass), 迪尔菲尔德 (马萨诸塞州), 502

Defoe, Daniel, 笛福, 丹尼尔, 15, 24, 32, 36, 153, 157, 281—2, 315, 611, 751, 762, 769—70, 824
《鲁滨孙飘流记》91, 97
《异教捷径》, 281

《地道的英国佬》, 281—2

Deists, 自然神论者, 86, 99, 136—9

Delaware, 特拉华, 493

Denain, battle of (1712), 德南战役 (1712), 19, 444, 467, 753

Dendermonde, 登德蒙特, 426, 431, 447, 455, 477—8

Denhoff, Stanislas, 德霍夫, 斯坦尼斯拉, leader of Sandomierz Cofederacy, 桑多美茨联盟领袖, 698, 702—3

Denmark, 丹麦
与石勒苏益格—荷尔施泰因, 3—4, 402, 652—5, 678, 774
军队, 3—4, 227, 237, 410, 426, 742, 772—3, 774—5
与俄国, 1, 158, 652—4, 676, 692, 736, 806, 832
与法国, 3—4, 183, 187, 651, 827
与威廉三世, 3—4, 227, 246n.; 另见联合一致的亲王联盟, 中立权利
贸易, 174, 234—5, 420, 520, 804; 奴隶贸易, 855
西印度群岛 (圣托马斯), 350
印度 (特兰克巴尔), 128, 518
挪威, 648, 649, 670, 675—

7，773，806，824

在波罗的海东部，649

海军，184，654，671，805—8，820，824—5，826—7，831

另见克里斯图五世，腓特烈四世，北方大战，瑞典，特兰凡特尔

Denonville, Jacques René de Brisay, 德农维尔，雅克·勒内·布里塞，新法兰西总督，484，486，498

Denys, Pierre, 德尼，皮埃尔，宗教法规，詹森派教徒，135

Deptford, 德特福，船坞，21，229，793，811

Derby shire, 德比郡，人口，887

Derham, William, 德勒姆，威廉，英国牧师，85

De Ruyter, Michiel Adrianszoon, 德鲁特，米基尔·艾德里安松，海军上将，236，565，570，795，798，802，826—7

Desaguliers, John Theophilus, 德萨居埃，约翰·泰奥菲鲁，胡格诺派科学家，47

Descartes, René, 笛卡儿，勒内，24，32，34，37，55，61，65，67，70—1，79，92，126，139，558

Des Granges, Louis, 德格朗热，路易，法国驻葡萄牙领事，511

Deshayes, Jean, 德夏伊，让，法国水文地理学家，497

Desideri, Hippolyte, S. J., 德西迪里，希普里特，传教团，130

Desmarets (Desmaretz), Nicolas, 德马雷（德斯马莱茨），尼古拉，总管理员，298，302，305，331，336，365

Devlet-Girei Ⅱ, 德夫莱—吉莱伊二世，克里米亚汗，630—1，636，664，668，736

De Witt, Johan, 德威特，约翰，荷兰政治家，48，799，822，825

Diderot, Denis, 狄德罗，丹尼斯，43，71，93，97，100

《百科全书》，34—5

Dieppe, bombarded (1695), 迪埃普边境（1695），249

Dijkvelt, Everard van Weede, 第克维尔特，埃弗拉德·凡·韦德，荷兰去英国的使者，170，172，198，200，249，388

Dijon, 第戎，335，340

Dinant, fortress, 迪南，要塞，223，252

Dissenters (Nonconformists), 异教徒（不信奉国教者），英国，123，198ff.，259，264，270，273—4，281，288

应时信奉国教法令（1711），273，274n.，461；教会分立

法令（1714），273—4

Diu, decay of, 第岛的没落，518

Dixmude, 迪克斯穆特，向法国投降（1693），247

Dnieper, the, 第聂伯河，3，564，627—8，631，665—6，699，732，754，776

Dniester, the, 德涅斯特河，610

Dolgoruki, Count Gregory Feodorovich, 道尔高罗基伯爵，格里戈里·菲奥道罗维奇，俄国驻波兰大使，701，712—13

Don Steppe, 顿河大草原，7
　河流，625，718
　哥萨克，610，636，732

Donauwörth, 多瑙瓦茨，421

Dort (Dordrecht), Synod of, 多特，宗教会议，121—2

Dositheus, 德西塞斯
　耶路撒冷主教，632

Douai, fortress, 杜埃，要塞，英国占领（1710），437，440，444

Douro, the, 杜罗河，521，782
　葡萄酒，845

Drake, Captain Peter, 德雷克上尉，彼得，兵痞，742，762

Drava, the, 德拉瓦河，577，580，608

Dresden, 德累斯顿，31，652—3，701—2，719

Drina, the, 德里纳河，641

Dryden, John, 德莱顿，约翰，33，70，79，81，83，106，113—14，282—3

Dublin, 都柏林，240

Dubos, Abbé Jean-Bptiste, 迪博，阿贝·让—巴蒂斯特，旅行家，500

Ducasse, Jean-Baptiste, 迪卡塞，让—巴蒂斯特，圣多明各总督，355—6，372，545，810

Duclos, Benoit and Roland, 杜克洛，伯努瓦和罗纳尔，葡萄牙丝织厂，513

Dudley, Joseph, 达德利，约瑟夫，马萨诸塞州总督，502，507

Düsseldorf (Lower Palatinate), 迪塞尔多夫（帕拉汀内下游），31

Dufay, Charles, 迪费，夏尔，法国电学家，53

Dufour, 迪富尔，法国在葡萄牙的制铁商，513

Dufresny, Charles Rivière, 迪弗雷尼，夏尔·里维埃，剧作家，340

Dugdale, Sir William, 达格代尔爵士，威廉，古物收藏家，87

Duguay-Trouin, René, 迪盖—特鲁安，勒内，圣马洛海盗，后为船长，19，244，528，802

Du Hamel, Jean-Baptiste, 杜·阿梅尔，让—巴蒂斯特，笛卡儿主

义者，84

Dumas, Alexandre, 大仲马，亚历山大，小说家，91

Dummer, Jeremiah, 达默，杰里迈亚，马萨诸塞州的代理人，506—7

Dundalk, 敦达尔克，237

Dunes, battle of the (1658), 达尼河战役 (1658)，343

Dunin-Karwicki, 多宁—卡尔维奇，见 Karwicki, 卡尔维奇

Dunkers, 邓克尔斯，493

Dunkirk, 敦刻尔克，19，244，248—9，257，435，442—3，451，452，460，753，794，803，811—12

私掠船，734，800，802，812，848

Duquesne, Abraham, 迪凯纳，亚伯拉罕，侯爵和海军上将，564—5，812

Durham, 达勒姆，煤，869

Du Ru, Paul, S. J., 杜鲁，保罗，法国传教士，499

Dussen, Bruno van der, 范·布鲁诺·杜森，古达省议长，439，446—7，450—1

Dutch, 荷兰，见联合省

Duverney, Joseph, 迪弗内，约瑟夫，解剖学家，41，47，56

Dvina, the 德维纳河，655—6，692，694，841—2

Dzialyński, Thomas, 吉亚林斯基，托马斯，波兰外交家，698—9

East India Companies, 东印度公司
英属东印度公司，40，262，288，360，392，457，517，835，856ff.
荷属东印度公司，298，516，856—62，893
葡属东印度公司，516—17
法属东印度公司，517，524，812，856—7，861
丹麦东印度公司，518
奥斯坦德，东印度公司，352，390，478，857

Eberenburg, 埃伯莱贝格，245

Eberhard Ludwig, 埃贝哈德·路德维希，符腾堡公爵，121

Ebro, the, 埃布罗河，海军补给品地，813

Ecuador, 厄瓜多尔，356

Edinburgh, 爱丁堡，42，67

Edwards, John, 爱德华兹，约翰，加尔文教牧师，141

Eger ( Erlau ), fortress, 埃格尔 (埃尔芬)，要塞，608，621

Egypt, 埃及，548，565，609—10，620，632，638

Eisenerz, 艾森纳茨，铁矿，604

Ekeren, battle of (1703), 埃克伦

战役（1703），416
Elba，厄尔巴岛，540，546
Elbe, the，易北河，605—6
Elbeuf，埃尔伯夫，毛织品，863
Elblag (Elbing)，埃尔布隆格（埃尔平），689—90，694
Element, Moitrel d'，德莱蒙，穆瓦特雷，法国科学家，46
Elizabeth Christina，伊丽莎白·克里斯蒂娜，查理六世之妻，596
Elizabeth Farnese，伊丽莎白·法尼丝，西班牙皇后，9，377—8，380，473
Elizabeth of Pfalz-Neuberg，法尔茨—纽贝格的伊丽莎白，685
Elmas Mehmed Pasha，艾尔玛·穆罕默德帕夏，首相，626
Embrun, fortress，昂布伦，要塞，245
Emden，埃姆登，木材市场，840
Empire, the Holy Roman，神圣罗马帝国
 军事组织，5，20，411，588，742，764，768—9，777—8
 与皇帝，8，166—7，225，402，450，471—2，578—9，586ff.
 宗教，120—1，189，252，383，473—4，588
 雇佣军，165—6，404—5，411，742，769，772，778
 与外交政策，165—7，203，227，399，401—7，414—15，586
 九年战争，225，228，232ff.，586—7
 里斯威克，252，381，383，473—4，588
 1701年的大同盟，407，410—11，588
 王位继承战，416ff.
 巴登条约（1714），444，474—5
 与瑞典，154，184—5，431—2，649，656，658，660，662—3，670，673ff.
 联合一致的亲王联盟，246，399，402，406，407
 马格德堡协议会，232
 集团，165—6，250，402，405，407，409，586，588
 帝国的采邑，见 Italy，意大利
 另见 Leopold I, Joseph I, Charles Ⅵ
England，英格兰
 海上力量，4，11—13，18—19，21—2，155，204，215，229，234ff.，292，355，370，382，387，391—2，404，407，411ff.，488—9，503，505—6，525—6，566ff.，654，790ff.

贸易，10，14—17，19，185—8，238，244，246，252—3，257，261—2，282，382，387，391—2，395，412，414，418—20，428，431，434，438—9，441—2，459，460，469—70，475—6，490—1，510，513，519ff.，535，549—53，611，675，796—7，802，805，809，816—19，833，835ff.，870—4，894

与美洲，12ff.，35，56，95ff.，128，195—6，251—2，255，261，349，354，372—3，385，391—2，410，434，441，459ff.，480ff.，535—6，796—7，809—11，814，848ff.，849；

另见 Asiento，阿山多，West Indies，西印度群岛

对外政策，15ff.，26—7，155ff.，193，266—7，432，622，641，645，654，658，663—4，670，675—6，735；见 Barrier，Bolingbroke，Grand Alliance，Portugal，William Ⅲ

军队，18—21，196—7，198，201，204—5，208，228ff.，293，382—3，411ff.，505，742ff.，763—4，766，769—71，783—4

财政，22—3，26，208，209，251，255，260，274，277，285—94，299，313—15，382，401，440，535，787，816—19，831—2，836，896，902

宗教，25—6，85—7，92—3，99，123ff.，136—9，140，149ff.，197ff.，209—10，212，215，264，270，285；另见 Dissenters，James Ⅱ

机构，25—6，193ff.，206—11，216ff.，253，255，264—75；另见 Scotland，苏格兰

社会团体，29，31—3，89，93—4，151—3，219—21，258—60，262—3，279—82，769—71，783—4，823ff.

音乐，32，104，107—8，110，113—15

文学，32—3，72，78ff.，263，280—2

科学，33—5，37ff.，84—5；

工艺，68—70，259，719，747—9，815，867，868，892

工业，69—70，259，814，819，865ff.

人口，883ff.，885—7，889，900

农业，68—9，257—8，763，813，818—19，865

Enlightenment, the，启蒙运动，70，

72，96，150，740

Enniskillen, 埃尼斯凯伦，213，769

Eperjes (Prešov), 埃佩奇（普雷肖夫），605，619

Epicurus, 伊壁鸠鲁，24，146

Eric Ⅳ, 埃里克四世，瑞典国王，806

Ericeira, Luis de Meneses, 埃里塞伊拉，路易斯·德·梅内塞斯，葡萄牙财政大臣，第三代伯爵，514，522

Erlach, Johann Reinhold Fischer von, 埃拉赫，约翰·赖因霍尔德·菲舍尔·冯，奥地利建筑师，144，601

Ernest Augustus, 埃内斯特·奥古斯塔斯，不伦瑞克—吕内伯格公爵，166，183—4，202，241，232，246，735
汉诺威选帝侯，587—8，768

Ertholomene, Baltic islets, 埃尔泰洛美，波罗的海小岛，807

Erzurum, 埃尔佐勒姆，609，614

Esterházy, Count Paul, 埃斯特豪佐公爵，保罗，匈牙利宫廷官吏，583—4

Estonia, 爱沙尼亚，648，663，679，773，806
贸易，648，837ff.

Estrées, César d', 埃特雷，塞扎尔·德，红衣主教，369

Estrées, Jean d', Abbé, 埃特雷，让·德，阿贝，前者之侄，369

Estrées, Victor Marie, 埃特雷，维克托·玛丽，伯爵，海军中将，法国元帅，390，567—9

Estremadura, 埃什特雷马杜拉，163，366，438，526—8，591

Estremoz, 埃斯特雷莫兹，512

Ethiopia, 埃塞俄比亚，571，858

Eugene, 尤金，Prince of Savoy-Carignan，萨伏依—卡里格南王子
在拉施塔特的协议，5，171，444，472—3
作为士兵，18，744，752—3，760—1
布莱海姆，19，421—2
土耳其，21，164，251，383，581，598，626，638—42
战争利润，23，572—3，788
意大利，243，247，250，405—6，409，412，417，425，428—9，558，570，593—6
土伦，5，433
奥德纳德，434—6
马尔普莱奎特，438
伦敦代表团，443，462，464
乌得勒支协议，450

匈牙利, 579, 585, 620

Euler, Leonhard, 欧拉, 莱昂哈德, 瑞士科学家, 42, 52

Evdokia, Lopukhina, 叶芙道契娅, 鲁鲍希娜, 女沙皇, 717, 733

Evellyn, John, 伊夫林, 约翰, 《森林志》, 813

Evertsen, Cornelis, 埃弗森, 科内利斯, 泽兰的海军中将, 568

Evora, 埃武拉, 小麦价格, 509

Exeter, 埃克塞特, 出售服装, 866

Exquemelin, Alexandre Olivier, 埃克斯奎梅林, 亚历山大·奥利维尔（即约翰·埃斯奎梅林）, 海盗, 96

Fagel, Gaspar, 法奇尔, 加斯帕, 176

Fahrenheit, Gabriel Daniel, 华伦海特, 加布里尔·丹尼尔, 普鲁士物理学家, 54

Falmouth, 法尔默思, 811

Faro, 法鲁, 510, 519

Farquhar, George, 法夸尔, 乔治, 英国剧作家, 89

Fatio family, 法梯奥家族, 日内瓦银行家, 303

Fayal（Azores）, 法亚尔（亚速尔）, 葡萄酒和白兰地, 520

Feif, Casten, 费伊夫, 卡斯滕, 查理十二的秘书, 671

Feijóo y Montenegro, Benito Jerónimo, 费霍·蒙特内格罗, 贝尼托·赫罗尼莫, 西班牙祝福评论, 72

Feitama, Sybrand, 菲塔马, 西勃兰, 荷兰剧作家, 75

Fénelon, François Salignac de la Mothe de, 费奈隆, 弗朗索瓦·萨利格纳·德·拉莫特·德, 坎勃莱伊主教, 27, 72, 126, 135, 142, 146, 153, 156, 339

与盖荣夫人, 147—9

致路易十四和马克西姆的信, 327

Fenestrelle, 费内斯特雷尔, Alpine fortress, 阿尔卑斯山要塞, 467

Ferrara, 弗拉拉, 595

Ferriot, Charles de, 费里奥尔, 夏尔·德, 阿尔让塔的男爵, 法国驻土耳其大使, 630

Ferryland（Newfoundland）, 费里兰（纽芬兰）, 488—9, 503

Fétis, François Joseph, 费迪, 弗朗索瓦·约瑟夫, 音乐研究家, 101

Feuquiére(s), Issac du Pas, 费基埃, 伊萨克·杜·帕, 侯爵, 法国外交家, 160, 180

Feuquiére(s), Antoine du Pas, 费基埃, 安托万·杜·帕, 侯

爵，法国元帅，653

Feversham, Louis Duras, 费弗沙姆，路易·迪拉斯，第二代伯爵，747

Feyzullah, 费佐拉，君士坦丁堡伊斯兰教法典说明官，629

Fez, 菲斯，北非伊斯兰教各国（埃及除外）的货物集散地，548

Fezzan, 费赞，548

Fick, Heinrich, 荷尔施泰因的菲克，海因里奇，731

Fikaiyye, 菲卡里叶，埃及政治小集团，609

Filmer, Sir Robert, 菲尔默爵士，罗勃特，政治作家，25，216，219—20

Finale, 弗纳尔，侯爵领地，帝国采邑，386—7，395，401，403，592，597

Finland, 芬兰，4，656，673，716，773—4，806，808
饥荒，764
人口，889—90

Fiume, 阜姆，自由港口，604

Flamsteed, John, 弗拉姆斯蒂德，约翰，第一位皇家天文学家，52

Flanders, 佛兰德，属西班牙的，见西属尼德兰
法国的佛兰德，543，785，866

佛兰德各州，426，428

Fleetwood, William, 弗利特伍德，威廉，主教和古钱学家，48

Fleischmann, Anselm, 弗莱施曼，安泽尔门，奥地利经济学家，605

Flemming, Count Jakob Heinrich von, 弗勒明公爵，雅各布·海因里奇·冯伯爵，萨克森陆军元帅，690—1，702，709，711—13

Fletcher of Saltoun, Andrew, 萨尔顿的弗莱彻，安德鲁，苏格兰的独立党人，276

Fletcher, Banjamin, 弗莱彻，本杰明，纽约总督，487

Fletcher, John, 弗莱彻，约翰，英国剧作家，79

Fleurus, battle of (1690), 弗勒鲁战役（1690），239，241，747

Fleury, Cardinal André Hercule de, 弗勒里，安德烈·埃居尔·德，红衣主教，27

Flibustiers, 海盗行为，12，15，349，350，354，356，809—10

Florence, 佛罗伦萨，106，109，535，562
人口，542

Florida, 佛罗里达，129，350，500
继承战争，503—4

Flushing, 弗洛辛，20，800—1，811

Foigny, Gabriel, 福格纳, 加布里埃尔, Franciscan, 天主教方济各会的小说家, 98

Fontana, Carlo, 丰塔纳, 卡洛, 意大利建筑师, 144

Fontenelle, Bernard le Bovier, sieur de, 丰特奈尔, 贝尔纳拉·布维埃, 先生, 哲学家, 32, 41, 61—2, 70, 88, 104, 137, 740

Forbin, Claude, 福尔班, 克劳德, 骑士, 骑兵中队司令官, 19, 244, 257, 435, 569, 802

Forez, 福雷和生产, 813, 869

Forkel, J. N., 福克尔, J. N., 音乐家, 117

Fort Frontenac, 隆特纳克堡, 496

Fort Knocke, 克诺克堡, 477

Fort Louis (Rhine), 路易斯堡（莱茵）, 252

Fort Loyal (Portland), 洛亚尔堡（波特兰）, 486

Fort Royal (Martinique), 罗亚尔堡（马提尼克岛）, 810

Fort St Louis (New France), 圣路易斯堡（新法兰西）, 497

Fort St Michael, 圣米歇尔堡, 477—8

Fort William Henry, 威廉亨利港, 487

Forth, Firth of, 福思湾, 256

Fortune (New foundland), 福琼岛（纽芬兰）, 488

Fox, George, 福克斯, 乔治, Qnaker, 贵格会教徒, 150

France: general survey, 法国总的概况, 316—42

宗教, 10, 85, 93, 98—9, 119—20, 131ff., 147—9, 189, 333—4；另见胡格诺派教徒

贸易, 10, 14—15, 185—7, 320—1, 329—30, 359, 385, 549—53, 571, 839ff., 894；

渔业, 13—14, 470, 488—9, 503, 849—50；葡萄园, 335, 521, 845—7, 877；工业, 69, 323, 329, 512—13, 536, 552, 737, 793—4, 812, 815, 843, 850, 860—1, 863ff., 879, 881, 893, 894

海军, 19, 21—2, 224, 234ff., 283—4, 412, 550—1, 568—71, 790ff.

陆军, 20, 223—4, 232ff., 319, 325—6, 340, 373—5, 412ff., 741ff., 763—7, 780—2, 785—9

对外政策, 见路易十四；优势, 26—7, 74—5, 154ff., 230, 254—5

粮食危机, 29—30, 320ff., 764, 838—9, 875ff., 898—9

文化，32—3，72ff.，220—1，340—2

科学，33—5，38ff.，84—5，88—9

社会团体，28—32，89—91，94—5，332ff.，338—42，780—1，785—6，829

财政，298—305，317—18，321，323—4，325—6，330—3，335—8，788，831—2

人口，883ff.，900

另见 Colbert, Louis XIV, Paris

Franceschi，弗兰切斯基，里窝那的贩卖奴隶商，563

Franche-Comté，弗朗谢—孔泰，223，387，438，452，454，465，813

Francke, August Hermann，弗兰克，奥克斯特·赫尔曼，德意志神学家，150—1

François de Sales, Saint，圣弗朗索瓦·德·萨尔，146，149

Franconia，弗朗科尼亚，237，245，250，402，405，432，586—8，590，752

Frankenthal, fortress，弗兰肯塔尔，要塞，225

Frankfurt-am-Main，美因河畔法兰克福，225，232，237，421，596

Frankfurt-am-Oder，奥得河畔法兰克福，705

Franklin, Benjamin，富兰克林，本杰明，42

Frauds, statute of (1677)，弗劳特法会（1677），491

Fraustadt, battle of (1706)，弗劳斯塔特战役（1706），661—2，700，705

Frederick Augustus I，腓特烈·奥古斯都一世，萨克森选帝侯，见 Augustus II

Frederick II, the Great, of Prussia，普鲁士的腓特烈二世大帝，42

Frederick III, elector of Brandenburg-Prussia，腓特烈三世，勃兰登堡—普鲁士选帝侯，1701年腓特烈一世开始做普鲁士皇帝，28，44，130，168，225，232，237，249，402

大联盟，406，411，439，583，659，671，689—90，692，694，763，768—9

Frederick IV, king of Denmark，腓特烈四世，丹麦国王，652—3，655，670，676，679，774

Frederick of Hesse，黑森的腓特烈，673，677

瑞典国王，678—9

Frederick Henry，腓特烈·亨利，奥兰治王子，799

Frederick William of Brandenburg-Prussia, the Great Elector，勃兰

登堡—普鲁士的腓特烈·威廉大选帝侯, 158, 198, 232, 685, 778—9

Frederick William Ⅰ, king in Prussia, 腓特烈·威廉一世, 普鲁士国王, 151, 471, 672, 713—14, 730, 769

Frederiksborg, Treaty of (1720), 弗雷德里克斯堡条约 (1720), 678

Frederikssten fortress, 弗雷德里克斯登要塞, 677—8

Freiburg-in-Breisgau, 弗赖堡因布赖斯高, 252, 472—3, 588

Freire, Sousa, 弗莱雷, 索萨, 巴西领地总督, 529

Frescobaldi, Girolamo, 弗雷斯科巴尔迪, 奇洛拉姆, 意大利音乐家, 115

Friesland, 弗赖伊斯兰, 800

Fritz, Samuel, S. J., 弗里茨, 塞缪尔, 亚马索尼亚传教士, 356, 531

Friuli, Venetian trade, 弗留利, 威尼斯贸易, 555

Fronteira, Fernando Mascarenhas, 2nd marquis of, 弗龙泰拉, 费尔南多·马斯卡莱纳斯, 第二代侯爵, 438, 512, 522, 536

Frontenac, Louis de Buade, comte de, 弗隆特纳克, 路易·德·比阿德, 伯爵, 新法兰西总督, 12, 13, 484, 486, 488, 490, 497

Fuensalida, Antonio de Velasco, count of, 富思萨利达, 安东尼奥·德·韦拉斯科, 伯爵, 米兰总督, 241

Fürstenberg, Cardinal Wilhelm Egon von, 菲尔斯滕贝格, 红衣主教, 威廉·埃贡·冯, 斯特拉斯堡主教, 202, 224, 578

Fuggers, 富格尔斯, 帝国银行家, 308

Fundão, 芬道, 毛织品, 513

Fundy, Bay of, 芬迪湾, 502

Furnes, fortress, 弗内斯, 要塞, 247, 451, 477

Furnese, Sir Henry, 弗内斯, 爵士, 亨利, 银行家, 293, 314

Gadesbusch, battle of (1712), 加德布施战役 (1712), 636, 671—2

Gaeta, 加埃塔, 433, 594

Gaillac, 盖拉克, 葡萄酒, 845

Galicia, 加利西亚, 163, 366, 526, 528, 591

Galileo, 伽利略, 天文学家, 24, 37, 57, 68, 73

Gallas, Count Johann Wenzel Avon, 加拉斯伯爵, 约翰·文策尔·

阿丰，帝国驻英大使，458，460，462
Gallicanism，限制教皇权力、要求各国天主教自主的运动，131—4，334，376
Gallois, Abbé Jean，加卢瓦，阿贝·让，法国几何学家，41
Galveias, Dinis de Melo e Castro，加尔维亚，迪尼斯·德梅洛埃·卡斯特罗，第一代伯爵，葡萄牙将军，527
Galway，高尔韦，242
Galway, Henri de Massue de Ruvigny，高尔韦，亨利·德·马修·德·鲁维努，第一代伯爵
在西班牙，371，425，429—30
在阿尔曼萨，373，433，438，447，757
Game Act (1670)，游戏公约 (1670)，258
Gap，加普，245
Garcia, Miguel，加西亚，米格尔，巴西探险者，533
Garonne, the，加龙河，烟草的生长，853
Gassendi, Pierre，伽桑狄，皮埃尔，哲学家，95
Gastañaga, Francisco Antonio Agurto，加斯塔南加，弗朗西斯科·安东尼奥·阿古尔托侯爵，西班牙属地尼德兰总督，242

Gato, Borbo，加托，博尔沃，巴西探险者，533
Gaulli, Giovan Battista，高利，希奥凡·巴蒂斯塔，画家，145
Gaultier, Abbé François de，戈尔蒂埃，阿贝·弗朗索瓦·德，法国驻伦敦使馆的牧师，175，458—9
Gdańsk，格但斯克，见 Danzig
Gedoyn, Abbé Nicolas，热东，阿贝·尼古拉，法国作家，342
Geertruidenberg, negotiations (1710)，格特洛伊登堡协定 (1710)，375，439—40，454—8，596，735
Gelderland，格尔德兰，荷兰的省份，439，852
Geneva，日内瓦，120，121
宗教，121—2，151
银行家，23，303—4，314，543，788
Gennes, J.-B. de，热纳，J.-B.德，法国海军上校，15
Genoa, republic of，热那亚共和国，9，28，168，224，379，509，556，594，597，754
银行家，23，345，543
人口，542
军舰，563
贸易，509，535，540，547，555，564，813，858，862

Geoffroy, Etienne, 若弗鲁瓦, 艾蒂安, 法国化学家, 41
George Ⅰ, 乔治一世, 英国国王, 155, 272, 434, 676, 784
  他的社会关系, 168
  就任, 477, 790
  与瑞典王国关系, 673—6
George, prince of Denmark, 乔治, 丹麦王子, 204
George, prince of Hesse-Darmstadt, 乔治, 黑森—达姆施塔特王子, 5, 249, 370, 390, 423
  加泰罗尼亚总督, 357—8, 362, 382, 390, 591
Georgia, 格鲁吉亚, 基督教徒在格鲁吉亚, 645, 739
  土耳其人的占领, 645
Germany, 德意志
  科学, 42—5, 53—4, 61, 65—7
  文化, 31—2, 73—4, 87, 172, 728
  音乐, 101—3, 105, 110—11, 114—18
  另见 Empire and separate states
Gerona, 赫罗纳, 248
Ghent, 根特, 404, 408
  与法国, 431, 435—6
  与英国, 443, 464
  与荷兰, 477—8
Giannone, Pietro, 詹诺内, 彼特罗, 那不勒斯律师, 558
Gibraltar, 直布罗陀, 162, 371, 397, 442, 540, 549, 817
  为英国所占领, 11, 248, 419, 444, 448, 460, 475, 566—70, 809
  法国和西班牙企图重新获得, 19, 366, 423, 797
Gibson, Edmund, 吉布森, 埃德蒙, 伦敦主教, 127
Gilligan, Manuel Manasses, 希利根, 曼努埃·马纳塞, 西班牙商业代理人, 475
Ginkel, Godert de, 金克尔, 戈德特·德, 阿思隆的第一代伯爵, 242
Giordano, Luca, 其尔达诺, 卢卡, 那不勒斯画家, 343, 559
Giovan, Gastone, 焦万, 加斯东, 托斯卡纳公爵, 73
Gironde, the, 纪龙德, 812
Giudice, Cardinal Francisco del, 朱迪斯, 红衣主教, 弗朗西斯科·代尔, 西班牙宗教法庭庭长, 378
Givet, fortress, 吉凡特, 要塞, 247, 250
Glasgow, 格拉斯哥, 256
Glencoe, massacre of (1689), 格伦科屠杀 (1689), 212
Glommen, 格洛门河, 在挪威境内,

675, 678
Gloucester, 格洛斯特, 毛织品, 865
Gluck, Christoph Willibald, 格律克, 克里斯朵夫·威利巴尔德, 音乐家, 103, 111, 116
Glückstadt, 格吕克施塔特, 船坞, 807
Goa, 果阿, 516—17
Godolphin, Sidney, 戈多尔芬, 西德尼, 第一代伯爵, 财政大臣, 17, 23, 256, 267, 269, 284—5, 291—4, 414, 430, 437, 795
　与奥兰治的威廉, 205
　被免职, 270, 294, 441
　与苏格兰, 275—7
　与和平, 280
　与北方大战, 734
Görtz, Georg Heinrich, 格尔茨, 格奥尔格·海因里奇, 男爵, 瑞典在海牙的使者, 180, 674, 676—7
Goeo, Count Johann Peter, 格斯, 伯爵, 约翰·彼得, 帝国新海牙的大使, 409
Goethe, Johann Wolfgang von, 歌德, 约翰·沃尔夫冈·冯, 118
Göttingen, university 格丁根大学, 42, 44—5, 65, 71
Göttweig, monastery, 哥特威格修道院, 602

Gold Coast, 黄金海岸, 515
Golden Horn, 舍角湾, 643
Goldoni, Carlo, 戈尔多尼, 卡洛, 意大利剧作家, 73
Golitsyn, Prince Boris, 戈里钦, 博里斯王子, 俄国政治家, 718
Golitsyn, Prince Vasily Vasilyevich, 戈里钦, 华西里·华西里也维奇王子, 俄国政治家, 625, 684, 717—18
Golovin, Feodor Alexeyvich, 戈洛温, 费奥道·亚历克赛维奇, 俄国大臣, 698, 719
Golovkin, G. I., 戈洛夫金, G. I., 俄国总理大臣, 698n.
Goltz, Heinrich von der, 戈尔茨, 海因里奇·冯·德, 俄国元帅, 703
González, Tirso, 冈萨雷斯, 蒂尔索, 耶稣会会长, 147
Gordon, Patrick, 戈登, 帕特里克, 沙皇彼得的朋友, 720
Gorzyce, confederacy (1715), 戈齐斯同盟 (1715), 711
Gothenburg, 哥德堡, 802, 808
　贸易, 805
Gotland, 哥得兰, 649
Gott, Pierre, 戈特, 彼埃尔, 荷兰财政家, 303
Gottsched, Johann Christoph, 戈特

尚特，约翰·克里斯朵夫，德意志评论家，74
Gouda，古达，446
Goyaz，戈亚斯，532—3
Graaf, Regnier de，格拉夫，雷涅·德，荷兰古物学家，64
Grabu, Louis，格拉布，路易，法国音乐家，106—7
Gradiska，格拉迪什卡，578
Gran (Esztergom)，格兰（埃斯泰尔戈姆），要塞，618
Grand Alliance，大同盟，157，162，165，188，388—9，419，446，449ff.，591，658
  条约（1701），406，410，427，431，591
  乌得勒支，442ff.，461ff.
Grand Pré (Bay of Fundy)，波莱港（芬迪湾），502
Granville, bombarded (1695)，炮轰格朗维尔（1695），249，捕鳕鱼渔民，849
Graunt, John，格朗特，约翰，统计学家，48
Gravesande, Willeam Jakob van's，格拉夫桑特，威廉·雅各布·凡，荷兰科学家，46
Gravier, Jacques, S. J.，格雷维埃，雅克，S.J.，伊利诺斯州中的传教士，489—9
Gray, Stephen，格雷，斯蒂芬，英国科学家，53
Graydon, John，格雷顿，约翰，海军中将，503
Graz，格拉茨，573，601
Great Britain，大不列颠，见英格兰，爱尔兰，苏格兰
Great Northern War，北方大战
  性质，2—3，19，21，154，157—8，648，714—15，742—3，754，807
  导火线，649—54，687，692—3
  与丹麦，652—5，670—1，673，676，677—8，679，692，735，736，774—5
  与萨克森—波兰，见 Angustus II
  与俄国，652ff.，663ff.，673ff.，692ff.，698ff.，708ff.，722—3，733—5
  与勃兰登堡—普鲁士，671—4，678，710
  与汉诺威，673，674，675—6，677—8
  与土耳其，630—2，635—7，645，669—73，710
  与西方，154，402—3，410，431—2，654—5，656，662，670
  在波罗的海省，653—6，673，674，676，692，708—9，736，

773，806

在波兰，656—63，669—70，670—1，673，695ff.，704ff.

在萨克森，662—3，701，704

在乌克兰，466—9，702—3

在瑞典，670—1，774，806—7

在丹麦，654—5，671

在挪威，675，677—8

海军方面，654，671，673，679，721—2，806—7

经济效果，672，673—5，704—6，714，722ff.，772ff.，832，837ff.，873

致力和平，154，158，676，678—9，692—3，694，710—11，735—7

另见 Charles XII, Holstein-Gottorp, Peter I , Polish-Lithuania, Poltava

Greeks，希腊

作为商人，186，546，611—12

作为海员，544，554，615，619

东正教堂，见土耳其

另见 Aegean, Corfu, Morea

Greenland，格陵兰，鲸鱼业，848，872

Greenock，格里诺克，256

Greenwich, Banqueting Hall，格林威治宴会厅，32

格林威治天文台，68

格林威治医院，826

Greg, William，格雷威廉，Harley's clerk，哈莱的牧师，269

Grenoble，格勒诺布尔，336

Gresham College，格雷欣学院，39

Grew, Nehemiah，格鲁，内赫米亚，英国博物学家，56，64

Grimaldo, José de，格里马尔多，何塞·德，西班牙德斯帕柯大学的，370，475

Grimmelshausen, Johann Jakob Christoffel von，格里曼尔肖森，约翰·雅各布·克里斯托费尔·冯，德国小说家，73

Grodno，格罗德诺，661，690，700，705

Groningen，格罗宁根，465，800

Gropello, Giambattista，格罗佩洛，詹巴蒂斯塔，博尔贡伯爵，萨伏依财政大臣

Grotius, Hugo，格劳秀斯，休戈，荷兰法官，173

Grüber, Johann, S. J.，格吕贝尔，约翰，S. J.，传教士，130

Guadalajara，瓜达拉哈拉，430

Guadeloupe，瓜德罗普岛，251，810，853

Guardão, lord of，瓜尔达领主，总收入，538

Guardi, Franccsco，瓜尔迪，弗朗切斯科，威尼斯画家，556

Guastalla, duchy of, 瓜斯塔拉公爵领地, 473

Guatemala, 危地马拉, 356

Guayaquil, 瓜亚基尔, 356, 373

Guelderland, Upper (Spanish), 上盖尔德兰（西班牙的），乌得勒支, 439, 444, 451, 465—6, 477

Guelders, fortress, 盖尔特斯, 要塞, 399, 404, 416

Guiana, 圭亚那, 350, 528, 531; see Cayenne, Surinam, 见卡宴，苏里南

Guiguer Family, 吉格家族, 日内瓦银行家, 303

Guillestre, fortress, 吉莱斯特莱, 要塞, 245

Guinea, Gulf of, 几内亚湾, 与葡萄牙, 510, 515
法属几内亚公司, 364
荷兰贸易, 510, 872

Guipúzcoa, 吉普斯夸, 175, 363, 393

Guiscard, Antoine, 吉斯卡, 安东尼, 伯爵, 457

Gustavus Adolphus, 古斯塔夫·阿道夫, 瑞典国王, 735, 743—4, 752—3

Guyon, Jeanne Marie Bouvier, 居荣, 让娜·玛丽·布维埃, 拉莫特夫人, 法国神秘主义者, 147—9

Guzman, Marin de, 古斯曼, 马林·德, 西班牙与外商签订供应非洲奴隶的商人, 515

Gyllenborg, Count Karl, 于伦鲍格, 伯爵, 卡尔, 瑞典外交家和作家, 180, 676

Gyllenkrook, Axel, 于伦克鲁克, 阿克赛尔, 瑞典将军, 761

Haarlem, 哈勒姆, linen-bleaching, 亚麻布漂白, 867

Haas, Robert, 哈斯, 罗伯特, 音乐研究家, 102—3

Habeas Corpus Amendment Act (1679), 人身保护法修正案 (1679), 265

Habsburg monarchy, 哈布斯堡王朝
政府组织, 7—8, 155, 177, 228, 449—50, 572—6, 598ff., 752
财政, 22, 305—14, 383
军队, 228, 642, 742, 745, 747—8, 752, 759, 761, 782
与意大利, 5, 9, 163—4, 368, 386—7, 405—6, 409, 412, 428, 432—3, 557—8, 569—71, 576, 581, 590ff.
与尼德兰南郡, 444—5, 472—3, 477—8, 576, 579, 598

与威尼斯，577，638 ff.
与波兰，581，683—5，695，701，710
与巴伐利亚，588—90
与萨伏依，159，241，250—1，417—18，462，466—7，559，595—6
哈布斯堡国土的经济，599 ff.
社会机构，599 ff.
建筑物，601—2
教堂，601—2
城镇，602—3，605
灾祸，670，886 n.
另见 Austria, Bohemia, Bosnia, Croatia, Empire, Hungary, Silesia, Transylvania, Turkey

Hadow, Sir Henry, 哈多，爵士，亨利，音乐家

Härbel, Nikolaus Friedrich, 哈尔贝尔，尼古劳斯·弗里德里希，瑞士建筑师，728

Hague, the, 海牙，420，734，738，800
代表大会，171—2，237
条约（1700），653
全国性大会（1710），439，670—1
和平协议（1709），450

Hainault, province, 埃诺省，426，446

Haines, Richard, 海恩斯，理查德，

发明家，152

Hainz (Heins), Paul, 海因茨（海因斯），保罗，丹麦驻俄国大使，692

Hales, Stephen, 黑尔斯，史蒂芬，生理学家，40，54，65—6

Halifax, Charles Montagu, 哈里法克斯，查理·蒙塔古，第一代伯爵，216，266，270
财政大臣，286

Halifax, Sir George Saville, 哈里法克斯爵士，乔治·萨维尔，侯爵，195，199，205，214—17，263
政治上的骑墙派，208
持异议的人，211

Halil Pasha, 哈里尔帕夏，首相，640，643

Hall, Chester Moor, 霍耳，切斯特·穆尔，发明家，54

Hallart, Ludwig Nikolaus von, 哈拉特，路德维格·尼古劳斯·冯，俄国将军，634

Halle, 哈雷，719
大学，44，65，150
盐场，844
虔信派教徒，128

Haller, Albrecht von, 哈勒，阿尔布雷希特·冯，生理学家，45，65—7

Halley, Edmund, 哈雷，埃德蒙，

皇家天文学家，39，40，52，68

Hamadan，哈马丹，为土耳其占领，645

Hamburg，汉堡，168，186，605，737
贸易，520—1，847—8，894
海员，580
制帆篷等的布，815
毛皮市场，851
公司，866

Hamilton, James Douglas，汉密尔顿，詹姆士·道格拉斯，第四代大公，276

Handasyd, Thomas，汉达赛德，托马斯，牙买加的代理总督，810

Handel, George Frederick，汉德尔，乔治·弗雷德里克，音乐家，32，101—7，114—15

Hangö Udd (Gangut), battle of (1714)，汉高特（甘古特）战役（1714），806

Hanmer, Sir Thomas，汉默，爵士，托马斯，下议院议长，469

Hanover，汉诺威，44，61，87，154—5，469，737
天主教徒，188
外国雇佣兵，237，742，769—70
选帝侯（1692），246，383，587—8
王位继承战，402，407，410，472
乌得勒支，477
北方大战，672—4
法国补助金，788

Harcourt, Henri, duc d'，阿尔古，亨利，公爵，法国元帅，外交家，357，361，363，365，368，389

Harlay de Champvallon, François de，阿尔莱·德·尚瓦隆，弗朗索瓦·德，巴黎大主教，133

Harley, Robert，哈利，罗伯特，牛津第一代伯爵，18，430
南海公司，15—16，288，475
财政大臣，269—70，281，441，443，460
遇刺脱险，457
与继承，469

Harrach, Count Ferdinand Bonaventura von，哈拉希，伯爵，费迪南德·博纳文狄拉·冯，帝国驻西班牙大使，359

Harrington, James，哈林顿，詹姆士，政治理论家，289

Harris, John，哈里斯，约翰，科学著作家，47

Harrison, John，哈里森，约翰，钟表匠，68

Hartsoeker, Nicolas，哈索克，尼古

拉斯，显微镜学家，64
Harvard, college, 哈佛大学，494
Harvey, William, 哈维，威廉，医生，44，65，558
Hasse, Johann, 哈塞，约翰，德国音乐家，111
Havana, 哈瓦那，186，361，392，515，809
Haverhill（Mass），哈佛希尔（马州），487
Hawkins, Sir John, 霍金斯，爵士，约翰，音乐研究家，101
Hawksbee, Francis, 霍克斯比，弗朗西斯，英国科学家，53
Haydn, Franz Joseph, 海登，弗朗兹·约瑟夫，102，105，117
Hayes, William, 海斯，威廉，音乐教授，104
Hearne, Thomas, 赫恩，托马斯，文物工作者，33
Hedges, Sir Charles, 赫奇斯，爵士，查理，国务大臣，430
Hedvig Sofia, 赫德维格·索菲亚, duchess of Holstein-Gottorp and elder sister of Charles VII, 荷尔施泰因—哥托普公爵夫人，以及查理十二的姐姐，652，670n.
Heeckeren, Walraven van, 希克伦，沃尔拉文·凡，荷兰外交家，651

Heidelberg, fortress, 海德尔堡，要塞，225，756
　劫掠，233，247
Hein, Piet, 海因，皮特，荷兰海员，252，798
Heinsius, Anthonie, 海因修斯，安东尼，17，171，172，183，283，425，443
　与马尔巴勒，17，162，176—7，409，415，421，446，575
　与威廉三世，156，162，165，170，178，183，228，266，392，400—1，655，798
　与中立国贸易，174
　海关关卡，439，449
　预备性条款（1709），437，448，451ff.
　乌得勒支，459
Heister, Count Sigbert von, 海斯特尔，伯爵，西格贝特·冯，奥地利陆军元帅，580，585
Hejaz, 赫贾兹，610
Héliodore, Fr, 埃利多尔，教士，法国方济各会的托钵僧，146
Hennepin, Fr Louis, 埃纳平，教士路易，Récollet historian, 史料整理专家，497，500
Herbeville, Count Ludwig von, 赫伯维尔，伯爵，路德维路·冯，奥地利将军，585
Hermelin, Olof, 赫门林，奥洛夫，

瑞典法官，184，660—1
Herne, Sir Joseph，赫恩，爵士，约瑟夫，财政家，314
Héron, Charles de Caradas，埃隆，夏尔·德·卡拉达，侯爵，法国驻波兰大使，634
Hesse-Cassel，黑森—卡塞尔，202，232，237，244，250，402，404，406，410，675—6，742 另见 Frederick of Hesse
Hesse-Darmstadt，黑森—达姆施塔特，见 George, prince of troops，402，405，742
Hickes, George，希克斯，乔治，nonjuror, scholar，127，140
Hill, Abigail，希尔，艾比格尔，Lady Masham，马谢姆夫人，254，269，505
Hill, Colonel John，希尔，约翰上校，将军，505—6
Hill, Richard，希尔，理查德，英国在图林的使者，284
Hirschl, Lazarus，希施尔，拉扎勒斯，维也纳的财政家，309
Hispaniola，伊斯帕尼奥拉岛，350，364—5；另见 Santo-Domingo and Saint-Domingue，圣多明各和圣多米尼克
Hobbes, Thomas，霍布斯，托马斯，92，135—6，139，219
Hocher, Johann Paul von，霍歇，约翰·保罗·冯，奥地利首相，601
Höchstädt，霍恰斯达特，见 Blenheim，布莱海姆
Hoffman, Friedrich，霍夫曼，弗里德里希，生理学家，65
Hoffman, Johann Philipp von，霍夫曼，约翰·菲利普，奥地利在伦敦使者，468
Hofmannswaldau, C. Hofmann von，霍夫曼斯瓦尔道，C. 霍夫曼·冯，西里西亚诗人，73
Hogguer family，奥格家族，法国军火承包商，304
Holbach, baron d，霍尔巴赫，男爵，大百科全书编纂者，137
Holland，荷兰，见 United Provinces，联合省
Holman, Captain William, of Ferryland，霍尔曼，威廉船长，费里兰的，489
Holowczyn, battle of (1708)，霍洛维茨战役 (1708)，666，702
Holstein, duchy of，荷尔施泰因公爵领地，166，702，772
Holstein-Gottorp, duchy of，荷尔施泰因—哥托普公爵领地，3，158，182，407，447，737，774
与瑞典，649，653—4，670，674，677

Holt, Sir John, 霍尔特, 爵士, 约翰, 首席法官或审判长, 265

Holy League (1684), 神圣联盟 (1684), 2, 158, 203, 577, 619, 625, 683

Honduras, 洪都拉斯, 洋苏木, 854

Hooke, Robert, 胡克, 罗伯特, 科学家, 39, 51, 57, 62

Hooker, Richard, 胡克, 理查德, 神学家, 138, 217

Hop, Jacob, 霍普, 雅各布, 荷兰外交家, 396

Horn, Count Arvid, 霍恩, 阿尔维特公爵, 瑞典将军, 654—5, 670

Hoste, Fr Paul, 霍斯特, 教士, 保罗, 数学家和海军理论家, 791, 793

Howard, of Effingham, Francis, baron, 埃芬厄姆的霍华德, 弗朗西斯, 男爵, 弗吉尼亚的总督, 482—3

Hubac, Etienne, 于贝克, 艾蒂安, 法国造船师, 793

Hudson, 赫德森河, 251, 488

Hudson's Bay, 赫德森湾, 12—14, 26, 252, 460, 470, 488—9, 508, 810, 850
赫德森湾公司, 261—2, 489, 835, 851
贸易, 850

Hüningen, fortress, 胡宁根, 要塞, 223, 241

Huet, Pierre Daniel, 于埃, 皮埃尔·达尼埃尔, bishop of Avranches, 阿弗朗什主教, 140

Hugli, Indo-Portuguese, 胡格里, 葡属印度, 519

Huguenots, 胡格诺教徒, 124—5, 186, 188, 195, 198, 218, 274, 288, 337—8, 821
银行家, 23, 293, 303—5, 336—7
移民, 33, 220—1, 860
传播法国的文化, 76—7, 137
有技艺的移民, 121—2, 259, 293, 788, 851, 861, 863—4, 867
在同盟军中, 238, 243, 769, 778—9; 另见 Galway, 高尔韦, Schomberg, 斯康柏柯
在北美, 493, 503
在摩洛哥, 554
另见 Camisards, 卡米沙特, Nantes, 南特

Huguetan, Jean Henri, 于盖坦, 让·亨利, 财政家, 23, 293, 303, 788
逃至英国, 304, 789

Humfrey, Pelham, 汉弗莱, 佩勒姆, 音乐家, 106

Humiecki, Stephen, 休米斯基, 斯蒂芬, 波兰爱国者, 687—8, 691

Humières, Louis de Crevant, duc d', 于米埃尔, 路易·德·克里凡, 公爵, 法国元帅, 235

Hungary, 匈牙利, 圣·斯蒂芬的皇冠, 7, 576, 585

叛乱, 5, 7, 154, 412, 434, 583—5, 754

宗教, 120, 582—3, 586

税收, 306, 583

与土耳其人, 576—81, 608, 610, 618—23, 642

哈布斯堡的改组, 581—6, 599

卡洛威茨, 584, 626—7

Hunter, Robert, 亨特, 罗伯特, 纽约州的总督, 507

Husein, shah of Persia, 侯塞因, 伊朗国王, 644

Hüseyn Pasha, 侯塞因帕夏, 首相, 见 köprülü

Huxelles, Nicolas de Laye du Blé, 于克赛勒, 尼克拉·德·莱耶·杜布莱, 侯爵, 法国元帅, 237, 439, 462, 781

Huy, fortress 于伊, 要塞, 248, 413, 451, 478

为同盟国所占领 (1703), 416

Huygens, Christiaan 惠更斯, 克里斯蒂安, 荷兰物理学家, 49—50, 53, 69, 77

Hyde, 海德, 见 Clarendon 和 Rochester

Iberville, Pierre le Moyne, sieur d', 伊贝尔维尔, 皮埃尔·勒穆瓦, 先生, 12, 20, 360, 500—1, 503—4, 810

Ibiza, 伊比扎, 370, 387, 543, 546, 570

Ibrahim Pasha, grand vizier, 伊卜拉辛帕夏, 首相, 619, 642—3

被杀, 656—7

Idanha, 伊丹哈, 527

Idria, 伊德里亚, mercury mines, 水银矿, 228n., 307

Iguapé, 伊瓜普, 淘金, 533—4

Ile Dauphine (Louisiana), 道芬岛 (路易斯安那), 499

Iles de Lérins, 莱林群岛, 570

India, 印度, 95, 524, 551, 611

葡属印度, 518—19

另见 East India Companies

Indulgence, Declarations of (1687), 宣布免罪 (1687), 198—9, 201, 204

Inflant, Nikolaus, 英弗莱特, 尼古拉斯, 俄国将军, 703

Ingolstadt, fortress, 因戈尔施塔特, 要塞, 421

Ingria，因格里亚，648，655，663，679，716，806

Innocent XI（Benedetto Odescalchi）英诺森十一世（贝尼德托·奥德斯卡尔奇），教皇，130—1
  与詹姆士二世，194—5，199
  与路易十四，161，203，225
  与土耳其人，130，576—7，619

Innocent XII（Antonio Pignatelli），英诺森十二世（安东尼奥·皮格纳蒂里），教皇，131，161—2，396，594

Innsbruck，因斯布鲁克，417，573

Inquisition, the，宗教法庭，346，353—4，363，376，378，511，534，544

Insurance companies, in England，保险公司，在英国，289，836

Iraq，伊拉克，608

Ireland，爱尔兰
  詹姆士二世的拥护者，30，255，257
  宗教，126，213—14，256
  詹姆士二世与爱尔兰，197，201，206
  詹姆士二世在爱尔兰，213—14，235—6，238，240—2
  利默里克条约（1691），214，242
  雇佣兵，742
  经济，256，846，867，894

Iroquois confederacy，伊洛魁同盟，见 American Indians

Isabella, infanta of Portugal，伊莎贝拉，葡萄牙的公主，183

Ispahan，伊斯法罕，548，859

Istanbul, mufti of，伊斯坦布尔的伊斯兰教法典说明官，616，629，646

Italy，意大利
  哈布斯堡的利益，见 Habsburg monarchy
  法国的利益，见 Casale, Louis XIV, Pinerolo
  意大利各国，9—10，另见分散各国
  西班牙的利益，见西班牙文化，10，32，46，72—3，144，556，558—9
  音乐，108，109—13，114
  要塞区，387n.，393，395，473，帝国的采邑，163，386，473，594—5
  贸易，520，530，597；另见 Leghorn and separate states
  教皇国，见 Innocent XI, Alexander VIII, Innocent XII, Clement XI
  九年战争，240—1，243，245，247，250—1，558
  王位继承战，405—6，409，

417—18，422，425，428—9，432—3，558，569，570，594

科马基奥战争，595

四个边塞，753；另见 Mantua，Po，波河

Ivan V, co-tsar with Peter the Great, 伊凡五世，与彼得大帝为沙皇，717

Jablonowski, John Stanislas, 杰布隆诺斯基，约翰·斯坦尼斯拉斯，莱查斯基的大臣，687，700，708，710

Jablonowski, Stanislas, 杰布隆诺斯基，斯坦尼斯拉斯，波兰皇室军事指挥官，前者之父，657，689，691

Jablonski, Daniel Ernst, 杰布隆斯基，丹尼尔·厄恩斯特，宗教领袖，121—2

Jacobites, 英王詹姆士二世的拥护者，209，210，215，255，257，261，264，273，275—6，278，289，408，675，797

起义（1715），257，272，279

Jamaica, 牙买加，12，20，22，349—50，355，392，797，809—11

贸易，849，855

James I, 詹姆士一世，英国国王，266

James II, 詹姆士二世，英国国王，17，27，168，183，480

宗教，25，123，125，194—201，225，265

性格，194—5

与路易十四，195，200，203，205，213，243，250

逝世，408

另见爱尔兰

James Stuart, 詹姆士·斯图亚特，the Old Pretender, 老觊觎王位者，162，271

诞生，201—2

路易十四承认，169，281，408，414

远征的失败（1707），435

离开法国，452，460

卡尔十二与他，675—6

Janissaries, 土耳其的近卫军

军纪，6—7，614，624，630，637，639，642

组织，553，612，628，743，789

叛乱，31，618；（1687），620—1；（1703），629；（1730—1），646—7；（开罗，1711），609，632

Jannum Hoja, 詹纳姆·霍耶, Turkish kaptan pasha, 土耳其·卡普顿·帕夏，647

Jansborg, 詹斯堡，689—90

Jansenism, 詹森派教义, 10, 24, 128, 132—6, 146, 149, 161—2
  教皇发布谴责詹森派教义的训令, 132—4, 135, 334
  在西班牙的尼德兰, 413
Janson, Toussaint de Forbin, Cardinal, 让桑, 图森·德福宾, 红衣主教, 131
Janssen, Sir Theodore, 詹森, 爵士, 西奥多, 财政家, 243
Janusch von Eberstedt, Lebrecht Gottfried, 雅努希·冯·埃贝施塔特, 勒布雷希特·戈特弗里德, 俄国将军, 634
Japan, 日本, 荷兰与之贸易, 859, 861—2
Jassy (Moldavia), 雅西（摩尔达维亚）, 620, 634
Jativa, 贾蒂瓦, 被毁, 373
Java, 爪哇, 贸易, 854, 857, 859
Jean-Baptiste de la Salle, Saint, 拉萨莱的圣·让—巴蒂斯特, 151
Jeffereyes, Captain James, 杰弗里斯, 詹姆士上尉, 762
Jeffreys, George, 杰弗里斯, 乔治, 第一代男爵, 总理大臣, 195, 197, 265
Jennings, Sir John, 詹宁斯, 爵士, 约翰, 海军中将, 372

Jerez, 杰雷斯, 521, 845
Jersey, Edward Villiers, 杰西, 爱德华·维利埃斯, 第一代伯爵, 459
Jersey, East and West, 泽西东部和西部, 14, 483, 488, 491, 493, 814
Jerusalem, 耶路撒冷, 632
Jesuits, 耶稣会, 25, 35, 128, 133, 134, 139, 145, 147, 153, 625
  博兰德会, 87, 140
  在中国, 96, 98
  在美洲, 128—9, 496, 498, 529—33
  与世界商业, 346, 537
  与尤尼艾特教派, 633
Jews, 犹太人
  在土耳其, 186, 611—12, 617—18
  财政家, 309—12, 602, 788
  在西班牙, 345, 511
  在摩洛哥, 554
John of Nepomuk, Saint, 尼普姆克的圣约翰, 捷克的殉教者, 576
John Ⅲ, 约翰三世, 波兰国王, 见 Sobieski
John George Ⅲ, 约翰·乔治三世, 萨克森选帝侯, 232, 246, 756
John William, of Pfalz-Neuburg, 法

尔茨—诺伊贝格的约翰·威廉，巴拉丁选帝侯，189，402，589
Jommelli, Niccolò, 约梅利，尼科洛，那不勒斯音乐家，111
Jordan (s), General, 乔丹，将军，波兰驻法国大使，692
Joseph Ⅰ, 约瑟夫一世，皇帝，5，167，412，587，589—90
 大公，388，575
 匈牙利国王 (1687)，577，585
 罗马国王 (1690)，162，238，586—7
 婚姻 (1699)，590
 选举皇帝 (1705)，423，573
 与意大利，163，440，447，449，592—5
 与尼德兰，440
 与西班牙，419，440
 改革，311，574—5
 逝世，7，441，585—6，593，596
Joseph Clement of Wittelsbach, 维特尔斯巴赫的约瑟夫·克雷芒，列日的主教和科隆大主教的选举人，135，167，169，203，224，393，408，413，416
 被帝国禁止，423，589—90
Joseph Ferdinand, 约瑟夫·费迪南德，巴伐利亚选举的王子，353，358，390，393
 逝世，394
Jourdan, Jean, 儒尔丹，让，法国财政家，15，359
Jülich, duchy of, 于利希的公爵领地，409，589
Junto, the whig, 辉格党的秘密政治集团，267—9
Jurieu, Pierre, 朱里厄，皮埃尔，胡格诺派雄辩家，123—5，218—19，341
Jussieu, Antoine Laurent de, 朱西厄，安托万·格朗德，植物学家，59
Jussieu, Bernard de, 朱西厄，贝尔纳德，生物学家，59
Jutland, peninsula, 日德兰半岛，649，675
Juvarra, Filippo, 尤瓦拉，菲利波，都灵建筑师，559

Kabylia, 卡比利亚，541
Kaiserslautern, 凯泽斯劳滕，为法国占领 (1688)，232
Kaiserswerth, fortress, 凯泽斯韦斯，要塞，224—5，237，399，409，413
 同盟国占领 (1702)，416
Kalisz, battle of (1706), 卡利什战役 (1706)，700—1
Kamenny Zaton, fortress, 卡门尼，

扎顿，要塞，627，634
Kamieniec Podolski (Kamenets)，卡明尼斯·波道尔斯基（卡梅涅兹），608，610，629，684，688—9，691
Kane, Richard, 凯恩, 理查德, 军事作家, 762
K'ang-hsi, 康熙, Manchu emperor, 清朝皇帝, 130
Kaniza, 卡尼扎, Turkish vilayet, 土耳其的省, 608
Kannara, spice-growers, 坎那拉, 香料种植者, 530
Kaplan-Girei, 卡普兰—吉莱伊, 克里米亚可汗（国王），647
Kara Mustafa, 卡拉·穆斯塔发, 首相, 615
  维也纳被围困，618—19
Karangaland, 卡朗加兰, 518
Karlskrona, 卡尔斯克鲁纳, 海军船坞, 650, 763, 808, 825
  瘟疫, 820
Karolyi, Count Alexander, 卡洛林, 伯爵, 亚历山大, 584—5
Karwicki, Stanislas Dunin, 卡尔威斯基, 斯坦尼斯拉斯·杜宁, 波兰爱国者, 706—7, 709
Kasimierz Dolny, 卡西米尔兹·道尔尼, 712
Kasimiyye, 卡西米叶, 埃及政治小集团, 609

Kassa, 卡萨, see Košice, 577, 605
Kazan, 哈桑, khanate, 775
Kehl, fortress, 克尔, 要塞, 223, 252, 417, 473
Keill, 基尔, 约翰, Oxford scientist, 牛津科学家, 47
Kennebec, the, 肯尼贝克, 498, 502
Kent, 肯特, 人口, 887
Kerch, Straits of, 刻赤海峡, 610, 615, 625—6, 630, 719
Kettler family, 凯特勒家族, of Courland, 库兰西, 694
Kexholm, 凯克思霍尔姆, 679
Keyserlingk, Johann Georg von, 凯泽林, 约翰·格奥尔格·冯, 普鲁士在莫斯科的使者, 734
Kharkov, 哈尔科夫, 625
Kidd, Captain William, 基德·威廉船长, 12
Kiev, 基辅, 625, 633, 657, 683, 698, 700, 729
Kilburun, fortress, 基尔本伦, 要塞, 610
Killiecrankie, battle of (1698), 基利克兰基战役 (1698), 212, 747
Killigrew, Henry, 基利格鲁·亨利, 英国海军上将, 238, 567
King, Gregory, 金, 格雷戈里, 统

计学家，47，260，764，883
King, William, 金，威廉，（伦敦）德里主教，143
Kino, Eusebio Francisco, S. J., 金诺，尤西别奥·弗朗西斯科，传教士，356
Kinsale, 金赛尔，235，240，811
Kinsky, Count Franz Ulrich von, 金斯基伯爵，弗朗茨·乌尔里希·冯，波希米亚大臣，177，575，579，588
Kirchner, Michael Achaz von, 基尔赫讷，米歇尔·阿卡茨·冯，男爵，奥地利外交家，471
Kirke, Percy 柯克，珀西，英国上校，237
Kirmanshah, 基尔曼沙赫，土耳其人占领，645
Kliszów, battle of (1702), 克利斯祖战役（1702），660，674，695
Kneller, Sir Godfrey, 内勒，戈弗雷爵士，英国画家，32
Kochowski, Vespasian, 柯乔斯基，维斯帕辛，波兰唱赞美诗作者，682
Kochu Bey, 库丘贝伊，土耳其作家，613
König, J. U. von, 库宁，J. U. 冯，萨克森诗人，73
Königsberg, 柯尼斯堡，402

贸易，836—7，840，843，867
Königsegg, Count Leopold Wilhelm von, 柯尼希格伯爵，利奥波德·威廉·冯，帝国副首相，587
Königsmark, Countess Aurora von, 柯尼希马克女伯爵，奥若拉·冯，695
Königsmark, Count Otto Wilbelm von, 柯尼希马克伯爵，奥托·威廉·冯，瑞典的兵痞，620
Köprülü, 库普鲁卢，土耳其的大家族，610，617
Köprülü, Fazil Mustafa Pasha, 库普鲁卢，法齐尔·穆斯塔法帕夏，首相，621—2
Köprülü, Hüseyn Pasha, 库普鲁卢，胡赛因帕夏，首相，626，628，629
Köprülü, Mehmed Pasha, 库普鲁卢，穆罕默德帕夏，首相，621
Köprülü, Numan Pasha, 库普鲁卢，纽曼帕夏，首相，632
Kolberg, naval battle of (1715), 科尔伯格，海战（1715），794
Kollonich, Count Leopold, 科洛尼希，伯爵，利奥波德，匈牙利红衣大主教，582—3
Konarshi, Stanislas, 柯纳尔斯基，

斯坦尼斯拉，波兰政治作家，707

Koniecpol, battle of (1708)，柯尼克波尔战役 (1708)，703

Koron，科隆，为土耳其重新占领，638

Košice (kassa)，科希策（卡萨），577, 605

Krassow, Ernst Detlow von，克拉索，厄恩斯特·德特罗·冯，瑞典将军，667, 669—70

Kraut, Johann Andreas，克兰特，约翰·安德烈亚斯，承包商与霍亨索伦战争财政官员，788

Kronstadt，喀琅斯塔得，俄国的兵工厂，808

Krossen (Krosno)，克罗森（克罗斯诺），公爵领地，689

Kuban, the，库班，627

Kunfidha，昆菲哈，610

Kusser, Johann，库塞，约翰，德意志音乐家，106

Labadie, Jean de，拉巴迪·让·德，宗教领袖，150

La Bassée, Lines of，拉巴赛线，437—8, 440

Labat, Fr. Jean-Baptiste，拉巴，让—巴蒂斯特教士，传教士，355

La Bruyère, Jean de，拉布律耶尔，让·德，90, 109, 147, 322, 341

La Calprenède, Gauthier de Costes de，拉卡尔普雷内德，戈蒂埃·德·科斯特·德，剧作家与小说家，91

Lachine (New France)，拉辛（新法兰西），486, 496

Lachowice，拉舒维斯，700

La Fayette, Marie Madeleine，拉斐特，玛丽·马德莱娜，小说家，72

La Feuillade, Louis d'Aubusson，拉弗雅德，路易多比松，伯爵，法国元帅，429

La Fontaine, Jean de，拉芳丹，让·德，诗人和寓言家，72

Lagoa dos Patoo，拉戈阿多斯帕多斯，529

Lagos (Portugal)，拉古什（葡萄牙），246, 568

Lagrange, Joseph Louis，拉格朗日，约瑟夫·路易斯，数学家，52, 562

La Guardia (Galicia)，拉瓜迪亚（加里西亚），526

Laguna，拉古纳，529

La Hêve (Acadia)，拉赫丹（阿卡迪亚），497

La Hire, Philippe de，拉伊尔，菲利普·德，天文学家，40—1

Lahontan, Louis Armand, 拉翁唐, 路易斯·阿曼德, 男爵, 加拿大旅行家, 100, 485
La Hougue, naval battle (1692), 拉乌盖海战 (1692), 18, 19, 215, 231, 243—4, 567, 794—5, 811
Lake George, 乔治湖, 487
Lake Ladoga, 拉多加湖, 722
La Laguna, 拉拉古纳, 传教团, 356
Lallemant, Jacques Philippe, S. J., 拉勒芒, 雅克·普利普, S. J., 334
La Mamora, fortress, 拉马莫拉, 要塞, 554
Lamarck, Jean-Baptiste de Monet, 拉马克, 让—巴蒂斯特·德·莫内, 法国科学家, 64
Lamberg, Count Johann Philipp von, 兰伯格伯爵, 约翰·菲利普·冯公爵, 帕维主教和奥地利议员, 589
Lambert, Anne Thérèse, 郎贝尔, 安娜·泰雷兹, 侯爵, 法国社交界的女主持人, 342
Lamberville, Fr Jacques de, 朗贝维尔, 雅克·德教士, 法国传教士, 498
La Monnoye, Bernard de, 拉莫努瓦耶, 贝尔纳·德, 第戎的, 340
La Mothe-Cadillac, 拉莫特—卡迪拉, 见 Cadillac
La Motte-Houdar (d), Antoine, 拉莫特—乌达尔, 安东尼, 剧作家, 95
Lancaster (New England), 兰开斯特 (新英格兰), 487
Landan, fortress, 兰道, 要塞, 422, 472—3, 473—4, 753
Landen, battle of (1693), 兰登战役 (1693), 231, 247
Landrecies, siege of (1712), 包围兰特里·西斯 (1712), 443
Lange, Lorenz, 兰格, 洛伦茨, Swiss engineer, 瑞典工程师, 96
Langendijk, Pieter, 兰根迪克, 彼得, 荷兰剧作家, 75
Langres, 朗格勒, 毛织物, 864
Languedoc, 朗格多克, 119, 325, 328, 335, 375, 552, 570, 813, 823
谷物, 548, 839; 另见卡斯特尔脑丹莱
盐, 844
毛织物, 552, 863—4; 见卡斯特尔脑丹莱
丝织品, 868
人口, 885, 889, 900
Languet de Gergy, Jean Joseph, 朗

盖·德·盖格,让·约瑟夫,bishop of Soissons,苏瓦松主教,134

Lannion,拉尼翁,大麻,817

La Pile,拉皮尔,Rhine fortress,莱茵河要塞,252

Laplace, Pierre Simon,拉普拉斯,皮埃尔·西蒙,侯爵,数学家,52

Lapland,拉普兰,41

La Prairie (New France),拉普埃伊(新法兰西),496

Larache, fortress,拉腊歇,要塞,554

Largillière, Nicolas de,,拉吉利埃,尼古拉·德,法国画家,32

La Rochefoucauld François duc de,拉罗什富科,弗朗索瓦,公爵,道德家,72,84,91,149

La Rochelle,拉罗什尔,354,810

La Solle, Robert Cavelier, sieur de,拉萨尔,罗贝尔·卡韦利埃,先生,法国探险家,13,356,499

La Touche,拉图什,法国海军行政官员,830

La Tour sur Orbe,拉图苏图贝,人口,889,900

Lausanne,洛桑,丝织工业,868

Laval, François Xavier de Montmoren-cy,赖伐尔,弗朗索瓦斯·格扎维埃,蒙特莫兰西的,魁北克主教,484,496—7

La Vente, Fr Henry Roulleaux de,拉旺特,亨利·鲁洛德,教士,499

Lavoisier, Antoine Laurent,拉瓦锡,安托万·洛朗,化学家,54

Law, John,劳,约翰,财政家和政治家,305,337,352,501,835—6,853,857

Laxenburg,卢森堡,575

Lazarites,拉扎里茨,545

Leake, Sir John,利克,约翰爵士,英国海军上将,429

占领撒丁,434

在圣约翰斯任总督,503

Lebanon,黎巴嫩,609,611

Lebret, Pierre, Cardin,莱布莱特,皮埃尔,卡丁,父与子,省地方行政长官,335

Le Clerc, Daniel,勒·克莱克,丹尼尔,法国历史学家,71

Le Clerc, Jean,勒·克莱克,让,胡格诺派学者和时事评论员,76n.,123,137,140—1,143

Le Clerq, Fr Chrétien,勒克拉克,克莱蒂安教士,加拿大历史学家,497

Le Comte, Louis, S. J.,勒孔泰,

路易，在中国，96，139
Leczya，莱祖卡，705
Leduchowski, Stanislas，莱图乔斯基，斯坦尼斯拉斯，波兰政治家，712
Lee, Nathaniel，李，纳撒尼尔，英国剧作家，79
Leeuwenhoek, Anthonie van，列文虎克，安东尼·凡，显微镜学家，57，64
Leeward Islands，背风群岛，251，501，810，849
Lefort, François，勒福尔，弗朗索瓦，沙皇彼得的朋友，625，718—19
Legendre, Thomas，勒让德尔，托马，法国财政家，23，329，336—7，339
Leghorn，里窝那，10，174，540，542—4，550，555，563—4，569，611，813，818，858，894
　人口，542
Legnano, fortress，伦格那诺，要塞，753
Le Havre，勒阿弗尔，248，811
Lehmann, Behrend，莱曼，贝伦特，哈尔伯施塔特财政家，788
Leibniz, Gottfried Wilhelm，莱布尼兹，戈特弗里德·威廉，24，34，37，42，45，50，60—2，74，77，86，96，128，143，173，735，739
　微积分学，55
　汉诺威史，87
Leiden，莱顿，44，122
　织物，864，893
Leipzig，莱比锡，45，74，76，105，605，703，719
Leisler, Jacob, of New York，纽约的莱斯勒，雅各布，482，486
Leme, Pais，勒姆，佩斯，巴西探险家，533
Lémery, Nicolas，莱默里，尼古拉，法国化学家，41
León，莱昂，782
Leopold I，利奥波德一世，皇帝，5，119—20，162，166—7，203
　政府的措施，8—9，177，572ff.
　亲属关系，168—9，224，388，578，685
　性格，177，574—5
　逝世，309，423
　西班牙王位继承，159，386—8，393—6，399，401ff.，410，417，419，420，591—3
　另见 Austria, Empire, Habsburg monarchy, Nine Years War, Turkey

Leopold of Anhalt, 安霍特的利奥波德, 466

Lepanto, 利班图, 608
海战（1571）, 564

Le Pelletier, Claude, 勒佩尔蒂埃, 克洛德, 总管理员, 298

Le Quesnoy, fortress, 勒魁斯诺, 要塞, 443—4

Lérida, surrender of (1707), 莱里达的投降（1707）, 373

Lesage, Alain René, 勒萨日, 阿兰·勒内, 法国作家, 32, 90, 92, 97, 340

Lesnaja, battle of (1708), 莱斯那贾战役（1708）, 666, 703, 757

Leszczyński, Philotheus, 莱茨津斯基, 费路休斯, 托博尔斯克大主教, 128

Leszczyński, Raphacl, 莱茨津斯基, 拉斐尔, 波兰财政大臣, 657, 694, 697

Leszczyński, stanislas, 莱茨津斯基, 斯坦尼斯拉斯, 拉斐尔王子, 波兰的傀儡国王（1704）, 658, 663—4, 667, 697—9
波尔塔瓦战役之后, 669—70, 700
退隐, 703, 707—10, 714, 735

Le Tellier, Michel, 勒·泰利埃, 米歇尔, 法国政治家, 744, 746

Levant, the, 勒旺岛, 215, 246
贸易, 236, 249, 262, 385, 549—53, 611, 862—3, 866
法国人在勒旺岛, 549—53, 858, 864
另见 Marseilles, Smyrna, Turkey

Levasseur, Noël and Pierre, 勒瓦瑟, 诺埃尔和皮埃尔, 新法兰西的木雕刻师, 497

Lewenhaupt, Count Adam Ludwig, 莱文哈普特, 亚当·路德维格伯爵, 瑞典司令员, 666, 669, 699, 757

Lewis, 刘易斯, margrave of Baden, 巴登总督, 在巴尔干, 5, 579, 621
帝国反抗法国的司令员, 403, 409, 417, 421, 755, 757
逝世, 432
拉施塔特宫殿, 788

Lexington, Robert Sutton, 莱克辛登, 罗伯特·萨顿, 第二代男爵, 英国派往西班牙的使节, 475

Lhasa, mission to, 派往拉萨的传教团, 130

L'Hermitage (Newfoundland), 勒赫密泰奇（纽芬兰）, 488

Lhuyd, Edward, 荷特·爱德华, 英国地质学家, 61

Licensing Act (1685), 特许法令 (1685), 停止 (1695), 211

Liebmann, Isaac, 利布曼·艾萨克, 财政家, 832

Liechtenstein, Hans Adam, 汉斯·亚当, 列文敦士登的王子, 310—11, 601

Liège, Bishopric of, 列日的主教管区, 223—4, 242, 252, 393, 408, 413, 414, 451, 462, 477—8, 578, 786
  武器的生产, 224, 869
  同盟占领要塞 (1702), 416

Lierre, fortress, 列赫, 要塞, 398

Liguria, 利古里亚, 541, 754

Lille, 里尔, 426, 438, 451, 477
  同盟占领 (1708), 436
  里尔的地方行政长官, 785
  工业, 863

Lillieroot, Count Nils, 利里埃鲁特, 奈尔斯伯爵, 瑞典在海牙的代表, 172

Lillingston, Colonel Luke, 利林斯顿, 卢克上校, 355

Lima, 利马, 376, 530

Limburg, fortress, 林堡, 要塞, 416

Limerick, 利默里克, 240, 242
  条约 (1691), 214, 256

Limoges, Joseph de, S. J., 利蒙奇·约瑟夫·德, S. J., 传教士, 499

Linnaeus, Carl, 林奈·卡尔, 瑞典植物学家, 35, 57—60, 62—3

Linz, 林茨, 603—4, 619

Lions, Gulf of, 利翁湾, 248, 542

Lisbon, 里斯本, 16—19, 30, 261, 418
  同盟的基地, 418—19, 526, 566, 569, 808—9, 818
  人口, 542
  贸易, 509—10, 513ff., 527, 529, 535—6, 849

Lister, Martin, 利斯特·马丁, 英国动物学家, 56

Lithuania, grand duchy of, 立陶宛大公, 2, 3, 665, 678, 695, 700, 703, 705, 776, 837
  反对索比斯基, 685—6
  内战, 657, 690—1, 693—4
  俄罗斯人与立陶宛, 693—4, 698—9, 708, 711
  另见 Polish-Lithuanian Commonwealth, Radziwill, Sapieha

Littlecote, 立得尔科特, 205

Littleton, James, 利特尔顿·詹姆士, 海军准将, 372

Liverpool, 利物浦, 490

Livingston, Robert, of New York,

纽约的利文斯顿,罗伯特,496
Livonia, Polish, 波兰的利沃尼亚, 660, 699
Livonia, Swedish, 瑞典的利沃尼亚, 2, 687, 716, 806, 808
 奥古斯都的入侵, 652—5, 692
 与俄国, 403, 663, 708, 710, 712, 735—7
 尼斯特兹条约, 679
 贸易, 648, 699, 837ff.
Lloyd, William, 劳埃德,威廉,圣阿萨大主教, 125
Loader, Issac, 洛德,伊萨克,英国制锚工匠, 815
Lobkowitz, Wenzel Eusebius, prince of, 温泽尔·尤西皮斯,洛勃科维茨王子,帝国派往西班牙的大使, 353
Lobo, Dom Manuel, 洛博,杜姆·曼纽尔,巴西总督, 529
Locke, John, 洛克,约翰,哲学家, 24—5, 36, 47, 88, 121, 126, 136—8, 260
 《人类的理解力论》, 78, 96
 《宽容》, 124
 《政府》, 219—22
Locronan, sailcloth, 洛克罗纳,制帆篷的布, 817
Lodève,, 洛代夫,人口, 889, 900

Lölhöffel, Georg Friedrich von, 勒霍弗尔,乔治·弗里德里克·冯,普鲁士驻华沙大使, 713
Loire, the, 卢瓦尔, 812, 869
Lombardy, 伦巴第, 7, 410, 557, 593, 597, 782
 法国人在伦巴第, 591
 维克多·阿马德的要求, 595—6
Lombe brothers, John and Thomas, 隆勃兄弟,约翰和托马斯,丝织品, 868
Lomellina, 洛梅林纳, 466n., 558, 560n.
Lomonosov, Mikhail, 罗蒙诺索夫,米哈伊尔,俄国化学家, 42
London, 伦敦
 英格兰银行, 23, 249, 288—93, 314, 835
 音乐会, 32, 104—7, 114—15
 剧院, 89, 94
 圣保罗大教堂, 108, 125, 262
 宗教, 128, 144, 270
 报纸, 26, 211, 280
 1688—1689年革命, 205—6
 城市各种机构, 262, 289, 835—6
 造币厂, 290, 535, 896
 海军部, 22, 292, 815, 816, 826, 830, 833, 880, 898

供应部,292,818—19
人口,262,541,889
进口煤,31,869;进口酒类,846
谷物贸易和船用补造品,838
与波士顿相比,481
Londonderry, siege of (1689),包围伦敦德里(1689),213—14,235—7
部队,769
Loreto, 洛雷托,加利福尼亚传教团,356
Lorge, Guy de Durfort, duc de, 洛奇,盖伊·德·德福特,公爵,法国元帅,245
Lorient, 洛里昂,812
Lorraine, 洛林,9,161,252,474,578,753;另见 Charles V and VI, dukes of Lorraine
Louis, dauphin of France, 路易,法国皇太子,385
Louis XIII, King of France, 路易十三,法国国王,41,84
Louis XIV, king of France, 路易十四,法国国王
人生观,17,147,156,169—70,189—90
权力,26—8,216—18,221,316—18,333—8
专制主义的批评,32—3,156,218,326ff.

赞助人的信件,77
芭蕾舞和音乐,104,106,108,110,114
宗教政策,10,119—20,130—4,161—2,333—4,337—8
军事事件,316,340,751—2,780—2,789
外交政策的指导,169—71,175ff.,316
皇朝的联系,168,385,388
与英国革命,18,26;另见詹姆士二世
与意大利,9,159—61,164—5,223,468,569;另见分散的国家
与雷科奇,154,169,701
与哈布斯堡君主制度,8,157—8,160,165—7,387;另见 Partition Treaties
与西班牙,10,15,159—61,163—4,215,235,350—1,357—9,381—2,384,397ff.,408,451—6,570;另见 Orry,奥里,Philip V,菲利普五世
与葡萄牙,159—60,163—4,407,524—5
与北非伊斯兰教各国(埃及除外),224,545,554
与北美洲,13,485,500—1
与波兰,4,686,692—3,

695,710—11

与俄国,158,734—5

九年战争,154,160ff.,202—3,215,223ff.

西班牙王位继承战,26,360ff.,397ff.,412ff.,446ff.

逝世,27

另见 France, Paris, William Ⅲ

Louis XV, King of France,路易十五,法国国王,27,168,463

Louisbourg, fortress,路易斯堡,要塞,850

Louisiana,路易斯安那,12,485,499—501

Louvain,卢万,247,424,426

Louville, Charles Auguste d'Allonville,洛维尔,查理·奥古斯特·达朗维尔,侯爵,菲利普五世顾问,365,368

Louvois, François Michel le Tellier,洛沃瓦,弗朗索斯·米歇尔·勒特里,侯爵,法国作战大臣,40,230,803

逝世,243,316

军队,223—4,319,744—51,761

Luberas, Ludwig,卢伯拉斯,路德维格,彼得大帝的萨克森顾问,731

Lubert, Louis de,吕贝尔,路易德,法国海军财务主管,831

Lubomirski, Hieronymus,卢伯米尔斯基,希洛奈穆斯,波兰王室军事指挥官,688,695,697—8

Lucca, republic of,卢卡共和国,535,594

Lukaris, Cyril,卢卡里,西里尔,君士坦丁堡主教,128,633

Lully, Jean-Baptiste,吕利,让—巴普蒂斯特,音乐家,79,106—10,113—15,118,131—3

Lusatia,卢萨蒂亚,毛织品,864

Lutheranism,路德教教义,119—20,150,188,582;另见 Silesia

Luxembourg, François Henri de Montmorency-Bouteville, duc de,卢森堡,弗朗索斯·亨利·德·蒙特莫伦赛—布特维尔,公爵,法国元帅,19,232,239,242,244,247—8,744,752

逝世,249

Luxemburg, ducky and fortress,卢森堡大公和要塞,161,223,232,252,381,400,426,438,467,753

Luzzara, battle of (1702),卢日拉战役(1702),417

Lwów,利沃夫,684,688,699,702

Lyonet, Pierre, 利奥内·皮埃尔, 法国动物学家, 57

Lyonnais, coal, 莱昂内斯, 煤, 869

Lyons, 莱昂斯, 财政家, 23, 303, 789
    莱昂的支付, 304—5
    丝, 868, 894
    谷物价格, 876, 898

Lys, the, 利斯河, 381

Maas, the, admiralty of, 马斯, 海军, 800, 815, 832—3, 847

Maastricht, fortress, 马斯特里赫特, 要塞, 249, 400, 404, 753

Mabillon, Dom Jean, 马比荣, 多姆·让, 历史学家, 33, 87, 140

Macanaz, Rafael Melchor de, 马卡纳兹, 拉斐尔·梅尔肖·德, 西班牙法学家, 9, 373—4

Macao, 澳门, 130, 516, 524

Macapá, Guyanese fort, 马卡帕, 圭亚那人的要塞, 531

Macaulay, Thomas Babington, 麦考莱, 托马斯·巴宾顿, 26

Macchia, Gaetano Gambacorta, 马克切亚, 盖塔诺·甘伯考塔, 王子, 368n., 557

Mackay, Hugh, 麦凯, 休, 美国将军, 747

Maclaurin, Colin, 麦克劳林, 科林, 英国数学家, 39

Madagascar, 马达加斯加, 11, 12, 854

Madeira, 马德拉(群岛), 520—1, 531, 849; 马德拉河, 533

Madras, 马德拉斯, 518—19, 809, 860

Madrid, 马德里, 343, 348, 352, 359, 361, 365, 367, 369, 373, 377, 389, 408, 423, 475—6
    真正的学术界, 76, 343
    人口, 357, 542
    菲利普五世在马德里, 361, 369, 372, 425, 430
    高尔韦在马德里(1706), 371, 429
    查理三世在马德里(1710), 375, 440

Maffei, Count Annibale di, 马费伊, 安尼巴尔·迪伯爵, 萨伏依在乌得勒支的全权代表, 464

Maffei, Scipione, 马费伊, 希皮奥内, 意大利剧作家, 73, 140

Magdeburg Concert (1688), 马格德堡音乐会(1688), 232

Magliabecchi, Antonio, 马格里亚比奇, 安东尼奥, 佛罗伦萨的学者, 77

Magnol, Pierre, 马格努尔, 皮埃尔, 蒙彼利埃植物学家, 58

Mahim, island, 马希姆岛, 525

Mahmud I, 穆罕默德一世, 苏丹（国王）, 646

Mahrattas, 马赫拉达, 518

Maiello, Carlo, 梅洛, 卡尔洛, 那不勒斯哲学家, 558

Maine, 缅因, 483, 486—7, 498
 王位继承战, 502, 507—8

Maintenon, Françoise d'Aubigné, 梅因特侬, 弗朗索斯·德·奥比, 女侯爵, 路易十四的第二个妻子, 326—7, 363, 369, 803, 831

Mainz, 美因兹, 225, 237
 大主教选举团成员, 洛德·弗朗茨·冯·肖邦, 407, 573

Majorca, 马略尔卡岛, 370, 379, 387, 391, 522, 543—4, 570, 593, 801

Malabar ports, 马拉巴尔港, 518—19, 857

Malacca, Indo-Portuguese 马六甲, 印度、葡萄牙, 518

Malaga, 马拉加
 海战（1704）, 423, 569
 贸易, 521, 845

Malebranche, Nicolas, Oratorian philosopher, 马勒伯朗士, 尼古拉, 雄辩哲学家, 25, 73, 136—7, 143, 145—6

Malopolska, 马洛普尔斯卡, 695, 702, 711—12

Malpighi, Marcello, 马尔皮基, 马开洛, 生物学家, 56, 64, 73

Malplaquet, 马尔普莱奎特, 战役（1709）, 20, 280, 438, 741, 753, 759, 761
 伤亡人员, 749, 752

Malta, 马耳他, 11, 540, 566, 838
 检疫, 543
 捉拿商船或海盗船, 545—6, 563—4, 619
 与希腊人, 546, 611—12
 和威尼斯, 640

Malvasia, 马尔伐西亚, 为威尼斯人所占领（1690）, 620

Mamluks, 马木路克, 609

Mandeville, Bernard de, 曼德维尔, 贝尔纳·德, 道德操行者, 152

Manetta, 马尼塔, 热那亚的海盗, 544

Manila, galleon, 马尼拉, 大帆船, 373; 见 Acapulco, 阿卡普尔科

Mannheim, 曼海姆（上帕拉丁内）, 225, 421

Mansfeld, Count Heinrich von, 曼斯菲尔德, 海因里克·冯伯爵, 奥地利政治家, 593

Manteigas, 曼特加, 毛织品, 513

Mantua, duchy and fortress, 曼图亚, 公爵领地和要塞, 160, 240, 468, 473, 594, 596—7, 750, 753

Mantua, Charles Ⅳ Gonzaga, duke of, 曼图亚, 贡萨加的查理四世, 大公, 164, 169, 223, 403, 414, 594

Manzoni, Alessandro, 曼佐尼, 亚历山德罗, 小说家, 557

Mar, John Erskine, 马尔, 约翰·厄斯舍, 拥护英王詹姆士二世的领导者, 272

Marais, Marin, 马雷, 马兰, 法国音乐家, 108

Maranhão, 马兰豪, 巴西舰长 530—1, 537

Marchand, Jean Louis, 马尔尚, 让·路易, 法国音乐家, 116

Mardefeld, Arvid Axel, 马第菲尔德, 阿维德·阿克赛尔, 瑞典将军, 700

Mardyck, peace negotiations (1719), 马杜克和平协定 (1719), 456

Margaret Theresa, 马格丽特·西丽莎, 利奥波德一世的第一个妻子, 386

Maria, 玛丽亚, 彼得大帝的姐妹, 732

Maria Anna of Pfalz-Neuberg, 法尔茨—诺伊贝格的玛丽亚·安娜, 卡洛斯二世的第二个妻子, 351, 358, 361, 371, 390

Maria Antonia, 玛丽亚·安东尼亚, 奥地利女大公和巴伐利亚女选举人, 353, 388

逝世, 589

Maria Luisa of Savoy, 萨伏依的玛丽亚·路易莎, 菲利普五世的第一个妻子, 367—70, 377

Maria Theresa, 玛丽亚·西丽莎, 法国皇后, 385

Maria Theresa, 玛丽亚·西丽莎, 女皇, 312—13, 478, 592

Mariana of Austria, 奥地利的玛丽安娜, 卡洛斯二世之母, 348

Marianas (Ladrone Is.), 马里安那 (莱特隆岛), 传教团, 349

Mariazell, 马里亚策尔, 圣地, 575

Marie d'Arquien, 阿尔奎·玛丽, 约翰三世之妻, 685

Marie Louise d'Orléans, 奥尔良的玛丽·路易丝, 卡洛斯二世的第一个妻子, 160, 348, 350

Marine regiments, 马林军团, 822

Marino, Giambattista, 马里诺, 吉亚姆巴蒂斯塔, 意大利诗人, 73

Mariotte, Edmé, 马里奥特, 埃德姆, 法国科学家, 40

Marivaux, Pierre de, 马里沃, 皮埃

尔·德，法国作家，92，95
Marlborough, John Churchill, 马尔巴勒，约翰·丘吉尔，第一代公爵
　与瑞典，4，184，432，633
　与尤金，5，19，421—2，435，438，443
　与海因修斯，17，176—7，415
　任司令，18，19，21，169，742，748，751—3，756—8，760—1，763，770，784
　战争获利，23，186，280，427
　背弃詹姆士二世，204，209
　在爱尔兰，240
　总司令，406，415
　被免职（1711），270，443，461
　恢复职务（1714），272
　斯威夫斯的攻击，280—1
　与和平条款，439，449，451，455，456
　战役，416ff.，见各分散的战役
Marlborough, Sarah, 马尔巴勒，萨拉，女公爵，204，269，441
Maronites, 马鲁尼茨，128
Maros, the, 毛罗什河，580—1
Maros-Vasárkely, 马罗斯—瓦萨凯里，585
Marrakesh, 马拉喀什，548

Marsaglia, battle of (1693), 马萨格里亚战役（1693），247
Marseilles, Levant trade, 马赛，与地中海东部诸国家和岛屿的贸易，249，385，540，543，549—52，560，611，801，862—3，868
　军团，390，563，790n.
　与土伦，20，813
　人口，542
　检疫，543
　瘟疫，543，886
　糖的进口，519；鳕鱼，850；明矾，895
Marsigli, Count Luigi, 马西格里，卢奇伯爵，巴尔干半岛的地理学者，581，743，762
Marsin (Marcin), Ferdinand, comte de, 马辛，菲迪南，伯爵，法国元帅，408，421—2，429
Martell brandy, 马坦尔白兰地，847
Marti, Manuel, 马蒂，曼纽尔，西班牙学者，343
Martigues, 马丁奇，海员，823
Martinitz, 乔治·亚当·冯伯爵，奥地利政治家，311
Martinigue, 马提尼克岛，12，251，804，809—10，825
　贸易，853—4
Mary Ⅱ, queen of Great Britain, 玛丽第二，英国的皇后，198

登上王位，207—9
当威廉国王不在国内时，215
为公主，217
Mary Beatrice of Modena，摩德纳的玛丽·比阿特里斯，詹姆士二世的第二个妻子，194，255n.
Maryland，马里兰州，480，482—3，487—8，493，507—8
　王位继承战争，503
　贸易，851—2
Maskelyne, Neville，马斯基林，内维尔，皇家天文学家，68
Massachusetts，马萨诸塞州，12，487，502，506，814
　与光荣革命，481，814
　1691年的特许状，483，491，493
　宗教和文化，492—6，498
Massawa，马萨瓦，610
Mather, Cotton，马瑟，科顿，新英格兰的牧师，487，493—5，502，507
Mather, Increase，马瑟，英克里斯，前者之父，481，483，493—4，502
Mato Grosso, plateau，马托格罗索高原，532
Mattarnovy, Georg Johann，马太诺维，乔治·约翰，德意志建筑师，728
Matveev, Andrey Artamonovich，马特维也夫，安德烈·阿塔莫诺维奇，俄国驻海牙公使，734，738
Maubeuge, fortress，莫伯日，要塞，438，451，477
Maule, Tom，莫尔，汤姆，美国作家，492
Maupertuis, Pierre Louis Moreau de，莫佩尔蒂，皮埃尔，路易·摩勒·德，数学家，35，41—2，47，52，62，64
Maurice of Nassau，拿骚的莫里斯，王子，743
Mavrocordato, Alexander，马弗洛科达托，亚历山大，土耳其政府的第一个译员，621，626，629，635—6
Maximilian Emmanuel，马克西米连·伊曼纽尔，法国的巴伐利亚同盟者的选帝侯，167，407，413，417
　亲属，168，386，390—1
　西属尼德兰的总督，242，352—3，395，397，398，400，412—13，422，436，578—9
　西班牙的王位继承，352，381，386—8，390—1，393，394，397，402
　布连汉姆，422，588—9
　皇帝的谴责，423，590
　拉米里，426
　马尔普拉奎，438

与马尔博罗，446
乌得勒支，472—3
在匈牙利，621
Maximilian Henry, of Wittelsbach, 马克西米连·亨利，维特斯巴赫的，科隆大主教的选举人，224
Mazagan fortress, 马扎干，要塞，524—54
Mazarin, Cardinal, 马萨林，大主教，103, 108, 165, 225, 243
Mazepa, Ivan Stepanovich, 马赞拉，伊万·斯契潘诺维奇，乌克兰哥萨克的首领，630, 664, 666—9, 699, 702, 732, 776
Mazovia, 马佐维亚，695, 702, 706, 776
Mecca, 麦加，548, 610—11
Mechlin (Malines), 梅奇林（马利斯），247
Mecklenburg, duchy of, 梅克伦堡公爵领地，404, 710, 736—7, 773, 778
Medici, Cosimo III de, 梅迪契，科西摩三世，托斯卡纳大公，131, 151
Medici, Francesco Maria de, 梅迪契，弗朗西斯科·马里亚，大主教，131
Medici, Giovan Gastone, 梅迪契，奇奥凡·加斯通，托斯卡纳大

公，73
Medina de Rioseco, 麦迪那·德·里奥塞科，让·恩里奎斯·德·卡勃莱拉，大公，卡斯蒂尔的海军上将，351, 353, 370
Medinaceli, Luis Francesco de la Cerda, 梅迪纳赛里，路易士·弗朗西斯科·德·拉·塞达，公爵，374—5
Mehadia, fortress, 梅哈迪亚，要塞，750
Mehmed IV, sultan, 穆罕默德四世，苏丹，577, 598, 619, 620
Mehmed Rami Efendi, 穆罕默德·拉米·伊芬迪，首相，616, 626
Meichl, Simon, 梅契尔，西蒙，威尼斯财政家，309—10
Meissen, 迈森，瓷器，603
Mekhitar of sebaste, 塞巴斯特的梅克希泰尔，修道院院长，617—18
Meknes, 梅克内斯，554
Melilla, fortress, 梅利利亚，要塞，554
Melk, Benedictine monastery, 梅勒克，贝内迪克汀修道院，602
Melkites, 梅尔卡特派，128
Mendonça, Luis de, 门多萨，路易斯德，果阿总督，516

Mendoza, Balthazar, 门多萨, 巴尔瑟扎, 塞哥维亚主教, 361, 376

Menin, fortress, 梅嫩, 要塞, 451, 477

Mennonites, 门诺尼特, 493

Menshikov, Prince Alexander Danilovich, 缅希科夫, 亚历山大·达尼洛维奇王子, 彼得大帝的顾问, 718

Merchant Adventurers, (冒险) 投机商, 262, 866—7

Mercy, Claude Florimond, 默西, 克劳德·弗洛里蒙德, 公爵, 帝国将军, 639

Merian, Maria Sibylla, 梅里安, 玛丽亚·西比拉, 昆虫学家, 46

Merlat, Elie, 默拉特, 伊利, Huguenot writer, 胡格诺派作家, 218

Mérode-Westerloo, Eugène Jean Philippe, 默罗特—韦斯特卢, 尤金·让·菲利普, 公爵, 军事冒险家, 742, 762

Méry, Jean, 梅里, 让, 法国解剖学家, 41

Mesnager, Nicolas le Baillif, 梅斯纳热, 尼古拉·勒·贝利, 186, 337, 447, 462, 469—70, 475

Messina, 墨西拿, 540, 557, 559
人口, 542

Metastasio, Pietro, 梅泰斯泰西奥, 佩特罗, 歌词作者, 73, 111

Methoni (Modon), 梅托尼 (莫东), 638

Methuen, John, 梅休因, 约翰
与葡萄牙签订条约 (1703), 16, 163—4, 418—19, 466, 523—6, 569, 591, 808

Methuen, Paul, 梅休因, 保尔, 前者之子, 523, 808

Metz, Claude du, 梅茨, 克劳德·德, 法国大炮专家, 761

Meuse, the, 默兹, 224, 248, 400, 404, 413, 753; 另见 Maas, 马斯

Mexico, 墨西哥, 13, 129, 350, 355—61, 511
墨西哥湾, 498, 500
商船队, 349, 354n., 511, 528

Mezzomorto, Pasha, 梅祖莫托帕夏, 土耳其舰队司令, 565—6, 615, 628, 790

Middelburg, 米德尔堡, 私掠船员, 20, 800—1

Milan, duchy and city of, 米兰大公领地和城市, 9, 31, 223, 240, 562, 594, 595
在奥地利统治之下, 5, 9, 447, 585, 595, 597, 750
竞争的要求, 164, 250, 389, 401, 426, 446—7, 466,

591—3, 594, 596
瓜分, 386, 393, 396
王位继承战, 369, 404, 414, 417, 429
条约（1707）, 432
城市人口, 542
在西班牙统治之下, 557—8
Milet pierre, S. J., 迈尔特, 皮埃尔, S. J., 传教士, 498
Millner, sergeant J., 米尔纳, 萨金特, J., 英国军人, 762
Miloradovich, Michael, 米洛拉道维奇, 米歇尔, 黑塞哥维那首领, 633
Milton, John, 米尔顿, 约翰, 79, 138, 142
Minas, António, Luís de Sousa, 米纳斯, 安东尼奥, 路易斯·德·苏萨, 第二代侯爵, 葡萄牙将军, 429, 433, 527
Minho, province, 米纽省, 526
Minorca, 梅诺卡, 11, 22, 162, 387, 391, 419, 439, 442
为英国人占领, 370, 434, 444, 448, 566, 570, 808—9
乌得勒支, 448, 460, 475
Mirandola, duchy of, 米兰多拉公爵领地, 403, 468, 473, 596
Missions, 传教机构
新教, 128, 152, 492—3, 495；另见 Pietism, 虔信教

东正教, 128, 738
公理会宣传, 128—30
新法兰西, 128—9, 497—9
南美, 129, 356, 503—4, 531, 533, 537
远东, 96, 129—30, 139, 537
菲律宾, 129, 357
马里安纳, 349
北非伊斯兰教各国（埃及除外）
海岸, 545
Mississippi, the, 密西西比河, 13, 498—9, 500—1, 503—4
米切尔, 大卫爵士, 海军中将, 568
Mobile (Louisiana), 莫比尔（路易斯安那）, 360, 365, 498—501, 504
Mocha, 穆哈, 咖啡, 11, 35, 550, 858—9, 862
Modena, 摩德纳, 160, 559, 562
Modena, Rinaldo d'Este, 莫德纳, 里那尔多台斯特, 公爵, 595
Mohilev, 莫希莱夫, 为俄国人占领, 701
Moivre, Abraham de, 莫伊夫, 亚伯拉罕·德, 胡格诺数学家, 39
Moldavia, 摩尔达维亚, 2, 578, 608, 619, 620, 633—6, 647, 683—4, 689, 776
Molière, 莫里哀, 72, 75, 79, 81,

84，89，90，106—8

Molina, Luis de，莫利纳，路易斯·德，西班牙的耶稣会会士，135n.

Molinos, Miguel le，莫利诺斯，米哥埃尔·德，西班牙神秘主义者，146

Mombasa，蒙巴萨，为奥马尼所占领，11，517

Monaco，摩纳哥，403，466 海盗，546

Monclova, Melchor Portocarrero Lasso de la Vega，蒙克洛伐，迈尔科·波托卡里洛·拉苏·德拉维加，公爵，秘鲁总督，356

Mondovi, rebellions，蒙多维，起义，560

Monmouth, James Scott，蒙默思，詹姆士·斯科特，公爵，125，196—8，202

Monomotapa, the，莫诺莫塔帕，516

Mons, fortress，蒙斯，要塞，242，252，381，400，426，438，477—8

煤，869

Monsanto，蒙桑托，527

Montagu, Edward Wortley，蒙塔古·爱德华·沃特利，英国外交家，641

Montagu, Lady Mary，蒙塔古·玛丽夫人，前者之妻，40

Montaigne, Michel,蒙田,米歇尔,70

Montalto, Ferdinand de Moncada d'Aragon，蒙塔尔托，菲迪南·德·蒙卡达·阿拉冈，公爵，351，353

Montecuccoli, Raimondo，蒙特科考里，雷蒙多，奥地利将军，743，744，782

Monteiro, Roque，蒙梯洛，洛奎，葡萄牙政治家，526

Monteleon, Isidoro Cassado de Azevedo，蒙特里昂，艾西多洛·卡萨多·德·阿泽维多，侯爵，475

Montenegro，门的内哥罗（黑山），618，632，635

Montesarchio, prince of，蒙特萨奇奥王子，557

Montesquieu, Charles Louis de Secondat，孟德斯鸠，查尔斯·路易·德·塞康达特，男爵，33，100—1，221—2，294，341，558

Monteverdi, Claudio，蒙特凡尔第，克劳迪奥，音乐家，103，108

Montfaucon, Dom Bernard de，蒙福孔，多姆·伯纳德·代，学者，87

Montferrat, the，蒙特菲雷特，159，164，418，466，558，560n.

公爵，447
Montmélian，蒙梅里安，243
Montpellier，蒙彼利埃，58，67
Montreal，蒙特利尔，251，484，486—7，496—7
Mont – Royal，罗亚尔峰
Montserrat，蒙特塞拉特（岛），810
Montucla, J. E.，蒙塔克拉，J. E.，历史学家和数学家，71
Moore, James，穆尔，詹姆士，卡罗来纳总督，503—5
Morava, the，摩拉瓦河，579—80
Moravia，摩拉维亚，7，575，584，599，605
Morea, the，摩里亚，164，540
　在威尼斯人统治之下，2，158，565，620，623，627，782
　在土耳其人统治之下，566，608，637—8
　威尼斯人割让，640，642
Moreri, Louis，莫雷利，路易，词典编辑者，88
Morin, Jean，莫兰，让，演说家，140
Morocco，摩洛哥，359，548，554
Morosini, Francesco，莫洛悉尼，弗朗西斯科，威尼斯指挥官，560，620
　逝世，623
Moscow，莫斯科，576，632—3，654，665，702，718，738
Moselle, the，摩泽尔，223，225，404，755
　葡萄酒，845
Moura，莫拉，527
Mozambique，莫桑比克，516
Mozart, W. A.，莫扎特，W. A.，105，111，113，116
Müteferrika, Ibrahim，穆斯菲里卡，伊布拉欣，土耳其印刷工，644
Münster, bishop of，蒙斯特主教，166，182，250，410
　蒙斯特和约（1648），439
Muffat, Georg，穆法特，格奥尔格，德国音乐家，106，116
Mughals，莫卧儿，11
Muley Ismael，穆雷·伊斯美尔，摩洛哥苏丹，11，554
Munich，慕尼黑，人口，884
Muralt, Beat Ludwig von，穆拉特，比特·路德维特·冯，瑞士作家，221
Muratori, Ludovico Antonio，穆拉托里，卢多维科·安东尼奥，历史学家，33，87，559，595
Muscovy Company，莫斯科公司，262，843
Muslebeshe，穆斯鲁伯希，土耳其起义者，647
Muslims，伊斯兰教徒，6，20，

517, 614, 633, 775—6

陆上贸易, 548—9

贝克塔什教派, 612

信奉什叶派, 645

可兰经, 6, 97, 617

Musschenbrock, Pieter van, 穆申布鲁克, 彼得·冯, 物理学家, 46—7

Mustafa Ⅱ, 穆斯塔法二世, 苏丹, 623, 626, 629

Mustafa Pasha, 穆斯塔法·帕夏, 首相, 640

Mutiny Act (1689), 反抗法令 (1689), 208

Muy, sieur de, 梅, 先生, 加拿大官员, 501


Nadir Shah, 纳迪尔·沙赫, 波斯征服者, 645

Nagyharsány, battle of (1687), 瑙杰哈沙尼战役 (1687), 577, 620

Naima, 纳伊玛, 土耳其历史学家, 643

Nairne, Captain Thomas, 奈恩, 托马斯船长, 印度代理人, 504—5, 507

Namur, 那慕尔, 要塞和省份, 223, 400, 404, 426, 753
被围 (1691, 1695), 244, 249

栅栏, 381, 399, 413, 477
巴伐利亚的马克西米连, 438, 467

Nanking, 南京, Portuguese diocese, 葡萄牙主教管区, 130

Nantes, 南特
撤销南特敕令 (1685), 77, 105, 119, 196, 220, 337; 另见胡格诺教
贸易, 812—13, 894

Naples, 那不勒斯, 王国和城市
奥地利与该地, 5, 9, 433, 570, 585, 591—7, 808
文化, 32—3, 558—9, 562
西班牙与该地, 164, 368, 370, 557
菲利普五世在 (那不勒斯), 368, 557
法国与, 387, 393, 395—6, 426
乌得勒支, 447, 451—3, 463, 473
贸易, 535, 540

Narantsouac, mission, 纳拉错克, 传教团, 498

Närke, 纳克, 人口, 885

Narva, battle of (1700), 纳尔瓦战役 (1700), 403, 649, 655—6, 692, 698

Naryshkin, Leo Kirilovich, 纳雷什金, 列昂·基里洛维奇, 俄国的特权贵族, 717—18

Nassau, Johan Willem Friso, 纳索, 约翰·威廉·弗里索, 王子, 弗里斯兰省的行政长官, 415, 465
Nataliya, 纳塔利亚, 彼得大帝之姐妹, 738
Nauplia (Napoli di Romania), 那波利(罗马尼亚的那波利), 620, 638
Navarino, 纳瓦里诺, 638
Navarre, 纳瓦拉, 9, 353, 363, 375, 387, 389, 440, 862
Navarrete, Pedro Fernández de, 纳瓦莱特, 佩特罗·费尔南德斯·德, 西班牙海军司令官, 364
Navigation Acts, 航海条例, 805, 842；(1696), 261, 490—1
Nedim, 尼丁, 土耳其诗人, 643
Neerwinden, 内温登, 见兰登
Negapatam, 内加帕丹, 葡属印度, 518
Negroponte, 内格罗蓬特, 622—3, 632
Ne plus Ultra Lines, 极限线, 440, 460, 751
Nerchinsk, Treaty of (1689), 尼布楚条约 (1689), 738
Nesmond, Andre, 内斯蒙特, 安德烈, 侯爵, 法国骑兵中队指挥官, 489
Nestorians, 景教徒, 128

Netherlands, 尼德兰, 见西班牙尼德兰, 联合省
Neuchâtel, 内沙特尔, 尼塞, 451
Neuhäusel 诺伊豪赛, 见奈维扎姆科
Neutral Rights, 中立权利, 4, 174—5, 187, 234—5, 804—5
Neville, John, 内维尔, 约翰, 英国海军中将, 251
Nevis, 尼维斯岛, 810
Newcastle, 纽卡斯尔, 基尔门的医院, 826
Newcomen, Thomas, 纽科门, 托马斯, 工程师, 69, 869
New Edinburgh, 新爱丁堡, 360; 另见达里安
New England, 新英格兰, 13, 483, 492—6, 506—8
　自治领, 14, 480
　九年战争, 12—13, 30, 486—8, 492
　王位继承战, 12—13, 30, 501—3, 505—7
　贸易, 814, 842, 849
　另见康涅狄格州, 马萨诸塞州, 新罕布什尔州, 缅因州, 罗德岛
Newfoundland, 纽芬兰
　鳕鱼场, 14, 261, 548, 809, 849—50
　九年战争, 251, 488—9

王位继承战, 503
乌得勒支, 442, 460, 470, 505, 508

New France, 新法兰西, 12—13ff., 251, 484ff., 496ff.
贸易, 488, 840, 850—1
人口, 485, 496, 508
另见美洲, 传教团, 魁北克

New Hampshire, 新罕布什尔, 483, 488, 491, 493, 814

New Jersey, 新泽西, 14, 483, 488, 491, 493, 814

New Mooners, 新蒙纳斯, 493

New Plymouth, 新普利茅斯, 483, 487

Newport (Rhode Island), 新港（罗德岛）, 495—6

New Rochelle (New York province), 新罗歇尔（纽约省）, 493

Newry, 纽里, 233

New Spain, 新西班牙, 500, 511; 另见墨西哥

Newton, Sir Isaac, 牛顿, 艾萨克爵士, 24, 37—40, 49ff., 86, 88, 156, 260, 343
牛顿定律, 34, 37, 50—3, 70, 137
《光学》, 39, 52—3, 70, 78
微积分, 55
年表, 99

New York, 纽约, 12, 14, 480—90, 493—5, 498, 501

Nicaise Abbé Claude, 尼卡伊塞, 阿贝·克劳德, 法国学者, 77

Nicaragua, 尼加拉瓜, 洋苏木树, 350, 854

Nice, county of, 尼斯郡, 243, 425, 426, 560, 567

Nicholson, Sir Francis, of New England, 尼科尔森, 弗朗西斯爵士, 新英格兰的, 491, 505—7

Nicolas, Jean, 尼古拉, 让, 法国银行家, 304

Nicole, Pierre, 尼科尔, 皮埃尔, 詹森教徒, 132

Nieswicz, 涅沙维茨, 700

Nieuwpoort, 纽波特, 381, 400, 436, 447, 477, 800

Nikon, patriarch of Moscow, 尼康, 莫斯科大主教, 728, 733

Nimes, 尼姆, 丝织厂, 868

Nine Years War, 九年战争, 5, 182, 586—7; 原因, 202—6, 224—6
性质, 11—13, 18, 154, 160, 174—5, 184, 227—32, 741ff., 766ff., 790ff.
战役, 19, 213—16, 232ff., 354—7, 486—9, 558, 566—9, 795—8
经济影响, 174, 244, 314—

15, 320, 327, 354n., 814, 839ff., 849, 856, 873, 875, 894, 897

Nish（Niš），尼什，579, 610, 621—2, 633, 641, 754, 757

Nithard, Eberhard, 尼撒特，埃伯哈德，西班牙耶稣会会士, 351

Nivernais, 尼维尔内, 813, 815

Noailles, Anne-Jules, duc de, 诺阿耶，安娜—米尔，公爵，法国元帅, 235, 248—9

Noailles, Adrien Maurice, 诺阿耶，安德里安·莫里斯，公爵，前者之子, 375

Noailles, Louis Antoine, 诺阿耶，路易·安东尼，巴黎红衣主教, 133, 147

Nollet, Abbé Jean Antoine, 诺莱，阿贝·让·安东尼，科学家, 46—7

Nonjurors, 1689年革命后拒绝对威廉三世和玛丽宣誓效忠的英国国教牧师, 123, 127, 209, 212, 215

Norbis, Abbé, of Vienna, 诺比斯，阿贝，维也纳的, 311

Norfolk, serges, 诺福克，哔叽, 865

Normandy, 诺曼底, 325, 329, 863, 866, 900

Norris, Sir John, 诺里斯，约翰爵士，海军中将, 489, 817

Norrköping, 诺尔彻平, 806

Northumberland, 诺森伯兰，煤, 869

Norway, 挪威，见Denmark

Nottingham, Daniel Finch, 诺丁汉，丹尼尔·芬奇，第二代男爵, 169, 205, 216, 392

Nottinghamshire, 诺丁汉郡，人口, 885, 887

Noudar, 诺达, 527

Nourse, Timothy, 诺斯，蒂莫西，英国道德家, 145

Nova Scotia, 新斯科舍, 505, 814; 见Acadia, 阿凯迪亚

Nové Zamky, 新扎姆基（土耳其的）省和要塞, 608, 619

Novi, 诺维，土耳其警卫队, 640

Nuremberg, 纽伦堡, 45, 421

Nymegen, Treaties of（1678—1679），宁姆根条约（1678—1679）, 171, 223, 383, 411, 473, 761

Nystad, Peace of（1721），尼斯塔特和约（1721）, 1, 3, 171, 678—9, 738—9

Oates, Titus, 奥茨，泰特斯，英国的阴谋家, 270

Occasional Conformity Act（1711），

法令（1711），273，461
Ochakov, fortress, 奥恰科夫，要塞，610，630
Oder, the, 奥得河，2，605
Ösel, island, 厄赛尔岛，649
Ogilvy, George, 奥杰尔维，乔治，俄国将军，660
Ogiñiski family, of Lithuania, 立陶宛的奥金斯基家族，690，693
Ogiński, Gregory, 奥金斯基，格雷戈里，哥萨克首领，700
Ohio, protection of valley, 俄亥俄，山谷的警戒，500
Old Pretender, 老觊觎王位者，见詹姆士·斯图亚特
Oldenburg, Henry, 奥尔登伯格，亨利，科学评论家，40
Oleolis, Pierre d', 奥利奥里，皮埃尔·德，法国商人，517
Oliva, battle of (1697), 奥立伐战役（1697），688
Olivares, Gasper de Guzmán, 奥立伐尔斯，加斯珀·德·格斯曼，公爵，西班牙政治家，366
Olkienniki, Battls of (1700), 奥尔基尼基战役（1700），693—4
Omani Arabs, 阿曼尼阿拉伯人，11，517
Omerique, Antonio Hugo de, 奥默利克，安东尼奥·休戈·德，西班牙几何学家，343
Oneglia, privateers, 奥涅格里亚，私掠船船员，546，801
Onod, rebel Magyar assembly (1707), 奥诺特，马扎尔人反抗集会（1707），585
Opatów, military confederacy, 奥帕托，军事同盟，698
Oporto, 奥波尔托，510，520—1，849
葡萄酒港口，521，523，845—6
Oppenheimer, Samuel, 奥本海默，塞缪尔，维也纳银行家，309，311—12，788—9
Oran, Moorish attacks, 奥兰，摩尔人的进攻，390
Order of Aviz, 阿维斯修道会，537
Order of Christ, 基督会，537
Order of Mercy, 仁济会，545
Order, of Santiago, 圣地亚哥会，537
Orel, the, 奥勒尔，作为俄国的边境，637
Orinoco, the, 奥里诺科河，356
Orléans, 奥尔良，菲利普公爵，与玛丽·路易斯
Orlik, Philip, 奥立克，菲利普，哥萨克首领，633，637，732
Ormonde, James Butler, 奥蒙德，

詹姆士·巴特勒,第二代公爵,418

1712年的限制法令,443,464

Oropesa, Manuel Joaquin, 奥雷佩沙,曼纽尔·乔基,公爵,西班牙政治家,351,358—9,361

Orry, Jean, 奥里,让,法国在西班牙的财政顾问,365—6,369—72,376,377,378

召回凡尔赛(1704),369;(1706),371

回到西班牙(1713),377

被免职(1714),380

Orsova, 奥尔肖瓦,641

Orthodox Church, 东正教,128,188

在希腊,553,554,633,637

在塞尔维亚,580,632

在鲁瑟尼亚,696

在君士坦丁堡,617,635

另见 Russia, Turkey

Osnabrück, bishop of, 奥斯纳布吕克主教,405

Ossian (James Macpherson), 奥西恩(詹姆士·麦克弗森),伪装的盖尔人的唱诗人,93

Ostend, 奥斯坦德,248,390,400,436,439,447

为同盟国所占领(1706),426—7

公司,390,478,857

海盗,800

Osuna, F. M. de P. Acuña Pachecoy Tellez-Giron, duke of, F. M. 和 P. 亚森那·佩切科·泰莱茨—吉隆,奥森纳公爵,352

Otranto, strategic position of, 奥特朗托的战略地位,540

Ottoman empire, 奥斯曼帝国,见 Turkey

Oudenarde, fortress, 奥德纳德,要塞,381

战役(1707),435,752,757

Oulx valley, 奥尔克斯山谷,467

Ouro Preto, 乌罗·比勒托,533

Ouwerkerk, Hendrik, 奥文柯克,亨德里克,拿骚公爵,荷兰陆军元帅,415,422

Overijssel, 上艾塞尔,烟草栽培,852

Oxenstierna, Bengt, 奥克森谢尔纳,本特,瑞典人,172,184,658

Oxford, university, 牛津,大学,43,78,125,152,216,262

牛津大学图书馆收集的手稿,87

马格达莱大学,125,199

持异议者,274

Oxford, earl of, 牛津伯爵,见 Harley，哈利

Oyapok, the，奥耶波克河，528，531

Oyster River (New England)，奥伊斯特河（新英格兰），487

Ozü，大津，见 Ochakov，奥恰科夫

Pac，巴，立陶宛的部族，685

Padua，帕多瓦，555，636n.

Pagan, Blaise François de ，佩根，布莱斯·德，梅维尔公爵，法国军事工程师，750

Paget, William，佩吉特，威廉，第六代男爵，英国驻君士坦丁堡特使，622

Pajkul, Otto Arnold von，佩吉考尔，奥托·阿诺德·冯，利沃尼亚官员，699

Palamos, sieges of (1694—1695)，包围帕拉穆斯（1694—1695），248，568

Palatinate, the，巴拉丁领地，5，30，120，166—7，189，578，589—90

劫掠（1688），233，741，786

难民（帕拉坦），274，493—4

部队，404

王位继承战，408，410

乌得勒支，468

另见法尔茨—诺伊贝格的约翰·威廉和菲利普·威廉

Palej, Semen，佩莱吉，西曼，哥萨克领袖，696，699

Palermo，巴勒莫，557

人口，542

海战（1676），565

Palestrina, G. P. da，帕莱斯特里纳，G. P.，音乐家，102

Paley, William，佩利，威廉，英国神学家，85

Pálffy, Counts John and Nicholas，佩尔菲，约翰和尼古拉公爵，匈牙利权贵

Palma, Luis António Tomas，帕尔马，卢伊斯·安东尼奥·托马斯，公爵，卡泰罗尼亚总督，362

Pamphylia，潘菲里亚，541

Panama，巴拿马，376，530

Papachino, Victorio，帕普契努，维克多利奥，西班牙海盗，567

Papacy，教皇，见英诺森十一世，亚历山大八世，英诺森十二世，克雷芒十一世

Papenbroeck, Daniel van，帕本布洛克，丹尼尔·凡，约翰·博兰信徒，编纂圣徒传，140

Pará (Belém)，帕拉（贝伦），530，537

Paracelsus (T. B. von Hohenheim)，帕拉切尔苏斯（T. B. 冯·霍亨海姆），16 世纪科学

家，54
Paraguay，巴拉圭，耶稣会传教团，
  129，357，529，533，537
Paranaguá，巴拉那瓜，淘金，534
Paris，巴黎
  罗浮宫，40—1
  天文台，41
  王家花园 41—2，56
  科学，47，84；另见科学院
  法国科学院，76
  出版业，78，105
  宫廷与市镇，81，341
  内维尔府第，342
  剧院，32，89—90，106，109
  音乐，32，104—7，108—9，
  324
  罗亚尔港，132，334
  大理院，132，335
  大学，43，47，132
  圣日耳曼德普雷，87
  大主教，133，147
  伊西，神学家会议，147—8
  夏朗东，耶稣教会，336
  人口，541
  食物供应，31，323，882，
  890—1，899，901
  农场主集团，300
  市政府，301
  建筑业从业人员，323，882
  警察，324
  征召新兵，326

税收，332
外国的传教团，499
彼得大帝在巴黎，737
法国珍贵的织锦，737
丝织厂，867
贸易，867，890
白镴的定价，882，899
Paris la Masse，巴黎的梅西，法国
  皇太子妃的承包商，336
Paris la Montagne，巴黎的蒙塔古，
  前者之子，336
Párkány，帕卡尼，618
Parker, Captain Robert，帕克，罗
  伯特，陆军上尉，英国军人，
  757，762
Parker, Samuel，帕克，塞缪尔，
  牛津主教，199
Parma, duchy of，帕尔马大公，
  160，164，473，594—5
Parry, Sir Hubert，帕里，休伯特爵
  士，英国音乐家，102
Partition Treaties，分割条约，154，
  156—7，161—3，186—7，
  191，266，268，447，525
  第一次（1698），176，358，
  393—4
  第二次（1700），154，360，
  395—6，400，402，655
  秘密瓜分（1668），387
Pasajes，帕萨赫，西班牙造船所，
  565

Pascal, Blaise, 帕斯卡尔, 布莱斯, 144, 147, 341

Passarowitz, Peace of (1718), 帕萨罗维茨和约 (1718), 1, 2, 158, 581, 604, 641—2, 645

Passau, 帕绍, 为巴伐利亚人所占 (1703), 417

Pastorius, Francis Daniel, 帕斯托卢斯, 弗朗西斯·丹尼尔, 德意志移民领导人, 493

Pata (patta), 帕塔, 为阿曼人所占领, 517

Paterson, William, 佩特森, 威廉, 苏格兰的理财家, 15, 360

Patiño, José, 帕丁努, 约瑟, 西班牙政治家, 379

Patkul, Johann Reinhold von, 帕特库尔, 约翰·莱因霍尔特·冯, 利沃尼亚的贵族, 652—3, 663, 701, 734, 773, 775

Patrona Halil, 佩特洛纳·哈里尔, 土耳其近卫军首领, 646—7

Paxton, Peter, 帕克斯顿, 彼得, 医生和历史学家, 33

Pecquet, Antoine, 佩克奎特, 安托万, 政治理论家, 173

Peking, 北京, 1, 35, 96, 130, 738

Pelew Islands (Palaos), 帛琉群岛 (帕拉奥斯), 357

Pellegrin, Abbé Simon Joseph, 佩利格林, 阿贝·西蒙·约瑟夫, 歌剧作者, 107

Pels, Andreas, 佩尔斯, 安德烈亚斯, 荷兰商人, 303

Peniche, 皮尼希 (岛), 537

Penn, William, 佩恩, 威廉, 教友派信徒, 123—4, 483, 491, 764

Pennsylvania, 宾夕法尼亚, 483—4, 488, 491, 493

Pensacola, bay of, 彭萨科拉湾, 356, 360, 364—5, 500—4

Pentagoët, fort and mission, 彭塔各沃特, 要塞和传教地区, 498; 见卡斯丁

Pepusch, John Christopher, 佩普奇, 约翰·克利斯托夫, 音乐教授, 104, 107

Pepys, Samuel, 佩皮斯, 塞缪尔, 海军部长, 827, 830

Pereira, Mendo de Folos, 佩雷拉, 门多·德·福洛斯, 葡萄牙总理, 516, 526

Perekop, isthmus of, 彼列科普地峡, 625

Perevolochna, battle of (1709), 佩列沃洛钦那战役 (1709), 1, 668—70, 674

Pergolesi, Giovanni Battista, 佩尔戈莱西, 乔凡尼·巴蒂斯塔, 那不勒斯音乐家, 113, 559

Peri, Jacopo, 佩里, 雅各普, 佛罗伦萨音乐家, 109
Périgord, iron, 佩里各特, 铁, 812
葡萄酒, 845
Perle, fortress, 佩尔, 要塞, 477
Pernambuco, 伯南布哥, 530—2, 534
Perrault, Charles, 佩劳特, 查尔斯, 诗人和评论家, 342
Perrault, Claude, 佩罗, 克劳德, 建筑师和医生, 40, 51, 56
Perrin, Pierre, 佩林, 皮埃尔, 法国歌剧作家, 106
Perrot, Nicolas, 佩罗特, 尼古拉斯, 加拿大探险家, 499
Persia, 波斯, 95, 551, 571, 608—9, 611, 649, 687
阿富汗入侵, 644
俄土瓜分, 645, 739
贸易, 551n., 857, 859—62, 868
Peru, 秘鲁, 13, 15, 41, 350, 354, 359, 376, 528, 530
Peschiera, fortress, 佩斯奇拉, 要塞, 753
Peter I, the Great, 彼得一世, 大帝, 俄国沙皇
性格和教养, 188, 633, 716—18
武装力量, 718—19, 720—3, 775—7

旅游, 21, 75, 172, 719, 737
公务, 29, 730, 775, 777
经济政策, 723—5
行政改革, 725—7
教育与文化, 726—7
改变教会, 728—9
反对者, 719—20, 731—3
逝世, 733
另见北方大战, 波尔塔瓦, 普鲁斯, 俄国, 圣彼得堡
Peter II, 彼得二世, 葡萄牙国王, 168, 395
大同盟, 163—4, 418, 466, 525
Peterborough, Charles Mordaunt, 彼得巴勒, 查尔斯·莫道特, 第三代伯爵, 在西班牙, 425, 430, 757
Peterwardein, fortress, 彼得华亭, 要塞, 580, 621, 623, 626
战役 (1716), 639—40, 642
Petkum, Hermann, 彼特金姆, 赫尔曼, 荷尔施泰因—哥托普在海牙的居民, 182—3, 447, 456
Petre, Edward, 彼得, 爱德华, 耶稣会教徒向詹姆士二世忏悔者, 195, 197, 200, 204
Petrinje, 佩特里尼亚, 581
Petrovich, Daniel, 彼得洛维奇, 丹尼尔, 塞尔维亚主教, 633

Petty, Sir William, 佩蒂, 威廉爵士, 经济学家, 48
Peyssonel, J. A., 皮松纳, J. A., 法国博物学家, 57
Peyster, Abraham de, of New York, 纽约的佩斯特, 亚伯拉罕·德, 482
Pforzheim, 普福尔茨海姆, 为法国占领 (1692), 245
Philadelphia, 费城, 42, 493—4
Philip William, of Pfalz-Neuburg, 法尔茨—纽贝格的菲利普·威廉, 有选举王权的伯爵, 168, 578, 589
Philip III, 菲利普三世, 西班牙国王, 386
Philip IV, 菲利普四世, 西班牙国王, 384, 388
Philip V, 菲利普五世, 西班牙国王, 安茹公爵, 8, 9, 19, 369, 372, 425, 430, 440
　亲属, 168, 388
　继承卡洛斯二世, 360—1, 396—7
　到达西班牙, 361—2
　性格, 362—3
　与路易十四, 16, 161, 164, 361—4, 373—7, 446, 451—6
　在那不勒斯, 368, 557
　婚姻, 367, 380, 404
　被承认, 397, 400, 414, 441, 448, 451—2, 459, 463—4, 470, 475—6
　see also Orry, Partition Treaties, Spain
Philip, duke of Orléans, 菲利普, 奥尔良公爵, 429, 737
Philippines, the, 菲律宾, 129, 346, 349, 357, 387
Philippopolis, 菲利波波利, 610
Philippsburg, fortress, 菲利普斯堡, 要塞, 203, 215, 225, 755
　为法国所占领 (1688—1697), 232, 237, 252
Phip(p)s, Sir William, 菲普斯, 威廉爵士, 马萨诸塞州总督, 251, 483, 487
Piacenza, 皮亚琴察, 帝国的封地, 473, 595
Piazzetta, Giovanni Battista, 皮亚齐塔, 乔尼·巴蒂斯塔, 威尼斯画家, 556
Picard, Jean, 皮卡德, 让, 法国天文学家, 40
Picardy, 皮卡迪, 438, 863, 866
Piccolomini, Cownt Aeneas Silvius, 皮科洛米尼, 爱尼亚·西尔维厄斯伯爵, 帝国将军, 579
Pico (Azores), 皮科岛 (亚速尔群岛), 葡萄酒和白兰地, 520
Piedmont, 皮埃蒙特, 见 Savoy-Piedmont, 萨伏依—皮埃蒙特

Piekary，皮埃卡莱，修道院，687
Pietism，虔信派，24，120，125，128，146，149—51
Pilawce, battle of (1648)，皮劳斯战役（1648），682
Pinerolo，比内罗洛，要塞，160，238—41，245—52，559
Piombino, channel of，皮昂比诺海峡，540
Piper, Count Carl，派珀，卡尔伯爵，瑞典的大法官，184，652，661，667
Piracy，海盗行为，11，12，31，349，541，544
Pitea，皮特欧，806
Placentia (Plaisance)，普拉森夏（普莱桑斯），488—9，503，850
Plague, visitations of，瘟疫，视察
意大利（1630—1631）542，543；(1656)，542，543
西班牙（1630—1631），543；(1676—1685)，345，886
伦敦（1665—1666），283，886
法国（1666），886
北非伊斯兰教各国（埃及除外）海岸（1691—1692），543
哈布斯堡领地（1691—1692，1709—1714），670，886n.
波兰（1706—1713），705，886n.
波罗的海地区（1709—1712），774
勃兰登堡（1711），886n.
哥本哈根（1711），886n.
瑞典（1710—1712），672；卡尔斯克鲁纳，820
萨洛尼卡（1719），644
马塞，普罗旺斯（1720—1723），868，886
Plate, the (Rio Plata)，普莱特河（里奥普莱塔），350，365，476，525—32
Ploudaniel，普卢达尼埃尔，制帆篷的布，817
Plowman, William，普洛曼，威廉，海盗，544，801
Pluche, Abbé Noël Antoine，普卢契，阿贝·诺埃尔·安托万，科学普及知识的推广者，85
Plymouth，普利茅斯，军舰修造所，22，229，811，818
海军医院，825
Po, the，波河，223，595，753
Pociej, Lewis，波契杰，刘易斯，立陶宛的财政大臣，后为哥萨克的首领，703，708，711
Podhajce，波特哈杰斯，小规模的战斗（1698），688
Podlesia，波特莱西亚，695—6
Podolia，波多里亚，2，608，619，

627,683—4,696

Pointe-aux-Trembles(New France),特朗布尔角(新法兰西),496

Pointe Levis(New France),莱维斯角(新法兰西),496

Pointe-Verte(Newfoundland),韦特角(纽芬兰),488

Pointis, Bernard Louis Desjean,波伊蒂,伯纳德·路易·德西让,男爵,法国骑兵中队指挥官,251,355,489,545,809

Polaga(Polangen),波拉加(波兰根),687,692,699

Polignac, Abbé Melchior de,波利格纳克,阿贝·梅尔基奥尔·德,法国驻波兰大使,439,462,686

Polish-Lithuanian Commonwealth (Rzeczpospolita),波兰一立陶宛联邦(热茨波斯波利塔)

人口,705

宗教,119,128,188,714

分裂,2,681—3,704—6,714—15

与萨克森联合,2,683,687—8,689,693,700,709—10,713—14

萨克森部队在联邦,689,691,694,696,704—5,710—13

王家军队,21,696,707,709—10,713,776

控制王室,656—9,663,684—7,688,697,699,701—2,703—4,707,709

卡尔十二和联邦,2,631,656ff.,661,693ff.,698—700,704—5,714

和哈布斯堡,581,683—5,695,701,710

和土耳其,619,620,627,631,634,636—7,645,672,683—4,688—9,692,709,710

和哥萨克,696,699,759

经济,682,704—5,714,836ff.

财政,184,690,704,706,713—14

王权,177,681,691—2,698,709

哥萨克首领的权力,685n.,706,708,711,713—14

瘟疫,705,886n.

国民议会,177,681,686,691—2,694—5,698,703,707—8,709,712—14

国民议会议员,685,691,709,713

"黄金自由",682—3,691,693,706,711—12

奥古斯都第二,联盟,莱斯佑

斯基，立陶宛，索毕斯基

Polonka, battle of (1660)，洛隆卡战役（1660），682

Poltava, battle of (1709)，波尔塔瓦战役（1709），1—5，185，439，630，667—9，699，703，708，732，755

转折点，733—9，755，757，744，806

伤亡人数，749

Pomerania, Eastern (Polish)，东波美拉尼亚（波兰的），710

Pomerania, Swedish，波美拉尼亚，瑞典的，631，656，670—1，679，703，707，712，806，852

Pomponne, Simon Arnaud，蓬波尼，西蒙·阿尔诺，侯爵，法国外交大臣，161，389，397

Ponant, the (French oceanic Ports)，波纳特（法国海港），234，812

Pondicherry，本地治里，252，518，856

Poniatowski, Count Stanislas，波尼亚托斯基，斯坦尼斯拉斯伯爵，波兰官员，卡尔十二的追随者，631，637，736

Pontchartrain, Jérôme Phélypeaux de，蓬夏特兰，热罗姆·菲利波·德，法国海外殖民大臣，13，499—501，506，828，829，830

Pontchartrain, Louis Phélypeaux de，蓬夏特兰，路易·菲利波·德，前者之父，总管理员和海外殖民大臣，40，242—3，298，331，485，499，830

Pope, Alexander，蒲柏，亚历山大，诗人，80—2，86，107

Popish Plot (1678)，教皇的密谋（1678），196，211，273，279

Porcio, Nicolás，波尔西奥，尼古拉，西班牙奴隶贩卖者，350

Porpora, Nicola Antonio，波尔波拉，尼古拉·安东尼奥，那不勒斯音乐家，111

Portalegre，波塔莱格雷，527

Portland, Hans Willem Bentinck，波特兰，汉斯·威廉·本廷克，第一代男爵，156，161，170，202，226，266，388—9，395

赖斯威克，252，388

Port Mohon，马翁港，见 Minorca, 米诺卡

Portobello，波托贝洛，350，376，530

Portocarrero, Luis Emmanuel Fernández Boccanegra，波尔托卡里洛，路易斯·伊曼纽尔·费尔南德斯·博卡内格拉，托莱多红衣主教，9，358，361，365，367，

371, 396
Porto Ercole, 埃尔科尔港, 387n., 546
Port-Paix, 帕克斯港, 355
Port-Royal, 罗亚尔港, 女修道院, 132, 334
Port Royal (Annapolis), 罗亚尔港 (安纳波利斯), 12, 487, 497, 502, 505, 508
Port Royal (Jamaica), 罗亚尔港 (牙买加), 810
Port St Mary, 圣玛丽港, 418
Portsmouth, 朴次茅斯, 船坞, 229, 811, 819
Portugal, 葡萄牙
　与英国, 16—17, 163—4, 261, 418—20, 466, 512ff., 521ff., 535, 569, 808
　与西班牙, 365, 466, 476, 511, 514, 519, 524ff.
　与法国, 163—4, 183, 364, 365, 407, 466, 512—13, 519—20, 522ff., 528, 531, 535
　财政, 347, 511, 514, 517, 526, 536
　酒的出口, 261, 419, 520ff., 538, 845—6
　王位继承战, 418—19, 422, 465, 429—30, 433, 438, 808
　价格的变化情况, 509ff., 519—20, 527, 535
　农业, 509, 520ff., 527—8, 537—9
　食盐, 509, 519, 532, 844—5
　宗教, 511, 531, 532—3, 537—9
　工业, 512—13, 523, 524, 535—6
　银, 511, 514, 517, 520, 528, 529, 533
　黄金, 261, 533—5
　食糖, 510, 517, 519—20, 531, 534
　皮革, 529—30, 532
　东非, 516—18
　社会结构, 522—3, 537—9
　另见 Angola, Azores, Brazil, India, Macao, Madeira, Peter II, slavery
Pososhkov, I. T., 波索希科夫, I. T., 俄国经济学家, 723
Potocki, Joseph, 波托斯基, 约瑟夫, 国王斯坦尼斯拉斯的军事总指挥官 (波兰), 696, 703
Potocki, Michael, 波托斯基, 米歇尔, 前者之子, 689
Potosi, 波托西, 银矿, 528
Povey, Thomas, 波凡, 托马斯, 伦敦商人和殖民地顾问, 506
Poznań (Posen), 波兹南 (波森), 712

Pozzo, Andrea, 波佐, 安德烈亚, 意大利画家, 145

Pragmatic Sanction (1713), 国事诏书 (1713), 7, 156, 592

Prague, 布拉格, 601, 719

Prandtauer, Jakob, 普兰德陶尔, 雅各布, 德意志建筑师, 602

Preobrazhensky Guards, 普利奥勃拉赞斯基近卫军, 俄国, 721, 777

Presidii, Stato dei, 见 Tuscany, 托斯卡纳

Prešov, 普雷肖夫, 见 Eperjes, 埃佩奇

Pressburg, 普雷斯堡, 306, 577, 585—6

Prévost, Abbé Antoine François, 普雷沃, 阿贝·安托万·弗朗索瓦, 法国小说家, 32, 92, 95

Prié, Ercole di Turinetti, 普里埃, 厄尔科莱·迪·图里内托, 侯爵, 萨伏依驻维也纳使者, 598

Principe island, 普林西比岛, 进口奴隶的港口, 515

Prior, Matthew, 普里奥, 马修, 英国诗人和外交家, 186, 459—61, 469—70

Privateering, 私掠巡航, 6, 12, 19—20, 174, 187, 349, 354, 792, 801—4, 809, 820, 834 泽兰的, 20, 174, 187, 420, 427, 546—7, 500, 800—1
法国的, 487, 489, 503, 528, 802—4
地中海, 357, 390, 515, 543, 544—8, 558, 619; 另见 Barbary Coast, 北非伊斯兰教各国 (埃及除外) 沿岸
敦刻尔克, 734, 800, 802, 812, 848
加勒比地区, 见 flibustiers
波罗的海, 4, 675, 802, 808

Probabilism, 盖然说, 147, 153

Prokopovich, Feofan, 波罗科波维奇, 费奥凡, 俄国主教, 729

Protestantism, 新教教会, 7, 14, 25, 76—7, 119ff., 138, 141ff., 188—9, 193ff., 259, 273, 506, 604
波兰, 119, 687
萨伏依, 238
里斯威克, 189, 252, 383, 473—4, 588
波希米亚, 602; 匈牙利, 583, 586
另见 Calvinism, 加尔文派, Dissenters, 不信奉国教者 (英国), Huguenots, 胡格诺派, Lutheranism, 路德教派, Pietism, 虔信教派

Provence, 普罗旺斯, 240, 465,

829，889

农业，548，839；谷物供应，548，813

工业，863—4

人口，889，900

Prussia，普鲁士，见 Brandenburg Prussia，勃兰登堡—普鲁士

Pruth, the，普鲁斯，Russian surrender at (1711)，俄国人包围该地 (1711)，1，185，634—5，736

条约 (1711)，636，709

Przebendowski, Jan Jerzy，普尔泽本道斯基，简·杰佐，波兰财政大臣，689，709

Pufendorf, Samuel von，普芬道夫，塞缪尔·冯，德意志法官，74，173

Pultusk, battle of (1703)，普尔托斯克，战役 (1703)，696

Purcell, Henry，珀塞尔，亨利，102—4，107—8，113—14，144

Puységur, Jacques François de Chastenet，普赛居，雅克·弗朗索斯·德·夏斯坦内，侯爵，法国元帅，746，762

Pyrenees, Treaty of the (1659)，比利牛斯条约 (1659)，234，246

Quadruple Allance (1718)，瓜特罗普尔联盟 (1718)，27

Quakers，教友派教徒，25，140，146，149—51，210，259，264

在北美洲，492—3

Quary, Robert，夸里，罗伯特，在北美的总检查官，491

Quebec，魁北克

反对远征，13；(1690)，251，487；(1711)，441，457，470，505—6，508

主教管区，128，484—5，497，499

地方议会，484—5

人口，496

学校，496—7

国外布道团的神学院，499

Queensberry, James Douglas，昆斯伯里，詹姆士·道格拉斯，第二代大公，276

Quercy, Lower，奎尔西下游，小麦，839

Quesnel, Pasquier，奎斯内尔，帕斯奎尔，詹森派教徒，132—3，334

Quietist controversy，寂静教徒的论战，24，128，137，147—50，327

Quinault, Philippe，基诺，菲利普，法国歌剧的歌词作者，110，112

Quito, 基多, 356, 530—1

Rabutin [-Bussy], Count Ludwig von, 拉布丁 [布西], 路德维格·冯伯爵, 帝国将军, 585

Racine, Jean, 拉辛·让 33, 72, 82—3, 106—8, 110—12

Radicati, Count Alberto, 拉迪卡蒂, 阿尔贝托伯爵, 自由思想家, 562

Radogoszcz, battle of (1715), 拉多各斯采战役 (1715), 711

Radosczkowice, 拉多齐科威采, 665, 702

Radziejowski, Michael, 拉齐乔斯基, 迈克尔, 波兰红衣大主教, 657—8, 686, 688, 690, 694—8

Radziwill, Charles, 拉齐维尔, 查尔斯, 立陶宛大臣, 700

Radziwill, Ludwika Karolina, 拉齐维尔, 路德维卡·卡洛琳娜, 立陶宛女继承人, 685

Ragusa (Dubrovnik), 拉古萨 (杜布罗夫尼克), 549, 608, 632

Raguzinsky, 拉古金斯基, 见 Vladislavich, 符拉迪斯拉维奇

Rákóczi, Count Francis Leopold, 拉科齐, 弗朗西斯·利奥波尔德伯爵, 匈牙利起义者, 5, 7, 154, 169, 412, 584—6, 605, 639

与波兰, 585, 664, 701

Rameau, Jean Philippe, 拉莫, 让·菲利普, 音乐家, 107—8

Ramillies, battle of (1706), 拉米伊战役 (1706), 164, 176, 370, 426—9, 446, 752, 756—7

影响, 662

Randolph, Edward, 伦道夫, 爱德华, 北美总检查官, 480, 483, 490, 506

Rapin, René, S. J., 拉潘, 勒内, S. J., 法国评论家, 78

Rasle, Sébastien, S. J., 拉斯尔, 塞巴斯蒂安, S. J., 传教士, 498

Rastatt, Peace of (1714), 拉施塔特和约 (1714), 5, 167, 171
协商, 444, 446, 472—4

Ratisbon (Regensburg), Truce of (1684), 雷根斯堡 (雷根斯堡) 休战协定 (1684), 17, 182, 202—3, 343, 588
议会 (1713), 182, 471, 473—4, 587—8

Rattista, 特拉蒂斯塔特, 590

Raudot, Jacques, 劳道特, 雅克, 新法兰西的地方行政长官, 496

Ravensberg, county of, 拉文斯堡

州，225

Rawa Ruska, treaties of (1698, 1716)，拉瓦—鲁斯卡，条约（1698，1716），692，712

Ray, John, 雷，约翰，English naturaliat, 英国博物学家，35，40，56，58—60，85，142—3

Réaumur, René Antoine Ferchault de, 列奥米尔，勒内·安托万，费尔肖·德，法国科学家，41，47，54，57，61，65—7

Rébenac, François de Pas, 雷贝纳克，弗朗索瓦·德·帕斯，伯爵，法国外交家，160

Red Sea, 红海，11，610—11

Redi, Francesco, 雷迪，弗朗切斯科，意大利医生，64

Redondo, 雷东多，538

Regensburg, bishop of, 雷根斯堡的主教，399；见 Ratisbon, 雷根斯堡

Régis, Pierre Sylvain, 雷吉斯，皮埃尔·西尔万，笛卡儿主义者，84

Regnard, Jean François, 勒尼亚尔，让·弗朗索瓦，剧作家，90

Rehnskiöld, Count Karl Gustaf, 伦斯舍尔德，卡尔·古斯塔夫伯爵，瑞士元帅，654—6，660—1，700，757，761

在波尔塔瓦被俘，669

Rémonville, 雷蒙维尔，路易斯安那州的，500

Rennes, 雷恩，军事谈判，335

Repnin, Prince Nikita Ivanovich, 雷普宁，尼基塔·伊凡诺维奇亲王，俄国元帅，634

Resht, 雷什特，为俄国人所占领（1722），739

Rethel, 雷伐尔，羊毛织品，864

Retz, Jean François Paul de Gondi, 雷斯，让·弗朗索瓦·保尔·德·贡蒂，红衣主教，回忆录，91

Reval, 雷伐尔，贸易，649，773，837

Reventlan, Count Christian Ditlev von, 雷文特洛伯爵，克里斯蒂安·迪特莱夫·冯，奥地利将军，429

Rheims, 兰斯，羊毛织品，864

Rheinberg, 莱茵堡，要塞，224，237，413，416

Rhine, the, 莱茵河，4，6，9，17，223—4，245，405，417，753，845—7

Rhode Island, 罗德岛，483，491，502

Rhône, the, 罗纳河，813，889
贸易，845，867—8

Rialp, Ramón de Vilana Perlas, 里

亚尔，拉蒙·代·维拉纳·珀拉斯，侯爵，西班牙法学家，593

Ribeira, Luis Manoel da Camara, 里贝拉，路易斯·马诺埃尔·达·卡玛拉，第三代伯爵，亚速尔岛的工业家，536

Ribeiro de Macedo, Duarte, 里贝洛·代·马塞多，杜阿尔特，葡萄牙驻法国大使，512, 516

Ricci, Sebastiano, 里奇，塞巴斯蒂亚诺，威尼斯画家，556

Richelieu, 黎塞留，大主教, 165, 735, 744
　　与海军, 792, 804, 822

Richerism, 里奇派, 134

Ricous, Louis Gaspard de, 里科斯，路易斯·加斯帕德·德，外交家，182

Riga, 里加, 2, 10, 30, 649, 659, 692, 708, 773
　　海军补给基地, 840—3
　　其他贸易, 837, 847

Rights, Bill of (1689), 权利法案 (1689), 265

Rio Grande do Sul, 南里奥格朗德, 534

Rio de Janeiro, 里约热内卢, 466, 528—9, 532, 534, 537

Rio Napo, 里奥纳普, 耶稣会传教地区, 356, 531

Rio Negro, 里奥内格罗，加尔默罗会白衣修士传教地区, 531

Riquet, Pierre Paul, 里奎特，皮埃尔·保尔，运河营造者, 564

River Brethren, 里弗兄弟会, 493

Roberti, G. Frigimelica, 罗贝蒂，G.弗里吉梅利卡，歌剧的歌词作者, 112

Robinson, Dr. John, 鲁宾逊博士，约翰，温泽教长 (1707) 和布里斯托尔主教 (1710)，外交家, 186, 462

Robinson, Sir Tancred, 鲁宾逊爵士，坦克雷德，博物学家, 96

Roche, Michel de la, 罗奇，米歇尔·德·拉，胡格诺教宣传员, 78

Rochefort, 罗什福尔，军火库, 22, 390, 562, 793, 812, 815, 820—1

Rochester, Laurence Hyde, 罗彻斯特，劳伦斯·海德，第一代伯爵, 195, 198, 209, 215, 267—8

Rocroi, battle of (1643), 罗克劳伊战役 (1643), 239, 343, 744

Roemer, Olaus, 罗默，奥劳斯，丹麦天文学家, 40

Roermond, 鲁尔蒙特，要塞, 416, 477

Roger, Estienne, 罗杰，埃斯廷，

荷兰印刷商，105，116
Rogers, Captain Woodes, 罗杰斯船长，伍兹，海盗和环球航行者，96—7，373
Rohault, Jacques, 罗奥，雅克，笛卡儿主义者，51，84
Romagna, 罗马尼河，橡木，813
Romorantin, 罗莫朗坦，军队制服，864
Ronquillo, Francisco, 龙奎洛，弗朗西斯科，西班牙政治家，359，373，377
Rooke, Sir George, 鲁克爵士，乔治，英国海军上将，418，423，569，797，806
Rosas, 罗萨斯，法国占领 (1693)，247
Rossi, Luigi, 罗西，路易吉，意大利音乐家，109
Rotgans, Lucas, 罗根斯，卢卡斯，荷兰剧作家，75
Rotterdam, 鹿特丹，218，329，794，800，832
Rouen, 鲁昂，23，336—7，512，895，900—1
　纺织品，863，894
Rouillé, Pierre, 鲁耶，皮埃尔，法国外交家，446
　1709年谈判，450—1，453—6
Rousseau, Jean-Jacques, 卢梭，让—雅克，2n.，95，100，221

Rousseau de Chamoy, 卢梭，德·夏穆瓦，173
Roussillon, 鲁西永，375，390
Rovigo, 罗维戈，威尼斯的贸易，555
Rowe, Charles, 罗，查尔斯，英国将军，758
Royal Society, the, 皇家学会，37—40，43，45，51，76—7，84，96
Ruhr, the, 鲁尔，煤，869
Rumania, 罗马尼亚，见 Moldavia, Wallachia
Rumelia, 鲁梅利亚，608—9，642；另见 Turkey
Russell, Edward, 拉塞尔，爱德华，牛津的伯爵，海军上将，200，216，244，248，391，568，808，829
Russia, 俄罗斯
　与西方，3，154，157—8，676，678，716ff.，727—8，733—40
　与土耳其人，1，6，31，158，185，227，394，566，625—8，630—7，644—5，669—70，671—2，718—19，722，736
　与哥萨克，31，610，630—1，634，636，665—8，669—70，685n.，696，699，732，759，775—6

与鞑靼人，31，610，625，627，634，636，667—8，672，683—4，688，760，775
与波兰，见 Augustus II
与瑞典，1—3，158，402—3，630—1，634—5，636，648—9，652ff.，663ff.，679—80，692ff.，716，720—2，733ff.
与丹麦，见 Denmark
与波斯，644—5，739
宗教，3，128，716，728—9，732—3，738
文化，42，726—9，739
政府，718—19，725—6，730—1
经济，716，723—5，836—44；另见 Archangel，Riga
财政，723，726，730—2
社会变化，729—32，775，777
另见 Peter I，St Petersburg，Siberia

Ruthenia，鲁瑟尼亚，687，696，708

Ruvigny，鲁维努，胡格诺派将军，见 Galway

Rybiński, Sigismund James，鲁宾斯基，西吉斯蒙特·詹姆士，波兰统治者，703，709

Rycaut, Sir Paul，里考特爵士，保罗，土耳其历史学家，97

Rydzyna, Treaty of (1714)，雷齐纳条约（1714），710

Rymer, Thomas，赖默，托马斯，历史学家，33，79，82，87

Ryswick, Peace of (1697)，里斯威克和约（1697），26，161，167，169—70，252，262—3，291，332，337，381—5，388，392，411，477，569，579，582
北美，13—14，489—90，500，508
瑞典，172，246，651
宗教第四条款，189，252，383，473—4，588
荷兰贸易，185—6，187，252

Rzeczpospolita Polska，热茨波斯波利塔·普尔斯卡，见 Polish-Lithuanian Commonwealth

Sabará，萨巴拉，黄金，533

Sacheverell, Dr Henry，萨谢弗雷尔，博士，亨利，英国牧师，125，152，220，270，441，457

Sacramento，萨克拉门托，350，372，476，525，529—30

Safavi dynasty of Persia，波斯的萨非王朝，644

Said Chelebi，赛义德·切莱比，和土耳其的印刷业，644

St Augustine (Florida)，圣奥古斯丁

（佛罗里达），372，503

Saint-Cosme, Fr Jean François Buisson de, 圣—科斯姆兄弟，让·弗朗索瓦·比松·德，法国传教士，499

Saint-Cyran, Jean du Vergier de Hauranne, 圣—西朗，让·德·弗吉尔，戴·奥兰，教士，詹森派，133

Santo-Domingo, 圣多明各，354—5，390

Saint-Domingue, 圣多明各，350，501

 私掠船，12，251，349，356，804，810

 发动进攻（1691，1695），251，355

 糖，854

St Eustatius, 圣厄斯坦提斯，810，853

St Florian, 圣弗洛里安，奥地利修道院，602

St Germains, 圣日尔曼，255，275

St Helena, 圣赫勒拿岛，809

Saint-Hilaire, Geoffroy, 圣伊莱尔，若弗鲁瓦，法国生物学家，64

St Joachim (New France), 圣若阿基姆（新法兰西），496—7

St John, 圣约翰，骑士，545—6，828；见 Malta

St John, Henry, 圣约翰，亨利，见 Bolingbroke

St John's (Newfoundland), 圣约翰斯（纽芬兰），489，498，503

St Kitt's (St Christophe), 圣基茨（圣克里斯托弗）

 法国在该地，251，499，809—10

 英国在该地，13，470，809

St Lawrence, the, 圣劳伦斯，13，470，500，502，506

 毛皮贸易，850—1

St Lo, Captain George, 圣洛船长，乔治，英国海军船坞专员和小册子作者，824

St Malo, 圣马洛，246，249，812

 私掠船，19，489，802

 贸易，15，364，375—6，849—50，856—7

St Mary's, 圣玛丽斯，捕鳕鱼基地，503

Saint-Ovide, 圣奥维特，先生，法国官员，503

St Petersburg, 圣彼得堡，3，42，663，665，668，734

 建设中，31，725，728，871

 贸易，867

Saint-Prest, Jean Yves de, 圣普雷斯特，让·伊夫·德，档案保管员，178，182

St Quentin, 圣康坦，胡格诺教徒流亡，867

Saint-Romain, Melchior de Harod de Senevas, 圣罗曼, 梅尔基奥尔·德·哈罗德·德·塞内瓦, 法国驻里斯本使者, 512

St Ruth (Ruhe, Rhue), Charles Chalmot de, 圣吕思 (鲁, 拉), 夏尔·夏尔莫·德, 法国将军, 242

Saint-Simon, Louis de Rouvroy, 圣西蒙, 路易·德·鲁沃列, 28, 327, 329, 339, 597, 780

St Stephen, 圣斯蒂芬, 王冠, 见 Hungary

St Tropez, 圣特罗佩, 海员, 823

Saint-Vallier, Jean Baptiste de, 圣瓦利埃, 让·巴普蒂斯特, 魁北克主教, 484, 496—7, 499

St Venant, 圣威纳特, 为英国夺取的要塞 (1710), 440

Sainte-Famille (New France), 圣法米尔 (新法兰西), 496

Sainte-Foy (New France), 圣福伊 (新法兰西), 496

Saintonge, 圣托奇, 葡萄酒, 845

Salaberry, 萨拉贝里, 法国海军行政官员, 830

Salaburg, Count Gotthard Heinrich von, 萨拉伯格伯爵, 戈特哈德·海因里奇·冯, 奥地利大臣, 309

Saladin family, 萨拉丁家族, 日内瓦银行家, 303

Salem (Mass.), 塞勒姆 (马萨诸塞州), 巫术的审判, 492

Sallee, 萨利, 海盗, 390, 554

Salm, Karl Theodor Otto, 萨尔姆, 卡尔·西奥多·奥托, 亲王, 奥地利大臣, 450n., 487

Salmon Falls, 萨蒙福尔斯, 486

Salonica, 萨洛尼卡, 562, 608, 612, 644

Saluzzo, 萨卢佐, 241, 245

Salvaterra, 萨尔瓦特拉, 527

Salvatierra, Juan Maria de, S. J., 萨尔瓦铁拉, 胡安·玛丽亚·德, S. J., 353

Salzkammergut, 萨尔茨卡默古特, 食盐出口, 605

Samus, Ivan, 塞缪斯, 伊凡, 哥萨克首领, 696

Sancroft, William 桑克劳夫特, 威廉, 坎特伯雷大主教, 197, 201, 209

Sandomierz Confederates, 桑多米埃什同盟, 见 Confederacies

Sanfelice, Ferdinando, 圣费利切, 费尔迪南多, 内亚波利斯的建筑师, 559

Santa Ana (Brazil), 圣安娜 (巴西), 553

Santa Maura, 圣玛拉, 544, 619, 627, 639, 642

Santarém, 圣塔伦, 油类的迫切需要, 520
Santiago de los Caballeros, 圣地亚哥·德·洛斯·卡巴莱洛斯, 355
Santona, 桑托那, 西班牙海军船坞, 565
Santos, 桑托斯, 537
São Francisco valley (Brazil), 圣弗朗西斯科谷地(巴西), 牛群, 532—4
São Miguel (Azores), 圣米古尔(亚速尔群岛), 酒类, 520
São Paulo, 圣保罗, 532—4, 537
São Tomé, 圣多美岛, 515, 528, 533
São Vicente, 圣文森特, 532
Sapieha family, 萨皮埃哈家族, 立陶宛, 657, 685, 688, 690, 693—5, 697—8
Sapieha, Benedict, 萨皮埃哈, 本尼迪克特, 立陶宛财政大臣, 685, 688
Sapieha, John Casimir, 萨皮埃哈, 约翰·卡西米尔, 立陶宛哥萨克的主要首领, 685, 688, 690—1
Sapieha, Michael, 萨皮埃哈, 迈克尔, 前者之子, 694
Saptes, 萨普特斯, 毛织品, 864
Saragossa, 萨拉戈萨, 368, 370, 440
Sarajevo, 萨拉热窝, 626
Sardinia, 撒丁, 159, 161, 164, 375, 387, 439, 556, 570, 593, 597, 641
为同盟国所夺取(1708), 370, 433—4
乌得勒支, 467, 473
维克托·阿马迪厄斯与撒丁, 559
盐, 844
Sari Mehmed Pasha, 沙里·穆罕默德帕夏, 土耳其财政大官, 629
Sarsfield, Patrick, 萨斯菲尔德, 帕特里克, 爱尔兰军官, 242
Sas van Ghent, 萨斯凡根特, 408
Sauveur, Joseph, 索弗尔, 约瑟夫, 法国科学家, 40
Sava, the, 萨瓦河, 578, 581, 610, 640—1
Savannah, the, 萨凡纳河, 504
Savery, Thomas, 萨弗里, 托马斯, 英国工程师, 69
Savoy-Piedmont, 萨伏依—皮埃蒙特, 大公国, 6, 9, 11, 18, 29, 159, 161, 163—4, 591, 596, 747, 788
宗教, 119—20, 188, 560—2
九年战争, 231—3, 240—1, 243, 245—7, 250—1, 558

王位继承战，417—18，422，425，428—9
乌得勒支，159，164，444，447，463—7，571
军队，238，560—1，766—7
财政，560—1
经济，560，844
人口，889
另见 Turin, Victor Amadeus II
Saxe, Maurice, 萨克斯，莫里斯，公爵，法国元帅，661
Saxe-Gotha, 萨克斯—戈特，大公，246n., 402, 407
Saxony, 萨克森，2，232，246
九年战争，237，241
北方大战，411，431，652ff, 754
查理十二在萨克森，431，654，662—3，700—1，704，774
经济，605，867，869
社会阶层，687—8，697—8
与波兰的联合，2，683，687—9，691—3，697，700，709—10，713—14
另见 Altranstädt, Augustus II, Empire
Saybrook（Conn.），塞布鲁克（康涅狄格），493
Scania, 斯堪尼亚，3，653，671，775，808

Scarlatti, Alessandro, 斯卡拉蒂，亚历山德罗，尼亚波利斯音乐家，101—2，104，109—13，115—16，559
Scarlatti, Domenico, 斯卡拉蒂，多梅尼科，前者之子，109，559
Scarron, Paul, 斯卡隆，保尔，法国作家，75
Scheldt, the, 斯凯尔特河，249，381，395，413，436，447，478，752—3，757，764，786，811
Schellenberg, the, 施伦贝格，多瑙沃斯的要塞，421，757
Schenectady, 斯克内克塔迪，251，486
Scheuchzer, J. J., 朔奇泽，J. J.，瑞士地质学家，61—2
Schio, 斯基奥，毛织品，556
Schism Act（1714），教会分立法令（1714），273—4
Schlüter, Andreas, 施吕特，安德烈亚斯，德国建筑师，728
Schönborn, Count Friedrich Karl von, 舍恩博恩伯爵，弗里德里克·卡尔·冯，帝国副首相，573，587
Schomberg, Frederick Herman, 舍姆伯格，弗雷德里克·赫尔曼，第一代公爵，元帅，236—9

Schröder, Wilhelm von, 施罗德, 威廉·冯, 奥地利经济学家, 310, 313, 606

Schulenberg, Johann Matthias von der, 舒伦伯格, 约翰·马塞厄斯·冯·德, 萨克森元帅, 638, 700

Schuyler, Colonel Peter, 斯凯勒上校, 彼得, 纽约, 488, 498

Scotland, 苏格兰
 联合 (1706—1707), 26, 220, 275—9, 431
 大学, 43, 279
 宗教, 123, 149, 198, 211—12, 276—8
 人口, 211, 254
 威廉三世, 211—13, 275—6, 769
 经济, 211—12, 255—6, 392, 420, 765, 844, 846, 869, 881, 894
 与卡尔十二, 675
 外国雇佣兵制, 742; 军团, 769, 783
 英王詹姆士二世的拥护者, 255, 257, 272, 275—6, 279, 797

Scudéry, Madeleine de 斯居代里, 马德莱娜·德, 法国小说家, 91

Seafield, James Ogilvy, 西菲尔德, 詹姆士·奥格尔维, 第一代伯爵, 苏格兰首相, 276—8

Seckendorff, Veit von, 塞根道尔夫, 维特·冯, 路德教派的历史学家, 121

Security, Scotttish Act of (1704), 苏格兰安全法令 (1704), 276—7

Sedan, 色当, 毛织品, 863

Sedgemoor, battle of (1685), 塞奇莫尔战役 (1685), 747

Segovia, 塞哥维亚, 542, 551, 863

Seignelay, Jean-Baptiste Colbert, 塞涅莱, 让—巴普蒂斯塔·库尔贝尔, 侯爵, 法国海军部长, 239, 499, 549, 792, 803, 830

Seilern, Johann Friedrich Edler von, 塞勒, 约翰·弗里德里希·艾德勒·冯, 奥地利总理, 467, 575, 587, 689, 601

Selim-Girei, 塞利姆—吉莱伊, 克里米亚可汗, 620—1

Selkirk, Alexander, 塞尔柯克, 亚历山大, 船舶失事, 97

Semendria (Smederevo), 塞门德里亚 (斯梅德雷沃), 641

Semmering Pass, 塞梅林通道, 604, 754

Semonovsky Guards, 西蒙诺夫斯基卫队, 俄国, 777

Sena, 色那, 518
Senegal, 塞内加尔, 563
Senesino [Francesco Bernardi], 塞尼辛努（弗朗西斯科·伯纳迪），男中音, 107
Senigallia, 塞尼加利亚, 555
Septennial Act (1716), 七年法令（1716）, 220, 275
Sequeira, Bueno de, 塞凯拉, 布埃诺·达, 巴西探险家, 533
Serbia, 塞尔维亚, 1, 7, 577, 621, 625, 754
　土耳其, 580, 598, 618
　奥地利, 30, 582
　东正教, 580, 632—3
Sergison, Charles, 塞吉森, 查尔斯, 海军部的, 830
Serpa, 塞尔帕, 527
Sète (Cette), 塞特（塞特）, 571
Settlement, Act of (Irish, 1662), 嗣位法令（爱尔兰, 1662）, 214
　(1701), 220, 254n., 266, 466
Setúbal, 锡图巴尔, 519, 521, 537, 844
Severia, 塞文里亚, 666
Seville, 塞维利亚, 11, 42, 343, 368
　人口, 542
Sewall, Samuel, 休厄尔, 塞缪尔,

马萨诺塞州法官, 502, 507
Sezane valley, 塞赞谷地, 467
Shadwell, Thomas, 沙德韦尔, 托马斯, 英国戏剧家, 113
Shafirov, Peter Pavlovich, 沙菲洛夫, 彼得·巴甫洛维奇, 男爵, 俄国政治家, 185, 634—6
Shaftesbury, Anthony Ashley Cooper, 沙夫茨伯里, 安东尼·阿什利·库珀, 第三代伯爵, 29, 93, 127—8, 142, 219
Shakespeare, William, 莎士比亚, 威廉, 79, 111, 114
Sharp, James, 夏普, 詹姆士, 圣安德鲁斯大主教, 152
Sheerness, 希尔内斯, 造船厂, 811
Sheffield, John, 谢菲尔德, 约翰, 马尔格雷夫第三代伯爵, 79
Sheremeteyev, Count Boris Petrovitch, 谢里曼特也夫伯爵, 鲍里斯·彼得罗维奇, 俄国元帅, 634—5, 655
Sherlock, William, 舍洛克, 威廉, 圣保罗教长, 125
Shirvan, 希尔凡, 为土耳其人占领, 644—5
Short, Dr Thomas, 肖特博士, 托马斯, 统计学家, 887, 900
Shovell, Sir Cloudesley, 肖维尔爵士, 克劳德斯利, 英国海军上

将, 19, 425, 433, 794
Shrewsbury, Charles Talbot, 施鲁斯伯里, 查尔斯·塔尔博特, 大公, 216, 271—2, 457—60
Siam, 暹罗, 95, 130
Siberia, 西伯利亚, 128, 731, 738
Sicily, 西西里
  与奥地利, 9, 406, 426—7, 596—7
  与萨伏依, 159, 465, 467, 477, 559
  与法国, 385, 387, 395
  与西班牙, 164, 370, 556—7
  与菲利普五世, 161, 375, 439, 447, 451—2, 463
  贵族, 553, 557
  盐, 844
  地震和人口, 884
Sidon (Saida), 西顿 (赛伊达), 550, 609
Sieniawski, Adam Nicholas, 西恩尼斯基, 亚当·尼古拉, 波兰王国的军事指挥官, 688, 696, 701—3, 708, 711—12
Sieradz, 塞拉茨, 705
Silahdar Ali Pasha, 赛拉赫达尔·阿里帕夏, 首相, 637—40, 643
Silent Sejm (1717), the, 国民议会 (1717), 712—13
Silesia, 西里西亚, 8, 432, 575, 599, 605—6, 662, 685, 687, 703
  路德教徒, 188, 432, 602
  贸易, 605—6, 864, 867
Sillery (New France), 锡莱里 (新法兰西), 传教团, 496, 498
Simon, Richard, 西蒙, 理查德, 雄辩家, 24, 36, 88, 140—1, 341
Sinop(e), 锡诺普, 562, 615
Sinzendorf, Count Philip Ludwig von, 辛岑道夫伯爵, 菲利普·路德维格·冯, 帝国首相, 450, 452, 454—5, 464—5, 468, 471, 573, 589
Sisters of the Congregation, 妇女会会众, 497
Siyavush Pasha, 赛耶沃西帕夏, 首相, 620
Skopje (Üskub), 斯科普里 (于斯屈勃), 632
Skoropadsky, Ivan, 斯科洛帕德斯基, 伊凡, 乌克兰军事指挥官, 776
Slangenburg, Frederik Johan von Baer, 斯莱根伯格, 弗里德里克·约翰·冯·贝尔, 男爵, 荷兰将军, 416, 424
Slavery and slave-trade, 奴役和奴隶贸易, 12, 24, 533—4
  葡萄牙, 349—50, 514—16, 517, 529, 531, 533, 855

巴西，510，515，531—4
赞比西，518
阿尔及尔，545
地中海大帆船，563—4，615，822
丹麦和普鲁士的，855
法国的，855—6
英国的，260—1，855—6
荷兰，855—6，872
另见 Asiento
Sleswig-Holstein, 石勒苏益格—荷尔斯泰因，2，3，652，654，678
丹麦的入侵（1700），654
Sloane, Sir Hans, 斯隆爵士，汉斯，英国博物学家，38—40
Sloughter, Colonel Henry, 斯劳特上校，亨利，纽约的总督，482
Slovakia, 斯洛伐克，7，577
Smolensk, 斯摩棱斯克，657，665—6，683，698，700
Smorgony, 斯摩尔戈努，702
Smyrna, 土麦拿
人口，542
护航（1693），215，246，550，568，796
贸易，10，546，611，859，868
Soames, Sir William, 索姆斯爵士，威廉，翻译家，78
Sobieski, Alexander, 索比斯基，亚历山大，658
Sobieski, Constantine, 索比斯基，康士坦丁，657—8，708，712
Sobieski, James, 索比斯基，詹姆士，667，684—6，694，701
为奥古斯都二世所俘，657—8，697
Sobieski, John III, 索比斯基三世，约翰，波兰国王，前三者之父，168，183，619，620，625，682—6，696，714，776
维也纳的救援，619—20，696
Society for Promoting Christiarn Knowledge, 传播基督教知识的社团，128，152
Society for Propagation of the Gospel, 福音传播会，128，152，492—3，495
Socinianism, 索齐尼教义，136—7；另见 Unitarians
Sofala, 苏法拉，518
Solimena, Francesco, 索利梅纳，弗兰西斯科，内亚波利斯画家，559
Solms [-Braunfels], Count Hendrik Trajectinus van, 索尔姆斯[-布朗菲尔斯]伯爵，亨德里克·特拉杰克廷纳斯·范，荷兰将军，245
Somers, John, baron, 萨默斯，约翰，男爵，大法官，216，

266—7, 270, 277
Somerset, Charles Seymour, 萨默塞特，查尔斯·西摩，第六代大公，271
Sophia, 索菲娅，汉诺威选帝侯，266
Sophia, 索菲娅，女沙皇，717—18
Sound, the, 松德海峡，4
Soura, 苏拉，537
Southampton Water, 索斯安普敦水道，814
South Sea, Company, 南海公司，15, 288—9, 291, 475, 530, 679, 835
 法国在该公司，15, 359, 364, 385
Southwell, Sir Robert, 索思韦尔爵士，罗伯特，38
Spain, 西班牙
 政府，8—9, 348—9, 351—2, 353, 357—9, 361ff.；另见 Castile, Orry
 贵族阶层，8—9, 347—8, 352, 361—2, 365, 370, 371, 375
 宗教，9, 131, 346—7, 363, 376；另见 Inquisition
 在意大利，9, 159ff., 368, 370, 385ff., 397, 409, 419, 425, 428—9, 432—3, 439, 447, 451ff., 556—9, 590—4

 海外，12, 13, 128—9, 349—50, 354—7, 359—60, 364—5, 372—3, 375—6, 385ff., 395, 406, 410, 511, 528ff., 798, 809
 文化，72, 343
 军队，20, 231, 353, 363, 366—7, 374, 782—3
 海军，21, 565, 567—8, 790, 813
 王位继承问题，159, 161—3, 168, 172, 178, 270, 348, 350—1, 357—9, 360—1, 370ff., 384—98, 418—19, 437—9, 447ff., 590ff.
 衰落问题，343—5
 财政，345, 346, 351, 353, 366, 370, 376
 经济，251, 345ff., 352, 511, 514, 520, 548, 863
 九年战争，235, 247—9, 251—2, 354—7
 王位继承战，369—75, 418—19, 422—3, 425, 429—30, 432—4, 438, 440—1, 444—5
 人口，345, 542
 乌得勒支，376—7, 453—4, 461—3, 467—8, 476
 另见 Asiento, Carlos II, Catalonia, Louis XIV, Philip V, Portugal

Spanish (southern) Netherlands, 西班牙的（南部）尼德兰, 398—400, 408, 445, 473
战略因素, 18—19, 231, 750—1, 753, 786—7
与法国, 161, 385, 397—9, 400, 404—5, 412—13
与荷兰, 见 Barrier
与西班牙, 352—3, 366, 398；另见 Bergeyck, Maximilian Emmanuel
九年战争, 232—3, 239, 241, 242, 244ff.
里斯威克, 252, 381—2
分割, 384, 387, 391, 393—5, 398, 400, 406, 427
王位继承战, 411, 416—17, 422, 424, 426—27, 432, 435—6, 438, 440, 752
与马尔博罗, 427, 435
共管, 428, 445
奥地利, 427, 441, 445, 598
乌得勒支, 见 Barrier
经济, 293—4, 352, 390, 413

Spanish Succession War, 西班牙王位继承战争, 5, 19, 154, 169, 172, 287ff., 369ff., 591ff., 663, 763, 769, 842, 852, 873—4, 896
战役, 370ff., 405, 409, 416ff., 501ff., 527, 569—71, 593—4, 741ff., 770, 782—3, 794ff.
致力和平（1705）, 425—6, 446n.；（1706）, 374, 430, 446—7；（1708）, 431, 447—8；（1709）, 374—5, 436—7, 450ff.；（1710）, 161, 439—40, 458；（1711—14）, 270, 376—7, 441ff., 459ff., 528

Spee, Friedrich von, S. J., 斯皮, 弗里德里希·冯·S. J., 诗人, 150

Speirbach, battle of (1692), 施皮尔贝希战役（1692）, 231

Spener, Philipp Jakob, 斯彭纳, 菲利浦·耶科夫, 德国虔信派教徒, 25, 150

Spenser, Edmund, 斯宾塞, 埃德蒙, 英国诗人, 79

Speyer, 斯派尔, 大主教, 203, 225, 233

Spice Islands, 斯皮斯岛, 857

Spinoza, Benedictus de, 斯宾诺莎, 贝尼迪克托斯·德, 36, 88, 136, 139—40

Spitzbergen, 斯匹茨卑尔根岛, 捕鲸场, 19

Splitgerber, Daum, and Company, 施普利格尔伯公司, 柏林军火承包商, 789

Staffarda, battle of (1690), 斯塔法

达战役（1690），231，241
Stahl, Georg Ernst，施塔尔，乔治·恩斯特，德国化学家和物理学家，54，65—6
Stanhope, Hon, Alexander，斯坦厄普阁下，亚历山大，外交家，352
Stanhope, James，斯坦厄普，詹姆士，第一代伯爵，前者之子，434，440，477，567，571
  商务条约（1708），434，439，799
Stanisilas I, king of Poland，斯坦尼斯拉斯一世，波兰国王，见 Leszczynski
Stanyan, Abraham，斯坦尼安，亚伯拉罕，英国外交家，645
Starhemberg, Count Guiido von，施塔海姆贝格，吉多·冯伯爵，奥地利将军，310，434，438，440，593
Starhemberg, Count Gundaker von，施塔海姆贝格，冈德克·冯伯爵，奥地利内阁副总理，309，312—13，575，587，589，594
Starhemberg, Count Ernst Rüdiger von，施塔海姆贝格，恩斯特·吕迪格尔·冯伯爵，维也纳的保卫者，593
Stavnsband ordinance（Denmark），法令（丹麦），775

Steele, Richard，斯蒂尔，理查德，新教牧师，153
Steele, Sir Richard，斯蒂尔，理查德爵士，政治家和小品文作者，32，94，145
Steenkerk, battle of（1692），斯蒂扣克战役（1692），20，245，247
Stella, Count Rocco, of Naples，那不勒斯的斯蒂拉，罗科伯爵，593
Stenbock, Count Magnus，斯坦博克，马格奴斯伯爵，瑞典将军，661，670—1，699
Steno（Stensen）, Niels，斯坦诺（斯坦森），尼尔，丹麦博物学家，61，64
Stettin，什切青，673，678，707
Stevensweert, fortress，斯蒂文斯韦尔特，要塞，416，477—8
Stiernhörk, Olaf，斯蒂霍克，奥拉夫，瑞典在维也纳使者，183
Stillingfleet, Edward，斯蒂林菲利特，爱德华，英国牧师，125，140
Stöcken, Johann Heinrich von，斯托肯，约翰·海因里希·冯，丹麦使者，182—3
Stockholm，斯德哥尔摩，4，42，186，650，651，652，653，658，670，672，679，763，

802, 806, 808
条约（1719）, 678
贸易, 804—5
Stoddard, Solomon, of Connecticut, 康涅狄格州的斯托达特, 所罗门, 493—4
Stollhofen, Lines of, 斯托尔霍前线, 237, 417, 421, 432, 751, 753, 755
Strafford, Thomas Wentworth, 斯特拉福特, 托马斯·温特沃思, 第三代伯爵, 460, 462
Stralsund, 施特拉尔松, 673—4, 679, 707, 710—11, 802
Strasbourg, 斯特拉斯堡, 237, 467, 579, 753, 755, 785
  为法国所占领, 26, 161, 223—4, 252, 421, 473, 588
Stratmann, Count Theodor Heinrich von, 斯特拉特曼, 伯爵, 西奥多·海因里希·冯, 奥地利总理, 383, 578, 601
Streshnev, Tihone Nikitich, 斯特莱斯涅夫, 蒂洪·尼基提奇, 俄国特权贵族的一员, 718
Stuart, Karl Magnus, 斯图尔特, 卡尔·马格纳斯, 瑞典将军, 654—6, 761
Styria, 施蒂里亚, 584, 604, 638
Styrum, Frederick Willem, 斯蒂伦, 弗里德里克·威廉, 林堡—斯蒂伦伯爵, 帝国将军, 752
Subercase, Auger de, 苏伯卡斯, 奥格·德, 阿卡迪亚总督, 503
Sudan, 苏丹, 548
Suez, 苏伊士, 615
Süleyman II, 苏里曼二世, 苏丹（国王）, 620—1
  逝世, 622
Süleyman Pasha, 苏里曼·帕夏, 首相, 620
Sulpicians, 萨尔皮辛, 496, 498
Sumatra, 苏门答腊, 胡椒, 857
Sunderland, Charles Spencer, 森德兰, 查尔斯·斯潘塞, 第三代伯爵, 268—9, 430, 547
Sunderland, Robert Spencer, 森德兰, 罗伯特·斯潘塞, 第二代伯爵, 195, 199, 204, 216, 266—7, 271, 382
Surat, 苏拉特, 518, 860
Surinam, 苏里南, 810, 854, 859
Susa, 苏沙, 241, 245
Sutton, Sir Robert, 萨顿爵士, 罗伯特, 英国驻君士坦丁堡大使, 185, 635
Swabia, 斯瓦比, 237, 245, 402, 405, 432, 587—8, 601
  法国的威胁, 586
Sweden, 瑞典
  帝国, 1—2, 648—9, 679—80
  与丹麦, 1—4, 402, 648—9,

652—5, 670, 673, 676—9, 692, 774—5

军队, 20, 228, 650, 655ff., 661—9, 677, 743, 744, 747—8, 757—8, 760—1, 771—4, 780

贵族, 28—9; 减少, 650, 772—3

宗教, 126

与路易十四, 154, 158, 182—5, 277, 246, 402—3, 734

与威廉三世, 154, 172, 174, 184, 227

政府, 650—1, 661—2, 674—5, 677

贸易, 174, 234—5, 251, 420, 520, 648—9, 651, 659, 675, 699, 840—2

海军, 654, 671, 805—8, 824—5, 830, 831

灾害, 672, 774

另见 Augustus II, Charles XII, Empire, Great Northern War, Holstein-Gottorp, Russia

Swift, Jonathan, 斯威夫特, 乔纳森, 36, 81, 98, 126, 139, 153, 286, 315

《同盟国的行动》, 274, 281, 442—3, 460

Switzerland, 瑞士

雇佣兵, 20, 243, 742, 765—6

宗教, 120—2, 189

维尔默根战争 (1712), 120

中立, 174—5

经济, 605, 765, 813, 844, 895

另见 Berne, Geneva, Zürich

Sydenham, Thomas, 西德纳姆, 托马斯, 英国医师, 47

Syria, 叙利亚, 128, 609, 630

贸易, 551, 838

Szaniawski, Constantine Felix, 萨尼奥斯基, 康斯坦丁·费利克斯, 库亚韦主教, 702, 709, 713

Szatmár, peace of (1711), 索特马尔的和平 (1711), 585

Szczuka, Stanislas, 萨佐卡, 斯坦尼斯拉斯, 立陶宛副总理, 681, 690—1, 706—7

Szembek, John, 塞姆贝克, 约翰, 波兰副总理, 702—3

Szembek, Stanislas, 塞姆贝克, 斯坦尼斯拉斯, 波兰大主教, 702, 703

Tabriz, 大不里士, 为土耳其占领, 645

Taganrog, 塔甘罗格, 造船厂, 625, 628—9, 634—5, 732

Tahmasp II, Shah of Persia, 塔赫马斯普二世, 波斯国王, 644

Taiwan (Formosa), 台湾（福摩萨）, 糖, 857

Tallard, Camille d'Hostun, 塔拉尔, 卡米耶·德奥斯顿, 伯爵, 法国元帅, 165, 175, 178, 186, 389, 395, 752, 400—1
  王位继承战, 404, 421—2, 458
  布伦海姆, 756

Tamarois, mission to, 传教团到塔马罗伊, 499

Tangier, 丹吉尔, 391, 554, 566, 809

Tarascon, 塔拉斯康, 人口, 889, 900

Tarnogród confederacy (1715), 塔尔诺格勒同盟 (1715), 711—12

Tasso, Torquato, 塔索, 托尔夸托, 意大利诗人, 75

Tatars, 塔塔尔族人或鞑靼人, 见 Crimea, Kazan, Russia

Tate, Nahum, 塔特, 内厄姆, 爱尔兰诗人, 113

Tavares, António Raposo, 塔巴雷斯, 安东尼奥·拉波索, 巴西探险家, 533

Tavernier, Jean-Baptiste, 塔韦尼埃, 让—巴蒂斯特, 法国旅行家, 95, 98

Taylor, Edward, 泰勒, 爱德华, 新英格兰诗人, 497

Taylor, Jeremy, 泰勒, 杰里米, 英国牧师, 146

Tchesma, battle of (1770), 切斯马战役 (1770), 566

Teignmouth, 提格茅斯, 239, 796

Teixeira, Pedro, 特海拉, 佩特罗, 亚马孙河探险家, 530, 533

Temesvár, Banat of, 泰梅什堡 (蒂米什瓦拉) 的巴纳特, 6, 7, 581—2, 608, 622, 626—7, 639, 641, 754
  要塞, 577, 580, 639

Ter, the, battle of (1694), 泰尔战役 (1694), 248

Terek valley, 捷列克谷地, 645

Terranova, Juana d'Aragon Cortés, 特拉诺瓦, 胡安娜·达拉贡·科尔特斯, 公爵夫人, 市长, 348

Teschen (Creszyn), 特斯切 (克雷松), 605

Tessé, René de Froullay, 泰塞, 勒内·德·弗鲁莱, 公爵, 法国外交家和元帅, 171, 247, 369, 372, 403
  萨伏依, 418, 433
  直布罗陀, 423, 570

与彼得大帝，737
Tessin, Count Nicodemus, 特辛公爵，尼科迪默斯，瑞典建筑师，671
Test Acts（1673，1678），信仰法令，196—200，210
Tele，太特，518
Texas，得克萨斯，129，356
Thessaly，塞萨利，608，624
Thévenot, Melchisedec, 泰夫诺，梅基塞德克，法国科学家，40
Thököly, Count Imre, 特克利公爵，伊姆雷，匈牙利起义者，577，584，605，619，622
Thomasius, Christian, 托马西乌斯，克里斯蒂安，莱比锡教授，74
Thornhill, Sir James, 桑希尔爵士，詹姆士，英国画家，32
Tibet, Jesuit mission, 西藏，耶稣会传教团，130
Tiepolo, Giambattista, 蒂耶波洛，詹巴蒂斯塔，威尼斯画家，556
Tiflis，第比利斯，土耳其占领，645
Tilbury，蒂尔伯里，要塞，205
Tillemont, Le Nian de, 蒂耶蒙，勒纳伊·德，詹森派教徒，132
Tillotson, John, 蒂洛森，约翰，坎特伯雷大主教，138，142，152

Tilly, Claude Tserclaes, 蒂利，克劳德·楚克拉斯，公爵，在荷兰服役的将军，416
Tine（Tinos），提恩（提诺斯），威尼斯基地，638，642
Tisza, the, 蒂萨河，577，580—1，626
Tlemcen, battle for（1701），对特莱姆森战役（1701），554
Tonning, fortress, 托宁，要塞，671—2
Toland, John, 托兰，约翰，自然神论者，136，140
Toledo，托莱多，371，542
Toleration Act（1689），信仰自由法令（1689），210，256，259，264
Tolstoy, Count Peter Andreyevich, 托尔斯泰伯爵，彼得·安德烈维奇，俄国在君士坦丁堡的外交使节，185，636
Tomar，托马尔，513，537
Tonking，东京（越南），130
Torbay，托尔巴，204
Torcy, Jean-Baptiste Colbert, 托尔西，让—巴蒂斯特·科尔贝尔，侯爵，法国外交大臣，165，182，365，389，397，408
和平协商（1709—1712），436—7，441—2，450—4，

459—61, 469, 470, 472
与俄国, 734—5
Tordesillas, Treaty of (1494), 托尔德西拉斯条约 (1494), 531, 533
Torelli, Giacomo, 托雷利, 贾科莫, 舞台设计师, 109, 116
Tories, 托利党, 201, 208, 261, 267—8, 273—5
  英王詹姆士二世的拥护者, 273
  英国国教, 215, 270, 273—4, 280
  十月俱乐部, 275
  反对党地位, 216, 275, 281, 437, 439
  执政, 16—17, 215, 270ff., 441, 457ff.
  另见 Bolingbroke, Harley, Nottingham
Torre, Count da, 托尔公爵, 见 Fronteira
Torrington, Arthur Herbert, 托林顿, 阿瑟·赫伯特, 伯爵, 英国海军上将, 201, 226, 236—9, 791
Toruń (Thorn), 托伦, 660
Tonlon, 土伦
  同盟的进攻 (1707), 5, 19, 432—3, 570
  法国海军基地, 20—2, 236, 240, 403, 419, 567—8, 793, 808—13, 817, 832, 879
  海军中队, 234, 246, 248, 250, 423
  海员, 821, 823
Toulouse, Louis Alexandre de Bourbon, 图卢兹公爵, 波旁的路易·亚历山大, 法国海军上将, 423, 830—1
Tournai, 图尔内, 要塞, 249, 436—8, 451, 465—7, 477
Tournefort, Joseph Pitton de, 图尔纳福尔, 约瑟夫·皮顿·德, 植物学家和旅行家, 41, 56, 58, 614, 628
Tournon, Charles Thomas Maillard de, 图尔农, 夏尔·托马·马亚尔·德, 东印度群岛的罗马教皇的使者, 130
Tours, 图尔, 丝织品, 323, 867
Tourton family, 图尔东家族, 日内瓦银行家, 303
Tourville, Anne Hilarion de Cotentin, 图尔维尔公爵, 科唐坦的安娜·伊莱里翁, 法国海军上将, 21, 568, 793, 819
  滩头堡, 239, 795—6
  拉乌盖, 215, 243—4, 567, 792, 795, 828
Townshend, Charles, 汤森, 查尔斯, 第二代子爵, 海关关卡条

约（1709），439—42，464

Traetta, Tommaso, 特拉埃塔, 托马索, 意大利音乐家, 111

Tranquebar, 特兰克巴尔, 丹麦工厂，128，518

Transylvania, 特兰西瓦尼亚, 1, 7, 242, 424, 577—82, 584—6, 608, 621—2, 627, 754

Transylvania, prince of, 特兰西瓦尼亚亲王, 见 Apafi, Michael

Trapani, Michelangelo Fardella de, 特拉帕尼, 米凯兰杰洛·法尔代拉·德, 帕多瓦的哲学家, 73

Trarbach, 特拉巴赫, 要塞, 27, 223, 252, 422

Trautmansdorf, Johann Sigismund, 特劳特曼斯多夫, 约翰·西吉斯蒙德, 萨克森的将军, 688

Travendal, Treaty of (1700), 特拉凡德尔条约（1700），402, 654—5, 670, 692

Treason, English Statutes, 叛国罪, 英国法令, 265

Trebizond, 特拉布松, 562, 609, 611

Tréguier, 特雷吉埃, 大麻, 817

Trembley, Abraham, 特伦布莱, 亚伯拉罕, 显微镜学家, 64n.

Trenchard, John, 特伦查德, 约翰, 宗教辩论家, 137

Trenčin, battle of (1708), 特伦钦战役（1708），434，585

Trent (Tyrol), 特兰特（蒂罗尔），417

Trepassey, 特雷帕塞, 鳕鱼基地, 503

Treviso, 特雷维索, 威尼斯的贸易, 555

Trezzini, Domenico, 特雷齐尼, 多梅尼科, 意大利建筑师, 728

Triennial Act (1694), 三年法令（1694），220

Trier, city of, 特里尔城, 223, 225, 233, 422, 424

大主教的选举人, 225, 407, 590

Trieste, 的里雅斯特, 7, 164, 404, 417, 555—6, 569

自由港, 604

东方公司, 641

Trinidad, 特立尼达（古巴），372

Triple Alliance (1717), 三国同盟, 737

Tripoli (Barbary), 的黎波里（北非伊斯兰各国, 埃及除外），224, 227, 543—4, 548, 553

Trois Rivières, 三河城, 484, 486, 496—7

Troitskaya, 特罗伊茨卡耶, 修道院, 718

Tromp, Maarten Harpetszoon, 特罗

普，马顿·哈普茨松，海军上将，798
Trondhjem，特龙黑姆，675，677
Trotter, Thomas，特罗特，托马斯，海军军医，826
Trouin, René，特鲁安，勒内，Guay 的先生，见 Duguay-Trouin
Tschernin（Czernin），Count Jacob von，切尔宁（切尔宁）伯爵，雅各布·冯，309
Tucumán，图库曼，525
Türk Ahmed Pasha，图克·艾哈迈德帕夏，安那托利亚总督，639
Tull, Jethro，塔尔，杰思罗，英国农业家，68—9
Tunis，突尼斯，227，543—4，551，553，813，838
另见 Barbary Coast
Turenne, Henri de la Tour d'Auvergne，蒂雷纳，亨利，图尔特奥弗涅的，子爵，法国元帅，233，243
军事思想，742，744，751—3，760
Turin，都灵，31，284，418，422，425，512，535，559，560—2，568，584，894
都灵条约（1696），160，171—2，175，179，250—1，447
为尤金所攻取（1706），5，429，570，594，753
人口，542，560
大学，561
谷物价格，889
Turkey，土耳其
奥斯曼帝国的扩张，1—2，6，608—10；另见 Carlowitz, Passarowitz
乌列木（学者），616—17，620，629，631，644，646
东正教，3，128，554，578—9，613，617—18，625，627，632—3，635—6，637，736
与俄国，见 Russia
与西方，6，614—15，617—18，635—7，644
外国的观点，7，95，97，611，614
大臣，6，614ff.，629
军队，21，553，612—15，642，741，743，752，759，761，789；另见 Janissaries
海军，21，554，562—6，615，623，628，630，790；另见 Barbary Coast
与英诺森十一世，见 Holy League
与威尼斯，2，6，154，227，555，562，565，619—23，

627, 637—42

哈布斯堡王朝战争, 195, 223—4, 225—7, 232, 238, 241, 242—3, 251, 253, 383, 402, 572, 576ff., 618fff., 638—42

与匈牙利, 576—81, 618—23, 626—7; 另见 Transylvania

与卡尔十二, 2, 630—1, 635—6, 669—70, 673, 703

与阿拉伯各省, 608ff.; 见 Egypt

与鞑靼人, 见 Crimea, Russia

与波斯, 609, 643—5

与哥萨克, 31, 610, 625, 630—1, 634, 636

经济, 546, 549—52, 611—12, 623—5, 628, 644

财政, 552, 611—12, 613, 623—4, 628—9

政府, 553—4, 608ff., 615—18, 628, 630, 635—6, 643ff.

图利普年代, 643—6

Turrettini, J. A., 特里坦尼, J. A., 日内瓦神学家, 122

Tuscany, 托斯卡纳, 9, 151, 160, 174, 404, 473, 540—4, 591, 813

与威尼斯绝交, 171

驻地, 387, 393, 395, 473

私掠船, 546; 军舰, 563

Tuy (Galicia), 图伊 (加利西亚), 526

Tyrconnel, Richard Talbot, 泰尔康内尔, 理查德·塔尔博特, 伯爵, 198, 206, 213, 769

Tyrol, 蒂罗尔, 167, 386, 417, 591, 599, 605

Tyson, Edward, 泰森, 爱德华, 英国解剖学者, 56, 60, 62

Ukraine, 乌克兰

在乌克兰的战争, 30, 619, 666—9, 754

土耳其人, 619, 631, 636

分裂, 631, 664, 696, 732

卡尔十二, 631, 660, 666—9

波兰, 683, 696, 699

俄国, 683, 696, 699, 732, 775—6

另见 Mazepa, Orlik, Palej, Samuś, Zaporozhian Cossacks

Ukraintsev, Emel´an Ignat'evich, 乌克兰采夫, 伊米兰·伊格纳特维奇, 俄国在君士坦丁堡的使者, 628

Ulm, 乌尔姆, 422, 589, 750, 755

Ulrika Eleonora, 乌尔里卡·埃莉奥诺拉, 黑森的女大公和瑞典皇后 (1718), 673, 677, 679

Ulster, 北爱尔兰, 213, 235—7, 256

Uniat Church, 希腊正教, 128, 633

Uniformity, Act of (1622), 统一法令 (1662), 264

Unigenitus, papal bull, 谴责詹逊派教义的, 教皇的训令, 见 Jansenism

Unitarians, 唯一神教派, 582; 另见 Socinianism

United Provinces, 联合省

 海军, 3, 4, 16, 21, 234, 295, 382, 790, 798—800, 808—9, 811, 814—15, 821, 822, 825, 826, 827—8, 832

 军队, 20, 202, 228, 382, 404, 411, 415ff., 742, 747, 750

 联合省的最高行政长官, 176, 195, 415, 799

 经济, 29, 69, 385, 390—1, 415, 510, 520—1, 523, 535, 549—50, 799, 835ff., 893

 文化, 32, 34—5; 宗教, 122—3, 135

 与美国, 235, 350, 359, 406, 410, 434, 464, 515

 战争资金, 294—8, 314, 411, 799—801, 831—2, 896

 与马尔博罗, 406, 416—17, 420—1, 424, 427, 435—6; 见 Heinsius

 乌得勒支, 442—4, 448—51, 460ff.

 另见 Amsterdam, Barrier, East India, Heinsius, Privateering, Slavery, William Ⅲ

Uppsala, 乌普萨拉, 科学院, 42

Urals, 乌拉尔, 工业, 724

Urbich, Johann Chriatoph von, 乌尔别赫, 约翰·克里斯托夫·冯, 男爵, 俄国在维也纳的外交使节, 735

Urgal, 乌尔戛尔, 为法国夺取 (1691), 243

Ursins, Anne Marie de la Trémoille-Noirmoutier, 乌尔森, 特雷莫伊尔—努瓦慕蒂埃的安娜·玛丽, 公主

 市长, 367, 371—3, 377—9, 380, 474, 476

Ursulines, 乌尔苏拉恩斯, 在加拿大, 496—7

Ushant, 乌森, 811

Utrecht, Peace of (1713), 乌得勒支和约 (1713), 6, 14, 16, 17, 26, 108, 131, 155, 164—5, 170, 186, 337, 376—7, 443—4, 461—7, 491, 507, 528, 557, 641, 832, 849—50

 代表大会, 186, 337, 443, 446, 461ff., 507, 596

 另见 Spanish Succession War

(Peace efforts)

Vairsse（Veiras），Denis，维尔斯（维拉斯），丹尼斯，小说家,98

Valence，瓦朗斯，人口，889，900

Valencia，巴伦西亚，9，347，754
　内　战，370—1，373，425，429—30
　政　府，9，348，353，363，373—4
　贸易，509，540，844

Valencia de Alcántara，瓦伦西亚德阿尔坎塔拉，要塞，525—6

Valenciennes，瓦朗西安，要塞，438，477

Valenza，瓦伦察，418，466n.，560n.

Valenzuela，Fernando de，巴伦苏埃拉，费尔南多·迪，西班牙大臣，351

Valincour，J.-B. Henri du Trousset de，特鲁塞的瓦兰库，J.-B.亨利，法国海军上将的秘书，803

Valladolid，巴利阿多里德，346，375，440

Vallisneri，Antonio，瓦利斯内里，安东尼奥，意大利科学家，61，64

Valsesia，瓦尔赛西亚，418，466n.，560n.

Vanbrugh，Sir John，范布勒爵士，约翰，英国戏剧家和建筑师，26，89，281n.

Von Robais，范罗巴伊，阿布维尔的家族，864

Varasdin，瓦拉日丁，土耳其的省，608

Vargas，瓦尔加斯，新墨西哥的总督，356

Varignon，Pierre，瓦里尼翁，皮埃尔，法国几何学家，41

Vattel，Emmerich de 瓦特尔，埃默里奇·德，法官，173

Vauban，Sébastien le Prestre，沃邦，塞巴斯蒂安·拉·普雷斯特尔，法国元帅，军事工程师和统计学家，29，728，762
　设置要素，18，223，230—1，248，750，812
　人口研究，47，330，883
　关于税收，329—31，332
　攻城技术，416，750—1
　关于殖民地的开拓，500—1
　关于军队，747—8，767，781
　关于私掠巡航，803—4
　港湾工程，811—12

Vaudemont，Charles Henri de Lorraine，洛林的沃代蒙特，查尔斯·亨利，米兰的总督，250，397，403，558，597

Vaudois，沃杜瓦，119—20，188

Vaudreuil, Philippe Rigaud, 沃德勒伊, 菲利普·里戈, 骑士, 魁北克总督, 496, 502
Vauvré, Louis Girardin de, 沃弗雷, 路易·吉拉尔丹·德, 土伦的地方行政长官, 830, 832
Velez, 贝莱斯, 要塞, 554
Vendôme, Louis Joseph, 旺多姆, 路易·约瑟夫, 公爵, 法国元帅
　在西班牙, 249, 357, 375, 440, 569
　在意大利北部, 417, 425, 429, 558
　在蒂罗尔, 417, 422
　在尼德兰, 432, 435, 757
　奥德纳德, 小镇, 435—6
　谨慎小心, 752
Venezuela, 委内瑞拉, 129, 350, 851; 另见 Caracas
Venice, republic of, 威尼斯共和国, 131, 155, 168, 173, 180, 186, 386, 394, 594, 604, 608
　土耳其的战争, 见 Turkey
　文化, 10, 32, 76, 109, 556
　与莫里, 2, 158, 164, 184, 565—6, 620, 623, 627, 637—8, 640, 642, 782
　与托斯卡纳的绝交, 171
　经济, 509, 510, 543, 549, 555—6, 571, 604—5
　人口, 542, 884
　海军, 546, 562, 565, 620, 623, 638
　克雷顿战争, 549, 555
　内格罗蓬特, 622—3
　另见 Carlowitz, Passarowitz
Venlo, 旺洛, 要塞, 399, 466, 478
　为同盟国夺取 (1702), 416
Veprik, 维普贝克, 为瑞典人夺取要塞 (1709), 667
Vera, Cruz, 维拉·克鲁兹, 349, 354, 361, 372; 另见 Mexico (flotas, 商船队)
Verbiest, Ferdinand, S. J., 韦尔比埃斯特, 菲迪南, S.J., 在中国, 130
Verden, 凡尔登, 472, 477, 649, 673, 678
Verger, Dame du, 韦尔热夫人, 法国在葡萄牙的代理人, 183
Verona, 维罗纳, 要塞, 753
Verrio, Antonio, 韦里奥, 安东尼奥, 画家, 32
Vetch, Samuel, 维奇, 塞缪尔, 新英格兰陆军上校, 505—7
Veterani, Count Friedrich von, 费特拉尼, 伯公爵, 弗里德里希·冯, 帝国的将军, 578—9
Via Carolina, 维亚卡罗莱纳, 604

Viana do Castelo, 维亚纳杜卡斯特卢, 谷物价格, 509
Viborg, 维堡, 676
Vico, Giambattista, 维科, 詹巴蒂斯塔, 哲学家, 33, 73, 558
Victor Amadeus II of Savoy, 萨伏依的维克多·阿马戴乌斯第二, 9, 169, 188, 238, 432, 598
 与法国, 160—3, 215, 238, 243, 247, 250, 403—4, 414, 579, 581
 大同盟, 163, 240—1, 245, 248—9, 417—18, 422, 425, 429, 433, 592—3
 以撒丁交换西西里（1720）, 159, 559, 597
 他的改革, 560—2, 766—7
 要求到伦巴第, 418, 466n., 560n., 595—7
Vidin, 维丁, 土耳其要塞, 610, 621
Vieira, António, S. J., 比埃拉, 安东尼奥, 巴西的教士, 129, 516
Vienna, 维也纳
 被围（1683）, 5, 572, 618, 683
 受威胁（1704）, 19, 417, 420; 另见 Blenheim
 建筑物的发展, 31, 572—3, 601
 同盟协商会议, 172
 市政当局, 311—12, 572
 国家银行, 311—13, 314, 606
 人口, 542
 霍夫堡, 572, 573—5, 601
 特兰斯瓦尼亚的办事处, 582
 意大利王室顾问委员会, 597
 工业, 603
 下末格, 603
 彼得大帝在维也纳, 626, 719
Vigarani, Carlo and Gaspare, 维加拉尼, 卡洛和加斯帕雷, 意大利的舞台设计题, 109
Vigevano, 维杰瓦诺, 418, 466n., 560n.
 全国性大会（1696）, 175, 250, 568, 626
Vigo, 维戈, 372, 418, 525—6, 797—8, 808
Vila Viçosa, 维科萨镇, 520
Villafranca, 比利亚弗兰卡, 243, 560
Villa Viciosa, battle of（1710）, 比利亚维西奥萨战役（1710）, 375, 440
Villars, Claude Louis Hector, 维拉尔, 克洛德·路易·埃克托尔, 公爵, 法国元帅, 177—8, 314, 428, 456
 在拉施塔特, 5, 171, 444, 472—3

卡米扎（起义者），325
王位继承战争，19，417，421，424，428，432，437—8，440—1，443—4，472
作为军官，432，437，749，751—3，755
Villemarie，维尔玛里，486
Villeroi, François de Neufville，维勒鲁瓦，弗朗索瓦·德·维夫维尔，公爵，法国元帅
尼德兰，249，421
意大利，405，409，767
拉米利斯，426，432，532，752，756
Villette, Philippe de Valois，维莱特，菲利普·德·瓦卢瓦，侯爵，法国骑兵中队指挥官，526
Villmergen, war of (1712)，维尔梅根战争（1712），120
Vilna，维尔那，693，695，699
Vincennes (Wabash)，文森斯（沃巴什），498
Vinhos, Figueró dos，比努斯，菲格罗·多斯，制铁所在地，513
Virginia，弗吉尼亚，480，487—8
威廉和玛丽学院，495
王位继承战争，503，507—8
烟草，851—2
Visé, Donneau de，维塞，多诺·德，法国记者，76

Vistula, the，维斯杜拉河，2，665，700—3，754
Vitringa, Campegius，维特林加，坎佩奇乌斯，荷兰加尔文派教徒，141
Vitzthum , Friedrich von Eckstädt，菲茨图姆，弗里德里希·冯·埃克施泰特，萨克森外交家，695
Vivaldi, Antonio，维瓦尔迪，安东尼奥，音乐家，105，115—16
Vladislavich, Sava (alias, Raguzinsky)，符拉迪斯拉维奇，萨瓦（拉哥舍斯基），632，634
Voetians，富蒂乌斯派，122
Voisin, Lavigne，瓦赞，拉维涅，法国传教士，499
Volhynia，沃尔希尼亚，700，705，712，837
Vologda，沃洛格达，柏油，841
Voltaire，伏尔泰，32—3，40，46，62，83，97，108，111，137
《哲学通信》，52，221
《路易十四》，70—1；《俄罗斯帝国》，740
Vondel, Joost van den，冯德尔，乔斯特·凡登，荷兰诗人，74，142
Voronezh，沃罗涅日，海军船场，625，718
Vorskla, the，沃尔斯克拉河，667；

另见 Poltava

Vosges, 孚日, 木材, 814

Voznitsyn, Prokofy, 沃兹尼钦, 普罗科菲, 彼得大帝的同伴, 719

Vuillart, Germain, 维亚尔, 热尔曼, 詹森派, 132

Vyatka, 维亚特加, 柏油, 841

Wachtmeister, Count Hans, 瓦赫特迈斯特尔伯爵, 汉斯, 瑞典海军上将, 654, 830

Wager, Sir Charles, 韦杰爵士, 查尔斯, 海军准将, 372

Wake, William, 韦克, 威廉, 坎特伯雷大主教, 127

Walcourt, 瓦尔考特, 骑兵交战 (1689), 235

Waldeck, Georg, Friedrich, 瓦尔德克, 格奥尔格·弗里德里克, 亲王, 外交家和将军, 156, 207n., 235
弗勒勒斯, 239; 斯蒂刻克, 245

Walker, Sir Hovenden, 沃克爵士, 霍文顿, 海军少将, 505—6

Wallachia, 瓦拉几亚, 1, 2, 578—82, 608, 619, 621, 625, 633, 635, 639, 641, 683, 688, 754

Wallachia, Little, 小瓦拉几亚, 1, 578, 580, 641

Wallerstedt, Count Lars, 瓦勒施泰德伯爵, 拉斯, 瑞典政治家, 652

Wallis, John, 沃利斯, 约翰, 数学家, 37, 42, 179

Walther, J. G., 瓦尔特, J. G., 德国音乐研究家, 117

Wanley, Humfrey, 沃利, 汉弗莱, 英国文物工作者, 87

Wars, 战争, 见 Algiers, Comacchio, Cossacks, Great Northern War, Holy League, Hungary, Malta, Morea, Morocco, Nine Years War, Omani, Persia, Pruth, Sacramento, Spanish Succession War, Villmergen; 与 for Habsburg-Ottoman Wars, 见 Turkey 题下

Warsaw, 华沙, 2, 652—3, 691, 695—7
华沙同盟 (1704), 697—8, 701
波兰—瑞典条约 (1705), 659, 699
俄波条约 (1716), 712—13

Waterford, 沃特福德, 240

Watteau, Antoine, 华托, 安托万, 法国画家, 32, 765

Webb, John Richmond, 韦布, 约翰·里奇蒙, 英国将军, 436

Weide, Adam Adamovich, 魏德,

亚当·阿达莫维奇,德国在俄国的将军,721

Welch, Thomas, 韦尔奇,托马斯,美国探险家,504

Wellekens, J. B., 韦勒肯,J. B., 荷兰翻译家,75

Wertheimer, Samson, 韦特默尔,扎姆宗,战争财政家,309,739

Wesley, John, 韦斯利,约翰,宗教领袖,151—2

West Indies, 西印度群岛,11, 20, 231, 392, 501, 812

 海盗,见 flibustiers

 九年战争,251, 355, 809—10, 825

 王位继承战争,372, 503, 505, 809—10, 825

 贸易,839, 849—51, 853—7, 859, 864, 866, 872, 894

Westphalia, 威斯特伐利亚,586, 587

 威斯特伐利亚和约(1648), 162, 234, 246, 473, 649, 662

 亚麻布,867

Wharton, Henry, 沃顿,亨利,神学家和学者,87, 140

Wharton, Thomas, 沃顿,托马斯,第一代侯爵,268

Wheler, Sir Francis, 惠勒爵士,弗朗西斯,英国海军上将,251, 489

Whigs, 辉格党,201, 208, 273—5

 执政,216, 267—9, 437, 439, 448—9

 下台,215, 270, 440—1

Whiston, William, 惠斯顿,威廉,剑桥神学家和科学家,47, 51

White, Thomas, 怀特,托马斯,英国哲学家,135

Whitworth, Charles, 惠特沃思,查尔斯,男爵,英国赴俄国特使,840—1

Whydah (S. João Baptista de Ajudá), 怀达(圣·若昂·巴普蒂斯塔·德·阿杰达),进口奴隶港,515

Whytt, Robert, 怀特,罗伯特,苏格兰哲学家,67

Wicquefort, Abraham de, 维克福特,亚伯拉罕·德,历史学家,173, 179

Wieliczka, 维耶利奇卡,盐矿,844

Wielkopolska, 维耶尔科波尔斯卡,695—7, 700—2, 705, 712

Wigston, 维格斯顿,占领该地,892

Wijnendaal, battle of (1708), 韦伊宁代尔战役(1708),436

Wilanów, 维拉瑙,华沙附近王宫,682

Wildt, Job de, 维尔特, 约布·德, 阿姆斯特丹海军大臣, 798
William III, of Orange, 奥兰治的威廉三世, 英国国王
    性格, 17, 190—2, 208, 232
    与欧洲共同的福利, 17, 156—7, 192
    宗教, 122, 169, 188, 190—1, 210, 395
    知己密友, 156, 170, 176, 192, 388
    王朝联系, 168
    与路易十四, 18, 156, 189—90, 195, 392, 400
    与詹姆士二世, 198—9, 211ff., 250
    入侵英格兰, 200—6, 226—7
    对王位的态度, 169—70, 206—8, 249
    特权, 208, 215, 265—8
    与苏格兰, 212—13, 275—6, 392, 769, 783
    与爱尔兰, 213—14, 235ff., 240, 242
    战争目的, 162, 246, 249, 253
    九年战争, 223, 242ff., 247, 249
    海牙会议, 171—2, 237—8, 239
    里斯威克, 26, 169—70, 187, 252, 381
    西班牙王位继承, 191, 388ff., 400—1, 406; 见 Partition Treaties
    与马克斯·伊曼纽尔, 353, 390, 393—4, 395
    与德意志各邦, 165—6, 226, 237, 404, 408—9
    与波罗的海列强, 154, 165, 172, 174, 184
    中立贸易, 174, 187, 235
    与萨伏依, 238, 250—1
    与土耳其, 233
    关于贸易和殖民地, 13, 15, 186, 187
    外交政策的行动, 176, 187, 191, 266—7, 415
    作为战略家, 11, 17, 18
    海之霸权, 11, 18, 19, 162, 236, 239, 248—9, 391—2, 568, 569, 797
    与军队, 748, 769—70, 784
    逝世, 409, 414
Willughby, Francis, 威洛比, 弗朗西斯, 英国博物学家, 59
Wilmot, Robert, 威尔莫特, 罗伯特, 英国海军上校, 251, 355
Wiltshire, 威尔特郡, 毛织品, 865
Winter Harbour (Maine), 温特港 (缅因), 502
Winthrop, Wait Still, 温思罗普,

韦特·斯蒂尔，马萨诸塞州的首席法官，481

Wismar，维斯马，649，673—4，678—9，736

Wiśniowiecki, Janusz，威斯尼奥威斯基，贾纽茨，克拉科夫总督，711

Wiśniowiecki, Michael，威斯尼奥威斯基，米歇尔，立陶宛权贵，693，700

Wittelsbach, house of，维特尔斯巴赫家族，167，169，244，578，589

另见 Joseph Clement, Maximilian Emmanuel

Wolff, Christian，沃尔夫，克里斯蒂安，德国哲学家，74

Woodward, John，伍德沃德，约翰，英国地质学家，40，61

Woolwich，伍尔维奇，船舶修造所，229，811

Worms，沃尔姆斯，法国在该地（1688—1689），225，233

Wotton, William，沃顿，威廉，英国学者，70

Woudenberg, Cornelis，沃屯伯格，科尼利斯，拿驿伯爵，荷兰将军，436

Wratislaw, Count Johann Wenzel von，符拉蒂斯劳伯爵，约翰·文策尔·冯，帝国驻英国大使，575，587，591

与马尔博罗，420

乌得勒支，450，455，462，467

与查尔斯大公，576，591，596

与尤金，587，595

逝世，471

Wren, Sir Christopher，雷恩爵士，克里斯托弗，建筑师，106，262

Wrenn, Ralph，雷恩，拉尔夫，英国海军上校，251

Wachowa，沃斯乔瓦，见 Fraustadt

Württemburg, duke of，符腾堡大公，121，245，402

被劫掠（1688—1689），786

Würzlburg, bishop of，维尔茨堡主教，405

代价，878

Wycherley, William，威彻利，威廉，英国戏剧家，89

Yale，耶鲁，大学的创办（1701），494—5

Yavorsky, Stefan，耶沃尔斯基，斯特凡，俄国教士，127

Yemen，也门，咖啡，858

Yorkshire，约克郡，人口，887

Ypres，伊普雷，要塞，249，451，477

Yucatan，尤卡坦，356

Yugoslavia, 南斯拉夫, 608
Yüsüf Pasha, 优素福·帕夏, 首相, 636

Zaandam (Saardam), 赞丹, 21, 719, 793, 814, 840
Zagreb, 萨格勒布, 581
Zalánkemén, battle of (1691), 扎莱凯曼战役 (1691), 580, 622, 631, 754
Zaluski, Andrew Chrysostom, 扎鲁斯基, 安德鲁·克里索斯托姆, 埃尔梅兰主教, 波兰首相, 690
Zambesi, the, 赞比西河, 517
Zamość, 扎莫希奇, 要塞, 712
Zante, 赞特, 海盗, 544
Zanzibar, 桑给巴尔, 为阿曼人所占领, 517
Zaporozhian Cossacks, 扎波罗热的哥萨克, 665—9, 683, 696, 699, 732, 775—6
Zeeland, 泽兰, 174, 187, 546, 655, 833
私掠船, 20, 174, 187, 420, 550, 799—801

Zeno, Antonio, 泽诺, 安东尼奥, 威尼斯海军上将, 565, 623
Zeno, Apostolo, 泽诺, 阿波斯托洛, 威尼斯歌剧歌词作者, 110—11
Zenta, battle of (1697), 森塔战役 (1697), 5, 383, 581, 626, 754
Ziegler, H. A. von, 齐格勒, H. A. 冯, 德国小说家, 74
Zinzendorf, 青岑道夫, 见 Sinzendorf
Zolkiev, 佐尔基也夫, 665
Zórawno, Peace of (1676), 索拉努和约 (1676), 683
Zottegem, 佐梯根, 价格, 878
Zoutleeuw, 祖特利尤, 424
Zsibó, battle of (1705), 兹西波战役 (1705), 424, 585
Zürich, 苏黎世, 人口, 765, 884
Zuhab, Peace of (1639), 祖哈布和约 (1639), 608
Zulfikar, 朱尔菲卡尔, 土耳其官员, 621
Zvornik, 兹沃尔尼克, 土耳其驻地, 640